EZEQUIEL

CARL FRIEDRICH KEIL

Comentario al texto hebreo
del
Antiguo Testamento
por C. F. Keil y F. J. Delitzsch

Traducción y adaptación de Xabier Pikaza

editorial clie

EDITORIAL CLIE
C/ Ferrocarril, 8
08232 VILADECAVALLS
(Barcelona) ESPAÑA
E-mail: clie@clie.es
http://www.clie.es

Publicado originalmente en alemán por Carl Friedrich Keil, bajo el título *Biblischer Kommentar über das Alte Testament, Ezekiel*, Zweite, verbesserte Auflage, Dörffling und Franke, Leipzig 1882.

Traducido y adaptado por: Xabier Pikaza Ibarrondo

«*Cualquier forma de reproducción, distribución, comunicación pública o transformación de esta obra solo puede ser realizada con la autorización de sus titulares, salvo excepción prevista por la ley. Diríjase a CEDRO (Centro Español de Derechos Reprográficos) si necesita fotocopiar o escanear algún fragmento de esta obra (www.conlicencia.com; 917 021 970 / 932 720 447)*».

© 2018, Editorial CLIE, para esta edición en español.

COMENTARIO AL TEXTO HEBREO DEL ANTIGUO TESTAMENTO
Ezequiel
ISBN: 978-84-17131-58-6
Depósito Legal: B 22963-2019
Comentarios bíblicos
Antiguo Testamento
Referencia: 225082

Impreso en EE.UU. / *Printed in USA*

Querido lector,

Nos sentimos honrados de proporcionar este destacado comentario en español. Durante más de 150 años, la obra monumental de Keil y Delitzsch ha sido la referencia estándar de oro en el Antiguo Testamento.

El Antiguo Testamento es fundamental para nuestra comprensión de los propósitos de Dios en la tierra. Hay profecías y promesas, muchas de las cuales ya de han cumplido, como el nacimiento y la vida de Jesucristo, tal y como se registra en el Nuevo Testamento. Algunas se están cumpliendo ahora, mientras que otras se realizarán en el futuro.

Los autores, Keil y Delitzsch, escribiendo cuando lo hicieron, solo podían imaginar por la fe lo que sucedería cien años después: el renacimiento de Israel como nación y el reagrupamiento del pueblo judío en la Tierra. Este milagro moderno continúa desarrollándose en nuestros días. Desde nuestra perspectiva actual podemos entender más plenamente la naturaleza eterna del pacto de Dios con su pueblo.

Según nuestro análisis, los escritos de Keil y Delitzsch parecen haber anticipado lo que vemos hoy en Tierra Santa. Donde su interpretación es menos clara, es comprensible dada la improbabilidad, desde el punto de vista natural, de que la nación hebrea renaciera y su pueblo se reuniera.

En resumen, le encomendamos este libro de referencia, solo añadiendo que lo involucramos desde la perspectiva de la realidad de lo que ahora sabemos acerca del Israel moderno. De hecho, el Señor está comenzando a levantar el velo de los ojos del pueblo judío.

Sé bendecido con el magnífico comentario de Keil y Delitzsch, ya que estamos ayudando a que esté disponible.

John y Wendy Beckett
Elyria, Ohio, Estados Unidos

CONTENIDO

PRÓLOGO (X. Pikaza) ix
   1. Elementos básicos de Ezequiel ix
   2. Comentario de C. F. Keil xvii

INTRODUCCIÓN 1
   1. La Persona del profeta 1
   2. Los tiempos del profeta 2
   3. El libro del profeta 6

Ez 1-32
PRIMERA PARTE. PROFECÍAS DE JUICIO

I. Ez 1, 1-3, 21. Consagración y llamada de Ezequiel para el oficio de profeta 15
   1. Ez 1, 1-28. Aparición de la Gloria del Señor 15
   2. Ez 2, 1-3, 3. Llamada de Ezequiel para el oficio profético 39
   3. Ez 3, 4-21. El envío del profeta 44

II. Ez 3, 22-5, 17. Destino de Jerusalén y de sus habitantes 53
   1. Ez 3, 22-27. Introducción al oráculo profético 54
   2. Ez 4, 1-17. Asedio de Jerusalén. Tres actos simbólicos 58
   3. Ez 5, 1-17. Sigue la amenaza contra Jerusalén 71

III. Ez 6, 1-7, 27. Juicio por idolatría, caída de Israel 80
   1. Ez 6, 1-14. La gran idolatría de Israel, destrucción de los idólatras 80
   2. Ez 7, 1-27. Caída de Israel, ejecución del juicio 85

IV. Ez 8, 1-11, 25. Visión de la destrucción de Jerusalén 96
   1. Ez 8, 1-18. Abominaciones idolátricas de la casa de Israel 96
   2. Ez 9, 1-11. Los ángeles que han de destruir Jerusalén 107
   3. Ez 10, 1-22. Incendio de Jerusalén. La Gloria se aleja del Santuario 114
   4. Ez 11, 1-25. Amenaza de juicio y promesa de misericordia. 121

V. Ez 12, 1-19, 14. Anuncio del juicio. Actividad de Ezequiel ... 132
   1. Ez 12, 1-28. Salida del rey y del pueblo. El pan de las lágrimas 133
   2. Ez 13, 1-23. Contra los falsos profetas y profetisas 139

3. Ez 14, 1-23. Contra los adoradores de ídolos.
Certeza del juicio 150
3.1. Ez 14, 2-11. Contra los falsos profetas.............................. 151
3.2. Ez 14, 12-23. La justicia de los piadosos no evitará
el juicio 155
4. Ez 15, 1-8. Jerusalén, sarmiento inútil de vino agrio. 162
5. Ez 16, 1-63. Ingratitud e infidelidad de Jerusalén.
Castigo y vergüenza. 164
5.1. Ez 16, 1-34. Los pecados de la nación 165
5.2. Ez 16, 35-52. Anuncio del castigo 180
5.3. Ez 16, 53-63. Restauración de Israel 188
6. Ez 17, 1-24. Humillación y exaltación de la
familia davídica 197
7. Ez 18, 1-32. Justicia retributiva de Dios.
Responsabilidad personal 205
8. Ez 19, 1-14. Lamentación por los príncipes de Israel 215

VI. Ez 20, 1-24, 27. Siguen los reproches y amenazas contra Israel 220
1. Ez 20, 1-44. Pasado, presente y futuro de Israel 220
2. Ez 21, 1-27. El bosque ardiente y la espada del Señor 238
3. Ez 22, 1-31. Los pecados de Jerusalén e Israel 256
   3.1. Ez 22, 1-16. Delitos de sangre. El peso de los pecados 256
   3.2. Ez 22, 17-32. Israel se ha vuelto escoria, todos
   están corrompidos... 260
4. Ez 23, 1-49. Ahola y Aholiba. Las prostitutas Samaria
   y Jerusalén 265
5. Ez 24, 1-27. Se predice la destrucción de Jerusalén,
   en parábola y por signo 280

VII. Ez 25, 1-32, 32. Predicciones de juicio sobre las naciones paganas 292
1. Ez 25, 1-17. Contra varias naciones del entorno de Israel 296
2. Ez 26, 1-28, 26. Contra Tiro y Sidón 304
   2.1. Ez 26, 1-21. La caída de Tiro... 304
   2.2. Ez 27, 1-36. Lamentación por la caída de Tiro 314
   2.3. Ez 28, 1-19. Contra el príncipe de Tiro......................... 330
   2.4. Ez 28, 20-26. Profecía contra Sidón y promesa para Israel 345
3. Ez 29, 1-32, 32. Contra Egipto 347
   3.1. Ez 29, 1-16. Juicio sobre el Faraón, su pueblo y su tierra 348
   3.2. Ez 29, 17-21. Conquista y saqueo de Egipto
   por Nabucodonosor 355

    3.3. *Ez 30, 1-19. El día del juicio sobre Egipto* *358*
    3.4. *Ez 31, 1-18. Gloria y caída de Asur, tipo de Egipto.* *368*
    3.5. *Ez 32, 1-32. Lamentación sobre la ruina del Faraón y
        su pueblo* *379*
        3.5.1. Ez 32, 1-16. Lamentación sobre el rey
             de Egipto 379
        3.5.2. Ez 32, 17-32. Elegía funeraria por Egipto
             y los imperios del sheol.. 385

Ez 33-48
SEGUNDA PARTE. ANUNCIO DE SALVACIÓN

I. Ez 33, 1-33. Llamada del profeta y su relación con pueblo ...   **401**
    1. Ez 33, 1-20. Llamada del profeta para el futuro 402
    2. Ez 33, 21-33. Actitud del profeta hacia el pueblo
       y del pueblo hacia el profeta... 406

**II. Ez 34-39. Restauración de Israel y destrucción de
Gog y Magog** **413**
    1. Ez 34, 1-31. Contra los malos pastores. Un buen pastor 414
    2. Ez 35, 1-36, 15. Devastación de Edom, restauración
       de Israel 425
    3. Ez 36, 16-38. La salvación de Israel se funda en
       su santificación 434
    4. Ez 37, 1- 26. Resurrección de Israel, y reunión como
       una nación... 441
    5. Ez 38, 1-39, 29. Destrucción de Gog con su gran ejército
       de naciones... 470
       5.1. *Ez 38, 1-23. Invasión y destrucción de Gog* *471*
       5.2. *Ez 39, 1-29. Juicio que ha de caer sobre Gog
           y sus huestes*.. *481*

III. Ez 40-48. El nuevo Reino de Dios.. **489**
    1. Ez 40, 1-43, 12. El nuevo templo 490
       1.1. *Ez 40, 1-47. Atrio exterior, con muro de separación,
           puertas y celdas.* *491*
       1.2. *Ez 40, 48-41, 26. Casa del templo con porche, almacenes
           laterales y edificio trasero.* *521*
       1.3. *Ez 42, 1-20. Habitaciones sagradas en el atrio y terreno
           santo en torno al templo* *543*
       1.4. *Ez 43, 1-12. La Gloria del Señor entra en el
           nuevo templo* *558*

Contenido

    2. Ez 43, 13-46, 24. El nuevo culto del templo 566
       2.1. Ez 43, 13-27. La ley del altar 566
       2.2. Ez 44, 1-31. Las diferentes clases del pueblo en el
       nuevo santuario 576
       2.3. Ez 45, 1-17. Impuesto de la tierra y ofrendas
       principales del pueblo... 592
       2.4. Ez 45, 18-46, 24. Ofrendas y sacrificios 602
           2.4.1. Ez 45, 18-28. Luna nueva, Pascua y fiesta de
           los Tabernáculos 602
           2.4.2. Ez 46, 1-24. Ofrendas del principio, cocinas
           sacrificiales para sacerdotes y pueblo 608

IV. Ez 47, 1-48, 34. Bendición y distribución de la tierra entre las tribus de Israel 617
    1. Ez 47, 1-12. El río del agua de vida 617
    2. Ez 47, 13-48, 34. Límites y división de la Tierra. La Ciudad
    de Dios 625
       2.1. Ez 47, 13-23. Limites de la tierra 625
       2.2. Ez 48, 1-29. División entre las tribus.................................... 630

V. Ez 40-48. Interpretación general... 642
    1. ¿Enseña la profecía del Antiguo Testamento la
    glorificación de la tierra de Canaán antes del
    juicio final? 647
    2. ¿Enseña el Nuevo Testamento una glorificación física
    de Palestina y un Reino de Gloria en la Jerusalén terrena
    antes del último juicio y de la destrucción del cielo y
    de la tierra? 650
    3. ¿Cómo ha de entenderse la visión del nuevo Reino
    de Dios en Ez 40-48? En otras palabras ¿cómo debemos
    entender el cumplimiento de esta visión profética?................. 660

IMÁGENES 673

PRÓLOGO

Xabier Pikaza

Ezequiel es, con Isaías, Jeremías y Daniel, uno de los cuatro profetas "mayores" de la tradición bíblica. Era sacerdote de Jerusalén y el año 597 a.C., antes de la destrucción del templo, que tuvo lugar diez años después (587 a.C.), fue desterrado a Babilonia donde recibió la llamada de Dios (el 593 a. C.), que está centrada en la visión del carro o trono de Dios (Mercabá: cf. Ez 1-3.10), que ha marcado la historia posterior de la experiencia bíblica. Muchos rabinos y estudiosos judíos han considerado esa visión y esos capítulos como el centro de la Biblia, por el conocimiento secreto de Dios que ellos suponen, por la experiencia más alta ellos implican, y por el influjo que han tenido en la tradición "mística", especialmente a través de la Cábala.

También ha sido muy importante su visión del valle de los huesos muertos y de la "resurrección" (Ez 37), que ha influido mucho en la esperanza activa de la apocalíptica de judíos y cristianos, lo mismo que las visiones de la restauración del templo y de la tierra prometida (Ez 40-48), que han definido gran parte de la experiencia religiosa de la Biblia (influyendo de un modo especial en el Apocalipsis de Juan). Por la forma de situarse ante el pecado del pueblo y de anunciar y preparar su restauración, el libro de Ezequiel puede entenderse como la culminación de la profecía antigua de Israel, como testimonio y principio del judaísmo posterior y, en otro sentido, del mismo cristianismo, como indicaré mostrando, en primer lugar, los elementos básicos de su profecía y presentando después el comentario de C. F. Keil, que he traducido y preparado para esta edición española

1. Elementos básicos de Ezequiel

El libro de Ezequiel recoge los oráculos más antiguos del profeta, de principios del exilio de Judá, desde Babilonia (desde el 593 a.C.), antes de la destrucción de Jerusalén, y los une con visiones y textos posteriores del mismo profeta (y quizá de alguno de sus discípulos, que están relacionados con la escuela Sacerdotal del documento P). Muchos investigadores modernos piensan que, en su forma actual, las visiones y profecías de este libro han sido recopiladas y compuestas tras el exilio por el grupo de aquellos que mantienen y reelaboran su recuerdo. Otros, en cambio, en la línea de C. F. Keil, el autor de este comentario, piensan que el libro ha sido compuesto directamente (y de un modo integral) por el profeta Ezequiel en el tiempo de su vida, como seguirá viendo quien lea mi prólogo y el comentario que sigue.

Sea como fuere, haya sido compuesto por el mismo Ezequiel de un modo unitario, o reelaborado después y unificado a partir de oráculos previos del profeta, por su temática y estilo, por su distribución interior y su argumento dramático, este libro es mucho más compacto que los libros de los dos grandes profetas anteriores (Isaías y Jeremías), que he traducido y presentado ya en esta colección. Este libro de Ezequiel es un ejemplo sorprendente de iluminación superior o profecía, un texto que en medio de su gran diversidad ofrece un argumento unitario, elaborando una especie de gran "parábola", que empieza con la condena de Jerusalén y la salida de la Gloria de Dios, que abandona el templo en manos de sus destructores, y termina con la vuelta del mismo Dios al templo renovado, tras el tiempo del castigo.

Dentro de esa gran parábola, donde el protagonista supremo es Dios, y Ezequiel es solo su profeta, se sitúan las denuncias y amenazas de la primera parte del libro (Ez 1-32) y las promesas, anuncios y visiones de restauración de la segunda (Ez 33-48). El libro aparece así como una especie de "Biblia en Pequeño", un compendio y clave de la revelación israelita, donde resuenan y se vinculan los motivos de la creación primera y de la recreación final, del Éxodo de Egipto y de la Revelación de la Ley, con la instauración del templo y su destrucción por el pecado del pueblo, desembocando todo en la renovación del Pacto y la revelación final del Templo de la salvación, tras el juicio de Dios, como victoria de su Santidad sobre los pecados de Israel y del mundo entero.

El libro comienza con la visión (comentada y ampliada) del Carro y del Trono de Dios, que abandona Jerusalén, para acompañar en Babilonia a los desterrados (Ez 1-3). Incluye oráculos de condena contra Israel (Ez 4-24) y contra las naciones (Ez 25-33), para elevar después promesas de esperanza (Ez 33-37), con visiones de la restauración del templo de Jerusalén y de la organización de conjunto del pueblo reconstruido de las doce tribus (Ez 40-48), en una línea cercana a la del Código Sacerdotal del Levítico, con cuya teología mantiene grandes relaciones.

En ese contexto se añade la gran profecía apocalíptica sobre la invasión y derrota de Gog (rey de Magog) y de sus aliados (Ez 38-39) que se alzarán contra el pueblo de Dios, siendo derrotados, dando así paso al establecimiento del reinado de Dios desde Jerusalén sobre el mundo entero. Sin esa historia abismal de Ezequiel, y sin sus profecías, sería muy difícil entender el despliegue de la historia de Israel tras el exilio, lo mismo que la historia de Jesús y de su mensaje mesiánico, tal como ha desembocado en el Apocalipsis de Juan, pasando por los evangelios.

Isaías y Jeremías pueden ser a veces más brillantes, pero no han elaborado una teología unitaria, una visión de conjunto de la historia de la salvación y del misterio de Dios, como la de Ezequiel. Solo un buen comentario de Ezequiel puede hacernos comprender estas cosas. Por eso, quiero empezar presentando algunos de sus temas centrales, en la línea del comentario de C. F. Keil

1. Ezequiel es un profeta de la destrucción y reconstrucción del pueblo, es decir, un profeta de la historia dramática del pueblo de Dios, una historia providencial de libertad y pecado, de caída y promesa de salvación. Pertenecía a la élite sacerdotal de Jerusalén y fue deportado a Babilonia tras la primera toma de la ciudad, el año 597 a.C., y desde allí fue siguiendo los diversos momentos de la gran tragedia (desintegración) del pueblo elegido, hasta la caída definitiva de Jerusalén y de su templo (el año 587 a. C.). Lo mismo que Jeremías, en los años que preceden a la ruina de Jerusalén, él anunció la caída de Israel y la destrucción del templo de Jerusalén, y la interpretó como un castigo de Dios, al servicio de la liberación final del pueblo.

Por eso, después de la gran crisis, cuanto todo parece terminado, eleva Ezequiel su palabra de esperanza, porque el mismo Dios que había condenado y abandonado su templo, asume la causa de los israelitas exilados, invirtiendo su experiencia de fracaso y muerte, para introducirles de nuevo, por su santidad, en la tierra prometida. De esa manera, la destrucción de Jerusalén, con la ruina de su templo, le sirve para destacar la grandeza de Dios, como nadie había hecho todavía. Ésta es la novedad de Israel, éste el sentido de su elección, en línea de fe.

El mismo Dios de Israel, que abandona su templo de Jerusalén y lo destruye, sufriendo con los israelitas desterrados, inicia con ellos el camino de reconstrucción salvadora, con su nuevo templo y su tierra restaurada. Ezequiel es testigo y mensajero de esa historia del pueblo de Dios, que él encarna en su propia vida.

2. Ezequiel es el profeta de la Gloria de Dios: «Los querubines desplegaron sus alas... mientras la Gloria del Dios de Israel estaba encima de ellos. La Gloria misma de Yahvé se elevó de la ciudad y se detuvo sobre el monte que está al oriente de ella (el Monte de los Olivos)...» (Ez 11, 22-24). El mismo Señor, que había estado entronizado entre serafines en el templo de Jerusalén, en medio de su pueblo, viene a presentarse ahora como Dios del Carro Celeste, sentado sobre el Trono de los Querubines, y preparado para salir así del templo (abandonado a la destrucción), para habitar así con los desterrados judíos de Babilonia, extendiendo desde allí su poder sobre todo el universo. Es el Dios de la máxima grandeza (nunca había sido revelado de esa forma), pero, al mismo tiempo, de la máxima humillación, pues lleva en sí mismo la suerte de su pueblo con la que se identifica en templo y destierro.

Precisamente en Caldea, tierra del exilio de Babilonia, a orillas del río Qebar, ha descubierto el profeta la presencia de Dios, que ha dejado la ciudad santa y habita en el exilio, revelando su misterio en el mismo cautiverio, allí donde los hombres se encontraban expulsados de su tierra, bajo la amenaza de ser destruidos. Sin duda, el Dios se Israel se había vinculado al templo de Jerusalén, pero no estaba clausurado en ese templo, sino 1u3 quería y podía vivir en el exilio, compartiendo la suerte de los hombres y mujeres de su pueblo.

Ese mismo Gran Señor que en el principio parecía de grandeza aterradora (Ez 1), se acaba manifestando como «figura de apariencia humana», como Aquel que es capaz de dialogar en cercanía con los hombres oprimidos de su pueblo, en una línea que el Nuevo Testamento hará que culmina en Jesús de Nazaret, cuya suerte se encuentra vinculada también a la suerte de su pueblo, y a los pecados del templo de Jerusalén. En esa línea, Ezequiel aparece como un tipo de profeta mesiánico, un anuncio de Cristo para los cristianos.

Siendo profeta de la Gloria de Dios, Ezequiel viene a mostrarse como depositario y testigo de la visión más honda de Dios, simbolizada en la Mercabá, su Carro-Trono, y de esa manera le contempla desde el exilio, interpretando el destino de los judíos exilados (condenados) como historia del mismo Dios que les castiga, sufriendo con ellos, para redimirles de una manera más alta, en gesto de purificación sacrificial. Esta visión de Ez 1-3, reafirmada por Ez 10, ofreciendo la certeza de que Yahvé quiere habitar con los desterrados, para iniciar una nueva etapa de presencia en Israel, ha marcado la historia posterior del judaísmo, no solo a través de la primera vuelta a la tierra (tras es 539 a. C.), sino en todos sus exilios posteriores, cando han sabido que Dios habitaba en medio de ellos en forma de misterio.

Esta misma experiencia de visión de Dios ha marcado la historia cristiana, como Carl F. Keil irá mostrando, al entender el libro de Ezequiel como un mensaje dirigido en el fondo a los seguidores de Jesús, en quienes se cumple de un modo total su profecía. Ciertamente, los grandes exegetas de Ezequiel, tanto judíos como cristianos han sabido que este libro no expone una visión inmediata del Dios en sí, ni tampoco una experiencia directa de su gloria (*kabod*), sino una visión de la imagen (*demut*) de la gloria de Yahvé, que viene a presentarse en forma humana en medio de los hombres, es decir, para acompañarles a lo largo de la historia.

En esa líena, en el hueco del Dios invisible el profeta solo puede ver un "como Trono" y un "como Ser Humano", una visión de la imagen de la Gloria de Yahvé, en la línea de Gen 1, donde se dice que Dios ha creado a los hombres a su imagen y semejanza, de manera que ellos pueden verle en el fondo como expresión suprema de un rostro humano. Cuanto mayor es la trascendencia de Dios más cercana y fuerte se muestra su presencia en la vida de los hombres.

3. El libro de Ezequiel, una historia de amor (cf. Ez 16). Desde del fondo anterior se comprende la relación de Dios con los hombres (y en especial con los israelitas), como una historia de diálogo fecundo (de pacto), que Ezequiel ha redactado de forma impresionante (sublime y descarnada), recogiendo y reelaborando la tradición de amor que habían destacado ya los profetas anteriores, especialmente Oseas y Jeremías. Ezequiel ha narrado así, de forma alegórica, las relaciones de Dios con su pueblo, como relaciones de amor entrañable y frustrado, por el pecado del pueblo, un amor que el mismo Dios va a recrear, como promesa y garantía de misericordia (cf. Ez 16).

Ezequiel entiende la historia de Israel (que es en el fondo la historia de toda la humanidad) como experiencia de amores divinos fracasados, que el mismo Dios va a retomar y recrear, a través de un castigo (destrucción del templo de Jerusalén, exilio), en un proceso que se abre y culmina en la consagración del nuevo templo y en la distribución de la tierra entre las doce tribus de Israel. En esa línea, Ezequiel retoma o despliega motivos de Oseas, Isaías, Miqueas y Jeremías, pero desde su propia óptica de sacerdote, representante del amor celoso de Dios, frustrado por el pecado de los hombres. De esa forma interpreta la religión y la vida del pueblo como historia de un amor apasionado de Dios a quien su novia/amante (el pueblo elegido) abandona, para prostituirse con otros poderes, o dioses; desde ese fondo se entiende el gesto y la palabra apasionada del profeta, que critica y condena al pueblo de Israel, por su rechazo de Dios, por su idolatría.

El amor, entendido en claves de elección y matrimonio, de fidelidad o de rechazo, aparece así como la metáfora central de la vida humana, desde una perspectiva israelita. Los restantes aspectos (económico y político, militar y religioso, en sentido sacrificial o de templo) pasan a ser derivados. La historia del pueblo de Israel es una expresión y despliegue del amor de Dios en el que se fundan todos los rasgos y las dimensiones de existencia humana. No hay otra comparación, no hay otro símbolo que pueda capacitarnos para entender mejor a Dios. Todo lo que existe en el mundo (en el pueblo de Israel) es una expresión de amor. Ciertamente, el libro de Ezequiel incluye otros rasgos y mensajes, en línea de sacralidad o justicia (e incluso de ira) de Dios; pero todos ellos se centran y reciben su sentido desde la perspectiva de este amor frustrado y recuperado.

4. Ezequiel es un libro de resurrección (Ez 37). Ciertamente, él aparece como testigo y profeta de la gran destrucción y sabe que todo intento de restauración entendida como vuelta a lo anterior resulta imposible: no hay nada que restaurar, pues nada existe que pueda salvarse de la gran ruina. El viejo Israel ha fracasado: se han arruinado y destruido los antiguos poderes nacionales. El pueblo no cuenta con nada que le permita resucitar. Pero le queda Dios y permanece su palabra, el poder soberano de su Gracia que puede manifestarse de nuevo, dando vida al pueblo muerto por sus pecados. Ha muerto Israel, pero sigue viva la promesa de Dios

De esa forma, sobre *la realidad* de un fracaso casi intolerable, se eleva la más alta esperanza de la liberación (resurrección) profética del pueblo: Desde aquí se entiende el destino del profeta, que habiendo sido heraldo y portador de castigo, viene a presentarse al fin como promotor e impulsor de una esperanza que va mucho más allá de las posibiliades de los hombre.

Son muchos los que dicen: «Se han secado nuestros huesos, nuestra esperanza ha perecido, estamos perdidos» (cf. Ez 37, 11). Muchos añaden que siempre ha sido igual, que al final de la historia de los hombres no queda más que muerte. Pues bien, en contra de eso, el profeta sabe que su mensaje tiene poder sobre la muerte, porque es portador de la Palabra resucitadora de Dios que actúa a través de los profetas.

Todo es divino (creador) en la palabra del profeta, pero todo es, a la vez, profundamente humano, pues él habla desde el valle de la muerte, donde yacen sin vida los huesos del pueblo condenado. Pues bien, en ese contexto, desde el valle del fracaso y muerte de los hombres, Ezequiel se convierte en mediador de Dios, portador de una promesa de vida para el pueblo, como una especie de encarnación del principio de la vida de Dios. De esa forma dice: "la mano de Yahvé se posó sobre mí; y el Espíritu de Yahvé me sacó y me colocó en medio de un valle, y éste estaba lleno de muertos", para escuchar y proclamar allí la gran palabra: "Yo mismo traeré sobre vosotros Espíritu (=*Ruah*) y viviréis…" (cf. Ez 37, 1-6. 10-15).

El pueblo está muerto: no es más que un amasijo de huesos reseco, sobre la superficie de un valle desolado. La historia de Israel ha sido un fracaso; humanamente no hay remedio; pero existe Dios (sobre el Carro celeste y el Trono), y él vuelve a tomar la iniciativa, con rasgos que recuerdan su primera creación (Gen 1-2) y su llamada salvadora (Ex 3), en continuidad con la historia de la salvación anterior. Pues bien, ese Dios creador del principio, el Dios liberador del éxodo, recreará a los israelitas muertos del exilio, a través de la palabra del profeta, que asume y proclama, aquí y ahora, el mandato recreador de Dios. Ésta es una Palabra eficiente, que realiza lo que dice: pone al pueblo en pie y le capacita para revivir, caminando de nuevo hacia cumplimiento de la promesa.

5. Una resurrección que es nuevo nacimiento y nuevo pacto para el pueblo.
Israel es un valle de huesos muertos, pero sobre ellos alienta la palabra de Dios a través del profeta: «Les haré salir de en medio de las gentes, los reuniré de todos los países; les haré entrar en su patria y los apacentaré sobre los montes de Israel, en los valles y en todos los lugares de la tierra» (34, 13). Ezequiel nos sitúa así ante una profecía de nueva creación, de instauración de la alianza final de Dios. Sobre la tierra abandonada y muerta brotarán ciudades (36, 1-15); en el lugar donde los viejos pactos se rompieron podrá elevarse el pacto nuevo (cf. 36, 16-32). Así resonará la gran palabra de Dios sobre las ruinas solitarias y los campos yermos de la tierra palestina: «Vosotros, montes de Israel, germinaréis: daréis ramas y frutos

a mi pueblo Israel que vuelve... Volveréis a ser labrados y sembrados... cuando vuelvan a vosotros los hombres de Israel, mi pueblo (cf. 36, 8.9.12).

Estas palabras forman una especie de «evangelio de la tierra». El profeta sabe que Dios ama los montes y los valles y colinas de su pueblo. Por eso, Ezequiel dice, en nombre de Dios, que los hijos de Israel volverán, como pródigos perdidos que retornan a la casa de su padre, de forma que la promesa de futuro para el pueblo se convierte así en bendición para de la tierra. El hombre de Israel no se concibe aislado de su entorno. La tierra es una parte integrante de su vida. Por eso, la promesa de futuro para el hombre es también una palabra dirigida hacia la tierra: «Os tomaré de entre las gentes, os reuniré de entre los pueblos, y os haré entrar en vuestra tierra» (36, 24).

Ezequiel proclama de esa forma, como palabra propia, la palabra de su Dios, haciéndose así portador de su promesa, anunciando y promoviendo el gran cambio: Dios transformará el corazón del pueblo, estableciendo así su nueva pacto: «Os daré un corazón renovado, pondré en medio de vosotros nuevo espíritu. Arrancaré de vuestra carne el corazón de piedra, y os daré un corazón de carne. Pondré mi espíritu dentro de vosotros, y os haré caminar según mis mandatos» (36, 26-27). Solo de esa forma, renovado el corazón del pueblo, se podrán proclamar para siempre las palabras de promesa: «Habitaréis la tierra que yo di a vuestros padres; vosotros seréis mi pueblo y yo seré vuestro Dios» (36, 28).

La tierra misma se vendrá a convertir en una paraíso verdadero de abundancia (cf. 28, 13), como indica la promesa final de bendición par la tierra, habitada de nuevo por las doce tribus. Revivirán los campos desolados, se edificarán las ruinas, se cultivarán los huertos... (cf. 36, 37-38). Por eso, al final de todas las promesas se eleva la más honda, centrada en la bendición y reparto de la tierra de Israel entre las Doce tribus, que son signo y principio de la nueva humanidad (cf. Ez 35-38). De esa forma ha contado Ezequiel la historia de la verdadera creación, que no es la primera, la del Génesis, sino la última, la restauración universal, la resurrección de la muerte, la nueva tierra de los liberados por el amor activo de Dios a su pueblo.

6. Morada de Dios, el nuevo templo. La promesa anterior de la tierra, que retoma el motivo de la creación (Gen 1-3), resulta inseparable no solo del nuevo éxodo, con el pacto definitivo de Dios con el pueblo (en la línea de Ex 19-24), sino también y sobre todo con la edificación del nuevo Santuario, en el que viene a entrar y habitar para siempre la Gloria de Yahvé, que al principio del libro se había marchado de Jerusalén y de su templo.

Ezequiel retoma y recrea así el tema culminante del libro del Éxodo (Ex 25-40), con la construcción del Tabernáculo y la instauración del culto, que permite vincular a los hombres con Dios. Éste es el motivo dominante de Ezequiel aquí culmina el libro entero, que puede y debe interpretarse como un nuevo Pentateuco profético, una Ley condensada y perfecta (¡ley del corazón, ley de santidad!) que se expresa en la visión del Nuevo Templo que está en el fondo de los capítulos finales del libro (Ez 40-48), un tema que ha sido retomado y recreado en una nueva perspectiva en Ap 21-22.

Entendido así, el templo aparece como una condensación de la tierra, una especie de encarnación sacral de Dios (que el NT, especialmente el evangelio de Juan interpreta de forma personal, al identificar el templo de Dios con el hombre-mesías Jesucristo). Ese templo está junto a Jerusalén, en el centro de la tierra prometida, pero es más que la ciudad de Jerusalén, más que toda la tierra, es la expresión del Dios que habita en medio de su pueblo, en una especie de "encarnación sacral" (cultual). En el fondo, el templo es la presencia de Dios entre los hombres, de manera qsue el edificio externo, en el centro de la tierra del nuevo Israel, es un signo de la nueva humanidad reconciliada.

El libro de Ezquiel culmina y se cumple así en forma de promesa de pacto y de presencia: «Pondré mi santuario en medio de ellos por los siglos; colocaré en el centro (de la tierra) mi morada. y ellos serán mi pueblo y yo seré su Dios» (37, 27-28). Del sentido de ese templo y santuario tratan minuciosamente los últimos capítulos del libro (Ez 40-48), con su visión de una escatología ya realizada, es decir, de un cumplimiento histórico del pacto de Dios, y de su presencia entre los fieles de su pueblo.

Así lo han destacado de un modo impresionante los capítulos finales del libro, cuando hablan de las aguas de Dios, que brotan del corazón mismo del templo, regando y transformando así la tierra prometida, de manera que voz de profecía viene a convertirse en experiencia (y esperanza escatológica). De esa forma, Ezequiel está evocando el mundo nuevo de la resurrección con signos de su propio tiempo, de su propia tierra, del templo de Jerusalén y del río que riega y fecunda la tierra antigua de la muerte.

En esa línea Ezequiel ha fijado y trazado uno de los programas básicos de reconstrucción sacral de Israel tras el exilio (Ez 40-48), como nación elegida, organizada según las tribus, en doce franjas de tierra (una para cada tribu) con el territorio sagrado del templo en el centro, con una porción para los sacerdotes y otra para el "príncipe", que no es un rey mesiánico en sentido estricto (davídico), sino un protector del culto… y otra para la ciudad de Dios, que está cerca del templo, pero solo cerca, pues el templo se eleva separado, solitario, en el centro del lugar sagrada, entre las doce tribus.

Ésta es la más honda visión de la tierra-cielo del Antiguo Testamento, que ha sido retomada en perspectiva cristiana por Ap 21-22. Toda la profecía se despliega, según eso, en dos planos: en un plano "material" (histórico), y en un plano sobrenatural (eterno), como el autor de este comentario ha puesto de relieve, insistiendo en el aspecto escatológico del programa de recreación de Israel.

Desde ese fondo se distingue y se precisa la visión de Ezequiel, con el templo y los sacerdotes en el centro de la tierra, con una ciudad separada, al servicio del mismo templo, y un príncipe (también separado, con su propia tierra), para instaurar así el nuevo culto de los sacerdotes del templo. En el fondo, el mesías de Dios se identifica con un templo, donde Dios habita cerca de su pueblo, servido por sacerdotes (sin que haya un Sumo Sacerdote con poder sobre los otros). Desde el centro del mundo se eleva así una especie de culto sagrado que proclama la santidad de Dios.

Pues bien, a diferencia de eso (pero reinterpretando y culminando la profecía de Ezequiel), el libro del Apocalipsis, que es una especie de versión cristiana de Ezequiel, sitúa en el centro de la nueva tierra la ciudad de Dios y su Cordero. Una ciudad que ya no necesita templo, pues el templo es el mismo Cordero de Dios, y todos los creyentes son sacerdotes de la nueva liturgia sagrada, que suben a la gran ciudad por las doce puertas (que son como las doce del templo de Ezequiel). También hay otros rasgos semejantes, entre ellos el agua de la vida, aunque ahora no brota del umbral del templo, sino del trono de Dios y su cordero, que son centro y corazón de la humanidad reconciliada.

Pero aquí no podemos seguir hablando de estos temas, pues ellos forman el argumento del libro, y así los iremos viendo a lo largo del comentario. Por eso pasamos ya a la presentación del comentario,

2. Comentario de C. F. Keil

Había y hay muchos comentarios a Ezequiel, muchos y buenos trabajos escritos sobre su figura, su mensaje y pensamiento, con su influjo en la literatura posterior, tanto judía cristiana, de forma que resulta imposible reseñarla con detalle, pues no quiero presentar una edición crítica y exhaustiva de mensaje de Ezequiel, lo que exigiría un método distinto. sino una traducción y actualización completa de su texto, en un plano académico y pastoral, para uso y estudio de ministros de la Iglesia, para estudiantes y personas interesadas en el conocimiento directo de la Biblia, en nuestro propio tiempo (año 2018), en el ámbito de lengua castellana.

Éste libro que ofrezco no quiere ser una traducción y edición crítica del texto del C.F. Keil, solo para grupos de académicos, sino algo más sencillo y, en el fondo, más exigente: quiere ser una actualización de su texto, no solo para estudiosos de teología y pastores o ministros de las iglesias. Deseo ofrecer por tanto un texto vivo, que pueda servir para todos aquellos que quieran y puedan entrar de un modo personal en la Biblia, tomando como base un texto clave, para judíos y cristianos, como es el libro de Ezequiel. Ésta es, por tanto, una edición que sea, al mismo tiempo, científica (seria, actualizada) y pastoral, una edición abierta a personas que tienen cierto conocimiento inicial del texto original hebreo del profeta, sobre el que se hace el comentario, pero sin necesidad de dominar académicamente esa lengua.

Debo recordar que C.F. Keil publicó su obra con el título *Biblischer Kommentar über den Propheten Ezechiel*, en Dörffling und Franke, Leipzig 1968, dentro de la colección *Biblischer Kommentar über das Alte Testament,* con una 2ª edición mejorada y ampliada el año 1882 (que es la que tomo como base de mi traducción). Ésta fue una obra que influyó mucho en el mundo germano, aunque en parte fue marginada, porque la exégesis mayoritaria del protestantismo alemán empezó a moverse pronto en una línea de crítica histórico-literaria y, sobre todo, teológica distinta de la que había seguido C. F. Keil. Pues bien, de manera sorprendente, esta obra influyo (e influye) mucho más en el mundo anglosajón, bíblicamente mas "tradicional" (en el mejor sentido de la palabra), a través de la rápida traducción, realizada inglesa, realizada J. Martin: *Biblical Commentary on the Prophecies of Ezekiel, realizada por* (T & T Clark, Edinburgh 1876).

Esa traducción de J. Martín, literariamente impecable (¡es un libro clásico!) tiene ciertos inconvenientes (por su forma de condensar e interpretar algunos pasajes), pero ha realizado y sigue realizando un servicio inestimable dentro del mundo cultural de lengua inglesa, por su capacidad de difusión y porque ha mantenido vivo un texto clave de la interpretación bíblica de los últimos doscientos años. Esa traducción, realizada primero en Escocia, ha sido reimpresa muchas veces en USA (en Eerdmans, Grand Rapids MI y en Hendrickson, Peabody MA), y sigue apareciendo con regularidad en el vol 9 de Keil & Delitzsch, *Commentary on the Old Testament in Ten Volumes,* tanto por Eerdmans, 1982, como en Hendrickson, 1989, 1996 etc. (con un CD-ROM, 2006, que ha multiplicado su presencia).

El original alemán resulta difícil de encontrar, a no ser en colecciones antiguas, aunque es accesible on line, en PDF, en varios portales, libres o de pago (https://www.logos.com/product/43113/biblischer-kommentar-uber-das-alte-testament; http://bennozuiddam.com/Keil%20Delitzsch%20Ezekiel_Band_13_1882.pdf), de los que he realizado esta traducción, por la que deseo que pueda introducirse en el ámbito hispano, no solo protestante y católico, cristiano sin más, sino también en el mundo cultural abierto a los clásicos de la literatura y pensamiento. Ezequiel es un texto "religioso" de influjo enorme en las iglesias y confesiones creyentes, pero es también uno de los libros fundantes de la cultura de occidente, que puede y debe compararse, en su plano, con las obras griegas de Homero, Herodoto o Platón, por poner tres ejemplos.

Ciertamente, quiero que el libro de Ezequiel, y este comentario de C. F. Keil, siga estando presente en las comunidades de origen bíblico, y en las iglesias cristianas, pienso que puede y debe hallarse también en todos los centros culturales interesados en el conocimiento de las raíces de nuestra herencia bíblico. En esta línea, éste es un comentario "histórico", y así puede estudiarse y utilizarse como obra de referencia en las bibliotecas de las universidades y en los centros de estudio teológico. Pero, siendo eso, es mucho más. A los ciento cincuenta años de su publicación, este comentario sigue siendo un libro vivo, plenamente actual, uno de los mejores estudios literarios, históricos y teológicos que hoy pueden encontrarse sobre el libro de Ezequiel, no solo en un plano de conocimiento bíblico (en un nivel de fe, para el enriquecimiento cristiano y la predicación), sino también en un plano de estudio científico, de tipo histórico y cultural, simbólico y literario.

En esa línea, C. F. Keil ha realizado un comentario filológico al texto hebreo de Ezequiel, asumiendo y recreando la mejor historia de los comentarios clásicos antiguos sobre ese libro, de manera que con Ezequiel nos ofrece una historia de lo que ha sido (y sigue siendo) el estudio e influjo de su profecía en la cultura clásica de occidente, no solo entre los judíos (de tipo más rabínico o más cabalista), sino también entre los cristianos antiguos, y entre los protestantes y católicos (anteriores al siglo VII), que C. F. Keil ha utilizado y atualizado de forma generosa en su trabajo. Estos son algunos de ellos, presentados aquí en forma cronológica (fijándonos de un modo especial en autores del mundo cultural hispano):

- Orígenes (185-253/4), *Catorce homilías sobre Ezequiel*, traducidas al Latín por Jerónimo, en *PG* 13, 665-768 y en *PL* 25, 691-786. Edición actual en Origen, *Homilies 1-14 on Ezekiel*, Newman Pres, New York 2010).
- Efrén (306-373), *textos sobre Ezequiel*, editados por P. Benedictus y S. E. Assemanus (eds.), *Sancti Ephraem opera omnia quae extant, Graece, Syriace, Latine, in sex tomos distribute,* Typographia Pontificia Vaticana, Romae 1732-1746
- Jerónimo (347-419/420), *Commentariorum in Ezechielem Prophetam Libri Quatuordecim*, en *PL* 25, 15-490.
- Teodoreto de Ciro (393 - 460), *"Hermēneia tēs propheteias tou hagiou Iezekiēl / In divini Ezechielis prophetiam interpretatio",* obra clave de la exégesis de tipo "antioqueno", in *PG* 81, 807-1256.
- Zwingli, H. (1484-1531), *Die Propheten: Jesaja, Jeremia, Ezechiel, Daniel sowie die 12 Kleinen Propheten* (Corpus reformatorum, 101; Zürich: Berichthaus, 1956-1959
- Calvino, J (1509-1564), *In viginti prima Ezechielis prophetae capita praelectiones,* F. Perrini, Genevae 1565
- Pintus [Pinto], H. (1528-1584), *In Ezechielem prophetam commentaria,* Apud Ioannem a Canova, Salmanticae 1568
- Maldonado, Juan de (1533-1583), *Commentarii in Prophetas IV : Ieremiam, Baruch, Ezechielem, & Danielem,* H. Cardon, Parisiis 1610
- Prado, Jerónimo de, (1547-1595) y Juan Bautista Villalpando (1552-1608), *In Ezechielem explanationes et apparatus urbis, ac templi hierosolymitani. Commentariis et imaginibus illustratum opus tribus tomis distinctum I-II,* A. Zannetti, Romae 1596 y 1604 / 1605
- Lapide, Cornelius a (1567-1637), *Commentaria in Ezechielem prophetam,* Martinum Nutium, Antuerpiae 1621.

Prólogo

Junto a estos autores de tradición cristiana, habría que citar a los maestros de la tradición judía, no solo a los representantes de la literatura misnáica y talmúdica, sino a los estudiosos posteriores, que han mantenido vivo el texto y mensaje de Ezequiel hasta el siglo XIX, de manera que podría hablarse, a partir de Ezequiel, de la vinculación y diferencia entre judíos y cristianos, no solo en la forma de entender al profeta, sino también en la forma de interpretar su vida (sus comunidades) a partir de la lectura de la Biblia.

Fundándose en la tradición anterior, C. F. Keil redacta y publica su obra al comienzo de la segunda mitad del siglo XIX, en diálogo activo y crítico con los mejores investigadores de su tiempo, especialmente protestantes, de manera que su obra puede tomarse como un testimonio crítico del pensamiento cristiano alemán de ese momento, en una línea de "neo-ortodoxia" luterana, especialmente interesada por el acceso directo a la "véritas hebraíca", es decir, al encuentro con la Biblia en su texto original.

He dicho que C. F. Keil es un representante de la mejor "neo-ortodoxia" luterana, vinculada al texto hebreo de la Biblia. Pero eso no le impide interpretar a Ezequiel con la ayuda de los LXX y de los tárgumes, y de las grandes traducciones (entre las que sobresale la de Jerónimo). Todo eso hace que su obra no sea solo un comentario a Ezequiel, sino una renovación y recreación del cristianismo bíblico, en el pasado y en la actualidad (en su siglo XIX).

No se ha ha vuelto a dar, que yo sepa, en los decenios posteriores (ni en la actualidad, al comienzo del siglo XXI) un contexto de discusión y crítica eclesial y científica como el que se dio en aquellos años. En ese contexto quiero y debo citar algunas obras de C. F. Keil ha tomado como lugar de referencia, obras que él cita de un modo generoso y académico (en línea de afirmación y superación crítica) en su comentario. Éstas son algunas de las más importantes:

- Auberlen (cf. *Der Prophet Daniel und die Offenbarung Johannis,* Basel 1857).
- Ewald, G. H. A., *Die Propheten des Alten Bundes. 2: Jeremja und Hezeqiel mit ihren Zeitgenossen*, 2ª ed., Vandenhoeck & Ruprecht, Göttingen 1868.
- Hävernick, H. A. C., *Commentar über den Propheten Ezechiel,* Heyder, Erlangen 1843
- Henderson, E., *The Book of the Prophet Ezekiel, Translated from the Original Hebrew with a Commentary Critical, Philological, and Exegetical,* Hamilton, London 1855 K. A.
- Hengstenberg, W., *Christologie des Alten Testamentes*, Berlin 1854
- Hitzig, F., *Der Prophet Ezechiel,*Weidmann, Leipzig 1847
- Kleifoth, Th, *Das Buch Ezechiels* I-II, Rostock, 1864 y 1865.
- Umbreit, F. W. C., *Praktischer Commentar über den Hesekiel, mit exegetischen und kritischen Anmerkungen*, Perthes, Hamburg 1843.

Al lado de esto, podríamos recordar otros, que C.F. Keil va citando (aceptando, revisando o criticando, según los casos), como precisaré a lo largo de la traducción, para ayuda de los lectores, pero sin volverme exhaustivo, pues como he dicho ésta sigue siendo una edición viva, para el estudio directo del texto de Ezequiel, no un trabajo crítico de erudición, solo para especialistas.

En esa línea, será bueno que el lector de este comentario (a principios del siglo XXI), conozca también otros más recientes, para valorar así las aportaciones de C. F. Keil, situando su obra en el contexto cultural y literario de su tiempo. Éstos son algunos de los más significativos sobre Ezequiel (entre los que he querido destacar algunos publicados en lengua castellana):

Abrego de Lacy, J. M., *Ezequiel*, Nueva Biblia de Jerusalén, 21, Desclée de Brouwer, Bilbao 2011.
Allen, L. C., *Ezekiel 1-19 / Ezekiel 20-48*, WBC 28 / 29, Word,Dallas: 1994 / 1990.
Almada, S. E., *Ezequiel*, en A. Ropero, Gran diccionario enciclopédico de la Biblia, Clie, Viladecavalls 2013, 874-881.
Alonso Schöke, l y J. L. Sicre, *Profetas* II, Cristiandad, Madrdid 1980, 667-857
Alonso Schökel, L., *Ezequiel*, Los Libros Sagrados 8, Cristiandad, Madrid 1971; Id y J. L. Sicre Diaz, *Profetas. Introducciones y comentario II*, Cristiandad, Madrid 1980, 667-858
Asurmendi, J. M., *Ezequiel*, Verbo Divino, Estella 1987;
Auvray, P., *Bible de Jérusalem. Ézéchiel*, Cerf, Paris 1957
Beauchamp, E. *Los profetas de Israel*, Verbo Divino, Estella 1988, 177-220;
Becker, J., *Der priestliche Prophet. Das Buch Ezechiel 1-24, 25-48*, KBW, Stuttgart 1971
Bertholet, A., *Hezekiel*, HAT 1/13, Mohr, Tübingen 1936
Blenkinsopp, J., *Ezekiel*, Interpretation, John Knox, Louisville, KY 1990
Block, D. I., *The Book of Ezekiel. I: 1-24 / II: 25-48*, Eerdmans. Grand Rapids MI: 1997 / 1998.
Bowen, N., *Ezekiel*, Abingdon, Nashville TN 2010
Brunner, R., *Ezechiel, I-II*, Zwingli-Verlag, Zürich ²1969
Clements, R. E., *Ezekiel*, Westminster Bible Companion, Louisville KY 1996.
Cooke, G. A., *A Critical and Exegetical Commentary on the Book of Ezekiel*, ICC Clark, Edinburgh 1936
Cortese, E., *Ezechiele*, Paoline, Roma 1973
Eichrodt, W., *Der Prophet Hesekiel I-II,. Kap. 1-18 / Kap. 19-48*, ATD 22/1-2, Vandenhoeck & Ruprecht Göttingen: 1959 / 1966
Eichrodt, W.. *Ezekiel: A Commentary*, Westminster, Philadelphia 1970.
Eisemann, M., *Yechezkel. The Book of Ezekiel. A New Translation with a commentary anthologized from Talmudic, Midrashic, and Rabbinic Sources. I-II*, Tanach Series, Mesorah, New York, 1977 / 1980
Fisch, S., *Ezekiel: Hebrew Text and English Translation with Introduction and Commentary*, Soncino, London 1978.
Fohrer, G., *Hezekiel*, HAT I/13, Mohr Tübingen 1955
Joyce, P. M., *Ezekiel. A commentary*, T.T. Clark, London 2009
Lamelas Mínguez, J., *Ezequiel*, La Casa de la Bíblia, Atena, Madrid 1993

Lamparter, H., *Zum Wächter bestellt: Der Prophet Hesekiel,* BAT 21, Calwer Stuttgart: 1968.
Lust J., (ed.), *Ezequiel and his Book,* BETL 74, Leuven 1986
Monloubou, L., *Un sacerdote se vuelve profeta, Ezequiel,* FAX, Madrid 1973
Neher, A., *La esencia del profetismo,* Sígueme, Salamanca 1975, 77-93;
Odell, M. S., *Ezekiel,* Smyth & Helwys, Macon GA 2005
Pohlmann, K.-F., *Das Buch des Propheten Hesekiel I-II,* ATD 22,1-2, Vandenhoeck. Göttingen 1996.
Savoca, g. *Ezequiel,* Ciudad Nueva, Madrid 1996
Sedlmeier, F., *Das Buch Ezechiel I-II,* Neuer Stuttgarter Kommentar, Stuttgart 2002 / 2013).
Sweeney, M. A., *Reading Ezekiel: A Literary and Theological Commentary,* Smyth & Helwys Macon, GA 2013
Tuell, S. S., *Ezekiel, NIBC,* Hendrickson, Peabody MA 2009
Wevers, J. W. *Ezekiel,* NCeB, London 1976.
Zimmerli, W., *Ezechiel. 1-II,* BKAT XIII/1-2, Neukirchener V., Neukirchen-Vluyn 1955-1969

Al lado de estos se pueden citar algunos comentarios más concisos, que han aparecido en las grandes obras de conjunto, como:

Brown, R. E., J. A. Fitzmyer y R. E. Murphy, *Nuevo Comentario Bíblico San Jerónimo.* I-II, Verbo Divino, Estella 2004
Farmer, W. R. (ed.), *Comentario Bíblico Internacional,* Verbo Divino, Estella 1999;
Henry, M., *Comentario Bíblico,* Clie, Viladecavalls 1999;
Levoratti A. J., (ed), *Comentario Bíblico Latinoamericano,* Verbo Divino, Estella 2004;
Profesores Compañía de Jesús, *La Sagrada Escritura I-IX,* BAC, Madrid, 1965-1969
Profesores Salamanca, *Biblia comentada I-VII,* BAC, Madrid, 1965-1968;

Hay, además, una extensa bibliografía, no solo en comentarios como los de. Joyce y Zimmerli (arriba citados), sino también en buscadores de diverso tipo, como:

- bible.org/article/selected-bibliography-book-ezekiel
- tmcdaniel.palmerseminary.edu/Ezekiel%20Bibliography.pdf
- www.cjconroy.net/bib/ezek-gen.htm;//people.bethel.edu/~pferris/ot103/Bibliog%20-%20Ezekiel.pdf

Aquí no puedo evocar ni valorar esa bibliografía en detalle, pues ello exigiría escribir un comentario nuevo. Por eso me limito a ofrecer algunas observaciones generales, relacionadas con el libro de C. F. Keil, diciendo desde el principio que se trata de un comentario que sigue siendo plenamente, y que, en parte, no ha sido superado todavía, no solo en un plano confesional (de lectura cristiana), sino también en un plano histórico y literario, con las limitaciones que implica el haber sido escrito hace ciento cincuenta años.

1. Se trata, por un lado, de un comentario antiguo, de manera que su bibliografía y algunos detalles de tipo histórico se encuentran en cierto sentido desfasados, lo mismo que algunos de los problemas que plantea. Pero, al mismo tiempo, es un comentario plenamente actual, desde una perspectiva filológica e histórica, en la línea de una lectura canónica y confesional del texto del profeta. En ese sentido, dejando quizá a un lado algunos pocos comentario (como los de Fohrer, Joyce y Zimmerli), podemos afirmar que ha sido y sigue siendo el más significativo de los que actualmente pueden encontrarse en el campo de los estudios bíblicos. Por eso pienso que resulta muy importante (yo diría que casi imprescindible) para los predicadores bíblicos y para los estudiosos del texto y teología de los profetas.

2. Es un comentario filológico, realizado sobre el texto hebreo, que he querido introducir al comienzo de cada perícopa o pasaje del texto, poniéndolo al lado la traducción de Reina-Valera, del año 1995, con algunas modificaciones que introduzco, para seguir con más fidelidad la traducción propia de C. F. Keil. Este comentario supone siempre que el lector ha de tener a mano (a su lado y siempre abierto) el texto hebreo, que sirve siempre de principio y referencia (es el texto canónico, la *veritas* o verdad *hebraica*. Solo por eso, por facilitar el trabajo del lector que no puede llevar o tener siempre a mano una edición de la Biblia Hebrea introduzco aquí, al comienzo de cada pasaje comentado, el texto hebro (tomado de la edición "canónica" de K. Elliger y W. Rudolph, *Biblia Hebraica Stuttgartensia*, DB, Stuttgart 1977). Pongo a su lado la traducción actualizada de Reina-Valera (edición 1995), que nos servirá de referencia, aunque quien desee podrá emplear alguna otra buena traducción de la Biblia al Castellano.

Unicamente así se puede seguir y entender este comentario, sabiendo que el autor (Keil) va analizando siempre, frase a frase y palabra a palabra, el texto original de la Biblia. Por eso, este *Comentario* tiende a suponer un cierto conocimiento inicial del hebreo, aunque no es imprescindible dominarlo. Más aún, dicho de forma inversa, la lectura de este comentario puede ayudarnos como introducción para el estudio y conocimiento del hebreo bíblico, para familiarizarnos con algunas de sus palabras y conceptos principales.

3. Éste es un comentario histórico, en el mejor sentido de la palabra. Como he dicho, C. F. Keil ha completado el estudio del texto hebreo con las traducciones antiguas, desde los LXX (cf. A. Rahlfs, *Septuaginta,* DB, Stuttgart 1979) y el Targum a la Vulgata, con los grandes estudiosos de la Reforma protestante y del catolicismo el siglo XVI, ofreciendo así una visión de conjunto de la historia de la interpretación bíblica, con aportaciones de tipo histórico y arqueológico. De esa forma vincula una lectura científica y creyente de Ezequiel, situando la luz de su texto ante la nueva condición cultural y religiosa de la modernidad, en el siglo XIX. Su obra, traducida y recreada fielmente en castellano, ofrece la mejor interpretación y lectura del mensaje eterno del gran profeta de la cautividad y la esperanza escatológica (propia de Israel, propia del cristianismo).

4. En un primer momento, la lectura de esta obra ofrece cierta dificultad, para los menos iniciados en la Biblia, especialmente por el análisis de los textos hebreos y por su interpretación simpre ceñida al texto, desde una perspectiva filológica y literaria (y en el fondo creyente). Pero una vez pasada esa primera barrera, la lectura se vuelve fascinante, pues nos introduce en la vida y mensaje de un hombre excepcional (Ezequiel), que anticipa y en cierto sentido resuelve algunos de los problemas básicos de la historia humana. Su texto nos sitúa dentro del gran conflicto y de la gran promesa de la caída del orden viejo del Reino de Jerusalén, con el culto del templo, que se abre a la llegada del tiempo escatológico, que para los cristianos se centra y cumple en Cristo. Todo parece destruirse y se destruye, a causa del pecado de los hombres. Pero todo puede renacer y renace por obra de la gracia de Dios.

Han pasado más de dos mil quinientos años desde los tiempos en que Ezequiel se enfrentó con el destino de Israel, con la destrucción de la ciudad (Jerusalén) y de su Templo, en años de gran oscuridad y silencio de Dios. Pero iluminando esa oscuridad y rompiendo ese silencio, el antiguo profeta puede y quiere ofrecernos un camino abierto hacia el misterio de Dios y de la promesa de vida en el futuro, un camino que resulta aún más necesario en nuestro tiempo.

INTRODUCCIÓN

1. La Persona del Profeta

Ezequiel, יְחֶזְקֵאל (Ez 1,3; 24, 24), es decir, אל יחזק, *Dios fortalece,* Ιεζεκιήλ (LXX y libro de Siraj, 49,8), en la Vulgata *Ezechiel,* mientras Lutero, siguiendo el ejemplo de los LXX, escribe *Hesekiel,* fue el hijo de Busi, de ascendencia sacerdotal. Fue llevado a la cautividad en el exilio de Babilonia en el año 599 a.C., es decir, en el año once antes de la destrucción de Jerusalén, con el rey Joaquín, los nobles del reino, muchos sacerdotes y la clase superior de la población de Jerusalén y de Judá (cf. Ez 1, 2; 40, 1; 2 Rey 24, 14; Jer 29, 1).

Vivió en la parte superior de Mesopotamia, en las riberas del río Caboras/Qebar, casado, en su propio domicilio, en medio de la colonia de los judíos desterrados, en un lugar llamado Tel-Aviv (Ez 1, 1; 3, 15.24; 8, 1; 24, 18). En el año quinto de su cautiverio, es decir, el 595 a.C., fue llamado para ser profeta del Señor, y trabajó en este puesto oficial durante veintidós años, porque la última de sus profecías está datada en el año veintisiete de su exilio, es decir, en el 572 a.C. (Ez 29, 17). Nada se conoce de las otras circunstancias y acontecimiento de su vida, ni tampoco de su muerte.

Las leyendas apócrifas que hallamos en los Padres de la Iglesia y en los Escritos Rabínicos dicen que fue asesinado por un príncipe de su propio pueblo, por haber rechazado su idolatría y que fue enterrado en la tumba de Sem y de Arfasad, etc. (cf. J. B. Carpzov, 1639-1699, *Introductio in Theologiam Judaicam,* 1687, II, 203ss), carecen de todo valor histórico. Lo único cierto es que terminó su vida entre los exilados, allí donde Dios le había asignado su servicio de profeta, y, a diferencia de su contemporáneo Daniel (cf. Dan 1, 21; 10, 1), no sobrevivió hasta el final de la cautividad, para ver el comienzo de la redención de Israel de Babilonia, pues sus profecías no contienen la mínima alusión a ello.

2. Los tiempos del profeta

Ezequiel, como Daniel, fue un profeta en el exilio, pero lo fue de un modo diferente a ése último, que fue llevado cautivo antes que él a Babilonia, tras la primera conquista de Jerusalén por Nabucodonosor, en el reinado de Joaquim, y que después vivió aún durante setenta años en la corte de los reyes de Babilonia y de los medo-persas, realizando, de tiempo en tiempo, importantes servicios de Estado.

Daniel fue colocado por Dios en esa posición elevada, lo que le permitió tener una visión de la formación y de la evolución de los reinos del mundo, de manera que, desde esa perspectiva, fue capaz de ver el despliegue de esos reinos del mundo en su lucha contra el Reino de Dios, pudiendo así predecir el poder y la gloria indestructible de ese Reino de Dios, que se encuentra por encima de todos los poderes del mundo.

Por el contrario, *Ezequiel* fue constituido como vigía sobre la nación de los exilados de Israel, y de esa forma fue capaz de *continuar* en la línea de los profetas anteriores, y especialmente de Jeremías, con el cual se asocia de diversas formas en sus profecías; él fue destinado así para predicar a sus contemporáneos el juicio y salvación de Dios, a fin de convertirles al Señor su Dios.

De un modo consecuente, para entender su obra como mensajero de Dios, una obra cuyo fruto maduro aparece ante nosotros en sus escritos proféticos, debemos tener en cuenta no solo la importancia del exilio para el despliegue del reino de Dios, sino también las realidades y relaciones sociales entre las cuales realizó Ezequiel su trabajo.

Aquello que el Señor había anunciado por Moisés a las tribus de Israel, mientras se hallaban todavía al otro lado de las fronteras de la tierra prometida, preparándose para tomar posesión de ella, es decir que si ellos desobedecían de un modo consecuente a sus mandamientos, él les castigaría no solo con duros castigos, sino que les expulsaría de la tierra que iban a ocupar y les dispersaría entre las naciones (cf. Lev 26, 14-45; Dt 28, 15-68)..., esta amenaza, repetida después por todos los profetas tras Moisés se había cumplido ya, es decir, había sido ejecutada por los asirios, sobre las diez tribus del Norte de Israel, que se habían rebelado contra la casa de David. Pues bien, esa misma amenaza iba a realizarse ahora también, a través de los Caldeos, sobre el reino de Judá.

En el reinado de Joaquim, Nabucodonosor, rey de Babilonia, había invadido por primera vez el reino de Judá, había tomado Jerusalén, había convertido a Joaquim en tributario, y había llevado consigo a Babilonia un gran número de jóvenes israelitas de noble cuna y de sangre real, entre los cuales se hallaba Daniel, con una parte de los vasos sagrados del templo, con el fin de que estos jóvenes pudieran ser educados para el servicio de la corte real de Babilonia (Dan 2, 1-7).

Con esta invasión de los caldeos comenzaron los setenta años del cautiverio de los judíos en Babilonia, tal como lo había predicho el profeta Jeremías. Pues

Los tiempos del profeta

bien, como al cabo de tres años el nuevo rey Joaquín/Jeconías se rebeló de nuevo contra Nabudoconosor, éste volvió a poner sitio a la ciudad de Jerusalén, y después de un largo asedio la tomó de nuevo, en el tercer mes del reinado de Joaquín, al que llevó cautivo a Babilonia, con los miembros de su corte, los nobles de Judá y Jerusalén, y un gran número de sacerdotes, guerreros, carpinteros y herreros, dejando en la tierra solamente a la parte menos noble del pueblo, sobre la que nombró como rey vasallo a Matanías, el tío del monarca cautivo, cambiándole de nombre, de manera que en vez de llamarse Matanías se llamara Sedecías (2 Rey 24, 10-17; 29, 2).

Al quitarle a la nación su corazón y su fuerza (la casa real, los trabajadores especializados…), el poder de Judá quedó roto. Y, aunque en ese momento Nabucodonosor no *destruyó* del todo al Estado judío, sino que le permitió pervivir como un reino sometido bajo su soberanía, es evidente que no pudo pervivir por mucho tiempo.

Judá había caído a mucha profundidad, y así fue incapaz de reconocer la mano del castigo de Dios en las calamidades que había sufrido, y no tuvo la capacidad para inclinarse con arrepentimiento ante la poderosa mano de Dios. En lugar de escuchar la voz del profeta Jeremías y de soportar con paciencia el yugo de los caldeos (cf. 2 Cron 26, 12), tanto el nuevo rey vasallo como el pueblo pusieron su confianza en la ayuda de Egipto, de manera que Secedías rompió el juramento de fidelidad que había jurado al rey de Babilonia. Por eso, para castigar esta perfidia, Nabucodonosor marchó de nuevo contra Jerusalén, y así tomó y quemó la ciudad y el templo, en el año once del reinado de Sedecías, y de esa forma puso fin al reino de Judá.

Sedecías quiso escaparse de la ciudad sitiada, pero los caldeos le apresaron, y le llevaron a Ribla con sus hijos ante la presencia del rey Nabucodonosor, quien hizo ejecutar ante sus ojos a sus propios hijos. Después privó de la vista a Secedías, y así mandó que el rey ciego fuera llevado en cadenas a Babilonia (2 Rey 25, 1-21; Jer 52, 1-30). Allí, en Ribla, fueron condenados también a muerte y ejecutados muchos oficiales del ejército, con los sacerdotes de más alto rango, mientras que aquellos que habían sido tomados prisioneros en Jerusalén con los desertores y una gran cantidad del resto del pueblo fueron llevados al exilio de Babilonia (2 Rey 25, 1-21; Jer 52, 1-30).

Por esta catástrofe, la teocracia del antiguo Testamento perdió su existencia política, y el pueblo de la alianza fue expulsado de su propia tierra, y esparcido entre las naciones, para cumplir así el castigo de su obstinada apostasía, por haberse rebelado contra el Señor su Dios. Sin embargo, esta dispersión entre las naciones no significó el rechazo total de Israel, sino que fue una *suspensión* y no una *aniquilación* de la alianza de gracia. La infidelidad humana no puede destruir la fidelidad de Dios. A pesar de este juicio terrible, que cayó sobre ellos por sus grandes transgresiones, el pueblo de Israel siguió siendo el pueblo escogido, a través del cual Dios iba a realizar aún sus proyectos respecto del conjunto de la humanidad, como dice K. A. Auberlen (cf. *Der Prophet Daniel und die Offenbarung Johannis,* Basel 1857).

Dios no se arrepiente de sus dones y de sus llamadas (Rom 11, 29). Ciertamente, la teocracia no fue restaurada de nuevo tras el exilio de Babilonia y el pueblo de la alianza no recuperó de nuevo su independencia, sino que (a excepción del corto período de los macabeos, en el que mantenerse vivir en libertad) los judíos vivieron siempre bajo la dependencia de los dominadores paganos, hasta que los romanos destruyeron Jerusalén y dispersaron a los judíos entre todas las naciones de la tierra.

De todas formas, a pesar de eso, el Reino de Dios no fue realmente destruido con la caída de teocracia o de la libertad política del pueblo. Lo que sucedió en realidad fue que el Reino de Dios entró en una fase nueva de su despliegue, una fase querida por Dios como tiempo de transición hasta la llegada de su renovación y perfección total, que iba a realizarse por Cristo. Pues bien, para preparar el camino para esta meta, y al mismo tiempo para servir como testimonio para los exilados, el Señor elevó a Ezequiel, hijo de un sacerdote, haciéndole profeta y dotándole de un poder y energía antes desconocidos en medio de los cautivos:

> "Dios hizo que él elevará en alto su voz, como una trompeta, para manifestar a Israel sus malas obras…; y esa manifestación sirvió como testimonio poderoso para mostrar que el Señor seguía en medio de su pueblo y que el mismo pueblo era un templo del Señor, de manera que, en su comparación, el mismo templo externo y visible, que aún permaneció por un poco de tiempo, perdió su importancia. De esa forma proclamó Ezequiel la llegada de un Sansón espiritual, que agarró con sus brazos poderosos los pilares de aquel templo de ídolos, y los derribó por los suelos; de esa forma se elevó esta figura poderosa, gigantesca, que era la apropiada para someter el espíritu babilonio de aquel tiempo, que se deleitaba en figuras poderosas, gigantesca y grotescas. Así fue Ezequiel, un profeta que se mantuvo en pie, él a solas, pues fuerza era semejantes de la de un centenar de hijos de los profetas" (cf. E.W. Hengstenberg, *Christologie des Alten Testamentes,* Berlin 1854, II, 531).

La llamada de Ezequiel al oficio profético tuvo lugar en el año cinco del reinado de Sedecías, en el mes cuatro de ese año (Ez 1, 1-2), en un momento en el que, tanto entre los que habían permanecido en la tierra de Israel como entre los que habían sido llevados cautivos a Babilonia, se había extendido la esperanza de una rápida caída del poder de la monarquía babilónica y de la vuelta de los exilados a su tierra nativa, una esperanza animada y fortalecida por los anuncios mentirosos de los falsos profetas (como puede verse en Jer 29).

En el mismo mes y año profetizó Hananías, un profeta de Gabaón, en el templo de Jerusalén, ante los ojos de los sacerdotes y de todo el pueblo, diciendo que Yahvé rompería el yugo del rey de Babilonia, y que a los dos años haría que volvieran a traer de nuevo a Jerusalén todos los vasos sagrados del templo que

Nabucodonosor había llevado, y que volvería también el rey Joaquín/Jeconías y todos los cautivos que habían sido llevados a Babilonia (Jer 28, 1-4).

Pues bien, el profeta Jeremías se opuso y rechazó con la palabra de Dios esas predicciones mentirosas y estas esperanzas vacías, profetizando que la servidumbre a los babilonios sería de largo duración, de manera que por eso fue violentamente acusado y perseguido por los profetas mentirosos, incluso por aquellos que se hallaban en Babilonia (cf. Jer 28, 5-17; 29, 21-32). Este engaño en relación con la situación política, y este espíritu de resistencia en contra de los decretos de Dios, se había apoderado no solo del pueblo, sino también de los nobles y del rey, de manera que ellos planearon y llevaron ansiosamente a término una conspiración en contra del rey de Babilonia.

La reunión celebrada en Jerusalén entre los reyes de Edom, Moab, Amón, Tiro y Sidón, con Sedecías no tenía otro objeto que alzarse contra Babilonia (Jer 27, 3). Pues bien, en ese contexto, la embajada que Sedecías envió a Babilonia (Jer 24, 3) y el mismo viaje que él realizó hasta allí, en el cuarto año de su reinado (Jer 51, 59) tenían la intención de engañar al rey de Babilonia, asegurándole su devoción y fidelidad, mientras él y los reyes vecinos estaban preparando una rebelión.

Pero esta esperanza vacía de una rápida liberación del yugo de Babilonia fue ignominiosamente rechazada. A consecuencia de la rebelión traidora de Sedecías, tras un asedio de año y medio, Nabucodonosor tomó Jerusalén, quemó la ciudad y el templo y destruyo el reino de Judá. De esa manera quedaron destruidos todos aquellos apoyos en los que había confiado vanamente la nación alejada de Dios. De esa manera, las afirmaciones engañosas de los falsos profetas vinieron a mostrarse mentiras. Por el contrario, las predicciones de los profetas de Dios habían sido justificadas de un modo intenso, mostrándose divinamente verdaderas.

La destrucción de Jerusalén, el incendio y destrucción del templo y la caída del reino ofrecieron, según eso, un punto de cambio básico para los trabajos proféticos de Ezequiel. De un modo consecuente, antes de la calamidad, Ezequiel había tenido que anunciar al pueblo (animado con la esperanza de una rápida liberación del exilio) el juicio y caída de Jerusalén y de Judá, aunque ese anuncio encontrara poca aceptación. Pues bien, después de la destrucción de Jerusalén y del exilio del conjunto del pueblo, para superar la desesperación del pueblo que estaba agonizando en el exilio y para vencer las burlas, desprecio y tiranía de los paganos, Ezequiel tuvo que abrir las fuentes del consuelo, anunciando al pueblo que, a causa de la ignominia que habían causado a su pueblo, el mismo Dios conduciría a la destrucción a todas las naciones paganas, pero que lo haría solo si su pueblo, Judá, al que esas naciones habían oprimido, se arrepentía y volvía a Dios.

Dios reuniría así de nuevo a su pueblo, haciéndole volver de la opresión, convirtiéndole de nuevo en una nación santa, cumpliendo los mandamientos de

Introducción

Dios y ofreciéndole un servicio voluntario. Dios le conduciría así de nuevo a su propia tierra, de manera que su siervo David fuera su príncipe, y estableciendo de nuevo su reino, de un modo glorioso.

3. El libro del profeta

La colección de las profecías reunidas en este libro forman una unidad completa y se dividen en dos partes principales: 1. Anuncio de juicio sobre Israel y las naciones paganas (Ez 1-32). 2. Anuncio de salvación para Israel (Ez 33-48).

Cada una de estas partes principales se divide en dos secciones. (1) La primera contiene: (a) las profecías de juicio sobre Israel y Jerusalén (Ez 3, 22-24, 27); (b) juicio sobre las naciones paganas (Ez 25-32). (2) La segunda contiene: (c) predicciones de la redención y restauración de Israel, con la caída del poder mundial pagano (Ez 33-39); (d) visión profética de la restauración y exaltación del reino de Dios (Ez 40-48). Toda la colección se abre con la solemne llamada de Ezequiel para el servicio profético (Ez 1, 1-3, 21).

Las profecías contenidas en a, c y d están organizadas de un modo cronológico; por el contrario, las contenidas en b (que anuncian las amenazas contra las naciones paganas) están organizadas según sus materias. Esto queda probado por los datos cronológicos ofrecidos en la "super-inscripcion" de los títulos, y confirmado por el contenido de los grupos de profecías en las primeras tres partes.

- La primera parte (a: Ez 1-24) contiene las siguientes noticias cronológicas: el año cinco de la cautividad de Joaquín (Ez 1, 2), indicando el tiempo de la llamada de Ezequiel al oficio de profeta, así como las primeras predicciones respecto a Jerusalén y Judá; después, evoca el año seis (Ez 8, 1), el siete (20, 2) y el nueve de la cautividad de ese monarca (8, 1).
- La segunda parte (b. Ez 25-32) contiene las predicciones contra siete naciones extranjeras; entre ellas, la referente a Tiro cae en el año once (Ez 25, 1) y las referentes a Egipto en el año diez (39, 1), en el veintisiete (29, 17), en el once (30, 22 y 31, 1) y en el doce del exilio.
- Las dos últimas partes (c y d: Ez 33-39 y 40-48) contienen solo una noticia cronológica cada una: Ez 33, 21, en el año diez de la cautividad, es decir, un año después de la destrucción de Jerusalén; y Ez 40, 1, en el año veinticinco de la cautividad, es decir, en el año catorce después de la destrucción de Jerusalén.

Las restantes profecías, que no llevan en su encabezamiento ninguna referencia temporal, se conectan de manera tan estrecha por su contenido con el tiempo del conjunto al que se refieren que ellas han de situarse en el mismo período de ese tiempo. De aquí se deduce que las profecías de la primera parte y la mayor parte de las de la segundo han de datarse antes de la destrucción de Jerusalén. Por el contrario, las profecías de la tercera y cuarta parte proceden de un tiempo que sigue a la catástrofe.

Esta referencia cronológica nos lleva a pensar que, en contra de la mayoría de los expositores, las profecías en contra de las naciones (contenidas en Ez 25-32) han de situarse en la primera parte del libro, no en la segunda (es decir, antes de la caída final de Jerusalén). Esta visión queda confirmada por un lado por el contenido de esas profecías, pues ellas anuncian, sin excepción, la caída de las naciones y reinos paganos, sin referencia al perdón futuro y a la conversión de un resto de esas naciones; de esa forma ellas se conectan estrechamente con las profecías de amenaza contra Israel, contenidas en las primera parte del libro.

Por otra parte, la semejanza existente entre Ez 30, 1-20 y 3, 16-21, comparadas con Ez 18, 19-32, no dejan duda alguna de que Ez 33, 1-20 está evocando la tarea básica que ha de ocupar al profeta después de la destrucción de Jerusalén, de manera que ese texto (Ez 33, 1-20) forma la introducción de la segunda parte de sus profecías. Para ulteriores precisiones sobre el contenido y las subdivisiones del libro, cf. las exposiciones que se ofrece en la parte introductoria de cada una de las secciones y capítulos.

El estilo de las representaciones proféticas de Ezequiel tiene muchas peculiaridades. En primer lugar, el revestimiento de símbolos y alegorías resulta más abundante en él que en todos los restantes profetas. Sus símbolos y alegorías no se limitan a ofrecer unos esquemas y visiones generales, sino que han sido elaborados hasta en los más mínimos detalles, de tal manera que ofrece representaciones que producen una impresión de grandeza imponente y de exuberante plenitud.

Hasta el más simple discurso profético está lleno de imaginación, con unas comparaciones arriesgadas y extrañas, que se expanden de un modo copioso, que tiende a exprimir el tema por todas partes, de manera que se repiten muchas expresiones y formas peculiares, de un modo que llega a ser incluso cansino. Por un lado, algunos han querido explicar estas peculiaridades de su estilo de representación diciendo que ellas han de entenderse a partir del influjo que el espíritu y el gusto de los babilonios ha ejercido sobre la forma de las profecías de Ezequiel. En contra de eso, otros han pensado que ese estilo de Ezequiel es el reflejo de un arte literario que intenta suplir los defectos del espíritu profético y de la misma palabra hablada con la ayuda de un aprendizaje e imitación de la vida.

Pero, en contra de eso, no se puede hablar en modo alguno de un supuesto influjo del espíritu babilonio en el simbolismo de nuestro profeta. No hay pruebas que nos permitan aceptar la visión de H. Hävernick (1811-1845), según la cual "el conjunto de estos símbolos de Ezequiel tiene un carácter colosal, que refleja en diversas formas el influjo poderoso que el profeta ha recibido de la extraña tierra en la que está cautivo (Babilonia), un influjo que se puede captar una y otra vez y que se expresa en el espíritu de Ezequiel de un modo poderoso e independiente".

Introducción

Tampoco se puede aceptar, de un modo general, la observación de aquellos que dicen que, por su forma y contenido, los símbolos de Ezequiel se parecen a los de su contemporáneo Daniel. Así, por citar un ejemplo, la referencia a la visión del águila y la comparación de los hombres ricos con árboles y cedros (cf. Ez 17) no se puede tomar como resultado de un influjo de Daniel, porque esas imágenes aparecen ya en los profetas anterior, y tanto los leones como los cedros son también originarios de Palestina.

Tampoco se puede reconocer un influjo babilonio en la visión del campo con los huesos de los hombres muertos (Ez 37), ni en la visión del nuevo templo (Ez 40), de manera que solo podría hablarse de un presumible influjo caldeo en la visión de los querubines con cuatro cabezas del Ez 1. Pero si partimos del hecho de que en la visión en la que el Señor aparece en forma humana el objeto central de la visión es el Trono, y sabiendo que este punto central no tiene ninguna referencia a Babilonia, podemos afirmar que la representación de los querubines con rostros de hombres, leones, toros y águilas no puede derivarse de la contemplación de las esculturas asirias o caldeas de figuras humanas con cabezas y alas de águilas, ni de la visión de los toros alados con figuras humana, ni de la visión de las esfinges con cuerpos de animales y cabezas de mujeres, tal como se encuentran en las ruinas de la antigua Nínive. Por otra parte, los querubines de Ezequiel no eran pinturas de toros con fauces de leones, con alas de águilas y con rostro humano adornado con cuernos – como los ha representado aún W. Neumann en su tratado del Tabernáculo –... porque, según Ez 15, todas esas representaciones están centradas en una figura humana.

Ciertamente, se han encontrado también entre los asirios esculturas en las que aparecen figuras de hombres con alas; pero Ezequiel no tenía necesidad de copiar esas figuras, pues él tenía mucho más a mano las imágenes de los querubines con forma humana, que formaban parte del templo de Salomón. Todo el simbolismo de Ezequiel deriva del templo de Jerusalén, y se sitúa en la línea de las ideas y representaciones del Antiguo Testamento.

En cuanto a la visión ideal del templo de Ez 40 ss, ella aparece esbozada según las medidas del templo de Salomón, que fue quemado por los caldeos, y, por otra parte, los elementos de la descripción de la majestuosa teofanía de Ez 1 y 10 están tomadas también del trono de Yahvé del templo de Jerusalén, donde él estaba sentado sobre querubines, que se encontraban situados sobre la cubierta del arca de la alianza. En esa línea se hallaban los fenómenos entre los cuales se había realizado la manifestación de la gloria divina en el establecimiento de la alianza del Sinaí.

Sobre la base de estos hechos, Isaías había representado ya la aparición del Señor como una visión en la que él contemplaba a Yahvé en el templo, sentado sobre un trono alto y excelso, mientras a su alrededor se hallaban de pie los serafines con seis alas que comenzaban a cantar: "Santo, Santo" (Is 6, 1-13). Ezequiel ha modificado este simbolismo para expresar su vocación y lo ha elaborado de un modo más extenso. La manera en la que ha elaborado esta visión, con otros simbolismos, muestra sin duda su capacidad de describir con palabras, de un modo preciso y atractivo, aquello que él ha visto en espíritu.

Pues bien, el simbolismo en sí mismo, igual que la visión no son en modo alguno un producto de su arte poético, ni un despliegue subjetivo de su viva fantasía, sin fundamento objetivo alguno. Al contrario, su visión y su descripción de la visión se fundan, tanto por su contenido como por su forma, sobre una visión que es espiritualmente real, esa decir, que ha sido producida por el espíritu de Dios en el alma del profeta. En ese contexto, el arte del autor se reduce a reproducir de un modo fiel y preciso aquello que él ha visto en espíritu.

Lo que caracteriza a Ezequiel es la abundancia de visiones y metáforas, y el hecho de que él posee una imaginación muy viva y un conocimiento que se expresa de muchas maneras, con muchas imágenes. Estas cualidades aparecen no solo en el esbozo del nuevo templo (Ez 40, 1), sino también en la descripción del abundante comercio de Tiro (Ez 27) y de las relaciones de Egipto (Ez 29 y 31). Estas cualidades aparecen también en la intención profunda que se manifiestas en *todas* sus representaciones, no solamente en las descripciones simbólicas y en los retratos alegóricos (Ez 16 y 23), sino también en sus simples discursos y juicios, es decir, en su manera de precisar los detalles más concretos, proyectando la luz desde todas los lados, para así penetrar en los temas, sin descansar hasta haberlos expuesto de un modo exhaustivo, y ello sin mostrar ningún esfuerzo en evitar las repeticiones.

Pues bien, este estilo de representación se funda no solo en la individualidad de nuestro profeta, sin aún más en las referencias a su tiempo, y en su forma de situarse ante esta generación a la que él tuvo que anunciar el consejo y voluntad de Dios. El simbolismo y el empleo de parábolas, visiones y proverbios sirve en general para presentar las verdades que se han de exponer de una forma que sea atractiva, para fortalecer así la impresión de las palabras y discursos; pues bien, en esa línea, la abundancia y el carácter detallado de las visiones, e incluso la repetición de los pensamientos y expresiones, desde nuevos puntos de vida, sirve para el mismo fin.

El pueblo al que Ezequiel debía anunciar primero el arrepentimiento y después el juicio divino y la salvación era "una raza rebelde, deshonesta y de duro corazón" (Ez 3, 7-9. 26; 12, 2 etc.). Si quería realizar su oficio de un modo fiel y concienzudo, tal como se lo pedía el Señor, convirtiéndole en vigía sobre la casa de Israel, él debía no solo castigar con palabras duras, y de un modo drástico, los pecados del pueblo, pintando ante sus ojos de un modo preciso los horrores del juicio, sino que debía anunciar y ofrecer también, en un estilo que fuera adecuado a los sentidos, aquella salvación que debía manifestarse para la nación arrepentida, cuando se cumpliera el juicio.

✧ ✧ ✧ ✧ ✧ ✧

Introducción

Simbolismo. Estrechamente conectado con lo anterior, el estilo de la profecía de Ezequiel tiene otra particularidad, que se muestra en la gran importancia que él asigna al origen y contenido de sus declaraciones, como aparece de un modo muy preciso en la forma contante con la que Dios se dirige a él, llamándole "Hijo de Hombre", impulsándole de esa manera a hablar y actuar, y también en el empleo de otras fórmulas, como אדני יהוה, y también כה אמר יהוה o נאם יהוה. Lo mismo aparece en la introducción de todos los discursos, cuando Dios le exige que profetice o que haga esto o lo otro y, finalmente, en la fórmula que aparece frecuentemente en todos sus discursos: "Vosotros conoceréis que yo soy Yahvé".

Ciertamente, hay muchos que toman tanto la fórmula frecuente de Hijo de Hombre como la exigencia de hablar y actuar como expresión de que Ezequiel carece del espíritu-poder profético. Sin embargo, esas dos frases no expresan esa idea de impotencia en Ezequiel, ni han de entenderse de un modo *naturalista,* como quiere G. H. A. Ewald (1803-1875), sino que son más bien el resultado de una alta inspiración poética, que Ezequiel recibe y utiliza con la intención de expresar el sentimiento de su profunda distancia respecto de Dios, queriendo así conseguir el coraje necesario para profetizar.

En esa línea, si nos situamos en una perspectiva más honda, conforme a la concepción bíblica de la profecía, pensamos que ha sido el mismo Dios el que se ha dirigido a Ezequiel llamándole "hijo de hombre" y el que le ha mandado actuar y proclamar sus predicciones, como algo que procede del mismo Dios, entonces, este dato (que el mismo Dios le llame hijo de hombre) nos ofrece la certeza de que Ezequiel no está siguiendo los pensamientos e inspiraciones de su propio corazón, sino que, en todo lo que dice y hace, él está actuando bajo mandato superior, siguiendo una inspiración divina; de esa manera, esos gestos y palabras sirven para impresionar más y más a la nación rebelde, llevándole al convencimiento de que en medio de ellos hay un profeta del Señor (Ez 2, 5; 33, 33), de manera que Dios no se ha separado de Israel, dejándola sin Espíritu, a pesar de que el pueblo esté cautivo entre los paganos.

A favor de esta visión (es decir, del hecho de que ese tipo de conducta y esas frases de Ezequiel provienen de Dios) está la forma en que él fue llamado y consagrado para el oficio profético; no solo las instrucciones que Dios le comunicó para realizar su llamada (Ez 2, 1-3, 21), instrucciones que él cumple, como primer gesto de su acción profética (quedando mudo, y en completo silencio, hasta que Dios le inspire una palabra que él mismo debe dirigir al pueblo rebelde: Ez 3, 26-27; cf. 24, 27 y 33, 22), sino también la teofanía que fue el principio de su llamada para el oficio profético (Ez 1), provienen de la acción del mismo Dios.

Como iremos viendo a lo largo de nuestra exposición, todo eso tiene la finalidad inequívoca de mostrarnos que a través de Ezequiel está actuando una realidad superior, y que el mensaje de Ezequiel no será destruido con la disolución del reino de Judá y con la destrucción de Jerusalén y del templo, que habían sido señal de la gracia y el pacto de Dios. Por encima de todo eso, Dios seguirá inspirando y apoyando a su profeta, ofreciéndole simbólicamente una experiencia y esperanza más alta de salvación.

Normalmente se cita también como peculiaridad de las profecías de Ezequiel la importancia que él atribuye a su ascendencia y actitud sacerdotal, especialmente en las visiones de Ez 1 (cf. también Ez 8-11 y 40-48), con los rasgos individuales que ofrece, en Ez 3, 13; 20, 12; 22, 8; 36, 24 etc. Ewald explica esto como "resultado de una concepción unilateral de la antigüedad, como podría verse en muchos libros y tradiciones, y también como resultado de la extrema postración de espíritu de Ezequiel, intensificada por la larga duración del exilio y del cautiverio del pueblo". Por su partes W. de Wette (1780-1849), Gesenius y otros evocan en esta línea la estrechez mental del profeta.

Pero estas visiones son igualmente infundadas y sin contenido, pues se fundan en la visión superficial de que las abundantes descripciones de los objetos sagrados del templo fueron creadas solo con la finalidad de mantener para el futuro la memoria de los mejores tiempos del pasado (Ewald). Solo cuando reconocemos, por el contrario, el carácter simbólico de esas descripciones, podemos descubrir que no había nadie más adecuado que un sacerdote, familiarizado con las instituciones del culto, para describir las teofanías de Ez 1 y Ez 10 y para ofrecer la visión del templo de Ez 40.

Estas descripciones simbólicas no son producto de una estrechez mental, ni de unas ideas sacerdotales aisladas de la vida; al contrario, ellas nos muestra que el Señor Dios había escogido a un sacerdote, y no a otro tipo de persona, para ser su profeta, y que le había permitido contemplar el futuro de su Reino sobre la tierra con símbolos del santuario de Jerusalén, porque esos símbolos del santuario eran los que mejor podían servirle para expresar la realidad de la salvación futura.

En esa línea, tampoco otros textos como Ez 4, 13; 20, 12 etc., en los que se da mucha importancia a los mandatos ceremoniales de la Ley y en los que se indica la violación de esos mandamientos como causa del juicio que está recayendo sobre Israel, son expresión de la unilateralidad o de la estrechez de espíritu del profeta, sino todo lo contrario: ellas son expresión del hondo simbolismo divino de su mensaje.

En relación con la Ley Mosaica, Ezequiel no tiene una visión distinta de aquella que habían tenido los profetas anteriores. Ezequiel sabía que en el fondo de esos preceptos, no solo de tipo moral, sino también de tipo ceremonial, había unos pensamientos divinos, con elementos esenciales de la santidad divina, que se expresaba en y a través de Israel. De esa manera, lleno del sentimiento del valor permanente de toda la Ley, Ezequiel exigió obediencia a sus mandamientos, pues eran mandatos de Dios.

La importancia que él concede al Pentateuco no es tampoco algo exclusivamente suyo, sino que es algo común a todos los profetas, en la medida en que

Introducción

todos, sin excepción, critican y juzgan la vida de la nación desde la perspectiva de los mandatos de la Ley de Moisés. En este, Ezequiel, lo mismo que su predecesor inmediato, Jeremías, se distingue de los profetas anteriores solo en el hecho de que las referencias verbales al Pentateuco aparecen en ambos con mayor frecuencia, y reciben un énfasis más grande. Pues bien, esto no se funda solo en el hecho de que ambos provienen de familias sacerdotales, sino también en las circunstancias concretas de su tiempo, especialmente en el hecho de que el abandono de la Ley por parte del pueblo había sido muy grande, de manera que los juicios de castigo anunciados en el Pentateuco contra sus trasgresores habían ya caído sobre ellos; por eso, estos dos profetas (Jeremías y Ezequiel) se vieron obligados no solo a proclamar los mandamientos, sino a anunciar las amenazas contenidas en la misma ley, si es que ellos querían cumplir fielmente el oficio profético para el que habían sido llamados.

El lenguaje de Ezequiel se distingue por el gran número de palabras y formas que no aparecen en ningún otro lugar, y que probablemente, en su mayoría, fueron acuñadas por el mismo e incluyen muchos préstamos del lenguaje del Pentateuco. (Véase una enumeración de esas palabras y formas en mi *Handbuch der Historisch-Kritischen Einleitung in Das Alte Testament* §77, 6), Por otra parte, Ezequiel fue incapaz de resistir a las influencias de un dialecto popular poco puro, recibiendo además muchos influjos del Arameo, de manera que ofrece el testimonio de una decadencia de la lengua hebrea (cf. *Handbuch der Historisch-Kritischen Einleitung* §17). Todo esto nos recuerda que el profeta estaba viviendo en un país extranjero.

Todos los críticos reconocen actualmente (hasta el día de hoy) la autenticidad de las profecías de Ezequiel. No hay, por otra parte, ninguna duda de que fue el mismo profeta el que las escribió y el que organizó los temas en este volumen de su libro, tal como ha sido transmitido hasta nosotros. Solo Ewald y Hitzig, con el propósito de dejar a un lado las predicciones que les molestan, han propuesto algunas hipótesis muy artificiosas sobre el modo y manera en que el libro se originó. Pero no es necesario ponerse a examinar de un modo más preciso sus teorías, pues su probabilidad y su fidelidad dependen solo de las visiones dogmáticas de sus autores.

Un compendio de la literatura exegética sobre Ezequiel en *Handbuch der Historisch-Kritischen Einleitung* I, pag. 353. Debe añadirse en los tiempos recientes la obra de Dr. Th. Kleifoth *Das Buch Ezechiels* I-II, Rostock, 1864 y 1865.

Ez 1-32

PRIMERA PARTE. PROFECÍAS DE JUICIO

I
Ez 1, 1-3, 21
CONSAGRACIÓN Y LLAMADA DE EZEQUIEL PARA EL OFICIO DE PROFETA

En una visión divina, en una gran nube, a través de la cual brilla el esplendor de Dios, en una nube a la que un viento impetuoso dirige desde el norte, Ezequiel contempla la gloria del Señor, sentado entre los querubines sobre un trono majestuoso, en forma humana (Ez 1); y escucha una voz que le envía como profeta a Israel y que le inspira el tema-materia de su mensaje (Ex 2, 1-3, 3). De esa forma, él es transportado en espíritu a Tel-Aviv, sobre el río Quebar, en medio de los exilados, descubriendo los deberes y las responsabilidades de su llamada profética (3, 4-21).

A través de esta aparición divina, y por el mandato con ella conectado, Ezequiel es consagrado, llamado y ordenado para el ministerio profético. Todos los aspectos de la visión se encuentran de algún modo incluidos en la extensa descripción de la teofanía de Ez 1, por la cual él es consagrado para la llamada, que le prepara para el cumplimiento de su misión. Estos elementos muestran claramente que estos capítulos no constituyen la primera sección del libro, sino la introducción a todo el libro, lo que queda también indicado por los motivos circunstanciales del tiempo y lugar de esta revelación de Dios en el comienzo.

1. Ez 1, 1-28. Aparición de la Gloria del Señor

1, 1-3. Tiempo y lugar de la aparición

¹וַיְהִי בִּשְׁלֹשִׁים שָׁנָה בָּרְבִיעִי בַּחֲמִשָּׁה לַחֹדֶשׁ וַאֲנִי בְתוֹךְ־הַגּוֹלָה עַל־נְהַר־כְּבָר נִפְתְּחוּ הַשָּׁמַיִם וָאֶרְאֶה מַרְאוֹת אֱלֹהִים:
² בַּחֲמִשָּׁה לַחֹדֶשׁ הִיא הַשָּׁנָה הַחֲמִישִׁית לְגָלוּת הַמֶּלֶךְ יוֹיָכִין:
³ הָיֹה הָיָה דְבַר־יְהוָה אֶל־יְחֶזְקֵאל בֶּן־בּוּזִי הַכֹּהֵן בְּאֶרֶץ כַּשְׂדִּים עַל־נְהַר־כְּבָר וַתְּהִי עָלָיו שָׁם יַד־יְהוָה:

1,¹ Sucedió en el quinto día del mes cuarto del año 30, estando yo en medio de los cautivos, junto al río Quebar, que fueron abiertos los cielos, y vi visiones de Dios. ² En

> *el quinto día del mes (en el quinto año de la cautividad del rey Joaquín), ³ vino la palabra de Yahvé al sacerdote Ezequiel hijo de Buzi, en la tierra de los caldeos, junto al río Quebar. Allí vino sobre mí la mano de Yahvé.*

Sobre la palabra וַיְהִי al comienzo de un libro, como por ejemplo en Jon 1, 1, cf. la nota a Jos 1, 1. Las dos noticias del año en Ez 1, 1 y 1, 2 están estrechamente conectadas con la doble introducción de la teofanía. Ésta se describe en el verso 1 según la forma de su naturaleza fenomenológica, y después en el verso 2 y 3 según la finalidad intentada y el efecto producido sobre el profeta.

El fenómeno consiste en esto: Los cielos se abren y que Ezequiel ve visiones de Dios. Los cielos se abren no simplemente cuando se le ofrece a nuestro ojo un destello de la gloria celeste de Dios (Calvino), sino también cuando Dios manifiesta su gloria de una manera perceptible para la vista humana. Esto último es lo que aquí sucede.

Las מראות אלהים, visiones de Dios, no son *visiones praestantissimae* (visiones muy elevadas), sino visiones que tienen como objeto realidades divinas o celestes, como en Is 6, 1; 1 Rey 22, 19; 2 Rey 6, 17. Aquí nos hallamos ante la manifestación de la gloria de Yahvé que se describe en los versos siguientes. Esto es los que aconteció a Ezequiel en el año treinta, que, según el verso 2, era el año quince de la cautividad de Joaquín.

La identidad real de estas dos fechas queda asegurada sin ningún lugar a dudas por la mención del mismo día del mes: "en el día cinco del mes" (comparar Ez 1, 1 con 1, 2). *El año cinco* desde el comienzo de la cautividad de Joaquín es el año 595 a.C.; por tanto, de un modo consecuente, el año treinta ha de aludir al año 625 a.C. Pero la era respecto a la cual hay que calcular esta fecha es objeto de disputa y no puede ser precisada ya con seguridad.

No se puede suponer, con E. W. Hengstenberg (1802–1869), que el treinta se refiere a los años de la vida del profeta, porque el texto supone que el añadido "en el cuarto mes, es día cinco del mes", está aludiendo a una fecha conocida por todos. El año 625 a.C., Nabopolasar se convirtió en rey de Babilonia, de manera que muchos expositores antiguos han supuesto que Ezequiel se refiere al año treinta de la era de Nabopolasar. Sin embargo, no se conoce nada sobre esa era.

Otros, como la traducción caldea y Jerónimo, con J. L. Ideler en los tiempos modernos, opinan que ese año treinta ha de computarse desde el año dieciocho del reinado de Josías, porque en ese año se encontró el libro de la Ley y comenzó la regeneración del culto auténtico por medio de una celebración solemne de la Pascua. Sin embargo, no existe en ningún lugar ningún indicio de que se haya establecido una cronología a partir de ese acontecimiento. En el *Seder Olam*, los rabinos piensan que esa cronología se ha establecido conforme a los períodos de los años del jubileo, y así opina Hitzig, pero esta suposición tampoco se base en pruebas fiables, al menos por ahora.

Sea como fuere, en ese momento, Ezequiel se encuentra בְּתוֹךְ־הַגּוֹלָה, en medio de los exilados, es decir, *dentro del espacio en que están establecidos,* no *en su sociedad (rodeado por ellos),* porque es evidente, por Ez 3, 14, que él estaba solo en el momento en que recibió la teofanía, y solo más tarde se mudó al lugar de residencia de los exilados.

Ez 1, 3. Junto al río Qebar, en la tierra de los caldeos, es decir, en Babilonia o Mesopotamia. El río כְּבָר ha de distinguirse del חבור, que es el río de Gosan, que desemboca en el Tigris (cf. 2 Rey 17, 6). Se trata del río mesopotamio *Chabioras*, Ἀβορρας (Strabón XVI. 748), o Χαβώρας (Ptolemeo V, 18, 3), en árabe *Chabur* (A. A. M. Edrisi, *Climata.* IV, 6, 2, ed. Jaubert, pag. 150 y Abulf. *Mesopot.*: cf. *N. Repertor* III. p. XXIV). Éste es el río que, según Edrisi nace en unas trescientas fuentes que brotan cerca de la ciudad de *Ras-el-'Ain*, a los pies de la cadena de montañas del Masius, y que fluye a través de la Alta Mesopotamia en una dirección paralela a los dos ríos principales de la tierra y que después, volviéndose al oeste, desemboca en el Éufrates, cerca de Kirkesion.

Allí vino la mano de Yahvé sobre Ezequiel. La expresión דְּבַר־יְהוָה אֶל־יְחֶזְקֵאל הָיָה הָיָה significa siempre una acción milagrosa que proviene del poder de la omnipotencia de Dios sobre el hombre; la mano significa aquí el órgano del poder que actúa, pudiendo realizar de esa manera una acción sobrehumana (cf. 2 Rey 3, 15), y evoca de un modo regular el gesto por el cual un hombre es transportado de un modo sobrenatural, entrando en un estado de éxtasis, con la finalidad de recibir un anuncio divino (cf. 2 Rey 3, 15) o de realizar obras sobrenaturales. Éste es el sentido que tiene la expresión a lo largo de Ezequiel (cf. 3, 22; 8, 1; 33, 22; 37, 1; 40, 1).

1, 4. Comienzo de la teofanía

⁴ וָאֵרֶא וְהִנֵּה רוּחַ סְעָרָה בָּאָה מִן־הַצָּפוֹן עָנָן גָּדוֹל וְאֵשׁ מִתְלַקַּחַת וְנֹגַהּ לוֹ סָבִיב וּמִתּוֹכָהּ כְּעֵין הַחַשְׁמַל מִתּוֹךְ הָאֵשׁ:

⁴ *Miré, y vi que venía del norte un viento huracanado y una gran nube, con un fuego envolvente, y alrededor de él un resplandor. En medio del fuego algo semejante al bronce refulgente;*

La descripción comienza con un una visión general del fenómeno, tal como se le presentó al ojo espiritual del profeta, aproximándose desde el norte. Un viento impetuoso trae desde el norte una gran nube, en el centro de la cual aparece una especie de bola de fuego, que expande en torno a la nube el brillo de la luz, llevando en su centro la apariencia de un metal ardiente.

La venida del fenómeno desde el norte no está vinculada, por supuesto, con la representación babilonia de la montaña de los dioses, situada en el extremo norte (Is 14, 13). Conforme al uso constante de los profetas, especialmente de

Jeremías (cf. también Ez 1, 14; 4, 6; 6, 1 etc.), el norte es la dirección desde la cual han de venir los enemigos para ejecutar el juicio sobre Jerusalén y Judá. Conforme a este uso, la venida de la aparición divina desde el norte significa que es el mismo Dios el que ha de realizar el juicio sobre Judá.

אֵשׁ מִתְלַקַּחַת, un fuego envolvente, como una bola, expresión tomada de Ex. 9, 10. לוֹ se refiere a עָנָן, y אֵשׁ va unido a מִתוֹכָהּ, como muestran las palabras en aposición: מִתּוֹךְ הָאֵשׁ. El fuego, que formaba el centro de la nube tiene la apariencia de חַשְׁמַל, palabra que aparece también en Ez 1, 27 y 8, 2, y cuyo significado es discutido. Los LXX y la Vulgata traducen con ἤλεκτρον, *electrum*, i.e., un metal que tiene un gran brillo, y que está compuesto de una mezcla de oro y de plata. Cf. Estrabón, III. 146; Plinio, *Hist. Nat.* XXXIII. 4.

Bochart afirma que esa palabra (חַשְׁמַל) está compuesta de נחש, cobre, y de la palabra talmúdica מלל o מללא, oro crudo, y que significa "escoria de oro en bruto". Pero esa interpretación se opone al hecho de que la lectura talmúdica de מללא no es cierta (cf. Gesenius, *Thesaurus* p. 535, y Buxtorf, *Lexic. Talmud*, 1214), y al hecho de que la escoria del oro no tiene brillo, de manera que no puede resplandecer como si fuera de oro. Menos probabilidad tiene aún la suposición de que esa palabra ha de entenderse desde el siríaco חשל, en el sentido de *conflavit, fabricavit* (*refundir, fabricar*) y de חשם, con el sentido de *fricuit* (frotó), de lo que Hävernick y Maurer deducen que esa palabra significa "una pieza de metal incandescente".

Parece que esa palabra proviene simplemente de חשם, que significa soplar, con una lamed (ל) añadido, como en el caso de כרמל, que proviene de כרם, y que significa mineral brillante. Este sentido es el adecuado, tanto aquí como en 1, 27, donde עֵין חַשְׁמַל se explica a partir de מַרְאֵה־אֵשׁ, lo mismo que en Ez 8, 2 donde זהר, que significa brillantez, está en paralelo con la misma palabra.

De todas formas, חַשְׁמַל se distingue de נְחֹשֶׁת קָלָל en Ez 1, 7 y en Dan 10, 6, porque חַשְׁמַל se refiere en los tres lugares a la persona de Aquel que está entronizado sobre los querubines, mientras que נְחֹשֶׁת קָלָל en Ez 1, 7 se refiere a los pies del personaje que se manifiesta a sí mismo. Esta aparición se describirá en 1, 5 de un modo más minucioso. Allí se presentarán ante los ojos del vidente los cuatro vivientes a los que Ezequiel describirá conforme a su figura y estilo.

1, 5-14, los cuatro querubines

⁵ וּמִתּוֹכָהּ דְּמוּת אַרְבַּע חַיּוֹת וְזֶה מַרְאֵיהֶן דְּמוּת אָדָם לָהֵנָּה׃
⁶ וְאַרְבָּעָה פָנִים לְאֶחָת וְאַרְבַּע כְּנָפַיִם לְאַחַת לָהֶם׃
⁷ וְרַגְלֵיהֶם רֶגֶל יְשָׁרָה וְכַף רַגְלֵיהֶם כְּכַף רֶגֶל עֵגֶל וְנֹצְצִים כְּעֵין נְחֹשֶׁת קָלָל׃
⁸ (וִידוֹ) וִידֵי אָדָם מִתַּחַת כַּנְפֵיהֶם עַל אַרְבַּעַת רִבְעֵיהֶם וּפְנֵיהֶם וְכַנְפֵיהֶם לְאַרְבַּעְתָּם׃
⁹ חֹבְרֹת אִשָּׁה אֶל־אֲחוֹתָהּ כַּנְפֵיהֶם לֹא־יִסַּבּוּ בְלֶכְתָּן אִישׁ

Ezequiel 1, 5-14

אֶל־עֵ֥בֶר פָּנָ֖יו יֵלֵֽכוּ׃
¹⁰ וּדְמ֣וּת פְּנֵיהֶם֮ פְּנֵ֣י אָדָם֒ וּפְנֵ֨י אַרְיֵ֤ה אֶל־הַיָּמִין֙ לְאַרְבַּעְתָּ֔ם וּפְנֵי־שׁ֥וֹר מֵֽהַשְּׂמֹ֖אול לְאַרְבַּעְתָּ֑ן וּפְנֵי־נֶ֖שֶׁר לְאַרְבַּעְתָּֽן׃
¹¹ וּפְנֵיהֶ֣ם וְכַנְפֵיהֶ֗ם פְּרֻדוֹת֙ מִלְמָ֔עְלָה לְאִ֕ישׁ שְׁתַּ֥יִם חֹבְר֖וֹת אִ֑ישׁ וּשְׁתַּ֣יִם מְכַסּ֔וֹת אֵ֖ת גְּוִיֹתֵיהֶֽנָה׃
¹² וְאִ֛ישׁ אֶל־עֵ֥בֶר פָּנָ֖יו יֵלֵ֑כוּ אֶ֣ל אֲשֶׁר֩ יִֽהְיֶה־שָּׁ֨מָּה הָר֤וּחַ לָלֶ֙כֶת֙ יֵלֵ֔כוּ לֹ֥א יִסַּ֖בּוּ בְּלֶכְתָּֽן׃
¹³ וּדְמ֨וּת הַחַיּ֜וֹת מַרְאֵיהֶ֣ם כְּגַחֲלֵי־אֵ֗שׁ בֹּֽעֲרוֹת֙ כְּמַרְאֵ֣ה הַלַּפִּדִ֔ים הִ֕יא מִתְהַלֶּ֖כֶת בֵּ֣ין הַחַיּ֑וֹת וְנֹ֣גַהּ לָאֵ֔שׁ וּמִן־הָאֵ֖שׁ יוֹצֵ֥א בָרָֽק׃
¹⁴ וְהַחַיּ֖וֹת רָצ֣וֹא וָשׁ֑וֹב כְּמַרְאֵ֖ה הַבָּזָֽק׃

⁵ *y en medio de todo vi la figura de cuatro seres vivientes. Esta era su apariencia: había en ellos un parecido a seres humanos.* ⁶ *Cada uno tenía cuatro caras y cuatro alas.* ⁷ *Sus piernas eran rectas, y la planta de sus pies como pezuñas de becerro que centelleaban a manera de bronce muy bruñido.* ⁸ *Debajo de sus alas, a sus cuatro lados, tenían manos humanas. Sus caras y sus alas estaban por los cuatro lados.* ⁹ *Con las alas se juntaban el uno al otro. No se volvían cuando andaban, sino que cada uno caminaba derecho hacia adelante.*

¹⁰ *El aspecto de sus caras era como una cara de hombre y una cara de león al lado derecho de los cuatro, y como una cara de buey a la izquierda de los cuatro. Además los cuatro tenían una cara de águila.* ¹¹ *Así eran sus caras. Cada uno tenía dos alas extendidas por encima, las cuales se tocaban entre sí, y con las otras dos cubrían sus cuerpos.* ¹² *Cada uno caminaba derecho hacia adelante; hacia donde el espíritu los llevaba, ellos iban, y no se volvían al andar.*

¹³ *En cuanto a la semejanza de los seres vivientes, su aspecto era como de carbones de fuego encendidos. Parecían antorchas encendidas que se movían entre los seres vivientes. El fuego resplandecía, y de él salían relámpagos.* ¹⁴ *Los seres vivientes corrían y regresaban a semejanza de relámpagos.*

Del centro de fuego de la nube emerge y se muestra la forma (דְּמוּת, propiamente hablando la semejanza, la pintura) de cuatro חַיּוֹת, es decir, *animantia*, seres vivientes: ζῶα, Ap 4,6; no θηρία, bestias salvajes, como Lutero ha traducido incorrectamente la palabra, a partir de *animalia* de la Vulgata como si se tratara de animales. Estas cuatro creaturas tenían דְּמוּת אָדָם, figura de hombre. Respondiendo a esta indicación, colocada en el principio de la descripción que sigue, estas creaturas han de ser concebidas como ofreciendo en todos sus puntos la apariencia de un cuerpo humano, aunque de una forma que la narrativa siguiente no especifica.

Cada uno de estos vivientes (אַחַת, sin artículo, con sentido distributivo) tiene cuatro alas (כְּנָפַיִם son alas, como en Is 6, 2, no parejas de alas). Sus pies eran רֶגֶל יְשָׁרָה, es decir, rectos, en singular, indicando solo de un modo general su naturaleza, sin evocar su número. Estamos acostumbrados a suponer que cada una de las cuatro creaturas tenían dos alas, como los dos brazos del hombre.

יָשָׁר significa recto, es decir alzado, no inclinado, como cuando alguien está sentado o de rodillas. רגל es todo el pie, incluyendo las rodillas y los muslos y כף-רגל es la planta del pie, es decir, su parte baja, con la que pisamos el suelo al andar. Esta parte, y no toda la pierna, es la que se parece el pie de un toro, que está firmemente plantado en el suelo. Las piernas resplandecen, como la aparición del נְחֹשֶׁת קָלָל, del que hemos hablado ya

El sujeto de נֹצְצִים no son los querubines, sino que debe suponerse que son los cuatro vivientes (חַיּוֹת) del verso cinco (cf. Hitzig), no solo porque el sujeto está muy separado, sino también porque todo se refiere a רַגְלֵיהֶם, sus pies, que aparecen aquí en masculino, como en Jer 13, 16. Así ha interpretado estas palabras Ap 1, 15, que ha traducido נְחֹשֶׁת como χαλκολίβανος (bronce brillante) Sobre estas palabras, cf. Hengstenberg y Düsterdieck, en comentario a Ap 1, 15.

קָלָל (con נְחֹשֶׁת) significa probablemente luz, es decir, resplandor, brasa ardiendo, como han traducido los traductores antiguos. Los LXX ponen ἐξαστράπτων, respoandeciente, la Vulgata por *aes candens* (bronce ardiente), lo mismo que la paráfrasis caldea (*aes flammans*).

El significado de "bronce o latón muy pulido" (Bochart) se apoya en una combinación muy poco probable; cf. Geseniues, *Thesaurus* p. 1217, y no resulta apropiado, ni aquí ni en Dan 10, 6, de donde preceden estas palabras: "Su rostro tenía la apariencia del relámpago, sus ojos como antorchas de fuego". Bajo las alas, a sus cuatro lados, tenían manos humanas. Sus caras y sus alas estaban por los cuatro lados, como si fueran las alas de un hombre". Según eso, las alas se apoyaban sobre las espaldas, de las que brotaban las manos[1].

La segunda parte de Ez 1, 8 no se refiere como supone Hävernick al verso siguiente (1, 9) donde no se habla ya más de los rostros, ni debe mutilarse, como hace Hitzig, de un modo arbitrario. Esa segunda parte ha de tomarse tal como se encuentra en el texto, retomando todo lo que se ha venido diciendo hasta aquí sobre los rostros y las alas, a fin de poder añadir en 1, 9 lo referente al uso y naturaleza de esos miembros.

La afirmación concreta de que "las alas estaban unidas unas a las otras" (1, 11) se refiere solo a las dos alas superiores, de manera que debemos representar toda la visión de esta manera: La parte superior del ala derecha de cada viviente se mantenía en contacto con la parte superior del ala izquierda del otro, que estaba a su lado, de

---

1. El ketiv וידו puede defenderse, en el caso de que con Kimchi y otros puntuemos וְיָדוֹ, tomando el sufijo de un modo distributivo, y supongamos que aquí ha de introducirse elípticamente אָדָם, hombre, en el sentido de "su" (es decir, las manos de cada una de las cuatro creaturas) eran las manos de un hombre. Para una elipsis como ésta pueden verse pasajes como Sal 18, 34: רַגְלַי כָּאַיָּלוֹת, mis pies como pies de ciervos" y Job 35, 2: מֵאֵל, "ante la justicia de Dios". Sin embargo, es muy probable que la ו sea solo un error de un copista antiguo, en vez de una י, de manera que el Keri וִידֵי ofrece la lectura correcta; por otra parte, el hecho de suponer que hay un אָדָם elíptico no va en la línea del estilo de Ezequiel, que se inclina más bien a un tipo de abundancia de palabras (a la tautología).

manera que los cuatro vivientes (querubines) estaban unidos por arriba y formaban un todo completo, es decir, un חיה, un viviente, indicando así la acción armoniosa en común de las cuatro creaturas o vivientes, que formaban un único viviente.

Esas creaturas no se volvían cuando avanzaban, sino que cada una avanzaba en la dirección de su propio rostro. אל, hacia adelante. Kliefoth concreta así el significa de esta afirmación: "Como tenían cuatro rostros no necesitaban volverse cuando avanzaban, sino que miraban en la dirección en que iban avanzando, siempre en la línea de su rostro".

Ez 1, 10, en la descripción más precisa de los rostros menciona primero el rostro del hombre, como indicando que ése era el que estaba dirigido hacia el vidente, mientras que el rostro del león estaba a la derecha, el del toro a la izquierda y el del águila en la parte de atrás. Al nombrar éstas tres últimas creaturas se está indicando que las cuatro tenían estos rostros, pero al hablar del rostro del hombre se omite esta precisión, porque la palabra פְּנֵיהֶם (sus rostros, refiriéndose a los cuatro) precede inmediatamente.

En Ez 1, 11 se dice en primer lugar que los rostros y las alas estaban divididos por la parte de arriba (מִלְמָעְלָה, por, hacia, arriba); después se precisa con más cuidado la dirección de las alas. La palabra פְּנֵיהֶם no ha de vincularse a lo anterior (es decir, a sus rostros), ni ha de tomarse a modo de glosa, como piensa Hitzig. A través de ella se quiere expresar que no solo las alas, sino también los rostros, estaban divididos por la parte de arriba, de manera que no eran como los dos rostros de Jano, ambos sobre una misma cabeza, sino que los cuatro rostros estaban colocados sobre cuatro cabezas y cuellos.

En la descripción que sigue, לְאִישׁ שְׁתַּיִם חֹבְרוֹת, no se opone en modo alguno a las explicaciones anteriores, pues אִישׁ ha de tomarse como una abreviación de אִשָּׁה אֶל־אֲחוֹתָהּ del verso 9: en (sobre) cada uno había dos alas juntándose una con otra, es decir, tocándose por arriba con la parte superior de las alas de los querubines que estaban a su lado, de manera que podemos hablar de unas alas así expandidas formando una especie de unidad. Dos alas cubrían sus cuerpos, es decir, cada querubín cubría su cuerpo con el par de alas que se extendían hacia abajo, y no como supone Kliefoth que las alas inferiores de cada querubín cubrían el cuerpo del otro querubín que venía detrás de él, cosa que va también en contra de lo que indica Ez 1, 23 (como veremos al tratar de ese verso).

Ez 1, 12. Aquí se completa lo que ha de decirse del movimiento de los vivientes, repitiéndose lo dicho en Ez 1, 9, y completándolo con lo que se añade sobre el principio moviente (*principium movens*) de todo ser divino. Los vivientes se movían hacia aquella dirección a la que le movía la רוּחַ, es decir "el Espíritu". Eso significa que cada uno no podía ir en la dirección que quería, sino hacia el lugar donde les impulsaba la רוּחַ.

De todas formas, רוּחַ no significa aquí impulso sin más, ni tampoco "el viento" como principio de un poder de vida que pudiera palparse por los sentidos, un viento que produce y guía sus movimientos (Kliefoth), sino espíritu en el sentido intenso de ese término. Porque, según Ez 1, 20, el movimiento de las ruedas, que estaba en armonía con el movimientos de los querubines, no provenía del viento sino del רוּחַ הַחַיָּה, es decir, del espíritu que habitaba en aquel viviente.

En contra de esas interpretaciones "física" (situadas en el plano de un tipo de apreciación sensible) se encuentra el hecho de que en todo el texto no hay ninguna alusión que evoque un movimiento que sea palpable para los sentidos, a no ser en la afirmación general del principio, donde se decía que un viento impetuoso dirigía desde el norte la gran nube en la que estaba revestida la teofanía. Solo esa nube se puede apreciar por los sentidos, no el Viviente en cuanto tal, ni sus diversos elementos.

En los versos 13 y 14 se describe la impresión de conjunto producida por el movimiento de toda esta aparición del Viviente. El texto empieza con וּדְמוּת הַחַיּוֹת , expresión que ha de entenderse en sentido absoluto, por lo que toca a la forma de los vivientes y corresponde a la expresión דְּמוּת אַרְבַּע חַיּוֹת de 1, 5 con la que se introduce la descripción de las figuras individuales que aparecieron en la brillantez del fuego. La aparición del Viviente (con sus cuatro figuras) fue como aparición de carbones ardientes de fuego, como la visión de unas antorchas.

היא se refiere a אש como tema principal de la visión: Un tipo de fuego, como el fuego que procede de carbones y antorchas ardientes, que iba, se movía de un lado para otros entre los cuatro vivientes. Este fuego presentaba una apariencia ardiente, y de él provenían como relámpagos. Por su parte, las creaturas se hallaban en constante movimiento.

רָצוֹא, de רצא, es una forma aramaizante del hebreo רוּץ, correr. Aquí tenemos un infinitivo absoluto en vez de un verbo finito. La conjetura de Hitzig, que apela en este caso יצא, a partir de Gen 8, 7 resulta equivocada, pues aquí no tenemos que pensar en un "venir fuera", ni hay razón alguna para el cambio de palabras que él propone. El continuo movimiento de las creaturas no va en contra del movimiento constante de avance hacia adelante que ellas realizan. "Ellas iban de un lado para otro y, sin embargo, siempre en la dirección de sus rostros, porque ellos tenían un rostro mirando en la dirección de cada lado" (Kliefoth)[2].

Ez 1, 15-21. Las cuatro ruedas bajo los querubines

¹⁵ וָאֵרֶא הַחַיּוֹת וְהִנֵּה אוֹפַן אֶחָד בָּאָרֶץ אֵצֶל הַחַיּוֹת לְאַרְבַּעַת פָּנָיו׃
¹⁶ מַרְאֵה הָאוֹפַנִּים וּמַעֲשֵׂיהֶם כְּעֵין תַּרְשִׁישׁ וּדְמוּת אֶחָד לְאַרְבַּעְתָּן וּמַרְאֵיהֶם וּמַעֲשֵׂיהֶם כַּאֲשֶׁר יִהְיֶה
¹⁷ עַל־אַרְבַּעַת רִבְעֵיהֶן בְּלֶכְתָּם יֵלֵכוּ לֹא יִסַּבּוּ בְּלֶכְתָּן׃

---

2. La palabra הַבָּזָק no significa "relámpago" (ברק), sino que viene de בזק, in siríaco *zigzaguear*, y evoca el curso zigzagueante del relámpago (Kliefoth).

וְגַבֵּיהֶ֗ן וְגֹ֙בַהּ֙ לָהֶ֔ם וְיִרְאָ֖ה לָהֶ֑ם וְגַבֹּתָ֗ם מְלֵאֹ֥ת עֵינַ֛יִם סָבִ֖יב לְאַרְבַּעְתָּֽן׃ ¹⁸
¹⁹ וּבְלֶ֙כֶת֙ הַחַיּ֔וֹת יֵלְכ֥וּ הָאוֹפַנִּ֖ים אֶצְלָ֑ם וּבְהִנָּשֵׂ֤א הַחַיּוֹת֙ מֵעַ֣ל הָאָ֔רֶץ יִנָּשְׂא֖וּ הָאוֹפַנִּֽים׃
²⁰ עַ֣ל אֲשֶׁר֩ יִֽהְיֶה־שָּׁ֨ם הָר֤וּחַ לָלֶ֙כֶת֙ יֵלֵ֔כוּ שָׁ֥מָּה הָר֖וּחַ לָלֶ֑כֶת וְהָאוֹפַנִּ֗ים יִנָּשְׂאוּ֙ לְעֻמָּתָ֔ם כִּ֛י ר֥וּחַ הַחַיָּ֖ה בָּאוֹפַנִּֽים׃
²¹ בְּלֶכְתָּ֣ם יֵלֵ֔כוּ וּבְעָמְדָ֖ם יַֽעֲמֹ֑דוּ וּֽבְהִנָּשְׂאָ֞ם מֵעַ֣ל הָאָ֗רֶץ יִנָּשְׂא֤וּ הָאוֹפַנִּים֙ לְעֻמָּתָ֔ם כִּ֛י ר֥וּחַ הַחַיָּ֖ה בָּאוֹפַנִּֽים׃

¹⁵ Mientras yo miraba los seres vivientes, he aquí una rueda sobre el suelo, junto a los seres vivientes, a los cuatro lados. ¹⁶ El aspecto de las ruedas y su estructura era semejante al color del crisólito. Las cuatro tenían un mismo aspecto; su apariencia y su estructura eran como una rueda metida en otra.

¹⁷ Cuando andaban, se movían hacia sus cuatro costados; no se volvían al andar. ¹⁸ Sus llantas eran altas y espantosas, y llenas de ojos alrededor en las cuatro. ¹⁹ Cuando los seres vivientes andaban, las ruedas andaban junto a ellos; y cuando los seres vivientes se elevaban de la tierra, las ruedas se elevaban.

²⁰ Hacia donde el espíritu las llevaba, ellas iban; hacia donde las llevaba el espíritu, las ruedas también se elevaban tras ellos, porque el espíritu de los seres vivientes estaba en las ruedas. ²¹ Cuando ellos andaban, andaban ellas, y cuando ellos se detenían, se detenían ellas. Asimismo, cuando se elevaban de la tierra, las ruedas se elevaban tras ellos, porque el espíritu de los seres vivientes estaba en las ruedas.

Las palabras "mientras yo miraba a los vivientes" preparan el camino para la transición al nuevo objeto que se presenta en estas criaturas ante el ojo del vidente. Al lado de estas criaturas, sobre el suelo, él ve unas ruedas que están en las cuatro direcciones o rostros de las creaturas. El peculiar sufijo de לְאַרְבַּעַת פָּנָיו no puede referirse ni al carro, que aquí no se menciona para nada (contra Hitzig), ni a la preposición אֵצֶל, ni a אוֹפָן, como presuponen Hävernick, Maurer y Kliefoth, como si debiera pensarse que cada rueda miraba al mismo tiempos hacia las cuatro direcciones, pues dentro de la misma rueda se insertaba otra, de manera que el viviente (cada querubín) pudiera moverse en las cuatro direcciones al mismo tiempo, pues ese significado no puede encontrarse en las palabras del texto.

El sufijo se refiere *ad sensum* a חיות (Ewald), o, para decirlo de un modo más correcto a sus cuatro rostros dirigidos hacia adelante, concebidos como una unidad, es decir, como *una creatura* (cf. החיה, Ex 1, 22). Según eso, debemos representarnos el tema así: Junto a la parte frontal de cada rostro podía verse sobre la tierra una rueda. Según eso, Ezequiel vio cuatro ruedas, cada una de las cuales era de un Querubín, de manera que inmediatamente, en 1, 16, habla de ruedas (en plural).

En este verso (1, 16) aparecen las palabras מַרְאֶה, es decir, aspecto, y מַעֲשֶׂה, obra, cada una en un hemistiquio de frase, de manera que en el primer hemistiquio se describe la apariencia y en el segundo la construcción de las ruedas. La palabra תַּרְשִׁישׁ (tarsis) evoca el crisólito de los antiguos, el topacio de los modernos, es decir, una piedra que tiene el brillo del oro.

Pues bien, la construcción de las ruedas era de tal forma que una rueda estaba insertada transversalmente en la otra, en ángulo recto, de manera que sin necesidad de dar la vuelta, la rueda podía dirigirse en las cuatro direcciones, pero mirando cada vez en la dirección hacia la que se movía (y no hacia las cuatro direcciones a la vez). La palabra גַּבֵּיהֶן (Ez 1, 18), que puede traducirse por "llanta" aparece en estado absoluto. Ezequiel añade en esa línea que las llantas de las ruedas tenían gran altura, y ofrecían una apariencia terrible, porque estaban llenas de ojos. En una línea distinta, de un modo arbitrario, Hitzig afirma que גבה se refiere a la parte superior y que יראה, según un sentido árabe, se refiere a la parte interior de cada rueda.

El movimiento de las ruedas seguía completamente al movimiento de las creaturas (Ez 1, 19-21), porque el espíritu de las creaturas era el que estaba también en las ruedas. En Ez 1, 20 y 1,21, החיה no es "el principio de la vida" (Hävernick), sino que se refiere a las cuatro creaturas querúbicas concebidas en forma de unidad, lo mismo que en Ez 1, 22, donde el sentido del texto es muy claro. Éste es el sentido: Tanto en su movimiento como en su descanso, las ruedas estaban totalmente vinculadas al movimiento y descanso de las creaturas, porque el mismo Espíritu regulaba a las ruedas y a las creaturas, tanto al caminar, como al descansar y al levantarse. A través de la רוח, las ruedas están cono fundidas con las figuras de los querubines, pero no por medio de carro, sino por la unión de los mismos querubines de alas con las ruedas.

Ez 1, 22-28. El trono de Yahvé

²² וּדְמוּת עַל־רָאשֵׁי הַחַיָּה רָקִיעַ כְּעֵין הַקֶּרַח הַנּוֹרָא נָטוּי עַל־רָאשֵׁיהֶם מִלְמָעְלָה:
²³ וְתַחַת הָרָקִיעַ כַּנְפֵיהֶם יְשָׁרוֹת אִשָּׁה אֶל־אֲחוֹתָהּ לְאִישׁ שְׁתַּיִם מְכַסּוֹת לָהֵנָּה וּלְאִישׁ שְׁתַּיִם מְכַסּוֹת לָהֵנָּה אֵת גְּוִיֹּתֵיהֶם:
²⁴ וָאֶשְׁמַע אֶת־קוֹל כַּנְפֵיהֶם כְּקוֹל מַיִם רַבִּים כְּקוֹל־שַׁדַּי בְּלֶכְתָּם קוֹל הֲמֻלָּה כְּקוֹל מַחֲנֶה בְּעָמְדָם תְּרַפֶּינָה כַנְפֵיהֶן:
²⁵ וַיְהִי־קוֹל מֵעַל לָרָקִיעַ אֲשֶׁר עַל־רֹאשָׁם בְּעָמְדָם תְּרַפֶּינָה כַנְפֵיהֶן:
²⁶ וּמִמַּעַל לָרָקִיעַ אֲשֶׁר עַל־רֹאשָׁם כְּמַרְאֵה אֶבֶן־סַפִּיר דְּמוּת כִּסֵּא וְעַל דְּמוּת הַכִּסֵּא דְּמוּת כְּמַרְאֵה אָדָם עָלָיו מִלְמָעְלָה:
²⁷ וָאֵרֶא כְּעֵין חַשְׁמַל כְּמַרְאֵה־אֵשׁ בֵּית־לָהּ סָבִיב מִמַּרְאֵה מָתְנָיו וּלְמָעְלָה וּמִמַּרְאֵה מָתְנָיו וּלְמַטָּה רָאִיתִי כְּמַרְאֵה־אֵשׁ וְנֹגַהּ לוֹ סָבִיב:
²⁸ כְּמַרְאֵה הַקֶּשֶׁת אֲשֶׁר יִהְיֶה בֶעָנָן בְּיוֹם הַגֶּשֶׁם כֵּן מַרְאֵה הַנֹּגַהּ סָבִיב הוּא מַרְאֵה דְּמוּת כְּבוֹד־יְהוָה וָאֶרְאֶה וָאֶפֹּל עַל־פָּנַי וָאֶשְׁמַע קוֹל מְדַבֵּר: ס

²² *Sobre las cabezas de los seres vivientes había como una bóveda a manera de cristal maravilloso, extendido por encima de sus cabezas.* ²³ *Y debajo de la bóveda, las alas*

de ellos estaban derechas, extendiéndose la una hacia la otra. Cada uno tenía dos alas que cubrían su cuerpo.
²⁴ Oí el sonido de sus alas cuando andaban. Era como el sonido de muchas aguas, como la voz del Omnipotente, como el ruido de una muchedumbre, como el ruido de un ejército. Cuando se detenían, bajaban sus alas. ²⁵ Y cuando se detenían y bajaban sus alas, se oía una voz de encima de la bóveda que estaba sobre sus cabezas.
²⁶ Sobre la bóveda que estaba sobre sus cabezas se veía la figura de un trono que parecía de piedra de zafiro, y sobre la figura del trono había una semejanza, como de un hombre sentado en él. ²⁷ Y vi una apariencia como de bronce refulgente, como una apariencia de un fuego dentro de ella en derredor, desde la parte de sus caderas hacia arriba; y desde sus caderas hacia abajo, vi que parecía como fuego y que tenía un resplandor alrededor.
²⁸ Como el aspecto del arco iris que está en las nubes en día de lluvia, así era el aspecto del resplandor alrededor. Esta fue la visión de la semejanza de la gloria de Yahvé. Cuando la vi, me postré sobre mi rostro, y oí la voz de uno que hablaba.

Arriba, sobre las cabezas de las figuras de los querubines, Ezequiel ve algo como el firmamento del cielo (1, 22), y oye, desde la parte superior de esa gran bóveda una voz, que resuena en la vibración de las alas de los querubines, y determina el movimiento y la quietud de esas creaturas. La primera sentencia de Ez 1, 22 significa literalmente: "Y una semejanza estaba sobre las cabezas de la creatura: una bóveda (como un canopo o campana) extendida sobre ellos".

רָקִיעַ que viene después de דְמוּת, es una aposición explicativa que va antes de esa palabra; pero en este caso no ha caído (no se ha dejado aparte) una partícula כְּ, que estaría en el texto primitivo (como supone Hitzig), ni hay necesidad de suplirla. דמות no indica solo una semejanza bien definida, con la que podría compararse otra cosa, sino propiamente una *similitudo*, un tipo de *imagen de*, y así Ezequiel la emplea en el sentido de "algo como".

Por su parte, רָקִיעַ, sin artículo, no significa el firmamento del cielo, sino un espacio extenso, cuya apariencia se describe primero como asemejándose al firmamento por las palabras כְּעֵין הַקֶּרַח. Lo que Ezequiel ve sobre las cabezas de los querubines no es el firmamento del cielo, sino una extensión que se asemeja al cielo, y que tiene la apariencia y el brillo de un cristal que inspira terror. La palabra נוֹרָא se emplea para indicar ese cristal en la medida en que la aparición de esa masa parpadeante ciega los ojos e inspira terror, como hace en Jc 13, 6 la mirada del ángel, y en Job 37, 22 la visión de la majestad divina.

Esta descripción esta fundada en Ex 24, 10, y la semejanza del Cristal ha permanecido viva y ha llegado hasta Ap 4, 6. Bajo esa bóveda o canopo estaban las alas del gran viviente (es decir, de los querubines que forman su entorno sagrado), unas alas que se hallaban יְשָׁרוֹת, es decir, manteniéndose rectas, extendidas en una dirección horizontal, de manera que ellas parecían sostener la bóveda.

אִשָּׁה אֶל־אֲחוֹתָהּ no ha de referirse a los querubines (a los הַחַיָּה) como hacen Jerónimo y otros, sino a כַּנְפֵיהֶם, es decir, a las alas, como en 1, 9. La palabra לְאִישׁ que sigue se refiere, por el contrario, a los querubines y significa literalmente: "a cada uno correspondían dos alas cubriendo precisamente a unos y a otros sus cuerpos". לָהֵנָּה se vincula con לְאִישׁ de una manera análoga a como lo hace con לְאַחַת לָהֶם en 1, 6.

Por la repetición de לָהֵנָּה (a estos y a aquellos) los cuatro querubines se dividen en dos pares, uno opuesto al otro. No es nada evidente, como dice Hitzig, que esta afirmación vaya en contra de la primera mitad del verso. Si las dos creaturas de cada lado cubrían sus cuerpos con dos alas, las otras dos alas podían extenderse muy fácilmente bajo el canopo o firmamento, de manera que la para superior de cada una de las alas podía tocar a la otra. Cuando las creaturas se movían, Ezequiel oía el sonido, es decir, la vibración de sus alas, como el bramido de grandes aguas. Así lo sigue indicando la segunda comparación: Como la voz del Todopoderoso, es decir, como el retumbar del trueno en la tormenta de Dios (cf. 10, 5).

La frase sobre la voz, קוֹל מֵעַל sigue dependiendo todavía de וָאֶשְׁמַע אֶת־קוֹל, que solo aparece aquí y en Jer 11, 6. Esa voz tiene probablemente el mismo sentido que הָמוֹן, ruido, tumulto. Pero ese gran sonido solo se escuchaba cuando las creaturas (el gran viviente) se ponían en movimiento, porque cuando ellas se paraban dejaban que sus alas descansaran, sin hacer ruido.

Evidentemente, esto se aplica solo a las alas superiores, pues las inferiores, que cubrían su cuerpo, permanecían sin movimiento. A partir de aquí se descubre con claridad que las alas superiores no sostenían ni llevaban el canopo o bóveda sobre sus cabezas, sino que esas alas estaban extendidas de tal manera que cuando los querubines se ponían en movimiento ellos tocaban la bóveda con las alas, de forma que las mismas alas de los querubines constituían de alguna manera la bóveda de lo divino.

En 1, 25 se indica también de donde proviene el gran sonido que se escucha durante el movimiento de las alas; ese sonido proviene de encima de canopo, es decir, de Aquel que estaba situado arriba, de tal forma que cuando resonaba su voz las creaturas se ponían en marcha o se detenían, se ponían en movimiento o quedaban sin moverse, conforme al mandato divino.

Con la repetición de la última frase de Ez 1, 24, el tema concluye en 1, 25. Sobre o por encima del firmamento podía verse como una piedra de zafiro, que era la semejanza de un trono, sobre el cual se sentaba Uno que tenía la forma de un Hombre, lo que significa que Yahvé aparecía en forma humana, como en Dan 7, 9. De todo esto brotaba una luz muy fuerte, deslumbrante, como un הַחַשְׁמַל עֵין, un fuego refulgente (cf. Ez 1, 4), y como fuego alrededor (בֵּית־לָהּ סָבִיב), de forma que בֵּית, significa lo mismo que מִבֵּית, y לָהּ se refiere hacia atrás a דְּמוּת הַכִּסֵּא.

Ésta parece ser la explicación más simple de estos oscuros versos, que Hitzig ha traducido de un modo distinto: "como fuego que tiene una cubierta en torno a él", es decir, como un fuego que está encerrado, cuyo resplandor se muestra mucho más brillante en el contexto de la oscuridad que le rodea. Pues bien, incluso sin tener en cuenta el cambio que se necesitaría poniendo בַּיִת (casa) en lugar de בֵּית, entre, este sentido resulta aquí muy poco apropiado y no puede aceptarse, pues מַרְאֵה־אֵשׁ no tiene ese significa ni en el hemistiquio siguiente (1, 27) ni en Ez 8, 2.

La aparición superior muestra, en el centro de la nube (1, 4), una gran llama brillante de luz, y solo allí se puede percibir sobre el trono una figura que se parece a un hombre, con una visión terrible, tanto en la parte superior como en la inferior, y alrededor de la figura o, quizá mejor, alrededor del trono una luz brillante (נֹגַהּ, cf. Ez 1, 4), como un arco iris en las nubes (cf. Ap 4, 3). Ez 1, 4 no aplica esto (הוּא) a la luz (נֹגַהּ), sino a toda la aparición de aquel que estaba entronizado, incluyendo la cobertura de luz, pero excluyendo el trono y los querubines (Ez 10, 4. 19); todo esto era la aparición de la semejanza de la gloria de Yahvé.

Con estas palabras termina la descripción de la visión. La frase siguiente (yo vi etc.) constituye la transición a la palabra de Yahvé que sigue en capítulo dos, palabra que instituye a Ezequiel como profeta para Israel. Pero antes que pasemos a explicar esta palabra tenemos que ocuparnos de lograr una visión más clara del significado de esta teofanía[3]. Para su pleno entendimiento debemos mantener claro el hecho de que esta teofanía le fue ofrecida a Ezequiel no solo con el fin de ser llamado al oficio de profeta, sino que fue repetida por tres veces mas:

(a) En Ez 3, 22, donde el profeta recibió la comisión de anunciar simbólicamente el inminente asedio de Jerusalén. (b) En Ez 8, 4, cuando él será transportado en espíritu al patio del templo de Jerusalén con la finalidad de contemplar las abominaciones de idolatría practicadas por su pueblo y de anunciar el juicio que debía

---

3. Esta "visión", que C.F. Keil explica en las páginas que siguen, ha de entenderse desde la experiencia de vocación del mismo Ezequiel, como un puesto de relieve, entre otros: A. Colunga, *La vocación del profeta Ezequiel*, EstBib 1(1942) 121-166; G. del Olmo, *La vocación del líder en el antiguo Israel*, Univ. Pontificia, Salamanca 1983, 289-319; M. Nobile, *Jes 6 und Ez 1,1-3,15*, en J. Vermeylen (ed), *The Book of Isaiah*, BETLS 81, 1989, 209-216; E. Vogt, *Untersuchungen zum Buch Ezechiel*, AnBib 95, Roma 1981, 1-37; A. D. York, *Ezequiel 1: inaugural and restoration visions?*, VT 27 (1977) 82-98. Esta visión ha marcado de forma poderosa la corriente judía de la cábala, centrada en Mercabá o carro de Dios. Frente al conocimiento de la creación que se encuentra abierto para todos, habría un más alto conocimiento del misterio esotérico de Dios, revelado por su "carro". En esa línea, Ez 1-3 con Ez 10 se ha convertido en el lugar básico del conocimiento secreto de Dios para una parte considerable de judaísmo medieval y posterior, como ha indicado el rabino A. Safran, *La Cabale*, Payot, Paris 1979. Cf también P. S. Alexander, *Comparing Merkavah and Gnosticism. An Essay in Method*, JJS 35 (1984) 1-18; A. Goldberg, *Der verkannte Gott. Prüfung und Scheitern der Adepten in der Merkavamystik*, ARGG 26(1974) 17-29; I. Gruenwald, *Apokalyptic and Merkavah Mysticism*, AGAJU 14, Leyden-Köln 1980; D. J. Halpern, *The Merkabah in rabbinic Literature*. AOS 62, New Haven CO 1980; Id. *The Faces of the Chariot. Early Jewish Responses to Exekiel's Vision*, TSAJ 16, Tübingen 1988; O. Hofius, *Der Vorhang von dem Thron Gottes*, WUNT 14, Tübinben 1972; P. S. G. Scholem, *La Cábala y su simbolismo*, Siglo XXI, Madrid 1978; Id., *Jewish Gnosticism, Merkabah Mysticism. and Talmuldic Tradition*, New York 1975 (*Nota del traductor*).

estallar sobre la ciudad y el templo como consecuencia de estas abominaciones; en ese contexto se le mostrará la forma en que la gloria del Señor abandona primero el templo y después también la ciudad. (c) Esa teofanía se repite también en Ez 43, 1 donde se le muestra cómo la gloria del Señor llenará el nuevo templo, para habitar por siempre entre los hijos de Israel.

Interpretación de Th. F. Kliefoth (1810-1895, cf. *Ezekiel* I-II, Rostock, 1864-65). En cada uno de esos pasajes se dice expresamente que la apariencia de Dios era como la que Ezequiel había contemplado la primera vez, cuando recibió su llamada. A partir de aquí, Th. F. Kliefoth saca la consecuencia de que la teofanía de Ez 1, 4 se relaciona no solo con la llamada, sino con toda la obra profética de Ezequiel: "No debemos pues decir que Dios se apareció así a Ezequiel en un momento posterior porque él se había aparecido de esa manera en el momento de su primera llamada; sino que debemos decir, al contrario, que, dado que Dios quiere y debe aparecerse a Ezequiel de esa manera en unos momentos posteriores, cuando se le confirme su vocación profética, él se le apareció de esa manera ya la primera vez, cuando le llamó al comienzo de su misión".

Sin embargo, la intención por la que Dios se apareció a él de esa manera se expresa de un modo distinto en los dos últimos pasajes (en Ez 8-11 y Ez 43). Dios se aleja de un modo visible del templo y de Jerusalén, que quedan entregados a la destrucción a causa del pecado del pueblo; y al final del libro Dios entra de un modo visible en el nuevo templo del futuro. Pues bien, dado que todo lo que Ezequiel recibe como inspiración para anunciar se hallaba contenido en estas dos cosas (la destrucción del templo y de la ciudad antigua y la constitución de una nuevo y mejor), dado que toda su vocación profética debía culminar de esa manera, Dios se apareció a Ezequiel ya al principio, en esa línea, para hacerle profeta, indicándole la forma en la que se alejó de su templo antiguo (para que fuera destruido) y en la forma en que entraría en el nuevo edificio para que fuera su templo. Por tanto, la teofanía recibe en Ez 1, 4 la forma que hemos visto porque el propósito de esa teofanía fue mostrar y anunciar al profeta por un lado la destrucción del templo y por otro su restauración y glorificación.

Estas observaciones de Kliefoth son correctas, pero él no deja claro el significado de la teofanía. Por la finalidad ya señalada, queda clara la razón por la que Dios está vinculado al querubín (=a los querubines), mientras que en las otras apariciones (y en otras como por ejemplo en Dan 7, 9 e Is 6, 1) él está sin querubín. La razón es porque este querubín de Ez 1 (=los cuatro querubines) no tiene aquí otro significado que aquel que tenían los dos querubines del tabernáculo de templo de Salomón, esto es, para mostrar que Dios tenía aquí (en el templo) el lugar de su habitación, que éste era el lugar de su presencia gratificante. Pero esto no explica de un modo satisfactorio ni los rasgos especiales por los que el querubín (=los cuatro querubines) de Ezequiel se distingue de los había en el templo de Salomón, ni explica otros atributos de la teofanía.

En esa línea, debemos añadir que Kliefoth no ha captado bien las notas distintivas de las figuras de los querubines, ni ha visto que ellas están vinculadas al hecho de que es el mismo Yahvé, entronizado en medio de los querubines, el que destruye el templo y el que lo edifica de nuevo. Dado que Ezequiel fue llamado a anunciar ambos acontecimientos, Kliefoth piensa por una parte que, en la aparición, debían excluirse aquellos atributos que no estuvieran en armonía con las diferentes intenciones de la teofanía, mientas que, por otra parte, debían combinarse aquellos elementos que son apropiados para todas las manifestaciones de la teofanía.

Eso implica que la teofanía no debía incluir el arca de la alianza ni el propiciatorio, porque esos elementos eran los adecuados (apropiados) para la manifestación del templo antiguo (cf. Ez 8, 1), pero no serían convenientes para la entrada de Dios en el nuevo templo. En vez de eso, la teofanía debía mostrar al Dios viviente sobre el trono, entre las creaturas vivientes (querubines), porque ello pertenece a la existencia nueva y gloriosa del templo del futuro, para mostrar así que el mismo Yahvé habitaría en ese nuevo templo de una forma visible.

A partir de aquí debe explicarse también la grandeza de los tres atributos que aparecen visibles en las teofanías. (1) Los atributos que se relacionan con la manifestación de Dios para la destrucción de Jerusalén. (2) Aquellos que se relacionan con la manifestación de Dios para la entrada en el nuevo templo. (3) Y aquellos que sirven para esos dos objetivos en común.

Al último tipo pertenece todo lo que es esencial para la manifestación de Dios en sí mismo, es decir, la visibilidad de Dios (tomado de un modo general), con la presencia del querubín (querubines, en cuanto tales) etc. Al primer tipo pertenecen todos los signos que indican la ira y el juicio, y, en consecuencia, el hecho de que la nube con el querubín de Dios viene del norte y también el fuego y los relámpagos en los que Dios se manifiesta como aquel que viene para el juicio. Al segundo tipo pertenecen, además del arco iris y la apariencia de Dios en forma humana, especialmente las ruedas y la cuádruple manifestación de Dios en el querubín y en las ruedas.

En esa línea, el nuevo templo de Ez 40-48 no aludirá sin más a la reconstrucción del templo material por Zorobabel, inmediatamente después del exilio en Babilonia, sino a la economía de la salvación fundada por Cristo en su apariencia humana, a lo que pertenecen varios elementos de la visión, con la venida del mismo Dios para habitar en la tierra. Por otra parte, en esa línea, aquí se expresa y evoca ya el carácter universal de esa venida, en contra de las particularidades y de los aspectos locales de las manifestaciones anteriores de la salvación.

Dios aparece de un modo corporal, en forma humana. Dios se abaja hasta la tierra de la bóveda o canopo en que se asienta su trono. El querubín, que indica la presencia gratuita de Dios con su pueblo, no aparece meramente como un símbolo, sino como una realidad viviente, pues el querubín como tal pone sus pies sobre la tierra (y, al mismo tiempo, cada querubín tiene a su lado una rueda, que no se mueve en el aire, sino que sirve para avanzar sobre la tierra). De esa manera se muestra que el mismo Dios es el que va a descender a la tierra, para caminar y para habitar de un modo visible entre su pueblo, por medio de Jesucristo.

Por otro lado, el carácter universal de la nueva economía de la salvación, para cuyo establecimiento Dios mismo vendrá a la tierra, se muestra en la cuádruple forma de los querubines y de las ruedas (que son la expansión del Querubín divino, que es símbolo de Cristo). El número cuatro es el signo de la universalidad de aquello que ha de venir, el símbolo de su expansión hacia todas las direcciones del mundo; de esa manera, el querubín y las ruedas muestran la abertura del reino de Dios sobre toda la tierra.

Por eso, podemos y debemos hablar en contra de la interpretación de Kliefoth, pues, siendo verdadero y sorprendente en lo referente a sus detalles, ese intento de explicación de la figura de los querubines (cerrado en sí mismo) no llega hasta el corazón del tema y no está libre de elementos y supuestos arriesgados. Ciertamente, la teofanía vincula y une atributos de diverso tipo, pero resulta dudoso que unos se relacionen solo con la destrucción de Jerusalén y del templo, mientras que otros se refieran solo a la nueva economía de la salvación. ¿Por qué razón, conforme a esta hipótesis, la forma de la teofanía debía permanecer siendo siempre la misma, en todos estos tres o cuatro casos? Esta pregunta que se plantea ya en un primer momento no ha sido respondida de un modo satisfactorio indicando que Ezequiel había predicho no solo la destrucción del reino antiguo, sino también la fundación de un nuevo y más glorioso reino de Dios.

Esa finalidad (por la que se supone que es el mismo Dios el que realiza ambas cosas, la destrucción del templo antiguo y la edificación de uno nuevo) solo se habría alcanzado plenamente si la teofanía hubiera permanecido siendo la misma, indicando aquellos atributos que expresan de un modo general la presencia gratuita de Dios en su templo (es decir, en la tierra). En esa línea, los atributos especiales que revelan solo uno u otro rasgo de la aparición divina (destrucción, reconstrucción) deberían haberse añadido o destacado solo allí donde debería anunciarse éste o aquel otro elemento de la teofanía.

Por otra parte, no resulta evidente en general la necesidad de una teofanía para esa finalidad, y mucho menos una teofanía tan peculiar por su forma. Otros profetas, por ejemplo Miqueas, han predicho de la manera más clara y distinta tanto la destrucción de Jerusalén y del templo como la construcción de un reino nuevo y más glorioso sin necesidad de este tipo de teofanía. Según eso, la razón por la que Ezequiel recurre a este tipo de teofanía no solo en su llamada, sino que la ha repetido en cada comienzo nuevo de su ministerio profético, debe ser más profunda y ha de ser bien precisada.

Según todo eso, la teofanía debe tener otro significado que el de consagrar al profeta para anunciar por un lado el juicio sobre Jerusalén y el templo y para prometer por otro la construcción de una nueva y más gloriosa economía de salvación. Esa teofanía no debe limitarse a fortalecer la palabra del profeta con una representación simbólica de las cosas que él debía anunciar.

Elementos de la teofanía, el sentido de los querubines. En esa línea, para reconocer el significado de la teofanía debemos precisar no solo sus aspectos principales, sino tomar en consideración, al mismo tiempo, su relación con otras teofanías. En nuestra teofanía aparecen destacados de un modo muy preciso tres elementos. (1) La manera peculiar en que está formado el querubín. (2) Las ruedas que aparecen al lado del querubín. (3) El firmamento de arriba, con el trono y con la forma de Dios, sentado sobre el trono, en figura humana.

El orden en que aparecen estos tres elementos en la descripción tiene quizá menos importancia, pero puede explicarse simplemente de esta forma: Al vidente, que está sobre la tierra, se le muestra en primer lugar la parte inferior de la figura, que se aparece de un modo visible en las nubes; y solo después su mirada puede dirigirse a la parte superior de la teofanía. En esa línea, resulta especialmente significativa la aparición del querubín bajo (o en) el trono de Dios; de esa forma se indica, sin duda alguna que aquel que aparece sobre el trono es el mismo Dios, que está entronizado en el templo entre los querubines del propiciatorio, que se apoyan sobre sus alas extendidas.

Sea cual fuere la opinión que tengamos sobre los querubines (y sobre el único Viviente) ha de quedar esto bien claro: Los querubines pertenecen esencialmente a la representación simbólica de la presencia gratuita de Dios en Israel, y la visión que se ofrece plásticamente de ellos está fundada en la realidad del Santo de los Santos del tabernáculo del templo. Por encima de cualquier opinión que podamos defender sobre el significado de estos símbolos y de los querubines de Ezequiel, debemos tener presente que ellos, con sus cuatro rostros y sus cuatro alas, no se distinguen de las figuras de los dos querubines que estaban sobre el propiciatorio del templo, que tenían solo un rostro y dos alas. Para precisar mejor esto debemos buscar una comprensión mejor y más precisa de la naturaleza y significado de los querubines.

Conforme a la visión antigua, los querubines son seres angélicos de un orden superior. Actualmente suele pensarse que ellos son solamente figuras simbólicas, sin correspondencia real, sino solo simbólica con la vida de creaturas de una plenitud superior[4]. Sin embargo, esta visión moderna choca con el hecho de que los querubines en el santuario de Israel, así como en el libro de Ezequiel y

---

4. Cf. la investigación que ofrezco de los querubines en mi *Handbuch der Biblischen Archaeologie*, I. pp. 86ss. and 113ss y la de Kliefoth, *Abhandlung über die Zahlensymbolik der heiligen Schrift*, en *Theolog. Zeitschrift*, III. p. 381ss., donde se defiende de un modo especial la existencia de los querubines, como seres angélicos de naturaleza muy elevada, con la atrevida hipótesis de Hofmann, notablemente refutada. Cf. últimamente la obra de Ed. C. Aug. Riehm, *De naturâ et notione symbolica Cheruborum*, Basel 1864, quien, siguiendo una hipótesis adoptada por Bähr, Hengstenberg

en el Apocalipsis de Juan, no son meras figuras simbólicas distintas en cada caso, y diferentes entre sí (cosa que no puede demostrase, pues no tiene ningún apoyo real), sino que ellos cumplen una misma función de fondo.

Los querubines aparecen por vez primera en la historia del Paraíso, en Gen 3, 22-24, donde se les relaciona con Dios, después que la primera pareja humana ha sido expulsada del paraíso. Ellos están situados al oriente del jardín, con la llama de la espada, que se vuelve de un lado para el otro, a fin de guardar el camino que se dirige al árbol de la vida. Si esta narración contiene una verdad histórica, y no es simplemente un mito o un filosofema, si el paraíso y la caída del pecado original, con todas sus consecuencias, extendiéndose sobre toda la humanidad han de permanecer como realidades y acontecimientos históricos, en ese caso, también los querubines han de ser tomados como seres reales.

Como dice Kliefoth, "Dios no pudo haber colocado a la puerta del paraíso unos meros símbolos, una creación de la fantasía de los hebreos". Sobre la base de esa narración, Ezequiel consideró también que los querubines eran seres espirituales de un rango más elevado. Así lo muestra también Ez 28, 14-16, cuando compara al príncipe de Tiro con un querubín y con el mismo Elohim, a causa de la alta y gloriosa posición en la que Dios le había colocado. El hecho de considerar a los querubines como seres reales, es decir, como seres espirituales o angélicos, no va en modo alguno en contra del hecho de que ellos hayan sido empleados en las visiones para representar unas relaciones supra-sensibles, ni en contra del hecho de que en el santuario de Israel hayan sido representados de una forma plástica.

Así dice Kliefoth, en referencia a esto, de un modo muy correcto que "cuando los ángeles cantan el canto de alabanza en la Noche Santa del Nacimiento de Jesús, según el Evangelio de Lucas, éste es un hecho histórico, y estos ángeles son ángeles reales, y así muestran con su aparición que existen seres angélicos. Pero cuando el Apocalipsis presenta a los ángeles derramando las copas de la ira, estos ángeles son figuras en visión, lo mismo que en aquellos otros casos en los que aparecen también hombres y objetos en visiones". Pues bien, incluso en estos casos en los que a los ángeles se les representa como "figuras en visión", se está suponiendo que ellos son figuras que realmente existen. El simbolismo bíblico no ofrece ni un solo caso en el que unas ideas abstractas o unas creaciones ideales de la imaginación aparezcan representadas, de un modo indudable, como seres vivientes, a no ser que esos seres, así representados por los profetas, existan realmente.

Bajo la representación plástica de los querubines sobre el propiciatorio, y en el lugar más santo del tabernáculo y del templo, subyace la idea de que ellos, los querubines, son seres celestiales y espirituales. Eso significa que en el tabernáculo y en el templo, construido sobre ese modelo, se están representando relaciones y

---

y otros, opine que los querubines no son más que figures simbólicas, queriendo precisar de un modo más minucioso el sentido de su simbolismo.

realidades esenciales del reino de Dios, de manera que todos los símbolos derivan del hecho de que hay unos seres que tienen una existencia real. En su comentario de Ap 4, 6, (en la línea de lo que afirma Vitringa) Hengstenberg sostiene que "debe rechazarse la idea de aquellos que entienden a los querubines como ángeles reales de alto rango porque estas cuatro creaturas, a lo largo de toda esta visión, están conectadas con otros seres simbólicos, como los ancianos y otros ángeles etc.". Pues bien, en contra de eso, debemos afirmar que la propuesta de Hengtenberg resulta totalmente carente de base.

El hecho de que la asamblea celeste ante el trono de Dios (cf. Ap 5, 1-14 y Ap 7) se divida en dos coros o tipos de seres, por un lado los vivientes (ζῶα, *cherubim*) y por otro los ancianos no va en modo alguno en contra de la existencia y naturaleza angélica de los querubines. Lo mismo se puede decir de Lc 2, 13, donde se distingue por un lado el ejército celeste (στρατιὰ οὐράνιος) y por otro el ἄγγελος (el ángel del Señor); de aquí no se deduce en modo alguno que la "multitud del ejército celeste" no exista y no esté compuesta realmente de ángeles.

Por su parte, el texto Ap 7, 11 solo se podría tomar como prueba en contra de la identificación de querubines y ángeles si aquí se hablara de πάντες ἄγγελοι en general, incluyendo a todos los seres angélicos, de todo tipo que fueran. Pero en realidad, por el tenor de las palabras, πάντες οἱ ἄγγελοι (todos los ángeles) está refiriéndose al coro de los ángeles que ha sido ya mencionado en Ap 5, 22, un coro que está formado por πολλοὶ ἄγγελοι, es decir, por muchos ángeles, cuyo número era "diez veces de miles diez veces, es decir, millares de millares, sin que por ello se niegue la existencia de los querubines o vivientes[5].

Partiendo de la distinción establecida entre los vivientes (ζῶα) del Apocalipsis y los ángeles (ἄγγελοι) solo se puede deducir que los querubines no son ángeles comunes, "espíritus servidores, enviados para realizar servicios" (Hebr 1, 14), sino que constituyen un tipo especial de ángeles de rango superior. Una información más exacta sobre la relación entre los querubines y otros tipos de ángeles, y sobre su naturaleza, no se puede lograr ni por el nombre *querubín*, ni por el hecho de que, en todos los casos (a excepción de Gen 3) ellos aparecen siempre *en conexión con el Trono de Dios* (aunque ello pueda servir de ayuda para establecer sus funciones).

La etimología de la palabra כרוב resulta oscura. Todas las derivaciones que se han querido proponer, tanto desde el hebreo como desde otro dialecto semita, carecen de la mínima pretensión de probabilidad. La palabra parece haber estado relacionada desde antiguo con la tradición del paraíso, como he mostrado en mi

---

5. Cf. Winer, *Grammat. Des NT Sprachidioms*, 7ª ed. 1867, pág. 101, donde entre otras cosas se afirma que πᾶσαι γενεαί son todas las generaciones, cualquiera que sea su número; así πᾶσαι αἱ γενεαί de Mt 1, 17 son *todas* las generaciones, como formando un número definido, sea cual fuera su contexto o circunstancia.

Handbuch der Biblischen Archaeologie, 88 ss. De todas formas, podemos observar que Ezequiel les llama primero vivientes (חיות) y que solo en Ez 10 emplea el nombre de querubines (כרובים), nombre conocido por el tabernáculo del templo, o, quizá mejor, por la historia del paraíso. Observamos así que solo en Ez 10,20 estos seres reciben el nombre de querubines; pues bien, a partir de esos datos, podemos inferir que el nombre "querubín" está fundado en la presentación de esos seres como "vivientes" (חיות), de manera que desde ese fondo podemos deducir quizá su naturaleza, o al menos la relación que ellos tienen con el trono de Dios.

Se les llama חיות, vivientes, no por ser "representantes ideales de todos los seres vivientes que hay sobre la tierra" (Hengstenberg), sino porque son aquellos seres que, entre todos los del cielo y de la tierra poseen y manifiestan la vida en el sentido más pleno de la palabra. Por ello, entre todos los seres espirituales, los serafines son los que se encuentra más cerca del Dios de los espíritus de toda carne (que vive de eternidad en eternidad), de manera que ellos rodean su trono. Con esta representación se armoniza no solo el hecho de que, tras la expulsión de la primera pareja humana del paraíso, Dios les mandó que cuidaran el camino que conduce al árbol de la vida, sino también la forma en estaban representados en el santuario y en las visiones.

Los querubines del santuario tenían la forma de un hombre, y solo el hecho de llevar alas mostraba que se trataba de seres supra-terrestres, que no estaban limitados al espacio terreno. Tanto los querubines de Ezequiel como los del Apocalipsis presentan la apariencia de un ser humano. También los ángeles asumen la forma humana cando ellos se aparecen visiblemente a los hombres en la tierra, porque, entre todas las creaturas de la tierra, por haber sido creado a imagen de Dios, el hombre ocupa el lugar primero y más alto.

Ciertamente, la imagen divina se expresa principalmente en la naturaleza espiritual del hombre, en el alma animada por el Espíritu de Dios; sin embargo, su forma humana, como "receptáculo" del alma, es la corporeidad más perfecta de todas las que conocemos y de esa forma aparece como la vestidura más adecuada para visibilizar los seres espirituales.

Pero los querubines de nuestra visión no presentan solo la figura del cuerpo humano, sino que tienen también, con el rostro de un hombre, el rostro de león, de toro y de águila, y tienen cuatro alas, de manera que aparecen como seres de cuatro lados, seres de forma cuadrada, con un rostro en cada uno de sus cuatro lados, de manera que pueden avanzar hacia cualquier de ellos (avanzando siempre hacia adelante) sin volverse; así pueden avanzar en la dirección de un rostro.

En la visión del Apocalipsis los rostros de las creaturas nombradas aparecerán vinculados a cada uno de los cuatro querubines, de manera que cada uno tenía solo un rostro. Por el contrario, en Ezequiel cada querubín tenía los cuatro rostros. De esa manera, el rostro humano expresaba el alma-espíritu de cada uno, y los tres restantes animales expresaban también otros aspectos de su naturaleza.

La unión de las figuras de león, toro y águila, con la del hombre, muestra que cada uno de los querubines posee la plenitud y el poder de la vida, que en la creación se divide entre el resto de las creaturas.

Hay un dicho rabínico (cf. *Schemoth Rabba*, en Schöttgen, *Horae Hebraicae* 1168) que afirma: *Quatuor sunt qui principatum in hoc mundo tenent. Inter creaturas homo, inter aves aquila, inter pecora bos, inter bestias leo* (hay en este mundo cuatro seres que poseen el principado: entre las creaturas el hombre, entre las aves el águila, entre los ganados el toro y entre las bestias el león).

Este dicho contiene una verdad, aunque en su base está la suposición de que estas cuatro creaturas representan toda la creación terrena. Sea como fuere, el querubín vincula los poderes vivientes de estas cuatro creaturas. Aquí se introduce el águila solo para indicar el poder de volar, que ella posee más que todas las otras aves; así lo muestra Ap 4, 7 donde el cuarto viviente o ζῷον queda presentado como un águila que vuela. Conforme a este principio, el toro y el león han de ser considerados solo en relación a su poder físico, pues, en esa línea, el toro ocupa el primer lugar entre los animales domesticados y el león entre las bestias, mientras que el hombre ejerce su supremacía sobre todas las creaturas de la tierra por su inteligencia[6].

Finalmente, el número de "cuatro", tanto en los querubines como en los cuatro rostros de cada querubín, está conectado con su capacidad de ir en todas las direcciones, sin necesidad de volverse, y no se puede tomar como prueba de que los cuatro son el signo de toda la creación viviente, por el simple hecho de que el número cuatro no es esencial para ellos, pues sobre el propiciatorio del templo hay solo dos y no cuatro querubines.

Según eso, los querubines aparecen representados en la visión como los seres espirituales más excelsos, no solo por el hecho de que en Ap 10, 7 un querubín extiende la mano y toma con ella el fuego que arde en medio de los querubines y lo pone en manos del ángel vestido de lino blanco, con la misión de quemar Jerusalén, sino también en la forma en que el Apocalipsis representa la función que ellos realizan.

Aquí debemos observar también, como ha destacado ya Kliefoth, que "en medio de su múltiple actividad", los querubines proclaman día y noche el trisagio: Así ofrecen su adoración a Dios Ap 4, 8-9; 19, 4 y repiten el amen al canto de alabanza de toda la creación (Ap 5, 14). Al mismo tiempo, ellos invitan a Juan para que vea la forma en que se están cumpliendo lo indicado por los cuatro

---

6. Así lo ha reconocido ya rectamente Riehm, *De naturâ et notione symbolicâ Cheruborum*, Basel 1864, 21ss, quien ha sacado de aquí esta conclusión: *quaternis igitur faciebus eximiae vires atque facultates significantur cherubis a deo ad munus suum sustinendum impertitae* (los cuatro rostros expresan las grandes virtudes y facultades que Dios ha concedido a los querubines para realizar su función). Pero luego vincula esa expresión con la representación errónea de que los querubines tienen la finalidad de llevar el trono de Dios y de llevar a Dios a lo largo del mundo.

primeros sellos (Ap 6, 1. 3. 5. 7). Uno de ellos da a los siete ángeles las siete copas de la ira (Ap 15, 7).

Además de su actividad en la realización del consejo divino de salvación, a fin de lograr una visión lo más clara posible del sentido que los querubines tienen en nuestro pasaje y en el conjunto de la Biblia, debemos insistir en el lugar que ellos ocupan y en la función que realizan en el Apocalipsis, al situarse en torno al trono de Dios. Los que están en torno al trono de Dios forman tres círculos concéntricos: en el círculo más interior están los cuatro ζῶα (querubines); en el siguiente están los setenta y dos ancianos, sentados sobre tronos, vestidos con vestiduras blancas, con coronas de oro sobre sus cabezas; finalmente, el tercer círculo, en más extenso de todos, está formado por muchos ángeles, millares de millares (Ap 4, 4. 6; 5, 8; 7, 11).

A todo esto se añade una multitud grande, innumerable de personas, en torno al trono. Ellos son los justos de entre todas las naciones, pueblos y lenguas, en vestiduras blancas, con las palmas en sus manos; son los que han venido de la gran tribulación, que han lavado sus vestiduras y las han blanqueado en la sangre del Cordero y que ahora están ante el trono de Dios, y le sirven día y noche en su templo (Ez 7, 9. 14-15). Según eso, los veinticuatro ancianos, que son los patriarcas del Antiguo y del Nuevo Testamento, que forman la Congregación de Dios, tienen también su lugar ante al trono, entre los querubines y miríadas de otros ángeles. De esa manera, igual que los ancianos están exaltados sobre los otros ángeles, también los querubines están exaltados por encima de ellos.

El lugar ocupado por los querubines nos permite sacar la conclusión de que ellos llevan el nombre de ζῶα, los vivientes, por la plenitud de vida interna, bendita, duradera para siempre, que tienen dentro de ellos, la vida que proviene del Creador de los espíritus, del Rey de todos los reyes, del Señor de todos los señores. Esa es la vida que se despliega desde los seres espirituales de los cielos; esa es la vida que reciben los querubines que están en torno al trono, como representantes y portadores de la vida de bendición eterna que los hombres, creados a imagen de Dios, han rechazado por su pecado, y que ahora van a recibir de nuevo por la infinita compasión divina, a través de la redención de la humanidad caída.

En ese contexto resulta más fácil reconocer el sentido de las ruedas que aparecen en nuestra visión al lado de los querubines, pues ellas sirven para poner en movimiento el "carro" del trono de Dios. Aunque el trono de Dios no aparece representado y designado aquí expresamente como un trono-carro, no hay duda de que las ruedas que Ezequiel ha visto bajo el trono, al lado de los querubines, están indicando la posibilidad y facilidad con que el trono puede moverse en dirección hacia los cuatro ángulos del cielo (y de la tierra).

En otra línea, el significado de los ojos es objeto de controversia. Se trata de ojos que en Ez 1, 18 se encuentran en las llantas de las ruedas y según Ez 10, 12 y Ap 4, 6 en los mismos querubines. Según Kliefoth, los ojos sirven para dirigir el movimiento de los querubines y de las ruedas, que está indicando la expansión de la nueva economía de salvación hacia toda la tierra. De ese modo la gran cantidad de ojos está indicando que esa expansión no se realiza de una forma ciega, como por casualidad, sino con toda claridad, con toda conciencia.

Pero este sentido no resulta apropiado para Ap 4, 6, donde los querubines no tienen ruedas a su lado, y donde no se alude a una expansión o avance hacia todos los puntos cardinales. Según eso, de acuerdo a la visión de Kliefoth, los ojos sirven solamente para poner de relieve los poderes morales y físicos que han creado y que sostienen el reino de Dios sobre la tierra, un reino que está llegando ahora a su consumación.

De todas maneras, esta visión de Kliefoth resulta arbitraria, pues carece de todo fundamento bíblico. Más cercana a la verdad está la observación de Rosenmüller, quien afirma que la multitud de los ojos está indicando la *coelestium naturarum perspicacia* (la transparencia o perspicacia de las naturalezas celestas) y su ὀξυωπία, es decir, su capacidad de ver todo con nitidez.

En esa línea se sitúa Ap 5, 6, donde se dice que los siete ojos del Cordero son los τὰ [ἑπτὰ] πνεύματα τοῦ θεοῦ ἀπεσταλμένοι εἰς πᾶσαν τὴν γῆν, es decir, los siete espíritu de Dios enviados a toda la tierra. Los ojos indican, según eso, los efectos espirituales que proceden del Cordero y que se extienden a toda la tierra, como los siete cuernos, que indican el carácter pleno de su poder. El ojo es, por tanto, el signo y espejo del Espíritu; y la ornamentación de los querubines y de las ruedas con ojos muestra que el poder del Espíritu divino habita dentro de ellos y define y guía sus movimientos.

Los restantes objetos de la visión son fáciles de explicar. La aparición del espacio que está sobre los querubines y las ruedas, sobre el que puede verse un trono, representa el firmamento del cielo como lugar del trono de Dios. Ese Dios aparece sobre el trono en forma humana, en la gloria terrible de su santa majestad.

Toda la aparición se acerca al profeta bajo el revestimiento de una gran nube ardiente (1, 4). Esta nube evoca aquella espesa nube en la que, en tiempo antiguo, Yahvé había descendido sobre el Monte Sinaí, en medio de truenos y relámpagos (Ex 19, 16) para establecer su alianza de gracia, prometida a los patriarcas, que debería cumplirse con su descendencia – el pueblo de Israel, sacado de Egipto – y para establecer su Reino de Gracia sobre la tierra.

Si tenemos en cuenta la conexión que existe entre nuestra teofanía (Ez 1) y la de la fundación de la dispensación salvadora al principio del Antiguo Testamento (libro del Éxodo), no podremos limitarnos a decir que el fuego y los relámpagos de nuestra visión se refieren solo a la destrucción de Jerusalén y del templo, sino que expresan la misma realidad del Dios que se aparece al profeta. Por otra parte, el esplendor que aparece sobre el trono, en forma de arco iris, no puede limitarse tampoco a la gracia que retorna después de haber sido ejecutado el juicio, ni a la nueva dispensación de salvación que ha de establecerse con el nuevo templo. Ni podemos mirar esos diversos atributos refiriéndolos solo a unos elementos históricos individuales de la revelación de Dios en su Reino.

Al contrario, debemos concebir su sentido de un modo más general y tomarlos, desde una visión unitaria, como símbolos de la justicia, santidad y gracia de Dios que se revela en la preservación, gobierno y consumación de su Reino. A nuestra teofanía se le aplica también aquello que F. Düsterdieck afirma sobre Ap 4, 3, al referirse a la importancia de la aparición divina descrita en este pasaje:

> "No podemos contentarnos con aplicar esta descripción de un modo general, aplicándola a la forma en que Dios realice sus juicios (que han de verse al fin de los tiempos); es necesario que aquí, donde se describe el fundamento y principio duradero de todo lo que sigue, descubramos la aparición de la Gloria y justicia de Dios, en conexión con su gracia permanente y amistosa. Así podemos descubrir todo el desarrollo futuro del Reino de Dios y del mundo hasta su culminación final, viendo que está determinado por la unión maravillosa con el Dios santo, justo y salvador; todo eso, corresponde a la gloria del Dios tres veces santo, no solo en el despliegue de su acción sino también en su realización" (*Apocalipsis*, 1865, pág. 219)

De esa manera esta visión fundamental (del Apocalipsis) contiene todo lo que es necesario para poner en guardia a los enemigos y para consolar a los amigos de Aquel que está sentado sobre el trono. En esa línea, la visión de Ezequiel tiene una importancia fundamental no solo para todo el ministerio profético, sino también, de un modo general, para la continuación y desarrollo del Reino de Dios en Israel, hasta que su objetivo haya sido alcanzado en la consumación de su gloria. De esa manera se muestra, en dos líneas, el significado fundamental e inequívoco de esta teofanía:

1. Permanencia básica de la teocracia. La teofanía le fue revelada al profeta en el momento de su llamada, y fue repetida después en los momentos principales de su ministerio profético, tanto en el anuncio de la caída del viejo reino de Dios con la destrucción de Jerusalén y del templo (Ez 9-11), como en la edificación del nuevo templo y de la nueva disposición del Reino (Ez 40-48). Como he venido diciendo, no hacía falta una teofanía ni para confirmar la llamada de Ezequiel para el oficio de profeta, ni para que realizara el anuncio que le fue confiado, con la aniquilación del viejo reino de Dios y la fundación de nuevo reino.

En esa línea, la revelación de Dios, que estaba relacionada en su configuración concreta con la presencia del Señor en medio de su pueblo, en el Santo de los Santos del templo (una revelación que fue dirigida a Ezequiel cuando estaba viviendo en la tierra de Caldea, con los exilados, en la ribera del río Qebar), solo podía tener como finalidad la disolución de la teocracia, que había comenzado ya en un momento algo anterior, y que debía culminar muy pronto, dando al profeta y a aquellos que estaban viviendo con él en el exilio, la confianza de que el elemento esencial y profundo de la teocracia no iba a desaparecer con el juicio de castigo que Dios iba a realizar son su pueblo y su reino pecador. Eso significa que el Señor Dios continuaría manifestándose a su pueblo como el Dios vivo, y de esa forma preservaría su Reino, y un día lo llevaría a su gloriosa consumación.

2. Revelación salvadora de Dios. En correspondencia con esa intención, Dios aparecía en el templo, en las formas simbólicas de su presencia gratuita, como aquel que está entronizado sobre los querubines. Pero tanto los querubines como el trono estaban dotados de atributos que representan el movimiento del trono en todas las direcciones, no solamente para indicar la expansión del Reino de Dios sobre toda la tierra, sino también para revelarse él mismo como Señor y Rey, un Dios cuyo poder se extiende sobre todo el mundo, pues tiene el poder de juzgar a los paganos y de liberar de la esclavitud a su pueblo, entregado en manos de los paganos, si los miembros de su pueblo se arrepienten y vuelven a él; un Dios que les reunirá de nuevo y les llevará a la herencia de la gloria que les había sido prometida.

Este es el doble significado de la teofanía en el comienzo del oficio profético de Ezequiel. Pues bien, el sentido de la repetición de la teofanía en los capítulos que siguen viene definido por los hechos que el mismo Dios permitirá que el profeta contemple. La presencia gratificante de Dios se alejará del templo y de la ciudad manchada por las abominaciones pecadoras, a fin de que el templo y la ciudad puedan quedar entregadas al juicio de la destrucción; la gloria de Dios volverá, sin embargo, y llenara el nuevo y glorioso templo, para habitar por siempre entre los hijos de Dios.

2. Ez 2, 1-3, 3. Llamada de Ezequiel para el oficio profético

A la manifestación de Dios sigue la palabra de la vocación. Al sentir su debilidad y pecado, ante la terrible revelación de la gloria de Yahvé, Ezequiel ha caído en el suelo; pero la palabra de Dios le levanta de nuevo, y así puede escuchar la voz que le llama para realizar la función profética.

2, 1-2. Entró el Espíritu en mi

¹וַיֹּאמֶר אֵלַי בֶּן־אָדָם עֲמֹד עַל־רַגְלֶיךָ וַאֲדַבֵּר אֹתָךְ׃
² וַתָּבֹא בִי רוּחַ כַּאֲשֶׁר דִּבֶּר אֵלַי וַתַּעֲמִדֵנִי עַל־רַגְלָי וָאֶשְׁמַע אֵת מִדַּבֵּר אֵלָי׃ פ

Me dijo: Hijo de hombre, ponte sobre tus pies y hablaré contigo. ² *Después de hablarme, entró el espíritu en mí y me afirmó sobre mis pies, y oí al que me hablaba.*

El saludo, בֶּן־אָדָם, se repite con tanta frecuencia en Ezequiel que debe ser mirado como una de las peculiaridades de su profecía. Fuera de Ezequiel solo aparece una vez, en Dan 8, 17. Todos reconocen que se trata de un dato significativo, pero interpretan su sentido de maneras diferentes.

Muchos expositores suponen que implica una referencia a la debilidad y fragilidad de la naturaleza humana. Por el contrario, Coccejus y Kliefoth, lo vinculan con la circunstancia de que Dios habla a Ezequiel en forma humana, e interpretan esas palabras como un τεκμήριον *amicitiae*, es decir, como *un signo de amistad*, como si Dios le hablara de hombre a hombre, conversando con él como un hombre conversa con su amigo. Pero esta última interpretación va en contra del *usus loquendi*, es decir, del uso del lenguaje.

Ciertamente, בֶּן־אָדָם se aplica al hombre refiriéndose a su condición natural, pero se usa casi siempre como sinónimo de אנוש, indicando así la debilidad y fragilidad del ser humano en oposición a Dios; cf. Sal 8, 5; Job 25 6; Is 51, 12; 56, 2 y Núm. 23, 19. Éste es también el significado que tiene בֶּן־אָדָם en las dedicatorias, como aparece claramente en varios lugares de Daniel.

De esa forma, cuando se le quiere brindar confianza y seguridad, a Daniel se le saluda como דָּנִיֵּאל אִישׁ־חֲמֻדוֹת, *Daniel, hombre muy querido* (Dan 10, 11. 19; 9, 23). Por el contrario, en Dan 8, 17, cuando el profeta ha caído lleno de terror sobre su rostro, ante la aparición de Gabriel, éste le dice: "recuerda hijo de hombre…" para recordarle su debilidad humana. Esto es lo que sucede también en este verso, en el que Daniel ha caído también sobre su rostro, y Dios le dice que se levante. Este saludo aparece empleado solo con regularidad en Ezequiel, para indicar la distancia entre la debilidad natural del hombre y el poder divino, que le da la capacidad y el impulse para hablar.

Pero no se trata de recordar al hombre que no se enorgullezca por el honor que implica la llamada de Dios (en contra de lo que dice Jerónimo en su comentario a Dan 8, 17), ni tampoco (como indica Hävernick) de recordarle a Ezequiel que (a pesar de su naturaleza poderosa y fuerte) él debe tener siempre en cuenta quién es él en realidad ante Dios. Si éste fuera su significado y objeto, ese saludo debería aparecer también en los escritos de los demás profetas, pues la suposición que la naturaleza de Ezequiel era más poderosa y tenía más fuerza que la de los demás profetas es algo que no tiene fundamento alguno.

El uso constante de esta forma de saludo en Ezequiel está vinculada más bien con el modo y manera en que él recibió la mayor parte de las revelaciones, es decir, en forma de visiones, en un contexto en el que la distinción entre Dios el hombre aparece de una manera más intensa que en las inspiraciones y revelaciones ordinarias, que se realizan a través de una impresión recibida en las facultades interiores del hombre.

En esa línea, el hecho de destacar de un modo más intenso la distancia entre Dios y el hombre sirve para recordar al profeta, y también al pueblo al que él debe comunicar sus revelaciones, no solamente la debilidad de la naturaleza humana, sino para recordarles, al mismo tiempo, de qué forma tan poderosa actúa la palabra de Dios en un hombre muy frágil. De esa forma, el Dios que ha escogido al profeta como órgano de su voluntad, muestra el poder que él tiene de salvar a su pueblo, que yace impotente bajo la opresión de los paganos, redimiéndoles de su miseria y elevándole de nuevo.

Con la palabra del Señor (¡ponte sobre tus pies!) vino al profeta la רוח, es decir, el espíritu que le puso en pie. La palabra רוח no significa aquí la conciencia vital (Hitzig), sino el espíritu-de-poder que procede de Dios y que es comunicado a través de la palabra que el mismo Dios le dirige con fuerza, diciéndole que se ponga en pie delante de su rostro, para realizar su mandamiento. מִדַּבֵּר, *partic. hithpael*, significa *collocutor, el que habla*, y aquí, en Ez 43, 6 y en Num 7, 89, y, fuera de esos casos, solo en 2 Sam 14, 13.

2, 3-7. Hijo de hombre, yo te envío

³ וַיֹּאמֶר אֵלַי בֶּן־אָדָם שׁוֹלֵחַ אֲנִי אוֹתְךָ אֶל־בְּנֵי יִשְׂרָאֵל אֶל־גּוֹיִם הַמּוֹרְדִים אֲשֶׁר מָרְדוּ־בִי הֵמָּה וַאֲבוֹתָם פָּשְׁעוּ בִי עַד־עֶצֶם הַיּוֹם הַזֶּה:
⁴ וְהַבָּנִים קְשֵׁי פָנִים וְחִזְקֵי־לֵב אֲנִי שׁוֹלֵחַ אוֹתְךָ אֲלֵיהֶם וְאָמַרְתָּ אֲלֵיהֶם כֹּה אָמַר אֲדֹנָי יְהֹוִה:
⁵ וְהֵמָּה אִם־יִשְׁמְעוּ וְאִם־יֶחְדָּלוּ כִּי בֵּית מְרִי הֵמָּה וְיָדְעוּ כִּי נָבִיא הָיָה בְתוֹכָם: פ
⁶ וְאַתָּה בֶן־אָדָם אַל־תִּירָא מֵהֶם וּמִדִּבְרֵיהֶם אַל־תִּירָא כִּי סָרָבִים וְסַלּוֹנִים אוֹתָךְ וְאֶל־עַקְרַבִּים אַתָּה יוֹשֵׁב מִדִּבְרֵיהֶם אַל־תִּירָא וּמִפְּנֵיהֶם אַל־תֵּחָת כִּי בֵּית מְרִי הֵמָּה:
⁷ וְדִבַּרְתָּ אֶת־דְּבָרַי אֲלֵיהֶם אִם־יִשְׁמְעוּ וְאִם־יֶחְדָּלוּ כִּי מְרִי הֵמָּה: פ

³ *Me dijo: Hijo de hombre, yo te envío a los hijos de Israel, a una nación de rebeldes que se rebelaron contra mí; ellos y sus padres se han rebelado contra mí hasta este mismo día.* ⁴ *Yo, pues, te envío a hijos de duro rostro y de empedernido corazón, y les dirás: Así ha dicho Yahvé el Señor.* ⁵ *Acaso ellos escuchen; pero si no escuchan, porque son una casa rebelde, siempre sabrán que hubo un profeta entre ellos.*
⁶ *Pero tú, hijo de hombre, no los temas ni tengas miedo de sus palabras. Aunque te hallas entre zarzas y espinos, y habitas con escorpiones, no tengas miedo de sus palabras, ni temas delante de ellos, porque son una casa rebelde.* ⁷ *Les hablarás, pues, mis palabras, ya sea que escuchen o que dejen de escuchar, porque son muy rebeldes.*

La llamada del profeta comienza con las palabras con las que el Señor está describiendo a Ezequiel la condición del pueblo al que ha de enviarle, a fin de que tenga en cuenta las dificultades de su vocación, animándole a cumplirla. Los hijos de Israel se han convertido en paganos, de manera que no son ya hijos de Dios, ni siquiera son una nación sin más (גּוֹי, Is 1, 4), sino que son *goyym* (גּוֹיִם), es decir, paganos, esto es, un pueblo de rebeldes contra Dios.

הַמּוֹרְדִים (rebeldes, con artículo) no ha de unirse, como si fuera un adjetivo, a גּוֹיִם, que está sin adjetivo, sino que se emplea de un modo sustantivado, en forma de aposición. Ellos se han rebelado en contra de Dios de la forma que sigue: ellos, como sus padres, se han separado de Yahvé hasta este día (por lo que se refiera a פָּשְׁעוּ בִי, cf. *Com*. Is 1, 2). Sobre עַד־עֶצֶם הַיּוֹם הַזֶּה, igual que en el Pentateuco; cf. Lev 23, 14; Gen 17, 23 etc.). Como los padres, también los hijos son rebeldes y, además, ellos son קְשֵׁי פָנִים, de dura cerviz (Ez 3, 7), es decir, impúdicos, sin esconder el rostro ni bajarlo por vergüenza.

Esta falta de vergüenza brota de la dureza de su corazón. Pues bien, a estos pecadores arrepentidos Ezequiel debe anunciarles la palabra del Señor. Escuchen o no escuchen (אִם־אִם, *sive-sive*, o-o, como en Jos 24, 15; Ecl 11, 3), en cualquier caso ellos deben experimentar que hay un profeta en medio de ellos. Es muy probable que ellos se nieguen a escuchar, porque son una raza (una בית, casa, familia) de dura cerviz, es decir, rebelde a Dios.

La *waw* en וְיָדְעוּ (2, 5) introduce la *apódosis*. היה es perfecto, no presente, como lo exige el *usus loquendi*, el modo de hablar, y la conexión del pensamiento. El significado no es que por su testimonio descubrirán que allí (en Ezequiel) hay un profeta, sino que ellos experimentarán por lo que sucederá, por el cumplimiento de lo anunciado, que había habido un profeta en medio de ellos.

Ezequiel no debe volverse atrás por miedo de ellos, y por las palabras de testimonio que ha de proclamar en contra de sus pecados. Los ἅπαξ-λεγόμενα (*hapaxlegomena*) סָרָבִים וְסַלּוֹנִים no han de tomarse a modo de adjetivos, como hacen los expositores antiguos *rebelles et renuentes* (rebeldes y desobedientes), sino que son sustantivos. Por lo que toca a la palabra, סלון, es evidente que ella significa espina, como en Ez 28, 24, en arameo. Por su parte, la palabra סרב, en arameo, tiene el sentido de *refractarius* (aquel que rechaza). Pero este significado resulta aquí derivado y poco apropiado,

סרב está relacionado con צרב, que significa quemar, producir quemazón, y significa ortiga, espina, como ha puesto de relieve Donasch Ben Labrat, en *Raschi*. אוֹתָךְ aparece aquí en vez de אִתָּךְ, en el sentido de producir quemazón, y aparece en Ezequiel con mucha frecuencia. Zarzas y espinos son un signo de los hombres peligrosos y hostiles. Este pensamiento queda fortalecido por las palabras "sentarse sobre escorpiones" (con אל en vez de על), pues estos animales producen una herida dolorosa y peligrosa. Para la semejanza entre hombres peligrosos y escorpiones, cf. Sir 26, 10. Más testimonios en Bochart, *Hierozoicum* III. p. 551s).

2, 8-10. La visión del libro enrollado

⁸ וְאַתָּה בֶן־אָדָם שְׁמַע אֵת אֲשֶׁר־אֲנִי מְדַבֵּר אֵלֶיךָ
אַל־תְּהִי־מֶרִי כְּבֵית הַמֶּרִי פְּצֵה פִיךָ וֶאֱכֹל אֵת אֲשֶׁר־אֲנִי נֹתֵן אֵלֶיךָ:
⁹ וָאֶרְאֶה וְהִנֵּה־יָד שְׁלוּחָה אֵלָי וְהִנֵּה־בוֹ מְגִלַּת־סֵפֶר:

$$^{10}\text{ וַיִּפְרֹשׂ אוֹתָהּ לְפָנַי וְהִיא כְתוּבָה פָּנִים וְאָחוֹר וְכָתוּב אֵלֶיהָ}$$
$$\text{קִנִים וָהֶגֶה וָהִי: ס}$$

⁸ Pero tú, hijo de hombre, escucha lo que te digo; no seas rebelde, como la casa rebelde; abre tu boca, y come lo que te doy. ⁹ Miré, y vi una mano extendida hacia mí, y en ella había un libro enrollado. ¹⁰ Lo extendió delante de mí, y estaba escrito por delante y por detrás; y había escritos en él cantos fúnebres, gemidos y ayes.

Después que ha presentado al profeta las dificultades de la llamada que le encomienda, el Señor le prepara para la realización de su oficio, inspirándole con su divina palabra lo que ha de proclamar. El profeta tiene que anunciar al pueblo de Israel solo aquello que el Señor le inspira para anunciarlo. Este pensamiento viene expresado en forma simbólica: Una mano extendida ofrece al profeta un libro que él ha de comer y, siguiendo el mandato de Dios, él lo come de hecho (cf. Ap 10, 9).

El libro, en forma de rollo, está escrito por ambos lados, con lamentaciones, gemidos y ayes (la palabra הִי no es una abreviatura de נְהִי, ni es igual a אִי, como piensa Ewald, §101c, sino que es solo una forma distinta de הוֹי o de הוּ). El significado no es que sobre el rollo había escritas una multitud de expresiones de lamentación de todo tipo, sino que lo que estaba escrito es todo lo que el profeta debía anunciar, aquello que ahora leemos en su libro.

3, 1-3. Hijo de hombre, come este rollo

$$^{1}\text{וַיֹּאמֶר אֵלַי בֶּן־אָדָם אֵת אֲשֶׁר־תִּמְצָא אֱכוֹל}$$
$$\text{אֱכוֹל אֶת־הַמְּגִלָּה הַזֹּאת וְלֵךְ דַּבֵּר אֶל־בֵּית יִשְׂרָאֵל:}$$
$$^{2}\text{ וָאֶפְתַּח אֶת־פִּי וַיַּאֲכִלֵנִי אֵת הַמְּגִלָּה הַזֹּאת:}$$
$$^{3}\text{ וַיֹּאמֶר אֵלַי בֶּן־אָדָם בִּטְנְךָ תַאֲכֵל וּמֵעֶיךָ תְמַלֵּא אֵת}$$
$$\text{הַמְּגִלָּה הַזֹּאת אֲשֶׁר אֲנִי נֹתֵן אֵלֶיךָ וָאֹכְלָה וַתְּהִי בְּפִי כִּדְבַשׁ לְמָתוֹק: פ}$$

¹ Me dijo: Hijo de hombre, come lo que tienes ante ti; come este rollo, y ve y habla a la casa de Israel. ² Abrí mi boca y me hizo comer aquel rollo. ³ Me dijo: Hijo de hombre, alimenta tu vientre y llena tus entrañas de este rollo que yo te doy. Lo comí, y fue en mi boca dulce como la miel.

Los contenidos del libro que el profeta debía comer eran de tipo triste, pues se referían a la destrucción del reino, es decir, a la destrucción de Jerusalén y del templo. Pues bien, para que Ezequiel pueda mirar y leer aquello que está escrito, el rollo ha de quedar extendido delante de sus ojos; y una vez leído, él debe comerlo, pues para ello se lo entregan, a fin de que lo "devore", con estas palabras: "Vete y di a los hijos de Israel", es decir, "vete y anuncia a los hijos de Israel aquello que has recibido dentro de ti mismo" o, tal como se dice en Ez 3, 4 "diles mis palabras" (=come mis palabras).

Dios mismo había dicho las palabras, mientras daba al profeta el rollo para que lo comiera, de manera que Ezequiel no debe limitarse simplemente a comer, es decir, a tomar el libro con su boca, sino que debe llenar con él su cuerpo, su vientre; es decir, debe recibir en su ser más profundo la palabra de Dios, tal como el mismo Dios se le ha presentado, para que la convierta en su carne y sangre.

Mientras lo comía, el libro era dulce en su boca. Este gusto dulce no ha de explicarse, como hace Kliefoth, diciendo que se refiere al gusto después de haberlo comido (como si la destrucción de Jerusalén aquí anunciada viniera a convertirse después en dulzura, a través de una restauración más gloriosa). El mismo libro, escrito con lamentaciones, con tristezas y ayes, tuvo para él un gusto dulce porque su contenido era la palabra de Dios, que era gozo y alegría para su corazón (15, 16).

En esa línea advertimos que es "infinitamente dulce y amable ser el órgano y portavoz del Omnipotente" e incluso la más penosa de las verdades divinas posee para un hombre espiritual un elemento de gozo y de tranquilidad (cf. Hengstenberg, *Offenbarung des heiligen Johannes*, 1850, sobre Ap 10, 9). A esto hay que añadir el hecho de que los juicios de castigo de Dios revelan no solamente su santidad y justicia, sino que preparan el camino para la revelación del perdón y contribuyen a la salvación del alma.

3. Ez 3, 4-21. El envío del profeta

Los temas contenidos en esta sección son los siguientes: Dios promete darle el poder suficiente para superar todas las dificultades de su vocación (3, 4-9); después le transporta al lugar donde ha de realizar su trabajo (3, 10-15); y finalmente pone sobre él la responsabilidad de las almas que están confiadas a su misión (3, 16-21). Después que Ezequiel ha dado el testimonio de su disposición para anunciar la palabra del Señor, comiendo el libro, el mismo Señor le hace conocer las dificultades de esa misión, y promete darle siempre su fuerza para superarlas.

Ez 3, 4-9. Ve a la casa de Israel y diles

⁴ וַיֹּאמֶר אֵלַי בֶּן־אָדָם לֶךְ־בֹּא אֶל־בֵּית יִשְׂרָאֵל וְדִבַּרְתָּ בִדְבָרַי אֲלֵיהֶם׃
⁵ כִּי לֹא אֶל־עַם עִמְקֵי שָׂפָה וְכִבְדֵי לָשׁוֹן אַתָּה שָׁלוּחַ אֶל־בֵּית יִשְׂרָאֵל׃
⁶ לֹא אֶל־עַמִּים רַבִּים עִמְקֵי שָׂפָה וְכִבְדֵי לָשׁוֹן אֲשֶׁר לֹא־תִשְׁמַע דִּבְרֵיהֶם אִם־לֹא אֲלֵיהֶם שְׁלַחְתִּיךָ הֵמָּה יִשְׁמְעוּ אֵלֶיךָ׃
⁷ וּבֵית יִשְׂרָאֵל לֹא יֹאבוּ לִשְׁמֹעַ אֵלֶיךָ כִּי־אֵינָם אֹבִים לִשְׁמֹעַ אֵלָי כִּי כָּל־בֵּית יִשְׂרָאֵל חִזְקֵי־מֵצַח וּקְשֵׁי־לֵב הֵמָּה׃
⁸ הִנֵּה נָתַתִּי אֶת־פָּנֶיךָ חֲזָקִים לְעֻמַּת פְּנֵיהֶם וְאֶת־מִצְחֲךָ חָזָק לְעֻמַּת מִצְחָם׃
⁹ כְּשָׁמִיר חָזָק מִצֹּר נָתַתִּי מִצְחֶךָ לֹא־תִירָא אוֹתָם וְלֹא־תֵחַת מִפְּנֵיהֶם כִּי בֵּית־מְרִי הֵמָּה׃ פ

⁴ *Luego me dijo: Hijo de hombre, ve y entra a la casa de Israel y háblales con mis palabras.* ⁵ *Porque no eres enviado a un pueblo de habla misteriosa ni de lengua difícil,*

sino a la casa de Israel; ⁶ *no a muchos pueblos de habla misteriosa ni de lengua difícil, cuyas palabras no entiendas; pero si a ellos te enviara, ellos te escucharían.* ⁷ *Pero la casa de Israel no te querrá oír, porque no me quiere oír a mí; porque toda la casa de Israel es dura de frente y obstinada de corazón.*

⁸ *Yo he hecho tu rostro fuerte contra los rostros de ellos, y tu frente fuerte contra sus frentes.* ⁹ *Como el diamante, más fuerte que el pedernal he hecho tu frente; no los temas ni tengas miedo delante de ellos, porque son una casa rebelde.*

El contenido de esta sección presenta una gran semejanza con 2, 3-7, pues tanto aquí como allí se pone de relieve la obstinación y la dureza de cerviz de Israel, como algo que se opone al éxito de la misión de la obra de Ezequiel. Sin embargo, ese argumento se desarrolla aquí de un modo distinto, de manera que no nos encontramos ante una simple tautología.

Aquí, mientras está enviando al profeta, el Señor pone primero de relieve la facilidad en el cumplimiento de la misión; solo después le habla de la obstinación de Israel, lo que hace que la misión sea difícil para él. Pero, al mismo tiempo, el Señor le promete que le dará su fuerza para superar esas dificultades.

Ezequiel ha de hablar con las palabras que Dios le comunica, y ha de hacerlo a la casa (pueblo) de Israel. Él puede cumplir esa misión porque Israel no es una nación extranjera, con una lengua ininteligible, sino que tiene la capacidad de entender sus palabras de profeta (3, 5-7).

עַם עִמְקֵי שָׂפָה, un pueblo de habla misteriosa, es decir, de estilo escondido y difícil de entender , cf. Is 33, 19. עִמְקֵי שָׂפָה no es genitivo, y עַם no está en estado constructo, sino que es un adjetivo, utilizado en sentido plural, porque esa palabra tiene un sentido colectivo. *De lengua difícil (pesada),* es decir, un lenguaje que se entiende solo con dificultad. Ambas palabras (habla misteriosa, difícil) están evocando un lenguaje bárbaro, ininteligible, que solo se entiende con dificultad.

De todas formas, la ininteligibilidad de una lengua no consiste solo en la incapacidad de entender el significado de las palabras y de los sonidos, sino también en las peculiaridades del pensamiento de cada nación, de lo que el lenguaje es solo una expresión fonética. En este plano, podemos destacar con Coccejus y con Kliefoth la incapacidad que los profetas tienen de hacer que su lenguaje sea entendido por los pueblos paganos, porque la manera especial de pensar y de hablar de esos pueblos no estaba formada según la palabra de Dios, sino que su lenguaje era puramente terreno, con elementos opuestos al pensamiento de Dios.

De todas formas, no es correcto el modo excluyente con el que Kliefoth plantea el problema, pues va en contra de lo que se dice con estas palabras: "muchas naciones cuyos discursos (palabras) tú no en entiendes" (3, 6). Esa expresión muestra que la ininteligibilidad del lenguaje se manifiesta ante todo en la incapacidad de entender los sonidos de las palabras. Delante de אֶל־בֵּית יִשְׂרָאֵל (3, 5) se omite una partícula adversativa con el sentido de *sed* (pero); esto se debe quizá al hecho de que las palabras אַתָּה שָׁלוּחַ pueden referirse a lo anterior y a lo que sigue. El verso 3, 6 expande el pensamiento de 3, 5 añadiendo "muchas naciones" (עַמִּים רַבִּים), con diferentes lenguajes, a fin de mostrar que lo que les falta a los israelitas no es la habilidad lingüística, sino el deseo o voluntad de escuchar la palabra de Dios. Dios no está enviando al profeta a una muchedumbre de pueblos con idiomas distintos, sino a hombres que pueden escuchar, es decir, entender su lenguaje.

Los traductores antiguos traducen el segundo hemistiquio de 3, 5 como si ellos no hubieran leído lo que viene después de אִם, es decir, como si no hubieran leído אִם־לֹא: "si yo te hubiera enviado a ellos, ellos (los paganos) te habrían escuchado". Muchos traductores modernos han intentado fundamentar esa misma traducción, sea tomando אִם־לֹא como una partícula de abjuración, con el sentido de *profecto*, verdaderamente (como hacen Rosenmüller, Hävernick y otros), o leyendo אִם־לוּ, como hace Ewald, a partir de Gen 23, 13. Pero una propuesta es tan insostenible como la otra.

En contra de אִם־לוּ está el hecho de que se escribe con ו no con א; en contra de la opinión de que se trata de un partícula de abjuración está, por una parte, la posición de las palabras delante de אֲלֵיהֶם שְׁלַחְתִּיךָ, palabras que según el sentido pertenecen a הֵמָּה יִשְׁמְעוּ, y por otra parte por el hecho de que שְׁלַחְתִּיךָ se han de entender de un modo condicional después del אִם־לֹא anterior. Si ese debiera ser el sentido, Ezequiel habría hecho todo lo posible para mantenerlo oculto (Hitzig), porque אִם־לֹא, después de una sentencia negativa significa "pero", cf. Gen 24, 38. Por consiguiente, ni una interpretación ni la otra consigue expresar el sentido adecuado de frase.

"Si yo te hubiera enviado a los paganos" se limita a repetir algo que no es conveniente para Dios (enviar a un profeta a los paganos). Por su parte, en contra del sentido de *profecto* (verdaderamente) está el mismo despliegue de la idea. La afirmación "si yo te hubiera enviado a los gentiles, ellos verdaderamente te habrían escuchado" está en contra de la visión de los paganos como aquellos que no entienden el lenguaje de los profetas.

Si los paganos hablaban un lenguaje que no era comprensible para los profetas, ellos no podían haber escuchado el mensaje de los profetas, ni habrían comprendido su predicación. No queda, pues, otra solución que aplicar simplemente la sentencia a los israelitas, en este sentido: "Yo no te he enviado a naciones paganas, sino a los israelitas", tomando la palabra יִשְׁמְעוּ como un potencial: "Ellos (los israelitas) podrían haberte temido, ellos podrían haber entendido (aceptado) tus palabras".

De todas formas, a esta posibilidad se opone la antítesis de 3, 7: "Pero la casa de Israel no te escuchará, porque ellos no me escuchan a mí (a Yahvé), pues están moralmente endurecidos". Para 3, 7b, cf. 2, 4. Sin embargo, el Señor concederá al profeta al poder para resistir su obstinación; el Señor le dará un coraje que no podrá ser vencido y una firmeza que no será sacudida (3, 8). El Señor hará que la frente del profeta ser tan dura como el diamante (cf. Zac 7, 12), que es más duro que la misma roca; por eso, Ezequiel no deberá temer ante la obstinación de Israel. צר tiene el mismo sentido que en Ex 4, 25 (צוּר). Como pasajes paralelos sobre el tema, cf. Is 1, 7 y Jer 1, 18.

Ez 3, 10-15. El Espíritu me elevó y me llevó

10 וַיֹּאמֶר אֵלַי בֶּן־אָדָם אֶת־כָּל־דְּבָרַי אֲשֶׁר אֲדַבֵּר אֵלֶיךָ קַח בִּלְבָבְךָ וּבְאָזְנֶיךָ שְׁמָע:
11 וְלֵךְ בֹּא אֶל־הַגּוֹלָה אֶל־בְּנֵי עַמֶּךָ וְדִבַּרְתָּ אֲלֵיהֶם וְאָמַרְתָּ אֲלֵיהֶם כֹּה אָמַר אֲדֹנָי יְהוִה אִם־יִשְׁמְעוּ וְאִם־יֶחְדָּלוּ:
12 וַתִּשָּׂאֵנִי רוּחַ וָאֶשְׁמַע אַחֲרַי קוֹל רַעַשׁ גָּדוֹל בָּרוּךְ כְּבוֹד־יְהוָה מִמְּקוֹמוֹ:
13 וְקוֹל כַּנְפֵי הַחַיּוֹת מַשִּׁיקוֹת אִשָּׁה אֶל־אֲחוֹתָהּ וְקוֹל הָאוֹפַנִּים לְעֻמָּתָם וְקוֹל רַעַשׁ גָּדוֹל:
14 וְרוּחַ נְשָׂאַתְנִי וַתִּקָּחֵנִי וָאֵלֵךְ מַר בַּחֲמַת רוּחִי וְיַד־יְהוָה עָלַי חָזָקָה:
15 וָאָבוֹא אֶל־הַגּוֹלָה תֵּל אָבִיב הַיֹּשְׁבִים אֶל־נְהַר־כְּבָר (וָאֲשֶׁר) [וָאֵשֵׁב] הֵמָּה יוֹשְׁבִים שָׁם וָאֵשֵׁב שָׁם שִׁבְעַת יָמִים מַשְׁמִים בְּתוֹכָם:

10 Me dijo: Hijo de hombre, toma en tu corazón todas mis palabras que yo te diré, y pon mucha atención. 11 Luego ve y entra adonde están los cautivos, los hijos de tu pueblo. Háblales y diles: Así ha dicho Yahvé, el Señor, ya sea que escuchen o que dejen de escuchar. 12 El Espíritu me elevó, y oí detrás de mí una voz de gran estruendo, que decía: ¡Bendita sea la gloria de Yahvé desde su lugar!. 13 Oí también el ruido de las alas de los seres vivientes al juntarse la una con la otra, y el ruido de las ruedas delante de ellos, y el ruido de gran estruendo.

14 El Espíritu, pues, me elevó y me llevó. Yo fui, pero con amargura y lleno de indignación, mientras la mano de Yahvé era fuerte sobre mí. 15 Y vine a los cautivos en Tel-aviv, que moraban junto al río Quebar, y me senté junto con ellos. Allí, durante siete días, permanecí atónito entre ellos.

Preparado por esta vocación, Ezequiel pasa ya a la esfera de la acción. El aparente sin-sentido del *hysteron próteron* (lo último al principio: toma en tu corazón y escucha con tus oídos: 3, 10) desaparece tan pronto como observamos que la fase "oye con tus oídos" conecta con la que sigue: "vete a los exilados".

El sentido no es *postquem auribus tuis preecepisses mea mandata, ea ne oblivione tradas, sed corde suscipe en animo infige* (después de haber percibido con tus oídos mis mandamientos, no los dejes caer en el olvido, sino recógelos con tu corazón y grábalos en tu ánimo: Rosenmüller), sino este otro: "todas las palabras que yo te he hablado consérvalas en tu corazón, para que puedas cumplirlas. Cuando tú hayas oído mis palabras con tus oídos, vete a los exilados y anúnciaselas a ellos".

Sobre 3, 11 cf. 2, 4-5. Obsérvese que sigue diciendo בְּנֵי עַמֶּךָ, los hijos de tu (no de mi) pueblo. Israel, el pueblo de la dura cerviz no es ya el pueblo de Yahvé. El mandato de "ir al pueblo" (3, 12 ss) ha sido inmediatamente ejecutado por el profeta, pues el viento le eleva y le lleva a Tel-Aviv, donde están los exilados. Fenomenológicamente considerado, רוּחַ es un viento que Dios utiliza para conducir al profeta al lugar de su misión; pero ese viento es solo el sustrato visible del Espíritu, que le transporta a aquel lugar.

La representación de fondo es que el profeta fue transportado allí por el viento (Kliefoth). Pero no se trata, como dicen el mismo Kliefoth y Jerónimo, que el viento le llevara *in ipso corpore* (es decir, en el mismo cuerpo), de manera que estuviéramos ante un transporte físico por el aire, sino que la elevación y el cambio de lugar se realizó en espíritu, es decir, en un tipo de éxtasis.

Nada indica que la teofanía terminó antes de este cambio de lugar. El texto indica, más bien, lo contrario, de un modo muy claro, por aquello que Ezequiel escucha tras él el rumor de las alas de los querubines y el rodar de las ruedas. Las palabras וַתִּשָּׂאֵנִי רוּחַ no suponen que fuera necesario un cambio físico de lugar, a diferencia de lo que sucedería en 8, 3; 11, 1.24, donde el mismo Kliefoth admite que se trata solo de una experiencia interna (una experiencia en estado de éxtasis), sin que Ezequiel haya tenido que ser trasportado físicamente de la tierra de los caldeos a Jerusalén. Estamos pues ante una experiencia de visión, no ante un cambio físico de lugar.

El gran ruido que Ezequiel escucha tras él procede, al menos en parte, de la aparición de la כְּבוֹד־יְהוָה, puesta en movimiento, pero no en el sentido de apartarse del profeta en rapto, sino de acercarse a él para introducirle en la esfera de su misión. A favor de esta suposición se mueve el hecho de que Ezequiel sigue viendo en 3, 23 la misma teofanía, en el mismo valle donde estaba en el principio del texto. Esta reaparición de la visión supone que ella ha desaparecido previamente de su vista, pero debemos suponer que esta desaparición ha tenido lugar solo después que se ha completado la llamada, es decir, después de 3, 21. Mientras que Ezequiel es conducido en estado de éxtasis, él escucha la voz del gran estruendo que dice: "¡Bendita sea la gloria de Yahvé desde su lugar!".

La palabra מִמְּקוֹמוֹ no pertenece a בָּרוּךְ, lo que no daría buen sentido, sino a וָאֶשְׁמַע, aunque el sufijo ו puede referirse tanto a יְהוָה como a כָּבוֹד. El sentido es que Ezequiel escucha esa voz de alabanza que proviene de la gloria de Dios, surgiendo del lugar donde se hallaban Yahvé o su gloria, es decir, allí donde se habían mostrado al profeta (según eso, la voz no proviene del templo de Jerusalén). Pero aquí no se dice quien entona este canto de alabanza.

Ezequiel escucha a su lado el sonido del aleteo de las alas de los querubines poniéndose en movimiento, de forma que los extremos de las alas se ponían en contacto unos con otros, hasta llegar a tocarse (מַשִּׁיקוֹת de נשק, significa juntarse, tocarse uno al otro). 3, 14 describe la forma en que el profeta fue arrebatado en su mente y llevado por el viento. Arrebatado por el viento, y llevado por él, Ezequiel fue llevado de allí, מַר֙ בַּחֲמַ֣ת רוּחִ֔י, (con amargura e indignación de espíritu). Aunque מר se utiliza también con el significado de pena y llanto o de ira y pesar, el sentido de la otra palabra, חֲמַת, es más bien de indignación. Kliefoth traduce esa palabra como melancolía, pero ese no es el sentido básico de מר, que supone amargura, indignación.

Ezequiel se siente profundamente enojado, incluso lleno de ira, en parte por la obstinación de Israel, y en parte por la comisión que ha recibido de proclamar la palabra de Dios a ese pueblo obstinado, sin ninguna prospectiva de ser escuchado. Él se siente incapaz de realizar una tarea tan grande, de manera que su "hombre natural" se rebela contra el Espíritu de Dios que, aferrándole con mano fuerte y poderosa, le va llevando al lugar donde debe realizar su obra. Por eso, él intenta liberarse de esa misión, como en otro tiempo hicieron Moisés y Jonás. Sin embargo, la mano del Señor es muy fuerte y le aferra, es decir "le mantiene agarrado en medio de este conflicto interior, con poder insuperable" (Kliefoth). Cf. Is 8, 11.

חָזָק, firme, fuerte, es distinto de כבד, pesado, cf. Sal 22, 4. תֵּ֣ל אָבִ֗יב, Tel-Aviv, es la Colina de las Espigas. El lugar estaba situado al lado del río Qebar (cf. 1,3), y su nombre deriva sin duda de la fertilidad del valle (3,23: הַבִּקְעָה), rico en grano, en que se hallaba. No se sabe nada más de ese lugar, cf. Gesenius, *Thesaurus*, 1505.

El qetiv (וָאֵשֵׁב), que ha sido visto como sospechoso por los masoretas y por muchos expositores, de un modo innecesario, ha de vincularse con el siguiente שָׁ (*y me senté con ellos*, cf. Targum, trad. siríaca y Vulgata). No se puede afirmar, como piensa Hitzig, partiendo de Job 34, 30, que este significado podría expresarse de otra manera. El keré [וָאֵשֵׁב] no solo es innecesario, sino que es inapropiado, lo que puede aplicarse también a otras conjeturas de los expositores modernos.

Ezequiel se sentó allí siete días מַשְׁמִים, que no significa ni "privado de sensaciones", ni en silencio, porque la palabra es un part. Hifil de שׁמם, lo mismo que מְשׁוֹמֵם en Esd 9, 3. 4, con el significado de "rígidamente", sin movimiento, atónito y mudo. Esos siete días no han de entenderse como un tiempo de penitencia, como se suele decir, partiendo de Job 2, 3, sino como tiempo de purificación y de preparación para un servicio sagrado, tiempo que debe medirse con el número siete que es el número de las obras de Dios (cf. Ez 29, 29 ss; Lev 8, 33 ss; 2 Cron 29, 17). De esa manera, Ezequiel se sienta durante una semana, sin moverse, como mudo, para asumir y dejar que repose la impresión que en su mente ha producido la visión extática, y para prepararse y santificarse para la tarea que ha de realizar (Kliefoth).

3, 16-21. Te he puesto por atalaya a la casa de Israel

16 וַיְהִ֕י מִקְצֵ֖ה שִׁבְעַ֣ת יָמִ֑ים וַיְהִ֥י דְבַר־יְהוָ֖ה אֵלַ֥י לֵאמֹֽר׃
17 בֶּן־אָדָ֕ם צֹפֶ֥ה נְתַתִּ֖יךָ לְבֵ֣ית יִשְׂרָאֵ֑ל וְשָׁמַעְתָּ֤ מִפִּי֙ דָּבָ֔ר

Consagración y llamada de Ezequiel para el oficio de profeta

וְהִזְהַרְתָּ֥ אוֹתָ֖ם מִמֶּֽנִּי׃
¹⁸ בְּאָמְרִ֤י לָֽרָשָׁע֙ מ֣וֹת תָּמ֔וּת וְלֹ֣א הִזְהַרְתּ֔וֹ וְלֹ֣א דִבַּ֗רְתָּ
לְהַזְהִ֥יר רָשָׁ֛ע מִדַּרְכּ֥וֹ הָרְשָׁעָ֖ה לְחַיֹּת֑וֹ ה֤וּא רָשָׁע֙ בַּעֲוֺנ֣וֹ יָמ֔וּת
וְדָמ֖וֹ מִיָּדְךָ֥ אֲבַקֵּֽשׁ׃
¹⁹ וְאַתָּה֙ כִּֽי־הִזְהַ֣רְתָּ רָשָׁ֔ע וְלֹא־שָׁ֥ב מֵרִשְׁע֖וֹ וּמִדַּרְכּ֣וֹ הָרְשָׁעָ֑ה
ה֗וּא בַּעֲוֺנ֣וֹ יָמ֔וּת וְאַתָּ֖ה אֶֽת־נַפְשְׁךָ֥ הִצַּֽלְתָּ׃ ס
²⁰ וּבְשׁ֨וּב צַדִּ֜יק מִצִּדְקוֹ֙ וְעָ֣שָׂה עָ֔וֶל וְנָתַתִּ֥י מִכְשׁ֖וֹל לְפָנָ֣יו ה֣וּא
יָמ֑וּת כִּ֣י לֹ֤א הִזְהַרְתּוֹ֙ בְּחַטָּאת֣וֹ יָמ֔וּת וְלֹ֣א תִזָּכַ֔רְןָ צִדְקֹתָו֙
אֲשֶׁ֣ר עָשָׂ֔ה וְדָמ֖וֹ מִיָּדְךָ֥ אֲבַקֵּֽשׁ׃
²¹ וְאַתָּ֗ה כִּ֣י הִזְהַרְתּ֞וֹ צַדִּ֗יק לְבִלְתִּ֥י חֲטֹ֛א צַדִּ֖יק וְה֣וּא לֹא־חָטָ֑א
חָי֣וֹ יִחְיֶ֔ה כִּ֣י נִזְהָ֑ר וְאַתָּ֖ה אֶֽת־נַפְשְׁךָ֥ הִצַּֽלְתָּ׃ ס

> ¹⁶ *Aconteció que al cabo de los siete días vino a mí palabra de Yahvé, diciendo:* ¹⁷ *Hijo de hombre, yo te he puesto por atalaya a la casa de Israel; oirás, pues, mi palabra, y los amonestarás de mi parte.* ¹⁸ *Cuando yo diga al impío: De cierto morirás, si tú no lo amonestas ni le hablas, para que el impío sea advertido de su mal camino a fin de que viva, el impío morirá por su maldad, pero su sangre demandaré de tu mano.* ¹⁹ *Pero si tú amonestas al impío, y él no se convierte de su impiedad y de su mal camino, él morirá por su maldad, pero tú habrás librado tu vida.*
> ²⁰ *Si el justo no se aparta de su justicia y comete maldad, y yo pongo tropiezo delante de él, él morirá, porque tú no lo amonestaste; en su pecado morirá, y sus justicias que había hecho no serán tenidas en cuenta; pero su sangre demandaré de tu mano.* ²¹ *Pero si amonestas al justo para que no peque, y no peca, de cierto vivirá, porque fue amonestado; y tú habrás librado tu vida.*

Pasados los siete días, vino sobre Ezequiel la palabra final, constituyéndolo vigía sobre Israel, poniendo así ante él la tarea y responsabilidad de su vocación. Convertido en profeta para Israel, Ezequiel es como un vigía sobre una torre de vigilancia (Hab 2, 1), para observar la conducta de los miembros de su pueblo y para advertirles los males que han de venir sobre ellos, amenazándoles (cf. Jer 6, 17; Is 56, 10). Por eso, él es responsable de las almas que le son confiadas.

Por la boca de Yahvé, es decir, conforme a la palabra de Dios, él tiene que amonestar a los malvados, para que se conviertan de sus malos caminos, para que no mueran por sus pecados. מִמֶּנִּי, es decir, de mi, en mi nombre y por mi mandato. "Si yo digo al pecador…", es decir, si yo te encargo que le digas (Kimchi). Por su parte, מוֹת תָּמוּת recuerda Gen 2, 17, de la misma forma, en el sentido de "su sangre demandaré de tu mano", como alusión a Gen 9, 5.

Si el profeta no amonesta al malvado, como Dios le ha mandado, se volverá reo de un pecado de muerte, y Dios se vengará de él, como hay que vengarse de los asesinos de sangre. Ésta es una terrible amonestación dirigida a todos los responsables del poder de este mundo.

La palabra הָרְשָׁעָה, de 3, 18-19 ha causado dificultades a los LXX, que la han omitido las dos veces. No se trata de un sustantivo, que debe ser cambiado como hace Hitzig, poniendo en lugar רִשְׁעָה, sino que es un adjetivo, de género femenino, y va vinculado a דַּרְכּוֹ, que está construido también como femenino. El hombre justo que recae en el mal es ante Dios como el pecador que persiste en su pecado, si él, a pesar de las advertencias del profeta persevera en su nueva maldad (3, 20 ss). La frase וּבְשׁוּב צַדִּיק מִצִּדְקוֹ significa apartarse de la justicia, e indica una caída formal del camino de la justicia y no vacilar o caer simplemente por debilidad. Por su parte וְעָשָׂה עָוֶל significa hacer lo injusto, actuar perversamente, se *prorsus dedere impietati*, entregarse más bien a la maldad, como dice Calvino.

וְנָתַתִּי מִכְשׁוֹל pertenece aún a la prótasis, mientras que הוּא יָמוּת forma la apódosis, no una sentencia de relativo, como suponen Ewald y Hitzig, y significa "de manera que (a consecuencia de lo cual) él morirá". מִכְשׁוֹל (objeto de tropiezo), un tipo de obstáculo por el que uno puede caer; no es la destrucción posterior, como consecuencia merecida del pecado (Calvino, Hävernick), sino cualquier dificultad que Dios pone en el camino de los pecadores, a fin de que ellos pequen, una dificultad que está madurando en su interior, hasta que lleva al pecado ya manifiesto.

Ciertamente, Dios no causa el pecado, ni desea la muerte del pecador; y en ese sentido él no tienta para llevar al pecado (Sant 1, 13), pero sitúa al pecador en circunstancias en las que debe decidir, a favor o en contra de Dios, de manera que el pecador tiene que arrancar de su corazón el deseo del mal o destruir las barreras que se oponen al pecado (cayendo así en el pecado total). De esa forma, si no hace lo primero (si no arranca de su corazón el deseo del mal), el pecado irá ganando en su interior más y más fuerza, de manera que él acabará convirtiéndose en un servidor del mismo pecado, de tal forma que llegará un momento en el que ya no podrá convertirse.

En esto consiste el מִכְשׁוֹל que Dios coloca delante de aquel que se convierte de la justicia a la injusticia o pecado. No se trata, pues, de que Dios mismo introduzca al hombre en el pecado para que muera o perezca, sino que al ponerle ante una dificultad el mismo pecador es quien cae.

יָמוּת no significa lo mismo que ומת, y no hay razón ninguna para cambiar la puntuación. El tema no es por tanto la caída inevitable del justo (que en general solo muere si no es advertido de su pecado, Hitzig), pues el sentido de 3, 21 es que, en contra de lo que sucede al malvado (רָשָׁע), al justo (צַדִּיק) se le ofrece la confianza de que pueda mantenerse en la justicia o convertirse, no que lo haga de un modo necesario, sino que puede hacerlo. Por lo que se refiere al malvado (רָשָׁע), en 3, 19, solo se menciona expresamente el caso de que se resista a la admonición, aunque no se excluya lo opuesto, es decir, que se pueda convertir a causa de la amonestación del profeta.

Así, en 3, 21, en relación con el justo (צַדִּיק) que ha comenzado a moverse por el camino de la injusticia, solo se pone de relieve la posibilidad de la conversión, a causa de la amenaza del profeta, aunque no se excluye la posibilidad de que se mantenga en su dureza, siendo por tanto excluido de la salvación. Por lo que se refiere a la instrucción del profeta es suficiente lo dicho, pues tanto en un caso como en el otro (con los justos lo mismo que con los pecadores) Ezequiel tiene que cumplir su deber, y salvar de esa manera su alma.

II
Ez 3, 22-5, 17
DESTINO DE JERUSALÉN Y DE SUS HABITANTES

Los versos 3, 22-27 ya no pertenecen a la inauguración, ni a la introducción del profeta en su ministerio, ni forman la conclusión de la llamada, sino que ofrecen la introducción de su primera acción y predicción profética, como Ewald y Kliefoth han mostrado con acierto. Así aparece ya por la misma fórmula introductoria: "La mano de Yahvé vino sobre mí" (3, 22) y de manera aún más precisa por el hecho de que la gloria de Yahvé se le aparece de nuevo al profeta cuando él ha ido al valle de la colina de Tel-Aviv, tal como lo había visto en la ribera del rio Qebar, para cumplir el encargo de anunciar y simbolizar el asedio de Jerusalén y el destino de sus habitantes.

El encargo divino no consistía meramente en anunciar las directrices generales de 3, 25-27, sino que se despliega a lo largo de Ez 4-5, como muestra la repetición de las palabras וְאַתָּה בֶן־אָדָם en 3, 25, 4, 1 y 5, 1. Con וְאַתָּה no puede comenzar la primera, ni en general una nueva profecía. Así lo ha reconocido el mismo Hitzig en comentario a 4, 1, donde ha puesto de relieve que el primero de los tres oráculos que siguen hasta 8, 1, se vinculan con 3, 25-27, como una continuación del mismo argumento.

En esa línea, lo que se dice de 4, 1 debe decirse también de 3, 25: que ningún oráculo nuevo puede comenzar con esa palabra, sino que lo dicho aquí ha de verse en conexión con 3, 22-24. Por eso, el principio de todo hemos de verlo en la fórmula "y la mano de Yahvé vino sobre mí" (3, 22), una fórmula con la que comienzan también los nuevos oráculos 8, 1 (en lugar de ותהי se pone ותפל) y de 11, 1.

Sin duda, esos pasajes están precedidos por noticias cronológicas, mientras que en 3, 22 falta toda referencia de tiempo. Pero de eso se deduce solo que la palabra divina que viene en 3, 25 tiene lugar inmediatamente después de la consagración y de la llamada del profeta, de manera que seguimos en la fecha de 1, 2. Esto se puede deducir también por el hecho de que la referencia שׁם, *allí*, del verso 22 sigue evocando la localidad nombrada en verso 15.

Según eso, inmediatamente después de su llamada, en el mismo lugar donde había recibido la palabra de la llamada (3, 16-21), es decir, en Tel-Aviv, en medio de los exiliados, Ezequiel recibió la primera revelación divina que él, como profeta, tenía que anunciar al pueblo. Esta revelación está introducida por 3, 22-24, y se divide en tres secciones, por la repetición de la misma introducción en 3, 25, 4, 1 y 5, 1.

En la primera sección (3, 25-27), Dios le da las instrucciones generales sobre la conducta que él debe seguir mientras realiza el mandato divino. En la segunda (Ez 4), Dios le manda que represente simbólicamente el asedio de Jerusalén, con sus miserias. En la tercera (Ez 5), Dios le muestra el destino de los habitantes de Jerusalén tras la caída de la ciudad.

1. Ez 3, 22-27. Introducción al oráculo profético

3, 22-24. Vino la mano de Dios sobre mí

²² וַתְּהִי עָלַי שָׁם יַד־יְהוָה וַיֹּאמֶר אֵלַי קוּם צֵא אֶל־הַבִּקְעָה וְשָׁם אֲדַבֵּר אוֹתָךְ׃
²³ וָאָקוּם וָאֵצֵא אֶל־הַבִּקְעָה וְהִנֵּה־שָׁם כְּבוֹד־יְהוָה עֹמֵד כַּכָּבוֹד אֲשֶׁר רָאִיתִי עַל־נְהַר־כְּבָר וָאֶפֹּל עַל־פָּנָי׃
²⁴ וַתָּבֹא־בִי רוּחַ וַתַּעֲמִדֵנִי עַל־רַגְלָי וַיְדַבֵּר אֹתִי וַיֹּאמֶר אֵלַי בֹּא הִסָּגֵר בְּתוֹךְ בֵּיתֶךָ׃

²² *Vino allí la mano de Yahvé sobre mí, y me dijo: Levántate y sal al campo, y allí hablaré contigo.* ²³ *Me levanté y salí al campo; y allí estaba la gloria de Yahvé, como la gloria que había visto junto al río Quebar; y me postré sobre mi rostro.* ²⁴ *Entonces entró el espíritu en mí, me afirmó sobre mis pies, me habló y me dijo: Entra y enciérrate dentro de tu casa.*

הַבִּקְעָה es sin duda el valle situado al lado de Tel-Aviv. Ezequiel debe salir del lugar en el que se encuentra, en medio de los exiliados (donde estaba, según Ez 3, 15), para ir al valle, porque lo que Dios va a revelarse se lo quiere hacer solo a él, en la soledad. Cuando él cumple este mandamiento, se le aparece la gloria de Yahvé, en la misma forma en que se le había aparecido junto al río Qebar (1, 4-28). Él se postra por segunda vez ante la Gloria de Yahvé, pero de nuevo es elevado del suelo y puesto en pie, como en 1, 28-2, 2.

El Señor le manda después que se encierre en su casa, en la que él habitaba sin duda, en Tel-Aviv, pero ese gesto de encerrarse no es un signo de su futuro destino, como si fuera una explicación realista de las palabras: "No podrás andar en medio de ellos (3, 25); ellos te lo impedirán por la fuerza, de manera que no podrás ejercer libremente tu vocación en medio del pueblo". Porque, en ese caso, el encerrarse en la casa debería interpretarse, de un modo arbitrario, "atarse con cuerdas" (3, 25). Por otra parte, en esa línea, se entendería mal el significado del saludo de 3, 25 וְאַתָּה בֶן־אָדָם (y ahora, Hijo de hombre), con su repetición en 4, 1 y 5, 1.

Tanto Ez 4, 1 como 5, 1 constituyen la introducción a las dos tareas principales del deber que Ezequiel ha de cumplir. Pues bien, en esa línea, la instrucción propiamente dicha, dirigida a Ezequiel comenzará en 3, 25. Según eso, el mandamiento de encerrarse en su casa puede entenderse como un mandamiento divino introductorio, sin más significado que ese, y sirve solo para poner de relieve lo que Dios le ha de mandar al profeta para que lo cumpla en los capítulos siguientes (Kliefoth). Esto solo puede significar que él tiene que realizar en su propia casa lo que Dios le mandará en Ez 4 y 5, o que él no puede abandonar su casa mientras realiza ese mandato.

Poco más se puede deducir de ese mandato, ni puede pensarse que se trata de que, al estar encerrado en casa, no se le puede acercar ningún otro, sino solo que él no puede abandonar su morada. Porque, según Ez 4, 3, la representación del asedio de Jerusalén ha de ser un signo para la casa de Israel; y, según Ez 4, 12, durante esta acción simbólica, Ezequiel deberá cocer el pan ante los ojos de la gente. Esto supone que sus vecinos pueden acercarse a él y observar lo que hace.

3, 25-27. Cuando yo te haya hablado, abriré tu boca

׃וְאַתָּה בֶן־אָדָם הִנֵּה נָתְנוּ עָלֶיךָ עֲבוֹתִים וַאֲסָרוּךָ בָּהֶם וְלֹא תֵצֵא בְּתוֹכָם 25
וּלְשׁוֹנְךָ אַדְבִּיק אֶל־חִכֶּךָ וְנֶאֱלַמְתָּ וְלֹא־תִהְיֶה 26
לָהֶם לְאִישׁ מוֹכִיחַ כִּי בֵּית מְרִי הֵמָּה׃
וּבְדַבְּרִי אוֹתְךָ אֶפְתַּח אֶת־פִּיךָ וְאָמַרְתָּ אֲלֵיהֶם כֹּה אָמַר 27
אֲדֹנָי יְהוִה הַשֹּׁמֵעַ יִשְׁמָע וְהֶחָדֵל יֶחְדָּל כִּי בֵּית מְרִי הֵמָּה׃ ס

25 En cuanto a ti, hijo de hombre, he aquí que pondrán cuerdas sobre ti, y con ellas te atarán y no podrás salir para estar entre ellos. 26 Haré que se te pegue la lengua al paladar, y estarás mudo, y no serás para ellos un hombre que reprende, porque son casa rebelde. 27 Pero cuando yo te haya hablado, abriré tu boca y les dirás: Así ha dicho Yahvé, el Señor: El que escucha, que escuche; y el que no quiera escuchar, que no escuche, porque casa rebelde son.

El significado de este mandato general depende de la determinación del sujeto (נָתְנוּ, 3, 25). La mayor parte de los expositores piensan que ese sujeto son los paisanos del profeta, los que le atarán con cuerdas, de manera que él no será capaz de salir de su casa. Las palabras וְלֹא תֵצֵא parecen apoyar esta suposición, pues el sufijo de בְּתוֹכָם se refiere sin duda a sus paisanos.

Pero esos datos no son en modo alguno decisivos, y en contra de esa visión se elevan dos dificultades. (a) El hecho de que aten al profeta con cuerdas parece difícilmente conciliable con lo que el profeta realiza en Ez 4 y 5. (b) En el resto del libro no encontramos ni rastro de ataques hostiles de ese tipo en contra del profeta.

Ciertamente, Ezequiel presenta repetidamente a la casa de Israel como raza de dura cerviz, como endurecida y rebelde en contra de la palabra de Dios;

pero no hallamos ningún tipo de endurecimiento de sentimientos en contra del profeta, algo que pudiera llevar a atarle, y ni siquiera a impedirle que realice su ministerio profético, de manera que, conforme a lo que se dirá en Ez 33, 30-33 en relación con la actitud del pueblo hacia el profeta, parece difícil imaginar que sus paisanos hayan actuado de esa manera (atándole).

No se trata tampoco de atar y poner grillos al profeta en la línea de pegar su lengua al paladar, para que esté en silencio y no pueda hablar (3, 26), porque es más bien el mismo Dios el que le envía la mudez, y el que (cf. 4, 8) le ata con cuerdas, de manera que no pueda ir de un lado para el otro. El poder demostrativo de ese último pasaje (4, 8) no puede debilitarse con la objeción de que se trata de un pasaje distinto, que está en un contexto diferente (Hävernick).

La diferencia entre los dos pasajes (3, 26 y 4, 8) es algo que debería mostrarse mejor. Ciertamente, el objetivo de la "atadura" del profeta en 4, 8 es distinto del que hallamos en nuestro caso. Aquí se le ata para que no pueda ir de un dado al otro. Pero una finalidad no excluye la otra, pues ambas afirmaciones coinciden más bien, indicando que el profeta debe adaptarse enteramente al deseo de Dios, que por una parte le manda que abandone la casa y por otra que duerma durante 390 días del mismo lado, sin volverse al otro.

Quizá podrían interpretarse mejor las cosas con Kliefoth, cuando afirma que 4, 8 está indicando que Dios cumple la atadura del profeta con instrumentos humanos, es decir, que le hace quedar atado por mano de extraños (3, 25). Pero esta suposición de Kliefoth solo podría justificarse si las palabras de 3, 25 o alguna otra buena razón nos llevara a pensar que han sido los exilados los que han atado al profeta. Pero esto no es en modo alguno lo que pasa, de manera que pudiéramos interpretar el sentido personal, definido de 4,8 (נָתַתִּי: he puesto sobre ti) en la línea del indefinido נָתְנוּ (te pondrán).

En esa línea, como hace Hitzig, podemos pensar que en nuestro caso se está aludiendo a unos poderes sobrenaturales, como sujetos del verbo, como en Job 7, 3; Dan 4, 28 y Lc 12, 20, de manera que el sujeto de נָתְנוּ (te pondrán) son unos agentes o sujetos superiores (es decir, el mismo Dios, por medio de ellos). Éste sería el sentido de fondo en los dos casos, pero sin que ellos se identifiquen sin más. De todas formas, en 4, 8 se cumple aquello que aquí (en 3, 25) se predice, de manera que es el mismo Dios el que "ata" al profeta.

De esa manera, si la atadura del profeta proviene de poderes invisibles, esa expresión no ha de entenderse de un modo literal (físico: atar con cuerdas), pues Dios "ata" al profeta con un poder espiritual, de manera que no pueda dejar su casa, ni salir de ella para estar con sus paisanos, ni (en un momento posterior: 4, 8) cambiar la postura que él (el mismo Dios) le impone, sin necesidad de cuerdas exteriores.

Todo esto se le impone, sin embargo, al profeta no para impedirle que ejerza su misión sino todo lo contrario, para que él pueda realizar de un modo eficiente lo que Dios le le manda para que actúe como profeta, realizando así una misión superior ante el pueblo que le observa. Él no debe abandonar su casa, ni comunicarse con sus paisanos exilados, para mostrarse así, por su separación respecto a ellos, como profeta y órgano de la voluntad de Dios.

Por la misma razón, Ezequiel deberá guardar silencio (3, 26-27), sin corregir ni siquiera a sus paisanos con palabras, hablando solo cuando Dios abra su boca con esa finalidad; por esa misma razón, el deberá permanecer sin alterarse, tanto en el caso de que le escuchen como en el caso de que no le escuchen (2, 4.7). Él debe hacer ambas cosas porque sus contemporáneos son una raza de dura cerviz (cf. 3, 9; 2, 5. 7).

A fin de que no hable por su propio impulso, Dios hará que su lengua se le pegue al paladar, de manera que no pueda decir palabra (cf. Sal 137, 6). Eso significa que, al prohibirle al profeta que hable, incluso por impulso de Dios, sus palabras podrán aparecer de un modo más preciso como aquello que ellas son; de esa forma, el profeta se mostrará ante sus oyentes como signo de la tristeza silenciosa con la que se debe acoger un tipo de palabra de Dios (como la que deberá proclamar Ezequiel), de manera que también ellos (los oyentes) puedan sentirse llenos de ese tipo de tristeza (Kliefoth).

Este mandamiento de silencio, según el cual el profeta solo podrá hablar cuando Dios abra su boca para que proclame las palabras que él le inspire, es ciertamente, en un primer momento, un silencio que se impone al profeta (como se ve comparando Ez 3, 25-27 con Ez 4-5), pero solamente durante un tiempo, el tiempo que se extiende de 3, 25 a 5, 17 (o, más bien, a 7, 27). Pues bien, en un segundo momento, como ha destacado bien Kliefoth, este silencio se amplía aún más, durante el período que se extiende hasta el cumplimiento de sus profecías de amenaza que culminan con la destrucción de Jerusalén.

Esto es lo que se deduce de lo que se dice en Ez 24, 27 y 33, 22 donde hay una referencia indudable al silencio que se le ha impuesto en nuestro pasaje. En esa línea se añade que cuando el mensajero traiga las noticias de la caída de Jerusalén la boca de Ezequiel deberá abrirse, de manera que no esté ya más mudo. Muchos comentadores han indicado ya la relación de 24, 27 y 33, 22 con nuestro texto; pero muchos tienden a limitar ese silencio al tiempo que va entre Ez 24 y 33. Pero esta es una solución arbitraria, pues ni en Ez 24 ni en Ez 33 se le impone el silencio al profeta, sino que en ambos casos se dice solamente que él no deberá estar ya más el silencio (mudo) después que reciba la noticia de la caída de Jerusalén y de su destrucción por los caldeos.

Según eso, resulta insostenible la suposición de Schmieder, según la cual el mandato de silencio de 3, 25 se refiere al momento de cambio producido en el ministerio del profeta, que comienza en el día en que se inició de hecho el asedio de Jerusalén. Ese día en que comienza el asedio de Jerusalén marca un momento de cambio en la actividad profética de Ezequiel, porque en ese día él anuncia de hecho por última vez la destrucción de Jerusalén, permaneciendo en silencio hasta el día en que se produjo ese acontecimiento (la destrucción de Jerusalén). Pues bien, en Ez 24, 27 no se dice ya que él debe quedar mudo en adelante. Todo eso significa que el mandato de silencio impuesto en Ez 3, 26-27 debía permanecer en vigor desde el comienzo de su actividad profética hasta el día en que llegó la noticia de la caída de Jerusalén, a través de los mensajeros que llegaron a las riberas del río Qebar.

Con esto se vincula también el hecho de que este mandamiento de silencio se haya colocado al comienzo de la primera profecía que Ezequiel proclamó (no desde el momento de su vocación). De esa forma se entiende y reconoce la importancia de este oráculo de silencio, que se refiere no solo al asedio de Jerusalén, sino también a la toma y destrucción de la ciudad y a la dispersión de sus habitantes entre los paganos. En estas palabras se contiene *in nuce* (en su raíz) todo lo que Ezequiel ha de anunciar al pueblo hasta el cumplimiento de esta calamidad, con todas las palabras divinas que van desde Ez 6 a Ez 24, es decir, con las palabras que Ezequiel va anunciando de diversas maneras, en ese gran tiempo de silencio, hasta la caída de Jerusalén.

Todos los discursos que van hasta Ez 24 son exposiciones y atestaciones posteriores de la revelación de Dios en Ez 4-5; según eso, el mandato que le fue impuesto desde este anuncio debió cumplirse a lo largo de todos los discursos siguientes, que muestran un contenido semejante. En esa línea, para apreciar de un modo correcto el sentido del precepto de silencio divino de 3, 26-27, debe recordarse que Dios no le impone silencio absoluto, sino que le exige hablar cuando él se lo inspira.

Por otra parte, esa imposición de silencio está vinculada al hecho de que él no ha de aparecer ante el pueblo como איח מוכיח, es decir, como *hombre que reprueba*, de manera que él no debe estar exponiendo siempre al pueblo sus pecados. Entendido de esa forma, el silencio no está en contradicción ni con las palabras que Dios comunicó a Ezequiel desde Ez 6 hasta Ez 24, ni va en contra de las predicciones contra las naciones extranjeras (Ez 25-33), muchas de las cuales fueron proclamadas en el tiempo del asedio de Jerusalén. Cf. sobre este tema los comentarios a Ez 24, 27 y 33, 22.

2. Ez 4, 1-17. Asedio de Jerusalén. Tres actos simbólicos

Este signo que Ezequiel debe realizar en su propia morada, ante los ojos de los exilados que vienen a visitarle, consta de tres actos simbólicos, interconectados entre sí, que se completan mutuamente. El primero está descrito en 4, 1-3; el segundo en 4, 4-8; y el tercero en 4, 9-17. En el primer caso, él debe representar el sitio inminente de Jerusalén. En el segundo, acostándose solo sobre un lado, él debe anunciar el castigo por los pecados de Israel. En el tercero, mientras sigue acostándose solo de un lado, a través de un tipo de alimento, él debe mostrar las terribles consecuencias que el asedio tiene sobre Israel.

La estrecha conexión entre los temas de las tres acciones aparece claramente de esta forma. Conforme a 4, 7, al yacer solo de un lado, el profeta tiene que dirigir su mirada y sus brazos hacia la ciudad sitiada, cuyo signo él tiene delante. En 4, 8 se dice que él ha de yacer siempre de un lado mientras dure el asedio de Jerusalén, alimentándose solo de un modo simbólico (como prescribe 4,9 ss). En armonía con esto se sitúa la división formal de este capítulo, pues los tres actos que el profeta ha de realizar, con la finalidad de indicar el inminente sitio de Jerusalén, están coordinados entre sí por la repetición de la palabra וְאַתָּה en 4, 3; 4, 4, y 4. 8, quedando todo subordinado al mandato general, que consiste en presentar a Jerusalén como una ciudad sitiada, tal como aparece en 4, 1, donde el tema se inicia con las palabras וְאַתָּה בֶן־אָדָם.

4, 1-3. Primer acto simbólico: La ciudad sitiada

¹ וְאַתָּה בֶן־אָדָם קַח־לְךָ לְבֵנָה וְנָתַתָּה אוֹתָהּ לְפָנֶיךָ וְחַקּוֹתָ עָלֶיהָ עִיר אֶת־יְרוּשָׁלָ͏ִם:
² וְנָתַתָּה עָלֶיהָ מָצוֹר וּבָנִיתָ עָלֶיהָ דָּיֵק וְשָׁפַכְתָּ עָלֶיהָ סֹלְלָה וְנָתַתָּה עָלֶיהָ מַחֲנוֹת וְשִׂים־עָלֶיהָ כָּרִים סָבִיב:
³ וְאַתָּה קַח־לְךָ מַחֲבַת בַּרְזֶל וְנָתַתָּה אוֹתָהּ קִיר בַּרְזֶל בֵּינְךָ וּבֵין הָעִיר וַהֲכִינֹתָה אֶת־פָּנֶיךָ אֵלֶיהָ וְהָיְתָה בַמָּצוֹר וְצַרְתָּ עָלֶיהָ אוֹת הִיא לְבֵית יִשְׂרָאֵל: ס

¹ Y ahora, tú, hijo de hombre, tómate un adobe, ponlo delante de ti y diseña sobre él la ciudad de Jerusalén. ² Y pondrás sitio contra ella, construirás contra ella fortaleza, sacarás contra ella baluarte, montarás delante de ella campamento, y contra ella, a su alrededor, colocarás arietes.
³ Toma también una plancha de hierro y ponla en lugar de muro de hierro entre ti y la ciudad; afirmarás luego tu rostro contra ella, y será en lugar de cerco y la sitiarás. Es una señal para la casa de Israel.

La temática de 4, 1-2 contiene la base general del asedio contra Jerusalén, que el profeta ha de presentar ante Israel, con un signo especial: Sobre un ladrillo ha de dibujar (חַקּוֹתָ, grabar con un instrumento de escritura en el adobe) una ciudad que representa a Jerusalén. En torno a la ciudad ha de erigir signos especiales y máquinas de asedio: torres, murallas, campamentos, arietes… De esa forma debe poner de relieve la inminencia y gravedad del asedio, representando con imágenes el destino de Jerusalén, como ciudad situada.

La elección de un ladrillo que no ha sido cocido en el horno, sino simplemente secado al sol, no es como supone Hävernick una reminiscencia de Babilonia y de sus inscripciones monumentales, grabadas en ladrillo, pues también en

Palestina esos ladrillos eran material común de construcción (Is 9, 9). En esa línea, la selección de esa masa suave de arcilla, sobre la que puede inscribirse un tipo de imagen, resulta fácilmente comprensible en el contexto de Jerusalén.

וְנָתַתָּה עָלֶיהָ מָצוֹר (Miq 4, 14) significa "poner un asedio", es decir, el signo de los instrumentos con los que se asedia una ciudad. מָצוֹר es aquí la expresión general, que se va concretando después a través de diversas palabra: דָּיֵק (torres de asedio, cf. 2 Rey 25, 1), סֹלְלָה (baluarte, terraplenes, cf. 2 Sam 20, 15), חֲנוֹת מַ (campamentos, en plural, porque el ejército enemigo elevará contra la ciudad varios campamentos). Destaca el sentido de כָּרִים (carneros de batalla, arietes); según J. Kimchi son "figuras de cabezas de carnero, hechas de hierro", que se utilizan para romper las murallas, y las puertas: 21, 27). Estaban formados por fuertes vigas de madera muy dura, provistas en su final con una cabeza de carnero, forjada en hierro y suspendida por una cadena, vigas que los soldados empujaban con fuerza contra la muralla. Cf. en este contexto la descripción de Josefo en *De Bello Judaico*, III, 7, 19.

El sufijo de עָלֶיהָ, en verso 2, se refiere a עִיר, la ciudad del verso anterior. Las obras empleadas en el asedio, que Ezequiel cita aquí, no han de pensarse como pequeñas figuras en torno al ladrillo (que sería la ciudad), sino que aparecen grabadas en el mismo ladrillo, en torno a la ciudad que está en el centro. Las expresiones "hacer un asedio", edificar torres, erigir un terraplén etc. aparecen aquí para indicar aquello que ha de hacerse cuando los enemigos pongan sitio a la ciudad. En 4, 3, el término que se emplea para indicar la ciudad sitiada es simplemente "la ciudad"; mientras que en 4, 7 se habla del "asedio de Jerusalén".

El significado de lo grabado en el ladrillo es claro. Cualquiera que lo viera podría reconocer que Jerusalén iba a ser sitiada. Pero el profeta quiere hace algo más: Quiere dirigir el asedio y realizarlo. Con ese fin decide poner un plancha de hierro entre él mismo y la ciudad grabada en el ladrillo, y dirigir su rostro con gran fuerza contra la ciudad (וַהֲכִינֹתָ) y sitiarla de esa forma.

La plancha de hierro erigida como muralla no representa el muro de la ciudad (Ewald) ni los rampantes o terraplenes del enemigo, porque éstos habían sido ya representados en el ladrillo. Por otra parte, representar la muralla de la ciudad como una plancha de hierro iría en contra de todo el sentido de esta profecía (serviría para mostrar que la ciudad era inexpugnable). Como ha observado Rosenmüller, siguiendo a Teodoreto, Cornelio a Lapide y otros, la plancha de hierro evoca la gran muralla que el profeta, como mensajero y representante de Dios, está elevando entre sí mismo y la ciudad sitiada *ut significaret quasi ferreum murum interiectum esse cives inter se et Deum, deique decretum…* (para que significara que había como un muro de hierro que la ciudad había elevado entre ella y Dios y el decreto divino). Ese es el muro levantado entre la ciudad pecadora y Dios (cf. Is 59, 2; Lam 3, 44.

מַחֲבַת es una plancha o un tipo de "plato" de hierro, para cocer encima los panes o las tortas, cf. Lev 2, 5. El hecho de seleccionar esa plancha de hierro con la finalidad arriba indicada no ha de explicarse, como quiere Kliefoth, diciendo que esa plancha es la que sirve al profeta para preparar su comida mientras está completando su signo en el (y en torno al) ladrillo. El texto no dice nada de eso. Si el profeta hubiera empleado la plancha para indicar eso él no podría haberla colocado como muro entre él mismo y la ciudad.

La elección de esa plancha se explica de manera más sencilla, pues un tipo de plancha de hierro como esa podía encontrarse en cada casa, para cocer encima el pan, y servía para indicar bien aquello que Ezequiel intentaba mostrar con su grabado en el ladrillo y con toda su acción simbólica.

Si quisiera buscarse en esa plancha algún otro elemento simbólico, el hierro podría servir para indicar (como dice Grotius) la dureza y maldad de corazón de los habitantes de Jerusalén (cf. 22, 18; Jer 15, 12). Este asedio simbólico de Jerusalén ha de tomarse como signo para la casa de Israel, es decir, como un pre-anuncio del destino que debe cumplirse en Jerusalén. La casa de Israel es todo el pueblo de la alianza, no solamente las diez tribus (como se dirá en 4, 6, distinguiéndose así de la casa de Judá del verso 4, 6).

4, 4-8. Segundo. Acostarse de un solo lado

⁴ וְאַתָּה שְׁכַב עַל־צִדְּךָ הַשְּׂמָאלִי וְשַׂמְתָּ אֶת־עֲוֹן בֵּית־יִשְׂרָאֵל עָלָיו מִסְפַּר הַיָּמִים אֲשֶׁר תִּשְׁכַּב עָלָיו תִּשָּׂא אֶת־עֲוֹנָם:
⁵ וַאֲנִי נָתַתִּי לְךָ אֶת־שְׁנֵי עֲוֹנָם לְמִסְפַּר יָמִים שְׁלֹשׁ־מֵאוֹת וְתִשְׁעִים יוֹם וְנָשָׂאתָ עֲוֹן בֵּית־יִשְׂרָאֵל:
⁶ וְכִלִּיתָ אֶת־אֵלֶּה וְשָׁכַבְתָּ עַל־צִדְּךָ (הַיְמוֹנִי) [הַיְמָנִי] שֵׁנִית וְנָשָׂאתָ אֶת־עֲוֹן בֵּית־יְהוּדָה אַרְבָּעִים יוֹם יוֹם לַשָּׁנָה יוֹם לַשָּׁנָה נְתַתִּיו לָךְ:
⁷ וְאֶל־מְצוֹר יְרוּשָׁלַם תָּכִין פָּנֶיךָ וּזְרֹעֲךָ חֲשׂוּפָה וְנִבֵּאתָ עָלֶיהָ:
⁸ וְהִנֵּה נָתַתִּי עָלֶיךָ עֲבוֹתִים וְלֹא־תֵהָפֵךְ מִצִּדְּךָ אֶל־צִדֶּךָ עַד־כַּלּוֹתְךָ יְמֵי מְצוּרֶךָ:

⁴ *Tú te acostarás sobre tu lado izquierdo y pondrás sobre él la maldad de la casa de Israel. El número de los días que duermas sobre él, llevarás sobre ti la maldad de ellos.* ⁵ *Yo te he dado los años de su maldad por el número de los días: trescientos noventa días; y así llevarás tú la maldad de la casa de Israel.*

⁶ *Cumplidos estos, te acostarás por segunda vez, ahora sobre tu lado derecho, y llevarás la maldad de la casa de Judá cuarenta días; día por año, día por año te lo he dado.* ⁷ *Hacia el asedio de Jerusalén dirigirás tu rostro, y con tu brazo descubierto profetizarás contra ella.* ⁸ *He puesto sobre ti ataduras, y no podrás darte vuelta de un lado a otro hasta que hayas cumplido los días de tu asedio.*

Destino de Jerusalén y de sus habitantes

Mientras Ezequiel realiza de un modo simbólico el asedio de Jerusalén, como representante de Dios, él puede retratar al mismo tiempo el destino del pueblo de Israel, sitiado en su metrópolis. Yaciendo sobre el costado izquierdo durante 390 días, sin volverse, él debe cargar con la culpa del pecado de Israel; después, yaciendo 40 días más sobre el costado derecho, él ha de llevar la culpa del pecado de Judá.

Al portarse de esa forma, el número de los días durante los cuales él se reclina sobre un lado o el otro han de ser interpretados de un modo exactamente igual al número de años de sus pecados. תִּשָּׂא אֶת־עֲוֹנָם, llevarás la culpa (el pecado) de sus malas acciones; se trata, pues, de cargar sobre uno mismo las consecuencias del pecado de otros, satisfaciendo por ellos, sufriendo así el castigo por el pecado (cf. Núm. 14, 34 etc.).

El pecado que produce culpabilidad y castigo se toma como una carga o un peso, que Ezequiel ha de llevar sobre el costado sobre el que se reclina, para así soportarlo. De todas formas, este "llevar la culpa del pecado" no ha de entenderse de un modo vicario, como si Ezequiel actuara en forma de mediador, ni como un sacrificio de expiación, sino que se toma solo de un modo epideíctico o simbólico.

Esto quiere decir que, al estar por tanto tiempo atado bajo el peso de la culpa de Israel y de Judá, Ezequiel tiene que mostrar al pueblo la forma en que ellos han de ser derribados por el asedio de Jerusalén y cómo, mientras yacen en el suelo, sin la posibilidad de volverse de lado ni de levantarse, ellos han de soportar el castigo por sus pecados. Sin embargo, la plena comprensión de este acto simbólico depende de la explicación de los períodos específicos de tiempo que se evocan, y en esto las opiniones de los expositores son muy divergentes.

En primer lugar, la separación de la culpa entre la de la casa de Israel y la de Judá está estrechamente relacionada con la división del pueblo de la alianza en los dos reinos, el de Israel y el de Judá. El hecho de que Ezequiel ha de llevar el pecado de Israel sobre el costado izquierdo y el de Judá sobre el derecho no se explica por el hecho de que el reino de las diez tribus se sitúa a la izquierda (al norte) y el de Judá a la derecha (al sur de Jerusalén), sino que ha de explicarse más bien a partir de la preeminencia de Judá sobre Israel (cf. Ecl 10, 2).

Esta preeminencia de Judá se muestra además en el tiempo de castigo (que solo dura 40 días, que son 40 años), mientras que el de Israel dura 390 días (=años). De todas formas, estos números no se pueden explicar de manera satisfactoria, ni refiriéndose sin más a los años que Israel y Judá han pecado y han cometido el pecado que ha de ser castigado, ni refiriéndose a los años en que ellos han de expiar o sufrir el castigo por sus pecados.

Sin duda, en un primer momento, las dos referencias son posibles. Según la primera posibilidad (relacionada con los días en los que Ezequiel ha de llevar la carga del pecado de Israel y de Jesús), esos días pueden ser proporcionales al número de años de su culpa, como han pensados, entre otros Vatablus, Calvino, Lightfoot, Vitringa y J. D. Michaelis. Pero después, al situarse ante el tema en concreto, ellos calculan los años de maneras muy distintas. Cf. M. des Vignoles, *Chronol.* I. p. 479ff., y Rosenmüller, *Scholia,* cap. IV, excurso. En esa línea, sus diversas hipótesis quedan oscurecidas por la imposibilidad de precisar los períodos específicos de tiempo, para armonizarlos así con la cronología.

Si los días en que Ezequiel ha de acostarse de un lado deben interpretarse como años, ellos deben corresponder a la duración del tiempo de los pecados del pueblo, y eso solo se podría tomar en consideración respecto a los pecados/años de la casa de Israel. Pero el reino de Israel duró solo 253 años. Rabbins ha querido suplir los restantes 137 años (hasta llenar los 390 del signo de Ezequiel) a partir del tiempo de los Jueces. Otros los han suplido con los años que van desde la destrucción del Reino de las diez tribus hasta el tiempo de Ezequiel, e incluso hasta el año de la destrucción de Jerusalén. Pero tanto una alternativa como la otra son arbitrarias.

Todavía es más difícil calcular el sentido de los 40 años de Judá, porque todos los intentos de fijar el principio y fin de esos 40 años son meras fantasías sin fundamento. La fecha del comienzo de los cuarenta años de nuestra profecía hasta el tiempo fijado de su fin podría coincidir de algún modo con el año 18 del reinado de Josías, cuando aquel piadoso rey comenzó su reforma religiosa. Pero Ezequiel no ha podido tomar ese año como el año del comienzo del pecado de Judá. Por eso debemos suponer que esos años (días) del gesto de Ezequiel han de aplicarse ante todo a los períodos de tiempo que ha de durar el castigo para Israel y para Judá. Dado que Ezequiel se acuesta de un lado primero por Israel (390 días), y después por Judá (40 días), él debe estar así reclinado durante 430 (390 + 40) días.

En ese contexto, debemos añadir que los 40 días de Judá no se pueden incluir en los 390 de Israel, pues eso va en contra del texto (se inclina primero 390 días, después otros más). Pero se pueden juntar ambos períodos, como el mismo texto lo sugiere, pues al reclinarse de un lado y del otro el profeta está ofreciendo una representación del asedio de Jerusalén. Pues bien, analizadas las diversas interpretaciones y considerando esos números (de días, años) como períodos de castigo, ellos no pueden explicarse de un modo consistente de manera cronológica, sino que han de entenderse de un modo simbólico

El tiempo de los 430 años, que se anuncia para los dos reinos unidos como duración de su castigo, recuerda los 430 años que Israel pasó en la antigüedad en el cautiverio de Egipto ("El tiempo que los hijos de Israel habitaron en Egipto fue de cuatrocientos treinta años": Ex 12, 40). A Abrahán se le había dicho (Gen 15, 13) que el tiempo de residencia de los hebreos en Egipto sería tiempo de servidumbre y de humillación para su descendencia.

Pues bien, en un segundo momento, sobre la base de Dt 28, 68, se dice que Dios castigaría de nuevo a Israel por sus persistentes pecados, llevándole de nuevo al ignominioso cautiverio de Egipto (de manera que se puede suponer que ese segundo cautiverio duraría 430 años). Este es un cautiverio que los profetas toman como signo del exilio (dispersión) de los israelitas rebeldes entre los paganos.

En esa línea, el mismo Oseas (cf. Os 8, 13; 9, 3. 6) había amenazado a las diez tribus diciendo que serían llevadas de nuevo a Egipto (9, 3). Más aún, de un modo más frecuente, la redención de los israelitas de manos del exilio en tierras de los asirios y de los babilonios, aparece como un nuevo éxodo milagroso de Israel, saliendo de la opresión de Egipto (cf. Os 2, 2; Is 11, 15-16).

Este sentido típico se encuentra también en el fondo de nuestro pasaje, de acuerdo con una afirmación de Jerónimo[7]. Esto fue algo aceptado por los judíos de su tiempo, y ha sido reconocido también en los tiempos modernos, por expositores como Hävernick y Hitzig. Debemos pensar que Ezequiel tomó ese tiempo (los 430 años de expiación) de un modo tipológico, refiriéndose a los 430 años citados de cautiverio en Egipto; solo de esa forma el número 430 deja de ser arbitrario y sin sentido, explicándose así la división en 390 y 40 días (=años). Así piensa Hitzig.

Esta última visión no ha de entenderse en la línea en que la han desarrollado Hitzig y Hävernick, como si los 40 años referentes a Judá hubieran de separarse de los 40 años de peregrinación de los israelitas en el desierto, separándolos de los años de cautiverio en Egipto. Eso hubiera significado que los años de cautiverio de los israelitas en Egipto deberían reducirse a 390, a los que se deberían añadir los 40 de peregrinación por el desierto, para completar el número de 430 a los que alude el texto ya citado de Ex 12, 40.

Conforme a la visión de Ezequiel, la duración del próximo tiempo de castigo que debía desencadenarse para el pueblo de Dios tras el asedio y caída de Jerusalén, iba a quedar fijado en 430 años, con referencia al tiempo de cautiverio de los israelitas en Egipto. Pues bien, este tiempo quedaba dividido en dos períodos, uno de 390 y otro de 40 años, para evocar así la suerte de Israel y de Judá, añadiendo sus años de cautiverio, de manera que se pudieran precisar los 430 años de destierro de los israelitas en Egipto.

La desmembración del tiempo de castigo en dos partes ha de explicarse probablemente por la división del pueblo de la alianza en dos reinos, el de Israel y el de Judá, atribuyendo un tiempo más largo de castigo a Israel que a Judá, porque la culpa del pueblo de las diez tribus era mayor que la culpa Judá, aunque eso

---

7. Así dice Jerónimo: *Alii vero et maxime Judaei a secundo anno Vespasiani, quando Hierusalem a Romanis capta templumque subversum est, supputari volunt in tribulatione et angustia et captivitatis jugo populi constitui annos quadringentos triginta, et sic redire populum ad pristinum statum ut quomodo filii Israel 430 annis fuerunt in Aegypto, sic in eodem numero finiatur: scriptumque esse in Exodus 12:40* (Otros, y sobre todo los judíos, quieren computar los años a partir del año 2 de Vespasiano, cuando Jerusalén fue tomada por los romanos y el templo destruido. En esa línea aluden a los años de tribulación y angustia de los israelitas, bajo el yugo de la cautividad egipcio, durante 430, añadiendo que pasados esos años deberá cesar la cautividad de los judíos como está escrito en Ex 12, 40).

no basta para explicar la gran diferencia, por un lado 390 y por otro 40 años. El fundamento de esa división solo puede explicarse por el hecho de que el número de *cuarenta* tenía ya un gran significado simbólico, como período bien medida de visita y castigo de Dios, de manera que ese número debía introducirse en el cómputo de años de castigo.

El número 40 habría recibido ya ese significado no solo a través de los cuarenta años de camino errante de los israelitas en el desierto, sino también a través de los 40 días de lluvia en el tiempo del diluvio (Gen 7, 17). En comparación con el diluvio se pudo decir que el castigo de los israelitas tras la salida de Egipto duró 40 años, aunque en realidad solo había durado 38 años, conforme al dato de Num 14, 32 (en relación con la rebeldía de Israel en Kadésh). Sea como fuere, el hecho es que los años que los israelitas vagaron errantes por el desierto, puede computarse de alguna forma como cuarenta años.

La fijación del castigo de Israel y de Judá en 390 + 40 solo pudo fijarse en el caso de que esta relación entre los dos números pudiera interpretarse de alguna forma en conexión con el cautiverio de los israelitas en Egipto, de manera que se puedan separar (y al mismo tiempo vincular) los 390 y los 40 años. Una forma de lograr esa distinción puede venir dada por un acontecimiento importante en la vida de Moisés, siempre que se relacione la salida de los israelitas de Egipto con el hecho de que Moisés mató a un egipcio que había tratado mal a un israelita.

Dado que los israelitas, sus hermanos, no reconocieron el sentido de este acto de Moisés, y no supieron entender que Dios les salvaría por su mano, Moisés tuvo que huir a la tierra de Madián, viviendo allí como un extranjero a lo largo de cuarenta años, hasta que el Señor le llamó para hacer que fuera salvador de su nación, enviándole como mensajero al Faraón (cf. Ez 2, 11-3, 10; Hch 7, 23-30). Estos cuarenta años fueron para Moisés un tiempo de prueba y de purificación para su vocación futura; pero ellos fueron también el tiempo de opresión más fuerte de los israelitas en manos de los egipcios; ellos aparecen de esa forma muy apropiados para tomarse como tipo del tiempo de castigo para Judá, un tiempo en el que iba a repetirse lo que Israel había experimentado en Egipto, de manera que, igual que Israel había perdido a su ayudador y protector (Moisés) que tuvo que huir de Egipto, así también Judá iba a perder a su rey e iba a ser entregado bajo la tiranía del poder mundial de los paganos[8].

---

8. T. F. D. Kliefoth, *Ezekiel*, Rostock, 1864, 123, ofrece otra ingeniosa explicación de los números en cuestión. Partiendo del carácter simbólico del número 40 como medida de tiempo para la visitación divina y para la prueba de los hombres, él cree que el mandato de Dt 25, 3, según el cual no se puede castigar a un israelita con más de 40 latigazos tenía un carácter simbólico. Según 2 Cor 11, 24, esta prescripción se cumplía de tal forma que de hecho solo se daban 39 latigazos. A partir de aquí deben explicarse a su juicio los números simbólicos de nuestro pasaje, pues cada año de castigo es equivalente a un latigazo.

Mientras Ezequiel se reclina de esa forma sobre un lado, él debe dirigir su mirada de un modo constante sobre el asedio de Jerusalén, es decir, sobre la pintura de la ciudad sitiada, manteniendo suelto su brazo, es decir, pronto para la acción (cf. Is 52, 10), y extendido, profetizando así con su mismo gesto contra la ciudad, ratificando de esa forma la acusación y el anuncio que había proclamado en contra de ella, y debía hacerlo de un modo simbólico firme, sin cambio alguno de postura.

Para que sea capaz de mantener esa actitud y de realizar esa obra, Dios le atará con cuerdas, es decir, le mantendrá encadenado a su cama (cf. 3, 25), de tal manera que no podrá moverse de una parte a la otra, hasta que no haya completado el tiempo que le han fijado para el asedio. De esa forma se expresa el pensamiento de que el asedio de Jerusalén ha de cumplirse "mentalmente" (es decir, en mente de Ezequiel) hasta la toma de la ciudad. Pero en este caso no se emplea ningún otro símbolo para indicar el estado de postración de Jerusalén, la ciudad sitiada. Para ello se empleará el símbolo de la comida del profeta (4, 9) a lo largo de este tiempo.

4, 9-17. Tercero. Comida tasada

⁹ וְאַתָּה קַח־לְךָ חִטִּין וּשְׂעֹרִים וּפוֹל וַעֲדָשִׁים וְדֹחַן וְכֻסְּמִים וְנָתַתָּה אוֹתָם בִּכְלִי אֶחָד וְעָשִׂיתָ אוֹתָם לְךָ לְלָחֶם מִסְפַּר הַיָּמִים אֲשֶׁר־אַתָּה שׁוֹכֵב עַל־צִדְּךָ שְׁלֹשׁ־מֵאוֹת וְתִשְׁעִים יוֹם תֹּאכְלֶנּוּ׃
¹⁰ וּמַאֲכָלְךָ אֲשֶׁר תֹּאכְלֶנּוּ בְּמִשְׁקוֹל עֶשְׂרִים שֶׁקֶל לַיּוֹם מֵעֵת עַד־עֵת תֹּאכְלֶנּוּ׃
¹¹ וּמַיִם בִּמְשׂוּרָה תִשְׁתֶּה שִׁשִּׁית הַהִין מֵעֵת עַד־עֵת תִּשְׁתֶּה׃
¹² וְעֻגַת שְׂעֹרִים תֹּאכְלֶנָּה וְהִיא בְּגֶלְלֵי צֵאַת הָאָדָם תְּעֻגֶנָה לְעֵינֵיהֶם׃ ס
¹³ וַיֹּאמֶר יְהוָה כָּכָה יֹאכְלוּ בְנֵי־יִשְׂרָאֵל אֶת־לַחְמָם טָמֵא בַּגּוֹיִם אֲשֶׁר אַדִּיחֵם שָׁם׃
¹⁴ וָאֹמַר אֲהָהּ אֲדֹנָי יְהוִה הִנֵּה נַפְשִׁי לֹא מְטֻמָּאָה וּנְבֵלָה וּטְרֵפָה לֹא־אָכַלְתִּי מִנְּעוּרַי וְעַד־עַתָּה וְלֹא־בָא בְּפִי בְּשַׂר פִּגּוּל׃ ס
¹⁵ וַיֹּאמֶר אֵלַי רְאֵה נָתַתִּי לְךָ אֶת־(צְפוּעֵי) [צְפִיעֵי] הַבָּקָר

A la casa de Israel se le atribuyen 390 latigazos (años) que corresponden a los 39 latigazos por cada una de las diez tribus en cuestión, dando así el conjunto de 490 latigazos. De esa forma, cada tribu recibe el castigo usual para cada culpable (39 latigazos). Por el contrario, Judá aparece como una única tribu-nación, pues las dos tribus fieles (Judá y Benjamín) se toman colectivamente. Según eso, Judá recibe una sola unidad de castigo (que debía ser 39 latigazos o años), pero que aquí, en fidelidad a la Torá se computa plenamente como 40 latigazos (golpes, años).

Ciertamente, podríamos aceptar esta explicación, pero solo en el caso de que se diera algún ejemplo bíblico análogo, que nos permitiera relacionar los latigazos con años de castigo, de manera que toda esa construcción no sea solo una deducción moderna sin fundamento alguno. Por otra parte, la diferencia entre las diez tribus (a las que corresponden 39 latigazos a cada una) y la tribu de Judá-Benjamín a la que se atribuye el número 40 completo parece que no tiene fundamento alguno. Finalmente la práctica judía posterior de dar solo 39 latigazos no parece que se pueda aplicar a los años anteriores al exilio. Todo nos permite pensar que ella es una expresión del espíritu de "micrología" (de seguridad y minuciosidad) de los fariseos.

תַּחַת גֶּלְלֵי הָאָדָם וְעָשִׂיתָ אֶת־לַחְמְךָ עֲלֵיהֶם: ס
¹⁶ וַיֹּאמֶר אֵלַי בֶּן־אָדָם הִנְנִי שֹׁבֵר מַטֵּה־לֶחֶם בִּירוּשָׁלִַם
וְאָכְלוּ־לֶחֶם בְּמִשְׁקָל וּבִדְאָגָה וּמַיִם בִּמְשׂוּרָה וּבְשִׁמָּמוֹן יִשְׁתּוּ:
¹⁷ לְמַעַן יַחְסְרוּ לֶחֶם וָמָיִם וְנָשַׁמּוּ אִישׁ וְאָחִיו וְנָמַקּוּ בַּעֲוֺנָם: פ

⁹ *Toma para ti trigo, cebada, habas, lentejas, mijo y avena; ponlos en una vasija y hazte pan de ellos para el número de los días que te acuestes sobre tu lado: trescientos noventa días comerás de él.* ¹⁰ *La comida que comerás será de peso de veinte siclos al día; de tiempo en tiempo la comerás.* ¹¹ *Y beberás el agua por medida, la sexta parte de un hin; de tiempo en tiempo la beberás.* ¹² *Y comerás pan de cebada cocido debajo de la ceniza. Lo cocerás a vista de ellos en fuego de excremento humano.*

¹³ *Dijo Yahvé: Así comerán los hijos de Israel su pan inmundo, entre las naciones a donde yo los arrojaré.* ¹⁴ *Yo dije: ¡Ah, Señor, Yahvé!, mi alma no es impura, ni nunca desde mi juventud hasta este tiempo comí cosa mortecina ni despedazada, ni nunca en mi boca entró carne inmunda.* ¹⁵ *Y me respondió: He aquí te permito usar estiércol de bueyes en lugar de excremento humano para cocer tu pan.*

¹⁶ *Me dijo luego: Hijo de hombre, quebrantaré el sustento del pan en Jerusalén; comerán el pan por peso y con angustia, y beberán el agua por medida y con espanto,* ¹⁷ *para que, al faltarles el pan y el agua, se miren unos a otros con espanto y se consuman en su maldad.*

Para todo el tiempo que dure el asedio simbólico de Jerusalén, Ezequiel debe juntar una cantidad de grano y de legumbres, y almacenarlo todo en una vasija a su lado, a fin de preparar diariamente un pan, con una porción de lo almacenado: 20 siclos al día (que son en torno a 9 onzas, siendo cada onza de unos treinta gramos), y cocerlo todo, como si fueran panecillos de cebada sobre un fuego, hecho con estiércol seco, para comer el panecillo a lo largo del día, en horas determinadas. Además de eso, en las horas determinada para la comida, él ha de beber agua, de la misma manera, conforme a una medida, cada día la sexta parte de un hin, que es algo más que medio litro, pues cada hin hebreo eran 3,67 litros (cf. Keil, *Biblisch. Archäol.* II. p. 141).

Probablemente, de un modo general, los israelitas preparaban normalmente los עגות de harina, y no solamente cuando tenían huéspedes (Gen 18, 6). Pues bien, además de eso, para cocer los panes, Ezequiel debía tomar otros tipos de grano, de frutos leguminosos, que solían emplearse para cocinar los panes, cuando el trigo escaseaba, empezando por la cebada, que unida con el trigo era el plan de los pobres (Jc 7, 13; 2 Rey 4, 42; Jn 6, 9; cf. *Coment.* a 1 Rey 5, 8). פול, un tipo de arvejas, utilizadas a modo de alimento común para los hebreos (2 Sam 17, 28); ellas se empleaban también para mezclarlas con otros tipos de grano, para cocer el pan[9].

9. Cf. Plinio, *Histor. Natur.* XVIII. 30: *"Inter legumina maximus honos fabae, quippe ex qua tentatus sit etiam panis… Frumento etiam miscetur apud plerasque gentes et maxime panico solida*

De un modo especial se utilizaban para ese tipo de pan las lentejas, que eran una comida favorita de los hebreos (cf. Gen 25, 29). Todavía hoy, en tiempos de carestía, en Egipto se prepara el pan con lentejas, entre los pobres (cf. Sonnini, R. II. 390; *Athenaeus*, IV. 158, ἀρτοςφάκινος).

וְדֹחַן es el mijo, al que los árabes llaman *"Dochn"*, que es un tipo de legumbre que suele compararse con el trigo, con la cual se puede hacer el pan; es un fruto cultivado en Egipto y de un modo más frecuente en Arabia (cf. Wellsted, *Arab.* I. 295), con unos granos grises, que se parecen al arroz, con los cuales (a falta de mejor comida) se pueden hacer un tipo de panes. Cf. Celsius, *Hierobotanica*, I. 453ss. y Gesenius, *Thesaurus*. p. 333.

כֻּסְּמִים es un tipo de avena, que a veces se llama "trigo germánico", que aparece en Ex 9, 32 y que produce una harina más blanca que la harina de trigo; pero el pan que se consigue con ella es más seco que el pan de trigo, y se dice que es menos nutritivo (cf. Celsius, *Hierobotanica*, II. 98s).

Ezequiel ha de colocar cierta cantidad de todos esos frutos en una vasija, indicando así que en ella deben recogerse todo tipo de granos y legumbres capaces de convertirse en pan, a fin de cocer con ellos un tipo especial de comida, para tiempo de asedio, a fin de calmar el hambre de la población. En la mezcla de esos tipos de granos no ha de verse, como piensa Hitzig, una transgresión de de la ley de Lev 19, 19 y Dt 22, 8. מִסְפָּר es el acusativo de una medida de duración.

La cantidad de grano ha de ser fijada de acuerdo con el número de los días en que Ezequiel ha de comerlo. En Ez 4, 9 se mencionan solo los 390 días del periodo de castigo de la casa de Israel (*quod plures essent et fere universa summa*, porque eran más, y casi sumaban todos los días de castigo, como pone de relieve Prado[10]). Ese tiempo resultaba suficiente para indicar la dureza y opresión del asedio, de manera que, por causa de la brevedad, Ezequiel omitió lo referente a los cuarenta días de castigo de Judá[11].

---

ac delicatius fracta (entre las legumbres tenían gran importancia los granos de habas, con los cuales se hacía también el pan. En muchos pueblos se mezclan diversos tipos de alimentos y granos, con los que se hacían un tipo de panes).

10. Jerónimo de Prado, jesuita español (1547 –1595), nacido en Baeza, fue profesor en Córdoba. Su obra más conocida es *Tomus Primus in Ezechiel* (Roma, 1596). Su comentario llegó al capítulo 26 y fue completado por otro jesuita, Juan Bautista de Villalpando, que añadió dos volúmenes al comentario: I. *Explanationum Ezechielis prophetæ, pars prima, in tredecim capita sequentia* (Roma, 1604); II. *De postrema Ezechielis prophetæ visione* (Roma, 1605) (Nota del traductor).

11. Resulta insostenible la opinión de Kliefoth, según la cual todo lo dicho en Ez 4, 9-17 se refiere en realidad solo a los 390 días de Israel y no a los días de Judá, de manera que solo en los días relacionados con Israel el profeta tenía que comer ese alimento según medida, un alimento que era impuro. Esta opinión va en contra del mandato expreso de Dios, según el cual el profeta debía yacer primero de un lado y luego del otro durante el asedio de Jerusalén; la escasez de la comida (y su impureza) debía ser signo de la escasez de pan y de agua en la ciudad sitiada (4, 18); de esa

וּמַאֲכָלְךָ֙ אֲשֶׁ֣ר, "la comida que has de comer"…: es decir, la porción que has de comer, según el peso… Son veinte siclos, es decir, unas 8 ó 9 onzas de harina, que dan unas 11 ó 12 onzas de pan, lo que significa menos de la mitad de lo que necesita un hombre de los países del sur como alimento diario[12]. Lo mismo sucede con el agua. Una sexta parte de un *hin*, es decir, menos que una pinta (algo menos que medio litro) es poca cantidad para un día.

Pues bien, ambas cosas, comer y beber, ha de hacerlas el profeta de tiempo en tiempo (es decir, no en cualquier momento del período de 390 días, Hävernick). Y no ha de hacerlo comiendo y bebiendo toda la cantidad de una vez, sino en porciones, conforme a las horas de la comida diaria, de tal manera que nunca estará totalmente satisfecho. Además de eso (de la escasa cantidad de comida) está la suciedad (4, 12), vinculada a la forma en que esa comida se prepara.

וְעֻגַת שְׂעֹרִים es el predicado de la frase: pan de cebada (o avena). El sufijo de תֹּאכְלֶנָּה es neutro, y se refiere a לֶחֶם (cf. 4, 9), o quizá mejor a los diversos tipos de grano allí enumerados, que se reúnen y se cuecen delante de los testigos (לחם, es decir, comida). El añadido שְׂעֹרִים no se refiere al hecho de que la parte principal de esas comidas era la avena, ni al hecho de que no había otro tipo de tortas que las de avena (Hitzig), sino al hecho de que las tortas de avena era una comida muy frugal, semejante a la que Ezequiel tenía que prepararse cada día. La עגה o torta se cocía probablemente sobre cenizas o piedras calientes (1 Rey 19, 6), no sobre planchas de hierro, como supone Kliefoth en este caso.

Pues bien, el profeta debía cocer esas tortas sobre excremento humano. Esto no ha de entenderse como si se mezclara el excremento con el pan, para lo que se ha apelado equivocadamente a Is 36, 12, sino que, como dice 4, 15 (עֲלֵיהֶם) la torta para comer se cuece sobre los excrementos humanos, que forman de esa manera el material para el fuego. El pan así cocido se toma probablemente como impuro, pero esto no se puede probar a partir de Lev 5, 3; 7, 21 y Dt 23, 13; de

---

manera se indicaba también la necesidad de comer alimentos impuros durante el tiempo del exilio de los israelitas entre las naciones paganas.

El hambre durante el tiempo del asedio de Jerusalén no afectó al resto de las diez tribus, sino solo a la de Judá (que era la directamente afectada). Por el contrario, el pan impuro entre los gentiles debían comerlo no solo los israelitas de las diez tribus sino también los judíos exilados en Babilonia. En el caso de que, como quiere Kliefoth, lo prescrito en Ez 4, 9-15 se limite solo a los pecados de Israel, se está destruyendo el sentido simbólico del castigo que se aplica al mismo tiempo a Israel y a Judá).

12. En nuestro clima (Alemania) nosotros necesitamos en torno a 2 libras de pan para el alimento diario; pero en los países más cálidos la necesidad de comida es menor, de manera que no se necesita más que libra y media al día. J. R. Wellsted (*Travels in Arabia*, 1838, II. p. 200) afirma que los beduinos realizan viajes de 10 y 12 días sin llevar con ellos más que alimento que una vasija llena de pequeñas tortas de harina, cocidas con leche de cabra o de camello, y un gran pellejo de agua. Esas tortas pesan unas once onzas. Esos beduinos comen cada día un par de esas tortas, con unos sorbos de agua, dos veces al día. Esa es toda su comida.

esos textos no se deduce que la comida preparada sobre un fuego de excrementos sea impura.

El uso del fuego de excremento humano debe haber dado al pan así cocido un olor y gusto muy desagradable, haciéndolo de esa forma impuro, aunque ese pan no se comiera inmediatamente después de ser cocido. La polución o impureza del pan así cocido queda clara por la palabra que Dios dirige a Ezequiel en 4, 13: "Así comerán los hijos de Israel su pan inmundo, entre las naciones a donde yo los arrojaré".

Ciertamente, el corazón del profeta se rebela en contra de ese tipo de comida, pues él dice que nunca se ha manchado comiendo un tipo de alimentos prohibidos por la ley. Desde su juventud él no ha comido carne impura, ni de cadáveres, ni mal desangrada (mortecina…) (cf. Ex 22, 30; Dt 14, 21), ni carne de sacrificios que está ya descomponiéndose o putrefacta (sobre פִּגּוּל cf. Lev 7, 18; Is 54,4). Pues bien, en este caso, Dios pasa por alto esas normas de pureza y manda a Ezequiel que coma cosas impuramente preparadas[13].

Finalmente, en 4, 16 se ofrece la explicación de la poca abundancia de alimento, indicando que, en el inminente asedio de Jerusalén, Dios ha de privar al pueblo de la cantidad necesaria de comida, dejando que la gente languidezca de hambre y de tristeza. Esta explicación se funda en las amenazas de la Ley (Lev 26, 26. 39) que ahora se cumplen al pie de la letra.

Al pan se le llama מַטֵּה־לֶחֶם (vara de pan), el pan necesario para la vida de cada día. Sobre בְּמִשְׁקָל, pan a peso, cf. Lev 26, 26. Se dice además que comerán ese pan בִּדְאָגָה, con angustia, que beberán el agua בְּשִׁמָּמוֹן, con asombro y con espanto, pan silencioso ante la muerte que les llega con hambre y sed. Y así se añade que נָמַקּוּ בַּעֲוֹנָם se consumirán en su maldad (Lev 26, 39).

Pues bien, ahora, al fin, volvemos al primero de los signos, señalando que todo lo anterior significa que Jerusalén será asediada pronto, de manera que durante el asedio sufrirá bajo el hambre y el terror, como un castigo por los pecados de Israel y de Judá, añadiendo que tras la toma de la ciudad los que sigan vivos será dispersados entre los gentiles, y serán obligados a comer pan impuro. A esto se ha añadido en Ez 4 un segundo signo, en que se ha mostrado lo que ha de suceder

---

13. El uso de estiércol como material para quemar es común en el Este, de manera que no se puede suponer que Ezequiel lo conoció solo en el destierro, tomándolo allí como algo impuro. Por supuesto, en la medida en que podemos conocer el tema, el excremento humano no se solía emplear de esa forma, aunque la objeción de Hitzig, cuando dice que ese excremento no produce el calor necesario para asar el pan a su contacto, o a través de un ladrillo no tiene fundamento.

Los israelitas tenían que conocer bien el empleo de estiércol seco de animales, como se utiliza aún en el Hauran (el antiguo Basan de la Biblia) de un modo corriente. Cf. observaciones de Wetzstein sobre Delitzsch, *Job*, vol. I. pp. 377, 8, donde se describe minuciosamente la preparación del *g'elle*, que es el material allí más utilizado para cocinar, hecho de excremento de vaca mezclado con paja prensada. El uso de ese material hace que el fuego del *g'elle*, que va ardiendo poco a poco no produzca humo alguno, y que las cenizas, que retienen el calor por mucho tiempo, sean tan limpias como las de la madera.

después y lo que pasará con el pueblo tras la toma de la ciudad (4, 1-4), con un último oráculo que ha desarrollado el sentido de esos signos y la necesidad de un juicio de castigo sobre el pueblo (4, 5-17).

3. Ez 5, 1-17. Sigue la amenaza contra Jerusalén

5, 1-4. El signo de los cabellos

וְאַתָּה בֶן־אָדָם קַח־לְךָ ׀ חֶרֶב חַדָּה תַּעַר הַגַּלָּבִים תִּקָּחֶנָּה לָּךְ וְהַעֲבַרְתָּ עַל־רֹאשְׁךָ וְעַל־זְקָנֶךָ וְלָקַחְתָּ לְךָ מֹאזְנֵי מִשְׁקָל וְחִלַּקְתָּם:
² שְׁלִשִׁית בָּאוּר תַּבְעִיר בְּתוֹךְ הָעִיר כִּמְלֹאת יְמֵי הַמָּצוֹר וְלָקַחְתָּ אֶת־הַשְּׁלִשִׁית תַּכֶּה בַחֶרֶב סְבִיבוֹתֶיהָ וְהַשְּׁלִשִׁית תִּזְרֶה לָרוּחַ וְחֶרֶב אָרִיק אַחֲרֵיהֶם:
³ וְלָקַחְתָּ מִשָּׁם מְעַט בְּמִסְפָּר וְצַרְתָּ אוֹתָם בִּכְנָפֶיךָ:
⁴ וּמֵהֶם עוֹד תִּקָּח וְהִשְׁלַכְתָּ אוֹתָם אֶל־תּוֹךְ הָאֵשׁ וְשָׂרַפְתָּ אֹתָם בָּאֵשׁ מִמֶּנּוּ תֵצֵא־אֵשׁ אֶל־כָּל־בֵּית יִשְׂרָאֵל: פ

¹ *Tú, hijo de hombre, tómate un cuchillo agudo, una navaja de barbero, y hazla pasar sobre tu cabeza y tu barba; toma después una balanza de pesar y divide los cabellos.* ² *Una tercera parte quemarás en el fuego en medio de la ciudad, cuando se cumplan los días del asedio; tomarás otra tercera parte y la cortarás con espada alrededor de la ciudad, y la otra tercera parte esparcirás al viento, y yo desenvainaré espada en pos de ellos.*

³ *Tomarás también de allí unos cuantos y los atarás en la falda de tu manto.* ⁴ *Tomarás otra vez de ellos, los echarás en medio del fuego y en el fuego los quemarás; de allí saldrá el fuego a toda la casa de Israel.*

La descripción de este signo se entiende fácilmente. תַּעַר הַגַּלָּבִים, navaja de barbero, es el predicado, que está vinculado al sufijo de תִּקָּחֶנָּה, tómate. La frase indica la razón por la que Ezequiel tiene que utilizar la navaja afilada, como una navaja de afeitar, para cortar el pelo de su cabeza y de su barba. Una vez cortado, el pelo tiene que dividirse en tres partes, con la ayuda de una balanza (el sufijo de וְחִלַּקְתָּם se refiere *ad sensum* al pelo).

Un tercio ha de ser quemado en la ciudad, no en Jerusalén, sino en la Jerusalén dibujada en el ladrillo, que se encuentra simbólicamente sitiada (4, 3). A la ciudad se refiere también el sufijo de סְבִיבוֹתֶיהָ en verso 2, como lo indicará sin duda alguna el verso 12. En la segunda cláusula del verso 2, que está tomada de Lev 26, 33, se pasa de la descripción simbólica a la exposición de los hechos, porque אַחֲרֵיהֶם (tras ellos) se refiere a los habitantes de la ciudad. También el significado de ese gesto se entiende fácilmente desde 5, 12.

Con este gesto, Ezequiel representa el asedio de la ciudad: Así como el pelo del profeta cae cortado por la navaja de afeitar, así caerán bajo la espada los habitantes de Jerusalén cuando la ciudad sea capturada, hasta ser destruida con destrucción ignominiosa. Ésta es la idea contenida en el gesto de cortarse la barba y el pelo, cosa que se tomaba como un deshonor para el hombre, pues le privaba de su distinción varonil. Cf. 2 Sam 10, 4 ss.

Una tercera parte debe perecer en la ciudad: Así como el fuego destruyo los pelos, así la peste y el hambre destruirá a los habitantes de la ciudad sitiada (verso 12). Al ser tomada la ciudad, una segunda parte morirá bajo la espada en los alrededores de ella (verso 12).

La otra tercera parte la dispersará Dios entre los vientos y, así como Moisés había ya anunciado de un modo amenazador, Dios enviará la espada tras ellos hasta destruirlos. Este signo continúa (versos 2-3) en un segundo acto simbólico, que prefigura aquello que le pasara al pueblo cuando sea dispersado entre los gentiles. De esa tercera parte, dispersada entre las gentes se reservará el profeta unos pocos, guardándolos en la falda de su manto.

Ese gesto de esconder una pequeña parte de los pelos בִּכְנָפֶיךָ, en las faldas de su manto (cf. Jer 2, 34) indica que unos pocos serán esparcidos entre los gentiles, es decir, dispersados (c. 1 Sam 25, 29; Ez 16, 8). Pero incluso de esos pocos, Dios tomará algunos y los arrojará al fuego, donde serán consumidos. Esto significa que incluso entre aquello liberados para el exilio habrá muchos que serán arrojados al fuego, de manera que una parte de ellos serán consumidos. Esta imagen no se refiere a aquellos que permanezcan en la tierra de Israel cuando el resto sea llevado al cautiverios (como piensan Teodoreto, Grocio y otros), sino (como han visto Efrén el Sirio y Jerónimo) a aquellos que serán salvados de Babilonia y de su destino futuro, como lo muestra la palabra מִשָּׁם rectamente entendida.

El sentido de la última cláusula del verso 4 es disputado; es como si, desde el final del verso 2, se pasase de la representación simbólica al anuncio de la misma realidad. La palabra מִמֶּנּוּ, que Ewald quiere cambiar arbitrariamente poniendo מִמֶּנִּי, no puede referirse (como piensa Hävernick) a אֶל־תּוֹךְ הָאֵשׁ, porque esto supondría forzar el sentido de la frase, sino que se refiere a toda la acción que se describe en 5, 3-4: aquí se dice, pues, que una porción será preservada, pero incluso de esa porción muchos serán arrojados al fuego, y que de allí saldrá un incendio para toda la casa de Israel.

Casi todos los expositores, desde Teodoreto y Jerónimo, interpretan este fuego como los castigos de juicio impuestos sobre los exilados, que culminaron durante el asedio y destrucción posterior de Jerusalén por los romanos (el 70 d. C.), un castigo que continúa todavía en nuestro tiempo, con la dispersión de los judíos por todo el mundo. Pero, como afirma Kliefoth, esta visión no solo va en contra de la intención del texto, sino que también se opone a su misma letra: No se ve cómo un juicio de exterminio para todo Israel pueda concretarse después en el hecho de que un pequeño número de israelitas sea dispersado entre los vientos, siendo después salvado, mientras que una parte de los salvados sea consumida después por el fuego.

De aquí solo se puede deducir una cosa: Aquí se habla también de un fuego de purificación para el conjunto de Israel, a través del resto de los salvados, como había predicho ya Isaías, a fin de que, a partir de esos salvados, pueda surgir una semilla santa para todo Israel. En ese contexto, la referencia al fuego destructor no se puede aplicar a la última cláusula del texto. Además, el fuego no tiene solo un sentido meramente destructor, sino también un sentido de limpieza, purificación y transformación.

Pues bien, Cristo ha venido así a este mundo para encender ese fuego (Lc 12, 49), y por medio de él ese fuego se expande a todo Israel. Esta es la visión de Kliefoth, y ella queda confirmada por 6, 8-10, donde se anuncia la conversión del resto de los israelitas, que han sido dispersados entre las naciones.

Y con esto terminan los actos simbólicos. Pero antes de que pasemos a la explicación de los oráculos siguientes, debemos ocuparnos brevemente de la cuestión de si esos actos fueron realizados externamente por el profeta o fueron solo actos internos que Ezequiel cumplió en Espíritu, es decir, en una situación extática, para comunicárselos después al pueblo.

Entre los expositores modernos, *Kliefoth* ha defendido la primera visión y en apoyo de ella ha presentado las siguientes consideraciones: Se trata de unos actos significativos, y sin embargo silenciosos, pero deben ser realizados para expresar así la realidad que hay al fondo de ellos. Ciertamente, a favor de Kliefoth y en contra de Hitzig, debemos añadir que no hay nada imposible en la realización de esos actos. Sin duda, ellos implican cierta dificultad, pero a veces Dios pide a sus siervos aquello que es difícil, ayudándoles al mismo tiempo a realizarlo, como en 4, 1-17. En ese contexto, Kliefoth afirma que Dios facilitaría a Ezequiel la realización de su gesto atándole para ello al lecho (4, 8). "El texto supone que ese signo puede ser realizado, y así debemos afirmar que fue realizado de hecho, aunque el texto no lo diga expresamente".

Pero *en contra de Kliefoth* debemos indicar que en sus afirmaciones hay algo que resulta poco convincente. El tema no es tan simple como el supone, aunque estemos de acuerdo con él afirmando que ni la dificultad de la realización, ni el hecho de que el texto no diga que el profeta lo realizó son pruebas suficientes para suponer que se trató solamente de un gesto interior, puramente espiritual. También nosotros pensamos que muchos de los gestos proféticos significativos fueron realizados por los profetas, en un sentido externo y material; y pensamos también que así se respeta mejor el sentido literal de las palabras; por eso, lo más obvio es pensar que esos gestos fueron realizados externamente por el profeta, a no ser que tengamos buenas razones para pensar lo contrario.

Pues bien, en esa última línea, *en contra de Kliefoth*, debemos tomar en consideración, ante todo, que el oráculo en el que se incluyen estos gestos se encuentra en relación muy directa, en tiempo y lugar, con la inauguración del oficio profético de Ezequiel. La mano del Señor vino sobre él en el mismo lugar donde le fue dirigida la última palabra sobre esos gestos (cf. וְשֵׁם de 3, 22, en su referencia a 3, 15). Vemos así que Ezequiel sigue encontrándose allí donde había sido transportado por el Espíritu de Dios (3, 14), y en esa línea descubrimos que la nueva revelación que él ha recibido viene muy poco después de su consagración como profeta, o, quizá mejor, viene inmediatamente después.

Eso significa que, en el momento de esa revelación (con sus signos), Ezequiel se encuentra aún en el mismo contexto en que había sido consagrado como profeta, encontrándose inmerso en una situación estática, como muestra no solo la fórmula "la mano del Señor vino sobre mí", que a lo largo de este libro tiene siempre ese sentido (de consagración divina), sino el hecho aún más indudable de que él sigue viendo la gloria de Yahvé de la misma manera en que la ha visto en cap. 1, es decir, en situación extática.

Pues bien, si el texto sitúa a Ezequiel dentro de una revelación extática, es obvio que los actos que el profeta ha de realizar en esa situación deben tomarse como experiencias extática. Ciertamente, para que unos actos sean significativos deben ser realizados ante aquellos que han de tomarse como testigos de ellos. Pero, en nuestro caso, esos actos forman parte de la experiencia interior de Kliefoth. Ha de tratarse, pues, de actos extáticos, realizados en la mente interior del mismo profeta, como elementos de su vocación profética, actos realizados dentro de su misma casa, en la intimidad de su mente.

Dicho todo eso, debemos añadir que el hecho de que Ezequiel hubiera tenido que estar tumbado sin moverse, durante 390 días de un lado y durante 40 de otro, habría ido en contra de la afirmación de que en ese tiempo (según 8, 1 ss) él fue llevado en éxtasis a Jerusalén donde contempló en el templo las monstruosidades de la idolatría de Israel y la destrucción de la ciudad. Por todo eso, podemos suponer que las cosas que aquí se narran han debido realizarse "en espíritu" y no de una forma física externa. Sobre ese tema, cf. introducción a cap. 8.

5, 5-9. Explicación de los signos. Impiedad de Jerusalén

⁵ כֹּה אָמַר אֲדֹנָי יְהוִה זֹאת יְרוּשָׁלַםִ בְּתוֹךְ הַגּוֹיִם שַׂמְתִּיהָ וּסְבִיבוֹתֶיהָ אֲרָצוֹת:
⁶ וַתֶּמֶר אֶת־מִשְׁפָּטַי לְרִשְׁעָה מִן־הַגּוֹיִם
וְאֶת־חֻקּוֹתַי מִן־הָאֲרָצוֹת אֲשֶׁר סְבִיבוֹתֶיהָ כִּי בְמִשְׁפָּטַי מָאָסוּ
וְחֻקּוֹתַי לֹא־הָלְכוּ בָהֶם: ס
⁷ לָכֵן כֹּה־אָמַר אֲדֹנָי יְהוִה יַעַן הֲמָנְכֶם מִן־הַגּוֹיִם אֲשֶׁר
סְבִיבוֹתֵיכֶם בְּחֻקּוֹתַי לֹא הֲלַכְתֶּם וְאֶת־מִשְׁפָּטַי לֹא עֲשִׂיתֶם
וּכְמִשְׁפְּטֵי הַגּוֹיִם אֲשֶׁר סְבִיבוֹתֵיכֶם לֹא עֲשִׂיתֶם: ס
⁸ לָכֵן כֹּה אָמַר אֲדֹנָי יְהוִה הִנְנִי עָלַיִךְ גַּם־אָנִי וְעָשִׂיתִי
בְתוֹכֵךְ מִשְׁפָּטִים לְעֵינֵי הַגּוֹיִם:

⁹ וְעָשִׂ֣יתִי בָ֗ךְ אֵ֚ת אֲשֶׁ֣ר לֹֽא־עָשִׂ֔יתִי וְאֵ֛ת אֲשֶֽׁר־לֹֽא־אֶעֱשֶׂ֥ה כָמֹ֖הוּ ע֑וֹד יַ֖עַן כָּל־תּוֹעֲבֹתָֽיִךְ׃ ס

⁵ *Así ha dicho Yahvé, el Señor: Esta es Jerusalén; la puse en medio de las naciones y de las tierras de su alrededor.* ⁶ *Pero ella cambió mis decretos y mis ordenanzas en impiedad más que las naciones, y más que las tierras de su alrededor; porque desecharon mis decretos y mis mandamientos, y no anduvieron en ellos.*

⁷ *Por tanto, así ha dicho Yahvé: Porque habéis sido más rebeldes que las naciones que están alrededor de vosotros, porque no habéis andado según mis mandamientos ni habéis guardado mis leyes, y ni siquiera habéis andado según las leyes de las naciones que están alrededor de vosotros,*

⁸ *Yahvé, el Señor, ha dicho: Yo estoy contra ti. Sí, yo, y haré juicios en medio de ti ante los ojos de las naciones.* ⁹ *Haré en ti lo que nunca hice ni jamás volveré a hacer, a causa de todas tus abominaciones.*

זֹאת יְרוּשָׁלַם, no significa "este es el destino de Jerusalén" (Hävernick), sino "esta Jerusalén"" (Hitzig). זאת se coloca antes del nombre con el sentido de *iste* (éste, ésta), como en Ex 32, 1. Cf. Ewald, §293*b*. Comenzar colocando la culpabilidad de Jerusalén de una forma tan preeminente, censurar su conducta pecadora, es algo que empieza con la mención del lugar exaltado que Dios le ha asignado sobre la tierra.

Jerusalén aparece en 5, 5 como punto central de la tierra. Nada hay, sin embargo, en el sentido externo o geográfico (Hitzig), ni en sentido puramente tipológico que explique esa preeminencia (Calvino, Hävernick), que debe entenderse en sentido histórico, en la medida en que el pueblo y la ciudad de Dios se encuentran en el centro del desarrollo histórico mundial que Dios está estableciendo (Kliefoth).

Esa preeminencia pertenece a la historia de la salvación, pues Jerusalén es la ciudad en la que Dios ha colocado el trono de su gracia, de manera que desde allí se extiendan su Ley y sus mandamientos a todos los pueblos, a fin de que se cumplan (Is 2, 2; Miq 4, 1). Pero, en lugar de guardar la ley y los mandamientos de Dios, Jerusalén ha tendido a la maldad, más que todas las naciones del entorno

וַתֶּ֫מֶר, *con acusativo de objeto* (para actuar de un modo rebelde). En ese contexto no podemos citar Rom 2, 12.14 en contra de esta palabra, pues los gentiles que no conocieron la ley de Dios la transgredieron de igual manera, pecando ἀνόμως, sin ley, porque el hecho de pecar ἀνόμως, como dice el apóstol constituye realmente una transgresión en contra de la ley que está escrita en el corazón de los mismos paganos. Con la palabra לָכֵן (5, 7) se introduce la amenaza de castigo. Pero antes de que se exponga el castigo se presenta aquí la correspondencia entre culpa y castigo, y se hace de un modo intenso, colocando de manera yuxtapuesta la conducta impía de la ciudad rebelde. הֲמָנְכֶם es un indefinido, de המון, en el sentido de אמה, rebelarse en contra de Dios, cf. Sal 2, 1.

La frase final de Ez 5, 7 contiene un clímax *y ni siquiera habéis andado según las leyes de las naciones que están alrededor de vosotros*. Esto no va en contra de Ez 11, 12 donde se acusa a los israelitas de haber actuado conforme a las leyes de las naciones, de manera que no estamos obligados (como hacen Ewald y Hitzig) a quitar el לא en nuestro verso, apelando para ello al hecho de que esa palabra falte en la Peschitta y en algunos manuscritos hebreos, donde se ha omitido esa palabra para evitar una supuesta contradicción entre Ez 11 12 y nuestro texto.

La solución de la aparente contradicción está en el doble sentido de la palabra כְּמִשְׁפְּטֵי הַגּוֹיִם. Los gentiles tenían leyes que se oponían a las leyes de Dios, pero en ellos se encontraba inscrita también una ley de Dios. La obediencia a esa ley de Dios, inscrita en su corazón era buena y digna de alabanza, mientras que muchas de sus leyes concretas eran malvadas y dignas de castigo. Israel, que odiaba la ley de Dios, siguió las leyes perversas de los paganos, y olvidó sus buenas leyes. Como ha indicado ya Rashi[14], este pasaje ha de ser interpretado en comparación con Jer 2, 10-11.

En Ez 5, 8 se interrumpe ese anuncio del castigo por la mención repetida de la causa, que se resume de nuevo con las palabras לָכֵן כֹּה אָמַר (por tanto, así dice…). Ya que Jerusalén ha actuado peor que los gentiles, Dios ejecutará su juicio en contra de ella, ante los ojos de los gentiles. גַם־אֲנִי וְעָשִׂיתִי (cf. 5, 10. 15; 11, 9; 16, 41 etc.), "yo también haré…", es decir, Dios cumplirá sus juicios, como en Ex 12, 12 y Num 33, 4, donde se habla de los juicios que Dios ha cumplido sobre Egipto. Se trata de un castigo que será grande y pesado, un castigo como el que nunca ha sucedido hasta ahora ni sucederá más adelante.

Estas palabras han de aplicarse a la próxima destrucción de Jerusalén, que estará marcada por una severidad mayor que todas las restantes destrucciones, de manera que no podemos suponer con Hävernik que el profeta se está refiriendo a los dos castigos de Israel, es decir a la destrucción de Jerusalén por los babilonios y después por los romanos.

En contra de eso, debemos afirmar que estas palabras se refieren directamente al castigo de la destrucción próxima de Jerusalén, que fue más severa que todas las otras, anteriores o posteriores, pues estaba en juego la misma existencia del pueblo de Dios. Por el contrario, la ciudad de Jerusalén y el pueblo de Israel que fueron destruidos y aniquilados por los romanos ya no eran pueblo de Dios,

---

14. Coccejus había señalado ya rectamente sobre Ez 11, 12: *Imitabantur Judaei gentiles vel fovendo opiniones gentiles, vel etiam assumendo ritus et sacra gentilium. Sed non faciebant ut gentes, quae integre diis suis serviebant. Nam Israelitae nomine Dei abutebantur* (Los judíos imitaban a los gentiles, sea favoreciendo las opiniones de los gentiles, sea asumiendo sus ritos y sacrificios. Pero no actuaban como los gentiles en el sentido en que los gentiles servían a sus dioses. Pues los israelitas abusaban de Dios…).

pues en ese momento el pueblo de Dios estaba ya la formado por los cristianos, a los que no afectó esa catástrofe (Kliefoth).

5, 10-17. Ejecución de la amenaza: hambre, peste y exilio

10 לָכֵן אָבוֹת יֹאכְלוּ בָנִים בְּתוֹכֵךְ וּבָנִים יֹאכְלוּ אֲבוֹתָם וְעָשִׂיתִי בָךְ שְׁפָטִים וְזֵרִיתִי אֶת־כָּל־שְׁאֵרִיתֵךְ לְכָל־רוּחַ׃ פ
11 לָכֵן חַי־אָנִי נְאֻם אֲדֹנָי יְהוִה אִם־לֹא יַעַן אֶת־מִקְדָּשִׁי טִמֵּאת בְּכָל־שִׁקּוּצַיִךְ וּבְכָל־תּוֹעֲבֹתָיִךְ וְגַם־אֲנִי אֶגְרַע וְלֹא־תָחוֹס עֵינִי וְגַם־אֲנִי לֹא אֶחְמוֹל׃
12 שְׁלִשִׁתֵיךְ בַּדֶּבֶר יָמוּתוּ וּבָרָעָב יִכְלוּ בְתוֹכֵךְ וְהַשְּׁלִשִׁית בַּחֶרֶב יִפְּלוּ סְבִיבוֹתָיִךְ וְהַשְּׁלִישִׁית לְכָל־רוּחַ אֱזָרֶה וְחֶרֶב אָרִיק אַחֲרֵיהֶם׃
13 וְכָלָה אַפִּי וַהֲנִחוֹתִי חֲמָתִי בָּם וְהִנֶּחָמְתִּי וְיָדְעוּ כִּי־אֲנִי יְהוָה דִּבַּרְתִּי בְּקִנְאָתִי בְּכַלּוֹתִי חֲמָתִי בָּם׃
14 וְאֶתְּנֵךְ לְחָרְבָּה וּלְחֶרְפָּה בַּגּוֹיִם אֲשֶׁר סְבִיבוֹתָיִךְ לְעֵינֵי כָּל־עוֹבֵר׃
15 וְהָיְתָה חֶרְפָּה וּגְדוּפָה מוּסָר וּמְשַׁמָּה לַגּוֹיִם אֲשֶׁר סְבִיבוֹתָיִךְ בַּעֲשׂוֹתִי בָךְ שְׁפָטִים בְּאַף וּבְחֵמָה וּבְתֹכְחוֹת חֵמָה אֲנִי יְהוָה דִּבַּרְתִּי׃
16 בְּשַׁלְּחִי אֶת־חִצֵּי הָרָעָב הָרָעִים בָּהֶם אֲשֶׁר הָיוּ לְמַשְׁחִית אֲשֶׁר־אֲשַׁלַּח אוֹתָם לְשַׁחֶתְכֶם וְרָעָב אֹסֵף עֲלֵיכֶם וְשָׁבַרְתִּי לָכֶם מַטֵּה־לָחֶם׃
17 וְשִׁלַּחְתִּי עֲלֵיכֶם רָעָב וְחַיָּה רָעָה וְשִׁכְּלֻךְ וְדֶבֶר וָדָם יַעֲבָר־בָּךְ וְחֶרֶב אָבִיא עָלַיִךְ אֲנִי יְהוָה דִּבַּרְתִּי׃ פ

10 Por eso los padres se comerán a los hijos en medio de ti, y los hijos se comerán a sus padres; haré en ti juicios y esparciré a todos los vientos todo lo que quede de ti. 11 Por tanto, vivo yo, dice Yahvé, el Señor, ciertamente por haber profanado mi santuario con todas tus abominaciones, te quebrantaré yo también; mi ojo no perdonará ni tendré misericordia.

12 Una tercera parte de ti morirá de peste y será consumida de hambre en medio de ti; una tercera parte caerá a espada alrededor de ti, y otra tercera parte esparciré a todos los vientos; y tras ellos desenvainaré espada. 13 Se consumará mi furor, saciaré en ellos mi enojo y tomaré satisfacción. Entonces sabrán que yo, Yahvé, he hablado en mi celo, cuando consuma en ellos mi enojo.

14 Te convertiré en ruinas y en afrenta entre las naciones que están alrededor de ti, a los ojos de todo transeúnte. 15 Serás afrenta, escarnio, escarmiento y objeto de espanto para las naciones que están alrededor de ti, cuando yo haga en ti juicios con furor e indignación y con represiones llenas de ira. Yo, Yahvé, he hablado.

16 Cuando arroje yo sobre ellos las perniciosas saetas del hambre, que serán para destrucción, las cuales enviaré para destruiros, entonces aumentaré el hambre sobre vosotros y quebrantaré entre vosotros el sustento de pan. 17 Enviaré, pues, sobre vosotros hambre y bestias feroces que te destruyan; peste y sangre pasarán por en medio de ti, y enviaré sobre ti espada. Yo, Yahvé, he hablado.

Destino de Jerusalén y de sus habitantes

Como prueba de la inusitada severidad del juicio, Ez 5, 10 menciona las circunstancias más horribles que habían sido ya predichas por Moisés (Lev 26, 29; Dt 28, 53), circunstancias que debían cumplirse en este pueblo al ser atacado por su enemigo: Durante el asedio de Jerusalén habrá un hambre tan terrible que los padres comerán a sus hijos, y los hijos a sus mismos padres; y tras la caída de la ciudad tendrá lugar la dispersión de los que sigan vivos "a todos los vientos", es decir, a todos los lugares de la tierra. De esta forma se describe, de manera minuciosa, en forma de apéndice, lo que había sido indicado ya simbólicamente en 5, 1.2.11.12, con un juramento solemne y con mención repetida y detalladas de los pecados que habían ocasionado tal castigo.

Como pecado se menciona la contaminación del templo con abominaciones idolátricas, tal como se mencionará detalladamente en Ez 8. La palabra אֶגְרַע, que ha sido entendida de formas diversas por los traductores antiguos (y para la que algunos códices antiguos ofrece diversas correcciones explicativa, como אֶגְרַע) ha de explicarse desde Job 36, 7, en el sentido de "apartaré mi vista", de manera que su sentido va vinculado con la palaba siguiente (עֵינִי).

Por su parte וְלֹא־תָחוֹס, *de manera que no sientan compasión*, se introduce entre el verbo y el objeto, con el significado adverbial de "sin piedad". En esa línea, las palabras וְלֹא־תָחוֹס se encuentran adverbialmente subordinadas a אֶגְרַע, como lo muestra la correspondencia (indicada por וְגַם־אֲנִי) entre אֶגְרַע y וְלֹא. Según eso, el pensamiento de que "Yahvé actuará sin misericordia hacia su pueblo" no ha de verse como una frase aislada, que apenas se relaciona con lo que sigue.

Ese sentido fuerte de la frase no puede perderse con וְגַם־אֲנִי, como supone Hävernick, sino que ha de entenderse de manera aún más intensa, refiriéndose a la profanación del santuario. Así lo muestra la última frase de este verso: mi ojo no perdonará ni tendré misericordia (5, 11). Este abandono sin piedad de la providencia divina equivale complemento a la destrucción de Jerusalén, como se concretiza en 5, 12.

Para 5, 12, cf. 5,1-2. Al cumplirse la división amenazada del pueblo en tres partes, se cumple la ira de Dios, es decir, culmina y se despliega esa ira (7, 8), y solo así, cuando se despliega, puede consumarse (se enfría) la ira de Dios. El tema de fondo del comienzo de 5, 13 (וְכָלָה אַפִּי וַהֲנִחוֹתִי חֲמָתִי בָּם: Se consumará mi furor, saciaré en ellos mi enojo y tomaré satisfacción...) aparece también en Ez 16, 24; 21, 22; 24, 13. וְהִנֶּחָמְתִּי בָּם (y tomará satisfacción de ellos) es una forma pausal, en *hitpael*, en el sentido de *se consolari*, lograr satisfacción a través de la venganza, cf. Is 1, 24, cf. también 28, 63.

En 5, 14 el discurso vuelve de nuevo del pueblo, a la ciudad de Jerusalén, que ha de venir a convertirse en un desierto, como en Lev 26, 31 y 26 33, donde Moisés había amenazado a las ciudades de Israel. De esa manera, Jerusalén se convertirá en causa de burla para todas las naciones, como dice Dt 29, 23. וְהָיְתָה (5, 15) no ha de verse como segunda persona, en la línea de LXX, la Vulgata y algunos MSS; al contrario, su sujeto es Jerusalén, pero convirtiéndose en objeto de desprecio e ira etc., cuando Dios cumpla sus juicios.

מוּסָר es un ejemplo, una advertencia… Entre los juicios de castigo que han de venir sobre Jerusalén, Ez 5, 16 ha destacado especialmente el hambre (cf. 4, 16), aunque después, en 5, 17, aparecen otros elementos, como las bestias, la peste, la sangre y la espada, un cuarteto de juicios de castigo que vuelve a aparecer en 14, 21.

La peste y la sangre aparecen como unidas, en forma de predicado. Su conexión ha de verse a la luz de 14, 18. El número de los cuatro males resulta aquí significativo, lo mismo que en 14, 21 y Jer 15, 3. Sobre el sentido más detallado del tema cf. Ez 14, 21. Las flechas perversas aparecen en Dt 32, 23; las bestias salvajes aparecen también en Lev 24, 22 y Dt. 32, 24.

Para producir más impresión, el profeta ha unido todas estas palabras. *Unum ejus consilium fuit penetrare in animos populi quasi lapideos et ferreos. Haec igitur est ratio, cur hic tanta varietate utatur et exornet suam doctrinam variis figuris* (Una de las intenciones del profeta fue la penetrar en los pensamientos del pueblo, que eran duros como la piedra y el hierro. Ésta es la razón por la que aquí aparezcan tantos males, de manera que la doctrina del profeta queda adornada por varias figuras: Calvino).

III
Ez 6, 1-7, 27
JUICIO POR IDOLATRÍA, CAÍDA DE ISRAEL

Al discurso de Ez 5, 5-17, explicando los signos de 4, 1-5, se añaden en Ez 6 y 7 dos oráculos adiciones, con el desarrollo posterior de esos signos, de manera que el juicio sobre ellos se extiende y profundiza.

1. Ez 6, 1-14. La gran idolatría de Israel, destrucción de los idólatras

Ez 6, 1-7 anuncia en su primera sección los lugares idolátricos, para añadir en esa línea la desolación de esos lugares y la destrucción de sus adoradores (6, 3-7); a esto se añade la suerte del resto del pueblo, que ha de ser dispersado entre las naciones, para convertirse después al Señor (6, 8-10). En la segunda sección se anuncia la necesidad y el carácter terrible del juicio que se describe de un modo repetido y largo en 6, 11-14.

6, 1-7. Los lugares altos serán asolados

¹וַיְהִ֥י דְבַר־יְהוָ֖ה אֵלַ֥י לֵאמֹֽר׃
²בֶּן־אָדָ֗ם שִׂ֤ים פָּנֶ֙יךָ֙ אֶל־הָרֵ֣י יִשְׂרָאֵ֔ל וְהִנָּבֵ֖א אֲלֵיהֶֽם׃
³וְאָ֣מַרְתָּ֔ הָרֵי֙ יִשְׂרָאֵ֔ל שִׁמְע֖וּ דְּבַר־אֲדֹנָ֣י יְהוִ֑ה כֹּה־אָמַ֣ר אֲדֹנָ֣י יְהוִ֡ה לֶהָרִ֣ים וְלַגְּבָעוֹת֩ לָאֲפִיקִ֨ים [וְלַגֵּאָי֜וֹת] (וְלַגֵּאָיֹ֜ות) הִנְנִ֨י אֲנִ֜י מֵבִ֧יא עֲלֵיכֶ֛ם חֶ֖רֶב וְאִבַּדְתִּ֥י בָּמוֹתֵיכֶֽם׃
⁴וְנָשַׁ֙מּוּ֙ מִזְבְּח֣וֹתֵיכֶ֔ם וְנִשְׁבְּר֖וּ חַמָּנֵיכֶ֑ם וְהִפַּלְתִּי֙ חַלְלֵיכֶ֔ם לִפְנֵ֖י גִּלּוּלֵיכֶֽם׃
⁵וְנָתַתִּ֗י אֶת־פִּגְרֵי֙ בְּנֵ֣י יִשְׂרָאֵ֔ל לִפְנֵ֖י גִּלּֽוּלֵיהֶ֑ם וְזֵרִיתִי֙ אֶת־עַצְמ֣וֹתֵיכֶ֔ם סְבִיב֖וֹת מִזְבְּחוֹתֵיכֶֽם׃
⁶בְּכֹל֙ מוֹשְׁב֣וֹתֵיכֶ֔ם הֶעָרִ֣ים תֶּחֱרַ֔בְנָה וְהַבָּמ֖וֹת תִּישָׁ֑מְנָה לְמַ֡עַן יֶחֶרְבוּ֩ וְיֶאְשְׁמ֨וּ מִזְבְּחוֹתֵיכֶ֜ם וְנִשְׁבְּר֤וּ וְנִשְׁבְּתוּ֙ גִּלּ֣וּלֵיכֶ֔ם וְנִגְדְּעוּ֙ חַמָּ֣נֵיכֶ֔ם וְנִמְח֖וּ מַעֲשֵׂיכֶֽם׃
⁷וְנָפַ֥ל חָלָ֖ל בְּתוֹכְכֶ֑ם וִֽידַעְתֶּ֖ם כִּֽי־אֲנִ֥י יְהוָֽה׃

¹ *Vino a mí palabra de Yahvé, diciendo:* ² *Hijo de hombre, pon tu rostro hacia los montes de Israel y profetiza contra ellos.* ³ *Dirás: ¡Montes de Israel, oíd palabra de*

Yahvé, el Señor! Así ha dicho Yahvé, el Señor, a los montes y a los collados, a los arroyos y a los valles:
He aquí que yo, yo mismo, haré venir sobre vosotros espada y destruiré vuestros lugares altos. ⁴ Vuestros altares serán asolados, vuestras imágenes del sol serán quebradas; haré que vuestros muertos caigan delante de vuestros ídolos. ⁵ Pondré los cuerpos muertos de los hijos de Israel delante de sus ídolos, y vuestros huesos esparciré alrededor de vuestros altares.
⁶ Dondequiera que habitéis, serán arruinadas las ciudades y los lugares altos serán asolados, para que queden asolados y desiertos vuestros altares. Vuestros ídolos serán quebrados y aniquilados, vuestras imágenes del sol serán destruidas y vuestras obras serán deshechas. ⁷ Los muertos caerán en medio de vosotros, y sabréis que yo soy Yahvé.

El profeta va a profetizar contra las montañas de Israel, que aquí (6, 2) aparecen mencionadas como *pars pro toto* (parte en lugar del todo), como muestra 6, 3, cuando a las montañas y colinas se les añaden los valles y los lugares bajos, en los que se practica de un modo particular la idolatría (cf. Os 4, 13; Jer 2, 20; 3, 6). Véase de un modo especial el *Coment.* a Oseas, l.c., y a Dt 12, 2).

En otros lugares antiguos, אֲפִיקִים significa canales de aguas, lecho de las corrientes de agua. Pero Ezequiel utiliza esta palabra como equivalente a valle, es decir, en el sentido de נחל, un valle por el que corre un arroyo o torrente, como en árabe wadi. גיא es propiamente una depresión, una hondonada, un valle profundo, con la forma גאיות, cf. Ewald, §186 *da*.

La yuxtaposición de montañas y colinas, de valles y de zonas bajas, aparece también en Ez 36, 4.6; 35, 8. Sobre la oposición entre montañas y valles cf. también Ez 32, 5-6 y 24, 13. Los valles han de concebirse como llenos de árboles y de arboledas, bajo las cuales se celebraba especialmente la adoración de Astarté, cf. 6, 15. Sobre las montañas y los valles había santuarios erigidos a Baal y Astarté. El anuncio de su destrucción aparece también en la amenaza de Lev 26, 30, que Ezequiel ha tomado y desarrollado más extensamente.

Además de los בָּמוֹת, que son los lugares de sacrificio y adoración, y de los חַמָּנֵיכֶם, חמנים, que son los pilares o estatuas de Baal, dedicadas a él, como Dios-Sol, Ezequiel nombra también los altares, que en el Levítico y en otros lugares aparecen incluidos entre los בָּמוֹת, cf. Lev 26, 30; 1 Rey 3, 3. Con la destrucción de los templos, altares y estatuas de los ídolos, han de ser destruidos también los adoradores de ídolos.

El sentido fundamental del nombre גלולים, *ídolos*, tomado del Levítico 26, 30 y empleado con frecuencia por Ezequiel, es inseguro y puede significar "bloque de madera" (de גלל, enrollar: Gesenius) trozo de estiércol (de גל), no monumento de piedra (Hävernick). Ez 16, 5 está tomado casi literalmente de Lev 26, 30. El carácter ignominioso de esta destrucción está destacado por el hecho de que los huesos de los idólatras matados son esparcidos en torno a los altares de los ídolos.

A fin de que la idolatría pueda ser enteramente desarraigada, las ciudades que están en el entorno de esos lugares sagrados han de ser devastadas (6, 6). Las formas תִּישַׁמְנָה y וְיֶאְשְׁמוּ no derivan probablemente de שמם (cf. Gesenius §138*b*), sino que provienen de una raíz en la forma de ימם, con el sentido de שמם; la existencia de esa raíz aparece con certeza en el viejo nombre יְשִׁימוֹן, de Sal 68, y en otros lugares.

La א de יאשמו no es solo una *mater lectionis*. En 6, 7, el singular חלל tiene la forma de un indefinido general. La frase *caerán en medio de vosotros*, de 6, 7 pone de relieve la idea de que no todos han de morir, sino que algunos sobreviran, siendo salvados, apareciendo así como preparación de lo que sigue. La muerte de los sacrificados (los idólatras con sus ídolos) conduce al reconocimiento de Yahvé como el Dios omnipotente, al que el pueblo tiene que convertirse.

6, 8-10. Un resto entre las naciones

⁸ וְהוֹתַרְתִּי בִּהְיוֹת לָכֶם פְּלִיטֵי חֶרֶב בַּגּוֹיִם בְּהִזָּרוֹתֵיכֶם בָּאֲרָצוֹת׃
⁹ וְזָכְרוּ פְלִיטֵיכֶם אוֹתִי בַּגּוֹיִם אֲשֶׁר נִשְׁבּוּ־שָׁם אֲשֶׁר נִשְׁבַּרְתִּי אֶת־לִבָּם הַזּוֹנֶה אֲשֶׁר־סָר מֵעָלָי וְאֵת עֵינֵיהֶם הַזֹּנוֹת אַחֲרֵי גִּלּוּלֵיהֶם וְנָקֹטּוּ בִּפְנֵיהֶם אֶל־הָרָעוֹת אֲשֶׁר עָשׂוּ לְכֹל תּוֹעֲבֹתֵיהֶם׃
¹⁰ וְיָדְעוּ כִּי־אֲנִי יְהוָה לֹא אֶל־חִנָּם דִּבַּרְתִּי לַעֲשׂוֹת לָהֶם הָרָעָה הַזֹּאת׃ פ

⁸ Pero dejaré un resto, de modo que tengáis entre las naciones algunos que escapen de la espada, cuando seáis esparcidos por las tierras. ⁹ Los que de vosotros escapen, se acordarán de mí entre las naciones en las cuales serán cautivos; porque yo me quebranté a causa de su corazón fornicario que se apartó de mí, y a causa de sus ojos que fornicaron tras sus ídolos.
Se avergonzarán de sí mismos, a causa de los males que hicieron en todas sus abominaciones. ¹⁰ Y sabrán que yo soy Yahvé; no en vano dije que les había de hacer este mal.

Los sobrevivientes irán al destierro entre los paganos, y recordarán la palabra del Señor que se habrá cumplido. הוֹתִיר, *superstites facere*, hacer o preservar supervivientes. La conexión con לָכֶם בִּהְיוֹת es análoga a la construcción de הוֹתִיר, en sentido de dar una superabundancia, con ב *rei* (bet de realidad), cf. Dt 28, 11; 30, 9, y no ha de ser rechazada como inadmisible, como piensan Ewald y Hitzig.

בִּהְיוֹת está atestiguada en las antiguas versiones, y el cambio de וְהוֹתַרְתִּי por ודברתי (que debía relacionarse con 6, 7) se opone a la repetición de וְיָדְעוּ כִּי־אֲנִי (וידאתם), Ez 6, 10. 14, pues esta repetición muestra que el pensamiento de Ez 6, 7 es diferente del de 17, 21; no es "ellos conocerán que Yahvé ha hablado", sino "ellos conocerán que aquel que ha hecho esto es Yahvé, el Dios de Israel".   La preservación de un resto muestra que habrá en Israel algunos que escapen de la espada.

הִזָּרוֹתֵיכֶם es *infin. niphal* con una forma plural de sufijo, como aparece en otras ocasiones, pero solo en nombres con un final plural en וֹת, mientras que Ezequiel aplica este final וֹת al infinitivo de verbos en ה y ל (cf. Ez 16, 31, Ewald,

§259b). El recuerdo de Yahvé (Ez 6, 9) es el comienzo de la conversión a él. אֲשֶׁר antes de נִשְׁבַּרְתִּי no ha de conectarse como pronombre relativo con לִבָּם, sino que es una conjunción, aunque no se utilice de un modo condicional, como en Lev 4, 22, Dt 11, 27 y en otros lugares, sino de un modo temporal, como ὅτε, en el sentido de "cuando", como en Dt 11, 6 y 2 Cron 35, 20. Por su parte, נִשְׁבַּרְתִּי tiene el sentido de un *futuro de exactitud*.

El *nifal* נשבר no ha de tomarse aquí como pasivo, sino como medio, *sibi frangere*, i.e., לִבָּם, es decir, "partirse el corazón", *poenitentiâ conterere animum eorum ut ad ipsum (Deum) redeant* (domar el corazón con la penitencia, para volver así a Dios: Maurer, Hävernick). Además del corazón se mencionan aquí también los ojos, que Dios ha de castigar, como signo externo que expresa un corazón adúltero. וְנָקֹטּוּ corresponde a וְזָכְרוּ al comienzo del verso. קוט, la forma tardía de קוץ, sentir aversión, en hifil, estar lleno de aversión, cf. Job 10, 1, con *bet de objeto*, en o sobre sus פנים, es decir, sobre sus rostros (aversión a sus personas, cf. también Ez 20, 43; 36, 31).

אֶל־הָרָעוֹת, en alusión a las cosas malas, es decir, a sus abominaciones. Este fruto producido por el castigo, es decir, el hecho de que los idólatras quedan llenos de aversión por sí mismos (por sus pecados) y abiertos al conocimiento de Yahvé, será una prueba de que Dios no ha hablado en vano.

6, 11-14. El castigo es justo y bien merecido

¹¹ כֹּה־אָמַר אֲדֹנָי יְהֹוִה הַכֵּה בְכַפְּךָ וּרְקַע בְּרַגְלְךָ וֶאֱמָר־אָח אֶל כָּל־תּוֹעֲבוֹת רָעוֹת בֵּית יִשְׂרָאֵל אֲשֶׁר בַּחֶרֶב בָּרָעָב וּבַדֶּבֶר יִפֹּלוּ:
¹² הָרָחוֹק בַּדֶּבֶר יָמוּת וְהַקָּרוֹב בַּחֶרֶב יִפּוֹל וְהַנִּשְׁאָר וְהַנָּצוּר בָּרָעָב יָמוּת וְכִלֵּיתִי חֲמָתִי בָּם:
¹³ וִידַעְתֶּם כִּי־אֲנִי יְהוָה בִּהְיוֹת חַלְלֵיהֶם בְּתוֹךְ גִּלּוּלֵיהֶם סְבִיבוֹת מִזְבְּחוֹתֵיהֶם אֶל כָּל־גִּבְעָה רָמָה בְּכֹל רָאשֵׁי הֶהָרִים וְתַחַת כָּל־עֵץ רַעֲנָן וְתַחַת כָּל־אֵלָה עֲבֻתָּה מְקוֹם אֲשֶׁר נָתְנוּ־שָׁם רֵיחַ נִיחֹחַ לְכֹל גִּלּוּלֵיהֶם:
¹⁴ וְנָטִיתִי אֶת־יָדִי עֲלֵיהֶם וְנָתַתִּי אֶת־הָאָרֶץ שְׁמָמָה וּמְשַׁמָּה מִמִּדְבַּר דִּבְלָתָה בְּכֹל מוֹשְׁבוֹתֵיהֶם וְיָדְעוּ כִּי־אֲנִי יְהוָה: פ

¹¹ Así ha dicho Yahvé, el Señor: Da palmadas con tus manos y golpea con tu pie, y di: ¡Ay, por todas las grandes abominaciones de la casa de Israel!, porque con espada, con hambre y con peste caerán. ¹² El que esté lejos morirá de peste, el que esté cerca caerá a espada, y el que quede y sea asediado morirá de hambre. Así consumaré en ellos mi enojo.

¹³ Sabréis que yo soy Yahvé, cuando sus muertos estén en medio de sus ídolos, alrededor de sus altares, sobre todo collado alto, en todas las cumbres de los montes, debajo de todo árbol frondoso y debajo de toda encina espesa, lugares donde ofrecieron incienso a todos sus ídolos. ¹⁴ Extenderé mi mano contra ellos, y dondequiera que habiten dejaré la tierra más asolada y devastada que el desierto hacia Diblat; y conocerán que yo soy Yahvé.

Por las palmadas de las manos y por golpes dados con los pies, gestos que indican una excitación violenta, el profeta dará a conocer el enfado de Yahvé por la terrible idolatría del pueblo, manifestando así que el juicio de castigo ha sido merecido. הַכֵּה בְכַפְּךָ se expresa de manera mucho más precisa en 21, 19 diciendo וְהַךְ כַּף אֶל־כָּף, extender (es decir) golpear una mano contra la otra, cf. Num 24, 10.

אח es una exclamación de descontento, que aparece solo aquí y en 31, 20. En 6, 11 אֲשֶׁר es una conjunción, con el sentido de "porque". Sus abominaciones son tan perversas que ellos deben ser exterminados por ellas. Este motivo se desarrolla y despliega especialmente en Ez 6, 12. Nadie escapará del juicio, ni aquel que esté alejado, ni aquel que esté cerca; aquel que escape de la peste y de la espada morirá de hambre.

הַנָּצוּר significa *servatus*, el preservado, lo mismo que en Is 49, 6. El atribuir a esa palabra el sentido de "sitiado" (LXX, Vulgata, Targum etc.), como sigue haciendo Hitzig, solo se puede lograr dejando a un lado, arbitrariamente, la palabra וְהַנִּשְׁאָר como si fuera una glosa. Sobre Ez 6, 12, cf. 5, 13. Sobre 6, 13a, cf. 6, 5. Y sobre 13 b, cf. 6, 2 y Os 4, 13; Jer 2, 20; 3, 6; Dt 12, 2.

אֶל כָּל־גִּבְעָה se utiliza, conforme a su sentido posterior, para referirse a los sacrificios que son agradables a Dios, pero aquí se refiere al tema a los sacrificios de los ídolos (cf הַמִּזְבֵּחָה עֹלָה אִשֵּׁה רֵיחַ־נִיחוֹחַ לַיהוָה en Lev 1, 9 y Gen 8, 21). A causa de la abundancia de la idolatría en todas partes, Dios hará que toda la tierra quede desolada. La repetición de שְׁמָמָה sirve para fortalecer la idea, cf. Ez 33 8; 35, 3. Las palabras מִמִּדְבָּר דִּבְלָתָה son oscuras, y pueden significar "en el desierto hacia Diblat" (incluso "en Diblat), o "más que en el desierto de Diblat" (con min, מ, de comparación). No hay duda de que דִּבְלָת es un nombre propio, el nombre de una ciudad, cf. דִּבְלָתָיִם en Jer 48, 42 y Num 33, 46.

La segunda acepción (en el desierto de Diblat) es quizá más probable que la primera, porque si מִמִּדְבָּר fuera el *terminus a quo*, y דִּבְלָתָה el *terminus ad quem* (hacia el desierto de Diblat), en ese caso מִמִּדְבָּר debería puntuarse como en estado absoluto con artículo, pues se referiría a un desierto concreto, es decir, al de Arabia. La omisión del artículo no puede justificarse apelando a Ez 31, o a Sal 75, 7 (Hitzig, Ewakd), porque ambos pasajes contienen referencias a las diversas direcciones del mundo, y en este caso se omite el artículo.

El texto no puede referirse a Dibla, una ciudad más hacia el Norte. Por su parte, el cambio de Dibla en Ribla, propuesto ya por Jerónimo y más recientemente por J. D. Michaelis, tiene no solo en contra la autoridad de todas las versiones antiguas, sino también la circunstancia de que Ribla, mencionada en 2 Rey 23, 33 no formaba parte de la frontera norte de Palestina, sino que se encontraba en el otro lado, en la tierra de Hamath, mientras que la Ribla citada en Num 34, 11 es un lugar situado en la frontera este, al norte del mar de Gennesaret, término que sería inapropiado para designar la frontera norte de la tierra.

Por otra parte, la extensión de la tierra, desde el sur al norte, se expresa constantemente de otra forma, cf. Num 23, 21 (34, 8); Jos 13, 5; 1 Rey 8, 65; 2 Rey 14, 65; Am 6, 14; 1 Cron 13, 5; 2 Cron 7, 8. Así aparece en mismo Ezequiel en 48, 1, donde se pone לבוא como límite norte.

La forma דִּבְלָתָה es semejante תמנתה en lugar de תמנה, aunque el nombre no parece que deba ser explicado como hace Hävernick, como un apelativo, en la línea del árabe *dibl*, en el sentido de *calamitas, exitium (calamidad, destrucción)*. Ese desierto de Dibla sigue siendo desconocido. Con וְיָדְעוּ כִּי־אֲנִי se redondea el discurso, evocando el principio de Ez 6, 13, mientras que los pensamientos de 6, 13-14 son solo variaciones de Ez 6, 4-7

2. Ez 7, 1-27. Caída de Israel, ejecución del juicio

La "palabra de Dios" contenida en este capítulo completa el anuncio del juicio sobre Jerusalén y Judá, extendiendo el pensamiento de que el juicio sobre Jerusalén y Judá llegará de un modo rápido e inevitable sobre la tierra y el pueblo. Esta palabra se divide en dos secciones desiguales por la repetición de la frase. "Así dice Adonai Yahvé" (7, 2 y 7, 5). En la primera de estas secciones se expone el tema de una forma breve, expresiva y monótona: el final se está acercando, porque Dios juzgará a Israel sin misericordia, conforme a sus abominaciones. La segunda sección (7, 5-27) se estructura en cuatro estrofas y contiene, en forma condensada, la lamentación de Ez 19, 1-4, donde se ofrece una descripción más minuciosa del fin anunciado.

7, 1-4: Tema: El fin viene

¹ וַיְהִי דְבַר־יְהוָה אֵלַי לֵאמֹר: ² וְאַתָּה בֶן־אָדָם כֹּה־אָמַר אֲדֹנָי יְהוִה לְאַדְמַת יִשְׂרָאֵל קֵץ בָּא הַקֵּץ עַל־(אַרְבַּעַת) [אַרְבַּע] כַּנְפוֹת הָאָרֶץ: ³ עַתָּה הַקֵּץ עָלַיִךְ וְשִׁלַּחְתִּי אַפִּי בָּךְ וּשְׁפַטְתִּיךְ כִּדְרָכָיִךְ וְנָתַתִּי עָלַיִךְ אֵת כָּל־תּוֹעֲבֹתָיִךְ: ⁴ וְלֹא־תָחוֹס עֵינִי עָלַיִךְ וְלֹא אֶחְמוֹל כִּי דְרָכַיִךְ עָלַיִךְ אֶתֵּן וְתוֹעֲבוֹתַיִךְ בְּתוֹכֵךְ תִּהְיֶיןָ וִידַעְתֶּם כִּי־אֲנִי יְהוָה: פ

¹ Vino a mí palabra de Yahvé, diciendo: ² Tú, hijo de hombre, anuncia que así ha dicho Yahvé, el Señor, a la tierra de Israel: El fin, el fin viene sobre los cuatro extremos de la tierra.

³ Ahora será el fin sobre ti, pues enviaré sobre ti mi furor y te juzgaré según tus caminos, y pondré sobre ti todas tus abominaciones. ⁴ Mi ojo no te perdonará ni tendré misericordia, antes pondré sobre ti tus caminos y en medio de ti estarán tus abominaciones; y sabréis que yo soy Yahvé.

וְאַתָּה, con la copula, conecta esta palabra de Dios con la anterior, y muestra que es una continuación de ella y muestra también lo que va a seguir. Comienza con una presentación empática del pensamiento de que el fin está llegando a la tierra de Israel, es decir, al Reino de Judá, con su capital Jerusalén, una tierra que ha sido pervertida (manchada) por la abominación de sus habitantes, y que dejará de ser la tierra del pueblo de Dios de Israel.

לְאַדְמַת יִשְׂרָאֵל (a la tierra de Israel) no ha de unirse con כֹּה־אָמַר אֲדֹנָי (así habla el Señor), pues eso va en contra de los acentos, sino que ha conectarse con הַקֵּץ (ya viene *el fin*), como en el Targum y en la Vulgata, y se pone antes para que el énfasis sea mayor. En la construcción, comparar con Job 6, 14.

עַל אַרְבַּעַת כַּנְפוֹת הָאָרֶץ se refiere por el paralelismo a las cuatro extremidades de la tierra y se utiliza en otros lugares para indicar la tierra entera (Is 11, 2). El ketib אַרְבַּעַת se coloca aquí, en contra de la regla normal, antes de un nombre en género femenino. El qere (אַרְבַּע) es el que ofrece la construcción regular (cf. Ewald, §267c).

Ez 7, 3 explica lo que será la culminación del juicio de la ira de Dios. "Ahora será el fin sobre ti", y "pondré sobre ti todas sus abominaciones"(עֲבֹתָיִךְ (וְנָתַתִּי עָלַיִךְ אֵת כָּל־תּוֹ), con נָתַתִּי, es decir, yo pondré sobre ti las consecuencias de tus abominaciones. El mismo pensamiento se suele expresar con "tus abominaciones estarán en medio de ti", como indicando que ellas serán las que maquen las consecuencias del castigo que ha de venir sobre ti. Sobre Ez 7, 4, cf. 5, 11. Pues bien, la ejecución del juicio anunciado en Ez 7, 1-4 se distribuye ahora en cuatro estrofas: Ez 7, 5-9; 7, 10-14; 7, 15-22 y 7, 23-27.

7, 5-9 Primera estrofa: derramaré mi ira

⁵ כֹּה אָמַר אֲדֹנָי יְהוִה רָעָה אַחַת רָעָה הִנֵּה בָאָה׃
⁶ קֵץ בָּא בָּא הַקֵּץ הֵקִיץ אֵלָיִךְ הִנֵּה בָּאָה׃
⁷ בָּאָה הַצְּפִירָה אֵלֶיךָ יוֹשֵׁב הָאָרֶץ בָּא הָעֵת קָרוֹב הַיּוֹם מְהוּמָה וְלֹא־הֵד הָרִים׃
⁸ עַתָּה מִקָּרוֹב אֶשְׁפּוֹךְ חֲמָתִי עָלַיִךְ וְכִלֵּיתִי אַפִּי בָּךְ וּשְׁפַטְתִּיךְ כִּדְרָכָיִךְ וְנָתַתִּי עָלַיִךְ אֵת כָּל־תּוֹעֲבוֹתָיִךְ׃
⁹ וְלֹא־תָחוֹס עֵינִי וְלֹא אֶחְמוֹל כִּדְרָכַיִךְ עָלַיִךְ אֶתֵּן וְתוֹעֲבוֹתַיִךְ בְּתוֹכֵךְ תִּהְיֶיןָ וִידַעְתֶּם כִּי אֲנִי יְהוָה מַכֶּה׃

⁵ *Así ha dicho Yahvé, el Señor: ¡Un mal, he aquí que viene un mal!* ⁶ *¡Viene el fin, el fin viene; se ha despertado contra ti; ciertamente que viene!* ⁷ *¡La mañana viene para ti, morador de la tierra; el tiempo viene, cercano está el día: día de tumulto y no de alegría sobre los montes!*

⁸ *Ahora pronto derramaré mi ira sobre ti y consumaré en ti mi furor; te juzgaré según tus caminos y pondré sobre ti tus abominaciones.* ⁹ *Mi ojo no perdonará ni tendré misericordia. Según tus caminos pondré sobre ti, y en medio de ti estarán tus abominaciones; y sabréis que yo, Yahvé, soy el que castiga.*

Esta primera estrofa (7, 5-9) presenta el fin como una calamidad terrible, que está muy cerca, ya a la mano. 7, 3 y 7 4 se repiten como un estribillo en 7,8 y 7, 9, con pequeñas modificaciones.

7, 5 afirma que viene una desgracia especial. El término רָעָה (un mal) se vuelve más enfático se vuelve al añadirse אַחַת רָעָה, donde אַחַת, uno, se coloca delante, por enfatizar el tema, en el sentido de *unicus, singularis*, un mal especial, único en su clase, pues nunca había ocurrido antes (Ez 5, 9). En 7, 6 se añade la palabra poética הֵקִיץ (el fin despierta sobre ti), sugerida por la semejanza con הַקֵּץ. La fuerza de las palabras queda debilitada si se pone como sujeto a Yahvé, en oposición al contexto. Tampoco se puede suplir poniendo רָעָה, de Ez 7, 5, como sujeto de הִנֵּה בָאָה (ciertamente viene). בָּאָה se construye aquí de un modo impersonal: Ciertamente viene, viene toda cosa terrible que el fin trae consigo.

El significado de הַצְּפִירָה, mañana/aurora sigue siendo dudoso. El único lugar en que aparece esa palabra es Is 28, 5, donde tiene el sentido de diadema o corona, que aquí resulta totalmente inapropiado. Por esa razón, Raschi ha recurrido al siríaco y al caldeo צפרא, en el sentido de aurora, tiempo de la mañana. En esa línea, Hävernick ha explicado esa palabra en el sentido de "amanecer de un mal día".

Pero el amanecer no se emplea nunca en el sentido de *omen* o mala fortuna, ni siquiera en Joel 2, 2, sino solo como signo de la llegada de la luz o de la salvación. Abarbanel se situó ya en una buena dirección cuando dedujo el sentido de la palabra de צפר, que significa doblar, dar un giro rápido, tomando la palabra, הַצְּפִירָה, en el sentido de *orbis, ordo*, orbe, orden circular, un retorno periódico o, entendido en el sentido de *rerum fatique vicissitudinem in orbem redeuntem* (el destino de las cosas o de los hechos, que vuelven y vuelven: Gesenius, *Thesaurus*. p. 1188).

Pero en contra de eso se ha observado que el sentido de sucesión o retorno periódico de los hechos solo puede dar un sentido forzado a Ez 7, 10. Winer ha traducido mejor la palabra, con el sentido de *fatum, malum fatale*, hado, destino fatal, en la línea del árabe *tsabramun, intortum* (retorcido), y también *fatum haud mutandum inevitabile* (destino que no puede mudarse, que es inevitable).

También se han dado diferentes explicaciones a הֵד הָרִים. De todas formas, la opinión más probable es la de que הֵד es sinónimo de הֵידָד, que es el grito gozoso de la vendimia (cf. Jer 25, 30; Is 16, 10), y que esa palabra no viene de הוֹד, esplendor o gloria. Sea como fuere, por el contexto, resulta evidente que ese hapax legomen (הד) está en antítesis con מְהוּמָה, *tumulto*, gritería de guerra. Eso significa que aquí se habla de grito de alegría sobre los montes, para rechazarlo inmediatamente.

מִקָּרוֹב, pronto, en una cercanía inmediata, pero en sentido temporal, no local, como en Dt 32, 17. Para וְכִלִּיתִי cf. Ez 6, 1-14. El resto de la estrofa (Ez 7, 8-9) es una repetición de 7, 3-4, pero se añade מַכֶּה, soy el que castiga, en la última frase. Ellos han de aprender que Yahvé es el que castiga. Este pensamiento se extiende en la estrofa que sigue.

7, 10-14. Segunda estrofa. El tiempo ha venido, se acercó el día

10 הִנֵּה הַיּוֹם הִנֵּה בָאָה יָצְאָה הַצְּפִרָה צָץ הַמַּטֶּה פָּרַח הַזָּדוֹן׃
11 הֶחָמָס קָם לְמַטֵּה־רֶשַׁע לֹא־מֵהֶם וְלֹא מֵהֲמוֹנָם וְלֹא מֶהֱמֵהֶם וְלֹא־נֹהַּ בָּהֶם׃

¹² בָּא הָעֵת הִגִּיעַ הַיּוֹם הַקּוֹנֶה אַל־יִשְׂמָח וְהַמּוֹכֵר אַל־יִתְאַבָּל כִּי חָרוֹן אֶל־כָּל־הֲמוֹנָהּ:
¹³ כִּי הַמּוֹכֵר אֶל־הַמִּמְכָּר לֹא יָשׁוּב וְעוֹד בַּחַיִּים חַיָּתָם כִּי־חָזוֹן אֶל־כָּל־הֲמוֹנָהּ לֹא יָשׁוּב וְאִישׁ בַּעֲוֹנוֹ חַיָּתוֹ לֹא יִתְחַזָּקוּ:
¹⁴ תָּקְעוּ בַתָּקוֹעַ וְהָכִין הַכֹּל וְאֵין הֹלֵךְ לַמִּלְחָמָה כִּי חֲרוֹנִי אֶל־כָּל־הֲמוֹנָהּ:

¹⁰ ¡Ya viene el día, ciertamente viene! Ha llegado el momento; ha florecido la vara, ha reverdecido la soberbia. ¹¹ La violencia se ha levantado como vara de maldad; no quedará ninguno de ellos ni de su multitud, ni uno de los suyos, ni habrá entre ellos quien se lamente.

¹² El tiempo ha venido, se acercó el día. ¡No se alegre el que compra ni llore el que vende!, porque la ira está sobre toda la multitud; ¹³ porque el que vende no volverá a lo vendido, aunque queden vivos; porque la visión sobre toda la multitud no se revocará, y a causa de su iniquidad ninguno podrá conservar la vida. ¹⁴ Tocarán trompeta y prepararán todas las cosas; pero no habrá quien vaya a la batalla, porque mi ira está sobre toda la multitud.

La vara está ya preparada; no quedará nada de los malvados. Este es el pensamiento central de la estrofa. La tres frases de 7, 10 son sinónimas, pero hay una gradación en el pensamiento. El destino que se aproxima brota de la tierra (יָצְאָה se aplica al brote de las plantas, como en 1 Rey 5, 13; Is 11, 1 etc.); es como una vara que brota, que produce brotes de orgullo. הַמַּטֶּה es *la vara* como instrumento de castigo (Is 10, 5). A la vara se le llama después זָדוֹן, orgullo, pues Dios utilizará la vara de orgullo de un pueblo violento, que son los caldeos (Hab 1, 6; Jer 50, 1 ss) para imponer el castigo. Las palabras florecer y reverdecer que suelen emplearse como signo de una fresca y gozosa prosperidad se utilizar aquí para indicar el crecimiento de aquel poder que está desinado a imponer el castigo sobre Israel.

Tanto חָמָס (violencia) como זָדוֹן (orgullo) se refieren al enemigo que ha de castigar a Israel. La violencia que emplean esos enemigos crece como una vara para castigar el mal, es decir, la impiedad de Israel. Ez 7, 11 expone en sentencias breves el furor de ese golpe de castigo. La emoción que aparece clara en la repetición de לֹא se intensifica con la omisión del verbo, que da a las diferentes frases el carácter de exclamaciones. Por lo que toca al sentido, debemos insertar mentalmente יהיה, y tomar מ en un sentido partitivo: *no quedará nadie de ellos*, es decir, no quedará nada de ellos (de los israelitas, de los habitantes de la tierra).

וְלֹא מֵהֶם מֶהֶם (de ellos) ha de relacionarse con los nombres que siguen: מֶהֲמוֹנָם. Esas palabras significan el pueblo tumultuoso la multitud de Israel que será castigada. Así se unen los derivados de הם, hmh, combinados, indicando la multitud del pueblo tumultuoso, en el sentido de הָמוֹן. Por su parte hmh, significa la multitud de posesiones (como הָמוֹן en Is 60, 2; Sal 37, 16 etc.).

El significado que Hävernick asigna a המה (*hameh*), es decir, ansiedad o turbación resulta inapropiado y no está atestiguado. El ἀπ. Λεγ. נֹהַּ no ha de derivarse de נהה, lamentarse, como suponen algunos rabinos, que postulan esta interpretación, como hace Kimchi, a partir de Jer 16, 4, como si aquí se dijera *a causa de la multitud de los que mueren no habrá ya más lamentación sobre los muertos*. Esto haría que se dejara sin explicar el *mappik* en נֹהַּ. Esa palabra נֹהַּ es un derivado de la raíz נוה en árabe (haelata fuit res, eminuit, magnificus fuit; elevada fue la cosa, fue magnífica, sobresalió). De aquí deriva el sentido de נֹהַ como cosa magnífica.

Cuando todo desaparezca de esa manera también desaparecerá y cesará la alegría ocasionada por la adquisición de poder y la tristeza causada por su pérdida (Ez 7, 12). El comprador no se alegrará por la propiedad que ha comprado, pues no será capaz de gozarla; ni el vendedor se entristecerá por haber perdido lo vendido, porque lo habría perdido en todo caso[15].

La ira de Dios se enciende así sobre toda la multitud, de manera que el juicio recae de igual forma sobre todos. El sufijo en כָּל־הֲמוֹנָהּ se refiere, como Jerónimo ha mostrado correctamente, a la tierra de Israel (cf. Ez 7, 2: לְאַדְמַת יִשְׂרָאֵל), es decir, a los habitantes de la tierra, como ha destacado correctamente Jerónimo. Las palabras "¡No se alegre el que compra ni llore el que vende!", porque, conforme a la ley del jubileo de Lev 25, la tierra vendida debía volver sin compensación al vendedor en el año del jubileo, de manera que ese vendedor volvería a tener de esa manera (como propio) lo vendido. Pues bien, en este caso, la tierra no volverá al vendedor (הַמִּמְכָּר) (cf. Lev 25, 14. 27-28).

Pues bien, en adelante no se realizará ya más ese retorno de la tierra, incluso en el caso de que el vendedor siga viviendo (בַּחַיִּים); no se realizará pues la ley del jubileo, aunque vivieren los vendedores o sus herederos, porque Israel como tal desaparecerá de la tierra.

La frase וְעוֹד בַּחַיִּים es una cláusula condicional de tipo circunstancial. El vendedor no volverá a su posesión (לֹא יָשׁוּב) porque la profecía relacionada con toda la multitud del pueblo no (לֹא) retornara, es decir, se cumplirá, impidiendo así el retorno a la tierra a sus dueños antiguos. Sobre este sentido de שׁוּב, cf. Is 45, 23; Is 55, 11. El לֹא יָשׁוּב de la 2ª parte de 7, 13 (no se revocará) retoma el motivo del לֹא יָשׁוּב anterior del mismo verso (no volverá). De esa manera, la frase הֲמוֹנָהּ־חֲרוֹן אֶל־כָּל (la ira está sobre toda la multitud) de 7, 12 corresponde en la primera parte del verso a חָזוֹן אֶל־כָּל־הֲמוֹנָהּ de 7, 13.

En la última frase de 7, 13, חַיָּתוֹ no ha de vincularse con בַּעֲוֹנוֹ, en el sentido de "en la iniquidad de su vida", lo que haría que el sufijo de ese בַּעֲוֹנוֹ fuera superfluo, sino con יִתְחַזָּקוּ, que es un hitpael construido con acusativo: "fortalecerse a sí mismo en su vida".

---

15. Es una cosa natural alegrarse por la compra de una propiedad, y entristecerse por su venta. Pero cuando la esclavitud o la cautividad te golpean con fuerza, tanto el regocijo como el llanto terminan siendo iguales (Jerónimo).

Debemos dejar abierto el tema de si estos versos se refieren también al año del jubileo, como supone Hävernick, conforme a la regulación según la cual cada uno debía recuperar su propiedad, fundándose en la idea de la restitución y recreación de la teocracia. Lo cierto es que el pensamiento es evidentemente el siguiente: El impío Israel será privado de su posesión, porque los impíos no lograrán fortalecer su vida a través del pecado. Éste es el pensamiento clave de Ez 7, 14, donde se desarrolla la idea de la incapacidad de resistir en modo alguno al juicio realizado a través de los enemigos de Israel.

En este verso encontramos cierta dificultad relacionada con la palabra בַּתָּקוֹעַ, porque el infinitivo absoluto que parece indicar la forma תָּקוֹעַ, no puede construirse ni con una preposición ni con un artículo. Aunque la expresión תִּקְעוּ וּבִתְקוֹעַ de Jer 6, 1 estuviera pasando por la mente de Ezequiel y aunque fuera ella la que le llevó a utilizar esta arriesgada frase con בַּתָּקוֹעַ, esto no justificaría el uso de un infinitivo absoluto unido a una preposición y a un artículo.

Eso supone que תָּקוֹעַ debe ser una forma sustantiva, de manera que no significa el sonido, sino más bien el instrumento utilizado para dar la voz de alarma, como un tipo de sofar (cf. Ez 33, 3). Por su parte, וְהָכִין es una forma inusual de infinitivo absoluto (cf. Jos 7, 7), utilizado en lugar del tiempo finito, con el significado de equiparse para la guerra, como en Nah 2, 4. הַכֹּל es todo el equipamiento necesario para la guerra. "Y nadie va a la batalla", porque la ira de Dios se ha vuelto en contra de ellos (Lev 26, 17) y les llena de desesperación (Ct 32, 30).

7, 15-22. Tercera estrofa. Espada, peste y hambre

¹⁵ הַחֶרֶב בַּחוּץ וְהַדֶּבֶר וְהָרָעָב מִבָּיִת אֲשֶׁר בַּשָּׂדֶה בַּחֶרֶב
יָמוּת וַאֲשֶׁר בָּעִיר רָעָב וָדֶבֶר יֹאכְלֶנּוּ׃
¹⁶ וּפָלְטוּ פְּלִיטֵיהֶם וְהָיוּ אֶל־הֶהָרִים כְּיוֹנֵי הַגֵּאָיוֹת כֻּלָּם הֹמוֹת אִישׁ בַּעֲוֹנוֹ׃
¹⁷ כָּל־הַיָּדַיִם תִּרְפֶּינָה וְכָל־בִּרְכַּיִם תֵּלַכְנָה מָּיִם׃
¹⁸ וְחָגְרוּ שַׂקִּים וְכִסְּתָה אוֹתָם פַּלָּצוּת וְאֶל כָּל־פָּנִים בּוּשָׁה
וּבְכָל־רָאשֵׁיהֶם קָרְחָה׃
¹⁹ כַּסְפָּם בַּחוּצוֹת יַשְׁלִיכוּ וּזְהָבָם לְנִדָּה יִהְיֶה כַּסְפָּם וּזְהָבָם
לֹא־יוּכַל לְהַצִּילָם בְּיוֹם עֶבְרַת יְהוָה נַפְשָׁם לֹא יְשַׂבֵּעוּ
וּמֵעֵיהֶם לֹא יְמַלֵּאוּ כִּי־מִכְשׁוֹל עֲוֹנָם הָיָה׃
²⁰ וּצְבִי עֶדְיוֹ לְגָאוֹן שָׂמָהוּ וְצַלְמֵי תוֹעֲבֹתָם שִׁקּוּצֵיהֶם עָשׂוּ בוֹ
עַל־כֵּן נְתַתִּיו לָהֶם לְנִדָּה׃
²¹ וּנְתַתִּיו בְּיַד־הַזָּרִים לָבַז וּלְרִשְׁעֵי הָאָרֶץ לְשָׁלָל (וְחִלְּלָה) [וְחִלְּלוּהוּ]׃
²² וַהֲסִבּוֹתִי פָנַי מֵהֶם וְחִלְּלוּ אֶת־צְפוּנִי וּבָאוּ־בָהּ פָּרִיצִים וְחִלְּלוּהָ׃ פ

¹⁵ Fuera, la espada; y dentro, la peste y el hambre. El que esté en el campo morirá a espada, y al que esté en la ciudad lo consumirá el hambre y la peste. ¹⁶ Los que sobrevivan huirán y estarán sobre los montes como palomas de los valles, todos gimiendo, cada uno por su iniquidad. ¹⁷ Toda mano se debilitará, y como el agua se debilitará toda rodilla.

¹⁸ Se ceñirán también de ropa áspera y los cubrirá el terror; en todo rostro habrá vergüenza y todas sus cabezas estarán rapadas. ¹⁹ Arrojarán su plata a las calles y su oro será desechado; ni su plata ni su oro podrán librarlos en el día del furor de Yahvé; no saciarán su alma ni llenarán sus entrañas, porque ha sido tropiezo para su maldad. ²⁰ Por cuanto convirtieron la gloria de su ornamento en soberbia e hicieron con ello las imágenes de sus abominables ídolos, por eso se lo convertí en algo repugnante.
²¹ En manos de extraños la entregué para ser saqueada: será presa de los impíos de la tierra, y la profanarán. ²² Apartaré de ellos mi rostro y será violado mi lugar secreto, pues entrarán en él invasores y lo profanarán.

Los israelitas caerán en una destrucción irresistible, de manera que no servirán para rescatarles ni su plata ni su oro, sino que lo arrojarán como algo inservible y lo dejarán para los enemigos. El castigo de Dios penetrará por todas partes (7, 15; comparar con 5, 112). Incluso el hecho de escapar a las montañas inaccesibles (cf. 1 Mac 2, 18; 24, 16) solo servirá para aumentar la miseria.

Aquellos que huyan a las montañas gemirán (es decir, se lamentarán, sollozarán) como palomas en los valles, pues (como Bochart lo ha dicho correctamente en *Hieroz*. II. p. 546, ed. Ros.), las mismas palomas, "cuando son alarmadas por los cazadores o por los aguiluchos, se ven obligadas a dejar su hábitat natural, y huyen por todas partes para salvar sus vidas. De esa manera, las palomas de las montañas entran en contacto con las palomas de los valles, como animales salvajes con los domésticos". Pero aún así no habrá remedio para los israelitas.

En כֻּלָּם הֹמוֹת (todas ellas gimiendo) se funden el hecho y la figura. De hecho, esas palabras se relacionan con los hombres que han huido, de manera que el género de הֹמוֹת ha de concordar con el de בַּעֲוֹנוֹ. Los antiguos tomaban el zureo de las palomas como un lamento *(hâgâh)*, como un sonido triste (cf. Delitzsch, sobre Isaías 38, 14). En este contexto, Ezequiel emplea la expresión aún más fuerte derivada de *hâmâh*, הֹמוֹת, gimiendo, lamentándose (cf. Is 59, 11). Este tipo de lamento se refiere al castigo que están sufriendo. Cuando estalle sobre ellos el juicio, ellos (no solo los que han escapado, sino toda la nación) estarán llenos de terror, de vergüenza y de sufrimiento.

La expresión "como el agua se debilitará toda rodilla" (para תֵּלַכְנָה en ese sentido, cf. Joel 4, 18) con una expresión hiperbólica utilizada para indicar la falta total de fuerza en las rodillas (aquí, en Ez 7, 17 y 21, 12), como en el caso del corazón que se funde y que se vuelve agua (Js 7, 5). Con esta falta total de esperanza se asocia el dolor y el horror por la calamidad que ha caído sobre ellos, por la vergüenza y pena por los pecados cometidos, que les han hecho hundirse en desesperación. Para las palabras וְכִסְּתָה אוֹתָם פַּלָּצוּת, cf. Sal 55, 6. Para פָּנִים בּוּשָׁה וְאֶל כָּל cf. Miq 7,10; Jer 51, 51; y para וּבְכָל־רָאשֵׁיהֶם קָרְחָה cf. Is 15, 2; Am 8, 10. Sobre la costumbre de afeitarse la cabeza a causa de un gran sufrimiento o de una gran tristeza, cf. comentario a Miq. 1, 16.

En este estado de angustia, ellos echaran fuera todos sus tesoros, como escoria inútil (7, 19). El oro y la plata que ellos arrojarán así (cf. Ez 7, 19) no es el de las imágenes idolátricas en particular (de ellas se habla solo en 7, 20), sino el oro y la plata del dinero en que hasta ahora habían confiado. Ellos no se limitarán a arrojar esos metales como algo sin valor, sino que los tomarán como נִדָּה, es decir, como basura, como objeto de disgusto, pues les habían convertido en siervos de algo sin valor.

La frase siguiente (ni su plata ni su oro podrán librarlos, 7, 19) son una reminiscencia de Sof 1, 18. Pero Ezequiel da más fuerza al tema, al añadir "no saciarán su alma ni llenarán sus entrañas, porque han sido tropiezo para su maldad", no han podido proteger sus vidas, ni les han liberado de la espada de los enemigos (cf. *Coment*. a Sof 1, 18), pues no habrá ya comida que podrán comprar en la ciudad sitiada.

La frase con yK desarrolla la razón por la que se ha llegado a esta situación, arrojando el dinero como basura: כִּי־מִכְשׁוֹל עֲוֹנָם, es decir, porque ha sido un tropieza, una especie de piedra de escándalo, por la que uno cae en manos de la culpa y del castigo. וּצְבִי עֶדְיוֹ, la belleza de su ornamento, es decir, su bello ornamento. Estas palabras aluden a la plata y al oro; el sufijo en singular ha de explicarse por el hecho de que el profeta está pensando en el pueblo como un todo, y utiliza el singular de un modo indefinido.

Estas palabras aparecen así de un modo absoluto, al comienzo de la sentencia; por eso, el sufijo ha de vincularse con שָׂמָהוּ. Jerónimo ha traducido bien estas palabras: "lo que yo (Dios) les había dado como ornamento para sus poseedores y como su riqueza, ellos lo han convertido en orgullo".

Ellos han convertido el dinero no solo en una especie de vana muestra de ostentación (cf. Is 3, 16), sino que han hecho imágenes abominables, es decir, ídolos como si sirvieran como dones ofrecidos a Dios (cf. Os 8, 4; 13, 2). עש, hacer algo (oro o plata). b para indicar el material con el que uno trabajo, del que uno hace las cosas (cf. Ex. 31, 4; 38, 8). Por eso, Dios condena este abuso, haciendo que esos materiales (oro y plata) se conviertan para ellos en basura (נִדָּה); Dios hará según eso que ellos tengan que arrojar esas riquezas como si fueran basura (cf. 7, 21), dándoselas como botín a los enemigos. Esos enemigos se describen aquí como "los malvados de la tierra" (cf. Sal 75, 9), son, según eso, hombres sin Dios que no solamente se apoderan de las posesiones de Israel, sino que lo hacen de la manera más perversa, poniendo sus manos en aquello que es santo, para contaminarlo y ensuciarlo.

El ketiv וְחִלְּלָהּ debe ser mantenido, a pesar de que se encuentre precedido por un sufijo masculino. Lo más terrible sucederá, porque el Señor apartará su faz de su pueblo (מֵהֶם), de los israelitas; eso significa que él retirará de ellos su protección gratuita, de manera que los enemigos serán capaces de saquear su tesoro (צְפוּנִי), aquello que pertenecía a Dios, lo escondido (cf. Job 20, 26; Ob 1, 6).

Se suele decir que eso que está escondido (צְפוּנִי) se refiere al templo, o, mejor dicho, al lugar más santo en el templo. Jerónimo traduce arcanum meum (mi arcano), y ofrece esta explicación: "Esto se aplica al Santo de los Santos, donde nadie se atrevía a entrar, sino el Sumo Sacerdote". Esa interpretación fue comúnmente aceptada por los Santos Padres, de manera que el mismo Teodoreto explica esta traducción, que viene en los LXX (τὴν ἐπισκοπήν μου) como si ella significara el Santo de los Santos del Templo.

Por otro lado, la traducción caldea pone שכינתי ביב ארעא, la tierra de la casa de mi majestad, y Calvino tradujo como "la tierra que está segura bajo su protección (la de Dios)". Pero es difícil reconciliar cualquiera de estas dos explicaciones con el uso de la palabra צְפוּנִי. El verbo צפן significa esconder, proteger, situar en lugar seguro.

Estos significados no concuerdan con el Santo de los Santos ni con la casa de Israel. Ciertamente, el Santo de los Santos era un lugar al que los simples creyentes no podían aproximarse, ni tampoco podían hacerlo los sacerdotes ordinarios, pero no era un lugar secreto…, y mucho menos se puede decir que fuera secreta la tierra de Israel. Por eso debemos volver al sentido que está en el fondo de Job 20, 26 y de Abdías 1, 6, en el sentido de "tesoro". En esa línea, el texto se refiere en primer lugar a los tesoros del templo.

Esta traducción se adapta al contexto, pues el texto ha venido hablando hasta ahora de tesoros, y de esa manera se armoniza con los que sigue y con בָאוּ־בָהּ, que no significa simplemente intrare in (entrar en un lugar), sino también venire in (cf. 2 Rey 6, 23; y posiblemente 30, 4), en el sentido de "tomar posesión de", porque solo se puede tomar posesión de un tesoro penetrando en el lugar donde está escondido.

No va en contra de esto la palabra חלל, *profanare*, profanar, pues ya ha aparecido en Ez 7, 21, en conexión con la profanación de tesoros y joyas. Por otra parte, como Calvino ha observado correctamente, la palabra se emplea aquí para indicar "un abuso indiscriminado, sin tener en cuenta el propósito para el que las cosas se nos han confiado, de manera que las empleamos de un modo indiscriminado, sin distinguir unas de otras, con desprecio e incluso con burla".

7, 23-27 Cuarta estrofa: Quebranto sobre quebranto

²³ עֲשֵׂה הָרַתּוֹק כִּי הָאָרֶץ מָלְאָה מִשְׁפַּט דָּמִים וְהָעִיר מָלְאָה חָמָס:
²⁴ וְהֵבֵאתִי רָעֵי גוֹיִם וְיָרְשׁוּ אֶת־בָּתֵּיהֶם וְהִשְׁבַּתִּי גְּאוֹן עַזִּים וְנִחֲלוּ מְקַדְשֵׁיהֶם:
²⁵ קְפָדָה־בָא וּבִקְשׁוּ שָׁלוֹם וָאָיִן:
²⁶ הֹוָה עַל־הֹוָה תָּבוֹא וּשְׁמֻעָה אֶל־שְׁמוּעָה תִּהְיֶה וּבִקְשׁוּ חָזוֹן מִנָּבִיא וְתוֹרָה תֹּאבַד מִכֹּהֵן וְעֵצָה מִזְּקֵנִים:
²⁷ הַמֶּלֶךְ יִתְאַבָּל וְנָשִׂיא יִלְבַּשׁ שְׁמָמָה וִידֵי עַם־הָאָרֶץ תִּבָּהַלְנָה מִדַּרְכָּם אֶעֱשֶׂה אוֹתָם וּבְמִשְׁפְּטֵיהֶם אֶשְׁפְּטֵם וְיָדְעוּ כִּי־אֲנִי יְהוָה: פ

> *²³ Haz una cadena, porque el país está lleno de delitos de sangre y la ciudad está llena de violencia. ²⁴ Traeré, por tanto, a los más perversos de las naciones, los cuales poseerán las casas de ellos. Así haré cesar la soberbia de los poderosos, y sus santuarios serán profanados. ²⁵ ¡La destrucción llega! Buscarán la paz, pero no habrá paz. ²⁶ Vendrá quebranto sobre quebranto, y habrá rumor sobre rumor. Buscarán respuesta del profeta, mas la Ley se alejará del sacerdote, y de los ancianos el consejo. ²⁷ El rey se enlutará, el gobernante se vestirá de tristeza y las manos del pueblo de la tierra temblarán. Según su camino haré con ellos, y con los juicios de ellos los juzgaré. Y sabrán que yo soy Yahvé.*

Todavía ha de venir algo peor, es decir, la cautividad del pueblo y la destrucción del Reino. Aquellos que han escapado de la muerte por espada o hambre, tras la conquista de Jerusalén, caerán en manos de la cautividad y del exilio. Este es el sentido del mandato de hacer una cadena, es decir, los grilletes necesarios para llevar al pueblo al exilio. Este castigo es necesario porque la tierra está llena de מִשְׁפַּט דָּמִים, es decir, de *juicio de sangre*.

Eso no significa simplemente que hay un juicio sobre el derramamiento de sangre, es decir, sobre el asesinato, un juicio realizado por Yahvé, como supone Hävernick. Este pensamiento no puede conciliarse con מָלְאָה y con el paralelo entre las dos palabras: מָלְאָה y חָמָס. En sentido estricto, מִשְׁפַּט דָּמִים ha de interpretarse lo mismo que מִשְׁפַּט מוּת (una acción que merece la muere, un crimen capital) y en Dt 19, 6 y 19, 21-22, un crimen que solo se satisface con un derramamiento de sangre (con la muerte del culpable), como lo ha traducido el siríaco. Dado que la tierra está llena de crímenes capitales y la ciudad (Jerusalén) está llena de violencia, el Señor traerá רָעֵי גוֹיִם, es decir, a los peores de los gentiles, para hacer así que termine el orgullo de los israelitas.

גְּאוֹן עַזִּים no es el "orgullo de los insolentes", porque עַזִּים no está en lugar de עַז פָּנִים (Dt 28, 50). Esta expresión han de entenderse más bien desde עֹז גְּאוֹן, que es el orgullo del poder (cf. Ez 24,21; 30, 6. 18; Lev 26, 19), y evoca todo aquello sobre lo que un hombre o una nación funda su poder y pone su confianza. Pues bien, los israelitas son llamados עַזִּים porque se han pensado fuertes o porque, conforme a Ez 24,21, han basado su fuerza sobre la posesión del templo y de la tierra santa. Esto ha sido indicado por la palabra נָחֲלוּ (poseerán, heredarán) que sigue. נחל, nifal de חלל. Por su parte, מִקְדְּשֵׁיהֶם, no es un participio piel de קדש, sin *dagesh*, sino una forma poco usual de la misma raíz, en la línea de מִקְדָּשׁ aunque con el sentido de santuarios (cf., Ew. §215a).

El ἅπ. λεγ. קְפָדָה, sin que se indique su tono, por la sílaba tonal que sigue (cf. Gesenius. § 29, 3. 6), significa muerte, destrucción (según los rabinos) y viene de dpq, que significa encogerse, enrollarse (Is 38, 12). בָּא es un perfecto profético. Así Ez 7, 25 declara que la ruina del reino es cierta, y 7, 26-27 la describe de forma minuciosa: Golpe a golpe llega la ruina, y ella queda intensificada por las noticias, los relatos alarmantes, que se multiplican y aumenta el terror, y también por la desesperación de los líderes espirituales y temporales de la nación (profetas, sacerdotes, ancianos) a los que Dios priva de la revelación, del conocimiento y del consejo, de manera que todos los órdenes de la población (rey, príncipes, pueblo común…) se hunden en la tristeza, en el miedo, en el horror. En este contexto es evidente que no tiene el sentido de buscar visiones y profecías de los profetas (Ez 7, 26), como muestran las afirmaciones antitéticas sobre los sacerdotes y los ancianos, como se verá en lo que sigue.

Las tres afirmaciones de 6, 26-27 se complementan unas a las otras. Las gentes buscan predicciones de profetas, pero los profetas no reciben visiones, ni revelación alguna, sino instrucción de los sacerdotes, pero los sacerdotes han sido privados de toda instrucción etc. Torah (תּוֹרָה) significa instrucción que proviene de la Ley que los sacerdotes debían enseñar al pueblo (Mal 2, 7). Así, en Ez 7, 27 se mencionan las tres clases en las cuales se dividía el pueblo: El rey, los príncipes (los príncipes de las tribus y los cabezas de familia), y, junto a esas dos clases, el pueblo común (los am-ha-aretz: עַם־הָאָרֶץ), el pueblo de la tierra, en cuanto distinto de los gobernantes civiles (cf. 2 Rey 21, 24; 23, 30).

מִדַּרְכָּם, literalmente de su camino, de su modo de acción, de lo que ellos quisieran hacer, siempre que su acción brotara de su interior, para actuar de un modo conveniente. La palabra אוֹתָם está en lugar de אתם, como en Ez 3, 22 etc. (cf. comentario al tema en Ez 16, 59).

IV
Ez 8, 1-11, 25
VISIÓN DE LA DESTRUCCIÓN DE JERUSALÉN

Un día y dos meses después de su llamada, la Gloria del Señor se apareció al profeta por segunda vez, tal como él la había visto en la ribera del Qebar. Pues bien, ahora, Ezequiel fue transportado en espíritu a Jerusalén, al patio del templo (8, 1-4), donde el Señor le mostró primero la idolatría de Israel (8, 5-18) y después el juicio por el que, a causa de su idolatría, todos los habitantes de Jerusalén serían destruidos (9, 1-11), la ciudad quemada con fuego, el santuario abandonado por el mismo Dios (Ez 10).

Después de eso, tras haber recibido el encargo de anunciar, de un modo más especial, a los representantes del pueblo la llegada del juicio y a los enviados al exilio la futura salvación (11, 1-21), Ezequiel describe la forma en que la graciosa presencia de Dios abandona la ciudad ante sus propios ojos (11, 22-23). Después que todo eso ha sucedido, Ezequiel es llevado nuevamente en juicio a Babilona donde, finalizada la visión, él Señor anuncia a los exilados lo que ha visto y oído (11, 24-25).

1. Ez 8, 1-18. Abominaciones idolátricas de la casa de Israel

8, 1-4. Tiempo y lugar de la revelación divina

¹ וַיְהִי ׀ בַּשָּׁנָה הַשִּׁשִּׁית בַּשִּׁשִּׁי בַּחֲמִשָּׁה לַחֹדֶשׁ אֲנִי יוֹשֵׁב בְּבֵיתִי וְזִקְנֵי יְהוּדָה יוֹשְׁבִים לְפָנָי וַתִּפֹּל עָלַי שָׁם יַד אֲדֹנָי יְהוִֹה:
² וָאֶרְאֶה וְהִנֵּה דְמוּת כְּמַרְאֵה־אֵשׁ מִמַּרְאֵה מָתְנָיו וּלְמַטָּה אֵשׁ וּמִמָּתְנָיו וּלְמַעְלָה כְּמַרְאֵה־זֹהַר כְּעֵין הַחַשְׁמַלָה:
³ וַיִּשְׁלַח תַּבְנִית יָד וַיִּקָּחֵנִי בְּצִיצִת רֹאשִׁי וַתִּשָּׂא אֹתִי רוּחַ ׀ בֵּין־הָאָרֶץ וּבֵין הַשָּׁמַיִם וַתָּבֵא אֹתִי יְרוּשָׁלְַמָה בְּמַרְאוֹת אֱלֹהִים אֶל־פֶּתַח שַׁעַר הַפְּנִימִית הַפּוֹנֶה צָפוֹנָה אֲשֶׁר־שָׁם מוֹשַׁב סֵמֶל הַקִּנְאָה הַמַּקְנֶה:
⁴ וְהִנֵּה־שָׁם כְּבוֹד אֱלֹהֵי יִשְׂרָאֵל כַּמַּרְאֶה אֲשֶׁר רָאִיתִי בַּבִּקְעָה:

¹ *En el sexto año, en el mes sexto, a los cinco días del mes, aconteció que estaba yo sentado en mi casa, y los ancianos de Judá estaban sentados delante de mí, y allí se posó*

sobre mí la mano de Yahvé, el Señor. ² Miré, y vi una figura con aspecto de hombre; desde sus caderas para abajo, fuego, y desde sus caderas para arriba parecía resplandor; el aspecto era como de bronce refulgente.
³ Aquella figura extendió la mano y me tomó por las guedejas de mi cabeza; y el espíritu me alzó entre el cielo y la tierra y me llevó en visiones de Dios a Jerusalén, a la entrada de la puerta de adentro que mira hacia el norte, donde estaba la habitación de la imagen del celo, la que provoca a celos. ⁴ Allí estaba la gloria del Dios de Israel, como la visión que yo había visto en el campo.

El lugar en el que Ezequiel recibió esta nueva teofanía concuerda con lo dicho en Ez 3, 24 y 4, 4-6, donde se afirmaba que él debía encerrarse en esta casa, 390 días acostado sobre su parte izquierda y 40 días sobre la derecha, en total 430 días. El uso de la palabra יוֹשֵׁב, *estaba sentado*, no va en contra de lo anterior, pues יוֹשֵׁב no significa necesariamente estar sentado o de pie (y no tumbado), pues puede utilizarse también en el sentido más general de estar hallarse o de morar en una casa. La presencia de los ancianos tampoco se opone al mandamiento anterior de 3, 24 donde a Ezequel se le mandaba que cerrara la casa, como hemos indicado en su lugar.

Ezequiel recibe la nueva revelación en presencia de los ancianos, porque ha de ser de gran importancia para ellos, pues han de ser testigos de su éxtasis (de su revelación) y, después, cuando el profeta salga del éxtasis, han de oír de sus labios el contenido de la divina revelación (Ez 11, 25). En ese contexto hay que precisar el tema del tiempo de la revelación. Si comparamos la fecha de 8, 1 con las anteriores, esta nueva visión acontece, al menos en apariencia, dentro del período en el que el profeta debía estar realizando las acciones simbólicas a las que se aludía en la visión previa.

Entre Ez 1, 1-2 (quinto día del cuarto mes del quinto año) y 8, 1 (el quinto día del mes sexto del sexto año) hay un intermedio de un año y dos meses, es decir, de 413 días (tomando como base un año lunar de 354 días, más dos meses que hacen 59 días), mientras que los dos acontecimientos ordenados en Ez 1-7 requieren al menos 437 días, es decir, siete días para Ez 3, 15 y 390+40 (=430) para Ez 4, 5-6. Eso significa que la nueva teofanía debió caer entre los 40 últimos días durante los cuales Ezequiel debía estar tumbado a la derecha, en expiación por Judá.

Para superar la dificultad que esto implica, Hitzig hace la conjetura de que el año quinto de Joaquín (Ez 1, 2) fue un año bisiesto de 13 meses o 385 días, por lo cual él obtiene un intervalo de 444 días, después de haber añadido 59 por los dos meses, un tiempo suficiente no solo para incluir los siete días (Ez 3, 15) y los 390+40 días (Ez 4, 5-6), sino para dejar 7 días para el tiempo que quedaba entre Ez 7 y Ez 8. Pero, por muy atractivo que pueda aparecer este cómputo, la suposición de que el año 5 de la cautividad de Joaquín fue un año bisiesto no es más que una pura conjetura; y no hay nada que nos permita suponer que fuera así. De un modo consiguiente, la única razón por la que se podría adoptar esa solución sería la imposibilidad de compaginar el tiempo de las dos teofanías con el contenido de estas revelaciones divinas.

Pues bien, si asumimos que Ezequiel realizó los gestos simbólicos mencionados en Ez 4-5 al pie de la letra, difícilmente podemos suponer que esta visión del viaje en espíritu a Jerusalén pudo realizarse durante el período de los cuarenta días en los cuales él estaba simbolizando el asedio de Jerusalén acostándose del lado derecho. A pesar de ello, Kliefoth ha optado por esta postura y a favor de ella argumenta que la visión descrita en 8, 1 tuvo lugar en su propia casa, y que ella es en substancia la misma que está contenida en Ez 3, 22-7, 27, y que no hay discrepancia entre ellas, porque todo lo que ocurrió aquí fue algo puramente interior, y porque el mismo profeta tenía que dirigir las palabras contenidas en 11, 4-12 y 11, 14-21 a los habitantes de Jerusalén, en estado de éxtasis.

Ciertamente, cuando en Ez 11, 25 se afirma que Ezequiel relató a los exilados todo lo que él había visto en la visión podemos afirmar que esto tuvo lugar al mismo tiempo en que les ofrecía las palabras de Dios contenidas en Ez 6, 1-14, en Ez 7 y en Ez 12. Pero, por otra parte, se puede contestar que la impresión producida por el texto de Ez 11, 25 no es la de que el profeta tuvo que esperar varias semanas después de su viaje visionario a Jerusalén antes de comunicar a los ancianos lo que había visto en la visión. Sin duda, no se puede negar la posibilidad de que eso sucediera, pero no podemos imaginar razón alguna para afirmar que al profeta se le muestra primero una cosa, para añadir después que solo la pudo comunicar a los exilados cuatro semanas más tarde.

Por otra parte, la relación entre la visión de Ez 8-11 y la de Ez 4-7 no es tan estrecha como para sugerir que son la misma. Ciertamente, el incendio de Jerusalén, que Ezequiel vio en Ez 8-11 coincide con el asedio y conquista de la ciudad, que había sido predicha en Ez 4-7, tanto en visión como en palabra; pero los dos textos no están tan estrechamente conectados como para decir que Ezequiel se está refiriendo siempre a las mismas cosas.

Finalmente, aunque el éxtasis sea un proceso puramente interior, de manera que puede compaginarse con el hecho de que el profeta esté acostado de la parte derecha, pues esa postura no impide la visión extática, ni la vuelve imposible, de hecho, no parece fácil pensar que el profeta haya recibido en ese estado una nueva teofanía, que le haya hecho abstraerse de la ejecución del mandato anterior de Dios, y le haya colocado en una situación en la que resultaría de hecho imposible mantener el rostro fijamente dirigido hacia Jerusalén, como se le había mandado en Ez 4, 7.

Sin duda, este viaje en espíritu a Jerusalén pudo realizarse durante el tiempo en que Ezequiel debía acostado sobre el lado derecho, soportando el pecado de Jerusalén. Pero ese mismo dato, el hecho de que este viaje ocurrió, según Ez 8, 1, en un tiempo en que el profeta no podía haber acabado aún el gesto simbólico de

Ez 4 (mirado cronológicamente), nos lleva a confirmar la validez de la conclusión que hemos venido ofreciendo: Es decir, que los hechos simbólicos de Ez 4-5 fueron experiencias internas y no gestos realizados de manera externa (cf. *Coment.* a Ez 5, 4). Por todo eso, si Ezequiel no tuvo que estar físicamente tumbado sin levantarse durante 430 días no hay nada que impida que las visiones hayan sido distintas, de manera que él haya tenido una nueva visión 14 meses después de la teofanía de Ez 1 y 3, 22.

Sobre וַתִּפֹּל עָלַי שָׁם יַד אֲדֹנָי, cf. *Coment.* a Ez 3, 22 y 1, 3. La figura que Ezequiel ve en la visión de 8, 2 está descrita de la misma forma que la de Ez 1, 27. La identidad de los dos pasajes nos basta para defender la lectura de כְּמַרְאֵה־אֵשׁ en contra de la corrección arbitraria de aquellos que quieren poner איש ᴅk, según la enmienda de los LXX que ponen ὁμοίωμα ἀνδρός, para lo que Evald y Hitzig apelan a Ez 1, 26, pero sin ninguna razón, como si la lectura de nuestro pasaje no fuera אֵשׁ, sino ᴅda. Aquí no se dice expresamente que la aparición fue en forma humana (en la forma de la terrible aparición ya mencionada); pero eso se da por supuesto por la alusión a מתנים (caderas), y también como es evidente, o bien conocido a partir de Ez 1.

זֹהַר es sinónimo de נגה en Ez 1, 4. 27. Lo nuevo de la presente teofanía es el hecho de que la figura divina extiende la mano y agarra con ella la parte anterior de su cabeza, llevándole así entre el cielo y la tierra, esto es, por el aire, hasta Jerusalén, pero no de un modo corporal, sino en las visiones de Dios (cf. Ez 1, 1), es decir, en un éxtasis espiritual, para depositarle a la entrada de la puerta interior del templo.

En la expresión שַׁעַר הַפְּנִימִית, la palabra הַפְּנִימִית no es un adjetivo que pertenece a שַׁעַר, que es un nombre femenino, sino que se utiliza como substantivo, lo mismo que en Ez 43, 5 (הֶחָצֵר הַפְּנִימִי: cf. 40, 40), y que se refiere a la puerta del patrio interior, es decir a la puerta del lado norte del patio que conduce al patio interior. El texto no dice expresamente si Ezequiel estaba en la parte interior o exterior del atrio, pero, a partir de 8, 5, sabemos que estaba en el interior y que desde ese lugar podía ver la imagen que estaba colocada a la entrada de la puerta hacia el norte. La afirmación siguiente, "donde estaba la habitación de la imagen del celo", anticipa lo que sigue y anuncia la razón por la que el profeta estaba colocado precisamente allí[16].

La expresión "la imagen del celo" queda explicada por הַמַּקְנֶה: *la que enciende el celo* de Yahvé (cf. *Coment.* a Ex 20, 5). Por consiguiente, no podemos

---

16. Sobre la "imagen del Celo", cf. Chr. Frevel, *YHWH und die Göttin bei den Propheten*, en: M. Oeming y K. Schmid (eds.), *Der eine Gott und die Götter. Polytheismus und Monotheismus im antiken Israel* (AThANT 82), Zürich, 2003, 49-75; U. Winter, *Frau und Göttin. Exegetische und ikonographische Studien zum weiblichen Gottesbild im Alten Israel und in dessen Umwelt* (OBO 53), Freiburg/Schweiz 1993 (nota del traductor).

pensar en una imagen de Yahvé, sino en una imagen de un ídolo pagano (Dt 32, 21), probablemente de Baal o de Aserah, cuya estatua había sido colocada en el templo por Manasés (2 Rey 21, 7). Ciertamente no se trataba de una imagen del cadáver de Adonis, modelado en cera o arcilla. Esta última opinión, defendida por Hävernick, está conectada con la suposición errónea de que las abominaciones idolátricas mencionadas en este capítulo se relacionan con la celebración de los festivales de Adonis en el templo.

Aquí (Ez 8, 4), en el patio del templo, Ezequiel vio una vez más la gloria del Dios de Israel, como la había visto en el valle (Ez 3, 22), junto al río Qebar: Dios se le aparece sobre el trono con los querubines y las ruedas, mientras que la figura divina (angélica) cuya mano le había agarrado en su casa y le había transportado al templo (Ez 8, 2) no tenía trono ni querubines.

La expresión "Dios de Israel" en lugar de Yahvé (3 23) se escoge aquí en antítesis al dios extraño, el ídolo pagano, cuya imagen estaba en el templo. Como el Dios de Israel, Yahvé, no puede tolerar la imagen y adoración de otro dios en el tiemplo, el mismo Dios tiene que marcharse de allí. Colocar esa imagen en el templo de Yahvé significaba renunciar prácticamente a la alianza: Israel rechazaba a Yahvé como Dios de su alianza.

Aquí, en el templo, Yahvé mostrará al profeta los varios tipos de idolatría que Israel está practicando, tanto en público como en privado, no solo en el templo sino a lo ancho de toda la tierra. La distribución de esos diferentes tipos de idolatría en cuatro grupos de escenas abominables (8, 4. 6.7-12. 13-15 y 8, 16-18), que el profeta ve tanto en el templo como desde el atrio del templo, pertenece a la imaginación visionaria de esta revelación divina.

No hay que interpretar esta visión como si ella significara que todas estas formas de idolatría se practicaban en el mismo templo, una afirmación que no se puede sostener sin hacer violencia a la descripción (y en especial a la segunda abominación de 8, 7-12). Todavía menos aceptable es la opinión de Hävernick, según el cual las cuatro escenas de las prácticas idolátricas que se muestran ante el profeta son solo escenas diferentes del festival de Adonis que se celebraba en el templo.

La selección de los patios del templo para describir la adoración idolátrica surge del hecho de que el templo era el lugar donde Israel estaba llamado a adorar al Señor su Dios. De un modo consiguiente, la apostasía de Israel y su abandono del Señor solo puede expresarse con toda su fuerza y su carácter más chocante en las escenas de las abominaciones idolátricas practicadas en el templo, ante los ojos de Dios.

8, 5-6. Primera escena de abominación

⁵ וַיֹּאמֶר אֵלַי בֶּן־אָדָם שָׂא־נָא עֵינֶיךָ דֶּרֶךְ צָפוֹנָה וָאֶשָּׂא עֵינַי דֶּרֶךְ צָפוֹנָה וְהִנֵּה מִצָּפוֹן לְשַׁעַר הַמִּזְבֵּחַ סֵמֶל הַקִּנְאָה הַזֶּה בַּבִּאָה׃
⁶ וַיֹּאמֶר אֵלַי בֶּן־אָדָם הֲרֹאֶה אַתָּה (מֵהֶם) [מָה] [הֵם] עֹשִׂים

תּוֹעֵבוֹת גְּדֹלוֹת אֲשֶׁר בֵּית־יִשְׂרָאֵל עֹשִׂים פֹּה לְרָחֳקָה מֵעַל
מִקְדָּשִׁי וְעוֹד תָּשׁוּב תִּרְאֶה תּוֹעֵבוֹת גְּדֹלוֹת: ס

⁵ Me dijo: Hijo de hombre, alza ahora tus ojos hacia el lado del norte. Alcé mis ojos hacia el norte, y vi al norte, junto a la puerta del altar, aquella imagen del celo en la entrada. ⁶ Me dijo entonces: Hijo de hombre, ¿no ves lo que estos hacen, las grandes abominaciones que la casa de Israel hace aquí para alejarme de mi santuario? Pero vuélvete, y verás aún mayores abominaciones.

Al situarse en el patio interior, a la entrada de la puerta norte, y al mirar desde allí hacia el norte, Ezequiel vio la imagen del celo al norte de la puerta del altar. La imagen debía estar colocada en la parte de fuera de la entrada, de manera que el profeta la vio a través de la puerta abierta. La puerta del altar es la misma puerta norte del atrio interior mencionada en Ez 3. Pero no conocemos la razón por la que se le llamada la puerta del altar. Posiblemente porque a través de esa puerta se llevaban al altar los animales de los sacrificios, para ser sacrificados, conforme a Lev 1, 4; 5, 11 etc. מֵהֶם es una forma contracta de מָה הֶם, lo mismo que מזה de מה זה en Ex 4, 2.

Las palabras "lo que están haciendo allí" no nos obligan a pensar que en ese mismo momento estaban adorando al ídolo. Esas palabras describen solo lo que se solía hacer y practicar en aquel lugar. La instalación de la imagen implicaba su adoración. El sujeto de לְרָחֳקָה no es la casa de Israel, sino Yahvé. Ellos realizan allí grandes abominaciones, de manera que Yahvé estará obligado a alejarse de su santuario, es decir, a abandonarlo (cf. Ez 11, 23), porque ellos lo convierten en un templo de ídolos.

8, 7-12. Segunda abominación. Adoración de bestias

⁷ וַיָּבֵא אֹתִי אֶל־פֶּתַח הֶחָצֵר וָאֶרְאֶה וְהִנֵּה חֹר־אֶחָד בַּקִּיר:
⁸ וַיֹּאמֶר אֵלַי בֶּן־אָדָם חֲתָר־נָא בַקִּיר וָאֶחְתֹּר בַּקִּיר וְהִנֵּה פֶּתַח אֶחָד:
⁹ וַיֹּאמֶר אֵלַי בֹּא וּרְאֵה אֶת־הַתּוֹעֵבוֹת הָרָעוֹת אֲשֶׁר הֵם עֹשִׂים פֹּה:
¹⁰ וָאָבוֹא וָאֶרְאֶה וְהִנֵּה כָל־תַּבְנִית רֶמֶשׂ וּבְהֵמָה שֶׁקֶץ
וְכָל־גִּלּוּלֵי בֵּית יִשְׂרָאֵל מְחֻקֶּה עַל־הַקִּיר סָבִיב סָבִיב:
¹¹ וְשִׁבְעִים אִישׁ מִזִּקְנֵי בֵית־יִשְׂרָאֵל וְיַאֲזַנְיָהוּ בֶן־שָׁפָן עֹמֵד
בְּתוֹכָם עֹמְדִים לִפְנֵיהֶם וְאִישׁ מִקְטַרְתּוֹ בְּיָדוֹ וַעֲתַר עֲנַן־הַקְּטֹרֶת עֹלֶה:
¹² וַיֹּאמֶר אֵלַי הֲרָאִיתָ בֶן־אָדָם אֲשֶׁר זִקְנֵי בֵית־יִשְׂרָאֵל עֹשִׂים
בַּחֹשֶׁךְ אִישׁ בְּחַדְרֵי מַשְׂכִּיתוֹ כִּי אֹמְרִים אֵין יְהוָה רֹאֶה אֹתָנוּ
עָזַב יְהוָה אֶת־הָאָרֶץ:

⁷ Me llevó a la entrada del atrio, y miré, y vi un agujero en la pared. ⁸ Me dijo: Hijo de hombre, excava ahora en la pared. Yo cavé en la pared, y he aquí una puerta. ⁹ Me dijo luego: Entra, y ve las malvadas abominaciones que estos hacen allí. ¹⁰ Entré, pues, y miré, y vi toda forma de reptiles y bestias abominables, y todos los ídolos de la casa de Israel, que estaban pintados por toda la pared en derredor.

> ¹¹ *Y delante de ellos había setenta hombres de entre los ancianos de la casa de Israel, y Jazanías hijo de Safán, en medio de ellos, cada uno con su incensario en su mano; y subía una nube espesa de incienso.* ¹² *Me dijo: Hijo de hombre, ¿has visto las cosas que los ancianos de la casa de Israel hacen en tinieblas, cada uno en sus cámaras pintadas de imágenes? Porque dicen ellos: Yahvé no nos ve. Yahvé ha abandonado la tierra.*

La entrada del atrio al que ahora Ezequiel fue transportado no puede ser la entrada principal del atrio exterior, hacia al oriente (Ezequiel). Esto iría en contra del contexto, pues no solo hemos visto al profeta en la entrada norte (cf. 8,3.5), sino que lo seguimos encontrando allí en 8, 14. Si en ese tiempo él hubiera sido llevado a la parte del oriente eso habría sido mencionado. Como ese no es el caso, la referencia aquí tiene que seguir siendo la de la entrada al atrio que se encuentra entre la puerta de entrada del patio interior (8, 3) y la puerta de entrada norte de la casa de Yahvé (cf. 8, 14). Esta es pues la puerta norte del atrio interior.

Según eso, el profeta fue dirigido hacia el exterior del atrio interior a través de la puerta norte, situándose en el atrio exterior, frente a la puerta norte, que se abría al espacio ya exterior, fuera del recinto del templo. Allí vio un hueco en la muralla, y entrando por ella, según el mandato de Dios, vio todo tipo de figuras de animales pintadas en al muro, frente al cual había setenta ancianos de Israel, de pie, haciendo reverencia a las imágenes de los animales y ofreciéndoles incienso.

Según Ez 8, 12, el profeta estaba allí viendo lo que hacían en la oscuridad los ancianos de Israel, cada uno ante la imagen de su cámara sagrada. Conforme a esta explicación de parte de Dios, sobre la visión que se le ofreció al profeta, es evidente que no se refiere a ningún tipo de adoración idolátrica practicada por los ancianos en una o más de las habitaciones del patio exterior del templo.

Ciertamente, no se puede aceptar la objeción de Kliefoth, cuando afirma que en el patio exterior no había ese tipo de habitaciones particulares, pues su existencia se supone sin lugar a dudas en Jer 35, 3; 2 Rey 23, 11 y 1 Cron 28, 12; pero resulta imposible que esas habitaciones fueran tan grandes como para permitir la adoración de setenta hombres, distribuidos en habitaciones especiales, como supone nuestro texto.

El profeta no solo ve a setenta ancianos de pie, en adoración, junto a Jazanías, sino que él pudo ver a través de una puerta una cantidad grande de habitaciones, descubriendo al mismo tiempo las pinturas dibujadas a lo largo de los muros. Esta visión de los setenta ancianos, en una cámara secreta del patio exterior, para adorar las imágenes idolátricas grabadas en las paredes de las celdas ha de entenderse como un signo de aquello que los ancianos del pueblo estaban haciendo a lo ancho de toda la tierra de Israel.

Para mostrar de un modo más intenso el carácter secreto de esta adoración idolátrica, la celda aparece completamente escondida tras la muralla, de manera que el profeta tiene que agrandar el agujero del muro antes de ver la puerta que dirige a la celda interior, para descubrir así las cosas que allí se contenían y las cosas que allí se hacían[17].

También el número de las personas allí reunidas sugiere que se trata de una representación simbólica, y lo mismo indica el carácter secreto de la cámara donde adoran los ancianos. Los setenta ancianos representan a toda la nación, y ese número está tomado de Ex 24, 1; Num 11.16; 24, 25, cuando Moisés, por mandato de Dios, escoge a setenta ancianos para representar a toda la congregación de Israel y para compartir con él la autoridad judicial sobre Israel.

Estos representantes de la congregación de Israel no formaban una institución permanente, como se ve por el hecho de que en Num 11 se escogen otros setenta hombres para realidad la misma tarea. El Consejo Supremo de Israel, constituído por setenta miembros, el así llamado Sanedrín, fue formado tras el exilio sobre la base de estos antecedentes mosaicos. En el centro de esos setenta hombres simbólicos que ve Ezequiel se hallaba Jazanías, el hijo de Safán, un hombre que, por tanto, es diferente del Jazanías nombrado en Ez 11, 1.

Safán es probablemente la misma persona nombrada como hombre de autoridad en 2 Rey 22, 3; Jer 29, 3; 36, 10; 39, 14. No podemos precisar por qué razón se nombra aquí de un modo especial a ese Jazanías, aunque es muy difícil que se le escoja por el sentido del nombre (Yahvé escucha), como supone Hävernick. Es probable que él desempeñara una función importante entre los ancianos de la nación, de forma que aquí se le nombra como dirigente o líder de este grupo de representación nacional.

En la pared de la cámara estaban pintadas todo tipo de figuras de שֶׁקֶץ רֶמֶשׂ וּבְהֵמָה, reptiles y bestias (cuadrúpedos) abominables (cf. Gen 1, 24). שֶׁקֶץ no está solo en aposición a בְהֵמָה, sino también a רֶמֶשׂ, y por tanto se aplica a las dos palabras, y no puede conectarse con וּבְהֵמָה en estado constructo. La representación de los reptiles y cuadrúpedos aparece como שֶׁקֶץ o abominación por el hecho de que las pinturas han sido dibujadas con el fin de utilizarlas para una adoración religiosa. La cláusula siguiente (y todos los ídolos de la casa de Israel) está coordinada a וְכָל־גִּלּוּלֵי בֵּית יִשְׂרָאֵל. Además de los animales, en la cámara había otros tipos de ídolos.

La pintura de reptiles y cuadrúpedos con fines religiosos sugiere naturalmente la adoración de los animales en Egipto. No podemos limitarnos sin embargo a la referencia de Egipto, pues la adoración de animales aparece en las religiones de la naturaleza de otras naciones paganas, y la expresión כָּל־תַּבְנִית (todo tipo de figuras), lo mismo que la frase "todo tipo de ídolos de la casa de Israel" alude a todo tipo posible de adoración de ídolos, tal como estaba extendida por Israel.

---

17. Todo aparece aquí expuesto de un modo pictórico y figurativo. Por eso el profeta dice que vio un hueco en la muralla, teniendo que excavar y agrandarlo, a fin de poder entrar, como si fuera una puerta abierta, para ver así las cosas que no podría haber visto quedando allí fuera (Jerónimo).

Según el uso arameo, וַעֲתַר significa olor, perfume; בַּחֹשֶׁךְ, en la oscuridad, en secreto, como בסתר en 2 Sam 12 12. No se trata del sagrado secreto de la nube de incienso (Hävernick). בְּחַדְרֵי מַשְׂכִּיתוֹ, *en las cámaras de las imágenes*; suele referirse a las habitaciones o lugares interiores de las casas de la gente, donde se ponían y se adoraban en secreto las imágenes de ídolos. מַשְׂכִּית signifca figura idolátrica, como en Lev 26, 1 y Num 33, 52.

Esta idolatría queda justificada por los ancianos, cuando se ilusionan diciendo: "Yahvé no nos ve". No se trata, pues, de que no se preocupa de lo que hacemos, sino de algo más profundo: No nos ve, porque no es omnisciente (Is 29, 15); eso significa que él ha abandonado el país, le ha negado su presencia y su ayuda. Hablando así, ellos niegan la omnisciencia y la omnipresencia de Dios (Ez 9, 9).

8, 13-15. Tercera abominación. Adoración de Tamuz

13 וַיֹּאמֶר אֵלָי עוֹד תָּשׁוּב תִּרְאֶה תּוֹעֵבוֹת גְּדֹלוֹת אֲשֶׁר־הֵמָּה עֹשִׂים׃
14 וַיָּבֵא אֹתִי אֶל־פֶּתַח שַׁעַר בֵּית־יְהוָה אֲשֶׁר
אֶל־הַצָּפוֹנָה וְהִנֵּה־שָׁם הַנָּשִׁים יֹשְׁבוֹת מְבַכּוֹת אֶת־הַתַּמּוּז׃ ס
15 וַיֹּאמֶר אֵלַי הֲרָאִיתָ בֶן־אָדָם עוֹד תָּשׁוּב תִּרְאֶה תּוֹעֵבוֹת גְּדֹלוֹת מֵאֵלֶּה׃

13 Me dijo después: Vuélvete, verás que estos hacen aún mayores abominaciones. 14 Me llevó a la entrada de la puerta de la casa de Yahvé, que está al norte; y vi a unas mujeres que estaban allí sentadas llorando a Tamuz. 15 Luego me dijo: ¿No ves, hijo de hombre? Vuélvete, verás aún mayores abominaciones que estas[18].

El profeta es llevado de la entrada del patio a la entrada de la puerta del templo, para ver a las mujeres sentadas allí y llorando por Tamuz. El artículo de הַנָּשִׁים, *las mujeres*, se utiliza de un modo genérico. Mientras que los hombres de la nación, representados por los setenta ancianos, realizaban en secreto su adoración idolátrica, las mujeres estaban sentadas en la puerta del templo, lamentándose en secreto por Tamuz. Bajo este llanto por Tamuz, Jerónimo (con Melitón de Sardes y todos los Padres Griegos) ha reconocido correctamente la adoración de Adonis. Así dice Jerónimo:

"Esta diosa, תַּמּוּז, Θαμμούζ o Θαμμούς, a quien hemos interpretado como Adonis, se llama tanto en hebreo como en siríaco Tamuz. Según la leyenda pagana, era el amante de Venus, el joven más bello que había sido asesinado en el mes de Junio, siendo después devuelto a la vida. Por eso, ellos llaman a este mes el mes de Junio o de Tamuz, y celebran fiestas en su honor, y en esas fiestas las mujeres

---

18. Sobre Tamuz, cf. B. Alster, *Tammuz*, DDD, 67-79; S. N. Kramer, *Inanna's Descent to the Netherworld Continued and Revised*, JCS 5 (1951) 1–17; *The Sacred Marriage Rite: Aspects of Faith, Myth, and Ritual in Ancient Sumer*, Bloomington, Indiana UP, 1969; S. Langdon, *Tammuz and Ishtar: A Monograph upon Babylonian Religion and Theology*, Claendon, Oxford 1914; J. McKay, *Religion in Judah under the Assyrians* (SBT 26), Naperville IL1973 (*Nota del traductor*).

se lamentan por su muerte, como si ella hubiera muerto de verdad, para celebrar después su retorno a la vida".

Esta visión no ha sido refutada por las objeciones que M. F. Chwolson elevó en su obra *Die Ssabier und der Ssabismus* 1856, II. 27. 202 ss., donde habla de referencias de la literatura babilonia antigua y de la adoración de Tamuz entre los antiguos babilonios. Por lo que se refiere al mito de Tamuz, mencionado en los escritos nabateos, donde se le toma como un hombre que fue condenado a muerte por el rey de Babilonia, a quien él había mandado introducir la adoración de los siete planetas y de los doce signos del zodiaco, siendo divinizado tras su muerte y honrado con una fiesta de lamentación al año, debemos afirmar que no es más que una interpretación un poco más pulida de un mito muy antiguo de adoración de la naturaleza, que se había extendido por todo el Asia Anterior, en el que se celebraba el poder del sol sobre la vegetación, una vez al año.

La etimología de la palabra Tamuz no es segura. Probablemente es una contracción de תמזוז, de מזז=מסס, de manera que está indicando la decadencia o retroceso de la fueza de la naturaleza en el invierno y de esa forma corresponde al griego ἀφανισμὸς Ἀδώνιδος, la desaparición de Adonis (cf. *Hävernick* in loc.).

8, 16-18. Cuarta abominación. Adoración del sol por los sacerdotes

¹⁶ וַיָּבֵ֣א אֹתִ֗י אֶל־חֲצַ֣ר בֵּית־יְהוָה֮ הַפְּנִימִית֒ וְהִנֵּה־פֶ֜תַח הֵיכַ֣ל יְהוָ֗ה בֵּ֤ין הָֽאוּלָם֙ וּבֵ֣ין הַמִּזְבֵּ֔חַ כְּעֶשְׂרִ֥ים וַחֲמִשָּׁ֖ה אִ֑ישׁ אֲחֹרֵיהֶ֞ם אֶל־הֵיכַ֤ל יְהוָה֙ וּפְנֵיהֶ֣ם קֵ֔דְמָה וְהֵ֛מָּה מִשְׁתַּחֲוִיתֶ֥ם קֵ֖דְמָה לַשָּֽׁמֶשׁ׃
¹⁷ וַיֹּ֣אמֶר אֵלַי֮ הֲרָאִ֣יתָ בֶן־אָדָם֒ הֲנָקֵל֙ לְבֵ֣ית יְהוּדָ֔ה מֵעֲשׂ֕וֹת אֶת־הַתּוֹעֵב֖וֹת אֲשֶׁ֣ר עָֽשׂוּ־פֹ֑ה כִּֽי־מָלְא֨וּ אֶת־הָאָ֤רֶץ חָמָס֙ וַיָּשֻׁ֣בוּ לְהַכְעִיסֵ֔נִי וְהִנָּ֛ם שֹׁלְחִ֥ים אֶת־הַזְּמוֹרָ֖ה אֶל־אַפָּֽם׃
¹⁸ וְגַם־אֲנִי֙ אֶעֱשֶׂ֣ה בְחֵמָ֔ה לֹא־תָח֥וֹס עֵינִ֖י וְלֹ֣א אֶחְמֹ֑ל וְקָרְא֤וּ בְאָזְנַי֙ ק֣וֹל גָּד֔וֹל וְלֹ֥א אֶשְׁמַ֖ע אוֹתָֽם׃

¹⁶ *Me llevó al atrio de adentro de la casa de Yahvé, y vi que junto a la entrada del templo de Yahvé, entre la entrada y el altar, había unos veinticinco hombres, con sus espaldas vueltas al templo de Yahvé y con sus rostros hacia el oriente, y adoraban al sol, postrándose hacia el oriente.*
¹⁷ *Me dijo: ¿No has visto, hijo de hombre? ¿Es cosa ligera para la casa de Judá cometer las abominaciones que cometen aquí? Después que han llenado de maldad el país, se volvieron a mí para irritarme; y aplican el ramo a sus narices (y extienden la vara para matar).* ¹⁸ *Pues también yo procederé con furor: mis ojos no mirarán con piedad, no tendré compasión. Gritarán a mis oídos con gran voz, pero no los escucharé.*

Después que Ezequiel ha visto las abominaciones idolátricas del patio exterior, es decir, del patio donde se reunía el pueblo, él fue llevado de nuevo al patio interior, o patio de los sacerdotes, para ver allí aún mayores abominaciones. Entre el patio del templo y el altar de las ofrendas que se queman, es decir, en el lugar más sagrado del patio interior, donde solo los sacerdotes podían entrar (Joel 2, 17), él ve la forma en que unos veinticinco hombres, con las espaldas dando hacia el templo, estaban adorando al sol, mientras miraban hacia oriente. Eran como unos veinticinco hombres. Según el sentido de כ delante de כְּעֶשְׂרִים (vid., Ewald, §282d), ese כ no es una preposición (acerca de ...), sino una comparación: en torno a unos veinticinco hombres.

De todas formas, éste no es un número aproximado, pues se refiere a los veinticuatro jefes de las familiar o clases sacerdotales (1 Cron 24, 5; 2 Cron 36, 14; Esdras 10, 5), con el sumo sacerdote a la cabeza (cf. Lightfoot, *Chronol. of O. T.*, 1641, I. 124). En el caso anterior, toda la nación estaba representada por los setenta ancianos. En este caso es todo el sacerdocio el que está representado por los veinticinco jefes que han caído en una terrible idolatría. Su apostaría respeto a Yahvé queda indicada por el hecho de que ellos dan la espalda al templo, es decir, a Yahvé, que está entronizado en el templo, y en contra de eso, adoran al sol, con sus rostros dirigiéndose al este.

La adoración al sol no se refiere a la adoración a Adonis, como supone Hävernick, aunque Adonis fuera el Dios-Sol. Aquí se refiere más bien, de un modo general, a la adoración de los cuerpos celestes, en contra de los cuales había advertido ya Moisés al pueblo (Dt 4, 19; 17, 3), una adoración que se había impuesto en tiempo de Manasés, y que se celebraba en los patios del templo, de donde fue expulsada más tarde por Josías (2 Rey 23, 5. 11).

La forma מִשְׁתַּחֲוִיתֶם debe ser un error del copista en vez de מִשְׁתַּחֲוִים; la suposición de que se trata de una forma inusual, construidaa a partir de השחית, debe rechazarse porque en este caso debería estar en segunda persona del plural del perfecto, y esto es imposible por el hecho de que hay inmediatamente antes un וְהִנֵּה que lo impide (cf. Ewald, §118a)[19].

"A estas abominaciones, Judá ha añadido otros pecados, como si estas abominaciones no fueran suficientes en sí mismas". Éste es el significado de la pregunga en 8, 17. הֲנָקֵל לְבֵית יְהוּדָה: "¿Es acaso poco para la casa de Judá...?". נקל, con מ (מֵעֲשׂוֹת), como en Is 49, 6. Para poner de relieve la magnitud de la culpa, el profeta se refiere nuevamente, de un modo breve a la corrupción moral de Judá. חָמָס abraza e incluye todas las violencias cometidas contra los hombres. הַתּוֹעֵבוֹת son todas las impiedades cometidas en contra de Dios, es decir, las idolatrías. Con sus violentos asesinatos, ellos provocan repetidamente la ira de Dios (שׁוּב, seguido con un infinitivo expresa la repetición de un hecho).

La última frase de 8, 17 (אֶת־הַזְּמוֹרָה אֶל־אַפָּם) es bastante oscura. La explicación usual que ha sido adoptada por J. D. Michaelis y Gesenius, es "ellos han

---

19. Se trata de una forma extraordinaria, inventada con la finalidad expresa de poner de relieve la inmensa abominación del hecho (Lightfoot).

aplicado el ramo a sus narices…", es decir, el ramo sagrado (Barsom) que los persas llevaban en la mano cuando oraban (cf. Hyde, *De relig. veterum Persarun*. 350, ed. 2, y Kleuker, *Zend-Avesta*, III. p. 204). Pero esta explicación no se adapta ni al contexto ni a las palabras de nuestro pasaje.

Conforme al lugar de estas palabras en nuestro texto, no deberíamos esperar una alusión a un nuevo rito idolátrico, sino una explicación sobre el modo en que Judá ha suscitado la ira de Yahvé a través de sus acciones violentas. Además, הַזְּמוֹרָה no es una palabra que pueda aplicarse sin más al ramo sagrado de los persas (llamado *barsom*).

הַזְּמוֹרָה es una rama (sarmiento) de la viña (cf. Ez 15, 2; Is 17, 10; Num 13, 23). Por otra parte, los *barsom* eran ramos del árbol *Gez* o *Hom*, o ramos de granadas, de tamariscos o de dátiles (cf. Kleuker l.c., y Strabón, XV. 733), y no se llevaban a la nariz, sino que se ponían delante de la boca, como una forma mágica de expulsar los demonios (cf.., Hyde, l.c.). Finalmente, שֹׁלְחִים אֶל no significa coger o tomar (poner) algo, sino extenderlo hacia adelante, para golpear con violencia, es decir, para castigar.

Entre las otras explicaciones que se han querido dar a esa frase solo hay dos que merezcan ser consideradas. (a) Se trataría de una expresión proverbial: "tomar la rama con ira", en el sentido de aumentar la violencia, y así lo entienden Doederlein y Grotius: con estas cosas ellos alimentan mi ira, ellos añaden combustible a mi indignación. Lightfoot añade una explicación semejante en *Horae Hebraicae et Talmudicae, in Evan. S. Johannis* 1671 (en comentario a Jn 15, 6). (b) La segunda explicación es la de Hitzig: "ellos aplican la vara a su nariz", en el sentido en que quieren injuriarme, injuriándose en realidad a sí mismos.

En este caso, la הַזְּמוֹרָה ha de tomarse en el sentido de מזמרה, una hoz o cuchillo, con un final puntiagudo. Parece que se trata de un dicho proverbial, pero su origen y significado no ha sido satisfactoriamente explicado. Ez 8, 18: Por todo eso, el Señor castigará sin piedad (cf. Ez 7, 4. 9; 5, 11). El mismo Señor revelará al profeta este juicio en los dos capítulos siguientes.

2. Ez 9, 1-11. Los ángeles que han de destruir Jerusalén

9, 1-3. Llamados por Yahvé, sus siervos aparecen para ejecutar el juicio

וַיִּקְרָא בְאָזְנַי קוֹל גָּדוֹל לֵאמֹר קָרְבוּ פְּקֻדּוֹת הָעִיר וְאִישׁ כְּלִי מַשְׁחֵתוֹ בְּיָדוֹ:

² וְהִנֵּה שִׁשָּׁה אֲנָשִׁים בָּאִים מִדֶּרֶךְ־שַׁעַר הָעֶלְיוֹן אֲשֶׁר מָפְנֶה צָפוֹנָה וְאִישׁ כְּלִי מַפָּצוֹ בְּיָדוֹ וְאִישׁ־אֶחָד בְּתוֹכָם לָבֻשׁ בַּדִּים וְקֶסֶת הַסֹּפֵר בְּמָתְנָיו וַיָּבֹאוּ וַיַּעַמְדוּ אֵצֶל מִזְבַּח הַנְּחֹשֶׁת:

³ וּכְבוֹד אֱלֹהֵי יִשְׂרָאֵל נַעֲלָה מֵעַל הַכְּרוּב אֲשֶׁר הָיָה עָלָיו אֶל מִפְתַּן הַבָּיִת וַיִּקְרָא אֶל־הָאִישׁ הַלָּבֻשׁ הַבַּדִּים אֲשֶׁר קֶסֶת הַסֹּפֵר בְּמָתְנָיו: ס

Visión de la destrucción de Jerusalén

¹ Entonces clamó en mis oídos con gran voz, diciendo: ¡Los verdugos de la ciudad han llegado y cada uno trae en su mano su instrumento para destruir!. ² Y seis hombres venían del camino de la puerta de arriba que mira hacia el norte y cada uno traía en su mano su instrumento para destruir. Entre ellos había un varón vestido de lino, el cual traía a su cintura un tintero de escribano. Al entrar, se detuvieron junto al altar de bronce.
³ La gloria del Dios de Israel se elevó de encima del querubín, sobre el cual había estado, hacia el umbral de la casa. Y llamó Yahvé al hombre vestido de lino que tenía a su cintura el tintero de escribano:

פְּקֻדּוֹת הָעִיר no son los castigos de la ciudad. Esta traducción no se adapta al contexto, pues los que vienen no son los castigos, sino los castigadores, es decir, los hombres que han de ejecutarlos. Tampoco el uso del lenguaje permite esta interpretación.

Ciertamente, קפדה se utiliza con frecuencia en el sentido de visitación o castigo (cf. Is 10, 3; Os 9, 7); pero no hay ningún texto que ofrezca en plural ese sentido. En plural, esa palabra solo aparece con el significado de supervisión, protección, y así se utiliza no solo en Jer 52, 11 y Ez 44, 11, sino también (y en singular) en Is 60, 17 y en Num 3, 38, donde se aplica a la presidencia de los sacerdotes (y así aparece con frecuencia den Crónicas). De un modo consecuente, פְּקֻדּוֹת son aquellos a los que Dios ha destinado para vigilar sobre la ciudad, los guardianes de la ciudad (cf. 2 Rey 11, 18), pero no los guardias terrenales, sino los celestiales, que vienen ahora para imponer el castigo a los impíos, como autoridades nombradas por Dios.

קָרְבוּ es un imperativo piel, como en Is 42,21, y no debe cambiarse y ponerse en kal, como propone Hizgig. Este piel se utiliza en sentido intransitivo, *festinanter appropinquavit, se acerca de un modo rápido*, como en Ez 36, 8. Las personas llamadas vienen de camino por la puerta norte del templo, para ocupar su lugar ante Yahvé, cuya gloria ha aparecido en el patio interior. La puerta de arriba es la puerta que dirige del patio exterior al interior, es decir, al atrio que está en un plano más alto. Esta es la puerta citada en Ez 8, 3. 5. En medio de los seis hombres provistos con instrumentos de destrucción había uno vestido de lino blanco, llevando en su cintura los materiales de escribir. Tanto los vestidos y el equipamiento, lo mismo que las instrucciones que recibirá después muestras que es el príncipe o jefe de los otros.

Kliefoth duda de que estos siete hombres sean ángeles, pero lo hace sin ninguna razón. Conforme a su apariencia externa, los ángeles que aparecen en forma humana suelen llamarse con frecuencia אנשים o איש. Pero el número siete no supone que se trata de los siete arcángeles, ni puede tomarse como copias de los siete *Amschaspandas* de la doctrina persa. La vestidura del sumo sacerdote en el momento de presentar el sacrificio por el pecado en el gran día de la expiación (Ex 15, 4; Lev 16, 23) estaba hecho de בד, es decir, de material blanco, tejido con hijo de lino (cf. Ex 38, 42).

Se ha solido deducir de eso que la figura vestida de lino blanco era el ángel de Yahvé, que aparece aquí como sumo sacerdote celeste, para proteger y cuidar a su pueblo. En defensa de esto se puede aducir la circunstancia de que el hombre a quien Daniel vio sobre las aguas del Tigris y cuya apariencia se describe de la misma manera que la de Yahvé en Ez 1, 4. 26-27, y el Señor resucitado de Ap 1, 13-15 aparecen vestidos también de esa manera, con בַּדִּים (Dan 10, 5; 12, 6-7)[20].

Pero no podemos admitir como cierta es visión. El vestido talar brillante, de color blanco, evocado sin duda por el plural בַּדִּים, que solo aparece aquí y en Daniel, no es una vestimento peculiar del ángel de Yahvé ni de Cristo. Lo siete ángeles con las copas de la ira aparecen también con vestidos brillantes de lino blando (cf. ἐνδεδυμένοι λίνον καθαρὸν λαμπρόν, Ap 15, 6); *vestidos de lino blanco, resplandeciente*. El color blanco brillante, como representación simbólica de la santidad y gloria divina (cf. Coment. a Lev 16, 4 y Ap 19, 8) es el color que se escoge generalmente para los vestidos de los espíritus celestas y de los "justos perfectos" (cf. Ap 19, 8). Además, el ángel con los materiales de escribir que aparece aquí se presenta de un modo totalmente diferente a la aparición de Yahvé en Ez 1 y Dan 10, o a la de Cristo en Ap 2. Y no hay ningún otro rasgo que permita identificarle con Dios.

Por otra parte, la relación que él guarda con los otros seis hombres conduce a la conclusión de que su relación con ellas es semejante a la del Sumo Sacerdote con los levitas, a las de un jefe con sus subordinados. Su rango está indicado por los materiales de escritura que lleva en sus caderas, es decir, en el cinturón que ciñe sus caderas, en las que los escribas de oriente solían llevar sus utensilio de escritura (cf. C. Rosenmüller, *Das Alte und Neue Morgenland*, IV. p. 323). Va provisto de esa forma para poder realizar el mandato que Dios le dirigirá en Ez 9, 4. En esta línea, esta descripción puede explicarse de manera muy simple sin la menor necesidad de acudir a las representaciones babilonias del Dios Nebo, que era el equivalente a Mercurio, el escriba de los cielos.

Los siete hombres ocupan su puesto ante el altar del incienso, porque la gloria de Dios, cuyos mandatos ellos han de recibir para cumplirlos, ha de manifestarse allí (Kliefoth), no porque esos hombres vayan a ocupar el lugar de los sacerdotes apóstatas, que se solían colocar en ese lugar. Pues bien, la Gloria de Dios se elevó desde el Querubín al umbral de la casa. El sentido de esto no es que la Gloria de Yahvé se traslade del interior del santuario al umbral exterior del edificio del templo (Hävernick), porque ella se encontraba colocada ya (cf.

---

20. לְבֻשׁ בַּדִּים se traduce en los LXX, en este pasaje, ἐνδεδυκὼς ποδήρη. con una túnica que le llega hasta los pies. En esa línea, Cristo aparece vestido en Ap 1, 13 con un ποδήρης (túnica hasta los pies, y no a imitación de Dan 10, 5, como supone Hengstenberg, sino de nuestro texto). En Dan 10, 5 los LXX ponen ἐνδεδυμένος βαδδίν o τὰβαδδίν (limitándose a trascribir la palabra hebrea). En otros lugares, la traducción que los LXX hacen de בד es λίνον (cf. Lev 16, 4. 23; 6, 3; Ex 28, 42 etc. De aquí deriva el λίνον λαμπρόν de Ap 15, 6…, lo mismo que el βύσσινον λαμπρόν of Ap 19, 8.

Ez 8, 16) sobre el querubín, entre el pórtico y el altar. La Gloria se trasladó de su lugar anterior al umbral del pórtico del templo, pórtico por el que se entraba en el templo, para dar sus órdenes desde allí.

La razón por la que la Gloria de Dios deja su lugar sobre los querubines (el singular כרוב tiene aquí un sentido colectivo) no es para indicar que "Dios tendría que volverse en torno para dirigir su discurso desde el trono a los siete, porque, según Ez 8, 4. 18, el hombre de la medida había ido de la puerta del norte del patio exterior al patio interior, y sus sirvientes le habían seguido" (Hitzig). Como hemos destacado, los querubines se movían en las cuatro direcciones y el mismo Dios, desde el trono, podía dirigirse de esa forma hacia un lado o hacia el otro.

Al contrario, Dios deja su trono en el templo para realizar de esa manera su mandato desde el umbral del templo, mostrando de esa forma que él era el Juez supremo, y que podía abandonar incluso el trono que había ocupado en Israel. De esa manera, él realiza su mandato desde el patio del templo, porque el templo era el lugar en el que Dios ofrecía su testimonio sobre el pueblo, tanto en gesto de misericordia como de juicio.

9, 4-7. El Mandato Divino

⁴ וַיֹּאמֶר יְהוָה (אֵלוֹ) [אֵלָיו] עֲבֹר בְּתוֹךְ הָעִיר בְּתוֹךְ יְרוּשָׁלָ͏ִם
וְהִתְוִיתָ תָּו עַל־מִצְחוֹת הָאֲנָשִׁים הַנֶּאֱנָחִים וְהַנֶּאֱנָקִים עַל
כָּל־הַתּוֹעֵבוֹת הַנַּעֲשׂוֹת בְּתוֹכָהּ׃
⁵ וּלְאֵלֶּה אָמַר בְּאָזְנַי עִבְרוּ בָעִיר אַחֲרָיו וְהַכּוּ (עַל־)
[אַל־]תָּחֹס (עֵינֵיכֶם) [עֵינְכֶם] וְאַל־תַּחְמֹלוּ׃
⁶ זָקֵן בָּחוּר וּבְתוּלָה וְטַף וְנָשִׁים תַּהַרְגוּ לְמַשְׁחִית וְעַל־כָּל־אִישׁ
אֲשֶׁר־עָלָיו הַתָּו אַל־תִּגַּשׁוּ וּמִמִּקְדָּשִׁי תָּחֵלּוּ וַיָּחֵלּוּ בָּאֲנָשִׁים
הַזְּקֵנִים אֲשֶׁר לִפְנֵי הַבָּיִת׃
⁷ וַיֹּאמֶר אֲלֵיהֶם טַמְּאוּ אֶת־הַבַּיִת וּמַלְאוּ אֶת־הַחֲצֵרוֹת חֲלָלִים
צֵאוּ וְיָצְאוּ וְהִכּוּ בָעִיר׃

⁴ y le dijo Yahvé: Pasa por en medio de la ciudad, por en medio de Jerusalén, y ponles una señal en la frente a los hombres que gimen y claman a causa de todas las abominaciones que se hacen en medio de ella. ⁵ A los otros dijo, oyéndolo yo:

Pasad por la ciudad en pos de él, y matad; no miren con piedad vuestros ojos, no tengáis compasión. ⁶ Matad a viejos, a jóvenes y a vírgenes, a niños y a mujeres, hasta que no quede ninguno. Pero a todo aquel sobre el cual esté la señal, no os acercaréis; y comenzaréis por mi santuario.

Comenzaron, pues, desde los hombres ancianos que estaban delante del Templo. ⁷ Les dijo: Contaminad la casa, llenad los atrios de muertos y salid. Y salieron a matar en la ciudad.

Dios manda al hombre que está provisto con materiales de escribir que marque con una tau (cruz) en la frente de todas las personas de Jerusalén que se lamentan sobre los pecados de las abominaciones de la nación, a fin de que sean reservados (conservados) en el día del juicio. La tau ת (תָּו), que era la última letra del alfabeto hebreo, tenía la forma de una cruz en la escritura antigua. Marcar una tau (תָּוִיתָ תָּוֵה) es, por tanto, lo mismo que hacer una marca en forma de cruz; de todas formas, en principio no había en este gesto más finalidad que poner sobre la frente de aquellos que se lamentaban de los males de Israel una señal específica, para distinguirlos de los otros, de manera que no puedan dañados.

Ez 9, 9. Ésta es la razón por la que la תָּו tenía que marcarse sobre la frente, que era el lugar más visible del cuerpo. Desde Orígenes, los cristianos han tomado este signo como algo significativo, viendo aquí una alusión profética a la señal de la cruz, como marca distintiva de los cristianos. Ciertamente, aquí no hay que buscar una profecía directa de la cruz de Cristo, dado que la forma de esta letra (תָּו) se adoptaba generalmente como signo, y según Job 31, 35 servía incluso como firma.

De todas formas, como ha indicado correctamente Schmieder, hay algo notable en esta coincidencia, cuando ella se toma en consideración. En esa línea, debemos recordar que el consejo de Dios ha sido establecido de antemano, como aparece en el pasaje correspondiente de Ap 7, 3, donde se dice que los siervos de Dios han de ser sellados con su signo en la frente, de manera que ellos sean liberados del juicio. Por otro lado, en Ap 14, 1 se dice que los siervos de Dios llevan su nombre escrito en sus frentes.

En esta línea, resulta perfectamente obvio que este signo no fue escogido de un modo arbitrario, sino que estaba internamente conectado con el hecho ya indicado, como se dice en el Éxodo (12, 13.22), donde se recuerda la marca de sangre (del cordero pascual) colocada sobre las casas de los israelitas en Egipto, a fin de que el ángel destructor pudiera pasar de largo; en aquel momento, la sangre de los corderos sacrificados aparecía como signo distintivo de los israelitas, que serían salvados. Aquí se supone como algo evidente que este "escribano" realiza su encargo, de manera que hasta 9, 11 no hay más referencia al signo.

En Ez 9, 5-6 sigue, ante todo, el mandato dado a los otros seis hombres, que han de ir por ciudad, tras el hombre vestido de lino blanco, matando sin piedad a todos los hombres de cualquier condición o sexo, con esta excepción: los que tenían en la frente la marca de la cruz, es decir, la tau

El עַל en vez de אֶל, en אֶל־תָּחֹס puede ser un fallo de escritura, aunque un error de ese tipo en la transmisión del texto parece poco probable. El cambio se debe probablemente al cambio de la א en ע, que es muy común en arameo. El qetiv עֵינֵיכֶם es una forma poco usual desde una perspectiva gramatical, de modo que ha sido sustituido en el keré por עֵינְכֶם, en singular. תַּחְרֵנוּ está seguido por לְמַשְׁחִית, para aumentar la fuerza de las palabras, y mostrar la imposibilidad de que alguno pueda salvarse. Los ejecutores de la ira de Dios han de comenzar por el santuario, porque ha sido profanado por la adoración de los ídolos, de manera que ha dejado de ser la casa del Señor. Este mandato viene a ser ejecutado inmediatamente. Los seis hombres comienzan con los ancianos que estaban delante de la casa, esa decir, ellos comenzaron a matarles.

Los אֲנָשִׁים הַזְּקֵנִים no son ni los veinticinco sacerdotes (8, 16), ni los setenta ancianos (Ez 8, 11). Estos últimos no estaban לִפְנֵי הַבַּיִת, sino en una cámara en la puerta exterior del templo. La expresión לִפְנֵי הַבַּיִת evoca un lugar en el patio interior del templo. Esta localización hace que debamos pensar en los sacerdotes, y así han traducido de lo modo consecuente los LXX, que, en lugar de מִמִּקְדָּשִׁי, ponen ἀπὸ τῶν ἁγίων μου. Pero la expresión הַזְּקֵנִים אֲנָשִׁים no es apropiada para los sacerdotes, de manera que debemos pensar que se trata de hombres de avanzada edad, que han entrado en el santuario posiblemente para ofrecer sacrificios, de manera que están expuestos al juicio de Dios contra el Santuario.

Ez 9, 7 retoma y resume el mandato de 9, 6. Los ejecutores del juicio de Dios deben profanar la casa, es decir, el templo, llenando los patios de cadáveres. De esa manera se vinculan, al menos en cuanto al sentido, las dos frases: profanar el santuario y llenarlo de cadáveres. Así lo requiere el despliegue de los hechos, porque éstos que han sido matados ante la "casa" tuvieron que ser matados en los patios, pues no había otro lugar entre la casa y los patios donde ellos pudieran ser sacrificados (matados). Pero ynpl no puede significar "en la vecindad del templo", como supone Kliefoth, por la simple razón de que con esa traducción se destruiría totalmente el orden progresivo de los acontecimientos.

Los enviados que estaban delante del altar del incienso no podían empezar su matanza en los patios del templo, para salir después fuera, y volver finalmente otra vez a los patios del templo. Al contrario, ellos tenían que empezar haciendo su labor en el templo, para salir después fuera y culminar allí su trabajo. Ellos solo pudieron empezar matando a los pecadores que encontraran en los patios del templo, y así, después de haber profanado el templo con sus cadáveres, ellos tuvieron que salir fuera, a la ciudad, para matar allí a todo el resto de los impíos, como indica la segunda frase de 9, 7.

9, 8-11. Intercesión del profeta y respuesta del Señor

⁸ וַיְהִי כְּהַכּוֹתָם וְנֵאשֲׁאַר אָנִי וָאֶפְּלָה עַל־פָּנַי וָאֶזְעַק וָאֹמַר אֲהָהּ אֲדֹנָי יְהוִה הֲמַשְׁחִית אַתָּה אֵת כָּל־שְׁאֵרִית יִשְׂרָאֵל בְּשָׁפְכְּךָ אֶת־חֲמָתְךָ עַל־יְרוּשָׁלִָם:
⁹ וַיֹּאמֶר אֵלַי עֲוֹן בֵּית־יִשְׂרָאֵל וִיהוּדָה גָּדוֹל בִּמְאֹד מְאֹד וַתִּמָּלֵא הָאָרֶץ דָּמִים וְהָעִיר מָלְאָה מֻטֶּה כִּי אָמְרוּ עָזַב יְהוָה אֶת־הָאָרֶץ וְאֵין יְהוָה רֹאֶה:
¹⁰ וְגַם־אֲנִי לֹא־תָחוֹס עֵינִי וְלֹא אֶחְמֹל דַּרְכָּם בְּרֹאשָׁם נָתָתִּי:
¹¹ וְהִנֵּה הָאִישׁ לְבֻשׁ הַבַּדִּים אֲשֶׁר הַקֶּסֶת בְּמָתְנָיו מֵשִׁיב דָּבָר לֵאמֹר עָשִׂיתִי (כַּאֲשֶׁר) [כְּכֹל] [אֲשֶׁר] צִוִּיתָנִי: ס

⁸ *Aconteció que cuando ellos iban matando y quedé yo solo, me postré sobre mi rostro, y clamé diciendo: ¡Ah, Señor Yahvé!, ¿destruirás a todo el resto de Israel derramando tu furor sobre Jerusalén?.*
⁹ *Me dijo: La maldad de la casa de Israel y de Judá es sobremanera grande, pues la tierra está llena de sangre y la ciudad está llena de perversidad; porque han dicho: Ha abandonado Yahvé la tierra, y Yahvé no ve.* ¹⁰ *Así, pues, haré yo: mis ojos no mirarán con piedad, no tendré compasión; haré recaer la conducta de ellos sobre sus propias cabezas.*
¹¹ *Y el hombre vestido de lino, que tenía el tintero a su cintura, respondió una palabra, diciendo: He hecho conforme a todo lo que me mandaste.*

El qetiv וְנִאְשַׁאַר es una forma mixta, compuesta de un participio y un imperfecto, fundidos en uno. Se trata, evidentemente, de un error del copista. Sin embargo no se debe cambiar en אשאר, 1ª persona imperfecto nifal, sino que ha de leerse como un participio (נשאר) y tomando la palabra con כְּהַכּוֹתָם como una continuación de la cláusula circunstancial. Las palabras no significa que Ezequiel quedó solo, sino que cuando los ángeles iban matando a los culpables, y él fue reservado vivo, sin ser matado con el resto, él cayó sobre su rostro, para pedir misericordia a Dios.

Estas palabras, y la intercesión del profeta presuponen aparentemente que entre los habitantes de Jerusalén no había ninguno marcado con el signo de la cruz, de manera que no pudo salvarse ninguno. Pero esto no puede mirarse como absolutamente seguro. Porque, en primer lugar, no se dice que todos fueran destruidos por los ángeles. Y, en segundo lugar, la intercesión del profeta afirma simplemente que, en comparación con la multitud de los sacrificados, el número de aquello que habían sido marcados con la cruz y reservados vivos eran tan pequeño que el profeta apenas podía verlos y él tenía miedo de que fueran destruidos todos, de manera que no quedara vivo nadie en la nación de la alianza.

Los שְׁאֵרִית (el resto) de Israel y de Judá forman la nación de la alianza, en su forma existente, cuando ella ha sido reducida de tal manera por los juicios de destrucción de Dios, que del pueblo antes tan numeroso solo puede ser preservado un pequeño resto (Ez 5, 3-4). Dios renueva su promesa al profeta, pero comienza poniendo de relieve la grandeza de la iniquidad de Israel, que no merece ningún perdón, sino el castigo más fuerte, para mostrar así que, de acuerdo con la exigencia estricta de justicia, toda la nación merece ser destruida.

מֻטֶּה (9,9) no es equivalente a מוּטֶה, opresión (Is 58, 9), sino que significa perversión de la justicia. Aunque aquí no se mencione משפט, el sentido es el mismo, como en Ex 23, 2, donde se utiliza la palabra הטה en el mismo sentido. Para Ez 9, 9, cf. Ez 8, 12. Para דַּרְכָּם בְּרֹאשָׁם נָתַתִּי (9, 10 y 11, 21-22), cf. 1 Rey 8, 32.

Mientras Dios ha estado conversando con el profeta, los siete ángeles han realizado su labor, y en Ez 9, 11 su jefe vuelve donde Yahvé con el anuncio de que sus órdenes han sido realizadas. Él habla así solamente en su propio nombre. De esa manera, el primer acto del juicio se le revela al profeta en una representación figurativa. El siguiente acto comienza en el próximo capítulo.

3. Ez 10, 1-22. Incendio de Jerusalén. La Gloria se aleja del Santuario

Este capítulo se divide en dos secciones. En Ez 10, 1-8 se le muestra al profeta la forma en que Jerusalén será quemada con fuego. En 10, 9-22 se le muestra cómo Yahvé abandonará su templo

10, 1-8. El profeta arroja carbones de fuego sobre Jerusalén

וָאֶרְאֶ֗ה וְהִנֵּ֤ה אֶל־הָרָקִ֙יעַ֙ אֲשֶׁר֙ עַל־רֹ֣אשׁ הַכְּרֻבִ֔ים כְּאֶ֣בֶן סַפִּ֑יר כְּמַרְאֵ֞ה דְּמ֥וּת כִּסֵּ֖א נִרְאָ֥ה עֲלֵיהֶֽם׃
וַיֹּ֜אמֶר אֶל־הָאִ֣ישׁ ׀ לְבֻ֣שׁ הַבַּדִּ֗ים וַיֹּ֡אמֶר בֹּא֩ אֶל־בֵּינ֨וֹת לַגַּלְגַּ֜ל אֶל־תַּ֣חַת לַכְּר֗וּב וּמַלֵּ֨א חָפְנֶ֤יךָ גַֽחֲלֵי־אֵשׁ֙ מִבֵּינ֣וֹת לַכְּרֻבִ֔ים וּזְרֹ֖ק עַל־הָעִ֑יר וַיָּבֹ֖א לְעֵינָֽי׃
וְהַכְּרֻבִ֗ים עֹֽמְדִ֛ים מִימִ֥ין לַבַּ֖יִת בְּבֹא֣וֹ הָאִ֑ישׁ וְהֶעָנָ֣ן מָלֵ֔א אֶת־הֶחָצֵ֖ר הַפְּנִימִֽית׃
וַיָּ֤רָם כְּבוֹד־יְהוָה֙ מֵעַ֣ל הַכְּר֔וּב עַ֖ל מִפְתַּ֣ן הַבָּ֑יִת וַיִּמָּלֵ֤א הַבַּ֙יִת֙ אֶת־הֶ֣עָנָ֔ן וְהֶֽחָצֵר֙ מָֽלְאָ֔ה אֶת־נֹ֖גַהּ כְּב֥וֹד יְהוָֽה׃
וְקוֹל֙ כַּנְפֵ֣י הַכְּרוּבִ֔ים נִשְׁמַ֕ע עַד־הֶחָצֵ֖ר הַחִֽיצֹנָ֑ה כְּק֥וֹל אֵל־שַׁדַּ֖י בְּדַבְּרֽוֹ׃
וַיְהִ֗י בְּצַוֹּת֞וֹ אֶת־הָאִ֣ישׁ לְבֻשׁ־הַבַּדִּ֣ים לֵאמֹ֔ר קַ֥ח אֵשׁ֙ מִבֵּינ֣וֹת לַגַּלְגַּ֔ל מִבֵּינ֖וֹת לַכְּרוּבִ֑ים וַיָּבֹא֙ וַֽיַּעֲמֹ֔ד אֵ֖צֶל הָאוֹפָֽן׃
וַיִּשְׁלַ֤ח הַכְּרוּב֙ אֶת־יָד֔וֹ מִבֵּינ֥וֹת לַכְּרוּבִ֖ים אֶל־הָאֵ֑שׁ אֲשֶׁר֙ בֵּינ֣וֹת הַכְּרֻבִ֔ים וַיִּשָּׂא֙ וַיִּתֵּ֔ן אֶל־חָפְנֵ֖י לְבֻ֣שׁ הַבַּדִּ֑ים וַיִּקַּ֖ח וַיֵּצֵֽא׃
וַיֵּרָ֖א לַכְּרֻבִ֑ים תַּבְנִית֙ יַד־אָדָ֔ם תַּ֖חַת כַּנְפֵיהֶֽם׃

¹ Miré, y vi que sobre la bóveda que estaba sobre la cabeza de los querubines había como una piedra de zafiro, que tenía el aspecto de un trono que apareció sobre ellos. ² Habló al hombre vestido de lino, y le dijo: Entra en medio de las ruedas debajo de los querubines, llena tus manos de carbones encendidos de entre los querubines y espárcelos sobre la ciudad. Y entró a vista mía. ³ Los querubines estaban a la mano derecha de la casa cuando este hombre entró; y la nube llenaba el atrio de adentro.
⁴ Entonces la gloria de Yahvé se elevó de encima del querubín hacia el umbral de la puerta; la casa se llenó de la nube y el atrio se llenó del resplandor de la gloria de Yahvé.
⁵ Y el estruendo de las alas de los querubines se oía hasta el atrio de afuera, como la voz del Dios omnipotente cuando habla. ⁶ Aconteció, pues, que al mandar al hombre vestido de lino, diciendo: Toma fuego de entre las ruedas, de entre los querubines, él entró y se detuvo entre las ruedas.
⁷ Un querubín extendió su mano de en medio de los querubines al fuego que estaba entre ellos, y tomó de él y lo puso en las manos del que estaba vestido de lino, el cual lo tomó y salió. ⁸ Y apareció en los querubines la figura de una mano de hombre debajo de sus alas.

Ez 10, introduce la descripción del Segundo acto del juicio. Según Ez 9, 3, Yahvé había bajado de su trono, que estaba sobre querubines, al umbral del templo para dirigir desde allí sus órdenes para el juicio sobre los habitantes de la ciudad de Jerusalén. Y según 10, 4 él se va de allí una vez más, abandonando el mismo edificio del templo. De un modo consecuente, él ha retomado su lugar sobre los querubines.

Así lo expresa Ez 10, 1, pero no con muchas palabras, sino de un modo indirecto, o por implicación. Ezequiel ve la teofanía, y sobre el firmamento, encima de los querubines, descubre una piedra de zafiro, y contempla la semejanza de un trono sobre el que aparece Yahvé. A fin de no dar demasiada preeminencia a la aparición de Yahvé en su forma humana, Ezequiel tampoco habla aquí de la forma de Yahvé, sino simplemente de su trono, que él describe de la misma manera que en Ez 1, 26.

אל está aquí en lugar de על, conforme al uso posterior del lenguaje. No se puede tomar pues la palabra אל en su sentido literal, como hace Kliefoth, traduciendo así las palabras: "Ezequiel vio que se movía hacia el firmamento", porque el objeto de וָאֶרְאֶה וְהִנֵּה no es יהוה, o כבוד, sino la forma del trono resplandeciente como piedra de zafiro, viendo así el mismo trono". Este trono no se había separado del firmamento sobre los querubín, pero Yahvé, o la gloria de Yahvé (cf. 9, 3) se había elevado del querubín y se había trasladado al umbral del templo.

La כ de delante de מראה no debe borrarse, como propone Hitzig, según los LXX, partiendo del hecho de que ella no aparece en Ez 1, 26; esa partícula es aquí muy apropiada. Porque las palabas no afirman que Ezequiel vio la semejanza de un trono como piedra de zafiro, sino que el vio algo como una piedra de zafiro, como la apariencia de la forma de un trono. Ezequiel no ve a Yahvé, ni la gloria de Yahvé, moverse del firmamento y volver entonces al trono. Lo que él ve es simplemente la semejanza de un trono sobre el firmamento, y el Señor apareciendo allí. Esto último está indicado en נִרְאָה עֲלֵיהֶם.

Estas palabras no han de tomarse en conexión con כְּמַרְאֵה, formando una sentencia con esa palabra. Pero ellas se encuentran de hecho muy separadas por el *atnach* debajo de כִּסֵּא, cosa que nos sitúa ante una afirmación independiente. Ciertamente, el sujeto de נִרְאָה podría ser כִּסֵּא דְּמוּת, la semejanza de un trono sobre los querubines; pero en ese caso las palabras no serían más que una tautología, pues el hecho de que el trono resulta visible ha aparecido ya mencionado en la frase anterior. El sujeto ha de ser por tanto Yahvé, como en el caso de ויאמר de Ez 10, 2, donde no hay ninguna duda sobre el caso.

Yahvé ha vuelto a cambiar el lugar del trono, pero no con la finalidad de colocarlo a una gran distancia porque los atrios del templo han sido manchados por los cuerpos de los muertos (Hitzig), sino porque el objeto por el que había descendido al umbral del templo ya se ha cumplido. Así, él manda ahora al hombre vestido de lino blanco que vaya al centro de las ruedas, bajo los querubines y que llene su mano con los carbones ardientes, para arrojarlos sobre la ciudad (Jerusalén). Así lo hizo este hombre (el ángel medidor), y Ezequiel pudo verlo.

Según eso, da la impresión de que ha sido Yahvé el que proclamado el mandato, desde su mismo trono. Pero si comparamos este pasaje con lo que sigue, es evidente por Ez 10, 4 que la gloria de Yahvé ha subido de nuevo del trono, y se ha puesto otra vez en el umbral del templo, de manera que no ha dejado ese lugar (en el umbral del templo), hasta que el hombre de la vestidura blanca ha arrojado los carbones ardientes sobre la ciudad, abandonando luego el templo y subiendo una vez más hasta el trono, encima de los querubines y abandonando entones el templo (10, 18). Según eso, partiendo del contexto de Ez 10, 2-7, resulta claro que Yahvé solo ha podido proclamar su mandato de destrucción desde el umbral del templo, no desde el trono de su altura (lo mismo que en Ez 9, 3).

Así puede y debe interpretarse el texto, pues 10, 2 contiene un sumario de todo lo que sigue en esta sección, de forma que 10, 3-7 ofrece una serie de explicaciones más minuciosas, con cláusulas circunstanciales que arrojan luz sobre todo el tema. Esto es obvio en 10, 3, por la forma de presentarse la frase, lo mismo que en 10, 4-5. En esa línea, en 10, 6-7 se retoma y cumple el mandato de 10, 2, como supone ya el texto (וַיָּבֹא לְעֵינָי: y entró ante mi vista), un tema que se describe y desarrolla de manera más minuciosa en las últimas palabras de 10, 7 (וַיִּקַּח וַיֵּצֵא: lo tomó y salió; es decir, tomó el fuego de entre lascuatro ruedas de los querubines).

El ángel fue entre las ruedas y tomó los carbones del fuego que allí ardían, y los arrojó sobre la ciudad. "Éste es el fuego de Dios, el fuego de su ira, el fuego que arderá para consumir la ciudad" (Kliefoth). A fin de pintar la escena de una manera más precisa, Ezequiel observa en 10, 3 que en ese momento el querubín estaba a la derecha de la casa, es decir, al sur o sudeste de la casa del templo, al sur del altar del incienso.

Conforme al uso hebreo, la parte derecha es la del sur, y el profeta estaba en el patio interior, es decir, en el lugar en el que, según Ez 8, 16, le había tomado la gloria divina, mientras que, según 9, 2, los siete ángeles habían ido al frente del altar para recibir los mandamientos del Señor. De un modo consiguiente, debemos imaginarnos la escena como sigue: Los querubines aparecen en el entorno del altar y después se colocan en la parte sur del mismo altar, cuando el Señor vuelve al umbral del templo.

La razón para indicar eso no ha de verse, como supone Calvino, en el deseo de mostrar que el camino se hallaba abierto para que el ángel fuera directamente hasta Dios, y que los querubines estuvieran allí dispuestos para cumplir su tarea. Al contrario, la posición en que aparecen los querubines está relacionada más bien con el relato que sigue en 10, 9-22, donde se mostrará la forma en que la Gloria de Dios se aleja del templo. Con esta finalidad, para indicar el significado de ese alejamiento de la Gloria de Dios, se describe su manifestación en 10, 3-5.

La nube, como vehículo terreno de la gloria divina, llenaba el patio interior del templo. Y cuando la gloria de Dios se detuvo sobre el umbral, ella llenaba también el templo, de manera que el patio se hallaba lleno del esplendor de la gloria divina. Esto significa que el brillo de la naturaleza divina brillaba a través de la nube, de manera que el patio y el templo se hallaban iluminados por el resplandor de la nube luminosa. Ese resplandor brillante era un símbolo de la luz de la divina gracia. Las alas de los querubines batieron de forma que el movimiento de Dios (1, 24) resultaba audible incluso en el patio exterior.

Después de la manifestación gloriosa de la doxa o gloria divina, se describe de una manera más minuciosa el gesto de tomar los carbones encendidos de entre las ruedas que estaban bajo los querubines en 10, 6-7. Una mano del querubín tomó los carbones ardientes de fuego y los puso en las manos del hombre vestido de lino blanco. A esto se añade una indicación suplementaria en Ez 10, 8, indicando la figura de la mano del ángel de las medidas, que tomó las brasas de fuera de debajo de los querubines, debajo de sus alas. La palabra וַיֵּצֵא, y salió, indica que ese ángel (el hombre vestido de lino blanco) arrojó los carbones sobre la ciudad, para incendiarla y consumirla.

10, 9-22. La Gloria del Señor abandona el templo

⁹ וָאֶרְאֶה וְהִנֵּה אַרְבָּעָה אוֹפַנִּים אֵצֶל הַכְּרוּבִים אוֹפַן אֶחָד אֵצֶל הַכְּרוּב אֶחָד וְאוֹפַן אֶחָד אֵצֶל הַכְּרוּב הָאֶחָד וּמַרְאֵה הָאוֹפַנִּים כְּעֵין אֶבֶן תַּרְשִׁישׁ׃
¹⁰ וּמַרְאֵיהֶם דְּמוּת אֶחָד לְאַרְבַּעְתָּם כַּאֲשֶׁר יִהְיֶה הָאוֹפַן בְּתוֹךְ הָאוֹפָן׃
¹¹ בְּלֶכְתָּם אֶל־אַרְבַּעַת רִבְעֵיהֶם יֵלֵכוּ לֹא יִסַּבּוּ בְּלֶכְתָּם כִּי הַמָּקוֹם אֲשֶׁר־יִפְנֶה הָרֹאשׁ אַחֲרָיו יֵלֵכוּ לֹא יִסַּבּוּ בְּלֶכְתָּם׃
¹² וְכָל־בְּשָׂרָם וְגַבֵּהֶם וִידֵיהֶם וְכַנְפֵיהֶם וְהָאוֹפַנִּים מְלֵאִים עֵינַיִם סָבִיב לְאַרְבַּעְתָּם אוֹפַנֵּיהֶם׃
¹³ לָאוֹפַנִּים לָהֶם קוֹרָא הַגַּלְגַּל בְּאָזְנָי׃
¹⁴ וְאַרְבָּעָה פָנִים לְאֶחָד פְּנֵי הָאֶחָד פְּנֵי הַכְּרוּב וּפְנֵי הַשֵּׁנִי פְּנֵי אָדָם וְהַשְּׁלִישִׁי פְּנֵי אַרְיֵה וְהָרְבִיעִי פְּנֵי־נָשֶׁר׃
¹⁵ וַיֵּרֹמּוּ הַכְּרוּבִים הִיא הַחַיָּה אֲשֶׁר רָאִיתִי בִּנְהַר־כְּבָר׃
¹⁶ וּבְלֶכֶת הַכְּרוּבִים יֵלְכוּ הָאוֹפַנִּים אֶצְלָם וּבִשְׂאֵת הַכְּרוּבִים אֶת־כַּנְפֵיהֶם לָרוּם מֵעַל הָאָרֶץ לֹא־יִסַּבּוּ הָאוֹפַנִּים גַּם־הֵם מֵאֶצְלָם׃
¹⁷ בְּעָמְדָם יַעֲמֹדוּ וּבְרוֹמָם יֵרוֹמּוּ אוֹתָם כִּי רוּחַ הַחַיָּה בָּהֶם׃
¹⁸ וַיֵּצֵא כְּבוֹד יְהוָה מֵעַל מִפְתַּן הַבָּיִת וַיַּעֲמֹד עַל־הַכְּרוּבִים׃
¹⁹ וַיִּשְׂאוּ הַכְּרוּבִים אֶת־כַּנְפֵיהֶם וַיֵּרוֹמּוּ מִן־הָאָרֶץ לְעֵינַי בְּצֵאתָם וְהָאוֹפַנִּים לְעֻמָּתָם וַיַּעֲמֹד פֶּתַח שַׁעַר בֵּית־יְהוָה הַקַּדְמוֹנִי וּכְבוֹד אֱלֹהֵי־יִשְׂרָאֵל עֲלֵיהֶם מִלְמָעְלָה׃
²⁰ הִיא הַחַיָּה אֲשֶׁר רָאִיתִי תַּחַת אֱלֹהֵי־יִשְׂרָאֵל בִּנְהַר־כְּבָר וָאֵדַע כִּי כְרוּבִים הֵמָּה׃
²¹ אַרְבָּעָה אַרְבָּעָה פָנִים לְאֶחָד וְאַרְבַּע כְּנָפַיִם לְאֶחָד וּדְמוּת יְדֵי אָדָם תַּחַת כַּנְפֵיהֶם׃
²² וּדְמוּת פְּנֵיהֶם הֵמָּה הַפָּנִים אֲשֶׁר רָאִיתִי עַל־נְהַר־כְּבָר מַרְאֵיהֶם וְאוֹתָם אִישׁ אֶל־

⁹ *Miré, y vi cuatro ruedas junto a los querubines, junto a cada querubín una rueda; y el aspecto de las ruedas era como de crisólito.* ¹⁰ *En cuanto a su apariencia, las cuatro eran de una misma estructura, como si estuviera una en medio de otra.*

¹¹ *Cuando andaban, hacia los cuatro frentes andaban; no se volvían cuando andaban, sino que al lugar adonde se volvía la primera, en pos de ella iban; no se volvían cuando andaban.* ¹² *Todo su cuerpo, sus espaldas, sus manos, sus alas y las ruedas, todo estaba lleno de ojos alrededor de sus cuatro ruedas.* ¹³ *A las ruedas, oyéndolo yo, se les gritaba: ¡Rueda!.* ¹⁴ *Cada uno tenía cuatro caras: la primera era un rostro de querubín, y la segunda, de hombre; la tercera era una cara de león, y la cuarta una cara de águila.*

¹⁵ *Se elevaron los querubines; este es el ser viviente que vi en el río Quebar.* ¹⁶ *Cuando andaban los querubines, andaban las ruedas junto con ellos; y cuando los querubines alzaban sus alas para elevarse de la tierra, las ruedas tampoco se separaban de ellos.* ¹⁷ *Cuando se detenían ellos, ellas se detenían, y cuando ellos se elevaban, se elevaban con ellos; porque el espíritu de los seres vivientes estaba en ellas.*

¹⁸ *Entonces la gloria de Yahvé se elevó de sobre el umbral de la casa, y se puso sobre los querubines.* ¹⁹ *Y alzando los querubines sus alas, se elevaron de la tierra ante mis ojos. Cuando ellos salieron, también las ruedas se elevaron al lado de ellos, y se detuvieron a la entrada de la puerta oriental de la casa de Yahvé; y la gloria del Dios de Israel estaba por encima, sobre ellos.*

²⁰ *Estos eran los mismos seres vivientes que vi debajo del Dios de Israel junto al río Quebar, y me di cuenta de que eran querubines.* ²¹ *Cada uno tenía cuatro caras y cada uno cuatro alas, y figuras de manos humanas debajo de sus alas.* ²² *La semejanza de sus rostros era la de los rostros que vi junto al río Quebar, su misma apariencia y su ser; cada uno caminaba derecho hacia adelante.*

Con las palabras "miré y vi" comienza una nueva escena de la visión. La descripción de la aparición de los querubines en estos versos coincide casi al pie de la letra con la teofanía de Ez 1, pero difiere en la alteración de algunos de sus rasgos y también en la introducción de otros, que sirven para completar el relato anterior; y, sobre todo, difiere en la inserción de varias secuencias narrativas que nos recuerdan que no estamos ante una simple repetición de la escena anterior.

Esto no es una repetición de lo visto en Ez 1, sino que Ezequiel está introduciendo aquí el movimiento de la aparición de la gloria de Yahvé desde el patrio interior o porche del templo a la entrada exterior de la puerta oriental del patio exterior. En otras palabras, está describiendo la salida de la Gloria de Dios, abandonando su presencia gratuita, en el templo. Pues bien, a fin de indicar de un modo más preciso la importancia y significado de este acontecimiento, él describe una vez más los rasgos distintivos de la teofanía en cuanto tal. Las sentencias narrativas se encuentran en 10,13. 15. 18 y 10, 19.

En Ez 10, 13 hallamos la exclamación dirigida a las ruedas del lado de los querubines, para que se pongan en movimiento. En 10, 15 aparece la afirmación de que los querubines ascendieron, y en 10, 18-19 se narra la salida de la gloria de Dios de la parte interior del templo. A esto podemos añadir la indicación varias veces repetida de que se trata de la misma aparición que el profeta había visto en el río Qebar (Ez 10, 15. 20. 22).

Para indicar más claramente la independencia de estas manifestaciones divinas y su significado para Israel, Ezequiel repite los rasgos principales de la descripción anterior de Ez 1, pero con elementos nuevos. De esa forma, él quiere indicar que estas observaciones están subordinadas a los pensamientos que se expresan en las sentencias narrativas, o las coloca como introducción a ellas, o las pone al fin, como explicaciones posteriores.

Así, por ejemplo, la descripción de las ruedas y la manera en que ellas se mueven (Ez 10, 9-12) sirve para introducir y explicar la llamada a las ruedas, para que ellas mismas se pongan en movimiento. La descripción de las ruedas en 10, 9-11 concuerda con la de 1, 16-17, pero con la excepción de algunos puntos, que aparecen aquí con mayor exactitud. Así se afirma, por ejemplo, que el movimiento de las ruedas estaba regulado de tal forma que, al moverse una en una dirección se movían también las otras. הרקש, la cabeza, no es la rueda de cabeza, ni la rueda que era la primera en moverse, sino aquella que se ponía primero en movimiento, arrastrando a las demás y determinando su dirección.

Sobre 10, 12, en relación con el hecho de que las ruedas estaban cubiertas de ojos, cf. 1, 18. En 10, 12 aparecen, sin embargo, importantes adiciones, indicando que todo el cuerpo de los querubines, delante y detrás, lo mismo que sus manos y alas estaban llenos de ojos. No hay razón alguna para poner en duda o rechazar ese añadido, como hace Hitzig, quitándolo de un modo arbitrario, dado que la misma afirmación está en perfecta armonía con toda la visión.

Por otra parte, el significado de los ojos en relación con las ruedas se encuentra en perfecta armonía con el conjunto, de manera que el sentido de esos ojos no solo resultaba apropiado para los querubines, sino que era necesario en esos contextos, para indicar así la presencia de Dios en todos los acontecimientos. Resulta obvio que los sufijos de בְּשָׂרָם וְגַבֵּהֶם etc. se refieren a los querubines, pues las ruedas se encuentran a los lados de los querubines (10, 9), que forman el rasgo esencial de la visión.

Ez 10, 13 no remite a 10, 2, ni forma la conclusión de lo referente a las ruedas, como supone Hitzig. Esta suposición, por la que se oscurece toda la descripción anterior, se funda en la traducción inaceptable: "y las ruedas que nombraron ante mis oídos rodaron..." (J. D. Michaelis, Rosenmüller, etc.).

Hävernick ha presentado ya la objeción de que, con esta traducción, בְּאָזְנַי se convierte en una adición sin significado alguno; pues bien, es precisamente esta adición la que muestra que קוֹרָא se utiliza aquí en el sentido de dirigirse, llamar, no de nombrar. Alguien se dirige a las ruedas (הַגַּלְגַּל) y les dice que rueden, es decir, que verifiquen y realicen su movimiento, poniéndose a rodar. Esta es la explicación que ha dado Teodoreto: ἀνακυκλεῖσθαι καὶ ἀνακινεῖσθαι προσετάχθησαν. Es decir, se les dio la orden de ajustarse y ponerse en movimiento; de esa forma, de un modo correspondiente se narra el ascenso de los querubines en 10, 16-17, indicando que las ruedas se movían de acuerdo con el movimiento de los mismos querubines.

לְאֶחָד, sin artículo, se utiliza de un modo distributivo (cada uno), como en 1, 6 y 1, 10. El hecho de que en la descripción que sigue solo se aluda a un rostro de cada uno de los querubines, no va en contra de 1, 10, donde se dice que cada uno de los querubines tenía cuatro rostros. En nuestro caso, Ezequiel no tiene por qué nombrar los cuatro rostros de cada uno de los querubines, sino que le ha parecido suficiente nombrar solo un rostro de cada querubín, el que estaba dirigido hacia él.

El único rasgo chocante viene dado cuando se dice que el rostro de un querubín, es decir, del primero, era el rostro de un querubín, y no el de un toro, porque los cuatro rostros de los querubines eran de hombre, león, águila y toro (1, 10). Podemos resolver la dificultad diciendo que se trata de error del copista, pero con eso no la arreglamos, porque resulta inexplicable la forma en que הַכְּרוּב (el querubín) pudo haberse derivado de שׁוֹר (toro) por un error de copista; y resulta aún más difícil que no se hubiera querido corregir un error tan fácil de ver de corregir, a lo largo de la tradición textual.

Por otra parte, en la palabra הַכְּרוּב, tenemos el artículo, que hubiera sido inexplicable en el caso de que se hubiera originado por un descuido. Pues bien, precisamente ese artículo nos ofrece la posibilidad de encontrar la solución correcta al problema, indicándonos que no se trataba de uno de los cuatro querubines sin más, sino de un querubín particular, que resultaba bien conocido por lo anterior, o que ocupaba un puesto más importante que los otros. Éste es el querubín mencionado en 10, 7, el que había tomado los carbones de fuego de entre las ruedas, aquel que estaba más cerca de Ezequiel. Por eso, él no pensó que fuera necesario describir su rostro de un modo preciso, como podemos ver por comparación con 1, 10.

En 10, 15, el hecho de que los querubines comenzaron a salir de su lugar está seguido por la indicación de que la figura del querubín era la del viviente (הַחַיָּה, en singular, como en 1, 22) que Ezequiel había visto junto al Qebar. Éste era un dato muy importante para establecer la identidad de las dos teofanías, con la ayuda de una comprensión exacta de su significado real. Pero antes de que se ponga fin a la teofanía del templo, en 10, 16-17 se ofrece una descripción más concreta de los movimientos armónicos de las ruedas de los querubines (cf. 1, 19-21).

Entonces, en 10, 18, se añade la afirmación de mayor importancia práctica: que la gloria de Yahvé salió del umbral del templo, aludiéndose de nuevo al trono sobre los querubines. Finalmente, en 10, 19 se afirma que la gloria del Dios de Israel, sentado sobre su trono, abandonó su lugar a la entrada de la puerta oriental del templo. La entrada de esta puerta no es la de la puerta del templo interior, sino la que está al lado exterior del atrio exterior, que formaba la entrada principal de todo el conjunto del espacio del templo.

La expresión "Dios de Israel" en vez de Yahvé tiene su importancia, y se utiliza para indicar que el mismo Dios, el Dios de la alianza, abandonaba el templo; no se separaba de toda la nación de la alianza, sino del Israel rebelde que habita en Jerusalén y en Judá. La misma gloria de Dios que abandonaba el templo en la visión, ante los ojos de Ezequiel, se había aparecido al profeta junto al río Qebar, llamándole a ser profeta de Israel, y de esa manera se le había mostrado como el Dios que mantiene su alianza, mostrando así que, al juzgar a esta generación corrompida, él deseaba solo exterminar a los impíos y crear para sí un pueblo nuevo y santo. Éste es el significado de la indicación (repetida en 10, 20-22) que aquel que abandonó el templo es el mismo al que Ezequiel había visto junto a río Qebar, reconociendo además a los seres que estaban bajo el trono como querubines.

4. Ez 11, 1-25. Amenaza de juicio y promesa de misericordia

Este capítulo contiene la parte final de la visión. En primer lugar, la predicción de la destrucción de los gobernantes impíos (Ez 11, 1-13). En segundo lugar, la promesa consoladora y conclusiva de que el Señor reunirá para sí mismo un pueblo a partir de aquellos que han sido llevados al exilio, y les santificará por su Espíritu Santo (11, 14-21); y en tercer lugar, la salida de la presencia gratuita de Dios de Jerusalén, y el retorno del profeta, llevado otra vez a Caldea, con la terminación de su éxtasis (11, 22-25).

11, 1-4. Estos son los hombres que maquinan perversidad

וַתִּשָּׂא אֹתִי רוּחַ וַתָּבֵא אֹתִי אֶל־שַׁעַר בֵּית־יְהוָה הַקַּדְמוֹנִי הַפּוֹנֶה קָדִימָה וְהִנֵּה בְּפֶתַח הַשַּׁעַר עֶשְׂרִים וַחֲמִשָּׁה אִישׁ וָאֶרְאֶה בְתוֹכָם אֶת־יַאֲזַנְיָה בֶן־עַזֻּר וְאֶת־פְּלַטְיָהוּ בֶן־בְּנָיָהוּ שָׂרֵי הָעָם: פ
² וַיֹּאמֶר אֵלָי בֶּן־אָדָם אֵלֶּה הָאֲנָשִׁים הַחֹשְׁבִים אָוֶן וְהַיֹּעֲצִים עֲצַת־רָע בָּעִיר הַזֹּאת:
³ הָאֹמְרִים לֹא בְקָרוֹב בְּנוֹת בָּתִּים הִיא הַסִּיר וַאֲנַחְנוּ הַבָּשָׂר:
⁴ לָכֵן הִנָּבֵא עֲלֵיהֶם הִנָּבֵא בֶּן־אָדָם:

¹ El espíritu me elevó y me llevó a la puerta oriental de la casa de Yahvé, la cual mira hacia el oriente; y he aquí, a la entrada de la puerta, veinticinco hombres, entre los cuales vi a Jazanías hijo de Azur, y a Pelatías hijo de Benaía, jefes del pueblo. ² Me dijo: Hijo de hombre, estos son los hombres que maquinan perversidad y dan en esta ciudad mal consejo. ³ Ellos dicen: No será tan pronto; edifiquemos casas; esta será la olla, y nosotros la carne. ⁴ Por tanto, profetiza contra ellos, ¡profetiza, hijo de hombre!.

Una vez más, Ezequiel es transportado del atrio interior (8, 16) a la entrada exterior, de la puerta oriental del templo (וַתִּשָּׂא אֹתִי רוּחַ, como en 8, 3), a la que se ha movido la visión de Dios (cf. 10, 19), viendo allí a veinticinco hombre, y entre ellos a dos de los príncipes de la nación, cuyos nombres se citan.

Estos veinticinco no son los veinticinco sacerdotes mencionados en Ez 8, 16, como supone Hävernick. Esto resulta evidente no solo por la diferencia de localidad, pues los sacerdotes estaban entre el pórtico y el altar, mientras que los hombres a los que se alude aquí se encuentran en la parte exterior de la entrada al patio del templo, sino por el hecho de que hay dos a quienes se llama príncipes del pueblo (שָׂרֵי הָעָם), de lo que podemos deducir que los veinticinco son probablemente jefes seculares de la nación.

La opinión de Hävernick, según la cual ese término (שָׂרֵי הָעָם) puede aplicarse también a los jefes de los sacerdotes resulta errónea, pues ese nombre de príncipes se aplica solo a príncipes seculares del pueblo (también en Esd 8, 20; Neh 10, 1 y Jer 35, 4). Hävernick se equivoca también al suponer que esos veinticinco hombres ocupan ahora el lugar de los setenta mencionados en 8, 11, pues aquellos setenta representaban al conjunto de la nación, mientras que estos veinticinco (según Ez 11, 2) son simplemente los consejeros de la ciudad.

No son los veinticuatro "duces" o dirigentes de las veinticuatro divisiones de la ciudad, más un príncipe de Judá, como supone Prado, partiendo de algunas afirmaciones rabínicas; ni los veinticuatro miembros de un sanedrín, con su presidente (Rosenmüller), sino más bien los doce príncipes de las tribus (principales de la nación) y los doce oficiales reales o comandantes militares (1 Chron 27), a los que se añade el rey, o posiblemente el comandante en jefe del ejército. En otras palabras, estos veinticinco representan el gobierno civil de Israel, lo mismo que los veinticuatro sacerdotes con el Sumo Sacerdote representan la autoridad espiritual de la nación de la alianza.

La razón por la cual se da en especial el nombre de dos resulta oscura, pues no conocemos nada más sobre ellos. Las palabras que Dios dirige al profeta en 11, 2 en relación con ellos se pueden aplicar perfectamente a los representantes de las autoridades civiles o a los jefes temporales de la nación, a la que ellos dirigen de un modo perverso, con su mal consejo. El consejo que ellos dan ha sido descrito en 11, 3 con las palabras que se colocan en sus bocas: "No será tan pronto; edifiquemos casas; esta será la olla, y nosotros la carne".

Esas palabras ofrecen ciertas dificultades de comprensión, de manera que se han dado diversas interpretaciones. La traducción "el juicio no está cerca, edifiquemos casas" no parece correcta, porque el infinitivo constructo בְּנוֹת no puede tomarse como un imperativo o como un infinitivo absoluto, sino que debe ser el sujeto de la sentencia.

Tampoco se puede tomar esta sentencia como una pregunta: ¿No está cerca la construcción de las casas? como si estuviera ciertamente cerca, en la línea de lo que piensa Ewald, siguiendo algunas traducciones antiguas. Ciertamente, en algunos casos, la interrogación puede indicarse con un simple cambio de tono en un mandato enérgico, como en 2 Sam 23, 5; pero eso no puede extenderse a casos en los que se citan palabras de otros. Por otra parte, las palabras לֹא בְקָרוֹב no significan *non est tempus*, no es todavía tiempo, como supone Maurer.

La única manera en la que esas palabras pueden recibir un sentido claro, en armonía con el contexto, es tomándolas como una alusión tácita a Jer 29, 5. Jeremías había pedido a los que estaban en el exilio que edificaran casas en sus lugares de morada y que se prepararan para una estancia larga en el exilio de Babilonia, y que no se dejaran engañar por las palabras de los falsos profetas, que les anunciaban un rápido retorno; porque un severo juicio recaería sobre aquellos que habían permanecido en la tierra.

Esta palabra de Jeremías fue ridiculizada por las autoridades de Jerusalén, que decían "la edificación de la casas no es algo cercano, urgente"; es decir, la edificación de casas en el exilio podía esperar mucho tiempo, y no debería urgirse, porque Jerusalén no caería de un modo permanente ni total en manos del rey de Babilonia. En contra de eso, los adversarios de Ezequiel piensan: Jerusalén es la olla y nosotros, sus habitantes, somos la carne. Éste es el punto de comparación: Así como la olla protege a la carne para que no se queme, así la ciudad de Jerusalén nos protegerá de la destrucción[21].

De todas formas, antes de precisar el sentido de esas palabras, debemos señalar que no se puede aceptar la opinión de los que piensan que ellas contienen también una alusión a otras sentencias de Jeremías, como Jer 1, 13, donde el juicio que ha de llegar desde el norte queda representado por la figura de una olla ardiendo; ni a Jer 19, 1-15, donde Jerusalén aparece como una olla que ha de romperse en pedazos. La referencia de Jer 19, 1-5 alude simplemente a un jarrón de tierra, no a un caldero de comida, y las palabras de nuestro verso no tienen nada en común con la figura de Jer 19, 1-13.

La validez de la explicación que ofreceremos resulta clara tanto por Ez 24, 3.6, donde la figura de un caldero y de carne aparecen de nuevo, aunque aplicadas de un modo diferente, como por la respuesta que Ezequiel da a estos hombres en los versos que siguen (Ez 11, 7-11). El dicho de los adversarios de Ezequiel expresa no solo una falsa confianza en la fuerza de Jerusalén, sino también un despreció fuerte de las predicciones de los profetas enviados por Dios. Según eso, Ezequiel debe profetizar como hace aquí (en 11, 5-12) en contra de este consejo pernicioso, que está confirmando al pueblo en sus pecados.

---

21. "Esta ciudad es una olla, nuestro es nuestro recipiente y defensa, y nosotros somos la carne que está encerrada en ella. Como la carne queda preservada en el caldero hasta que se ha cocido perfectamente, así también nosotros permanecemos en esta ciudad por un tiempo muy largo" (Hülsemann, in Calovius, *Biblia Illustrata*)

11, 5-12. Una olla de muertos

⁵ וַתִּפֹּל עָלַי רוּחַ יְהוָה וַיֹּאמֶר אֵלַי אֱמֹר כֹּה־אָמַר יְהוָה כֵּן
אֲמַרְתֶּם בֵּית יִשְׂרָאֵל וּמַעֲלוֹת רוּחֲכֶם אֲנִי יְדַעְתִּיהָ׃
⁶ הִרְבֵּיתֶם חַלְלֵיכֶם בָּעִיר הַזֹּאת וּמִלֵּאתֶם חוּצֹתֶיהָ חָלָל׃ פ
⁷ לָכֵן כֹּה־אָמַר אֲדֹנָי יְהוִה חַלְלֵיכֶם אֲשֶׁר שַׂמְתֶּם בְּתוֹכָהּ
הֵמָּה הַבָּשָׂר וְהִיא הַסִּיר וְאֶתְכֶם הוֹצִיא מִתּוֹכָהּ׃
⁸ חֶרֶב יְרֵאתֶם וְחֶרֶב אָבִיא עֲלֵיכֶם נְאֻם אֲדֹנָי יְהוִה׃
⁹ וְהוֹצֵאתִי אֶתְכֶם מִתּוֹכָהּ וְנָתַתִּי אֶתְכֶם בְּיַד־זָרִים וְעָשִׂיתִי בָכֶם שְׁפָטִים׃
¹⁰ בַּחֶרֶב תִּפֹּלוּ עַל־גְּבוּל יִשְׂרָאֵל אֶשְׁפּוֹט אֶתְכֶם וִידַעְתֶּם כִּי־אֲנִי יְהוָה׃
¹¹ הִיא לֹא־תִהְיֶה לָכֶם לְסִיר וְאַתֶּם תִּהְיוּ בְתוֹכָהּ לְבָשָׂר
אֶל־גְּבוּל יִשְׂרָאֵל אֶשְׁפֹּט אֶתְכֶם׃
¹² וִידַעְתֶּם כִּי־אֲנִי יְהוָה אֲשֶׁר בְּחֻקַּי לֹא הֲלַכְתֶּם וּמִשְׁפָּטַי לֹא
עֲשִׂיתֶם וּכְמִשְׁפְּטֵי הַגּוֹיִם אֲשֶׁר סְבִיבוֹתֵיכֶם עֲשִׂיתֶם׃

⁵ *Vino sobre mí el espíritu de Yahvé y me dijo: Di: Así ha dicho Yahvé: Así habéis hablado, casa de Israel, y las cosas que suben a vuestro espíritu yo las he entendido.* ⁶ *Habéis multiplicado vuestros muertos en esta ciudad; habéis llenado de muertos sus calles.* ⁷ *Por tanto, así ha dicho Yahvé, el Señor: Vuestros muertos que habéis puesto en medio de ella, ellos son la carne y ella es la olla; pero yo os sacaré a vosotros de en medio de ella.* ⁸ *A la espada habéis temido, y la espada traeré sobre vosotros, dice Yahvé, el Señor.* ⁹ *Os sacaré de en medio de ella, os entregaré en manos de extraños y haré juicios entre vosotros.* ¹⁰ *A espada caeréis; en los límites de Israel os juzgaré, y sabréis que yo soy Yahvé.* ¹¹ *La ciudad no os será por olla ni vosotros seréis la carne en medio de ella; en los límites de Israel os juzgaré.* ¹² *Y sabréis que yo soy Yahvé; porque no habéis andado en mis estatutos ni habéis obedecido mis decretos, sino que habéis hecho según las costumbres de las naciones que os rodean.*

Para וַתִּפֹּל עָלַי, cf. 8, 1. En vez de la mano (8, 1), aquí se menciona el Espíritu de Yahvé, porque lo que sigue es simplemente una inspiración divina, y no hay acción conectada con ella. Las palabras de Dios se dirigen en contra de la casa de Israel, cuyas palabras y pensamientos son discernidos por Dios, porque los veinticinco hombres ya citados eran los líderes y consejeros de la nación.

מַעֲלוֹת son los pensamientos, sugestiones de la mente, y puede entenderse desde la frase עלה על לב, venir a la mente (=corazón). Sus acciones contienen la prueba de las malas sugestiones de su corazón. Ellos han llenado la ciudad con asesinato, pero no se trata aquí de "convertir las calles de la ciudad en un campo de batalla", como en el tiempo de Jeconías, cuando estaba en juego la toma de la ciudad. Estas palabras han de entenderse de un modo distinto, con el significado de asesinato, en el sentido estricto y más amplio de la palabra[22].

---

22. Calvino ha ofrecido una buena explicación: "Esto no significa que los hombres han cometido abiertamente asesinatos en las calles de Jerusalén; con estas palabras se está aludiendo más

מלחים es un error de copista en vez de מְלֵאתֶם. Aquellos que han sido *asesinados por vosotros* son la carne en el caldero (11, 7). De esa forma responde Ezequiel a los que utilizaban ese lenguaje en 11, 3. Ese es un lenguaje que contiene una verdad indudable, pero en un sentido diferente al que le atribuyen los malvados de Jerusalén.

A través de su derramamiento de sangre ellos habían convertido la ciudad en un caldero donde se cuece la carne asesinada. Solo en ese sentido puede tomarse Jerusalén como un caldero; pero no para proteger la carne de quemarse cuando se cuece, sino para arrojar en ese caldero la carne de los asesinados. Pero incluso en ese sentido Jerusalén no servirá como un caldero para esos consejeros inútiles (11, 11).

El texto sigue diciendo que "ellos (los malos consejeros) os sacarán de la ciudad (הוֹצִיא, en 11, 7, como tercera persona del singular con un sujeto indefinido). La espada a la que tenéis miedo y de la que la ciudad debía protegeros, vendrá sobre vosotros y os matará, pero no en Jerusalén, sino en las fronteras de Israel. אֶל־גְּבוּל, en 11, 10 no puede tomarse en el sentido de "más allá de las fronteras", como propone Kliefoth, pues lo impide el sinónimo de גְּבוּל que aparece en 11, 11.

Esta promesa se cumplió literalmente en la gran matanza de Ribla (Jer 52, 24-27). No se trata, sin embargo, de un *vaticinium ex eventu* (vaticinio después de haber sucedido), sino que contiene un pensamiento general: El malvado que se envanece de la seguridad de Jerusalén o de la tierra de Israel en su conjunto, será llevado fuera de esa tierra y juzgado en sus fronteras. Esta amenaza intensifica el castigo, tal como Calvino había indicado[23].

En 11, 11, la negación (לֹא) de la primera frase ha de ser suplida en la segunda, como por ejemplo en Dt 33, 6. Para Ez 11, 12, cf. las observaciones ya hechas para 5, 7. La verdad y el poder de esta palabra se demuestran una vez más por lo que se dice en el verso siguiente.

11, 13. La muerte de Peletías

[13] וַיְהִי כְּהִנָּבְאִי וּפְלַטְיָהוּ בֶן־בְּנָיָה מֵת וָאֶפֹּל עַל־פָּנַי וָאֶזְעַק קוֹל־גָּדוֹל וָאֹמַר אֲהָהּ אֲדֹנָי יְהוִה כָּלָה אַתָּה עֹשֶׂה אֵת שְׁאֵרִית יִשְׂרָאֵל: פ

---

bien a todo tipo de injusticias. Porque nosotros sabemos que todos los que oprimen a los pobres, los que roban a los hombres sus posesiones, los que derraman sangre inocente son asesinos ante los ojos de Dios".

23. Asi dice Calvino: "Ellos temen un doble castigo: Primero, Dios les expulsará de Jerusalén, donde ellos tenían sus deleites, y donde aseguraban que vivirían por mucho tiempo; en esa línea, el exilio será su primer castigo. Pero después se añade un segundo castigo: No contento con mandarles al exilio, Dios les enviará aún un castigo más severo, después que hayan sido arrojados fuera, después que la ciudad y la tierra les haya escupido, como basura que ella no podía soportar. Es decir, fuera de la tierra santa, cuando la maldición de Dios se muestre en el exilio, entonces vendrá sobre ellos un castigo aún más formidable".

Visión de la destrucción de Jerusalén

¹³ Y aconteció que mientras yo profetizaba, aquel Pelatías hijo de Benaía, murió. Entonces me postré rostro a tierra y clamé a gran voz, y dije: ¡Ah, Señor, Yahvé!, ¿destruirás del todo al resto de Israel?

La muerte repentina de uno de los príncipes de nación, mientras Ezequiel estaba profetizando, tenía como finalidad asegurar a la casa de Israel el cumplimiento seguro de esa palabra de Dios. De todas formas, en cuanto al hecho mismo, debemos recordar que Ezequiel estaba en Jerusalén en espíritu, y profetizaba a hombres a los que él veía solo en Espíritu, de tal manera que la muerte de Pelatías fue simplemente una parte de la visión, y según toda probabilidad sucedió de hecho, en el sentido en que este príncipe murió de repente después de la publicación de esta visión.

Pues bien, ese hecho, aunque el profeta lo vio solo en espíritu, produjo tal impresión en su mente que él quedó temblando y con gran desesperación llamó una vez más a Dios, como en Ez 9, 8, preguntándole si él quería destruir a toda la casa de Israel, es decir, al resto de Israel.

כָּלָה אַתָּה עֹשֶׂה tiene el sentido de hacer que una cosa termine, con אתה antes del objeto, como en Sof 1, 18 (cf. *Coment.* a Nahúm 1, 8). El Señor le ofrece una respuesta confortadora en 11, 14-21, diciéndole que preservará un resto entre los exilados, convirtiéndoles de nuevo en pueblo.

Ez 14-21. Promesa de la reunión de Israel de entre las naciones

¹⁴ וַיְהִי דְבַר־יְהֹוָה אֵלַי לֵאמֹר׃
¹⁵ בֶּן־אָדָם אַחֶיךָ אַחֶיךָ אַנְשֵׁי גְאֻלָּתֶךָ וְכָל־בֵּית יִשְׂרָאֵל כֻּלֹּה אֲשֶׁר אָמְרוּ לָהֶם יֹשְׁבֵי יְרוּשָׁלִַם רַחֲקוּ מֵעַל יְהֹוָה לָנוּ הִיא נִתְּנָה הָאָרֶץ לְמוֹרָשָׁה׃ ס
¹⁶ לָכֵן אֱמֹר כֹּה־אָמַר אֲדֹנָי יְהֹוִה כִּי הִרְחַקְתִּים בַּגּוֹיִם וְכִי הֲפִיצוֹתִים בָּאֲרָצוֹת וָאֱהִי לָהֶם לְמִקְדָּשׁ מְעַט בָּאֲרָצוֹת אֲשֶׁר־בָּאוּ שָׁם׃ ס
¹⁷ לָכֵן אֱמֹר כֹּה־אָמַר אֲדֹנָי יְהֹוִה וְקִבַּצְתִּי אֶתְכֶם מִן־הָעַמִּים וְאָסַפְתִּי אֶתְכֶם מִן־הָאֲרָצוֹת אֲשֶׁר נְפֹצוֹתֶם בָּהֶם וְנָתַתִּי לָכֶם אֶת־אַדְמַת יִשְׂרָאֵל׃
¹⁸ וּבָאוּ־שָׁמָּה וְהֵסִירוּ אֶת־כָּל־שִׁקּוּצֶיהָ וְאֶת־כָּל־תּוֹעֲבוֹתֶיהָ מִמֶּנָּה׃
¹⁹ וְנָתַתִּי לָהֶם לֵב אֶחָד וְרוּחַ חֲדָשָׁה אֶתֵּן בְּקִרְבְּכֶם וַהֲסִרֹתִי לֵב הָאֶבֶן מִבְּשָׂרָם וְנָתַתִּי לָהֶם לֵב בָּשָׂר׃
²⁰ לְמַעַן בְּחֻקֹּתַי יֵלֵכוּ וְאֶת־מִשְׁפָּטַי יִשְׁמְרוּ וְעָשׂוּ אֹתָם וְהָיוּ־לִי לְעָם וַאֲנִי אֶהְיֶה לָהֶם לֵאלֹהִים׃
²¹ וְאֶל־לֵב שִׁקּוּצֵיהֶם וְתוֹעֲבוֹתֵיהֶם לִבָּם הֹלֵךְ דַּרְכָּם בְּרֹאשָׁם נָתַתִּי נְאֻם אֲדֹנָי יְהֹוִה׃

¹⁴ Vino a mí palabra de Yahvé, diciendo: ¹⁵ Hijo de hombre, tus hermanos, tus propios hermanos, los hombres de tu parentela y toda la casa de Israel, son aquellos a quienes dijeron los habitantes de Jerusalén: Alejaos de Yahvé; a nosotros es dada la tierra en posesión.
¹⁶ Por tanto, di: Así ha dicho Yahvé, el Señor: Aunque los he arrojado lejos entre las naciones y los he esparcido por las tierras, con todo les seré por un pequeño santuario

en las tierras adonde lleguen. ⁱ⁷ Di, por tanto: Así ha dicho Yahvé, el Señor: Yo os recogeré de los pueblos, os congregaré de las tierras en las cuales estáis esparcidos y os daré la tierra de Israel.
¹⁸ Volverán allá, y quitarán de ella (=de la tierra de Israel) todas sus idolatrías y todas sus abominaciones. ¹⁹ Y les daré otro corazón y pondré en ellos un nuevo espíritu; quitaré el corazón de piedra de en medio de su carne y les daré un corazón de carne, ²⁰ para que anden en mis ordenanzas y guarden mis decretos y los cumplan, y sean mi pueblo y yo sea su Dios. ²¹ Pero a aquellos cuyo corazón anda tras el deseo de sus idolatrías y de sus abominaciones, yo traigo su camino sobre sus propias cabezas, dice Yahvé, el Señor.

El profeta ha intercedido primero por los habitantes de Jerusalén (9, 8), y después por los gobernantes de la nación, y ha preguntado a Dios si él destruirá el resto de Israel. A esto, Dios ha respondido que sus hermanos, aquellos por los que él debe interesarse, no son estos gobernantes de la nación que están en Jerusalén, sino los israelitas que han sido llevados al exilio, aquellos a quienes los que permanecían en Jerusalén tomaban como separados y apartados del pueblo de Dios.

Los nombres de Ez 11, 15 no son acusativos, incluidos en el sufijo de הִרְחַקְתִּים en 11, 16, como imagina Hitzig, sino que forman una cláusula independiente en la que אַחֶיךָ es el sujeto, y אַנְשֵׁי גְאֻלָּתֶךָ con כָּל־בֵּית יִשְׂרָאֵל son los predicados. La repetición de "tus hermanos" sirve para aumentar la fuerza de la expresión: tus auténticos, tus verdaderos hermanos. Estos no aparecen en contraste con los sacerdotes (que tienen con ellos una relación lineal, en el mismo plano), sino con los israelitas, que llevan solo el nombre de Israel, pero no son verdaderos israelitas.

Estos hermanos han de ser el pueblo de su proximidad, y con ellos ha de ejercer el profeta el oficio del goelato (גאלה), es decir, el derecho y oficio de ser para ellos el *goel*, protector, de parte de Dios. Conforme a la ley, el *goel* era el hermano, o pariente más cercano que tenía el deber de venir en la ayuda del hermano empobrecido, no solo redimiéndole (comprándole de nuevo para liberarle), sino para rescatar su posesión en caso de que la pobreza le hubiera obligado a venderla, y redimiendo al hombre mismo, en caso de que hubiera sido vendido para pagar sus deudas (cf. Lev 25, 25 y 25, 48).

El *goel* se hace por tanto posesor de la propiedad de la que su hermano ha sido injustamente expulsado si es que no ha sido rescatada antes de su muerte (Num 5, 8). Por eso, él no era solo el vengador de sangre, sino también en defensor natural y el representante de su hermano. En esa línea, גאלה no implica solo redención o parentesco, sino también un tipo de apoderado, con el derecho y la obligación de actuar como representante legal, como heredero etc. del hermano.

Las palabras, "y a toda la casa" son un segundo predicado de "tus hermanos" y muestran que los hermanos por quienes Ezequiel puede y debe interceder forman el conjunto de la casa de Israel, de manera que el término "todos" se vuelve más enfático a través de la repetición de וְכָל en relación con כֻּלֹּה.

Visión de la destrucción de Jerusalén

El texto traza un contraste entre "toda la casa de Israel" y los habitantes de Jerusalén, que dicen a sus hermanos "alejaos de Yahvé; a nosotros es dada la tierra en posesión". De esto se sigue ante todo que los hermanos de Ezequiel para quienes él actúa como Goel eran aquellos que habían sido tomados de la tierra de Israel y llevados al exilio. Y, en segundo lugar, que los exiliados formaban toda la casa de Israel, de manera que solo ellos podían ser considerados como pueblo de Dios, y no los habitantes de Jerusalén o aquellos que habían sido dejados en la tierra, que les miraban (a esos exiliados) como si no formaran parte de la nación. Esto significa que el profeta miraba a los exiliados como el verdadero resto del pueblo de Dios.

A esto se añade en 11, 16 una promesa sobre el modo que el Señor haría que ese resto fuera su auténtico pueblo. לָכֵן, por tanto, es decir, porque los habitantes de Jerusalén miran a los exiliados como si hubieran sido rechazados por el Señor, Ezequiel quiere decirles a esos exiliados que Yahvé es su verdadero santuario, incluso en el tiempo de su dispersión (verso 16). Y dado que los otros (los que han quedad en Jerusalén) les rechazan y afirman que ellos no participan de los dones de la tierra, el mismo Señor les reunirá de nuevo y les dará en posesión la tierra (11, 17).

Los dos לָכֵן, el del comienzo del verso 16 y el del comienzo del verso 17, están coordinados e introducen la antítesis de la sentencia que sigue a favor de los exiliados. El כִּי antes de las dos frases principales de 11, 6 no significa "porque", como si fuera una prótasis (a la que 11, 17 sirviera de apódosis), como afirma Ewald, sino que forma una introducción que asegura el valor y la verdad de lo que el profeta va a seguir diciendo.

El pensamiento es este: Es indudable que en la presente situación Yahvé les ha dispersado entre los gentiles, pero él no le negado, porque el mismo Dios constituye para ellos su santuario en la tierra del exilio. En esa línea, la palabra מִקְדָּשׁ no significa ni asilo, ni objeto sagrado en general, sino más bien "santuario", más especialmente "templo".

Ciertamente, ellos han perdido el templo externo (de Jerusalén); pero el mismo Yahvé se ha convertido para ellos en templo. Lo que hace que el templo sea un santuario es la presencia de Yahvé, el Dios de la alianza. Pues bien los exiliados tienen a Dios en medio de ellos, y ese Dios es el sustituto de un templo externo.

Este pensamiento se vuelve aún más preciso a través de la palabra מְעַט, que puede referirse a tiempo o a medida, pudiendo traducirse "por un corto tiempo" o "en cierta medida". No es fácil decidirse por una de esas dos traducciones. En favor de la última, que Kliefoth prefiere (siguiendo a los LXX y a la Vulgata) se puede afirmar que la manifestación del Señor, tanto en la misión de los profetas como en la liberación futura constituía una especie de sustituto del templo en la línea del futuro.

Sin embargo, tanto el contexto como la promesa de Ez 11, 17 (conforme a la cual se dice que Dios les reunirá de nuevo y les llevará otra vez a la tierra de

Israel) parece estar a favor de la primera traducción, indicando que esta presencia de Dios con los exilados podía entenderse como un sustituto del templo de Jerusalén, pero sin ser un sustituto perfecto.

Esto significa que, como pueblo de Dios, Israel no podía permanecer dispersado siempre entre los pueblos, sino que debía poseer la herencia de la tierra que Dios les había concedido y en ella de nuevo el templo, como signo de presencia más perfecta de Dios en medio de ellos. Esto solo podría realizarse plenamente en la Jerusalén Celeste, donde el Dios todopoderoso y su Cordero serían el verdadero templo para los redimidos (Ap 21, 22).

Eso significa que Yahvé reuniría de nuevo a los dispersos, y les llevaría otra vez, de nuevo, a la tierra de Israel, a la tierra que el mismo Dios había destinado para Israel. Pues bien, a diferencia de eso, los habitantes actuales de la tierra de Canaán y de Jerusalén (11, 15) perderían la tierra que ahora poseían. Los exilados que volvieran, siendo restaurados en la tierra, destruirían todas las abominaciones idolátricas (11, 17), y recibirían de Dios un nuevo corazón lleno de buenos sentimientos; de esa manera, ellos podrían caminar por los caminos de Dios, siendo de verdad el pueblo de Dios (11, 20).

El cumplimiento de esta promesa comenzó de hecho con el retorno de una parte de los exilados con Zorobabel. Pero la promesa en su totalidad no se cumplió ni con Zorobabel ni con Esdras, ni siquiera en el tiempo de los macabeos. Aunque Israel dejara y superara totalmente la práctica de una idolatría grosera tas la cautividad, sin embargo no alcanzó la pureza de corazón que supone Ez 11, 19-20.

Eso solo empezó a realizarse plenamente con la predicación de arrepentimiento de Juan Bautista y con la llegada de Cristo, cumpliéndose del todo allí donde muchos hijos de Israel aceptaron el mensaje de Jesús, con fe, y se convirtieron así, por Jesús, en hijos de Dios. Pero tampoco con Cristo se ha cumplido del todo esta profecía en Israel, sino solo en parte, porque la mayor parte de Israel siguió teniendo un corazón endurecido, que debía ser superado para alcanzar la plena salvación

Esta promesa de Ez 11, 19 se funda en la predicción de Dt 30, 6: "Y circuncidará Yahvé, tu Dios, tu corazón, y el corazón de tu descendencia, para que ames a Yahvé, tu Dios, con todo tu corazón y con toda tu alma, a fin de que vivas". Esta circuncisión del corazón implica la superación de toda impureza, de manera que el pueblo tenga un corazón de carne, no de piedra (Hengstenberg). Y yo les daré un corazón (וְנָתַתִּי לָהֶם לֵב אֶחָד). En esa línea no se puede aceptar la propuesta de Hitzig, que en vez de un "corazón" pone "otro corazón", siguiendo la lectura de los LXX. La verdadera lectura de Ezequiel se sitúa en la línea de Jer 32, 39: "Yo les daré un corazón y un camino para temerme continuamente" (cf. Sof 3, 9 y Hech 4, 32).

Se trata pues de "un corazón", es decir, un corazón armonioso, unido, en contra de la división o pluralidad de los corazones que resulta dominante en el estado natural del hombre, en el que cada uno sigue su propio corazón y su propia mente, buscando de esa forma los deseos su propio camino egoísta, es decir, dividido (cf. Is 53, 6). Dios da un corazón cuando él logra que todos los corazones y las mentes se unan, teniendo un solo corazón.

Esto solo puede realizarse allí donde el mismo Dios concede a los hombres un nuevo espíritu, sacándoles el corazón de piedra, y poniendo en su lugar un corazón de carne. Porque el viejo espíritu solo se alimenta de egoísmo y de discordia. El corazón de piedra no es capaz de recibir las impresiones de la palabra de Dios, ni los movimientos de la gracia divina.

En su condición natural, el hombre tiene un corazón de piedra. En esa circunstancia, la palabra de Dios, con los impulsos de Dios, no puede influir en el alma, de manera que no deja en ella ningún trazo de su presencia. En esa situación, la gracia choca contra el corazón, pero no penetra en su interior, y aunque la piedra del corazón se rompa, los trozos de la misma piedra siguen endurecidos (Hengstenberg).

En contra de eso, el corazón de carne es un corazón tierno, capaz de recibir los impulsos de la gracia de Dios (cf. Ez 36, 26, donde vuelve esta imagen, que es tan particular de Ezequiel; la esencia de esa profecía se encuentra ya en Jer 31, 33). El fruto de esa renovación del corazón consiste en poder caminar según los mandamientos de Dios, y la consecuencia en la perfecta realización de la alianza, en comunión perfecta con el Señor Dios.

Pero mano a mano con esta renovación viene el juicio. Aquellos que no abandonen sus ídolos se convertirán en víctimas de su propia condena (Ez 11, 21). El primer hemistiquio de 11, 21 es una frase de relativo en la cual se debe suplir אשר y conectar esa palabra con לִבָּם: "Pero a aquellos cuyo corazón anda tras el deseo de sus idolatrías…". Aquí se habla del corazón inclinado a la idolatría, que tiende a la adoración de los ídolos. El hecho de que el corazón camine tras las idolatrías se opone al hecho de caminar siguiendo a Dios (1 Sam 13, 14). Para הֹלֵךְ דַּרְכָּם cf. 9, 10.

11, 22-25. La Gloria de Dios sale de la ciudad y se posa en el Monte de los Olivos

²² וַיִּשְׂאוּ הַכְּרוּבִים אֶת־כַּנְפֵיהֶם וְהָאוֹפַנִּים לְעֻמָּתָם וּכְבוֹד אֱלֹהֵי־יִשְׂרָאֵל עֲלֵיהֶם מִלְמָעְלָה׃
²³ וַיַּעַל כְּבוֹד יְהוָה מֵעַל תּוֹךְ הָעִיר וַיַּעֲמֹד עַל־הָהָר אֲשֶׁר מִקֶּדֶם לָעִיר׃
²⁴ וְרוּחַ נְשָׂאַתְנִי וַתְּבִיאֵנִי כַשְׂדִּימָה אֶל־הַגּוֹלָה בַּמַּרְאֶה בְּרוּחַ אֱלֹהִים וַיַּעַל מֵעָלַי הַמַּרְאֶה אֲשֶׁר רָאִיתִי׃
²⁵ וָאֲדַבֵּר אֶל־הַגּוֹלָה אֵת כָּל־דִּבְרֵי יְהוָה אֲשֶׁר הֶרְאָנִי׃ פ

²² Después alzaron los querubines sus alas, y las ruedas iban en pos de ellos y la gloria del Dios de Israel estaba sobre ellos. ²³ La gloria de Yahvé se elevó de en medio de la ciudad y se puso sobre el monte que está al oriente de la ciudad.

²⁴ Luego me levantó el espíritu y me volvió a llevar en visión del espíritu de Dios a la tierra de los caldeos, a donde estaban los cautivos. Y se fue de mí la visión que había visto. ²⁵ Entonces referí a los cautivos todas las cosas que Yahvé me había mostrado.

La promesa de que Dios reservaría para sí una semilla santa de entre aquellos que habían sido llevados cautivos traza la conclusión del anuncio de juicio que caería sobre el antiguo Israel y sobre la apóstata Jerusalén. Todo lo que queda ya es una conclusión de la visión, y forma una confirmación del anuncio de juicio. Así aparece en los versos citados.

La manifestación de la gloria del Señor había dejado ya el templo, tras el anuncio del incendio de Jerusalén y se había colocado a la entrada de la puerta oriental del atrio exterior, es decir en la misma puerta (10, 19; 11, 1). Pero ahora, tras el anuncio proclamado a las autoridades, diciéndoles que abandonaba el templo, la misma Gloria de Dios abandonó también la misma ciudad, indicando así que tanto la ciudad como el templo dejaban de ser la sede de la presencia gratuita y salvadora del Señor.

La montaña al oriente de la ciudad es el monte de los Olivos, que ofrece una visión superior del conjunto de la ciudad. Allí permaneció la Gloria del Señor, para ejecutar el juicio sobre Jerusalén. En esa línea, según Zac 14, 4, la Gloria de Dios volvería a aparecer sobre el mismo Monte de los Olivos para luchar desde allí en contra de sus enemigos y preparar un camino de salida para aquellos que debían ser salvados.

Pues bien, sobre ese mismo Monte de los Olivos, el Hijo de Dios proclamaría a la ciudad degenerada su segunda destrucción (Lc 19, 21; Mt 24, 3). Y desde esa misma montaña él realizaría de forma visible su ascensión. De esa manera ha comentado Grocio ese pasaje: "Cristo subió desde esta montaña al cielo para ejecutar el juicio sobre los judíos.

Y tras esta visión del juicio de Dios sobre el antiguo pueblo de la alianza y del Reino de Dios, Ezequiel fue llevado de nuevo en espíritu a Caldea, junto al río Qebar. En ese momento desaparece la visión, y Ezequiel relata a los exilados todo lo que ha visto.

V
Ez 12, 1-19, 14
ANUNCIO DEL JUICIO. ACTIVIDAD DE EZEQUIEL

Las palabras de Dios que siguen en Ez 12-19 no contienen ninguna noticia cronológica, definiendo el período exacto en que fueron comunicadas al profeta y transmitidas por él. Pero en lo que toca a su contenido, ellas están profundamente conectadas con el anuncio del juicio; y eso hace muy probable que ellas no estuvieran muy lejanas en el tiempo a las otras profecías que se centran en el juicio, de manera que es muy probable que ellas no estén muy separadas en el tiempo, sino que se sitúan en el espacio de los once meses que transcurren entre Ez 8, 1 y Ez 20, 1, de manera que ellas han sido proclamadas para desarrollar los temas del juicio que hallamos en Ez 8-11.

Esto resulta más claro a la luz de todas las circunstancias en torno a las cuales el pueblo impenitente fundaba su esperanza en la preservación del Reino y de la ciudad de Jerusalén, aguardando la rápida liberación del yugo de Babilonia. La finalidad de estos oráculos de Isaías es la de mostrar la falta de sentido de esta falsa confianza, proclamando el carácter cierto y seguro (irresistible) de la destrucción ya anunciada de Judá y de Jerusalén, con la esperanza de hacer que esta generación rebelde y dura pudiera arrepentirse, pues sin verdadero arrepentimiento esa imposible que se lograra la paz y la prosperidad para el pueblo.

Esta finalidad de las profecías sigue estando claramente indicada en las reflexiones introductorias de Ez 12, 2; 14, 1 y 20, 1. En el primero de estos pasajes se menciona la dureza de Israel como el motivo de la profecía que sigue. En los otros dos casos se evoca la visita de algunos ancianos de Israel al profeta para preguntarle sobre el despliegue de los nuevos acontecimientos. Esto supone que las palabras y visiones anteriores del profeta han producido algún tipo de impresión en los oyentes, pero que su corazón no se ha convertido aún por ello.

1. Ez 12, 1-28. Salida del rey y del pueblo. El pan de las lágrimas

En Ez 12, el profeta recibe instrucciones para expresar, a través de una acción simbólica, la salida del rey y del pueblo de Jerusalén (12, 3-7), y para explicar el sentido de la acción a esta generación rebelde (12, 8-16). Tras esto, él debe exponer, por medio de otra acción simbólica, la necesidad y miseria que se impondrán sobre el pueblo (12, 17-20). Y finalmente el profeta ha de rechazar las frívolas respuestas de aquellos que le dicen que nunca se realizará lo que él dice, o que solo llegará en un tiempo muy lejano (12, 21-28).

12, 1-8. Símbolo de la salida

¹וַיְהִ֥י דְבַר־יְהוָ֖ה אֵלַ֥י לֵאמֹֽר׃
² בֶּן־אָדָ֕ם בְּת֥וֹךְ בֵּית־הַמֶּ֖רִי אַתָּ֣ה יֹשֵׁ֑ב אֲשֶׁ֣ר עֵינַ֩יִם֩ לָהֶ֨ם לִרְא֜וֹת וְלֹ֣א רָא֗וּ אָזְנַ֨יִם לָהֶ֤ם לִשְׁמֹ֙עַ֙ וְלֹ֣א שָׁמֵ֔עוּ כִּ֛י בֵּ֥ית מְרִ֖י הֵֽם׃
³ וְאַתָּ֣ה בֶן־אָדָ֗ם עֲשֵׂ֤ה לְךָ֙ כְּלֵ֣י גוֹלָ֔ה וּגְלֵ֥ה יוֹמָ֖ם לְעֵינֵיהֶ֑ם וְגָלִ֨יתָ מִמְּקוֹמְךָ֜ אֶל־מָק֥וֹם אַחֵ֛ר לְעֵינֵיהֶ֖ם אוּלַ֣י יִרְא֔וּ כִּ֛י בֵּ֥ית מְרִ֖י הֵֽמָּה׃
⁴ וְהוֹצֵאתָ֨ כֵלֶ֜יךָ כִּכְלֵ֥י גוֹלָ֛ה יוֹמָ֖ם לְעֵינֵיהֶ֑ם וְאַתָּ֗ה תֵּצֵ֤א בָעֶ֙רֶב֙ לְעֵ֣ינֵיהֶ֔ם כְּמוֹצָאֵ֖י גּוֹלָֽה׃
⁵ לְעֵינֵיהֶ֖ם חֲתָר־לְךָ֣ בַקִּ֑יר וְהוֹצֵאתָ֖ בּֽוֹ׃
⁶ לְעֵינֵיהֶם֩ עַל־כָּתֵ֨ף תִּשָּׂ֜א בָּעֲלָטָ֤ה תוֹצִיא֙ פָּנֶ֣יךָ תְכַסֶּ֔ה וְלֹ֥א תִרְאֶ֖ה אֶת־הָאָ֑רֶץ כִּֽי־מוֹפֵ֥ת נְתַתִּ֖יךָ לְבֵ֥ית יִשְׂרָאֵֽל׃
⁷ וָאַ֣עַשׂ כֵּ֗ן כַּאֲשֶׁר֮ צֻוֵּיתִי֒ כֵּלַ֞י הוֹצֵ֤אתִי כִּכְלֵ֤י גוֹלָה֙ יוֹמָ֔ם וּבָעֶ֛רֶב חָתַֽרְתִּי־לִ֥י בַקִּ֖יר בְּיָ֑ד בָּעֲלָטָ֥ה הוֹצֵ֛אתִי עַל־כָּתֵ֥ף

¹ *Vino a mí palabra de Yahvé, diciendo:* ² *Hijo de hombre, tú habitas en medio de una casa rebelde. Tienen ojos para ver, y no ven; tienen oídos para oír, y no oyen, porque son una casa rebelde.*

³ *Por tanto tú, hijo de hombre, prepárate enseres de marcha, y parte de día a la vista de ellos. Te pasarás de tu lugar a otro lugar a la vista de ellos, por si tal vez atienden, porque son una casa rebelde.* ⁴ *Sacarás tus enseres de día a la vista de ellos, como enseres para el destierro; pero tú saldrás por la tarde a la vista de ellos, como quien sale en cautiverio.* ⁵ *Ante sus propios ojos te abrirás paso a través de la pared, y saldrás por ella.* ⁶ *Ante sus propios ojos los llevarás sobre tus hombros, de noche los sacarás; cubrirás tu rostro y no mirarás el país, porque por señal te he dado a la casa de Israel.*

⁷ *Yo hice como se me había mandado; saqué mis enseres de día, como enseres para el destierro, y a la tarde me abrí paso a través de la pared con mi propia mano; salí de noche, y los llevé sobre los hombros a la vista de ellos.*

Ez 12, 2 ofrece la razón para que el profeta realice ese mandato simbólico: la dureza de corazón del pueblo. Dado que la generación en medio de la cual vivía Ezequiel era una generación ciega, con ojos para ver, pero que no veían, con oídos para oír pero que no escuchaba, el profeta tenía que representar ante sus ojos, por medio del signo que sigue, el juicio que se estaba aproximando a ellos. Y debía realizar ese signo (cf. 12 3), con la esperanza de que ellos pudieran observando y recibirlo en su corazón.

El carácter rebelde de esta generación (בֵּית־הַמֶּרִי, se ha descrito ya en 2, 5-6; 3, 26 etc.); se trata de la dureza: tienen ojos y no ven, oídos y no oyen, etc. como se dice en Dt 29, 3 (cf. Jer 5, 21; Is 6, 9; Mt 13, 14-15). La raíz de esta ceguera y sordera mental se funda en la obstinación y rebeldía del pueblo, en su insolencia (como dice Michaelis): "Una insolencia que no permite que se reciba y acoja la luz divina".

Los enseres de marcha (es decir, de exilio: כְּלֵי גוֹלָה) son aquellas cosas y provisiones que son necesarias par un viaje. Ezequiel tenía que sacar de casa esos utensilios y ponerlos en la calle, a pleno día, para que todos pudieran observarlos y preguntarse por el sentido que ellos tenían. Pero después, ya de noche, en la oscuridad, él debía abrir un hueco en la pared de su casa y salir de ella por el muro. Entonces, saliendo de casa, tenía que tomar los enseres del viaje, y caminar con el rostro cubierto, sin saber el lugar hacia donde se dirigía.

"Tu lugar", es decir, tu lugar de morada. כְּמוֹצָאֵי, como solía realizarse en las salidas de los exilados, como solían salir los que van al exilio (sin aludir al tiempo concreto de salida para el exilio, como propone Hävernick). בָּעֲלָטָה se diferencia de בערב y significa la oscuridad de la noche profunda (cf. Gen 15, 17): no se trata, sin embargo, de la oscuridad artificialmente producida por el hecho de llevar la faz cubierta y los ojos cerrados.

Por eso, las palabras que siguen no son sencillamente una explicación de בָּעֲלָטָה, como supone Schmieder, pues esta sería una explicación que va no solo en contra de 12, 7, sino también de 12, 12, donde se distingue expresamente el hecho de llevar el rostro cubierto y la oscuridad profunda de la noche.

Ésta orden ha de cumplirse como sigue: Ezequiel debía tomar sus enseres de viaje (de exilio) y ponerlos en la calle, en pleno día. Pero después, en la noche, él debía salir, él, por sí mismo, abriendo un hueco en la pared, tomando sobre sus espaldas los enseres preparados, todo lo que debía llevar, iniciando el camino del exilio. Él debía realizar todo esto porque Dios le había hecho un מוֹפֵת para Israel.

En otras palabras, él debía convertirse en un signo maravilloso para Israel. Sobre la palabra מוֹפֵת (yo te he hecho una señal: כִּי־מוֹפֵת נְתַתִּיךָ) sigue hablando con precisión 12, 7. Así se describe la ejecución del mandato, que Ezequiel debió realizar al pie de la letra. No había nada que fuera impracticable en ese gesto. Para la ejecución de la orden (abrir un boquete en la pared) se supone que él pudo utilizar un martillo u otro utensilio

12, 8-16. Explicación de la acción simbólica

⁸ וַיְהִי דְבַר־יְהוָה אֵלַי בַּבֹּקֶר לֵאמֹר׃
⁹ בֶּן־אָדָם הֲלֹא אָמְרוּ אֵלֶיךָ בֵּית יִשְׂרָאֵל בֵּית הַמֶּרִי מָה אַתָּה עֹשֶׂה׃
¹⁰ אֱמֹר אֲלֵיהֶם כֹּה אָמַר אֲדֹנָי יְהוִה הַנָּשִׂיא הַמַּשָּׂא הַזֶּה

בִּירוּשָׁלַם וְכָל־בֵּית יִשְׂרָאֵל אֲשֶׁר־הֵמָּה בְתוֹכָם׃
[11] אֱמֹר אֲנִי מוֹפֶתְכֶם כַּאֲשֶׁר עָשִׂיתִי כֵּן יֵעָשֶׂה לָהֶם בַּגּוֹלָה בַשְּׁבִי יֵלֵכוּ׃
[12] וְהַנָּשִׂיא אֲשֶׁר־בְּתוֹכָם אֶל־כָּתֵף יִשָּׂא בָּעֲלָטָה וְיֵצֵא בַּקִּיר יַחְתְּרוּ לְהוֹצִיא בוֹ פָּנָיו יְכַסֶּה יַעַן אֲשֶׁר לֹא־יִרְאֶה לַעַיִן הוּא אֶת־הָאָרֶץ׃
[13] וּפָרַשְׂתִּי אֶת־רִשְׁתִּי עָלָיו וְנִתְפַּשׂ בִּמְצוּדָתִי וְהֵבֵאתִי אֹתוֹ בָבֶלָה אֶרֶץ כַּשְׂדִּים וְאוֹתָהּ לֹא־יִרְאֶה וְשָׁם יָמוּת׃
[14] וְכֹל אֲשֶׁר סְבִיבֹתָיו (עֶזְרֹה) [עֶזְרוֹ] וְכָל־אֲגַפָּיו אֱזָרֶה לְכָל־רוּחַ וְחֶרֶב אָרִיק אַחֲרֵיהֶם׃
[15] וְיָדְעוּ כִּי־אֲנִי יְהוָה בַּהֲפִיצִי אוֹתָם בַּגּוֹיִם וְזֵרִיתִי אוֹתָם בָּאֲרָצוֹת׃
[16] וְהוֹתַרְתִּי מֵהֶם אַנְשֵׁי מִסְפָּר מֵחֶרֶב מֵרָעָב וּמִדָּבֶר לְמַעַן יְסַפְּרוּ אֶת־כָּל־תּוֹעֲבוֹתֵיהֶם בַּגּוֹיִם אֲשֶׁר־בָּאוּ שָׁם וְיָדְעוּ כִּי־אֲנִי יְהוָה׃ פ

[8] *Por la mañana vino a mí palabra de Yahvé, diciendo:* [9] *Hijo de hombre, ¿no te ha preguntado la casa de Israel, aquella casa rebelde: Qué haces?* [10] *Diles: Así ha dicho Yahvé, el Señor: Esta profecía se refiere al príncipe que es su carga (su peso) en Jerusalén y a toda la casa de Israel que está en medio de ella.*

[11] *Diles: Yo soy vuestra señal. Como yo hice, así se hará con vosotros: partiréis al destierro, en cautividad.* [12] *Y al gobernante que está en medio de ellos, lo llevarán a cuestas de noche, y saldrán. A través de la pared abrirán un paso para sacarlo por ella, y cubrirá su rostro para no ver con sus ojos el país.* [13] *Pero yo extenderé mi red sobre él y caerá preso en mi trampa, y lo haré llevar a Babilonia, a la tierra de los caldeos; pero no la verá, y allá morirá.*
[14] *A todos los que estén alrededor de él para ayudarlo, y a todas sus tropas, esparciré a todos los vientos, y desenvainaré la espada en pos de ellos.* [15] *Y sabrán que yo soy Yahvé cuando los disperse entre las naciones y los esparza por la tierra.* [16] *Haré que unos pocos de ellos escapen de la espada, del hambre y de la peste, para que cuenten todas sus abominaciones entre las naciones adonde lleguen. Y sabrán que yo soy Yahvé.*

Las preguntas que se introducen con הֲלֹא (12, 9) tienen en general un sentido afirmativo. En esa línea: ¿No te ha preguntado la casa de Israel…? significa que han preguntado al profeta lo que estaba haciendo, pero no en un buen, para hacer penitencia, sino en sentido crítico, como supone el epíteto "casa rebelde" (הַמֶּרִי בֵּית). Por eso, el profeta tiene que interpretar la acción que acaba de realizar, en todos sus detalles.

Las palabras הַנָּשִׂיא הַמַּשָּׂא הַזֶּה, que han recibido muy diversas interpretaciones, han de traducirse simplemente "el príncipe es su carga", es decir, el objeto de su carga. הַמַּשָּׂא no significa el que lleva (gobierna), sino la "carga", el objeto de esta acción profética del profeta, como en los encabezamientos a los oráculos (cf. *Coment* a Naúm 1, 1). El príncipe (הַנָּשִׂיא) es su rey, como en Ez 21, 30, aunque no Joaquín, que ha sido llevado ya al exilio, sino Sedecías, como muestra la aposición "en Jerusalén, que aparece después del predicado (como en Gen 24, 24).

Al príncipe se le añade "toda la casa de Israel" (todo el pueblo de la alianza), que compartirá la suerte del príncipe. אֲשֶׁר no puede tomarse como nominativo, porque en ese caso הֵמָּה (ellos) se debería referir a las personas a las que se dirige el discurso, es decir a los israelitas en el exilio (Hitzig, Kliefoth): En medio de los cuales están, es decir, a los que ellos pertenecen.

Esta sentencia explica la razón por la que el profeta tenía que anunciar a los que estaban en el exilio el destino del príncipe y del pueblo de Jerusalén: Porque los mismos exilados formaban parte de la nación vendrían a ser afectados por el juicio que iba a desencadenarse sobre el rey y sobre el pueblo de Jerusalén. En ese sentido, Ezequiel debía decir a los exilados (12, 11) "yo soy vuestro signo". El signo de Ezequiel iba a afectar a los que estaban ya exilados, pues la salida del rey que estaba en Jerusalén con la gente de su entorno iba a significar que los ya exilados perdían así toda esperanza de un rápido retorno a su tierra natal.

לָהֶם en 12, 11 se refiere al rey y a la casa de Israel en Jerusalén. La palabra בַּגּוֹלָה recibe un sentido más fuerte y concreto con el añadido בַּשְּׁבִי. El anuncio de que rey y pueblo deben ir al exilio se desarrolla aún más en 12 12-13 con referencia al rey, y en 12, 14 con referencia al pueblo. El rey experimentará todo lo que Ezequiel ha descrito.

El cumplimiento literal de lo aquí anunciado se describe en Jer 39 y Jer 52, 4 y 2 Rey 25. Cuando los caldeos entraron en la ciudad tras dos años de asedio, Sedecías y sus hombres huyeron de noche de la ciudad, a través de una puerta, entre las dos murallas. Los textos no dicen que ellos tuvieran que abrir un boquete en el muro, pero la expresión "por la puerta entre las dos murallas" (Jer 39, 4; 52, 7; 2 Rey 25, 4) parece indicarlo así, sea que la puerta hubiera sido tapiada durante el asedio, sea que fuera necesario abrir por un lugar el muro para alcanzar la puerta.

Los que asistían al rey tuvieron que abrir naturalmente la brecha en el muro, para hacer así posible la huída. Tampoco se menciona en los relatos históricos que ellos huyeran con el rostro cubierto, pero eso no es nada improbable, como signo de la vergüenza y pena con la que Sedecías abandonaba la ciudad. Las palabras "para que ellos no vieran la tierra con sus ojos" parece aludir simplemente al hecho de que ellos tuvieron que cubrirse el rostro, y se refiere ante todo el hecho de que el rey tuvo que huir en medio de la mayor tristeza, y que no quería mirar hacia la tierra.

Pero las palabras de Ez 12, 13 se cumplieron de otra manera, en el sentido de que Sedecías no vio con sus ojos la tierra de los caldeos donde fue llevado prisionero, porque le cegaron el Ribla (Jer 39, 5; 52, 11; 2 Rey 25, 7). La palabra לְעֵין, con su ojo (ojos) se añade para resaltar la idea de no ver. Por esa misma razón, el sujeto ya implicado en el verbo, se refuerza de un modo más enfático con הוּא, colocado después del verbo, de manera que así esté en contraste con la tierra: אֶת־הָאָרֶץ.

Ezequiel no describe la captura del rey, de manera que el anuncio va más allá de la acción simbólica, y de esa forma nos permite estar seguros de la credibilidad de la palabra del profeta, que ofrece una predicción algo distinta del destino del rey. Por otra parte, la afirmación de que no verá la tierra de Babilonia se dice de una manera tan indefinida que no puede tomarse como un *vaticinium post eventum* (vaticinio proclamado tras su realización). Sedecías murió en prisión en Babilonia (Jer 52, 11). En ese contexto, el conjunto de la fuerza militar del rey fue dispersada en todas direcciones (12, 14).

עֶזְרוֹ, su ayuda, es decir, las tropas militares que salieron con él por la muralla. וְכָל־אֲגַפָּיו, y todas sus alas (las alas de su ejército), es decir, todo el resto de sus fuerzas. Esta palabra es propia de Ezequiel y puede traducirse por "alas" como hace Jos. Kimchi, lo mismo que כְּנָפָיו en Is 8, 8.

Para el resto de verso, ha de compararse lo aquí dicho con Ez 5, 2; Jer 52, 8; 40, 12. La mayor parte del pueblo perecerá, y solo permanecerá un pequeño número, a fin de que relate entre los paganos, en cualquier lugar donde se encuentren, todas las abominaciones de Israel, a fin de que los paganos comprendan que los israelitas no han sido dispersados entre ellos por su debilidad, sino por su idolatría (cf. Jer 22, 8).

12, 17-20. Señal con los terrores y consecuencias de la conquista de Jerusalén

¹⁷ וַיְהִי דְבַר־יְהוָה אֵלַי לֵאמֹר׃
¹⁸ בֶּן־אָדָם לַחְמְךָ בְּרַעַשׁ תֹּאכֵל וּמֵימֶיךָ בְּרָגְזָה וּבִדְאָגָה תִּשְׁתֶּה׃
¹⁹ וְאָמַרְתָּ אֶל־עַם הָאָרֶץ כֹּה־אָמַר אֲדֹנָי יְהוִה לְיוֹשְׁבֵי יְרוּשָׁלַ͏ִם אֶל־אַדְמַת יִשְׂרָאֵל לַחְמָם בִּדְאָגָה יֹאכֵלוּ וּמֵימֵיהֶם בְּשִׁמָּמוֹן יִשְׁתּוּ לְמַעַן תֵּשַׁם אַרְצָהּ מִמְּלֹאָהּ מֵחֲמַס כָּל־הַיֹּשְׁבִים בָּהּ׃
²⁰ וְהֶעָרִים הַנּוֹשָׁבוֹת תֶּחֱרַבְנָה וְהָאָרֶץ שְׁמָמָה תִהְיֶה וִידַעְתֶּם כִּי־אֲנִי יְהוָה׃ פ

¹⁷ Vino a mí palabra de Yahvé, diciendo: ¹⁸ Hijo de hombre, come tu pan con temblor y bebe tu agua con estremecimiento y con ansiedad. ¹⁹ Di al pueblo de la tierra que así ha dicho Yahvé, el Señor, sobre los habitantes de Jerusalén y sobre la tierra de Israel: Su pan comerán con temor, y con espanto beberán su agua, porque su tierra será despojada de su plenitud por la maldad de todos los que en ella habitan. ²⁰ Las ciudades habitadas quedarán desiertas y la tierra será asolada. Y sabréis que yo soy Yahvé.

El texto no dice cómo se cumplió el signo, pero supone que se ha realizado. La preocupación y el temblor solo pudo realizarse a través de un gesto. בְּרַעַשׁ significa normalmente un terremoto, una gran sacudido, aquí simplemente un temblor. Pan y agua es una forma de referirse en general a comida.

Aquí no se alude a escasez de comida, aunque ese tema puede estar implícito en el signo de la ansiedad y la turbación con la que Ezequiel ha de comer. אֶל־אַדְמַת יִשְׂרָאֵל significa "sobre la tierra de Israel..." con אֶל en lugar de עַל. Esto indica que la profecía no se refiere a los que han sido llevados al exilio, sino a los habitantes de Jerusalén que permanecen aún en la tierra. Sobre este tema, cf. Ez 4, 16-17. לְמַעַן no expresa la intención (a fin de), sino el motivo (para).

3.1. Ez 21-28. Declaración para aclarar toda duda sobre la verdad de la amenaza

12, 21-25. Un refrán que ya no sirve

²¹ וַיְהִ֥י דְבַר־יְהוָ֖ה אֵלַ֥י לֵאמֹֽר׃
²² בֶּן־אָדָ֗ם מָֽה־הַמָּשָׁ֤ל הַזֶּה֙ לָכֶ֔ם עַל־אַדְמַ֥ת יִשְׂרָאֵ֖ל לֵאמֹ֑ר יַֽאַרְכוּ֙ הַיָּמִ֔ים וְאָבַ֖ד כָּל־חָזֽוֹן׃
²³ לָכֵ֞ן אֱמֹ֣ר אֲלֵיהֶ֗ם כֹּֽה־אָמַר֮ אֲדֹנָ֣י יְהוִה֒ הִשְׁבַּ֙תִּי֙ אֶת־הַמָּשָׁ֣ל הַזֶּ֔ה וְלֹֽא־יִמְשְׁל֥וּ אֹת֛וֹ ע֖וֹד בְּיִשְׂרָאֵ֑ל כִּ֚י אִם־דַּבֵּ֣ר אֲלֵיהֶ֔ם קָֽרְבוּ֙ הַיָּמִ֔ים וּדְבַ֖ר כָּל־חָזֽוֹן׃
²⁴ כִּ֠י לֹ֣א יִֽהְיֶ֥ה ע֛וֹד כָּל־חֲז֥וֹן שָׁ֖וְא וּמִקְסַ֣ם חָלָ֑ק בְּת֖וֹךְ בֵּ֥ית יִשְׂרָאֵֽל׃
²⁵ כִּ֣י ׀ אֲנִ֣י יְהוָ֗ה אֲדַבֵּר֙ אֵת֩ אֲשֶׁ֨ר אֲדַבֵּ֤ר דָּבָר֙ וְיֵ֣עָשֶׂ֔ה לֹ֥א תִמָּשֵׁ֖ךְ ע֑וֹד כִּ֣י בִֽימֵיכֶ֞ם בֵּ֣ית הַמֶּ֗רִי אֲדַבֵּ֤ר דָּבָר֙ וַעֲשִׂיתִ֔יו נְאֻ֖ם אֲדֹנָ֥י יְהוִֽה׃ פ

²¹ *Vino a mí palabra de Yahvé, diciendo:* ²² *Hijo de hombre, ¿qué refrán es este que tenéis vosotros en la tierra de Israel, que dice: Se van prolongando los días y desaparecerá toda visión?* ²³ *Diles, por tanto: Así ha dicho Yahvé, el Señor: Haré cesar este refrán y no lo repetirán más en Israel.*

Diles, pues: Se han acercado aquellos días y el cumplimiento de toda visión. ²⁴ *Porque no habrá más visión vana, ni habrá adivinación de lisonjeros en medio de la casa de Israel.* ²⁵ *Porque yo, Yahvé, hablaré, y se cumplirá la palabra que yo hable; no se tardará más, sino que en vuestros días, casa rebelde, hablaré palabra y la cumpliré, dice Yahvé, el Señor.*

El escepticismo del pueblo sobre el cumplimiento de estas profecías amenazadoras, que han sido ratificadas además por los signos de Ezequiel, se manifiesta de dos maneras distintas. Algunos afirman que las profecías no se cumplirán nunca (12, 22). Otros añaden, de manera menos directa, que pasará muchísimo tiempo hasta que se cumplan esas profecías (12, 27). Estas afirmaciones estaban alimentadas por las declaraciones mentirosas de los falsos profetas. Por eso, Ezequiel ofrece en el capítulo siguiente una refutación de estas opiniones escépticas, con un rechazo radical de los falsos profetas, que pervierten al pueblo.

מָשָׁל (mâshâl) es un proverbio que se dice de un modo corriente entre el pueblo y que se repite constantemente como si fuera una verdad. "Se van prolongando los días…"; pasa el tiempo y no se cumplen las amenazas. וְאָבַד es perecer, desaparecer, volverse nada, lo opuesto a בוא, que es cumplirse, llegar. Pues bien, Dios pondrá un fin a esas afirmaciones, haciendo que se cumpla con rapidez la profecía.

Los días están ya cerca, y se cumplirá cada palabra de la profecía. La razón para esto viene dada en 12, 24-25, en dos sentencias coordinadas, que vienen introducidas por un כִּי. (1) La falsa profecía cesará en Israel (Ez 12, 24). (2) Dios hará que se cumpla su palabra, y eso sin tardanza (12, 25).

Se han dado diferentes explicaciones al sentido de 12, 24. Kliefoth propone que שָׁוְא וּמִקְסַם son predicados de חָזוֹן. Ninguna profecía en Israel será en vano, ninguna será un tipo de adivinación vacía y puramente imaginaria, sino que todas se mostrarán verdaderas, es decir, se cumplirán. Pero esta explicación es no solo artificial, sino que va en contra del sentido del tiempo utilizado, ya que ella supone no solo que מִקְסָם es un predicado, cosa imposible en el contexto, sino que supone que las mismas profecías inspiradas por Dios son וּמִקְסָם, es decir, puras adivinaciones lisonjeras.

Por otra, no se puede rechazar (como hace Kliefoth) que el profeta esté adelantando aquí el argumento que desarrollará en Ez 13, es decir, que Dios ha propuesto eliminar toda falsa profecía en Israel. No existe razón alguna para negar que un argumento que se desarrollará más tarde (Ez 13) puede haber sido adelantado en un momento anterior. חָלָק alude a las adivinaciones lisonjeras de los falsos profetas (cf. Os 10, 2; sobre el tema de la predicción de las profecías, cf. Zac 13, 4-5).

12, 26-28. La palabra se cumplirá

²⁶ וַיְהִי דְבַר־יְהוָה אֵלַי לֵאמֹר׃
²⁷ בֶּן־אָדָם הִנֵּה בֵית־יִשְׂרָאֵל אֹמְרִים הֶחָזוֹן אֲשֶׁר־הוּא חֹזֶה לְיָמִים רַבִּים וּלְעִתִּים רְחוֹקוֹת הוּא נִבָּא׃
²⁸ לָכֵן אֱמֹר אֲלֵיהֶם כֹּה אָמַר אֲדֹנָי יְהוִה לֹא־תִמָּשֵׁךְ עוֹד כָּל־דְּבָרָי אֲשֶׁר אֲדַבֵּר דָּבָר וְיֵעָשֶׂה נְאֻם אֲדֹנָי יְהוִה׃ ס

²⁶ Vino a mí palabra de Yahvé, diciendo: ²⁷ Hijo de hombre, ahora los de la casa de Israel dicen: La visión que este ve es para dentro de muchos días; para lejanos tiempos profetiza este.

²⁸ Diles, por tanto: Así ha dicho Yahvé, el Señor: No se tardará más ninguna de mis palabras, sino que la palabra que yo hable se cumplirá, dice Yahvé, el Señor.

La misma respuesta anterior (12, 21-25) sirve para contestar a la objeción escéptica elevada por los que desprecian de una manera frívola las palabras del profeta, como pone de relieve la breve alusión que encontramos en 12, 26-28. Estas palabras son bien claras, de manera que no necesitan ulterior explicación después de lo ya dicho. En este contexto podemos añadir la relación entre 12, 20 y 12, 25.

2. Ez 13, 1-23 Contra los falsos profetas y profetisas

El tema de este capítulo había sido ya preparado por al anuncio de 12, 24 (*no habrá más visión vana...*). Se divide en dos partes: 13, 1-16 contra los falsos profetas; 13, 17-23 contra las falsas profetisas. En ambos casos, primero se describe la conducta de unos y otras, y después se anuncia el castigo.

Lo mismo que Ezequiel, y a veces de un modo más fuerte, Jeremías denuncia la conducta de los falsos profetas, que han de buscarse no solo entre los exilados, sino principalmente entre aquellos que había permanecido en la tierra de

Anuncio del juicio. Actividad de Ezequiel

Israel (cf. Jer 23, 9). Se daba un vivo intercambio entre unos y otros, de manera que los falsos profetas extendían sus operaciones desde la tierra de Canaán al río Quebar y viceversa.

Ez 13, 1-7. Contra los falsos profetas. Mala conducta

¹ וַיְהִי דְבַר־יְהוָה אֵלַי לֵאמֹר׃
² בֶּן־אָדָם הִנָּבֵא אֶל־נְבִיאֵי יִשְׂרָאֵל הַנִּבָּאִים וְאָמַרְתָּ לִנְבִיאֵי מִלִּבָּם שִׁמְעוּ דְּבַר־יְהוָה׃
³ כֹּה אָמַר אֲדֹנָי יְהוִה הוֹי עַל־הַנְּבִיאִים הַנְּבָלִים אֲשֶׁר הֹלְכִים אַחַר רוּחָם וּלְבִלְתִּי רָאוּ׃
⁴ כְּשֻׁעָלִים בָּחֳרָבוֹת נְבִיאֶיךָ יִשְׂרָאֵל הָיוּ׃
⁵ לֹא עֲלִיתֶם בַּפְּרָצוֹת וַתִּגְדְּרוּ גָדֵר עַל־בֵּית יִשְׂרָאֵל לַעֲמֹד בַּמִּלְחָמָה בְּיוֹם יְהוָה׃
⁶ חָזוּ שָׁוְא וְקֶסֶם כָּזָב הָאֹמְרִים נְאֻם־יְהוָה וַיהוָה לֹא שְׁלָחָם וְיִחֲלוּ לְקַיֵּם דָּבָר׃
⁷ הֲלוֹא מַחֲזֵה־שָׁוְא חֲזִיתֶם וּמִקְסַם כָּזָב אֲמַרְתֶּם וְאֹמְרִים נְאֻם־יְהוָה וַאֲנִי לֹא דִבַּרְתִּי׃ ס

¹ Vino a mí palabra de Yahvé, diciendo: ² Hijo de hombre, profetiza contra los profetas de Israel que profetizan, y di a los que profetizan de su propio corazón: Oíd palabra de Yahvé. ³ Así ha dicho Yahvé, el Señor: ¡Ay de los profetas insensatos, que andan en pos de su propio espíritu y que nada han visto! ⁴ Como zorras en los desiertos han sido tus profetas, Israel. ⁵ No habéis subido a las brechas, ni habéis edificado un muro alrededor de la casa de Israel para que resista firme en la batalla en el día de Yahvé. ⁶ Han visto vanidad y adivinación mentirosa. Dicen: 'Ha dicho Yahvé', pero Yahvé no los envió, y así no pueden esperar que confirme la palabra de ellos. ⁷ ¿No habéis visto visión vana y no habéis dicho adivinación mentirosa, puesto que decís: 'Dijo Yahvé', no habiendo yo hablado?

El añadido הַנִּבָּאִים, que profetiza, no es superfluo. Ezequiel no dirige su palabra contra los profetas como un cuerpo, sino contra aquellos que actúan como si fueran profetas en Israel, pero sin haber sido llamados por Dios, ni haber recibido revelación, sino profetizando simplemente lo que sale de su corazón o de su imaginación subjetiva. En el nombre del Señor, Ezequiel amenaza con sus *ayes* a los que siguen su propio espíritu.

En conexión con esto, debemos tener en la mente que, según la visión hebrea, este tipo de locura de los falsos profetas no es simplemente un defecto moral, sino un tipo de falta contra Dios (Sal 14, 1). La frase "los que andan en pos de su propio espíritu…" se interpreta con más énfasis tomando וּלְבִלְתִּי como una partícula relativa (aquellos que nada han visto), es decir, aquellos cuya profecía no se funda en una intuición inspirada por Dios.

De un modo consiguiente, ellos no pueden promover el bien de la nación, sino que (cf. Ez 13, 4) son como zorras entre ruinas o lugares desolados. El punto de comparación ha de verse en el hecho de los huecos escavados por las zorras *qui per cuniculos subjectam terram excavant et suffodiunt* (Bochart: que excavan la tierra con madrigueras y la destruyen).

Este pensamiento no se limita a indicar que las zorras se esconden en madrigueras, en vez de respirar a pleno aire (Hitzig); tampoco se puede afirmar que de esta manera se pasa por alto el motivo de בֶּחֳרָבוֹת, por las ruinas, convirtiéndolo en algo tautológico (Hävernick). La expresión "por las ruinas" pone de relieve el hecho de que los falsos profetas no pueden prevenir la caída de la teocracia, sino que la aceleran, destruyendo los fundamentos morales del Estado.

Según Ez 13, 5, ellos no se han situado en la brechas, ni han edificado un muro en torno a la casa de Israel (el לא se vincula con las dos frases). Aquel que desea mantener fuera al enemigo, y quiere impedir que entre en la fortaleza se mantiene de pie en la brecha. Con ese mismo fin se cierran con todo cuidado los huecos y las brechas. Pues bien, en contra de eso, han sido los pecados del pueblo los que han creado agujeros y brechas en las murallas de Jerusalén. En otras palabras, ellos han causado la decadencia moral de la ciudad. Según eso, los falsos profetas no han impedido esos pecados, como lo exigía su deber profético, no han reprobado los pecados de los perversos, para rescatar así al pueblo y al Reino, impidiendo su destrucción y restaurando su vida moral y religiosa.

לַעֲמֹד בַּמִּלְחָמָה בְּיוֹם יְהוָה: para mantenerse firme y para guardar su puesto en la guerra del día de Yahvé. El sujeto de la frase son los falsos profetas, no Israel, en contra de lo que supone Hävernick. El día o la Guerra de Yahvé es el juicio que él ha decretado. No estar firme ante ese juicio significa no solo no mantenerse cumpliendo el deber profético, sino ser destruido al no cumplir su deber.

Eso significa que la profecía está vinculada a su propia falta (a su falta de vida), porque Dios, cuyo nombre ellos llevan en sus labios, no les ha enviado (Ez 13, 6). וְיִחֲלוּ depende de שָׁלְחָם: Dios no les ha enviado, y así no pueden esperar que Dios cumpla la palabra que ellos dicen.

La traducción adoptada por otros "y ellos hacen esperar (en falso…)" no puede mantenerse, porque יחל con ל no significa hacer esperar o dar esperanza, sino simplemente esperar algo. Éste era precisamente el caso, y esto es lo que se afirma en la declaración, repetida de nuevo en 13, 7, mostrando así que sus visiones eran vanas y mentirosas (eran adivinaciones falsas). Por eso, ellos siguen amenazados por el juicio descrito en los versos que siguen.

13, 8-16. Castigo de los falsos profetas

⁸ לָכֵן כֹּה אָמַר אֲדֹנָי יְהוִה יַעַן דַּבֶּרְכֶם שָׁוְא וַחֲזִיתֶם כָּזָב לָכֵן הִנְנִי אֲלֵיכֶם נְאֻם אֲדֹנָי יְהוִה:

⁹ וְהָיְתָה יָדִי אֶל־הַנְּבִיאִים הַחֹזִים שָׁוְא וְהַקֹּסְמִים כָּזָב בְּסוֹד עַמִּי לֹא־יִהְיוּ וּבִכְתָב בֵּית־יִשְׂרָאֵל לֹא יִכָּתֵבוּ וְאֶל־אַדְמַת יִשְׂרָאֵל לֹא יָבֹאוּ וִידַעְתֶּם כִּי אֲנִי אֲדֹנָי יְהוִה:

¹⁰ יַעַן וּבְיַעַן הִטְעוּ אֶת־עַמִּי לֵאמֹר שָׁלוֹם וְאֵין שָׁלוֹם וְהוּא בֹּנֶה חַיִץ וְהִנָּם טָחִים אֹתוֹ תָּפֵל:

¹¹ אֱמֹר אֶל־טָחֵי תָפֵל וְיִפֹּל הָיָה גֶּשֶׁם שׁוֹטֵף וְאַתֵּנָה אַבְנֵי

Anuncio del juicio. Actividad de Ezequiel

אֶלְגָּבִישׁ תִּפֹּלְנָה וְרוּחַ סְעָרוֹת תְּבַקֵּעַ׃
¹² וְהִנֵּה נָפַל הַקִּיר הֲלוֹא יֵאָמֵר אֲלֵיכֶם אַיֵּה הַטִּיחַ אֲשֶׁר טַחְתֶּם׃ ס
¹³ לָכֵן כֹּה אָמַר אֲדֹנָי יְהוִה וּבִקַּעְתִּי רוּחַ־סְעָרוֹת בַּחֲמָתִי וְגֶשֶׁם שֹׁטֵף בְּאַפִּי יִהְיֶה וְאַבְנֵי אֶלְגָּבִישׁ בְּחֵמָה לְכָלָה׃
¹⁴ וְהָרַסְתִּי אֶת־הַקִּיר אֲשֶׁר־טַחְתֶּם תָּפֵל וְהִגַּעְתִּיהוּ אֶל־הָאָרֶץ וְנִגְלָה יְסֹדוֹ וְנָפְלָה וּכְלִיתֶם בְּתוֹכָהּ וִידַעְתֶּם כִּי־אֲנִי יְהוָה׃
¹⁵ וְכִלֵּיתִי אֶת־חֲמָתִי בַּקִּיר וּבַטָּחִים אֹתוֹ תָּפֵל וְאֹמַר לָכֶם אֵין הַקִּיר וְאֵין הַטָּחִים אֹתוֹ׃
¹⁶ נְבִיאֵי יִשְׂרָאֵל הַנִבְּאִים אֶל־יְרוּשָׁלִַם וְהַחֹזִים לָהּ חֲזוֹן שָׁלֹם וְאֵין שָׁלֹם נְאֻם אֲדֹנָי יְהוִה׃ פ

⁸ Por tanto, así ha dicho Yahvé, el Señor: Porque habéis hablado vanidad y habéis visto mentira, por eso, yo estoy contra vosotros, dice Yahvé, el Señor. ⁹ Mi mano estará contra los profetas que ven vanidad y adivinan mentira; no estarán en el consejo de mi pueblo, ni serán inscritos en el libro de la casa de Israel, ni a la tierra de Israel volverán. Y sabréis que yo soy Yahvé, el Señor.

¹⁰ Sí, por cuanto han engañado a mi pueblo, diciendo: 'Paz', no habiendo paz; y porque cuando uno levantaba una pared, ellos la recubrían con lodo suelto, ¹¹ di a los recubridores que el lodo suelto se caerá: vendrá una lluvia torrencial y yo enviaré piedras de granizo que la hagan caer, y un viento tempestuoso la romperá. ¹² Y he aquí que cuando la pared haya caído, ¿no os preguntarán dónde está la mezcla con que la recubristeis?.

¹³ Por tanto, así ha dicho Yahvé, el Señor: Haré que la rompa un viento tempestuoso con mi ira, y una lluvia torrencial vendrá con mi furor, y piedras de granizo con enojo para destruir. ¹⁴ Así desbarataré la pared que vosotros recubristeis con lodo suelto y la echaré a tierra, y será descubierto su cimiento. Caerá y seréis consumidos en medio de ella, y sabréis que yo soy Yahvé.

¹⁵ Consumaré así mi furor en la pared y en los que la recubrieron con lodo suelto, y os diré que no existe la pared ni los que la recubrieron: ¹⁶ los profetas de Israel que profetizan acerca de Jerusalén y que vieron para ella visión de paz, no habiendo paz, dice Yahvé, el Señor.

Ez 13, 8 presenta de un modo general el castigo contra los falsos profetas, en términos generales. Ez 13, 9 lo describe de un modo más específico, en forma de clímax, elevando más y más la severidad del anuncio. (1) Ellos, los falsos profetas, no seguirán formando parte del consejo del pueblo, perdiendo así su puesto de influjo que tenían (סוֹד es el orden o esfera de los consejeros, no un orden social). (2) Sus nombres no serán registrados en el libro de la casa de Israel, el libro de registro en el que se inscriben los ciudadanos del reino de Dios. Aquel cuyo nombre no se encuentra en este libro, o que es borrado de él, queda separado de la ciudadanía de Israel y pierde todos los privilegios asociados con ella. Semejante a esta imagen es la del libro de la vida (Ex 32, 32).

Aquí no se alude al pueblo de Israel en relación con otras nacionalidades, sino como pueblo de Dios; en esa línea, la exclusión de Israel se toma también como exclusión de la comunidad de Dios. Aquí no se habla de borrar sus nombres del libro, sino de no ser inscritos en el libro. Esto se debe al hecho de que aquí se habla de la fundación del nuevo reino de Dios.

La vieja teocracia ha sido abolida, aunque Jerusalén aún no ha sido destruida. La nación del pacto ha caído bajo el juicio; pero a partir de aquellos israelitas que han sido dispersados entre los paganos Dios reunirá de nuevo un resto, y llevándolo otra vez a su propia tierra, le convertirá de nuevo en pueblo de Dios (cf. 11, 17). Pues bien, los falsos profetas no serán inscritos en la ciudadanía de ese nuevo reino.

Esos falsos profetas no volverán a entrar en la tierra de Israel, es decir, no solo permanecerán en el exilio, sino que perderán todos los privilegios y bendiciones del Reino de Dios. Este juicio sobrevendrá sobre ellos porque han descarriado al pueblo de Dios, proclamando la paz allí donde no había paz, es decir, elevando y cultivando falsas esperanzas de prosperidad y de paz por las que mantienen al pueblo en sus vidas pecadores y les llevan a imaginar que todo está bien, y que no hay juicio al que temer (cf. Jer 23, 17 y Miq 3, 5). La declaración de este pecado se introduce con un solemne יַעַן וּבְיַעַן, porque y porque (13, 10; cf. Lev 26, 43), presentando luego el pecado con la ayuda de un signo (una pared construida en falso).

Cuando el pueblo levanta una pared, los falsos profetas la revocan con simple barro. וְהוּא se refiere a עַמִּי, y la frase tiene un sentido circunstancial. תָּפֵל significa el lodo, el barro de una pared, palabra tomada probablemente del primer significado de la palabra תפל, que alude a poner, colocar encima (=טפל, *conglutinare*, es decir, pegar, sujetar), en el sentido de algo débil, insípido, sin fuerza. El nombre propio para eso es טִיחַ (Ez 13, 12), y aquí se utiliza la palabra תפל probablemente como alusión general a algo que tonto, absurdo (cf. Jer 23, 13; Lam 2, 14).

El sentido de esta imagen está suficientemente claro. El pueblo edifica su vida en esperanzas vanas, y los profetas no solo le presentan esas esperanzas con colores espléndidos, sino que predicen su cumplimiento, en vez de denunciar su locura, mostrando al pueblo la perversión de sus caminos, en vez de indicarles que que esa conducta sin sentido lleva de un modo inevitable al castigo y a la ruina.

Ese enlucido o revoque es un engaño hipócrita, y se muestra como una forma de cubrir con yeso o color algo que está por dentro corrompido (cf. Mt 23, 27 y Hch 23, 3). Esta figura conduce al profeta a describir el juicio que ellos están haciendo recaer sobre la nación y sobre ellos mismos como una tempestad que viene acompañada con granizo y con lluvia.

Pues bien, en conexión con esta imagen el profeta eleva un doble pensamiento: (1) La conducta del pueblo tal como está fundada y animada por los falsos profetas no puede permanecer (Ez 13, 11-12). (2) Cuando caiga la obra que ellos quieren construir, los mismos profetas recibirán el castigo que ellos merecen (13, 13-16).

La amenaza del juicio comienza con un corto y enérgico וְיִפֹּל que caiga, o ella ha de caer, con un waw para poner de relieve el desarrollo del pensamiento (Ewald, §347a). El sujeto es תָּפֵל, que tiene un sonido semejante a יִפֹּל. Ez 13, 12 presenta esta caída como un destino que aguarda a la pared falsamente revocada por los profetas.

En la descripción de la tormenta, el relato se cuenta ya como discurso directo (con וְאֲנִי: yo enviaré, yo daré…); Dios mismo enviará las fuerzas de la naturaleza contra esa pared hasta destruirla. גֶּשֶׁם שׁוֹטֵף, lluvia torrencial, cf. Ez 38, 22. אַבְנֵי אֶלְגָּבִישׁ son, aquí y en Ez 38, 22, las piedras de granizo. La palabra אֶלְגָּבִישׁ, que es propia de Ezequiel proviene probablemente de לְגָבִישׁ (Job 28, 18) con el artículo árabe אל, en el sentido de hielo, cristal. רוּחַ es el viento de tormenta, un huracán, una tempestad.

תבקע (Ez 13, 11) se utiliza de un modo intransitivo, romper. Pero en 13, 13 toma un sentido transitivo. La traducción activa, adoptada por Kliefoth (la tormenta romperá… el revoque de la pared) resulta inapropiada en 13, 11, porque la tormenta no destruye solo ni el revoque ni la pared aislada, sino todo, revoque y pared.

La traducción que el mismo Kliefoth ofrece de 13, 13 (yo haré por la tempestad…) va en contra del lenguaje del texto y de su sentido. Yahvé hará que esta tempestad estalle, que desate su ira y que destruya el muro, de modo que caiga al suelo. El sufijo de בתוכה se refiere (*ad sensum*) a Jerusalén, no a תוך, en medio. En este momento, las palabras pasan de la figura a la realidad. Porque esa pared mal revocada por los profetas (pared engañosa) es un símbolo de Jerusalén, es el centro de la teocracia, que ha de ser destruida, enterrando en sus ruinas a los falsos profetas.

וְכִלֵּיתִי (y consumiré: 13, 15) contiene una referencia a לְכָלָה en 13, 13. Pero aquí se da un nuevo sentido a la palabra כלה (todo, consumar). De esa forma, Ezequiel repite el pensamiento de que la ira de Dios ha de destruir el muro y a su revocadores. A través de esta repetición él declara con toda claridad que los falsos profetas, que siempre predican la paz, son los revocadores falsos de muros a los que el profeta se está refiriendo.

13 17-19. Contra las falsas profetisas

וְאַתָּה בֶן־אָדָם שִׂים פָּנֶיךָ אֶל־בְּנוֹת עַמְּךָ הַמִּתְנַבְּאוֹת מִלִּבְּהֶן וְהִנָּבֵא עֲלֵיהֶן: 17

וְאָמַרְתָּ כֹּה־אָמַר אֲדֹנָי יְהוִה הוֹי לִמְתַפְּרוֹת כְּסָתוֹת עַל כָּל־אַצִּילֵי יָדַי וְעֹשׂוֹת הַמִּסְפָּחוֹת עַל־רֹאשׁ כָּל־קוֹמָה לְצוֹדֵד נְפָשׁוֹת הַנְּפָשׁוֹת תְּצוֹדֵדְנָה לְעַמִּי וּנְפָשׁוֹת לָכֶנָה תְחַיֶּינָה: 18

וַתְּחַלֶּלְנָה אֹתִי אֶל־עַמִּי בְּשַׁעֲלֵי שְׂעֹרִים וּבִפְתוֹתֵי לֶחֶם 19

לְהָמִית נְפָשׁוֹת אֲשֶׁר לֹא־תְמוּתֶנָה וּלְחַיּוֹת נְפָשׁוֹת אֲשֶׁר
לֹא־תִחְיֶינָה בְּכַזֶּבְכֶם לְעַמִּי שֹׁמְעֵי כָזָב: ס

¹⁷ Y tú, hijo de hombre, pon tu rostro contra las hijas de tu pueblo que profetizan de su propio corazón, y profetiza contra ellas. ¹⁸ Di: Así ha dicho Yahvé, el Señor: ¡Ay de aquellas que cosen vendas mágicas para todas las manos y hacen velos mágicos para la cabeza de toda edad, para cazar las almas! ¿Habéis de cazar las almas de mi pueblo para mantener así vuestra propia vida? ¹⁹ ¿Y habéis de profanarme en medio de mi pueblo por unos puñados de cebada y unos pedazos de pan, matando a las personas que no deben morir y dando vida a las personas que no deben vivir, mintiendo a mi pueblo que escucha la mentira?

El Señor no ha concedido solo a los hombres el don de la profecía, sino que a veces se lo ha concedido también a las mujeres: Miriam, Débora y Julda. En esa línea, hubo también falsas profetisas, al lado de los falsos profetas, mujeres que profetizaban solo por el impulso de su propio corazón, sin ser impulsadas por el Espíritu del Señor.

Como los profetas de 13, 2, estas profetisas están descritas aquí como profetizando por (a partir) de su propio corazón (13, 17), y sus ofensas (según Ezequiel) han quedado descritas de un modo más particular en 13, 18-19.

El significado de esos versículos depende totalmente del sentido que se le dé a la palabra יְדֵי, un término que la mayoría de los expositores, siguiendo en la línea de los LXX, del siríaco y de la Vulgata han pensado que se identifica con יָדִים o con יָד, afirmando que se refiere a las manos de las mujeres o profetisas.

Pero no hay nada que nos permita suponer que יְדֵי es una forma usual de יָדִים, como supone todavía Ewald (*Lehrbuch*, §177a). Todavía menos se puede afirmar que esa palabra está en lugar del singular יָד. Y no tenemos razón ninguna para alterar el texto y decir que puede entenderse en la línea de זְרוֹעֹתֵיכֶם (13, 20: yo quitaré los כְּסָתוֹת de vuestras manos). No hay ninguna razón para pensar que las profetisas han ocultado sus manos en los כְּסָתוֹת; y esta suposición no está en modo alguno en armonía con los hechos.

La palabra כְּסָתוֹת, de כסה, con *tau* (ת) femenina, tratada como si fuera una letra radical (cf. Ewald, §186e), significa algo que está cubierto, un ocultamiento (=כסות). El sentido de almohada, cojín (LXX προσκεφάλαια, Vulg. *pulvilli*) es una simple inferencia, deducida de este pasaje, y resulta decididamente errónea, dado que la palabra תפר (coser juntamente) no puede aplicarse a los cojines, ni tampoco la frase עַל כָּל־אַצִּילֵי יָדָי, dado que los cojines no se colocan sobre las articulaciones de las manos, y mucho menos se cosen sobre ellas.

Por esa razón no se puede aceptar tampoco la explicación de Hävernick, según el cual esa palabra se refiere a las alfombras que se utilizan como mantas, suponiendo que esas voluptuosas profetisas se reclinan sobre ellas, pues los cojines

Anuncio del juicio. Actividad de Ezequiel

y las mantas no se colocan bajo las articulaciones de las manos (de los brazos) o de las espaldas, como supone Hävernick al traducir אַצִּילֵי יָדָי.

En esa línea se puede rechazar también otra explicación que suele darse a esas palabras, suponiendo que se refieren a las alfombras que las profetisas han tejido para entregarse sobre ellas a todo tipo de actos licenciosos. La explicación dada por Efrén el Sirio y adoptada por Hitzig según la cual los כְּסָתוֹת eran amuletos o un tipo de tiras alrededor de las junturas de las manos que las profetisas se ponían cuando recibían o promulgaban sus oráculos resulta también insostenible, pues, como ha observado Kliefoth "no hay en el texto ninguna palabra que se refiera a adulterios, amuletos o tiras sagradas empleadas en la oración".

Por otra parte, cuando avanzamos y llegamos a la frase siguiente, la traducción tradicional de מִסְפָּחוֹת, como si significará almohadas (ὑπαυχένια en Symmaco y *cervicalia* en la Vulgata) o un tipo de mantos grandes (= מטפחות, Hitzig, Hävernick, etc.) no responde al texto, ni está en armonía con עַל־רֹאשׁ.

מִסְפָּחוֹת, de ספח, juntar, en el contexto actual, se refiere a un tipo de gorra que se ajusta bien a la cabeza y על se entiende desde la perspectiva que hallamos en Sal 110, 4 y Est 9, 26: Ellas hacen los gorros según (conforme a la cabeza) de cada tipo de persona. Las palabras en ambas frases son figuradas, y han sido correctamente interpretas por Kliefoth:

> "En contra de las profetisas se eleva un doble tipo de acusación. En primer lugar, ellas cosen un tipo de cubiertas y las colocan entre las manos de Dios, de tal forma que ese Dios no puede ni tocarles; en otras palabras, ellas cubren y ocultan la palabra de Dios a través de sus profecías y de esa forma tapan, de un modo especial, las amenazas y la acción judicial de la mano de Dios, que debería aparecer ante todos de un modo manifiesto, de manera que los hombres no puede ni oír ni ver lo que Dios quiere para ellos; en otras palabras, a través de sus mentiras, esas profetisas cubren de tal modo los sentidos de los hombres que ellos no pueden oír ni descubrir la verdad".

Ellas hacen estas dos cosas, de tal forma que "cazan" las almas. La consecuencia inevitable de su acción aparece representada tal como ellas lo han pretendido, mostrando así que cazan las almas del pueblo de Dios. Estas profetisas conducen a las almas a la destrucción, y solo se buscan a sí mismas. La frase נְפָשׁוֹת הַנְּפָשׁוֹת no puede tomarse como una interrogación: ¿podréis cazar almas...? como si se planteara el tema de si ellas pueden realizar esa conducta con total inmunidad (Hävernick). Esa frase contiene más bien una simple constatación de lo que realmente está sucediendo, cuando estas profetisas cazan almas: "Ellas cazan las almas del pueblo de Dios y solo se ocupan de sus propias almas", es decir, ellas roban las vidas del pueblo de Dios, y solo se ocupan de sus propias vidas egoístas (Kliefoth).

לְעַמִּי se utiliza en vez del genitivo (*stat. constr.*), para poner así de relieve que el acento se pone sobre עַמִּי. Y de la misma manera entendemos la palabra

לְבֵנָה en vez del sufijo. Ésta es la misma forma de construcción que aparece en 1 Sam 14, 16. Ez 13, 19 muestra lo grande que ha sido su pecado. Ellas profanan a Dios en medio de su pueblo, ofreciendo al pueblo las sugestiones de su corazón como si fueran revelaciones divinas con el fin de poder conseguir de esa manera su ganancia para cada día (cf. Miq 3, 5).

De esa manera, a través de sus mentiras, esas profetisas llevan a la destrucción a aquellos que les escuchan con agrado. Al actuar así, ellas destruyen la vida de aquellos que debían vivir, y mantienen en vida a aquellos que no debían vivir (es decir, ellas mantienen y aseguran sus propias vidas, cf. Dt 18, 20). El castigo que ellas merecen no tardará en llegar.

13, 20-23. Castigo de las falsas profetisas

20 לָכֵן כֹּה־אָמַר אֲדֹנָי יְהוִה הִנְנִי אֶל־כִּסְּתוֹתֵיכֶנָה אֲשֶׁר אַתֵּנָה מְצֹדְדוֹת שָׁם אֶת־הַנְּפָשׁוֹת לְפֹרְחוֹת וְקָרַעְתִּי אֹתָם מֵעַל זְרוֹעֹתֵיכֶם וְשִׁלַּחְתִּי אֶת־הַנְּפָשׁוֹת אֲשֶׁר אַתֶּם מְצֹדְדוֹת אֶת־נְפָשִׁים לְפֹרְחֹת:
21 וְקָרַעְתִּי אֶת־מִסְפְּחֹתֵיכֶם וְהִצַּלְתִּי אֶת־עַמִּי מִיֶּדְכֶן וְלֹא־יִהְיוּ עוֹד בְּיֶדְכֶן לִמְצוּדָה וִידַעְתֶּן כִּי־אֲנִי יְהוָה:
22 יַעַן הַכְאוֹת לֵב־צַדִּיק שֶׁקֶר וַאֲנִי לֹא הִכְאַבְתִּיו וּלְחַזֵּק יְדֵי רָשָׁע לְבִלְתִּי־שׁוּב מִדַּרְכּוֹ הָרָע לְהַחֲיֹתוֹ:
23 לָכֵן שָׁוְא לֹא תֶחֱזֶינָה וְקֶסֶם לֹא־תִקְסַמְנָה עוֹד וְהִצַּלְתִּי אֶת־עַמִּי מִיֶּדְכֶן וִידַעְתֶּן כִּי־אֲנִי יְהוָה:

20 Por tanto, así ha dicho Yahvé, el Señor: Yo actuaré contra vuestras vendas mágicas (vuestros velos), con las que cazáis las almas, yo las dejaré volar, yo libraré de vuestras manos, y soltaré para que vuelen como aves las almas que cazáis. 21 Romperé asimismo vuestros velos mágicos y libraré a mi pueblo de vuestra mano, y no estarán más como presa en vuestra mano.

Y sabréis que yo soy Yahvé. 22 Por cuanto entristecisteis con mentiras el corazón del justo, al cual yo no entristecí, y fortalecisteis las manos del impío para que no se apartara de su mal camino, infundiéndole ánimo, 23 por eso, no veréis más visión vana ni practicaréis más la adivinación. Yo libraré a mi pueblo de vuestras manos. Y sabréis que yo soy Yahvé.

La amenaza está intensamente conectada con el reproche por sus pecados. 13, 20-21 responde al reproche de 13, 18, y 13, 22-23 al de 13, 19. En primer lugar, el Señor romperá en trozos los velos y los gorros, es decir, el paño de mentiras tejido por las falsas profetisas, y rescatará al pueblo de sus lazos (13, 20-21) y, en segundo lugar, ese mismo Señor destruirá totalmente la conducta perniciosa de las personas que deben ser condenadas (13, 22-23).

Las palabras que van de אַתֵּנָה a לְפֹרְחוֹת (13, 20), si se toman como una sola frase, como generalmente se hace, contienen dificultades insuperables, ya que resulta imposible encontrar un sentido satisfactorio a שָׁם, y לְפֹרְחוֹת no encaja con el conjunto. Tanto sin tomamos כְּסָתוֹתֵיכֶנָה como velos o como cojines, la conexión de שָׁם con אֲשֶׁר (donde cazáis la almas), preferida por la mayoría de los comentadores, resulta insostenible. Porque ni los velos ni los cojines eran los lugares donde las almas eran cazadas, sino que han de entenderse como los medios empleados para cazarlas. En ese caso, en lugar de שָׁם deberíamos haber esperado בָּם o בָהֶם, como propone Hitzig.

Aún menos admisible resulta la propuesta de tomar שָׁם como refiriéndose a Jerusalén (lugar donde vosotros cazáis allí las almas); en ese caso שָׁם no solo ofrecería una definición totalmente superflua de localidad, sino que introduciría una limitación totalmente contraria al contexto, pues en ningún lugar se dice que las profetisas vivían y profetizaban solo en Jerusalén.

Tanto 13, 2 como 13, 17 ofrecen una referencia mucho más general a los profetas de Israel y a los hijas del pueblo. Y en 13, 16 se afirma simplemente que los falsos profetas profetizaban paz para Jerusalén cuando no había en modo alguno paz. De un modo consecuente, el intento de entender שָׁם como alusión a Jerusalén ha de tomarse como intento desesperado de ofrecer un sentido satisfactorio al conjunto del texto. Más aún, si construimos las palabras de esa manera, לִפְרֹחוֹת resulta también incomprensible.

La mayor parte de los comentadores admiten que פרח se toma aquí en un sentido arameo, como volare (volar). En la segunda parte del verso no hay duda de que la palabra tiene ese significado. Por su parte xLv se toma en Dt 22, 7 en el sentido de liberar un pájaro o de dejarle volar. Y el sentido de xLv queda apoyado por la expresión de Ex 21, 26 (לְחָפְשִׁי יְשַׁלְּחֶנּוּ), mientras que la comparación de las almas con pájaros aparece también en Sal 11, 1 y 124, 7.

Según eso, el verdadero significado del pasaje (אַתֶּם מְצֹדְדוֹת אֶת־נְפָשִׁים לִפְרֹחֹת אֶת־הַנְּפָשׁוֹת אֲשֶׁר) es: yo envío (pongo) en libertad a las almas que vosotros habéis cazado, dejando que vuelen, es decir, de tal manera que ellas sean capaces de volar en libertad. Y en la primera parte no podemos adoptar una traducción distinta para לִפְרֹחֹת, pues אֶת־נְפָשִׁים está conectada allí de la misma forma con el contexto.

Pues bien, si las palabras se combinan formando una solo cláusula en el primer hemistiquio ellas nos dan un sentido que es obviamente equivocado, es decir, "en todos los lugares donde cazáis las almas para hacerlas volar". Como han visto la imposibilidad de aceptar esta lectura, muchos han querido superar la dificultad haciendo una paráfrasis del texto.

Así, por ejemplo, Ewald traduce לִפְרֹחֹת, en ambos casos, como "si ellos fueran aves de paso", pero en el primer caso aplica al tema pájaros emigrantes a los que se les ponen redes para cazarles, y en el segundo caso a pájaros que se dejan en libertad. De esa manera, estrictamente hablando, en el primer caso, él entiende לִפְרֹחֹת en el sentido de cazar pájaros y en el segundo en el sentido de dejarlos en libertad, haciendo que vuelen. Esta es una explicación que se refuta por sí misma, pues פרח, volar, no puede significar, al mismo tiempo cazar.

La traducción propuesta por Kimchi, Rosenmüller y otros, que traducen לְפֹרְחֹת como *ut advolent ad vos* (que vuelen hacia vosotros) en el primer hemistiquio y *ut avolent* (que vuelen sin más) en el segundo no es mejor que la anterior. La dificultad tampoco se resuelve acudiendo a posibles dialectos hebreos, como propone Hävernick, con la finalidad de hacer que לְפֹרְחֹת signifique vida disoluta o licenciosa, pues no tenemos ningún indicio de que las cosas hayan de entenderse de esa forma.

Pues bien, si no es posible obtener ningún significado satisfactorio para el texto actual, eso significa que no puede ser correcto. En esa línea no hay ninguna otra salida que alterar o cambiar la palabra שָׁם, a la que no encontramos sentido, y poner en su lugar otra, dividiendo después las palabras, desde אַתֵּנָה מְצֹדְדוֹת a לְפֹרְחוֹת en dos frases, como indica la traducción.

No hay necesidad de añadir algo al relativo אֲשֶׁר, pues צוּד se construye con un doble acusativo (cf. Miq 7, 2: צוּד חרם, cazar con una red) y el objeto de מְצֹדְדוֹת, es decir, las almas puede suplirse fácilmente desde la cláusula anterior. De esa manera las dos frases del primer hemistiquio corresponderán exactamente a las dos frases de la segunda parte del verso.

וְקָרַעְתִּי אֹתָם es una explicación de הִנְנִי אֶל־כִּסְּתוֹתֵיכֶנָה, yo romperé las cubiertas (velos) de vuestras manos. Estas palabras no implican que las profetisas tuvieran que llevar velos en sus manos, sino que puede explicarse diciendo que ellas preparan esos velos (כְּסָתוֹת) con sus manos. Por su parte וְשִׁלַּחְתִּי אֶת־הַנְּפָשׁוֹת corresponde a לְפֹרְחוֹת y שָׁם אֶת־הַנְּפָשׁוֹת está gobernado por וְשִׁלַּחְתִּי.

La inclusión de אֶת־נְפָשִׁים ha de explicarse por el estilo ampuloso y repetitivo de Ezequiel. Pero, al mismo tiempo, esa palabra no puede tomarse simplemente como una mera repetición de אֶת־הַנְּפָשׁוֹת que está separado de לְפֹרְחוֹת por una cláusula de relativo (אֲשֶׁר אַתֶּם מְצֹדְדוֹת); este plural poco utilizado para almas (נְפָשִׁים) viene a presentarse como una explicación práctica del hecho de que las almas, en cuanto comparadas con aves, se toman como seres vivientes, que es un significado que ofrece נפש en otros pasajes.

La omisión del artículo después de אֶת (en אֶת־נְפָשִׁים) puede explicarse, sin embargo, por el hecho de que las almas han sido ya definidas antes de un modo más preciso, como sucede en 1 Sam 24, 6; 2 Sam 18, 18, donde la definición más precisa del término sigue inmediatamente después (cf. Ewald §277a, p. 683).

Lo mismo puede decirse en Ez 13, 21, en relación con los gorros, como hemos explicado sobre el tema de los velos o cubiertas en 13, 20. Dios los romperá, pues, en pedazos, para librar así al pueblo del poder de las profetisas mentirosas. La forma en que Dios hará eso se explica en Ez 13, 22-23, es decir, no solo mostrando la falsedad de esas profecías en el juicio, sino poniendo un fin a todas las adivinaciones y exterminando a las falsas profetisas, haciéndolas objeto de ridículo y de vergüenza. La razón de eso se expone en 13 22, donde se ofrece todavía una descripción de la conducta indigna de esas personas, pero de forma que la indignidad de esa conducta se explica en términos literales y sin figura alguna. Ellas hacen daño a los justos y buenos; pero fortalecen las manos de los malvados. הַכְאוֹת, hifil de כאה, en siriaco, significa actuar de forma dura, entristecer. En esa línea, aquí aparece en hifil, referido a לב, y significa afligir el corazón. שֶׁקֶר se utiliza de un modo adverbial, con mentira, de un modo mentiroso, es decir, prediciendo desgracias y castigos divinos, con los que aterrorizaban a los piadosos, es decir, a los que no aceptaban su forma de comportamiento; por el contrario, ellas anunciaban prosperidad y paz a los impíos, que estaban prontos a ser engañados por ellas, fortaleciéndoles así en su maldad. Por eso, Dios les avergonzará con sus juicios, por los que manifestará su engaño y la perversidad de sus adivinaciones.

3. Ez 14, 1-23. Contra los adoradores de ídolos. Certeza del juicio

Este capítulo contiene dos unidades bien relacionadas entre sí. (a) La primera (14, 2-11) anuncia a los ancianos que han acudido al profeta para preguntarle sobre Dios, que él no permitirá que los idólatras se le acerquen, sino que responderá con un severo juicio a todos los idólatras que no se conviertan, y que destruirá incluso a los profetas que se atrevan a responderles. (b) La segunda (14, 12-23) denuncia la falsa esperanza de aquellos que piensan que Dios renunciará al juicio y perdonará a Jerusalén a causa de los justos que allí habitan.

14, 1. Introducción

¹ וַיָּבוֹא אֵלַי אֲנָשִׁים מִזִּקְנֵי יִשְׂרָאֵל וַיֵּשְׁבוּ לְפָנָי: פ

Vinieron a mí algunos de los ancianos de Israel y se sentaron delante de mí.

14, 1 narra la ocasión para las palabras que siguen. Estos hombres no eran diputados enviados por los israelitas de Palestina, como Grocio y otros suponen, sino ancianos del exilio entre los que Ezequiel estaba viviendo y actuando. Ellos vinieron a visitarle (cf. 14, 3), evidentemente con la intención de que les ofreciera una palabra de Dios sobre el futuro de Jerusalén o sobre el destino del reino de Judá.

Pero Hävernick se equivocan al suponer que podemos inferior, por la primera o segunda palabra de Dios, que ellos habían dirigido al profeta una pregunta más precisa sobre este tema, una pregunta a la que él habría respondido en 14, 1-13. Ciertamente, el hecho de que esos ancianos vengan muestra que las profecías de Ezequiel les han causado una gran impresión; pero en 14, 1 no se indica que hayan venido para preguntar sobre Dios, como los ancianos de 20, 1, y en la respuesta que Dios les ofrece no hay alusión concreta a ninguna pregunta que ellos le hayan dirigido.

La primera parte (14, 2-11) asume simplemente que ellos han venido con la intención de preguntar, e indica el estado de mente (de corazón) que les llena para venir a preguntar al profeta; la segunda parte (14, 12-23) pone de relieve la falta de fundamento de su falsa confianza en la justicia de ciertos hombres buenos.

3.1. Ez 14, 2-11. Contra los falsos profetas

14, 2-5. Dios no escucha la palabra de los idólatras

² וַיְהִ֥י דְבַר־יְהוָ֖ה אֵלַ֥י לֵאמֹֽר׃
³ בֶּן־אָדָ֗ם הָאֲנָשִׁ֤ים הָאֵ֙לֶּה֙ הֶעֱל֤וּ גִלּֽוּלֵיהֶם֙ עַל־לִבָּ֔ם
וּמִכְשׁ֣וֹל עֲוֺנָ֔ם נָתְנ֖וּ נֹ֣כַח פְּנֵיהֶ֑ם הַאִדָּרֹ֥שׁ אִדָּרֵ֖שׁ לָהֶֽם׃ ס
⁴ לָכֵ֣ן דַּבֵּר־א֠וֹתָם וְאָמַרְתָּ֨ אֲלֵיהֶ֜ם כֹּה־אָמַ֣ר ׀ אֲדֹנָ֣י יְהֹוִ֗ה אִ֣ישׁ
אִ֣ישׁ מִבֵּ֣ית יִשְׂרָאֵ֡ל אֲשֶׁר֩ יַעֲלֶ֨ה אֶת־גִּלּוּלָ֜יו אֶל־לִבּ֗וֹ וּמִכְשׁ֤וֹל
עֲוֺנוֹ֙ יָשִׂים֙ נֹ֣כַח פָּנָ֔יו וּבָ֖א אֶל־הַנָּבִ֑יא אֲנִ֣י יְהוָ֗ה נַעֲנֵ֧יתִי ל֦וֹ (בָ֛א) [בָ֖הּ] בְּרֹ֥ב גִּלּוּלָֽיו׃
⁵ לְמַ֛עַן תְּפֹ֥שׂ אֶת־בֵּֽית־יִשְׂרָאֵ֖ל בְּלִבָּ֑ם אֲשֶׁ֤ר נָזֹ֙רוּ֙ מֵֽעָלַ֔י בְּגִלּֽוּלֵיהֶ֖ם כֻּלָּֽם׃ ס

² *Y vino a mí palabra de Yahvé, diciendo:* ³ *Hijo de hombre, estos hombres han puesto sus ídolos en su corazón y han establecido el tropiezo de su maldad delante de su rostro. ¿Acaso he de ser yo en modo alguno consultado por ellos?* ⁴ *Háblales, por tanto, y diles: Así ha dicho Yahvé, el Señor:*

Cualquier hombre de la casa de Israel que haya puesto sus ídolos en su corazón y que haya establecido el tropiezo de su maldad delante de su rostro, y que acuda al profeta, yo, Yahvé, responderé al que acuda conforme a la multitud de sus ídolos, ⁵ *para tomar a la casa de Israel por el corazón, ya que se han apartado de mí todos ellos a causa de sus ídolos.*

No debemos imaginar que estos ancianos se han entregado a una grosera idolatría. הֶעֱל֤וּ גִלּֽוּלֵיהֶם֙ עַל־לִבָּ֔ם significa que han permitido que venga algo a su mente, que se exprese en su corazón, para ocuparse mentalmente de ello. נָתְנ֖וּ נֹ֣כַח פְּנֵיהֶ֑ם, ellos han establecido delante de su rostro el tropiezo de su maldad; esto ha de entenderse en sentido espiritual, e indica algo que estos hombres han puesto en su mente. וּמִכְשׁוֹל es una especie de piedra de tropiezo para pecar, para ser culpables (cf. Ez 7, 19), es decir, los ídolos.

Según eso, las dos frases de 14, 2 indican simplemente la inclinación del corazón y del espíritu hacia los falsos dioses. Pues bien, Dios no soporta que esos hombres entregados a los ídolos vengan a buscarle y preguntarle. La frase interrogativa, הַאִדָּרֹ֥שׁ etc., incluye una fuerte negación. El énfasis se pone en el infinitivo absoluto, הַאִדָּרֹ֥שׁ, colocado delante del verbo אִדָּרֵ֖שׁ, con la ה en vez de la א, para no repetir dos veces la misma *alef*. נדרש significa permitir que se le busque, e implica un encuentro con Dios. Por eso, en Is 65, 1 tenemos נדרש como paralelo de נמצא.

En Ez 14, 4-5 sigue una declaración positiva de la actitud de Dios respecto de aquellos que han cultivado un tipo de idolatría en su corazón. Cada uno de esos israelitas será respondido por Dios conforme a la multitud de los ídolos. El nifal נַעֲנֵ֧יתִי no tiene significado de kal, y no significa "algo a lo que puede responderse", como supone Ewald, sino que se utiliza generalmente en un sentido pasivo: ser respondido, es decir, encontrar u obtener una respuesta (Job 11, 2; 19, 7). Aquí se utiliza en un sentido reflexivo: que uno se encuentre y se exprese respondiendo.

Por su parte, el *qetib* בֹּה, para el que el kere propone la forma más suave de בָּא, se refiere al בְּרֹב גִּלּוּלָיו que sigue. En esta frase se anticipa el nominativo, a través de un pronombre previo, conforme a un uso común arameo. Aquí se hace a causa del énfasis, para poner más de relieve el objeto que sigue. בְּ se utiliza aquí en el sentido de *secundum*, según, *conforme a*, no en el sentido de porque, ya que ese sentido no puede aplicarse en 14, 7, donde aparece en el mismo contexto (בִּי).

La forma en la que Dios responderá a la idolatría no se explicita hasta 14, 8. Aquí, en 14, 5, se describe la finalidad de este comportamiento de Dios: es decir, para agarrar a Israel por su corazón, es decir, no para limitarse a tocarle y mejorarle, sino para transformar de verdad su corazón a través de sus juicios (Lev 26, 41), para lograr así que los israelitas abandonen sus idolatrías y vuelvan al Dios vivo. נָזֹרוּ, como en Is 1, 4, apartarse, alejarse de Dios. כֻּלָּם, todos ellos, es una repetición enfática del tema, como sujeto de נָזֹרוּ.

14, 6-8. Eliminaré a los idólatras

⁶ לָכֵן אֱמֹר אֶל־בֵּית יִשְׂרָאֵל כֹּה אָמַר אֲדֹנָי יְהוִה שׁוּבוּ וְהָשִׁיבוּ מֵעַל גִּלּוּלֵיכֶם וּמֵעַל כָּל־תּוֹעֲבֹתֵיכֶם הָשִׁיבוּ פְנֵיכֶם:
⁷ כִּי אִישׁ אִישׁ מִבֵּית יִשְׂרָאֵל וּמֵהַגֵּר אֲשֶׁר־יָגוּר בְּיִשְׂרָאֵל וְיִנָּזֵר מֵאַחֲרַי וְיַעַל גִּלּוּלָיו אֶל־לִבּוֹ וּמִכְשׁוֹל עֲוֹנוֹ יָשִׂים נֹכַח פָּנָיו וּבָא אֶל־הַנָּבִיא לִדְרָשׁ־לוֹ בִי אֲנִי יְהוָה נַעֲנֶה־לּוֹ בִי:
⁸ וְנָתַתִּי פָנַי בָּאִישׁ הַהוּא וַהֲשִׁמֹתִיהוּ לְאוֹת וְלִמְשָׁלִים וְהִכְרַתִּיו מִתּוֹךְ עַמִּי וִידַעְתֶּם כִּי־אֲנִי יְהוָה: ס

⁶ *Por tanto, di a la casa de Israel: Así dice Yahvé, el Señor: Convertíos, volveos de vuestros ídolos y apartad vuestro rostro de todas vuestras abominaciones.* ⁷ *Porque cualquier hombre de la casa de Israel y de los extranjeros que habitan en Israel, que se haya apartado de andar en pos de mí, y que haya puesto sus ídolos en su corazón y haya establecido delante de su rostro el tropiezo de su maldad, y que acuda al profeta para preguntarle por mí, yo, Yahvé, le responderé por mí mismo;* ⁸ *pondré mi rostro contra aquel hombre, lo pondré por señal y por escarmiento, y lo eliminaré de en medio de mi pueblo. Y sabréis que yo soy Yahvé.*

Estos versos repiten la amenaza divina y la exigencia de arrepentimiento, y la expresan de la manera más clara. לָכֵן, en 14, 6, retoma el mismo לָכֵן de 14, 4, por lo que toca a la idea de conjunto, pero se encuentra directamente vinculado a 14, 5: Porque ellos se han separado de Dios, por eso, Dios les exige que se arrepientan y que vuelvan. Ese mismo Dios responderá con un juicio severo a todos aquellos que dicen buscarle, pero llevan ídolos en su corazón, tanto si son israelitas, como si son extranjeros que viven en medio de los israelitas.

La palabra שׁוּבוּ, volverse, convertirse, aparece aún de un modo más enfático por el añadido de הָשִׁיבוּ פְּנֵיכֶם. Esta doble llamada al arrepentimiento corresponde al doble reproche por la idolatría de 14, 3. שׁוּבוּ responde a הֶעֱלוּ גִלּוּלֵיהֶם עַל־לִבָּם y הָשִׁיבוּ פְּנֵיכֶם responde a נֹכַח פְּנֵיהֶם. Por su parte, הָשִׁיבוּ no se utiliza en sentido intransitivo como aparece en 18, 30, sino que ha de tomarse en conexión con el objeto que sigue el final del verso (פְּנֵיהֶם), y así se repite antes de פְּנֵיהֶם, a causa de la claridad del énfasis.

La razón para esta llamada al arrepentimiento y para dejar la idolatría se explica en 14, 7, con la amenaza de que Dios destruirá a cada israelita y a cada extranjero que viva en Israel que se aleje de Dios y que se vincule a los ídolos. La fraseología de Ez 14, 7 está tomada casi *verbatim* de Lev 17, 8.10.13 etc. La *waw* (ו) antes de las dos palabras centrales (וְיַעַל וְיִנָּזֵר) no cumple la función de una *waw* de relativo, sino que simplemente se refiere a un posible caso: "aquel que se separe de mis seguidores…y se une a los ídolos…".

לִדְרָשׁ־לוֹ בִי no significa "para pedirle a él (al profeta) consejo sobre mí"… porque לוֹ no puede tomarse como referente al profeta, aunque דרשׁ con ל significa a veces buscar a alguien y la ל puede referirse también a la persona a la que se va a hacer la pregunta (cf. 2 Cron 15, 13; 2 Cron 17, 4; 2 Cron 31, 21), porque al que se le busca en este caso es a Yahvé.

Por otra parte, Hävernick pone de relieve que דרשׁ con ל indica meramente el objeto externo que un hombre busca, y en este caso el médium u órgano a través del cual habla Dios viene a mostrarse como erróneo en los pasajes que acabamos de citar. En este caso tenemos un לוֹ reflexivo que ha de tomarse como un *dat. commodi*, por el que se indica aquel que quiere o busca algo.

La persona a la que quiere buscarse para preguntarle (es decir, Dios) aparece indicada por la preposición ב, como en 1 Cron 10, 14 (דרשׁ), lo mismo que, con cierta frecuencia, se utiliza en relación a los ídolos cuando se busca de ellos un oráculo o una ayuda (1 Sam 28, 7; 2 Rey 1, 2).

Solo de esa manera se puede lograr que לוֹ y בִי puedan corresponder a las mismas palabras de la apódosis: Cualquiera que busque consejo de Dios, a él se le mostrará Dios, contestándole בִי, según él, es decir, de acuerdo con su naturaleza, en su propio camino, es decir, en la forma descrita en 14, 8. La

La amenaza se expresa con palabras de la Ley, con וְהִכְרַתִּיו וְנָתַתִּי, según Lev 20, 3. 5-6, y con וַהֲשִׁמּוֹתִיהוּ etc., un pensamiento tomado con cierta libertad de Dt 28, 37 (וְהָיִיתָ לְשַׁמָּה לְמָשָׁל). En esa línea, no hay duda de que הֲשִׁמּוֹתִי ha de derivarse de שׁמם y de que está en lugar de הֲשִׁמֹּתִי, conforme a la costumbre de los últimos escritores bíblicos, que tienden a convertir el *dagesh forte* en una vocal larga.

La alusión a Dt 28, 37, comparada con hyh en el verso 46 del mismo capítulo, es suficiente para rechazar la visión según la cual הֲשִׁמּוֹתִי deriva de שִׂים,

aunque los LXX, Targ., Syr. y Vulg. realizan sus traducciones suponiendo que el verbo de fondo es שׂים (cf. Sal 44, 16). De todas maneras, שׂים, en perfecto no toma nunca la forma de hifil, y Ez 20, 26 nos ofrece en una conexión similar la palabra אשמם. Se trata de una expresión pregnante: lo convertiré en desolación para que sea señal y escarmiento.

14, 9-11: Eliminaré a los falsos profetas

⁹ וְהַנָּבִיא כִי־יְפֻתֶּה וְדִבֶּר דָּבָר אֲנִי יְהוָה פִּתֵּיתִי אֵת הַנָּבִיא הַהוּא וְנָטִיתִי אֶת־יָדִי עָלָיו וְהִשְׁמַדְתִּיו מִתּוֹךְ עַמִּי יִשְׂרָאֵל׃
¹⁰ וְנָשְׂאוּ עֲוֹנָם כַּעֲוֹן הַדֹּרֵשׁ כַּעֲוֹן הַנָּבִיא יִהְיֶה׃
¹¹ לְמַעַן לֹא־יִתְעוּ עוֹד בֵּית־יִשְׂרָאֵל מֵאַחֲרַי וְלֹא־יִטַּמְּאוּ עוֹד בְּכָל־פִּשְׁעֵיהֶם וְהָיוּ לִי לְעָם וַאֲנִי אֶהְיֶה לָהֶם לֵאלֹהִים נְאֻם אֲדֹנָי יְהוִה׃ פ

⁹ *Y cuando el profeta sea engañado y hable alguna palabra, yo, Yahvé, engañaré a tal profeta. Extenderé mi mano contra él y lo eliminaré de en medio de mi pueblo Israel.* ¹⁰ *Y llevarán ambos el castigo de su maldad: como la maldad del que consulte, así será la maldad del profeta,* ¹¹ *para que la casa de Israel no se desvíe más de en pos de mí, ni se contamine más en todas sus rebeliones; y sea mi pueblo y yo sea su Dios, dice Yahvé, el Señor.*

El profeta que permite ser persuadido no es un profeta מלבו (Ez 13, 2), sino solo uno que piensa que tiene palabra de Dios. פתה, persuadir, convencer a otro a través de palabras amistosas (en un buen sentido, en Os 2, 16), pero generalmente *sensu malo*, es decir, en mal sentido para pervertir a otros o seducirles para que hagan aquello que no puede hacerse o es malo. "Aquel que permite ser persuadido...", pero no necesariamente, "sino con la esperanza de recibir un pago de los hipócritas que le consultan" (Michaelis).

De esta manera se debilita el pensamiento del profeta. A veces se puede ofrecer una palabra a otros de una manera no egoísta. En este caso, la palabra que se les ofrece no necesita ser un oráculo divino, inventado por el falso profeta, ni tampoco una falsa profecía. Pero en ese caso se alude a una palabra que es distinta de aquella a la que se refiere Ezequiel en 14, 6-8, donde se exige una llamada al arrepentimiento o una denuncia judicial contra el impenitente. Ezequiel condena aquí ese tipo de palabras que podrían confirmar en su seguridad a los pecadores. Por אֲנִי יְהוָה (14, 9) se introduce la apódosis de una manera enfática, como en 14, 4 y 14, 7. Pero פִּתֵּיתִי no puede tomarse en un sentido futuro (yo persuadiré...). Debe ser aquí un perfecto, pues el hecho de persuadir a un profeta supone que el mismo profeta se ha dejado persuadir.

Los Padres de la Iglesia y los primeros teólogos luteranos se equivocaron en su interpretación de פִּתֵּיתִי, palabra que ellos entendieron en un sentido permisivo, significando solo que Dios lo permitió, y no impidió que fueran persuadidos, es decir, seducidos. Más equivocados están todavía Storr y Schmieder, el primero de los cuales piensa que estamos ante una frase puramente declaratoria: "yo declararé que él se ha alejado de la adoración de Yahvé"; el segundo entiende así la frase: "yo mostraré que él es un loco, castigándole por su desobediencia".

Pues bien, en contra de eso, estas palabras han de entenderse en la línea de 1 Rey 22, 20, donde encontramos un mal espíritu que está inspirando… (con פָּתָה); a través del mal espíritu el mismo Dios persuade al rey Ajab, por medio de los profetas, para que vaya a luchar y morir de esa manera. Así como Yahvé envía en este caso el Espíritu malo y lo pone en boca de los profetas, de igual manera, la persuasión a la que alude nuestro pasaje proviene del mismo Dios.

No estamos pues ante un mero permiso divino, sino ante una orden, ante una disposición activa. Ciertamente, esta persuasión no destruye del todo la libertad, de manera que uno podría elevarse contra ella, pero ella actúa poderosamente sobre una persona, y de esa forma proviene del mismo Dios.

Esta cuestión ha sido muy discutida en *Coment* a 1 Rey 22, 20. En esa línea, el comentario de Calvino sobre este verso es el correcto: "aquí se muestra que nada, ni la impostura, ni el fraude, se realiza sin que intervenga la voluntad de Dios" (nisi Deo volente, sin que lo quiera Dios). Pero ese deseo que viene de Dios, esa persuasión de los profetas para proclamar palabras que provienen de su propio deseo (palabras que no han sido inspiradas por Dios) solo acontece en personas que amparan dentro de sí mismas al mal. Esas personas que se inclinan hacia el mal son las que acogen las inspiraciones pecadoras de sus corazones, permitiendo que ellas determinen su forma de actuar, viniendo así a convertirse en personas maduras para el juicio.

De esa manera persuade Dios a ese tipo de profetas, a fin de que ellos vengan a ser arrancados después de su pueblo. Pero este castigo no recaerá solamente sobre el profeta, sino que alcanzará también al falso buscador, de manera que se pierda, de forma que Israel pueda convertirse en un pueblo de Dios, purificado del pecado (Ez 14, 10.11).

Con este fin, el mismo Dios permitió en los últimos tiempos del reinado de Judá que la falsa profecía triunfara y se extendiera de manera tan poderosa, a fin de que pudiera acelerarse el proceso de distinguir entre los justos y los malvados. Y de esa manera, a través del juicio que iba a destruir a los malvados, Dios podría purificar a su nación y conducirla a la meta final de su llamada.

3.2. Ez 14, 12-23. La justicia de los piadosos no evitará el juicio

La amenaza contenida en la palabra anterior de Dios, en la que se decía que si los idólatras no se arrepentían Dios les respondería solo a través de un juicio exterminador deja aún abierta la posibilidad de que el mismo Dios no ejecute la destrucción de Judá y de Jerusalén a causa de los justos que allí existen, en la línea de la promesa del mismo Dios a Abrahán en el caso de Sodoma y Gomorra (Gen 18, 23). Esta esperanza estaba en el fondo de los deseos de parte del pueblo y de los ancianos que habían venido para hablar con el profeta.

Pues bien, las palabras del profeta quieren desarraigar esa esperanza falsa, que va en contra de las grandes amenazas que Moisés había presentado en la Ley, anunciando la destrucción de un pueblo apóstata y pecador como el presente (cf. Lev 26, 22. 25-26). Éste es el tema, ésta la amenaza. Dios destruirá esta tierra, con hombres y animales, convirtiéndola en desierto, aunque hubiere en ella hombres tan justos como Noé, Daniel y Job. Aunque esos hombres pudieran salvarse a sí mismo, su justicia no podrá asegurar la salvación de los pecadores.

Así se desarrolla este pensamiento en Ez 14, 13-20: Se dice que vendrán sobre esta tierra cuatro castigos exterminadores, de forma sucesiva, de tal forma que aunque hubiera en ella hombres como Noé Daniel y Job, solo ellos salvarían sus propias almas, pero no los pecadores.

De esa forma, según Ez 14, 13, 20, el Señor enviará su juicio en contra de Jerusalén, y realizará su obra de tal manera que quedará bien clara la necesidad y justicia de sus actos. Esta palabra de Dios forma un contrapunto suplementario a Jer 15, 1-43, donde el Señor contesta a la intercesión del profeta, diciendo que ni la intercesión de Moisés y Samuel a favor de su pueblo harían que se suspendiera el juicio de Dios contra ella.

14, 12-20. Ni aunque vinieran Noé, Daniel y Job

¹² וַיְהִ֥י דְבַר־יְהוָ֖ה אֵלַ֥י לֵאמֹֽר׃
¹³ בֶּן־אָדָ֗ם אֶ֚רֶץ כִּ֣י תֶחֱטָא־לִ֔י לִמְעָל־מַ֖עַל וְנָטִ֤יתִי יָדִי֙ עָלֶ֔יהָ וְשָׁבַ֥רְתִּי לָ֖הּ מַטֵּה־לָ֑חֶם וְהִשְׁלַחְתִּי־בָ֣הּ רָעָ֔ב וְהִכְרַתִּ֥י מִמֶּ֖נָּה אָדָ֥ם וּבְהֵמָֽה׃
¹⁴ וְ֠הָיוּ שְׁלֹ֨שֶׁת הָאֲנָשִׁ֤ים הָאֵ֙לֶּה֙ בְּתוֹכָ֔הּ נֹ֖חַ (דָּנִאֵ֣ל) [דָּנִיֵּ֣אל] וְאִיּ֑וֹב הֵ֤מָּה בְצִדְקָתָם֙ יְנַצְּל֣וּ נַפְשָׁ֔ם נְאֻ֖ם אֲדֹנָ֥י יְהוִֽה׃
¹⁵ לוּ־חַיָּ֥ה רָעָ֛ה אַעֲבִ֥יר בָּאָ֖רֶץ וְשִׁכְּלָ֑תָּה וְהָיְתָ֤ה שְׁמָמָה֙ מִבְּלִ֣י עוֹבֵ֔ר מִפְּנֵ֖י הַחַיָּֽה׃
¹⁶ שְׁלֹ֨שֶׁת הָאֲנָשִׁ֣ים הָאֵ֘לֶּה֮ בְּתוֹכָהּ֒ חַי־אָ֙נִי֙ נְאֻם֙ אֲדֹנָ֣י יְהוִ֔ה אִם־בָּנִ֥ים וְאִם־בָּנ֖וֹת יַצִּ֑ילוּ הֵ֤מָּה לְבַדָּם֙ יִנָּצֵ֔לוּ וְהָאָ֖רֶץ תִּהְיֶ֥ה שְׁמָמָֽה׃
¹⁷ א֛וֹ חֶ֥רֶב אָבִ֖יא עַל־הָאָ֣רֶץ הַהִ֑יא וְאָמַרְתִּ֗י חֶ֚רֶב תַּעֲבֹ֣ר בָּאָ֔רֶץ וְהִכְרַתִּ֥י מִמֶּ֖נָּה אָדָ֥ם וּבְהֵמָֽה׃
¹⁸ וּשְׁלֹ֨שֶׁת הָאֲנָשִׁ֣ים הָאֵ֘לֶּה֮ בְּתוֹכָהּ֒ חַי־אָ֙נִי֙ נְאֻם֙ אֲדֹנָ֣י יְהוִ֔ה לֹ֥א יַצִּ֖ילוּ בָּנִ֣ים וּבָנ֑וֹת כִּ֛י הֵ֥ם לְבַדָּ֖ם יִנָּצֵֽלוּ׃
¹⁹ א֛וֹ דֶּ֥בֶר אֲשַׁלַּ֖ח אֶל־הָאָ֣רֶץ הַהִ֑יא וְשָׁפַכְתִּ֨י חֲמָתִ֤י עָלֶ֙יהָ֙ בְּדָ֔ם לְהַכְרִ֥ית מִמֶּ֖נָּה אָדָ֥ם וּבְהֵמָֽה׃
²⁰ וְנֹ֨חַ (דָּנִאֵ֣ל) [דָּנִיֵּ֣אל] וְאִיּוֹב֮ בְּתוֹכָהּ֒ חַי־אָ֙נִי֙ נְאֻם֙ אֲדֹנָ֣י יְהוִ֔ה אִם־בֵּ֥ן אִם־בַּ֖ת יַצִּ֑ילוּ הֵ֥מָּה בְצִדְקָתָ֖ם יַצִּ֥ילוּ נַפְשָֽׁם׃ פ

¹² *Vino a mí palabra de Yahvé, diciendo:* ¹³ *Hijo de hombre, cuando la tierra peque contra mí rebelándose pérfidamente, y extienda yo mi mano sobre ella, le corte el sustento de*

Ezequiel 14, 12-20

pan, envíe sobre ella hambre y extermine de ella a hombres y bestias, ¹⁴ si estuvieran en medio de ella estos tres hombres: Noé, Daniel y Job, solo ellos, por su justicia, librarían sus propias vidas, dice Yahvé, el Señor.

¹⁵ Y si yo hiciera pasar bestias feroces por la tierra y la asolaran, y quedara desolada de modo que nadie pase por allí a causa de las fieras, ¹⁶ y si estos tres hombres estuvieran en medio de ella, vivo yo, dice Yahvé, el Señor, que ni a sus hijos ni a sus hijas librarían; ellos solos serían librados, y la tierra quedaría desolada.

¹⁷ O si yo trajera espada sobre la tierra, y dijera: ¡Espada, pasa por la tierra!, e hiciera exterminar de ella a hombres y bestias, ¹⁸ y si estos tres hombres estuvieran en medio de ella, vivo yo, dice Yahvé, el Señor, que no librarían a sus hijos ni a sus hijas. Ellos solos serían librados.

¹⁹ O si enviara pestilencia sobre esa tierra y derramara mi ira sobre ella con sangre, para exterminar de ella a hombres y a bestias, ²⁰ y estuvieran en medio de ella Noé, Daniel y Job, vivo yo, dice Yahvé, el Señor, que no librarían a hijo ni a hija. Solamente ellos, por su justicia, librarían sus propias vidas.

La palabra אֶרֶץ (14, 13) queda intencionadamente indefinida, a fin de que el pensamiento se exprese de un modo más general. Por otra parte, el pecado se define de una manera muy definida, como לִמְעָל־מַעַל. Literalmente מַעַל significa primero "cubrir", y en sentido más amplio actuar de una manera secreta y traidora, especialmente en relación con Yahvé, sea en forma de apostasía respecto de él o de idolatría, o negándole aquello que se le debe (cf. Com. a Lev 5, 15). En este pasaje se pone de relieve la traición, apostatando de él por idolatría.

El epíteto utilizado para indicar el pecado está tomado de Lev 26,40 y de Dt 32,51, y también los cuatro castigos mencionados en los siguientes versos (lo mismo que los de Ez 5, 17) están tomados de Lev 26: la falta de pan (cf. Ez 26, 26); las bestias salvajes de 14, 22 y la espada y la peste están tomadas de Lev 26, 25.

Éstos tres hombres (Noé, Daniel y Job) están tomados como ejemplo de verdadera rectitud de vida, es decir, de hqdc (Ez 14, 14. 20). Según eso, conforme a la correcta explicación que ofrece Calvino, ellos reflejan *quicquid pertinet ad regulam sancte et juste vivendi* (aquello que pertenece a una regla de vida santa y justa).

Así se describe a Noé en Gen 6, 9; y a Job en el libro de su nombre (1, 1; 12, 4 etc.). De un modo semejante se describe a Daniel en Dan 1, 8 y en Ez 6, 11, como un hombre que confiesa fielmente la fe a través de su vida. El hecho de que Daniel se nombre antes de Job no puede tomarse como prueba de que aquí se está citando a un Daniel más antiguo, del que nada se dice en la historia y cuya misma existencia es simplemente postulada.

Ésta enumeración de personas justas no aparece aquí de un modo cronológico, sino que está expuesta conforme al tema; el orden en que ellos aparecen está determinado por la naturaleza de la liberación que ellos, hombres justos, han recibido en medio de grandes juicios. De un modo consecuente, como han mostrado Hävernick y Kliefoth, este pasaje culmina en un clímax: Noé salvó con él a su familia; Daniel fue capaz de salvar a sus amigos (Dan 2, 17-18); pero Job, con toda su justicia, no fue capaz ni de salvar a sus hijos.

El segundo juicio (Ez 14, 15) viene introducido por לוּ, que de un modo general suele referirse a un caso que no se espera que suceda, ni que se toma como posible. Aquí, sin embargo, לוּ se utiliza como sinónimo perfecto de אִם. La palabra שִׁכְּלָתָה no lleva *mappik* a causa de que el trono recae sobre la penúltima sílaba (cf. Coment. a Am 1, 11). En Ez 14, 19, la expresión "y derramara mi ira sobre ella con sangre..." es una frase pregnante: se trata de "derramar mi ira de tal manera que ella se manifieste en el derramamiento de sangre", es decir, en la destrucción de la vida, porque la vida está en la sangre. De esa forma se asocian peste y sangre como en Ez 5, 17.

Si miramos de un modo más preciso los cuatro casos citados encontramos en ellos las siguientes diferencias con respecto a la liberación de los justos. En el primer caso se afirma simplemente que Noé, Daniel y Job salvarían sus vidas; por el contrario, en los otros tres casos restantes se declara, con tanta certeza como la de que Dios vive, que ellos no habrían salvado la vida de sus hijos ni de sus hijas, sino solo la suya propia. La diferencia no es puramente retórica, ni indica un puro progreso en el tema, sino que contiene una diferencia en el mismo pensamiento.

El primer caso quiere indicar solamente que en el próximo juicio los justos salvarían sus vidas, es decir, que Dios no habría destruido a los justos con los impíos. Por otra parte, los tres casos siguientes ponen de relieve que la justicia de los justos no será un aval de salvación para los idólatras y los apóstatas, pues incluso personas tan justas como Noé, Daniel y Job habrían salvado solo sus propias vidas, y no habrían sido capaces de salvar las vidas de otros.

Esto va en la línea de la omisión de 14, 14. Aquí no se necesitaba repetir la afirmación anterior (de que Dios liberaría a los justos en el juicio venidero), pues esta verdad no necesitaba confirmación, pues no se ponía en duda. Pero lo que se ponía en cuestión es que la justicia de los justos no sería capaz de liberar a la nación pecadora, pues esta era la esperanza en la confiaban los impíos, y era esa esperanza la que se necesitaba combatir.

Las otras diferencias que encontramos en los restantes casos son simplemente de naturaleza formal, y no afectan en modo alguno al sentido general del tema, así por ejemplo: el uso de לֹא en 14, 18, en vez de la partícula אִם, que se emplea normalmente en los juicios y que encontramos en 14, 16. 20; la elección del singular בֵּן y בַּת en 14m 20, en lugar de los plurales, בנים twnB, utilizados en Ez 14, 16. 18; la variación en las expresiones יְנַצְּלוּ נַפְשָׁם (14, 14), יַצִּילוּ נַפְשָׁם (14, 20) y הֵמָּה לְבַדָּם יִנָּצֵלוּ (14, 16. 18), que Hitzig quiere evitar alterando las dos primeras formas, y dejando solo la tercera, aunque no tenga la mínima razón para ello.

Ciertamente, el piel solo aparece en este sentido en Ez 12,26, con el significado de quitar algo, de expoliar, y no aparece en ningún otro lugar con el sentido de entregar; pero es evidente que aquí puede utilizarse en ese sentido, pues el hifil tiene esos dos significados.

14, 21-23. La regla expuesta en 14, 13-20 se aplica aquí a Jerusalén

²¹ כִּי כֹה אָמַר אֲדֹנָי יְהוִה אַף כִּי־אַרְבַּעַת שְׁפָטַי הָרָעִים חֶרֶב וְרָעָב וְחַיָּה רָעָה וָדֶבֶר שִׁלַּחְתִּי אֶל־יְרוּשָׁלִָם לְהַכְרִית מִמֶּנָּה אָדָם וּבְהֵמָה:
²² וְהִנֵּה נוֹתְרָה־בָּהּ פְּלֵטָה הַמּוּצָאִים בָּנִים וּבָנוֹת הִנָּם יוֹצְאִים אֲלֵיכֶם וּרְאִיתֶם אֶת־דַּרְכָּם וְאֶת־עֲלִילוֹתָם וְנִחַמְתֶּם עַל־הָרָעָה אֲשֶׁר הֵבֵאתִי עַל־יְרוּשָׁלִַם אֵת כָּל־אֲשֶׁר הֵבֵאתִי עָלֶיהָ:
²³ וְנִחֲמוּ אֶתְכֶם כִּי־תִרְאוּ אֶת־דַּרְכָּם וְאֶת־עֲלִילוֹתָם וִידַעְתֶּם כִּי לֹא חִנָּם עָשִׂיתִי אֵת כָּל־אֲשֶׁר־עָשִׂיתִי בָהּ נְאֻם אֲדֹנָי יְהוִה: פ

²¹ Por lo cual, así ha dicho Yahvé, el Señor: ¡Cuánto más cuando yo envíe contra Jerusalén mis cuatro juicios terribles: espada, hambre, fieras y peste, para exterminar de ellas a hombres y a bestias!
²² Sin embargo, he aquí quedará en ella un resto, hijos e hijas, que serán llevados fuera; he aquí que ellos vendrán a vosotros, veréis su camino y sus hechos y seréis consolados del mal que hice venir sobre Jerusalén, de todas las cosas que traje sobre ella. ²³ Ellos os consolarán cuando veáis su conducta y sus hechos, y comprenderéis que no sin causa hice todo lo que he hecho en ella, dice Yahvé, el Señor.

Por la utilización de כִּי en 14, 21 se razona la aplicación de la regla general a Jerusalén. Sin embargo, el significado de esta unidad no es que la razón por la que Yahvé se vio obligado a actuar de una manera tan dura no era la condición corrompida de la nación, como supone Hävernick, un pensamiento que no responde a este contexto.

El כִּי del comienzo indica más bien que el juicio sobre Jerusalén ofrece una prueba práctica de la verdad general expresada en Ez 14, 13-20, de manera que así queda confirmada. Este כִּי no es un sí enfático, ni el אַף siguiente es una introducción forzada a la antítesis de fondo, en relación con los casos imaginarios antes mencionados, relacionados con la intercesión de Daniel, Job y Noé (cf. Hitzig).

אַף tiene indudablemente el sentido de un clímax en el discurso, pero no es una aseveración, con el sentido de "verdaderamente" (Hitzig), un sentido que esta palabra no tiene nunca. Aquí se utiliza lo mismo que en Job 4, 29, en el sentido de כִּי אַף; en esa línea el כִּי al que sigue el אַף tiene el significado de una partícula condicional de tiempo, "cuando".

Eso significa, de un modo consecuente, que כִּי tendría que haberse escrito dos veces, aunque solo se utiliza una vez, como en Ez 15, 5; Job 9, 14 etc. El pensamiento es este: El carácter peculiar del caso se muestra en el hecho de que ni Noé, Daniel y Job habrían podido salvar a sus hijos e hijas cuando yo envíe mi juicio sobre Jerusalén.

Anuncio del juicio. Actividad de Ezequiel

Aquí se utiliza el perfecto שָׁלַחְתִּי y no el imperfecto, como en 14, 13, porque Dios ha decidido de hecho enviar el juicio, que no se menciona aquí como algo simplemente posible. El número cuatro es significativo, y simboliza la universalidad del juicio, o el hecho de que ha de caer sobre todas partes o sobre todo Jerusalén.

Por otra parte hay que tener en cuenta que Jerusalén, como capital, representa todo el reino de Judá o el todo de Israel, tal como existía todavía en Canaán. Al mismo tiempo, por el hecho de que el Señor permite que hijos e hijas escapen de la muerte y sean llevados a Babilonia, él exige que se reconozca la necesidad y la rectitud de sus juicios entre aquellos que viven en el exilio.

Éste es, en sentido general, el pensamiento contenido en Ez 14, 22-23, al que los últimos expositores han concedido sentidos muy distintos. Así, por ejemplo, Hävernick imagina que sobre los cuatro juicios ordinarios fundados en la ley, Ez 14, 22 anuncia otro juicio nuevo y extraordinario. Por su parte, Hitzig y Kliefoth han encontrado en estos dos versos el consuelo y la seguridad de que en el tiempo de los juicios serán rescatados unos pocos miembros de la nueva generación y llevados donde aquellos que estaban ya en el exilio, en Babilonia, para excitar allí la piedad y para ofrecer de esa manera una prueba visible de la magnitud del juicio que ha caído sobre Jerusalén.

A pesar de ello, esos autores difieren mucho entre sí. Hitzig piensa que aquellos salvados de la nueva generación son צדיקים, que se han salvado a sí mismos por su inocencia (a diferencia de sus padres culpable), y que así, por su inocencia excitan la misericordia de aquellos que están ya en el exilio. Por el contrario, Kliefoth imagina que aquellos rescatados son simplemente menos criminales que el resto, de manera que cuando sean llevados a Babilonia excitarán la piedad de los que han estado por un tiempo más largo en el exilio.

Pero ninguna de estas dos visiones hace justicia a las palabras del texto, ni tampoco a su contexto. El significado de 14, 22 es bastante claro, y en lo esencial no se han dado opiniones distintas en torno a ello. Cuando hombres y bestias sean arrancados de Jerusalén por los cuatro juicios, no todos perecerán. Al contrario, habrá פְּלֵטָה, es decir, personas que escapen de la destrucción y que serán llevadas fuera de la ciudad.

A esas personas se les llama hijos e hijas, con una alusión a Ez 14, 16.18. 20. De un modo consecuente, no podemos tomas esas palabras como refiriéndose a una generación más joven en contraste con la más antigua.

Ellos serán llevados fuera de Jerusalén, de manera que no quedarán en la tierra, sino que vendrán a vosotros, es decir, al lugar de aquellos que están ya en el exilio de Babilonia. Esto no implica una modificación ni un endurecimiento del castigo, porque el sacar a hombres y animales de una ciudad puede efectuarse no solo matando a la gente, sino también desterrándola.

El designio de Dios al dejar que algunos escapen y sean llevados a Babilonia se explica en las frases que siguen, desde וּרְאִיתֶם en adelante. El significado de esa frase depende en parte de la definición más precisa de דַּרְכָּם y עֲלִילוֹתָם, y en parte de la explicación que pueda dar a וְנִחֲמוּ אֶתְכֶם y וְנִחַמְתֶּם.

Los caminos y obras no pueden tomarse sin más como buenos y rectos, como ha mostrado correctamente Kliefoth, respondiendo a Hitzig. Pero aún menos pueden tomarse esos caminos y obras como indicación de la experiencia y destino de sus autores, como dice Kliefoth cuando expone su significado en conexión con Ez 14, 21-23.

Ciertamente, el contexto evoca malos caminos y obras malas, de manera que solo la visión de esas obras puede hacernos comprender que no fue חִנָּם, en vano, el hecho de que Dios haya infligido un juicio tan severo sobre Jerusalén. Pues bien, Ez 14, 23 muestra que esa realidad (ese castigo) ha venido a expresarse ante aquellos que estaban ya en el exilio al ver la conducta de los פְּלֵטָה, que han venido a Babilonia, mostrándoles el designio de Dios, tal como se había descrito en 14, 12, con וְנִחַמְתֶּם עַל־הָרָעָה.

El verbo נחם con עַל no puede utilizarse en el sentido de arrepentirse de o de sentir pesar por un juicio que Dios ha infligido sobre alguien, sino solo arrepentirse del mal que uno mismo ha realizado. En esa línea, נחם no significa tener piedad de una persona, ni cuando se construye con piel y acusativo de persona, ni con nifal con עַל rei (de cosa). נִחַמְתֶּם es *niphal*, y significa aquí consolarse a sí mismo, como en Gen 38, 12 (con עַל, como en Gen 38, 12, en relación con algo, como en 2 Sam 13, 39 y en Jer 31, 15 etc.). נִחֲמוּ (14 23), con acusativo de persona, significa consolar a alguien, como en Gen 51, 21; Job 2, 11.

Pues bien, las obras y acciones de aquellos que serían llevados a Babilonia solo pueden producir ese efecto a los que se encontraban ya allí, en la medida en que ellos eran capaces de demostrar la necesidad del juicio que había caído sobre Jerusalén.

El convencimiento de la necesidad de ese juicio divino les llevaría a consolarse por el mal que Dios les había infligido, en la medida en que ellos vieran, no solo que el castigo que sufrían era algo que merecían, sino también que Dios realizaba su justicia castigando a los que lo merecían, para cumplir de esa manera su designio y para restaurar a los pecadores penitentes, concediéndoles de nuevo su favor.

El consuelo para aquellos que estaban en el exilio procedería de la visión de las obras de los hijos e hijas que habían logrado escapar de la muerte, viniendo a Babilonia, un consuelo que Ez 14, 23 atribuye a las mismas personas (חֲמוּ אֶתְכֶם וְנִ). En ese sentido se afirma que "ellos os consolarán", no sintiendo simplemente piedad porvosotros, sino a través de su conducta.

Así se afirma de un modo directo con las palabras "ellos os consolarán cuando veáis su conducta y sus hechos". De un modo consecuente, 14, 23 no contiene un pensamiento nuevo, sino simplemente el que había sido expresado ya en 14, 22, que se repite de manera nueva, de un modo enfático. Por su parte, la expresión אֵת כָּל־אֲשֶׁר de 14, 22 sirve para aumentar la fuerza de esa experiencia, pues אֵת, en el sentido de *quoad* (de todas las cosas…) sirve para situar el pensamiento que debe ser repetido en subordinación con toda la cláusula (cf. Ewald, §277*a*, p. 683).

4. Ez 15, 1-8. Jerusalén, sarmiento inútil de vino agrio.

Dios no liberará a Jerusalén a causa de la justicia de unos pocos justos que allí habitan; por otra parte, Israel no tiene ventaja sobre otras naciones que podrían haber protegido a Jerusalén de la destrucción. El capítulo anterior mostraba que la justicia de unos pocos piadosos no podía liberar a Jerusalén de la destrucción. Pues bien, este capítulo se dirige contra la falsa presunción de aquellos que piensan que Israel no puede ser rechazado y castigado, con la destrucción de su Reino, por el hecho de haber sido elegido para ser pueblo de Dios.

15, 1-8. Israel, la peor madera

¹ וַיְהִי דְבַר־יְהוָה אֵלַי לֵאמֹר׃
² בֶּן־אָדָם מַה־יִּהְיֶה עֵץ־הַגֶּפֶן מִכָּל־עֵץ הַזְּמוֹרָה אֲשֶׁר הָיָה בַּעֲצֵי הַיָּעַר׃
³ הֲיֻקַּח מִמֶּנּוּ עֵץ לַעֲשׂוֹת לִמְלָאכָה אִם־יִקְחוּ מִמֶּנּוּ יָתֵד לִתְלוֹת עָלָיו כָּל־כֶּלִי׃
⁴ הִנֵּה לָאֵשׁ נִתַּן לְאָכְלָה אֵת שְׁנֵי קְצוֹתָיו אָכְלָה הָאֵשׁ וְתוֹכוֹ נָחָר הֲיִצְלַח לִמְלָאכָה׃
⁵ הִנֵּה בִּהְיוֹתוֹ תָמִים לֹא יֵעָשֶׂה לִמְלָאכָה אַף כִּי־אֵשׁ אֲכָלַתְהוּ וַיֵּחָר וְנַעֲשָׂה עוֹד לִמְלָאכָה׃ ס
⁶ לָכֵן כֹּה אָמַר אֲדֹנָי יְהוִה כַּאֲשֶׁר עֵץ־הַגֶּפֶן בְּעֵץ הַיַּעַר אֲשֶׁר־נְתַתִּיו לָאֵשׁ לְאָכְלָה כֵּן נָתַתִּי אֶת־יֹשְׁבֵי יְרוּשָׁלָ͏ִם׃
⁷ וְנָתַתִּי אֶת־פָּנַי בָּהֶם מֵהָאֵשׁ יָצָאוּ וְהָאֵשׁ תֹּאכְלֵם וִידַעְתֶּם כִּי־אֲנִי יְהוָה בְּשׂוּמִי אֶת־פָּנַי בָּהֶם׃
⁸ וְנָתַתִּי אֶת־הָאָרֶץ שְׁמָמָה יַעַן מָעֲלוּ מַעַל נְאֻם אֲדֹנָי יְהוִה׃ פ

Vino a mí palabra de Yahvé, diciendo: ² Hijo de hombre: ¿Qué tiene de más la madera de la vid que cualquier otra madera? ¿Qué es el sarmiento entre los árboles del bosque?
³ ¿Tomarán de ella madera para hacer alguna obra? ¿Tomarán de ella una estaca para colgar algo en ella?
⁴ He aquí que esa madera de vid se pone en el fuego para ser consumida. Cuando sus dos extremos hayan sido consumidos por el fuego y la parte de en medio se haya quemado, ¿servirá para obra alguna? ⁵ Si cuando estaba entera no servía para obra alguna, ¿cuánto menos después que el fuego la haya consumido y que haya sido quemada? ¿Servirá más para obra alguna?
⁶ Por tanto, así dice Yahvé, el Señor: Como a la madera de la vid entre los árboles del bosque, la cual entregué al fuego para que la consumiera, así haré a los moradores de Jerusalén. ⁷ Pondré mi rostro contra ellos; aunque del fuego se escaparon, contra ellos. ⁸ Y convertiré la tierra en desolación, por cuanto cometieron prevaricación, dice Yahvé, el Señor.

Israel es como la madera de una vid salvaje, que se pone al fuego para ser quemada, porque no sirve para nada. A partir de Dt 32, 32-33, Israel se compara frecuentemente con una vid o una viña (cf. Sal 80, 9; Is 4; Os 10, 1; Jer 2, 21), y siempre (a excepción de Sal 90) para mostrar su carácter degenerado.

Esta comparación está en el fondo de la figura empleada por Ez 15, 2-5: La madera de la vid salvaje, que no tiene ventaja sobre ningún otro tipo de madera. No puede utilizarse para hacer tablas o tablones, solo sirve para quemarse de manera que es inferior a todas las restantes maderas (15, 2-3). Por eso, si aún en buen estado no se puede utilizar para nada provechoso ¡cuánto menos cuando está medio quemada y consumida! (15, 4-5).

יהיה, seguida por מן, significa lo que está arriba (מן comparativo), es decir lo que tiene superioridad sobre todas las restantes clases de madera (כל־עץ). La frase אֲשֶׁר הַזְּמוֹרָה está en aposición a עֵץ־הַגֶּפֶן, y no está conectada con מִכָּל־עֵץ, como han supuesto los LXX y la Vulgata, a pesar de la acentuación masorética, de manera que significa toda clase de madera.

הַזְּמוֹרָה no significa un madero, sino un sarmiento o rama de la viña (8, 17), lo que se explicita aún más en la siguiente frase de relativo: se trata de una vid salvaje, que solamente produce agraces, uvas que no se pueden comer. El pretérito היה (lo que era, no lo que es) puede explicarse por el hecho de que la vid había sido traída del bosque para que su madera pudiera utilizarse.

La respuesta de Ez 15, 3 nos dice que la madera de la vid no puede usarse para ninguna otra finalidad, ni siquiera como un tipo de palo clavado en el suelo, para colgar encima utensilios domésticos (cf. *Coment.* a Zac 10, 4), pues es demasiado débil para ello. El objeto de לַעֲשׂוֹת לִמְלָאכָה ha de ser suplido (para hacer con ese palo algún tipo de obra, o darle alguna finalidad). Por eso, como no se pueden utilizar como madera, los troncos o ramas de la vida han de ser quemados.

Ez 15, 4 introduce un nuevo pensamiento con las palabras לְאָכְלָה אֵת שְׁנֵי. Las dos frases de 15, 4 han de conectarse. La pregunta *¿vale para algo?* está determinada en 15, 5 de una forma negativa. אַף כִּי como en 14, 21. נחר es perfecto y יחר imperfecto nifal de חרר, en el sentido de ser quemado, destruido.

El sujeto de ויחר es sin duda la madera a la que se refiere el sufijo de אֲכָלַתְהוּ. Al mismo tiempo, las dos cláusulas han de entenderse, en la línea de Ez 15, 4, y se relacionan con el hecho de quemar los extremos ya chamuscados de los sarmientos.

Ex 15, 6-8. En la aplicación de esta parábola solo se insiste en el hecho de que Dios tratará a los habitantes de Jerusalén de la misma manera que se trata a los sarmientos de la viña salvaje, que no sirven más que para quemarse. Eso significa que Israel se parece a la madera de una viña salvaje, que no tiene ninguna superioridad sobre la madera de otros árboles, sino todo lo contrario, pues es peor que la mandera de ellos, y ha de ser arrojado por tanto al fuego. Así se dice en 15, 7: "Como a la madera de la vid entre los árboles del bosque, la cual entregué al fuego para que la consumiera, así haré a los moradores de Jerusalén".

Estas palabras no han de ser interpretadas como un proverbio, con el significado de "aquel que escapa de un juicio cae en otro" (Hävernick), sino que muestran la aplicación de Ez 15, 4-5 a los habitantes de Jerusalén. Habiendo estado en un incendio, un hombre ha de salir quemado o chamuscado. Israel acaba de sufrir un incendio, es como un sarmiento que ha sido consumido por los dos extremos, mientras que el centro ha quedado chamuscado; pues bien, ahora será entregado de nuevo al fuego, hasta que se consuma del todo.

El fuego al que se refiere el texto no es simplemente el que se expresó en la toma de la ciudad en tiempos de Joaquín, como supone Hitzig, sino que se aplica a todos los incendios que han caído sobre el pueblo de la alianza, desde la destrucción del reino de las diez tribus, hasta la catástrofe de Judá en tiempos de Joaquín, con la consecuencia de que ahora Israel parece una viña (un sarmiento) quemados por los dos extremos y chamuscado por la mitad. Esta amenaza termina como las anteriores. Cf. Ez 15, 7 con 14, 8, y 15, 8 con 14, 13.15.

5. Ez 16, 1-63. Ingratitud e infidelidad de Jerusalén. Castigo y vergüenza.

Las palabras anteriores presentan a Israel como una viña salvaje e inútil, que ha de ser consumida. Pero como Dios había plantado esta vid en su viña, cuando él había adoptado a Israel como su propio pueblo, la nación rebelde, aunque había sido amenazada de esa manera, todavía podía pedir a Dios que no rechazara a Israel, a causa de que había sido elegido como pueblo de la alianza.

Esta prueba de la falsa confianza en el divino pacto de gracia queda destruida por la palabra de Dios de este capítulo, que muestra que, por naturaleza, Israel no es mejor que otras naciones. Por otro lado, a consecuencia de esta vergonzosa ingratitud hacia el Señor, que le salvó de la destrucción en los días de su juventud, Israel ha pecado de manera tan intensa en contra de Yahvé y ha caído tan bajo entre los paganos a causa de su gran idolatría, que Dios se ha visto obligado a castigarle y juzgarle de la misma manera que ha juzgado a los otros pueblos.

Pero, al mismo tiempo, el Señor continuará recordándose de su alianza, y, a diferencia de lo que sucederá a Sodoma, él invertirá (superará) también la cautividad de Jerusalén y (para mayor humillación y vergüenza de Israel) establecerá un pacto con el pueblo de Jerusalén. El contenido de esta palabra de Dios se divide por tanto en tres partes. (a) En la primera tenemos la descripción de los pecados de la nación, que se concretan en su separación de Dios y en su idolatría (16, 1-34). (b) La segunda parte contiene el anuncio del castigo (16, 35-53). (c) La tercera anuncia la restauración de Israel (16, 53-63).

Así quedan abrazados el pasado, el presente y el futuro de Israel, desde su primer comienzo hasta su consumación final. Estos abundantes contenidos quedan envueltos en una alegoría que se va desarrollando de una forma magnífica.

Partiendo de la representación de la relación de alianza existente entre el Señor y su pueblo, bajo la figura de una alianza matrimonial que va atravesando toda la Escritura, el profeta se dirige a Jerusalén, capital del reino de Dios, como representante de Israel, nación de la alianza, como si fuera una mujer. Bajo esta figura se presenta la relación de Dios con Israel y la de Israel con Dios.

5.1. Ez 16, 1-34. Los pecados de la nación

16, 1-5. Introducción.

וַיְהִ֥י דְבַר־יְהוָ֖ה אֵלַ֥י לֵאמֹֽר׃ [1]
בֶּן־אָדָ֕ם הוֹדַ֥ע אֶת־יְרוּשָׁלַ֖͏ִם אֶת־תּוֹעֲבֹתֶֽיהָ׃ [2]
וְאָמַרְתָּ֞ כֹּה־אָמַ֨ר אֲדֹנָ֤י יְהוִה֙ לִיר֣וּשָׁלַ֔͏ִם מְכֹרֹתַ֖יִךְ וּמֹלְדֹתַ֑יִךְ [3]
מֵאֶ֨רֶץ֙ הַֽכְּנַעֲנִ֔י אָבִ֥יךְ הָאֱמֹרִ֖י וְאִמֵּ֥ךְ חִתִּֽית׃
וּמוֹלְדוֹתַ֗יִךְ בְּי֨וֹם הוּלֶּ֤דֶת אֹתָךְ֙ לֹֽא־כָרַּ֣ת שָׁרֵּ֔ךְ וּבְמַ֥יִם [4]
לֹֽא־רֻחַ֖צְתְּ לְמִשְׁעִ֑י וְהָמְלֵ֙חַ֙ לֹ֣א הֻמְלַ֔חַתְּ וְהָחְתֵּ֖ל לֹ֥א חֻתָּֽלְתְּ׃
לֹא־חָ֨סָה עָלַ֜יִךְ עַ֗יִן לַעֲשׂ֥וֹת לָ֛ךְ אַחַ֥ת מֵאֵ֖לֶּה לְחֻמְלָ֣ה עָלָ֑יִךְ [5]
וַֽתֻּשְׁלְכִ֞י אֶל־פְּנֵ֤י הַשָּׂדֶה֙ בְּגֹ֣עַל נַפְשֵׁ֔ךְ בְּי֖וֹם הֻלֶּ֥דֶת אֹתָֽךְ׃

¹Vino a mí palabra de Yahvé, diciendo: ² Hijo de hombre, da a conocer a Jerusalén sus abominaciones, ³ y dile: Así ha dicho Yahvé el Señor sobre Jerusalén:

Tu origen, tu nacimiento, es de la tierra de Canaán; tu padre fue un amorreo y tu madre una hetea. ⁴ Y en cuanto a tu nacimiento, el día que naciste no fue cortado tu cordón umbilical, ni fuiste lavada con aguas para limpiarte ni frotada con sal, ni fuiste envuelta en pañales.

⁵ No hubo ojo que se compadeciera de ti para hacerte algo de eso, sintiendo lástima por ti; sino que fuiste arrojada sobre la faz del campo, con menosprecio de tu vida, en el día que naciste.

Israel, impura y miserable por naturaleza, y cercana a la destrucción (16, 3-5) ha sido adoptada por el Señor y vestida con esplendor (16, 6-14). Según 15, 1-2, las abominaciones de Jerusalén son los pecados del pueblo de la alianza, que fueron peores que las abominaciones pecadoras de Canaán y Sodoma. El tema de esa palabra de Dios es la declaración de esas abominaciones. Para mostrar eso mejor, Ezequiel comienza presentando a la nación aquello que ella es por naturaleza (16, 3-5).

Según esa alegoría, que recorrerá todo este capítulo (Ez 16), la figura que se adopta para presentar el origen de la nación israelita es la de Jerusalén, representante de la nación, que aparece descrita como una niña, nacida de padres cananeos, arrojada a la tierra en el momento de su nacimiento, en trance de perecer.

Hitzig y Kliefoth muestran que no han entendido en modo alguno esta alegoría cuando no solamente explican lo referente a la ascendencia de Jerusalén (Jer 16, 3) como si se relacionara solo con la ciudad, sino que restringen todo el tema a Jerusalén, sobre la base de que "todo Israel no era de origen cananeo, mientas que Jerusalén fue una ciudad radicalmente cananea, amorrea e hitita". Pero ¿acaso no eran radicalmente cananeas todas las ciudades de Israel? ¿Acaso no era todo Israel, al menos en su mitad, de origen arameo?

Por lo que toca simplemente a Jerusalén, ella no era amorrea ni hitita, sino simplemente jebusita. Por otra parte, es algo obvio (y no necesita prueba alguna) que la palabra del profeta no se refiere a la ciudad como pura ciudad (un conjunto de casas), sino a Jerusalén como capital del reino de Judá, de manera que en ese momentos, los habitantes de Jerusalén aparecen como representantes del pueblo de Israel, o de la nación de la alianza.

Lo que le importa al profeta no es la masa de casas de la ciudad, sino su población, pues ella es la que excitó la compasión de Yahvé, y fue a ella a la que Yahvé multiplicó en miríadas (16, 7), la vistió con esplendor y la escogió como su novia, realizando con ella un pacto de matrimonio.

Las notas de su ascendencia y nacimiento a las que aquí se alude no son físicas sino espirituales. Espiritualmente, Israel surgió de la tierra de los cananeos, y su padre fue un amorreo y su madre una hitita, en el mismo sentido en el que los judíos dicen a Jesús: "Eres hijo de tu padre, el diablo" (Jn 8, 44).

La tierra de los cananeos se menciona aquí como tierra de las mayores abominaciones paganas. Y entre los cananeos se citan las tribus de los amorreos e hititas como padre y madre, no porque los jebusitas pertenezcan a esos grupos (cf. Num 13, 29), como supone Hitzig, sino porque ellos (amorreos e hititas) se tomaban como inspiradoras y líderes de la impiedad cananea.

La impiedad de los amorreos (האמרי) se mostraba ya como grande en tiempos de Abraham, aunque ellos no aparecían aún como maduros para la destrucción (Gen 15, 16); y las hijas de Het (las hititas) con las que Esaú se casó causaron gran amargura de espíritu a Rebeca (gen 27, 46).

Esos hechos ofrece el sustrato de nuestra descripción, y ellos nos ayudan también a explicar el hecho de que האמרי aparezca con artículo mientras que חתית aparezca sin él. Los plurales מְכֹרֹתַיִךְ y וּמֹלְדֹתַיִךְ evocan también una ascendencia espiritual, porque la generación y nacimiento físico son realidades que acontecen una vez y para siempre. Por su parte מכורה o מכרה (Ez 21, 34; 29, 14) no es el lugar de nacimiento, sino la generación misma, de כרה=כור, abrir, concebir (cf. Is 51, 1), y no es equivalente de מקור, ni es un plural que corresponde al latín *natales, origines* (natalicio, orígenes). תולדת es el nacimiento.

Ez 16, 4.5 describe las circunstancias conectadas con el nacimiento. La palabra וּמֹלְדֹתַיִךְ (16, 4) está introduciendo un nombre absoluto. En el momento de su nacimiento, Israel no recibió los gestos de limpieza y cuidado que eran necesarios para la preservación y fortalecimiento de su vida, sino que fue expuesta (colocada en la calle) sin piedad. La construcción הוּלֶּדֶת אֹתָךְ (pasiva con un acusativo de objeto) aparece en Gen 40, 20 y en otros muchos pasajes de escritos anteriores.

כֻּרַּת, en vez de כָּתַר (Jc 6, 2), es un pual; שָׁרֵךְ, de שׁר, con la reduplicación de la ר, cosa que es muy rara en hebreo (cf. Ewald, §71).

Cortando el cordón umbilical, el niño queda liberado de la sangre de la madre, con la que se alimentaba en el útero. Si no se cortaba el cordón umbilical, ni se anudaba, cosa que se solía hacer al mismo tiempo, el niño corría el riesgo de morir cuando comenzara la descomposición de la *placenta*. En ese momento, al recién nacido se le baña y se le limpia de las impurezas que se le han podido adherir.

מִשְׁעִי no puede derivarse de שׁעה ni de שׁעע, porque ni el significado de ver (שׁעע), ni algún otros significado vinculado con observar tiene aquí un sentido apropiado. Jos. Kimchi tiene sin duda razón al derivar מִשְׁעִי del árabe "m, con el sentido de quitar, limpiar. Después de ser lavado, el cuerpo del niño solía ser frotado con sal, conforme a una costumbre muy extendida en los tiempos antiguos, que aún se mantiene vive en algunas regiones de Oriente (cf. Hieronimus Fabricius, 1537-1619, *Ad Galen, de Sanit.* I, 7; Troilo, *Reisebeschr.* 166, p. 721).

Este frotamiento con sal no se hacía para que la piel estuviera más seca y firme, ni para limpiarla mejor, sino, probablemente, porque la sal se tomaba como símbolo de protección, pues evitaba que la carne su pudriera, "de esa manera se expresaba simbólicamente la esperanza y deseo de que el niño pudiera tener una salud vigorosa (Hitzig y Hävernick). Finalmente, al niño le vestían con un tipo de pañales (הָחְתֵּל).

Pues bien, ninguna de esas cosas tan necesarias para la conservación y fortalecimiento del niño se hicieron en el caso de Israel, pues nadie tuvo compasión de ella, ni la acogió (להמלה, infinitivo, mostrar piedad o compasión hacia alguien). Nadie la envolvió tampoco entre pañales. Al contrario, ella fue arrojada al campo, es decir, fue expuesta, a fin de que pereciera. בְּגֹעַל נַפְשֵׁךְ, porque todos despreciaron su vida (cf. גָּעַל, despreciar, rechazar, Lev 26, 11; 15, 30). El día del nacimiento de Jerusalén, es decir, de Israel, fue el período de esclavitud en Egipto, donde nació Israel como nación: Los hijos de Jacob que fueron a vivir a Egipto se multiplicaron, formando una nación.

Los diversos rasgos de esta visión no han de tomarse al pie de la letra, como si se refirieran a peculiaridades históricas, sino que han de entenderse desde la totalidad del cuadro figurativo. Al mismo tiempo, esos rasgos expresan algo muy importante: Por su origen y su naturaleza, Israel no solo no estuvo en el nivel de las otras naciones, sino que fue un pueblo mucho más indefenso y abandonado, tanto por su naturaleza como por sus cualidades, pues no tenía los dones de las otras naciones, de manera que era inferior a ellas (Kliefoth).

Los dones más pequeños, las ventajas naturales, no forman parte del origen de Israel, entendido como nación. Tanto el hecho de la ascendencia cananea, como el haber sido dejada y expuesta en el campo, nos sitúan ante un punto de vista totalmente distinto del indicado al pie de la letra por la alegoría. La ascendencia cananea expresa la depravación moral de la naturaleza de Israel.

Y el hecho de que no se realizaran con la "niña" así nacida los gestos normales de un nacimiento, muestra que en los pueblos del entorno de Israel no había nada que pudiera ayudar al verdadero desarrollo de Israel, ni en Canaán ni en Egipto. No encontramos en esos pueblos nada que pudiera potenciar el futuro destino humano y religioso de Israel. Para los egipcios, los israelitas era una raza abominable de simples pastores; y poco después de la muerte de José, los faraones comenzar a oprimir a la naciente nación.

16, 6-7. Lo que Dios hizo para la preservación y el aumento de la nación

⁶ וָאֶעֱבֹר עָלַיִךְ וָאֶרְאֵךְ מִתְבּוֹסֶסֶת בְּדָמָיִךְ וָאֹמַר לָךְ בְּדָמַיִךְ חֲיִי וָאֹמַר לָךְ בְּדָמַיִךְ חֲיִי׃
⁷ רְבָבָה כְּצֶמַח הַשָּׂדֶה נְתַתִּיךְ וַתִּרְבִּי וַתִּגְדְּלִי וַתָּבֹאִי בַּעֲדִי עֲדָיִים שָׁדַיִם נָכֹנוּ וּשְׂעָרֵךְ צִמֵּחַ וְאַתְּ עֵרֹם וְעֶרְיָה׃

⁶ Yo pasé junto a ti y te vi sucia en tus sangres. Y cuando estabas en tus sangres te dije: ¡Vive!'. Sí, te dije, cuando estabas en tus sangres: ¡Vive!'. ⁷ Te hice crecer como la hierba del campo; creciste, te hiciste grande y llegaste a ser muy hermosa. Tus pechos se habían formado y tu pelo había crecido, ¡pero estabas desnuda por completo!

Esta descripción de lo que el Señor hizo por Israel con su amor compasivo se divide en dos secciones, por la repetición de la frase "yo pasé junto a ti" (16, 6.8). La primera abarca lo que Dios hizo para la preservación y el aumento de la nación; la segunda lo que él ha hecho por la glorificación de Israel, al adoptarlo como pueblo de su posesión. Cuando Israel estaba arrojada en el suelo, como recién nacida y rechazada, el Señor pasó a su lado, y le adoptó prometiéndole futuro y dándole fortaleza para vivir. Para poner de relieve la magnitud de la compasión de Dios, se menciona una y otra vez el hecho de que el niño estaba yaciendo en su sangre.

La explicación que ha de darse a מִתְבּוֹסֶסֶת (hitpolel de בוס, pisar sobre, oprimir bajo los pies) resulta dudosa, de manera que resulta difícil saber si el hitpolel ha de tomarse en sentido pasivo o reflexivo. La traducción pasiva (pisoteado: Umbreit) o *ad conculcandum projectus*, arrojado para ser aplastado bajo los pies (Gesenius etc.), está sujeta a la objeción de que para eso se utiliza el *hofal*.

Pensamos, pues, que la palabra tiene un sentido reflexivo, con el significado de pisarse, aplastarse. Pero a esto se puede objetar que un niño recién nacido, arrojado en el campo, no tiene la posibilidad de pisarse ni aplastarse. Sea como fuere, el tema ha de entenderse en sentido alegórico.

En Ez 16, 6 hay una frase que se escribe dos veces, y que suscita la objeción de si בְּדָמַיִךְ ha de vincularse con חֲיִי o con וָאֹמַר: Yo te digo "vive en tu sangre" o "yo te dije en tu sangre: vive". Yo prefiero la primera traducción, porque tiene un sentido más enfático. בְּדָמַיִךְ es una expresión concisa: aunque tú estés envuelta en tu sangre, en la que inevitablemente morirás, tú has de vivir.

Hitzig propone conectar בְּדָמָיִךְ, en la primera frase con חֲיִי, y en la segunda con וָאֹמַר. Pero esta es una visión que apenas puede tomarse en cuenta. Una doble construcción de este tipo no se requiere ni por la repetición de וָאֹמַר לָךְ, ni por el hecho de que בְּדָמָיִךְ esté en las dos frases antes de חֲיִי, tema que debe compararse con 1 Rey 20, 18 e Is 27, 5.

En Ez 16, 7 irrumpe la descripción del hecho real a través de la alegoría. La palabra de Dios (חֲיִי) se cumplió visiblemente en la multiplicación innumerable de Israel (te hice crecer como la hierba del campo…). Pero inmediatamente después se retoma la alegoría. La niña creció (רְבָבָה, como en Gen 21, 20; Dt 30, 16), y vino a tener hermosas mejillas (בוא, con בְּ: empezar a tener algo).

עֲדִי no significa los ornamentos más hermosos, los encantos superiores, porque עֲדָיִים no es el plural de עֲדִי, sino que conforme al qetiv y a la mayor parte de las ediciones, con el tono sobre la penúltima, es equivalente a עֲדָיִים en su forma dual, como en Sal 39, 9 y 103, 5, que es la mejilla en su sentido tradicional (cf. Gesenius, *Thesaurus*. p. 993). La hermosura de las mejillas indica la frescura de la juventud y la belleza del rostro. Las cláusulas que siguen describen la llegada de la pubertad. נכון, cuando se aplica a los pechos significa expandirse agrandarse. שער, *pubes,* pelo del pubis.

La descripción que se ofrece en estos versos se refiere a la preservación y a la multiplicación maravillosa de Israel en Egipto, donde los hijos de Israel se convirtieron en una nación, por el poder de la bendición divina. Pero ella (la mujer Israel) estaba desnuda y sin cubrirse. וְעֶרְיָה y עֵרֹם son sustantivos en el sentido abstracto de desnudez, de estar desvestido y se utilizan para dar más énfasis al tema; son expresiones figurativas para indicar que ellas estaba desprovista de todo tipo de vestido u ornamentos.

Esto implica algo más que la pobreza del pueblo en el desierto cercano a Egipto (Hitzig). La desnudez supone privación de todas las bendiciones de la salvación que Dios había dotado a Israel, haciéndola gloriosa, tras haberla tomado como pueblo de su posesión. En Egipto, Israel estaba viviendo en estado de naturaleza, privada de todas las revelaciones salvadoras de Dios.

16, 8-14. Lo que Dios ha hecho por la glorificación de Israel

⁸ וָאֶעֱבֹר עָלַיִךְ וָאֶרְאֵךְ וְהִנֵּה עִתֵּךְ עֵת דֹּדִים וָאֶפְרֹשׂ כְּנָפִי עָלַיִךְ וָאֲכַסֶּה עֶרְוָתֵךְ וָאֶשָּׁבַע לָךְ וָאָבוֹא בִבְרִית אֹתָךְ נְאֻם אֲדֹנָי יְהוִה וַתִּהְיִי לִי:

⁹ וָאֶרְחָצֵךְ בַּמַּיִם וָאֶשְׁטֹף דָּמַיִךְ מֵעָלָיִךְ וָאֲסֻכֵךְ בַּשָּׁמֶן:

¹⁰ וָאַלְבִּישֵׁךְ רִקְמָה וָאֶנְעֲלֵךְ תָּחַשׁ וָאֶחְבְּשֵׁךְ בַּשֵּׁשׁ וַאֲכַסֵּךְ מֶשִׁי:

¹¹ וָאֶעְדֵּךְ עֶדִי וָאֶתְּנָה צְמִידִים עַל־יָדַיִךְ וְרָבִיד עַל־גְּרוֹנֵךְ:

¹² וָאֶתֵּן נֶזֶם עַל־אַפֵּךְ וַעֲגִילִים עַל־אָזְנָיִךְ וַעֲטֶרֶת תִּפְאֶרֶת בְּרֹאשֵׁךְ:

¹³ וַתַּעְדִּי זָהָב וָכֶסֶף וּמַלְבּוּשֵׁךְ (שֵׁשִׁי) [שֵׁשׁ] וָמֶשִׁי וְרִקְמָה סֹלֶת וּדְבַשׁ וָשֶׁמֶן (אָכָלְתִּי) [אָכָלְתְּ] וַתִּיפִי בִּמְאֹד מְאֹד וַתִּצְלְחִי לִמְלוּכָה:

$$^{14}\text{וַיֵּצֵא לָךְ שֵׁם בַּגּוֹיִם בְּיָפְיֵךְ כִּי כָּלִיל הוּא בַּהֲדָרִי}$$
$$\text{אֲשֶׁר־שַׂמְתִּי עָלַיִךְ נְאֻם אֲדֹנָי יְהוִה:}$$

⁸ Pasé otra vez junto a ti y te miré, y he aquí que tu tiempo era tiempo de amores. Entonces extendí mi manto sobre ti y cubrí tu desnudez; te hice juramento y entré en pacto contigo, dice Yahvé, el Señor, y fuiste mía.
⁹ Te lavé con agua, lavé tus sangres de encima de ti y te ungí con aceite. ¹⁰ Luego te puse un vestido bordado, te calcé de tejón, te ceñí de lino y te cubrí de seda. ¹¹ Te atavié con adornos, puse brazaletes en tus brazos y un collar en tu cuello. ¹² Puse joyas en tu nariz, zarcillos en tus orejas y una hermosa corona en tu cabeza.
¹³ Así fuiste adornada de oro y de plata, y tu vestido bordado era de lino fino y seda. Comiste flor de harina de trigo, miel y aceite. Fuiste embellecida en extremo y prosperaste hasta llegar a reinar. ¹⁴ Tu fama se difundió entre las naciones a causa de tu belleza, que era perfecta por el esplendor que yo puse sobre ti, dice Yahvé, el Señor.

Entonces pasó el Señor de nuevo, y escogió como esposa a esta virgen a la que ella había hecho crecer hasta su madurez de mujer, y con la que él contrajo matrimonio a través de la alianza del Sinaí. La palabra עִתֵּךְ se define mejor con עֵת דֹּדִים, tiempo de amores, tiempo para el amor del matrimonio. Yo extendí mi manto sobre ti, es decir, la parte interior de mi vestido, que servía también como forro. Eso significa "me casé contigo" (cf. libro de Rut, y Ez 3, 9), y de esa manera cubrí tu desnudez. "Yo te juré…", es decir, te prometí amor y fidelidad (Os 2, 21-22), e hice pacto contigo; esto se refiere a la concesión de la gracia constituida por la adopción de Israel como posesión de Yahvé, tema que viene representado como una alianza de matrimonio (cf. Ex 24, 8; 19,5-6 y 5, 2), con אִתָּךְ en vez de אֹתָךְ.

Ez 16, 9 describe la forma en que Yahvé realizó la purificación de su mujer, la forma en que la vistió y la adornó. Así como la esposa se prepara para el matrimonio lavándose y ungiéndose, así lo hizo el señor, limpiando a Israel de sus suciedades e impurezas que había seguido teniendo desde su nacimiento. El hecho de "lavar tus sangres de encima de ti" no se refiere solo de un modo especial a las leyes de purificación dadas a la nación (Hitzig), ni tampoco a las purificaciones realizadas por el pacto del sacrificio (Hävernick). Ese gesto incluye todo lo que el Señor realizó para purificar a su pueblo de las manchas del pecado, a fin de santificarlo.

La unción con aceite indica el poder del Espíritu de Dios, un poder que fluía sobre Israel a partir del pacto divino de gracia. El hecho de vestirla con costosos vestidos y de adornarla con las joyas propias de una mujer rica o de una princesa indica que Dios equipó a Israel con todos los dones que sirven para aumentar la belleza y la gloria de la vida. Aquí se afirma que los vestidos estaban hechos de los materiales más costosos, de aquellos con los que solían vestirse las reinas.

רקמה, vestido bordado (cf. Sal 45, 15). תחש es probablemente la piel del buey marino o *Manatí* (cf. *Coment.* a Ex 25, 5). Las palabras se emplean aquí para describir una piel ornamental de la que estaban hechas las sandalias, un tipo de "piel de Marruecos". "Te ceñí de lino y te cubrí de seda". La seda parece referirse al pañuelo o turbante de la cabeza, pues חבש es la expresión técnica con el significado cubrir en torno, como con el turbante en la cabeza (cf. Ez 24, 17; Ex 2, 9; Lev 8, 13); esa palabra suele emplearse en el Targum para el adorno en la cabeza de los sacerdotes.

De un modo consecuente, cubrirse con el מֶשִׁי, como algo distinto de la simple vestidura, solo puede referirse al hecho de cubrirse con un velo, cosa que formaba parte del adorno principal de una mujer. El ἅπ. λεγ. מֶשִׁי (Ez 16, 10.13) suele explicarse por los rabinos en el sentido de seda. Los LXX lo traducen con τρίχαπτον. Según Jerónimo, esta es una palabra formada por los mismos LXX, *quod tantae subtilitatis fuerit vestimentum, ut pilorum et capillorum tenuitatem habere credatur* (para que se vea la gran perfección de los vestidos y de los adornos que tenía la novia, que parecía tener la misma suavidad de los pelos y de los cabellos).

Las joyas incluían no solo pulseras y pendientes en las orejas, algo que las mujeres de Israel solían llevar en general, sino también collares y una corona, como ornamentos que solían ser llevados por las princesas y las reinas. Para וְרָבִיד cf. Coment. a Gen 41, 42. Ez 16, 13 retoma y resume los contenidos de 16, 9-12. שֵׁשׁ viene vincularse por la forma con מֶשִׁי; una vez más se alude a la comida (comiste flor de harina de trigo, miel y aceite); y como resultado de todo se dice que Jerusalén vino a convertirse en una mujer muy bella, y que llego a tener una dignidad real.

Esto no se refiere simplemente al establecimiento de la monarquía bajo David, ni a la soberanía espiritual por la que Israel fue escogida desde el principio (Ex 19, 5-6). La expresión incluye ambas cosas: la llamada de Israel para ser un reino de sacerdotes y la realización histórica de esa llamada a través de la soberanía davídica.

La belleza, es decir, la gloria de Israel vino a convertirse en muy grande, de tal manera que la fama de Israel logró extenderse lejos, más allá, entre las naciones. Israel vino a ser perfecta, porque Dios puso su gloria sobre su Iglesia. Esto no puede restringirse tampoco (como hace Hävernick) a la fama de Israel por su salida de Egipto (Ex 15, 14), sino que se refiere ante todo a la gloria de la teocracia de Israel, en tiempos de David y Salomón, un tiempo en que su fama se extendió entre todas las naciones. De esa manera, Israel vino a ser glorificada sobre todas las naciones, pero ella no continuó manteniéndose en unión con Dios.

16, 15-16. Apostasís de la nación. Su origen y naturaleza:

וַתִּבְטְחִי בְיָפְיֵךְ וַתִּזְנִי עַל־שְׁמֵךְ וַתִּשְׁפְּכִי אֶת־תַּזְנוּתַיִךְ עַל־כָּל־עוֹבֵר לוֹ־יֶהִי: [15]

וַתִּקְחִי מִבְּגָדַיִךְ וַתַּעֲשִׂי־לָךְ בָּמוֹת טְלֻאוֹת וַתִּזְנִי עֲלֵיהֶם לֹא בָאוֹת וְלֹא יִהְיֶה: [16]

[15] *Pero confiaste en tu belleza, te prostituiste a causa de tu fama y derramaste tu lujuria sobre cuantos pasaban. ¡Suya fuiste!* [16] *Tomaste de tus vestidos, te hiciste diversos lugares altos y fornicaste sobre ellos. ¡Cosa semejante nunca había sucedido ni deberá a suceder!*

La belleza, es decir, la gloria de Israel ha conducido a su caída, porque ella fue principio de su confianza en sí misma. Israel miró hacia los dones y posesiones que se le habían dado y pensó que eran suyos propios, y, olvidando a quien se los había concedido, comenzó a traficar con las naciones paganas, de manera que vino a ser seducida por el modo de vida de los paganos. Cf. Dt 32, 15 y Os 13, 6: "Nos inflama y nos llena el orgullo y la arrogancia y así, de un modo consecuente, profanamos los dones de Dios, aquellos en los que su gloria debería resplandecer (Calvino).

וַתִּזְנִי עַל־שְׁמֵךְ no significa "cometiste fornicaciones a pesar de tu fama" (Winer y Gesenius, *Thesaurus*. p. 422), o "en contra de tu nombre" (Hävernick), porque עַל, unida a זנה no tiene ninguno de esos significados, ni en Jc 19, 2. Significa, más bien "te prostituiste o fornicaste a causa de tu nombre", es decir, confiando en tu nombre (Hitzig y Maurer). En esa línea, no podemos entender שְׁמֵךְ como si se refiriera al nombre de la ciudad de Dios, sino que debe explicarse, en la línea de 16, 14, indicando la fama, es decir, el renombre que Israel había adquirido entre los paganos a causa de su belleza.

En las palabras finales, לוֹ, לוֹ־יֶהִי se refiere a כָּל־עוֹבֵר y יְהִי está en lugar de וַיְהִי, habiéndose prescindido de la cópula de וַיְהִי, porque לוֹ debía haberse colocado antes, quedando solo יְהִי (cf. יְךְ Os 6, 1). El sujeto de יְהִי es יָפְיֵךְ (confiaste en tu belleza). La fornicación se presenta aquí en términos muy concretos (16, 16-22) y partiendo de la imagen del matrimonio descrita en 16, 8-13, se dice ahora que Israel ha entregado a la idolatría todo lo que ha recibido de su Dios.

Ez 16, 16. Con sus vestidos hizo en las alturas lugares de culto para sí misma. La palabra בָּאוֹת está aquí en lugar de בָּתֵּי בָאוֹת, templos de las alturas, pequeños templos erigidos sobre las altura, al lado de los altares (1 Rey 13,32; 2 Rey 17, 29). Sobre ese hecho, cf. *Coment.* a 1 Rey 3, 2. Esos templos debían consistir en simples tiendas adornadas con alfombras.

Este pasaje puede compararse con 2 Rey 23, 7, donde se describe a las mujeres tejiendo tiendas para Astarté. También pueden compararse las tiendas-templo de las tribus eslavas en Germania, tiendas formadas por varios tipos de alfombras y cortinas (cf. Mohne, en G. F. Creuzer, *Symbolik und Mythologie der alten Völker*, V. p. 176). A estos *bamoth* Ezequiel les llama טְלֻאוֹת, manchados o moteados (cf. Gen 30, 32), posiblemente con la idea subordinada de parches (cf. מְטֻלָּא, Jos 9,5), porque para la construcción de las tiendan se utilizaban no solo tejidos nuevos del mismo color, sino piezas de paños; aquí parece introducirse esa palabra para indicar con desprecio la falta de valor de una conducta como esa, hecha de pedazos de telas sin valor. "Fornicaste sobre esos lugares altos...", sobre las alfombras de los templos-tienda.

Las palabras לֹא בָאוֹת וְלֹא יִהְיֶה son sin duda frases de relativo; pero la traducción usual "que no ha ocurrido ni ocurrirá" (en la línea de Ex 10, 14) no puede defenderse, pues no se puede probar ni el uso de בוא en el sentido de suceder o realizarse, ni el uso del participio en lugar del pretérito, en un sentido futuro. El participio בָאוֹת en este contexto cumple una de sus funciones, apareciendo como imperfecto (Ewald, §168c) y como יהיה expresa aquello que debería ser. La forma participial בָאוֹת está escogida para obtener una *paronomasia* con בָּמוֹת; los lugares altos no debían haber venido, no deberían haber sido erigidos; en esa línea, יִהְיֶה וְלֹא remite hacia atrás à לֹא תָזְנִי "nunca debía haber sucedido".

16, 17-22. Magnitud y extensión de la apostasía de Israel.

¹⁷ וַתִּקְחִי כְּלֵי תִפְאַרְתֵּךְ מִזְּהָבִי וּמִכַּסְפִּי אֲשֶׁר נָתַתִּי לָךְ
וַתַּעֲשִׂי־לָךְ צַלְמֵי זָכָר וַתִּזְנִי־בָם:
¹⁸ וַתִּקְחִי אֶת־בִּגְדֵי רִקְמָתֵךְ וַתְּכַסִּים וְשַׁמְנִי וּקְטָרְתִּי (נָתַתִּי) [נָתַתְּ] לִפְנֵיהֶם:
¹⁹ וְלַחְמִי אֲשֶׁר־נָתַתִּי לָךְ סֹלֶת וָשֶׁמֶן וּדְבַשׁ הֶאֱכַלְתִּיךְ וּנְתַתִּיהוּ
לִפְנֵיהֶם לְרֵיחַ נִיחֹחַ וַיֶּהִי נְאֻם אֲדֹנָי יְהוִה:
²⁰ וַתִּקְחִי אֶת־בָּנַיִךְ וְאֶת־בְּנוֹתַיִךְ אֲשֶׁר יָלַדְתְּ לִי וַתִּזְבָּחִים לָהֶם
לֶאֱכוֹל הַמְעַט (מִתַּזְנֻתֵךְ) [מִתַּזְנוּתָיִךְ]:
²¹ וַתִּשְׁחֲטִי אֶת־בָּנָי וַתִּתְּנִים בְּהַעֲבִיר אוֹתָם לָהֶם:
²² וְאֵת כָּל־תּוֹעֲבֹתַיִךְ וְתַזְנֻתַיִךְ לֹא (זָכַרְתִּי) [זָכַרְתְּ] אֶת־יְמֵי
נְעוּרַיִךְ בִּהְיוֹתֵךְ עֵרֹם וְעֶרְיָה מִתְבּוֹסֶסֶת בְּדָמֵךְ הָיִית:

¹⁷ Tomaste asimismo tus hermosas alhajas de oro y de plata, que yo te había dado, te hiciste imágenes de hombre y fornicaste con ellas. ¹⁸ Tomaste tus vestidos de diversos colores y las cubriste, y mi aceite y mi incienso pusiste delante de ellas. ¹⁹ Mi pan también, que yo te había dado, la flor de harina, el aceite y la miel, con lo que yo te mantuve, lo pusiste delante de ellas para olor agradable; y fue así, dice Yahvé, el Señor.
²⁰ Además de esto, tomaste tus hijos y tus hijas que habías dado a luz para mí, y los sacrificaste a ellas para que fueran consumidos. ¿Eran poca cosa tus fornicaciones, ²¹ que degollaste también a mis hijos y los ofreciste a aquellas imágenes como ofrenda que el fuego consumía?
²² Y con todas tus abominaciones y tus fornicaciones no te has acordado de los días de tu juventud, cuando estabas desnuda por completo, cuando estabas envuelta en tu sangre.

Las joyas de oro y de plata se utilizaban en Israel para hacer צַלְמֵי זָכָר, ídolos de varones, para fornicar con ellos. Ewald piensa que aquí tenemos una alusión a los Penates (Terafim) que se colocaban en las casas, con ornamentos suspendidos sobre ellos y adorados como *lectisternia* (extender un tipo de alfombra para ceremonias de tipo propiciatorio). Pero aquí no tenemos ninguna alusión a las *lectisternia*, ni tampoco en 23, 41. No hay tampoco ninguna razón para pensar aquí, con Vatke, Movers y Hävernick, que estamos ante una adoración de Lingam o Falo, tema del que no hay ningún rastro entre los israelitas.

Los argumentos empleados por Hävernick son totalmente forzados, como ha probado Hitzig. El contexto no evoca ningún tipo de ídolos particulares en concreto, sino la gran variedad de ídolos de la adoración de Baal, mientras que en 16, 20 se evoca el culto a Moloc, como la mayor de las abominaciones. El hecho de נָתַן לִפְנֵיהֶם, colocar delante de ellos (de los ídolos) no se refiere a las *lectisternia*, sino a los sacrificios ofrecidos como comida a los ídolos, como es totalmente clara de las palabras לְרֵיחַ נִיחֹחַ, que evocan la expresión técnica del olor sacrificial que asciende a Dios (Lev 1, 9. 13). וַיְהִי (16, 19), y fue así (así sucedió que esta abominación), esta expresión sirve solo para poner de relieve de un modo enfático el disgusto que esto ocasionaba a Dios (Hitzig).

Ez 16, 20-21… Y no contenta con eso, la adúltera Jerusalén sacrificó ante los ídolos los hijos que Dios le había dado. La aversión que producían estas abominaciones del culto a Moloc se muestra con la expresión לֶאֱכוֹל: tú sacrificaste tus niños a los ídolos, de forma que ellos les devoraran. Esto se muestra aún más en la pregunta acusadora הַמְעַט (¿eran poca cosa tus fornicaciones, que…?).

El *min* delante de מִתַּזְנֻתֵךְ se utiliza en un sentido comparativo, pero no para indicar "¿fue esto una cosa menor que tu fornicación?", pues en esta conexión esa pregunta tiene muy poca fuerza. El *min* (מ) se emplea más bien como en Ez 8, 17 y en Is 49, 6, en el sentido de *demasiado*: ¿Era todavía poco tu fornicación, descrita en 16, 16-19, que tú hiciste aún algo mayor, sacrificar tus hijos a los ídolos?

El *qetiv* (מִתַּזְנֻתֵךְ, Ez 16, 20.25) está en singular, como en 16, 29; por su parte el keré lo ha tomado como plural (מִתַּזְנוּתַיִךְ), como en Ez 16, 15. 22. 33, pero sin razón satisfactoria. La indignación se vuelve aún más fuerte en la descripción que 16, 21 ofrece de esas abominación: "Tú has sacrificado a mis hijos" (mientras que en 16, 20 tenemos solo "tus hijos, que tu has engendrado para mí), y los has hecho morir (בְּהַעֲבִיר) pasándolos a través del fuego.

La palabra הֶעֱבִיר no se emplea aquí en el sentido de una pura lustración o purificación por el fuego, sino en el sentido de matar o sacrificar de hecho a los niños por el fuego, de manera que aparece como equivalente de עָבִיר בָּאֵשׁ לַמֹּלֶךְ לֹה (2 Rey 23, 20). Por este proceso de quemar, los sacrificados eran entregados a Moloc para que los devorara.

Ezequiel tiene en su mente la adoración de Moloc, en la forma que ella había tomado desde los días de Ajab, cuando los hombres empezaron a quemar a sus hijos para Moloc (2 Rey 16, 3; 21, 6; 23, 10), mientras que todo lo que puede probarse de tiempos anteriores es que los israelitas pasaban a los niños a través del fuego, sin matarlos ni quemarlos, a manera de februación (o purificación) por el fuego (cf. *Coment*. a Lev 1, 21). A través de todas estas abominaciones, Israel no recordaba su juventud, ni la manera en que Dios le había adoptado, sacándole de la máxima miseria, a través de la abundancia de sus dones. Esta ingratitud básica muestra la profundidad de su caída y hace que su culpa sea superior. Para Ez 16, 22, cf. 16. 6-7.

Ez 16, 23-34. Sigue la extensión y magnitud de la idolatría

[23] וַיְהִי אַחֲרֵי כָּל־רָעָתֵךְ אוֹי אוֹי לָךְ נְאֻם אֲדֹנָי יְהוִה:

[24] וַתִּבְנִי־לָךְ גָּב וַתַּעֲשִׂי־לָךְ רָמָה בְּכָל־רְחוֹב:

²⁵ אֶל־כָּל־רֹאשׁ דֶּרֶךְ בָּנִית רָמָתֵךְ וַתְּתַעֲבִי אֶת־יָפְיֵךְ וַתְּפַשְּׂקִי
אֶת־רַגְלַיִךְ לְכָל־עוֹבֵר וַתַּרְבִּי אֶת־(תַּזְנֻתֵךְ) [תַּזְנוּתָיִךְ]:
²⁶ וַתִּזְנִי אֶל־בְּנֵי־מִצְרַיִם שְׁכֵנַיִךְ גִּדְלֵי בָשָׂר וַתַּרְבִּי אֶת־תַּזְנֻתֵךְ לְהַכְעִיסֵנִי:
²⁷ וְהִנֵּה נָטִיתִי יָדִי עָלַיִךְ וָאֶגְרַע חֻקֵּךְ וָאֶתְּנֵךְ בְּנֶפֶשׁ שֹׂנְאוֹתַיִךְ
בְּנוֹת פְּלִשְׁתִּים הַנִּכְלָמוֹת מִדַּרְכֵּךְ זִמָּה:
²⁸ וַתִּזְנִי אֶל־בְּנֵי אַשּׁוּר מִבִּלְתִּי שָׂבְעָתֵךְ וַתִּזְנִים וְגַם לֹא שָׂבָעַתְּ:
²⁹ וַתַּרְבִּי אֶת־תַּזְנוּתֵךְ אֶל־אֶרֶץ כְּנַעַן כַּשְׂדִּימָה וְגַם־בְּזֹאת לֹא שָׂבָעַתְּ:
³⁰ מָה אֲמֻלָה לִבָּתֵךְ נְאֻם אֲדֹנָי יְהוִה בַּעֲשׂוֹתֵךְ אֶת־כָּל־אֵלֶּה
מַעֲשֵׂה אִשָּׁה־זוֹנָה שַׁלָּטֶת:
³¹ בִּבְנוֹתַיִךְ גַּבֵּךְ בְּרֹאשׁ כָּל־דֶּרֶךְ וְרָמָתֵךְ (עָשִׂיתִי) [עָשִׂית]
בְּכָל־רְחוֹב וְלֹא־(הָיִיתְ) [הָיִית] כַּזּוֹנָה לְקַלֵּס אֶתְנָן:
³² הָאִשָּׁה הַמְּנָאָפֶת תַּחַת אִישָׁהּ תִּקַּח אֶת־זָרִים:
³³ לְכָל־זֹנוֹת יִתְּנוּ־נֵדֶה וְאַתְּ נָתַתְּ אֶת־נְדָנַיִךְ לְכָל־מְאַהֲבַיִךְ
וַתִּשְׁחֳדִי אוֹתָם לָבוֹא אֵלַיִךְ מִסָּבִיב בְּתַזְנוּתָיִךְ:
³⁴ וַיְהִי־בָךְ הֵפֶךְ מִן־הַנָּשִׁים בְּתַזְנוּתַיִךְ וְאַחֲרַיִךְ לֹא זוּנָּה
וּבְתִתֵּךְ אֶתְנָן וְאֶתְנַן לֹא נִתַּן־לָךְ וַתְּהִי לְהֶפֶךְ:

²³ *Y sucedió que después de toda tu maldad (¡ay, ay de ti!, dice Yahvé, el Señor),* ²⁴ *te edificaste lugares altos y te hiciste altares en todas las plazas.* ²⁵ *En cada cabecera de camino edificaste un lugar alto e hiciste abominable tu hermosura: te ofreciste a cuantos pasaban y multiplicaste tus fornicaciones.*

²⁶ *Fornicaste con los hijos de Egipto, tus vecinos, robustos de cuerpo; y aumentaste tus fornicaciones para enojarme.* ²⁷ *Por tanto, he aquí que yo extendí contra ti mi mano y disminuí tu provisión ordinaria. Te entregué a la voluntad de las hijas de los filisteos, que te aborrecen y se avergüenzan de tu conducta indecente.*

²⁸ *Fornicaste también con los asirios, por no haberte saciado; fornicaste con ellos y tampoco te saciaste.* ²⁹ *Multiplicaste asimismo tu fornicación en la tierra de Canaán y de los caldeos, y tampoco con esto te saciaste.* ³⁰ *¡Cuán inconstante es tu corazón, dice Yahvé, el Señor, habiendo hecho todas estas cosas, obras de una prostituta desvergonzada,* ³¹ *edificando tus lugares altos en cada cabecera de camino y levantando tus altares en todas las plazas! Pero no fuiste semejante a una prostituta, pues menospreciaste la paga.* ³² *Fuiste como la mujer adúltera que en lugar de su marido recibe a extraños.* ³³ *A todas las prostitutas les dan regalos; pero tú diste tus regalos a todos tus amantes. Les diste presentes, para que de todas partes vinieran a ti en tus fornicaciones.* ³⁴ *Y ha sucedido contigo, en tus fornicaciones, lo contrario de las demás mujeres: porque ninguno te ha solicitado para fornicar, y tú das la paga, en lugar de recibirla; por eso has sido diferente.*

Las palabras iniciales de 16, 23, וַיְהִי אַחֲרֵי כָּל־רָעָתֵךְ, colocan la visión de esta expansión de la idolatría en relación con la secuencia cronológica de la misma idolatría, antes dada, pues todo mal, todo pecado, ha de existir primero para luego expandirse. La expansión de la idolatría fue, al mismo tiempo, una expansión de la apostasía respecto de Dios. Esto no ha de buscarse, sin embargo, en el hecho de que Israel abandonara el santuario que Dios le había concedido, para revelar allí su presencia gratuita, edificando templos de ídolos (Kliefoth).

La razón de la apostasía está en el hecho de que los israelitas erigieron altares idólatras y pequeños templos en todas las esquinas de las calles y en todos los cruces de caminos (16, 24-25), cometiendo adulterio con todas las naciones paganas (16, 26.28-29), de manera que no desistieron de cometer la idolatría ni por castigo de Dios (16, 27), ni por el descubrimiento de la falta de sentido de esa conducta (16, 32-34).

כָּל־רָעָתֵךְ evoca el conjunto de toda la apostasía respecto de Dios, que ha sido descrita en 16, 15-22, una apostasía que creció cada vez más cuando se extendió la idolatría. La visión de esta expansión de la idolatría se introduce con un ay, ay (אוֹי אוֹי), para indicar de un modo más fuerte el terrible juicio que Jerusalén estaba provocando sobre sí mismo por su conducta. La exclamación de ay, ay se inserta a modo de paréntesis. En esa línea, וַתִּבְנִי (Ex 16, 24) forma la apódosis de וַיְהִי en 16, 23. Por su parte, גֵּב y רָמָה han de tomarse como términos generales. Pero el singular גַּבֵּךְ con el plural רָמֹתַיִךְ de 26, 39 muestra claramente que גֵּב es un término colectivo.

Con mucha razón, Hävernick ha llamado la atención sobre la analogía entre גֵּב y קבה en Num 25 8, para evocar el mobiliario de una habitación preparada o utilizada para el servicio de Baal-Peor. Así como קבה, de קבב, significa literalmente *algo alto que está arqueado,* una bóveda, así גֵּב, de גבב, es *aquello que esta curvado* o arqueado, una bóveda o joroba (espalda), y en esa línea se utiliza aquí para edificar construcciones con fines idolátricos, pequeños templos edificados sobre las alturas, que probablemente se llamaban así para distinguirlos de la capillas dedicadas a la fornicación.

Las traducciones antiguas sugieren eso mismo. Así los LXX ponen οἴκημα πορνικόν y ἔκθεμα, que el Polychron (cf. Polychronius, obispo de Apamea, *Comentario a Ezequiel,* 825) explica así προαγώγιον ἔνθα τὰς πόρνας τρέφειν εἰώθασι (evocando la entrada por la que solían pasar las prostitutas). Por su parte, la Vulg. traduce *lupanar* y *prostibulum.*

רמה significa alturas artificiales, es decir, altares edificados sobre lugares altos, a los que se llama *bamoth* (במות). Aquí se escoge la palabra רמה probablemente para aludir al primer sentido de la palabra que es elevación, altura, como dice Jerónimo: *quod excelsus sit ut volentibus fornicari procul appareat fornicationis locus et non necesse sit quaeri* (lugar que está elevado de manera que se muestre claramente para aquellos que quieran fornicar, de manera que no tengan que preguntar). El aumento de la fornicación, es decir, de la idolatría y de la fecundación con ritos y formas de culto paganas se expresa en Ez 16, 26-29 indicando los hechos históricos.

No podemos aceptar la visión de Hitzig, que se limita a restringir la relación ilícita con Egipto (16, 26), Asiria (16, 28) y Caldea (16, 29) a un tipo de apostasía política, en cuanto distinta de la apostasía religiosa ya indicada. No hay nada que indique una distinción de ese tipo. Bajo la figura de la fornicación, tanto en lo que precede como en lo que sigue, se están incluyendo ambos tipos de pecado, tanto religioso como político. En primer lugar aparece Egipto, pues la apostasía de Israel comenzó con la adoración del becerro de oro, y con el deseo de volver atrás para comer las ollas de carne de Egipto.

Desde tiempo inmemorial, Egipto era el país que había caído más profundamente en una adoración pagana de la naturaleza. En esa línea, los hijos de Egipto aparecen descritos alegóricamente como גִּדְלֵי בָשָׂר, *magni carne*, grandes en cuanto a la carne, un eufemismo (cf. 23, 20), que conforme a la explicación correcta de Teodoreto significa: μεθ᾽ ὑπερβολῆς τῇ τῶν εἰδώλων θεραπείᾳ προστετηκότας ου (entregados de una forma exagerada al culto de los ídolos).

La manera en la que Dios condena esta conducta extraviada era como la de un marido que, por medio de un castigo, intenta inducir a su esposa infiel, para que vuelva. En esa línea, él le va disminuyendo la cantidad de comida, vestido (cf. חֻקֵּךְ), que ha de darse a una mujer como en Prov 30, 8. Hizo eso de tal forma que no permitió que Israel alcanzara la gloria y el poder que debería haberle concedido en otras circunstancias; así lo hizo, no permitiendo que Israel lograra una posesión tranquila y total de Canaán, sino que quedó bajo el poder y sometimiento de los príncipes de los filisteos (Kliefoth).

וָאֶתְּנֵךְ בְּנֶפֶשׁ, en el sentido de *ponerle a uno bajo el poder otros*. Las hijas de los filisteos son los estados filisteos, que actúan para Israel como una mujer adúltera. Aquí se menciona a los filisteos como enemigos principales, porque al final del periodo de los jueces los israelitas cayeron totalmente bajo su poder (cf. Jc 13-36; 1 Sam 4, 1). Ezequiel se refiere aquí a ellos, para vergüenza y humillación de Israel porque ellos mismos, los filisteos, quedaron avergonzados de la conducta licenciosa de los israelitas, que se habían entregado sin más a sus dioses (cf. Jer 2, 10-11).

זִמָּה (16, 27), en aposición a דַּרְכֵּךְ, tu camino. Esa palabra, זִמָּה, se aplica al pecado de libertinaje, como en Lev 18, 17. Pero Israel no mejoró por el castigo recibido, sino que cometió también adulterio con los asirios, desde el tiempo de Acaz, que pidió la ayuda de los asirios (2 Rey 16, 7); pero tampoco quedó satisfecho con esto. En otras palabras, las duras consecuencia que tuvo para Judá el buscar la amistad de Asiria no le sirvió de advertencia, de manera que no dejó de buscar la ayuda de los paganos y de sus dioses.

En Ez 16, 28, וַתִּזְנִי אֶל se distingue de תִּזְנִים (זנה, con acusativo). La primera forma indica la búsqueda inmoral de una persona, con el propósito de lograr su favor; la segunda indica la relación adúltera con aquel cuyo favor se ha logrado ya. El pensamiento del verso es este: Israel buscó el favor de Asiria porque no estaba satisfecha de su relación ilícita con Egipto, y así continuó cultivando su trato con Asiria; pero tampoco en eso encontró su satisfacción, sino que aumentó su adulterio con la tierra de Canaán y con los caldeos (אֶל־אֶרֶץ כְּנַעַן כַּשְׂדִּימָה). La frase אֶרֶץ כְּנַעַן no aparece aquí como nombre propio de Canaán, sino que es una designación que se aplica a Caldea (כַּשְׂדִּימָה) o Babilonia, como en Ez 17, 4 (Rashi).

La explicación de las palabras, como si se refirieran a la tierra de Canaán, queda excluida por el hecho de que la alusión a la idolatría de los cananeos, y a su relación con ellos, está fuera de lugar después de haber mencionado a Asiria, y porque además no coincide con el orden histórico de los hechos, pues no se puede probar que haya habido una difusión general de las costumbres de Canaán en Israel después de la era de los asirios. Esa explicación queda también excluida por la introducción de la palabra כַּשְׂדִּימָה, que no puede significar hasta Caldea (o dentro de Caldea), y que solo puede ser una definición más precisa de אֶרֶץ כְּנַעַן.

El único problema pendiente es el saber por que se aplica a Caldea el epíteto כְּנַעַן, si se refiere solo al espíritu comercial de Babilonia, que no era menor que el de las ciudades cananeas de Tiro y Sidón, o si se refiere también a la idolatría e inmoralidad de Canaán. El primer sentido no se puede excluir en modo alguno, pues en Ez 17, 4 "la tierra de Canaán" queda designada como "ciudad de comerciantes" (בְּעִיר רֹכְלִים שָׂמוֹ). Pero tampoco podemos excluir el segundo, porque en la religión babilonia de Belus y de Militta se había introducido el mismo carácter voluptuoso y el libertinaje de Baal y Astarté, que había en Canaán (cf. Herodoto I, 199).

Ez 16, 30 retoma el contenido de 16, 19-29, con el veredicto que el Señor pronuncia contra la prostituta y adúltera: "cuán inconstante es tu corazón…". אֲמֻלָה (es un participio *kal*, ἀπ. λεγ., pues el verbo solo aparece aquí en forma pual, en el sentido de deslucido, lánguido, o también en el sentido de un deseo inmodesto, que se ha convertido en enfermizo). La forma לִבָּתֵךְ es también un ἀπ. λεγ; pero es análogo al plural לבות[24].

שַׁלֶּטֶת, alguien que es poderoso, que manda; aparece como epíteto a zonah (זנה): alguien que no pone límites a sus acciones, desenfrenado; en árabe recibe el sentido de insolente, sin vergüenza. 16, 31 contiene una sentencia independiente, que facilita la transición al pensamiento que se expande en 16, 32-34, es decir, que Jerusalén ha sobrepasado a todas las otras prostitutas en su maldad.

Si tomamos 16, 31 como dependiente de la prótasis de 16, 30, no solamente nos hallamos ante un estilo de expresión muy forzado, sino que el nuevo pensamiento contenido en 16, 31 viene a mostrarse como una idea meramente secundaria. En contra de eso, la continuación de 16, 32 muestra que Ez 16, 31 introduce en el discurso una nueva perspectiva. Pues bien, si el caso es ese, la expresión וְלֹא־הָיִיתִי no se puede tomar como coordinada con עָשִׂיתִי, sino que ha de ser

---

24. Hitzig se opone a estas dos formas, que no aparecen en ningún otro lugar, y con la ayuda de los LXX traduce τί διαθῶ τὴν θυγατέρα σου (¿qué estableceré para tu hija?) que no es más que una lectura "de adivinación", que se funda en la corrupción de מָה אֲמֻלָה, donde él adopta una conjetura para decir a tu hija (*lebittek*: ¿qué esperanza hay para tu hija? De esa manera crea también una nueva palabra 'imlah (para ella…), formulando de esa forma un pensamiento que es totalmente contrario al de este contexto

tomada como apódosis: "pero... no fuiste semejante a una prostituta (ordinaria), pues menospreciaste la paga". Sobre el sufijo plural de בְּנוֹתַיִךְ, cf. *Coment.* a Ez 6, 8.

El infinitivo לְקַלֵּס responde al gerundio latino en *ndo* (cf. Ewald, §237c y 280 d). indicando de que manera, o en qué respeto la prostituta de Jerusalén se diferencia de una prostituta ordinaria: es decir, en el hecho de que ella ha rechazado el pago de su prostitución. Así lo muestra de forma indudable Ez 16, 32-34.

A pesar de ello, la mayoría de los comentadores han tomado לְקַלֵּס para poner de relieve el punto de comparación entre Israel y otras prostitutas, es decir, mostrando de qué manera Israel se parece a otras prostitutas. Y después, viendo que este pensamiento va en contra de lo que sigue, han intentado explicar la discrepancia acudiendo a explicaciones que no pueden sostenerse. La mayoría acuden a esta explicación: Tú no eras como la mayoría de las prostitutas, pues desdeñabas el pago de tu prostitución, pero lo hacías con la esperanza de obtener de esa manera una ganancia aún más grande. Pero esa explicación introduce en el texto un pensamiento que no tiene base alguna en ese mismo texto[25].

A partir del arameo, Hävernick quiere atribuir a קלס el significado de gritar fuerte (pidiendo el salario), en oposición al significa ordinario del término, que es desdeñar o ridiculizar, como lo hace el mismo Ez 22, 3 utilizando este nombre (קלסה). Por su parte, Hitzig cae de nuevo en su fácil tendencia de alterar sin necesidad el texto; finalmente, Kliefoth da a ל el significado imaginario de "en la medida en que" (un significado que no puede defenderse ni con Ex 39, 19 ni con Dt 24, 5).

Ciertamente, teniendo en cuenta el amplio sentido en que se puede tomar el infinitivo constructo con ל, podemos afirmar que estas palabras son ambiguas, y pueden tener el significado que la mayoría de los comentaristas les atribuyen. Pero esa salida no es en modo alguno necesaria, pues, por otra parte, la idea subordinada, introducida por לְקַלֵּס אֶתְנַן, puede referirse también al sujeto de la sentencia (tú), pero también a זנה, con la que el sujeto se compara. Solo en ese segundo caso la palabra קלס se podría aplicar a otras prostitutas, tanto como a Israel, mientras que en el primero se aplica solo a Israel, pero destacando aquello en lo que Israel no se parece a las prostitutas ordinarias.

Pero lo explicación que hemos dado nos ha permitido superar esos equívocos. Según ella, primero se habla de las adúlteras (16, 32) y después de las prostitutas comunes (16, 33-34). 16, 32 no se puede tomar, como han hecho la mayoría de los comentaristas, como una exclamación, o como un reproche dirigido

---

25. Jerónimo traduce así *non facta es quasi meretrix fastidio augens pretium*, dando la siguiente explicación: "tú no has imitado a las astutas prostitutas, que suelen elevar su precio, pero lo hacer para excitar a los amantes con mayor deseo. Rosenmüller y Maurer han adoptado una explicación semejante: "te diferencias muchos de otras prostitutas, que desprecian una paga pequeña, porque quieren conseguir una más grande; tú, en cambio, aceptas cualquier recompensa, y te parece suficiente cualquier paga; más aún, tú misma ofreces una paga a tus amantes.

a la adúltera Jerusalén: ¡Oh tú, adúltera mujer, que has tomado a extranjeros en vez de a tu marido!

Una exclamación como esa no responde en modo alguno al conjunto del texto. Pero el verso no ha de ser rechazado por eso, como propone Hitzig, sino que tiene que ser construido simplemente de otra manera, tomándolo como afirmación de aquello que hacen las adúlteras en general (Kliefoth): ellas toman a extranjeros en vez de a sus maridos, y buscan su recompensa en el simple de pareja, en el placer de estar con otros hombres. תַּחַת אִישָׁהּ, literalmente, bajo su marido, es decir, como una mujer sometida a su marido, como en conexión con זנה, en Ez 23, 5 y en Os 4, 12 (cf. *Coment.* a Núm 5, 19).

Ez 16, 33-34. Las prostitutas comunes se entregan a sí mismas por un precio. Pero Israel, por el contrario, da presentes a sus amantes, actuando así de un modo opuesto a todas las otras prostitutas, de manera que la prostitución de Israel es mucho peor que la de las otras prostitutas. El cambio de formas de נדא y נדן (un presente) se debe explicar probablemente por el hecho de que la forma נדא fue expandida en נדן con una consonante como terminación, porque de esa forma el sufijo se podía vincular más fácilmente con la palabra siguiente. הֵפֶךְ, lo opuesto, lo inverso, en el sentido de algo que nunca se ha oído, algo que nunca ocurre en relación con una prostituta. Ezequiel ha cumplido de esa manera la tarea que había asumido en 16, 2, al poner de relieve las abominaciones de Jerusalén. El discurso se dirige ahora al anuncio del castigo.

5.2. *Ez 16, 35-52. Anuncio del castigo*

Como Israel ha sido peor que todos los pueblos paganos, Yahvé le castigará, a pesar de haber sido nación elegida, de manera que su vergüenza será revelada ante todas las naciones (16, 36-42) y quedará de manifiesto la justicia del juicio que se le ha de imponer (16, 43-52). Desde esta perspectiva, la amenaza del castigo se divide en dos partes, de la siguiente manera. (1) En la primera (16, 35-42) encontramos al principio una recapitulación (cf. 16, 36) de la conducta pecadora descrita en 16, 16-34, y después un anuncio del castigo correspondiente a esa culpa, como en el caso de los castigos que se imponen al adúltero y el asesino (16, 37. 48), poniendo en nuestro caso la retribución por los enormes pecados cometidos por Israel. (2) En la segunda parte (16, 43-52) tenemos una prueba de la justicia de ese juicio.

16, 35-42. El castigo corresponderá al pecado.

³⁵ לָכֵן זוֹנָה שִׁמְעִי דְּבַר־יְהוָה: פ
³⁶ כֹּה־אָמַר אֲדֹנָי יְהוִֹה יַעַן הִשָּׁפֵךְ נְחֻשְׁתֵּךְ וַתִּגָּלֶה עֶרְוָתֵךְ בְּתַזְנוּתַיִךְ עַל־מְאַהֲבָיִךְ וְעַל כָּל־גִּלּוּלֵי תוֹעֲבוֹתָיִךְ וְכִדְמֵי בָנַיִךְ אֲשֶׁר נָתַתְּ לָהֶם:
³⁷ לָכֵן הִנְנִי מְקַבֵּץ אֶת־כָּל־מְאַהֲבַיִךְ אֲשֶׁר עָרַבְתְּ עֲלֵיהֶם וְאֵת כָּל־אֲשֶׁר אָהַבְתְּ עַל כָּל־אֲשֶׁר שָׂנֵאת וְקִבַּצְתִּי אֹתָם

Ezequiel 16, 35-42

עָלַ֖יִךְ מִסָּבִ֑יב וְגִלֵּיתִ֤י עֶרְוָתֵךְ֙ אֲלֵהֶ֔ם וְרָאוּ֙ אֶת־כָּל־עֶרְוָתֵֽךְ׃
^{38} וּשְׁפַטְתִּיךְ֙ מִשְׁפְּטֵ֣י נֹאֲפ֔וֹת וְשֹׁפְכֹ֖ת דָּ֑ם וּנְתַתִּ֕יךְ דַּ֥ם חֵמָ֖ה וְקִנְאָֽה׃
^{39} וְנָתַתִּ֨י אוֹתָ֜ךְ בְּיָדָ֗ם וְהָרְס֤וּ גַבֵּךְ֙ וְנִתְּצ֣וּ רָמֹתַ֔יִךְ וְהִפְשִׁ֤יטוּ
אוֹתָךְ֙ בְּגָדַ֔יִךְ וְלָקְח֖וּ כְּלֵ֣י תִפְאַרְתֵּ֑ךְ וְהִנִּיח֖וּךְ עֵירֹ֥ם וְעֶרְיָֽה׃
^{40} וְהֶעֱל֤וּ עָלַ֙יִךְ֙ קָהָ֔ל וְרָגְמ֥וּ אוֹתָ֖ךְ בָּאָ֑בֶן וּבִתְּק֖וּךְ בְּחַרְבוֹתָֽם׃
^{41} וְשָׂרְפ֤וּ בָתַּ֙יִךְ֙ בָּאֵ֔שׁ וְעָשׂוּ־בָ֥ךְ שְׁפָטִ֖ים לְעֵינֵ֣י נָשִׁ֣ים רַבּ֑וֹת
וְהִשְׁבַּתִּיךְ֙ מִזּוֹנָ֔ה וְגַם־אֶתְנַ֖ן לֹ֥א תִתְּנִי־עֽוֹד׃
^{42} וַהֲנִחֹתִ֤י חֲמָתִי֙ בָּ֔ךְ וְסָ֥רָה קִנְאָתִ֖י מִמֵּ֑ךְ וְשָׁקַטְתִּ֖י וְלֹ֥א אֶכְעַ֥ס עֽוֹד׃

^{35} Por tanto, prostituta, oye palabra de Yahvé. ^{36} Así dice Yahvé, el Señor: Por cuanto tu metal ha sido prodigado en tus fornicaciones, y tu vergüenza ha sido manifestada a tus amantes y a los ídolos de tus abominaciones, y en la sangre de tus hijos, los cuales les diste: ^{37} Por eso, yo reuniré a todos tus amantes con los cuales tuviste placer, y a todos los que amaste, y también a todos los que aborreciste. Los reuniré alrededor de ti, y delante de ellos descubriré tu desnudez, y ellos verán toda tu desnudez. ^{38} Yo te juzgaré por las leyes de las adúlteras y de las que derraman sangre, y traeré sobre ti sangre de ira y de celos. ^{39} Te entregaré en manos de ellos, y ellos destruirán tus lugares altos y derribarán tus altares. Te despojarán de tus ropas, se llevarán tus hermosas alhajas y te dejarán desnuda por completo. ^{40} Harán subir contra ti una muchedumbre de gente, que te apedreará y te atravesará con sus espadas. ^{41} Incendiarán tus casas, y harán en ti juicios en presencia de muchas mujeres. Así haré que dejes de ser una prostituta y que ceses de prodigar tus favores. ^{42} Así saciaré mi ira sobre ti, se apartará de ti mi celo y descansaré para no volver a enojarme.

En este breve sumario de la culpa de la prostituta se ponen de relieve los siguientes temas, por los que ella ha de ser juzgada. (a) Por haber fundido el metal para los ídolos, exponiendo su vergüenza. (b) Por los ídolos de sus abominaciones (con יַעַן delante del nombre, como עַל antes del infinitivo). (c) Por la sangre de sus hijos, con la preposición בְּ, según lo cual, para indicar la medida de su castigo.

Hay dos cosas que se mencionan como causa del primer tipo de castigo. La primera es porque "tu metal ha sido prodigado, derramado". La mayoría de los comentadores ha interpretado esto bien esto, refiriéndose al hecho de que Israel ha empleado las posesiones que el Señor le ha dado (oro, plata, joyas, vestido, comida..; cf. Ez 16, 10-13. 16-19) para fabricar ídolos. La única dificultad conectada con ello está en el uso de la palabra נְחֻשְׁתֵּךְ, tu bronce o tu cobre, en el sentido general de moneda o metal, pues no hay otros pasajes para apoyar este uso de la palabra.

A esto se puede elevar una objeción, es decir, que נחשת no puede tener el sentido de moneda, porque los hebreos no tenían monedas de cobre o bronce. Pero ésta es una afirmación sin fundamento alguno, porque lo único que se puede decir es que en ningún otro lugar del Antiguo Testamento, a no ser en el nuestro, se habla de una moneda de cobre o bronce. Pero de eso no podemos inferir que no las hubiera.

Tan pronto como los hebreos comenzaron a acuñar moneda, ellos utilizaron el bronce o el cobre, lo mismo que lo siclos de plata, y tenemos ejemplos de ese tipo de monedas desde el tiempo de los macabeos, con la inscripción: "Simón, príncipe de Israel" (cf. Cavedoni, *Bibl. Numismatik,* Hannover 1856). A juzgar por su tamaño, esas monedas valían con toda probabilidad media *gerah* y un cuarto de *gerah* (unidad de peso de los hebreos, utilizada para el grano, y después para la moneda. Cada gerah correspondía a unos 16 gramos, cf. Cavedoni, o. c.).

Sabemos que en tiempos de Moisés había shekels (siclos) de plata, de unos 31 gramos cada uno; sabemos también que había monedas de medio siclo, y de un cuarto de siclo, en tiempos de Samuel; eso nos permite suponer que había monedas con el peso/valor de una gerah o media gerah, para el uso corriente y el comercio; es totalmente probable que esas monedas estuvieran hechas de latón, cobre o bronce, pues las monedas de plata de ese valor serían demasiado pequeñas.

Por eso, no se puede negar positivamente en modo alguno que el bronce o el cobre se utilizaran como monedas del peso de una gerah, y en ese sentido la palabra נחשת debe haberse aplicado para referirse a la moneda. Aceptamos, por tanto, la explicación de que el bronce tiene aquí el significado de moneda, como vieron ya los LXX y Jerónimo. Por otra parte, todos los intentos de explicar esa palabra (נחשת) de otra forma, sea a través de una interpretación alegórica, como hacen muchos rabinos, o partiendo del árabe, o alterando el texto, resulta no solo arbitraria, sino que no logra ofrecer un significado que responda al contexto.

הִשָּׁפֵךְ, de derramar, despilfarrar, destruir… A esa falta de despilfarrar las riquezas que Dios había dado a su congregación se añade ahora el riesgo de la vergüenza, es decir, el hecho de perder el honor y dignidad del pueblo de Dios, de manera que los israelitas se hacen culpables con su prostitución y con sus ídolos, es decir, con sus amantes (con על en lugar de חל, conforme al uso tardío de Ezequiel; cf. Ewald, §217i, p. 561); en esa línea ha de explicarse la palabra בְּתַזְנוּתָיִךְ, en tus fornicaciones, en el sentido de cometer adulterio en relación con una persona, es decir, con el Señor.

Pero no ha sido suficiente sacrificar los dones del Señor, es decir, sus posesiones y su gloria, a los paganos y a sus ídolos. Israel hizo también para sí כָּל־גִּלּוּלֵי תוֹעֲבוֹתָיִךְ, todo tipo de abominaciones, es decir, de ídolos, sobre los cuales pusieron sus ornamentos, y ante los cuales colocaron aceite e incienso, pan y miel (Ez 16, 18-19).

Y no se contentaron con eso sino que dieron a sus ídolos la sangre de sus hijos, sacrificando sus hijos a Moloc (15 20). Por tanto (16, 37), el Señor descubrirá la vergüenza de su pueblo ante todas las naciones. En esa línea reunirá a todos, amigos y enemigos, en contra de Jerusalén, de manera que ellos ejecutarán el juicio. De esa forma, el castigo corresponderá al pecado. Ya que Israel ha cultivado la amistad con los paganos, ahora será entregado totalmente en su poder. Sobre el descubrir la desnudez como un castigo, cf. Os 2, 12.

La explicación del tema continúa en 16, 38. Las naciones paganas infligirán sobre Israel el castigo merecido por adulterio y derramamiento de sangre, pues Jerusalén (es decir, Israel) ha cometido este doble crimen. Ha cometido adulterio, dejando a Yahvé y entregándose a la idolatría; y ha derramado sangre a través de los sacrificios ofrecidos a Moloc. El castigo por el adulterio era la muerte por lapidación (cf. *Coment* a Ez 16, 40). Por su parte, la sangre llamaba a la sangre (Gen 9, 6; Ex 21, 12).

וּנְתַתִּיךְ דָּם no significa: "yo pondrá la sangre sobre tí" (Ronsenmüller), ni "yo hare que tu sangre sea derramada con ira" (De Wette, Maurer etc.); sino "yo te haré sangre" (traeré sobre ti sangre). El pensamiento es el siguiente: Tú te convertirás en sangre, de manera que solo quedará de ti sangre, solo quedará la sangre de la furia y del celo, como expresión de la ira y celo de Dios (cf. Ez 16, 42). Con ese fin, los paganos destruirán todos los objetos de la idolatría (cf. רָמֹתֵךְ גַּבֵּךְ; Ez 16, 39; 16, 24-25), y después tomarán las joyas y vestidos de la prostituta y la dejarán desnuda; es decir, saquearán y devastarán Jerusalén, y así ejecutarán sobre ella la pena de muerte, por lapidación y al filo de la espada. En otras palabras, ellos destruirán la ciudad y el reino.

La palabra וְהֶעֱלוּ (16, 40), traerán contra ti una asamblea, puede explicarse a partir de la antigua forma de administrar justicia, conforme a la cual había de venir una asamblea popular (cf. קָהָל, Prov 5, 14), para sentarse a juzgar, en casos de adulterio y de crímenes capitales, para ejecutar la sentencia, como se indica expresamente en la ley sobre la lapidación (cf. 20, 2; Num 15, 36; Dt 22, 21; cf. mi *Biblische. Archäol*. II. p. 257). Pero esa palabra se puede aplicar también a los enemigos que marchan contra Jerusalén (sobre קָהָל en ese sentido, cf. Ez 17, 17). El castigo por adulterio (según Lev 20, 10) era la muerte por lapidación, como puede verse en Lev 20, 2-27 y Dt 22, 24, comparado con Jn 8, 5.

Éste era el modo normal de castigo bajo la ley de Moisés, cuando se pronunciaba la sentencia de muerte sobre individuos (cf. también mi *Archäologie* II. p. 264). La otra forma de castigo, por golpe de espada, se adoptó cuando había muchos criminales para ser condenados a muerte, y no se ejecutaba por decapitación, sino apuñalando o partiendo (cortando en piezas) a los condenados. Esa pena de muerte resultaba más severa cuando se quemaba el cadáver (Lev 20, 14; 21, 9). En esa línea, el quemar las casas (16, 41) viene a tomarse como una intensificación del castigo; y en esa misma línea se entiende la indicación de que el juicio será ejecutado ante los ojos de muchas mujeres (לְעֵינֵי נָשִׁים רַבּוֹת).

Esas muchas mujeres son la multitud de las naciones paganas, en la línea de la descripción de Jerusalén o de Israel como una mujer infiel. "Así como el mayor castigo para una mujer adúltera consiste en aparecer como pecadora ante los ojos de otras mujeres; de esa manera el castigo de Israel será más severo, pues se realizará ante los ojos de todas las restantes naciones" (Kliefoth).

Esta es la forma en la que Dios podrá fin a la fornicación de Israel, y aplacará su ira y su celo sobre la prostituta (Ez 16, 41-42). וְהִשְׁבַּתִּיךְ, con min

(מֵזוֹנָה): hacer que una persona deje de ser o de hacer algo. Sobre 16, 42, cf. 5, 13. Por la ejecución del juicio, se aplacarán los celos (en nuestro caso קִנְאָתִי) del marido injuriado.

16, 43-52. La justicia del juicio contra Israel (Jerusalén)

⁴³ יַעַן אֲשֶׁר לֹא־(זָכַרְתְּ) [זָכַרְתִּי] אֶת־יְמֵי נְעוּרַיִךְ וַתִּרְגְּזִי־לִי בְּכָל־אֵלֶּה וְגַם־אֲנִי הֵא דַּרְכֵּךְ בְּרֹאשׁ נָתַתִּי נְאֻם אֲדֹנָי יְהוִה וְלֹא (עָשִׂיתִ) [עָשִׂיתִי] אֶת־הַזִּמָּה עַל כָּל־תּוֹעֲבֹתָיִךְ:
⁴⁴ הִנֵּה כָּל־הַמֹּשֵׁל עָלַיִךְ יִמְשֹׁל לֵאמֹר כְּאִמָּה בִּתָּהּ:
⁴⁵ בַּת־אִמֵּךְ אַתְּ גֹּעֶלֶת אִישָׁהּ וּבָנֶיהָ וַאֲחוֹת אֲחוֹתֵךְ אַתְּ אֲשֶׁר גָּעֲלוּ אַנְשֵׁיהֶן וּבְנֵיהֶן אִמְּכֶן חִתִּית וַאֲבִיכֶן אֱמֹרִי:
⁴⁶ וַאֲחוֹתֵךְ הַגְּדוֹלָה שֹׁמְרוֹן הִיא וּבְנוֹתֶיהָ הַיּוֹשֶׁבֶת עַל־שְׂמֹאולֵךְ וַאֲחוֹתֵךְ הַקְּטַנָּה מִמֵּךְ הַיּוֹשֶׁבֶת מִימִינֵךְ סְדֹם וּבְנוֹתֶיהָ:
⁴⁷ וְלֹא בְדַרְכֵיהֶן הָלַכְתְּ וּבְתוֹעֲבוֹתֵיהֶן (עָשִׂיתִ) [עָשִׂית] כִּמְעַט קָט וַתַּשְׁחִתִי מֵהֵן בְּכָל־דְּרָכָיִךְ:
⁴⁸ חַי־אָנִי נְאֻם אֲדֹנָי יְהוִה אִם־עָשְׂתָה סְדֹם אֲחוֹתֵךְ הִיא וּבְנוֹתֶיהָ כַּאֲשֶׁר עָשִׂית אַתְּ וּבְנוֹתָיִךְ:
⁴⁹ הִנֵּה־זֶה הָיָה עֲוֺן סְדֹם אֲחוֹתֵךְ גָּאוֹן שִׂבְעַת־לֶחֶם וְשַׁלְוַת הַשְׁקֵט הָיָה לָהּ וְלִבְנוֹתֶיהָ וְיַד־עָנִי וְאֶבְיוֹן לֹא הֶחֱזִיקָה:
⁵⁰ וַתִּגְבְּהֶינָה וַתַּעֲשֶׂינָה תוֹעֵבָה לְפָנָי וָאָסִיר אֶתְהֶן כַּאֲשֶׁר רָאִיתִי: ס
⁵¹ וְשֹׁמְרוֹן כַּחֲצִי חַטֹּאתַיִךְ לֹא חָטָאָה וַתַּרְבִּי אֶת־תּוֹעֲבוֹתַיִךְ מֵהֵנָּה וַתְּצַדְּקִי אֶת־(אֲחוֹתֵךְ) [אֲחוֹתַיִךְ] בְּכָל־תּוֹעֲבוֹתַיִךְ אֲשֶׁר (עָשִׂיתִ) [עָשִׂית]:
⁵² גַּם־אַתְּ שְׂאִי כְלִמָּתֵךְ אֲשֶׁר פִּלַּלְתְּ לַאֲחוֹתֵךְ בְּחַטֹּאתַיִךְ אֲשֶׁר־הִתְעַבְתְּ מֵהֵן תִּצְדַּקְנָה מִמֵּךְ וְגַם־אַתְּ בּוֹשִׁי וּשְׂאִי כְלִמָּתֵךְ בְּצַדֶּקְתֵּךְ אַחְיוֹתֵךְ:

⁴³ Por cuanto no te acordaste de los días de tu juventud y me provocaste a ira en todo esto, por eso, yo también traeré tu conducta sobre tu propia cabeza, dice Yahvé, el Señor; pues ni aun has pensado sobre toda tu lujuria. ⁴⁴ por todo eso, todos los que usan refranes te aplicarán a ti el refrán que dice: 'Cual la madre, tal la hija'.

⁴⁵ Hija eres tú de tu madre, que desechó a su marido y a sus hijos; y hermana eres de tus hermanas, que desecharon a sus maridos y a sus hijos; vuestra madre fue una hetea y vuestro padre un amorreo. ⁴⁶ Tu hermana mayor es Samaria, ella y sus hijas, que habitan al norte de ti; y tu hermana menor es Sodoma con sus hijas, la cual habita al sur de ti. ⁴⁷ Ni aun anduviste en sus caminos ni hiciste según sus abominaciones; antes, como si esto fuera muy poco, te corrompiste más que ellas en todos tus caminos (y no solamente eso sino que fuiste más corrompida que ellas).

⁴⁸ Vivo yo, dice Yahvé, el Señor, que tu hermana Sodoma y sus hijas no han hecho tanto mal como hiciste tú y tus hijas. ⁴⁹ Esta fue la maldad de Sodoma, tu hermana: soberbia, pan de sobra y abundancia de ocio tuvieron ella y sus hijas; y no fortaleció la mano del afligido y del necesitado. ⁵⁰ Se llenaron de soberbia e hicieron abominación delante de mí, y cuando lo vi, las quité.

> *⁵¹ Sin embargo, Samaría no cometió ni la mitad de tus pecados; porque tú multiplicaste tus abominaciones más que ellas, y has justificado a tus hermanas con todas las abominaciones que hiciste. ⁵² Tú también, que juzgaste a tus hermanas, lleva tu vergüenza en los pecados que cometiste, más abominables que los de ellas. ¡Más justas son que tú! Avergüénzate, pues, tú también, y carga con tu ignominia, por cuanto has justificado a tus hermanas.*

Este juicio es perfectamente justo, porque Israel no solo ha olvidado la gracia de su Dios, manifestada en la elección, sino que ha sobrepasado a Samaria y Sodoma en abominaciones.

יַ֫עַן אֲשֶׁר, que corresponde al יַ֫עַן de 16, 36, introduce una nueva línea de pensamiento. La mayoría de los comentaristas toman Ez 16, 43 en conexión con lo que precede, y colocan la pausa en 16, 33. Pero el perfecto נָתַ֫תִּי muestra que esta visión es equivocada. Si 16, 43 contuviera simplemente una recapitulación o un sumario conclusivo o la amenaza del juicio anterior (16, 35-42), el castigo se anunciaría en un tiempo futuro, como en 16, 37. Por el contrario, el perfecto נָתַ֫תִּי muestra que el castigo se exhibe como un hecho y completado, y así se necesitan razones posteriores para defender la justicia del procedimiento divino, que encontramos en 16, 44.

Con ese fin se menciona una vez más la culpa de Jerusalén: "no te acordaste de los días de tu juventud", es decir, no te acordaste de lo que habías experimentado en tu juventud, la miseria en la que te encontrabas, y de la que yo te rescaté, exaltándote a la gloria (16, 4-14). A esto se añade el rechazo contra Yahvé, que se manifiesta en los actos idolátricos. רגז, ser excitado sobre o contra una persona, con rabia. Así en *hitpael* con אל en 2 Rey 19, 27-28. Para דַּרְכֵּךְ נָתַ֫תִּי, cf. 9, 10.

La última frase de 16, 42 (וְלֹא עָשִׂ֫יתִי) ha sido mal interpretada en muchos sentidos. Conforme a la puntuación masorética, עָשִׂ֫יתִי es la segunda persona. Pero así no se logra un sentido aceptable, porque עשה זִמָּה no se utiliza en el sentido adoptado por el Targum, sentido que está en la base de la puntuación masorética, y que Raschi, Kimchi y Rosenmüller retienen, en el sentido de *cogitationem facere*: "tú no te has preocupada nada en relación con todas esas abominaciones", es decir, no han sentido ningún remordimiento.

El verdadero sentido de la palabra es cometer un crimen, algo que va en contra de la norma de Dios, y se utiliza para la mayor parte de las ofensas antinaturales (cf. Jc 20, 6; Os 6, 9). Aquí tenemos todas las razones para mantener ese sentido, pues זִמָּה (a no ser en el plural: זמות = מזמות) solo se emplea *sensu malo* (en sentido negativo), y en la mayor parte de las veces se refiere a una acción inmoral (cf. Job 31, 11). De un modo consecuente, deberíamos adoptar esta traducción: "Y tú no has cometido más esa inmoralidad, por encima de todas tus abominaciones".

Pero en ese caso habría no solo que suplir un עוד, sino que habría que trazar una distinción entre las abominaciones cometidas por Israel y el pecado de la infidelidad, es decir, del adulterio o lascivia, lo que va en contra del sentido de conjunto de este capítulo, según el cual las abominaciones de Israel se condensan en el adulterio, es decir, en el pecado de la lascivia.

Según eso, debemos tomar עָשִׂיתִי como primera persona, como habían hecho Symmaco y Jerónimo, y explicar las palabras a partir de Lev 19, 29, donde el hecho de que un padre tolere la prostitución de la hija se llama זִמָּה. Si aceptamos esta interpretación, Yahvé ha dicho que él mismo castigará la prostitución espiritual de Israel, a fin de que no se añada algo aún peor a las abominaciones de Israel, permitiendo que esa inmoralidad no sea castigada. Si no castigara, el mismo Dios cometería una זִמָּה, él mismo se haría responsable de los pecados de Israel.

La característica conclusiva de la degradación moral de Israel se sitúa aquí (16, 44) de un modo muy apropiado, pues Jerusalén se compara con Samaría y Sodoma, ciudades que fueron castigadas hace tiempo a causa de sus pecados. Esta característica se expresa con una serie de refranes o dichos proverbiales. Cualquiera que hable con refranes (כָּל־הַמֹּשֵׁל) aplicaría aquí aquel que dice: 'Cual la madre, tal la hija'. La vida abominable de Jerusalén es tan visible que choca a todos, y ofrece la ocasión para que se digan para ella dichos proverbiales.

אִמָּה (16, 44) puede ser una forma femenina de אֵם, como לִבָּה es de לֵב (Ez 16, 30). O puede ser también un forma *raphe* (con un signo diacrítico, que indica que ha de tomarse como sonido débil) de אִמָּה: como su madre (la de la hija) así la hija de la madre (cf. Ewald, §174e, nota, con §21, 223). La hija es sin duda Jerusalén, como representante de Israel. La madre es la raza cananea de los hititas y amorreos, cuya naturaleza inmoral ha sido adoptada por Israel (cf. Ez 16, 3. 45). En Ez 16, 45 se añade la relación entre hermanas a la relación maternal, para así destacar más al tema.

En este campo suscita cierta dificultad el hecho de que las madres y las hijas desprecian a sus maridos y a sus hijos, o los expulsan. En esa línea, es incuestionable que el participio גֹּעֶלֶת pertenece a אִמֵּךְ y no a בַּת, porque la cláusula relativa o paralela (אֲשֶׁר גָּעֲלוּ) se aplica a las hermanas. El marido de la esposa Jerusalén es Yahvé, cabeza de la congregación del pacto, es decir, de la nación de Israel. Los hijos de las mujeres, es decir, de la madre, de su hermana y de sus hijas, son los niños ofrecidos en sacrificio a Moloc.

La adoración a Moloc pertenecía a los antiguos cananeos, y aquí se aplica también a Samaría y a Sodoma, aunque no tenemos más pruebas de su existencia que las que hallamos en el Antiguo Testamento. El marido a quien la madre y las hermanas han expulsado no puede ser otro que Yahvé. En esa línea, es evidente que Ezequiel tomó en general la idolatría como una apostasía respecto a Yahvé, y tomó a Yahvé no solo como Dios de los israelitas, sino también de los paganos[26].

---

26. Teodoreto ha explicado correctamente el hecho diciendo: Dios muestra así que no es solo el Dios de los judíos, sino también de los gentiles; porque Dios les ofreció también oráculos a

אֲחוֹתֵךְ (16, 45) es un nombre plural, como lo muestra la cláusula relativa que sigue y como muestra claramente 16, 46, lo que significa que es una forma contracta de [וַאֲחוֹתֵךְ] (cf. 16, 51) o אֲחיוֹתֵךְ (16, 52, cf. Ewald, §212b, p. 538). Samaria y Sodoma se llaman hermanas de Jerusalén no porque ambas ciudades formen parte de la misma madre-tierra de Canaán, porque el origen de esas ciudades no se toma aquí en modo alguno en cuenta, y como lo prueban las palabras adicionales, sus hijas, es decir, las ciudades de una tierra o de un reino que dependen de la capital.

Samaria y Sodoma, con las ciudades hijas que les pertenecen, son hermanas de Jerusalén en un sentido espiritual, pues están animadas por el mismo espíritu de idolatría. A Samaria se le llama la hermana mayor de Jerusalén y a Sodoma la hermana menor. Esto no quiere decir que una fuera más vieja y otra más joven, y por otra parte Samaría no había caído en la idolatría más profundamente que Sodoma, ni su pecado era más antigua que el de Sodoma (Teodoreto y Grotius).

Hävernick, piensa que "la forma más intensa de idolatría, es decir, la mezcla de Yahvé con los poderes y los cultos de la naturaleza, tal como estaba representada por Samaría, fue la primera que entró en Judá, y a ella le siguieron después otras abominaciones peores, fundadas en el paganismo. Pues bien, esta explicación resulta insatisfactoria, por la simple razón de que, conforme a los libros históricos del Antiguo Testamento, las formas más groseras de idolatría penetraron en Judá al mismo tiempo que las más refinadas.

La idolatría del tiempo de Roboam y Abiyam no fue meramente una mezcla de la adoración de Yahvé con la adoración de la naturaleza, sino que implicó la introducción de ídolos paganos en Judá, mientras que, al mismo tiempo, se seguía practicando un tipo de sincretismo en los lugares altos. גדול y קטן no significan en general más viejo y más joven, sino mayor y menor. El sentido de viejo y joven se aplica solo a los hombres y animales, cuando la grandeza y pequeñez se toman como signos de la diferencia en edad, pero no se puede aplicar a los reinos o ciudades, cuya grandeza no depende de la edad. De un modo consecuente, las expresiones *grande y pequeño* se refieren simplemente a la extensión de los reinos o ciudades que aquí se nombran, y corresponden a la descripción que se ofrece de su situación: a la izquierda (es decir, al norte) y a la derecha (es decir, al sur, a Jerusalén y Judá).

Jerusalén no solo ha crecido como estas hermanas en pecados y abominaciones, sino que ha actuado de manera más corrupta que ellas (16, 47). El primer hemistiquio de esta verso dice: "ni aun anduviste en sus caminos ni hiciste según sus abominaciones…, sino que וַתַּשְׁחִתִי מֵהֵן, te corrompiste más que ellas" (16, 47). El vínculo de unión entre las dos afirmaciones está formado por כִּמְעַט קָט (que he traducido "como si esto fuera poco…"). Estas palabras suelen traducirse

---

los gentiles, antes de que ellos se inclinaran hacia la idolatría. Por eso, él dice que ellos rechazaron a los dos, al marido y a los niños, sacrificando los niños a los demonios.

"pronto hubo disgusto", es decir, sentiste disgusto por actuar como ellas, y lo hiciste aún peor.

Ciertamente, el disgusto podría ser motivo para olvidar sus caminos, es decir, para abandonar sus abominaciones, pero no para superarlas. Además, esta explicación choca con dificultades filológicas, pues קט no puede significar *taeduit te* (te causó disgusto), y el uso impersonal de קוט hubiera exigido de todas formas un דל, aún en el caso de que קט se tomara como un sustantivo. Esas dificultades pueden superarse si interpretamos קט desde el árabe (qaṭṭ, omninô tantum), como ha hecho Alb. Schultens, y unimos con la frase anterior. De esa manera obtenemos un buen sentido: Tú caminaste en los caminos de tus hermanas, *y no solamente eso* sino que fuiste más corrompida que ellas.

Así los prueba Ez 16, 48, con la enumeración de los pecados de Sodoma. Los habitantes de Sodoma eran orgullosos, llenos de saciedad (de superabundancia de pan: cf. Prov 30, 9), y no se preocuparon de lo que ofrece seguridad, sino de lo que produce orgullo y dureza; de esa forma fueron poco caritativos con los pobres y los oprimidos. De esa manera, Sodoma y sus hermanas (Gomorra, Adma y Zeboim) se convirtieron en orgullosas y cometieron abominaciones ante Yahvé (aludiendo a Gen 18, 21), de manera que Dios, al ver esto, Dios las destruyó.

Pues bien, aquí se afirma, sin embargo, simplemente que Sodoma no pecó ni la mitad de Jerusalén; y de hecho si exceptuamos los tiempos de Ajab y de su dinastía en el reino de las diez tribus no existía una idolatría puramente pagana. En esa línea, Samaría era una ciudad justa en comparación con la idolatría de Jerusalén y de Judá, especialmente desde los tiempos de Ajaz (cf. Jer 3, 11). Por eso no se cita el castigo de Samaría, con el reino de las diez tribus, porque el tema era bien conocido para cada israelita, de manera que en Ez 16, 52 se pasa directamente a la aplicación a Jerusalén, es decir, a Judá: "Tú también, que juzgaste a tus hermanas, lleva tu vergüenza en los pecados que cometiste, más abominables que los de ellas". Al pronunciar un juicio poco caritativo contra sus hermanas, pensando ser mejor que ellos, Jerusalén ha pecado de un modo más abominable, de manera que sus hermanas parecen más justa que ella.

Las palabras בְּצִדְקָתֵךְ y תִּצְדַּקְנָה se utilizan en sentido comparativo: en comparación con las abominaciones de Jerusalén, los pecados de Sodoma y Samaría acaban siendo triviales. Después de וְגַם־אַתְּ se repite el anuncio del castigo, de un modo enfático, a modo de consecuencia que deriva de la naturaleza del pecado cometido: "Por consiguiente tú también caerás en vergüenza y llevarás su desgracia, su castigo".

5.3. Ez 16, 53-63. Restauración de Israel

16, 53-63. Restauración

וְשַׁבְתִּי אֶת־שְׁבִיתְהֶן אֶת־(שְׁבִית) [שְׁבוּת] סְדֹם וּבְנוֹתֶיהָ ⁵³
וְאֶת־(שְׁבִית) [שְׁבוּת] שֹׁמְרוֹן וּבְנוֹתֶיהָ (וּשְׁבִית) [וּשְׁבוּת] שְׁבִיתַיִךְ בְּתוֹכָהְנָה׃

⁵⁴ לְמַעַן תִּשְׂאִי כְלִמָּתֵךְ וְנִכְלַמְתְּ מִכֹּל אֲשֶׁר עָשִׂית בְּנַחֲמֵךְ אֹתָן:
⁵⁵ וַאֲחוֹתַיִךְ סְדֹם וּבְנוֹתֶיהָ תָּשֹׁבְןָ לְקַדְמָתָן וְשֹׁמְרוֹן וּבְנוֹתֶיהָ תָּשֹׁבְןָ לְקַדְמָתָן וְאַתְּ וּבְנוֹתַיִךְ תְּשֻׁבֶינָה לְקַדְמַתְכֶן:
⁵⁶ וְלוֹא הָיְתָה סְדֹם אֲחוֹתֵךְ לִשְׁמוּעָה בְּפִיךְ בְּיוֹם גְּאוֹנָיִךְ:
⁵⁷ בְּטֶרֶם תִּגָּלֶה רָעָתֵךְ כְּמוֹ עֵת חֶרְפַּת בְּנוֹת־אֲרָם וְכָל־סְבִיבוֹתֶיהָ בְּנוֹת פְּלִשְׁתִּים הַשָּׁאטוֹת אוֹתָךְ מִסָּבִיב:
⁵⁸ אֶת־זִמָּתֵךְ וְאֶת־תּוֹעֲבוֹתַיִךְ אַתְּ נְשָׂאתִים נְאֻם יְהוָה: ס
⁵⁹ כִּי כֹה אָמַר אֲדֹנָי יְהוִה (וְעָשִׂית) [וְעָשִׂיתִי] אוֹתָךְ כַּאֲשֶׁר עָשִׂית אֲשֶׁר־בָּזִית אָלָה לְהָפֵר בְּרִית:
⁶⁰ וְזָכַרְתִּי אֲנִי אֶת־בְּרִיתִי אוֹתָךְ בִּימֵי נְעוּרָיִךְ וַהֲקִמוֹתִי לָךְ בְּרִית עוֹלָם:
⁶¹ וְזָכַרְתְּ אֶת־דְּרָכַיִךְ וְנִכְלַמְתְּ בְּקַחְתֵּךְ אֶת־אֲחוֹתַיִךְ הַגְּדֹלוֹת מִמֵּךְ אֶל־הַקְּטַנּוֹת מִמֵּךְ וְנָתַתִּי אֶתְהֶן לָךְ לְבָנוֹת וְלֹא מִבְּרִיתֵךְ:
⁶² וַהֲקִימוֹתִי אֲנִי אֶת־בְּרִיתִי אִתָּךְ וְיָדַעַתְּ כִּי־אֲנִי יְהוָה:
⁶³ לְמַעַן תִּזְכְּרִי וָבֹשְׁתְּ וְלֹא יִהְיֶה־לָּךְ עוֹד פִּתְחוֹן פֶּה מִפְּנֵי כְּלִמָּתֵךְ בְּכַפְּרִי־לָךְ לְכָל־אֲשֶׁר עָשִׂית נְאֻם אֲדֹנָי יְהוִה: ס

⁵³ Yo, pues, haré volver a sus cautivos, los cautivos de Sodoma y de sus hijas, y los cautivos de Samaria y de sus hijas, y haré volver los cautiverios de tus cautiverios entre ellas, ⁵⁴ para que cargues con tu ignominia y te avergüences de todo lo que has hecho, de manera que tú seas motivo de consuelo para ellas.

⁵⁵ Tus hermanas: Sodoma con sus hijas y Samaria con sus hijas, volverán a su primer estado. También tú y tus hijas volveréis a vuestro primer estado. ⁵⁶ Tu hermana Sodoma no era digna de mención en tu boca en el tiempo de tus soberbias, ⁵⁷ antes que tu maldad fuera descubierta. Así también, ahora llevas tú la afrenta de las hijas de Siria y de todas las hijas de los filisteos, las cuales por todos lados te desprecian. ⁵⁸ Sufre tú el castigo de tu lujuria y de tus abominaciones, dice Yahvé.

⁵⁹ Pero aún más ha dicho Yahvé, el Señor: Yo no haré contigo como tú hiciste, que menospreciaste el juramento para invalidar el pacto. ⁶⁰ Antes bien, yo tendré memoria de mi pacto que concerté contigo en los días de tu juventud, y estableceré contigo un pacto eterno. ⁶¹ Te acordarás de tu conducta, y te avergonzarás cuando recibas a tus hermanas, las mayores que tú y las menores que tú, las cuales yo te daré por hijas, aunque no por tu pacto, ⁶² sino por mi pacto que confirmaré contigo. Y sabrás que yo soy Yahvé; ⁶³ para que te acuerdes y te avergüences, y nunca más abras la boca, a causa de tu vergüenza, cuando yo perdone todo lo que hiciste, dice Yahvé, el Señor.

Pero esta desgracia no será el final. A causa del Pacto que el Señor ha establecido con Israel, Jerusalén no continuará en la miseria, sino que alcanzará la gloria prometida al pueblo de Dios; y esto será de tal manera que se excluya todo orgullo, de forma que, con la más honda vergüenza, Judá alcanzará el conocimiento de la verdadera compasión de Dios. Desde ese fondo para superar toda falsa confianza en las promesas gratuitas de Dios, a fin de que la nación pecadora pueda ser totalmente humilde, esta sección de la palabra de Dios anuncia la restauración de Sodoma y Samaría, de manera que todo orgullo de Israel sea superado.

La promesa comienza con el anuncio de la restauración, pero no de Jerusalén, sino de Sodoma y Samaría. Estos dos reinos o pueblos, sobre los que cayó primero el juicio serán también los primeros que recibirán misericordia, de manera que solo después será también restaurada Jerusalén con las otras ciudades de Judá, a fin de que ella admita su condición pecadora y pueda humillarse por sus pecados (16, 54). Esto no sucederá solo porque Sodoma y Samaría han recibido ya su castigo durante un largo tiempo, sino para que Jerusalén se avergüence más, para que reciba su humillación.

וְשַׁבְתִּי אֶת־שְׁבִיתְהֶן, haré volver a sus cautivos (שׁוב שְׁבוּת: invertir la cautividad, no simplemente "traer de nuevo a los cautivos"; cf. *Coment* Dt 30, 3); esas palabras se utilizan aquí en sentido figurativo, como *restitutio in statum integritatis, restitución en el estado de integridad,* conforme a la explicación dada a esas palabras en 16, 55.

En el caso de Sodoma no hubo tal inversión de la cautividad. La forma שְׁבִית que el qetiv ha adoptado aquí varias veces tiene el mismo sentido que שְׁבוּת. La expresión שְׁבִית שְׁבִיתֵךְ no significa los cautivos de tu cautividad, pues la misma palabra no puede utilizarse primero en un sentido concreto y después en un sentido abstracto. Esa combinación no se utiliza tampoco para dar más énfasis al tema, en un sentido superlativo: "la cautividad de tus cautividades", es decir, la más severa y terrible de la cautividad, como han supuesto Stark y Hävernick. El genitivo ha de entenderse aquí en un sentido explicativo, como han propuesto ya Hengstenberg y Kliefoth: "La cautividad que es tu cautividad".

Ese modo de expresión pleonástico se utiliza para dar más fuerza al pensamiento: Tu propia cautividad. La palabra בְּתוֹכָהֵנָה, en su medio (en medio de ellas) no implica que así como Judá estaba situada entre Sodoma y Samaría sus cautivos volverían a sus hogares ocupando el medio entre esos dos pueblos (Hitzig). Esa referencia indica más bien que Jerusalén comparte el mismo destino de cautividad y castigo que Samaria y Sodoma (Hengstnberg, Kliefoth).

Las palabras conclusivas de Ez 16, 54 (siendo tú motivo de consuelo para ellas) no se refieren a los pecados ya cometidos por Israel, como ha pensado Kliefoth, cuando traduce "les confortaste", sino al hecho de que Jerusalén comparte la misma desgracia de Sodoma y Samaría, teniendo que avergonzarse de sus pecados. "Para que cargues con tu ignominia…".

Jerusalén puede confortar a sus hermanas Sodoma y Samaría sufriendo el mismo castigo, bien merecido; no simplemente por el sufrimiento sin más en el sentido de *solamen miseris socios habuisse doloris etc.* (Calvin, Hitzig, etc.: es un consuelo para los miserables contar con socios en la miseria o castigo), sino porque el castigo ha sido merecido; de esa manera, tanto Samaría como Sodoma podrán descubrir la justicia de los caminos de Dios, encontrando así un fundamento para su esperanza, sabiendo que su castigo terminará tan pronto como haya alcanzado su objetivo (cf. *Coment.* a Ez 14, 22-23).

El retorno de la cautividad, según Ez 16, 55, consistirá en el hecho de que Sodoma, Samaría y Jerusalén retornarán a לְקַדְמָתָן, es decir, a su estado original. קדמה no significa sin más el estado precedente o anterior, sino el estado original, como en Is 23, 7. Pero no se trata de lo que dice Kliefoth al explicar esto: "como ellos eran cuando surgieron en Adán, de la mano creadora de ". El estado original es el *status integritatis*, estado de integridad, pero no en el sentido de justicia y santidad original, porque ni Jerusalén, por un lado, ni Samaria ni Sodoma por otro, han vivido nunca en ese estado, sino como un estado original de gloria, en el que ellos existían antes de haber caído y de haberse hundido en un tipo de caminos impíos.

Pero ¿cómo se puede hablar de una restauración de Sodoma y de sus hijas (Gomorra etc.), cuando la destrucción de esas ciudades estuvo acompaña por la destrucción y desaparición de todos sus habitantes de sobre la haz de la tierra? Muchos comentadores han intentado superar esa dificultad diciendo que Sodoma se refiere aquí a los Moabitas y a los Amonitas, que eran descendientes de Lot, que había escapado de Sodoma en el momento de su destrucción. Pero esa interpretación resulta insostenible, por el simple hecho de que ni los amonitas ni los moabitas era sodomitas, como no lo era Lot.

También resulta insatisfactoria la opinión de Orígenes y Jerónimo, revivida más tarde por Hävernick, según la cual Sodoma es un nombre genérico, que se aplica al paganismo en general. La manera de situar a Sodoma junto a Samaría y Jerusalén, y la referencia al juicio especial que cayó sobre Sodoma (Ez 16, 49-50) aluden de forma innegable a la Sodoma real. La referencia a los paganos viene dada por el hecho de que el perdón concedido a una ciudad pagana tan degradada como Sodoma supone que la misericordia de Dios se extenderá a todas las naciones paganas. Según eso, este pasaje ha de tomarse como relacionado de un modo literal con Sodoma.

De todas formas, no podemos pensar ni por un momento en la restauración terrena y física de la ciudad de Sodoma en cuanto tal. Porque, aunque podamos concebir de alguna manera la restauración de ciudades que fueron destruidas por el fuego e incluso hundidas en el Mar Muerto, no podemos tener ninguna idea de lo que puede representar una restauración terrena y corporal de los habitantes de aquellas ciudades de la hoya del Mar Muerto, que fueron destruidas en un mismo tiempo, incluidas por el texto en la más importante de ellas, que era Sodoma.

Eso no significa que esa restauración de Sodoma sea imposible, sino simplemente que la realización de la profecía ha de buscarse más allá del presente orden de cosas, en una línea que se cumple en la vida eterna. Ez 16, 55 desarrolla el contenido de 16, 53; en esa línea, el pensamiento de 16 54 queda explicado y expandido en 16, 56-57. El significado de Ez 16, 56 es objeto de disputa.

Pero no se puede simplificar el tema como hace Kliefoth, diciendo que 16, 56-57 se refiere sin más al futuro y significa solo que cuando lleguen los días de su gloria los israelitas ya no seguirán refiriéndose a Sodoma, como ahora, en un sentido puramente comparativo e ideal. Esta interpretación va en contra del texto y es equivocada. Tampoco se puede tomar וְלוֹא הָיְתָה como un futuro, en el sentido de "y no sucederá que…", ni traducir כְּמוֹ עֵת חֶרְפַּת (16, 57) como "sera como un tiempo de desprecio". Por otra parte, la aplicación de : בְּיוֹם גְּאוֹנַיִךְ al día de la gloria futura ha de excluirse, por el hecho de que la palabra גָּאוֹן se utiliza para indicar el orgullo que fue el pecado principal de Sodoma, como lo sugiera de un modo natural el contenido de este verso.

El significado de 16, 56 depende de la traducción que ha de darse a שְׁמוּעָה לְ. La explicación que han dado Rosenmüller y Maurer, siguiendo a Jerónimo (*non erat in auditione*, i.e., *non audiebatur*: tú no pensaste en Sodoma, no se oía su nombre en tu boca) no es en modo alguno satisfactoria. שְׁמוּעָה significa proclamación, discurso, y también anuncio.

En esa línea podríamos tomar la sentencia como una interrogación: con לוֹא en vez de הֲלוֹא, como han hecho Hengstenberg y Hitzig. Pero, aunque esto es ciertamente admisible, no hay indicio alguno que nos permita defender la tesis de que estamos ante una interrogación. Por eso, preferimos dar a esa palabra el sentido de discurso o consideración: tu hermana Sodoma no fue tema de consideración en tu boca (no era digna de mención en tu boca) en el tiempo de tus soberbias, cuando hablabas del destino de Sodoma, de manera soberbia, cuando tú te hallabas en un momento de prosperidad; entonces no pensaste en que Sodoma era un ejemplo para tí.

El plural גְּאוֹנַיִךְ es más enfático que el singular. El día de tu soberbia se define en Ez 16, 57 como el período antes de que se descubriera la maldad de Judá, una maldad que apareció después, cuando estalló el juicio contra Jerusalén, por parte de Babilonia. A través de ese juicio se dice que Jerusalén ha sido cubierta con desgracia, como en los tiempos en que las hijas de Aram y de los filisteos (es decir, las ciudades de Siria y las de los filisteos, unas al este y otras al oeste (cf. Is 9, 11) se mofaban de Judá y la maltrataban.

Estas palabras se refieren ante todo a los tiempos de Ajaz, cuando sirios y filisteos oprimían a Judá (2 Rey 15, 7; 16, 6 y 2 Cron 28, 18-19). Pero esa opresión no se limitó a ese tiempo, sino que se repitió en el reinado de Joaquín, cuando Yahvé envío tropas de los caldeos, arameos, amonitas y moabitas contra la tierra, para destruir a Judá (2 Rey 24, 2). Es cierto que aquí no se nombra a los filisteos; pero, por la amenaza de Ez 25, 15 podemos deducir que también ellos intentaron en ese tiempo el mal sobre Judá.

שׁאט = שׁוּט significa, según el uso arameo, tratar con desprecio, repudiar (cf. Ez 28, 24. 26). Jerusalén tundra que pagar por su orgullo y soportar por sus malas obras y sus abominaciones (Ez 16, 58). Para זִמָּה, cf. *Coment*. a 16, 43. El perfecto indica que la certeza del castigo es tan fuerte como si ya hubiera comenzado a suceder.

La razón que se aduce para entender el texto de esa manera es que 16, 59 constituye una transición para la expansión posterior de la promesa en 16,60. וְעָשִׂיתִ (16, 59) ha sido bien vocalizada por los masoretas en 1ª persona. La וְ es copulativa, y muestra que lo que sigue forma un sumario conclusivo de todo lo que precede.

אוֹתָךְ por אתך como en 16, 60: tratar con cada uno. La construcción de עשה con acusativo de persona (tratar a cada uno) no se puede sostener, ni desde 17, 17 y 23, 25, ni desde Jer 33, 9. En este punto se equivocan los que afirman que ese sentido está en el fondo de Is 42, 16. Despreciando el juramento (אָלָה) remite a Dt 29, 11-12, donde se describe la renovación de la alianza del Sinaí como una entrada en la alianza y en el juramento que el Señor hizo entonces con su pueblo. Pero incluso si los israelitas han sido infieles y han roto el pacto, y deben sufrir las consecuencias de lo que han hecho, la infidelidad del hombre nunca puede romper la fidelidad de Dios.

Éste es el lazo de unión entre la reasunción y la expansión posterior de la promesa de Ez 16, 60 y las palabra conclusivas de 16, 59. El recuerdo de la alianza antigua aparece mencionado en Lev 26, 42 y 26, 45 como el único motivo que inducirá a Dios a ofrecer de nuevo su alianza a Israel, cuando el sufrimiento del castigo haya hecho que Israel confiese sus pecados. La alianza que Dios ha realizado con Israel en el día de su juventud (es decir cuando la salida de Egipto) la ratificará él para siempre, como alianza eterna. De un modo consecuente, no se trata de una alianza totalmente nueva, sino simplemente de la culminación de la antigua para siempre.

Para precisar el tema, cf. Is 55, 3 donde la realización de la alianza eterna se describe como una forma de mantener para siempre las mercedes prometidas a David, es decir, como cumplimiento de la promesa dada a David (2 Sam 7). El mismo Dios afirma que esta promesa es una alianza que él ratifica para siempre (cf. 2 Sam 23, 5). Y la seguridad de esta duración eterna ha de fundarse en el hecho de que esta alianza no se funda en el cumplimiento de la ley, sino simplemente en la gracia y el perdón de Dios (cf. Ez 16, 63 con Jer 31, 31-34).

La concesión de esta gracia hará que Israel recuerde sus caminos y quede llena de vergüenza. En ese sentido, וְזָכַרְתְּ (y tú recordarás), en 16, 61, se vincula con la palabra anterior de de Dios en 16, 60: וְזָכַרְתִּי (y yo recordaré). Esta vergüenza sobrevendrá sobre Israel cuando se establezca un pacto eterno cuando otras naciones pequeñas y grandes se asocien con el mismo Israel, y sean incorporadas en Israel, como hijos, aunque ellos no formaran antes parte de esta alianza. Las hermanas mayores y menores son las naciones mayores y menores, como miembros de la familia universal de la humanidad, de los hombres que han de ser exaltados a la gloria de la gran familia de Dios.

La restauración que se promete en 16, 53. 55 a Sodoma y Samaria se expande aquí en esta profecía, que trata de la recepción de todas las naciones mayores y menores en la comunidad de la gloria del pueblo de Dios. Esto nos permite descubrir que Sodoma y Samaría son representantes de las naciones paganas en general, aquellas que permanecían fuera de la dispensación del Antiguo Testamento: Sodoma representa a aquellos que han caído del estado de gracia.

La actitud en que esas naciones se sitúan ante Israel en la alianza eterna de gracia se define como la de unas hijas con su madre. Por lo tanto, si Israel, que ha sido arrojada entre las naciones paganas a causa de su profunda caída, no ha de volver a su primer estado hasta que vuelva también Sodoma, que ha sido destruida, y hasta que vuelva Samaría que ha sido condenada, la elección de Israel antes de todas las naciones de la tierra para ser la hija primogénita de Yahvé, permanecerá firme; de esa forma, Israel seguirá siendo el tronco del nuevo reino de Dios, en el que incorporarán las naciones paganas.

Las palabras "aunque no por tu pacto" han sido interpretadas por la mayor parte de los comentaristas en el sentido de "aunque tú no has cumplido la alianza", pero esta es sin duda una traducción incorrecta. Porque, aunque "tu pacto" forma ciertamente una antítesis a "mi pacto" (16, 60. 62), "tu pacto" no puede significa sin mas el cumplimiento de las obligaciones de tu pacto. Esas palabras pertenecen a בְנוֹת (hijas), que aparecen así fuera del testamento de Dios, es decir, sin formar parte del pacto que Dios estableció con Israel, de manera que no tienen derecho de participar en la gloria de la alianza duradera que se va a establecer por el mismo pacto.

Cuando se establezca ese pacto, Israel conocerá que Dios es Yahvé, el siempre verdadero, sin cambio alguno (para el nombre de יְהוָה, cf. *Coment.* a Gen 2, 4). De esa manera, Israel deberá recordar dos cosas: sus abominaciones pecadores y la gracia compasiva de Dios, de forma que quedará llena de vergüenza y penitencia, de forma que no se atreverá a abrir más su boca, ni para encontrar excusas por su caída anterior, ni para murmurar contra Dios por sus juicios.

Esto sucederá de hecho cuando Dios establezca su alianza eterna, cuyo núcleo y esencia consiste en el perdón de los pecados (cf. Jer 31, 34). Esto es lo que realizará la experiencia de la gracia que perdona, cuando culmine así el juicio comenzado, cuando el orgullo y soberbia de los pecados se transforme en la mansedumbre y humildad de los hijos de Dios, para quienes ha sido concedido desde el comienzo el Reino.

Este pensamiento constituye la conclusión de toda la profecía, una profecía que abarca toda la historia del mundo, incluido el Nuevo Testamento, una profecía cuyo paralelo se encuentra en las palabras del apóstol: "Dios lo ha incluido todo en la impiedad, a fin de que él pueda tener misericordia de todos" (Rom 11, 32).

El castigo amenaza a la adúltera, es decir, a la nación de Israel, que ha despreciado a su Dios y a su Rey, se ha cumplido ya sobre Jerusalén y sobre los judíos; pero ese castigo sigue cumpliéndose todavía. Pues bien, de la misma manera, la promesa se ha cumplido ya, por lo que se refiere a su principio, aunque su cumplimiento completo y definitivo aguarda aún para el futuro.

La vuelta del cautiverio de Jerusalén y de sus hijas, y de Samaría y de sus hijas ha comenzado con el establecimiento de la alianza eterna, es decir, de la promesa realizada a través de Dios, con el hecho que la parte creyentes de Judea, Samaria y Galilea ha creído en Jesús (Hch 8, 5. 25; 9, 31). Por su parte, la vuelta del cautiverio de Sodoma ha comenzado con la expansión del evangelio a los gentiles, y con su entrada en el reino de Cristo, pues Sodoma con sus hijas representa la moralidad degradada del mundo pagano, que será reconciliado por Cristo.

Su recepción en el reino de los cielos, fundado por Cristo sobre la tierra, constituye el comienzo del retorno de los perdonados a su primer estado, es decir, "la restitución de todas las cosas", la restauración de todas las relaciones morales a su constitución originaria (cf. Hch 3, 21, con el *Coment.* de Meyer; cf. también Mt 17, 11), todo lo cual alcanzará su perfección en la παλιγγενεσία, es decir, en la restauración general del mundo, que vuelve de esa forma a su gloria original (cf. Mt 19, 28; Rom 8, 18 y 2 Ped 3, 13).

Esta profecía (Ez 16, 55) apunta claramente hacia esa meta final. Ciertamente, uno podría entender el retorno de Jerusalén y Samaría a su estado original, aquí anunciado, como refiriéndose simplemente al perdón de la nación de la alianza, cuya apostasía ha llevado al rechazo de ambas partes, y este perdón podría verse como su aceptación en el reino de Cristo y su restauración como parte del pueblo de Dios. En ese caso, el cumplimiento completo de nuestra profecía vendría a realizarse en el presente eón, en la extensión del evangelio entre todas las naciones, y en la conversión de aquella parte de Israel que permanecía aún endurecida después de la entrada de la plenitud de los gentiles en el Reino de Dios. Pero esta limitación se opondría a la armonía que se ofrece también a Sodoma (al prometerle una salvación igual, tanto a ella y a sus hijas como a Jerusalén y a sus hijas).

Aunque Sodoma no es meramente un tipo o signo del mundo pagano, la restauración de Sodoma y de sus hijas no puede consistir sin más en la recepción de los descendientes de aquellas ciudades en el reino de Dios que se expresa en la Iglesia cristiana, porque la forma particular en que desaparecieron aquellas ciudades no hace posible que ellas o algunos de sus habitantes posteriores pudieran convertirse a Cristo y ser bendecidos en él durante el período actual del mundo.

Por otra parte, la opinión expresada por Cornelio a Lapide, según la cual la restauración de Sodoma ha de referirse y restringirse a la conversión de la ciudad de Zoar, que permaneció sin ser destruida por intercesión de Lot, cuando las otras ciudades de la llanura fueron destruidas, se distancia demasiado de las palabras de este pasaje, como para poder aceptarla.

La vuelta de la cautividad de Sodoma y de sus hijas, es decir, el perdón de los habitantes de Sodoma y de otras ciudades de la llanura, nos conduce más allá del presente eón, y su realización solo podrá tener lugar en el gran día de la resurrección de los muertos, cuando resuciten los antiguos habitantes de Sodoma y de sus ciudades vecinas, por la gracia de Cristo. En esa misma línea, la restauración de Samaría y de Jerusalén solo se cumplirá perfectamente cuando culmine el Reino de Cristo en la gloria del último día.

De un modo consecuente, esta profecía nos lleva hasta Rom 11, 25, pues se refiere no solo a la nación de la alianza, sino también, a través de Samaría y Sodoma, nos conduce a todas las naciones paganas, mayores o menores, ofreciéndoles la esperanza de ser recibidas en el reino eterno de Dios.

De todas formas, esto aquí no hace más que insinuarse, de manera que no tenemos ninguna indicación más precisa de la forma en que se realizará la apocatástasis aquí insinuada. Pero, a pesar de esta falta de concreción, no podemos negar el hecho mismo de la restauración aquí anunciada de los pueblos paganos, apelando para ello a exposiciones arbitrarias, pues esta salvación final del reino queda expuesta sin ningún lugar a dudas en otros pasajes de la Escritura.

Las palabras de Nuestro Señor en Mt 10, 15; 11, 24, dicen que en el día del juicio la situación de Sodoma será más tolerable que la Cafarnaúm y de aquellas otras ciudades que hayan rechazado la predicación del Evangelio; estas palabras muestran de la manera más clara que el camino de la misericordia queda abierto incluso para la misma Sodoma, de manera que el juicio histórico que cayó sobre aquella ciudad no está suponiendo la condena eterna de sus habitantes. Por eso, ni la condena de Sodoma puede impedir la perfecta y completa revelación de la misericordia y salvación de Dios.

Si se hubieran hecho en Sodoma las obras poderosas que Jesús realizó en Cafarnaúm, ella hubiera permanecido hasta el presente (Mt 11, 23). De eso se sigue claramente que todos los juicios que recayeron antes del tiempo de Cristo no implicaban por sí mismo una decisión final de rechazo definitivo, ni se expresaban en forma de condena eterna, sino que seguían dejando abierta la puerta de un posible perdón final. El juicio final que es decisivo para la eternidad, no ha tenido lugar hasta la plena revelación de la gracia y de la verdad de Cristo.

No solo se predicará el evangelio a todas las naciones antes de que llegue el final (Mt 24, 14), sino que ese evangelio se predicará incluso a los muertos, a los espíritus encadenados, que no creyeron en el tiempo de Noé. Pues bien, ese juicio ha sido predicado por Cristo cuando él ha ido en espíritu hasta ellos a fin de que, aunque fueron juzgados y condenados de un modo humano, en la carne, ellos pudieran vivir según el camino de Dios en el Espíritu (cf. 1 Ped 3, 19; 4, 6).

Lo que el apóstol Pedro enseña en el primero de esos pasajes (1 Ped 3, 19) en relación con los que no creían antes del diluvio, y lo que afirma en el segundo (1 Ped 4, 6) en relación con los muertos en general, se aplica igualmente según nuestra profecía a los sodomitas que fueron juzgados en la carne, según el modo humano, y se aplica también de un modo general a todas las naciones paganas que vivieron antes de Cristo o que murieron sin haber escuchado la predicación del evangelio.

Según eso, la apocatástasis o reconstitución de Sodoma, Samaria y Jerusalén ha de interpretarse conforme a esas palabras de la profecía del Nuevo Testamento. Esto no debe confundirse con la doctrina herética de la restauración total del universo, es decir, de la salvación de todos los impíos, incluido el mismo diablo. Si la predicación del evangelio precede al juicio final, la última sentencia se ha de cumplir teniendo en cuenta por la actitud que se tome ante el evangelio, tanto por parte de los vivos como de los muertos. Todas aquellas almas que rechacen el evangelio y se endurezcan en la falta de fe, serán entregadas a la condena eterna.

La razón por la que nuestro pasaje no menciona expresamente el modo de la conversión de Sodoma y de Samaría ha de verse en la tendencia general de la promesa, según la cual lo que se anuncia es solamente el hecho, no sus circunstancias, para humillar de esa manera a Jerusalén. Según eso, aquí no se anuncia tampoco de un modo más preciso la conversión de Jerusalén, pero ella se asume como algo bien conocido, a través de las palabras de Lev 26, quedando simplemente implicada (esbozada) en la afirmación repetida de que Jerusalén quedará profundamente avergonzada a causa del perdón que ella recibirá.

6. Ez 17, 1-24. Humillación y exaltación de la familia davídica.

El contenido de este capítulo está introducido por un enigma y una parábola, y se divide en tres secciones. Ez 17, 1-10 contiene la parábola. Ez 17, 11-21 ofrece la interpretación y su aplicación al rey Sedecías; y Ez 17,22-24 expone la promesa del reino mesiánico.

17, 1-10. Parábola

² וַיְהִי דְבַר־יְהוָה אֵלַי לֵאמֹר: בֶּן־אָדָם חוּד חִידָה וּמְשֹׁל מָשָׁל אֶל־בֵּית יִשְׂרָאֵל:
³ וְאָמַרְתָּ כֹּה־אָמַר אֲדֹנָי יְהוִה הַנֶּשֶׁר הַגָּדוֹל גְּדוֹל הַכְּנָפַיִם אֶרֶךְ הָאֵבֶר מָלֵא הַנּוֹצָה אֲשֶׁר־לוֹ הָרִקְמָה בָּא אֶל־הַלְּבָנוֹן וַיִּקַּח אֶת־צַמֶּרֶת הָאָרֶז:
⁴ אֵת רֹאשׁ יְנִיקוֹתָיו קָטָף וַיְבִיאֵהוּ אֶל־אֶרֶץ כְּנַעַן בְּעִיר רֹכְלִים שָׂמוֹ:
⁵ וַיִּקַּח מִזֶּרַע הָאָרֶץ וַיִּתְּנֵהוּ בִּשְׂדֵה־זָרַע קָח עַל־מַיִם רַבִּים צַפְצָפָה שָׂמוֹ:
⁶ וַיִּצְמַח וַיְהִי לְגֶפֶן סֹרַחַת שִׁפְלַת קוֹמָה לִפְנוֹת דָּלִיּוֹתָיו אֵלָיו וְשָׁרָשָׁיו תַּחְתָּיו יִהְיוּ וַתְּהִי לְגֶפֶן וַתַּעַשׂ בַּדִּים וַתְּשַׁלַּח פֹּארוֹת:
⁷ וַיְהִי נֶשֶׁר־אֶחָד גָּדוֹל גְּדוֹל כְּנָפַיִם וְרַב־נוֹצָה וְהִנֵּה הַגֶּפֶן הַזֹּאת כָּפְנָה שָׁרָשֶׁיהָ עָלָיו וְדָלִיּוֹתָיו שִׁלְּחָה־לּוֹ לְהַשְׁקוֹת אוֹתָהּ מֵעֲרֻגוֹת מַטָּעָהּ:
⁸ אֶל־שָׂדֶה טּוֹב אֶל־מַיִם רַבִּים הִיא שְׁתוּלָה לַעֲשׂוֹת עָנָף וְלָשֵׂאת פֶּרִי לִהְיוֹת לְגֶפֶן אַדָּרֶת: ס
⁹ אֱמֹר כֹּה אָמַר אֲדֹנָי יְהוִה תִּצְלָח הֲלוֹא אֶת־שָׁרָשֶׁיהָ יְנַתֵּק וְאֶת־פִּרְיָהּ יְקוֹסֵס וְיָבֵשׁ כָּל־טַרְפֵּי צִמְחָהּ תִּיבָשׁ וְלֹא־בִזְרֹעַ

גְדוֹלָה וּבְעַם־רָב לְמַשְׂאוֹת אוֹתָהּ מִשָּׁרָשֶׁיהָ:
10 וְהִנֵּה שְׁתוּלָה הֲתִצְלָח הֲלוֹא כְגַעַת בָּהּ רוּחַ הַקָּדִים תִּיבַשׁ
יָבֹשׁ עַל־עֲרֻגֹת צִמְחָהּ תִּיבָשׁ: פ

Vino a mí palabra de Yahvé, diciendo: ² *Hijo de hombre, propón un enigma y narra una parábola a la casa de Israel.* ³ *Dirás: Así ha dicho Yahvé, el Señor:*
Una gran águila, de grandes alas y largos miembros, llena de plumas de diversos colores, vino al Líbano y tomó el cogollo de un cedro. ⁴ *Arrancó el principal de sus renuevos, lo llevó a tierra de mercaderes y lo puso en una ciudad de comerciantes.* ⁵ *Tomó también de la simiente de la tierra y la puso en un campo bueno para sembrar. La plantó junto a aguas abundantes, a manera de un sauce.* ⁶ *Brotó, se hizo una vid de mucho ramaje y poca altura; sus ramas miraban al águila y sus raíces estaban debajo de ella. Así que se convirtió en una vid que hizo sarmientos y echó mugrones.*
⁷ *Había también otra gran águila, de grandes alas y espeso plumaje. Y he aquí, la vid llevó hacia ella sus raíces y extendió hacia ella sus ramas, para ser regada por ella por los surcos de su plantío.* ⁸ *En un buen campo, junto a muchas aguas, y diera fruto, y para que fuera vid robusta.*
⁹ *Diles: Así ha dicho Yahvé, el Señor: ¿Será prosperada? ¿No arrancará sus raíces, destruirá su fruto y se secará? Todas sus hojas lozanas se secarán; y eso sin gran poder ni mucha gente para arrancarla de raíz.* ¹⁰ *He aquí, que está plantada. ¿Prosperará? ¿No se secará del todo cuando el viento del este la toque? ¡En los mismos surcos de su verdor, se secará!*

La parábola (מָשָׁל), que corresponde exactamente a lo que el Nuevo Testamento llama παραβολή, se presenta cmo חִידָה, un enigma, por el sentido más profundo que subyace bajo la forma parabólica. Muchos comentaristas han creído que el simbolismo de esta parábola se debe a influjos babilonios que se encuentran en el fondo de la mente del profeta, pero no tienen ningún argumento válido para ello.

La figura del águila, un ave de presa, aplicada a un conquistador que realiza una rápida incursión en un país, tiene poco que sea específicamente babilonio, lo mismo que la comparación de la familia real con un cedro o una viña. No solamente Nabucodonosor aparece comparado con un águila en Jer 48, 49; 49, 22; también Ciro aparece como un ave de presa en Is 46, 11. Incluso Moisés ha descrito el cuidado paternal de Dios sobre su pueblo, diciendo que lo lleva sobre sus alas de águila (Ex 19, 4; Dt 32, 11). Por su parte, el cedro del Líbano y la viña son figuras genuinamente israelitas.

La águila grande de Ez 17, 3 es el gran rey Nabucodonosor (cf. Ex 17, 12). El artículo (הַנֶּשֶׁר) se emplea simplemente para indicar su carácter especial, por lo cual nosotros debemos emplear un artículo indefinido (un águila). En 17, 7 en vez del artículo tenemos אֶחָד, en el sentido de "otra". La primera águila tiene grandes alas, largos miembros; ella se ha extendido victoriosa sobre amplios espacios de naciones.

אֲשֶׁר־לוֹ, literalmente "lo que le pertenece como ornamento", es decir, aquello que tiene como adorno. Las plumas de varios colores ornamentales evocan varios pueblos, que se diferencian entre sí por sus lenguas, formas de vida y costumbres, unidos entre sí por el cetro de Nabucodonosor (Hitzig etc.). Aquí no se evoca la riqueza y esplendor del conquistador, cosa que como tal no pertenece a esta parábola.

El águila vino al Líbano. Éste no es un símbolo de la tierra de Israel, ni del reino de Judá, sino (como en Jer 22, 23) de Jerusalén o del Monte Sión, con su palacio real tan rico en madera de cedro (cf. *Coment.* a Hab 2, 17 y a Zac 11, 1), como lugar donde fue plantado el cedro (cf. anotaciones a Ez 17, 12). El cedro es la casa real de David, y su parte superior es el rey Joaquín.

La palabra צַמֶּרֶת aparece solo en Ezequiel, en este contexto, para indicar la parte superior de un cedro (cf. Ez 31,3). Su significado primario es dudoso. Algunos lo derivan de algo que es rizado, como si fuera la parte "lanosa" de los cedros viejos, en los que los pequeños manojos de su ramaje casi solo pueden verse en la parte superior del árbol. Otros suponen que esa palabra está conectada con el árabe *dmr*, esconder, y lo entienden como un epíteto aplicado al follaje, como un velo o cobertura del árbol.

En el verso 4 se explica esa palabra (צַמֶּרֶת), diciendo que es el רֹאשׁ יְנִיקוֹתָיו, la parte superior de sus renuevos. Eso es lo que el águila tomó y lo llevó אֶל־אֶרֶץ כְּנַעַן, a la tierra de Canaán, entendida aquí y en 16, 29 como tierra de mercaderes (que es Babilonia), cuyo espíritu mercantil hace que aparezca como "Canaán". Esto es evidente por el paralelo בְּעִיר רֹכְלִים, que es evidentemente "tierra de mercaderes", Babilonia (cf. Ez 17, 12).

La semilla de la tierra, según 16, 13, es el rey Sedecías, porque él era de la tierra, el rey nativo, en contra de un extranjero como el gobernador babilonio. קח (וַיִּקַּח) en lugar de (en analogía con) קחם, cf. Os 11, 3, puntuado con *qametz*, para distinguirlo del imperativo. לקח אל se utiliza como en Num 23, 27.

El ἀπ. λεγ. צַפְצָפָה significa un árbol y en el Talmud es el sauce, probablemente porque crece en lugares abundantes de agua. Según Gesenius deriva de צוּף, desbordar, en sentido literal, el árbol desbordado. Este significado resulta aquí totalmente apropiado. "Lo plantó… a manera de sauce", es decir, lo puso en un lugar de muchas aguas, en un lugar bien apropiado.

Y así brotó, se hizo una vid llena de ramas, es decir, una viña extendiendo sus sarmientos en todas direcciones, aunque sin crecer muy a lo alto, como indica con más claridad la expresión siguiente: שִׁפְלַת קוֹמָה (poca altura). El objetivo de este crecimiento fue que sus ramas pudieran dirigirse hacia el águila y que sus raíces pudieran estar debajo de ella (del águila). Los sufijos de אֵלָיו y תַּחְתָּיו se refieren a נֶשֶׁר. Esta alusión es necesaria no solo por la explicación que se da en 17, 14-15, sino también en 17, 5, donde las raíces y las ramas de la viña se extienden hacia la otra águila.

17, 6 resume brevemente lo que se ha dicho ya sobre el crecimiento de lo plantado. La forma פֹּארוֹת es peculiar de Ezequiel. En Isaías 10, 33 hallamos

פֹּארָה, una palabra que significa rama o follaje, una rama cubierta de follaje, como ornamento de un árbol. Las palabras מֵעֲרֻגוֹת מַטָּעָהּ no están conectadas con לְהַשְׁקוֹת, sino con שְׁלָחָה y כַּפְנָהּ, que evocan el suelo o "cama" de las plantas, es decir, el lugar donde han sido plantadas: ella extiende sus raíces y sus ramas a la otra águila, para que ella le dé de beber. La interpretación aparece en Ez 17, 15. Las palabras אוֹתָהּ לְהַשְׁקוֹת, que se añaden a modo de explicación, no interrumpen el orden del discurso, ni son superfluas, como supone Hitzig, porque la viña tiene en su entorno agua suficiente (ex 17, 5. 8).

Esto es lo que el pasaje quiere precisamente mostrar, es decir, que no era ocasión para que la viña extendiera sus ramas y raíces hacia la otra águila, pues ella podía crecer muy bien en el lugar donde había sido plantada. Esto es lo que quiere acentuar precisamente 17, 8, suyo significado es perfectamente claro, es decir, que si Sedecías hubiera permanecido en calma bajo Nabucodonosor, como una viña bien asentada su gobierno hubiera continuado y prosperado. Pero Ezequiel pregunta en el nombre del Señor: ¿Prosperará?

תִּצְלָח es una pregunta, de género neutro, en tercera persona: ¿Prosperará? Esta pregunta recibe una respuesta negativa por la pregunta siguiente que tiene en el fondo un sentido afirmativo: הֲלוֹא. El sujeto de יְנַתֵּק y יְקוֹסֵס no es la primera águila (Nabucodonosor), sino un indefinido (ellos...). En la última frase de 17, 9, לְמַשְׂאוֹת es una formación sustantiva que se utiliza en vez de la simple forma del infinitivo, conforme a משׂא (cf. 2 Cron 19, 7), con la terminación וֹת, tomada de los verbos en ל"ה (cf. Ewald, §160); la construcción es la misma que aparece en Am 6, 10, con sentido afirmativo: ¿No arrancará sus raíces, destruirá su fruto y se secará? (cf. Ges. §132, 3, nota 1). Arrancar de raíz no significa romperla por la raíz (Hävernick), sino arrancar los sarmientos y ramas secas de la raía, para que ella pueda brotar de nuevo. Esta es la interpretación que corresponde a 17, 17.

Ez 17, 10 repite con énfasis el pensamiento central y lo redondea y precisa. El viento del este es particularmente dañino para las plantas, porque es seco y caliente (cf. Gen 41, 6; comentario de J. J. Wetstein (1693–1754) sobre Job 27, 21, y también el comentario de Delitzsch). Ese viento resulta aquí muy apropiado, pues los caldeos vienen del nordeste, y tienen un carácter dañino.

17, 11- 21. Interpretation del enigma

¹¹ וַיְהִי דְבַר־יְהוָה אֵלַי לֵאמֹר׃ ¹² אֱמָר־נָא לְבֵית הַמֶּרִי הֲלֹא
יְדַעְתֶּם מָה־אֵלֶּה אֱמֹר הִנֵּה־בָא מֶלֶךְ־בָּבֶל יְרוּשָׁלִַם וַיִּקַּח
אֶת־מַלְכָּהּ וְאֶת־שָׂרֶיהָ וַיָּבֵא אוֹתָם אֵלָיו בָּבֶלָה׃
¹³ וַיִּקַּח מִזֶּרַע הַמְּלוּכָה וַיִּכְרֹת אִתּוֹ בְּרִית וַיָּבֵא אֹתוֹ בְּאָלָה וְאֶת־אֵילֵי הָאָרֶץ לָקָח׃
¹⁴ לִהְיוֹת מַמְלָכָה שְׁפָלָה לְבִלְתִּי הִתְנַשֵּׂא לִשְׁמֹר אֶת־בְּרִיתוֹ לְעָמְדָהּ׃
¹⁵ וַיִּמְרָד־בּוֹ לִשְׁלֹחַ מַלְאָכָיו מִצְרַיִם לָתֶת־לוֹ סוּסִים וְעַם־רָב
הֲיִצְלָח הֲיִמָּלֵט הָעֹשֵׂה אֵלֶּה וְהֵפֵר בְּרִית וְנִמְלָט׃

16 חַי־אָ֣נִי נְאֻם֩ אֲדֹנָ֨י יְהוִ֜ה אִם־לֹ֗א בִּמְקוֹם֙ הַמֶּ֙לֶךְ֙ הַמַּמְלִ֣יךְ
אֹת֔וֹ אֲשֶׁ֤ר בָּזָה֙ אֶת־אָ֣לָת֔וֹ וַאֲשֶׁ֥ר הֵפֵ֖ר אֶת־בְּרִית֑וֹ אִתּ֥וֹ בְתוֹךְ־בָּבֶ֖ל יָמֽוּת׃
17 וְלֹא֩ בְחַ֨יִל גָּד֜וֹל וּבְקָהָ֣ל רָ֗ב יַעֲשֶׂ֨ה אוֹת֥וֹ פַרְעֹ֛ה בַּמִּלְחָמָ֖ה
בִּשְׁפֹּ֣ךְ סֹלְלָ֔ה וּבִבְנ֖וֹת דָּיֵ֑ק לְהַכְרִ֖ית נְפָשׁ֥וֹת רַבּֽוֹת׃
18 וּבָזָ֥ה אָלָ֖ה לְהָפֵ֣ר בְּרִ֑ית וְהִנֵּ֨ה נָתַ֥ן יָד֛וֹ וְכָל־אֵ֥לֶּה עָשָׂ֖ה לֹ֥א יִמָּלֵֽט׃ ס
19 לָכֵ֞ן כֹּה־אָמַ֨ר אֲדֹנָ֣י יְהוִה֮ חַי־אָנִי֒ אִם־לֹ֗א אָלָתִי֙ אֲשֶׁ֣ר בָּזָ֔ה
וּבְרִיתִ֖י אֲשֶׁ֣ר הֵפִ֑יר וּנְתַתִּ֖יו בְּרֹאשֽׁוֹ׃
20 וּפָרַשְׂתִּ֤י עָלָיו֙ רִשְׁתִּ֔י וְנִתְפַּ֖שׂ בִּמְצֽוּדָתִ֑י וַהֲבִיאוֹתִ֣יהוּ בָבֶ֗לָה
וְנִשְׁפַּטְתִּ֤י אִתּוֹ֙ שָׁ֔ם מַעֲל֖וֹ אֲשֶׁ֥ר מָֽעַל־בִּֽי׃
21 וְאֵ֨ת כָּל־(מִבְרָחָ֜ו) [מִבְרָחָיו֙] בְּכָל־אֲגַפָּ֔יו בַּחֶ֖רֶב יִפֹּ֑לוּ
וְהַנִּשְׁאָרִ֖ים לְכָל־ר֣וּחַ יִפָּרֵ֑שׂוּ וִידַעְתֶּ֕ם כִּ֛י אֲנִ֥י יְהוָ֖ה דִּבַּֽרְתִּי׃ ס

11 Vino a mí palabra de Yahvé, diciendo: 12 Di ahora a la casa rebelde: ¿No habéis entendido qué significan estas cosas? Diles:
He aquí que el rey de Babilonia vino a Jerusalén, tomó a tu rey y a sus jefes y los llevó consigo a Babilonia. 13 Tomó también a uno de la descendencia real, hizo pacto con él y le hizo prestar juramento. Y se llevó consigo a los poderosos de la tierra, 14 para que el reino fuera abatido y no se levantara, a fin de que, guardando el pacto, permaneciera en pie. 15 Pero se rebeló contra él, enviando embajadores a Egipto para que le diera caballos y mucha gente.
¿Será prosperado, escapará el que estas cosas hizo? El que rompió el pacto, ¿podrá escapar?
16 Vivo yo, dice Yahvé, el Señor, que morirá en medio de Babilonia, en el lugar donde habita el rey que lo hizo reinar, cuyo juramento menospreció y cuyo pacto, hecho con él, rompió. 17 Y ni con gran ejército ni con mucha compañía hará el faraón nada por él en la batalla, cuando se levanten terraplenes y se construyan torres para cortar muchas vidas. 18 Por cuanto menospreció el juramento y quebrantó el pacto, cuando he aquí que había dado su mano, y ha hecho todas estas cosas, no escapará.
19 Por tanto, así ha dicho Yahvé, el Señor: Vivo yo, que el juramento mío que menospreció y mi pacto que ha quebrantado, los haré caer sobre su propia cabeza. 20 Extenderé sobre él mi red y quedará preso en mi trampa. Lo haré venir a Babilonia, y allí entraré en juicio con él por su infidelidad que contra mí ha cometido. 21 Y todos sus fugitivos, con todas sus tropas, caerán a espada, y los que queden serán esparcidos a todos los vientos. Y sabréis que yo, Yahvé, he hablado.

Ez 17, 12-17 ofrece una interpretación de la parábola de 17, 2-10. Por su parte, 17-19-21 confirma y expande la amenaza allí contenida. Aquí se ofrece según eso un relato sobre la forma en que el rey Joaquín y sus príncipes fueron llevados a Babel, según 2 Rey 24, 11; Jer 24, 1 y 29, 2.

La semilla real (זֶ֣רַע הַמְּלוּכָ֔ה, Ez 17, 13, como en Jer 41, 1 y 1 Rey 11, 14: זֶ֣רַע הַמְּלוּכָ֔ה) es Matanías el tío de Joaquín, a quién Nabucodonosor nombró rey dándole el nombre de Sedecías (2 Rey 24, 17) y obligándole a juramento de fidelidad y vasallaje (2 Cron 36, 13). La fortaleza de la tierra (אוּלֵי=אֵילֵי הָאָרֶץ, 2 Rey 24, 15), que Nabucodonosor tomó (לָקַח) para llevar a Babilonia no son los cabezas de las tribus y familias (2 Rey 23, 15), sino que la expresión se toma en un sentido extenso y se aplica a varios tipos de personas ricas que aparecen agrupadas en 2 Rey 24, 14 bajo el término כל־גבורי אנשי חיל, 2 Rey 24, 16), incluyendo albañiles, herreros y carpinteros (2 Rey 24, 14.16), mientras que los cabezas de tribus y familias aparecen incluidos entre los oficiales de la corte (los סריסים, 2 Rey 24, 15), bajo el título de שׂריה (príncipes) en Ez 17, 12.

La finalidad de esas medidas era la de debilitar el reino, a fin de que no pudiera alzarse en armas, es decir, rebelarse, privando así al rey vasallo de los medios para romper la alianza. El sufijo de לְעָמְדָהּ ha de tomarse probablemente como referido a מַמְלָכָה más que a בְּרִיתוֹ, aunque puede pensarse también lo contrario, y en ambos casos el sentido es el mismo, pues la estabilidad del reino dependía de la estabilidad y cumplimiento de ese pacto.

Pero Sedecías se rebeló (2 Rey 24, 20). El rey de Egipto que iba a darle caballos y muchos soldados, es decir, que iba a venir en su ayuda con un ejército poderoso de caballería y una gran armadas, era Ofra, el faraón Apries de los griegos, como dice Jer 44, 30 (cf. *Coment.* a 2 Rey 24, 1- 20). הֲיִצְלָח remite hacia atrás a תצלח en Ez 17, 9, pero aquí se aplica al rey rebelde, y se explica por הֲיִמָּלֵט etc. La respuesta la ofrece 17, 16, con una palabra de Dios, confirmada con un juramento solemne: Ese rey debe morir en Babel, la capital del rey que le colocó en el trono, pues el faraón no le ofrecerá ninguna ayuda eficaz (17, 17).

יַעֲשֶׂה אוֹתוֹ, como en 15, 59, *para actuar con él*, es decir, para asistirle, para venir en su ayuda. אוֹתוֹ se refiere a Sedecías, no al Faraón, como piensa Ewald, de un modo que resulta inexplicable. Para בִּשְׁפֹּךְ סֹלְלָה, cf. Ez 4, 2: y para el hecho mismo, cf. Jer 34, 21-22 y 37, 5, según lo cual, aunque vino un ejército egipcio para rescatar a Jerusalén cuando estaba siendo sitiada por los caldeos, ese ejército fue derrotado por los caldeos, que salieron a su encuentro, de manera que no hubo ninguna ayuda para los sitiados. Ez 17, 18 desarrolla el pensamiento principal de que ninguna ruptura de la fidelidad prometida a los babilonios podrá liberar a Jerusalén, y se repite así para así la expansión posterior contenida en Ez 17, 19-21.

נָתַן יָדוֹ, le dio su mano, es decir, le ofreció un compromiso de fidelidad. Ese juramento de fidelidad que Sedecías juró al rey de Babilonia se designa en 17, 19 como juramento de Yahvé (אָלָתִי), y el pacto hecho con Sedecías aparece como pacto con Yahvé, porque se había hecho jurando por Yahvé, de manera que el pacto de fidelidad a Nabucodonosor tenía implícito el sentido de que era un pacto con el mismo Yahvé, de manera que la ruptura de ese pacto y esa alianza significaban una ruptura con el mismo Yahvé.

De un modo consecuente, las mismas expresiones de Ez 17, 16. 18. 19 habían sido utilizada en 16, 59 para designar la ruptura de la alianza de Jerusalén

(Israel) con Yahvé, es decir, la alianza de Dios. Y las mismas expresiones se usan para describir el castigo, como en 12, 13-14.

וְנִשְׁפַּטְתִּי אִתּוֹ se construye con un acusativo, referente a la cosa por la cual el rey judío había de ser juzgado, como en 1 Sam 12, 7. Yahvé toma la rebelión traidora contra Nabucodonosor como rebelión contra él mismo (מֵעַל־בִּי), no solo porque Sedecías había jurado fidelidad ante Yahvé, sino porque Yahvé había entregado a su pueblo y al reino bajo el poder de Nabucodonosor, de manera que la rebelión contra el rey caldeo podía tomarse como rebelión contra el mismo Dios. La partícula אֵת antes de כָּל־מִבְרָחוֹ ha de tomarse como es, como *nota accus.*, y se utiliza en el sentido de "lo que pertenece a", como por ejemplo en 2 Rey 6, 5.

מִבְרָחוֹ significa sus fugitivos, pero ha sido traducido tanto en el Caldeo como en el Siríaco por sus "hombres fuertes", sus héroes, en el sentido de sus escogidos (מִבְרָחָיו), como aparece en algunos manuscritos. Pero ni esas traducciones, ni el pasaje paralelo de Ez 12, 14, donde tenemos aparentemente סְבִיבֹתָיו como palabra del mismo sentido, nos ofrecen una base suficiente para adoptar esta explicación o para alterar el texto. Las versiones griegas tienen πάσας φυγαδείας αὐτοῦ; y Teodoreto ἐν πάσαις ταῖς φυγαδείαις αὐτοῦ. La Vulgata, por su parte, pone: *omnes profugi ejus* (todos sus prófugos).

Eso significa que en la base de todos esos textos está la lectura מִבְרָחוֹ, que son sus fugitivos, y que ofrece un buen significado. La mención de algunos que permanecen, y que han de ser dispersados por todos los vientos no va en contra del hecho de que todos los fugitivos del ejército han de caer bajo la espada. Esa última amenaza indica que ninguno escapará de la muerte a través de algún tipo de huída. Pero no hay necesidad de tomar a todos los que permanecen como simples fugitivos; y la palabra "todos" no ha de tomarse en sentido demasiado literal.

17, 22-24. La plantación del verdadero retoño del tronco de David.

²² כֹּה אָמַר אֲדֹנָי יְהוִה וְלָקַחְתִּי אָנִי מִצַּמֶּרֶת הָאֶרֶז הָרָמָה וְנָתָתִּי מֵרֹאשׁ יְנִיקוֹתָיו רַךְ אֶקְטֹף וְשָׁתַלְתִּי אָנִי עַל הַר־גָּבֹהַ וְתָלוּל:
²³ בְּהַר מְרוֹם יִשְׂרָאֵל אֶשְׁתֳּלֶנּוּ וְנָשָׂא עָנָף וְעָשָׂה פֶרִי וְהָיָה לְאֶרֶז אַדִּיר וְשָׁכְנוּ תַחְתָּיו כֹּל צִפּוֹר כָּל־כָּנָף בְּצֵל דָּלִיּוֹתָיו תִּשְׁכֹּנָּה:
²⁴ וְיָדְעוּ כָּל־עֲצֵי הַשָּׂדֶה כִּי אֲנִי יְהוָה הִשְׁפַּלְתִּי עֵץ גָּבֹהַ הִגְבַּהְתִּי עֵץ שָׁפָל הוֹבַשְׁתִּי עֵץ לָח וְהִפְרַחְתִּי עֵץ יָבֵשׁ אֲנִי יְהוָה דִּבַּרְתִּי וְעָשִׂיתִי: פ

²² *Así ha dicho Yahvé, el Señor: Tomaré yo del cogollo de aquel alto cedro y lo plantaré; del principal de sus renuevos cortaré un tallo y lo plantaré sobre un monte muy elevado.*
²³ *En el monte alto de Israel lo plantaré. Levantará sus ramas, dará fruto y se hará un cedro magnífico. Habitarán debajo de él todas las aves de toda especie; a la sombra de sus ramas habitarán.*

²⁴ *Y sabrán todos los árboles del campo que yo, Yahvé, abatí el árbol elevado y levanté el árbol bajo, hice secar el árbol verde e hice reverdecer el árbol seco. Yo, Yahvé, lo he dicho, y lo haré.*

A pesar de que el retoño de David, al que Nabucodonosor ha hecho rey, perderá su soberanía a causa de su rechazo de la fidelidad prometida al rey de Babilonia, de manera que llevará a la destrucción del reino de Judá, el Señor no dejará que su reino se destruya, sino que él cumplirá la promesa que ha hecho a la casa de David. El anuncio de este cumplimiento recibe su forma de la parábola anterior. Como Nabucodonosor rompió una rama del alto del cedro y la llevó a Babel (17, 13), así también, el mismo Yahvé tomará un cogollo de la cumbre del alto cedro y lo plantará sobre una montaña alta.

La *waw* antes de וְלָקַחְתִּי es una *waw consecutiva*, y אֲנִי se vincula al verbo a causa del énfasis. Pero a diferencia de la acción del águila, tal como ha sido descrita en 17, 3, se pone después del verbo. El cedro, al que se le presenta con el epíteto הָרָמָה, por elevarse sobre los otros árboles, es la casa real de David, y el tierno cogollo que Yahvé arranca y planta no es el reino o soberanía mesiánica, en la que podría incluirse Jerusalén, sino el mismo Mesías, como un personaje histórico bien preciso (Hävernick).

El predicado רַךְ, tierno, se refiere a él, lo mismo que la palabra יְנִיקוֹתָיו, cogollo o retoño (cf. Is 53, 2), que no se refiere tanto a la edad juvenil del Mesías (Hitzig), sino a la humildad de su origen (cf. Is 11, 1; 53, 2). En esa línea, incluso cuando ese epíteto se aplica a David y Salomón, como en 2 Sam 3, 39; 1 Cron 22, 5; 29, 1, no expresa su juventud, sino su pequeñez, es decir, su necesidad de una fortaleza mayor para administrar de modo adecuado un reino como este.

La alta montaña de 17, 23, que aparece como la gran montaña de Israel, es Sión, como sede y centro del reino de Dios, que ha de ser exaltado por el Mesías sobre todas las montañas de la tierra (cf. Is 2, 2 etc.). La rama plantada por el Señor crecerá y se convertirá en un cedro glorioso, bajo el cual habitarán todos los pájaros. El Mesías crecerá hasta convertirse en el cedro del reino fundado por él, un árbol en el que todos los habitantes de la tierra encontrarán comida (de los frutos del árbol) y protección (bajo su sombra).

Para esta figura del árbol, cf. Dan 4, 8-9. צִפּוֹר כָּל־כָּנָף, pájaros de toda clase de plumaje (cf. Ex 39, 4-17); la frase proviene de Gen 7, 14, donde se dice que pájaros de todo tipo encontraron cobijo en el arca de Noé. Se alude de esa forma a hombres de todo pueblo y tribu. De esa manera, todos los árboles del campo aprenderán que Dios humilla a los soberbios y eleva a los humildes.

Dado que que el cedro representa la casa real de David, los árboles del campo solo pueden significar los otros reyes o familias reales de la tierra, no las naciones que están fuera de las fronteras de la alianza. Al mismo tiempo, las naciones no han de ser totalmente excluidas porque la idea de cedro incluye la idea de reino, de tal forma que los árboles del campo significan los reinos de la tierra con sus reyes.

La frase "yo hago que se abajen los árboles excelsos" contiene un pensamiento general como el de 1 Sal 2, 7-8, y los perfectos no han de tomarse como pretéritos, sino como expresión de unas verdades prácticas. Ciertamente, el pensamiento de la casa real de David con su antigua grandeza ha quedado aquí sugerido, en conexión con el árbol grande y verde, y puede verse una referencia a Joaquín en conexión con el árbol seco (cf. Jer 22, 30), temas que no pueden dejarse totalmente a un lado. Al mismo tiempo, la omisión del artículo de עֵץ y de los objetos que siguen basta para mostrar que las palabras no se refieren solo a personas particulares, sino que puede aplicarse a todo árbol alto y verde o a todo seco y bajo, no solamente a los reyes, sino a todos los hombres en común, ofreciendo un paralelo con 1 Sam 2, 4-9: "Se rompen los arcos de los valientes, mientras que los humildes se ciñen de valor".

7. Ez 18, 1-32. Justicia retributiva de Dios. Responsabilidad personal

Este capítulo supera la ilusión de aquellos que piensan que Dios visita los pecados de los padres en los hijos inocentes, destacando con fuerza la verdad de que cada hombre padece por la culpa y castigo de sus propios pecados (18, 1-4). El justo vive por su justicia (18, 5-9), pero no puede salvar por ella a su hijo malvado (18, 10-13); al contrario, el hijo que rechaza los pecados y la maldad de su padre vivirá por su propia justicia (18, 14-20).

Por su parte, el hombre que se arrepiente y abandona el pecado no carga tampoco con su culpa antigua. Por el contrario, el hombre que abandona el camino de la justicia, y se entrega en manos de la injusticia no podrá librarse de su propia muerte, ni siquiera por su justicia anterior (18, 21-29). Según eso, Dios juzgará a cada uno por su propia conducta, y en esa línea Israel solo podrá vivir por el arrepentimiento (18, 30-32).

La exposición de estas verdades está estrechamente conectada con la sustancia y designio de las profecías anteriores y de las que siguen. En las palabras anteriores de Dios, Ezequiel ha rechazado todas las pretensiones de falsa confianza que Israel había alimentado, pensando que podía preservar el reino de la destrucción. Los pecadores impenitentes, aunque no podían evitar del todo el castigo por sus pecados, intentaban transferir la propia culpa de sí mismos a otros, consolándose con el pensamiento de que ellos tenían que sufrir por pecados que otros habían cometido, y de esa forma protestaban contra el castigo que Dios les imponía por el pecado de otros.

En esa línea, cuando el castigo del juicio divino estalló en contra de ellos, muchos israelitas empezaron a protestar contra Dios y decirle que ellos (los de la generación presente) tenían que sufrir por el pecado de sus antepasados. Pues bien, si el juicio de Dios debía llevar a la conversión y renovación de Israel, la generación impenitente de los judíos debía ser privada incluso de este pretexto, que podía servirles para aquietar su conciencia. Solo así podía revelarse la justicia que caracteriza el gobierno de Dios en este mundo.

18, 1-4. El proverbio y la palabra de Dios

¹וַיְהִי דְבַר־יְהוָה אֵלַי לֵאמֹר:
² מַה־לָּכֶם אַתֶּם מֹשְׁלִים אֶת־הַמָּשָׁל הַזֶּה עַל־אַדְמַת יִשְׂרָאֵל לֵאמֹר אָבוֹת יֹאכְלוּ בֹסֶר וְשִׁנֵּי הַבָּנִים תִּקְהֶינָה:
³ חַי־אָנִי נְאֻם אֲדֹנָי יְהוִה אִם־יִהְיֶה לָכֶם עוֹד מְשֹׁל הַמָּשָׁל הַזֶּה בְּיִשְׂרָאֵל:
⁴ הֵן כָּל־הַנְּפָשׁוֹת לִי הֵנָּה כְּנֶפֶשׁ הָאָב וּכְנֶפֶשׁ הַבֵּן לִי־הֵנָּה הַנֶּפֶשׁ הַחֹטֵאת הִיא תָמוּת: ס

¹ *Vino a mí palabra de Yahvé, diciendo:* ² *¿Qué pensáis vosotros, los que en la tierra de Israel usáis este refrán, que dice: Los padres comen las uvas agrias, y a los hijos les dio dentera?* ³ *Vivo yo, dice Yahvé, el Señor, que nunca más tendréis por qué usar este refrán en Israel.* ⁴ *He aquí que todas las almas son mías: como el alma del padre, así el alma del hijo es mía. El alma que peque esa morirá.*

Sobre 18, 2, cf. 12, 22. מַה־לָּכֶם, qué os pasa, qué pensáis vosotros. Ésta es una pregunta de admiración. עַל־אַדְמַת יִשְׂרָאֵל, en la tierra de Israel (18, 22), no sobre la tierra de Israel, como supone Hävernick. El proverbio no era "vuestros padres comieron (en otro tiempo) uvas amargas...", porque aquí no tenemos אכלו, como en Jer 31, 29, sino יאכלו, es decir, ellos (vuestros padres) comen, están acostumbrados a comer, y אָבוֹת no lleva artículo porque se aplica a todos los que comen uvas agraces. בֹסֶר significa verdes, agraces como en Job 15, 33 (כַּגֶּפֶן בֹּסְרוֹ: ver *Coment.* a Job). El sentido del proverbio es claro.

Las uvas amargas que comen los padres son los pecados que ellos cometen. Consecuencia de ello es la dentera, es decir, el sufrimiento que los hijos han de padecer por ello. Este mismo proverbio aparece citado en Jer 31, 29-30, y también allí se rechaza como falso.

El origen de ese proverbio parece fácil de explicar, partiendo de la inclinación natural a transferir a otros la culpa de algo que conduce al sufrimiento propio, y de un modo más preciso allí donde la misma ley enseña que los pecados de los padres tienen consecuencias en los hijos (Ex 20, 5). Por otra parte, los mismos profetas afirmaban que el Señor arrojaría de su faz a Judá a causa de los pecados de Manasés (2 Rey 24, 3; Jer 15 4), mientras que el mismo Jeremías se queja en Lam 5, 7 de que el pueblo está sufriendo por los pecados de los padres.

Pues bien, a pesar de eso, el proverbio contiene un error muy peligroso y fatal, pues no se podía apelar en este caso a la enseñanza de la ley en la que se dice que Dios visita los pecados de los padres en los hijos, una ley que por otra parte el mismo Jeremías 32, 18 había condenado con tanta fuerza como Ezequiel. Pues bien, nuestro texto pone ahora de relieve que Dios visitará los pecados de los padres en los hijos que le siguen odiando, y que siguen caminando por las huellas de los pecados de esos padres, pero a aquellos que se convierten y le aman y cumplen los mandamientos él les mostrará misericordia por mil generaciones.

De esa manera, Ezequiel se opone al proverbio supone que los hijos han de expiar por los pecados de los padres sin ser de ninguna manera culpables por sí mismos. Por otra parte, esta visión del proverbio, según la cual se supone que los pecados y la culpa de los padres se transmite a los hijos, sin más limitación, está muy lejos de la ley de Moisés, como muestra Dt 24, 16, donde se dice que no había que matar a los hijos por los pecados de los padres, sino que cada uno tenía que morir por sus propios pecado.

Lo que Dios manda aquí a las autoridades civiles (que no maten a los hijos por los padres) ha de aplicarse también a los propios juicios divinos. De un modo consecuente, lo que Ezequiel dice en los versos siguientes en contra del engaño de ese proverbio, es simplemente un comentario sobre esas palabras: "cada uno ha de morir por sus propios pecados". No se trata, pues, de una corrección de la ley, como han pensado muchos al comentar estas palabras de Jeremías y de Ezequiel.

En Ez 18, 3 el Señor declara con un juramento que ese proverbio no se podrá decir ya más. La apódosis de אִם־יִהְיֶה לָכֶם עוֹד no ha quedado expresada, pero debe ser una imprecación, pues este juicio contiene una prohibición solemne. Dios hará que este proverbio no se utilice ya más en Israel, no por el hecho de que él no les dará más ocasión para emplearlo, sino por el hecho de que él les convencerá, por los juicios que vendrá a realizarse la justicia a través de sus caminos.

En este contexto podemos ofrecer una admirable paráfrasis de Calvino: "Yo quiero privaros pronto de ese orgullo vuestro; pues vuestra iniquidad quedará de manifiesto, y todo el mundo verá que está sufriendo un castigo justo, el castigo que vosotros merecéis, de manera que no podréis echar la culpa a vuestros padres, como habéis intentado hacer".

Pero, en otro sentido, aquí solo tenemos una parte de la verdad, de manera que debemos añadir la otra, que está bien destacada en Jer 31, 29, cuando dice que después del juicio en el que Dios manifestará su gracia de manera tan gloriosa en el perdón de los pecados, todos reconocerán la justicia de esos juicio de Dios. La experiencia del amor y de la compasión del Señor se manifiesta en el perdón del pecado, y de tal manera influye en los pecadores perdonados que ellos no tendrán ya la más mínima duda de la justicia de los juicios de Dios.

Se añade que "no se dirá ya este refrán en Israel", para mostrar que ese proverbio va en contra de la dignidad de Israel. En Ez 18, 4, la razón para esta declaración confirmada de manera tan solemne por un juicio comienza con un pensamiento general que contiene la tesis que después ha de ser discutida: "Todas las almas son mías, lo mismo el alma del padre que la del hijo, dice el Señor".

Como ha dicho Calvino: "en estas palabras, Dios no solo defiende su gobierno o su autoridad, sino que muestra que él está inclinado con afecto paterno hacia el conjunto de la raza humana, que él ha criado y formado".

No hay necesidad de que Dios castigue a unos por otros, a los hijos por los padres, para evitar así que un culpable pueda evadir la justicia de Dios. Siendo padre de todos, Dios no puede tratar a unos de un modo diferente a los otros, sino que solo puede castigar a aquellos que lo merecen. Solo el alma que peca morirá. La palabra נֶפֶשׁ, alma, se utiliza aquí, lo mismo que en otros pasajes, en el sentido de "ser humano", y מות es equivalente a morir por castigo. La muerte significa aquí la completa destrucción con la que son amenazados los transgresores por la ley, en Dt 30, 15 (cf. Jer 21, 8; Prov 11, 10). Esta sentencia se explica en los versos que siguen: 18, 5-20.

18, 5-9. El justo no debe morir

⁵ וְאִישׁ כִּי־יִהְיֶה צַדִּיק וְעָשָׂה מִשְׁפָּט וּצְדָקָה׃
⁶ אֶל־הֶהָרִים לֹא אָכָל וְעֵינָיו לֹא נָשָׂא אֶל־גִּלּוּלֵי בֵּית יִשְׂרָאֵל וְאֶת־אֵשֶׁת רֵעֵהוּ לֹא טִמֵּא וְאֶל־אִשָּׁה נִדָּה לֹא יִקְרָב׃
⁷ וְאִישׁ לֹא יוֹנֶה חֲבֹלָתוֹ חוֹב יָשִׁיב גְּזֵלָה לֹא יִגְזֹל לַחְמוֹ לְרָעֵב יִתֵּן וְעֵירֹם יְכַסֶּה־בָּגֶד׃
⁸ בַּנֶּשֶׁךְ לֹא־יִתֵּן וְתַרְבִּית לֹא יִקָּח מֵעָוֶל יָשִׁיב יָדוֹ מִשְׁפַּט אֱמֶת יַעֲשֶׂה בֵּין אִישׁ לְאִישׁ׃
⁹ בְּחֻקּוֹתַי יְהַלֵּךְ וּמִשְׁפָּטַי שָׁמַר לַעֲשׂוֹת אֱמֶת צַדִּיק הוּא חָיֹה יִחְיֶה נְאֻם אֲדֹנָי יְהוִה׃

> ⁵ El hombre que es justo, que actúa conforme al derecho y la justicia; ⁶ que no come sobre los montes ni alza sus ojos a los ídolos de la casa de Israel; que no viola a la mujer de su prójimo ni se une a la mujer menstruosa; ⁷ que no oprime a nadie, sino que al deudor devuelve su prenda; que no comete robo alguno; que da su pan al hambriento y cubre con vestido al desnudo; ⁸ que no presta con interés o con usura; que retrae su mano de la maldad y practica verdaderamente la justicia entre unos y otros; ⁹ que camina en mis ordenanzas y guarda mis decretos a fin de actuar rectamente... este es el justo y vivirá, dice Yahvé, el Señor.

El desarrollo del tema (*Dios solo castiga al culpable, no al inocente*) comienza con la visión de la justicia a la que se le ha prometido la vida. La justicia consiste en el cumplimiento de los mandamientos de la ley, que son:

1. Los mandamientos relacionados con los deberes religiosos, tales como evitar la idolatría, sea de tipo grosero (comer sobre las montañas, es decir, realizar sacrificios a los ídolos (cf. Dt 12, 2), sea de tipo más refinado (dirigir los ojos a los ídolos, mirarles, hacerles objeto de confianza o hacerles objeto de súplicas (cf. Sal 121, 1; Dt 4, 19). Ésta es la idolatría que Israel ha cometido y sigue cometiendo (Ez 6, 13).

2. *Los mandamientos relacionados con los deberes morales,* como son: evitar el adulterio (cf. Ez 20, 14; Lev 20, 10; Dt 22, 22; y para טמא: Gen 34, 5), tener relaciones sexuales con una mujer en menstruación, cosa que implica una impureza en la relación marital (cf. Lev18, 19; 20, 18). Todos estos pecados estaban castigados con pena de muerte.

3. *A éstos se añaden los deberes para el prójimo* (18, 7), es decir, abstenerse de oprimir a alguien (Ex 22, 28; Lev 15, 14. 17), que al deudor le devuelve la prenda (Ex 22, 25; Dt 24, 10). La palabra חוב solo puede tomarse en aposición a חבלתו, la prenda, es decir, su garantía, como en 16, 27 (מַדְרֵכֵךְ זִמָּה). La suposición de Hitzig, según la cual חוב es un participio, como קום en 2 Rey 16, 7, en el sentido de deudor no responde al texto y no se puede apoyar en la traducción de los LX: ἐνεχυρασμὸν ὀφείλοντος.

4. *Los deberes posteriores* son no tomar ilegalmente posesión de la propiedad de otro (cf. Lev 5, 23), alimentar al hambriento, vestir al desnudo (cf. Is 58, 5; Mt 25, 26; Sant 2, 15-15), abstenerse de la usura (Dt 23, 20; cf. Ex 22, 24) y cobrar intereses (Lev 25, 36-37); alejarse en las sentencias judiciales de lo que es equivocado y promover la verdad en el juicio (ofreciendo sentencias de acuerdo con la verdadera naturaleza del caso, cf. *Coment.* a Zac 7, 9); y finalmente caminar según los estatutos y derechos del Señor, una expresión que abarca, de un modo conclusivo, todo lo requerido por la ley.

Esta definición de la idea de la verdadera justicia, que preserva de la muerte y destrucción y asegura la vida a quienes la cumplen, viene seguida en 18, 10 ss por una discusión sobre la actitud que Dios mantiene hacia los hijos.

18, 10-13. No se asegura la vida del hijo malvado e injusto

¹⁰ וְהוֹלִיד בֶּן־פָּרִיץ שֹׁפֵךְ דָּם וְעָשָׂה אָח מֵאַחַד מֵאֵלֶּה׃
¹¹ וְהוּא אֶת־כָּל־אֵלֶּה לֹא עָשָׂה כִּי גַם אֶל־הֶהָרִים אָכַל וְאֶת־אֵשֶׁת רֵעֵהוּ טִמֵּא׃
¹² עָנִי וְאֶבְיוֹן הוֹנָה גְּזֵלוֹת גָּזָל חֲבֹל לֹא יָשִׁיב וְאֶל־הַגִּלּוּלִים נָשָׂא עֵינָיו תּוֹעֵבָה עָשָׂה׃
¹³ בַּנֶּשֶׁךְ נָתַן וְתַרְבִּית לָקַח וָחָי לֹא יִחְיֶה אֵת כָּל־הַתּוֹעֵבוֹת הָאֵלֶּה עָשָׂה מוֹת יוּמָת דָּמָיו בּוֹ יִהְיֶה׃

¹⁰ Pero si engendra un hijo ladrón y sanguinario que hace algunas de esas cosas, ¹¹ mientras que él (el padre) no hace ninguna de ellas…Es decir, si el hijo come sobre los montes, viola a la mujer de su prójimo, ¹² oprime al pobre y necesitado, comete robos y no devuelve la prenda, alza sus ojos hacia los ídolos, comete abominación, ¹³ presta a interés y con usura, ¿vivirá éste (aunque su padre no cometa ninguna de esos pecados)? ¡No vivirá! Todas esas abominaciones cometió y, de cierto, morirá: su sangre caerá sobre él.

El sujeto de וְהוֹלִיד (si engendra) en 18, 19 es el hombre justo descrito en el verso precedente. פָּרִיץ, violento, literalmente *alguien que rompe o atraviesa a otro* se describe de manera más enfática por las palabras "derramando sangre" (שֹׁפֵךְ דָּם, cf. Os 4, 2). En la cláusula siguiente, pensamos que אָח es simplemente una forma dialectal de pronunciar y escribir אַךְ, solamente, es decir, que hace solo una de esas cosas, es decir de los pecados previamente mencionados (18, 6).

מֵאַחַד va con en partitivo *min* (מֵאֵלֶּה), como en Lev 4, 2, donde se utiliza en un contexto semejante. La forma מֵאַחַד se encuentra también en Dt 15, 7. La explicación dada por el Targum "y hace una de estas cosas a su hermano" no responde al texto, ni refleja su sentido. עָשָׂה no se construye nunca con acusativo de la persona a la que se hace algo, y en este caso no se puede hablar solo de pecados contra el prójimo.

La siguiente frase (וְהוּא אֶת־כָּל־אֵלֶּה לֹא עָשָׂה) ha sido traducida de varias maneras. Nosotros pensamos que se trata de una cláusula adversativa circunstancial, y creemos, con Kliefoth, que se refiere al padre: "y él, el padre, no ha cometido ninguno de esos pecados". Esta frase no tiene ningún sentido si se refiere también al hijo, pues כָּל־אֵלֶּה no puede referirse a las diferentes cosas del מֵאֵלֶּה precedente, y además un hombre no puede hacer y no hacer esas cosas al mismo tiempo.

El כִּי que sigue significa "si", como sucede con frecuencia en la enumeración de preceptos o casos particulares; cf. por ejemplo Ex 21 1. 7. 17 etc. donde se construye con imperfecto, pues se alude a cosas que pueden ocurrir. Aquí por el contrario se construye con perfecto, porque se supone que los pecados nombrados han sido cometidos. El גַּם que sigue (כִּי גַם, si pues…) forma una antítesis a מֵאַחַד אָח, o, más bien, una *epanorthosis* (una repetición enfática…), pues כִּי גַם resume y lleva a su culminación la descripción de la conducta del hijo malvado, que había sido interrumpida por la cláusula circunstancial, cambiando solo la forma.

El pensamiento es como sigue: el hijo violento de un padre justo, incluso si él ha cometido solo uno de los pecados que el padre no ha cometido, ha de morir. Y si él ha cometido toda la lista de grandes pecados (idolatría, adulterio, opresión violenta del pobre, robo etc.) ¿debe seguir viviendo? La ו en וָחָי introduce la apódosis que contiene una pregunta que está simplemente indicada por el tono, pero que se niega inmediatamente (¡no debe vivir!). La forma antigua חַי por חָיָה, tercera persona del perfecto, está tomada del Pentateuco (cf. Gen 3, 22 y Num 21, 8). Las formulas דָּמָיו בּוֹ y מוֹת יוּמָת están derivadas también del lenguaje de la ley (cf. Lev 20, 9. 11. 13 etc.).

18, 14-20. El hijo que abandona el pecado de su padre vivirá; pero el padre morirá por su propio pecado.

¹⁴ וְהִנֵּה הוֹלִיד בֵּן וַיַּרְא אֶת־כָּל־חַטֹּאת אָבִיו אֲשֶׁר עָשָׂה וַיִּרְאֶה וְלֹא יַעֲשֶׂה כָּהֵן׃
¹⁵ עַל־הֶהָרִים לֹא אָכָל וְעֵינָיו לֹא
נָשָׂא אֶל־גִּלּוּלֵי בֵּית יִשְׂרָאֵל אֶת־אֵשֶׁת רֵעֵהוּ לֹא טִמֵּא׃
¹⁶ וְאִישׁ לֹא הוֹנָה חֲבֹל לֹא חָבָל וּגְזֵלָה לֹא גָזָל לַחְמוֹ

Ezequiel 18, 14-20

לְרָעֵב נָתָן וְעֵרוֹם כִּסָּה־בָגֶד:
¹⁷ מֵעָנִי הֵשִׁיב יָדוֹ נֶשֶׁךְ וְתַרְבִּית לֹא לָקָח מִשְׁפָּטַי עָשָׂה
בְּחֻקּוֹתַי הָלָךְ הוּא לֹא יָמוּת בַּעֲוֺן אָבִיו חָיֹה יִחְיֶה:
¹⁸ אָבִיו כִּי־עָשַׁק עֹשֶׁק גָּזַל גֵּזֶל אָח וַאֲשֶׁר לֹא־טוֹב עָשָׂה
בְּתוֹךְ עַמָּיו וְהִנֵּה־מֵת בַּעֲוֺנוֹ:
¹⁹ וַאֲמַרְתֶּם מַדֻּעַ לֹא־נָשָׂא הַבֵּן בַּעֲוֺן הָאָב וְהַבֵּן מִשְׁפָּט
וּצְדָקָה עָשָׂה אֵת כָּל־חֻקּוֹתַי שָׁמַר וַיַּעֲשֶׂה אֹתָם חָיֹה יִחְיֶה:
²⁰ הַנֶּפֶשׁ הַחֹטֵאת הִיא תָמוּת בֵּן לֹא־יִשָּׂא בַּעֲוֺן הָאָב וְאָב לֹא
יִשָּׂא בַּעֲוֺן הַבֵּן צִדְקַת הַצַּדִּיק עָלָיו תִּהְיֶה וְרִשְׁעַת (רָשָׁע) [הָרָשָׁע] עָלָיו תִּהְיֶה: ס

¹⁴ *Pero si este engendra un hijo que ve todos los pecados que cometió su padre, pero que, aun viéndolos, no los imita:* ¹⁵ *no come sobre los montes ni alza sus ojos a los ídolos de la casa de Israel, a la mujer de su prójimo no viola,* ¹⁶ *no oprime a nadie, no retiene la prenda ni comete robos, da de su pan al hambriento y cubre con vestido al desnudo,* ¹⁷ *aparta su mano del pobre y no cobra interés o usura, guarda mis decretos y anda en mis ordenanzas, este no morirá por la maldad de su padre: de cierto vivirá.*

¹⁸ *Pero su padre, por cuanto hizo agravio, despojó violentamente al hermano e hizo en medio de su pueblo lo que no es bueno, he aquí que él morirá por su maldad.* ¹⁹ *Y si preguntáis: ¿Por qué el hijo no llevará el pecado de su padre?. Pues porque el hijo actuó conforme al derecho y la justicia, guardó todos mis estatutos y los cumplió, de cierto vivirá.*

²⁰ *El alma que peque, esa morirá. El hijo no llevará el pecado del padre ni el padre llevará el pecado del hijo; la justicia del justo recaerá sobre él y la impiedad del impío recaerá sobre él.*

El caso al que aluden estos versos es el inverso al precedente: En este caso, el transgresor de la ley es el padre, y el hijo es quien la cumple. El sujeto de הוֹלִיד en 18, 14 no es el justo descrito en 18, 15, sino un hombre al que se le describe inmediatamente como un transgresor de los mandamientos de Dios. El *qetiv* וַיִּרְא en la última cláusula del verso 14 no ha de traducirse como en los LXX καὶ φοβηθῇ, *et timuerit* (y que temiera), como ha hace la Vulgata, ni ha de alterarse en וַיִּרְאֶה, como han hecho los masoretas, para que concuerde con 18, 28, sino que ha de mantenerse la forma apocopada וַיִּרְא, como en la cláusula anterior, y el objeto sigue siendo el mismo de la frase anterior, como encontramos también en Ex 20, 15 (18).

Ewald y Hitzig proponen cambiar el מֵעָנִי de 18, 18 en מעול, como en 18, 8, pero sin necesidad alguna. Los LXX no se pueden tomar como autoridad para esto, pues tanto el caldeo como el siríaco han leído y traducido עָנִי; en esa línea, cuando repiten las mismas sentencias, Ezequiel está acostumbrado a realizar algunas variaciones en palabras concretas o particulares. Retirar la mano de los oprimidos significa abstenerse de ayudarles, a fin de aplastarles (cf. Ez 18, 12).

בְּתוֹךְ, en medio de sus conciudadanos, en el sentido de בְּתוֹךְ עַמּוֹ, es un lenguaje tomado del Pentateuco. מֵת después de וְהִנֵּה es un participio. La pregunta

¿por qué el hijo no llevará el pecado de su padre? no constituye una objeción del pueblo, sino que se toma solo como un pretexto, tomado de la ley, según la cual Dios ha de cargar el pecado de los padres sobre los hijos, para justificar así el proverbio que Ezequiel está superando. Ezequiel cita ese pretexto con el propósito de desarrollar así la razón por la que esto no puede ocurrir.

לֹא־יִשָּׂא בַּעֲוֺן, no llevar, o no ayudar a llevar el pecado.... (cf. Num 11, 17). De esa manera prueba Ezequiel que ese proverbio es falso, y confirma la afirmación de Ez 18, 4, a la que vuelve el argumento (cf. 18, 20). La justicia del justo recaerá sobre él, es decir, sobre el justo, con todas sus consecuencias. El hombre justo recibirá las bendiciones de la justicia, pero el injusto recibirá la maldición de su maldad. No hay necesidad de ponerle artículo a רָשָׁע como propone el keré (הָרָשָׁע).

18, 21-26. Volver al bien conduce a la vida; volverse al mal lleva a la muerte.

²¹ וְהָרָשָׁע כִּי יָשׁוּב מִכָּל־(חַטֹּאתוֹ) [חַטֹּאתָיו] אֲשֶׁר עָשָׂה וְשָׁמַר אֶת־כָּל־חֻקּוֹתַי וְעָשָׂה מִשְׁפָּט וּצְדָקָה חָיֹה יִחְיֶה לֹא יָמוּת׃
²² כָּל־פְּשָׁעָיו אֲשֶׁר עָשָׂה לֹא יִזָּכְרוּ לוֹ בְּצִדְקָתוֹ אֲשֶׁר־עָשָׂה יִחְיֶה׃
²³ הֶחָפֹץ אֶחְפֹּץ מוֹת רָשָׁע נְאֻם אֲדֹנָי יְהוִה הֲלוֹא בְּשׁוּבוֹ מִדְּרָכָיו וְחָיָה׃ ס
²⁴ וּבְשׁוּב צַדִּיק מִצִּדְקָתוֹ וְעָשָׂה עָוֶל כְּכֹל הַתּוֹעֵבוֹת אֲשֶׁר־עָשָׂה הָרָשָׁע יַעֲשֶׂה וָחָי כָּל־(צִדְקָתוֹ) [צִדְקֹתָיו] אֲשֶׁר־עָשָׂה לֹא תִזָּכַרְנָה בְּמַעֲלוֹ אֲשֶׁר־מָעַל וּבְחַטָּאתוֹ אֲשֶׁר־חָטָא בָּם יָמוּת׃
²⁵ וַאֲמַרְתֶּם לֹא יִתָּכֵן דֶּרֶךְ אֲדֹנָי שִׁמְעוּ־נָא בֵּית יִשְׂרָאֵל הֲדַרְכִּי לֹא יִתָּכֵן הֲלֹא דַרְכֵיכֶם לֹא יִתָּכֵנוּ׃
²⁶ בְּשׁוּב־צַדִּיק מִצִּדְקָתוֹ וְעָשָׂה עָוֶל וּמֵת עֲלֵיהֶם בְּעַוְלוֹ אֲשֶׁר־עָשָׂה יָמוּת׃ ס

²¹ *Pero si el impío se aparta de todos sus pecados que cometió, y guarda todos mis estatutos y actúa conforme al derecho y la justicia, de cierto vivirá: no morirá.* ²² *Ninguna de las transgresiones que cometió le será recordada; por la justicia que practicó, vivirá.*
²³ *¿Acaso quiero yo la muerte del impío? dice Yahvé, el Señor. ¿No vivirá, si se aparta de sus malos caminos?*
²⁴ *Pero si el justo se aparta de su justicia, y comete maldad y actúa conforme a todas las abominaciones que el impío hizo, ¿vivirá él? ¡Ninguna de las justicias que hizo le serán tenidas en cuenta! Por su infidelidad que cometió, por el pecado que cometió, por ello morirá.*
²⁵ *Y si decís: No es recto el camino del Señor", oíd ahora, casa de Israel: ¿No es recto mi camino? ¿No son vuestros caminos los torcidos?* ²⁶ *Apartándose el justo de su justicia y cometiendo iniquidad, él morirá por ello; por la iniquidad que hizo, morirá.*

La prueba de que cada uno ha de cargar con su pecado no constituye una réplica exhaustiva a la cuestión sobre la relación en la que está la justicia de Dios con el pecado de los hombres. Porque el caso supuesto en 18, 5-20 da por supuesto que hay una persistencia en el curso de la conducta tomada una vez por todas, y pasa por alto las circunstancias frecuentes en las que la conducta de un hombre cambia totalmente a lo largo de su vida. Por eso, resultaba necesario tener en cuenta esos casos, y así lo hace 18, 21-26. Los hombres impíos que se arrepienten y se convierten vivirán, y los justos que se vuelven al mal morirán.

> "Como el hombre justo, que antes era un pecador no sigue aplastado por sus pecados anteriores; de esa manera, el pecador que en otro tiempo fue justo no sigue defendido y salvado por su justicia anterior. A cada uno se le juzgará según el estado en que se encuentre" (Jerónimo).

Ez 18, 23 ofrece el motivo para el perdón del pecador arrepentido, y así declara que Dios no se complace en la muerte de los malvados, sino que desea su conversión para que vivan. Dios es por tanto no solo justo, sino misericordioso y lleno de gracia, y solo condena a muerte por sus pecados a los que no abandonan el mal, o a los que no perseveran en el cumplimiento de sus mandamientos. De un modo consecuente, la acusación de los que dicen que la conducta de Dios en relación con los hombres es injusta no tiene fundamento, y va en contra de los mismos acusadores.

No es Dios el que es injusto, sino que son los pecadores los que están equivocados (18, 25). La prueba de esto (que Hitzig no ha captado bien) se contiene en la declaración de Ez 18, 23. 26, es decir, en el hecho de que Dios no desea la muerte del pecador, sino que él perdona de forma misericordiosa a los penitentes, que se convierten de los pecados antiguos, y no les condena por ellos.

Esa justicia de Dios se muestra también en el hecho de que él castiga a los hombres que se convierten del bien, y que hacen el mal; les castiga por los pecados que ellos cometen, de manera que él (Dios) juzga a los hombres según sus obras. En Ez 18, 24, ועשה encontramos la continuación de infinitivo שוב; por su parte, וחי es un interrogativo, igual que en 18, 13.

18, 27-32. No quiero la muerte del que muere

²⁷ וּבְשׁוּב רָשָׁע מֵרִשְׁעָתוֹ אֲשֶׁר עָשָׂה וַיַּעַשׂ מִשְׁפָּט וּצְדָקָה הוּא אֶת־נַפְשׁוֹ יְחַיֶּה׃
²⁸ וַיִּרְאֶה (וַיָּשׁוֹב) [וַיָּשָׁב] מִכָּל־פְּשָׁעָיו אֲשֶׁר עָשָׂה חָיוֹ יִחְיֶה לֹא יָמוּת׃
²⁹ וְאָמְרוּ בֵּית יִשְׂרָאֵל לֹא יִתָּכֵן דֶּרֶךְ אֲדֹנָי הַדְּרָכַי לֹא יִתָּכְנוּ בֵּית יִשְׂרָאֵל הֲלֹא דַרְכֵיכֶם לֹא יִתָּכֵן׃
³⁰ לָכֵן אִישׁ כִּדְרָכָיו אֶשְׁפֹּט אֶתְכֶם בֵּית יִשְׂרָאֵל נְאֻם אֲדֹנָי יְהוִה שׁוּבוּ וְהָשִׁיבוּ מִכָּל־פִּשְׁעֵיכֶם וְלֹא־יִהְיֶה לָכֶם לְמִכְשׁוֹל עָוֹן׃
³¹ הַשְׁלִיכוּ מֵעֲלֵיכֶם אֶת־כָּל־פִּשְׁעֵיכֶם אֲשֶׁר פְּשַׁעְתֶּם בָּם וַעֲשׂוּ לָכֶם לֵב חָדָשׁ וְרוּחַ חֲדָשָׁה וְלָמָּה תָמֻתוּ בֵּית יִשְׂרָאֵל׃
³² כִּי לֹא אֶחְפֹּץ בְּמוֹת הַמֵּת נְאֻם אֲדֹנָי יְהוִה וְהָשִׁיבוּ וִחְיוּ׃ פ

²⁷ *Pero apartándose el impío de su impiedad que hizo y actuando conforme al derecho y la justicia, hará vivir su alma.* ²⁸ *Porque miró y se apartó de todas sus transgresiones*

que había cometido, de cierto vivirá: no morirá. ²⁹ *Si aún dice la casa de Israel: No es recto el camino del Señor"; ¿no son rectos mis caminos, casa de Israel? ¡Ciertamente, vuestros caminos no son rectos!*

³⁰ *Por tanto, casa de Israel, yo os juzgaré a cada uno según sus caminos, dice Yahvé, el Señor. Convertíos y apartaos de todas vuestras transgresiones, y no os será la iniquidad causa de ruina.* ³¹ *Echad de vosotros todas vuestras transgresiones con que habéis pecado, y haceos un corazón nuevo y un espíritu nuevo.*

¿Por qué moriréis, casa de Israel? ³² *Porque yo no quiero la muerte del que muere, dice Yahvé, el Señor. ¡Convertíos, pues, y viviréis!*

La defensa de los caminos de Dios podía haber formado una conclusión adecuada para este oráculo divino. Pero el profeta no se ocupaba solo de corregir el error contenido en el proverbio que se decía entre el pueblo, sino que estaba aún más interesado en liberar al pueblo de la destrucción.

Por eso, tras la refutación anterior sigue otra llamada urgente al arrepentimiento. A fin de conseguir que sus corazones recibieran la llamada al arrepentimiento, el profeta no solo repite en 18, 21.22 que aquel que se aleja de sus pecados encuentra la vida, sino que, como había hecho en 18, 25, él refuta una vez más en 18, 29 la acusación según la cual las vías de Dios no son justas.

El hecho de que el singular יִתָּכֵן esté conectado con el plural דַּרְכֵיכֶם no es razón suficiente para que alteremos el plural, poniendo דַּרְכֵּיכֶם, sino que puede explicarse de una manera muy sencilla, pensando en que los caminos del pueblo han sido condensados en uno, y que el significado es este: Lo que decís de mi camino se aplica a vuestros propios caminos, es decir: "No es recto mi camino...". No, los que no son rectos son vuestros caminos.

לָכֵן, por eso etc.; porque es recto mi camino, no el vuestro, yo os juzgaré a cada uno según su camino. Arrepentíos, por tanto, si queréis escapar de la muerte y destrucción. שׁוּבוּ se expande y se expresa de manera más enfática con וְהָשִׁיבוּ, es decir, volved vuestros rostros, פְּנֵיכֶם, como en Ez 14, 6.

En la última frase de Ez 18, 30, según los acentos, עָוֹן no ha de tomarse como sujeto de la sentencia, sino como un genitivo dependiente de מִכְשׁוֹל, como en 7, 19 y 14, 3. En esa línea, el sujeto ha de buscarse en la cláusula anterior: que el pecado no se convierta para vosotros en una piedra de caída de la iniquidad, en una piedra de escándalo a través de la cual vosotros podréis caer en la culpa y el castigo.

La llamada de Ez 18, 31 remite a la promesa de Ez 11, 18-10: הַשְׁלִיכוּ, echad fuera vuestras iniquidades. La aplicación de esta palabra a las transgresiones puede explicarse a partir del hecho de que ellas se expresan en su mayor parte en los ídolos y en las imágenes idolátricas, que ellos mismos han hecho. "Y haceos un corazón nuevo y un espíritu nuevo...".

Un hombre no puede ciertamente crear por su poder ninguna de esas cosas (corazón nuevo, espíritu nuevo), solo Dios puede darlos (Ez 11, 19). Pero un hombre puede y debe volverse a Dios, a fin que de ambas cosas (corazón y espíritu) queden renovados por el Espíritu de Dios. Y Dios está deseoso de hacerlo, porque él no se complace en בִּמוֹת הַמֵּת, en la muerte del que muere.

Al repetir la palabra de seguridad dada en Ez 18, 23, la palabra הַמֵּת (del que muere) ha sido apropiadamente sustituida por רָשָׁע, para indicar al pueblo que mientras ellos están en pecado ellos yacen en la muerte, de manera que solo por la conversión y transformación ellos pueden recobrar de nuevo la vida.

8. Ez 19, 1-14. Lamentación por los príncipes de Israel.

Israel, la leona, engendró (dos) jóvenes leones en medio de leones. Pero cuando mostraron su naturaleza leonina fueron tomados cautivos por las naciones, y llevados cautivos, uno a Egipto y el otro a Babilonia (19, 1-9). La misma madre, que en otro tiempo había sido una viña plantada junto al agua, con ramas vigorosas, se ha secado, de manera que sus fuertes sarmientos se han agotado, pues han sido trasplantados a una tierra seca.

Un fuego que emanaba de las ramas ha devorado el fruto de la viña, de manera que no ha quedado ni siquiera una vara para tallar el cetro del gobernante (19, 10-14). Esta lamentación, que testifica la destrucción de la casa real y el destierro de Israel en el exilio, forma en final de las profecías anteriores de la destrucción de Judá, y resultaba apropiada para aniquilar toda esperanza, pues las cosas podían volverse aún peores.

19, 1-9. Captura y exilio de los príncipes

¹וְאַתָּה שָׂא קִינָה אֶל־נְשִׂיאֵי יִשְׂרָאֵל:
²וְאָמַרְתָּ מָה אִמְּךָ לְבִיָּא בֵּין אֲרָיוֹת רָבָצָה בְּתוֹךְ כְּפִרִים רִבְּתָה גוּרֶיהָ:
³וַתַּעַל אֶחָד מִגֻּרֶיהָ כְּפִיר הָיָה וַיִּלְמַד לִטְרָף־טֶרֶף אָדָם אָכָל:
⁴וַיִּשְׁמְעוּ אֵלָיו גּוֹיִם בְּשַׁחְתָּם נִתְפָּשׂ וַיְבִאֻהוּ בַחַחִים אֶל־אֶרֶץ מִצְרָיִם:
⁵וַתֵּרֶא כִּי נוֹחֲלָה אָבְדָה תִּקְוָתָהּ וַתִּקַּח אֶחָד מִגֻּרֶיהָ כְּפִיר שָׂמָתְהוּ:
⁶וַיִּתְהַלֵּךְ בְּתוֹךְ־אֲרָיוֹת כְּפִיר הָיָה וַיִּלְמַד לִטְרָף־טֶרֶף אָדָם אָכָל:
⁷וַיֵּדַע אַלְמְנוֹתָיו וְעָרֵיהֶם הֶחֱרִיב וַתֵּשַׁם אֶרֶץ וּמְלֹאָהּ מִקּוֹל שַׁאֲגָתוֹ:
⁸וַיִּתְּנוּ עָלָיו גּוֹיִם סָבִיב מִמְּדִינוֹת וַיִּפְרְשׂוּ עָלָיו רִשְׁתָּם בְּשַׁחְתָּם נִתְפָּשׂ:
⁹וַיִּתְּנֻהוּ בַסּוּגַר בַּחַחִים וַיְבִאֻהוּ אֶל־מֶלֶךְ בָּבֶל יְבִאֻהוּ בַּמְּצֹדוֹת לְמַעַן לֹא־יִשָּׁמַע קוֹלוֹ עוֹד אֶל־הָרֵי יִשְׂרָאֵל: פ

¹*Proclama tú esta lamentación sobre los príncipes de Israel.* ²*Dirás: ¡Cómo se echó entre los leones tu madre, la leona! Entre los leoncillos crió sus cachorros.*

³*Ella hizo subir uno de sus cachorros, que llegó a ser un leoncillo y aprendió a arrebatar la presa y a devorar a seres humanos.* ⁴*Las naciones oyeron de él; fue tomado en la trampa de ellas, y lo llevaron con grillos a la tierra de Egipto.*

⁵*Viendo ella que había esperado demasiado tiempo (que estaba exhausta) y que se perdía su esperanza, tomó otro de sus cachorros y lo puso por leoncillo.* ⁶*Y él andaba entre*

> los leones; se hizo un leoncillo, aprendió a arrebatar la presa, devoró seres humanos. ⁷ Saqueó fortalezas y asoló ciudades. La tierra, con cuanto había en ella, quedó desolada al estruendo de sus rugidos.
> ⁸ Pero arremetieron contra él las gentes de las provincias de alrededor; extendieron sobre él su red y en el foso fue apresado. ⁹ Lo pusieron en una jaula y lo encadenaron: encadenado lo llevaron al rey de Babilonia. Lo pusieron en las fortalezas, para que su voz no se oyera más sobre los montes de Israel.

Los príncipes de Judá a los que se aplica la lamentación son los reyes (נְשִׂיאֵי, como en 12,10), dos de los cuales están tan claramente evocados que pueden precisarse sin equivocación: Joacaz y Joaquín (cf. 19,4 y 19, 9). Este hecho es suficiente para mantener el plural de נְשִׂיאֵי, en contra de toda alteración arbitraria (נָשִׂיא), propuesta por Houbigant y Hitzig, según la lectura de los LXX.

La lamentación no se dirige a un príncipe particular, ni a Sedecías (Hitzig) ni a Joaquín (Rosenmüller, Maurer), sino a Israel como nación. Por su parte, la madre es la comunidad nacional, la teocracia, de la que provienen los reyes, como resulta evidente en 19, 10.

Las palabras de מָה a רְבָצָה (מָה אִמְּךָ לְבִיָּא בֵּין אֲרָיוֹת רָבָצָה) forman una sentencia. No tiene sentido separar מָה de רְבָצָה, sin que traduzcamos "quién es tu madre" o que unamos מָה con אִמְּךָ y traduzcamos "cómo es tu madre una leona", a no ser que introduzcamos una cláusula arbitraria "ahora, en comparación con lo que fue antes", o cambiemos el interrogativo en pretérito: "cómo se ha convertido tu madre en una leona". Las leonas entre las que yacía Israel eran los otros reinos, las naciones gentiles.

Estas palabras no han de entenderse desde Gen 49, 9, donde se pinta a Judá como un león guerrero. La figura es aquí diferente. Aquí no se trata de la fuerza y coraje del león, sino de su carácter salvaje, y de su ferocidad, como puede verse desde la perspectiva de conjunto del pasaje. La madre enseña a sus jóvenes leones, de manera que ellos aprenden a tomar presas y a devorar hombres.

גּוּר, león recién nacido, *catulus*; כְּפִיר es el león joven, capaz ya de ir a buscar la presa. וַתַּעַל es un hifil, en sentido general de hacer que surja, o de crecer, *sacar adelante*. El sentido es el siguiente: ¿Por qué ha entrado Israel en relación con las naciones paganas? ¿Por qué se ha puesto en el nivel de esas naciones paganas, y ha adoptado la rapacidad y la naturaleza tiránica de los poderes del mundo?

La pregunta "por qué", cuando se toma en unión con lo que sigue, implica el reproche de que Israel ha recorrido un camino que se opone a su llamada divina, de manera que ahora tendrá que recoger los amargos frutos de haber hecho propios los caminos de los paganos. Las naciones gentiles han tomado cautivo a su rey, y le han llevado a tierras lejanas, paganas.

וַיִּשְׁמְעוּ אֵלָיו גּוֹיִם, los gentiles oyeron de él (con אֵלָיו en vez de עָלָיו). El destino de Joacaz, al que se refiere 19, 4 ha sido relatado en 2 Rey 23, 31. Ez 19, 5-7 se refiere a Joaquín, el hijo de Joaquim, y no a Secedías, como imagina Hitzig. El hecho de que Joaquín fuera por su propia voluntad al encuentro del rey de Babilonia (2 Rey 14, 12) no va en contra de la idea contenida en Ez 19, 8, según la cual él fue cazado como un león en una red.

Joaquín se entregó simplemente al rey de Babilonia, porque era incapaz de escapar de la ciudad sitiada. De todas formas, Joacaz y Joaquín aparecen aquí simplemente como ejemplos, porque ambos cayeron en manos de los poderes del mundo, y su destino mostró bastante claramente "el destino que ha de venir de forma inevitable cuando los reyes israelitas se volvieron ambiciosos como leones, como los reyes de las naciones del mundo" (Kliefoth).

Joaquín no podía servir de ejemplo como los otros, porque él murió en Jerusalén. La palabra נֽוֹחֲלָה se ha explicado de diversas formas; pienso con Ewald que es un *nifal* de יחל = חול, en sentido de sentirse vejado, de estar exhausto o engañado, como en el siríaco 'ewaḥel (*viribus defecit, desperavit*, le faltaron las fuerzas, estaba desesperada). En Gen 8, 12, esa palabra (נוחל) significa simplemente esperar, pero ese sentido no se puede aplicar aquí porque esperar no es equivalente a esperar en vano. El cambio de חול en יחל se da en Jc 3, 25, donde חול o חיל aparece en el sentido de יחל. En Jc 3, 7 pasamos del lenguaje figurativo a la descripción literal del camino impío seguido por el rey. Él "conoció", es decir, deshonró a sus viudas (las de la nación de Israel).

En vez de וידע, el targum lee וירע, y traduce de un modo correspondiente: "él destruyó sus palacios". Por su parte, Ewald ha adoptado la misma traducción. Pero רעע, romper, partir en piezas (por ejemplo, una vasija: Sal 2, 9) no se emplea nunca para la destrucción de edificios, y no significa palacios (ארמנות) sino ventanas. No hay nada en el uso de la palabra en Is 13,22 que apoye el significado de palacios, porque aquí se habla de viudas (אלמנות), con un tono sarcástico que evoca la condición desolada de la tierra convertida en devastación.

Otras conjeturas son aún menos admisibles. El pensamiento es como sigue: Joaquín fue mucho más allá de Joacaz, pues no solamente devoró a personas, sino que extendió sus manos sobre viudas sin defensa, y devastó ciudades, de manera que la tierra y sus habitantes quedaran totalmente asolados por su rapacidad. Esta descripción puede aplicarse también sin duda a su padre Joaquím, a quien imitó su hijo Joaquín (Jeconías).

Jer 22, 13 describe a Joaquím como un déspota opresor y tirano. En 19, 8 el objeto de רִשְׁתָּם se vincula también con וַיִּתְנוּ: arremetieron contra él y echaron sobre él sus redes. El plural מְצֹדוֹת se utiliza en general, de un modo indefinido: son castillos altos, fortalezas de montaña (en una de ellas, cf. 12, 7).

19, 10-14: Destrucción del Reino y destierro del pueblo

אִמְּךָ כַגֶּפֶן בְּדָמְךָ עַל־מַיִם שְׁתוּלָה פֹּרִיָּה וַעֲנֵפָה הָיְתָה מִמַּיִם רַבִּים׃ [10]

וַיִּהְיוּ־לָהּ מַטּוֹת עֹז אֶל־שִׁבְטֵי מֹשְׁלִים וַתִּגְבַּהּ [11]

קוֹמָתוֹ עַל־בֵּין עֲבֹתִים וַיֵּרָא בְגָבְהוֹ בְּרֹב דָּלִיֹּתָיו׃
¹² וַתֻּתַּשׁ בְּחֵמָה לָאָרֶץ הֻשְׁלָכָה וְרוּחַ הַקָּדִים הוֹבִישׁ פִּרְיָהּ
הִתְפָּרְקוּ וְיָבֵשׁוּ מַטֵּה עֻזָּהּ אֵשׁ אֲכָלָתְהוּ׃
¹³ וְעַתָּה שְׁתוּלָה בַמִּדְבָּר בְּאֶרֶץ צִיָּה וְצָמָא׃
¹⁴ וַתֵּצֵא אֵשׁ מִמַּטֵּה בַדֶּיהָ פִּרְיָהּ אָכָלָה וְלֹא־הָיָה בָהּ
מַטֵּה־עֹז שֵׁבֶט לִמְשׁוֹל קִינָה הִיא וַתְּהִי לְקִינָה׃ פ

¹⁰ *Tu madre fue como una vid plantada en medio de la viña, junto a las aguas, que da fruto y echa vástagos a causa de las muchas aguas.* ¹¹ *Y ella tuvo varas fuertes, para cetros de reyes; elevó su estatura por encima del ramaje, y fue vista por causa de su altura y por la abundancia de sus sarmientos.* ¹² *Pero fue arrancada con ira, derribada en tierra. El viento del este secó su fruto y sus fuertes ramas fueron quebradas y se secaron consumidas por el fuego.* ¹³ *Ahora está plantada en el desierto, en tierra de sequedad y de aridez.* ¹⁴ *Y de la vara de sus ramas ha salido fuego que ha consumido su fruto, y no ha quedado en ella vara fuerte para cetro de reyes. Una lamentación es esta, y de lamentación servirá.*

Ésta es una lamentación, y como lamentación ha de servir. Del lamentable destino de los príncipes transportados a Egipto o Babilonia, la oda pasa a la descripción del destino que la misma rapacidad de esos príncipes (que son como leones) está preparando para el reino y para el pueblo.

Israel se parecía a una viña plantada junto al agua. Con Hävernick y Kliefoth pensamos que la difícil palaba בְּדָמְךָ deriva del verbo דמא, descansar (Jer 14, 17), y la tomamos como sinónimo de בדמי, en Is 38, 10, en tu reposo, es decir, en el tiempo de tu prosperidad pacífica y no turbada. Ninguna de las otras posibles traducciones (en tu sangre, en tu semejanza) ofrece un sentido aceptable. La última explicación que ha sido aceptada por Raschi y Kimchi, ha de ser excluida, por el hecho de que Ezequiel emplea siempre la palabra דמות para evocar la idea de semejanza.

Para la imagen de la viña, cf. Sal 80, 9. Esa viña produjo fuertes raíces para los cetros de los reyes; es decir, ella hizo que surgieran reyes poderosos, y se elevó a una gran altura, incluso hasta las nubes. עֲבֹתִים significa nube, literalmente espesura de nubes, no solo aquí, sino también en Ez 31, 3.10.14.

La traducción "ramas" o "conjunto de hojas" no responde al sentido del pasaje. La forma de la palabra no ha de tomarse como un nuevo plural de עב, que aparece en 2 Sam 23, 4 y Sal 77, 18, sino que es el plural normal de עבות, que es un conjunto de ramas, que aquí se entiende como conjunto de nubes.

La frase וַיֵּרָא בְגָבְהוֹ, y fue vista por su altura, sirve simplemente para presentar de manera aun más fuerte el vigoroso crecimiento, y no necesita las alteraciones que propone Hitzig. A esta visión sigue en 19,12, sin ninguna partícula de transición, la descripción de la destrucción de esta viña. Ella fue arrancada con rabia por la ira de Dios, y fue derribada en la tierra, de manera que se secó (cf. para imágenes semejantes Ez 17, 10).

מַטֵּה עֻזָּה se utiliza de un modo colectivo, como equivalente de מַטּוֹת עֹז (19, 11). Por su parte, el sufijo de אֲכָלָתְהוּ se escribe en singular, por razón del uso colectivo de מַטֶּה. Esa acción de arrancar la viña termina con el gesto de trasplantarla en una tierra seca, sin agua, es decir, en la acción de llevar al pueblo de Israel al exilio. En esa línea, la tierra seca es ahora Babilonia, que se describe así como un suelo infértil donde no puede florecer el Reino de Dios.

Según Ez 19, 14, esta catástrofe está ocasionada por los príncipes. El fuego que consume la viña, de manera que ella no pude alimentar ya más ramas, emana de la raíz de las vides (מִמַּטֵּה בַדֶּיהָ), que habían tenido antes tantos nuevos retoños. מטה es la planta que había crecido y había producidos cetros para los gobernantes, es decir, para la familia real de la nación. Aquí se introduce una referencia a Sedecías, cuya traición en la ruptura del pacto con Babilonia (Ez 17, 15) condujo a la destrucción del reino y de la monarquía terrena de Israel.

La visión a partir de 19, 12 es de tipo profético. El gesto de arrancar la viña y de trasplantarla a una tierra seca ha comenzado ya con el exilio de Joaquín (Jeconías); pero todavía no se ha completado, cosa que sucederá con la destrucción de Jerusalén y con el destierro de Sedecías, que sucederá en el futuro (que no había sucedido aún cuando Ezequiel pronunció estas palabras).

La expresión קִינָה הִיא no quiere introducir una noticia histórica conclusiva, sino solo el final de la lamentación, para insistir en la credibilidad de la predicción que ella contiene. וַתְּהִי es una expresión profética, lo mismo que la utilización de los perfectos desde וַתֻּתַּשׁ (Ez 19, 12) en adelante. El significado es este: Esta lamentación forma la substancia de todo este capítulo, y de esa forma culmina.

VI
Ez 20, 1-24, 27
SIGUEN LOS REPROCHES Y AMENAZAS CONTRA ISRAEL

La fecha dada en 20, 1 se aplica no solo a Ez 20, sino a todo Ez 20-23 (cf. 24, 1). Las proclamaciones proféticas de estos cuatro capítulos se encuentran así vinculadas, formando un grupo de palabras de Dios, tanto por su contenido como por el hecho de que se repite por tres veces la expresión ¿juzgarás tú? (20, 23; 22, 2; 23, 36). La formula jwPvth, que solo se omite en la amenaza de castigo contenida en Ez 21, indica, al mismo tiempo, la naturaleza y designio de esas palabras de Dios.

El profeta ha de juzgar, es decir, ha de presentar ante el pueblo, una vez más, sus abominaciones y pecados, para predecir de esa manera el castigo consecuente. La circunstancia que ha ocasionado esto se narra en 20, 1-3. Unos hombres de entre los ancianos de Israel vinieron al profeta para pedir una palabra del Señor.

La ocasión es por tanto semejante a la ya descrita en el grupo de profecías anteriores, pues ya en Ez 14, 1 se nos ha informado que los ancianos han venido donde el profeta para escuchar de su boca la palabra de Dios, pero sin llegar a preguntar más en concreto. Pues bien, en contra de eso, aquí (Ez 20), ellos dirigen al profeta una pregunta, y a través de él se la dirigen al Señor.

El texto no indica la naturaleza de la pregunta, cosa que solo puede deducirse por la respuesta, que Dios les ha ofrecido a través del profeta. De todas formas, la razón para estas nuevas palabras de Dios es esencialmente la misma que la que estaba contenida en Ez 14-19, y sirve para explicar la relación en la que están entre sí los dos grupos, pues Ez 20-24 contiene simplemente una expansión posterior de los reproches y amenazas que hemos visto en Ez 14-19.

1. Ez 20, 1-44. Pasado, presente y futuro de Israel.

En Ez 20, el profeta muestra a los ancianos, en la forma de un resumen histórico, la rebeldía de Israel hacia el Señor, desde el comienzo, incluso en Egipto (20, 5-9) y en el desierto (20, 10-17 y 20, 18-26), tanto en el tiempo de las generaciones antiguas como de las nuevas, mostrando cómo ellos han pecado en contra del

Señor su Dios a través de la idolatría, y cómo el Señor, impulsado por su ira, no les ha destruido, y lo ha hecho solo a causa de su nombre, para manifestarse así tal como él es, es decir, para mostrar su santidad (20, 27-31).

Pues bien, dado que Israel no ha abandonado la idolatría ni en la tierra de Canaán, el Señor no aceptará las preguntas de esta generación idólatra, sino que la purificará a través de juicios severos entre las naciones (20, 32-38), y la santificará para convertirla en un pueblo que le agrade, y la llevará de nuevo a la tierra que prometió a sus padre, donde los israelitas le servirán con sacrificios y dones sobre su santa montaña (20, 39-44). Según eso, esta palabra de Dios ofrece una repetición más literal de la descripción alegórica contenida en Ez 16.

20, 1-4. Fecha, ocasión y tema del discurso que sigue

¹ וַיְהִי בַּשָּׁנָה הַשְּׁבִיעִית בַּחֲמִשִׁי בֶּעָשׂוֹר לַחֹדֶשׁ בָּאוּ אֲנָשִׁים מִזִּקְנֵי יִשְׂרָאֵל לִדְרֹשׁ אֶת־יְהוָה וַיֵּשְׁבוּ לְפָנָי: ס
² וַיְהִי דְבַר־יְהוָה אֵלַי לֵאמֹר:
³ בֶּן־אָדָם דַּבֵּר אֶת־זִקְנֵי יִשְׂרָאֵל וְאָמַרְתָּ אֲלֵהֶם כֹּה אָמַר אֲדֹנָי יְהוִה הֲלִדְרֹשׁ אֹתִי אַתֶּם בָּאִים חַי־אָנִי אִם־אִדָּרֵשׁ לָכֶם נְאֻם אֲדֹנָי יְהוִה:
⁴ הֲתִשְׁפֹּט אֹתָם הֲתִשְׁפּוֹט בֶּן־אָדָם אֶת־תּוֹעֲבֹת אֲבוֹתָם הוֹדִיעֵם:

¹ Aconteció en el año séptimo, en el mes quinto, a los diez días del mes, que vinieron algunos de los ancianos de Israel a consultar a Yahvé, y se sentaron delante de mí. ² Y vino a mí palabra de Yahvé, diciendo: ³ Hijo de hombre, habla a los ancianos de Israel y diles: Así ha dicho Yahvé, el Señor: ¿Venís vosotros a consultarme? Vivo yo, que no os responderé, dice Yahvé, el Señor. ⁴ ¿Quieres tú juzgarlos? ¿Los quieres juzgar tú, hijo de hombre? Hazles conocer las abominaciones de sus padres,

Si comparamos la fecha de Ez 20, 1 con la fecha Ez 8, 1, veremos que esta palabra de Dios fue proclamada solo once meses y cinco días después de la anterior: Dos años, un mes y cinco días después de la llamada de Ezequiel para ser profeta (1, 2); dos años y cinco meses antes del asedio de Jerusalén por los caldeos (24, 1). Eso significa que estas palabras se sitúan en el centro de la primera sección de la palabra profética de Ezequiel desde el destierro.

לִדְרֹשׁ אֶת־יְהוָה, para buscar (consultar) una revelación de parte de Yahvé. La respuesta del Señor en 20, 3 es semejante a la de 14, 3. En vez de ofrecer una revelación concerniente al futuro, y especialmente en relación con el rápido final de de los sufrimientos (tema que los ancianos habían venido, sin duda, a preguntar), el profeta va a dirigirles una palabra de juicio, como muestra la frase que sigue, no solo en este pasaje, sino también en 22, 3; 23, 36: Ezequiel va a presentar ante ellos los pecados y abominaciones de Israel.

Aquí se mencionan los pecados de los antepasados, para poner de relieve, por anticipado, la visión siguiente de la apostasía de la nación, desde un tiempo inmemorial.

"Ezequiel no responde a los pecadores, sino que les echa en cara sus pecados, añadiendo un juramento (¡vivo yo!) por el que se dice que el rechazo será aún más fuerte" (Jerónimo). La pregunta por la justicia (הֲתִשְׁפֹּט), que se repite con emoción, "expresa el deseo impaciente de que las cosas pudieran haberse hecho (cumplido) ya" (Hitzig).

La forma interrogativa de la cuestión se emplea aquí para poner de relieve, del modo más serio, la exigencia de ir y de cumplir lo exigido. Por eso, la explicación literal de la palabra הֲתִשְׁפֹּט viene a explicitarse en forma imperativa (הוֹדִיעֵם: dales a conocer). El profeta tiene que volver a los pecados de los antepasados no simplemente para exhibir la magnitud de la culpa del pueblo, sino también para poner de relieve ante el pueblo la paciencia y magnanimidad que el Señor ha mostrado con ellos.

20, 5-9. Elección de Israel en Egipto. Su resistencia a los mandamientos de Dios

⁵ וְאָמַרְתָּ אֲלֵיהֶם כֹּה־אָמַר אֲדֹנָי יְהוִה בְּיוֹם בָּחֳרִי בְיִשְׂרָאֵל
וָאֶשָּׂא יָדִי לְזֶרַע בֵּית יַעֲקֹב וָאִוָּדַע לָהֶם בְּאֶרֶץ מִצְרָיִם
וָאֶשָּׂא יָדִי לָהֶם לֵאמֹר אֲנִי יְהוָה אֱלֹהֵיכֶם׃
⁶ בַּיּוֹם הַהוּא נָשָׂאתִי יָדִי לָהֶם לְהוֹצִיאָם מֵאֶרֶץ מִצְרָיִם
אֶל־אֶרֶץ אֲשֶׁר־תַּרְתִּי לָהֶם זָבַת חָלָב וּדְבַשׁ צְבִי הִיא לְכָל־הָאֲרָצוֹת׃
⁷ וָאֹמַר אֲלֵהֶם אִישׁ שִׁקּוּצֵי עֵינָיו הַשְׁלִיכוּ וּבְגִלּוּלֵי מִצְרַיִם
אַל־תִּטַּמָּאוּ אֲנִי יְהוָה אֱלֹהֵיכֶם׃
⁸ וַיַּמְרוּ־בִי וְלֹא אָבוּ לִשְׁמֹעַ אֵלַי אִישׁ אֶת־שִׁקּוּצֵי עֵינֵיהֶם לֹא
הִשְׁלִיכוּ וְאֶת־גִּלּוּלֵי מִצְרַיִם לֹא עָזָבוּ וָאֹמַר לִשְׁפֹּךְ חֲמָתִי
עֲלֵיהֶם לְכַלּוֹת אַפִּי בָּהֶם בְּתוֹךְ אֶרֶץ מִצְרָיִם׃
⁹ וָאַעַשׂ לְמַעַן שְׁמִי לְבִלְתִּי הֵחֵל לְעֵינֵי הַגּוֹיִם אֲשֶׁר־הֵמָּה
בְתוֹכָם אֲשֶׁר נוֹדַעְתִּי אֲלֵיהֶם לְעֵינֵיהֶם לְהוֹצִיאָם מֵאֶרֶץ מִצְרָיִם׃

⁵ Y diles: Así ha dicho Yahvé, el Señor: El día que escogí a Israel y que alcé mi mano para jurar a la descendencia de la casa de Jacob, cuando me di a conocer a ellos en la tierra de Egipto, cuando alcé mi mano y les juré, diciendo: Yo soy Yahvé, vuestro Dios, ⁶ aquel día que les alcé mi mano, jurando así que los sacaría de la tierra de Egipto a la tierra que les había provisto, la cual fluye leche y miel y es la más hermosa de todas las tierras.
⁷ Entonces les dije: Cada uno eche de sí las abominaciones de delante de sus ojos, y no os contaminéis con los ídolos de Egipto. Yo soy Yahvé, vuestro Dios. Pero ellos se rebelaron contra mí y no quisieron obedecerme; no echó de sí cada uno las abominaciones de delante de sus ojos ni dejaron los ídolos de Egipto.
Entonces dije que derramaría mi ira sobre ellos, para consumir mi enojo en ellos en medio de la tierra de Egipto. ⁹ Con todo, a causa de mi nombre, para que no se profanara ante los ojos de las naciones en medio de las cuales estaban, ante cuyos ojos fui conocido, actué para sacarlos de la tierra de Egipto.

Ez 20, 5-6 forma una sola frase. La indicación בְּיוֹם בָּחֳרִי (20, 5) ha sido reasumida en בַּיּוֹם הַהוּא (20, 6), y en la sentencia siguiente. Con וָאֶשָּׂא se pasa del infinitivo al verbo finito. Levantar la mano hacia el cielo es un gesto que se utiliza cuando se jura (cf. *Coment*. a Ex 6, 8).

La sustancia de ese juramento ha sido introducida con la palabra לֵאמֹר al final de Ez 20, 5. Pero antes se ha introducido la palabra וָאִוָּדַע, y me he dado a conocer, mencionándose después la elevación de la mano, para indicar la importancia de este acto de la divina gracia. El contenido de 20, 5-6 se apoya en Ex 6, 2, cuando el Señor se da a conocer a Moisés, y a través de él a los hijos de Israel, conforme a la naturaleza profunda del nombre de Yahvé, que él no había revelado todavía a los patriarcas (Ex 6, 3).

Estas dos expresiones, אֶשָּׂא יָדִי (yo levanté mi mano) y אֲנִי יְהוָה están tomadas de Ex 6, 8. La palabra תרתי, de תור (buscar, explorar) pertenecen también al lenguaje del Pentateuco (cf. Dt 1, 33). Y lo mismo puede decirse de la descripción de Canaán como tierra "de la que mana leche y miel" (cf. Ex 3, 8 etc.).

Pero צבי, ornamento, como epíteto aplicado a la tierra de Israel aparece por vez primera en los profetas del tiempo de la cautividad, es decir en Ez 20, 6.15 y en Jer 3, 19, con Dan 8, 9; 11, 16. 41 etc. La elección de los israelitas como pueblo de Yahvé implicaba por sí misma el mandato de abandonar los ídolos de Egipto, aunque solo en el Sinaí (Ex 20, 3) se prohibió por vez primera la adoración de otros ídolos, y la idolatría egipcia se nombre expresamente por primera vez en Lev 17, 7 (cf. Jo 24, 14).

Ezequiel llama a los ídolos las "abominaciones de sus ojos", porque "aunque ellos eran abominables y execrables, sus fieles les miraban con agrado" (Rosenmüller). En el Pentateuco no se afirma expresamente que los israelitas no obedecieron el mandamiento de Dios, ni se habla de su falta de disposición para abandonar la idolatría de Egipto, pero ello puede deducirse de las afirmaciones contenidas en Ex 6, 9. 12, cuando se afirma que los israelitas no quisieron obedecer a Dios cuando les mandó salir de Egipto; así se indica de un modo más claro con la recaída en la idolatría egipcia con la adoración del becerro de oro en el Sinaí (Ex 32), y con el deseo de volver a Egipto cuando andaban errantes por el desierto[27].

En el Pentateuco no se dice tampoco nada sobre la determinación de Dios de derramar su ira sobre el pueblo idólatra de Egipto. Ciertamente, aquí no tenemos necesidad de asumir que en este relato Ezequiel recibió su información de

---

27. Las observaciones de Calvino sobre este tema son muy buenas: "No leemos directamente en Moisés que ellos hayan sido rebeldes contra Dios, no queriendo arrojar sus ídolos y sus supersticiones. Pero podemos conjeturar con mucha probabilidad que ellos estaban tan firmemente fijados en sus abominaciones que no permitían que la mano Dios les llevara consuelo. Ciertamente, si ellos hubiera cumplido lo que Dios les mandaba, la ejecución de la promesa hubiera sido rápida y directa. De esto podemos deducir que fue el carácter obtuso de su mente lo que no dejó que la ampliara y realizara siempre lo que había prometido. Fue necesario que Dios se enfrentara con el faraón, para que su poder se desplegara de un modo más claro; pero el pueblo no habría sido afligido de un modo tan tiránico si ellos no hubieran cerrado la puerta a la misericordia de Dios".

alguna fuerte tradicional distinta, como ha hecho Vitringa (*Observationes Sacrorum Librorum*, I. 263), ni tomar esta afirmación como una revelación especial que Dios hizo a Ezequiel, y a través de él a nosotros. Estas palabras no nos revelan un hecho particular o un decreto preciso de Dios, sino que contienen simplemente una descripción de la actitud que, conforme a su más honda naturaleza, Dios asume en relación a los pecadores que se revelan en contra de sus santos mandamientos.

Esa visión de Dios está contenida en las declaraciones en las que él se presenta a sí mismo como un Dios celoso, que castiga las iniquidades de los hombres (cf. Ex 20, 5) y también en las palabras dirigidas a Moisés cuando el pueblo cayó en idolatría en el Sinaí: "Deja que mi ira se despliegue en contra de ellos, de forma que yo pueda consumirlos" (Ex 32, 10). Todo lo que Dios expresa aquí debe haberlo sentido en Egipto hacia el pueblo que no abandonaba su idolatría. Para las palabras en sí, cf. Ez 7, 8; 6, 12; 5, 13.

וָאַעַשׂ, 20, 9: "Pero yo actué por causa de mi nombre". El objeto en el que se expresa esa acción no aparece expresamente, pero puede deducirse de lo que sigue (para que no se profanara mi nombre entre las naciones…). Eso es lo que hubiera sucedido si Dios hubiera destruido a Israel, derramando así su ira (o dejando que los israelitas fueran aniquilados por los egipcios). En ese caso, los gentiles hubieran dicho que Yahvé había sido incapaz de liberar a su pueblo de la mano y poder de los egipcios (cf. Num 14, 16; Ex 32, 12). הֵחֵל es un *infin. niphal* de חלל (cf. Lev 21, 4).

20, 10-17. Conducta de Israel en el desierto,

¹⁰ וָאוֹצִיאֵם מֵאֶרֶץ מִצְרָיִם וָאֲבִאֵם אֶל־הַמִּדְבָּר׃
¹¹ וָאֶתֵּן לָהֶם אֶת־חֻקּוֹתַי וְאֶת־מִשְׁפָּטַי הוֹדַעְתִּי אוֹתָם אֲשֶׁר יַעֲשֶׂה אוֹתָם הָאָדָם וָחַי בָּהֶם׃
¹² וְגַם אֶת־שַׁבְּתוֹתַי נָתַתִּי לָהֶם לִהְיוֹת לְאוֹת בֵּינִי וּבֵינֵיהֶם לָדַעַת כִּי אֲנִי יְהוָה מְקַדְּשָׁם׃
¹³ וַיַּמְרוּ־בִי בֵית־יִשְׂרָאֵל בַּמִּדְבָּר בְּחֻקּוֹתַי לֹא־הָלָכוּ וְאֶת־מִשְׁפָּטַי מָאָסוּ אֲשֶׁר יַעֲשֶׂה אֹתָם הָאָדָם וָחַי בָּהֶם וְאֶת־שַׁבְּתֹתַי חִלְּלוּ מְאֹד וָאֹמַר לִשְׁפֹּךְ חֲמָתִי עֲלֵיהֶם בַּמִּדְבָּר לְכַלּוֹתָם׃
¹⁴ וָאֶעֱשֶׂה לְמַעַן שְׁמִי לְבִלְתִּי הֵחֵל לְעֵינֵי הַגּוֹיִם אֲשֶׁר הוֹצֵאתִים לְעֵינֵיהֶם׃
¹⁵ וְגַם־אֲנִי נָשָׂאתִי יָדִי לָהֶם בַּמִּדְבָּר לְבִלְתִּי הָבִיא אוֹתָם אֶל־הָאָרֶץ אֲשֶׁר־נָתַתִּי זָבַת חָלָב וּדְבַשׁ צְבִי הִיא לְכָל־הָאֲרָצוֹת׃
¹⁶ יַעַן בְּמִשְׁפָּטַי מָאָסוּ וְאֶת־חֻקּוֹתַי לֹא־הָלְכוּ בָהֶם וְאֶת־שַׁבְּתוֹתַי חִלֵּלוּ כִּי אַחֲרֵי גִלּוּלֵיהֶם לִבָּם הֹלֵךְ׃
¹⁷ וַתָּחָס עֵינִי עֲלֵיהֶם מִשַּׁחֲתָם וְלֹא־עָשִׂיתִי אוֹתָם כָּלָה בַּמִּדְבָּר׃

¹⁰ *Los saqué de la tierra de Egipto y les traje al desierto.* ¹¹ *Les di mis estatutos y les hice conocer mis decretos, por los cuales el hombre que los cumpla, vivirá.* ¹² *Y les di también mis sábados, para que fueran por señal entre yo y ellos, para que supieran que yo soy Yahvé que los santifico.* ¹³

Pero la casa de Israel se rebeló contra mí en el desierto; no anduvieron en mis estatutos y desecharon mis decretos, por los cuales el hombre que los cumpla, vivirá; y mis sábados profanaron en gran manera. Dije, por tanto, que derramaría sobre ellos mi ira en el desierto para exterminarlos. ¹⁴ *Pero actué a causa de mi nombre, para que no fuera profanado a la vista de las naciones ante cuyos ojos los había sacado.*

¹⁵ *También yo les alcé mi mano en el desierto, jurando que no los traería a la tierra que les había dado, la cual fluye leche y miel y es la más hermosa de todas las tierras;* ¹⁶ *porque desecharon mis decretos, no anduvieron en mis estatutos y profanaron mis sábados, porque tras sus ídolos iba su corazón.* ¹⁷ *Con todo, los miré con piedad: no los maté ni los exterminé en el desierto;* ¹⁸ *antes bien, dije en el desierto a sus hijos: 'No andéis en los estatutos de vuestros padres ni guardéis sus leyes ni os contaminéis con sus ídolos.*

En el Sinaí Dios dio leyes al pueblo al que había sacado de Egipto, de manera que por su cumplimiento ellos pudieran ser santificados, formando su propio pueblo, de manera que pudieran vivir ante Dios. Sobre 20, 11, cf. Dt 30, 16. 19. Ez 20, 12 está tomado casi al pie de la letra de Ex 31, 3, donde Dios ofrece al pueblo las directrices de su culto, urgiéndoles del modo más solemne a la observancia de sus sábados, de manera que el cumplimiento del sábado aparece como centro de toda la liturgia divina. Al referirse a los sábados, Ezequiel habla de los sábados como tales, no de todas las instituciones orantes de Israel. Solo del Sábado, que retorna cada semana, y no de otras fiestas, se puede afirmar que es un signo entre Yahvé e Israel.

El sábado era un signo, pero no una especie de talismán por el que se dijera que quien lo cumplía era israelita, como supone Hitzig. Era un signo para conocer (para que ellos pudieran conocen) que Yahvé les estaba santificando, es decir, que lo hacía por el descanso sabático, por el que los israelitas elevaban su mente, de manera que pudieran tener una especie de gusto anticipado de aquello que iban a recibir como pueblo de Dios (cf. *Coment.* a Ex 20, 11).

Solo partiendo de ese significado más profundo del Sábado se puede comprender la importancia que aquí se da a los sábados, y no solamente por el hecho de que en el exilio, sin culto del templo, el cumplimiento del sábado podía entenderse como el único lazo de unía a los israelitas, en lo que se refiere a la adoración de Dios (Hitzig).

Ejemplos históricos de la oposición de Israel en el desierto en contra de los mandamientos de Dios aparecen en Ex 32, 1-6 y Num 25, 13. Sobre la rechazo del Sábado cf. Ez 16, 27 y Num 15, 32. Sobre la amenaza contenida en Ez 20, 13, cf. Ex 32, 10; Num 14, 11-12. Ez 20, 15-16 no son una repetición de 20, 23 (en contra de Hitzig), ni introducen una limitación a 20, 14 (Kliefoth). Ellos relatan simplemente las restantes cosas que Dios iba a hacer para poner límite a la rebelión, después que él hubiera revocado el decreto de exterminar a Israel, por intercesión de Moisés (cf. Num 14, 11-19).

Siguen los reproches y amenazas contra Israel

Dios levantó la mano para jurar que la generación que había salido de Egipto no entraría en la tierra de Canaán, sino que debería morir en el desierto. Eso significa que Dios miró con piedad a su pueblo, de manera que no lo exterminó, pero jurando que esta generación de israelitas rebeldes no entrarían en la tierra. וְלֹא־עָשִׂיתִי אוֹתָם כָּלָה, no los maté, como en Ez 11, 13.

20, 18-26. La generación que creció en el desierto.

וָאֹמַר אֶל־בְּנֵיהֶם בַּמִּדְבָּר בְּחוּקֵי אֲבוֹתֵיכֶם אַל־תֵּלֵכוּ וְאֶת־מִשְׁפְּטֵיהֶם אַל־תִּשְׁמֹרוּ וּבְגִלּוּלֵיהֶם אַל־תִּטַּמָּאוּ: [18]
אֲנִי יְהוָה אֱלֹהֵיכֶם בְּחֻקּוֹתַי לֵכוּ וְאֶת־מִשְׁפָּטַי שִׁמְרוּ וַעֲשׂוּ אוֹתָם: [19]
וְאֶת־שַׁבְּתוֹתַי קַדֵּשׁוּ וְהָיוּ לְאוֹת בֵּינִי וּבֵינֵיכֶם לָדַעַת כִּי אֲנִי יְהוָה אֱלֹהֵיכֶם: [20]
וַיַּמְרוּ־בִי הַבָּנִים בְּחֻקּוֹתַי לֹא־הָלָכוּ וְאֶת־מִשְׁפָּטַי לֹא־שָׁמְרוּ לַעֲשׂוֹת אוֹתָם אֲשֶׁר יַעֲשֶׂה אוֹתָם הָאָדָם וָחַי בָּהֶם אֶת־שַׁבְּתוֹתַי חִלֵּלוּ וָאֹמַר לִשְׁפֹּךְ חֲמָתִי עֲלֵיהֶם לְכַלּוֹת אַפִּי בָּם בַּמִּדְבָּר: [21]
וַהֲשִׁבֹתִי אֶת־יָדִי וָאַעַשׂ לְמַעַן שְׁמִי לְבִלְתִּי הֵחֵל לְעֵינֵי הַגּוֹיִם אֲשֶׁר־הוֹצֵאתִי אוֹתָם לְעֵינֵיהֶם: [22]
גַּם־אֲנִי נָשָׂאתִי אֶת־יָדִי לָהֶם בַּמִּדְבָּר לְהָפִיץ אֹתָם בַּגּוֹיִם וּלְזָרוֹת אוֹתָם בָּאֲרָצוֹת: [23]
יַעַן מִשְׁפָּטַי לֹא־עָשׂוּ וְחֻקּוֹתַי מָאָסוּ וְאֶת־שַׁבְּתוֹתַי חִלֵּלוּ וְאַחֲרֵי גִּלּוּלֵי אֲבוֹתָם הָיוּ עֵינֵיהֶם: [24]
וְגַם־אֲנִי נָתַתִּי לָהֶם חֻקִּים לֹא טוֹבִים וּמִשְׁפָּטִים לֹא יִחְיוּ בָּהֶם: [25]
וָאֲטַמֵּא אוֹתָם בְּמַתְּנוֹתָם בְּהַעֲבִיר כָּל־פֶּטֶר רָחַם לְמַעַן אֲשִׁמֵּם לְמַעַן אֲשֶׁר יֵדְעוּ אֲשֶׁר אֲנִי יְהוָה: ס [26]

[18] *Así dije en el desierto a sus hijos: 'No andéis en los estatutos de vuestros padres ni guardéis sus leyes ni os contaminéis con sus ídolos.* [19] *Yo soy Yahvé, vuestro Dios: andad en mis estatutos, guardad mis preceptos y ponedlos por obra.* [20] *Santificad mis sábados, y sean por señal entre mí y vosotros, para que sepáis que yo soy Yahvé, vuestro Dios'.*
[21] *Pero los hijos se rebelaron contra mí; no anduvieron en mis estatutos ni guardaron mis decretos para ponerlos por obra, por los cuales el hombre que los cumpla, vivirá; y profanaron mis sábados. Dije entonces que derramaría mi ira sobre ellos, para consumar mi enojo en ellos en el desierto.* [22] *Sin embargo, retraje mi mano a causa de mi nombre, para que no fuera profanado a la vista de las naciones ante cuyos ojos los había sacado.*
[23] *También les alcé yo mi mano en el desierto, jurando que los esparciría entre las naciones y que los dispersaría por las tierras,* [24] *porque no pusieron por obra mis decretos, sino que desecharon mis estatutos, profanaron mis sábados y tras los ídolos de sus padres se les fueron los ojos.* [25] *Por eso yo también les di estatutos que no eran buenos y decretos por los cuales no podrían vivir.* [26] *Y los contaminé en sus ofrendas cuando hacían pasar por el fuego a todo primogénito, para horrorizarles y hacerles saber que yo soy Yahvé.*

Los hijos actuaron como sus padres en el desierto. Pruebas históricas de estos hechos aparecen en el relato del transgresor del sábado (Num 15, 32), en la rebelión del grupo de Korah, y en la murmuración de toda la congregación en contra de Moisés y de Aarón, tras la destrucción del grupo de Korah (Num 16; 17, 1-13). En los dos últimos casos, Dios amenazó a toda la congregación diciendo que la destruiría (Num 16, 21; 17, 9-10), pero en ambas ocasiones Dios retiró su mano por intercesión e intervención de Moisés (Num 16, 22; 17, 11), y no destruyó a toda la nación por causa de su Nombre. Sobre esos datos descansan las afirmaciones de Ez 20, 21-22.

Las palabras de Ez 20, 23, en las que se dice que Dios ha jurado que dispersará a los transgresores entre los paganos, se encuentran también en el Pentateuco, y no necesitan una tradición independiente ni una revelación especial de Dios. La amenaza de la dispersión entre los paganos aparece en Lev 26, 33 y Dt 28, 64, y no se puede aceptar la opinión de Kliefoth, cuando afirma que esas amenazas no se refieren a los israelitas del desierto, sino a los de un tiempo posterior. En esos dos capítulos (Lev 26 y Dt 28) se está hablando de las bendiciones y maldiciones para los israelitas de aquel tiempo del desierto, y no aluden por tanto a las generaciones de tiempos posteriores.

Por el contrario, cuando se dirigió al pueblo reunido ante él ofreciéndole el último discurso sobre la renovación de la alianza (Dt 29-30), Moisés les pidió que entraran en la alianza "que Yahvé establece contigo (con vosotros) en este día" (Dt 29, 12), diciéndoles que mantengan todas las palabras de esta alianza y las cumplan. En ese mismo discurso, Moisés habla de las amenazas de la ley, y les llama אלה, un juramento (Dt 29, 13); en ese mismo fondo se entiende el gesto de Dios que eleva la mano para jurar, en Ez 20, 23.

Pero en ese verso del Deuteronomio no se dice que Dios haya levantado su mano para dispersar entre los paganos a la generación que había crecido en el desierto, dispersándoles en las tierras de los paganos antes de la entrada en la tierra que Dios prometió a sus padres. En contra de eso, en Ezequiel se afirma simplemente que Dios elevó su mano en el desierto para amenazar al pueblo con la dispersión entre los paganos, sin precisar en modo alguno el tiempo en que ello sucediera.

En las bendiciones y amenazas de la ley, contenidas en Lev 26 y Dt 28-30, se alude a la nación como un todo unido, de manera que no se distingue entre las generaciones sucesivas, para anunciar esta bendición o castigo particular a unos y otros. Pues bien, Ezequiel actúa de la misma manera. Ciertamente, él distingue la generación que salió de Egipto y fue condenada por Dios para morir en el desierto de la generación de los hijos, es decir, es decir, de aquellos que nacieron y crecieron en el desierto. Pues bien, a esa última generación, es decir, a los hijos de aquellos que habían caído en el desierto, a la generación de aquellos que entraron en la tierra de Canaán, Ezequiel la mira como unida a todas las generaciones siguientes, a las que abraza como un todo, bajo el nombre común de "los padres", hasta la generación de su propio tiempo (cf. Ez 20, 27). Así podemos verlo claramente por el giro dado a la sentencia que describe la apostasía de aquellos que vinieron a la tierra de Canaán (cf. וּלְזָרוֹת).

De esa forma, al vincular la generación que creció en el desierto y fue introducida en Canaán con las generaciones que siguieron y vivieron en Canaán, Ezequiel asume de manera muy estrecha la visión que prevalece en el Pentateuco donde la nación en todas sus generaciones sucesivas se mira como un todo unido. De esa forma, la amenaza de dispersión entre los paganos que el Señor dirigió en el desierto a los hijos de aquellos que no iban a ver la tierra, la menciona también Ezequiel como una maldición que Dios va a ejecutar sobre el pueblo que seguía peregrinando por el desierto en su propio tiempo.

En esa línea ha vinculado Ezequiel la generación de aquellos a quienes Dios amenazó con ser dispersados y vagar por el desierto, en el tiempo de la entrada en la tierra prometida, con la generación de aquellos a quienes Dios amenazaba con dispersar por el desierto, también en sus propios días. Éste es el sentido de Ez 20, 23. Ezequiel no se refiere aquí simplemente al castigo que Dios prometió cumplir, pero que no realizó entonces (en el tiempo de la dispersión por el desierto), por causa de su nombre.

Al contrario, esa amenaza de dispersión por el desierto se nombra aquí simplemente como una prueba de que, incluso en el desierto, el pueblo al que Dios había decidido introducir en Canaán, se encontraba bajo la amenaza de aquel mismo castigo que había comenzado a realizarse precisamente ahora, porque el pueblo rebelde de Israel había resistido obstinadamente contra los mandamientos y derechos de su Dios. Estas observaciones pueden aplicarse igualmente a Ez 20, 25-26.

Estos versos no se limitan solo a la generación que había nacido en el desierto y que moriría poco después de su entrada en Canaán, sino que se refieren también a sus descendentes, es decir, a los padres de los contemporáneos de nuestro profeta, que habían nacido y muerto en Canaán. Dios les dio "estatutos" que no eran bueno, y leyes que no les conducían a la vida.

Evidentemente, esos estatutos y leyes que no eran buenas no pueden ser los mandamientos mosaicos, ni las leyes ceremoniales de Israel, como han pensado algunos Padres de la Iglesia y algunos comentaristas protestantes antiguos, ni son tampoco las amenazas contenidas en la misma ley. Los mandamientos ceremoniales dados por Dios eran buenos, y llevaban vinculada una promesa de Dios, de forma que su cumplimiento concedería vida. En contra de eso, las amenazas de castigo contenidas en la ley no llevan el nombre de חֻקִּים ni de מִשְׁפָּטִים. Estos estatutos se llaman simplemente "no buenos", de manera que su cumplimiento no implica vida, ni bendición ni salvación.

La segunda frase (por los cuales no podían vivir) sirve de explicación de la primera (les di estatutos que no eran bueno). En esa línea están los "mandamientos" de 20, 26, vinculados al sacrificio de los primogénitos (que no viene de Dios).

Ciertamente, en Ex 13, 12 se afirma que todos los primogénitos (כָּל־פֶּטֶר רֶחֶם) son para Dios, aunque en nuestro caso (Ez 20, 26) se omite que son "para Yahvé" (ליהוה), porque el mandamiento de sacrificar a los primogénitos es una perversión idolátrica del mandamiento de ofrecer esos primogénitos a Dios.

Esa fórmula (todo el que abre el vientre: כָּל־פֶּטֶר רֶחֶם) se utiliza en el Éxodo y en Ezequiel, pero con una diferencia fundamental. Según el Éxodo los primogénitos son ליהוה (para servir a Yahvé), no para ser sacrificados. En cambio, en este mandamiento de Ezequiel se supone (de un modo falso) que ha sido el mismo Yahvé el que lo ha ratificado; de esa manera, los judíos han caído en un engaño radical respecto al mismo Dios, pensando que les mandaba sacrificar a los primogénitos.

La palabra בְּהַעֲבִיר significa una dedicación a través del fuego (באש, cf. Ez 20, 31), pero en el Éxodo, al añadirse "para Yahvé" (ליהוה) se está mostrando que se trata de una dedicación religiosa, sin sacrificar o matar al niño. De esa manera, la ley judía se opone de un modo muy claro a la costumbre cananea de dedicar los niños a Moloc, a través de un sacrificio real, por el fuego (cf. *Coment.* Ez 13, 12). Ezequiel se refiere a esa costumbre cananea, y la cita de un modo preciso, como ejemplo concreto de la perversión de aquellos israelitas que han pervertido sus dones sacrificiales (su misma ley) al ofrecer a Dios sacrificios impuros, inhumanos (טמא).

Es evidente que esta costumbre cananea se introdujo entre los israelitas, como muestra el hecho de que se repita la prohibición de ofrecer niños a Molok, sacrificándolos con fuego (Lev 18, 21; 18, 20). Por eso, cuando aquí se dice que Dios "dio" a los israelitas un mandamiento estrictamente prohibido por la ley, se está indicando que ese mandato, con נתן (dar) solo puede entenderse en sentido de sentencia judicial (como castigo, no como permiso).

Ese mandato puede entenderse en la línea de 2 Tes 2, 11 donde se dice que Dios les ha entregado en manos de un fuerte engaño y en la línea de Hch 7, 42: "Dios les pervirtió y les hizo adorar al ejército de los cielos". Dios endurece de esa manera a los que son infieles, de manera que los que no renuncian a la idolatría caen en manos de su propio poder, que les va destruyendo de manera cada vez más profunda. Este endurecimiento va en la línea de la afirmación básica de Ez 20, 26, donde se muestra el designio de Dios al hacer esto: "para llenarles de horror...", para ver si de esa manera pudieran reflexionar y volver a Yahvé, su Dios.

20, 27-31. Israel cometió pecados también en Canaán

²⁷ לָכֵן דַּבֵּר אֶל־בֵּית יִשְׂרָאֵל בֶּן־אָדָם וְאָמַרְתָּ אֲלֵיהֶם כֹּה אָמַר אֲדֹנָי יְהוִה עוֹד זֹאת גִּדְּפוּ אוֹתִי אֲבוֹתֵיכֶם בְּמַעֲלָם בִּי מָעַל׃

²⁸ וָאֲבִיאֵם אֶל־הָאָרֶץ אֲשֶׁר נָשָׂאתִי אֶת־יָדִי לָתֵת אוֹתָהּ לָהֶם וַיִּרְאוּ כָל־גִּבְעָה רָמָה וְכָל־עֵץ עָבֹת וַיִּזְבְּחוּ־שָׁם אֶת־זִבְחֵיהֶם וַיִּתְּנוּ־שָׁם כַּעַס קָרְבָּנָם וַיָּשִׂימוּ שָׁם רֵיחַ נִיחוֹחֵיהֶם וַיַּסִּיכוּ שָׁם אֶת־נִסְכֵּיהֶם׃

²⁹ וָאֹמַר אֲלֵהֶם מָה הַבָּמָה אֲשֶׁר־אַתֶּם הַבָּאִים שָׁם וַיִּקָּרֵא

Siguen los reproches y amenazas contra Israel

שָׁמָּה בָּמָה עַד הַיּוֹם הַזֶּה:
³⁰ לָכֵן אֱמֹר אֶל־בֵּית יִשְׂרָאֵל כֹּה אָמַר אֲדֹנָי יְהוִה הַבְדֶרֶךְ
אֲבוֹתֵיכֶם אַתֶּם נִטְמְאִים וְאַחֲרֵי שִׁקּוּצֵיהֶם אַתֶּם זֹנִים:
³¹ וּבִשְׂאֵת מַתְּנֹתֵיכֶם בְּהַעֲבִיר בְּנֵיכֶם בָּאֵשׁ אַתֶּם נִטְמְאִים
לְכָל־גִּלּוּלֵיכֶם עַד־הַיּוֹם וַאֲנִי אִדָּרֵשׁ לָכֶם בֵּית יִשְׂרָאֵל
חַי־אָנִי נְאֻם אֲדֹנָי יְהוִה אִם־אִדָּרֵשׁ לָכֶם:

²⁷ *Por tanto, hijo de hombre, habla a la casa de Israel, y diles: Así ha dicho Yahvé, el Señor: Aun en esto me afrentaron vuestros padres cuando cometieron infidelidad contra mí.* ²⁸ *Porque yo los traje a la tierra sobre la cual había alzado mi mano jurando que había de dársela, y miraron a todo collado alto y a todo árbol frondoso: allí sacrificaron sus víctimas, allí presentaron ofrendas que me irritan, allí pusieron también su incienso agradable y allí derramaron sus libaciones.* ²⁹ *Yo les dije: ¿Qué es ese lugar alto adonde vosotros vais? Y fue llamado su nombre 'Bama' hasta el día de hoy.*
³⁰ *Di, pues, a la casa de Israel: Así ha dicho Yahvé, el Señor: ¿No os contamináis vosotros a la manera de vuestros padres, y fornicáis tras sus abominaciones?* ³¹ *Porque ofreciendo vuestras ofrendas, haciendo pasar vuestros hijos por el fuego, os habéis contaminado con todos vuestros ídolos hasta hoy, ¿y habré de responderos yo, casa de Israel? ¡Vivo yo, dice Yahvé el Señor, que no os responderé!*

Israel cometió también pecados en la tierra de Canaán, y hasta el día de hoy no los ha abandonado. Por eso, él no permitirá que la generación idólatra vaya a preguntarle para que él responda. El לָכֵן de 20, 27 queda resumido en 20, 30, donde se ofrece la respuesta dada por Dios a los ancianos que han venido a preguntarle, después de una declaración en la que se dice explícitamente que Israel ha continuado realizando cultos idolátricos de la manera más intensa, incluso después de la entrada en Canaán.

Por la manera en que se eleva esa acusación (זֹאת עוֹד), descubrimos que Ezequiel está condenando a los "padres" de su generación, y no simplemente a los antepasados del tiempo de camino por el desierto. Los que han pecado así son los israelitas que han vivido y siguen viviendo en Canaán, a quienes se les acusa de los pecados de la generación antigua del desierto. זֹאת es un acusativo y גִּדְּפוּ se construye con acusativo de persona y de cosa.

La definición más precisa de זֹאת no viene dada en בְּמַעֲלָם בִּי, del final del verso, sino en la idolatría de la que se habla en todo el verso 20, 28. מַעַל se refiere a la infidelidad implicada en la ruptura de la alianza y en la idolatría. Esta es la descripción general, en la que la infidelidad a Dios viene a presentarse en forma de blasfemia. Sobre el hecho en sí, es decir, sobre la adoración en los lugares altos, que se practicaba de un modo muy extendido, cf. 6, 13; 16, 24-25; 1 Rey 14, 23; 2 Rey 17, 10.

En la enumeración de esas ofrendas resulta chocante el lugar en que se sitúa כַּעַס קָרְבָּנָם, es decir, entre los sacrificios de animales (זִבְחֵיהֶם) y las ofrendas de incienso y las libaciones de bebidas. Ésta es sin duda la razón por la que la fase וַיִּתְּנוּ־שָׁם se omite en los *Cod. Vat.* y *Alexan.* de los LXX; en esa línea, el mismo Hitzig propone eliminar esas palabras. Pero Teodoreto encontró esa lectura en la versión alejandrina que él utilizó, y Hitzig está equivocado al afirmar que קָרְבָּן se utiliza en conexión con sacrificios, ofrendas de comida y libaciones de bebida.

Aquí no se nombran expresamente las ofrendas de comida, porque נִיחוֹחֵיהֶם רֵיחַ no significa ofrendas de comida, sino que se utiliza en la ley para evocar el olor de todas las ofrendas, tanto las sacrificadas como otras ofrendas de comida, aunque en 16, 19 se aplica solo al olor de las ofrendas incruentas. De igual manera, קָרְבָּן evoca y abarca todas las ofrendas incluso las sacrificadas de Ez 40, 43, en armonía con Lev 1, 2; 2, 1 y otros pasajes.

Es evidente que esa palabra se emplea aquí en un sentido general, por la introducción de la palabra כַּעַס, irritación o provocación de sus dones (dones que provocan la irritación de Dios, porque están ofrecidos a los ídolos). Dado que esta sentencia se aplica a todos los sacrificios (sangrientos y no sangrientos), lo mismo sucede en la frase que sigue donde וַיָּשִׂימוּ שָׁם se refiere a todas las ofrendas que eran quemadas sobre el altar, sin que se tenga en cuenta el material empleado.

De un modo consecuente, Ezequiel solo menciona ofrendas sacrificadas y ofrendas de bebida y, en las dos frases introducidas en el centro, describe la ofrenda de los sacrificios (a los ídolos) como don de irritación para Dios (siendo fragancia agradable para los devotos adoradores que la presentan). Ezequiel no menciona las ofrendas de comida, de un modo separado, porque ellas formaban generalmente un acompañamiento para las ofrendas sacrificadas, de manera que se incluían en ellas. Pues bien, aunque Dios ha condenado al pueblo por la adoración en los lugares altos, ellos no han abandonado esa práctica "hasta este día".

Éste es, sin duda, el significado de 20, 29, un texto que ha sido interpretado de maneras muy diversas. El contexto muestra, de un modo concluyente, que הַבָּמָה ha de tomarse en sentido colectivo, y que el uso del singular se explica por la oposición de esos lugares altos al único lugar divinamente designado por Dios que es el templo de Jerusalén. Por eso, en contra de lo que piensan Kimchi, en este lugar, הַבָּמָה no se refiere a un lugar alto especial de peculiar importancia, como sería el gran lugar alto de Gabaón.

La pregunta (מָה) no es expresión de desprecio (Hitzig), sino que está fundada en la certeza de que ellos han de dar razón de lo que hacen, y por eso pregunta simplemente: Qué tipo de alturas (בָּמָה) son esas a las que están yendo. ¿Quién os ha hecho ir a esos lugares con vuestra adoración? (Kliefoth). No hay necesidad de refutar la fantasía vulgar de J. D. Michaelis, retomada por Hitzig, según la cual Ezequiel ha tomado בָּמָה como un derivado de בָּא y מַה.

En otra línea, esta pregunta no presupone una palabra dirigida por Dios a Israel, una pregunta que solo Ezequiel nos ha transmitido, sino que es más bien

Siguen los reproches y amenazas contra Israel

un modo retórico de condenar (en nombre de Dios) la adoración en los lugares altos, una condena formulada ya por la ley y por los profetas anteriores.

La cláusula siguiente (y fue llamado su nombre 'Bama', lugar algo, hasta el día de hoy) no puede tomarse simplemente como una noticia histórica del nombre dado a esos lugares de adoración idolátrica, sino que el hecho de citar su nombre significa que ellos siguen existiendo todavía; en esa línea, esas palabras afirmar que, a pesar de la condena por parte de Dios, Israel ha conservado y utilizado esos lugares altos, no los ha abolido hasta el tiempo del profeta.

Ez 20, 30-31 facilita la transición de la primera parte de la palabra de Dios a la segunda. Lo que se ha dicho ya en 20, 5-29 sobre la idolatría del pueblo, desde el tiempo de su elección en adelante, se aplica aquí expresamente a la generación presente, de manera que, por esa razón, los hombres que van a consultar a Ezequiel están manchados de idolatría, Yahvé no puede permitir que ellos vengan así con preguntas, estando manchados. El pensamiento está expresado en forma de pregunta, para poner de relieve la admiración ante aquellos que niegan al Señor y le deshonran, para pensar después que ellos pueden lograr que él les ofrezca sus revelaciones.

La elevación (con שאת de נשא) de dones significa la ofrenda de sacrificios sobre los altares de los lugares altos. Sobre Ez 20, 31, cf. 20, 3. Con esta declaración, Dios ofrece la razón por la que no quiere escuchar a los idólatras, razón que ya ha dado en 20, 3. Pero no le basta este rechazo. Dios viene ahora a revelarles los pensamientos de sus propios corazones, y les anuncia que él les refinará con juicios severos, y les hará que se arrepientan por sus pecados, a fin de que pueda recogerlos de la dispersión, haciéndoles partícipes de la salvación prometida, si es que le sirven de un modo voluntario. En esa línea, Ez 20, 32-44 ofrecerá una visión general de toda la historia futura de la salvación de Israel.

20, 32-38. El juicio de purificación que Israel espera entre los gentiles.

³² וְהָעֹלָה֙ עַל־ר֣וּחֲכֶ֔ם הָי֖וֹ לֹ֣א תִֽהְיֶ֑ה אֲשֶׁ֣ר ׀ אַתֶּ֣ם אֹמְרִ֗ים נִֽהְיֶ֤ה כַגּוֹיִם֙ כְּמִשְׁפְּח֣וֹת הָאֲרָצ֔וֹת לְשָׁרֵ֖ת עֵ֥ץ וָאָֽבֶן׃
³³ חַי־אָ֗נִי נְאֻם֙ אֲדֹנָ֣י יְהוִ֔ה אִם־לֹ֠א בְּיָ֨ד חֲזָקָ֜ה וּבִזְר֧וֹעַ נְטוּיָ֛ה וּבְחֵמָ֥ה שְׁפוּכָ֖ה אֶמְל֥וֹךְ עֲלֵיכֶֽם׃
³⁴ וְהוֹצֵאתִ֤י אֶתְכֶם֙ מִן־הָ֣עַמִּ֔ים וְקִבַּצְתִּ֣י אֶתְכֶ֔ם מִן־הָ֣אֲרָצ֔וֹת אֲשֶׁ֥ר נְפֹצוֹתֶ֖ם בָּ֑ם בְּיָ֤ד חֲזָקָה֙ וּבִזְר֣וֹעַ נְטוּיָ֔ה וּבְחֵמָ֖ה שְׁפוּכָֽה׃
³⁵ וְהֵבֵאתִ֣י אֶתְכֶ֔ם אֶל־מִדְבַּ֖ר הָֽעַמִּ֑ים וְנִשְׁפַּטְתִּ֤י אִתְּכֶם֙ שָׁ֔ם פָּנִ֖ים אֶל־פָּנִֽים׃
³⁶ כַּאֲשֶׁ֤ר נִשְׁפַּ֙טְתִּי֙ אֶת־אֲב֣וֹתֵיכֶ֔ם בְּמִדְבַּ֖ר אֶ֣רֶץ מִצְרָ֑יִם כֵּ֚ן אִשָּׁפֵ֣ט אִתְּכֶ֔ם נְאֻ֖ם אֲדֹנָ֥י יְהוִֽה׃
³⁷ וְהַעֲבַרְתִּ֥י אֶתְכֶ֖ם תַּ֣חַת הַשָּׁ֑בֶט וְהֵבֵאתִ֥י אֶתְכֶ֖ם בְּמָסֹ֥רֶת הַבְּרִֽית׃
³⁸ וּבָרוֹתִ֣י מִכֶּ֗ם הַמֹּרְדִים֙ וְהַפּוֹשְׁעִ֣ים בִּ֔י מֵאֶ֤רֶץ מְגֽוּרֵיהֶם֙ אוֹצִ֣יא אוֹתָ֔ם וְאֶל־אַדְמַ֥ת יִשְׂרָאֵ֖ל לֹ֣א יָב֑וֹא וִידַעְתֶּ֖ם כִּֽי־אֲנִ֥י יְהוָֽה׃

³² Y no ha de suceder lo que habéis pensado. Porque vosotros decís: 'Seamos como las naciones, como las demás familias de la tierra, que sirven al palo y a la piedra'. ³³ Vivo yo, dice Yahvé el Señor, que con mano fuerte y brazo extendido, y en el ardor de mi ira, he de reinar sobre vosotros. ³⁴ Os sacaré de entre los pueblos y os reuniré de las tierras en que estáis esparcidos, con mano fuerte y brazo extendido, y en el ardor de mi ira; ³⁵ os traeré al desierto de los pueblos y allí litigaré con vosotros cara a cara.
³⁶ Como litigué con vuestros padres en el desierto de la tierra de Egipto, así litigaré con vosotros, dice Yahvé, el Señor. ³⁷ Os haré pasar bajo la vara y os haré entrar en los vínculos del pacto; ³⁸ y apartaré de entre vosotros a los rebeldes y a los que se rebelaron contra mí; de la tierra de sus peregrinaciones los sacaré, pero en la tierra de Israel no entrarán. Y sabréis que yo soy Yahvé.

וְהָעֹלָה֙ עַל־ר֣וּחֲכֶ֔ם, aquello que surge en el espíritu, es el pensamiento que brota de la mente. Lo que ese pensamiento implica lo mostrará Ez 20, 32: Queremos ser como los paganos de la tierra, que sirven a la madera y a la piedra, es decir, queremos ser idólatras como ellos, queremos convertirnos al paganismo. Pues bien, esto no ha de suceder, sino que será al contrario: Dios reinará sobre ellos como rey, con brazo fuerte y con furia.

Las palabras "con mano fuerte y brazo extendido" son una expresión bien conocida del Pentateuco y evocan los gestos poderosos por los que Yahvé ha liberado a su pueblo del poder de los egipcios y les ha sacado de Egipto (cf. Ex 6, 1. 6, con וּבִשְׁפָטִ֖ים גְּדֹלִֽים). Aquí, por el contrario, se añade וּבְחֵמָ֥ה שְׁפוּכָ֖ה, en el ardor de mi ira, palabras que en en 20, 33 se refieren al gobierno de Dios sobre Israel, mientras que en 20, 34 se aplican a la salida de Israel de en medio de los paganos.

Por la introducción de esa frase (en el ardor de mi ira) se manifiesta la omnipotencia de Dios que Israel experimenta en la dispersión, en su vida en medio de los paganos, como una emanación de la ira divina, como un juicio severo y lleno furor. La salida de Israel de entre las naciones y su reunión (20, 34) no es su restauración de la cautividad en Babilonia ni su futura restauración en Canaán, sino la conversión del pueblo que antes se hallaba endurecido y que por lo tanto había sido rechazado por Dios.

No se trata pues, sin mas, de la reunión de Israel de entre todas las tierras y todas naciones (מִן־הָעַמִּ֔ים y מִן־הָאֲרָצ֔וֹת), pues en este momento Israel solo está dispersado en una tierra y en un pueblo (Babilonia). No se trata, pues, de una reunión externa del pueblo, sino de un acto en el que se expresa la ira de Dios en relación con el pueblo, y esto no puede reducirse a la redención del pueblo de la cautividad de Babilonia, ni a su reunión futura en la tierra de Israel, pasada la dispersión.

Conforme a Ez 20, 35, a los que saque de los pueblos y de las tierras donde han sido dispersados, Dios les llevará y los conducirá al desierto de las naciones y allí litigará con ellos. El desierto de las naciones (מִדְבַּ֖ר הָעַמִּ֑ים) no es el desierto que se extiende entre Babilonia y Palestina en la zona del oriente del Mediterráneo, por donde los israelitas debían pasar en su camino desde Babilonia a su tierra (como piensan Rosenmüller, Hitzig y otros). No hay razón ninguna para que ese desierto se llame así, y no "desierto de Arabia", que estaba también rodeado de muchas naciones.

Se trata, sin duda, de una expresión típica, por la que la futura marcha del pueblo de Israel se compara a la marcha antigua del pueblo desde Egipto a Canaán, como aparece también en Os 2, 16. Todos los rasgos de la descripción así lo indican, especialmente 20, 36-37, donde resulta clara la alusión a la guía de Israel en los tiempos de Moisés.

La explicación más precisa de esas palabras depende, sin embargo, del sentido en que se ha de tomar la expresión "desierto de la tierra de Egipto" (מִצְרַיִם בְּמִדְבַּר אֶרֶץ). Tampoco en este caso resulta suficiente la suposición de que se trata del desierto de Arabia, aunque ese desierto tocaba los bordes de Egipto, porque ese desierto limitaba también con los bordes de la tierra de Canaán.

¿Por qué no pudo poner Ezequiel "el desierto de la tierra de Canaán"? Evidentemente porque el tiempo que los israelitas pasaron en el desierto de Arabia se parecía a su cautiverio en Egipto mucho más que a su establecimiento en Canaán, porque mientras caminaban por el desierto ellos estaban preparándose para la entrada en Canaán, para tomar posesión de la nueva tierra y para gozar de sus beneficios, como habían estado haciendo en la tierra de Egipto.

Pues bien, en una forma que se parece a esa, el desierto de las naciones constituye una expresión figurada que se aplica al mundo de las naciones, del que ellos se distinguían espiritualmente, mientras que en su interior seguían encontrándose en medio de ellas y tenían que sufrir su opresión. De un modo consecuente, la salida de Israel fuera de las naciones (20, 34) no es una liberación local y corporal, con la salida de las tierras paganas, sino una separación espiritual del mundo de los paganos, con la finalidad de no ser absorbidos por ellos, ni identificados con ellos. Dios realizará de esa forma su obra a través de un severo castigo, litigando con ellos, como lo había hecho antes en el desierto de Arabia, tras la salida de Egipto.

Dios litiga con su pueblo cuando él les carga con sus pecados y con su culpa, no meramente con palabras, sino también con hechos, es decir, a través de castigos y puniciones. La palabra cara a cara (פָּנִים אֶל־פָּנִים) remite a Dt 5, 4: "Yahvé habló con vosotros cara a cara en la montaña, en medio del fuego". Igual que en el Sinaí el Señor habló directamente con Israel y le hizo conocer el carácter devorador de su propia naturaleza, de tal manera que todo el pueblo temblaba, y le rogó a Moisés que actuará como mediador entre ellos y Dios, prometiéndole obediencia (Ex 20, 19), así también, Dios se dará a conocer a Israel en el desierto del mundo de las naciones con el celo ardiente de su ira, de manera que ellos aprendan a temerle.

Este litigio se define aún de un modo más preciso en 20, 37. 38: "Yo os haré pasar bajo la vara del pastor…". Un pastor dirige a sus ovejas con su vara, con la intención de contarlas, y para ver si ellas están sanas o no (cf. Jer 33, 13).

Esta figura se aplica a Dios. Como un pastor, él hará que su rebaño (los israelitas) pasen bajo su vara; eso implica que él, Dios, tendrá un cuidado especial de ellos, a fin de llevarles y hacerles entrar en los vínculos del pacto (בְּמָסֹרֶת הַבְּרִית, con מָסֹרֶת, que no viene de מסר como piensa Rashi, sino de אסר, que viene de מאסרה, un tipo de anillo o argolla). No se trata de decir que "yo me ataré con vosotros y vosotros conmigo en un nuevo pacto" (Bochart, *Hieroz*. I. p. 508), pues eso se opone al contexto, sino de aquello que propone la versión siríaca: "Os haré entrar b-mardûtâ, es decir, en la disciplina del pacto.

Estas palabras no incluyen solo los castigos del pacto, con los que se amenaza a los transgresores de la ley, como piensa Hävernick, sino también las promesas de la ley, pues no solo las amenazas sino también sus promesas son vínculos con los que Dios atrae a su pueblo. En esa línea, אסר no se aplica solo a las cadenas pesadas y duras, sino también a los lazos de amor (cf. Cant 7, 6).

Kliefoth piensa que se trata de las cadenas de la ley de Moisés, empleadas por Dios para preservar a los israelitas, e impedir que se mezclen con las naciones, y se mantengan fieles a Dios, añadiendo la siguiente explicación: "Esta ley, por la cual ellos debían ser capaces de vivir, se ha convertido para ellos en una cadena, para que así sientan el castigo por no cumplirla".

Pues bien, por muy correcto que sea ese pensamiento, no está contenido en las palabras del texto: "y os haré entrar en los vínculos del pacto...". Más aún, aunque la ley preservó a Israel de quedar absorbida entre las naciones, el hecho de que los judíos estaban atados a la ley no les llevó al conocimiento de la verdad, ni impidió que los rebeldes fueran separados del resto del pueblo (como indica 20, 38). Todo lo que la ley realizó en este contexto, en el caso de aquellos que vivían entre paganos, se realizó por sus amenazas y promesas, y no por su fiel cumplimiento, y de un modo especial a través de la purificación del pueblo, haciendo que los rebeldes y apóstatas quedaran separados del resto del pueblo.

Dios les sacará de la tierra de su peregrinación, pero no les introducirá en la tierra de Israel. אֶרֶץ es el epíteto constante que se emplea en el Pentateuco para referirse a la tierra de Canaán, en la que los patriarcas habían vivido como peregrinos, sin tomar posesión de ella (Gen 17, 8; 28, 4; 36, 7; Ex 6, 4). Ezequiel ha aplicado este epíteto a las tierras del exilio de Israel, en las que los israelitas deberían vivir hasta que estuvieran maduros para entrar en Canaán. אוֹצִיא, sacar, se utiliza aquí para purificar el pueblo (exterminando a los malvados), como indica la frase que sigue: "no entrarán en la tierra de Israel". יָבוֹא se utiliza aquí distributivamente: "Ni uno de los rebeldes entrará".

20, 39-44. La reunión final de Israel, y su conversión al Señor

³⁹ וְאַתֶּם בֵּית־יִשְׂרָאֵל כֹּה־אָמַר אֲדֹנָי יְהוִה אִישׁ גִּלּוּלָיו לְכוּ עֲבֹדוּ וְאַחַר אִם־אֵינְכֶם שֹׁמְעִים אֵלָי וְאֶת־שֵׁם קָדְשִׁי לֹא תְחַלְּלוּ־עוֹד בְּמַתְּנוֹתֵיכֶם וּבְגִלּוּלֵיכֶם:

Siguen los reproches y amenazas contra Israel

⁴⁰ כִּי בְהַר־קָדְשִׁי בְּהַר ׀ מְרוֹם יִשְׂרָאֵל נְאֻם אֲדֹנָי יְהוִה שָׁם יַעַבְדֻנִי כָּל־בֵּית יִשְׂרָאֵל כֻּלֹּה בָּאָרֶץ שָׁם אֶרְצֵם וְשָׁם אֶדְרוֹשׁ אֶת־תְּרוּמֹתֵיכֶם וְאֶת־רֵאשִׁית מַשְׂאוֹתֵיכֶם בְּכָל־קָדְשֵׁיכֶם׃
⁴¹ בְּרֵיחַ נִיחֹחַ אֶרְצֶה אֶתְכֶם בְּהוֹצִיאִי אֶתְכֶם מִן־הָעַמִּים וְקִבַּצְתִּי אֶתְכֶם מִן־הָאֲרָצוֹת אֲשֶׁר נְפֹצֹתֶם בָּם וְנִקְדַּשְׁתִּי בָכֶם לְעֵינֵי הַגּוֹיִם׃
⁴² וִידַעְתֶּם כִּי־אֲנִי יְהוָה בַּהֲבִיאִי אֶתְכֶם אֶל־אַדְמַת יִשְׂרָאֵל אֶל־הָאָרֶץ אֲשֶׁר נָשָׂאתִי אֶת־יָדִי לָתֵת אוֹתָהּ לַאֲבוֹתֵיכֶם׃
⁴³ וּזְכַרְתֶּם־שָׁם אֶת־דַּרְכֵיכֶם וְאֵת כָּל־עֲלִילוֹתֵיכֶם אֲשֶׁר נִטְמֵאתֶם בָּם וּנְקֹטֹתֶם בִּפְנֵיכֶם בְּכָל־רָעוֹתֵיכֶם אֲשֶׁר עֲשִׂיתֶם׃
⁴⁴ וִידַעְתֶּם כִּי־אֲנִי יְהוָה בַּעֲשׂוֹתִי אִתְּכֶם לְמַעַן שְׁמִי לֹא כְדַרְכֵיכֶם הָרָעִים וְכַעֲלִילוֹתֵיכֶם הַנִּשְׁחָתוֹת בֵּית יִשְׂרָאֵל נְאֻם אֲדֹנָי יְהוִה׃ פ

³⁹ *Y a vosotros, casa de Israel, así ha dicho Yahvé, el Señor: Ande cada uno de vosotros tras sus ídolos y sírvalos, si es que a mí no me obedecéis; pero no profanéis más mi santo nombre con vuestras ofrendas y con vuestros ídolos.*

⁴⁰ *Por eso, en mi santo monte, en el alto monte de Israel, dice Yahvé, el Señor, allí me servirá toda la casa de Israel, toda ella en la tierra; allí los aceptaré, y allí demandaré vuestras ofrendas y las primicias de vuestros dones, con todas vuestras cosas consagradas.*

⁴¹ *Como incienso agradable os aceptaré cuando os haya sacado de entre los pueblos y os haya congregado de entre las tierras en que estáis esparcidos; y seré santificado en vosotros ante los ojos de las naciones.* ⁴²
Y sabréis que yo soy Yahvé, cuando os haya traído a la tierra de Israel, la tierra por la cual alcé mi mano jurando que la daría a vuestros padres. ⁴³ *Allí os acordaréis de vuestros caminos y de todos vuestros hechos con que os contaminasteis; y os aborreceréis a vosotros mismos a causa de todos vuestros pecados que cometisteis.* ⁴⁴ *Y sabréis que yo soy Yahvé, cuando, por amor de mi nombre, no haga con vosotros según vuestros malos caminos ni según vuestras perversas obras, casa de Israel, dice Yahvé, el Señor.*

Después que el Señor ha declarado al pueblo que él impedirá que sean absorbidos entre los paganos, después de exterminar a los impíos con juicios severos, el discurso deja ya de referirse al servicio de los ídolos y ofrece una predicción de la eventual conversión y restauración del pueblo purificado en Canaán. La indicación "id y servid cada uno a sus ídolos (camine cada uno tras sus ídolos)" contiene, de un modo velado, tras lo que precede, una llamada poderosa al arrepentimiento. De esa manera, Dios dice a los impenitentes que hagan lo que deseen, después de haberles dicho que ninguno entrará en la tierra de Canaán, añadiendo que su oposición no frustrará el plan de salvación de Dios.

Las palabras que siguen, desde וְאַחַר en adelante han sido interpretadas de formas distintas. El vincular וְאַחַר con עֲבֹדוּ, "servid pues..." (De Wette etc.), va en contra del uso del lenguaje, porque la waw (וְ) no tiene el sentido latino *et* = *etiam*, *aunque*, y menos aún puede significar "tanto después como antes". Tampoco וְאַחַר se puede conectar de un modo estrecho con lo que sigue, en el sentido de "y de ahora en adelante, si me obedecéis no profanéis más mi nombre" (Rosenmüller, Maurer). Porque si תְחַלְּלוּ־עוֹד se utilizara como un imperativo tendría que haber estado en el principio de la sentencia, o tendría que ir precedido por un אל y no por un לא. Más aún, la antítesis entre no querer oír y no profanar el nombre de Dios ha sido introducida aquí de un modo arbitrario en el texto.

El nombre de Dios se profana no solo por medio de sacrificios ofrecidos de un modo externo a Yahvé, mientras que el corazón sigue apegado a los ídolos, sino también por desobediencia a la palabra y a los mandamientos de Dios. Es mucho mejor tomar וְאַחַר por sí mismo y tomar la partícula siguiente (אם) como signo ordinario de un juramento: Pero después, es decir, en el futuro... verdaderamente me escucharéis, es decir, os convertiréis a mí de vuestra idolatría a través de los duros juicios que recaerán sobre vosotros.

La razón de ese pensamiento ha sido introducida en 20, 40, indicando que todo Israel servirá al Señor sobre su santa montaña. כִּי no se utiliza aquí enfáticamente, antes de un discurso directo (Hitzig), sino que tiene un sentido causal. Para בְּהַר מְרוֹם יִשְׂרָאֵל, cf. comentario a Ez 17, 23. En la expresión "todo Israel", que se vuelve más enfática por la adición de כֻּלֹּה (כָּל־בֵּית יִשְׂרָאֵל כֻּלֹּה), hay una alusión a la finalización eventual de castigo de expulsión de algunos israelitas (cf. 37, 22). Entonces, Dios les aceptará con agrado, a ellos y a sus dones sacrificiales.

תְּרוּמֹתֵיכֶם son vuestras ofrendas (cf. Es 25, 2; Lev 2,9) en el sentido más amplio: vuestros dones sacrificiales, entre los que se incluyen de un modo especial las ofrendas de las primicias. מַשְׂאוֹת son las ofrendas en el sentido de ἀναθήματα, las cosas separadas, consagradas; esta es una palabra que forma parte del uso posterior del lenguaje sacrificial. קָדְשֵׁיכֶם, como en Lev 22, 15. Esta promesa incluye implícitamente el hecho de que el pueblo vuelva de nuevo a la tierra de Israel tras el exilio, como se indica expresamente en 20, 41, aunque eso se introduce solo en una cláusula subordinada, pues el pensamiento básico se centra en la aceptación fiel de Dios.

בְּרֵיחַ נִיחֹחַ, como un olor deleitoso (ב en sentido de *beth essentiae*), así aceptará Dios a su pueblo. רֵיחַ נִיחֹחַ, olor de satisfacción, es la expresión técnica para indicar la aceptación gozosa, agradable, del sacrificio; puede referirse también a los sentimientos agradable del adorar que presenta el sacrificio, que se eleva y asciende a Dios con olor sacrificial (cf. *Coment,* a Gen 8, 21). Éste es por tanto el pensamiento del pasaje: Cuando Dios reúna a su pueblo, sacándole de la dispersión, él les aceptará como se acepta un sacrificio agradable, de manera que él mismo (Dios) se relacionará con ellos de un modo lleno de satisfacción. Dios les aceptará pues como un sacrificio agradable.

וְנִקְדַּשְׁתִּי בָכֶם no significa "yo seré santificado a través de vosotros", y no ha de explicarse en la línea de Lev 22,32 (Rosenmüller), porque ב no es equivalente a בְּתוֹךְ, sino que significa "yo me santificaré en vosotros", como en Num 20, 13; Lev 10, 3 y en otros pasajes donde נִקְדַּשׁ se construye con ב de persona (cf. Ez 28,

25; 36, 23; 38, 16; 39, 27), en el sentido de mostrarse uno mismo santo, especialmente a través de un juicio, y en este caso a través del juicio por medio del cual Dios purifica a Israel, para concederle así la herencia prometida. Ez 20, 42: Entonces Israel reconocerá también a su Dios, de un modo gratuito, y quedará avergonzado de sus pecados anteriores. Para 20, 43, cf. 6, 9 y 16, 61.

En relación al cumplimiento, como Kliefoth ha mostrado correctamente, "en la predicción contenida en Ez 20, 32-38, el conjunto de los juicios a través de los cuales Dios dirigirá a Israel a la conversión quedan condensados en uno, que incluye no solo la cautividad de Babilonia (que es el juicio más cercano), sino el juicio más lejano de la dispersión posterior [es decir, en el tiempo actual, cuando escribe el autor: siglo XIX, nota del traductor], porque solo a través de la dispersión Dios ha conducido a Israel al desierto de las naciones, en una línea que se cumple en Cristo: pues únicamente en el rechazo de Cristo se manifiesta del todo la actitud rebelde de los israelitas.

De esa manera, la profecía combina lo más cercano y lo más remoto, en una línea que va de 20, 40 a 20, 44. La reunión de Israel de entre los paganos culminará en su conversión a Cristo, una conversión que por ahora (en el tiempo antiguo, en el tiempo de retorno de los judíos a la tierra de Israel, tras el exilio) solo había empezado a cumplirse un modo muy limitado. El sentido pleno de la reunión de Israel de entre las naciones se cumplirá cuando Israel se convierta a Cristo. Sobre el sentido de la vuelta del pueblo a la tierra de Israel, cf. Coment. a Ez 37, donde esa promesa se expande de un modo más completo.

2. Ez 21, 1-27. El bosque ardiente y la espada del Señor[28]

Un fuego que brota del Señor quemará la selva del sur (21, 1-4 = 20, 45-48). Este anuncio simbólico se explica en lo que sigue, con el fin de que la amenaza divina impresione al pueblo (21,5 = 20, 49). El Señor sacará la espada de la aljaba y cortará de Jerusalén y de la tierra de Israel a los justos y malvados (21, 6-22 = 21, 1-15). Esto significa que el rey de Babilonia blandirá su espada contra Jerusalén y contra los hijos de Amón, destruyendo primero el reino de Judá y después a los amonitas (21, 23-37 =21, 18-32).

Esta profecía se divide en tres partes: (1) Destrucción del reino de Judá. (2) Explicación de la predicción por la amenaza de la espada del Señor que destruirá a los habitantes de Judá. (3) Aplicación de la profecía, que se refiere a la expedición de Nabucodonosor contra Jerusalén y los amonitas, que se divide en tres partes:

---

28. Seguimos el orden y división de la Biblia Hebrea y del comentario de Keil, aunque la traducción de Reina-Valera, con bastantes traducciones inglesas incluyen la primera sección (21, 1-5) en el capítulo anterior (formando así 20, 25-49). Por eso razón, para claridad de los lectores, incluyo las dos numeraciones, como podrá verse fácilmente [nota del traductor].

Ezequiel 21, 1-5 (=20, 45-49)

Anuncio general del designio de Nabucodonosor; expedición contra Jerusalén, para destruir el reino de Judá; y expedición contra los amonitas.

Muchos investigadores ponen los cuatro o cinco primeros versos en el capítulo anterior (en el cap. 20), pero estrictamente hablando no hay razones para separar la parábola del bosque que arde (21, 1-5 =20, 45-49) de la explicación posterior. Todo el texto forma un conjunto unitario, como seguiré indicando.

21, 1-5 (=20, 45-49). El bosque ardiente

¹וַיְהִ֥י דְבַר־יְהוָ֖ה אֵלַ֥י לֵאמֹֽר׃
²בֶּן־אָדָ֗ם שִׂ֤ים פָּנֶ֙יךָ֙ דֶּ֣רֶךְ תֵּימָ֔נָה וְהַטֵּ֖ף אֶל־דָּר֑וֹם וְהִנָּבֵ֛א אֶל־יַ֥עַר הַשָּׂדֶ֖ה נֶֽגֶב׃
³וְאָמַרְתָּ֙ לְיַ֣עַר הַנֶּ֔גֶב שְׁמַ֖ע דְּבַר־יְהוָ֑ה כֹּֽה־אָמַ֞ר אֲדֹנָ֣י יְהֹוִ֗ה הִנְנִ֤י מַצִּֽית־בְּךָ֙ אֵ֔שׁ וְאָ֥כְלָה בְךָ֛ כָל־עֵֽץ־לַ֥ח וְכָל־עֵ֣ץ יָבֵ֑שׁ לֹֽא־תִכְבֶּה֙ לַהֶ֣בֶת שַׁלְהֶ֔בֶת וְנִצְרְבוּ־בָ֥הּ כָּל־פָּנִ֖ים מִנֶּ֥גֶב צָפֽוֹנָה׃
⁴וְרָאוּ֙ כָּל־בָּשָׂ֔ר כִּ֛י אֲנִ֥י יְהוָ֖ה בִּעַרְתִּ֑יהָ לֹ֖א תִּכְבֶּֽה׃
⁵וָאֹמַ֕ר אֲהָ֖הּ אֲדֹנָ֣י יְהֹוִ֑ה הֵ֚מָּה אֹמְרִ֣ים לִ֔י הֲלֹ֛א מְמַשֵּׁ֥ל מְשָׁלִ֖ים הֽוּא׃ פ

⁴⁵ *Vino a mí palabra de Yahvé, diciendo:* ⁴⁶ *Hijo de hombre, vuelve tu rostro hacia el sur, derrama tu palabra hacia la parte austral, profetiza contra el bosque del Neguev.*
⁴⁷ *Y dirás al bosque del Neguev:*
Oye la palabra de Yahvé: Así ha dicho Yahvé, el Señor: He aquí que yo enciendo en ti un fuego que consumirá en ti todo árbol verde y todo árbol seco. No se apagará la llama del fuego, y serán quemados en ella todos los rostros, desde el sur hasta el norte.
⁴⁸ *Y verá toda carne que yo, Yahvé, lo encendí, y no se apagará".*
⁴⁹ *Y dije: ¡Ah, Señor Yahvé! ellos dicen de mí: ¡No profieras estas parábolas!*

El profeta ha de volver su rostro hacia el sur y profetizar sobre el bosque del campo de aquel lugar. וְהַטֵּף se utiliza para profetizar, como en Am 7, 16 y en Miq 2,6. 11. La distinción entre los tres epítetos aplicados al sur es como sigue: (a) תֵּימָנָה es literalmente aquello que está a la mano derecha, es decir hacia el sur (cuando se mira desde Canaán hacia el oriente); (b) דָּרוֹם es una palabra que solo aparece en Ezequiel y en el Eclesiastés, con la excepción de Dt 33, 23 y Job 37, 11, y deriva de דרר, que significa brillar o emitir haces de luz, y se refiere probablemente a la parte brillante de la tierra, de donde nace el sol; (c) נֶגֶב es la parte seca, un epíteto que se aplica de un modo normal al distrito del sur de Palestina y a la parte de Judá (cf. Js 15, 21).

La selva del campo del sur es una figura que indica el reino de Judá (נֶגֶב) y está en aposición a הַשָּׂדֶה, utilizándose aquí para precisar la palabra que sigue. הַשָּׂדֶה; no se utiliza aquí en el sentido de campo, para distinguirlo de la ciudad o de un jardín, sino en sentido de país o territorio, como en Gen 14, 7; 32, 3. En 21, 3, יַעַר, bosque de la tierra del sur, es una expresión que se aplica al mismo objeto (al הַנֶּגֶב, con artículo, que es un término geográfico para indicar la parte sur de Palestina).

El bosque es una figura para indicar la población, es decir, la masa del pueblo. Los hombres individuales son árboles. El árbol verde es una figura para evocar a un hombre justo; por el contrario, el árbol seco es el impío (cf. 21, 3 y compararlo con Lc 23, 31).

El fuego de Yahvé se enciende en forma de guerra. La combinación de sinónimos, שַׁלְהֶבֶת; לֶהָבָה, fuego de llama brillante, sirve para destacar la expresión, y significa la llama más fuerte posible, el fuego ardiente. כָּל־פָּנִים, todos los rostros, no son los rostros humanos, pues en ese caso no hubiera empleado una figura, sino que פָּנִים indica generalmente la faz externa de las cosas, que es donde se aplica en primer lugar la fuerza de la llama. Todos los rostros o faces del bosque se refiere a cada una de las cosas del bosque que queda iluminada por la llama.

En nuestro caso כָּל־פָּנִים queda interpretado por כָּל־בָּשָׂר, toda carne. De sur a norte, es decir, a través de toda la longitud de la tierra. Por la fiereza terrible del fuego, que no puede ser extinguido, cada uno conocerá que es Dios quien lo ha encendido, que es Dios quien ha establecido el juicio. Las palabras del mismo profeta suponen que él ha utilizado un lenguaje parabólico para que el pueblo pueda entender, pero el lo ridiculiza, diciendo que se trata de un מָשָׁל, en el sentido de lenguaje oscuro (21, 5), como se hará en de Mt 13, 10, donde se utiliza la palabra en ese mismo sentido. El texto supone que el profeta va a responder, como seguiremos viendo.

21, 6-12 (= 20, 1-17). La espada del Señor y sus efectos desastrosos

⁶ וַיְהִי דְבַר־יְהוָה אֵלַי לֵאמֹר׃
⁷ בֶּן־אָדָם שִׂים פָּנֶיךָ אֶל־יְרוּשָׁלִַם וְהַטֵּף אֶל־מִקְדָּשִׁים וְהִנָּבֵא אֶל־אַדְמַת יִשְׂרָאֵל׃
⁸ וְאָמַרְתָּ לְאַדְמַת יִשְׂרָאֵל כֹּה אָמַר יְהוָה הִנְנִי אֵלַיִךְ וְהוֹצֵאתִי חַרְבִּי מִתַּעְרָהּ וְהִכְרַתִּי מִמֵּךְ צַדִּיק וְרָשָׁע׃
⁹ יַעַן אֲשֶׁר־הִכְרַתִּי מִמֵּךְ צַדִּיק וְרָשָׁע לָכֵן תֵּצֵא חַרְבִּי מִתַּעְרָהּ אֶל־כָּל־בָּשָׂר מִנֶּגֶב צָפוֹן׃
¹⁰ וְיָדְעוּ כָּל־בָּשָׂר כִּי אֲנִי יְהוָה הוֹצֵאתִי חַרְבִּי מִתַּעְרָהּ לֹא תָשׁוּב עוֹד׃ ס
¹¹ וְאַתָּה בֶן־אָדָם הֵאָנַח בְּשִׁבְרוֹן מָתְנַיִם וּבִמְרִירוּת תֵּאָנַח לְעֵינֵיהֶם׃
¹² וְהָיָה כִּי־יֹאמְרוּ אֵלֶיךָ עַל־מָה אַתָּה נֶאֱנָח וְאָמַרְתָּ אֶל־שְׁמוּעָה כִי־בָאָה וְנָמֵס כָּל־לֵב וְרָפוּ כָל־יָדַיִם וְכִהֲתָה כָל־רוּחַ וְכָל־בִּרְכַּיִם תֵּלַכְנָה מַּיִם הִנֵּה בָאָה וְנִהְיָתָה נְאֻם אֲדֹנָי יְהוִה׃ פ

¹ *Vino a mí palabra de Yahvé, diciendo:* ² *Hijo de hombre, vuelve tu rostro hacia Jerusalén, derrama palabras sobre los santuarios y profetiza contra la tierra de Israel.* ³ *Dirás a la tierra de Israel:*
Así ha dicho Yahvé: He aquí que yo estoy contra ti, y sacaré mi espada de su vaina y cortaré de ti al justo y al impío. ⁴ *Y por cuanto he de cortar de ti al justo y al impío, por eso mi espada saldrá de su vaina contra todo mortal, desde el sur hasta*

el norte. ⁵ *Y sabrá todo mortal que yo, Yahvé, saqué mi espada de su vaina; no la envainaré más.*
⁶ *Y tú, hijo de hombre, gime con quebranto de tus costados y con amargura; gime ante los ojos de ellos.* ⁷ *Y cuando te digan: ¿Por qué gimes?, dirás: Por una noticia que cuando llegue hará que desfallezca todo corazón, y toda mano se debilitará, se angustiará todo espíritu y como agua se debilitará toda rodilla. He aquí que viene, y se cumplirá, dice Yahvé, el Señor.*

En la parábola anterior, la expresión "bosque del campo en el sur" o "bosque de la tierra del sur" resultaba enigmática. Aquí se explica el enigma diciendo que se refiere a Jerusalén con sus santuarios (מִקְדָּשִׁים, cf. 7, 24), y a la tierra de Israel, es decir, al reino de Judá. Según eso, el fuego encendido por el Señor ha de interpretarse como la espada del Señor. Ésta es, sin duda, una expresión figurativa, pero ella se utiliza de un modo general para indicar la guerra, que trae devastación y muerte, de manera que resulta comprensible.

La espada cortará a unos y a otros, a justos y a culpables. Esto se aplica al aspecto externo de la realidad, porque en la guerra caen justos y culpables. Éste es el sentido que aquí se pone de relieve, porque la finalidad del texto es alarmar a los pecadores, que estaban vanagloriándose de su seguridad, y en esa línea sigue en el fondo la distinción entre justos y pecadores, tal como ha sido descrita en 9, 4.

Esta espada no retornará (no entrará en la aljaba) hasta que haya cumplido lo que había sido anunciado en 21, 3 (cf. 2 Sam 1, 22; Is 55, 11). Como ha observado justamente Tremellius sobre este pasaje "esta última guerra se distinguirá de las anteriores, pues en las anteriores, una vez que el pueblo era castigado, la espada volvía a la vaina; aquí en cambio no vuelve". A fin de pintar los terrores de este juicio ante los ojos del pueblo, al profeta se le pide que gima de la forma más lastimera posible (21, 10-11).

בְּשִׁבְרוֹן מָתְנַיִם, es decir, con fuerza suficiente como para romper los costados, las costillas (cf. Nahúm 2, 11; Is 21, 3). בְּשִׁבְרוֹן, con gran amargura, con angustia fuerte. La razón que él ha de dar a quienes le pregunten por qué se angustia es: ¡A causa del anuncio de lo que está viniendo! es decir, por el cumplimiento de aquello que se anuncia, pues el anuncio llega cuando se ha cumplido lo indicado. La impresión que este anuncio producirá en los oyentes les paralizará de miedo (21, 12). Se quebrará todo el coraje y la fuerza para ofrecer resistencia.

וְנָמֵס כָּל־לֵב (cf. Nahúm 2, 11) queda reforzada por וְכִהֲתָה: todo espíritu se paraliza de manera que nadie podrá dar consejo a los demás. וְכָל־בִּרְכַּיִם תֵּלַכְנָה corresponde a כָּל־הַיָּדַיִם תִּרְפֶּינָה (cf. Ez 7, 17). La amenaza queda reforzada por las palabras "He aquí que viene, y se cumplirá, dice Yahvé, el Señor". El sujeto es שְׁמוּעָה, es decir, lo que se dice, la substancia del tema. Esta amenaza ha sido expandida en Ez 21, 8-17, de manera que 21-13 corresponde a 21, 1-5, y 21, 4-17 a 21, 6-7.

21, 13-22 (=21, 8-17). La espada está afilada para la matanza

¹³ וַיְהִי דְבַר־יְהוָה אֵלַי לֵאמֹר:
¹⁴ בֶּן־אָדָם הִנָּבֵא וְאָמַרְתָּ כֹּה אָמַר אֲדֹנָי אֱמֹר חֶרֶב חֶרֶב הוּחַדָּה וְגַם־מְרוּטָה:
¹⁵ לְמַעַן טְבֹחַ טֶבַח הוּחַדָּה לְמַעַן־הֱיֵה־לָהּ בָּרָק מֹרָטָּה אוֹ
נָשִׂישׂ שֵׁבֶט בְּנִי מֹאֶסֶת כָּל־עֵץ:
¹⁶ וַיִּתֵּן אֹתָהּ לְמָרְטָה לִתְפֹּשׂ בַּכָּף הִיא־הוּחַדָּה חֶרֶב וְהִיא
מֹרָטָה לָתֵת אוֹתָהּ בְּיַד־הוֹרֵג:
¹⁷ זְעַק וְהֵילֵל בֶּן־אָדָם כִּי־הִיא הָיְתָה בְעַמִּי הִיא בְּכָל־נְשִׂיאֵי
יִשְׂרָאֵל מְגוּרֵי אֶל־חֶרֶב הָיוּ אֶת־עַמִּי לָכֵן סְפֹק אֶל־יָרֵךְ:
¹⁸ כִּי בֹחַן וּמָה אִם־גַּם־שֵׁבֶט מֹאֶסֶת לֹא יִהְיֶה נְאֻם אֲדֹנָי יְהוִה: פ
¹⁹ וְאַתָּה בֶן־אָדָם הִנָּבֵא וְהַךְ כַּף אֶל־כָּף וְתִכָּפֵל חֶרֶב
שְׁלִישִׁתָה חֶרֶב חֲלָלִים הִיא חֶרֶב חָלָל הַגָּדוֹל הַחֹדֶרֶת לָהֶם:
²⁰ לְמַעַן לָמוּג לֵב וְהַרְבֵּה הַמִּכְשֹׁלִים עַל כָּל־שַׁעֲרֵיהֶם נָתַתִּי
אִבְחַת־חָרֶב אָח עֲשׂוּיָה לְבָרָק מְעֻטָּה לְטָבַח:
²¹ הִתְאַחֲדִי הֵימִנִי הָשִׂימִי הַשְׂמִילִי אָנָה פָּנַיִךְ מֻעָדוֹת:
²² וְגַם־אֲנִי אַכֶּה כַפִּי אֶל־כַּפִּי וַהֲנִחֹתִי חֲמָתִי אֲנִי יְהוָה דִּבַּרְתִּי: פ

⁸ Vino a mí palabra de Yahvé, diciendo: ⁹ Hijo de hombre, profetiza y di: Así ha dicho Yahvé, el Señor: ¡La espada, la espada está afilada y bien pulida! ¹⁰ Para degollar víctimas está afilada; pulida está para que relumbre. ¿Habremos de alegrarnos, cuando ha despreciado al cetro de mi hijo como si fuera un palo cualquiera? ¹¹ Y dio a pulir la espada para tenerla a mano, para que la espada esté afilada, y pulida para entregarla en manos del matador.

¹² Clama y lamenta, hijo de hombre, porque esta espada será sobre mi pueblo, ella será sobre todos los gobernantes de Israel: caerán ellos a espada juntamente con mi pueblo. ¡Golpéate, pues, el muslo! ¹³ Porque es una prueba. Pero ¿qué sucederá si la espada desprecia incluso al cetro del rey? Él no será más, dice Yahvé el Señor.

¹⁴ Tú, pues, hijo de hombre, profetiza y bate una mano contra otra. Duplíquese y triplíquese el furor de la espada homicida: esta es la espada de la gran matanza, que los traspasará, ¹⁵ para que el corazón desmaye y los estragos se multipliquen; en todas las puertas de ellos he puesto espanto de espada. ¡Ah! dispuesta está para que relumbre y preparada para degollar. ¹⁶ ¡Corta a la derecha, hiere a la izquierda, adonde quiera que te vuelvas! ¹⁷ Y yo también batiré mano contra mano, y haré reposar mi ira. Yo, Yahvé, he hablado.

La descripción de la espada se realiza de un modo lírico (21, 8-13), en una especie de canto a la espada, conmemorando la terrible devastación que ha de realizarse a través de la espada del Señor. La repetición de espada (חֶרֶב חֶרֶב) en 21, 13 es enfática. הוּחַדָּה es el perfecto hofal de חדד, afilar. מְרוּטָה es participio pasivo de מרט, pulir. Por su parte מֹרָטָה es el participio *pual*, sin *waw* y con un *dagesh eufónico*. Por su parte הֱיֵה es una forma rara de infinitivo, en vez de היות.

La limpieza da a la espada un brillo especial, y hace que el afilado de su filo sea aún más terrible. Las palabras אוֹ נָשִׂישׂ son muy oscuras. Estoy de acuerdo con Schmieder y Kliefoth, y pienso que ellas son una protesta interpuesta por el profeta, en nombre del pueblo, en contra de la amenaza de la espada divina de la venganza, partiendo de las promesas que Dios había ofrecido a la tribu de Judá. אוֹ introduce, quizá, un caso opuesto, o una excepción a lo que se ha dicho. Las palabras שֵׁבֶט בְּנִי han de ser tomadas como un objeción, de modo que ha de suplirse con el pensamiento un לאמר, *diciendo*.

La objeción de fondo de esas palabras se toma de la promesa de las bendiciones de Jacob a la tribu de Judá: "El cetro no se apartará de Judá..." (Gen 49, 10). Las palabras שֵׁבֶט בְּנִי apuntan incuestionablemente a eso. La palabra בְּנִי de Ez 21, 15, está tomada de esa bendición de Gen 49, donde al patriarca compara a Judá (a quien Ezequiel llama mi hijo) con un joven león. De un modo consecuente, el cetro de mi hijo es el mandamiento y promesa que el patriarca confía a Judá. Este cetro ha sido despreciado por la espada, como todos los leños restantes, es decir, todo centro de gobernante. Esta visión no se puede refutar diciendo que שֵׁבֶט está construido aquí en femenino, mientras que en todos los restantes casos aparece como masculino, porque esa construcción en femenino resulta aquí incuestionable, y tiene a favor suyo muchas analogías.

Todas las otras explicaciones que se han propuesto no merecen ni ser mencionadas, y mucho menos refutadas, pues no son más que conjeturas arbitrarias, mientras que la afirmación de que estas palabras han de ser explicadas desde Gen 49, 10 está sugerida de un modo natural por la alusión incuestionable del tema que encontramos en 21, 22 de este capítulo.

La palabra וַיִּתֵּן de 21, 16 ha de tomarse de un modo adversativo: Pero él la dio (a la espada) para ser afilada. El sujeto de וַיִּתֵּן no es Yahvé, sino que es indefinido, uno, alguien..., aunque de hecho es Dios quien ha preparado la espada para la matanza de Israel. La línea de pensamiento es la siguiente: No pienses que no tenemos razón para temer la espada afilada de Yahvé por el hecho de que Judá ha recibido la promesa de que el cetro no saldrá de su tribu, de manera que la promesa se cumplirá y Judá saldrá victorioso sobre todos los poderes hostiles. Pero en este caso la promesa no te servirá de ayuda. La espada ha sido encargada de un modo consecuente, no para volver a meterla en la vaina, sino para que la tome en mano el destructor y aniquile al pueblo entero, con todos sus príncipes.

En la frase הִיא־הוּחַדָּה חֶרֶב, la palabra חֶרֶב está en aposición con el sujeto הִיא, y se introduce para dar énfasis a las palabras. Solo más adelante se dirá quién es el destructor, pero los oyentes de la profecía no podían tener duda de ello. De un modo consecuente, en conexión con 21, 17, no hay razón alguna para regocijarse con un sentimiento de seguridad y orgullo por la elección antigua, porque ésta es más bien una ocasión para la lamentación y la pena.

Éste es el significado que está en el fondo del mandamiento del profeta, a quien se le manda clamar y lamentarse, porque la espada se abalanzará sobre la nación y sus príncipes. Así ha de entenderse el sentido más simple de la palabra היא como referida a חֶרֶב. El sentido de הָיְתָה בְעַמִּי, con היה y ב, es estar con una persona y asistirla, venir en su ayuda, como en 1 Sam 24, 14. 17.

מְגוּרֵי No viene de גּוּר, sino que es un participio de מגר, en pual: derrotar, derribar (cf. Sal 89, 45): "ellos, los príncipes, han venido a ser caídos a espada, en unión con mi pueblo". Los perfectos son aquí proféticos e indican aquello que ha de suceder muy pronto, y lo presentan como si ya hubiera sucedido. Golpearse en el muslo en un signo de alarma y horror (cf. Jer 31, 19).

בֹּחַן, perfecto pual, se emplea aquí de un modo impersonal: El juicio ya se ha realizado. Estas palabras aluden a las victorias ganadas ya por Nabucodonosor, que han servido como de test para probar la fuerza de su espada. La pregunta que sigue, con וּמָה, contiene una *aposiopesis* (figura que consiste en dejar en suspenso el enunciado por considerar obvio lo que se va a añadir a continuación) ¿Y qué? Incluso en el caso de que no llegue el desprecio del cetro ¿qué es lo que pasará entonces?

Las palabras שֵׁבֶט מֹאֶסֶת, según 21, 18, aluden al cetro de Judá, que desprecia a todos los restantes como si fuera pura madera despreciable. En este caso, יִהְיֶה no es "ser", en sentido de permanecer, sino venir a ser, acontecer, venir a suceder, pasar. El sentido es el poder que tiene el cetro de Judá de desplegarse, es decir, de probar que tiene la fuerza que se dice que posee.

Con 21, 19 el discurso toma un nuevo comienzo, con el fin de mostrar aún más las operaciones de la espada. Golpear las manos entre sí (golpear mano con mano) es un gesto expresivo de emoción violenta (cf. Ez 6,11; Núm. 24, 10). La espada ha de doblarse, es decir, ha de multiplicarse como si fuera tres veces (שְׁלִישִׁתָה: en sentido adverbial), multiplicar su fuerza, afilar su filo.

Evidentemente, esta multiplicación no ha de tomarse de un modo aritmético, como ha pensado Hitzig, sino que es una formulación paradójica sobre el terrible efecto producido por la espada. Tampoco ha de entenderse como si aludiera a tres ataques que los caldeos desencadenarán en diversos tiempos sobre Jerusalén, como han dicho muchos comentaristas.

La espada recibe el nombre de חֶרֶב חֲלָלִים, espada de los divididos, porque ella divide o mata. Esas palabras han sido traducidas por Hitzig y Kliefoth: la gran espada de la matanza. Pero, sin tener en cuenta la tautología que eso supone, la traducción apenas puede defenderse por razones gramaticales. (a) No podemos comprender por qué se habría escogido el singular חלל, cuando la expresión se repite, en vez del plural חֲלָלִים (2). הַגָּדוֹל no puede ser un adjetivo concordando con חֶרֶב, porque חֶרֶב no es un nombre de género femenino, y aquí se construye como si fuera femenino, como muestra claramente הַחֹדֶרֶת.

הַגָּדוֹל está en oposición a חלל, espada de hombres divididos, la gran espada. En este caso, el hombre dividido es el rey, como afirma Ewald, de acuerdo con Hengstenberg y Hävernick. Según eso, las palabras afirman que la espada no solo matará a la masa del pueblo, sino que traspasará al mismo rey (cf. también *Coment* a Ez 21, 25).

Ez 21, 20 no depende del texto anterior, sino que introduce un nuevo pensamiento, es decir, la finalidad por la que la espada ha sido afilada: Dios ha puesto la espada deslumbrante delante de todas las puertas de los israelitas a fin de que (con un pleonástico ל לְמַעַן, en vez de solo לְמַעַן) el corazón de los hombres se derrita y los habitantes pierdan todo su coraje para defenderse, y a fin de multiplicar sus *offendicula*, es decir, sus ocasiones de caer en manos de la espada.

El ἅπ. λεγ. אִבְחַת significa el rápido movimiento de blandir la espada (cf. Gen 3, 24). xba se relaciona con הפך; en la Misná aparece como אפך. El ἅπ. λεγ. מְעֻטָּה no significa afilado, sinónimo de de jrm, sino, de acuerdo con su equivalente árabe mṭe, tiene el sentido de *sacar* (cf. *eduxit e vagina gladium*, sacar la espada de la vaina). En 21, 16 se manda a la espada que corte a la derecha y a la izquierda. הִתְאַחֲדִי significa poner todo el esfuerzo, golpear a derecha y a izquierda.

Para el verbo הָשִׂימִי hay que suplir פָּנֶיךָ, por el contexto: "dirige tu rostro hacia…". אָנָה, sin interrogativo, como en Jos 2, 5 y Neh 2, 16, "dondequiera que…". מֻעָדוֹת, de יעד, mandado, ordenado (no dirigido hacia, vuelto…). La forma femenina puede deberse a una construcción *ad sensum*, conforme a la cual el género se regula a sí mismo, según el sentido de חרב, a la que se alude con פָּנֶיךָ. Ese mandato a la espada se refuerza con la explicación dada por Yahvé en 21, 22, en la que dice que también él, como el profeta en 21, 19, batirá las palmas y descargará su ira en contra de ellos (cf. 5, 13).

21, 23-27 (= 21, 18-22). La espada del rey de Babilonia devastará Jerusalén, y después también a los amonitas.

²³ וַיְהִי דְבַר־יְהוָה אֵלַי לֵאמֹר׃
²⁴ וְאַתָּה בֶן־אָדָם שִׂים־לְךָ שְׁנַיִם דְּרָכִים לָבוֹא חֶרֶב מֶלֶךְ־בָּבֶל מֵאֶרֶץ אֶחָד יֵצְאוּ שְׁנֵיהֶם וְיָד בָּרֵא בְּרֹאשׁ דֶּרֶךְ־עִיר בָּרֵא׃
²⁵ דֶּרֶךְ תָּשִׂים לָבוֹא חֶרֶב אֵת רַבַּת בְּנֵי־עַמּוֹן וְאֶת־יְהוּדָה בִירוּשָׁלַםִ בְצוּרָה׃
²⁶ כִּי־עָמַד מֶלֶךְ־בָּבֶל אֶל־אֵם הַדֶּרֶךְ בְּרֹאשׁ שְׁנֵי הַדְּרָכִים לִקְסָם־קָסֶם קִלְקַל בַּחִצִּים שָׁאַל בַּתְּרָפִים רָאָה בַּכָּבֵד׃
²⁷ בִּימִינוֹ הָיָה הַקֶּסֶם יְרוּשָׁלַםִ לָשׂוּם כָּרִים לִפְתֹּחַ פֶּה בְּרֶצַח לְהָרִים קוֹל בִּתְרוּעָה לָשׂוּם כָּרִים עַל־שְׁעָרִים לִשְׁפֹּךְ סֹלְלָה לִבְנוֹת דָּיֵק׃

¹⁸ *Vino a mí palabra de Yahvé, diciendo:* ¹⁹ *Tú, hijo de hombre, traza dos caminos por donde venga la espada del rey de Babilonia. De una misma tierra salgan ambos, y al comienzo de cada camino pon una señal que indique la ciudad adonde va.* ²⁰ *El*

> camino señalarás por donde venga la espada a Rabá, de los hijos de Amón, y a Judá, contra Jerusalén, la ciudad fortificada.
> ²¹ Porque el rey de Babilonia se ha detenido en una encrucijada, al principio de los dos caminos, para usar de adivinación; ha sacudido las saetas, consultó a sus ídolos, miró un hígado. ²² La adivinación señaló a su mano derecha, sobre Jerusalén, para dar la orden de ataque, para dar comienzo a la matanza, para levantar la voz en grito de guerra, para poner arietes contra las puertas, para levantar terraplenes y construir torres de sitio.

Tras la descripción de la terrible devastación que iba a producir la espada del Señor, la última palabra de Dios de esta profecía responde a la cuestión de en qué mano iba a colocar el Señor la espada, y a quién iba a destruir primero con ella. El exterminador en cuya mano se coloca la espada afilada es el rey de Babilonia, y con ella destruirá no solo a Judá, sino también a los amonitas.

Jerusalén y Judá serán las primeras en caer, y después caerá el archienemigo de la nación de la alianza, es decir, Amón, que sucumbirá bajo los golpes de la espada de Yahvé, a fin de que los enemigos del Señor y de su pueblo puedan aprender, sabiendo que la caída de Jerusalén no es, como ellos creen, una prueba de su impotencia, sino más bien de la omnipotencia de su Dios.

De esa manera, nuestra profecía expande su predicción, mostrando el juicio que ha de caer sobre todo el mundo que es hostil a Dios. En esa línea, los amonitas solo entran aquí en consideración como archienemigos del reino de Dios. El paralelo entre Israel y los hijos de Amón se pone así de relieve para mostrar de un modo constante la diferencia que hay entre ellos, con la preeminencia de Israel (Jerusalén).

Jerusalén ha de caer, la antigua teocracia será destruida hasta que venga Aquel que restaure el derecho. Por otra parte, Amón perecerá, pero no dejará ni rastro. Esta predicción se expresa a través de un signo. El profeta ha de trazar dos caminos, preparando un itinerario, que en un lugar determinado se divide en dos direcciones: Una lleva a Rabat-Amón, capital del reino de los amonitas; la otra se dirige hacia Jerusalén en Judá. De esa manera, el profeta ha de trazar los caminos para la entrada (לְבוֹא) de la espada del rey de Babilonia.

En el cruce del camino ha de inscribir una mano, יד, es decir, una especie de dedo abierto. El piel ברא significa cortar (Jos 17, 15. 18), escavar (Ez 23, 48), aquí grabar caracteres escritos sobre material duro. La selección de esta palabra muestra que Ezequiel tenía que grabar sobre un material duro, probablemente sobre un ladrillo, los caminos que iba a seguir el ejército enemigo (cf. 3, 1).

די no significa *locus, spatium*, un lugar, un espacio, sino una mano. ראש es el comienzo del camino, es decir, el cruce del camino (16, 25), como se explica en 21, 26, donde se le llama אֵם, madre del camino, pues los caminos comienzan en ese lugar de separación

רֹאשׁ שְׁנֵי הַדְּרָכִים, comienzo de los dos caminos. דֶּרֶךְ עִיר es el camino que lleva a una ciudad. Sobre Rabbat-Amón, ciudad de la que se conservan la ruinas de Ammán, en el alto Jabbok (*Nahr Ammân*), cf. *Coment.* a Dt 3, 11. El camino de Judá se define de un modo todavía más preciso con בִּירוּשָׁלַם בְּצוּרָה, camino que lleva a la fortaleza de Jerusalén, porque el propósito de Nabucodonosor era la conquista de Jerusalén.

La omisión del artículo delante de בְּצוּרָה Puede explicarse por la naturaleza del participio, pues aún en prosa el artículo debe dejarse a un lado tras un nombre definido (cf. Ewald, §335a). El dibujo se explica en 21, 26-27. El rey de Babilonia se ha parado (עָמַד, estar quieto, pararse) para consultar su oráculo, para decidir el camino que ha de seguir. קֶסֶם, tomar en la mano para practicar la adivinación. A fin de proceder con seguridad, él utiliza todos los medios de adivinación que tiene a su alcance. Arroja las flechas (más estrictamente, las sacude). Sobre esa práctica escribe Jerónimo:

> "Él consulta el oráculo conforme a la costumbre de su nación, poniendo sus flechas en la aljaba, y las mezcla, tras haber escrito en ellas los nombres correspondientes, para así escoger después y ver hacia qué ciudad o estado debe ir primero para atacarlo"[29].

El rey consulta los *Teraphim* o Penates, a los que se adoraba como divinidades oraculares y dioses de la buena suerte (cf. *Coment.* a Gen 31, 19 y mi *Biblische Archäologie* §90). No sabemos nada de la forma en que esas divinidades eran consultadas y de la forma en se que daban sus oráculos. Aquí se examina el hígado. Esta práctica de ἡπατοσκοπία, *extispicium* (inspección del hígado) consistía en descubrir los signos de la buena o mala suerte, del éxito o fracaso de una empresa por la observación del hígado de los animales sacrificados.

Este tipo de adivinación tuvo gran importancia tanto entre los babilonios (cf. Diodoro Sículo, Biblioteca, II. 29) como entre los romanos (Cicerón, *De divin.* VV, 13). Según Bar-Hebreo, *Chronica,* pag 125, se encuentran restos de esta práctica hasta el siglo VIII d.C. entre los sabeos de Harán. La adivinación tuvo como resultado la decisión de ir a Jerusalén.

קֶסֶם no significa lote (Gesenius), sino adivinación. וִירוּשָׁלַם se conecta con esto a modo de nombre en aposición: la adivinación que indica Jerusalén. La mano derecha es la más importante de las dos. El significado más exacto de estas palabras no puede precisarse mejor, porque no conocemos bien el tipo de adivinación al que se referían; de todas formas, podemos suponer que las palabras se refieren a la flecha, de manera que la flecha con la inscripción Jerusalén fue la que él cogió

---

29. La "suerte de las flechas" (*Belomantia*) se utilizaba en la antigua Grecia (cf. Homero, *Iliada* III, 324; VII, 182-183) y también entre los antiguos árabes (cf. E. Pococke, *Specimen historiae arabum*, 1648, 327ss. y los pasajes de Nuweiri citados por Reiske, *Samml. einiger Arab. Sprichwörter von den Stecken oder Stäben*, p. 21). Otra forma de decidir la suerte disparando las flechas fue común entre los Sabeos de Hanania, según En-Nedîm, *Fihrist el Ulum; cf.* Chwolsohn, *Ssabier* II pp. 26 y 119, 200).

con su mano derecha, tomando así una decisión que después fue confirmada por los Terafín y por el examen del hígado.

De esa manera, el resultado de la adivinación coincide con el propósito de Dios; pero esto no debe tomarse, como Hävernick supone, en la línea de que había una conexión entre la fe hebrea y la adivinación pagana, y que eso era algo peculiar en Ezequiel en el tiempo de su cautiverio. Todo lo que esto prueba es que el paganismo esta igualmente sujeto a la dirección del Dios omnipotente, de manera que Dios lo pone al servicio del cumplimiento de su reino y de su salvación.

En las palabras siguientes, en las que se habla de sitiar Jerusalén y de poner arietes contra sus puertas se explicita de un modo más minucioso la substancia del oráculo, que tiene dos elementos, mostrando lo que él (el Rey Nabucodonosor) ha de hacer. (a) Poner arietes contra las puertas, es decir, iniciar el asedio contra Jerusalén, cosa que se muestra de un modo más preciso al final de 21, 27. (b) Dar el grito de guerra, es decir, la orden de ataque para tomas la ciudad.

Las dos palabras (לִפְתֹּחַ y לְהָרִים) son sinónimas. Sin embargo no son una pura tautología, como afirma Hitzig, pues se han escogido para dar más énfasis al pensamiento. La expresión בְּרֶצַח crea alguna dificultad, pues la frase *ut aperiat os in caede* (Vulgata), *para abrir la boca pronto,* para asesinar o arruinar, es decir, para morir o quedar en ruinas, es muy chocante y apenas podría tomarse como una expresión enérgica para el grito de batalla (Hävernick).

La בְּ de בִּימִינוֹ no significa "para", y no puede indicar una intención, y menos aún por el hecho de que בְּרֶצַח está en paralelo con בִּתְרוּעָה, donde תְּרוּעָה es el grito en el que se expresa la voz aquí indicado. Según eso, no hay otra respuesta que la de tomar רֶצַח como grito de campo o de batalla, y suponer que ese significado deriva de רצח o, por metátesis, de צרח.

21, 28-32 (=21, 23-27). Los judíos tomarán este anuncia como una adivinación mentirosa, pero, sin embargo, ella se verificará.

לָהֶם (כקסום) [כִּקְסָם־]שָׁוְא בְּעֵינֵיהֶם שְׁבֻעֵי שְׁבֻעוֹת לָהֶם וְהוּא־מַזְכִּיר עָוֹן לְהִתָּפֵשׂ׃ פ
[28] וְהָיָה
[29] לָכֵן כֹּה־אָמַר אֲדֹנָי יְהוִה יַעַן הַזְכַּרְכֶם עֲוֹנְכֶם בְּהִגָּלוֹת פִּשְׁעֵיכֶם לְהֵרָאוֹת חַטֹּאותֵיכֶם בְּכֹל עֲלִילוֹתֵיכֶם יַעַן הִזָּכֶרְכֶם בַּכַּף תִּתָּפֵשׂוּ׃ פ
[30] וְאַתָּה חָלָל רָשָׁע נְשִׂיא יִשְׂרָאֵל אֲשֶׁר־בָּא יוֹמוֹ בְּעֵת עֲוֹן קֵץ׃ ס
[31] כֹּה אָמַר אֲדֹנָי יְהוִה הָסִיר הַמִּצְנֶפֶת וְהָרִים הָעֲטָרָה זֹאת לֹא־זֹאת הַשָּׁפָלָה הַגְבֵּהַ וְהַגָּבֹהַּ הַשְׁפִּיל׃
[32] עַוָּה עַוָּה עַוָּה אֲשִׂימֶנָּה גַּם־זֹאת לֹא הָיָה עַד־בֹּא אֲשֶׁר־לוֹ הַמִּשְׁפָּט וּנְתַתִּיו׃ פ

[23] *Mas para ellos esto será como adivinación mentirosa, ya que les ha hecho solemnes juramentos; pero él trae a la memoria la maldad de ellos, para apresarlos.* [24] *Por tanto, así ha dicho Yahvé, el Señor: Por cuanto habéis hecho recordar vuestras maldades,*

> manifestando vuestras traiciones, descubriendo vuestros pecados en todas vuestras obras; por cuanto habéis sido recordados, seréis entregados en su mano.
> ²⁵ Respecto a ti, profano e impío príncipe de Israel, cuyo día ya ha llegado, el tiempo de la consumación de la maldad, ²⁶ así ha dicho Yahvé, el Señor: ¡Depón el turbante, quita la corona! ¡Esto no será más así! Sea exaltado lo bajo y humillado lo alto. ²⁷ ¡A ruina, a ruina, a ruina lo reduciré, y esto no será más, hasta que venga aquel a quien corresponde el derecho, y yo se lo entregaré!

En 21, 28 (= 21, 23), לָהֶם, que se define de un modo más preciso por בְּעֵינֵיהֶם, se refiere a los israelitas, es decir, a los judíos. Esto se aplica también al siguiente לָהֶם, que no puede referirse a un sujeto distinto, por ejemplo a los caldeos. Eso significa que no puede aceptarse la traducción ofrecida, por ejemplo, por Gesenius, en *Thesaurus* (lugar citado) a las oscuras palabras שְׁבֻעֵי שְׁבֻעוֹת, como *qui juramenta jurarunt eis sc., Chaldaeis* ("los juramentos que les juraron a ellos, es decir, a los caldeos), traducción que Maurer ha modificado y expuesto así: "Ellos no temerán estos augurios, ellos les ofrecerán juramentos (a los caldeos), es decir, según sus costumbres usuales, estos engañadores les harán proclamar nuevos juramentos, esperando que ellos, los caldeos, serán conciliados por ellos".

Sea como fuere, éste es un pensamiento poco normal, pues la actitud desafiante de confianza con la que se sitúan ante estas terribles amenazas debe tener otro fundamento, y no basarse solo en la credulidad de los caldeos. La explicación más común que han aceptado Rosenmüller y Kliefoth es ésta: "Dado que los caldeos han jurado ser aliados de los judíos, jurando estar confederados con ellos..." o, como dice Kliefoth: "fundándose en el juramento de fidelidad y vasallaje jurado por Sedecías y Nabucodonosor, sabiendo que están confederados con los caldeos, y apoyándose en eso, ellos confían que no serán atacados de forma hostil por los caldeos".

Pero esta opinión no puede mantenerse en modo algunos, no solo porque es totalmente arbitrario introducir aquí "los caldeos", sino también por otra razón aducida por Maurer: ¿Cómo podían despreciar los judíos esos augurios por el hecho de que los caldeos estaban vinculados con ellos por juramento cuando ellos mismos (los judíos) habían roto ese juramento? Cuando un tratado ha sido roto por una parte, la otra parte queda liberada de ese juramento.

Según eso, debemos aceptar la explicación de Havernick: "Juramentos de juramentos son suyos (de ellos); es decir, a ellos se les han dado los más sagrados juramentos (por parte de Dios)". Ellos (los judíos) confían, pues en que Dios les ha jurado de un modo solemne, pero lo hacen sin tener en cuenta que esa promesa de Dios estaba condicionada a algo, es decir, a la observancia fiel (por parte de ellos) de los mandamientos de Dios. Para el hecho mismo, cf. Ez 20, 42, y otros textos como Sal 105, 9 etc.

Siguen los reproches y amenazas contra Israel

La forma שְׁבֻעֵי al lado de שְׁבֻעוֹת puede explicarse de manera muy simple por el intento de crear una especie de estado constructo, de manera que no se puede elevar ningún tipo de argumento bien fundado en contra del sentido del texto. Igual que Ezequiel ha utilizado ya נפשים en vez de נפשות (Ez 13, 20), él puede haber colocado aquí שבעים (שבעי) junto a (o en vez de) שבעות. Dado que los judíos se apoyan en las promesas de Dios, sin reflexionar sobre el hecho de que ellos mismos han roto la alianza, Dios les hará recordar su pecado a través de su juicio.

וְהוּא es el mismo Yahvé, en cuyo juramento ellos quieren apoyarse. La maldad o pecado de עָוֹן no ha de restringirse a la ruptura de la alianza de Sedecías, pues 21, 39 muestra claramente que se trata de los pecados de Judá en general. La palabra לְהִתָּפֵשׂ (21, 29=21, 24) ha de aplicarse también a toda la nación, que ha de ser tomada y castigada por el rey de Babilonia.

Ez 21, 29 (21, 24) introduce la razón para la última afirmación anterior (de 21, 28: 21, 23). Dios tiene que hacer que el pueblo recuerde su iniquidad al castigarle, porque han sido ellos los que le han hecho recordar sus pecados, sin ninguna vergüenza, y de esa forma han obligado al mismo Dios a recordarlos, haciendo así que los pecadores de Israel caigan en manos del exterminador. עֲוֹנְכֶם הִזָּכַרְכֶם se utiliza en 21, 29 de una forma distinta a la utilizada en 21, 28 y por eso se explica a través de בְּכַף תִּתָּפֵשׂוּ, expresión que en sí misma es indefinida y que remite a 21, 16, recibiendo desde ese fondo su sentido más profundo.

Con 21, 30 (=21, 25) el discurso se dirige hacia el pecador más significativo, que es el impío rey Sedecías, que estaba haciendo que cayera sobre el reino el juicio de destrucción, por su ruptura infiel del pacto. Las palabras חָלָל y רָשָׁע son *asyndeta*, coordinadas una a la otra. חָלָל no significa profano o infame (βέβηλε, LXX), sino simplemente atravesado, sacrificado. Éste es el sentido que aquí ha de mantenerse. Así lo exige no solo el uso constante del lenguaje, sino también la relación en la que estas palabras aparecen también 21, 19 y en 21, 34 (חַלְלֵי רְשָׁעִים).

Ciertamente, Sedecías no aparece atravesado por la espada, ni en ese tiempo, ni después, sino simplemente cegado y llevado en cautividad a Babilonia, donde él murió. Pero todo lo que se deduce de aquí es que חָלָל se utiliza también en un sentido figurativo, en la línea de la espada y de la muerte. Y aquí se evoca a Sedecías para indicar de la manera más enérgica posible la certeza de su destino. La elección del término חָלָל es muy significativa, pues a lo largo de toda la profecía la descripción del juicio se inspira en el signo de la espada de Yahvé. Así como Dios no blande literalmente la espada, así חָלָל no se aplica solo al hecho externo de quedar atravesado por la espada.

יוֹמוֹ, su día, es el día de su destrucción (cf. 1 Sam 26, 10), o del juicio que recaerá sobre el rey. El tiempo de la transgresión final no es el tiempo cuando la transgresión alcanza su fin, su realización completa, sino el tiempo en que la maldad lleva consigo el fin, es decir, la destrucción (cf. Ez 35, 5; y para קֵץ en ese sentido, cf. 7, 2-3). El hecho de que el fin, la destrucción, ha venido, es decir, esta cerca, a la mano, se anuncia en 21, 31 (=21, 26) al príncipe, y en su persona a toda la nación.

Si entendemos en ese sentido el argumento (como sugiere Ez 21, 30) podemos responder bien a la objeción de Kliefoth, según la cual estas palabras tienen un carácter colectivo. Ellas no se refieren a todo el cuerpo de los gobernantes, incluidos los sacerdotes, pues esta explicación queda refutada completamente por las palabras וְאַתָּה ... נָשִׂיא (y tú..., príncipe) que se oponen totalmente a un sentido colectivo del texto.

Por otra parte, la observación de que "lo que sigue en 21, 31 no tiene nada que ver con el rey, pues el privarle del sacerdocio no afecta en modo algunos a Sedecías" (Kliefoth) no es correcta ni concluyente. Porque este pasaje (21, 31) no alude solo a la abrogación del sacerdocio, sino también a la destrucción del reino, cosa que afecta a Sedecías de un modo directo y personal. Más aún, nosotros no podemos aislar al rey como individuo del lugar que él ocupa, ni mucho menos del lugar que él debía haber ocupado en una monarquía teocrática, en la que la supresión del sacerdocio le afecta de un modo muy personal (pues significa la destrucción del reino).

El sacerdocio era uno de los pilares fundamentales de la teocracia, de manera que la supresión del sacerdocio implicaba la destrucción del Estado teocrático, y por tanto la destrucción de la misma monarquía. Por esa razón, aquí se alude en primer lugar a la abolición del sacerdocio. Los infinitivos absolutos (no imperativos) וְהָרִים y הָסִיר han sido seleccionados con la finalidad de expresar la verdad de la manera más enfática posible, siendo verbos sinónimos. הָרִים es elevar, pero no en el sentido de establecer con más fuerza, sino en el sentido de destruir, de abolir, como en Is 57, 14 y Dan 8, 11.

La palabra הַמִּצְנֶפֶת no significa la diadema real, como צניף en Is 62, 3, sino la tiara del sumo sacerdote, como en todos los lugares en que aparece en el Pentateuco, de donde Ezequiel ha tomado la palabra. הָעֲטָרָה es la corona real. La tiara del sacerdote y la corona real son las insignias del oficio del sumo sacerdote y del rey respectivamente. De un modo consecuente, el hecho de que se quiten significa la abolición tanto del sacerdocio como de la monarquía.

Estas palabras contienen la sentencia de muerte contra la teocracia, que estaba fundada en el sacerdocio aarónico y en la monarquía davídica. Ellas predicen no una abolición momentánea, sino una abolición completa de estos dos oficios y dignidades, y su cumplimiento tuvo lugar cuando el reino de Judá fue destruido por el rey de Babilonia. La soberanía terrena de la casa de David no fue restaurada de nuevo tras la cautividad; y el sumo sacerdocio de la restauración, lo mismo que el culto segundo templo, no fue más que una expresión pálida (de sombras) de la gloria y de la importancia del sumo sacerdocio de Aarón. En el templo de Zorobabel faltaba el Arca con la Shekina (la gloriosa presencia de Dios); así faltaban también los Urim y los Tummim del sumo sacerdocio, y estos eran de hecho los únicos medios a través de los cuales el sumo sacerdote podía realizar realmente la mediación entre el Señor y el pueblo.

זֹאת לֹא־זֹאת (esto no es esto) no se refiere a la tiara (mitra) sacerdotal y a la corona. זֹאת es neutro, y por eso se construye con el masculino הָיָה (גַּם־זֹאת לֹא הָיָה). Esto (mitra y corona) no será esto (con un הָיָה profético) significa más bien: Esto no continuará, esto quedará totalmente destruido (Hävernick, Maurer y Kliefoth).

A todo lo anterior se le añade un nuevo pensamiento, anunciando una inversión general de las cosas. Este es el significado de las palabras: Sea exaltado lo bajo y humillado lo alto הַשְׁפָלָה y הַגְבֵּהַ son infinitivos, y se escogen en la línea del hemistiquio anterior. La ה inicial de הַשְׁפָלָה no es indicación de tono, sino que indica un sentido masculino. La ה final sirve simplemente para dar más plenitud a la forma, de manera que se parezca a la forma que tiene הַגְבֵּהַ[30].

Este pensamiento general se expresa de un modo aún más preciso en 21, 32 (=21, 27). La palabra עַוָּה que se repite tres veces (עַוָּה עַוָּה עַוָּה) para dar más énfasis al pensamiento, es un nombre derivado de עוה, con el sentido de inversión, desbordamiento. Y el sufijo de אֲשִׂימֶנָּה remite a זאת en 21, 31 (=21, 26). Se trata, pues, de que el presente estado de cosas, con el sumo sacerdocio y la monarquía, serán destruidos o totalmente derribados.

Pues bien, en este contes, el segundo זאת no puede referirse a la tiara y a la corona, como supone Kliefoth, partiendo del גַּם anterior, sino que ha de referirse refiere a la cosa antes mencionada, es decir, a la supresión de la monarquía, una supresión que no será definitiva, como ha indicado correctamente el Midrash Tanhuma: *neque haec conditio erit durabilis*.

El siguiente עַד־בֹּא se vincula no solo a este última cláusula, sino al pensamiento general, en el sentido de destrucción seguirá a destrucción (=la misma destrucción será destruida). El pensamiento es como sigue: En ningún lugar hay descanso, en ninguno hay seguridad; todas las cosas están en estado de flujo, hasta que venga el gran restaurador, el príncipe de la paz" (Hengstenberg).

De esta forma puede reconocerse que las palabras עַד־בֹּא אֲשֶׁר־לוֹ הַמִּשְׁפָּט וּנְתַתִּיו contienen una alusión a Gen 49, 10: עַד כִּי־יָבֹא (hasta que venga…). Solo una falsa

---

30. Hitzig ha dado una explicación absurda de este verso. Así ha tomado las palabras הָסִיר y וְהָרִים como antitéticas, en el sentido de remover para exaltar (o para sostener en una posición exaltada), y ha pensado que las frases son preguntas, con el significado de: ¿Debe ser destruido el sumo sacerdocio, mientras que, por el contrario, la dignidad real permanece sin ser tocada? Él encuentra una solución a esas preguntas en las palabras זֹאת לֹא־זֹאת (esto, no esto) que, a su juicio, contienen una afirmación de la primera y una negación de la segunda.

Pero él no nos dice cómo זֹאת לֹא־זֹאת sin verbo puede significar "lo primero (la abrogación del sumo sacerdocio) tendrá lugar, pero lo último (la exaltación de la monarquía) no sucederá". Y finalmente la última cláusula (lo bajo será elevado…) contiene, a su juicio, simplemente una palabra de aviso, que no tendrá resultado alguno para el tiempo próximo. Estas especulaciones no necesitan ninguna refutación. Así nos limitamos a decir que no hay fundamento alguno para la afirmación de que הָרִים, sin min (מ) final no puede significar abolir.

interpretación de las cláusulas anteriores, con una alteración arbitraria del texto, ha permitido que Hirzig haya excluido esta conexión de nuestro texto con Gen 49, 10, rechazando aquí la idea de la restauración final.

En esa línea, por supuesto, אֲשֶׁר־לוֹ הַמִּשְׁפָּט no ha de tomarse como una explicación filológica de שִׁילֹה [וְשִׁילֹה] (Gen 49, 10), sino más bien como una reinterpretación teológica de la profecía patriarcal, con referencia directa a la destrucción anunciada de las relaciones existentes en la actualidad, a consecuencia de la impiedad e injusticia de los líderes de la teocracia de aquel tiempo.

הַמִּשְׁפָּט no es la pretensión justa a la mitra y a la corona, sino el derecho, en un sentido objetivo, como perteneciente a Dios (Dt 1, 17). Éste es el derecho que Dios ha confiado a los gobernantes de la tierra como sus representantes. Aquel a quien pertenece, por tanto, este derecho, y al que Dios se lo concederá, es el Mesías, de quien han profetizado los profetas desde el tiempo de David en adelante, anunciándole como fundador y restaurador del derecho perfecto sobre la tierra (cf. Sal 72; Is 9, 6; 42, 1; Jer 23, 5; 33, 17). El sufijo de וּנְתַתִּיו no es un dativo, sino un acusativo, refiriéndose a מִשְׁפָּט (cf. Sal 72, 1). No es necesario mencionar de nuevo la persona a la que Dios concederá el derecho, pues ha sido mencionada ya en la expresión anterior: אֲשֶׁר־לוֹ (aquel a quien pertenece, conforme a la promesa de Gen 49, 10).

21, 33-37(=21, 28-32) Destrucción de los amonitas

³³ וְאַתָּה בֶן־אָדָם הִנָּבֵא וְאָמַרְתָּ כֹּה אָמַר אֲדֹנָי יְהוִה אֶל־בְּנֵי עַמּוֹן וְאֶל־חֶרְפָּתָם וְאָמַרְתָּ חֶרֶב חֶרֶב פְּתוּחָה לְטֶבַח מְרוּטָה לְהָכִיל לְמַעַן בָּרָק:
³⁴ בַּחֲזוֹת לָךְ שָׁוְא בִּקְסָם־לָךְ כָּזָב לָתֵת אוֹתָךְ אֶל־צַוְּארֵי חַלְלֵי רְשָׁעִים אֲשֶׁר־בָּא יוֹמָם בְּעֵת עֲוֹן קֵץ:
³⁵ הָשֵׁב אֶל־תַּעְרָהּ בִּמְקוֹם אֲשֶׁר־נִבְרֵאת בְּאֶרֶץ מְכֻרוֹתַיִךְ אֶשְׁפֹּט אֹתָךְ:
³⁶ וְשָׁפַכְתִּי עָלַיִךְ זַעְמִי בְּאֵשׁ עֶבְרָתִי אָפִיחַ עָלָיִךְ וּנְתַתִּיךְ בְּיַד אֲנָשִׁים בֹּעֲרִים חָרָשֵׁי מַשְׁחִית:
³⁷ לָאֵשׁ תִּהְיֶה לְאָכְלָה דָּמֵךְ יִהְיֶה בְּתוֹךְ הָאָרֶץ לֹא תִזָּכֵרִי כִּי אֲנִי יְהוָה דִּבַּרְתִּי: פ

²⁸ Y tú, hijo de hombre, profetiza, y di: Así ha dicho Yahvé, el Señor, acerca de los hijos de Amón y de su oprobio. Dirás, pues ¡La espada, la espada está desenvainada para degollar, para consumir está pulida con resplandor! ²⁹ Te profetizan vanidad, te adivinan mentira, para que la emplees sobre los cuellos de los malos, sentenciados a muerte, cuyo día vino en el tiempo de la consumación de la maldad.

³⁰ ¿La volveré a su vaina? En el lugar donde te criaste, en la tierra donde has vivido, te juzgaré ³¹ y derramaré sobre ti mi ira; el fuego de mi enojo haré encender sobre ti y te entregaré en mano de hombres temerarios, artífices de destrucción. ³² Serás pasto del fuego, se empapará la tierra con tu sangre; no habrá más memoria de ti, porque yo, Yahvé, he hablado.

Siguen los reproches y amenazas contra Israel

Así como Judá caerá en Jerusalén por la espada del Rey de Babilonia, en contra de todas expectación, así serán castigados los amonitas con duro exterminio, por su desdén, por su desprecio. חֶרְפָּ es el desprecio de Amón por la caída de Israel (cf. Ez 25, 3. 6; Sof 2, 8). La espada se encuentra alzada contra los amonitas. פְּתוּחָה, sacada ya de la vaina, como en Sal 37, 14. לְטֶבַח ha de conectarse con פְּתוּחָה, a pesar de los acentos, y לְהָכִיל con מְרוּטָה.

הָכִיל ha sido tomada como un derivado de כּוּל, por Ewald y otros, en el sentido de *ad sustinendum, para recibir según su capacidad*, es decir, tanto como fuera posible. Pero esta traducción adverbial se opone al contexto y no puede aceptarse, a partir de 23, 32. Más aún, כּוּל, contener se aplica a diversos recipientes y vasos, pero no a la espada. Según eso, Hitzig explica esa palabra a partir del árabe *kll*, tener embotados (los ojos), es decir, estar ciego.

Pero a esto se puede oponer el hecho de que la forma הָכִיל se vincula más con el verbo כּוּל más que con כלל. Más aún, no hay nada en el uso hebreo que nos haga sugerir que ese verbo pueda tener el sentido de "embotar", es decir, de cegar. En esa línea debemos añadir no hay nada en el brillo de la espada que nos lleve a pensar que ella deja ciego a quien la mira, sino todo lo contrario. No se trata de dejar ciego, sino de aumentar el terror de aquellos que la miran.

Por todo eso, pensamos que הָכִיל viene de אצל, y lo tomamos como una forma defectiva הצכיל, como תמרו de תאמרו en 2 Sam 19, 14, y como יחל, que es una forma sincopada de יאהל (Is 13, 20) y ותחז de ותאחז, en 2 Sam 20, 9. Literalmente significa hacer que coma y devore. En ese sentido, la espada está preparada para devorar y consumir (no para cegar sin más). לְמַעַן, literalmente, a causa de la iluminación (del fulgor) que salga de ella (cf. Ez 21, 10).

En 21, 34 (=21, 29), לָתֵת (situar, poner) depende también de חֶרֶב פְּתוּחָה, para que la ponga… Este verso actúa como un paréntesis para indicar la acción de la espada en relación con los amonitas. La mayor parte de los comentaristas entienden la frase *te profetizan vanidad, te adivinan mentira* como refiriéndose a los adivinos amonitas que han influido en la política de Amón, como supone Hitzig (cf. Jer 27, 9-10) o que les dan confianza, como si no debieran temer nada de los caldeos.

Por su parte, Kliefoth, aplica estas palabras a los oráculos consultados por Nabucodonosor, según Ez 21, 28 (=21, 23). "Estos oráculos, que hicieron que el rey no marchara contra los amonitas, sino contra Jerusalén se mostraron engañosos contra los amonitas, pues ellos también cayeron después en manos de los caldeos; pero ellos se mostraron certeros en la medida en que se relacionaban con los israelitas, en la medida en que ellos fueron los primeros en ser destruidos".

Esta interpretación es plausible, pero no responde al texto, pues Nabucodonosor no dio un oráculo a los amonitas, ni verdadero ni falso, por el hecho de que, a causa del oráculo del cruce de caminos, él se decidió primero a marchar en contra de Jerusalén, ya que todo lo que él hizo a consecuencia de ello fue posponer su designio de ir contra los amonita, sin abandonarlo. Por eso, estas palabras solo podemos entenderlas como relacionadas con los oráculos que los amonitas recibieron de sus propio adivinos.

Hitzig se opone a la expresión "para que la pongas (la espada) sobre los cuellos de los malos sentenciados a muerte" porque *colla* (cuellos: צַוְּארֵי) no puede estar en lugar de *corpora decollate* (cuellos degollados) y de un modo consecuente propone alterar אוֹתָךְ por אותה (para que la pongas, la espada, en los cuellos). Pero esta conjetura (aceptada por la traducción de Reina-Valera) implica un tipo de extraño pensamiento: el de poner las espadas en los cuellos de aquellos que están ya asesinados, un gesto que carecería de sentido, y que no suele realizarse.

Los pecadores asesinados son los judíos que han caído. Estas palabras evocan las de 21, 30 (=21, 25) cuya segunda parte se ha repetido aquí, y predicen el mismo destino para los amonitas (que también han de caer asesinados). Es fácil suplir חֶרֶב por חֶרֶב אֶל־תַּעְרָהּ: hacer que vuelva la espada a su vaina. Estas palabras solo se pueden dirigir a los amonitas, no a los caldeos, como supone Kliefoth, porque eso no armoniza en modo alguno con lo que sigue, es decir: en el lugar donde te criaste, en la tierra donde has vivido, te juzgaré.

Las dificultades que surgen al tomar las palabras como referidas a los amonitas no son tan grandes como las que exigiría una alteración del texto (Hitzig), o las implicadas en la explicación arbitraria de Kliefoth: ponla *ahora en la aljaba*. El uso del masculino הָשֵׁב (con *patach* como en Is 42,22), en el caso de que ese verbo se dirija a Amón, que está en femenino con אוֹתָךְ, puede explicarse de un modo muy simple: por el hecho de que las espadas son llevadas por hombres, de manera que resulta predominante el pensamientos de los guerreros que son masculinos, mientras que el reino de los amonitas como mujeres queda en el trasfondo.

La objeción de que el sufijo de תַּעְרָהּ solo puede referirse a la espada (de los caldeos), mencionada en 21, 33 (21, 28) es plausible, pero no es concluyente. Porque el hecho de que la vaina presupone una espada, y cada espada tiene una vaina, implica que el sufijo puede referirse no solo a espada (su espada), sino también a la vaina. Lo que queda claro es que cada espada tiene su vaina, el lugar donde puede introducirse.

El significado de las palabras es éste: *Cualquier intento de defenderte con la espada y de evitar la destrucción será en vano*. En tu propia tierra donde has nacido allí te juzgará Dios. Para מְכֻרוֹתַיִךְ, cf. *Coment.* a 16, 336 (21, 31). Este juicio queda aún más desarrollado en 21, 36 (=21, 31) donde se deja a un lado la figura de la espada y se introduce en su lugar la de la ira de Dios.

Traducimos las palabras בְּאֵשׁ עֶבְרָתִי אָפִיחַ así: "el fuego de mi ira yo encenderé contra ti" (según Is 54, 16) y no "con el fuego yo soplo en contra de ti", como otros han propuesto, porque soplar con fuego es una figura poco natural, y la interpretación que proponemos en la línea de Is 54, 16 resulta mucho más adecuada para entender las palabras finales del verso (חָרָשֵׁי מַשְׁחִית).

Se han dado diferentes explicaciones de בֹּעֲרִים. Algunos traducen *ardentes* (hombres ardientes), y en la línea de Is 30, 27: ardientes de ira. Pero בער no se utiliza nunca en ese sentido. Tampoco se puede traducir "hombres abrasadores" (Kliefoth), porque בער, *quemar*, solo aparece en conexión con cosas que son combustible (fuego, carbones…). La palabra ha de ser explicada desde Sal 92, 7 con el sentido de "brutales, locos", llevando siempre en la mente aquello que la Biblia Hebrea vincula con la impiedad, la locura, la crueldad.

Ez 21, 37 (=21, 32) afirma que Amón perecerá por el fuego y por la espada, de forma que incluso su memoria se olvidará. Para ese verso comparar Ex 15, 4. Las palabras "se empapará la tierra con tu sangre" (tu sangre será en medio de la tierra, בְּתוֹךְ הָאָרֶץ) solo puede entenderse en ese sentido: *tu sangre discurrirá por la tierra*. Hay otras traducciones, como la propuesta por Ewald (permanece en medio de la tierra…) o la de Kliefoth (la tierra beberá tu sangre), pero ellas no armonizan con 24, 7, donde se dice que la sangre no puede penetrar en la tierra, ni ser cubierta con el polvo (כִּי דָמָהּ בְּתוֹכָהּ הָיָה: una sangre que nunca se puede esconder). Para לֹא תִזָּכֵרִי, cf. 25, 10.

Amón es el enemigo del Reino de Dios y perecerá de un modo total, no dejando ni trazo tras de sí, sin ninguna esperanza de restauración, en contra de lo que se dice en 21, 32 (21, 27) del reino de Judá o del pueblo de Dios.

3. Ez 22, 1-31. Los pecados de Jerusalén e Israel

A la predicción del juicio en Ez 21 se añade otra descripción de los pecados de Jerusalén y de Israel, que son los causantes del juicio. Este capítulo contiene dos secciones, vinculadas entre sí por su temática y su finalidad. (1) El derramamiento de sangre y la idolatría de Jerusalén aceleran la venida de los días en que la ciudad será un objeto de burla para todo el mundo (22, 1-16). (2) La casa de Israel se ha vuelto escoria y ha de ser fundida en el fuego de la tribulación (22, 17-22), de manera que todos los estamentos del reino (profetas, sacerdotes, príncipes y pueblo) están plenamente corrompidos, de forma que el juicio ha de estallar sobre ellos (22, 23-31).

3.1. Ez 22, 1-16. Delitos de sangre. El peso de los pecados

Los primeros versos (22, 1-5) contienen la principal acusación, que está centrada en el derramamiento de sangre y en la idolatría. Los versos siguientes (22, 6-16) contienen un nuevo desarrollo de los pecados del pueblo y de sus gobernantes, con una breve amenaza de castigo.

22, 1-5. Ciudad sanguinaria

¹וַיְהִי דְבַר־יְהוָה אֵלַי לֵאמֹר: ²וְאַתָּה בֶן־אָדָם הֲתִשְׁפֹּט הֲתִשְׁפֹּט אֶת־עִיר הַדָּמִים וְהוֹדַעְתָּהּ אֵת כָּל־תּוֹעֲבוֹתֶיהָ:

³ וְאָמַרְתָּ֞ כֹּ֤ה אָמַר֙ אֲדֹנָ֣י יְהוִ֔ה עִ֛יר שֹׁפֶ֥כֶת דָּ֖ם בְּתוֹכָ֑הּ לָב֣וֹא עִתָּ֔הּ וְעָשְׂתָ֧ה גִלּוּלִ֛ים עָלֶ֖יהָ לְטָמְאָֽה:
⁴ בְּדָמֵ֨ךְ אֲשֶׁר־שָׁפַ֜כְתְּ אָשַׁ֗מְתְּ וּבְגִלּוּלַ֤יִךְ אֲשֶׁר־עָשִׂית֙ טָמֵ֔את וַתַּקְרִ֣יבִי יָמַ֔יִךְ וַתָּב֖וֹא עַד־שְׁנוֹתָ֑יִךְ עַל־כֵּ֗ן נְתַתִּ֤יךְ חֶרְפָּה֙ לַגּוֹיִ֔ם וְקַלָּסָ֖ה לְכָל־הָאֲרָצֽוֹת:
⁵ הַקְּרֹב֥וֹת וְהָרְחֹק֖וֹת מִמֵּ֑ךְ יִתְקַלְּסוּ־בָ֔ךְ טְמֵאַ֥ת הַשֵּׁ֖ם רַבַּ֥ת הַמְּהוּמָֽה:

¹Vino a mí palabra de Yahvé, diciendo ²Y tú, hijo de hombre, ¿no juzgarás tú, no juzgarás tú a la ciudad sanguinaria y le mostrarás todas sus abominaciones? ³Le dirás, pues: Así ha dicho Yahvé, el Señor: ¡Ciudad que derrama sangre dentro de sí misma para que venga su hora, y que hizo ídolos contra sí misma para contaminarse! ⁴En tu sangre que derramaste has pecado y te has contaminado con tus ídolos que hiciste; has hecho que tu día se acerque y has llegado al término de tus años.

Por tanto, te he dado en oprobio a las naciones, en escarnio a todas las tierras. ⁵Las que están cerca de ti y las que están lejos se reirán de ti, amancillada de nombre y de gran turbación.

La expresión הֲתִשְׁפֹּט prueba que este discurso es una continuación del reproche anterior por los pecados de Israel, que habían comenzado en 20, 4. El epíteto de la ciudad como sanguinaria (cf. Ez 24, 6. 9; Nahúm 3, 1) se explica en 22, 3. La apódosis comienza con וְהוֹדַעְתָּהּ y continúa en 22, 3 (וְאָמַרְתָּ).

עִתָּהּ לָבוֹא, que su tiempo, es decir, el tiempo de su castigo puede llegar. עִתָּהּ como יוֹמוֹ en 21, 30. וְעָשְׂתָה no es una continuación del infinitivo לָבוֹא, sino del participio שֹׁפֶכֶת. La palabra עָלֶיהָ, de la que se han dado traducciones muy diversas, no significa "sobre ella", como si fuera un peso que debiera soportar (Hävernick); menos aún significa "por sí misma" (Hitzig), un significado que esa palabra nunca ha tenido, sino literalmente "sobre", es decir, en sí mismo, como si cubriera la ciudad.

וַתַּקְרִיבִי, y tú has acercado, has hecho que lleguen estos días, es decir, los días del juicio, y de esa forma has llegado a tus días, es decir, a los días de tu visitación y castigo (Jer 11, 23). Este sentido se deduce fácilmente del contexto. טְמֵאַת, manchada, impura, en lo que toca a tu nombre, es decir, habiendo mancillado el nombre de la ciudad santa a través de tus crímenes y de otras abominaciones pecadoras. הַמְּהוּמָה significa confusión interna, tanto moral como religiosa (cf. Am 3, 9; Sal 55, 10-11).

22, 6-12. Pecados del pueblo

⁶ הִנֵּ֨ה נְשִׂיאֵ֤י יִשְׂרָאֵל֙ אִ֣ישׁ לִזְרֹע֔וֹ הָ֥יוּ בָ֖ךְ לְמַ֥עַן שְׁפָךְ־דָּֽם:
⁷ אָ֤ב וָאֵם֙ הֵקַ֣לּוּ בָ֔ךְ לַגֵּ֛ר עָשׂ֥וּ בַעֹ֖שֶׁק בְּתוֹכֵ֑ךְ יָת֥וֹם וְאַלְמָנָ֖ה ה֥וֹנוּ בָֽךְ:
⁸ קָדָשַׁ֖י בָּזִ֑ית וְאֶת־שַׁבְּתֹתַ֖י חִלָּֽלְתְּ:
⁹ אַנְשֵׁ֥י רָכִ֛יל הָ֥יוּ בָ֖ךְ לְמַ֣עַן שְׁפָךְ־דָּ֑ם וְאֶל־הֶֽהָרִים֙ אָ֣כְלוּ בָ֔ךְ זִמָּ֖ה עָשׂ֥וּ בְתוֹכֵֽךְ:

Siguen los reproches y amenazas contra Israel

10 עֶרְוַת־אָב גִּלָּה־בָךְ טְמֵאַת הַנִּדָּה עִנּוּ־בָךְ׃
11 וְאִישׁ ׀ אֶת־אֵשֶׁת רֵעֵהוּ עָשָׂה תּוֹעֵבָה וְאִישׁ אֶת־כַּלָּתוֹ טִמֵּא בְזִמָּה וְאִישׁ אֶת־אֲחֹתוֹ בַת־אָבִיו עִנָּה־בָךְ׃
12 שֹׁחַד לָקְחוּ־בָךְ לְמַעַן שְׁפָךְ־דָּם נֶשֶׁךְ וְתַרְבִּית לָקַחַתְּ וַתְּבַצְּעִי רֵעַיִךְ בַּעֹשֶׁק וְאֹתִי שָׁכַחַתְּ נְאֻם אֲדֹנָי יְהוִה׃

⁶ He aquí que los gobernantes de Israel, cada uno según su poder, se esfuerzan en derramar sangre. ⁷ Al padre y a la madre despreciaron en ti; al extranjero trataron con violencia en medio de ti, y en ti despojaron al huérfano y a la viuda. ⁸ Mis santuarios menospreciaste y mis sábados has profanado. ⁹ Calumniadores hubo en ti para derramar sangre; en ti comieron sobre los montes y en medio de ti hicieron perversidades.
¹⁰ La desnudez del padre descubrieron en ti, y en ti hicieron violencia a la que estaba impura por su menstruo. ¹¹ Cada uno hizo abominación con la mujer de su prójimo, cada uno contaminó perversamente a su nuera y cada uno violó en ti a su hermana, la hija de su padre. ¹² Precio recibieron en ti para derramar sangre; interés y usura tomaste, y a tus prójimos defraudaste con violencia. ¡Te olvidaste de mí!, dice Yahvé, el Señor.

Por la repetición del estribillo "derramar sangre" (Ez 22, 6. 9. 12), la enumeración se divide en tres grupos de pecados, que son agrupados bajo la categoría de derramamiento de sangre por el hecho de están precedidos por esta sentencia y por la repetición de ella en forma de refrán.

El primer grupo (22, 6-8) abarca pecados que van en contra de todas las leyes de moralidad. Los príncipes de Israel son ante todos los reyes, que han condenado a muerte a personas inocentes, como hicieron, por ejemplo, Joaquím (2 Rey 24, 4), Manasés (2 Rey 21, 16) y otros. Las palabras אִישׁ לִזְרֹעוֹ הָיוּ han sido traducidas así por Hitzig y Kliefoth "estaban dispuestos a ayudarse unos a otros", apelando para ello a Sal 83, 9. Pero en ese caso deberíamos tener אִישׁ לְרֵעוֹ en vez de אִישׁ לִזְרֹעוֹ o quizá más bien אִישׁ לְזְרֹעַ אִישׁ, un cambio que no puede realizarse.

Por otra parte, esas palabras no pueden tomarse en el sentido propuesto por Hävernick: Cada uno confiando en su brazo, es decir, confiando solo en su fuerza física, esto es, conforme a la fuerza de su violencia. En esa línea, הָיוּ no necesita que se supla ninguna otra palabra, lo mismo que en 22, 9. Seguida de לְמַעַן con un infinitivo, esa palabra significa estar allí con la intención de hacer algo, o de hacer un intento, dirigir el propio esfuerzo para una cierta finalidad.

En 22, 7 los sujetos no son los príncipes, sino los impíos en general. הֵקֵלוּ es lo opuesto a כבד (cf. Ex 20, 12). Para los reproches que siguen, cf. Ez 22, 20; Lev 19, 13; Dt 24, 14. A la insolencia y violencia contra los hombres se añade aquí el desprecio por todo lo que es santo. Para Ez 22, 8, cf. Ez 20, 13.

Para el segundo grupo (Ez 22, 9-11), además de la calumnia y de la idolatría se citan los pecados de desenfreno e incesto, como pecados principales por los que reprueba al pueblo. Aquí se alude a Lev 18 y 19, de una forma que es obvia.

La condena de la calumnia evoca también el texto de Lev 19, 16. Calumnia para derramar sangre se refiere a las acusaciones malvadas y a los falsos testimonios en una corte de justicia (cf. 1 Rey 21, 10-11).

Sobre comer en las montañas, cf. Ez 18, 6. La práctica de la זִמָּה se describe de manera más específica en Ez 22, 10 y Lev 19, 9. La repetición de וְאִישׁ por tres veces en 22, 11 no significa *cualquiera*, sino *uno, otro y un tercero*, como muestra el correlativo רֵעֵהוּ.

El tercer grupo (22, 12) se compone de pecados de avaricia. Para la primer frase, cf. la prohibición de Ex 23,2. Para la segunda, cf. Ez 18, 8 13. El reproche termina con el olvido de Dios, pecado que está íntimamente unido al de la avaricia.

22, 13-16. Castigo por el pecado

¹³ וְהִנֵּה הִכֵּיתִי כַפִּי אֶל־בִּצְעֵךְ אֲשֶׁר עָשִׂית וְעַל־דָּמֵךְ אֲשֶׁר הָיוּ בְּתוֹכֵךְ׃
¹⁴ הֲיַעֲמֹד לִבֵּךְ אִם־תֶּחֱזַקְנָה יָדַיִךְ לַיָּמִים אֲשֶׁר אֲנִי עֹשֶׂה אוֹתָךְ אֲנִי יְהוָה דִּבַּרְתִּי וְעָשִׂיתִי׃
¹⁵ וַהֲפִיצוֹתִי אוֹתָךְ בַּגּוֹיִם וְזֵרִיתִיךְ בָּאֲרָצוֹת וַהֲתִמֹּתִי טֻמְאָתֵךְ מִמֵּךְ׃
¹⁶ וְנִחַלְתְּ בָּךְ לְעֵינֵי גוֹיִם וְיָדַעַתְּ כִּי־אֲנִי יְהוָה׃ פ

¹³ Y batí mis manos a causa de la avaricia con que actuaste y a causa de la sangre que derramaste en medio de ti. ¹⁴ ¿Estará firme tu corazón? ¿Serán fuertes tus manos en los días en que yo proceda contra ti?
Yo, Yahvé, he hablado, y lo haré. ¹⁵ Te dispersaré por las naciones, te esparciré por los países y eliminaré de ti tu impureza. ¹⁶ Y por ti misma serás degradada a la vista de las naciones. Y sabrás que yo soy Yahvé.

El Señor está enfurecido por cosas tan abominable. Él intervendrá y las pondrá fin, dispersando a Judá entre las naciones paganas. Ez 22, 13 está íntimamente conectado con los versos anteriores. Esto sirve para explicar el hecho de que los únicos pecados mencionados para excitar la ira de Dios son la avaricia y el derramamiento de sangre. הכה, como claramente muestra 2 Rey 11, 12, es una expresión contracta en lugar de הכה אל כף (Ez 21, 19), y el golpear entre sí las manos es un gesto que indica una indignación airada. Para la forma דָּמֵךְ, forma contracta de דמיך, cf. comentario a Ez 16, 45. Así como Ez 22, 13 lleva a la amenaza del juicio, así también 22, 14 evoca por anticipado la terrible naturaleza del juicio en cuanto tal.

התם, de תמם, significa hacer que cese, y con mim (מ) destruir completamente. וְנִחַלְתְּ, *niphal* de הלל, palabra conectada con לְעֵינֵי גוֹיִם, como en 20 9, no de נחל, como han pensado muchos comentaristas, que se guían por los LXX y la Vulgata. בָּךְ no es *in te*, en ti misma, sino por tí misma, es decir, por tu conducta pecadora y sus consecuencias.

Siguen los reproches y amenazas contra Israel

3.2. Ez 22, 17-32. Israel se ha vuelto escoria. Todos están corrompidos

22, 17-22. Todos son escoria sin valor

^{17} וַיְהִי דְבַר־יְהֹוָה אֵלַי לֵאמֹר׃
^{18} בֶּן־אָדָם הָיוּ־לִי בֵית־יִשְׂרָאֵל (לְסוּג) [לְסִיג] כֻּלָּם נְחֹשֶׁת וּבְדִיל וּבַרְזֶל וְעוֹפֶרֶת בְּתוֹךְ כּוּר סִגִים כֶּסֶף הָיוּ׃ ס
^{19} לָכֵן כֹּה אָמַר אֲדֹנָי יְהֹוִה יַעַן הֱיוֹת כֻּלְּכֶם לְסִגִים לָכֵן הִנְנִי קֹבֵץ אֶתְכֶם אֶל־תּוֹךְ יְרוּשָׁלָ͏ִם׃
^{20} קְבֻצַת כֶּסֶף וּנְחֹשֶׁת וּבַרְזֶל וְעוֹפֶרֶת וּבְדִיל אֶל־תּוֹךְ כּוּר וְהִתַּכְתִּי אֶתְכֶם לָפַחַת־עָלָיו אֵשׁ לְהַנְתִּיךְ כֵּן אֶקְבֹּץ בְּאַפִּי וּבַחֲמָתִי וְהִנַּחְתִּי
^{21} וְכִנַּסְתִּי אֶתְכֶם וְנָפַחְתִּי עֲלֵיכֶם בְּאֵשׁ עֶבְרָתִי וְנִתַּכְתֶּם בְּתוֹכָהּ׃
^{22} כְּהִתּוּךְ כֶּסֶף בְּתוֹךְ כּוּר כֵּן תֻּתְּכוּ בְתוֹכָהּ וִידַעְתֶּם כִּי־אֲנִי יְהֹוָה שָׁפַכְתִּי חֲמָתִי עֲלֵיכֶם׃

^{17} Vino a mí palabra de Yahvé, diciendo: ^{18} Hijo de hombre, la casa de Israel se me ha convertido en escoria. Todos ellos son bronce, estaño, hierro y plomo en medio del horno; y en escorias de plata se han convertido. ^{19} Por tanto, así ha dicho Yahvé, el Señor: Por cuanto todos vosotros os habéis convertido en escoria, por eso, yo os reuniré en medio de Jerusalén. ^{20} Como quien junta plata, bronce, hierro, plomo y estaño en medio del horno, para encender fuego en él para fundirlos, así os juntaré en mi furor y en mi ira. Os pondré allí y os fundiré.
^{21} Yo os juntaré y soplaré sobre vosotros en el fuego de mi furor, y en medio de él seréis fundidos. ^{22} Como se funde la plata en medio del horno, así, en medio de él, seréis fundidos. Así sabréis que yo, Yahvé, habré derramado mi ira sobre vosotros.

La segunda palabra de Dios no deja duda alguna sobre la figura de la suciedad o impureza del pecado de 22, 15; pero aquí no se ofrece una exposición de lo que allí se anunciaba. Allí se hablaba de una dispersión de Israel entre las naciones, mientras que aquí (a partir de 22, 17) se expone el próximo asedio de Jerusalén como un proceso de purificación por el que se separara el oro que está contenido en Israel de los metales inferiores que están mezclados con ese oro.

Ez 22, 18 comienza con la descripción de la realidad existente en Israel. הָיוּ es claramente un perfecto, y no puede tomarse como futuro profético, como propone Kliefoth. Esa traducción no solo queda excluida por las palabras יַעַן הֱיוֹת de 22, 19, sino que ella solo podría tener un sentido admisible tomando la cláusula intermedia (todo ello bronce y cobre etc.) como una indicación de aquello en lo que Israel se ha convertido, o como un pretérito, en contra de todas las normas de la sintaxis hebrea, pues esa frase se limita a ofrecer una explicación de לְסוּג הָיוּ.

סוּג, que solo aparece aquí, significa escoria, no metal para ser fundido (Kliefoth), literalmente, *recedanea*, lo que se aparta, los ingredientes básicos que están mezclados con la plata y que han de ser separados de ella en el proceso de elaboración del metal. Éste es aquí el significado, donde la palabra se interpreta después como una mezcla de cobre, hierro y bronce, para definirse finalmente como כסף סגים, escoria de plata, es decir, restos de otros metales inferiores, con una mezcla de plata.

Dado que Israel se ha convertido en escoria de plata de ese tipo, el Señor lo reunirá para purificar al pueblo en un horno de fundición. Así como los hombres mezclan diversos metales y escorias y las meten en un horno para fundirlas, o, mejor dicho, para separar la plata allí contenida, así hará el Señor (22, 22).

כֶּסֶף קְבֻצַת, literalmente un conjunto de plata y de metales inferiores y escorias, como si fuera una colección. El כְּ, *similudinis* (de semejanza), en el sentido de *como*, se omite probablemente a causa de la eufonía, para evitar la necesidad de ponerlo como prefijo de תצבק. Ezequiel menciona también la plata, porque hay también algo de plata entre las escorias y la combinación de otros metales inferiores.

הִתּוּךְ es un nombre verbal de נתך *hifil*, fundir; literalmente, como la función de la plata que se realiza en el horno. Esa fundición se toma aquí simplemente como representación del castigo, y consecuentemente como un resultado del refinamiento de la plata, removiendo y quitando otros ingredientes básicos, sin precisar más la forma en que se hace, como en Is 1, 22. 25; Jer 6, 27-30; Mal 3, 2-3. Ese proceso de fundición y refinamiento tuvo lugar en el asedio de Jerusalén por lo caldeos.

22, 23-31. *Corrupción de todos los estamentos del reino, causa inmediata de su destrucción.*

²³ וַיְהִי דְבַר־יְהוָה אֵלַי לֵאמֹר: ²⁴ בֶּן־אָדָם אֱמָר־לָהּ אַתְּ אֶרֶץ לֹא מְטֹהָרָה הִיא לֹא גֻשְׁמָהּ בְּיוֹם זָעַם:
²⁵ קֶשֶׁר נְבִיאֶיהָ בְּתוֹכָהּ כַּאֲרִי שׁוֹאֵג טֹרֵף טָרֶף נֶפֶשׁ אָכָלוּ חֹסֶן וִיקָר יִקָּחוּ אַלְמְנוֹתֶיהָ הִרְבּוּ בְתוֹכָהּ:
²⁶ כֹּהֲנֶיהָ חָמְסוּ תוֹרָתִי וַיְחַלְּלוּ קָדָשַׁי בֵּין־קֹדֶשׁ לְחֹל לֹא הִבְדִּילוּ וּבֵין־הַטָּמֵא לְטָהוֹר לֹא הוֹדִיעוּ וּמִשַּׁבְּתוֹתַי הֶעְלִימוּ עֵינֵיהֶם וָאֵחַל בְּתוֹכָם:
²⁷ שָׂרֶיהָ בְקִרְבָּהּ כִּזְאֵבִים טֹרְפֵי טָרֶף לִשְׁפָּךְ־דָּם לְאַבֵּד נְפָשׁוֹת לְמַעַן בְּצֹעַ בָּצַע:
²⁸ וּנְבִיאֶיהָ טָחוּ לָהֶם תָּפֵל חֹזִים שָׁוְא וְקֹסְמִים לָהֶם כָּזָב אֹמְרִים כֹּה אָמַר אֲדֹנָי יְהוִה וַיהוָה לֹא דִבֵּר:
²⁹ עַם הָאָרֶץ עָשְׁקוּ עֹשֶׁק וְגָזְלוּ גָּזֵל וְעָנִי וְאֶבְיוֹן הוֹנוּ וְאֶת־הַגֵּר עָשְׁקוּ בְּלֹא מִשְׁפָּט:
³⁰ וָאֲבַקֵּשׁ מֵהֶם אִישׁ גֹּדֵר־גָּדֵר וְעֹמֵד בַּפֶּרֶץ לְפָנַי בְּעַד הָאָרֶץ לְבִלְתִּי שַׁחֲתָהּ וְלֹא מָצָאתִי:
³¹ וָאֶשְׁפֹּךְ עֲלֵיהֶם זַעְמִי בְּאֵשׁ עֶבְרָתִי כִּלִּיתִים דַּרְכָּם בְּרֹאשָׁם נָתַתִּי נְאֻם אֲדֹנָי יְהוִה: פ

²³ *Vino a mí palabra de Yahvé, diciendo:* ²⁴ *Hijo de hombre, dile a ella: Tú no eres tierra iluminada por la luz ni rociada con lluvia en el día del furor.* ²⁵ *Hay conjuración de sus profetas en medio de ella, como de león rugiente que arrebata la presa. Devoraron vidas, tomaron haciendas y honra, multiplicaron sus viudas en medio de ella.*

²⁶ *Sus sacerdotes violaron mi Ley y contaminaron mis santuarios; entre lo santo y lo profano no hicieron diferencia, ni distinguieron entre inmundo y limpio. De mis sábados apartaron sus ojos, y yo he sido profanado en medio de ellos.* ²⁷ *Sus jefes en medio de*

ella son como lobos que arrebatan la presa: derraman sangre para destruir las vidas, para obtener ganancias injustas. ²⁸ Sus profetas (¿dirigentes?) recubrían con lodo suelto, profetizando vanidad y prediciéndoles mentira, diciendo: 'Así ha dicho Yahvé, el Señor', y Yahvé no había hablado. ²⁹ El pueblo de la tierra oprimía y robaba; al afligido y necesitado hacía violencia y al extranjero oprimía contra derecho.
³⁰ Busqué entre ellos un hombre que levantara una muralla y que se pusiera en la brecha delante de mí, a favor de la tierra, para que yo no la destruyera; pero no lo hallé. ³¹ Por tanto, derramé sobre ellos mi ira. Con el ardor de mi ira los consumí; hice volver el camino de ellos sobre su propia cabeza, dice Yahvé, el Señor.

Para mostrar aún más claramente la necesidad del juicio predicho, la tercera palabra de Dios contenida en este capítulo ofrece una descripción del alcance del hondo deterioro que había entre todos los estamentos del pueblo, indicando la imposibilidad de salvar el reino. Las palabras אָמַר־לָהּ, decidle, están tomadas por la mayoría de los comentadores como referidas a Jerusalén, pues al profeta se le pide que las declare. Pero aunque la expresión "tú eres una tierra no limpia…" (מְטֹהָרָה אַתְּ אֶרֶץ לֹא, 22, 24) podría armonizar con ello, las palabras de 20, 30 (busqué entre ellos un hombre que levantara una muralla y que se pusiera en la brecha: בַּפֶּרֶץ לְפָנַי וָאֲבַקֵּשׁ מֵהֶם אִישׁ גֹּדֵר־גָּדֵר וְעֹמֵד) indican de un modo incuestionable que esta palabra de Dios no se dirige a Jerusalén, sino a la tierra de Judá, y que, en consecuencia, לָהּ (22, 23) ha de tomarse en referencia a אֶרֶץ, de manera que el pronombre se coloca delante del nombre al que sigue (como en Núm. 14, 17).

En esa línea, toda alusión a la ciudad de Jerusalén esta aquí fuera de lugar, y más sabiendo que la palabra de Dios anterior no se refiere a la ciudad, sino a la casa de Israel, o a la nación en general, de manera que aquí se hace una transición de la casa de Israel a la tierra o al reino de Judá. Se disputa sobre el significado de 22, 24. La frase מְטֹהָרָה הִיא לֹא, que los LXX traducen ἡ οὐ βρεχομένη, suele interpretarse como "no está limpiada", interpretando así correctamente la forma מְטֹהָרָה como participio *pual* de טהר. Pero esta traducción no ofrece un sentido apropiado, a no ser que las palabra siguientes, לֹא גֻשְׁמָה, se tomen como una amenaza: No ha de llover o, no ha de caer lluvia en el día de la ira. Pero esta visión no puede responder a la forma de la palabra.

Según los masoretas, גֻשְׁמָה, puntuada con mappik en la ה ha de tomarse evidentemente como un nombre (גֶּשֶׁם = גֻּשְׁמָהּ). En ese caso, si se quisiera que las palabras contuvieran una amenaza, no se podría haber omitido יהיה. Pues bien, sin el verbo, esas palabras contienen una afirmación que ha de estar en armonía con lo que precede. El *qetiv* גֻשְׁמָה lo tomamos como pual. Y no puede servir de objeción el hecho de que en ningún otro lugar se encuentra esa la forma גֻשְׁמָה.

En esa línea, en cuanto pual, לֹא גֻשְׁמָה es una simple continuación de frase participial הִיא מְטֹהָרָה לֹא, y contiene por tanto una afirmación, de manera que no puede tomarse como amenaza. Pero "no limpiada" ni rociada con lluvia no responde tampoco al sentido del texto porque, según la idea general, la lluvia no es un medio de purificación. Ciertamente, la falta de lluvia (carencia de agua) suele tomarse como amenaza de castigo de parte de Dios, mientras que la caída de la lluvia se promete como una bendición teocrática. Pero aún en el caso de que las palabras se tomen en sentido general, indicando la falta de agua de lluvia como carencia de las bendiciones de la gracia divina, ellas no armonizan con la otra frase: "no limpiada".

Según eso, nosotros tomamos לֹא מְטֹהָרָה en el sentido de no abrillantada por la luz, carente de brillo, un sentido que puede verse por Ex 24, 20 (donde טהר tiene el significado de esplendor o brillo) y por la palabra emparentada צֹהַר, luz. De esa manera logramos un sentido aceptable: *no ha tenido ni luz de sol ni lluvia en el tiempo de la ira*, es decir, no ha logrado ningún rasgo de la bendición divina, sino que ha sido condenada por la maldición de la esterilidad.

La razón de esta amenaza viene dada en Ez 22, 25 ss, donde se ofrece una visión de la corrupción general que se extiende a todos los estamentos de la población, es decir, a los profetas (22, 25), a los sacerdotes (22, 16), a los príncipes (22, 27) y al pueblo común (22, 29). Hay algo chocante en la alusión a los profetas en 22, 25, no tanto porque se mencionen de nuevo en 22, 28 (lo que puede explicarse porque en el último pasaje ellos aparecen simplemente como consejeros falsos de los príncipes), sino por la descripción que se ofrece de ellos en 22, 5, donde se dice que son como leones que despedazan su presa, que devoran almas etc., una descripción que no aparece en Ez 13, ni en ningún otro lugar.

Por esa razón, Hitzig propone cambiar נביאים por נשיאים, conforma a la traducción propuesta por los LXX ἀφηγούμενοι (los dirigentes). Esta alteración del texto se reduce a una sola letra, y resulta muy plausible por el hecho de que casi lo mismo que en 22, 25 se afirma en 22, 7 de los príncipes de Judá, y también por el hecho de que en Sof 3-4, un texto muy parecido al nuestro, se dice casi lo mismo que aquí, mostrando así que Ezequiel parece haber tenido en su mente que los príncipes (שׂריה) y los jueces (שפטיא) se llaman también profetas y sacerdotes.

Conforme a Ez 22, 6, los נשיאים se referirían ante todo a los miembros de la familia real, incluyendo posiblemente también a los altos oficiales de la corona. Por su parte los שׂרים (22, 27) serían los jefes de las tribus o familias y los padres de familia, en cuyas manos recaía principalmente la administración de la justicia (cf. Ex 18, 19; Dt 1, 13-18; cf. también mi *Bibl. Archäol.* II §149). Según eso, yo prefiero esta conjetura o corrección, más que la lectura masorética, aunque ella está apoyada por las traducciones antiguas, como la del Caldeo, que pone ספרהא, escribas, y la versión de Jerónimo.

Las afirmaciones de ese pasaje no pueden aplicarse a los profetas, y la mejor explicación del texto masorético (es decir, la de Michaelis: "ellos han hecho entre sí un pacto sobre la doctrina que no deberían enseñar, a fin de que su autoridad no fuera nunca puesta en juicio; y por eso persiguieron, incluso hasta la muerte, a

Siguen los reproches y amenazas contra Israel

aquellos que no les obedecieran...") no hace justicia a las palabras, sino que debilita su sentido. קֶשֶׁר no es un predicado de נְבִיאֶיהָ, "ellos son o forman una conspiración", sino que נְבִיאֶיהָ es un genitivo.

En esa línea, no es necesario tomar קֶשֶׁר en el sentido de "compañía", una traducción que no puede defenderse. El hecho de que en lo que sigue (donde se introduce la comparación con los leones) los נְבִיאֶיהָ (נְשִׂיאֶיהָ) son el sujeto nos lleva a deducir que también en la clausula anterior ellos son objeto de la idea principal. No hay razón alguna para poner המה en vez de כַּאֲרִי (ellos son como etc.), pues la semejanza ha de vincularse a la siguiente frase.

נֶפֶשׁ אָכָלוּ ha de explicarse por la comparación con un león, que devora la presa que ha capturado en su sangre, que es el alma o *nephesh* de la persona (cf. Gen 9, 4; Jer 17, 11). El pensamiento es este: En su insaciable avaricia o deseo de riquezas, ellos sacrifican a los hombres y les matan, de manera que multiplican el número de las víctimas (para ese tema, cf. Ez 19, 5. 7).

Lo que se afirma en 22, 26 con respecto a los sacerdotes es una expansión posterior de Sof 3, 4, donde aparece palabra por palabra la primera frase. En Sofonias קֹדֶשׁ equivale realmente a קָדָשַׁי, cosas o hechos sagrados. La contaminación de las cosas sagradas consiste en el hecho de no distinguir entre cosas sagradas y profanas, puras e impuras. Para el hecho en sí, cf. Lev 10, 10-11. Apartar los ojos del sábado significa permitir que el sábado sea profanado por el pueblo, sin ofrecer oposición alguna (cf. Jer 17, 27).

La comparación de sus gobernantes (שָׂרֶיהָ) con lobos rapaces está tomada de Sof 3, 3. Destruir almas para adquirir ganancias es algo que se puede aplicar perfectamente a los jueces injustos, pues, conforme a Ez 18, 21, los jueces tenían que odiar toda injusticia (cf. בצע). Todo esto se dice en 22, 28 sobre la conducta de los falsos profetas, repitiendo casi palabra a palabra lo dicho en Ez 13, 7. 9. 10. Con לָהֶם, que se refiere a los tres tipos de hombres antes mencionados (y no meramente a los שָׂרֶיהָ), los profetas aparecen como personas que ayudan a los impíos en sus caminos malvados, asegurándoles prosperidad con sus oráculos.

Los עַם הָאָרֶץ de 33, 9 se distinguen de los gobernantes espirituales y seculares de la nación, y son como tales el pueblo común. Con referencia a sus pecados y a sus maldades cf. Ez 18, 7. 12. 18. Y sobre el mandamiento que prohíbe oprimir a los pobres y extranjeros, cf. Ex 22, 20-21; Dt 24, 17. La corrupción es tan universal que nadie puede ponerse en la brecha, como un hombre justo, capaz de impedir el juicio de la destrucción a través de su intercesión. מֵהֶם no se refiere meramente a los profetas, que según Ez 13, 5, no entraron en ese espacio abierto (en la brecha) para interceder por los hombres, sino a todas las clases de personas antes mencionadas.

Ese gesto de situarse en el hueco (en la brecha) para interceder por el pueblo es algo que se busca directamente en el texto (en contra de lo que supone Hitzig). La expresión בַּפֶּרֶץ לְפָנַי בְּעַד הָאָרֶץ se refiere claramente a la intercesión. Así lo muestra el hecho de que la intercesión de Abraham a favor de Sodoma (Gen 20, 22-33) estaba influyendo en el pensamiento de Ezequiel pues las últimas palabras del verso (Ez 22, 30) contienen una clara alusión a Gen 18, 28. Dado que Dios no encuentra un solo justo que interceda por la tierra, él derramará su ira sobre esa tierra, para destruir por ello a sus habitantes.

Con referencia al hecho referido y a las diversas palabras empleadas, cf. Ez 21, 36; 7, 4; 9, 10; 11, 21 y 16, 43. De la palabra וָאֶשְׁפֹּךְ (y derramé…) no se deduce que Ezequiel esté ofreciendo este oráculo después que ha sucedido la catástrofe (como supone Hitzig). Porque aunque וָאֶשְׁפֹּךְ expresa las consecuencias del hecho de que Yahvé haya estado buscando a un justo y no lo encuentra no se sigue en modo alguno (a pesar de וְלֹא מָצָאתִי) que וָאֶשְׁפֹּךְ se encuentra también en pretérito, como algo ya pasado, sino que וָאֶשְׁפֹּךְ está simplemente conectado con וָאֲבַקֵּשׁ como una consecuencia. En ambos verbos la *waw* inicial expresa la secuencia de pensamiento, no de tiempo.

Por eso, el hecho de buscar sin haber encontrado no se puede entender en un sentido cronológico, es decir, como un acontecimiento perteneciente al pasado, por la simple razón de que las palabras anterior no siguen un orden cronológico. Esas palabras no hacen más que exponer la condición moral existente en el pueblo, y Ez 22, 30 recoge el resultado de la descripción, con la consecuencia de que no ha habido nadie que haya podido entrar en la brecha para interceder ante Dios. De un modo consecuente, del imperfecto con waw consecutiva no podemos deducir el tiempo de la búsqueda (sin haberlo encontrado), ni el tiempo en que vendrá a derramarse la ira.

4. Ez 23, 1-49. Ahola y Aholiba. Las prostitutas Samaria y Jerusalén

Samaria y Jerusalén, como capitales y representantes de los dos reinos de Israel y de Judá, son hermanas que han practicado la prostitución desde los días de su salida de Egipto (Ez 23, 2-4).

Samaria se ha prostituido con Asiria y Egipto, y ha sido entregada por Dios bajo el poder de los asirios, con el castigo consiguiente (23, 5-10). Pero Jerusalén, en vez de dejarse enseñar por ese aviso de Samaria, ha cometido una fornicación aún más pecaminosa con Asiria y con los Caldeos, y finalmente de nuevo con Egipto (23, 11-21). A consecuencia de ello, el Señor permitirá que los caldeos hagan guerra contra ella, y devasten la tierra, y la cubran de vergüenza, de manera que como castigo por su prostitución y por su olvido de Dios, los judíos experimentarán de un modo pleno el destino de Samaria (23, 22-35).

De esa manera, Ezequiel eleva ante ambos reinos su pecado y anuncia su castigo, a causa de su idolatría (23, 36-44), un castigo que se eleva contra el adulterio y el asesinato de ambos reino (23, 45-49). Por su carácter general, esta palabra de Dios sigue vinculada a las dos anteriores (Ez 21 y 22), insistiendo, una vez más, en los pecados y en el castigo de Israel. Pero esto se hace a través de una alegoría, que recuerda por su esquema general y su descripción alegórica el texto de Ez 16. De todas formas, por sus detalles particulares, la alegoría de Ez 23 posee un carácter peculiar y propio, no solo por algunas de sus expresiones y figuras, sino también por la distribución y ejecución del conjunto.

Esta alegoría de Ez 23 describe la actitud de Israel ante el Señor, en el pasado, el presente y el futuro, poniendo especialmente de relieve la culpa y el castigo de Israel, trazando un paralelo entre Jerusalén y Samaria, para mostrar que el castigo de destrucción que Samaria ha sufrido por su conducta adúltera con los dioses caerá también de forma inevitable sobre Jerusalén y Judá.

23, 1-4. Las hermanas Ahola y Aholiba

¹וַיְהִי דְבַר־יְהוָה אֵלַי לֵאמֹר׃
²בֶּן־אָדָם שְׁתַּיִם נָשִׁים בְּנוֹת אֵם־אַחַת הָיוּ׃
³וַתִּזְנֶינָה בְמִצְרַיִם בִּנְעוּרֵיהֶן זָנוּ שָׁמָּה מֹעֲכוּ שְׁדֵיהֶן וְשָׁם עִשּׂוּ דַּדֵּי בְּתוּלֵיהֶן׃
⁴וּשְׁמוֹתָן אָהֳלָה הַגְּדוֹלָה וְאָהֳלִיבָה אֲחוֹתָהּ וַתִּהְיֶינָה לִי וַתֵּלַדְנָה בָּנִים וּבָנוֹת וּשְׁמוֹתָן שֹׁמְרוֹן אָהֳלָה וִירוּשָׁלַם אָהֳלִיבָה׃

¹ Vino a mí palabra de Yahvé, diciendo: Hijo de hombre, hubo dos mujeres, hijas de una misma madre, ³ las cuales fornicaron en Egipto; en su juventud fornicaron. Allí fueron apretados sus pechos, allí fueron acariciados sus pechos virginales. ⁴ La mayor se llamaba Ahola, y su hermana, Aholiba. Ambas fueron mías, y dieron a luz hijos e hijas. Y se llamaron: Samaria, Ahola; y Jerusalén, Aholiba.

El nombre אָהֳלִיבָה está formado por אהלי בה, mi tienda en ella. De un modo correspondiente, אָהֳלָה ha de derivar de אהלה, su tienda, y no puede tomarse como una abreviación de אהלי בה, su tienda en ella, como piensan Hitzig y Kliefoth. No hay razón para este supuesto, pues "su tienda" en contraste con "mi tienda en ella" expresa con suficiente claridad el pensamiento de que ella tiene una tienda propia, y el lugar donde estaba su tienda no entra en consideración.

La tienda es el santuario, con sus dos elementos: tabernáculo y templo. Estos dos nombres expresan el carácter de los dos reinos, conforme a su actitud ante el Señor. Jerusalén tenía el santuario de Yahvé; por otra parte, Samaria tenía su propio santuario, es decir, uno inventado por ella. Samaria y Jerusalén, como nombres históricos de los dos reinos, representan por un lado el Israel de las diez tribus y por otro a Judá.

Aholá y Aholiba son hijas de una misma madre, porque son las dos partes del único Israel, y ellas se llaman mujeres (=esposass) porque Yahvé se ha desposado con ellas (Ez 23, 4). Ahola se llama la הַגְּדוֹלָה, la grande, la mayor de las hermanas (no la de más edad, cf. *Coment*. Ez 16, 46), porque a ella pertenecía la mayor parte de Israel, mientras que Judá solo contaba con dos tribus.

Ambas cometieron prostitución en Egipto, en el tiempo de su juventud, porque ya en Egipto se prostituyeron los israelitas con la idolatría egipcia (cf. *Coment.* a Ez 20, 7). מִעֲכוּ, oprimieron (acariciaron) sus pechos; se utiliza el pual para indicar un tipo de conducta licenciosa. De un modo semejante el pual de עִשּׂוּ דַּדֵּי se puede traducir como *tractare, contrectare mammas*, apretar los pechos, en sentido obsceno.

23, 5-10. Prostitución y castigo de Samaria

⁵ וַתִּזֶן אָהֳלָה תַּחְתָּי וַתַּעְגַּב עַל־מְאַהֲבֶיהָ אֶל־אַשּׁוּר קְרוֹבִים׃
⁶ לְבֻשֵׁי תְכֵלֶת פַּחוֹת וּסְגָנִים בַּחוּרֵי חֶמֶד כֻּלָּם פָּרָשִׁים רֹכְבֵי סוּסִים׃
⁷ וַתִּתֵּן תַּזְנוּתֶיהָ עֲלֵיהֶם מִבְחַר בְּנֵי־אַשּׁוּר כֻּלָּם וּבְכֹל אֲשֶׁר־עָגְבָה בְּכָל־גִּלּוּלֵיהֶם נִטְמָאָה׃
⁸ וְאֶת־תַּזְנוּתֶיהָ מִמִּצְרַיִם לֹא עָזָבָה כִּי אוֹתָהּ שָׁכְבוּ בִנְעוּרֶיהָ וְהֵמָּה עִשּׂוּ דַּדֵּי בְתוּלֶיהָ וַיִּשְׁפְּכוּ תַזְנוּתָם עָלֶיהָ׃
⁹ לָכֵן נְתַתִּיהָ בְּיַד־מְאַהֲבֶיהָ בְּיַד בְּנֵי אַשּׁוּר אֲשֶׁר עָגְבָה עֲלֵיהֶם׃
¹⁰ הֵמָּה גִּלּוּ עֶרְוָתָהּ בָּנֶיהָ וּבְנוֹתֶיהָ לָקָחוּ וְאוֹתָהּ בַּחֶרֶב הָרָגוּ וַתְּהִי־שֵׁם לַנָּשִׁים וּשְׁפוּטִים עָשׂוּ בָהּ׃ ס

⁵ *Y Ahola, aun perteneciéndome, cometió fornicación. Se enamoró de sus amantes los asirios, vecinos suyos,* ⁶ *vestidos de púrpura, gobernadores y capitanes, jóvenes codiciables todos ellos, jinetes que iban a caballo.*

⁷ *Se prostituyó con ellos, con todos los más escogidos de los hijos de los asirios y con todos aquellos de quienes se enamoró; se contaminó con todos los ídolos de ellos.* ⁸ *Y no dejó sus fornicaciones de Egipto, pues muchos se acostaron con ella en su juventud. Ellos acariciaron sus pechos virginales y derramaron sobre ella su lujuria.*

⁹ *Por lo cual la entregué en manos de sus amantes, en manos de los hijos de los asirios, de quienes se había enamorado.* ¹⁰ *Ellos descubrieron su desnudez, tomaron a sus hijos y a sus hijas, y a ella la mataron a espada. Y llegó a ser famosa entre las mujeres a causa del escarmiento que hicieron de ella.*

Coquetear y fornicar con Asiria y con Egipto indica una tendencia religiosa y política hacia ellos, una conexión con esas naciones y reinos que incluye idolatría y formación de alianza con ellos, como en Ez 16. La palabra תַּחְתָּי ha de interpretarse en la línea de תחת אישה (Ez 16, 32). עגב, que solo aparece en Ezequiel y una vez en Jeremías, indica el deseo fuerte, impulsado por un amor apasionado, hacia alguien.

Por las palabras אֶל־אַשּׁוּר se define de un modo más preciso a la identidad de los amantes. קְרוֹבִים, sin artículo, no es un adjetivo perteneciente a מְאַהֲבֶיהָ, sino un sustantivo en aposición con esa palabra, como sigue mostrándose en el verso siguiente (23, 6). En esas aposiciones se ponen de relieve los rasgos particulares que excitan la ardiente pasión hacia los amantes.

bwrq no ha de tomarse en un sentido local externo, sino en el sentido de una cercanía espiritual: hallarse cerca equivale a estar internamente relacionados, como en Sal 38, 12, Job 19, 14. La descripción que se ofrece de los asirios en Ez 23,6 contiene el pensamiento de que Israel, fascinada por el esplendor de Asiria y sobrecogida por el poder de su reino, había entrado en relación "marital" con los asirios, lo que implicaba ser arrastrada a la idolatría.

El predicado "vestidos de púrpura" evoca el esplendor y gloria de ese poder imperial. Los otros predicados ponen de relieve la magnitud del poder militar de los asirios. פַּחוֹת וּסְגָנִים son los dirigentes de los planos más altos y más bajos de la sociedad (cf. Jer 51, 57). "Esta expresión es de tipo general y pone de relieve las diferentes clases de los dirigentes del reino" (Hävernick). En relación con פַּחוֹת cf. mi *Coment.* a Ageo 1, 1. Para סְגָנִים cf. Delitzsch, *Coment.* Is 41, 25. Son los jinetes que iban a caballo…, con פָּרָשִׁים, que son los caballeros más nobles, que se diferencian de aquellos que montan en asnos o camellos (cf. I 21, 7).

En 23 7, בְּכָל־גִּלּוּלֵיהֶם está aposición a וּבְכֹל אֲשֶׁר־עָגְבָה, y define de un modo más preciso la tendencia a mancharse (=prostituirse) con todos aquellos a quienes amaba de un modo encendido, es decir a todos los ídolos. El pensamiento es como sigue: Israel no se manchó solamente de la idolatría asiria, sino que tampoco había abandonado la idolatría que había recibido de los egipcios, pues los israelitas importaron de Egipto la imagen y el culto del becerro de oro.

Las palabras de este pecado de Israel son muy fuertes y no podemos limitarlas simplemente a una relación política, como ha pensado Hitzig. Hemos observado en Ez 20, 7 que los israelitas se habían manchado ya en Egipto con la idolatría egipcia, como se sigue diciendo en Ez 23, 8-10. Como castigo por eso, Dios entregó a Samaria bajo el poder de los asirios, de forma que ellos le impusieron el castigo que se impone a una prostituta.

En 23, 10 se pasa de la figura a los hechos. Descubrir la desnudez de Samaria significa llevar a sus hijos y a sus hijas, es decir, a la población de Samaria al exilio de Asiria, donde los asirios mataron a la misma mujer Samaria con la espada. En otras palabras, ellos destruyeron su reino.

De esa manera, Samaria vino a convertirse en un nombre de mujer destruida, un nombre que circulaba entre las naciones, de manera que su destino vino a convertirse en objeto de conversación y de ridículo entre las naciones, no un "apodo para las naciones", como supone Hävernick (cf. Ez 36, 3). שְׁפוּטִים, una forma tardía de שְׁפָטִים (cf. Ez 16, 41).

23, 11-21, Prostitución de Judá

[11] וַתֵּרֶא אֲחוֹתָהּ אָהֳלִיבָה וַתַּשְׁחֵת עַגְבָתָהּ מִמֶּנָּה וְאֶת־תַּזְנוּתֶיהָ מִזְּנוּנֵי אֲחוֹתָהּ׃
[12] אֶל־בְּנֵי אַשּׁוּר עָגָבָה פַּחוֹת וּסְגָנִים קְרֹבִים
לְבֻשֵׁי מִכְלוֹל פָּרָשִׁים רֹכְבֵי סוּסִים בַּחוּרֵי חֶמֶד כֻּלָּם׃

Ezequiel 23, 11-21

¹³ וָאֵ֕רֶא כִּ֣י נִטְמָ֑אָה דֶּ֥רֶךְ אֶחָ֖ד לִשְׁתֵּיהֶֽן׃
¹⁴ וַתּ֖וֹסֶף אֶל־תַּזְנוּתֶ֑יהָ וַתֵּ֗רֶא אַנְשֵׁי֙ מְחֻקֶּ֣ה עַל־הַקִּ֔יר צַלְמֵ֣י
(כַשְׂדִּיִּים) [כַשְׂדִּ֔ים] חֲקֻקִ֖ים בַּשָּׁשַֽׁר׃
¹⁵ חֲגוֹרֵ֨י אֵז֜וֹר בְּמָתְנֵיהֶ֗ם סְרוּחֵ֤י טְבוּלִים֙ בְּרָ֣אשֵׁיהֶ֔ם מַרְאֵ֥ה
שָׁלִשִׁ֖ים כֻּלָּ֑ם דְּמ֤וּת בְּנֵֽי־בָבֶל֙ כַּשְׂדִּ֔ים אֶ֖רֶץ מוֹלַדְתָּֽם׃
¹⁶ (וַתַּעְגַּב) [וַתַּעְגְּבָ֥ה] עֲלֵיהֶ֖ם לְמַרְאֵ֣ה עֵינֶ֑יהָ וַתִּשְׁלַ֧ח מַלְאָכִ֛ים אֲלֵיהֶ֖ם כַּשְׂדִּֽימָה׃
¹⁷ וַיָּבֹ֨אוּ אֵלֶ֤יהָ בְנֵֽי־בָבֶל֙ לְמִשְׁכַּ֣ב דֹּדִ֔ים וַיְטַמְּא֥וּ אוֹתָ֖הּ
בְּתַזְנוּתָ֑ם וַתִּ֨טְמָא־בָ֔ם וַתֵּ֥קַע נַפְשָׁ֖הּ מֵהֶֽם׃
¹⁸ וַתְּגַ֨ל תַּזְנוּתֶ֔יהָ וַתְּגַ֖ל אֶת־עֶרְוָתָ֑הּ וַתֵּ֤קַע נַפְשִׁי֙ מֵֽעָלֶ֔יהָ כַּאֲשֶׁ֛ר
נָקְעָ֥ה נַפְשִׁ֖י מֵעַ֥ל אֲחוֹתָֽהּ׃
¹⁹ וַתַּרְבֶּ֖ה אֶת־תַּזְנוּתֶ֑יהָ לִזְכֹּר֙ אֶת־יְמֵ֣י נְעוּרֶ֔יהָ אֲשֶׁ֥ר זָנְתָ֖ה בְּאֶ֥רֶץ מִצְרָֽיִם׃
²⁰ וַֽתַּעְגְּבָ֔ה עַ֖ל פִּֽלַגְשֵׁיהֶ֑ם אֲשֶׁ֤ר בְּשַׂר־חֲמוֹרִים֙ בְּשָׂרָ֔ם וְזִרְמַ֥ת סוּסִ֖ים זִרְמָתָֽם׃
²¹ וַֽתִּפְקְדִ֔י אֵ֖ת זִמַּ֣ת נְעוּרָ֑יִךְ בַּעְשׂ֤וֹת מִמִּצְרַ֙יִם֙ דַּדַּ֔יִךְ לְמַ֖עַן שְׁדֵ֥י נְעוּרָֽיִךְ׃ ס

¹¹ Esto lo vio su hermana Aholiba, y enloqueció de lujuria más que ella: sus fornicaciones fueron peores que las fornicaciones de su hermana. ¹² Se enamoró de los hijos de los asirios sus vecinos, gobernadores y capitanes, vestidos de ropas y armas excelentes, jinetes que iban a caballo, todos ellos jóvenes codiciables.

¹³ Y vi que se había contaminado, que un mismo camino era el de ambas. ¹⁴ Y aumentó sus fornicaciones, pues cuando vio a hombres pintados en la pared, imágenes de caldeos pintadas de color, ¹⁵ ceñidos por la cintura con talabartes y llevando turbantes de colores en la cabeza, todos ellos con apariencia de capitanes, a la manera de los hombres de Babilonia, de Caldea, tierra de su nacimiento, ¹⁶ se enamoró de ellos a primera vista, y les envió mensajeros a la tierra de los caldeos. ¹⁷

Así, pues, se unieron a ella los hombres de Babilonia en su lecho de amores, y la contaminaron. Y ella también se contaminó con ellos, pero luego su alma se hastió de ellos. ¹⁸ Así hizo evidentes sus fornicaciones y descubrió sus desnudeces, por lo cual mi alma se hastió de ella, como se había ya hastiado mi alma de su hermana. ¹⁹ Incluso multiplicó sus fornicaciones recordando los días de su juventud, en los cuales había fornicado en la tierra de Egipto. ²⁰ Y se enamoró de sus rufianes, cuya lujuria es como el ardor carnal de los asnos y cuyo flujo es como el flujo de los caballos. ²¹ Así recordaste de nuevo la lujuria de tu juventud, cuando los egipcios acariciaron tus pechos, los pechos de tu juventud.

El despliegue del pensamiento de estos versos es como sigue: Judá fue mucho más allá que Samaria. Ella no solamente se entregó a la relación pecadora con Asiria, que le llevó a la idolatría (cometida ya por Samaria), sino que se permitió ser arrastrada por el esplendor de Caldea, de manera que estableció alianza con ese poder imperial, manchándose a sí misma con su idolatría. Y cuando se cansó de los caldeos estableció alianzas impuras con los egipcios, como había hecho ya en el tiempo de su residencia en Egipto.

Siguen los reproches y amenazas contra Israel

La descripción de los asirios en Ez 23, 10 coincide con la de Ez 23, 5. 6, con la diferencia de que algunos predicados se colocan en un orden distinto, y de que לְבֻשֵׁי תְכֵלֶת (23, 6) ha sido sustituida por לְבֻשֵׁי מִכְלוֹל. La expresión anterior, que aparece de nuevo en 38, 4, debe significar lo mismo que וּפָרָשִׁים לְבֻשֵׁי מִכְלוֹל (palabras de 38, 4). Pero de aquí no se sigue que מִכְלוֹל signifique púrpura, como piensa Hitzig. El verdadero significado de la palabra es "perfección", y cuando se refiere al vestido significa "vestido de perfecta belleza". Los LXX traducen εὐπάρυφα, con un "hermoso borde", más precisamente, con un borde de varios colores. Ciertamente, esa palabra griega expresa el sentido general, pero no el sentido más preciso de מִכְלוֹל. La traducción caldea es לְבֻשֵׁי גמר, *perfecte induti,* perfectamente vestidos.

Hay gran dificultad en la traducción de 23, 14, sobre la forma en que los judíos fueron seducidos para tener relaciones de prostitución con los caldeos. Algunos vieron hombres grabados o pintados sobre los muros (מְחֻקֶּה עַל־הַקִּיר), con מחקה que es participio *pual* de חקק, que es grabar o esculpir. Estas figuras de caldeos solían estar pintadas con שֵׁשׁ, es decir con color ocre o de un rojo brillantes.

חֲגוֹרֵי, forma adjetivada de חגור, llevando un tipo de girnalda. טְבוּלִים son vestidos de colores, de טבל; por el contexto, en este caso son varios tipos de turbantes de colores. סרוח es aquí una especie de vestido superior, utilizado como capa. La Vulgata ha traducido como *tiarae tinctae* (tiaras o turbantes elevados, como pueden verse aún en los monumentos de la Antigua Nínive). שָׁלִשִׁים no son los guerreros montados en carros, sino los caballeros, los *tristatae*, es decir, los "terceros", el hombre del segundo grado de dignidad de los asirios después de la dignidad real (cf. Jerónimo, en Coment. a Ex 14, 7 y 2 Sam 23, 8).

La descripción de estas esculturas grabadas responde perfectamente a las escrituras o relieves de los muros interiores de los palacios de Asiria, en los monumentos de Nimrod, Kosaban y Kojunil (cf. H. J. Layard, *Nineveh and its Remains,* 1849; y V. S. W. Vaux, *Nineveh and Persepolis, 1951*). Las pinturas de los caldeos no son figuras mitológicas (Hävernick), sino relieves que pintan escenas de guerra, procesiones triunfales de los gobernantes y guerreros caldeos que adornaban los palacios asirios.

En contra de ese sentido de los relieves, suele decirse que no había ese tipo de esculturas en Jerusalén y Palestina. Pero eso no se puede deducir de Ez 8, 10, como Hävernick supone, ni puede fundarse en el argumento de Hitzig, según el cual los judíos en aquellas circunstancias no habían podido ver pinturas como aquellas.

El intercambio entre Palestina y Nínive, que se había intensificado a partir del tiempo de Jonás, era suficiente para lograr que las mujeres de Jerusalén vieran aquellas pinturas. Cuando los israelitas viajaban a Nínive y veían aquellos palacios, ellos podían contar al pueblo lo que habían visto, con la gloria de Nínive. En contra de eso, no se puede afirmar, como Hitzig hace, que los judíos no enviaban embajadores a Caldea; ciertamente, no los enviaban para ver sin más las gloria de Asiria, pero lo hacían (con el resto del pueblo) para establecer alianzas con los caldeos o para situarse a su favor.

Así podemos hablar de la embajada que fue enviada a Babilonia por ejemplo por el rey Sedecías (Jer 29, 3); y no hay duda de que Ezequiel tiene ese dato en su mente en 23, 16. Hay otros hechos semejantes anteriores, aunque los libros de los Reyes y de las Crónicas no los comenten (ni siquiera han comentado la embajada de Sedecías, a la que alude Jer 29, 3).

El pensamiento de fondo de estos pasajes es como sigue: El conocimiento que Israel (Judá) tuvo del esplendor imperial de los caldeos, tal como se exhibía en las esculturas de sus palacios, incitó a Judá a cultivar unas relaciones políticas y mercantiles con el poder imperial, lo que hizo que los judíos empezaran a estar implicados con las formas de vida y con la idolatría de los asirios.

Por otra parte, los mismos caldeos vinieron y pusieron los fundamentos de una conducta que llevó a la contaminación de Judá con el paganismo y que después desembocó en un tipo de fuerte disgusto, porque esas relaciones terminaron en el sometimiento de Judá a los caldeos. La consecuencia de eso es que el Señor terminó estando cansado de Judá (cf. Ez 13, 17-18). Y de esa manera descubrimos que, en vez de volverse al Señor, Judá se volvió a otros poderes del mundo, por ejemplo el de Egipto, pues, en tiempos de Sedecías, Israel renovó su antigua coqueteos y relaciones idólatras con la nación egipcia (cf. Ez 23, 19-21 comparado con 23, 8).

La forma וַתַּעְגְּבָה (Ez 23, 20, que aparece también el *keré* de 23, 18) ha tomado la ה como terminación femenina (no como signo de cohortativo), como תִּרְנֶה en Prov 1, 2º y 8, 1 (cf. Delitzsch, *Komm. Hiob*, ad loc.). פִּלַגְשֵׁיהֶם son los "rufianes", los miembros sexuales masculinos, *scorta mascula,* como ha visto (Kimchi), un epíteto muy sarcástico aplicado a los eunucos o cortesanos. Ese epíteto figurativo expresa el carácter licencioso de la idolatría egipcia.

Aristóteles ha puesto de relieve el deseo sexual de caballos y asnos en *Hist. anim.* VII. 22, y lo mismo ha hecho Columella, en *De re rust.* VI. 27. Ya Jeremías había aplicado el deseo sexual de los caballos a la idolatría del pueblo (cf. Jer 5, 8). בְּשַׂר como en Ez 16, 26. וַתִּפְקְדִי (cf 23, 21) preocuparse por algo, buscar algo, no echarlo de menos, como supone Hävernick.

23, 22-35. El castigo de la prostituta Jerusalén

²² לָכֵן אָהֳלִיבָה כֹּה־אָמַר אֲדֹנָי יְהוִה הִנְנִי מֵעִיר
אֶת־מְאַהֲבַיִךְ עָלַיִךְ אֵת אֲשֶׁר־נָקְעָה נַפְשֵׁךְ מֵהֶם וַהֲבֵאתִים עָלַיִךְ מִסָּבִיב׃
²³ בְּנֵי בָבֶל וְכָל־כַּשְׂדִּים פְּקוֹד וְשׁוֹעַ וְקוֹעַ כָּל־בְּנֵי אַשּׁוּר
אוֹתָם בַּחוּרֵי חֶמֶד פַּחוֹת וּסְגָנִים כֻּלָּם שָׁלִשִׁים וּקְרוּאִים רֹכְבֵי סוּסִים כֻּלָּם׃
²⁴ וּבָאוּ עָלַיִךְ הֹצֶן רֶכֶב וְגַלְגַּל וּבִקְהַל עַמִּים צִנָּה וּמָגֵן
וְקוֹבַע יָשִׂימוּ עָלַיִךְ סָבִיב וְנָתַתִּי לִפְנֵיהֶם מִשְׁפָּט וּשְׁפָטוּךְ בְּמִשְׁפְּטֵיהֶם׃

Siguen los reproches y amenazas contra Israel

²⁵ וְנָתַתִּ֤י קִנְאָתִי֙ בָּ֔ךְ וְעָשׂ֥וּ אוֹתָ֖ךְ בְּחֵמָ֑ה אַפֵּ֤ךְ וְאָזְנַ֙יִךְ֙ יָסִ֔ירוּ וְאַחֲרִיתֵ֖ךְ בַּחֶ֣רֶב תִּפּ֑וֹל הֵ֗מָּה בָּנַ֤יִךְ וּבְנוֹתַ֙יִךְ֙ יִקָּ֔חוּ וְאַחֲרִיתֵ֖ךְ תֵּאָכֵ֥ל בָּאֵֽשׁ׃
²⁶ וְהִפְשִׁיט֖וּךְ אֶת־בְּגָדָ֑יִךְ וְלָקְח֖וּ כְּלֵ֥י תִפְאַרְתֵּֽךְ׃
²⁷ וְהִשְׁבַּתִּ֤י זִמָּתֵךְ֙ מִמֵּ֔ךְ וְאֶת־זְנוּתֵ֖ךְ מֵאֶ֣רֶץ מִצְרָ֑יִם וְלֹֽא־תִשְׂאִ֤י עֵינַ֙יִךְ֙ אֲלֵיהֶ֔ם וּמִצְרַ֖יִם לֹ֥א תִזְכְּרִי־עֽוֹד׃ ס
²⁸ כִּ֣י כֹ֤ה אָמַר֙ אֲדֹנָ֣י יְהוִ֔ה הִנְנִי֙ נֹֽתְנָ֔ךְ בְּיַ֖ד אֲשֶׁ֣ר שָׂנֵ֑את בְּיַ֛ד אֲשֶׁר־נָקְעָ֥ה נַפְשֵׁ֖ךְ מֵהֶֽם׃
²⁹ וְעָשׂ֨וּ אוֹתָ֜ךְ בְּשִׂנְאָ֗ה וְלָקְחוּ֙ כָּל־יְגִיעֵ֔ךְ וַעֲזָב֖וּךְ עֵירֹ֣ם וְעֶרְיָ֑ה וְנִגְלָה֙ עֶרְוַ֣ת זְנוּנַ֔יִךְ וְזִמָּתֵ֖ךְ וְתַזְנוּתָֽיִךְ׃
³⁰ עָשֹׂ֥ה אֵ֖לֶּה לָ֑ךְ בִּזְנוֹתֵךְ֙ אַחֲרֵ֣י גוֹיִ֔ם עַ֥ל אֲשֶׁר־נִטְמֵ֖את בְּגִלּוּלֵיהֶֽם׃
³¹ בְּדֶ֥רֶךְ אֲחוֹתֵ֖ךְ הָלָ֑כְתְּ וְנָתַתִּ֥י כוֹסָ֖הּ בְּיָדֵֽךְ׃ ס
³² כֹּ֤ה אָמַר֙ אֲדֹנָ֣י יְהוִ֔ה כּ֤וֹס אֲחוֹתֵךְ֙ תִּשְׁתִּ֔י הָעֲמֻקָּ֖ה וְהָרְחָבָ֑ה תִּהְיֶ֥ה לִצְחֹ֛ק וּלְלַ֖עַג מַרְבָּ֥ה לְהָכִֽיל׃
³³ שִׁכָּר֥וֹן וְיָג֖וֹן תִּמָּלֵ֑אִי כּ֚וֹס שַׁמָּ֣ה וּשְׁמָמָ֔ה כּ֖וֹס אֲחוֹתֵ֥ךְ שֹׁמְרֽוֹן׃
³⁴ וְשָׁתִ֨ית אוֹתָ֜הּ וּמָצִ֗ית וְאֶת־חֲרָשֶׂ֛יהָ תְּגָרֵ֖מִי וְשָׁדַ֣יִךְ תְּנַתֵּ֑קִי כִּ֛י אֲנִ֥י דִבַּ֖רְתִּי נְאֻ֥ם אֲדֹנָ֥י יְהוִֽה׃ ס
³⁵ לָכֵ֗ן כֹּ֤ה אָמַר֙ אֲדֹנָ֣י יְהוִ֔ה יַ֚עַן שָׁכַ֣חַתְּ אוֹתִ֔י וַתַּשְׁלִ֥יכִי אוֹתִ֖י אַחֲרֵ֣י גַוֵּ֑ךְ וְגַם־אַ֛תְּ שְׂאִ֥י זִמָּתֵ֖ךְ וְאֶת־תַּזְנוּתָֽיִךְ׃

²² Por tanto, Aholiba, así ha dicho Yahvé, el Señor: He aquí que yo suscitaré contra ti a tus amantes, de los cuales se hastió tu alma, y los haré venir contra ti de todos lados. ²³ Los de Babilonia y todos los caldeos, los de Pecod, Soa y Coa (= gobernantes, señores y nobles), y todos los de Asiria con ellos; jóvenes codiciables, gobernadores y capitanes, nobles y hombres notables, que montan a caballo todos ellos. ²⁴ Y vendrán rodando contra ti carros y carretas, y una multitud de pueblos. Escudos, paveses y yelmos pondrán contra ti por todos los lados. Yo pondré en sus manos el juicio, y según sus leyes te juzgarán. ²⁵ Pondré mi celo contra ti, y procederán contigo con furor. Te arrancarán la nariz y las orejas, y lo que te quede caerá a espada. Ellos tomarán a tus hijos y a tus hijas, y el resto de ti será consumido por el fuego. ²⁶ Te despojarán de tus vestidos y te arrebatarán todos los adornos de tu belleza. ²⁷ Y haré cesar de ti tu lujuria y tu fornicación de la tierra de Egipto: no levantarás ya más hacia ellos tus ojos ni nunca más te acordarás de Egipto.

²⁸ Porque así ha dicho Yahvé, el Señor: Yo te entrego en manos de aquellos que aborreciste, en manos de aquellos de los cuales se hastió tu alma, ²⁹ los cuales procederán contigo con odio y tomarán todo el fruto de tu labor; te dejarán desnuda por completo, y se descubrirá la inmundicia de tus fornicaciones, tu lujuria y tu prostitución.

³⁰ Estas cosas se harán contigo porque fornicaste en pos de las naciones con las cuales te contaminaste en sus ídolos. ³¹ En el camino de tu hermana anduviste; yo, pues, pondré su copa en tu mano. ³² Así ha dicho Yahvé, el Señor: Beberás la gran copa, honda y ancha, de tu hermana, que es de gran capacidad; de ti se mofarán las naciones y se reirán de ti. ³³ Serás llena de embriaguez y de dolor por la copa de soledad y de desolación, por la

copa de tu hermana Samaria. ³⁴ La beberás, pues, hasta agotarla; quebrarás el recipiente (sus cristales) y te desgarrarás los pechos, porque yo he hablado, dice Yahvé, el Señor. ³⁵ Por tanto, así ha dicho Yahvé, el Señor: Por cuanto te has olvidado de mí y me has echado a tus espaldas, por eso, lleva tú también tu lujuria y tus fornicaciones.

Como Jerusalén se ha entregado a la prostitución, igual que su hermana Samaria, ella ha de compartir también el destino de esa hermana ya castigada. Los falsos amantes de los que ella ha quedado cansada los enviará Dios como enemigos suyos. Vendrán los caldeos con todo su poder, y ejecutarán sobre ella el juicio de su poder. A fin de representar sus fuerzas grandes y poderosas, Ez 23,23-24 enumera los diversos pueblos y sus equipamientos militares, es decir, los hijos de Babel, habitantes de Babilonia, los caldeos (pueblo dominante del imperio en aquel momento), los hijos de Asur (habitantes de la porción oriental del imperio, antes dueños del mundo).

Hay cierta oscuridad en las palabras פְּקוֹד וְשׁוֹעַ וְקוֹעַ que los teólogos antiguos han tomado unánimemente como nombres de las diversas tribus del imperio caldeo. Ewald acepta esta visión, pero ella es ciertamente incorrecta, porque las palabras están en aposición a וְכָל־כַּשְׂדִּים, como muestra con claridad la omisión de *waw* delante de פְּקוֹד.

Eso queda confirmado por el hecho de que שׁוֹעַ se utiliza en Is 32, 5 y Job 34, 19 en el sentido de un hombre de alto rango, distinguido por su prosperidad, significado que se ajusta bien a nuestro pasaje. Por consiguiente פְּקוֹד no ha de tomarse en el sentido de visitación o castigo como en Jer 50, 21, sino que tiene el significado del verbo פקד que significa ejercer supervisión o visitar. Según eso, en abstracto ha de significar el supervisor o jefe, en la línea de פָּקִיד. Por otra parte, conforme a los rabinos, la Vulgata y otros, וְקוֹעַ sigifica príncipes o nobles.

Los predicados de 23, 23 se repiten en 23, 6 y 23, 12, a los que se añade solo וּקְרוּאִים. Ésta es una palabra tomada del Pentateuco, donde ella se aplica a los jefes de tribus y familia, como miembros del concilio de toda la congregación de Israel, los קְרוּאֵי o וּקְרוּאֵי מוֹעֵד, personas llamadas o convocadas a las reuniones (Num 15, 1-2). Como ha observado bien Michaelis, Ezequiel les describe así sarcásticamente, en la misma línea de su descripción anterior, en la que les presenta como "bien dotados" ante el deseo de Jerusalén.

Hay cierta dificultad en explicar el ἀπ. λεγ. הֹצֶן, tanto por su significado como por el lugar que ocupa en la frase. El hecho de que se asocie con רֶכֶב וְגַלְגַּל podría indicar que הֹצֶן es también un utensilio de guerra o un tipo de arma. Al mismo tiempo, esas palabra no pueden ser sujeto de בָּאוּ. Pues bien, como muestra claramente la expresión וּבִקְהַל עַמִּים que sigue, esas palabras contienen una definición subordinada de la manera en que o de las cosas con las que han de venir los pueblos mencionados en 23, 23-24. De todas formas, el sentido del texto es difícil, y los intentos que han realizado Ewald y Hitzig para superar esta dificultad por medio de conjeturas son de tipo forzado y muy improbable.

וְנָתַתִּי לִפְנֵיהֶם, *y yo pondré en sus manos* (no "yo les colocaré delante de ellos"). נתן, como en 1 Rey 8, 46 significa entregar, o poner una cosa en las manos de o bajo el poder de una persona. לִפְנֵי se utiliza en el sentido de Gen 13, 9 y Gen 24, 51. Por su parte, 23, 25-26 describe con detalle la ejecución del juicio. Las palabras "Te arrancarán la nariz y las orejas" no han de interpretarse como suponen los antiguos expositores a partir de una costumbre que había entre los egipcios y otras naciones, que cortaban la nariz de las adúlteras, sino que describe un ejemplo particular de mutilación de los prisioneros de guerra.

אַחֲרִיתֵךְ no es *la posteridad*, que no cuadra con la última parte del verso, y no puede explicarse desde el uso del lenguaje (cf. *Coment* a Am 4, 2); significa más bien *lo último*, conforme a la figura empleada al principio de la frase (el tronco…), o quizá la última cosa que permanecerá en Jerusalén después de haber tomado a los hijos y a las hijas, es decir, después de la ejecución y deportación de los habitantes (por ejemplo, las casas vacías).

Para Ez 23, 25 cf. 16, 39. En Ez 23, 27 "de la tierra de Egipto" no es equivalente a "partiendo de Egipto", pues conforme al paralelo מִמֵּךְ, *de ti*, esta definición no pertenece a זִמָּתֵךְ, tu prostitución, sino a וְהִשְׁבַּתִּי: yo haré cesar tu prostitución de Egipto (Hitzig). Para 23, 28, cf. 16, 37 y también 23, 17. Para 23, 29, cf. 23, 25-26 y 16, 39. 23, 31 evoca hacia atrás el tema de 23, 13 y se expande luego en 23, 32-34.

Judá ha bebido la copa del juicio airado de Dios, como lo ha hecho Samaria. Para la figura de la copa cf. Is 51, 17 y Jer 25, 15. Esta copa está descrita en Ez 23, 32 como profunda y ancha, es decir, como muy capaz, de manera que quien beba todo su contenido quedará intoxicado. תִּהְיֶה es la tercera persona, pero el sujeto no es כּוֹס sino מַרְבֵּה. La grandeza o anchura de la copa será objeto de risa y ridículo.

Es muy arbitrario suplir e introducir un "para ti", para leer así el texto: "Será de risa y ridículo para ti", pues no ofrece un sentido aceptable, porque no es Judá la que se ríe, sino que se ríen las naciones. Otros toman תִּהְיֶה como segunda persona "tú te convertirás en"… Pero, aparte de la anomalía de género (pues eso supondría que hay que poner el masculino en lugar del femenino), Hitzig ha añadido una fuerte objeción: Este pasaje no anticiparía la explicación que se ofrece en el siguiente verso, sino que anunciaría las consecuencias del יָגוֹן תִּמָּלֵאִי שִׁכָּרוֹן allí mencionado.

En esa línea, Hitzig, en lugar de מַרְבֵּה, propone מַרְבֶּה, *lo que contiene mucho*, una traducción que es engañosa. Pero no hay razón alguna para hacer esa violencia al texto. Aunque la forma מַרְבֵּה es un ἅπ. λεγ., no ha de ser rechazada aunque parezca un *nomen subst*. Si tomamos מַרְבֵּה לְהָכִיל, la magnitud que contiene (es decir, su gran capacidad), como sujeto de la sentencia, esta frase sigue siendo una descripción de la copa, que no anticipa lo que sigue, aunque la copa sea objeto de risa y ridículo, no tanto por su tamaño, sino porque está destinada a que allí pueda beberse de todo.

En 23, 33 se combinan la figura y el hecho. Así se añade שִׁכָּרוֹן וְיָגוֹן a שִׁכָּרוֹן, embriaguez, y a la copa se la presenta como copa de devastación. Esta figura de la bebida se expande de la manera más fuerte en 23, 34: quebrarás el recipiente y te herirás los pechos con los fragmentos. En 23, 35 concluya la visión del juicio con una repetición de la descripción de la culpa de las naciones. Para 23, 35 cf. 16, 52 y 16. 58.

23, 36-49. Otro sumario de los pecados y castigos de las dos mujeres

³⁶ וַיֹּאמֶר יְהוָה אֵלַי בֶּן־אָדָם הֲתִשְׁפּוֹט אֶת־אָהֳלָה וְאֶת־אָהֳלִיבָה וְהַגֵּד לָהֶן אֵת תּוֹעֲבוֹתֵיהֶן:
³⁷ כִּי נִאֵפוּ וְדָם בִּידֵיהֶן וְאֶת־גִּלּוּלֵיהֶן נִאֵפוּ וְגַם אֶת־בְּנֵיהֶן אֲשֶׁר יָלְדוּ־לִי הֶעֱבִירוּ לָהֶם לְאָכְלָה:
³⁸ עוֹד זֹאת עָשׂוּ לִי טִמְּאוּ אֶת־מִקְדָּשִׁי בַּיּוֹם הַהוּא וְאֶת־שַׁבְּתוֹתַי חִלֵּלוּ:
³⁹ וּבְשַׁחֲטָם אֶת־בְּנֵיהֶם לְגִלּוּלֵיהֶם וַיָּבֹאוּ אֶל־מִקְדָּשִׁי בַּיּוֹם הַהוּא לְחַלְּלוֹ וְהִנֵּה־כֹה עָשׂוּ בְּתוֹךְ בֵּיתִי:
⁴⁰ וְאַף כִּי תִשְׁלַחְנָה לַאֲנָשִׁים בָּאִים מִמֶּרְחָק אֲשֶׁר מַלְאָךְ שָׁלוּחַ אֲלֵיהֶם וְהִנֵּה־בָאוּ לַאֲשֶׁר רָחַצְתְּ כָּחַלְתְּ עֵינַיִךְ וְעָדִית עֶדִי:
⁴¹ וְיָשַׁבְתְּ עַל־מִטָּה כְבוּדָּה וְשֻׁלְחָן עָרוּךְ לְפָנֶיהָ וּקְטָרְתִּי וְשַׁמְנִי שַׂמְתְּ עָלֶיהָ:
⁴² וְקוֹל הָמוֹן שָׁלֵו בָהּ וְאֶל־אֲנָשִׁים מֵרֹב אָדָם מוּבָאִים (סוֹבָאִים) סָבָאִים מִמִּדְבָּר וַיִּתְּנוּ צְמִידִים אֶל־יְדֵיהֶן וַעֲטֶרֶת תִּפְאֶרֶת עַל־רָאשֵׁיהֶן:
⁴³ וָאֹמַר לַבָּלָה נִאוּפִים (עַתָּ) [עַתָּה] יִזְנוּ (יִזְנֶה) [תַזְנוּתֶהָ] וָהִיא:
⁴⁴ וַיָּבוֹא אֵלֶיהָ כְּבוֹא אֶל־אִשָּׁה זוֹנָה כֵּן בָּאוּ אֶל־אָהֳלָה וְאֶל־אָהֳלִיבָה אִשֹּׁת הַזִּמָּה:
⁴⁵ וַאֲנָשִׁים צַדִּיקִם הֵמָּה יִשְׁפְּטוּ אוֹתְהֶם מִשְׁפַּט נֹאֲפוֹת וּמִשְׁפַּט שֹׁפְכוֹת דָּם כִּי נֹאֲפֹת הֵנָּה וְדָם בִּידֵיהֶן: ס
⁴⁶ כִּי כֹּה אָמַר אֲדֹנָי יְהוִה הַעֲלֵה עֲלֵיהֶם קָהָל וְנָתֹן אֶתְהֶן לְזַעֲוָה וְלָבַז:
⁴⁷ וְרָגְמוּ עֲלֵיהֶן אֶבֶן קָהָל וּבָרֵא אוֹתְהֶן בְּחַרְבוֹתָם בְּנֵיהֶם וּבְנוֹתֵיהֶם יַהֲרֹגוּ וּבָתֵּיהֶן בָּאֵשׁ יִשְׂרֹפוּ:
⁴⁸ וְהִשְׁבַּתִּי זִמָּה מִן־הָאָרֶץ וְנִוַּסְּרוּ כָּל־הַנָּשִׁים וְלֹא תַעֲשֶׂינָה כְּזִמַּתְכֶנָה:
⁴⁹ וְנָתְנוּ זִמַּתְכֶנָה עֲלֵיכֶן וַחֲטָאֵי גִלּוּלֵיכֶן תִּשֶּׂאינָה וִידַעְתֶּם כִּי אֲנִי אֲדֹנָי יְהוִה: פ

³⁶ Y me dijo Yahvé: Hijo de hombre, ¿no juzgarás tú a Ahola y a Aholiba, y les denunciarás sus abominaciones? ³⁷ Porque han adulterado y hay sangre en sus manos. Han fornicado con sus ídolos, y aun a sus hijos que habían dado a luz para mí, hicieron pasar por el fuego, quemándolos.

³⁸ Aun me hicieron más: contaminaron mi santuario en aquel día y profanaron mis sábados. ³⁹ Pues habiendo sacrificado sus hijos a sus ídolos, entraban en mi santuario el mismo día, para contaminarlo. ¡Y esto lo hicieron en medio de mi Casa.

⁴⁰ Además, enviaron en busca de hombres que vinieran de lejos, a los cuales había sido enviado un mensajero, y vinieron. Por amor de ellos te lavaste, te pintaste los ojos y te ataviaste con adornos; ⁴¹ te sentaste sobre un suntuoso estrado; fue preparada una mesa delante de él, y sobre ella pusiste mi incienso y mi aceite. ⁴² Y se oyó allí el bullicio de una multitud que se solazaba con ella; y con los hombres de la gente común había sabeos traídos del desierto; y pusieron pulseras en sus manos y bellas coronas sobre sus cabezas.

⁴³ Y dije respecto de la envejecida en adulterios: ¿Todavía cometerán fornicaciones con ella, y ella con ellos? ⁴⁴ Porque vienen a ella como quien viene a una prostituta. Así vienen a Ahola y a Aholiba, mujeres depravadas. ⁴⁵ Por tanto, hombres justos las juzgarán según la ley de las adúlteras y según la ley de las que derraman sangre; porque son adúlteras y hay sangre en sus manos. ⁴

⁶ Por lo que así ha dicho Yahvé, el Señor: Yo haré subir contra ellas tropas, las entregaré a la turbación y la rapiña. ⁴⁷ Las turbas las apedrearán y las atravesarán con sus espadas; matarán a sus hijos y a sus hijas, e incendiarán sus casas. ⁴⁸ Así haré cesar la lujuria de la tierra; escarmentarán todas las mujeres, y no harán según vuestras perversidades. ⁴⁹ Y sobre vosotras pondrán vuestras perversidades y pagaréis los pecados de vuestra idolatría. Y sabréis que yo soy Yahvé, el Señor.

La palabra introductoria הַתִּשְׁפּוֹט evoca *hacia atrás* no solo en Ez 22, 3, sino también en 20, 4, y muestra que esta sección es realmente un sumario de los contenidos anteriores (cf. 20, 23). El sujeto-tema de estos versos está íntimamente conectado con Ez 23, 16, y de un modo especial con la designación de los pecados como adulterio y derramamiento de sangre (comparar 23, 37.45 con 16, 38). נאף es cometer adulterio con los ídolos, allí donde los ídolos se ponen al nivel de Yahvé como esposo de Israel (cf. Jer 3, 8 y 2, 27). Sobre la adoración de Moloc en Ez 23, 37, cf. 16, 20-21 y 16, 31. La contaminación del santuario (23, 38) se narra de una manera más minuciosa en 23, 39.

בַּיּוֹם הַהוּא (23, 38) es una palabra que ha molestado mucho a los LXX (que la han omitido), y Hitzig propone también suprimirla como una glosa. Pero ella ha sido añadida con el fin de vincular la profanación del santuario con la adoración de Moloc de 23, 37, como resulta evidente a partir de 23, 39. Para el hecho mismo, cf. 2 Rey 21, 4-5. 7. La profanación de los sábados como en Ez 20, 13. 16. Sobre Ez 23, 39, cf. 16, 21.

Las palabras no han de entenderse como si indicaran que ellos sacrificaban niños a Moloc en el templo, sino simplemente que, después de haber sacrificado niños a Moloc, ellos iban al templo de Yahvé, para adorar también a Yahvé, colocando así a Yahvé en el mismo plano que a Moloc. Esto era una profanación (חלל) de su santuario.

La alusión de 23, 40-44 no es a la idolatría actual, sino a la alianza impía que Judá había establecido con Caldea. Judá envió embajadores a Caldea y, con la finalidad de recibir a los caldeos, se adornó a sí misma como una mujer para recibir a sus amantes. Se tendió sobre un espléndido diván, poniendo frente al diván una mesa, y poniendo sobre ella el incienso y el aceite que debería haber ofrecido a Yahvé. Esta es la explicación correcta que Kliefoth a ofrecido de 23, 40-41.

El enfático וְאַף כִּי de 23, 40 basta para mostrar que la referencia se aplica a un nuevo crimen que merece castigo. Este crimen no puede ser la idolatría, porque la adoración a Moloc se ha mencionado ya en 23, 38-39 como la peor de todas las abominaciones idolátricas. Además, el enviar hombres lejos (o recibirlos de lejos) no se aplica a la idolatría en el sentido literal de la palabra, pues los hombres a quienes la prostituta envía mensajeros para que vengan no son ídolos a los que ella envía o a los que recibe de una tierra lejana. La alusión se refiere más bien a los asirios o caldeos, y según 23, 42, aquí se refiere a los primeros (cf. Is 39, 3).

Según eso, no tiene fuerza la objeción de Hitzig según la cual el envío y la llegada de los hombres en cuestión ya ha sido dispuesta en 23, 16. Los singulares de 23, 40 muestran que también aquí (como en 23, 16) es solo una mujer la que envía mensajeros para que vengan los hombres de lejos.

De nuevo תִּשְׁלַחְנָה podría ser tercera persona del singular, ya que ésta persona toma a veces la terminación en נָה (cf. Ewald, §191c y Ges. §47, nota 3). Al mismo tiempo, en el hecho de de que se hayan enviados mensajeros a Caldea (algo mencionado ya en 23, 26) no hay nada que impida que haya otra alusión al mismo hecho, desde un punto de vista diferente. La mujer se ha adornado a sí mismo, a fin de asegurar el favor de los hombres por los que ha enviado mensajeros.

כָּחַלְתְּ, te pintaste, como en el árabe *khl*, pintarse los ojos con *kohol* (antimonio). Para el hecho mismo, cf. *Coment.* a 2 Rey 9, 30. Ella se sienta después en un diván (no sobre una cama, porque יָשַׁבְתְּ no significa tenderse), frente a una mesa donde hay diversas clases de comida, a las que ella añade incienso y aceite.

El sufijo de עָלֶיהָ se refiere a שֻׁלְחָן, y ha de tomarse como neutro: aquello que conviene a una mesa en cuanto cosa, con שֻׁלְחָן que generalmente toma en plural la terminación וֹת. En Ez 23, 41, Evald y Hävernick descubren una descripción de las *lectisternia,* es decir, de la adoración licenciosa de la Mylita, la diosa ramera, de Babilonia. Pero ni el sentarse (וְיָשַׁבְתְּ) sobre un cojín o diván, ni el lugar ocupado por la mujer tras la mesa armonizan con eso. Como Hitzig ha observado correctamente "si ella se ha sentado sobre un cojín y ha extendido ante ella una mesa, es que quiere comer, y hacerlo con los hombres para los que se ha adornado". El aceite resulta necesario para el rito de ungirse antes de la comida (cf.Am 6, 6; 21, 17; cf. Sal 23, 5), y el incienso está preparado para hacerlo arder.

Aquí se dice mi incienso y mi aceite (וּקְטָרְתִּי יוֹשַׁמְנִי) porque se los ha dado Dios, y ella tendría que haberlos dedicado para el culto de Dios, mientras que los emplea para sí misma y para los amigos extranjeros a los que recibe (cf. 16, 18; Os 2, 10). El aceite como producto de la tierra de Palestina era el don de Yahvé; y aunque el incienso no era propio de Palestina, la moneda con la que Judá lo compraba y los bienes por los que lo canjeaba eran dones de Yahvé, de manera que él podía hablar con toda propiedad de "mi incienso".

Ez 23, 42 es un texto muy oscuro. Apenas pueden mantenerse traducciones como *et vox multitudinis exultantis in ea* (y en ella la voz de una multitud exultante: Vulgata), ni "la voz de una multitud descuidada en ella" (Hävernick). En los demás lugares donde aparece, קוֹל no significa la voz de una multitud, sino un tumulto elevado, fuerte. Cf. Is 13, 4; 33, 3; Dan 10, 6 y 1 Sam 4, 14, donde קוֹל הָמוֹן se utiliza como sinónimo de קוֹל.

Incluso en los casos donde הָמוֹן se utiliza para una multitud denota una turba ruidosa, tumultuosa, gritante. De un modo consecuente, שָׁלֵו no puede tomarse como un adjetivo vinculado a הָמוֹן, porque una multitud quieta es una contradicción, y שָׁלֵו no significa *exultans,* exultante, sino vida en quietud, pacífica y contenta. Según eso, שָׁלֵו debe ser el predicado de קוֹל הָמוֹן: el sonido de la multitud o el fuerte tumulto era (o se volvió), quieto, callado. בָהּ es neutro, como en Gen 24, 14 (con ella).

Las palabras que siguen וְאֶל־אֲנָשִׁים מֵרֹב no han de unirse a la frase anterior, pues en ese caso no tendrían sentido. Ellas pertenecen a lo que sigue. Los מֵרֹב אָדָם אֲנָשִׁים solo pueden ser los hombres que vienen de lejos (Ez 23, 40). En adición a ellos, fueron traídos, fueron obligados a venir, hombres comunes del desierto. El qetib סוֹבָאִים es sin duda un participio de abs, hombres que beben, y el hofal מוּבָאִים se ha escogido en vez del kal בָּאִים a causa de la paronomasia con סוֹבָאִים.

Eso significa que esos hombres solo pueden ser los asirios (בְּנֵי־אַשּׁוּר כֻּלָּם) y luego los bebedores caldeos (בְּנֵי־בָבֶל: 23, 15). Este epíteto de bebedores es muy apropiado para los babilonios, como les describe Curtius (a partir de 23, 1) como *maxime in vinum et quae ebrietatem sequuntur effuse* (dados mucho al vino y a las cosas que siguen a la ebriedad).

La frase "del desierto" no puede indicar al hogar de estos hombres, aunque מִמִּדְבָּר corresponde a מִמֶּרְחָק en Ez 23, 40, sino simplemente el lugar por el que han venido a Judá, es decir, por el desierto de Siria y Arabia que separaba Palestina de Babilonia. Estos hombres decoraban los brazos de las prostitutas con brazaletes y sus cabezas con espléndidas coronas. Los sufijos en plural indican que las palabras se aplican a las dos mujeres (Ahola y Aholiba), y así se confirma en 23, 44.

El sujeto de וַיִּתְּנוּ no es meramente סוֹבָאִים, sino también los בָּאִים מִמֶּרְחָק אֲנָשִׁים de Ez 23, 40. El pensamiento es simplemente que Samaria y Judá piensan que han alcanzado su riqueza y su gloria a través de su relación con estas naciones, atribuyendo a ellas los bienes que ellas han alcanzado de Yahvé (cf. 16, 11). Según eso, el sentido de este verso, desde una perspectiva de conjunto es: Cuando los asirios comenzaron a realizar alianzas con los israelitas, el primer resultado fue un tipo de paz. Después se unieron a ellos los caldeos, de manera que Israel y Judá alcanzaron riqueza y gloria de su relación con estas dos naciones adúlteras.

La sentencia que Dios ha pronunciado sobre esta conducta es que Judá ha caído tan profundamente en el adulterio que será imposible por mucho tiempo que ella desista del pecado. Éste es el modo en el que entendemos 23, 43, conectando לַבָּלָה con וָאֹמַר: "Y dije respecto de la envejecida en adulterios…".

בָּלָה, en femenino, significa utilizada, envejecida. Así, por ejemplo en Jos 9, 4-5, donde se aplica a los vestidos. Aquí se transfiere el sentido a las personas decaídas, debilitadas, un sentido que aparece también en Gen 18, 12. נִאוּפִים, palabra que aquí se vincula con בָּלָה, no indica los medios por los cuales la mujer ha gastado la fuerza, sino que es un acusativo de dirección o referencia: Debilitada por los adulterios, de manera que ya no es capaz de practicarlos[31].

En la siguiente frase, עַתָּ תַּזְנוּתֶהָ וָהִיא es el sujeto de יִזְנֶה y el qetib es correcto (el keré es erróneo, es resultado de una falsa comprensión del texto). Si תַּזְנוּתֶהָ fuera el objeto de יִזְנֶה, de manera que la mujer fuera el sujeto deberíamos tener el verbo en femenino: תִּזְנֶה. Pero si, por otra parte, tomamos תַּזְנוּתֶהָ como sujeto no hay necesidad alguna de cambiar el verbo y ponerlo en femenino o tomarlo en singular, como ha hecho Ewald (§259a), pues en cualquiera de esos casos el sujeto sería un nombre abstracto que puede ser precedido muy bien por el verbo en forma masculina.

וָהִיא da más fuerza no solo al sufijo, sino al mismo nombre: e incluso ella (su prostitución). El pecado de prostitución está personificado o mirado como tal, como en רוּחַ זְנוּנִים (Os 4, 12), como una propensión a la prostitución, que continúa con toda fuerza incluso cuando la capacidad sexual de la mujer ya ha pasado. Ez 23, 44 contiene el resultado de la descripción precedente de la conducta adúltera de las dos mujeres, y a esto sigue 23, 44, con un relato sobre la respuesta de Dios y el castigo de las mujeres pecadoras.

וַיָּבוֹא אֵלֶיהָ, con sujeto indefinido: ellos (alguien, *man*…) fueron a ella, אֵלֶיהָ, una mujer, Oholiba. Solo la apódosis nos muestra que se trata de las dos mujeres. Ésta es la única interpretación de 23, 44 que hace justicia tanto al verbo, וַיָּבוֹא (imperfecto con la *Vav consec.* como tiempo histórico) y al perfecto siguiente (כֵּן בָּאוּ). El plural, אִשָּׁה, no aparece en ningún otro lugar. En esa línea, Hitzig, querría cambiar el plural en singular, y aplicar el atributo solo a Oholiba, que es la única mencionada en la primera cláusula del verso, y también en Ez 23, 40. 41.43.

El juicio sobre las dos hermanas ha de ser realizado por hombres rectos (וַאֲנָשִׁים צַדִּיקִם: 23, 45). Aquí no se dice que los caldeos sean rectos en sí mismos, a diferencia de los israelitas, sino en cuanto son instrumentos de la justicia punitiva de Dios, en este momento particular, ejecutando el juicio justo sobre los

---

31. La propuesta de Ewald, de tomar לַבָּלָה נִאוּפִים como una frase independiente (adulterio para el mal) no puede defenderse por el uso del lenguaje. Y la de Hitzig "la prostituta ajada practica adulterio" es una invención antinatural, pues, si la ל se tomara como *nota dativi*, debería traducirse: La prostituta posee (tiene) el adulterio como su propiedad (sin nada que nos permitiera tomar esas palabra como una pregunta).

pecadores, por adulterio y derramamiento de sangre. Los infinitivos וְנָתֹן y עֲלֵה הַ, en 23, 46, están en tercera persona de futuro. Para otros temas, cf. *Coment.* a Ez 16, 40-41.

La formula וְנָתֹן אֶתְהֶן לְזַעֲוָה deriva de Dt 28, 25, y ha sido explicada en *Coment.* a ese pasaje. וּבָרֵא es *inf. abs. Piel.* Para el significado de la palabra, cf. *Coment.* a Ez 21, 24. Por este juicio, todas las mujeres (es decir, todos los pueblos) han de tener en cuenta que deben abandonar la idolatría.

וְנִוַּסְּרוּ es una forma mixta, compuesta con el *nifal* y el *hitpael* de הִתְוַסְּרוּ, como נִכַּפֵּר, en Dt 21, 8 (cf. *Coment.* a ese verso). Para Ez 23, 49, cf. 16, 58. El castigo se anuncia para las dos mujeres, Israel y Judá, como algo aún futuro, aunque Ahola (Samaria) ha sido ya castigada por el juicio en un tiempo ya pasado. La explicación de esto se halla en la alegoría misma, en la que ambos reinos aparecen como hermanas de una madre, pudiendo añadirse también que la próxima destrucción de Jerusalén y del reino de Judá afecta también a los restos del reino de las diez tribus, que aún se hallaban en Palestina. Por otra parte, este juicio no se limita a los dos reinos, sino que incluye también los siguientes juicios que han de caer sobre toda la nación.

5. Ez 24, 1-27. Se predice la destrucción de Jerusalén, en parábola y por signo

En el día en que el rey de Babilonia comenzó el asedio y bloqueo de Jerusalén, Dios le reveló a Ezequiel este acontecimiento junto al río Quebar (Ez 24, 1-2), y le mandó que predijera al pueblo a través de una parábola el destino de la ciudad y de sus habitantes (24, 3-14). Dios entonces le anunció la muerte de su propia esposa, y le mandó que no mostrara signos de lamentación por ello. La mujer murió a la siguiente mañana, y él actuó como Dios le había mandado.

Cuando el pueblo le preguntó la razón, él les explicó que estaba haciendo un gesto simbólico para mostrar la forma en que ellos debían actuar cuando Jerusalén fuera tomada y destruída (24, 15-24). La caída de Jerusalén le sería anunciada al profeta por un fugitivo, y entonces él no quedaría más tiempo mudo, sino que debería hablar de nuevo al pueblo (24, 25-27).

Según eso, si prescindimos de los tres últimos versos, este capítulo contiene dos palabras de Dios: la primera presenta en una parábola las calamidades que se aproximan, y el resultado del asedio de Jerusalén por los caldeos (24, 1-14); la segunda tipifica con un signo la pena y llanto de Israel, es decir, de los exilados, por la destrucción de la ciudad con su santuario y sus habitantes. Estas dos palabras de Dios se encuentran conectadas por su contenido y fueron dirigidas al profeta en un mismo día, y eso, como expresamente afirma la introducción (24, 1-2), en el día en que empezó el asedio de Jerusalén por el Rey de Babilonia.

24, 1-2. Introducción

¹וַיְהִ֣י דְבַר־יְהוָ֣ה אֵלַ֡י בַּשָּׁנָה֩ הַתְּשִׁיעִ֨ית בַּחֹ֧דֶשׁ הָעֲשִׂירִ֛י בֶּעָשׂ֥וֹר לַחֹ֖דֶשׁ לֵאמֹֽר׃
² בֶּן־אָדָ֗ם כְּתָב־[כְּתוֹב־] לְךָ֙ אֶת־שֵׁ֣ם הַיּ֔וֹם אֶת־עֶ֖צֶם הַיּ֣וֹם הַזֶּ֑ה סָמַ֤ךְ מֶֽלֶךְ־בָּבֶל֙ אֶל־יְר֣וּשָׁלִַ֔ם בְּעֶ֖צֶם הַיּ֥וֹם הַזֶּֽה׃

¹ Vino a mí palabra de Yahvé en el año noveno, en el mes décimo, a los diez días del mes, diciendo: ² "Hijo de hombre, escribe la fecha de este día, porque el rey de Babilonia ha puesto sitio a Jerusalén en este mismo día.

La fecha dada, en el año noveno, en el mes décimo, a los diez días del mes, después de la deportación de Joaquín (cf. Ez 1, 2), o, lo que es lo mismo, el año noveno del reinado de Sedecías, que fue nombrado rey en su lugar, como se menciona en Jer 52, 4; 39, 1 y 2 Rey 25, 1. Fue en el día en que Nabucodonosor comenzó el bloqueo de la ciudad de Jerusalén, construyendo un rampa. Después de la cautividad, se mantuvo también el recuerdo de este día, como día de ayuno (cf. Zac 8, 19).

Lo que estaba sucediendo en Jerusalén se le reveló a Ezequiel sobre el río Quebar, el mismo día, y así se le dijo que lo anunciara a los cautivos, a fin de que ellos y los sitiados pudieran aprender por el tiempo y el resultado de la acción que la destrucción de la ciudad no se podría tomar como cuestión de suerte, ni atribuirse sin más al poder de los babilonios, sino a la voluntad de aquel que lo había predicho hacia tiempo, por la maldad de los habitantes, anunciando que la ciudad sería quemada con fuego. Así se mostraría que Ezequiel era un verdadero profeta, por el hecho de que, a gran distancia, desde Babilonia, él conocía y anunciaba públicamente el estado de Jerusalén.

No se puede cambiar el carácter concreto de esta predicción diciendo que era un *vaticinium post eventum*, ni a través de explicaciones arbitrarias de las palabras, ni por hipótesis poco fundadas, como las que propone Hitzig, diciendo que el día se añadió a la profecía después de su cumplimiento.

Escribir la fecha del día equivale a trazar una nota sobre ese día. La razón para ello viene dada en 24, 2, es decir, porque Nabucodonosor había caído sobre Jerusalén ese mismo día para sitiarla. סָמַךְ significa apoyar, tomar su mano; desde ese fondo, tanto aquí como en Sal 88, 8 esa palabra significa apretar, oprimir con violencia sobre alguien. La traducción "acercarse", que se ha propuesto a partir del siríaco (Gesenius, Winer y otros) no puede ser aceptada.

24, 3-14. Parábola de la olla con las piezas de carne hirviendo

³ וּמְשֹׁ֤ל אֶל־בֵּית־הַמֶּ֙רִי֙ מָשָׁ֔ל וְאָמַרְתָּ֣ אֲלֵיהֶ֔ם כֹּ֥ה אָמַ֖ר אֲדֹנָ֣י יְהוִ֑ה שְׁפֹ֤ת הַסִּיר֙ שְׁפֹ֔ת וְגַם־יְצֹ֥ק בּ֖וֹ מָֽיִם׃
⁴ אֱסֹ֤ף נְתָחֶ֙יהָ֙ אֵלֶ֔יהָ כָּל־נֵ֥תַח ט֖וֹב יָרֵ֣ךְ וְכָתֵ֑ף מִבְחַ֥ר עֲצָמִ֖ים מַלֵּֽא׃
⁵ מִבְחַ֤ר הַצֹּאן֙ לָק֔וֹחַ וְגַ֛ם דּ֥וּר הָעֲצָמִ֖ים תַּחְתֶּ֑יהָ רַתַּ֣ח רְתָחֶ֔יהָ גַּם־בָּשְׁל֥וּ עֲצָמֶ֖יהָ בְּתוֹכָֽהּ׃ ס

Siguen los reproches y amenazas contra Israel

⁶ לָכֵן כֹּה־אָמַר אֲדֹנָי יְהוִה אוֹי עִיר הַדָּמִים סִיר אֲשֶׁר
חֶלְאָתָהּ בָהּ וְחֶלְאָתָהּ לֹא יָצְאָה מִמֶּנָּה לִנְתָחֶיהָ לִנְתָחֶיהָ
הוֹצִיאָהּ לֹא־נָפַל עָלֶיהָ גּוֹרָל׃
⁷ כִּי דָמָהּ בְּתוֹכָהּ הָיָה עַל־צְחִיחַ סֶלַע שָׂמָתְהוּ לֹא שְׁפָכַתְהוּ
עַל־הָאָרֶץ לְכַסּוֹת עָלָיו עָפָר׃
⁸ לְהַעֲלוֹת חֵמָה לִנְקֹם נָקָם נָתַתִּי אֶת־דָּמָהּ עַל־צְחִיחַ סֶלַע לְבִלְתִּי הִכָּסוֹת׃ פ
⁹ לָכֵן כֹּה אָמַר אֲדֹנָי יְהוִה אוֹי עִיר הַדָּמִים גַּם־אֲנִי אַגְדִּיל הַמְּדוּרָה׃
¹⁰ הַרְבֵּה הָעֵצִים הַדְלֵק הָאֵשׁ הָתֵם הַבָּשָׂר וְהַרְקַח הַמֶּרְקָחָה וְהָעֲצָמוֹת יֵחָרוּ׃
¹¹ וְהַעֲמִידֶהָ עַל־גֶּחָלֶיהָ רֵקָה לְמַעַן תֵּחַם וְחָרָה נְחֻשְׁתָּהּ
וְנִתְּכָה בְתוֹכָהּ טֻמְאָתָהּ תִּתֻּם חֶלְאָתָהּ׃
¹² תְּאֻנִים הֶלְאָת וְלֹא־תֵצֵא מִמֶּנָּה רַבַּת חֶלְאָתָהּ בְּאֵשׁ חֶלְאָתָהּ׃
¹³ בְּטֻמְאָתֵךְ זִמָּה יַעַן טִהַרְתִּיךְ וְלֹא טָהַרְתְּ מִטֻּמְאָתֵךְ לֹא
תִטְהֲרִי־עוֹד עַד־הֲנִיחִי אֶת־חֲמָתִי בָּךְ׃
¹⁴ אֲנִי יְהוִה דִּבַּרְתִּי בָּאָה וְעָשִׂיתִי לֹא־אֶפְרַע וְלֹא־אָחוּס וְלֹא
אֶנָּחֵם כִּדְרָכַיִךְ וְכַעֲלִילוֹתַיִךְ שְׁפָטוּךְ נְאֻם אֲדֹנָי יְהוִה׃ פ

³ *Y habla por medio de una parábola a la casa rebelde y diles: Así ha dicho Yahvé, el Señor: Pon una olla, ponla y echa agua en ella;* ⁴ *junta sus piezas de carne en ella: todas buenas piezas, pierna y espalda, y llénala de huesos escogidos.* ⁵ *Toma una oveja escogida, y también una pila de madera debajo de ella para los huesos; haz que hierva mucho, y cuece también sus huesos dentro de ella.*

⁶ *Pues así ha dicho Yahvé, el Señor: ¡Ay de la ciudad de sangres, de la olla herrumbrosa cuya herrumbre no ha sido quitada! Por sus piezas, por sus piezas sácala, sin echar suertes sobre ella.* ⁷ *Porque su sangre está en medio de ella, derramada sobre la piedra desnuda; pues no la derramó sobre la tierra para que fuera cubierta por el polvo.* ⁸ *Para hacer subir la ira, para ejecutar la venganza, yo pondré su sangre sobre la piedra desnuda, para que no sea cubierta.*

⁹ *Por tanto, así ha dicho Yahvé, el Señor ¡Ay de la ciudad de sangres! Pues también haré yo una gran hoguera:* ¹⁰ *Amontonaré la leña y encenderé el fuego para consumir la carne y hacer la salsa, y los huesos serán quemados;* ¹¹ *pondré luego la olla vacía sobre sus brasas, para que se caldee, se queme su fondo, se funda en ella su suciedad y se consuma su herrumbre.* ¹² *En vano se cansó, pues no salió de ella su mucha herrumbre, que solo con fuego será quitada.* ¹³ *En tu inmunda lujuria padecerás, porque yo traté de limpiarte, pero tú no te limpiaste de tu impureza: nunca más te limpiarás, hasta que yo sacie mi ira sobre ti.*

¹⁴ *Yo, Yahvé, he hablado: sucederá, yo lo haré. No me volveré atrás ni tendré piedad ni me arrepentiré; según tus caminos y tus obras te juzgarán, dice Yahvé, el Señor.*

El contenido de estos versos se llama מָשָׁל, un proverbio o parábola, y Ezequiel ha de comunicárselo a esta generación rebelde. Esto supone que el acto siguiente, que el profeta debe realizar según el mandato recibido, no se toma como un acto simbólico más, sino que el mismo acto constituye la substancia del מָשָׁל, es decir, pertenece a la misma parábola. De un modo consecuente, la interpretación de la parábola en 24, 10 ss aparece revestido en la forma de algo que ha sido realmente realizado. La olla con las piezas de carne y los huesos que han de ser hervidos y cocidos en ella representa a Jerusalén con sus habitantes. El fuego con el que se cuecen esas piezas es el fuego del comienzo del asedio, por el que la población de la ciudad ha de ser cocida, como la carne y los huesos, sobre el fuego.

אֱסֹף se utiliza como en 2 Rey 4, 38 para significar la colocación de una olla junto a (o sobre) el fuego. אֱסֹף נְתָחֶיהָ אֵלֶיהָ: poner los trozos de carne todos juntos. נְתָחֶיהָ, sus piezas de carne, es decir, las que pertenecen a una olla para el cocido. Estas se definen además de un modo minucioso como las mejores piezas de carne, y entre ellas se citan la pierna y la espalda (cf. יָרֵךְ וְכָתֵף), por ser las más importantes, y a ellas se les añaden los huesos más escogidos.

Todo lo dicho se vuelve más enfático por la instrucción posterior en la que se manda que se tome además una oveja escogida. Las piezas escogidas de la carne y las piezas de hueso evocan la parte más escogida y capaz de la población de la ciudad. Para cocer estas piezas, especialmente los huesos, se necesita un gran fuego, como indican las palabras "y también una pila de madera debajo para los huesos". דּוּר (24, 5), que en 24, 9 se sustituye por הַמְּדוּרָה, significa una pila de madera y aparece en ese sentido en Is 30, 33; viene de דּוּר, colocar alrededor, disponer, apilar. Por razón del artículo no puede significar un montón de huesos (a pesar de la traducción de Reina-Valera), sino simplemente una pila de madera para los huesos antes mencionados, es decir, para hacer que puedan cocerse.

Si prestamos atención al artículo, descubriremos que la suposición de que Ezequiel tenía que colocar un montón de huesos debajo de la olla, y la alteración propuesta por Böttcher, Ewald y Hitzig de cambiar הָעֲצָמִים en עצים es totalmente insostenible. Aunque en sí misma la palabra דּוּר no significa sin más una pila de madera, sino un montón irregular, el hecho de que lo amontonado es madera queda claro por el contexto. Si es que se hubiera pasado, por crecimiento interno, de עצים a הָעֲצָמִים por una corrupción del texto, por influjo del עֲצָמִים anterior, esa palabra no podría llevar un artículo anterior.

Hitzig propone también cambiar רְתָחֶיהָ por נְתָחֶיהָ, pero sin ninguna necesidad. El nombre se añade al verbo para intensificar su fuerza y es *plurale tantum* (está en plural para intensificar el sentido de hervir). גַּם־בָּשְׁלוּ עֲצָמֶיהָ depende de la frase anterior, y גַּם toma el lugar de una *waw* copulativa. בָּשְׁלוּ indica ser cocido de un modo consecuente; cf. *Coment.* a Ez 12, 9.

Ez 24, 6-8 ofrece la interpretación de la parábola, y lo hace en dos líneas de pensamiento introducidas por לָכֵן (24, 6. 9). La causa para comenzar con לָכֵן ha de fundarse en el hecho de que aquí se quiere expresar de una manera más precisa la razón del asedio y del incendio de Jerusalén, que ofrece la ocasión de la parábola. El despliegue del pensamiento es el siguiente: Dado que el juicio sobre

Jerusalén está ahora para comenzar, por eso ¡ay de ella! porque su culpa por el derramamiento de sangre es tan grande que ella debe ser destruida.

Pues bien, el castigo que responde a la magnitud de ese pecado se distribuye en dos estrofas: 24, 6-8 y 24, 9-13; la primera estrofa trata del castigo de los habitantes de Jerusalén; la segunda del castigo de la ciudad en sí misma. Para describir el segundo rasgo se introduce una circunstancia que no se ha narrado en la parábola misma, la corrosión de la olla, a fin de que la figura de la olla se entienda así de una forma adecuada. Por otra parte, en la explicación de la parábola se pasa de la figura al hecho y viceversa. Dado que Jerusalén es una ciudad de asesinos, ella se parece a una olla en la que hay lugares de corrupción y orín que no pueden quitarse.

Ez 24, 6 es un texto difícil, y ha sido comentado de diversas maneras. La lamed (ל) que aparece dos veces antes de נְתָחֶיהָ ha de tomarse sin duda de un modo distributivo: según sus diferentes piezas, es decir, pieza a pieza. Pero el sufijo de הוֹצִיאָהּ no puede tomarse como si se refiriera a סִיר, como Kliefoth propone, porque así no se logra dar un sentido aceptable a la frase. No se dice "saca la olla por sus piezas" cuando se trata solo de sacar las piezas de carne de la olla. Esta dificultad no se supera dando a הוֹצִיאָהּ el sentido de acercar. Porque, además del hecho de que en el uso del lenguaje no hay nada que apoye ese significado (subir la olla conforme a sus varias piezas de carne, pieza a pieza), el sentido de la frase es simplemente el de acercar y subir la olla llena con piezas de carne. El sufijo de הוֹצִיאָהּ se refiere a la ciudad (עִיר), es decir, a la población, a la que se le ha pegado la culpabilidad de haber derramado sangre, y no a una colección de huesos (Hitzig).

El sufijo de נְתָחֶיהָ se refiere solo de un modo aparente a la olla. De hecho, ese sufijo se refiere a la ciudad, es decir, a la totalidad de la población, a los diferentes individuos a los que se les compara con piezas de carne. Según eso, el significado de las instrucciones dadas en este verso es claro: toda la población de Jerusalén ha de ser sacada fuera, y eso sin excepción alguna, pues no se echará sobre ella a suertes, como si por una parte pudiera salvarse y por otra no, sino que será castigada sin posibilidad de evadir el castigo.

No hay necesidad de buscar una conexión causal entre la referencia a la herrumbre de la olla y el hecho de sacar las piezas de la carne que se está cociendo dentro de ella, ni de tomar las palabras como si significaran que todas las piezas que se han vuelto inutilizable por la herrumbre han de sacarse de la olla y echarse fuera (Hävernick). En contra de eso, a través de la alusión a la herrumbre de la olla se pasa más allá de los límites de la figura. Las piezas de carne han de ser sacadas fuera después de haber sido concienzudamente hervidas, para vaciar la olla, para que se pueda poner de nuevo sobre el fuego, a fin de que se queme la herrumbre que se ha pegado a ella (24, 11).

No se puede aceptar la objeción de Kliefoth, cuando afirma que esta exposición no concuerda con el contexto, diciendo que, "conforme a la última frase de Ez 24, 5.10.11, las piezas de carne e incluso los huesos han de ser cocidos en la olla hasta el fin, no echados fuera; según eso, los huesos y la carne no podrían ser expulsados de la olla, sino cocidos dentro de un modo total, hasta consumirse". Pues bien, en contra de esa opinión de Kliefoth debemos afirmar que en el texto no se habla de cocer hasta consumir, de manera que al fin no quede nada en la olla. En el texto no se dice eso, sino solo que el cocimiento de la carne, e incluso de los huesos, ha de hacerse de un modo concienzudo, hasta que todo quede blando.

Por lo que se refiere al hecho, no podemos seguir la opinión de la mayoría de los comentadores, cuando suponen que el texto se refiere solo a la expulsión de los habitantes, que serán llevados al exilio, pues sacar las piezas de carne de la olla significa no solo la expulsión de los habitantes de la ciudad, sino su destrucción total, sea por muerte (cf. 11, 7), sea por cautiverio.

Lo que es seguro es que la ciudad ha de ser vaciada de hombres a consecuencia del asedio que está sufriendo por parte del rey de Babilonia. La razón para ello se da en Ez 24, 7-8, donde se describe la culpa de Jerusalén. La ciudad había derramado sangre, que no fue cubierta con tierra, sino que se dejó al aire, como la sangre que se derrama sobre una dura roca, que no puede absorberla, de manera que esa sangre clama a Dios pidiendo venganza, porque no está cubierta (cf. Gen 4, 10; Job 16, 18; Is 26, 21. Éste es el pensamiento de fondo: Jerusalén ha pecado de una forma insolente y sin vergüenza, y no ha hecho nada para cubrir su pecado, no ha mostrado arrepentimiento, ni ha hecho penitencia que liberarse de esa forma de su pecado.

Pues bien, todo esto ha sido ordenado por Dios. El mismo Dios ha hecho que la sangre de los pecados de Jerusalén caiga sobre roca, quedando así sin cubrirse, de manera que él (Dios) podrá vengarse por el crimen de la ciudad. La segunda parte del discurso comienza (Ez 24, 9) de la misma manera que la anterior (24, 6), y avanza ofreciendo una nueva pintura de la ejecución del castigo. Para vengar la culpa, Dios hará que la pila de madera sea grande, y que surja una llama muy fuerte.

Para desarrollar este pensamiento, avanza Ez 24, 10, con un mandato dirigido al profeta, diciéndole que ponga mucha madera debajo, para que haya mucho fuego, de manera que carne y huesos puedan hervir plenamente. הָתֵם es terminar, completar. Con הַבָּשָׂר es cocer la carne de un modo total.

Hay diferencias de opinión sobre el verdadero significado de וְהַרְקַח, pero la traducción que se da a veces a רקח (especias) resulta a todas luces impropia y no puede aceptarse a partir del uso del lenguaje. Ciertamente, en Ex 30, 25 se utiliza el verbo רקח refiriéndose a la preparación del aceite para la unción, pero no se refiere a la mezcla de diversos ingredientes, sino con toda probabilidad a la cocción de las especias, con el fin de extraer su esencia, de manera que el cocer de forma completa es el verdadero significado de la palabra, que suele utilizarse para indicar la olla para cocer los ungüentos. יֵחָרוּ es un hifil cohortativo, de חרר, hacer que algo quede caliente-rojo para ser consumido.

Siguen los reproches y amenazas contra Israel

Ez 24,11. Cuando la carne y los huesos han sido así completamente hervidos, la olla ha de ponerse vacía sobre los carbones, a fin de que pueda quitarse por el calor la herrumbre u hollín que ha ido tomando. Ha quedado como algo evidente el vaciamiento de la olla o cazuela, cuando se ha sacado la carne, que ha sido hervida hasta deshacerse. La impureza de la olla es la herrumbre que se le ha pegado. תִּתַּם es una forma aramea (para que sea consumida…). Michaelis ha sabido traducir bien el sentido de fondo de las palabras: "civibus caesis etiam urbs consumetur" (cuando se mata a los habitantes, la misma ciudad queda destruida)³².

En Ez 24, 12 se da la razón por la que se vuelve necesario aplicar este juicio de exterminio, situándose todavía en un plano figurativo, mientras Ez 24, 13 pasa ya al plano de los hechos. La olla ha consumido los esfuerzos. No se ha logrado limpiar con medios más suaves la herrumbre de la olla, de manera que son precisos medios más fuertes. הֶלְאָת tercera persona hifil de לאה es la forma antigua, que con el paso del tiempo ha caído prácticamente en desuso (cf. Gesenius §75, nota 1).

Pienso con Hitzig, Hävernick y otros que las últimas palabras de Ez 24, 11 son una exclamación. Dado que la olla ha agotado todas las posibilidades de limpiarse a sí misma, su herrumbre ha de ser arrojada al fuego. En 24, 13, el profeta se dirige a Jerusalén, y זמה no es un genitivo perteneciente a בְּטֻמְאָתֵךְ, a causa de tu conducta licenciosa (Ewald y Hitzig), sino un predicado: "en tu impureza es (yace) זמה", es decir, una abominación que merece la muerte" (cf. Lev 18, 17 y 20, 14) donde los pecados carnales, que son designados como *zimm*áh (זמה), están condenados con la muerte.

Esa palabra, זמה, evoca una abominación que merece la muerte, como he dicho. La limpieza que Dios ha intentado, pero sin que Jerusalén quede limpia, antes del juicio de destrucción que realizan los caldeos, consiste en convertir al pueblo de sus caminos de pecado, en parte por amenazas y promesas, comunicadas por los profetas (cf. 2 Cron 36, 17, y en parte por medio de castigos. Para אֶת־חֲמָתִי

---

32. Hitzig descubre en esta descripción un *hysteron-próteron* (poner lo final al principio), porque la limpieza de la olla debería haberse hecho antes de cocer la carne en ella, y no después de haberla cocido; en esa línea añade que se debería haber limpiado primero la podredumbre del pueblo, y no la ciudad como una colección de casas. Pero ninguna de estas objeciones resulta suficiente para probar lo que Hitzig quiere, indicando que el carácter inaceptable de la descripción muestra que ella no es en realidad una profecía; ninguna sirve para probar su propuesta.

Ciertamente, si uno quiere cocer carne en una olla para comerla, lo primero que ha de hacer es limpiar la olla misma. Pero este no es nuestro caso. La carne se emplea solamente para cocerla del todo, a fin de destruirla y arrojarla fuera; y por eso no hay necesidad de limpiar primero la olla para este fin. Y por lo que toca a la segunda objeción, la impureza del pecado se adhiere sin duda al hombre, aunque no como Hitzig piensa, solo al hombre, sino también a las cosas, pues conforme a la visión del Antiguo Testamento, la impureza se extiende también a las cosas (cf. Lev 18, 25; 27, 28). En esa línea, la lepra no hacía solo a los hombres impuros, sino también a los vestidos a las casas. Y por esa misma razón, los juicios no se restringen solo a los hombres, sino que se aplican también a las ciudades y a los campo.

עַד־הֲנִיחִי, cf. Ez 5, 13. En 24, 14 tenemos un sumario de todo lo anterior, que sirve de conclusión de la amenaza.

24, 15-24. El signo de la tristeza silenciosa relacionada con la destrucción de Jerusalén.

15 וַיְהִי דְבַר־יְהוָה אֵלַי לֵאמֹר:
הִנְנִי לֹקֵחַ מִמְּךָ אֶת־מַחְמַד עֵינֶיךָ בְּמַגֵּפָה וְלֹא תִסְפֹּד וְלֹא תִבְכֶּה וְלֹא תָבוֹא דִּמְעָתֶךָ:
16 בֶּן־אָדָם
17 הֵאָנֵק ׀ דֹּם מֵתִים אֵבֶל לֹא־תַעֲשֶׂה פְּאֵרְךָ חֲבוֹשׁ עָלֶיךָ
וּנְעָלֶיךָ תָּשִׂים בְּרַגְלֶיךָ וְלֹא תַעְטֶה עַל־שָׂפָם וְלֶחֶם אֲנָשִׁים לֹא תֹאכֵל:
18 וָאֲדַבֵּר אֶל־הָעָם בַּבֹּקֶר וַתָּמָת אִשְׁתִּי בָּעָרֶב וָאַעַשׂ בַּבֹּקֶר כַּאֲשֶׁר צֻוֵּיתִי:
19 וַיֹּאמְרוּ אֵלַי הָעָם הֲלֹא־תַגִּיד לָנוּ מָה־אֵלֶּה לָּנוּ כִּי אַתָּה עֹשֶׂה:
20 וָאֹמַר אֲלֵיהֶם דְּבַר־יְהוָה הָיָה אֵלַי לֵאמֹר:
21 אֱמֹר ׀ לְבֵית יִשְׂרָאֵל כֹּה־אָמַר אֲדֹנָי יְהוִה הִנְנִי מְחַלֵּל
אֶת־מִקְדָּשִׁי גְּאוֹן עֻזְּכֶם מַחְמַד עֵינֵיכֶם וּמַחְמַל נַפְשְׁכֶם
וּבְנֵיכֶם וּבְנוֹתֵיכֶם אֲשֶׁר עֲזַבְתֶּם בַּחֶרֶב יִפֹּלוּ:
22 וַעֲשִׂיתֶם כַּאֲשֶׁר עָשִׂיתִי עַל־שָׂפָם לֹא תַעְטוּ וְלֶחֶם אֲנָשִׁים לֹא תֹאכֵלוּ:
23 וּפְאֵרֵכֶם עַל־רָאשֵׁיכֶם וְנַעֲלֵיכֶם בְּרַגְלֵיכֶם לֹא תִסְפְּדוּ וְלֹא
תִבְכּוּ וּנְמַקֹּתֶם בַּעֲוֺנֹתֵיכֶם וּנְהַמְתֶּם אִישׁ אֶל־אָחִיו:
24 וְהָיָה יְחֶזְקֵאל לָכֶם לְמוֹפֵת כְּכֹל אֲשֶׁר־עָשָׂה תַּעֲשׂוּ בְּבֹאָהּ
וִידַעְתֶּם כִּי אֲנִי אֲדֹנָי יְהוִה: ס

15 Vino a mí palabra de Yahvé, diciendo: 16 Hijo de hombre, he aquí que yo te quito de golpe la delicia de tus ojos; no hagas lamentación ni llores ni corran tus lágrimas. 17 Reprime el suspirar, no hagas luto por los muertos, cíñete el turbante, ponte los zapatos en los pies y no te cubras con rebozo ni comas el pan de los que llevan luto.
18 Hablé al pueblo por la mañana, y a la tarde murió mi mujer; y a la mañana hice como me fue mandado. 19 Me dijo el pueblo: — ¿No nos enseñarás qué significan para nosotros estas cosas que haces? 20 Yo les dije: — La palabra de Yahvé vino a mí, diciendo: 21 Di a la casa de Israel que así ha dicho Yahvé, el Señor: He aquí yo profano mi santuario, la gloria de vuestro poderío, la delicia de vuestros ojos y la pasión de vuestras almas. Vuestros hijos y vuestras hijas que dejasteis, caerán a espada. 22 Y haréis de la manera que yo hice: no os cubriréis con rebozo ni comeréis pan de gente en luto; 23 vuestros turbantes estarán sobre vuestras cabezas, y vuestros zapatos en vuestros pies; no haréis lamentación ni lloraréis, sino que os consumiréis a causa de vuestras maldades, y gemiréis unos con otros. 24 Ezequiel, pues, os será por señal. Según todas las cosas que él hizo, haréis; y cuando esto ocurra, sabréis que yo soy Yahvé, el Señor.

Por lo dicho en 24, 18 sabemos que el profeta habló al pueblo por la mañana y luego en la tarde murió su esposa, y después, en la mañana siguiente, conforme al mandato de Dios, Ezequiel no pudo manifestar pena alguna, sino que explicó al pueblo el sentido de lo que hacía; por todo eso es evidente que la palabra de Dios contenida en esta sección había venido a él en el mismo día del comienzo del asedio de Jerusalén, pues lo que el profeta dijo al pueblo en la mañana de ese día (24, 18) es la misma profecía contenida en Ez 24, 3-14. Inmediatamente después que le había hecho esta revelación, Dios le anunció también a él la próxima muerte de su esposa, con el significado que este acontecimiento tendría en general para el pueblo. La delicia de sus ojos (24, 16) es su mujer (24, 18).

בְּמַגֵּפָה, de golpe, es decir, por una muerte repentina causada por Dios (cf. Num 14, 37; 17, 13). Pues bien, por la muerte de su esposa no se le permite ninguna lamentación en voz alta, ni la realización de ningún signo de tristeza, sino simplemente expresar la tristeza en silencio. מֵתִים אֵבֶל no está en lugar de אֵבֶל מֵתִים, pues ambas palabras son acusativo (sin que una dependa de la otra, como sería en el otro caso). La traducción literal no sería: no hagas de la muerta un objeto de lamentación, sino, más bien, "no has de hacer ninguna lamentación con ocasión de la muerte", como ha comentado con mucha razón G. Ch. Storr, *Observationes ad analogiam et syntaxin Hebraicam pertinentes,* 1798. p. 19.

Con ocasión del luto por los muertos era costumbre descubrir la cabeza y esparcir sobre ella cenizas (Is 61, 3), andar descalzo (2 Sam 15, 30; Is 20, 2) y cubrir la barba, es decir, la parte inferior del rostro, hasta la nariz (Miq 3, 7). Pues bien, Ezequiel no ha de hacer ninguna de esas cosas, sino ponerse el paño de la cabeza (פְּאֵרְךָ, en general, tu turbante, cf. Ez 24, 23 e Is 61, 3, sin que sea necesariamente el turbante de los sacerdotes, que se llama en Ex 3, 28 פַּאֲרֵי), calzar los pies y comer comida normal, no de luto.

לֶחֶם no significa *panis miseroroum, cibus lugentium* (pan de los miserables, comida de los que hacen luto) pues en ese caso, en vez de אֲנָשִׁים deberíamos tener אֲנָשִׁים o אוֹנִים, sino pan de hombres, es decir, el pan que los vecinos y amigos solían enviar a las casas de luto para manifestar su simpatía y ayudar a los tristes, una costumbre que se ha expresado con el paso del tiempo en las comidas rituales por los muertos. Estas comidas no se mencionan en el Antiguo Testamento, pero sí se menciona el envío de pan o comida a las casas donde se celebraba el luto (cf. Dt 26, 14; Os 9, 4 y Jer 16, 7, con 2 Sam 3, 35).

Cuando Ezequiel se abstuvo así de toda lamentación y de todo signo externo de tristeza por la muerte de su persona más querida, el pueblo supuso que su extraña conducta tenía algún significado, de manera que le preguntaron qué es lo que había deseado mostrar de esa manera. Él les anunció entonces la palabra de Dios (Ez 24, 20-24). Había muerto su mujer, lo más querido; de igual manera el objeto más querido, el santo templo sería quitado también a la nación, sería destruido y sus hijos morirían por la espada. Pues bien, cuando eso ocurriera, ellos deberían comportarse como él se estaba comportando ahora: No deberían llorar ni lamentarse, sino sufrir en silencio por sus pecados, en gesto de comunicación silenciosa.

La profanación del santuario (מְחַלֵּל) se realizaría a través de su destrucción (cf. Ez 7, 24). Para mostrar la magnitud de esta pérdida en la siguiente cláusula se insiste en el valor del templo para la nación. גְּאוֹן עֻזְּכֶם se toma de Lev 26, 19. Al templo se la llama el orgullo de vuestra fuerza, porque la fuerza y el poder de Israel se funda en la presencia de Dios, que mora en el santuario, y en la esperanza de que el Señor no entregaría su santuario para ser destruido, sino que defendería el templo y Jerusalén, incluyendo en la ciudad sus habitantes (cf. Jer 7, 4).

וּמַחְמַל נַפְשְׁכֶם, deseo o anhelo de vuestras almas (de המל, que en árabe significa *desiderio ferri ad aliquam rem,* ser llevado por el deseo hacia alguna cosa). Los hijos e hijas del pueblo son los parientes y paisanos a quienes los exilados han tenido que dejar en la tierra de Canaán al ser llevados de ella.

La explicación de esta lamentación y llanto, a causa de la destrucción del santuario y de la muerte de sus parientes ha de verse en la antítesis: תְּבַכּוּ וּנְמַקֹּתֶם, os consumiréis por vuestras maldades (cf. Ez 4, 17 y Lev 26, 39). Según eso, no podemos imaginar que ese texto nos sitúa ante una "indiferencia estólida" (Eichhorn y Hitzig), ni ante una "impenitencia fría" (Ewald), sino ante una tristeza suprema, ante la cual no valen ni las lágrimas ni la lamentación, sino solo la tristeza interior a causa de los pecados que han ocasionado una calamidad tan grande.

Y וּנְהַמְתֶּם, es decir, os lamentaréis de un modo intenso, como los osos (Is 59, 11), en sentido de sollozar, con gran lamento, uno ante al otro, manifestándose mutuamente la tristeza, y no lamentarse o murmurar por el pecado ocasionado por los otros, más que por uno mismo, como supone Hitzig. Esa última visión va totalmente en contra del sentido del pasaje.

Esta tristeza, que consume las fuerzas físicas, conduce a una percepción más clara del pecado, al verdadero arrepentimiento, y lleva por la penitencia y la reparación a la regeneración y a la renovación de la vida. De esa manera lograrán ellos el conocimiento de Dios a través de la catástrofe que ha estallado en contra de ellos (cf. Lev 26, 40). Para לְמוֹפֵת como señal, cf. *Coment.* a Ex 4, 21.

24, 25-27. Consecuencia de la destrucción de Jerusalén para el profeta

²⁵ וְאַתָּה בֶן־אָדָם הֲלוֹא בְּיוֹם קַחְתִּי מֵהֶם אֶת־מָעוּזָּם מְשׂוֹשׂ תִּפְאַרְתָּם
אֶת־מַחְמַד עֵינֵיהֶם וְאֶת־מַשָּׂא נַפְשָׁם בְּנֵיהֶם וּבְנוֹתֵיהֶם׃
²⁶ בַּיּוֹם הַהוּא יָבוֹא הַפָּלִיט אֵלֶיךָ לְהַשְׁמָעוּת אָזְנָיִם׃
²⁷ בַּיּוֹם הַהוּא יִפָּתַח פִּיךָ אֶת־הַפָּלִיט וּתְדַבֵּר וְלֹא תֵאָלֵם עוֹד
וְהָיִיתָ לָהֶם לְמוֹפֵת וְיָדְעוּ כִּי־אֲנִי יְהוָה׃ ס

²⁵ Y tú, hijo de hombre, el día que yo arrebate a ellos su fortaleza, el gozo de su gloria, la delicia de sus ojos y el anhelo de sus almas, y también sus hijos y sus hijas, ²⁶ ese día vendrá a ti uno que haya escapado para traer las noticias. ²⁷ Aquel día se abrirá tu boca para hablar con el fugitivo; hablarás, no permanecerás mudo. Tú les serás por señal, y sabrán que yo soy Yahvé.

Siguen los reproches y amenazas contra Israel

Como la destrucción de Jerusalén ejercería una poderosa influencia sobre la historia futura de los exilados del Qebar y sería seguida por consecuencias muy importantes, así también ella sería un momento clave para el profeta, en la ejecución de su llamada. De esa manera, Hävernick ha explicado correctamente la conexión entre estos últimos versos y todo lo que precede, como se indica al principio (וְאַתָּה : 24, 25). Hasta este momento, Ezequiel tenía que hablar al pueblo solamente cuando el Señor se lo ordenaba, y en los otros momentos debía permanecer en silencio y mudo 13, 26-27). Pero desde el día en que el mensajero vendría a anunciar las noticias de la destrucción del templo el tenía que abrir su boca y no seguir más en silencio.

La ejecución de este mandato de Dios se relaciona con 33, 21-22. Las palabras "cuando yo tome su fuerza" (de ellos) han de entenderse desde 24, 21. De un modo consecuente, מָעוּזָם se refiere al santuario, que sería arrebatado de los israelitas por la destrucción de Jerusalén. Los predicados que siguen (וְאֶת־מַשָּׂא מְשׂוֹשׂ תִּפְאַרְתָּם אֶת־מַחְמַד עֵינֵיהֶם) se refieren al templo (cf. 24, 21). מַשָּׂא מְשׂוֹשׂ es un objeto hacia el cual se dirige el alma con pasión (de נשׂא), es decir, algo que se desea con añoranza, con fuerza (cf. מַחֲלֵל).

Hijos e hijas están vinculados ἀσυνδετῶς, de forma directa. בַּיּוֹם (en aquel día, 24, 26), resume las palabras (בְּיוֹם קַחְתִּי מֵהֶם) del verso anterior; no alude al día de la destrucción del templo sin más, sino en general al tiempo de aquel acontecimiento, o más precisamente al día en que las noticias malas lleguen al profeta.

הַפָּלִיט, con artículo genérico, es un fugitivo (cf. Gen 14, 13). לְהַשְׁמָעוּת אָזְנַיִם, para hacer llegar a los oídos las noticias, es decir, para que el profeta escuche por sus propios oídos lo que ha escuchado ya en espíritu de parte de Dios. הַשְׁמָעוּת es un nombre verbal, utilizado en vez del infinitivo hifil. אֶת־הַפָּלִיט, con el fugitivo, es decir, al mismo tiempo, por la boca del fugitivo (Hitzig). אֵת, expresa la asociación o, en este caso, la simultaneidad.

Las palabras, *entonces hablarás y no estarás ya mudo* "no implican que Ezequiel había de estar en silencio solo desde ese momento, sino que se refieren a 3, 26-27, cuando se le impuso el silencio al profeta, con las excepciones aquí mencionadas, desde el comienzo de su ministerio. Aquí se está suponiendo implícitamente que Ezequiel sigue cumpliendo aquel silencio.

A través de "las palabras de Dios" que le eran comunicadas a su profeta (Ez 4-24), el Señor dice ahora al pueblo de Israel todo lo que ha de decirle sobre la catástrofe que se aproxima, para que la considere y la ponga en su corazón, para que pueda reconocer su pecado y convertirse con tristeza y arrepentimiento a su Dios. Por eso, Ezequiel debía guardar de ahora en adelante un perfecto silencio ante el pueblo, a fin de que fuera el Señor Dios el que hablara a través de sus obras y de la ejecución de sus palabras amenazadoras. Solo después que el juicio hubiera comenzado, su boca podría abrirse para ofrecer anuncios ulteriores (cf. Ez 33, 22).

De esa forma, Ezequiel debía convertirse en un signo para los israelitas. Estas palabras reciben aquí (24, 27) un sentido algo distinto del que habían tenido en 24, 24. En el caso anterior, ante la muerte de su mujer, Ezequiel debía ser un signo indicando la manera en que sus oyentes debían comportarse cuando llegara y cayera el juicio sobre Jerusalén. Por el contrario, aquí (24, 27), el ser לְמוֹפֵת o signo se refiere a todo el ministerio del profeta, al silencio que debía mantener aún, o a sus palabras futuras. Por ambas cosas, él debía manifestarse ante sus paisanos como un hombre cuyo silencio, palabra y acción estaban llenas de sentido para el pueblo, para llevarle al conocimiento del Señor, como Dios de su salvación

VII
Ez 25, 1-32, 32
PREDICCIONES DE JUICIO SOBRE LAS NACIONES PAGANAS

Mientras que la boca del profeta había debido estar muda para Israel, el Señor le hizo hablar en contra de las naciones paganas, para anunciarles el juicio de destrucción, a fin de que ellos no se alegraran por la caída del pueblo y del reino de Dios, sino que reconocieran en el juicio sobre Israel la obra de la omnipotencia de Dios y de su justo juicio, como juez de toda la tierra. Las naciones cuya destrucción anuncia Ezequiel en este libro son las siguientes: (1) Amón; (2) Moab; (3) Edom; (4) los filisteos (Ezekiel 25); (5) Tiro, (6) Sidón (Ez 26-28); y (7) Egipto (Ez 29-32).

Estas profecías se dividen en trece oráculos de Dios a través de la fórmula introductoria: La palabra de Dios vino sobre mí. Los anuncios contra Amón, Moab, Edom y los filisteos están comprendidos en una palabra de Dios. Por el contrario, después vienen cuatro palabras separadas de Dios contra Tiro, una contra Sicón y siete contra Egipto. En las siete naciones y en las siete palabras de Dios dirigidas contra Egipto puede verse sin duda el sentido simbólico del número.

Sidón, que había perdido su puesto privilegiado, convirtiéndose en subordinada a Tiro, antes del tiempo de Ezequiel, recibe solo una palabra de Dios para completar así el número de siete. Y para dejar aún más claro que el número siete había sido escogido por su significado, Ezequiel divide su anuncio de juicio sobre los siete pueblos en siete palabras de Dios.

Conforme a Gen 1, siete es el número que indica la plenitud de las obras de Dios. Cuando, según eso, Ezequiel selecciona siete naciones y proclama siete palabras de Dios dirigidas a la nación principal, que es Egipto, él quiere indicar sin duda que el juicio anunciado se ejecutará y completará sobre el mundo pagano y sobre sus diversos pueblos a través de la palabra de Dios.

Las predicciones del juicio sobre estas siete naciones paganas se pueden dividir según eso en dos grupos. (a) Amón, Moab, Edom, Filistea, Tiro y Sidón forma un grupo. (b) El otro grupo incluye solo las amenazas contra Egipto. Ésta es sin duda la forma en que ha de dividirse el ciclo de estas profecías, y no el plan que suele seguirse de ordinario, según el cual las naciones incluidas en Ez 25, como representativas de una fase del poder-mundial están colocadas en contraste con la otra fase del paganismo representada por Tiro, Sidón y Egipto. Esta última opinión es por ejemplo la de Hävernick, quien pone de relieve la "bella y simétrica división" de estas profecías.

(a) En primer lugar, dice Hävernick, "el profeta muestra en una serie de naciones la forma en que la idea del juicio de Dios se realizó en el caso de estas naciones que se elevaron de un modo directo y abierto en contra de la teocracia, representando así el poder del paganismo que se eleva y separa de Dios, rebelándose en contra de él" (Ez 25). (b) Las profecías relacionadas con Tiro y Sidón contemplan el paganismo en un segundo momento (Ez 26-28). En Tiro se pone de relieve el orgullo de la seguridad carnal, que se separa de Dios y se hunde de manera cada vez más profunda en el pecado y en la falta de sentido de una vida natural.

(c) Ambos aspectos se combinan finalmente en Egipto, el enemigo antiguo de la nación de la alianza, que había crecido y se había convertido en un poder mundial, creciendo también en arrogancia y orgullo; pero ahora iba a ser derribado desde la cumbre de su gloria antigua, cayendo hasta la hondura sin fondo del mal.

Pues bien, esta interpretación de Hävernick va en contra de la substancia de las profecías, en varios de sus aspectos, y en primer lugar en lo que toca a la antítesis que se dice que existe entre las naciones de las que se habla en Ez 25 por un lado y Tiro y Sidón por otro. En el caso de Amón, Moab, Edom y Filistea se dice que los pecados por los que son castigados son el haberse alegrado por la caída de Israel y el hecho de mantener una conducta vengativa y hostil contra la nación de la alianza (25, 3. 8. 12. 15). Pero, de igual manera, según Ez 26, 2, Tiro compartía ese mismo delito, por haberse alegrado por la destrucción de Jerusalén, pensando que ahora todas las cosas serían más favorables para ella (para Tiro). Eso significa que no hay tal antítesis entre Amón, Moab, Edom y Filistea por un lado y Tiro y Sidón por otro.

Por otra parte, en el caso del Faraón y de Egipto no se dice nada de la hostilidad o enemistad contra Israel (y de la alegría por su caída). Pero el Faraón se ha mostrado también culpable por decir "el Nilo es mío, yo lo he hecho por mi mismo…" y por el hecho de convertirse en una caña cascada cuando los israelitas quisieran apoyarse en ella en contra de Babilonia (Ez 29, 3. 6-7).

De acuerdo con estas obvias explicaciones, Ezequiel reconoció a Tiro y a Sidón entre las naciones que estaban predispuestas con enemistad contra Israel, aunque la actitud de los Fenicios tenía unos motivos distintos de los de Edom y las otras naciones mencionadas en Ez 25. Según eso, las naciones paganas se dividen en dos grupos (por un lado todas las citadas menos Egipto, y por otro lado Egipto) no en tres. Así aparece de forma indudable cuando observamos que cada uno de estos dos grupos de profecías contra las naciones termina con una promesa dirigida a Israel.

A la amenaza de juicio contra Sidón se le añade una promesa: "Nunca más habrá en la casa de Israel una espina desgarradora ni un aguijón que le cause dolor en medio de cuantos la rodean y la menosprecian. Y sabrán que yo soy Yahvé... Cuando recoja a la casa de Israel de los pueblos entre los cuales está esparcida, entonces me santificaré en ellos ante los ojos de las naciones, y habitarán en su tierra seguros; edificarán casas y plantarán viñas. Vivirán confiadamente, cuando yo haga juicios en todos los que los despojan en sus alrededores" (cf. 28, 23-26).

También la predicción del juicio contra Egipto en la última profecía contra ese tierra, termina de una forma semejante, con la promesa de que cuando el Señor entregue a Egipto en manos de Babilonia, crecerá un cuerno de poder en la casa de Israel (29, 21). El hecho de que estas dos profecía se correspondan entre sí no ha de ser pasado por alto cuando se comenta la profecía de Egipto que, siendo realmente la última en un orden temporal, se ha colocado en el lugar cronológico adecuado, en el libro de Ezequiel, es decir, al final de las palabras de Dios dirigidas contra las naciones.

El hecho es que la gran masa de estas profecías caiga dentro del período del último asedio de Jerusalén por los caldeos, es decir, en el intervalo entre Ez 24 y Ez 33, como indica claramente la fecha de los encabezamientos. La primera palabra sobre Tiro es del año once de la cautividad de Joaquín (Ez 26, 1). De las profecías contra Egipto, una (29, 1-16) está fechada en el décimo mes del año décimo. La de 30, 20-26 es del primer mes del año once. La de Ez 31 es el tercer mes del mismo año. Las dos de Ez 32, 1 y 32, 17 ss son del mes duodécimo del año doce. Y finalmente la breve palabra de 29, 17-21 es el año 27 de la cautividad.

No hay datos cronológicos para los otros oráculos. Pero las cortas y terribles palabras contra los amonitas, moabitas, edomitas y filisteos de Ez 25 pertenecen al tiempo inmediatamente posterior a la caída de Jerusalén, pues suponen que ésta ha sucedido ya. La 2ª y 3ª profecía contra Tiro en Ez 27 y 28, 1-9, así como la relacionada con Sidón en 28, 20 están íntimamente conectadas, por sus contenidos, con la primera palabra contra Tiro, del año once de la cautividad. Y finalmente, la palabra amenazadora contra Egipto en Ez 30, 1-19, a la que no se le añade ningún dato cronológico, parece estar más cerca de Ez 29, 1-16 que de 29, 17-21,

De un modo consecuente, el orden de los textos viene dado por el tema de las profecías, y a ese tema se subordina la secuencia cronológica, o mejor dicho la importancia comparativa que tienen las diversas naciones en relación con la teocracia de Israel. Evidentemente, estas profecías se apoyan sobre predicciones de profetas anteriores sobre las mismas naciones, por lo que toca a su contenido. De un modo especial, las profecías contra Tiro y Egipto recogen muchos pensamientos contenidos en las profecías bien conocidas de Is 23 y 10.

A pesar de ello, aun cuando se encuentran fundadas en profecías anteriores, las profecías de Ezequiel contra de las naciones paganas se distinguen de un modo característico de las de los otros profetas por el hecho de que Ezequiel no dice ni una palabra sobre el posible perdón de esas naciones, ni sobre el hecho de que ellas puedan convertirse al Señor, sino que terminan con el anuncio de la destrucción total de las condiciones terrenas y temporales de todos esos reinos y naciones.

Las profecías contra Egipto de 29, 13-16, donde se dice que, tras cuarenta años de castigo, Dios "convertirá su cautiverio" y reunirá de nuevos a los egipcios, son solo una excepción aparente, pero no real de este hecho. Porque no se tratará de permitir que Egipto vuelva a su antigua grandeza, sino que, según 24, 14, se trata solo de restaurar en Egipto un reino bajo e impotente, que no ofrecerá ninguna resistencia a Israel. De esa manera se mantiene la amenaza de la completa destrucción de Egipto, pero un poco modificada.

La única cosa positiva que Ezequiel mantiene en su visión de las siete naciones paganas es que, a consecuencia del juicio con el que serán castigadas, ellas aprenderán que Yahvé es el Señor (es Dios). Esta formula retorna de un modo regular en relación con cada una de esas naciones: cf. Ez 25, 5; 25,7. 11. 17; 26, 6; 28, 22-23; 2, 6. 9; 30, 8. 19. 25-26; 32, 15. En esa línea, podríamos pensar que el juicio y destrucción temporal de esas naciones podría dejar abierto el tema de su conocimiento de Dios en una línea de salvación eterna, una salvación que podría venir después del juicio, para aquellos que sobrevivieran.

De todas formas, en el caso de los edomitas (25, 14), la fórmula toma un carácter más duro, no en el sentido de que los edomitas conocerán que Yahvé es Dios, sino que ellos experimentarán su venganza. Por otro lado, se dice que la poderosa Tiro aparece repetidamente amenazada de destrucción, e incluso de extinción eterna (26, 20-21; 27, 36; 28, 19); finalmente, todo el ciclo de estas profecías concluye con una elegía funeraria de las naciones paganas en el Sheol (32, 17-32).

Eso significa que la fórmula arriba indicada (¡que ellos conocerán que Yahvé es Dios!) no puede ser interpretada en la línea de Kliefoth (como una posible salvación abierta para esas naciones...), sino de un modo distinto: Esas naciones descubrirán en su destrucción la justicia punitiva de Dios, de manera que no se les anuncia una salvación futura, sino una amenaza aún más grande, vinculada a un tipo de condena tras la muerte.

Pero no hay en esto nada que nos lleve a establecer una discrepancia entre Ezequiel y los profetas anteriores, pues Ezequiel se fija simplemente en el juicio que caerá sobre las naciones paganas, en parte a causa de su actitud hostil frente a Israel y el Reino de Dios, y en parte a causa de que ellas han deificado su propio poder. En esa línea, Ezequiel guarda silencio sobre la salvación que podría llegar para esas naciones, pero sin negarla en sentido absoluto y expreso.

La razón de esto no está en el hecho de que la contemplación de algunos rasgos particulares, que forman los detalles de su inmediato cumplimiento le ha llevado a despreocuparse del sentido final de sus profecías, sino en el hecho de que el anuncio de la salvación de Dios hacia las naciones queda fuera de los límites de la llamada que él ha recibido del Espíritu de Dios[33].

---

33. Ch. Drechsler (1804-1850), en su comentario *Der Prophet Jesaja*, 1845, a Is 23 ha dado la siguiente explicación sobre la diferencia que se observa entre las profecías de Isaías y las de

La misión profética de Ezequiel estaba restringida al resto del pueblo de la alianza, que fue llevado al exilio y dispersado entre los paganos. A este resto tenía que anunciar él la destrucción del reino de Judá, y después de esta catástrofe la preservación y restauración eventual del reino de Dios para Israel de una forma renovada y glorificada. Con esta comisión que él recibió del Señor se asociaba, es cierto, el anuncio del juicio sobre los paganos, en el contexto de la liberación de una parte de Israel, que vendría a ser restaurado de esa forma, para ser pueblo de Dios.

Pero eso no se vinculaba ya con las profecías sobre la recepción de los paganos en el reino renovado de Dios, pues esa recepción de los paganos no incluía ningún elemento de consolación para el pueblo de la alianza en medio de su gran derrota y depresión y castigo. Ezequiel no se ocupó de las naciones paganas como tales, sino solo del pueblo de Israel.

En conexión con eso se encuentra también el hecho de que Ezequiel no menciona a Babilonia entre las naciones paganas. Esto se puede explicar también no solamente por el predominio de la idea del juicio sobre Israel y Jerusalén, juicio que los caldeos iban a realizar como "portadores de la justicia de Dios" (23, 45), de manera que ellos solo aparecieron ante Ezequiel como portadores de esa justicia de Dios para Israel, y no como poder mundial (cf. Kliefoth).

Por otra parte, en la línea de lo ya dicho, por la razón descrita arriba, Ezequiel solo se ocupa de las naciones que han desarrollado un gran odio o falsedad en contra de Israel, y entre ellas no aparecen los caldeos. Para el desarrollo posterior de las profecías en relación con todo el mundo pagano, el Señor llamó a Daniel, al mismo tiempo que a Ezequiel, y le asignó un puesto en la misma sede del poder imperial pagano.

1. Ez 25, 1-17. Contra varias naciones del entorno de Israel

25, 1-7. En contra de los amonitas

¹וַיְהִי דְבַר־יְהוָה אֵלַי לֵאמֹר׃
² בֶּן־אָדָם שִׂים פָּנֶיךָ אֶל־בְּנֵי עַמּוֹן וְהִנָּבֵא עֲלֵיהֶם׃

Ezequiel sobre Tiro: (a) En el caso de Isaías, las profecías tienen un carácter de totalidad, de acuerdo con el lugar asignado a este profeta en la proclamación de una nueva era para el mundo, abrazando la totalidad del futuro dentro del plan del despliegue de la salvación de Dios. (b) Por el contrario, en el caso de los profetas posteriores, como Jeremías y Ezequiel, que estaban viviendo en medio de una persecución externa, la visión de totalidad queda a un lado y se ponen más de relieve los detalles relacionados con el cumplimiento inmediato de la profecía.

Pero esta explicación no es tampoco satisfactoria, pues, a pesar de vivir en medio de una persecución, en el momento en que se está realizando el juicio de Dios, Jeremías anuncio también la inversión del juicio, con unos oráculos que podían convertirse también en signo salvación para algunas naciones paganas. Así por ejemplo en el caso de Jer 48, 47 él profetiza a los moabitas y en 49, 6 a los amonitas que en un tiempo futuro Yahvé cambiará su cautividad; por otra parte, Jer 46, 26 dice a Egipto que tras el juicio será habitada como en los días de antiguo.

³ וְאָמַרְתָּ לִבְנֵי עַמּוֹן שִׁמְעוּ דְּבַר־אֲדֹנָי יְהוִה כֹּה־אָמַר אֲדֹנָי יְהוִה יַעַן אָמְרֵךְ הֶאָח אֶל־מִקְדָּשִׁי כִי־נִחָל וְאֶל־אַדְמַת יִשְׂרָאֵל כִּי נָשַׁמָּה וְאֶל־בֵּית יְהוּדָה כִּי הָלְכוּ בַגּוֹלָה:
⁴ לָכֵן הִנְנִי נֹתְנָךְ לִבְנֵי־קֶדֶם לְמוֹרָשָׁה וְיִשְּׁבוּ טִירוֹתֵיהֶם בָּךְ וְנָתְנוּ בָךְ מִשְׁכְּנֵיהֶם הֵמָּה יֹאכְלוּ פִרְיֵךְ וְהֵמָּה יִשְׁתּוּ חֲלָבֵךְ:
⁵ וְנָתַתִּי אֶת־רַבָּה לִנְוֵה גְמַלִּים וְאֶת־בְּנֵי עַמּוֹן לְמִרְבַּץ־צֹאן וִידַעְתֶּם כִּי־אֲנִי יְהוָה: ס
⁶ כִּי כֹה אָמַר אֲדֹנָי יְהוִה יַעַן מַחְאֲךָ יָד וְרַקְעֲךָ בְּרֶגֶל וַתִּשְׂמַח בְּכָל־שָׁאטְךָ בְּנֶפֶשׁ אֶל־אַדְמַת יִשְׂרָאֵל:
⁷ לָכֵן הִנְנִי נָטִיתִי אֶת־יָדִי עָלֶיךָ וּנְתַתִּיךָ־(לְבַג) [לְבַז] לַגּוֹיִם וְהִכְרַתִּיךָ מִן־הָעַמִּים וְהַאֲבַדְתִּיךָ מִן־הָאֲרָצוֹת אַשְׁמִידְךָ וְיָדַעְתָּ כִּי־אֲנִי יְהוָה: ס

¹ Vino a mí palabra de Yahvé, diciendo: ² Hijo de hombre, vuelve tu rostro hacia los hijos de Amón y profetiza contra ellos. ³ Dirás a los hijos de Amón: Oíd la palabra de Yahvé, el Señor, que dice así:

Por cuanto dijiste: '¡Ea, qué bien!', cuando mi santuario era profanado, la tierra de Israel era asolada y llevada en cautiverio la casa de Judá; ⁴ por eso yo te entrego por heredad a los orientales, pondrán en ti sus apriscos y plantarán en ti sus tiendas; ellos comerán tus sementeras y beberán tu leche. ⁵ Pondré a Rabá por pastizal de camellos y a los hijos de Amón por majada de ovejas. Y sabréis que yo soy Yahvé.

⁶ Porque así ha dicho Yahvé, el Señor: Por cuanto aplaudiste, golpeaste con tu pie y te gozaste en el alma con todo tu menosprecio hacia la tierra de Israel, ⁷ por eso yo extenderé mi mano contra ti y te entregaré a las naciones para ser saqueada; te eliminaré de entre los pueblos y te destruiré de entre los países. Te exterminaré, y sabrás que yo soy Yahvé.

Cuando predecía la expedición de Nabucodonosor contra Jerusalén (Ez 21, 28), Ezequiel había anunciado ya la destrucción de los amonitas, de manera que estos versos son simplemente una re-asunción y una confirmación de la profecía anterior. En el pasaje referido, Ezequiel, como había hecho antes Sofonías 2, 8. 10, menciona el desprecio contra Israel como pecado de los amonitas, por lo que ellos han de ser castigados con la destrucción.

Este desprecio, por el que odiaron la llamada divina de Israel, fue el pecado radical de los amonitas. Con ocasión de la caída de Judá, ese desprecio creció hasta convertirse en un gozo maligno y soberbio por la profanación del santuario de Yahvé, por la destrucción del templo (una comparación con Ez 24, 21 mostrará el sentido en que ha de entenderse la palabra נחל), por la devastación de la tierra de Israel y por la cautividad de Judá, es decir, por la destrucción política y religiosa de Israel como pueblo de Dios.

La profanación del santuario se menciona primero para poner de relieve la hostilidad contra Israel, manifestada por los amonitas en cualquier ocasión (cf. Sof 2, 8); pero esa hostilidad tiene sus raíces no tanto en un tipo de antipatía nacional, sino en el antagonismo de los amonitas en contra de la llamada sagrada de Israel. Como castigo por esto, los amonitas perderán no solo su tierra (cf. 25,

4. 5), sino que serán exterminados del número de las naciones (25, 6-7). El Señor dará su tierra, con sus producciones, como posesión para los hijos del este, es decir, según Gen 25, 13-18, para los árabes, los beduinos (para בְּנֵי־קֶדֶם cf. *Coment* a Jc. 6, 3 y Job 1, 3).

El piel וְיָשְׁבוּ, aunque solo aparece aquí, no ha de ser rechazado como críticamente sospechoso, cambiándolo por un kal, como propone Hitzig. El kal no puede emplearse aquí, porque el único sujeto de la sentencia puede ser los בְּנֵי־קֶדֶם y no טִירוֹתֵיהֶם, y además en ישׁב el *kal* tiene un sentido intransitivo. Sobre טִירוֹת, que son las tiendas de los nómadas, cf. *Coment.*Gen 25, 16. En la última frase de 25, 4, se repite הֵמָּה a causa del énfasis. La opinión de Hitzig, según la cual el primer הֵמָּה corresponde al sujeto de la frase (a וְיָשְׁבוּ), mientras que el segundo corresponde a וְנָתְנוּ ha de ser rechazada, como un simple vuelo de la imaginación, que es casi absurdo al afirmar que פְּרִי significa los rebaños, los animales de la tierra.

Junto a los productos de la tierra, es decir, del suelo, se menciona también la leche como producto de la vida de los pastores, y alimento principal de los nómadas. Sobre la riqueza de los amonitas en rebaños de animales cf. Jc 6, 5. Las palabras se dirigen a Amón, como una tierra o reino, y por eso llevan sufijo femenino. La capital compartirá la suerte de la tierra. Rabbat (Rabbat Amón, cf. *Coment.* a Dt 3, 11) se convertirá en un campo de camellos, un lugar devastado donde caminan sueltos y pastan los camellos.

Esto se ha cumplido de un modo casi literal. Las ruinas de Amán están desiertas de hombre, y Seetzen encontró muy cerca a grupos de árabes con sus camellos (cf. von Raumer, *Palestine*, p. 268). En la frase paralela se mencionan los amonitas, hijos de Amón, en vez de su tierra.

En Ez 25, 6-7, el Señor anuncia a la nación de los amonitas las destrucción que les espera, y reitera con énfasis aún mayor que eso ha sucedido a causa del pecado, es decir, por la alegría que los amonitas han manifestado por la caída de Israel. בְּכָל־שָׁאטְךָ ha recibido aún más fuerza con בְּנֶפֶשׁ: con todo tu desprecio en el alma, con todo el desprecio que tu alma podía manifestar.

En 25, 7, el ἅπ. λεγ. לְבַג ocasiona alguna dificultad. El keré ha puesto לְבַז, como botín para las naciones (26, 5), y así han traducido todas las versiones antiguas. Según eso, לְבַג puede ser un error de copista en vez de לְבַז, y como apoyo de eso se puede citar 47, 13, donde גה está por זה, de manera que tenemos una sustitución indudable de ג por ז. Pero si el *qetiv* es correcto, la palabra בַּג se puede explicar, como han hecho Th. Benfey (*Die Monatsnamen*, 1836, p. 194) y J. Gildemeister (en C. H. Lassen, *Zeitschrift für die Kunde des Morgenlandes*, 1884, IV. 1, p. 213 ss.) partiendo del sánscrito, pues el sánscrito *bha (ga)*, con el sentido de *pars, portio* (parte, porción) ha pasado a los idiomas semíticos a partir del ario, como sucede en el siríaco *bagaa' (esca,* comida), que P. Boetticher (*Horae arameae* p. 21) ha derivado correctamente del sánscrito *bhaj (conquere,* adquirir).

Los ejecutores del juicio no son nombrados. De la amenaza según la cual Dios dará a los beduinos la tierra de los amonitas como posesión no se deduce que los beduinos han de exterminar a los amonitas. Por otra parte, una comparación de esta pasaje con Am 1, 13-15 y Jer 49, 1-5, donde se amenaza a los amonitas no solo con una devastación de su territorio, sino también con su expulsión al exilio, mostrará que los caldeos se toman aquí como ejecutores de la sentencia (cf. *Coment.* a Ez 25, 11).

25, 8-11. Contra los moabitas

⁸ כֹּה אָמַר אֲדֹנָי יְהוִה יַעַן אֲמֹר מוֹאָב וְשֵׂעִיר הִנֵּה כְּכָל־הַגּוֹיִם בֵּית יְהוּדָה׃
⁹ לָכֵן הִנְנִי פֹתֵחַ אֶת־כֶּתֶף מוֹאָב מֵהֶעָרִים מֵעָרָיו מִקָּצֵהוּ צְבִי אֶרֶץ בֵּית הַיְשִׁימֹת בַּעַל מְעוֹן (וְקִרְיָתְמָה) [וְקִרְיָתָיְמָה]׃
¹⁰ לִבְנֵי־קֶדֶם עַל־בְּנֵי עַמּוֹן וּנְתַתִּיהָ לְמוֹרָשָׁה לְמַעַן לֹא־תִזָּכֵר בְּנֵי־עַמּוֹן בַּגּוֹיִם׃
¹¹ וּבְמוֹאָב אֶעֱשֶׂה שְׁפָטִים וְיָדְעוּ כִּי־אֲנִי יְהוָה׃ ס

⁸Así ha dicho Yahvé, el Señor: Por cuanto dijeron Moab y Seir: 'He aquí la casa de Judá es como todas las naciones'; ⁹ por eso, he aquí que yo abro el lado de Moab desde las ciudades, desde sus ciudades que están en su confín, las tierras deseables de Bet-jesimot, Baal-meón y Quiriataim, ¹⁰ a los hijos del oriente junto con los hijos de Amón; y la entregaré por heredad, para que no haya más memoria de los hijos de Amón entre las naciones. ¹¹ También en Moab ejecutaré juicios, y sabrán que yo soy Yahvé.

Moab se ha vuelto culpable del mismo pecado en contra de Judá, el pueblo de Dios, igual que Amón, al no entender y al despreciar la elección divina de Israel. Amón lo expresó cuando Judá fue destruido, afirmando con maldad que la casa de Judá era como las demás naciones, es decir, que no tenía preeminencia sobre ellas y que compartía el mismo juicio que las naciones paganas.

Hay algo notable en la alusión a Seir, es decir, a Edom, en conexión con Moab, dado que no hay ninguna referencia a Seir en la amenaza contenida en Ez 25, 12-13, donde sigue una predicción separada sobre Edom. En esa línea, Hitzig propone seguir el ejemplo de los LXX y borrar esa referencia como si fuera una glosa, pero sin poder mostrar en modo alguno la forma en que esa glosa podría haber entrado en este lugar.

Pues bien, Seir se menciona aquí al lado de Moab para poner de relieve el sentimiento expresado en las palabras de Moab, que brotan (lo mismo que la enemistad de Moab hacia Israel) del odio y de la envidia que esos pueblos sienten hacia el derecho de precedencia de Israel, es decir, a sus prerrogativas en la historia sagrada. Como castigo por eso, Moab fue entregada en manos de sus enemigos, lo mismo que Amón, en manos de los beduinos, como posesión suya, de manera que los moabitas desaparecerían de entre el número de las naciones.

Ez 25, 9-10 forman un solo período, pues לִבְנֵי־קֶדֶם (Ez 25, 10) está gobernado por פֹּתֵחַ (Ez 25, 9). La espalda de Moab (כֶּתֶף מוֹאָב) es el costado de la tierra moabita. En la aplicación de la palabra a tierras o provincias, se suele tener en cuenta la aplicación de la palabra כֶּתֶף, en relación con todo el cuerpo, insistiendo los lados de un distrito. Hallamos una analogía a esto en el uso de כֶּתֶף en conexión con los lados de un edificio.

מֵהֶעָרִים, la *mem* (מ) no se puede tomar en un sentido privativo, en vez de מהיות, pues ni lo permite el artículo de הֶעָרִים, ni el grupo más enfático de מִקְצֵהוּ מֵעָרָיו; ella indica más bien dirección: "desde las ciudades que están su confín...". Esto significa "en toda su extensión". מִקְצֵהוּ como en Is 56, 11; Gen 19, 4 etc. Esta porción de tierra se designa primero como una tierra gloriosa, en referencia a la riqueza de sus posesiones, tomando en cuenta la excelencia de su suelo para la cría de ganado (cf. *Coment.* a Num 22, 1).

בֵּית הַיְשִׁימֹת (*Beth-Hayeshimoth*, es decir, la casa devastada, que se preserva quizá en las ruinas de *Suaime*, que F. de Saulcy descubrió en la ribera nord-oriental del Mar Muerto, un poco al interior (cf. *Voyage en Terre Sainte*, Paris 1865, t. I. p. 315). *Baal-Meon*, que se escribe en toda su extensión como *Beth-Baal-Meon* (Js 13, 17), y que aparece contraída como *Beth-Meon* en Jer 48, 23, se encuentra al sur-este de la anterior, en las ruinas de *Myun*, a tres cuartos de hora de viaje al sur de Hesbón (cf. *Coment.* a Num 32, 3).

Kiriataim estaba aún más al sur, probablemente en el lugar de las ruinas de *El Teym* (cf. *Coment.* a Gen 14, 5 y Num 32, 37). El *qetiv* קְרִיָתְמָה se basa en קריתם, forma de קריתים, de igual manera que דתן, una forma secundaria de דתין en 2 Rey 6, 13. Las ciudades nombradas se sitúan al norte del río Arnón, en aquella porción de tierra moabítica que había sido arrebatada a los moabitas por los amorreos antes de la entrada de los israelitas en Canaán (Num 21, 13. 26), y que fue dada a la tribu de Rubén como heredad tras la derrota del rey amorreo por los israelitas.

Pues bien, después que las tribus del otro lado del Jordán fueron tomadas en cautividad por los asirios, esas tierras volvieron a caer en manos de los moabitas, como indica Is 15, 1-9; 16, 1-14; Jer 48, 1.23, pues esas ciudades se citan de nuevo como propiedad de los moabitas. Esto explica no solo el hecho de que se nombre este distrito particular del país moabita, sino la expresión "de sus ciudades".

El texto supone que esta tierra en cuestión pertenecía legalmente a los israelitas, según Num 32, 37-38; 33, 49; Js 12, 2-3; 13, 20-21, y que fue usurpada ilegalmente por los moabitas después de la deportación de las tribus de Transjordania. Así se entiende el sentido del texto: que el juicio de Dios se extendería desde esta tierra y esas ciudades, y que ellas serían por tanto destruidas (Hävernick y Kliefoth).

עַל, no "sobre los hijos de Amón", sino "junto a" (en adición) a los hijos de Amón. Ellos, es decir, su tierra había sido ya prometida a los hijos del este (25, 4). Además de eso, los hijos del este (árabes) tomarían a Moab como su posesión (Hitzig y Kliefoth). Esto es lo que el Señor ejecutará sobre Moab. Ez 25, 11 retoma lo que dice sobre Moab 25, 9-10, con la idea de que llega el juicio de Dios sobre ese pueblo.

La ejecución de esos juicios comienza con la subyugación de los amonitas y moabitas por Nabucodonosor, cinco años después de la destrucción de Jerusalén (cf. Josefo, *Ant* X, 9, 7 y M. von Niebuhr, *Gesch. Assurs*, etc., p. 215). A pesar de ello, los amonitas continuaron existiendo como nación por largo tiempo después de la cautividad, de manera que Judas Macabeo guerreó contra ellos (1 Ma 5, 6. 30-43); todavía Justino Mártir habla de Ἀμμανιτῶν νῦν πολὺ πλῆθος, de la gran multitud de los amonitas (*Diálogo de Trifón* p. 272). Pero Orígenes incluye su nombre y su tierra en el nombre general de Arabia, como si Moab y Amón hubiera caído en manos de los árabes de Oriente (*In Job*, lib. I).

El nombre de los moabitas parece haberse extinguido mucho antes. Tras la cautividad, solo en Esd, 1; Neh 13, 1 y Dan 11, 41 hallamos la memoria de ellos como pueblo. Su tierra se menciona en Josefo, *Ant* XIII, 14, 2 y en XV, 4, y además en *Bell. Jud.* III. 3. 3. En estas palabras de Ezequiel no se evoca el juicio mesiánico al que se refiere Sof 2, 10. Pero a partir de la profecía sobre los edomitas (Ez 25, 14) ello no queda excluido.

25, 12-14. Contra los edomitas (idumeos)

יב כֹּה אָמַר אֲדֹנָי יְהוִה יַעַן עֲשׂוֹת אֱדוֹם בִּנְקֹם נָקָם לְבֵית יְהוּדָה וַיֶּאְשְׁמוּ אָשׁוֹם וְנִקְּמוּ בָהֶם׃
יג לָכֵן כֹּה אָמַר אֲדֹנָי יְהוִה וְנָטִתִי יָדִי עַל־אֱדוֹם וְהִכְרַתִּי מִמֶּנָּה אָדָם וּבְהֵמָה וּנְתַתִּיהָ חָרְבָּה מִתֵּימָן וּדְדָנֶה בַּחֶרֶב יִפֹּלוּ׃
יד וְנָתַתִּי אֶת־נִקְמָתִי בֶּאֱדוֹם בְּיַד עַמִּי יִשְׂרָאֵל וְעָשׂוּ בֶאֱדוֹם כְּאַפִּי וְכַחֲמָתִי וְיָדְעוּ אֶת־נִקְמָתִי נְאֻם אֲדֹנָי יְהוִה׃ פ

> [12] *Así ha dicho Yahvé, el Señor: Por lo que hizo Edom, tomando venganza de la casa de Judá, pues delinquieron en extremo cuando se vengaron de ellos;* [13] *por eso, así ha dicho Yahvé, el Señor: Yo también extenderé mi mano sobre Edom y eliminaré de ella a hombres y a bestias, y la asolaré; desde Temán hasta Dedán caerán a espada.* [14] *Pondré mi venganza contra Edom en manos de mi pueblo Israel, y harán en Edom según mi enojo y conforme a mi ira; y conocerán mi venganza, dice Yahvé, el Señor.*

Mientras que a los amonitas y a los moabitas se les acusa solo de haberse alegrado por la caída de Israel y por no haber respetado su vocación divina, a los idumeos se les amenaza con el exterminio por sus actos de hostilidad y de venganza contra la casa de Judá. La עֲשׂוֹת, es decir, la forma de actuar de Edom queda precisada de un modo más concreto, y se define como בִּנְקֹם נָקָם לְבֵית יְהוּדָה: vengarse de la casa de Israel. Por eso se le declara como muy culpable, וַיֶּאְשְׁמוּ אָשׁוֹם וְנִקְּמוּ בָהֶם.

Edom ha buscado toda oportunidad posible de actuar así de un modo vengativo en contra de Israel (cf. Abdías 1, 11; Am 1, 11), de manera que Ezequiel (cf. Ez 35, 5) habla de una enemistad eterna de Edom contra Israel. Por esta razón, no podemos restringir el reproche de 25, 13 a una especie de estallido particular de venganza por el tiempo de devastación y destrucción de Judá por los Caldeos (cf. Sal 137, 1-9), sino que ese reproche responde a toda una historia de oposiciones, de manera que el profeta invoca la venganza de Dios contra Edom, a consecuencia de la cual queden exterminados hombres y animales de Edom, desde Temán a Dedán.

Esos nombres no son ciudades, sino distritos. *Temán* es la parte sur de Idumea (cf. *Coment* a Am 1, 12) y *Dedán* es la parte o distrito norte. Dedán no se refiere probablemente a la tribu de los cusitas mencionada en Gen 10, 7, sino a la tribu del mismo nombre que brotó de los hijos de Abraham y de Cetura (Gen 25, 3), y que se menciona también en Jer 49, 8, en conexión con Edom. וּדְדָנֶה tiene una ה local, con *seghol* en vez de *kametz*, probablemente a causa de la "a" anterior (cf. Ewald, §216c).

No hay necesidad de conectar מִתֵּימָן con la frase que sigue, como han hecho Hitzig y Kliefoth, en oposición al sentido de los acentos. Los dos nombres geográficos, que son empleados como perífrasis para Idumea tomada como un todo, se distribuyen por igual a través de un *parallelismus membrorum,* paralelismo de miembros, entre las dos frases de la sentencia, de tal manera que pertenecen a ambas cláusulas, al menos en lo que toca al sentido.

Edom vendrá a convertirse en un desierto desde Temán a Dedán, y sus habitantes caerán bajo la espada. Este juicio de venganza será ejecutado por Dios a través de su pueblo Israel. El cumplimiento de esta amenaza comenzó sin duda con el sometimiento de los idumeos bajo los macabeos, pero no se limita a aquel evento, como suponen Rosenmüller, Kliefoth y otros, aunque entonces se puso el fundamento de ello, con la desaparición de la existencia nacional de Edom, pues sin ella no se puede cumplir la expresión enfática "mi pueblo Israel". Por eso, según las promesas de Am 9, 12 y Abd 1, 17, en las que se dice que el pueblo de Dios tomará posesión de Edom, cuando se eleve de nuevo el tabernáculo caído de David, eso ha suceder en los tiempos mesiánicos.

Estas profecías se apoyan en la de Balaam en Num 24, 18, y tienen sus raíces también en la promesa de Dios sobre los dos hijos gemelos de Isaac, de los cuales el mayor servirá al más pequeño (Gen 25, 23). Según eso, debemos esperar el cumplimiento completo de esas profecías en la victoria del pueblo de Dios sobre todos sus enemigos, entre los cuales Edom ha ocupado desde tiempos inmemoriales un lugar destacado. Pues bien, ese cumplimiento se realizará cuando culmine el Reino de Dios.

En esa línea, Edom no aparece aquí como una nación especial, que fue particularmente hostil a Judá, sino como signo de la enemistad implacable del mundo pagano en contra del pueblo y del reino de Dios, como saben Ez 35, 1-15; Is 34, 63, etc. La venganza que, respondiendo a la ira y rabia de Yahvé, ha de realizar Israel contra el pueblo de Dios no consiste meramente en aniquilar la existencia nacional de Edom (cosa que realizó Juan Hircano, obligando a los edomitas a circuncidarse (cf. *Coment.* a Num 24, 18), sino que esa venganza se realizará en el juicio final en el que Israel se impondrá por Cristo contra el archienemigo del Reino de Dios, llevándolo a su completa extinción.

25, 15-17. Contra los filisteos

כֹּה אָמַר אֲדֹנָי יְהוִה יַעַן עֲשׂוֹת פְּלִשְׁתִּים בִּנְקָמָה וַיִּנָּקְמוּ נָקָם בִּשְׁאָט בְּנֶפֶשׁ לְמַשְׁחִית אֵיבַת עוֹלָם: ¹⁵
לָכֵן כֹּה אָמַר אֲדֹנָי יְהוִה הִנְנִי נוֹטֶה יָדִי עַל־פְּלִשְׁתִּים ¹⁶
וְהִכְרַתִּי אֶת־כְּרֵתִים וְהַאֲבַדְתִּי אֶת־שְׁאֵרִית חוֹף הַיָּם:
וְעָשִׂיתִי בָם נְקָמוֹת גְּדֹלוֹת בְּתוֹכְחוֹת חֵמָה וְיָדְעוּ כִּי־אֲנִי ¹⁷
יְהוָה בְּתִתִּי אֶת־נִקְמָתִי בָּם: ס

¹⁵ Así ha dicho Yahvé, el Señor: Por lo que hicieron los filisteos por venganza, cuando se vengaron con despecho de ánimo, destruyendo por antiguas enemistades; ¹⁶ por eso, así ha dicho Yahvé: He aquí yo extiendo mi mano contra los filisteos, eliminaré a los cereteos y destruiré el resto que queda en la costa del mar. ¹⁷ Haré en ellos grandes venganzas con represiones de ira; y sabrán que yo soy Yahvé, cuando lleve a cabo mi venganza en ellos.

Los filisteos compartían la misma actitud de los idumeos y amonitas en contra del pueblo de la alianza, los primeros por su deseo de venganza, los últimos por su forma de regocijarse ante la caída de Israel. Por eso, ellos habían sido ya clasificados entre los enemigos de Israel (cf. Is 11, 14) con Edom, Moab y Amón, como enemigos que habían de ser atacados y superados con éxito por Israel, cuando el Señor hubiera reunido a los israelitas de nuevo de la dispersión.

En la descripción de los pecados de los filisteos contra Israel tenemos una combinación de elementos tomados de la conducta de Edom y Amón (cf. 25, 12 y 6). Ellos han ejecutado la venganza con desprecio en el alma (בִּשְׁאָט בְּנֶפֶשׁ, como en 25, 6), con la intención de destruir a Israel. Esta venganza nace de la hostilidad eterna de los filisteos contra los israelitas. Por eso, Dios cortará de tajo al pueblo de los filisteos.

כְּרֵתִים, cereteos, cretenses, originalmente una rama del pueblo filisteo, instalados en el sur-este de Canaán. Este nombre lo utiliza Ezequiel para los filisteos, como lo había utilizado ya Sofonías 2, 5, a causa de su *paronomasia* con הכרתי. El origen de este nombre está envuelto en oscuridad, pues la opinión corriente de los que piensan que deriva de Creta se apoya en una combinación muy dudosa de factores (cf. Stark, *Gaza*, pp. 66 y 99 ss).

Para el resto de la costa del mar, es decir, para el resto de los habitantes de la costa del Mediterráneo (que eran los filisteos), cuya destrucción había sido ya predicha por Amós (cf. Am 1, 8), por Isaías (14, 30) y por Jeremías (43, 4), se anuncia aquí la desaparición de toda la nación, hasta el último hombre, todo lo que había quedado de los filisteos (cf. *Coment.* a Am 1, 8).

La ejecución de la amenaza de venganza de Dios comenzó en el período de los caldeos, cuando Gaza fue atacada por el Faraón, y cuando, a juicio de Jer 47, 1-7, toda filistea quedó devastada por los caldeos (cf. *Coment* a Jer 47, 1-7). Pero el cumplimiento final de esta promesa se realizará, también para los filisteos, a través del juicio mesiánico, en la manera descrita en el comentario a Sof. 2, 10.

2. Ez 26, 1-26. Contra Tiro y Sidón

La mayor parte de estos tres capítulos está ocupada con las profecías relacionadas con Tiro, que se extienden de Ez 26, 1 a 28, 19. La profecía en contra de Sidón se limita a Ez 28, 20-26. La razón de ello está en que la grandeza e importancia de Fenicia se condensaba en aquel momento en el poder y dominio de Tiro, a la que Sidón había tenido que dejas su hegemonía, el poder que ante tenía sobre Fenicia.

La profecía contra Tiro consta de cuatro palabras de Dios, de las cuales, la primera (Ez 26) contiene la amenaza de destrucción de la ciudad y estado de Tiro; la segunda (Ez 27) contiene una lamentación sobre su destrucción; la tercera (Ez 28, 1-10) ofrece una amenaza contra el rey de Tiro; y la cuarta (Ez 28, 11-19) contiene una lamentación contra su caída.

2.1. Ez 26, 1-21. La caída de Tiro

Las cuatro secciones de esta parte comienzan con la fórmula "así ha dicho el Señor"… De esa forma, Tiro, la princesa del mar, recibe la amenaza de su destrucción. La primera estrofa (26, 2-6) contiene una amenaza de destrucción de Tiro realizada por un conjunto de naciones. La segunda (Ez 26, 7-14) menciona a los enemigos por su nombre, destacando uno muy poderoso, y describe de un modo detallada la destrucción que de él proviene. La tercera (26, 15-18) describe la impresión que produce este acontecimiento sobre los habitantes de las islas y de las costas. Y la cuarta estrofa (26, 19-21) repite la amenaza de una manera fuerte, y de esa forma se completa la profecía.

26, 1

¹ וַיְהִי בְּעַשְׁתֵּי־עֶשְׂרֵה שָׁנָה בְּאֶחָד לַחֹדֶשׁ הָיָה דְבַר־יְהוָה אֵלַי לֵאמֹר׃

¹*Aconteció en el undécimo año, en el día primero del mes, que vino a mí palabra de Yahvé, diciendo:*

La palabra de Dios de Ez 26 ha sido introducida con un versículo donde ella se presenta. El año once del exilio de Joaquín fue el año de la conquista y destrucción de Jerusalén (Jer 52, 6. 12), año que se presupone también en 26, 2. Hay algo chocante en la omisión del número del mes, aquí y en 32, 17, pues se cita el día del mes. El intento de descubrir en בְּאֶחָד (en el primero), el número del mes, entendiendo לַחֹדֶשׁ como expresión del primer mes del año resulta forzada a insostenible. Algunos han traducido "en el primero de los meses", como si dijera "en el primer mes, en el primer día del mes" (LXX, Lutero, Kliefoth…), pero esa traducción es insostenible, pues lo que a Ezequiel le interesa es el mes primero, es decir, el mes en que Jerusalén fue conquistada y destruida.

De todas formas, el tema resulta difícil de fijar, porque Ez 26, 2 nos dice que la destrucción de Jerusalén sucedió en el mes quinto del año nombrado… Por otra parte se dice que la conquista de Jerusalén sucedió en el mes cuarto y la destrucción de la ciudad en el mes quinto (Jer 52, 6. 12), y para Ezequiel el hecho de la conquista no tuvo menos importancia que la destrucción de la ciudad. Todo eso nos lleva a pensar que aquí se ha perdido el número del mes, por una omisión de algún copista, de manera que no podemos afirmar en qué mes se cumplió palabra de Dios a Ezequiel.

La conjetura ofrecida por Ewald y Hitzig de que se trata de uno de los últimos meses del año, supone que Ezequiel no pudo haber conocido la toma de Jerusalén hasta pasado un tiempo, cuando llegaron los mensajeros. Pero esa conjetura supone una visión puramente naturalista de la profecía, que va en contra de la revelación de Dios.

26, 2-6. Tiro será rota y totalmente destruida

² בֶּן־אָדָם יַעַן אֲשֶׁר־אָמְרָה צֹּר עַל־יְרוּשָׁלִַם הֶאָח נִשְׁבְּרָה
דַּלְתוֹת הָעַמִּים נָסֵבָּה אֵלָי אִמָּלְאָה הָחֳרָבָה: ³ לָכֵן כֹּה אָמַר
אֲדֹנָי יְהוִה הִנְנִי עָלַיִךְ צֹר וְהַעֲלֵיתִי עָלַיִךְ גּוֹיִם רַבִּים כְּהַעֲלוֹת הַיָּם לְגַלָּיו:
⁴ וְשִׁחֲתוּ חֹמוֹת צֹר וְהָרְסוּ מִגְדָּלֶיהָ וְסִחֵיתִי עֲפָרָהּ מִמֶּנָּה וְנָתַתִּי אוֹתָהּ לִצְחִיחַ סָלַע:
⁵ מִשְׁטַח חֲרָמִים תִּהְיֶה בְּתוֹךְ הַיָּם כִּי אֲנִי דִבַּרְתִּי נְאֻם אֲדֹנָי יְהוִה וְהָיְתָה לְבַז לַגּוֹיִם:
⁶ וּבְנוֹתֶיהָ אֲשֶׁר בַּשָּׂדֶה בַּחֶרֶב תֵּהָרַגְנָה וְיָדְעוּ כִּי־אֲנִי יְהוָה: פ

² *Hijo de hombre, por cuanto dijo Tiro contra Jerusalén: ¡Ea, qué bien! ¡Quebrantada está la que era puerta de las naciones! ¡Ha llegado mi turno: yo seré llena y ella quedará arruinada!*

³ *Por tanto, así ha dicho Yahvé, el Señor: He aquí yo estoy contra ti, Tiro, y haré subir contra ti muchas naciones, como el mar hace subir sus olas.* ⁴ *Demolerán los muros de Tiro y derribarán sus torres; barreré de ella hasta el polvo y la dejaré como una roca desnuda.* ⁵ *Tendedero de redes será en medio del mar, porque yo he hablado, dice Yahvé, el Señor. Será saqueada por las naciones;* ⁶ *sus hijas que están en el campo serán muertas a espada. Y sabrán que yo soy Yahvé.*

Igual que en la profecía de Is 23, Tiro no es la ciudad de ese nombre, en tierra firme (ἡ πάλαι Τύρος o la Tiro más antigua Παλαίτυρος), que fue tomada por

Salmanasar y destruida por Alejandro, como suponen Perizonius (1661-1715), Marsh, Vitringa, J. D. Michaelis, y Eichhorn, sino la Tiro insular, que estaba a tres cuartos de milla más al norte, a unos 1200 pies de la tierra, edificada sobre una pequeña isla y separa de la tierra firme por un estrecho de poca profundidad (cf. Movers, *Phoenizier*, II p. 288 ss.).

Esa Tiro insular había resistido con éxito a los ataques de los asirios (Josefo, *Ant*. IX, 14. 2), y era en aquel tiempo el mercado de las naciones, de manera que en los días de Ezequiel había alcanzado la cumbre de su grandeza, como señora de los mares y como centro comercial del mundo.

Nuestra profecía se dirige contra esta Tiro, como resulta evidente por 26, 5. 14, donde se dice que ella se convertirá en una roca desnuda en medio del mar, y por la alusión a las "ciudades hijas" en tierra firme (וּבְנוֹתֶיהָ אֲשֶׁר בַּשָּׂדֶה), que se diferencian del lugar ocupado por Tiro, sobre una isla rocosa en el mar... Así lo indica finalmente 26, 7 donde se habla de comercio marítimo de Tiro con las naciones, un comercio que la ciudad antigua de Tiro en tierra firme nunca llegó a tener, pues no tenía puerto (cf. Movers, *l.c.* p. 176). Así lo demuestran igualmente pasajes como 26, 6.8 y 27, 28 en los que se hace también referencia a la Tiro continental y donde se describe igualmente la conquista de Tiro como la de una ciudad de tierra firme (cf. *Coment*. a esos versos).

La amenaza contra Tiro (que es ahora la gran ciudad insular de Tiro) comienza, como en el caso de las naciones amenazadas en Ez 25, con una breve descripción de su pecado. Tiro se alegró de la caída de Jerusalén porque esperaba sacar provecho de ella para la extensión de su comercio y para el aumento de su riqueza. Se han dado diversas explicaciones a las palabras puestas en la boca de Tiro: "la puerta de las naciones se ha roto en piezas" (נִשְׁבְּרָה דַּלְתוֹת הָעַמִּים). El plural דַּלְתוֹת indica las puertas dobles de las ciudades (con dos jambas). Jerusalén es la puerta de las naciones, y se llama así conforme a la opinión de los expositores, y ciertamente era un centro del comercio de las naciones, es decir, una plaza de comercio. Pero nada nos permite suponer que Jerusalén podía competir en ese campo con Tiro, como ciudad comercial.

La importancia de Jerusalén ante otras naciones no estaba en su comercio, ni en la situación favorable que ocupaba en las líneas de tráfico de mercancías, en apoyo de lo cual Hävernick cita a Herodoto III, 5, y Hitzig a Ez 23, 40-41, sino en su santuario, o, mejor, en la llamada sagrada que había recibido al servicio de todo el mundo de las naciones.

En esa línea, Kliefoth ha defendido la siguiente visión: Jerusalén se llama puerta de las naciones no porque antes estuviera abierta al comercio del mundo, sino por lo contrario, porque en tiempos anteriores había estado cerrada al comercio mundial, pero ahora, al terminar su forma de ser anterior, ella podría abrirse al comercio mundial. Eso significa que las diversas naciones, y en especial Tiro podrían entrar en Jerusalén, conforme a sus intereses comerciales.

Pero esta visión no concuerda con el texto. Aunque una puerta se abre también cuando queda rota en pedazos, de forma que uno puede entrar en una casa tras haber roto la puerta (Gen 19, 9), la expresión "puerta de las naciones" no puede significar una puerta que cierra toda entrada por parte de las naciones, pues las puertas y portones no se han hecho para asegurar e impedir la entrada de hombres y naciones, sino para hacer posible que ellas entren y salgan. Además, la suposición de que "puerta de las naciones" es equivalente a puerta cerrada contra las naciones no está en armonía con las palabras que siguen (נָסֵבָּה אֵלָי).

Esa expresión (ha llegado mi turno) no tiene sentido a no ser que a través de la ruptura de esa puerta el torrente de las naciones pueda cambiar y caminar, y pasar de Jerusalén a Tiro, oponiéndose así a que las naciones pudieran volverse a Jerusalén. נָסֵבָּה es la tercera persona del perfecto *nifal* de סבב, formada en analogía con נמס etc. La falta de sujeto para נָסֵבָּה ha de explicarse *ad sensum* en דַּלְתוֹת הָעַמִּים. No es la puerta misma la que antes se dirigía a Jerusalén, sino la entrada y torrente de las naciones, que antes se dirigían a Jerusalén y que ahora han de volverse hacia Tiro. No hay por tanto necesidad de aceptar la conjetura de Hitzig según el cual אִמָּלְאָה debería cambiarse en מלאה, tomando la última palabra como sujeto.

De un modo consecuente, debemos entender las palabras de los tirios como indicando que la corriente de las naciones que antes se dirigía hacia Jerusalén (es decir, la fuerza de atracción que Jerusalén había ejercido hasta ahora para las naciones, como sede de la revelación de la misericordia, de la ley y del juicio de Dios) era contraria a los intereses de Tiro. Eso significa que para ellos Tiro debería convertirse en polo de atracción total, para enriquecerse ella misma con la riqueza de las naciones posesiones, dejando a un lado la fuerza de atracción que antes había tenido Jerusalén.

Esto no significa que debamos pensar que los tirios valoraban la llamada espiritual de Jerusalén por encima de sus intereses comerciales. Los tirios se oponían a Jerusalén simplemente porque pensaban que la posición ocupada por Jerusalén con el mundo iba de alguna forma en contra de los intereses de su ciudad (de Tiro). Por eso, los tirios se alegraban de la caída de Jerusalén, pues la adoración de Dios (Jerusalén) y la de Mamón (Tiro) se oponen de forma irreconciliable.

La fuente de esta envidia y enemistad de Tiro, con su alegría por la caída de Jerusalén, se indica en las últimas palabras: *yo seré llena y ella quedará arruinada* (אֵלַי אִמָּלְאָה הָחֳרָבָה), que Jerónimo ha interpretado así *quia illa deserta est, idcirco ego implebor*. אִמָּלְאָה, yo quedaré llena de mercancías y de riqueza (cf. 27, 25). Pues bien, a causa de esta oposición al Reino de Dios, y a causa de la esperanza de Tiro que quería aumentar su poder y su riqueza con la destrucción de Jerusalén, el Señor la arruinará y la aniquilará.

הִנְנִי עָלַיִךְ, mira, yo vendré en contra de ti (cf. 13, 8; Jeer 50, 31; Nahúm 3, 5). Dios levantará una poderosa armada contra Tiro, y destruirá sus murallas y sus torres. En vez de ejército, se habla aquí de muchas naciones (גּוֹיִם רַבִּים),

porque Tiro había esperado atraer a muchas naciones para su comercio a causa de la destrucción de Jerusalén. Esta esperanza su cumplirá, aunque de un modo muy diferente de aquel que quería Tiro. Es muy significativa la comparación del ejército que avanza con las olas del mar que vienen, mirando las cosas desde la situación de Tiro. הַיָּם es el sujeto de כְּהַעֲלוֹת y el hifil se construye con ל en vez de con el acusativo (cf. Ewald, §292*c* y §277*e*).

Según Arriano II. 18. 3 y Curcio IV. 2. 9, 12 y 3. 13, la ciudad insular de Tiro estaba fortificada y rodeada por todas partes con altas murallas y torres, que existían sin duda en tiempos de Nabucodonosor. Pues bien, Dios dispersaría incluso el polvo (עֲפָרָהּ) de los edificios demolidos (סְחִיתִי es un ἅπ. λεγ., que hace un juego de palabras con וְשִׁחֲתוּ), de tal manera que la ciudad, es decir, el lugar donde estuvo la ciudad, se convertiría en una roca desnuda e infértil (לִצְחִיחַ סָלַע, como en 24, 7), un lugar donde los pescadores extenderían sus redes para que se secaran. Sus hijas son las ciudades dependientes de Tiro, en el campo, es decir, en tierra firme... También ellas serían matadas a espada.

26, 7-14. Se extiende la amenaza contra Tiro

⁷ כִּי כֹה אָמַר אֲדֹנָי יְהוִה הִנְנִי מֵבִיא אֶל־צֹר נְבוּכַדְרֶאצַּר
מֶלֶךְ־בָּבֶל מִצָּפוֹן מֶלֶךְ מְלָכִים בְּסוּס וּבְרֶכֶב וּבְפָרָשִׁים וְקָהָל וְעַם־רָב:
⁸ בְּנוֹתַיִךְ בַּשָּׂדֶה בַּחֶרֶב יַהֲרֹג וְנָתַן עָלַיִךְ דָּיֵק וְשָׁפַךְ עָלַיִךְ סֹלְלָה וְהֵקִים עָלַיִךְ צִנָּה:
⁹ וּמְחִי קָבָלּוֹ יִתֵּן בְּחֹמוֹתָיִךְ וּמִגְדְּלֹתַיִךְ יִתֹּץ בְּחַרְבוֹתָיו:
¹⁰ מִשִּׁפְעַת סוּסָיו יְכַסֵּךְ אֲבָקָם מִקּוֹל פָּרַשׁ וְגַלְגַּל וָרֶכֶב תִּרְעַשְׁנָה חוֹמוֹתַיִךְ בְּבֹאוֹ בִּשְׁעָרַיִךְ כִּמְבוֹאֵי עִיר מְבֻקָּעָה:
¹¹ בְּפַרְסוֹת סוּסָיו יִרְמֹס אֶת־כָּל־חוּצוֹתָיִךְ עַמֵּךְ בַּחֶרֶב יַהֲרֹג וּמַצְּבוֹת עֻזֵּךְ לָאָרֶץ תֵּרֵד:
¹² וְשָׁלְלוּ חֵילֵךְ וּבָזְזוּ רְכֻלָּתֵךְ וְהָרְסוּ חוֹמוֹתַיִךְ וּבָתֵּי חֶמְדָּתֵךְ יִתֹּצוּ וַאֲבָנַיִךְ וְעֵצַיִךְ וַעֲפָרֵךְ בְּתוֹךְ מַיִם יָשִׂימוּ:
¹³ וְהִשְׁבַּתִּי הֲמוֹן שִׁירָיִךְ וְקוֹל כִּנּוֹרַיִךְ לֹא יִשָּׁמַע עוֹד:
¹⁴ וּנְתַתִּיךְ לִצְחִיחַ סֶלַע מִשְׁטַח חֲרָמִים תִּהְיֶה לֹא תִבָּנֶה עוֹד כִּי אֲנִי יְהוָה דִּבַּרְתִּי נְאֻם אֲדֹנָי יְהוִה: ס

⁷ *Porque así ha dicho Yahvé, el Señor: Del norte traigo yo contra Tiro a Nabucodonosor, rey de Babilonia, rey de reyes, con caballos, carros y jinetes, y con tropas y mucha gente.* ⁸ *Matará a espada a tus hijas que están en el campo, pondrá contra ti torres de sitio, levantará terraplenes contra ti y contra ti afirmará el escudo.* ⁹ *Pondrá contra ti arietes, contra tus muros, y tus torres destruirá con hachas.*
¹⁰ *Por la multitud de sus caballos te cubrirá el polvo de ellos; con el estruendo de su caballería, de las ruedas y de los carros, temblarán tus muros cuando entre por tus puertas como por las brechas de una ciudad destruida.* ¹¹ *Con los cascos de sus caballos pisoteará todas tus calles. A tu pueblo matará a filo de espada, y tus fuertes columnas*

caerán a tierra. ¹² Robarán tus riquezas y saquearán tus mercaderías; arruinarán tus muros, destruirán tus casas preciosas y arrojarán en medio del mar tus piedras, tu madera y tus escombros.

¹³ Haré cesar el bullicio de tus canciones y no se oirá más el son de tus cítaras. ¹⁴ Haré de ti una roca desnuda, un tendedero de redes; nunca más serás edificada, porque yo, Yahvé, he hablado, dice Yahvé, el Señor.

Nabucodonosor, el gran rey de Babilonia, es el punto de partida de la descripción retórica de estos versos. El vendrá con un ejército poderoso (26, 7) y destruirá con la espada a las ciudades interiores dependientes de Tiro (26, 8, cf. 26, 6), para comenzar entonces el asedio contra su metrópoli, destruyendo sus murallas y edificios (26, 8-9), para entrar con su ejército en la ciudad a través de las brechas del muro, y para condenar a muerte a sus habitantes (26, 10-11), destruyendo sus fortificaciones y sus edificios, lanzando las ruinas al mar (26, 12).

Nabucodonosor o *Nebucadrezzar* (para el nombre, cf. *Coment.* a 1 Rey 24, 10) se llama rey de reyes y es el gobernante supremo del imperio de Babilonia, porque los reyes de las provincias y tierras conquistadas no son más que vasallos (cf. *Coment* Is 10, 8). Su ejército consta de carros de guerra y caballería, y de una gran multitud de infantería. וְקָהָל וְעַם־רָב están coordinadas, en estilo retórico. Pero en realidad וְעַם־רָב está subordinada a וְקָהָל, como en 23, 24, en el sentido en que el קָהָל consta de עַם־רָב.

Sobre las obras del asedio, mencionadas en 26, 8, cf. *Coment.* a Ez 4, 2. וְהֵקִים עָלַיִךְ צ significa construir una especie de cubierta con escudos, con los que los sitiadores se defendían de los proyectiles de los defensores de la ciudad que querían impedir sus labores. Herodoto menciona repetidamente esas cubiertas de escudos, que utilizaban los persas (IX, 61, 99, 102, aunque según Layard no se encuentran en los monumentos asirios (cf. *Coment.* sobre Nahum 2, 6). No hay duda de que וּמְחִי קָבָלּוֹ significa los arietes de guerra, que Ez 21, 27 llama כַּר, aunque el sentido de las palabras suele disputarse.

מְחִי, literalmente romper o destruir. קָבָלּוֹ, de קבל, tener punta, de קבלו, se ha interpretado por Gesenius y otros como *res opposita*, es decir, aquello que se opone. De aquí וּמְחִי קָבָלּוֹ, la destrucción o demolición de lo que se opone. Conforme a otros, וּמְחִי קָבָלּוֹ es un instrumento o artefacto que se emplea para asediar las ciudades (un ariete), pero no parece que haya nada que apoye esta explicación, ni la que ha sido propuesta por Hävernick: "destrucción de su defensa". חַרְבוֹתָיו, sus espadas o sus hachas, palabra utilizada figurativamente para indicar sus instrumentos de guerra, sus "hierros", como ha traducido muy bien Ewald.

La descripción de Ez 26, 10 es hiperbólica: El número de caballos es tan grande que al entrar en la ciudad ellos la cubren de polvo, de manera que las murallas tiemblan con el ruido de los jinetes y carros. כְּמְבוֹאֵי עִיר מְבֻקָּעָה, literalmente "al entrar en la ciudad destruida", por las brechas abiertas, tomando así la ciudad al asalto. El símil puede explicarse por la peculiar situación de la ciudad insular de Tiro. Eso significa que los enemigos entrarán como si marcharan hacia una fortaleza en la que se ha abierto por la fuerza una brecha.

Las palabras suponen que el atacante ha construido un camino hasta la ciudad amontonando tierra sobre la lengua de mar. Los מַצְּבוֹת עֻזֵּךְ son los pilares o columnas de su poder, y también los pilares dedicados a Baal, que han sido mencionados por Herodoto (II, 44), diciendo que ellos se encontraban en el templo de Hércules de Tiro, uno de oro, el otro de esmeralda. No eran imágenes de dioses, sino pilares, como símbolos de Baal.

Esos pilares cayeron al suelo ante el poder superior de los enemigos (cf. Is 46, 1; 21, 9 y 1 Sam 5, 3). Después de la matanza de los habitantes y de la caída de los dioses empieza el saqueo de los tesoros y la destrucción de la ciudad. Las חֲמֻדָּתֵךְ בָּתֵּי no son tus casas de placer (torres de placer o jardines de los ricos mercaderes, como supone Ewald), pues en la Isla de Tiro no había espacio suficiente para ese tipo de jardines (Estrabón XVI, 2, 23), sino las grandes y magníficas casas de la ciudad, los palacios mencionados en Is 23, 13.

Según eso, toda la ciudad ha de ser destruida, y de manera tal completa que piedras, maderos y basura se echarán al mar. De esa forma, el Señor pondrá fin a la exultación y al regocijo de Tiro (Ez 26, 13, cf. Is 14, 11 y Am 5, 23). Esta visión de la destrucción de la poderosa ciudad termina con una repetición del pensamiento de Ez 26, 5: Tiro se convertirá en una roca desnuda, y nunca más se edificará.

26, 15-18. Las noticias de la destrucción de Tiro producirán gran conmoción en todas sus colonias y en las islas vinculadas a ella

¹⁵ כֹּה אָמַר אֲדֹנָי יְהוִה לְצוֹר הֲלֹא מִקּוֹל מַפַּלְתֵּךְ בֶּאֱנֹק חָלָל בֵּהָרֵג הֶרֶג בְּתוֹכֵךְ יִרְעֲשׁוּ הָאִיִּים:
¹⁶ וְיָרְדוּ מֵעַל כִּסְאוֹתָם כֹּל נְשִׂיאֵי הַיָּם וְהֵסִירוּ אֶת־מְעִילֵיהֶם וְאֶת־בִּגְדֵי רִקְמָתָם יִפְשֹׁטוּ חֲרָדוֹת יִלְבָּשׁוּ עַל־הָאָרֶץ יֵשֵׁבוּ וְחָרְדוּ לִרְגָעִים וְשָׁמְמוּ עָלָיִךְ:
¹⁷ וְנָשְׂאוּ עָלַיִךְ קִינָה וְאָמְרוּ לָךְ אֵיךְ אָבַדְתְּ נוֹשֶׁבֶת מִיַּמִּים הָעִיר הַהֻלָּלָה אֲשֶׁר הָיְתָה חֲזָקָה בַיָּם הִיא וְיֹשְׁבֶיהָ אֲשֶׁר־נָתְנוּ חִתִּיתָם לְכָל־יוֹשְׁבֶיהָ:
¹⁸ עַתָּה יֶחְרְדוּ הָאִיִּן יוֹם מַפַּלְתֵּךְ וְנִבְהֲלוּ הָאִיִּים אֲשֶׁר־בַּיָּם מִצֵּאתֵךְ: ס

¹⁵ *Así ha dicho Yahvé, el Señor, a Tiro: ¿No se estremecerán las costas al estruendo de tu caída, cuando griten los heridos, cuando ocurra la matanza en medio de ti?* ¹⁶ *Entonces todos los soberanos del mar descenderán de sus tronos, se quitarán sus mantos y se despojarán de sus ropas bordadas. De espanto se vestirán, se sentarán sobre la tierra y temblarán a cada instante, y estarán atónitos respecto a ti.*

¹⁷ *Entonarán sobre ti lamentaciones, y te dirán: ¿Cómo pereciste tú, poblada por gente de mar, ciudad que era alabada, que era fuerte en el mar, ella y sus habitantes, que infundían terror a todos los que la rodeaban?* ¹⁸ *Ahora se estremecerán las islas en el día de tu caída; sí, las islas que están en el mar se espantarán a causa de tu fin.*

הֲלֹא, *none* (¿acaso no...?) tiene la fuerza de una afirmación directa. מִקּוֹל מַפַּלְתֵּךְ, el ruido de la caída se refiere a las noticias del gran ruido de la caída de Tiro, que no pudo oírse físicamente en las islas. Así se anuncia la caída, y se describe la terrible naturaleza del acontecimiento, en medio de gemido de los heridos y de la matanza que se realiza en medio de la ciudad. בֵּהָרֵג es infinitivo *nifal*, con el acento atrasado. La palabra הָאִיִּים, islas, se utiliza con frecuencia para referirse a las zonas costeras del Mar Mediterráneo. Así debemos entender aquí la palabra, refiriéndose a las colonias fenicias en las islas y costas de ese mar.

Los príncipes del mar (נְשִׂיאֵי הַיָּם) no son los reyes de las islas sino, según Is 23, 8, los comerciantes que trafican con las colonias de Tiro, que se parecen a príncipes. כִּסְאוֹתָם no son los tronos reales, sino sillas o bancos, como en 1 Sam 4, 13. La visión de las lamentaciones recuerda la descripción de Jon 3, 6. Sin embargo, no deriva de aquel pasaje, sino que ofrece una descripción independiente de las costumbres de lamentación que se daban entre las clases altas de la población.

La antítesis que aquí se ofrece es muy chocante: "se vestirán de espanto", poniéndose vestidos de terror, en lugar de los vestidos apropiados a su condición (cf. Ez 7, 27). Ese pensamiento se vuelve aún más intenso por las sentencias finales del verso: ellos tiemblan a cada instante (לִרְגָעִים), es decir, es decir, en todo momento, palabra que significa "siempre" (cf. Is 27, 3).

En la lamentación que ellos elevan (26, 17) ponen de relieve la alarmante revolución de todas las cosas, ocasionada por el hecho de que la señora de los mares, una vez tan renombrada, se ha convertido en un objeto de horror y de alarma. נוֹשֶׁבֶת מִיַּמִּים, poblada por gestes de mar, pero no en el sentido de "poblada por gentes que se extienden por los mares y se establecen allí", como suponen Gesenius (*Thesaurus*) y Hävernick; no se trata de que sus habitantes residan lejos, sino de que sus habitantes son gentes de mar, extendidas por los mares.

El *mem* de מִיַּמִּים no ha de tomarse en sentido geográfico de dirección o de localidad. El sentido debería ser el de gentes que vienen de los mares o que han emigrado de aquí para allí por todos los mares. Ese sentido del término puede aplicarse a la población de Tiro, que estaba formada por gentes de todas las naciones bajo el cielo. Hitzig ha ofrecido aquí una interpretación correcta: Los habitantes de Tiro vienen del mar o de los mares, como si el mar hubiera ascendido hasta forma una ciudad habitada por gentes que, en ese sentido, provienen de los mares.

No es fácil explicar la última frase de 26, 17: "sus habitantes, que vivían en terror, o que infundían terror a todos los que la rodeaban". Si el relativo אֲשֶׁר se toma en conexión con lo que precede (יֹשְׁבֶיהָ), habría que decir que los habitantes de Tiro inspiraban terror a sus habitantes (es decir, a sí mismos). Kimchi, Rosenmüller, Ewald, Kliefoth y otros han propuesto tomar el sufijo del segundo יֹשְׁבֶיהָ como refiriéndose a יָם, en el sentido de todos los habitantes del mar, es decir, de todas sus colonias. Pero esto es poco seguro, pues no se trata solo de que יָם sea de género masculino, sino que es muy difícil tomar el mismo sufijo refiriéndose dos veces a la misma palabra יֹשְׁבֶיהָ, pero con sujetos distintos. Pues bien, en contra de eso, debemos afirmar que el relativo אֲשֶׁר y el sufijo de חִתִּיתָם se refieren a הִיא וְיֹשְׁבֶיהָ: la ciudad con su población que un terror a todos sus habitantes.

Esto no significa, sin embargo, que los habitantes de Tiro se mantienen unos en relación a los otros en estado de terror y alarma, sino que la misma ciudad con su población, a través de su dominio sobre el mar, inspiraba al gran número de sus habitantes un terror por su poder, en la medida en que la distinción de la ciudad y su población se reflejaba sobre cada uno de los ciudadanos particulares.

Esta explicación de las palabras se confirma con los pasajes paralelos de Ez 32, 34. 26. Esta ciudad ha caído presa de un final tan asombroso que todas las islas tiemblan por ello. Los dos hemistiquios de 26, 18 son sinónimos, y retoman, a modo de conclusión, el tema de 26, 15. הָאיִּים tiene la forma plural aramea, que encontramos a veces en la poesía hebrea Antigua (cf. Ewald, §177a). צֵאָה es la partida, es decir, la destrucción.

> **26, 19-21. Tiro quedará cubierto por las olas del mar, se hundirá en la región de los muertos, desaparecerá para siempre de la tierra.**
>
> ¹⁹ כִּי כֹה אָמַר אֲדֹנָי יְהוִה בְּתִתִּי אֹתָךְ עִיר נֶחֱרֶבֶת כֶּעָרִים אֲשֶׁר לֹא־נוֹשָׁבוּ בְּהַעֲלוֹת עָלַיִךְ אֶת־תְּהוֹם וְכִסּוּךְ הַמַּיִם הָרַבִּים:
> ²⁰ וְהוֹרַדְתִּיךְ אֶת־יוֹרְדֵי בוֹר אֶל־עַם עוֹלָם וְהוֹשַׁבְתִּיךְ בְּאֶרֶץ תַּחְתִּיּוֹת כָּחֳרָבוֹת מֵעוֹלָם אֶת־יוֹרְדֵי בוֹר לְמַעַן לֹא תֵשֵׁבִי וְנָתַתִּי צְבִי בְּאֶרֶץ חַיִּים:
> ²¹ בַּלָּהוֹת אֶתְּנֵךְ וְאֵינֵךְ וּתְבֻקְשִׁי וְלֹא־תִמָּצְאִי עוֹד לְעוֹלָם נְאֻם אֲדֹנָי יְהוִה: ס
>
> ¹⁹ Así ha dicho Yahvé, el Señor: Yo te convertiré en una ciudad asolada, como las ciudades que no se habitan; haré subir sobre ti el abismo, y las muchas aguas te cubrirán. ²⁰ Te haré descender con los que descienden a la fosa, con los pueblos de otros siglos, y te pondré en las profundidades de la tierra, como los desiertos antiguos, con los que descienden a la fosa, para que nunca más seas poblada. Y daré gloria en la tierra de los vivientes. ²¹ Te convertiré en un espanto, y dejarás de ser; serás buscada, pero nunca más serás hallada, dice Yahvé, el Señor.

No solo caerá la ruina y desolación sobre Tiro, sino que ella se hundirá para siempre en la ciudad de los muertos. En esta conclusión se condensa toda la amenaza anterior. Las cláusulas de infinitivo de 26, 19 recapitulan el arumento de las estrofas anteriores, con el propósito de añadir el pensamiento conclusivo de la desaparición de la ciudad en el inframundo. 26, 12 supone que la ciudad en sus ruinas se hundirá en las profundidades del mar.

Los יוֹרְדֵי son los que descienden a la tumba, es decir, al abismo de los muertos. Ellos se siguen describiendo como el עַם עוֹלָם, pueblo eterno, no aquellos que están durmiendo el largo sueño de la muerte, ni la generación antigua a la que todos debemos unirnos, sino el pueblo del "viejo mundo", los hombres de antes del diluvio (cf. 2 Ped 2, 5), que habían sido sepultados en las aguas del diluvio, según Job 22, 15, donde עוֹלָם indica la generación del mundo primitivo, en analogía con עַם עוֹלָם, de Is 44, 7, para describir la raza humana como raza que existe desde un tiempo inmemorial.

En armonía con esto, חֳרָבוֹת son las ruinas de mundo primigenio que pereció en el diluvio. Así como עַם עוֹלָם añade énfasis a la idea de יוֹרְדֵי בוֹר, así también lo hace כָּחֳרָבוֹת מֵעוֹלָם con la idea de אֶרֶץ תַּחְתִּיּוֹת. Tiro no solo ha de descender a los muertos en el Sheol, sino que se hundirá en las profundidades del pueblo de los muertos, que quedaron sepultados en las honduras de la tierra, en tiempo de las aguas del diluvio; de esa forma, la tumba de Tiro quedará entre las ruinas del mundo primigenio, que fue destruido por el diluvio, con la raza impía de los hombres antiguos. La אֶרֶץ תַּחְתִּיּוֹת, la tierra de los lugares más profundos (cf. Ez 32, 18. 23) es una perífrasis para hablar del *sheol*, la región de los muertos (cf. Ef 4, 9: las partes más bajas de la tierra).

Sobre וְנָתַתִּי צְבִי בְּאֶרֶץ, Hitzig ha observado con toda razón: "Si conservamos la vocalización en primera persona, lo que coincide con el lugar otorgado al *atnach*, debemos afirmar que la frase ya no depende de לְמַעַן ni de de la negación (לֹא). Tendríamos pues que tomar la frase como independiente y afirmativa, como han hecho los autores de los acentos del texto y el Targum". Pero eso significaría crear una oposición entre las dos mitades del texto, y por ello Hitzig propone alterar וְנָתַתִּי, y ponerla en segunda persona (y poner: וְנָתַתְּ).

Pero la falta de coherencia entre las dos mitades del texto no es razón para alterarlo, y menos cuando ese cambio no lleva a nada mejor que a la traducción forzada adoptada por Hitzig: "Y tú ya no brillarás más con gloria en la tierra de los vivientes", traducción que no se puede justificar en modo alguno. Por su parte, la explicación de Hävernick y Kliefoth, "de manera que yo no podré producir ya nada glorioso de ti (de Tiro) en la tierra de los vivos" tiene el inconveniente de que "de ti" ha sido interpolada de un modo arbitrario en el texto. Si Ezequiel hubiera querido decir eso él hubiera añadido לָךְ o hubiera escrito נְתַתִּיךְ.

Más aún, el cambio de persona es una objeción suficiente para que sigamos diciendo que נָתַתִּי depende de לְמַעַן, con el sentido implícito de לֹא. Por su parte, נָתַתִּי es evidentemente una simple continuación de וְהוֹשַׁבְתִּי. Y, a no ser que pudiera aducirse una razón de grandísimo peso, no hay nada que nos permita cambiar la visión que sugiera el texto de un modo tal natural. Pero no existe ninguna objeción de ese tipo: Ni la falta de armonía entre las dos mitades del texto, ni el contexto (según el cual tanto antes como después se alude a la destrucción de Tiro) nos permite adoptar explicaciones que van en contra del sentido natural del texto.

Aceptamos pues esa interpretación natural de las palabras: "Y daré gloria en la tierra de los vivientes", de manera que la tierra de los vivientes no sea ya en especial y exclusivamente la teocracia de Jerusalén, sino la tierra entera, en oposición al mundo de los muertos. Estas palabras contienen, pues, un pensamiento general: Después de la destrucción de la gloria del pueblo impío del mundo (de Tiro), Dios creará en la tierra aquello que es glorioso, para que dure por siempre, y eso lo hará estableciendo su Reino.

Pues bien, en contra de eso, a través de su destino, Tiro seguirá siendo un objeto de horror, un ejemplo de destrucción repentina, de manera que su gloria pasará sin dejar tras ella ni traza. Para 26, 21, cf. Is 41, 2 y Sal 37, 36. קֻשִּׁי וְתֵּב, serás buscada, imperfecto pual, con katef-patah entre las dos "u" para indicar enfáticamente que la sílaba se cierra de una forma muy poco intensa (cf. Ewald, §31*b*, p. 95).

2.2. Ez 27, 1-36. Lamentación por la caída de Tiro

La lamentación comienza con una visión de la gloria de la ciudad de Tiro, su situación, su belleza arquitectónica, su fuerza militar, sus defensas (27, 3-11) y sus extensas relaciones comerciales (27, 12-25), para pasar después a la triste lamentación por la ruina de su gloria (27, 26- 36).

27, 1-11. Introducción y descripción de la gloria y poder de Tiro

¹וַיְהִי דְבַר־יְהוָה אֵלַי לֵאמֹר׃ ²וְאַתָּה בֶן־אָדָם שָׂא עַל־צֹר קִינָה׃
³וְאָמַרְתָּ לְצוֹר (הַיֹּשֶׁבֶתי) [הַיֹּשֶׁבֶת] עַל־מְבוֹאֹת יָם רֹכֶלֶת הָעַמִּים אֶל־אִיִּים רַבִּים כֹּה אָמַר אֲדֹנָי יְהוִה צוֹר אַתְּ אָמַרְתְּ אֲנִי כְּלִילַת יֹפִי׃
⁴בְּלֵב יַמִּים גְּבוּלָיִךְ בֹּנַיִךְ כָּלְלוּ יָפְיֵךְ׃
⁵בְּרוֹשִׁים מִשְּׂנִיר בָּנוּ לָךְ אֵת כָּל־לֻחֹתָיִם אֶרֶז מִלְּבָנוֹן לָקָחוּ לַעֲשׂוֹת תֹּרֶן עָלָיִךְ׃
⁶אַלּוֹנִים מִבָּשָׁן עָשׂוּ מִשּׁוֹטָיִךְ קַרְשֵׁךְ עָשׂוּ־שֵׁן בַּת־אֲשֻׁרִים מֵאִיֵּי (כִּתִּים) [כִּתִּיִּים]׃
⁷שֵׁשׁ־בְּרִקְמָה מִמִּצְרַיִם הָיָה מִפְרָשֵׂךְ לִהְיוֹת לָךְ לְנֵס תְּכֵלֶת וְאַרְגָּמָן מֵאִיֵּי אֱלִישָׁה הָיָה מְכַסֵּךְ׃
⁸יֹשְׁבֵי צִידוֹן וְאַרְוַד הָיוּ שָׁטִים לָךְ חֲכָמַיִךְ צוֹר הָיוּ בָךְ הֵמָּה חֹבְלָיִךְ׃
⁹זִקְנֵי גְבַל וַחֲכָמֶיהָ הָיוּ בָךְ מַחֲזִיקֵי בִּדְקֵךְ כָּל־אֳנִיּוֹת הַיָּם וּמַלָּחֵיהֶם הָיוּ בָךְ לַעֲרֹב מַעֲרָבֵךְ׃
¹⁰פָּרַס וְלוּד וּפוּט הָיוּ בְחֵילֵךְ אַנְשֵׁי מִלְחַמְתֵּךְ מָגֵן וְכוֹבַע תִּלּוּ־בָךְ הֵמָּה נָתְנוּ הֲדָרֵךְ׃
¹¹בְּנֵי אַרְוַד וְחֵילֵךְ עַל־חוֹמוֹתַיִךְ סָבִיב וְגַמָּדִים בְּמִגְדְּלוֹתַיִךְ הָיוּ שִׁלְטֵיהֶם תִּלּוּ עַל־חוֹמוֹתַיִךְ סָבִיב הֵמָּה כָּלְלוּ יָפְיֵךְ׃

Vino a mí palabra de Yahvé, diciendo: ² Tú, hijo de hombre, entona una lamentación sobre Tiro. ³ Dirás a Tiro, que está asentada a las orillas del mar, la que trafica con los pueblos de muchas costas:

Así ha dicho Yahvé, el Señor: Tiro, tú has dicho: 'Yo soy de perfecta hermosura'. ⁴ En el corazón de los mares están tus confines; los que te edificaron perfeccionaron tu belleza.

⁵ De cipreses del monte Senir te fabricaron todo el maderamen; tomaron un cedro del Líbano para hacerte el mástil. ⁶ De encinas de Basán hicieron tus remos, y de las costas de Quitim tu cubierta de pino incrustada de marfil. ⁷ *De lino fino bordado de Egipto era tu vela, para que te sirviera de estandarte; y de azul y púrpura de las costas de Elisa era tu pabellón.*

⁸ *Los moradores de Sidón y de Arvad fueron tus remeros; tus sabios, Tiro, estaban en ti, ellos fueron tus pilotos.* ⁹ *Los ancianos de Gebal y sus hábiles artífices calafateaban tus junturas; todas las naves del mar y sus remeros acudieron a ti para negociar, para participar de tus negocios.* ¹⁰ *Persas y los de Lud y Fut fueron en tu ejército tus hombres de guerra; escudos y yelmos colgaron en ti; ellos te dieron tu esplendor.* ¹¹ *Los hijos de Arvad con tu ejército estaban sobre tus muros y alrededor de ellos; y en tus torres había gamadeos, que colgaban sus escudos alrededor de tus muros; ellos perfeccionaban tu belleza.*

La lamentación comienza con una referencia a Tiro, poniendo ante todo de relieve su favorable situación para el comercio y la perfecta belleza de la que ella era consciente (27, 3). Tiro se siente o habita en las orillas del mar. עַל־מְבוֹאֹת יָם, a las entradas del mar, donde están los puertos, donde entran y de donde salen los barcos, igual que מבוא העיר son las puertas de la ciudad, para entrar y salir. La descripción no se refiere a la vieja Tiro, la ciudad de la tierra firme, sino que evoca de un modo muy preciso la ciudad de la isla de Tiro con sus puertos[34].

ישׁבתי, con la yod de conexión, que a veces se confunde con el pronombre femenino con yod, según la lengua aramea, y que ha sido marcado por la masora como superfluo (*keré* הַיֹּשֶׁבֶת; cf. Ewald, §211*b*). La combinación de רֹכֶלֶת con עַמִּים אֶל־אִיִּים puede deberse al primer sentido de רכל, que es viajar como un mercader: "la que trafica con los pueblos de muchas costas". La misma Tiro considera que ella es perfecta en su hermosura, en parte por su fuerte situación en el mar, en parte por sus espléndidos edificios[35].

En la descripción que sigue sobre su belleza y su gloria, desde Ez 27, 4 en adelante, Tiro se describe de manera alegórica como un hermoso barco,

---

34. La ciudad insular de Tiro poseía dos puertos, uno hacia el norte, llamado "sidonio", porque se encontraba en la parte dirigida hacia Sidón. Y el otro, en la parte sud-este, se llamaba egipcio por la dirección a la que apuntaba. El más importante era el puerto sidonio, y poseía un puerto interior, dentro de la muralla de la ciudad y otro exterior, formado por una hilera de rocas, que se hallaban a unos trescientos pasos al noroeste de la isla, y que corría en paralelo a la parte opuesta de la cota de la tierra firme, de manera que formaba una especie de bahía angosta en la que podían anclar los barcos (cf. Arriano, II. 20; Strabón XVI. 2. 23).

El Puerto norte aún existe, en la ciudad actual de Sur (Tiro), pero el puerto egipcio, vinculado a la parte sudeste de la isla, ha sido anegado por la arena que ha sido llevada hasta las costas por los vientos del sur, de manera que incluso los escritores de la Edad Media ya no lo conocían (cf. Movers, *Phönizier*, II. 1, pp. 214ss.

35. Cf. Curtius, IV. 2: *Tyrus et claritate et magnitudine ante omnes urbes Syriae Phoenicesque memorabilis,* por su fama y grandeza Tiro es la más memorable de las ciudades de Siria y Fenicia (Cf. Strabo, xvi. 2. 22.).

espléndidamente edificado y equipado en cada uno de sus detalles, y su destrucción se representa después como un naufragio, debido a los vientos del este (cf. Ez 27, 26)[36].

Las palabras "en el corazón del mar está tu territorio" (27, 4) se aplican igualmente a la ciudad de Tiro y a un barco, cuya construcción se describe en lo que sigue. La comparación de Tiro con un barco se hallaba naturalmente sugerida por la situación de la ciudad en medio de la mar, totalmente rodeada de agua. Como barco, ella debía estar construida por necesidad de madera. Los constructores de barcos seleccionaban las mejores clases de madera con ese fin: Cipreses del Antilíbano para las dobles planchas que formaban los lados del barco, y cedros del Líbano para el mástil.

Según Dt 3, 9, Senir (שְׂנִיר) era el nombre amorreo del Hermón o Antilíbano, al que los sidonios llamaban Sirion. Por otra parte, שְׂנִיר aparece en 1 Cron 5, 23 y en Cant 4, 8, en conexión con el Hermón, apareciendo como partes del Antilíbano. Evidentemente, Ezequiel utiliza Senir como un nombre extranjero, que se sigue empleando hasta su tiempo, mientras que Sirion había quedado quizá obsoleto, aunque los dos nombres tenían el mismo significado (cf. *Coment* a Dt 3, 9). El nombre de los diversos lugares de los que se traían los materiales para la construcción de los barcos sirve para destacar la gloria de su construcción, y da un carácter ideal a la descripción.

Todas las tierras han contribuido con sus producciones a elevar la gloria y el poder de Tiro. Madera de ciprés se empleaba en la antigüedad con frecuencia para los edificios y, según Virgilio (*Georg*. II. 443) se utilizaba también para los barcos, porque estaba libre del ataque de los gusanos y era casi imperecedera, siendo además muy ligera (Theofastro, *Hist. plant*. V. 8; Plinio *Hist. nat*. XVI. 79).

לחתים, es una forma dual, como חמתים en 2 Rey 25, 4; Is 22, 11, y se refiere a las planchas dobles, utilizada para los costados del barco. Para los remos se utilizaban las encinas de Basán (אַלּוֹנִים מִבָּשָׁן). Los remos (מְשׁוֹטָיִךְ), como en 27, 29, de שׁוּט, que es remar, y los bancos de los remeros eran de madera (de pino) incrustada de marfil. קֶרֶשׁ, se utiliza en Ex 26, 15 para las placas de madera del tabernáculo; aquí aparece en sentido colectivo, sea para los bancos de los remeros, que eran a veces dos, a veces tres, uno encima del otro, o quizá mejor para la cubierta del barco, que estaba hecha de madera con incrustaciones de marfil, que se utilizaba así para poner de relieve la parte más lujosa del קֶרֶשׁ, como signo de su gran esplendor.

---

36. Jerónimo ha captado bien esta alegoría y la ha explicado como sigue: "Él (el profeta) habla τροπικῶς, de manera simbólica, como si se dirigiera a un barco, destacando su belleza y su abundancia en todo. Después, habiendo pintado sus riquezas, él anuncia que se levantará una tormenta de viento sur (auster), elevando grandes olas y haciendo que el barco naufrague. De esa forma, él se está refiriendo a la destrucción de la ciudad por parte del rey Nabucodonosor". Rashi y otros dan la misma explicación.

La expresión בַּת־אֲשֻׁרִים ocasiona alguna dificultad, en parte por el uso de la palabra בַּת y en parte en conexión con el sentido de אֲשֻׁרִים, pero por el contexto tiene que tratarse de algún tipo de madera incrustada con marfil. En esa línea, la costumbre de incrustar marfil en la madera está atestiguada en Virgilio, *Eneida* X, 137: Vel quale per artem inclusum buxo, aut oricia terebinto lucet ebur (donde se dice: En aquel punto que había sido hábilmente incrustado en boj, marfil o terebinto...).

Pero el uso de בַּת no armoniza con la relación entre madera y marfil insertado en la madera. No puede aducirse como prueba Lam 3, 3 donde se dice que la flecha es "el hijo de la aljaba". Conforme a esa analogía, el marfil debería haberse llamado "hijo de ashurim", porque está insertado en la madera y no al revés[37]. Debemos adoptar por tanto la solución propuesta por R. Salomón y otros, diciendo que la división masorética de בַּת־אֲשֻׁרִים en dos palabras se funda en una equivocación, de manera que se debía leer como una palabra, marfil en אֲשֻׁרִים בַּת, es decir, en un tipo de acacia (como piensan muchos expositores modernos) o un tipo de madera de boj, como ha pensado Bochart (*Phal.* III 5).

El hecho es que en Is 60, 13 se menciona el תְּאַשּׁוּר entre los árboles que crecen en el Líbano, mientras que aquí se dice que proviene de las islas de כִּתִּים, pero eso no es un argumento de peso en contra de esta hipótesis. Sea como fuere, no podemos determinar con certeza a qué especie de árbol se refiere, de forma que no podemos suponer que se trata de un árbol que crece solo en el Líbano y no en las islas del Mediterráneo.

Los כִּתִּים son los κιτιεῖς, habitantes del puerto de Κίτιον, en Chipre, y de ahí los chipriotas en general. Por eso, a partir de Jer 2, 10, donde se menciona al lado las איים y los כִּתִּים, estos כִּתִּים son los habitantes de Chipre y de otras islas y zonas costeras del Mediterráneo. En 1 Mc 1, 1 y 8, 5 se incluye también a Macedonia entre los de la γῆ Χεττειεἰμ o Κιτίεων. Por eso, el lugar del que se traían los תְּאַשּׁוּר no ofrece ninguna prueba conclusiva de que se trata del pino de Chipre, aunque ese pino se utilizaba con frecuencia para la construcción de Barcos. Se puede pensar que se trata igualmente del boj, como dice Bochart, y a favor de ello se puede citar la afirmación de Teofastro, según el cual no había lugar en que se produjera con mejor boj que en Córcega.

Sea como fuere, Ezequiel supone que se trata de una clase muy valiosa de madera, aunque no podamos precisar con certeza de qué madera se trata, ni el lugar de en que crecía, ni acudiendo a los textos en los que se nos habla en la

---

37. El targum ha parafraseado así el tema: דפיל בצבשין דאשצעין דפין, es decir "plancha de madera o pino incrustadas con marfil". Como dirá el texto que sigue, hay además otra razón para esta ignorancia del sentido de algunas palabras: el hecho de que toda la narración tiene un carácter ideal y, como ha puesto de relieve Hitzig, la aplicación de los diversos tipos de madera a las diversas partes del barco evidentemente de tipo poético

antigüedad de la madera empleada para construir los barcos. Hay además otra razón para esta ignorancia: el hecho de que toda la narración tiene un carácter ideal, de manra que, como ha puesto de relieve Hitzig, la aplicación de los diversos tipos de madera a las diversas partes del barco es evidentemente de tipo poético. Lo mismo se puede afirmar sobre los materiales empleados para la construcción de las velas y del pabellón del barco. El רִקְמָה (cf. *Coment*. Ex 26, 36) es un tipo de lino (*byssus*) tejido de varios colores, no solo en formas geométricas, sino también con figuras y flores[38].

"De lino fino bordado de Egipto era tu vela…". El lino de Egipto era célebre en la antigüedad, de forma que los tejidos de lino eran uno de sus principales artículos de exportación (cf. Movers, *ut supra*, pp. 317ff.). מִפְרָשֵׂךְ, tu vela (=lo que se extiende), una vela que servía de alguna forma como estandarte, pues las naves de entonces no tenían un estandarte especial, de forma que las misma velas se entendían también como banderas, de tal forma que la bandera (נס) se incluía también en esa vela (מִפְרָשֵׂךְ, cf. Hitzig).

La cubierta del barco, es decir, el toldo que se ponía encima del maderamen, para proteger del calor del sol, estaba hecha de púrpura (תְּכֵלֶת y אַרְגָּמָן, cf. Ex 25, 4) de las islas de "Elisa", es decir, del Peloponeso Griego, lo que sugiere que se trata de que la púrpura de Laconia, muy valorada en la antigüedad, a causa de su espléndido color (cf. Plinio, *Hist. nat.* IX. 36, XXI. 8).

Al relato de la construcción del barco sigue su equipamiento, y el cuidado que se le ha de ofrecer. Las palabras de 27, 8 se pueden aplicar tanto al barco como a la ciudad de Tiro, que poseía los barcos, y que así aparece mencionada en este verso. La referencia a los sidonios y a Arvad, es decir, a los habitantes de Arados, una isla rocosa al norte de Trípoli, como remeros, se sitúa en esa línea. Los remeros no tenían que ser esclavos ni siervos, pues los tirios obtenían sus remeros del conjunto de la población fenicia, mientras que el capitán y el piloto (חֹבְלָיִךְ) eran sin duda ciudadanos de Tiro.

El hecho de que se cite aquí a los habitantes de Gebal, es decir, de Biblos, entre Trípoli de Fenicia y Berytus/Beirut (cf. Jos 13, 5), que en tiempos de Salomón aparecen como diestros arquitectos (1 Rey 5, 32), reparadores de posibles malformaciones del barco o del edificio, nos está mostrando que el texto se refiere todavía a la construcción del barco. Al hablar de la tripulación, es decir, de aquellos que asumían la tarea de pilotar y cuidar el barco, se está suponiendo que aquí se alude

---

38. Cf. J. G. Wilkinson, *The manners and customs of the ancient Egyptians*, III, grabado XVI, donde se ofrecen imágenes de barcos egipcios, con velas coloreadas. Sobre un barco se extiende una gran vela cuadrada, de color de púrpura granate, con estrías azules y un borde de color oro. El barco de Antonio y Cleopatra en la batalla de Accio tenía también velas de color púrpura; en este caso las velas de púrpura eran un signo de la nave del admirante, mientras que en Ezequiel sirven de marca de distinción (לִהְיוֹת לָךְ לְנֵס). Cf. Movers, II 3, p. 165, donde se recogen los relatos de escritores antiguos sobre los barcos reales.

a todas las ciudades de Fenicia, que colaboraban en el mantenimiento de la gloria de Tiro, que tenía la supremacía sobre el conjunto de las ciudades de Fenicia. Solo a partir de Ez 27, 9 la alegoría pasar a estar en el trasfondo. Desde ese momento Tiro no aparece ya como barco, sino como una ciudad marina, donde vienen los barcos de vela para mantener y aumentar su comercio.

Ez 27 10-11. Tiro se había preparado para su defensa. Ella mantenía un ejército de tropas mercenarias de países extranjeros para proteger sus colonias y extender sus establecimientos, y encargaba la guardia de las murallas de la ciudad a los guerreros de Fenicia. Las tropas mercenarias nombradas en 27, 10 son persas, y también de Lud y Fut. פוט es sin duda una tribu de África, en copto *Phaiat*, son los libios de la antigüedad, que se habían extendido por todo el norte de África, hasta Mauritaria (cf. *Coment* a Gen 10, 6). Lud (לוד) no es el nombre semita de los lidios (Gen 10, 22), sino que aquí, igual que en Ez 30, 4, Is 66, 19 y Jer 46, 9, se refiere a la tribu hamita de los lWdyם (Jer 44, 9), que forman parte de las tribus mauritanas, a quienes se le menciona en conexión con לוד como auxiliares del ejército egipcio.

Hay algo extraño en la referencia a los פָּרָס, que son los persas. Hävernick refiere aquí el temprano comercio entre los fenicios y los persas, a través del Golfo Pérsico, un comercio a través del cual los fenicios podían adquirir soldados mercenarios para lo cual, por regla general, solían seleccionarse tribus y poblaciones muy lejanas. Hitzig responde a esto diciendo que no hay prueba de una relación de los fenicios con los persas a través del Golfo Pérsico, en tiempo de Ezequiel, y que, aunque la hubiera no podemos hablar de mercenarios persas entre los fenicios de ese tiempo. Él prefiere pensar, por tanto, que se trata de persas que se habían establecido en África desde el tiempo antiguo. Pero ese establecimiento no se puede probar con certeza, ni por Salustio (Guerra de Jugurta c. 18), ni por el hecho de que Herodoto IV, 175 hable de los Μάκαι (medos, Makai), con otros asiáticos (Ptolomeo VI. 7. 14).

Podemos comparar este pasaje con Ez 38, 5 donde se menciona a Pharas (פָּרָס) con Cush, Phut, Gomer y Togarmah, como auxiliares del ejército de Gog, y en este caso es evidente que el texto se refiere a los persas asiáticos. En ese sentido tenemos que entender aquí esa palabra, pues la objeción de Hitzig se funda en puras conjeturas sin fuerza alguna. Ezequiel quiere citar aquí tribus y pueblos lejanos, del este, del oeste y del sur, de los que provenían mercenarios del ejército de Tiro.

Colgar los escudos y los yelmos en la ciudad, como ornamento de los muros, parece haber sido una costumbre fenicia, que Salomón introdujo en Judá (1 Rey 10, 16-17; Cant 4, 4) y que reaparece en el tiempo de los macabeos (1 Mac 4, 57). Ez 27, 11 establece una distinción entre las tropas mercenarias, con los de Arvad, por un lado, y por el otro los de וחֵילֵךְ, es decir, tu ejército, que formaba el cuerpo militar propiamente dicho de Tiro.

Este cuerpo propio del ejército de Tiro aparece dentro de las murallas de la ciudad. Eso significa que las tropas nativas se empleaban en la vigilancia y defensa de la ciudad, mientras que los mercenarios tenían que marchar a los campos. El ἄπ . λεγ. וְגַמָּדִים (*Gammâdim*) significa hombres bravos, como ha demostrado de un modo conclusivo H. L Roediger por el uso arameo de la palabra en sus *Addenda* al Thesaurus de Gesenius (p. 70s). Esa palabra es pues un epíteto de las tropas nativas de Tiro. Con las palabras finales (ellos perfeccionaban tu belleza…) se redondea y culmina esta visión de la gloria de Tiro, de manera que se puede volver al punto de partida (27, 4-5).

27, 12-25. Descripción del comercio de Tiro con todas las naciones, que traen sus productos al mercado de la metrópoli, para recibir en retorno las mercancías y manufacturas de la propia Tiro.

¹² תַּרְשִׁישׁ סֹחַרְתֵּךְ מֵרֹב כָּל־הוֹן בְּכֶסֶף בַּרְזֶל בְּדִיל וְעוֹפֶרֶת נָתְנוּ עִזְבוֹנָיִךְ׃
¹³ יָוָן תֻּבַל וָמֶשֶׁךְ הֵמָּה רֹכְלָיִךְ בְּנֶפֶשׁ אָדָם וּכְלֵי נְחֹשֶׁת נָתְנוּ מַעֲרָבֵךְ׃
¹⁴ מִבֵּית תּוֹגַרְמָה סוּסִים וּפָרָשִׁים וּפְרָדִים נָתְנוּ עִזְבוֹנָיִךְ׃
¹⁵ בְּנֵי דְדָן רֹכְלַיִךְ אִיִּים רַבִּים סְחֹרַת יָדֵךְ קַרְנוֹת שֵׁן (וְהוֹבְנִים) [וְהָבְנִים] הֵשִׁיבוּ אֶשְׁכָּרֵךְ׃
¹⁶ אֲרָם סֹחַרְתֵּךְ מֵרֹב מַעֲשָׂיִךְ בְּנֹפֶךְ אַרְגָּמָן וְרִקְמָה וּבוּץ וְרָאמֹת וְכַדְכֹּד נָתְנוּ בְּעִזְבוֹנָיִךְ׃
¹⁷ יְהוּדָה וְאֶרֶץ יִשְׂרָאֵל הֵמָּה רֹכְלָיִךְ בְּחִטֵּי מִנִּית וּפַנַּג וּדְבַשׁ וָשֶׁמֶן וָצֹרִי נָתְנוּ מַעֲרָבֵךְ׃
¹⁸ דַּמֶּשֶׂק סֹחַרְתֵּךְ בְּרֹב מַעֲשַׂיִךְ מֵרֹב כָּל־הוֹן בְּיֵין חֶלְבּוֹן וְצֶמֶר צָחַר׃
¹⁹ וְדָן וְיָוָן מְאוּזָּל בְּעִזְבוֹנַיִךְ נָתָנּוּ בַּרְזֶל עָשׁוֹת קִדָּה וְקָנֶה בְּמַעֲרָבֵךְ הָיָה׃
²⁰ דְּדָן רֹכַלְתֵּךְ בְבִגְדֵי־חֹפֶשׁ לְרִכְבָּה׃
²¹ עֲרַב וְכָל־נְשִׂיאֵי קֵדָר הֵמָּה סֹחֲרֵי יָדֵךְ בְּכָרִים וְאֵילִים וְעַתּוּדִים בָּם סֹחֲרָיִךְ׃
²² רֹכְלֵי שְׁבָא וְרַעְמָה הֵמָּה רֹכְלָיִךְ בְּרֹאשׁ כָּל־בֹּשֶׂם וּבְכָל־אֶבֶן יְקָרָה וְזָהָב נָתְנוּ עִזְבוֹנָיִךְ׃
²³ חָרָן וְכַנֵּה וָעֶדֶן רֹכְלֵי שְׁבָא אַשּׁוּר כִּלְמַד רֹכַלְתֵּךְ׃
²⁴ הֵמָּה רֹכְלַיִךְ בְמַכְלֻלִים בִּגְלוֹמֵי תְּכֵלֶת וְרִקְמָה וּבְגִנְזֵי בְּרֹמִים בַּחֲבָלִים חֲבֻשִׁים וַאֲרֻזִים בְּמַרְכֻלְתֵּךְ׃
²⁵ אֳנִיּוֹת תַּרְשִׁישׁ שָׁרוֹתַיִךְ מַעֲרָבֵךְ וַתִּמָּלְאִי וַתִּכְבְּדִי מְאֹד בְּלֵב יַמִּים׃

¹² Tarsis comerciaba contigo por la abundancia de todas tus riquezas, con plata, hierro, estaño y plomo a cambio de tus mercaderías. ¹³ Javán, Tubal y Mesec comerciaban también contigo, con hombres y con utensilios de bronce a cambio de tus mercaderías. ¹⁴ Los de la casa de Togarma te daban caballos, corceles de guerra y mulos a cambio de tus mercancías. ¹⁵ Los hijos de Dedán traficaban contigo; muchas costas tomaban mercadería de tu mano; colmillos de marfil y ébano te dieron en pago.
¹⁶ Por la abundancia de tus productos, Aram traficaba contigo con perlas, púrpura, vestidos bordados, linos finos, corales y rubíes a cambio de tus mercaderías. ¹⁷ Judá y la tierra de Israel comerciaban contigo con trigos de Minit y Panag, miel, aceite y resina, a cambio de tus mercancías. ¹⁸ Damasco comerciaba contigo por la gran abundancia

de tus productos y de toda riqueza; con vino de Helbón y lana blanca negociaban. [19] *Asimismo Vedán (Idan) y Javán e Uzal, a cambio de tus mercaderías te dieron mercancías de hierro labrado, casis (cinamomo) y caña aromática.*

[20] *Dedán comerciaba contigo con paños preciosos para monturas.* [21] *Arabia y todos los gobernantes de Cedar traficaban contigo con corderos, carneros y machos cabríos: con todo ello comerciaron contigo.* [22] *Los mercaderes de Sabá y de Rama hicieron comercio contigo con lo principal de toda especiería y con toda piedra preciosa y oro, a cambio de tus mercaderías.* [23] *Harán, Cane, Edén y los mercaderes de Sabá, de Asiria y de Quilmad, traficaban contigo.*

[24] *Estos mercaderes tuyos negociaban contigo en varias cosas: mantos de azul y bordados, cajas de ropas preciosas enlazadas con cordones, y madera de cedro.* [25] *Las naves de Tarsis eran como tus caravanas que transportaban tus mercancías. Llegaste a ser opulenta, te multiplicaste en gran manera en medio de los mares.*

Le enumeración de los diferentes pueblos, tierras y ciudades que comerciaban con Tiro comienza con Tarsis (Tartesos), en el extremo oeste, después pasa por el norte hacia las diversas tierras de Asia anterior y el Mediterráneo hasta el remoto nordeste, y termina mencionando a Tarsis para así redondear la lista. Pero no se nombran aquí las tierras y pueblos que se mencionan en 27, 5-11 como ofreciendo productos y manufacturas para la construcción de Tiro (es decir, Egipto y las tribus del norte de África).

Para evitar una tediosa uniformidad en la enumeración, Ezequiel ha utilizado diversos sinónimos que se empleaban para la descripción del comercio. Así emplea סֹחַרְתֵּךְ (27, 12. 16. 18), סֹחֲרַיִךְ (27, 21) y סֹחֲרַת יָדֵךְ (27, 15) o סֹחֲרֵי יָדֵךְ (27, 21), que se intercambian con רֹכְלָתֵךְ (27, 13. 23) y con מַרְכֻלְתֵּךְ (27, 24). Y de nuevo נָתְנוּ עִזְבוֹנָיִךְ (27, 12. 14. 22) con נָתְנוּ מַעֲרָבֵךְ (27, 13) y con בְּמַעֲרָבֵךְ הָיָה (29, 19) y הֵשִׁיבוּ אֶשְׁכָּרֵךְ (27, 15). Las palabras סחר y רכל significan mercaderes y traficantes que viajan por diversos países con el propósito de comerciar. סֹחֶרֶת es literalmente el mercader (en femenino) y סְחֹרָה es literalmente comercio y, por ampliación, utilizando el abstracto en sentido concreto, es el hombre de negocios, el mercader.

רֹכֵל es el viajante mercader. רֹכֶלֶת es mercader en femenino, significa también el compraventa, lugar de comercio, una ciudad comercial. בְּעִזְבוֹנָיִךְ no significa un lugar de comercio, un mercado, una ganancia (como piensan Gesenius y otros), sino que, de acuerdo con su derivación de עזב, significa dejar, dar…Y así lo ha explicado correctamente John Gussetus, diciendo que se refiere a lo que se deja o da en lugar de otras cosa, con objetivos comerciales. En concordancia con esta explicación, Ewald ha propuesto la traducción exacta: el precio por la venta de algo.

En esa línea, נָתְנוּ בְּעִזְבוֹנָיִךְ con beta (ב) o con doble acusativo es hacer una venta de algo, pagar algo como equivalente de la compra. Así נתן בעזב es dar algo por la compra… o por los vienes que se venden. מערב es el intercambio, los bienes que se intercambian, con נתן, dar vienes permutados, el intercambio de mercancías.

Vienen después los países y pueblos que se enumeran. תַּרְשִׁישׁ, la colonia tiria de Tarsis o Tartesos, en la *Hispania Baetica*, que era famosa por su riqueza en plata (cf. Jer 10,9) y que, conforme a este pasaje de Ezequiel aportaba también hierro, estaño y bronce (cf. Plin. *Hist. nat.* III. 3 4, XXXIII. 6 31, XXIV. 14 41; Diod. Sic. V. 38). Más noticias sobre Tarsis pueden encontrarse en Movers, *Phoeniz.* II 2, pp. 588ss, y II 3, p. 36. Javan, es Jonia, Grecia o los griegos. Tubal y Meseq son los tibarenos y los moscos de los textos antiguos entre el mar Negro y el Caspio (cf. Gen 10, 2). Esos países suplían "almas de hombres", es decir, esclavos y utensilios de bronce.

El tráfico de esclavos estaba promovido en abundancia por los jonios y los griegos (cf. Joel 4, 6, donde vemos que los fenicios les vendían prisioneros de guerra). Tanto los griegos como los romanos conseguían el mayor surtido de buenos esclavos del Ponto (sobre el provecho que eso comportaba cf. Movers, II 3, pp. 81f.). Es probable que la mayor cantidad de objetos de bronce procedían de los tibarenos y de los moscos, pues la montañas cólquidas (en Georgia, el Cáucaso…) contienen todavía una gran cantidad de cobre. En Grecia el cobre se encontraba y elaboraba únicamente en la Euboea, y solo había otras minas en Chipre (cf. Movers, II 3, pp. 66, 67).

Ez 27, 14. "Los de la casa de Togarma te daban…", es decir, pagaban. Togarma es uno de los nombres de Armenia (cf. *Coment* a Gen 10, 3). Por su parte, Estrabón (XI, 14. 9) menciona la riqueza de Armenia en caballos, y Herodoto I, 194 evoca la abundancia de sus asnos, de manera que podemos suponer que allí se criaban mulas.

Ez 27, 15. Los hijos de Dedán o dedanitas son sin duda los dedanitas mencionados en Gen 10, 7 como descendientes de Cush, que dirigían el comercio ordinario entre el Golfo Pérsico y Tiro, y sus caravanas se mencionan en Is 21, 3. Su relación con los dedanitas semitas, a la que se alude en Ez 27, 20, y con los habitantes de Dedán mencionados en conexión con Edom (cf. Ez 25, 13; Jer 49, 8) está envuelta en oscuridad (cf. *Coment* a Gen 10, 7). La combinación con אִיִּים רַבִּים (islas/costas numerosas) y los artículos de comercio que traían a Tiro nos hacen suponer que son un pueblo de la parte sur de Arabia, establecido en la vecindad del Golfo Pérsico. Las muchas islas (אִיִּים) son las islas y costas de Arabia, en torno al golfo pérsico y al mar eritreo[39].

סְחֹרַת יָדֵךְ, el comercio de tu mano…, con *abstr. pro concr.* (lo abstracto en lugar de lo concreto): aquellos que estaban dispuestos, a tu mano, como mercaderes.

---

39. Movers (II 3, pp. 303ss) aduce aún más argumentos a los arriba mencionados, cuando afirma que en esa zona se mantienen muchos recuerdos de los antiguos dedanitas, a quienes se supone viviendo al menos parcialmente en la costa que lleva los nombres de Attana y Attene… El primero se refiere a una ciudad comercial del golfo pérsico, visitada por los mercaderes romanos (Plinio VI. 32, §147). El segundo se aplica a un país que está al otro lado de la isla de Tylos, en la zona de Bahrain (Plinio, *l.c.* §49) y a unas islas del Golfo Pérsico. (p. 304).

קַרְנוֹת שֵׁן, cuernos de marfil. Este es el término aplicado a los colmillos (שֵׁן) de los elefantes por razón de su forma, y por su semejanza con los cuernos; en esa línea habla Plinio (*Hist. nat.* XVIII. 1) de los *cornua elephanti,* cuernos de elefante, aunque en VIII, 3 afirma que los "cuernos" más propios de los elefantes, empleados como armas, son más bien sus dientes *dentes*[40]. The ἀπ. λεγ. הוֹבְנִים (kere: הָבְנִים) signifies ἔβενος, *hebenum,* ébano. Los antiguos obtenían el marfil y el ébano de la India, y en parte de Etiopía (Plinio XII, 4 8). Según Dióscoro I, 130, el ébano de Etiopía era preferible al de la India. הֵשִׁיבוּ אֶשְׁכָּרֵךְ es lo que se paga en compensación (cf. *Coment.* a Sal 72, 10).

Ez 27, 16. J. D. Michaelis, Ewald, Hitzig y otros leen Edom, אדום, en vez de אֲרָם, según los LXX y la Peschita, poniendo como razón el hecho de que Aram no está en la línea de la vía que lleva de Dedán y de las אִיִּים a Israel (27, 17) y Ezequiel solo trata de Aram en 27, 18. Por otra parte, el cambio de אדום en אֲרָם podía haber surgido con toda facilidad, pues en Ez 25, 15 encontramos también la forma defectiva אדם, sin *waw,* que puede confundirse mejor con אֲרָם.

Esas razones tienen su peso, pero no son concluyentes, pues la enumeración no tiene un orden estrictamente geográfico, pues en 27, 19 a Damasco le siguen varias tribus del sur de Arabia, de manera que, como supone Hävernick, el nombre de Aram puede tomarse aquí con el significado del Aram mesopotamio (*Aram Naharaim*: entre los dos ríos), y en ese contexto se entiende bien la referencia de fondo a Petra, que fue un lugar importante de comercio, un emporio de bienes.

מֵרֹב מַעֲשֶׂיךָ es la multitud de tus producciones, es decir, de tus manufacturas. Entre los artículos de comercio de Aram destacan la púrpura roja, los encajes (vestidos bordados, linos finos, corales y rubíes...). בּוּץ es el nombre arameo de lino, que, en principio, conforme a la opinión de Movers, era en su origen un tipo de algodón. Todo eso nos permite resaltar la idea de que el texto originario ponía "Aram" (en sentido amplio Siria) más que Edom.

Las manufacturas de tejidos de Babilonia eran famosas desde tiempo antiguo (cf. Movers, II 3, pp. 260 ss.). Por otra parte, Babilonia era el Mercado más antiguo e importante de piedras preciosas (Movers, p. 266). בְּנֹפֶךְ es el carbunclo, un tipo de piedra preciosa, como en rubí (cf. Ex 28,18). כַדְכֹּד, otra piedra precisa, quizá también con el rubí, pero de gran valor y de brillo esplendoroso (Is 54, 12); רָאמֹת son corales o perlas (cf., Delitzsch, *Coment.* Job 28, 18). Judá (27, 17) entregaba a Tiro trigo de Minit (בְּחִטֵּי מִנִּית), que según Jc 11, 33 era una plaza amonita, situada según el *Onomasticon* a cuatro millas romanas de Hesbón, en dirección a Philadelphia (Amán). Es evidente que los amonitas tenían abundancia de trigo (cf. 2 Cron 27, 5), aunque también la tierra de Israel suplía a los tirios con trigo.

---

40. Los etíopes llaman también al marfil *Karna nage,* i.e., *cornu elephanti* (cuerno de elefante) y suponen que el marfil viene de los cuernos, más que de unos simples dientes de los elefantes. Cf. H. Ludolph (1624-1704), *Hist. Aethiopica.* I c. 10.

El significado del ἀπ . λεγ. פַּנַּג no puede precisarse con certeza. La traducción "confitería" (cosas dulces...) puede fundarse en la palabra aramea qnP, *deliciari*, ser delicioso, y en la traducción caldea קוליא, es decir κολία que, según Hesiquio, es τὰ ἐκ μέλιτος τρωγάλια, la dulzura que viene de la miel. Jerónimo la traduce como bálsamo, siguiendo el μύρων de los LXX, y Hitzig piensa que deriva de la palabra sánscrita *pannaga* (literalmente, una serpiente), un nombre que se utiliza para referirse a una madera de olor dulce, que se empleaba en la medicina para fabricar un tipo de "droga" para fortalecer y enfriar.

La miel (de abeja) y el aceite eran también producciones bien conocidas de Palestina. וָצֹרִי es un bálsamo o quizá una resina que crecía en los jardines del entorno de Jericó (*opobalsamum*), sin que podamos precisar mejor su significado (cf. mi *Bibl. Archäol.* I p. 38, y Movers, II 3, pp. 220 ss.). Damasco suplía a Tiro con vino de Helbón y lana blanca.

חֶלְבּוֹן existe aún, es una aldea en ruinas, tres horas y media al norte de Damasco, en medio del valle del mismo nombre, con plantas de viñas, de las que se produce el mejor y más caro de los vinos del país (cf. Robinson, *Biblical Researches*). En tiempos antiguos, este vino era también muy celebrado, de manera que según Posidonio (*Athen. Deipnos.* I, 22) los reyes de Persia solo bebían vino caliboniano (de Helbon) procedente del entorno de Damasco (cf. Strabo, XV 3. 22). צֶמֶר צָחַר es una lana de deslumbrante blancura o, según otros, lana de *Zachar*; en esa línea, los LXX han traducido ἔρια ἐκ Μιλήτου, lana de Mileto[41].

Ez 27, 19. Se han dado varias explicaciones a las primeras tres palabras (וְדָן וְיָוָן מְאוּזָּל). La palabra וְדָן no debe cambiarse por דֶּדָן, como ha hecho Ewald, de un modo que es arbitrario e inapropiado, con 27, 20 viniendo inmediatamente después. Tampoco se puede traducir "y Dan". En contra de esa traducción hay que recordar que a lo largo de toda la enumeración no hay ninguna tierra o pueblo que se introduzca con la cópula *waw*. Por eso, וְדָן, que puede compararse con *Waheb*, de Num 21, 14, un lugar que solo se ha mencionado una vez, tiene que ser el nombre de una tribu y de un espacio de tierra que no aparece en ningún otro lugar del Antiguo Testamento.

Movers (p. 302) conjetura que se trata de la famosa ciudad de Adén (árabe: '*dn*). Javán es también el nombre de un lugar o tribu árabe. Y conforme a una noticia que viene en el *Kamus Wörterbuch* es un lugar en el *Yemen*. Tuch (*Genesis*, p. 210) supone que ha sido un establecimiento griego (jonio), cuyos fundadores, movidos por un espíritu aventurero y comercial, cruzaron la tierra de Egipto y

---

41. Según Movers (II 3, p. 269), צָחַר es la *Sicharia* citada por *Aethicus de Istria*, del siglo VI-VII (Cosmografía. §108): *Sicharia regio, quae postea Nabathaea, nuncupatur, silvestris valde, ubi Ismaelitae eminus*, una región que después se llamaría "Nabatea", habitada por gentes muy "silvestres", que habitaban en otro tiempo entre el Éufrates y Palestina, que se hicieron muy ricos por sus rebaños de ovejas.

se establecieron al sur de Arabia. Con el fin de distinguir esta Javán en Arabia de Javán-Grecia, Ezequiel habría añadido la palabra מְאוּזָל, que los traductores antiguos tomaron como un nombre propio. Conforme a la puntuación masorética de מְאוּזָל, esta palabra debería tomarse como un participio *pual* de אזל, en el sentido de errante, de dar vueltas.

Pero es muy extraño que en este contexto comercial se pueda hablar de *algo que gira*, y no hay nada, ni en hebreo ni en árabe, que nos permite entender en ese sentido esa palabra, a pesar de los esfuerzos que se han hecho para vincularla con עזל, con el sentido de tejer (pero ese sentido de la palabra aparece solo en los tiempos talmúdicos. Por todo eso, y por razones de puntuación, pensamos que esta palabra solo puede puntuarse como está en el texto (מְאוּזָל), de manera que debemos tomar אוּזָל como un nombre propio, como en Gen 10, 27. Así traducimos Wedan y Javan de Uzal…

Uzal es el nombre de la antigua Sanaa, que ha sido después la capital del *Yemen*. Así lo prueban también las mercancías que de allí provienen: hierro labrado, mirra destilada y caña aromática. Se puede suponer que ese hierro labrado es el de las espadas del Yemen (cf. Tuch, *l.c.* p. 260), que han sido muy celebradas, tanto en Arabia como en la India. Casia (cinamomo) y caña (cf. *Coment* a Ex 30, 23-24), son dos producciones que provienen de la India, a través del Yemen que comerció con la India desde tiempos muy antiguos.

27, 20. Dedán es un pueblo del interior, que lleva ese nombre, y que vive en la vecindad de Edom (cf. Ez 25, 13; cf. *Coment.* Ez 27, 15). Los dedanitas ofrecen בִּגְדֵי, *tapetes straguli*, un tipo de paños que se extienden, y tejidos de paños muy costosos, como los middim de Jc 5, 10. קֵדָר y עֲרָב son tribus de la parte central de Arabia, beduinos.

עֲרָב no se utiliza en el Antiguo Testamento nunca para referirse a toda Arabia, sino que, a partir de su origen (עֲרָבָה, una estepa o desierto), esa palabra se aplica a las tribus y gentes que viven como nómadas en el desiero (cf. Is 13, 20; Jer 3, 2; Ewald, *Grammat. Arab.* I p. 5). Kedar desciende de Ismael, y es una tribu árabe nómada, que vive en el desierto, entre Arabia Pétrea y Babilonia, son los Cedrei de Plinio (cf. Coment. a Gen 25, 13). Ellos proveen a Tiro con corderos, carneros y cabras de sus abundantes rebaños, a cambio de las mercancías que reciben de Tiro.

Ez 27, 22. Después de esos vienen los mercaderes de Saba y de Ra'ama (וְרַעְמָה). Ellos eran árabes de ascendencia cusita (cf. Gen 10, 7), y habitaban en el sudeste de Arabia (Omán). וְרַעְמָה (Ρεγμα) forma parte de la moderna provincia de Omán, en la zona de su nombre, en Golfo Pérsico. Sus mercancías eran todo tipo de especias preciosas, de piedras preciosas y de oro, que era abundante en la parte sur de Arabia. Ellos comerciaban בְּרֹאשׁ כָּל־בֹּשֶׂם, con lo mejor de todo perfume (para רֹאשׁ cf. Coment.a Ex 30, 23; Cant 4, 14); aquí se refiere probablemente al bálsamo que crecía en el Yemen (Arabia Feliz), según Diodoro Siculo III, 45, junto con otras especias muy costosas, que se cultivan allí todavía.

El explorador P. Forskal (1732-1763) encontró entre Medina y la Meca, además de otros, un arbusto llamado *Abu sham*, que a su juicio era el verdadero bálsamo, del que ofreció una descripción en su *Flora aegyptiaco-arabica* (1775, pp. 79-80, con el nombre de *Amyris opobalsamum*). Todavía pueden encontrarse en las montañas de Hadramaut y Yemen piedras de ónix, rubíes, ágatas y muchos buenos rubíes (cf. Niebuhr, *Descript*. p. 125 y Seetzen, en Franz Xaver von Zach, *Monatl. Corresp*. XIX. p. 339). Finalmente, la riqueza de Yemen en oro ha sido muy bien atestiguada por los antiguos escritores, de manera que no necesitamos destacarla aquí (cf. S, Bochart, *Phalaestina*. II 28), aunque actualmente no se encuentre allí ese metal.

Ez 27, 23-24 menciona el tráfico con Mesopotamia. חָרָן es la *Carrhae* de los romanos, Harrán, del nordeste de Mesopotamia (cf. Coment. a Gen 11,31). Estaba situada en el cruce del camino de las caravanas que cruzaba Mesopotamia; era el punto donde se juntaba la rutas de caravanas de Babilonia y del Delta del Golfo Pérsico con la antigua ruta militar y comercial que se dirigía a Canaán (Movers, p. 247).

La ruta del este corría a lo largo del Tigris, donde se hallaba Calne, la posterior Ktesifonte, que era una ciudad comercial de gran importancia. Aquí se llama כַּנֵּה, contracción de כלנה (cf. *Coment* a Gen 10, 10; Am 6, 2). La ruta del oeste corría a lo largo del Éufrates, pasando por las ciudades mencionadas en Ez 27, 23. עֶדֶן no es la ciudad siria de ese nombre, sino que está en Mesopotamia (2 Rey 19,12; Is 37, 12), pero su situación no ha sido aún fijada, aunque Movers (p. 257) la ha buscado en el delta entre el Éufrates y el Tigris.

El hecho singular de los mercaderes de Saba vengan a mencionarse en conexión con localidades de Mesopotamia ha dado lugar a alteraciones forzadas del texto y a diversas aclaraciones; pero ha sido bien explicado por Movers (pag. 247, cf. 139) a partir de una noticia de Juba, recogida por Plinio, *Hist. nat*. xii. 17 (40), diciendo que los sabeos, habitantes del país de la especias, venían con su comercio desde el golfo pérsico hasta Harrán, donde abrían sus mercados anuales, desde donde seguían avanzando hasta Gabba (Gabala, en Fenicia) en la zona palestina de Siria. De esa manera, los mercaderes sabeos aparecen mencionados como aquellos que comerciaban entre Mesopotamia y Tiro, de manera que no es extraño que vengan a estar situados en el centro de esas localidades, que formaban los centros más importantes de las dos grandes rutas comerciales de Mesopotamia.

Como hemos observado ya, כִּלְמַד y אַשּׁוּר estaban situadas en la ruta occidental, que corría a lo largo de Éufrates. כִּלְמַד ha sido ya descubierta por Bochart (*Phal*. I 18), identificándola con la *Charmade* de Jenofonte (*Anab*. i. 5. 10) y por Sophaenetus (cf Steph. Byzant., ver Χαρμάνδη), una ciudad grande y rica, más allá del río Éufrates. La ciudad de Asur (אַשּׁוּר), mencionada aquí con Kilmad (לְמַד כִּ) entre las ciudades puramente comerciales no puede ser la capital de Asiria, sino que ha de ser el Emporia de Sura (Movers, p. 252), que se llama actualmente

Essurieh, y que yace en la ribera occidental del Éufrates, encima de Thapsacus, en la ruta de caravanas que va de Palmira, pasando por Rusapha (*Rezeph*, Is 37, 12; 2 Rey 19 12), a Nicephorium o Rakka, subiendo después en dirección norte hacia Harrán, para inclinarse luego hacia el sur, a lo largo de las orillas del río, en dirección a Kilmad o Charmande (Ritter, *Erdk*. XI pp. 1081ss.).

Los artículos de comercio de estos emporios, que eran transportados a Tiro por la caravanas de los sabeos, estaban formados por בְּמִכְלָלִים, literalmente artículos de perfecta belleza, sea vestidos de honor (cf. מִכְלָל, Ez 223, 12; 34, 4) o más generalmente por costosas obras de arte (Hävernick). La omisión de la *waw* copulativa delante de בִּגְלוֹמֵי resulta decisiva a favor de la primera interpretación (vestidos), pues podemos suponer que בגל se toma como una aposición explicativa de מִכְלָלִים. Por su parte גְלוֹמֵי תְכֵלֶת וְרִקְמָה son vestidos (גלום se relaciona con χλαμύς), con un tejido hecho de púrpura color jacinto y de encaje, famoso en Babilonia (para pruebas de esto cf. Movers, pp. 258ff.).

Las palabras que siguen no pueden explicarse con seguridad. Lo único evidente es que בְּרֹמִים בַּחֲבָלִים חֲבֻשִׁים está vinculado a וּבְגִנְזֵי בְרֹמִים sin cópula, como בִגְלוֹמֵי está vinculado a בְּמִכְלָלִים en el primer hemistiquio, de manera que aparece como una aposición explicativa. בַּחֲבָלִים no significa ni vestidos ni hilo, sino un tipo de cuerdas. חֲבֻשִׁים significa literalmente vendado, recogido, posiblemente doblado, es decir, algo formado por una serie de tejidos unidos entre sí. Finalmente, וַאֲרֻזִים significa firme, compacto, del árabe *arz*, algo que está bien unido entre sí.

De un modo consecuente בְּגִנְזֵי בְרֹמִים, no puede tener otro significado que el de tesoros o hilados preciosos, es decir, los hilos más valiosos de diversos tejidos. El único significado que se le puede atribuir a גִנְזֵ con razones filológicas es el de "tesoros". Por su parte, בְּרֹמִים, del árabe ברם (*bram*, contorsit, no puede ser otra cosa que un tipo de hilo hecho de varios materiales, o el vestido tejido de dos hilos. Movers (II 3, pp. 263 ss.) llega a una conclusión semejante, aduciendo las pruebas por las que sabemos que la seda, el gusano de seda y el algodón llegaron a Tiro a través del comercio de de Mesopotamia, y que aquí, en Tiro, se teñían para obtener así los espléndidos vestidos ya hechos o como paños bien teñidos.

Todas las restantes explicaciones que se han dado de esas difíciles palabras son arbitrarias y no pueden sostenerse. No se puede sostener la traducción rabínica de בְּרֹמִים בַּחֲבָלִים, cofres de Damasco; ni tampoco la de Ewald (bolsos de Damasco), ni las propuestas por Hartmann, Hävernick y otros, que hablan de un tipo de pañuelos de diversos colores, como las ζῶναι σκιωταί.

Ez 27, 25 completa la descripción con una noticia del impulso de este comercio mundial. שָׁרוֹתַיִךְ no puede significar en este contexto "muros", como en Jer 5, 10 o como en Job 24, 11, porque a los barcos con los que Tiro recibía esas mercancías volviéndose rica no podían llamarse "muros". La palabra significa aquí caravanas, y está tomada del שׁוּר, sâr (Is 57, 9), que corresponde al arameo שׁירא.

Por su parte, מַעֲרָבֵךְ puede tomarse como un acusativo para precisar el sentido de la palabra anterior: Caravanas para el comercio de mercancías. De todas formas, resulta más retórico tomar מַעֲרָבֵךְ como un segundo predicado: las caravanas eran para el comercio, es decir, transportaban las mercancías. Lo que las caravanas eran para el comercio con la tierra firme, eso eran los barcos de Tarsis para el comercio marino, y por eso se citan al final esos barcos de Tarsis. Con la ayuda de esos barcos, Tarsis se hallaba repleta de bienes, se había convertido en ciudad rica y gloriosa (תִּכְבְּדִי). Pero la tempestad del poniente destruirá a Tiro con toda su gloria.

27, 26-36. Destrucción de Tiro

²⁶ בְּמַ֤יִם רַבִּים֙ הֱבִיא֔וּךְ הַשָּׁטִ֖ים אֹתָ֑ךְ ר֤וּחַ הַקָּדִים֙ שְׁבָרֵ֔ךְ בְּלֵ֖ב יַמִּֽים׃
²⁷ הוֹנֵךְ֙ וְעִזְבוֹנַ֔יִךְ מַעֲרָבֵ֕ךְ מַלָּחַ֖יִךְ וְחֹבְלָ֑יִךְ מַחֲזִיקֵ֣י
בִדְקֵ֣ךְ וְֽעֹרְבֵ֣י מַ֠עֲרָבֵךְ וְכָל־אַנְשֵׁ֨י מִלְחַמְתֵּ֜ךְ אֲשֶׁר־בָּ֗ךְ
וּבְכָל־קְהָלֵךְ֙ אֲשֶׁ֣ר בְּתוֹכֵ֔ךְ יִפְּל֙וּ בְּלֵ֣ב יַמִּ֔ים בְּי֖וֹם מַפַּלְתֵּֽךְ׃
²⁸ לְק֖וֹל זַעֲקַ֣ת חֹבְלָ֑יִךְ יִרְעֲשׁ֖וּ מִגְרֹשֽׁוֹת׃
²⁹ וְֽיָרְד֞וּ מֵאָנִיּֽוֹתֵיהֶ֗ם כֹּ֚ל תֹּפְשֵׂ֣י מָשׁ֔וֹט מַלָּחִ֕ים כֹּ֖ל חֹבְלֵ֣י הַיָּ֑ם אֶל־הָאָ֖רֶץ יַעֲמֹֽדוּ׃
³⁰ וְהִשְׁמִ֤יעוּ עָלַ֙יִךְ֙ בְּקוֹלָ֔ם וְיִזְעֲק֖וּ מָרָ֑ה וְיַעֲל֤וּ עָֽפָר֙
עַל־רָ֣אשֵׁיהֶ֔ם בָּאֵ֖פֶר יִתְפַּלָּֽשׁוּ׃
³¹ וְהִקְרִ֤יחוּ אֵלַ֙יִךְ֙ קָרְחָ֔ה וְחָגְר֖וּ שַׂקִּ֑ים וּבָכ֥וּ אֵלַ֛יִךְ בְּמַר־נֶ֖פֶשׁ מִסְפֵּ֥ד מָֽר׃
³² וְנָשְׂא֨וּ אֵלַ֤יִךְ בְּנִיהֶם֙ קִינָ֔ה וְקוֹנְנ֖וּ עָלָ֑יִךְ מִ֣י כְצ֔וֹר כְּדֻמָ֖ה בְּת֥וֹךְ הַיָּֽם׃
³³ בְּצֵ֤את עִזְבוֹנַ֙יִךְ֙ מִיַּמִּ֔ים הִשְׂבַּ֖עַתְּ עַמִּ֣ים רַבִּ֑ים בְּרֹ֤ב הוֹנַ֙יִךְ֙
וּמַעֲרָבַ֔יִךְ הֶעֱשַׁ֖רְתְּ מַלְכֵי־אָֽרֶץ׃
³⁴ עֵ֛ת נִשְׁבֶּ֥רֶת מִיַּמִּ֖ים בְּמַֽעֲמַקֵּי־מָ֑יִם מַעֲרָבֵ֥ךְ וְכָל־קְהָלֵ֖ךְ בְּתוֹכֵ֥ךְ נָפָֽלוּ׃
³⁵ כֹּ֚ל יֹשְׁבֵ֣י הָאִיִּ֔ים שָׁמְמ֖וּ עָלָ֑יִךְ וּמַלְכֵיהֶם֙ שָׂ֣עֲרוּ שַׂ֔עַר רָעֲמ֖וּ פָּנִֽים׃
³⁶ סֹֽחֲרִים֙ בָּֽעַמִּ֔ים שָׁרְק֖וּ עָלָ֑יִךְ בַּלָּה֣וֹת הָיִ֔ית וְאֵינֵ֖ךְ עַד־עוֹלָֽם׃

²⁶ *En aguas profundas te anclaron tus remeros; el viento del este te quebrantó en medio de los mares.* ²⁷ *Tus riquezas, tus mercaderías, tu tráfico, tus remeros, tus pilotos, tus calafateadores, los agentes de tus negocios, con todos los hombres de guerra que tú tienes y con toda la tripulación que se halla en medio de ti, caerán en medio de los mares el día de tu caída.* ²⁸ *Al estrépito de las voces de tus marineros temblarán las costas.*

²⁹ *Descenderán de sus naves todos los que empuñan remo: los remeros y todos los pilotos del mar se quedarán en tierra.* ³⁰ *Ellos harán oír su voz sobre ti. Gritarán amargamente, echarán polvo sobre sus cabezas y se revolcarán en ceniza.* ³¹ *Se raparán por ti los cabellos, se ceñirán con ropa áspera y entonarán por ti lamentaciones amargas, con amargura del alma.* ³² *Entre gemidos entonarán por ti lamentaciones; harán lamentación por ti, diciendo:*

'¿Quién como Tiro, como la destruida en medio del mar?'. ³³ *Cuando tus mercaderías salían de las naves, saciabas a muchos pueblos; a los reyes de la tierra enriqueciste con la gran abundancia de tus riquezas y mercancías.* ³⁴ *En el tiempo en que seas quebrantada*

por el mar, en lo profundo de las aguas, tu comercio y toda tu tripulación caerán en medio de ti. ³⁵ Todos los moradores de las costas estarán atónitos por tu causa, y sus reyes temblarán de espanto; se demudará su rostro. ³⁶ Los mercaderes en los pueblos silbarán contra ti; vendrás a ser objeto de espanto, y para siempre dejarás de ser.

La alusión a las naves de Tarsis, a las que Tiro debía su gloria, sirve como introducción para la alegoría de 27, 5-9, que se retoma ahora en 27, 26. Tiro es un barco que naufraga por la fuerza del viento del este (Sal 48, 8). En Palestina (Arabia y Siria) el viento del este se caracteriza por sus fuertes temporales, que se convierten en tempestades, que azotan con gran fuerza y violencia (cf. Wetzstein, en Delitzsch, *Coment* a Job 27, 1). Como un barco que se rompe en piezas y se hunde por la tempestad, así Tiro con toda su gloria se hundirá en las profundidades del mar.

La repetición de בְּלֵב en 27, 26.27 forma un contraste con Ez 27, 5. De esa manera cae y se hunde en el fondo del mar toda la enumeración de las posesiones, con la riqueza y la gloria de Tiro que culminaba en 27, 25. Y con las riquezas se destruye la tripulación del navío: los marineros, es decir, los pilotos, los remeros, los calafateadores y los hombres de guerra que defendían el barco y sus bienes en contra de lo piratas. Todo el קהל, es decir, la totalidad de la gente del barco.

El difícil וּבְכָל־קְהָלֶךְ solo puede tomarse como aposición a וְכָל־אַנְשֵׁי: todos los hombres que había en ti, es decir, la multitud de tu pueblo. *Ez 27, 28*. Cuando el barco naufraga, los miembros de la tripulación elevan un inmenso grito que se oirá en las costas, מִגְרֹשׁוֹת. Esa palabra, מגרש, se utiliza en Num 35, 2 para las zonas que rodeaban a las ciudades levíticas, que se empleaban para campo de pasto de sus rebaños. En Ez 45, 2 y 48, 17 se emplea para los campos que rodean a la ciudad sagrada. Pero, de un modo consecuente, מִגְרָשׁוֹת no puede significar en nuestro pasaje los suburbios de Tiro, sino los lugares abiertos que pertenecen a Tiro en tierra firme, es decir, la totalidad de su territorio, es decir, las costas, con sus campos y ciudades. No se puede aceptar, pues, la traducción de Ewald, que, siguiendo a la Vulgata, interpreta la palabra como "flota".

Ez 27, 29. La ruina de esta rica y poderosa metrópoli del comercio del mundo produce la mayor consternación entre todos los que navegan por el mar, de manera que ellos abandonan sus barcos, como si no les ofrecieran seguridad, buscando la tierra firme y lamentándose con la mayor fuerza por la caída de Tiro. וְהִשְׁמִיעוּ va unida con בְּקוֹלָם, como en Sal 27, 7; 1 Cron 15, 19 etc.

A fin de poner de relieve el carácter amargo e intenso de la lamentación, Ezequiel agrupa todas las cosas que se suelen hacer en esas circunstancias, tales como cubrirse la cabeza con polvo (Jos 7, 6; 1 Sam 4, 12 y Job 2, 12) y con ceniza (יִתְפַּלָּשׁוּ). Se trata de echar polvo y ceniza sobre la cabeza, no de arrastrarse sobre polvo y ceniza (cf. *Coment*. Miq 1, 16). Se raparán (וְהִקְרִיחוּ, cf. Ez 7,18 y *Coment* a Miq 1, 16), se vestirán de saco, llorarán de un modo ruidoso y amargo (בְּמַר, como en Job 7, 11 y 10, 1), y cantarán amargas lamentaciones (27, 32).

בְּנִיהֶם, *in lamento eorum*, en su lamentación, con la נִי, que es una contracción de נהי (cf. Jer 9, 17-19; cf. הִי, Ez 2, 10). La lectura adoptada por los LXX, Teodoteto, Syr. y once Codices que suponen que se trata de "sus hijos" (de בֵּן) no es apropiada, pues aquí no hay alusión a hijos, sino a los marinos que elevan su lamentación. La corrección propuesta por Hitzig (בפיהם) es también inadecuada. La exclamación "quién es como Tiro" ha sido definida de un modo más preciso por כְּדֻמָה, como la destruida en el medio del mar. דֻמָה es participio pual, con una *mem* perdida, como en 2 Rey 2, 10 etc. (vid., Ges. §52. 2, nota 6). Resulta superfluo imaginar que había un nombre (דֻמָה) con el sentido de destrucción.

בְּצֵאת עִזְבוֹנַיִךְ, cuando salían tus mercancías... es una frase que Hitzig ha explicado bien, diciendo "cuando tus mercancías se extendían por el mar, como las plantas o primeros frutos de tu suelo..." (la elección de la palabra הִשְׂבַּעַתְּ sugiere también esta imagen). No se trata de que las mercancías fueran manufacturadas en Tiro, y por lo tanto en el mar, sino de que por el mar se extendían las mercancías, en los barcos, y que de esa forma satisfacían los deseos de los compradores. Tiro satisfacía a los pueblos y enriquecía a los reyes con sus mercancías, no solo comprándoles sus bienes y pagándoles sus producciones con monedas o con intercambios, aumentando el valor de los productos brutos con el trabajo que se hacía sobre ellos.

27, 34. Pero ahora Tiro, con sus tesoros y sus habitantes, se ha hundido en las profundidades del mar. La antítesis de este verso con el anterior no nos permite alterar la עֵת poniendo עֵת נִשְׁבֶּרֶת, como proponen Ewald y Hitzib, o adoptando una división diferente del segundo hemistiquio. עֵת es un adverbio de acusativo, como en Ez 16, 57: "en el tiempo en que seas quebrantada por el mar, en lo profundo de las aguas", entonces tus mercancías perecerán y tu pueblo caerá, es decir, perecerá. עֵת נִשְׁבֶּרֶת, *tempore quo fracta es* (en el tiempo en que fue destruida...). נִשְׁבֶּרֶת מִיַּמִּים se escoge intencionadamente como antítesis a נוֹשֶׁבֶת מִיַּמִּים en 26, 17.

Ez 27, 35. Todos los habitantes de las islas y sus reyes, es decir, los habitantes de las cosas del Mediterráneo y sus costas, caerán en consternación ante la caída de Tiro. En 27, 36 se añade que los mercaderes de las naciones, es decir, de otras naciones rivales a Tiro en el comercio se burlarán de su caída, con juicios maliciosos llenos de temor: שָׁמְמוּ, estarán atónitos de temor y de consternación. נִים רָעֲמוּ פָּ, temblarán, de manera que mismo rostro se demudará. En 27, 36 culmina la lamentación, igual que había terminado la de Ez 26 (cf. Ez 16, 21).

2.3. Ez 28, 1-19. Contra el príncipe de Tiro

Como la ciudad de Tiro fue la primera de las amenazadas de destrucción (Ez 26), siendo confirmada su caída con una lamentación (Ez 27), también aquí el príncipe de Tiro es el primero al que se de advierte su próxima muerte (28, 1-11) y después se compone una lamentación sobre ello (28, 11-19).

28, 1-10. La caída del príncipe de Tiro

וַיְהִ֥י דְבַר־יְהוָ֖ה אֵלַ֥י לֵאמֹֽר׃ בֶּן־אָדָ֗ם אֱמֹר֙ לִנְגִ֣יד צֹ֔ר ¹
כֹּֽה־אָמַ֣ר ׀ אֲדֹנָ֣י יְהֹוִ֗ה יַ֣עַן גָּבַ֤הּ לִבְּךָ֙ וַתֹּ֙אמֶר֙ אֵ֣ל אָ֔נִי מוֹשַׁ֧ב ²
אֱלֹהִ֛ים יָשַׁ֖בְתִּי בְּלֵ֣ב יַמִּ֑ים וְאַתָּ֤ה אָדָם֙ וְֽלֹא־אֵ֔ל וַתִּתֵּ֥ן לִבְּךָ֖ כְּלֵ֥ב אֱלֹהִֽים׃
הִנֵּ֥ה חָכָ֛ם אַתָּ֖ה (מִדָּנִאֵ֑ל) [מִדָּֽנִיֵּ֑אל] כָּל־סָת֖וּם לֹ֥א עֲמָמֽוּךָ׃ ³
בְּחָכְמָֽתְךָ֙ וּבִתְבוּנָ֣תְךָ֔ עָשִׂ֥יתָ לְּךָ֖ חָ֑יִל וַתַּ֛עַשׂ זָהָ֥ב וָכֶ֖סֶף בְּאוֹצְרוֹתֶֽיךָ׃ ⁴
בְּרֹ֧ב חָכְמָתְךָ֛ בִּרְכֻלָּתְךָ֖ הִרְבִּ֣יתָ חֵילֶ֑ךָ וַיִּגְבַּ֥הּ לְבָבְךָ֖ בְּחֵילֶֽךָ׃ ⁵
לָכֵ֗ן כֹּ֤ה אָמַר֙ אֲדֹנָ֣י יְהֹוִ֔ה יַ֛עַן תִּתְּךָ֥ אֶת־לְבָבְךָ֖ כְּלֵ֥ב אֱלֹהִֽים׃ ⁶
לָכֵ֗ן הִנְנִ֨י מֵבִ֤יא עָלֶ֙יךָ֙ זָרִ֔ים עָרִיצֵ֖י גּוֹיִ֑ם וְהֵרִ֤יקוּ חַרְבוֹתָם֙ ⁷
עַל־יְפִ֣י חָכְמָתֶ֔ךָ וְחִלְּל֖וּ יִפְעָתֶֽךָ׃
לַשַּׁ֖חַת יֽוֹרִד֑וּךָ וָמַ֛תָּה מְמוֹתֵ֥י חָלָ֖ל בְּלֵ֥ב יַמִּֽים׃ ⁸
הֶאָמֹ֤ר תֹּאמַר֙ אֱלֹהִ֣ים אָ֔נִי לִפְנֵ֖י הֹֽרְגֶ֑ךָ וְאַתָּ֥ה אָדָ֛ם וְלֹא־אֵ֖ל בְּיַ֥ד מְחַלְלֶֽיךָ׃ ⁹
מוֹתֵ֧י עֲרֵלִ֛ים תָּמ֖וּת בְּיַד־זָרִ֑ים כִּ֚י אֲנִ֣י דִבַּ֔רְתִּי נְאֻ֖ם אֲדֹנָ֥י יְהוִֽה׃ ס ¹⁰

¹ *Vino a mí palabra de Yahvé, diciendo:* ² *Hijo de hombre, di al gobernante de Tiro: "Así ha dicho Yahvé, el Señor: Tu corazón se ensoberbeció, y dijiste: 'Yo soy un dios, y estoy sentado en el trono de dios, en medio de los mares'; pero tú eres hombre, y no Dios, y has puesto tu corazón como el corazón de un dios.*

³ *¿Eres tú acaso más sabio que Daniel? ¿Acaso no hay secreto que te sea oculto?* ⁴ *Con tu sabiduría y prudencia has adquirido riquezas, has acumulado oro y plata en tus tesoros.* ⁵ *Con la grandeza de tu sabiduría en tus tratos comerciales has multiplicado tus riquezas, y a causa de tus riquezas se ha ensoberbecido tu corazón.*

⁶ *Por tanto, así ha dicho Yahvé, el Señor: Por cuanto pusiste tu corazón como el corazón de un dios,* ⁷ *por eso, he aquí yo traigo sobre ti extranjeros, los fuertes de las naciones, que desenvainarán sus espadas contra la hermosura de tu sabiduría y mancharán tu esplendor.* ⁸ *Al sepulcro te harán descender, y morirás con la muerte de los que mueren en medio de los mares.* ⁹ *¿Hablarás delante del que te mate, diciendo: 'Yo soy Dios'? ¡Tú, en la mano de tu matador, eres un hombre y no un dios!* ¹⁰ *De muerte de incircuncisos morirás a manos de extranjeros; porque yo he hablado, dice Yahvé, el Señor.*

Esta amenaza de juicio sigue en general el curso de las dirigidas a las otras naciones (cf. Ez 25), en el sentido de que primero se menciona el pecado (28, 2-5) y después el castigo que nace del pecado (28, 6-10). En 28, 12 se utiliza מֶלֶךְ en vez de נָגִיד, *dux*, jefe. En el uso de נָגִיד en vez de rey, Kliefoth descubre la especial situación del príncipe en la ciudad comercial de Tiro, una ciudad que se gobernaba por instituciones municipales, en la medida en que no tenía un rey comparable al de Babilonia o Egipto a la cabeza de su aristocracia comercial. Esto está en armonía con el uso de esa palabra (נָגִיד) para el príncipe de Israel, a quien Dios ha escogido y ungido para ser *nâgîd* sobre su pueblo, es decir, el líder de las tribus, que formaban también comunidades autónomas o independientes (cf. 2 Sal 13, 14; 2 Sam 7, 8 etc.).

Predicciones de juicio sobre las naciones paganas

El orgullo del príncipe de Tiro se describe en 28, 2, y se muestra en el hecho de mirarse a sí mismo como un Dios, describiendo su trono de Tiro como trono de Dios. Él llama a su sede מוֹשָׁב, no porque su capital haya surgido del mar, como el palacio de Dios surgió del océano del cielo (cf. Sal 104, 3), como supone Hitzig; además de otras razones, esta opinión está fuera de lugar porque no responde a la visión posterior de la morada del príncipe en la montaña de Dios (28, 16), con lo que supone esa santa montaña (28, 14).

La morada y la montaña de Dios no son el palacio del rey de Tiro, sino el mismo Tiro como Estado, y eso no por su firme posición sobre una isla rocosa, sino por tomarse como isla santa (ἀγία νῆσος), como le llama Sanchuniathon, antiguo escritor fenicio (ed. Orelli, p. 36), tal como lo han descrito los mitos antiguos (cf. Movers, *Phoenizier*, I pp. 637ss.).

Las palabras que Ezequiel ha puesto en la boca del rey de Tiro pueden explicarse, como ha dicho bien Kliefoth, "a partir del fundamento de todas las religiones naturales, conforme a las cuales todo Estado es el producto de unos factores físicos que están personificados en las divinidades nativas de la casa y del Estado, que forman así una obra y santuario de dioses". En esa línea, el desarrollo nacional y político de Tiro aparece fundado en la creación divina y en la presencia de Dios en la ciudad. De esa manera, el príncipe de Tiro presidía sobre esta divina creación, entendida como una mansión divina; por tanto, el mismo príncipe era un Dios, una manifestación de la deidad, que actuaba y habitaba en el estado de Tiro.

Todos los reyes paganos se entendían a sí mismos en esta línea, de forma que Is 14, 13-14 se dirige en términos semejantes al rey de Babilonia. Pues bien, Ez 28, 2 muestra la falsedad de esta *autodeificación*, diciendo que ese príncipe, que es solo un hombre, se ha tomado como Dios en su corazón, permitiendo que le brote un pensamiento que le define como Dios.

לֵב, el corazón, como sede de los pensamientos y de las imaginaciones, aparece así como asiento de sus más hondas pretensiones. Esto ha sido desarrollado aún más en Ez 28, 3-5, con una descripción del origen o base de esa imaginación. El príncipe de Tiro presume de tener la mente de Dios, porque se atribuye una sabiduría sobrehumana, pensando que él mismo ha creado su grandeza y su poder, con la riqueza de Tiro.

Las palabras ¿eres tú acaso más sabio que Daniel? (28, 3) no han de tomarse como una pregunta real, como han supuesto los LXX, el Siríaco y otras traducciones, sino que han de verse como un gesto de ironía, como ha puesto de relieve Hävernick. De todas formas, ellas han de tomarse literalmente, pues el príncipe de Tiro se atribuía a sí mismo, con toda seriedad, una sabiduría sobrenatural y divina. "¿eres tú?" significa: Tú te tomas a ti mismo como más sabio que Daniel… No hay nada oscuro para ti (חָכַם, una palabra posterior, cercana al arameo, con el sentido de "ser oscuro").

La comparación con Daniel se debe al hecho de que Daniel sobrepasaba en sabiduría a todos los magos y sabios de Babilonia, por la capacidad que le había concedido Dios para interpretar los sueños, una sabiduría que ninguna sagacidad del mundo le podía haber concedido. En contra de eso, la sabiduría el príncipe de Tiro consistía en una forma de inteligencia propia de los hijos de este mundo, que saben cómo adquirir posesiones materiales. Utilizando ese tipo de sabiduría, el príncipe de Tiro había adquirido buenas propiedades y tesoros de este mundo terrenal.

חַיִל, poder, posesiones en el sentido amplio del término, no meramente riquezas, sino todo el poder comercial del Estado de Tiro, que se fundaba sobre las riquezas y los tesoros conseguidos por el comercio. En Ez 28, 5, בְּרֻכָּלָתְךָ está en aposición a בְּרֹב חָכְמָתְךָ, y se introduce como frase *explicativa*. La grandeza de su sabiduría se mostraba en su comercio y en la manera de ejercerlo, por lo cual Tiro se ha convertido en ciudad rica y poderosa.

Solo cuando llegamos a 28, 6 nos encontramos con una apódosis respondiendo a יַעַן גָּבַהּ לִבְּךָ, frase que ha quedado muy atrás porque en medio se han introducido las sentencias de paréntesis de 28, 2-5. Por esta razón, el pecado del príncipe de Tiro al deificarse a su mismo se reitera en la frase יַעַן תִּתְּךָ אֶת־לְבָבְךָ (28, 6, comparar con 28, 2), tras la cual se introduce el anuncio del castigo con una repetición de לָכֵן en 28, 7.

Enemigos salvajes, aproximándose con bárbara violencia, destruirán toda la gloria resplandeciente del rey, matando al mismo rey por la espada, y le hundirán en el abismo como a un hombre sin Dios. Los enemigos son llamados עָרִיצֵי גּוֹיִם, los violentos de los pueblos, es decir, las hordas salvajes que componían el ejército caldeo (Ez 30, 11; 31, 12). Ellos blandirán la espada en contra de la belleza de tu sabiduría (יְפִי חָכְמָתֶךָ). Solo aquí y en 28, 17 aparece יִפְעָתֶךָ (tu esplendor) como nombre. Al mismo rey le arrojan al abismo, es decir, a la tumba, al mundo inferior. וּמַתָּה מְמוֹתֵי חָלָל, morirás con la muerte de los atravesados, frase que coordina con מוֹתֵי עֲרֵלִים, la muerte de los incircuncisos.

El plural מְמוֹתֵי y מוֹתֵי, aquí y en Jer 16, 5 (mortes) es un *pluralis exaggerativus* (de exageración), una muerte tan penosa que equivale a morir muchas veces (cf. *Coment* a Is 53, 9). En 28, 9, Ezequiel utiliza el piel מְחַלְלֶיךָ en lugar del poel מְחֹלֵל (cf. Is 51,9), pues el verbo חלל en piel se utiliza siempre en el sentido de profanar y el *poel* en el de atravesar. Pero aquí no se necesita alterar la vocalización, pues el mismo Ezequiel utiliza el pual en 32, 26 en lugar del *poal* de Is 53, 6.

La muerte de un incircunciso es la muerte sufrida por los hombres impíos, una muerte violenta. El rey de Tiro, que se toma a sí mismo como un Dios, perecerá por la espada, como un impío. En un sentido muy hondo, toda esta amenaza se aplica no a un rey particular, como Ithobal, que reinaba en el tiempo del asedio de Tiro por los caldeos, sino en general al rey como fundador y creador del poder de Tiro (Ez 28, 3-5), es decir, al rey como portador de la realeza, que había de perecer con la misma ciudad de Tiro. Se trata, pues, del rey como representante del poder y de la gloria de Tiro, y no simplemente del portador concreto de la realeza, al que se refiere la siguiente lamentación.

28, 11-19. Lamentación sobre el rey de Tiro.

¹¹ וַיְהִ֥י דְבַר־יְהוָ֖ה אֵלַ֥י לֵאמֹֽר׃ ¹² בֶּן־אָדָ֕ם שָׂ֥א קִינָ֖ה עַל־מֶ֣לֶךְ צ֑וֹר וְאָמַ֣רְתָּ לּ֗וֹ כֹּ֤ה אָמַר֙ אֲדֹנָ֣י יְהוִ֔ה אַתָּה֙ חוֹתֵ֣ם תָּכְנִ֔ית מָלֵ֥א חָכְמָ֖ה וּכְלִ֥יל יֹֽפִי׃ ¹³ בְּעֵ֨דֶן גַּן־אֱלֹהִ֜ים הָיִ֗יתָ כָּל־אֶ֨בֶן יְקָרָ֤ה מְסֻכָתֶ֨ךָ֙ אֹ֣דֶם פִּטְדָ֗ה וְיָהֲלֹם֙ תַּרְשִׁ֣ישׁ שֹׁ֔הַם וְיָ֣שְׁפֵ֔ה סַפִּ֣יר נֹ֔פֶךְ וּבָרְקַ֖ת וְזָהָ֑ב מְלֶ֨אכֶת תֻּפֶּ֤יךָ וּנְקָבֶ֨יךָ֙ בָּ֔ךְ בְּי֥וֹם הִבָּרַאֲךָ֖ כּוֹנָֽנוּ׃ ¹⁴ אַ֨תְּ־כְּר֔וּב מִמְשַׁ֖ח הַסּוֹכֵ֑ךְ וּנְתַתִּ֗יךָ בְּהַ֨ר קֹ֤דֶשׁ אֱלֹהִים֙ הָיִ֔יתָ בְּת֥וֹךְ אַבְנֵי־אֵ֖שׁ הִתְהַלָּֽכְתָּ׃ ¹⁵ תָּמִ֤ים אַתָּה֙ בִּדְרָכֶ֔יךָ מִיּ֖וֹם הִבָּרְאָ֑ךְ עַד־נִמְצָ֥א עַוְלָ֖תָה בָּֽךְ׃ ¹⁶ בְּרֹ֣ב רְכֻלָּתְךָ֗ מָל֧וּ תוֹכְךָ֛ חָמָ֖ס וַֽתֶּחֱטָ֑א וָאֲחַלֶּלְךָ֩ מֵהַ֨ר אֱלֹהִ֤ים וָֽאַבֶּדְךָ֙ כְּר֣וּב הַסֹּכֵ֔ךְ מִתּ֖וֹךְ אַבְנֵי־אֵֽשׁ׃ ¹⁷ גָּבַ֤הּ לִבְּךָ֙ בְּיָפְיֶ֔ךָ שִׁחַ֥תָּ חָכְמָתְךָ֖ עַל־יִפְעָתֶ֑ךָ עַל־אֶ֣רֶץ הִשְׁלַכְתִּ֗יךָ לִפְנֵ֧י מְלָכִ֛ים נְתַתִּ֖יךָ לְרַ֥אֲוָה בָֽךְ׃ ¹⁸ מֵרֹ֣ב עֲוֺנֶ֗יךָ בְּעֶ֨וֶל֙ רְכֻלָּ֣תְךָ֔ חִלַּ֖לְתָּ מִקְדָּשֶׁ֑יךָ וָֽאוֹצִא־אֵ֤שׁ מִתּֽוֹכְךָ֙ הִ֣יא אֲכָלַ֔תְךָ וָאֶתֶּנְךָ֤ לְאֵ֨פֶר֙ עַל־הָאָ֔רֶץ לְעֵינֵ֖י כָּל־רֹאֶֽיךָ׃ ¹⁹ כָּל־יוֹדְעֶ֨יךָ֙ בָּֽעַמִּ֔ים שָׁמְמ֖וּ עָלֶ֑יךָ בַּלָּה֣וֹת הָיִ֔יתָ וְאֵינְךָ֖ עַד־עוֹלָֽם׃ פ

¹¹ Vino a mí palabra de Yahvé, diciendo: ¹² Hijo de hombre, entona lamentaciones sobre el rey de Tiro, y dile: Así ha dicho Yahvé, el Señor: Tú eras el sello de la perfección, lleno de sabiduría, y de acabada hermosura. ¹³ En Edén, en el huerto de Dios, estuviste. De toda piedra preciosa era tu vestidura: de cornerina, topacio, jaspe, crisólito, berilo y ónice; de zafiro, carbunclo, esmeralda y oro. ¡Los primores de tus tamboriles y flautas fueron preparados para ti en el día de tu creación!
¹⁴ Tú, querubín ungido, protector, yo te puse en el santo monte de Dios. Allí estuviste, y en medio de las piedras de fuego te paseabas. ¹⁵ Perfecto eras en todos tus caminos desde el día en que fuiste creado hasta que se halló en ti maldad. ¹⁶ A causa de tu intenso trato comercial, te llenaste de iniquidad y pecaste, por lo cual yo te eché del monte de Dios y te arrojé de entre las piedras del fuego, querubín protector.
¹⁷ Se enalteció tu corazón a causa de tu hermosura, corrompiste tu sabiduría a causa de tu esplendor; yo te arrojaré por tierra, y delante de los reyes te pondré por espectáculo.
¹⁸ Con tus muchas maldades y con la iniquidad de tus tratos comerciales profanaste tu santuario; yo, pues, saqué fuego de en medio de ti, el cual te consumió, y te puse en ceniza sobre la tierra ante los ojos de todos los que te miran. ¹⁹ Todos los que te conocieron de entre los pueblos se quedarán atónitos por causa tuya; serás objeto de espanto, y para siempre dejarás de ser".

La lamentación sobre la caída del rey de Tiro comienza con una pintura de la gloria supra-terrena de su estado, en correspondencia a su auto-deificación, tal como ha sido expuesta en la palabra anterior de Dios. En 28, 12 se le presenta como תָּכְנִית

חוֹתֵם. Esto no significa "un anillo artísticamente perfecto", porque חוֹתֵם es participio de חתם, sellar. En esa línea debemos añadir que la siguiente frase (מָלֵא חָכְמָה) no se puede aplica a un sello para firmar, aunque Hitzig, una vez más, sospecha que el texto está corrompido.

תָּכְנִית, de תכן, pesar o medir, no significa perfección (Ewald), belleza (Gesenius), medida (Hitzig) o simetría (Hävernick), sino que, en la línea de Ez 43, 10, el único lugar en que aparece también esta palabra, significa algo que está medido, bien compuesto, un edificio según proporción, como el Estado de Tiro, que aparecía como una combinación de instituciones bien organizadas.

Este edificio está "sellado" por el príncipe, en la medida en que es el príncipe quien ofrece al Estado estabilidad, y larga duración, cuando posee la cualidades requeridas para un buen gobernante. Estas cualidades se mencionan después: lleno de sabiduría, perfecto en belleza. Si el príncipe responde a lo que ha de ser su función, la sabiduría y belleza del estado serán simplemente una impronta recibido por la sabiduría y belleza de la mente del príncipe. El príncipe de Tiro poseía ese tipo de mente, y por tanto se consideraba como un Dios (Ez 28, 2).

El lugar donde habita, descrito en Ez 28, 13 y 14, corresponde a su dignidad. Ezequiel compara aquí la situación del príncipe de Tiro con la del primer hombre en el paraíso; y entonces, en 28, 15-16, compara su caída con la caída de Adán. Como el primer hombre fue colocado en el jardín de Dios en el Edén, así también el príncipe de Tiro ha sido colocado en el centro de la gloria paradisíaca.

בְּעֵדֶן, *en el edén* (עֵדֶן) está en aposición a גַּן־אֱלֹהִים, *en el jardín o huerto de Dios*, que es el nombre propio del paraíso. Esta visión no puede ser rechazada con la objeción capciosa de Hitzig, según el cual el Edén no era el Jardín de Dios, sino que éste estaba situado en Edén (Gen 2, 8). El hecho de que Ezequiel llame el paraíso גַּן־עֵדֶן, en 36, 35 no prueba nada en contra de la identidad de contenido de esos términos, indicando así que el Jardín de Dios ocupaba solo una parte del Edén (y que no era todo el Edén).

De todas formas, a pesar de esa diferencia, Ezequiel podía utilizar las dos expresiones como sinónimos, lo mismo que hace Is 51, 3. E incluso si se siguieran poniendo de relieve las diferencias, de eso no se seguiría que, en este pasaje, בְּעֵדֶן es una forma corrupta como imagina Hitzig sin razón alguna, sino solo que גַּן, define de manera más precisa la idea de עֵדֶן, es decir, que la restringe al jardín de paraíso.

Hay sin embargo otro tema que ha de ser observado en conexión con esta expresión, es decir, que el epíteto גַּן־אֱלֹהִים se utiliza aquí y en 31,9-9, mientras que en otros lugares se le llama גַּן־יהוה, cf. Is 51, 3; 13, 10. Ezequiel ha escogido Elohim en lugar de Yahvé, por el hecho de que el paraíso se toma aquí como una comparación, no por el significado histórico que tiene para la raza humana en relación al plan de salvación, sino simplemente como la tierra más gloriosa de toda la creación del mundo.

El príncipe de Tiro, colocado en una tierra de dicha, estaba adornado con la mayor gloria mundana. Joyas costosas formaban su vestido, es decir, formaban los ornamentos de su atuendo. Estos elementos están tomados del esplendor con el que solían aparecer los gobernantes orientales, con vestidos cubiertos de piedras preciosas, con perlas y oro. מְסֻכָתֶךָ, es un ἅπ. λεγ. y significa vestido.

En la enumeración de las piedras preciosas no hay referencia a la placa pectoral del sumo sacerdote de Jerusalén (Ex 28, 15-30), por tres razones: (a) el orden de las piedras es diferente al allí indicado; (2) aquí se citan nueve piedras y no doce como allí; (3) ese referencia no nos ayudaría a entender el tema, por lo que podemos saber.

Tanto las piedras preciosas como el oro se incluyen entre las glorias del Edén (cf. Gen 2, 11-12). Sobre el nombre de las varias piedras, cf. *Coment.* a Ex 28, 17-20. Las palabras (תֻּפֶּיךָ ... מְסֻכָתֶךָ etc.) que muchos traductores antiguos han equivocado y que los comentadores modernos, hasta Hitzig y Ewald han querido explicar de formas extrañas, no ofrecen especial dificultad, a no ser el plural de וּנְקָבֶיךָ, que solo se encuentra aquí. El sentido de tamboriles, tambores (*aduffa*) está bien establecido para תֻּפֶּיךָ, y al lado de ellos aparecen en 1 Sam 10, 5 y 5, 12 las flautas, por lo que se ha supuesto que los וּנְקָבֶיךָ tiene que ser un tipo de flautas. Pero no hay razón alguna para suponer esa traducción (flautas), ni en hebreo, ni en otros dialectos semíticos. Por otra parte, el significado de *pala gemmarum* (Vulgata, plancha de piedras preciosas) o el sentido del anillo ha sido forzado sobre las palabras en las traducciones de Jerónimo, Rosenmüller, Gesenius y otros muchos.

Pensamos con Hävernick que נקבים es un plural de נקבה (en femenino), formado como un masculino en analogía a פלגשים נשים etc., y que esta expresión quiere ser una alusión a la historia de la creación (1, 27, donde aparecen juntos varón y mujer). El servicio (מלאכת) o tarea de las mujeres como en Gen 39, 11 1 etc. consiste en dirigir las danzas circulares de las odaliscas (bailarinas) que tocan los tambores, como en las danzas de harén de los reyes orientales.

Pero esta danza se realizaba en honor del rey el día de su "creación", no de su nacimiento, es decir, el día en que comenzaba a ser rey, cuando él tomaba posesión del harén de su propiedad, con todos sus acompañantes. Ezequiel dice que éste es el día de su creación, con especial referencia al hecho de que Dios le ha constituido rey, y con la alusión paralela al hecho de que la figura del príncipe de Tiro se asemeja a la de Adán en el paraíso, una comparación que está en el fondo de toda la escena[42].

---

42. Explicando el hecho al que aquí se alude, Hävernick ha llamado muy bien la atención a un pasaje de *Athen.* (XII. 8, p. 531), donde aparece la siguiente afirmación referida a Strato, el rey de Sidón: "Strato hizo preparativos para las festividades, con mujeres que tocaban las harpas y las cítaras, y con un gran número de hetairas del Peloponeso, y con muchachas cantoras de Jonia y con hetairas de toda Grecia, cantoras y bailarinas". Otros pasajes en Brissonius, *De regio Pers. princ.* pp. 142-3.)

El siguiente verso (Ez 28, 14) es más difícil. אַתְּ es una abreviatura de אתא, como en Num 11, 15; Dt 5, 24 (cf. Ewald, §184*a*). El *hap. leg.* מִמְשַׁח se ha explicado de diversas formas, pero la mayoría, siguiendo la traducción de la Vulgata, *tu Cherub extentus et protegens,* piensan que se ha de entender en referencia al *Querubín extendido que protege,* en el sentido de "con alas extendidas" (así piensan Gesenius y otros muchos). Pero משח no significa expandir o extender. El sentido general de la palabra es simplemente "ungir", propio de משח y משחה, *portio* (derramar una porción), cf. Lev 7, 35 y Num 18, 8, en la línea de "medida"... De todas formas, el único significado que se puede establecer con seguridad es el de ungido. En esa línea, por lo que se refiere a la forma, מִמְשַׁח puede estar en estado constructo; pero la conexión con הַסּוֹכֵךְ, ungiendo o ungido, aplicada al que cubre, no ofrece ningún sentido admisible.

Una comparación con 28, 16, donde aparece de nuevo כְּרוּב הַסֹּכֵךְ, nos muestra que מִמְשַׁח, que está entre las dos palabras en este verso, debe contener una definición más precisa de כְּרוּב, y que por tanto ha de conectarse con כְּרוּב, en estado constructo, de manera que significa querubín ungido. Ésta es la traducción que ha sido adoptada por Kliefoth, el único comentarista que ha dado la verdadera explicación del verso.

מִמְשַׁח es la forma antigua de la palabras, que solo ha sido conservada en unos pocos términos, lo mismo que מרמס en Is 10, 6, con un tono alargado en la "a" final (cf. Ewald, §160*a*). Al príncipe de Tiro se le llama así *querubín ungido* (כְּרוּב מִמְשַׁח), como ha puesto de relieve Efrén el Sirio, porque él era rey, aunque no había sido ungido al modo externo. הַסּוֹכֵךְ no es un nombre abstracto, ni aquí ni en Nahúm 2, 6, sino un participio, que actúa como predicado y que nos remite a Ex 25, 20: "el querubín cubría el *kapporet* (propiciatorio) con sus alas (עַל־הַכַּפֹּרֶת סֹכְכִים בְּכַנְפֵיהֶם)", y así ha de explicarse.

Según eso, al rey de Tiro se le llama *querubín*, porque es un rey ungido, porque cubre (protege) un santuario, como el querubín que cubría con sus alas el arca de la alianza. El sentido de este santuario había quedado ya indicado en las observaciones que Ezequiel había hecho al hablar de la sede divina del rey. Si la "sede de Dios" sobre la que estaba sentado el rey de Tiro ha de entenderse como significando el Estado de Tiro, el santuario que él cubría o protegía con su sombra como un querubín, esa sede ha de ser el Estado de Tiro, con sus lugares sagrados, con sus realidades sagradas.

En la siguiente cláusula, וּנְתַתִּיךָ ha de entenderse por sí mismo, según sus acentos "y yo te he hecho...", sin conectarlo con בְּהַר קֹדֶשׁ. Por eso no podemos combinar las palabras como algunos quieren, diciendo "yo te he colocado sobre una montaña sagrada, tú eras un Dios...", porque no parece congruente describir primero al príncipe de Tiro como un querubín y después, inmediatamente, como un Dios, teniendo en cuenta que según la visión bíblica el querubín era una simple criatura, no un Dios. En esa línea, el engaño del príncipe de Tiro al afirmar que era un Dios (*El*, 28, 2) no puede ofrecernos ninguna base para que Ezequiel pueda decir que el príncipe es *Elohim*.

Por otra parte, no podemos tomar las palabras en esa línea porque la declaración de 28, 16, según la cual Yahvé le arrojará de la montaña de Elohim, nos muestra que Elohim esta vinculado a *har*, montaña, lo mismo que en 28, 16, donde se menciona de nuevo la montaña de Dios, pero omitiendo por brevedad el predicado קדש, lo mismo que se omite ממחש después de la repetición de כרוב הסוכך.

El objeto de וּנְתַתִּיךָ se puede suplir fácilmente de todo lo anterior: Dios había hecho al príncipe de Tiro un querubín protector, colocándole como rey en la gloria paradisíaca. Las palabras "tu estabas sobre una santa montaña de Dios" no han de entenderse en el sentido sugerido por Is 14, 13, como si Ezequiel estuviera pensando en la montaña de los dioses (Alborj), que aparece en la mitología asiática, porque era allí donde el querubín tenía su morada, como piensan Hitzig y otros, porque la idea bíblica de querubín es totalmente distinta de la noción pagano del "grifo" que monta guardia par proteger el oro.

Ciertamente, Dios colocó al querubín como guardián del paraíso, pero el paraíso no era una montaña de Dios, ni siquiera una tierra montañosa. La idea de que una santa montaña fuera la sede del rey de Tiro se fundaba en parte en la misma situación de Tiro, edificada sobre una o dos islas rocosas del Mar Mediterráneo, y en parte sobre la idea de que esta isla era sagrada, como sede de la divinidad a la que los tirios atribuían la grandeza de su Estado.

A esto podemos añadir probablemente una referencia al Monte Sión sobre el que se elevaba el Santuario, en el que el querubín cubría la sede de la presencia de Dios. Porque, aunque la comparación del príncipe de Tiro con un querubín se encontraba sugerida ante todo por la descripción de su morada como paraíso, el epíteto הַסּוֹכֵךְ muestra que el lugar del querubín en el santuario estaba también presente en la mente del profeta. En esa línea, por הר (בְּהַר) no podemos entender el Monte Sión como tal.

La última frase (בְּתוֹךְ אַבְנֵי־אֵשׁ הִתְהַלָּכְתָּ: y en medio de las piedras de fuego te paseabas) es muy difícil de explicar. Casi todos los comentadores modernos admiten que "piedras de fuego" no pueden tomarse como equivalentes a "todo tipo de piedras preciosas" (28, 13), porque las piedras preciosas no pueden llamarse por su esplendor piedras de fuego y porque, al estar cubierto el lugar sagrado con piedras preciosas de fuego, no puede caminar en medio de ellas.

Tampoco podemos explicar esas palabras como ha hecho Hävernick a partir del relato de Herodoto (II, 44) cuando habla de dos pilares de esmeralda que había en el templo de Hércules en Tiro, que brillaban de un modo resplandeciente en la noche, porque pilares que brillan en la noche no son piedras de fuego, y porque el rey de Tiro no caminaba por el templo en medio de esos pilares. La explicación correcta parece la que ha sido dada por Hofmann y Kliefoth, es decir, que las piedras de fuego han de ser miradas como una muralla de fuego (Zac 2,

9), que hacían que el rey-querubín de Tiro no pudiera ser alcanzado y derrotado sobre su santa montaña.

En Ez 28, 15 se pone aún más de relieve la comparación del príncipe de Tiro con Adán en el paraíso. Así como Adán fue creado sin pecado, así también el príncipe de Tiro tenía una conducta inocente en el día de su creación, pero solo hasta el momento en que se encontró en él la perversión. Así como Adán pecó y perdió su lugar glorioso a través de su injusticia y su pecado, haciendo que Dios le arrojara de su altura hasta él suelo (así sucedió con el príncipe de Tiro). A causa de la abundancia de su comercio él cayó en la perversión (Ez 28, 16). El comercio le elevó a la altura de la riqueza y el poder, y así su corazón se llenó de iniquidad.

מָלוּ en vez de מָלְאוּ, como מלא en vez de מלוא en Ez 41, 8 y נשׂו en vez de נשׂאו en 39, 6. תּוֹכְךָ no es el sujeto, sino el objeto de מָלוּ, en plural, con un sujeto indefinido, sin que aquí se utilice una construcción pasiva, pues tanto en hebreo como en arameo se prefieren las construcciones activas en vez de las pasivas (cf. Ewald, §294*b* y 128*b*). מלא se utiliza en Ezequiel en el sentido transitivo de llenar (cf. 8, 17 y 30, 11). תּוֹךְ, en medio, se utiliza en sentido físico, para indicar lo interior, y no en un sentido espiritual; es evidente que aquí hay una alusión a la historia de la caída original.

Así como Adán pecó, comiendo la fruta prohibida del árbol, así pecó el rey de Tiro, llenándose de maldad en conexión con su comercio (Hävernick y Kliefoth). Por eso, Dios le expulsó de la montaña sagrada y le destruyó. חלל con min es una expresión pregnante: profanar, condenar, expulsar de su gloria, arrojarlo lejos. וָאַבֶּדְךָ es una forma contraída de וָאַאבֶּדְךָ (cf. Ewald, §232*h* y §72*c*).

Ez 28, 17-18 contiene una descripción abarcadora de la culpa del príncipe de Tiro y del juicio que ha de venir sobre la ciudad. עַל no puede significar "a causa de su esplendor", porque esta expresión no tiene sentido, pues no fue el esplendor como tal el que ocasionó su caída, sino el orgullo que corrompió la sabiduría que era el principio de la elevación de Tiro. En otras palabras, ese orgullo tentó al príncipe para cometer iniquidad para preservar y aumentar su gloria.

Según eso, seguimos a los LXX, Syr., Rosenmüeller y otros, tomando עַל en el sentido de *una cum*, es decir, *a una con*. רְאִיךָ es una formula en infinitiva, como אהבה, en vez de ראות, aunque Ewald (§238*e*) lo vea como imposible y proponga alterar el texto. ראה con ב se utiliza en el sentido de mirar a una persona como placer malicioso. בְּעָוֶל רְכֻלָּתְךָ muestra en qué consistía el pecado (עָוֹן). Por su parte, עָוֶל es el constructo de עול.

Los santuarios (מִקְדָּשֶׁיךָ) que el rey de Tiro había profanado con su comercio injusto no eran los de la ciudad-estado de Tiro en cuanto tal, sino aquellos que habían convertido a Tiro en una isla santa. Éstos los profanó el rey siendo por su pecado causa de su destrucción. Varios códices y ediciones leen מִקְדָּשְׁךָ en singular, y esta es la lectura adoptada por las versiones Chald., Syr. y Vulgata. Pero si se tomara esta lectura en singular el santuario al que se referiría el texto sería la santa montaña de Dios (Ez 28, 14. 16). En esa línea, esa lectura en singular es una interpretación, no el sentido original del texto.

En la frase "yo, pues, saqué fuego de en medio de ti, el cual te consumió", la palabra מִתּוֹכְךָ ha de entenderse en el mismo sentido que תּוֹכְךָ en 28, 16. La iniquidad que el rey ha provocado se convierte en un fuego que brota de su interior y que le consume, convirtiéndole en cenizas. Todos los que le conocen de entre los pueblos quedarán asombrados de esta terrible caída (28, 19, comparar con 37, 16).

Si es que pasamos a la conclusión, es decir, a la investigación del cumplimiento de estas profecías relacionadas con Tiro y su rey, descubrimos que las opiniones de los investigadores modernos se encuentran divididas. Algunos como Hengstenberg, Hävernick, Drechsler (sobre Isa 23), y otros asumen que, después de trece años de asedio, Nabucodonosor conquistó la isla fuerte de Tiro y la destruyó. Por el contrario, otros, como Gesenius, Winer, Hitzig etc. niegan que se produjera esta conquista. Finalmente, otros afirman que esa conquista se refiere a la Vieja Tiro, que se hallaba en la tierra firme. Sobre la historia de esta disputa, cf. Hengstenberg, *De rebus Tyriorum commentatio* (Berlin 1832); Hävernick, *On Ezekiel*, pp. 420ss., y Movers, *Phoenizier*, II 1, pp. 427ss.

La negación de la conquista de la ciudad insular de Tiro por el rey de Babilonia se apoya en parte en el silencio de los historiadores antiguos, que aceptan el asedio, pero no creen que Nabucodonosor conquistara la ciudad…, y otros se fundan en la misma afirmación de Ez 29, 17-20. Todo lo que Josefo (*Ant* X, 11. 1) puede afirmar partiendo de los historiadores antiguos acerca de esto se resume en lo que sigue:

– *En primer lugar*, apoyándose en el libro III de la historia caldea de Beroso, Josefo afirma que cuando el padre de Nabucodonosor que era anciano y estaba enfermo encargó a su hijo la continuación de su guerra contra los sátrapas rebeldes de Egipto, Celesiria y Fenicia, Nabucodonosor les venció, poniendo otra vez todo ese país bajo su poder. Pero como llegaron noticias de la muerte de su padre, después de haber arreglado los temas referentes a Egipto, ordenando a algunos de sus amigos que llevaran a Babilonia cautivos de entre los judíos, fenicios y sirios, con otros egipcios, dejándole para ello un gran ejército, él mismo se apresuró a venir a Babilonia, por el camino más corto del desierto, con un pequeño número de asistentes, para asumir el gobierno del imperio.

– *En segundo lugar*, Josefo afirma, con la autoridad de las historias de Filóstrato, sobre la India y Fenicia, que Itobal era el rey de Tiro cuando Nabucodonosor sitió la ciudad durante trece años. F. Josefo (*Contra Apion* I, 19) cita y repita también los relatos de Beroso (cf. 1, 20) en confirmación de la credibilidad de sus afirmaciones, indicando que había archivos de los fenicios donde se sostienen las afirmaciones de Beroso, relacionadas con el rey de Caldea (Nabucodonosor) donde se afirma que él conquistó toda Siria y Fenicia, diciendo que también Filóstrato lo sostiene, al mencionar en sus historias el asedio de Tiro (μεμνημένος τῆς Τύρου πολιορκίας).

– *Además de eso,* con un propósito de sincronismo, Josefo (Contra Ap. I, 21) cita un fragmento de la historia de los fenicios, en el que se contiene no solo el asedio de Tiro durante trece años, por parte de Nabucodonosor, en el reinado de Itobaal, sino que ofrece también una lista de los reyes que siguieron a Itobaal hasta el tiempo de Ciro de Persia[43].

Ciertamente, Josefo cita el asedio de Tiro tres veces, basándose en la autoridad de los historiadores fenicios. Pero en ninguna de ellas asegura con firmeza que la ciudad fuera tomada y destruida por Nabucodonosor. A partir de eso se ha sacado la conclusión de que eso es todo lo que Josefo encontró esas historias. A partir de esos datos se ha dicho que eso es todo lo que podía hallarse en las fuentes de Josefo, y en esa línea se sigue afirmando que si el asedio hubiera terminado con la conquista de la ciudad, ese dato del resultado de trece años de asedio no podría haberse dejado en silencio, y más aún sabiendo que en *Ant* X, 11, 1, Josefo cita la obra de otros historiadores que dicen que Nabucodonosor fue "un hombre activo y más afortunado que los reyes anteriores".

Pero este argumento, siendo plausible, no es concluyente. Debemos recordar que Beroso cita el sometimiento y devastación de toda Fenicia, pero ni siquiera menciona el asedio de Tiro, y que solo los escritores fenicios se refieren a ese asedio. Pues bien, a partir de ese silencio, no podemos concluir, en modo alguno, que los trece años de asedio terminaron gloriosamente con la victoria de los tirios y la humillación de Nabucodonosor, o que éste fue obligado a abandonar sin éxito el asedio después de trece años de intensos combates.

Por otra parte, sabiendo que todos los historiadores antiguos solían tener el mismo deseo de pasar por alto los acontecimientos que eran poco favorables a su país, insistiendo en aquellos que parecían más favorables, el hecho de que los historiadores tirios guarden el mayor silencio sobre el resultado de los trece años de asedio de Tiro nos lleva a pensar que ese asedio tuvo que terminar con la derrota y humillación de Tiro (pues si la ciudad no hubiera sido tomada lo hubieran puesto de relieve).

Según eso, parece seguro que Nabucodonosor tuvo que conquistar Tiro tras trece años de asedio. Si él se hubiera visto obligado a levantar el asedio por sentirse incapaz de tomar la ciudad, los historiadores tirios lo hubieran puesto de relieve,

---

43. Este dice así: "En el reinado del rey Itobaal, Nabucodonosor sitió Tiro durante trece años. Tras él se fueron nombrados jueces Ecnibalus, el hijo de Baslachus, que juzgó por diez meses; Abbarus, el sumo sacerdote, que reinó tres meses; Myttonus y Gerastartus, los hijos de Abdelemus, for seis años. Tras ellos reino Balatorus por un año. Cuando este murió, ellos enviaron mensajeros e hicieron venir a Merbalus de Babilonia, que reinó por cuatro años. A su muerte ellos enviaron por su hermano Eiramus, que reinó veinte años. Durante su reinado, Ciro reinó sobre los persas"

con toda seguridad. Según eso, el silencio de los historiadores tirios respecto a la conquista de Tiro no es prueba de que ella no hubiera acontecido.

Por otra parte, Ez 29, 17-20 suele citarse también como un texto que contiene la evidencia positiva del fracaso de los trece años de asedio, es decir, del hecho de que la ciudad no fue tomada. En ese pasaje leemos que Nabucodonosor luchó duramente contra Tiro y que ni él ni su ejército recibieron ninguna recompensa por ello. En esa línea añade que, por esa razón, Dios recompensó a Nabucodonosor, capacitándola para tomar Egipto y apoderarse de sus botines, como premio por su trabajo en Tiro al servicio de Yahvé. Gesenius y Hitzig (sobre Is 23) infieren de todo esto que Nabucodonosor no obtuvo recompensa alguna por el duro esfuerzo del asedio, porque no logró tomar la ciudad. Pero Movers (*o.c.* p. 448) ha respondido a eso diciendo que "el pasaje del que tratamos no implica que la ciudad no fuera conquistada, ni tampoco lo opuesto, sino que simplemente insiste en que *no fue saqueada*".

Lo que está claro es que Nabucodonosor, a pesar del esfuerzo de los muchos años de asedio, no recibió los "tesoros" de Tiro. En esa línea, Movers mantiene la opinión de que este pasaje afirma implícitamente que el asedio terminó con un cierto compromiso con los babilonios, que fue aceptado por los tirios, añadiendo que eso hizo posible que no saqueara y destruyera la ciudad… Piensa así que la ciudad fue tomada, pero que fue tratada con moderación, sometiéndose con ciertas condiciones bajo el poder de los caldeos.

Pero no podemos tener seguridad sobre nada de esto. Solo sabemos lo que se dice en Ez 29, 20 donde el profeta afirma en nombre de Dios, de forma expresa, que Dios le dio a Nabucodonosor como recompensa la tierra de Egipto, por lo que él (su ejército) había hecho por mí" (es decir, por el trabajo que había realizado a favor de Dios al luchar contra Tiro). Cuando se dice que Yahvé recompensó a Nabucodonosor por su trabajo (por lo que había hecho por él en Tiro) se está suponiendo que él (Nabucodonosor) había realizado en Tiro la obra que Dios le había encomendado en contra de la ciudad.

Pero Dios le había encomendado no solo el asedio, sino también la conquista y destrucción de Tiro. Eso significa que Nabucodonosor debía haber realizado su encargo, aunque sin recibir en Tiro la recompensa que se le había prometido. Por esa razón, Dios mismo le premió después con la conquista de los tesoros de Egipto. Esto indica no solo que el asedio había terminado y que la ciudad fue tomada, sino que se añade (se supone) que, por sabias razones, Nabucodonosor trató a la ciudad con clemencia, después de haber tomado posesión de ella.

Sea como fuere, Nabucodonosor no logró cumplir en Tiro la voluntad de Yahvé de tal forma que fuera capaz de exigir un tipo de compensación por la dura obra que había realizado. Quizá la única forma de explicar eso es que, tras conquistar Tiro, él no encontró en la ciudad los tesoros que había pensado tomar como recompensan. Y esta es la explicación que ha dado Jerónimo a este pasaje *ad litteram* (en su interpretación literal). Esto es lo que dice Jerónimo:

"En el asedio de Tiro, Nabucodonosor fue incapaz de llevar los arietes y las torres de asalto y los demás artefactos de guerra hasta los muros de la ciudad, pues ella estaba rodeada por el mar. Por eso, él empleó una gran cantidad de hombres de su ejército en la tarea de recoger rocas y en echar en el agua grandes cantidades de tierra, de tal forma que pudiera cubrir el mar y abrir un camino hasta la isla, por la parte menos ancha del estrecho. Y cuando los tirios vieron que la tarea estaba culminando, y que los fundamentos de las murallas estaban ya rajándose por el choque de los arietes, ellos pusieron en barcos todo lo que tenían de valor, tanto en oro como en plata, en vestidos y en muebles de las casas, y los transportaron a otras islas, de manera que cuando la ciudad fue tomada Nabucodonosor no encontró nada que compensara su duro trabajo. Y porque había cumplido en todo esto la voluntad de Dios, unos años más tarde, el mismo Dios le dio como recompensa la tierra de Egipto"[44].

Ciertamente, no tenemos ningún otro testimonio que nos permita apoyar esta interpretación. Pero no podíamos esperar otra cosa en ninguno de los escritos que han llegado hasta nosotros, teniendo en cuenta que los relatos fenicios extractados por Josefo se limitan a exponer el dato de los trece años de asedio, sin decir nada más del proceso ni del resultado de ese asedio. Al mismo tiempo, es muy probable que las cosas pasaran así. Si Nabucodonosor sitió realmente la ciudad, que estaba edificada sobre una isla en el mar, él no pudo contentarse con quitarle la provisión de agua que venía de la costa, como se dice que había hecho Salmanasar, el rey de Asiria (cf., Josefo, *Ant.* IX. 14. 2), sino que debe haber intentado llenar con un dique el estrecho entre la costa y la isla, construyendo así un camino para sitiar y asaltar las murallas, como hizo más tarde Alejandro de Macedonia.

Y las palabras de Ez 29, 18, según la cual toda cabeza quedó calva y la piel de toda espalda cayó por la severidad del trabajo, están suponiendo de modo indudable que debieron realizarse obras como esas, con gran trabajo. Y si los caldeos realizaron de hecho sus operaciones de esa forma, mientras las faenas del asedio avanzaban, los tirios no pudieron abandonar ninguna precaución posible para defenderse, en caso de que la ciudad fuera tomada. Es evidente que ellos tuvieron que mandar sus posesiones y tesoros por barco a las colonias, colocándolas en un lugar seguro, lo mismo que hicieron más tarde, cuando se dice que en tiempos de Alejandro Magno ellos mandaron sus familiares a Cartago (*Curtius* IV, 3).

Esta forma de entender el final del asedio de Tiro por los caldeos recibe una confirmación de no poco peso de un fragmento de la historia de Tiro, citado ya, donde se cuenta la sucesión de los gobernantes de Tiro después de los trece años de asedio de Nabucodonosor. Allí se afirma que, tras Itobaal, un tal Baal reinó por diez años, y que después se nombraron jueces (sufetas), cada uno de los cuales se mantuvo en el poder durante unos pocos meses solamente. Se dice también que

---

44. Cirilo de Alejandría ofrece la misma explicación en su comentario a Is 23

entre los últimos jueces hubo incluso un rey llamado *Balatorus*, que reinó por un año, y que tras ese año los tirios enviaron mensajeros a Babilonia y que de allí vino Merbal y a su muerte Hiram, como reyes.

Éstos eran hombres que tenían nombres genuinamente tirios, lo que muestra que ellos eran descendientes de la familia real nativa. Es muestra no solamente que los tirios cayeron bajo dependencia caldea, tras los trece años de asedio de Nabucodonosor, sino también que los caldeos llevaron cautivos a los miembros de la familia real, lo que difícilmente hubiera sucedido si Tiro se hubiera sometido sin más a los caldeos a través de un tratado de paz.

En esa línea, podemos afirmar que no hay duda de que Tiro cayó en manos de los caldeos, pero la profecía no se cumplió entonces al pie de la letra, pues Tiro no se convirtió en una roca pelada sobre la que extendieran su red los pescadores, como afirma la amenaza de Ez 26, 4-5. 14. Aunque Nabucodonosor rompió las murallas, y dejó que la misma ciudad se convirtiera en cierto sentido en ruinas, él no la destruyó totalmente. Por el contrario, doscientos cincuenta años más tarde vemos que Tiro sigue siendo una espléndida y poderosa ciudad real, tan fortificada que Alejandro Magno solo fue capaz de conquistarla tras siete meses de asedio, tras un extraordinario ataque por parte de la armada y del ejército, a través de un dique de tierra construido con gran dificultad hasta la isla (Diodoro Sic. XVII. 40ss.; Arriano, *Alex*. II. 17ff.; Curtius, IV. 2-4). Pero aún después de esta catástrofe la ciudad volvió a convertirse en un emporio comercial bajo al mando de los seléucidas y después de los romanos, que la hicieron capital de Fenicia.

Tiro se menciona como tal en el Nuevo Testamento (Mt 15, 21; Hch 21, 3), y Estrabón la describe como una ciudad de mucho movimiento, con dos puertos y casas muy costosas. Pero nunca recobró su grandeza antigua. En los primeros siglos de la era cristiana, Tiro aparece como sede arzobispal. Del 536 al 1125 estuvo bajo el poder de los sarracenos, y se hallaba tan bien fortificada que ellos tardaron varios meses en tomarla. Benjamín de Tudela, que visitó Tiro el 1060 d.C. la distingue como una ciudad de gran belleza, con un puerto bien fortificado, rodeada por murallas, con el mejor comercio de cristal y cerámica de Oriente.

Saladino, el conquistador de Palestina, no pudo tomar Tiro el año 1189. Pero después que Acre fue tomada al asalto el año 1201 por el Sultán El-Ashraf, el mismo día siguiente tomó Tiro sin resistencia. Los habitantes de la ciudad huyeron de noche por mar, para no caer en manos de esos soldados sedientos de sangre (Van de Velde). Entonces, al caer en manos de los sarracenos, sus fortificaciones fueron demolidas, y desde entonces Tiro no se ha levantado de sus ruinas.

Por otra parte, desde hace tiempo, Tiro ha dejado de ser una ciudad insular. El dique que Alejandro elevó fue creciendo hasta convertirse en una lengua de mar, ancha y firme, por obra de la arena que fue amontonando allí el mar, de manera que la isla se juntó a la tierra y firme y se convirtió en una península. En el momento actual, Tiro (Sûr) está situada sobre esa península, y es una ciudad comercial de tres o cuatro mil habitantes, que no merece el nombre de ciudad ni de capital. En su mayoría, las casas no son más que chozas, las calles son estrechas, con pasadizos angostos y sucios.

Las ruinas de la vieja capital de Fenicia se extienden por el entorno, a más de media hora de de distancia, por todas partes. El puerto se halla tan cubierto de arena, tan lleno de pilares y piedras de ruinas que solo puede ser utilizado por pequeños botes. El mar ha cubierto gran parte de la grandeza de Tiro, y una mayoría de sus edificios, templos y fortificaciones se encuentran enterrados en tierra.

Hasta una distancia de varios pies de profundidad, bajo el suelo del entorno siguen enterradas piedras de edificación, pilares de casas, basura hecha de cascotes, piedras de mármol, de pórfido y granito. También pueden hallarse por todas partes pilares de un costoso *verde antiquo* (mármol verde), extendidos sobre al tierra en grandes cantidades. La costra que forma hoy el suelo que se pisa no es más que la superficie de este gran montón de ruinas. De esa forma, la Tiro actual se ha convertido en una "roca desnuda, es un lugar para que los pescadores extiendan sus redes de pesca", y las chozas actualmente construidas en el entorno responden a la terrible profecía que decía "no será más edificada" (cf. Robinson, *Palestina*) y C.W.M. van de Velde, Travels y *Map of the Holy Land* (Gotha 1858).

De esa forma se ha cumplido plenamente la profecía de Ezequiel, pero no por obra directa de Nabucodonosor, pues la profecía no es una descripción desnuda de detalles históricos, sino que está llena de la idea del juicio de Dios. Para el profeta, Nabucodonosor fue el instrumento de la justicia punitiva de Dios, y Tiro el representante del comercio impío de este mundo. Por eso, como Hävernick ha observado ya, la acción de Nabucodonosor es mucho más que un hecho aislado en la visión del profeta. "En su conquista de la ciudad, Ezequiel descubre y representa de forma concentrada la totalidad de la ruina de la ciudad, que la historia ha ido realizando a través de una larga cadena. La caída del poder de Tiro por Nabucodonosor se encuentra vinculada a su juicio con su total destrucción.

Esto era lo que Ezequiel necesitaba para expresar el sentido de este hecho en su relación con la destrucción de Jerusalén, que se elevará de nuevo a una gloria más alta, superando su destrucción a través del pacto fiel de Dios (Ez 28, 25-26). Pero Tiro, la ciudad del comercio del mundo, que se ha regocijado por la caída de Jerusalén, dejará de existir para siempre (Ez 26, 14; 27, 36).

2.4. Ez 28, 20-26. Profecía contra Sidón y promesa para Israel

La palabra de amenaza contra Sidón es muy breve y está compuesta en términos generales, porque de hecho la profecía en contra de Tiro incluía el anuncio de la caída de Sidón, que dependía de ella; y como he dicho ya, Sidón recibió una palabra especial de Dios simplemente con el fin de que el número de las naciones

Predicciones de juicio sobre las naciones paganas

evocadas llegara a siete (número simbólico). La palabra de Dios en contra de Sidón lleva a su fin el ciclo de predicciones del juicio dirigidas en contra de las naciones paganas que se han alegrado maliciosamente de la caída del reino de Judá.

Aquí se añade sin embargo una promesa para Israel (Ez 28, 25. 26), que está íntimamente unida con las palabras de amenaza dirigidas contra las naciones paganas, tema que estaba preparado por Ez 28, 24. La correspondencia entre וְנִקְדַּשְׁתִּי בָהּ (28, 22: yo seré santificado en ella) y וְנִקְדַּשְׁתִּי בָם (28, 25: seré santificado en ellos) sirve para colocar el destino futuro de Israel en antítesis no solamente con el destino futuro de Sidón, sino con el de todas las naciones paganas, contra las que el profeta ha dirigido antes la palabra, como muestran claramente 28, 4. 26

28, 20-24. Profecía contra Sidón

20 וַיְהִ֥י דְבַר־יְהוָ֖ה אֵלַ֥י לֵאמֹֽר׃ 21 בֶּן־אָדָ֕ם שִׂ֥ים פָּנֶ֖יךָ אֶל־צִיד֑וֹן וְהִנָּבֵ֖א עָלֶֽיהָ׃
22 וְאָמַרְתָּ֗ כֹּ֤ה אָמַר֙ אֲדֹנָ֣י יְהוִ֔ה הִנְנִ֥י עָלַ֛יִךְ צִיד֖וֹן וְנִכְבַּדְתִּ֣י בְתוֹכֵ֑ךְ וְֽיָדְע֞וּ כִּֽי־אֲנִ֣י יְהוָ֗ה בַּעֲשׂ֥וֹתִי בָ֛הּ שְׁפָטִ֖ים וְנִקְדַּ֥שְׁתִּי בָֽהּ׃
23 וְשִׁלַּחְתִּי־בָ֞הּ דֶּ֤בֶר וָדָם֙ בְּח֣וּצוֹתֶ֔יהָ וְנִפְלַ֤ל חָלָל֙ בְּתוֹכָ֔הּ בְּחֶ֥רֶב עָלֶ֖יהָ מִסָּבִ֑יב וְיָדְע֖וּ כִּֽי־אֲנִ֥י יְהוָֽה׃
24 וְלֹֽא־יִהְיֶ֨ה ע֜וֹד לְבֵ֣ית יִשְׂרָאֵ֗ל סִלּ֤וֹן מַמְאִיר֙ וְק֣וֹץ מַכְאִ֔ב מִכֹּל֙ סְבִ֣יבֹתָ֔ם הַשָּׁאטִ֖ים אוֹתָ֑ם וְיָ֣דְע֔וּ כִּ֥י אֲנִ֖י אֲדֹנָ֥י יְהוִֽה׃ ס

20 Vino a mí palabra de Yahvé, diciendo: 21 Hijo de hombre, vuelve tu rostro hacia Sidón y profetiza contra ella. 22 Dirás: Así ha dicho Yahvé, el Señor: He aquí yo estoy contra ti, Sidón, y en medio de ti seré glorificado. Y sabrán que yo soy Yahvé cuando ejecute en ella juicios y en ella me santifique.

23 Enviaré a ella peste y sangre en sus calles, y caerán muertos en medio de ella, con espada contra ella por todos lados. Y sabrán que yo soy Yahvé. 24 Nunca más será para la casa de Israel una espina desgarradora ni un aguijón que le cause dolor en medio de cuantos la rodean y la menosprecian. Y sabrán que yo soy Yahvé.

Yahvé se glorificará a sí mismo como Señor sobre Sidón, como hizo antes con el Faraón (cf. Ex 14, 4. 16-17, a lo que remite sin duda la palabra וְנִכְבַּדְתִּי en 28, 22, que es poco usual en Ezequiel). La glorificación se realiza por los juicios a través de los cuales Yahvé se muestra como santo sobre los enemigos de su pueblo. El ejecuta los juicios a través de la peste y de la sangre (cf. Ez 5, 17; 38, 22), es decir, a través de la peste y del derramamiento de sangre ocasionado por la guerra, de tal forma que los hombres caerán muertos por la espada (cf. Ez 6, 7).

En vez de נפל aquí tenemos la forma intensiva נפלל, que Ewald y Hitzig toman como un error del copista, pues solo aparece aquí. A través de esos juicios, el Señor liberará a su pueblo Israel de todos las naciones del entorno que aumentan su dolor por medio de su desprecio.

Estos pensamientos retoman en Ez 28, 24 el designio del juicio de Dios sobre todas las naciones vecinas que han sido amenazadas en Ez 25-28, y de esa forma preparan el camino para la promesa conclusiva de Ez 28, 25-26. La figura de la espina y el aguijón (28, 24) remite a Num 33, 55, donde se dice que los cananeos a los que Israel no ha logrado exterminar se convertirán en espina en sus ojos y en aguijón en sus costados. En la medida en que Israel no se mantuvo libre del paganismo de las naciones cananeas, Dios permitió que los israelitas sintieran el aguijó del paganismo. Habiendo sido muy heridos por el paganismo, los israelitas estaban ahora muy postrados por las heridas.

Los pecados de Canaán a los que Israel se había entregado han ocasionado la destrucción de Jerusalén (Ez 16). Pero Israel no ha de sucumbir a sus heridas. Por el contrario, destruyendo a los poderes paganos, el Señor curará a su pueblo de las heridas que los vecinos paganos le han causado. סִלּוֹן, sinónimo de סַלּוֹן en Ez 2, 6, es una palabra que solo se encuentra en Ezequiel. Por el contrario, מַמְאִיר es una palabra que está tomada de Lev 13, 51 y Lev 14, 44, donde se aplica a la lepra maligna (cf. *Coment.* Lev). Para הַשָּׁאטִים אוֹתָם, cf. Ez 16, 57 y 25, 6

28, 25-26. Promesa para Israel

²⁵ כֹּה־אָמַר אֲדֹנָי יְהוִה בְּקַבְּצִי אֶת־בֵּית יִשְׂרָאֵל מִן־הָעַמִּים
אֲשֶׁר נָפֹצוּ בָם וְנִקְדַּשְׁתִּי בָם לְעֵינֵי הַגּוֹיִם וְיָשְׁבוּ עַל־אַדְמָתָם אֲשֶׁר נָתַתִּי לְעַבְדִּי לְיַעֲקֹב׃
²⁶ וְיָשְׁבוּ עָלֶיהָ לָבֶטַח וּבָנוּ בָתִּים וְנָטְעוּ כְרָמִים וְיָשְׁבוּ לָבֶטַח
בַּעֲשׂוֹתִי שְׁפָטִים בְּכֹל הַשָּׁאטִים אֹתָם מִסְּבִיבוֹתָם וְיָדְעוּ כִּי אֲנִי יְהוָה אֱלֹהֵיהֶם׃ ס

²⁵ *Así ha dicho Yahvé, el Señor: Cuando recoja a la casa de Israel de los pueblos entre los cuales está esparcida, entonces me santificaré en ellos ante los ojos de las naciones, y habitarán en su tierra, la cual di a mi siervo Jacob.* ²⁶ *Habitarán en ella seguros; edificarán casas y plantarán viñas. Vivirán confiadamente, cuando yo haga juicios en todos los que los despojan en sus alrededores. Y sabrán que yo soy Yahvé, su Dios.*

Mientras las naciones paganas sucumbirán al juicio de Dios, Israel entrará en un tiempo de paz bendita. El Señor reunirá a su pueblo de su dispersión entre los gentiles, y les llevará a la tierra que él dio al patriarca Jacob, su siervo, y les dará descanso en la tierra, con seguridad y prosperidad (para el hecho mismo cf. Ez 11, 17; 20, 41; 36, 22).

3. Ez 29, 1-32, 32. Contra Egipto

El anuncio del juicio sobre Egipto se proclama en siete "palabras de Dios". Las primeras cinco son amenazas. La primera (Ez 29, 1-16) contiene una amenaza de juicio contra el faraón y su pueblo y su tierra, y se expresa en rasgos de tipo general. La segunda (29, 17-21) ofrece una predicción especial de la conquista y saqueo de Egipto por Nabucodonosor. La tercera (30, 1-19) describe el día del juicio, que ha de sobrevenir sobre Egipto y sus aliados. La cuarta (30, 20-26) anuncia la aniquilación del poder del faraón por el rey de Babilonia. Y la quinta (Ez 31) ofrece una advertencia al rey y al pueblo de Egipto, diciéndole que perderá su gloria y será vencido por Asiria. Las últimas dos palabra de Dios en Ez 32 contienen lamentaciones sobre la destrucción del Faraón y su poder: En 32, 1-16 encontramos una lamentación sobre el rey de Egipto; en 32, 17-22, una segunda lamentación sobre la destrucción de su poder imperial.

La profecía sobre Egipto asume esta forma elaborada porque Ezequiel mira el poder del faraón y de Egipto como encarnación de aquella fase del poder imperial que se imagina capaz de deificarse a sí mismo y de destruir el reino de Dios, seduciendo al pueblo de Dios, y queriendo llevarle a la falsa confianza en el poder salvador del imperio de este mundo.

3.1. Ez 29, 1-16. Juicio sobre el Faraón, su pueblo y su tierra

Dado que el Faraón se mira a sí mismo como creador de su reino y de su poder, él será destruido con sus hombres de guerra (Ez 29, 2-5). A fin de que Israel no ponga ya más su confianza en el frágil poder de Egipto, la espada cortará tanto a los hombres como a las bestias de Egipto, de manera que la tierra se convertirá en un desierto desnudo y el pueblo será dispersado entre las naciones (Ez 29, 5-12). Pero pasado el tiempo determinado para su castigo, tanto el pueblo como la tierra serán restaurados, pero solo como un reino insignificante (29, 13-16).

Según Ez 29, 1 esta profecía pertenece al año diez de la cautividad de Joaquín, y como veremos al compararla con otros oráculos en contra de Egipto, de los que se dan las fechas, ésta fue la primera palabra de Dios proclamada por Ezequiel sobre el reino imperial de Egipto. Con eso armoniza también su contenido, pues la amenaza que contiene se limita a anunciar en términos generales la destrucción del poder de Egipto y de su rey, sin nombrar el instrumento empleado para ejecutar el juicio; y al mismo tiempo se describe la futura condición de Egipto.

29, 1-12. Destrucción del poder del faraón y devastación de Egipto

¹בַּשָּׁנָה֙ הָעֲשִׂירִ֔ית בָּעֲשִׂרִ֕י בִּשְׁנֵ֥ים עָשָׂ֖ר לַחֹ֑דֶשׁ הָיָ֥ה דְבַר־יְהוָ֖ה אֵלַ֥י לֵאמֹֽר׃
²בֶּן־אָדָ֕ם שִׂ֣ים פָּנֶ֔יךָ עַל־פַּרְעֹ֖ה מֶ֣לֶךְ מִצְרָ֑יִם
וְהִנָּבֵ֣א עָלָ֔יו וְעַל־מִצְרַ֖יִם כֻּלָּֽהּ׃
³דַּבֵּ֨ר וְאָמַרְתָּ֜ כֹּֽה־אָמַ֣ר ׀ אֲדֹנָ֣י יְהֹוִ֗ה הִנְנִ֤י עָלֶ֙יךָ֙ פַּרְעֹ֣ה
מֶֽלֶךְ־מִצְרַ֔יִם הַתַּנִּים֙ הַגָּד֔וֹל הָרֹבֵ֖ץ בְּת֣וֹךְ יְאֹרָ֑יו אֲשֶׁ֥ר אָמַ֛ר
לִ֥י יְאֹרִ֖י וַאֲנִ֥י עֲשִׂיתִֽנִי׃
⁴וְנָתַתִּ֤י (חַחִיִּים֙) [חַחִים֙] בִּלְחָיֶ֔יךָ וְהִדְבַּקְתִּ֥י דְגַת־יְאֹרֶ֖יךָ
בְּקַשְׂקְשֹׂתֶ֑יךָ וְהַעֲלִיתִ֙יךָ֙ מִתּ֣וֹךְ יְאֹרֶ֔יךָ וְאֵת֙ כָּל־דְּגַ֣ת יְאֹרֶ֔יךָ בְּקַשְׂקְשֹׂתֶ֖יךָ תִּדְבָּֽק׃
⁵וּנְטַשְׁתִּ֣יךָ הַמִּדְבָּ֗רָה אוֹתְךָ֙ וְאֵת֙ כָּל־דְּגַ֣ת יְאֹרֶ֔יךָ עַל־פְּנֵ֥י

Ezequiel 29, 1-12

הַשָּׂדֶה֙ תִּפּ֔וֹל לֹ֥א תֵאָסֵ֖ף וְלֹ֣א תִקָּבֵ֑ץ לְחַיַּ֥ת הָאָ֛רֶץ וּלְע֥וֹף הַשָּׁמַ֖יִם נְתַתִּ֥יךָ לְאָכְלָֽה׃
⁶ וְיָֽדְעוּ֙ כָּל־יֹשְׁבֵ֣י מִצְרַ֔יִם כִּ֖י אֲנִ֣י יְהוָ֑ה יַ֧עַן הֱיוֹתָ֛ם מִשְׁעֶ֥נֶת קָנֶ֖ה לְבֵ֥ית יִשְׂרָאֵֽל׃
⁷ בְּתָפְשָׂ֨ם בְּךָ֤ (בַכַּפְךָ) [בַכַּ֨ף] תֵּר֔וֹץ וּבָקַעְתָּ֥ לָהֶ֖ם כָּל־כָּתֵ֑ף וּבְהִֽשָּׁעֲנָ֤ם עָלֶ֨יךָ֙ תִּשָּׁבֵ֔ר וְהַעֲמַדְתָּ֥ לָהֶ֖ם כָּל־מָתְנָֽיִם׃ ס
⁸ לָכֵ֗ן כֹּ֤ה אָמַר֙ אֲדֹנָ֣י יְהוִ֔ה הִנְנִ֨י מֵבִ֥יא עָלַ֖יִךְ חָ֑רֶב וְהִכְרַתִּ֥י מִמֵּ֖ךְ אָדָ֥ם וּבְהֵמָֽה׃
⁹ וְהָיְתָ֤ה אֶֽרֶץ־מִצְרַ֨יִם֙ לִשְׁמָמָ֣ה וְחָרְבָּ֔ה וְיָדְע֖וּ כִּֽי־אֲנִ֣י יְהוָ֑ה יַ֧עַן אָמַ֛ר יְאֹ֥ר לִ֖י וַאֲנִ֥י עָשִֽׂיתִי׃
¹⁰ לָכֵ֛ן הִנְנִ֥י אֵלֶ֖יךָ וְאֶל־יְאֹרֶ֑יךָ וְנָתַתִּ֞י אֶת־אֶ֣רֶץ מִצְרַ֗יִם לְחָרְבוֹת֙ חֹ֣רֶב שְׁמָמָ֔ה מִמִּגְדֹּ֥ל סְוֵנֵ֖ה וְעַד־גְּב֥וּל כּֽוּשׁ׃
¹¹ לֹ֤א תַֽעֲבָר־בָּהּ֙ רֶ֣גֶל אָדָ֔ם וְרֶ֥גֶל בְּהֵמָ֖ה לֹ֣א תַעֲבָר־בָּ֑הּ וְלֹ֥א תֵשֵׁ֖ב אַרְבָּעִ֥ים שָׁנָֽה׃
¹² וְנָתַתִּ֣י אֶת־אֶרֶץ֩ מִצְרַ֨יִם שְׁמָמָ֜ה בְּת֣וֹךְ ׀ אֲרָצ֣וֹת נְשַׁמּ֗וֹת וְעָרֶ֨יהָ֙ בְּת֣וֹךְ עָרִ֣ים מָחֳרָב֔וֹת תִּהְיֶ֥יןָ שְׁמָמָ֖ה אַרְבָּעִ֣ים שָׁנָ֑ה וַהֲפִצֹתִ֤י אֶת־מִצְרַ֨יִם֙ בַּגּוֹיִ֔ם וְזֵרִיתִ֖ים בָּאֲרָצֽוֹת׃ פ

¹ En el año décimo, en el mes décimo, a los doce días del mes, vino a mí palabra de Yahvé, diciendo: ² Hijo de hombre, vuelve tu rostro contra el faraón, rey de Egipto, y profetiza contra él y contra todo Egipto. ³ Habla y di:

Así ha dicho Yahvé, el Señor: Yo estoy contra ti, faraón, rey de Egipto, el gran dragón que yace en medio de sus ríos, el cual dijo: 'Mío es el Nilo, pues yo lo hice'. ⁴ Yo, pues, pondré garfios en tus quijadas; pegaré los peces de tus ríos a tus escamas y te sacaré de en medio de tus ríos, y todos los peces de tus ríos saldrán pegados a tus escamas.

⁵ Te dejaré en el desierto, a ti y a todos los peces de tus ríos; sobre la faz del campo caerás y no serás recogido ni serás juntado. A las fieras de la tierra y a las aves del cielo te he dado por comida. ⁶ Sabrán todos los moradores de Egipto que yo soy Yahvé. Por cuanto fuiste un báculo de caña para la casa de Israel. ⁷ Cuando te tomaron con la mano, te quebraste, y les rompiste por entero el hombro; y cuando se apoyaron en ti, te quebraste y les rompiste por entero las caderas.

⁸ Por tanto, así ha dicho Yahvé, el Señor: Yo traigo contra ti espada, y exterminaré de ti a hombres y a bestias, ⁹ y la tierra de Egipto quedará asolada y desierta. Y sabrán que yo soy Yahvé, por cuanto él dijo: 'El Nilo es mío, yo lo hice'. ¹⁰ Por tanto, he aquí yo estoy contra ti y contra tus ríos.

Convertiré la tierra de Egipto en desolación, en la soledad del desierto, desde Migdol hasta Sevene, hasta el límite de Etiopía. ¹¹ No pasará por ella pie humano, ni pie de animal pasará por ella, ni será habitada durante cuarenta años. ¹² Convertiré la tierra de Egipto en la más desolada de todas las tierras, y sus ciudades, entre las ciudades destruidas; serán una desolación durante cuarenta años. Esparciré a Egipto entre las naciones y lo dispersaré por los países.

La fecha aquí dada (es decir, el año décimo) se toma incluso por Hitzig como más correcta que la lectura de los LXX ἐν τῷ ἔτει τῷ δωδεκάτῳ (en el año doce). Hitzig supone que la lectura alejandrina ha surgido por el hecho de que la última fecha mencionada en Ez 26, 1 ha llevado ya la fecha del año once.

El faraón, rey de Egipto, contra el que se dirige primero la amenaza es llamado "el gran dragón" (serpiente: הַתַּנִּים הַגָּדוֹל) en 29, 3. Por su parte, תַּנִּים, aquí y en Ez 32, 2, es equivalente a תַּנִּין, literalmente un animal alargado, una serpiente. Aquí significa la serpiente de agua, el cocodrilo, símbolo normal de Egipto en los profetas (cf. Is 51, 9; 27, 1; Sal 74, 13), símbolo que aquí se transfiere al faraón como gobernante de Egipto y representante de su poder.

Por יְאֹרָיו se entienden los brazos y canales del Nilo (cf. Is 7, 18). La frase "que yace en medio de sus ríos" evoca inmediatamente la orgullosa seguridad en su propio poder, que sostenía al Faraón. Igual que el cocodrilo yace tranquilamente en las aguas del Nilo, como si fuera el señor del río, así el Faraón se mira a sí mismo como el señor omnipotente de Egipto. Así lo afirman sus palabras: "El río es mío, yo lo he hecho para mi mismo". El sufijo añadido a עֲשִׂיתִנִי está en el lugar de לִי, como muestra Ez 29, 9, donde falta el sufijo. Hay sin duda una incorrección en este uso del sufijo, que evidentemente ha pasado a la literatura del lenguaje popular (cf. Ewald, §315b).

La traducción de la Vulgata *ego feci memetipsum* (yo me hice a mi mismo) es falsa. יְאֹרָי es la expresión utilizada por él como un rey que mira a la tierra y a sus ríos como si fueran de su propiedad. En conexión con eso debemos tener en la mente que Egipto le debe al Nilo no solo su grandeza, sino su misma existencia. En ese sentido, el Faraón dice enfáticamente לִי, es mío, me pertenece, porque él se toma a sí mismo como el creador.

Las palabras "yo lo he hecho por mí mismo" se limitan a expresar la razón de esta expresión, לִי, y así afirman más que "yo he tomado posesión de esto" a través de mi propio poder, o yo he adquirido sus bendiciones por mi mismo (Hävernick); o "yo lo he convertido en lo que es actualmente, construyendo canales, diques, esclusas… y los edificios de la ribera del río". El faraón se llama a sí mismo el creador del Nilo porque él se mira a sí mismo como el creador de la grandeza de Egipto.

Este orgullo por el cual el Faraón olvida a Dios y se atribuye a sí mismo un poder divino es la causa de su pecado, y por ese pecado será castigado por Dios. Dios mismo arrastrará al cocodrilo Faraón fuera del Nilo con sus garfios y lo arrojará a la tierra seca, donde él y los peces que han sido arrastrados con él hasta la tierra seca no serán recogidos, sino devorados por las bestias salvajes y los pájaros de presa.

Esta imagen se toma de la forma en que ya en tiempos antiguos el cocodrilo era cazado con grandes garfios especialmente construidos para ello (cf. Herodoto II, 70 y el testimonio de los viajeros, como Jomard, *Déscription de l'Egypte*, I p. 27). La forma חַחִיִּים, con doble yod es un error del copista, ocasionado probablemente por la doble yod que aparece tras la הָ en la palabra siguiente (בִּלְחָיֶיךָ). No resulta posible una forma dual de חַחִים, y no se utiliza en ningún lugar, ni en Ezequiel (cf. Ez 19, 4. 9 y más especialmente 38, 4).

Los peces que cuelgan de las escamas del monstruo (cocodrilo) y que son sacados con él del Nilo, son los habitantes de Egipto, porque el Nilo representa la tierra. El hecho de arrojar a la bestia al desierto donde se pudre y es devorado por las fieras salvajes y los pájaros de presa no debe ser interpretado de una forma insípida como la propuesta por Hitzig, es decir, que el Faraón avanzará con su ejército en el desierto de Arabia donde será derrotado.

El desierto es la tierra seca a infértil en la que han de perecer los animales que provienen del agua. Y el pensamiento de fondo del texto es simplemente que el monstruo será arrojado a un lugar desierto en el que finalmente se convertirá en comida de las fieras de presa.

La construcción de Ez 29, 6 es un tema discutido, pues muchos de los comentaristas siguen la división hebrea del verso, tomando el segundo hemistiquio (יַ֚עַן הֱיוֹתָ֣ם מִשְׁעֶ֔נֶת) como dependiente de la primera parte, a la que fundamentaría, e interpretan 29, 7 como un desarrollo posterior de 29, 6, para comenzar en 29, 8 un nuevo período (Hitzig, Kliefoth y otros). Pero es totalmente falso conectar las dos mitades de 29, 6, aunque solo sea porque la fórmula וְיָדְעוּ֙ כָּל־יֹשְׁבֵ֣י ... כִּ֥י אֲנִ֖י יְהוָ֑ה, que es tan frecuente en Ezequiel, cierra un argumento, y nunca viene seguida por un desarrollo posterior de lo mismo. Por otra parte, una sentencia que comienza con יַ֚עַן está invariablemente seguida por una apódosis introducida por לָכֵן, como podemos ver inmediatamente en 29, 9. 10.

Por esas dos razones es absolutamente necesario que tomemos יַ֚עַן הֱיוֹתָ֣ם como comienzo de la prótasis, sabiendo que la apódosis comienza en 29, 8 con לָכֵן. La validez de esta construcción está establecida sin duda alguna por el hecho de que desde 29, 6 no se habla del faraón, como en 29, 3-5, sino de Egipto. En esa línea, 29, 7 aparece claramente, tanto por su contenido como por su forma, como una cláusula explicativa intermedia, insertada aquí como paréntesis. Por eso, la prótasis aparece a cierta distancia de la apódosis, de forma que Ezequiel ha introducido la fórmula "así dice el Señor Yahvé" como comienzo de la apódosis, con el fin de dar un énfasis adicional al anuncio del castigo.

De todas formas, 29, 7 no puede en modo alguno verse como prótasis de una apódosis que comienza en 29, 8 con לָכֵן, como mantiene Hävernick. Hitzig no logra explicar el sufijo de הֱיוֹתָ֣ם, porque no ha entendido bien la construcción del conjunto, de forma que conjetura que se refiere a מִצְרַ֔יִם como una tierra o reino.

Dado que el reino de Egipto fue como una vara de caña hueca y rota para la casa de Israel (una figura tomada de las riberas del Nilo, donde había grandes cantidades de cañas, como recuerda Is 36, 6), el Señor pondrá su espada sobre Egipto y matará a hombres y bestias. Pero antes de esa apódosis se define con más claridad la figura de la vara de caña: "cuando ellos (los israelitas) te tomaron como báculo de caña, tú te rompiste...".

Esta explicación no ha de tomarse como referida a unos hechos particulares, ni del pasado ni del futuro, sino que evoca la naturaleza engañosa de Egipto como una constante de este reino. Al mismo tiempo, para dar más viveza a la descripción, las palabras relacionadas con Egipto se convierten en un discurso directo dirigido a los egipcios, es decir, no al Faraón, sino al pueblo egipcio, tomado como un individuo.

La expresión בְכַפְּךָ ofrece alguna dificultad, porque el significado ordinado de כַּף, mano es poco apropiado para el contexto, dado que el verbo תֵּרוֹץ, de רצץ, romper (no en piezas), muestra que continúa influyendo en el fondo la imagen de la caña. El keré בְכַּף es una mala enmienda, basada en la traducción "tomar de la mano" que aquí es gramaticalmente inadmisible.

תפש con ב no significa agarrar con algo, sino cuidar de algo, hacerse cargo de una persona (Is 3, 6; 9, 17), de manera que בְכַפְּךָ solo puede ser una aposición explicativa de בְּךָ. El sentido de aferrar o agarrar con la mano es también poco apropiado y no puede aplicarse aquí, pues solo el plural כפות se utiliza en ese sentido en Cant 5,5. El único sentido apropiado para esta figura es el de *ramas*, un sentido que está apoyado, por lo que se refiere al uso del lenguaje, por el plural כפות aplicado a ramas de palmera en Lev 23, 40 y al singular כפה para la colección de ramas en Job 15, 32, en Is 9, 13.15.

Y esto se encuentra aparentemente en perfecta armonía con los hechos naturales, ya que el tipo de arbustos del Nilo, y más específicamente los papiros, están dotados de hojas huecas, en forma de espadas en la parte baja del tallo. Pues bien, cuando esas hojas se rompen, la rama del arbusto hiere la mano de aquel que se ha apoyado en ella, y si alguien se apoya en esa rema, ella se rompe en piezas y hace que todo el cuerpo de hombre pierda estabilidad, desde las mismas espaldas (con riesgo de caerse).

העֲנִיד no puede significar hacer que algo se mantenga, o ponerse recto, menos aún hacer que algo quede rígido. Ese último significado no se puede aceptar por el uso del lenguaje y es aquí inapropiado. Porque si una vara o palo en la que un hombre se apoya se rompe hace que pierda el equilibrio y que tiemblen sus espaldas, siendo ocasión de que se caiga, y que no permanezca firme. Esa palabra (העֲנִיד) no puede tener otro significado que hacer que alguien tiemble, pierda el equilibrio, como en Sal 69, 24, perdiendo la firmeza de sus lomos y costillas, de manera que pueda caerse.

En la apódosis pasamos del pensamiento de la tierra al pensamiento del pueblo, y así se explican los sufijos femeninos (וְהִכְרַתִּי y מִמֵּךְ) en lugar de los masculinos (que son בְּךָ y עָלֶיךָ en 29, 7). Hombres y bestias morirán y la tierra se convertirá en un desierto por la espada, es decir, por la guerra. Este es el argumento que sigue en 29, 9-12, y en especial en la prótasis de 29, 9b (cf. 29, 3): El orgullo desordenado del rey queda así en el primer plano como razón para la devastación de su tierra y de su reino. El Señor hará que Egipto se convierta en el desierto más desolado.

La palabra חָרְבוֹת desolación queda intensificada y convertida en superlativo por el doble genitivo חֹרֶב שְׁמָמָה. En toda su extensión, desde Migdol, es decir, Magdolo, conforme al *Itiner. Anton.* p. 171 (ed. Wessel), a doce millas romanas de Pelusio, que es en copto Meshtol, la ciudad egipcia de Màktr (Brugsch, *Geogr. Inschr.* I pp. 261f.), el lugar más al norte de todo Egipto junto al Mediterráneo, hasta la ciudad que se encuentra más al sur, junto a Etiopía.

סְוֵנֵה, Συήνη, Syene (para la construcción, cf. Ez 30, 6 y 21, 3), aparece en la inscripciones como Sun, según Brugsch (*Geogr. Inschr.* I. p. 155), y es probablemente la designación profana del lugar, en copto Souan (Assuan), la frontera austral de los límites de Egipto, en dirección hacia Cush, es decir, hacia Etiopía, en la rivera este del Nilo. Puede verse aún ruinas de la ciudad en la moderna Assvan (Assuan, en árabe *aswan*), al nordeste de esas ruinas (cf. Brugsch, *Reiseber. aus. Aegypten*, 247, y Leyrer en Herzog, *Encyclopaedia*). La frase adicional "y hasta el borde de Cush", no ofrece una nueva referencia geográfica, sino que se limita a definir con más claridad la frontera sur de Egipto, es decir, Syene, donde termina Egipto y empieza Etiopía.

Ez 29, 11 define con más fuerza la desolación. וְלֹא תֵשֵׁב, y no será habitada (=no vivirá…), como en Joel 3, 20; Is 13, 20 etc. Esta devastación durará cuarenta años, en los que el pueblo de Israel será dispersado entre las naciones. Pero cuando ese tiempo termine, los egipcios serán reunidos de nuevo (29, 13). El número cuarenta no es un "número redondo" (Hitzig), ni un largo tiempo (Ewald), sino un plazo simbólico que indica un período determinado por Dios para el castigo y la penitencia (cf. *Coment.* a Ez 4, 6) que no ha de entenderse en sentido cronológico, de manera que no puede ser calculado en años naturales.

29, 13-16. Restauración de Egipto

¹³ כִּי כֹה אָמַר אֲדֹנָי יְהוִה מִקֵּץ אַרְבָּעִים שָׁנָה אֲקַבֵּץ אֶת־מִצְרַיִם מִן־הָעַמִּים אֲשֶׁר־נָפֹצוּ שָׁמָּה׃
¹⁴ וְשַׁבְתִּי אֶת־שְׁבוּת מִצְרַיִם וַהֲשִׁבֹתִי אֹתָם אֶרֶץ פַּתְרוֹס עַל־אֶרֶץ מְכוּרָתָם וְהָיוּ שָׁם מַמְלָכָה שְׁפָלָה׃
¹⁵ מִן־הַמַּמְלָכוֹת תִּהְיֶה שְׁפָלָה וְלֹא־תִתְנַשֵּׂא עוֹד עַל־הַגּוֹיִם וְהִמְעַטְתִּים לְבִלְתִּי רְדוֹת בַּגּוֹיִם׃
¹⁶ וְלֹא יִהְיֶה־עוֹד לְבֵית יִשְׂרָאֵל לְמִבְטָח מַזְכִּיר עָוֹן בִּפְנוֹתָם אַחֲרֵיהֶם וְיָדְעוּ כִּי אֲנִי אֲדֹנָי יְהוִה׃ פ

¹³ Porque así ha dicho Yahvé, el Señor: Al cabo de cuarenta años recogeré a Egipto de entre los pueblos entre los cuales hubieran sido esparcidos; ¹⁴ volveré a traer los cautivos de Egipto y los llevaré a la tierra de Patros, a la tierra de su origen; y allí serán un reino despreciable. ¹⁵ En comparación con los otros reinos será el más humilde: nunca más se elevará sobre las naciones, porque yo los rebajaré para que no vuelvan a tener dominio sobre las naciones.

> ¹⁶ *Y no será ya más para la casa de Israel apoyo de confianza, que les haga recordar el pecado de mirar en pos de ellos. Y sabrán que yo soy Yahvé, el Señor.*

El tiempo de cambio (finalización) del castigo de Egipto está conectado con כִּי, que se refiere al tiempo ya indicado de los cuarenta años. Por cuarenta años estará Egipto devastada, pero cuando acabe ese período el Señor reunirá de nuevo a los egipcios de su dispersión entre las naciones y cambiará su cautividad, es decir, pondrá fin a su sufrimiento (cf. Coment. a Ez 16, 53), y les llevará de nuevo a su tierra nativa, es decir a su origen (para מְכוּרָתָם, cf. Ez 16, 3), es decir, a Patros (פַּתְרוֹס), que es la egipcia (Petorēs) (Παθούρης, LXX Jer 44, 1), a la tierra del sur, que es el Alto Egipto.

Ese Alto Egipto se entiende como tierra matriz de los egipcios, tierra de su nacimiento, como se confirma no solo con los relatos dados por Herodoto (II. 4y15) y Diodoro Siculo (I. 50), sino también por la mitología egipcia, según la cual el primer rey que reinó tras los "dioses", es decir, Menes y Mea, broto de la ciudad de Thinis (Thynis), en egipcio Tenj, en los alrededores de Abydos, en el Alto Egipto, y fundó después la ciudad de Memfis, en el Bajo Egipto, volviéndose muy célebre en tiempos posteriores (cf. Brugsch, *Histoire d'Egypte*, I p. 16).

Pero Egipto no alcanzará su poder anterior nunca más. Será y continuará siendo un reino bajo, miserable, de manera que no podrá ofrecer más una base de confianza para Israel. El sujeto de וְלֹא יִהְיֶה־עוֹד es Egipto como nación, a pesar de que previamente ha sido construida en femenino, como tierra o reino, y en אַחֲרֵיהֶם, los egipcios aparecen en plural. Porque no puede tomarse מַזְכִּיר עָוֹן como sujeto de וְלֹא יִהְיֶה, en el sentido de "no podrá ya inspirar confianza a la casa de Israel alguien que no es digno de recordarse", como propone Kliefoth, no solo por la disposición de las palabras, sino porque la definición más precisa de מַזְכִּיר עָוֹן cómo בִּפְנוֹתָם אַחֲרֵיהֶם muestra claramente que Egipto es el sujeto de la sentencia. Por no tener eso en cuenta, Kliefoth está obligado a postular que ha existido algún tipo de interpolación en el texto.

מַזְכִּיר עָוֹן está en aposición a לְמִבְטָח. Convertir a Egipto en fuente de confianza pone ante Dios el recuerdo de la culpa de Israel, que consiste en el hecho que los israelitas se han vuelto hacia Egipto, buscando la salvación en los egipcios (cf. Ez 21, 28-29). La verdad de esta predicción de Ez 29, 13-16 ha sido confirmada por la historia, pues Egipto, después de haber sido conquistada por los caldeos, nunca a recobrado su poder antiguo. De todas formas, si comparamos la promesa mesiánica sobre Egipto de Is 19, 18-35 con la predicción de Ez 29 13-15, quedamos inmediatamente sorprendidos con la peculiaridad de Ezequiel, a la que nos hemos referido ya en las observaciones introductorias a Ez 25-32, es decir, al hecho de que deja totalmente fuera de su horizonte la visión del futuro mesiánico de las naciones paganas.

3.2. Ez 29, 17-21. Conquista y saqueo de Egipto por Nabucodonosor

29, 17-21. Yo doy a Nabucodonosor la tierra de Egipto

¹⁷ וַיְהִי בְּעֶשְׂרִים וָשֶׁבַע שָׁנָה בָּרִאשׁוֹן בְּאֶחָד לַחֹדֶשׁ הָיָה דְבַר־יְהוָה אֵלַי לֵאמֹר׃
¹⁸ בֶּן־אָדָם נְבוּכַדְרֶאצַּר מֶלֶךְ־בָּבֶל
הֶעֱבִיד אֶת־חֵילוֹ עֲבֹדָה גְדֹלָה אֶל־צֹר כָּל־רֹאשׁ מֻקְרָח
וְכָל־כָּתֵף מְרוּטָה וְשָׂכָר לֹא־הָיָה לוֹ וּלְחֵילוֹ מִצֹּר
עַל־הָעֲבֹדָה אֲשֶׁר־עָבַד עָלֶיהָ׃ ס
¹⁹ לָכֵן כֹּה אָמַר אֲדֹנָי יְהוִה הִנְנִי נֹתֵן לִנְבוּכַדְרֶאצַּר
מֶלֶךְ־בָּבֶל אֶת־אֶרֶץ מִצְרָיִם וְנָשָׂא הֲמֹנָהּ וְשָׁלַל שְׁלָלָהּ וּבָזַז בִּזָּהּ וְהָיְתָה שָׂכָר לְחֵילוֹ׃
²⁰ פְּעֻלָּתוֹ אֲשֶׁר־עָבַד בָּהּ נָתַתִּי לוֹ אֶת־אֶרֶץ מִצְרָיִם אֲשֶׁר עָשׂוּ לִי נְאֻם אֲדֹנָי יְהוִה׃ ס
²¹ בַּיּוֹם הַהוּא אַצְמִיחַ קֶרֶן לְבֵית יִשְׂרָאֵל וּלְךָ אֶתֵּן פִּתְחוֹן־פֶּה
בְּתוֹכָם וְיָדְעוּ כִּי־אֲנִי יְהוָה׃ פ

¹⁷ Aconteció en el año veintisiete, en el mes primero, el día primero del mes, que vino a mí palabra de Yahvé, diciendo: ¹⁸ Hijo de hombre, Nabucodonosor, rey de Babilonia, hizo a su ejército prestar un arduo servicio contra Tiro. Toda cabeza ha quedado rapada y toda espalda desollada; y ni él ni su ejército recibieron paga de Tiro por el servicio que prestó contra ella.

¹⁹ Por tanto, así ha dicho Yahvé, el Señor: He aquí que yo doy a Nabucodonosor, rey de Babilonia, la tierra de Egipto; él tomará sus riquezas, recogerá sus despojos y arrebatará el botín, y así habrá paga para su ejército. ²⁰ Por su trabajo con que sirvió contra ella le he dado la tierra de Egipto; porque trabajaron para mí, dice Yahvé, el Señor. ²¹ "En aquel tiempo haré retoñar el poder de la casa de Israel y abriré tu boca en medio de ellos. Y sabrán que yo soy Yahvé".

Esta breve profecía referente a Egipto fue proclamada unos diecisiete años después de la palabra de Dios anterior y fue la última de todas las predicciones de Ezequiel de las que tenemos noticia. Pero, a pesar de su brevedad, no ha de tomarse en conexión de la palabra que sigue en Ez 30, 1-19 para forma con ella una misma profecía, como supone Hitzig, pues esto va en contra no solo de la fórmula de Ez 30, 1, que ofrece la introducción usual a una nueva palabra de Dios, sino que va también en contra de Ez 29, 21, donde termina claramente la palabra anterior.

Esta terminación, que es análoga a las palabras finales de las profecías en contra de Tiro y Sidón en Ez 28, 25-26, muestra también que esta palabra contiene la última de las profecías en contra del poder mundial de Egipto y que la única razón que el profeta tuvo para no colocarla al final de esta colección de profecías (es decir, después de Ez 32) es que la promesa del verso 30, de que el Señor quitará una espina para la casa de Israel contiene un correlato a la declaración de que Egipto será desde ahora un reino con poco poder.

Más aún, esta amenaza de juicio, que es tan breve como definitiva, está bien situada para servir de introducción a la amenaza más concreta y detallada que sigue. El contenido de la profecía, es decir, que Dios pondrá a Egipto en manos de Nabucodonosor como presa de saqueo, en compensación por el duro trabajo que su ejército tuvo que realizar en Tiro, nos sitúa en el tiempo que sigue inmediatamente al año 13 del asedio de Tiro por Nabucodonosor. Si comparamos esto con la fecha dada en Ez 29, 17, el asedio terminó en el año 27 de la cautividad de Joaquín, es decir, el 572 a.C, y debe haber comenzado por tanto el año 586, unos dos años después de la destrucción de Jerusalén, y esto concuerda con el extracto de los anales tirios que ofrece Josefo en *C. Apion* I, 21[45].

הָעֲבֹדָה אֲשֶׁר־עָבַד, realizar el servicio que ha de ser realizado. Este trabajo había sido tan intenso que toda cabeza quedó calva y todo hombro aplastado. Estas palabras han sido bien interpretadas por los comentaristas, incluso por Ewald, diciendo que están referidas a los duros trabajos que debieron realizar los caldeos para unir la tierra firme con la isla de Tiro. Ellas confirman lo que hemos dicho antes, al comentar el texto de Ez 26, 10 y en otros lugares, al referirnos a la toma de Tiro.

Pues bien, ni Nabucodonosor ni su ejército habían sido recompensados por esta dura fatiga. Esto no significa que Nabucodonosor hubiera sido incapaz de cumplir la obra que había asumido, es decir, ejecutar su designio de tomar la ciudad, sino simplemente que él no había recibido la recompensa que había esperado tras un esfuerzo tan grande. En otras palabras, él no había encontrado el botín que había esperado al tomar la ciudad (cf. observaciones en la introducción a Ez 26-28). Como recompensa por eso, el Señor le iba a dar la tierra de Egipto con sus posesiones como botín.

וְנָשָׂא הֲמֹנָהּ, es decir, él tomará la abundancia de sus posesiones, su riqueza, no que él llevará fuera a la multitud de su pueblo, como suponen algunos (De Wette, Kliefoth, etc.), porque נשא no es una expresión apropiada para esto (Hitzig), הֲמֹנָהּ, la abundancia de sus posesiones, como en Is 60, 5; Sal 37, 16 etc. פְּעֻלָּתוֹ, por si trabajo, por el hecho de haberlo realizado, la recompensa por el trabajo realizado, como en Lev 19, 13 y en otros pasajes.

Hitzig toma אֲשֶׁר עָשׂוּ como refiriéndose a los egipcios, y traduce "en consecuencia por aquello que ellos han hecho por mi". Pero aunque אֲשֶׁר pueda

---

45. Con la finalidad de ofrecer una prueba de que el templo de Jerusalén estuvo en ruinas unos cuarenta años, desde el tiempo de su destrucción hasta el comienzo de su reedificación, en el pasaje ya referido, Josefo se refiere a los años de los varios reyes y jueces de Tiro, desde Itobaal hata Hiram, en cuyo tiempo tomo Ciro el reino. De esto se deduce que desde el comienzo del asedio de Tiro hasta el año catorce de Hiram, cuando comenzó el reino de Ciro, pasaron catorce años. Al mismo tiempo, se da por equivocación el año siete de Nabucodonosor en vez del año 17 ó 19 del comienzo del asedio. Cf., sobre este tema: Movers, *Phönizier* II 1, pp. 437ss.; M. v. Niebuhr, *Gesch. Assurs u. Bab.* pp. 106 ss. y M. Duncker, *Gesch. des Altert.* I p. 841.

tomarse en ese sentido (cf. Is 65, 18), los argumentos empleados por Hitzig en oposición a la traducción normal (por el servicio que Nabucodonor y su ejército, me hicieron contra ella, es decir, contra Tiro por mi y por mi mandato...) no tienen fuerza alguna. El uso de עשה está bien establecido por Gen 30, 30, y la objeción que él (Hitzig) eleva (es decir, que la aserción de que Nabucodonosor había sitiado Tiro haciendo un servicio a Yahvé solo tendría sentido si él hubiera tomado la ciudad) está fuera de lugar, por la simple razón de que la afirmación de que no tomó Tiro es una simple conjetura; y aunque tal conjetura fuera cierta habría que seguir afirmando que el asedio de Tiro por Nabucodonosor fue una obra realizada al servicio de Yahvé.

Por otra parte, el argumento principal de Hitzig (que deberíamos esperar necesariamente עשה en vez de עשו, ya que con עשו todo lector de hebreo tomaría inevitablemente אֶרֶץ como una palabra referida a מִצְרַיִם) está totalmente fuera de lugar, porque, en este pasaje, מִצְרַיִם no significa "los egipcios", sino la tierra de Egipto en cuanto tal, de tal forma que la acción a la que el texto alude se refiere a Nabucodonosor y su ejército.

Pero lo que es absolutamente decisivo es la circunstancia de que el mismo pensamiento "a consecuencia de aquello que los egipcios han hecho por mí" (es decir, el mal que ellos han podido realizar) resulta aquí extraño y contrario a todas las profecías de Ezequiel relacionadas con Egipto. Porque la culpa de Egipto y del Faraón que aquí se menciona no es ningún crimen en contra de Yahvé, sino la simple deificación del mismo Faraón y la naturaleza traidora de la ayuda que los egipcios ofrecieron a Israel. עָשׂוּ לִי = לִיהוָה no es la expresión adecuada para indicar esto, para lo cual deberíamos puntuar עָשׂוּ לִי, como en Ez 23, 38

Ez 29, 21. En aquel día, es decir, cuando se ejecute el juicio sobre Egipto por obra de Nabucodonosor, el señor hará retoñar el poder (el cuerno) que brotará en la casa (pueblo) de Israel. El cuerno (קֶרֶן) es un símbolo del poder y de la fuerza, por el que serán expulsados los ataques de los enemigos. Así se dice que cuando Judá fue vencida, fue cortado el cuerno de Israel (Lam 23; cf. Jer 48, 25).

En אַצְמִיחַ קֶרֶן la promesa coincide en cuanto a las palabras con Sal 132, 17. Pero ella evoca hacia atrás las palabras proféticas de Ana en 1 Sam 2, 1: "Mi cuerno ha sido exaltado por Yahvé, mi boca se ha ensanchado en contra de mis enemigos", unas palabras que son mesiánicas en el sentido más amplio de la palabra. El cuerno que el Señor hará crecer en el pueblo de Israel no es Zorobabel, ni un mesías sin más, sino la salvación mesiánica.

La razón para conectar esta promesa de salvación de Israel con la destrucción del poder de Egipto es (como Hävernick ha observado) que "Egipto se presenta ante el profeta como el poder en el que se encarna y circunscribe la idea del paganismo". Con la caída de Egipto queda derribado el poder mundial, y la superación del poder mundial implica la aurora del surgimiento del poder de

Dios. Entonces, el Señor dará a su profeta la posibilidad de que su boca se abra y proclame la palabra en medio de Israel.

Estas palabras están incuestionablemente conectadas con la promesa de Dios en Ez 24, 26-27, donde se decía que tras la caída de Jerusalén se abriría la boca de Ezequiel, y lo mismo con el cumplimiento de la promesa de Ez 33, 22. Pero aquí ellas tienen un sentido mucho más amplio: Con la aurora de la salvación en Israel, es decir, en la Iglesia del Señor, la palabra de la profecía resonaría con toda fuerza, teniendo también en cuenta que, conforme a la profecía de Joel 2, 1-10, entonces tendría lugar un despliegue universal del Espíritu de Dios.

En este contexto, resulta correcta la observación de Teodoreto cuando afirma que "por Ezequiel se entiende aquí toda la multitud de los profetas". Pero Kliefoth ha entendido mal el significado de las palabras cuando él descubre en ellas el pensamiento de que "Dios dará entonces al profeta una nueva palabra de Dios relacionada con Egipto e Israel, y que está palabra es la que está contenida en 30, 1-19". Esta visión es falsa, no solo por todo lo que hemos visto, sino por el hecho de que la expresión בְּתוֹכָם (en medio de ellos) no puede aplicarse a Egipto y a Israel, sino que se refiere solo a la casa de Israel (לְבֵית יִשְׂרָאֵל).

3.3. Ez 30, 1-19. El día del juicio sobre Egipto

Comenzando con una llamada de lamentación, el profeta anuncia que el día del juicio del Señor sobre las naciones está cerca, a la mano, y que estallará sobre Egipto y sobre las naciones aliadas con Egipto (30, 2-5). Después se extiende en tres estrofas, con las palabras introductorias כה אמר y la ejecución de ese juicio, según este desarrollo: (a) devastación del poder de Egipto y de su tierra (30, 6-9); (b) exterminio de los ídolos de Egipto y conquista y demolición de sus fortalezas, con matanza de sus varones y cautividad de sus mujeres (30, 13-19).

El encabezamiento no contiene ninguna información cronológica y el contenido no ofrece ningún criterio definido para determinar con precisión la fecha de la profecía. Jerónimo asigna este oráculo al mismo periodo de la profecía de 29, 1-16, mientras que otros la conectan de un modo más estrecho con 29, 17-21, y la toman como la última de las profecías de Ezequiel. Esta última es la conclusión adoptada por Rosenmüller, Hävernick, Hitzig, Kliefoth y algunos otros.

El principal argumento que ellos aducen para vincular esta profecía con Ez 29, 17 es que en 30, 3 se toma el juicio contra Egipto como algo que está muy cerca, a la mano, y esto no se aplica al año décimo (Ez 29, 1), mientras que es perfectamente aplicable al año 27 (Ez 29, 17), cuando había terminado el sitio de Tiro y Nabucodonosor estaba a punto de atacar a Egipto. Pero la expresión "el día del Señor está cerca, a la mano" es una frase muy poco precisa en sentido cronológico, de forma que de ella no puede deducirse ninguna fecha más concreta sobre el tiempo en que fue compuesto este oráculo. Tampoco el hecho de que nuestra profecía venga después de la de 29, 17-21 ofrece ningún dato, ni prueba nada, pues las otras profecías que siguen y que aparecen vinculadas con fechas concretas pertenece a un período muy anterior.

Por todo esto, resulta evidente que Ez 29, 17-21 se ha insertado sin tener en cuenta la secuencia cronológica, y, de un modo consecuente, Ez 30, 1-19 puede pertenecer también al período que se extiende entre el mes diez del décimo año (29, 1) y el primer mes del año undécimo (Ez 30, 20), pero también al año veintisiete (Ez 29, 17), pues todas las razones que se asignan para una conexión más estrecha de nuestra profecía con la precedente (Ez 29, 17-21), con la suposición de que pertenecen a la misma fecha, son inválidas. Por otra parte, la semejanza de 30, 6 con 30, 17; 29, 10.12 no es suficiente para afirmar que son del mismo tiempo.

30, 1-5. Anuncio del juicio sobre Egipto y sus aliados

¹ וַיְהִי דְבַר־יְהוָה אֵלַי לֵאמֹר׃
² בֶּן־אָדָם הִנָּבֵא וְאָמַרְתָּ כֹּה אָמַר אֲדֹנָי יְהוִה הֵילִילוּ הָהּ לַיּוֹם׃
³ כִּי־קָרוֹב יוֹם וְקָרוֹב יוֹם לַיהוָה יוֹם עָנָן עֵת גּוֹיִם יִהְיֶה׃
⁴ וּבָאָה חֶרֶב בְּמִצְרַיִם וְהָיְתָה חַלְחָלָה בְּכוּשׁ בִּנְפֹל חָלָל בְּמִצְרָיִם וְלָקְחוּ הֲמוֹנָהּ וְנֶהֶרְסוּ יְסוֹדֹתֶיהָ׃
⁵ כּוּשׁ וּפוּט וְלוּד וְכָל־הָעֶרֶב וְכוּב וּבְנֵי אֶרֶץ הַבְּרִית אִתָּם בַּחֶרֶב יִפֹּלוּ׃ פ

¹ Vino a mí palabra de Yahvé, diciendo: ² Hijo de hombre, profetiza y di: Así ha dicho Yahvé, el Señor: Lamentad, diciendo: ¡Ay de aquel día!'. ³ Porque cerca está el día, cerca está el día de Yahvé; día de nublado, día de castigo de las naciones será. ⁴ Vendrá espada a Egipto y habrá miedo en Etiopía cuando caigan heridos en Egipto. Tomarán sus riquezas y serán destruidos sus fundamentos. ⁵ Etiopía, Fut, Lud, toda Arabia, Libia y los hijos de los países aliados caerán con ellos a filo de espada.

En el anuncio del juicio de Ez 30, 2-3, Ezequiel se apoya en Joel 1, 13.5; 2, 2, donde a la aplicación del juicio sobre el mundo pagano de Abdías (el día de Yahvé: Abd 1, 15) se le añade una descripción de la cercanía y del carácter terrible de ese día, de tal forma que incluso Is 13, 6.9 y Sof 1, 7.14 hacen suyas las palabras de Joel. También Ezequiel hace lo mismo, con la excepción de que él utiliza הָהּ en vez de הֵהָהּ y aumenta la fuerza de la expresión repitiendo קָרוֹב יוֹם, día cercano.

En 30, 3, las palabras que van de יוֹם עָנָן a יִהְיֶה no han de tomarse juntas como formando una sentencia: "día de nubes será el tiempo de las naciones" (De Wette), porque la idea del tiempo de las naciones no ha sido aún mencionada, como si ella sirviera para preparar la descripción de su naturaleza que sigue aquí.

עֵת גּוֹיִם y יוֹם עָנָן contienen dos afirmaciones concernientes al día de Yahvé. Será un día de nubes, es decir, de gran calamidad (como en Joel 2, 2), y será el tiempo de los paganos, es decir, el día en que los paganos (גּוֹיִם sin artículo) serán juzgados, cuando quede sacudido su poder (cf. Is 13, 22).

Predicciones de juicio sobre las naciones paganas

Este día está llegando sobre Egipto, que sucumbirá bajo la espada. Etiopía quedará tan aterrada por eso que se agitará de un modo convulso, con angustia (con חַלְחָלָה, como en Nahúm 2, 11 e Is 21, 3). וְלָקְחוּ הֲמוֹנָהּ significa tomarán sus riquezas (su botín), saquearán su tierra. El sujeto de לָקְחוּ es indefinido: ellos, es decir, los enemigos.

Serán destruidos los cimientos de Egipto, no los fundamentos de sus edificios, pues esta palabra ha de tomarse en sentido figurado, como refiriéndose a personas, por analogía con Is 19, 10. Pero la idea de que aquí se está refiriendo a Cush, Put etc. (Ez 30, 9), es decir, a las tropas mercenarias de esos lugares vinculados con Egipto como supone Hitzig, es no solo extremadamente improbable, sino decididamente falsa.

El anuncio de 30, 5 donde se dice que Cush, Put etc. han de caer por la espada junto con los egipcios (אִתָּם) resulta por sí mismo suficiente para mostrar que esas tribus, incluso siendo aliadas o mercenarias de Egipto, no constituían los fundamentos del Estado y reino de Egipto, sino que, por el contrario, Egipto poseía una fuerza militar propia, compuesta por soldados nativos, aunque estaba fortalecida por otro grupos de soldados auxiliares o aliados. En esa línea interpretamos יְסֹדֹתֶיהָ, siguiendo la analogía de Sal 11, 3 y 82, 5, como refiriéndose a los fundamentos reales del estado, es decir a las instituciones y regulaciones en las que se apoya la estabilidad y prosperidad del reino.

Los pueblos vecinos de Egipto, amigos y aliados suyos, serán también destruidos por el juicio, con los egipcios. Cush, es decir, los etíopes. Phut y Lud, es decir, los libios y los lidios africanos (cf. *Coment.* a Ez 27, 10), aparecen aquí ante todo como auxiliares de Egipto, porque, según Jer 46, 9, ellos sirvieron en el ejército de Necao. Pero כָל־הָעֶרֶב, es decir, toda la multitud mezclada (cf. *Coment.* a 1 Rey 10, 15: πάντες οἱ ἐπίμικτοι, LXX), son los soldados mercenarios del ejército de Egipto, que provenían de varias naciones (eran especialmente, griegos, jonios y carios, los ἐπίκουροι, como les llama Herodoto III. 4, etc.). En adición a ellos se nombran también los de Kub (כוּב, ἀπ λεγ.). Hävernick los vincula con los Kufa, que aparecen mencionados en los monumentos de Egipto. Pero, según Wilkinson (*Manners*, etc., I 1, pp. 361 ss.), ellos habitaban en una zona de Asia, al norte de Palestina, aunque a su juicio serían enemigos de Egipto.

En esa línea, Hitzig los vincula con Kohistan, un distrito de Media, del que los egipcios difícilmente podían conseguir mercenarios. Por eso, viendo que con ese nombre (Kub) no se puede conseguir ninguna verosimilitud sobre el origen de esos mercenario, algunos han pensado que el nombre כוּב es una mala lectura de לוּב, de forma que se ha pensado en los לוּבִים de Nahum 3, 9 y 2 Cron 16, 8. Por otra parte, esa forma לוּב, al lado de לוּבִים es análoga a la de לוּד al lado de לוּדִים en Jer 46, 9; en esa línea se podría pensar en los libio-egipcios de los antiguos tiempos, que parecen responder bien a estos לוּבִים (cf. *Coment.* Gen 10, 13).

Por otra parte, la conjetura ofrecida por Gesenius (*Thes.* p. 664), cuando dice que se trata de נוב, es decir, de los nubios ha encontrado poco apoyo entre los traductores, y la suposición de que *bwl* puede haber sido una forma antigua de referirse a Nubia (Hitzig) carece de todo fundamento sólido. F. J. V. D. Maurer (*Comm. gram. crit. in V. T.* Leipzig 1836) supone que se trata de *Cob*, una ciudad o distrito de Mauritania en el *Itiner. Anton.* p. 17, ed. Wessel.

La siguiente expresión (hijos de la tierra de la alianza: בְּנֵי אֶרֶץ הַבְּרִית) es también oscura. Hitzig ha observado que no puede ser sinónima de בַּעֲלֵי, sus aliados. Pero no podemos aceptar que la tierra de la alianza, concretada con el artículo, sea Canaán, la tierra santa (HitzigyKliefoth), aunque Jerónimo escribe sin reserva alguna *de filiis terrae foederis*, i.e., *de populo Judaeorum* (de los hijos de la tierra de la alianza, es decir de los judíos). Por su parte, los LXX, al traducir καὶ τῶν υἱῶν τῆς διαθήκης μου (y los hijos de mi alianza) están pensando sin duda en los judíos que huyeron a Egipto, según la exposición de Teodoreto, después de la destrucción de Jerusalén y del asesinato del gobernador Godolías (con Jeremías), por miedo a la venganza de los caldeos (Jer 42-43 y 44).

En contra de eso está el hecho de que a la tierra santa de Israel no se le llama nunca "tierra de la alianza" ni en el Antiguo ni en el Nuevo Testamento, expresión que no se puede encontrar, como Hitzig supone, en Sal 74, 20 ni en Dan 11, 28, ni puede apoyarse en ninguno de los epítetos que hablan de la "tierra de la promesa" en Hbr 11, 9, o Hch 3, 25, donde Pedro llama a los judíos los hijos de los profetas y de la alianza. Según eso, aceptamos la opinión de Schmieder y suponemos que אֶרֶץ se refiere a alguna región determinada, desconocida para nosotros, vecina de Egipto, vinculada con ellos y habitada por una tribu que estaba vinculada por alianza con los egipcios, de manera que les ofrecía su ayuda en tiempo de guerra.

30, 6-9. Todos los que apoyen y ayuden a Egipto caerán, y la tierra con sus habitantes será devastada.

6 כֹּה אָמַר יְהוָה וְנָפְלוּ סֹמְכֵי מִצְרַיִם וְיָרַד גְּאוֹן עֻזָּהּ
מִמִּגְדֹּל סְוֵנֵה בַּחֶרֶב יִפְּלוּ־בָהּ נְאֻם אֲדֹנָי יְהוִה׃
7 וְנָשַׁמּוּ בְּתוֹךְ אֲרָצוֹת נְשַׁמּוֹת וְעָרָיו בְּתוֹךְ־עָרִים נַחֲרָבוֹת תִּהְיֶינָה׃
8 וְיָדְעוּ כִּי־אֲנִי יְהוָה בְּתִתִּי־אֵשׁ בְּמִצְרַיִם וְנִשְׁבְּרוּ כָּל־עֹזְרֶיהָ׃
9 בַּיּוֹם הַהוּא יֵצְאוּ מַלְאָכִים מִלְּפָנַי בַּצִּים לְהַחֲרִיד אֶת־כּוּשׁ
בֶּטַח וְהָיְתָה חַלְחָלָה בָהֶם בְּיוֹם מִצְרַיִם כִּי הִנֵּה בָּאָה׃ ס

⁶ *Así ha dicho Yahvé: También caerán los que sostienen a Egipto, y la altivez de su poderío caerá; desde Migdol hasta Sevene caerán en él a filo de espada", dice Yahvé, el Señor.* ⁷ *Será la más desolada de todas las tierras, y sus ciudades estarán entre las ciudades destruidas.*

Predicciones de juicio sobre las naciones paganas

> ⁸ Y sabrán que yo soy Yahvé, cuando ponga fuego a Egipto y sean quebrantados todos sus ayudadores. ⁹ En aquel tiempo saldrán mensajeros de parte mía en naves, para espantar a Etiopía la confiada, y tendrán espanto como en el día de Egipto; porque he aquí que viene.

Aquellos que ayudan a Egipto no son las tribus auxiliares y aliadas, porque ellas están incluidas en los עֹזְרֶיהָ de 30, 8, sino los ídolos y príncipes (Ez 30, 13), las ciudades fortificadas (30, 15) y los guerreros que formaban el fundamento del poder de su reino. גְּאוֹן, el orgullo e su poder, una expresión que en 24, 21 se aplica al templo de Jerusalén, y que aquí aparece en sentido general, aplicada no meramente a los templos e ídolos de Egipto, sino a toda la suma de aquellas cosas en las que lo egipcios fundaban el poder de su reino, y por cuya razón ello se creían invencibles.

Para מִמִּגְדֹּל cf. lo ya dicho en *Coment.* a 29, 10. El sujeto de יִפְּלוּ־בָהּ es מִצְרַיִם. Ez 30, 7 es casi una repetición de 29, 12, y el sujeto de וְנָשַׁמּוּ es מִצְרַיִם, tomado como país (no como pueblo), aunque el número y el género están determinados por la forma del nombre. El fuego que Dios enviará a Egipto (30, 8) es el fuego de la guerra.

Ez 30, 9. Las noticias de este juicio de Dios serán llevadas por mensajeros hasta Etiopía, provocando allí la más intensa consternación por la posibilidad de que les llegue un destino semejante. Los mensajeros que llevan hasta allí las noticias no son las fuerzas de guerra de Caldea, enviadas por Dios, porque ellas no se contentarían simplemente con anunciar la noticia. Debemos pensar más bien en egipcios que huyen en barco hasta Etiopía.

Los mensajeros van מִלְּפָנַי, es decir, de parte de Dios, a quien se supone presente en Egipto, mientras se ejecuta allí el juicio (cf. Is 19, 1). צִים, como en Num 24, 24 = צִיִּים, son los barcos, trirremes (con tres filas de remos), según los rabinos, con Jerónimo, Símmaco (sobre Is 33, 21) y el tárgum de Num (cf. Gesenius, *Thes.* p. 1156). La palabra בֶּטַח, la confiada, se vincula con כּוּשׁ, Cush, que aparece así como segura y confiada (Ewald, §287c).

Se repite הָיְתָה חַלְחָלָה como en Ez 30, 4. בָּהֶם, entre los etíopes. בְּיוֹם מִצְרַיִם, como en el día de Egipto, que no es el día del castigo actual de Tiro, del que los etíopes han oído hablar a través de los mensajeros, sino el día del castigo antiguo, bien conocido, los egipcios cuando el éxodo de los hebreos (Ex 15, 12).

Ewald y Hitzig siguen a los LXX y ponen כְּיוֹם en vez de בְּיוֹם, pero ese cambio es incorrecto y no responde al texto, y convierte בְּיוֹם מִצְרַיִם en un repetición opaca de בַּיּוֹם הַהוּא. El sujeto de הִנֵּה בָאָה ha de tomarse del contexto, es decir, de aquello que ha sido predicho en los versos anteriores (Ez 30, 6-8).

30, 10-12. Los ejecutores del juicio

¹⁰ כֹּה אָמַר אֲדֹנָי יְהוִה וְהִשְׁבַּתִּי אֶת־הֲמוֹן מִצְרַיִם בְּיַד נְבוּכַדְרֶאצַּר מֶלֶךְ־בָּבֶל׃

¹¹ הוּא וְעַמּוֹ אִתּוֹ עָרִיצֵי גוֹיִם מוּבָאִים לְשַׁחֵת הָאָרֶץ וְהֵרִיקוּ

חַרְבוֹתָם עַל־מִצְרַיִם וּמָלְאוּ אֶת־הָאָרֶץ חָלָל׃
¹² וְנָתַתִּי יְאֹרִים חָרָבָה וּמָכַרְתִּי אֶת־הָאָרֶץ בְּיַד־רָעִים וַהֲשִׁמֹּתִי
אֶרֶץ וּמְלֹאָהּ בְּיַד־זָרִים אֲנִי יְהוָה דִּבַּרְתִּי׃ ס

¹⁰ *Así ha dicho Yahvé, el Señor: Destruiré las riquezas de Egipto por mano de Nabucodonosor, rey de Babilonia. ¹¹ Él, y con él su pueblo, los más fuertes de las naciones, serán traídos para destruir el país. Desenvainarán sus espadas sobre Egipto y llenarán de muertos la tierra. ¹² Secaré los ríos y entregaré el país en manos de malos, y a manos de extranjeros destruiré la tierra y cuanto en ella hay. Yo, Yahvé, he hablado.*

הָמוֹן no puede entenderse como significando solo una multitud de gente, ni tampoco una abundancia de posesiones sin más, porque no se aplica solo a ninguno de esos dos significados. Ciertamente, esos están incluidos en הֲמוֹן, que significa el tumulto de los pueblos que buscan la posesión y gozo egoísta de su libertad (Ez 26, 13). Esta expresión queda así específicamente explicada en Ez 30, 11-12.

Nabucodonosor destruirá la tierra con sus hombres de guerra, matando al pueblo con sus posesiones. עָרִיצֵי, como en 28, 7. מוּבָאִים como en Ez 23, 42. Sobre וְהֵרִיקוּ cf. 12, 14. 28. Por su parte, וּמָלְאוּ... חָלָל como en 11, 6. יְאֹרִים son los brazos y canales del Nilo, por lo que se regaba la tierra y de los que dependía la fertilidad y riqueza de Egipto.

Secar los canales de Egipto significaba por tanto dejar abiertos los caminos para la entrada de los caldeos en la tierra, pero al mismo tiempo destruir la fuerte de recursos naturales de los que dependía el país. Por su parte מכר es vender un país o ponerlo en las manos de otro, es decir, bajo su poder (cf. Dt 32, 30; Jc 2, 14 etc.). Para el hecho mismo, cf. Is. 19, 4-6. Para וַהֲשִׁמֹּתִי, cf. 19, 7.

30, 13-19. Sigue la descripción del juicio

¹³ כֹּה־אָמַר אֲדֹנָי יְהוִה וְהַאֲבַדְתִּי גִלּוּלִים וְהִשְׁבַּתִּי אֱלִילִים
מִנֹּף וְנָשִׂיא מֵאֶרֶץ־מִצְרַיִם לֹא יִהְיֶה־עוֹד וְנָתַתִּי יִרְאָה בְּאֶרֶץ מִצְרָיִם׃
¹⁴ וַהֲשִׁמֹּתִי אֶת־פַּתְרוֹס וְנָתַתִּי אֵשׁ בְּצֹעַן וְעָשִׂיתִי שְׁפָטִים בְּנֹא׃
¹⁵ וְשָׁפַכְתִּי חֲמָתִי עַל־סִין מָעוֹז מִצְרָיִם וְהִכְרַתִּי אֶת־הֲמוֹן נֹא׃
¹⁶ וְנָתַתִּי אֵשׁ בְּמִצְרַיִם חוּל (תָּחִיל) [תָּחוּל] סִין וְנֹא תִּהְיֶה לְהִבָּקֵעַ וְנֹף צָרֵי יוֹמָם׃
¹⁷ בַּחוּרֵי אָוֶן וּפִי־בֶסֶת בַּחֶרֶב יִפֹּלוּ וְהֵנָּה בַּשְּׁבִי תֵלַכְנָה׃
¹⁸ וּבִתְחַפְנְחֵס חָשַׂךְ הַיּוֹם בְּשִׁבְרִי־שָׁם אֶת־מֹטוֹת מִצְרַיִם
וְנִשְׁבַּת־בָּהּ גְּאוֹן עֻזָּהּ הִיא עָנָן יְכַסֶּנָּה וּבְנוֹתֶיהָ בַּשְּׁבִי תֵלַכְנָה׃
¹⁹ וְעָשִׂיתִי שְׁפָטִים בְּמִצְרָיִם וְיָדְעוּ כִּי־אֲנִי יְהוָה׃ פ

¹³*Así ha dicho Yahvé, el Señor: Destruiré también las imágenes y destruiré los ídolos de Menfis; y no volverá a haber un soberano de la tierra de Egipto, y en la tierra de Egipto pondré temor. ¹⁴ Asolaré a Patros, pondré fuego a Zoán y ejecutaré juicios en Tebas. ¹⁵ Derramaré mi ira sobre Sin, fortaleza de Egipto, y exterminaré a la multitud de Tebas.*

> ¹⁶ *Pondré fuego a Egipto: Sin tendrá gran dolor, Tebas será destrozada y Menfis tendrá continuas angustias.* ¹⁷ *Los jóvenes de Avén y de Pibeset caerán a filo de espada, y las mujeres irán en cautiverio.* ¹⁸ *En Tafnes se oscurecerá el día, cuando quebrante yo allí el poder de Egipto y cese en ella la soberbia de su poderío; tiniebla la cubrirá, y los habitantes de sus aldeas irán en cautiverio.* ¹⁹ *Ejecutaré, pues, juicios en Egipto y sabrán que yo soy Yahvé.*

Egipto perderá sus ídolos y sus príncipes (cf. Jer 46, 25). אֱלִילִים y גִלּוּלִים son sinónimos, no significan imágenes como tales, sino deidades. El primer nombre es el epíteto ordinario que se aplica a las falsas deidades en Ezequiel (cf. Ez 6,4). El otro aparece en el texto de Is 19, 1. נֹף, contracción de מנף, Manoph o Menoph aparece en Os 9, 6. Es Menfis, la antigua capital del bajo Egipto, con su célebre templo de Ptah, uno de los centros principales de la idolatría de Egipto (cf. *Coment*. Os 9, 6 e Is 19, 13) En Ez 30, 13, מֵאֶרֶץ־מִצְרַיִם pertenece a נָשִׂיא: no habrá ya más príncipe de la tierra de Egipto (príncipe nativo). וְנָתַתִּי יִרְאָה, pondré miedo (cf. Ez26, 17).

Ez 30, 14 pasa del bajo Egipto al Alto Egipto (para Patros, cf. *Coment*. a 29, 14), que ha de quedar también devastada, y en ese contexto se nombran las ciudades principales del Alto Egipto. בְּצֹעַן es la egipcia *Zane*, en copto Jane, llamada Τανίς, Tanis, entre los griegos y romanos. Estaba sobre el brazo tanítico del Nilo, y era una antigua ciudad del Bajo Egipto; cf. *Coment*. a Num 13, 22 y a Is 19, 11. Por su parte, נֹא (= en Nahúm 3, 8 נֹא אָמוֹן, Morada de Amón, en egipcio *Pamen*, es decir la casa de Amón) era el nombre sagrado de Tebas, la célebre ciudad real del Alto Egipto, la Διὸς πόλις ἡ μεγάλη, la Ciudad Grande de Zeus, para los griegos (cf. *Coment*. Nahúm e, 8).

סִין (literalmente admirable, cf. arameo סין) es Πηλούσιον, Pelusium, nombre que deriva de πηλός, sucio, pálido (ὠνόμασται ἀπὸ τοῦ πηλοῦ πηλός, se llama *Pelos* por la palidez: Strabón XVII. p. 802), porque había pantanos sucios en todo su alrededor. Estaba situada en el brazo oriental del Nilo, al que daba su nombre, a una distancia de treinta estadios del mar.

Los árabes le llamaron Elfarama; y en las cercanías de las pocas ruinas del antiguo Pelusium hay todavía un castillo que se llama en árabe *Tineh* (comparar con el caldeo מינא, que es arcilla, en Dan 2, 41). Ezequiel le llama la fortaleza de Egipto, porque, como observa Estrabón (l.c.), es difícil acceder allí desde el este. Por esa razón, Hirtius (*De bello Alexandri*. c. 27) le llama la llave de Egipto, y Suidas (siglo V d.C.) "la llave de la entrada y salida de Egipto". Sobre la historia de esta ciudad, cf. E. Leyrer en Herzog, *Encyclopaedia*.

En אֶת־הֲמוֹן נֹא (la multitud de No, Tebas) muchos comentadores han encontrado un juego de palabras con alusión al Dios Amón, אָמוֹן (Jer 46, 25), la divinidad principal de Tebas, cosa que es posible, pero no muy probable, pues no es probable que encontremos aquí el nombre de un Dios después de 30, 13, y con ese sentido sería inapropiada la palabra הִכְרַתִּי (exterminaré).

En 30, 16 se menciona de nuevo Sin (Pelusium) como fortaleza de la frontera, y la ciudad de No (Menfis) como la capital del Alto Egipto, precisándose que todas han de caer bajo la rabia del juicio. La expresión וְנֹף צָרֵי יוֹמָם (y Tebas tendrá angustias) ha causado cierta dificultad y ha dado ocasión a muchas conjeturas, ninguna de las cuales parece ofrecer una explicación simple y natural[46].

Como Hitzig ha observado correctamente, צָרֵי יוֹמָם es lo mismo que בַּצָּהֳרַיִם שֹׁדֵד en Jer 15, 8, y lo opuesto a אִם־שׁוֹדְדֵי לַיְלָה en Abd. 1, 5. El enemigo que viene de día, no en la noche, es el enemigo que no evita el ataque abierto. La conexión con נֹף ha de explicarse por la misma regla que en Jer 24, 2: Menfis tendrá enemigos a plena luz del día, es decir, estará llena de ellos.

אָוֶן, אָן, en Gen 41, 45. 50 (en egipcio *An, Anu*) es el nombre popular de *Heliópolis* en el Bajo Egipto (cf. *Coment.* a Gen 41, 45) y la forma אָוֶן (cosa vana, ídolo) se ha seleccionado de un modo intencionado en el sentido de *ciudad-del-ídolo* (cf. *Coment* a Os 4, 15), porque On-Heliópolis (en Jer 43, 13: בֵּית שֶׁמֶשׁ, *casa del sol*) era desde tiempo inmemorial una de las sedes principales de la adoración egipcia al sol, y poseía un célebre templo del Dios Sol, con un sacerdocio numeroso y culto (cf. *Coment.* a Gen 41, 45).

Pibeset (וּפִי־בֶסֶת, βουβαστός en los LXX o βουβαστίν, en Herodoto II 59), era la egipcia Pi-Pasht, es decir, el lugar de Pasht, llamado así por el Dios Bubastis o Pasht, de cabeza de gato, que era adorado allí en un espléndido templo. Estaba situada en el canal real que se dirigía a Suez, que fue comenzado por Necao y terminado por Ptolomeo II, no lejos del lugar donde se juntaba con al brazo pelusíaco del Nilo. Era el lugar principal del Nomos Bubastites, y fue destruida por los persas, que demolieron sus murallas (Diodoro Sic. xvi. 51).

Ésta es una ciudad que ha desaparecido totalmente, a excepción de algunos montones de ruinas, que aún llevan el nombre de *Tel Bastah*, a unas siete horas de camino del Nilo (cf. Gesenius, *Thesaurus* pp. 1101 ss., y Leyrer, en Herzog, *Encyclopaedia*, s.v.). Según Herodoto II, 166, el nomos de Bubastis fue asignado a la casta guerrera de los Calasirianos.

Los בַּחוּרֵי son los jóvenes hombres de armas, que caerán bajo la espada. Las הֵנָּה no son las mujeres, αἱ γυναῖκες (LXX y otros), sino las mismas ciudades dependientes de ese nomos, es decir, la población civil en cuanto se distingue de la guarnición militar. Esas ciudades también irán al exilio. Esta explicación de וְהֵנָּה viene apoyada por וּבְנוֹתֶיהָ de Ez 30, 18.

---

46. Ewald propone entender צרי como en arameo, en el sentido de moho, herrumbre: "Menfis será herrumbre eterna". Pero Hitzig ha respondido con razón que en 24, 6.11 la herrumbre se llama *halx*, y que en Sal 6, 3 יוֹמָם no significa perpetua o eterna. Hävernick propone explicar צרי como צָרִים, del aramo *zerâ'* (romper en piezas): Menfis se convertirá en un perpetua ruina, una ciudad eternamente rota. En contra de eso se puede objetar que צרים en hebreo significa opresión, opresores, y que (como he dicho) יוֹמָם no equivale a perpetuo; por otra parte, si la palabra debiera entenderse así la ל no podría omitirse delante de צרי.

תַחְפַּנְחֵס (cf. Jer 43, 7; Ez 44, 1; 46, 14) y תַחְפְּנֵס en Jer 2, 15, es Tafenes, Tafnes, Τάφναι, Τάφνη (LXX), Δάφναι (Herodoto II 30. 107), una ciudad de frontera de Egipto, en la cercanía de Pelusio, que desde el tiempo de Psamético tenía una fortificación con un guarnición fuerte, y con un palacio del Faraón (cf. Jer 43, 9). Después de la destrucción de Jerusalén una parte de los judíos se refugió allí, y a ellos les predicó Jeremías el castigo de Dios, anunciando la conquista de Egipto por Nabucodonosor (cf. Jer 43, 7; 44, 1).

Para el caso de חָשַׂךְ varían las lecturas. La masora impresa para Gen 39, 3 da חָשַׂךְ en todos los códices examinados. Ésta es evidentemente la lectura correcta, como muestra los pasajes paralelos de Ez 32, 8; Is 13, 10; Joel 3, 4; Am 8, 9, con el sentido de oscuridad. El oscurecimiento del día es el pronóstico fenoménico de la llegada del gran día del juicio sobre las naciones (Joel 2, 10; 3, 4. 15; Is 13, 20; etc.).

Este día ha de llegar en Egipto sobre Tafnes, la fortaleza de la frontera de la tierra que va hacia Palestina y Siria, cuando el Señor rompa los yugos de Egipto. Estas palabras retoman el motivo de Lev 26, 13, donde se dice que la liberación de Israel de la cautividad de Egipto implica la ruptura en piezas de sus yugos (cf. también Ez 34, 27). Aquello que entonces sucedió ha de repetirse aquí. Los yugos que Egipto había puesto sobre las naciones han de romperse, y todo lo que en aquel reino era orgulloso ha de terminar (גְּאוֹן עֻזָּהּ, como en Ez 30, 6).

En Ez 30, 18, הִיא, que está en el comienzo, en forma absoluta, remite hacia atrás a תַחְפַּנְחֵס. Esa ciudad (Tafnes) será cubierta con una nube, es decir, será sorprendida por el juicio; y sus hijas, es decir, las ciudades más pequeñas y las aldeas dependientes de ella (cf. Ez 16, 46 y 26, 6) irán al cautiverio, en la persona de sus habitantes. Se sigue de aquí que Tafnes era la ciudad principal de un nomos del Bajo Egipto. Y esto queda confirmado por el hecho de que allí hubiera un palacio real.

Si comparamos la amenaza de este verso (donde se dice que en Tafnes ha de ponerse un fin al poder orgullo del Faraón) con las palabras también amenazadoras de Jer 43, 9, en las que se dice que Nabucodonosor pondrá su trono en Tafnes y destruirá a Egipto, resulta evidente que la guerra entre Egipto y Babilonia se resolvería de un modo necesario en Tafnes o en los alrededores de la ciudad.

Esta proclamación profética no puede explicarse, como supone Kliefoth, por el hecho de que muchos judíos se habían instalado en Tafnes. El contenido de este verso no ofrece ninguna prueba de que Ezequiel solo proclamó esta profecía después que los judíos se habían instalado allí (Jer 43, 1-13; 43, 44). Ez 30, 19 sirve para completar esta profecía.

30, 20. Fijación temporal

²⁰ וַיְהִי בְּאַחַת עֶשְׂרֵה שָׁנָה בָּרִאשׁוֹן בְּשִׁבְעָה לַחֹדֶשׁ הָיָה
דְבַר־יְהוָה אֵלַי לֵאמֹר:

²⁰ Aconteció en el año undécimo, en el mes primero, a los siete días del mes, que vino a mí palabra de Yahvé, diciendo:

Conforme a este encabezamiento, la corta palabra de amenaza que sigue contra Egipto (cf. 30, 21-26) se proclamó el año segundo del asedio de Jerusalén por los caldeos, después que el ejército de Ofra, que había marchado para ayudar a Jerusalén, había sido vencido por los caldeos que se dirigieron para atacarle y rechazarle (Jer 37, 5. 7). Si comparamos esto con el dato de la primera profecía contra Egipto en Ez 29, 1, la profecía que ahora comentamos está separada de la anterior por un intervalo de tres meses.

Pero como en Ez 29 no hay ninguna alusión al intento de Faraón de venir en ayuda de la ciudad sitiada de Jerusalén, ni se sigue diciendo que ha sido rechazado, el hecho de la llegada del ejército egipcio a Palestina, su derrota y su rechazo por parte de los caldeos, parece haber sucedido en el intervalo entre esas dos profecías, hacia el final del año diez.

30, 21-26. Destrucción del poder del faraón por Nabucodonosor

²¹ בֶּן־אָדָם אֶת־זְרוֹעַ פַּרְעֹה מֶלֶךְ־מִצְרַיִם שָׁבָרְתִּי וְהִנֵּה
לֹא־חֻבְּשָׁה לָתֵת רְפֻאוֹת לָשׂוּם חִתּוּל לְחָבְשָׁהּ לְחָזְקָהּ לִתְפֹּשׂ בֶּחָרֶב: ס
²² לָכֵן כֹּה־אָמַר אֲדֹנָי יְהוִֹה הִנְנִי אֶל־פַּרְעֹה מֶלֶךְ־מִצְרַיִם
וְשָׁבַרְתִּי אֶת־זְרֹעֹתָיו אֶת־הַחֲזָקָה וְאֶת־הַנִּשְׁבָּרֶת וְהִפַּלְתִּי אֶת־הַחֶרֶב מִיָּדוֹ:
²³ וַהֲפִצוֹתִי אֶת־מִצְרַיִם בַּגּוֹיִם וְזֵרִיתִם בָּאֲרָצוֹת:
²⁴ וְחִזַּקְתִּי אֶת־זְרֹעוֹת מֶלֶךְ בָּבֶל וְנָתַתִּי אֶת־חַרְבִּי בְּיָדוֹ
וְשָׁבַרְתִּי אֶת־זְרֹעוֹת פַּרְעֹה וְנָאַק נַאֲקוֹת חָלָל לְפָנָיו:
²⁵ וְהַחֲזַקְתִּי אֶת־זְרֹעוֹת מֶלֶךְ בָּבֶל וּזְרֹעוֹת פַּרְעֹה תִּפֹּלְנָה
וְיָדְעוּ כִּי־אֲנִי יְהוָֹה בְּתִתִּי חַרְבִּי בְּיַד מֶלֶךְ־בָּבֶל וְנָטָה אוֹתָהּ אֶל־אֶרֶץ מִצְרָיִם:
²⁶ וַהֲפִצוֹתִי אֶת־מִצְרַיִם בַּגּוֹיִם וְזֵרִיתִי אוֹתָם בָּאֲרָצוֹת וְיָדְעוּ כִּי־אֲנִי יְהוָֹה: ס

²¹ Hijo de hombre, he quebrado el brazo del faraón, rey de Egipto; y he aquí que no ha sido vendado poniéndole medicinas, ni poniéndole un vendaje para ligarlo, a fin de fortalecerlo para que pueda sostener la espada. ²² Por tanto, así ha dicho Yahvé, el Señor: Al faraón, rey de Egipto, me enfrentaré y quebraré sus brazos, el fuerte y el fracturado, y haré que la espada se le caiga de la mano. ²³ Esparciré a los egipcios entre las naciones y los dispersaré por los países.

²⁴ Fortaleceré los brazos del rey de Babilonia, y pondré mi espada en su mano; pero quebraré los brazos del faraón, y delante de aquél gemirá con gemidos de herido de muerte. ²⁵ Fortaleceré, pues, los brazos del rey de Babilonia, y los brazos del faraón caerán; y sabrán que yo soy Yahvé, cuando yo ponga mi espada en la mano del rey de Babilonia y él la extienda contra la tierra de Egipto. ²⁶ Esparciré a los egipcios entre las naciones y los dispersaré por los países. Y sabrán que yo soy Yahvé.

El perfecto שָׁבַרְתִּי en 30, 21 no es un anuncio profético de futuro, sino un pretérito. Esto puede verse por la alusión a la condición resultante de שבר y también por la relación antitética con 30, 22, donde se anuncian acontecimientos futuros (Hitzig). El brazo es una expresión figurativa de poder, aquí de poder militar, como se expresa por la espada. Dios rompe el brazo del faraón en la derrota que los caldeos infligieron al faraón Ofra cuando se dirigía en ayuda de Jerusalén, que estaba situada.

חֻבְּשָׁה es un presente, como lo muestras las cláusulas de infinitivo (רְפֻאוֹת לָשׂוּם לָחֵת) que siguen, además de הנה. Por su parte, חבש significa atar, con el propósito de hacer que se cure un brazo roto, un remedio que puede aplicarse poniendo un vendaje. לְחָזְקָהּ, para que se ponga fuerte o sano; esta palabra está subordinada a la cláusula anterior y gobierna el infinitivo que sigue. El hecho de que el juicio posterior que ha de recaer sobre el faraón se introduzca aquí con (לָכֵן, Ez 30, 22), a pesar de que no ha sido precedido por ninguna enumeración de la culpa que ha ocasionado ese castigo, puede interpretarse suponiendo que ese לָכֵן causal forma un lazo de unión con la cláusula conclusiva de 30, 21: El brazo no podrá ser curado, de manera que no podrá agarrar o llevar más la espada.

Dado que el Faraón no logrará tener más poder victorioso, Dios le quebrará los dos brazos, es decir, el sano y el dañado, le herirá de esa manera completamente, de forma que la espada caerá de su mano. Los egipcios serán así dispersados entre las naciones, palabra que se repite *verbatim* en 20, 33 (cf. 29, 12).

Dios pondrá la espada en manos del rey de Babilonia, y le equipará y le fortalecerá para destruir el poder del Faraón, de manera que éste (el faraón) gritará ante él como uno que está siendo atravesado por la espada. Este pensamiento se repita en Ez 30, 25. 26, para indicar el propósito de este procedimiento divino. Éste es el propósito: Que los hombres reconozcan que Yahvé es Dios, el Señor. El sujeto de וְיָדְעוּ es indefinido. La frase ha sido bien traducida por los LXX: καὶ γνώσονται πάντες (y todos conocerán...).

3.4. *Ez 31, 1-18. Gloria y caída de Asur, tipo de Egipto*

En dos meses menos seis días desde el tiempo de la palabra anterior de Dios, Ezequiel recibe otra palabra amenazadora contra el rey y el pueblo de Egipto, en la que se confirma el anuncio anterior de la destrucción del poder de Egipto con una comparación tomada de la destrucción del poder de Asur. De esa manera, tras abrir la profecía con una pregunta sobre "a quién se parece el Faraón" (31, 2), Ezequiel comienza a presentar a Asur como un poderoso cedro (31, 3-9) que ha sido cortado y derribado por el príncipe de las naciones a causa de su altura y de su orgullo (31, 20-14), de manera que todas las cosas se lamentaron de su caída, porque fueron muchas las naciones que se hundieron con él en el infierno (31, 15-17).

La pregunta ¿a quién se parece el faraón? se repita en 31, 18, y de esa comparación se saca la conclusión de que el faraón perecerá lo mismo que el orgulloso cedro de Asur. El recuerdo de la grandeza del imperio asirio y de su destrucción está bien escogido para derribar toda la confianza puesta sobre el poder y la grandeza de Egipto. La caída del gran imperio de Asiria estaba todavía muy fresca en la mente y muy próxima en el tiempo, de manera que ese recuerdo tenía que producir una honda impresión en los oyentes del profeta.

31, 1-9. ¿A quien te compararé¿ El farón como el rey de Asur

¹ וַיְהִ֗י בְּאַחַ֤ת עֶשְׂרֵה֙ שָׁנָ֔ה בַּשְּׁלִישִׁ֖י בְּאֶחָ֣ד לַחֹ֑דֶשׁ הָיָ֥ה דְבַר־יְהוָ֖ה אֵלַ֥י לֵאמֹֽר׃
² בֶּן־אָדָ֕ם אֱמֹ֛ר אֶל־פַּרְעֹ֥ה מֶֽלֶךְ־מִצְרַ֖יִם וְאֶל־הֲמוֹנ֑וֹ אֶל־מִ֖י דָּמִ֥יתָ בְגָדְלֶֽךָ׃
³ הִנֵּ֨ה אַשּׁ֜וּר אֶ֣רֶז בַּלְּבָנ֗וֹן יְפֵ֥ה עָנָ֛ף וְחֹ֥רֶשׁ מֵצַ֖ל וּגְבַ֣הּ קוֹמָ֑ה וּבֵ֣ין עֲבֹתִ֔ים הָיְתָ֖ה צַמַּרְתּֽוֹ׃
⁴ מַ֣יִם גִּדְּל֔וּהוּ תְּה֖וֹם רֹֽמְמָ֑תְהוּ אֶת־נַהֲרֹתֶ֗יהָ הֹלֵךְ֙ סְבִיב֣וֹת מַטָּעָ֔הּ וְאֶת־תְּעָלֹתֶ֣יהָ שִׁלְחָ֔ה אֶ֖ל כָּל־עֲצֵ֥י הַשָּׂדֶֽה׃
⁵ עַל־כֵּן֙ גָּבְהָ֣א קֹֽמָת֔וֹ מִכֹּ֖ל עֲצֵ֣י הַשָּׂדֶ֑ה וַתִּרְבֶּ֤ינָה סַֽרְעַפֹּתָיו֙ וַתֶּאֱרַ֣כְנָה (פֹארֹתוֹ) [פֹארֹתָ֔יו] מִמַּ֖יִם רַבִּ֥ים בְּשַׁלְּחֽוֹ׃
⁶ בִּסְעַפֹּתָ֤יו קִֽנְנוּ֙ כָּל־ע֣וֹף הַשָּׁמַ֔יִם וְתַ֣חַת פֹּארֹתָ֗יו יָֽלְדוּ֙ כֹּ֚ל חַיַּ֣ת הַשָּׂדֶ֑ה וּבְצִלּוֹ֙ יֵֽשְׁבוּ֔ כֹּ֖ל גּוֹיִ֥ם רַבִּֽים׃
⁷ וַיִּ֣יף בְּגָדְל֔וֹ בְּאֹ֖רֶךְ דָּֽלִיּוֹתָ֑יו כִּי־הָיָ֥ה שָׁרְשׁ֖וֹ אֶל־מַ֥יִם רַבִּֽים׃
⁸ אֲרָזִ֣ים לֹֽא־עֲמָמֻהוּ֮ בְּגַן־אֱלֹהִים֒ בְּרוֹשִׁ֗ים לֹ֤א דָמוּ֙ אֶל־סְעַפֹּתָ֔יו וְעַרְמֹנִ֥ים לֹֽא־הָי֖וּ כְּפֹֽארֹתָ֑יו כָּל־עֵץ֙ בְּגַן־אֱלֹהִ֔ים לֹא־דָמָ֥ה אֵלָ֖יו בְּיָפְיֽוֹ׃
⁹ יָפֶ֣ה עֲשִׂיתִ֔יו בְּרֹ֖ב דָּֽלִיּוֹתָ֑יו וַיְקַנְאֻ֙הוּ֙ כָּל־עֲצֵי־עֵ֔דֶן אֲשֶׁ֖ר בְּגַ֥ן הָאֱלֹהִֽים׃ ס

¹ *Aconteció en el año undécimo, en el mes tercero, el día primero del mes, que vino a mí palabra de Yahvé, diciendo:* ² *Hijo de hombre, di al faraón, rey de Egipto, y a su pueblo: ¿A quién te comparaste en tu grandeza?*

³ *He aquí que el asirio era un cedro en el Líbano, de hermosas ramas, de ramaje que da sombra, y su copa era de gran altura, llegaba hasta las nubes.* ⁴ *Las aguas lo hicieron crecer, lo encumbró el abismo; sus ríos corrían alrededor de su pie, y a todos los árboles del campo enviaba sus corrientes.* ⁵ *Por tanto, se encumbró su altura sobre todos los árboles del campo y se multiplicaron sus ramas, y a causa de las muchas aguas se extendió el ramaje que había echado.* ⁶ *En sus ramas hacían nido todas las aves del cielo, debajo de su ramaje parían todas las bestias del campo y a su sombra habitaban muchas naciones.*

⁷ *Se hizo, pues, hermoso en su grandeza con la extensión de sus ramas, porque su raíz estaba junto a aguas abundantes.* ⁸ *Los cedros no lo superaron en el huerto de Dios; los cipreses no fueron semejantes a sus ramas ni los castaños fueron semejantes a su ramaje; ningún árbol en el huerto de Dios fue semejante a él en hermosura.* ⁹ *Lo hice hermoso con la multitud de sus ramas, y todos los árboles del Edén, que estaban en el huerto de Dios, tuvieron de él envidia.*

La palabra de Dios se dirige al rey faraón y a su הֲמוֹנוֹ, es decir, a la multitud de su "tumulto" (de sus gentes, que ocasionaban ruidos y tumultos en la tierra). No debemos interpretar esto, sin embargo, como ha hecho Hitzig, suponiendo que se trata del tumulto de las clases y grupos dominantes en contraste con la quietud de los otros en la tierra, porque הֲמוֹנוֹ no se utiliza nunca en ese sentido. Tampoco podemos suponer que la palabra se aplica solo a la multitud del pueblo (es decir, solo a personas), sino que ella se dirige al pueblo con sus posesiones, sus riquezas, que son las que producen la lujuria y el tumulto en 30, 10.

La pregunta sobre a quién se parece este tumulto del faraón en su grandeza viene seguida, a modo de respuesta, por una descripción de Asur como un cedro glorioso (31, 3-9).Ewald ha seguido el ejemplo de H. Meibom, (1555 –1625), *Vanarum in Cod. Hebr. interprett. spec.* III p. 70 y J. D. Michaelis, intentando suprimir la alusión a Asur, tomando la palabra אֶרֶז אַשּׁוּר como un apelativo, y suponiendo así que esas dos palabras se refieren a un tipo de cedro, el más alto de todos.

Pero, además de que no hay ninguna base para interpretar así esas palabras en plano lingüístico, debemos añadir que tampoco hay ningún fundamento para suponer que ellas deban entenderse de esa forma por su contenido. No hay lugar alguno en que se suponga que el faraón se asemeja a un cedro. Pues bien, a pesar de eso, la pregunta ¿a quién se asemeja? se plantea de nuevo en 31, 18 (Hitzig).

Por otra parte, Michaelis se equivoca al suponer que "desde 31, 10 resulta perfectamente obvio que el texto no se refiere a Asiria, sino a Egipto, y que el cedro del que se trata aquí es Egipto". Pues bien, en contra de eso, debemos afirmar que bajo la figura de un cedro que cae se está describiendo aquí la destrucción de un rey o de una monarquía, como algo que ya se ha realizado. Compárese Ez 31, 12 con 31, 16 donde se evoca el pasado con la misma seguridad que se evocará el futuro en 31, 18.

Pues bien, así deben distinguirse los planos: (a) En 31, 18 se designa claramente en futuro la caída del faraón y su poder. (b) Por el contrario, en 31, 10-17 se está describiendo la caída del cedro como algo ya realizado, un cedro que solo puede ser Asur, no Egipto, en modo alguno. Los aspectos de la gloria de este cedro retoman varios elementos de la descripción figurativa que hemos encontrado ya en Ez 17.

Así se llama aquí cedro del Líbano, porque es allí, en el Líbano, donde crecen los más altos ejemplares de cedros. וְחֹרֶשׁ מֵצַל, de gran ramaje (מֵצַל es un patricipio hfil de צלל) se vincula con יְפֵה עָנָף (de hermosas ramas), como una expansión de עָנָף, que corresponde a la expansión posterior de וּגְבַהּ קוֹמָה, que se une a su "copa entre las nubes".

Si tenemos esto en cuenta, descubrimos que las razones que Hitzig aduce para convertir חֹרֶשׁ en un adjetivo, y para tomar מֵצַל como una formación sustantiva, siguiendo la analogía de מסב pierden todo su fundamento. Además de otras razones para rechazar la propuesta de Hitzig, debemos afirmar que ni מֵצַל

aparece nunca como nombre ni se puede hablar de un adjetivo חֹרֶשׁ, añadiendo que, de todas formas, מֵצֵל no puede significar ramaje, follaje. La traducción de la Vulgata *frondibus nemorosus* (nemoroso por su follaje) es simplemente aventurada (sin fundamento). Por su parte, los LXX han omitido las palabras porque les resultaba ininteligibles.

Para עֲבֹתִים, cúmulo de nubes, cf. *Coment* a Ez 19, 11. Y para צַמַּרְתּוֹ cf. *Coment* a 17, 3. El cedro creció y se hizo tan grande porque estaba muy bien regado (31, 4). De una fuente manaban las corrientes en torno al lugar donde estaba plantado el cedro, y enviaba sus corrientes de agua a todos los árboles del campo.

Las difíciles palabras אֶת־נַהֲרֹתֶיהָ הֹלֵךְ han de tomarse literariamente, de esta manera: a través de ellas, de sus corrientes, el agua (el río) iba discurriendo por su plantación, es decir, en torno a la plantación que pertenecía a la corriente o estaba situada a su lado, es decir, en el lugar en que estaba plantado el cedro. La partícula אֶת no ha de tomarse como una preposición, sino como signo de acusativo, de manera que אֶת־נַהֲרֹתֶיהָ es un acusativo que se utiliza para precisar mejor la forma en que la corriente rodea a la plantación.

Ciertamente, hay algo que sigue siendo sorprendente en el masculino הֹלֵךְ, dado que תְּהוֹם, aunque de género común, se construye siempre como un femenino, incluso en este mismo verso. Pero esa dificultad permanece sin resolverse aunque sigamos a Ewald y tomemos הֹלֵךְ como una forma irregular, escrita de modo defectivo, de הוֹלִיךְ, hacer que corra, hacer que fluya (cf. 32, 14). מַטָּעָהּ, su plantación (de la corriente de agua), es decir, la plantación para la que existe esa corriente.

La palabra תְּהוֹם se utiliza aquí para indicar la fuente o punto de partida de la corriente de agua, lo mismo que Dt 8, 7, donde la palabra תהמות va coordinado con עינות. El lugar donde estaba plantado el gran cedro se hallaba rodeado por las corrientes vivas, mientras que a los otros árboles del campo les llegaba el agua solo por canales secundarios. Por eso, el gran cedro sobresalía por su altura y expansión a todos los árboles del campo (31, 5).

גָּבְהָא es una forma de hebreo arameizado para indicar la altura (se encumbró), y סַרְעַפֹּתָיו es un *hapax legomenon*, una formación también aramea, con una ר insertada, con el sentido de סעפת, ramas. Para פֹּארֹתוֹ cf. *Coment*. a Ez 17, 6. Por su parte, בְּשַׁלְּחוֹ no puede significar "dado que ella, la corriente, expandió el agua" (Ewald); porque, aunque תְּהוֹם en 31, 4 se construye también como masculino, el sufijo no puede tomarse como referido a תְּהוֹם, que está demasiado lejos.

En otra línea, la explicación propuesta por Rosenmüller, Hävernick, Kliefoth y otros "pues él (el cedro) expandía las ramas" debe ser rechazada, porque en ese caso בְּשַׁלְּחוֹ no sería más que una pura tautología, sin aportar sentido alguno al texto, pues la expansión de las ramas está ya contenida en el hecho de que el árbol tiene ramas extensas. Pues bien, la tautología queda superada si el sujeto se toma como indefinido y la expansión se refiere a todo el árbol, no solo a las ramas, sino también a las raíces, a las que suele aplicarse a veces el verbo שׁלח (cf. Jer 17, 8).

Por las muchas aguas, que han hecho que el cedro se vuelva grande, no podemos entender solo, ni especialmente, los numerosos pueblos que han hecho que Asiria se convierta en pueblo grande y poderosa, como ha indicado la traducción caldea y como han destacado muchos comentaristas. Las aguas evocan más bien todo aquello que ha contribuido al crecimiento y grandeza de Asiria. No es seguro que, en el momento en que describe la corriente que riega la plantación de cedros, el profeta tenga en su mente la descripción de los ríos del paraíso en Gen 2, 10. Hitzig y Kliefoth piensan que sí, para añadir que Ezequiel interpreta esos temas de un modo distinto al de Gen 1. De todas formas, no hay seguridad de que Ezequiel esté evocando aquí al al paraíso, tema que solo quedará claro a partir de 31, 8

Ez 31, 6-9 describe aún más la grandeza y gloria de Asur. Encima y debajo de las ramas del gran árbol encuentran cobijo y protección todas las creaturas, pájaros, bestias y hombres, para así vivir y crecer (Ez 31, 6; cf. Ez 17, 23 y Dan 4, 9). En כֹּל גּוֹיִם רַבִּים, todos los tipos de grandes naciones vienen a desplegarse y aparecen así bajo esta figura del cedro. El árbol es tan hermoso (וַיִּיף, de יפה) en su grandeza que entre todos los árboles del jardín de Dios no hay ninguno que se le pueda comparar, de manera que todos le envidian por ello. Esto significa que todas las restantes naciones y reino de la creación de Dios eran muy inferiores a Asur en su grandeza y gloria.

El jardín del paraíso de Gen 2-3 es el גַּן־אֱלֹהִים, el *gan* de Elohim. De un modo consecuente, el עֵדֶן de Ez 31, 6. 9. 18 es también el paraíso, lo mismo que el de 28, 13. No puede aceptarse la objeción de Kliefoth, según la cual, si עֵדֶן se toma en ese sentido, las palabras "que estaban en el huerto de Dios" son un pleonasmo, una pura tautología. En Gen 2, 8 se hace también una distinción entre el עֵדֶן y el jardín en Edén. El jardín no era todo el Edén, sino el huerto especial del Edén, plantado por Yahvé, que formaba la creación paradisíaca real. De esa forma, las palabras "que estaban en el huerto de Dios" dan intensidad a la idea de los árboles del Edén…

Más aún, como ha puesto correctamente de relieve Hävernick, hay un énfasis particular en la separación entre בְּגַן־אֱלֹהִים y אֲרָזִים (jardín de Dios y cedros) en 31, 8. Ninguno de los restantes árboles (cipreses o "castaños") podían compararse con el Cedro de Asur, plantado por Dios en el lugar de las grandes aguas, entre sus meandros y brazos. Ciertamente, el texto (31, 8-9) no dice que el cedro de Asur estuviera en el jardín de Dios; pero de eso no se sigue en modo alguno que por "jardín de Dios" debamos entender simplemente el mundo y la tierra como creación de Dios, tal como lo imagina Kliefoth, añadiendo en defensa de eso que "todas las naciones y reinos del mundo han de verse como árboles plantados por Dios, de manera el mismo mundo puede llamarse, de un modo consistente el jardín o plantación de Dios".

El simple hecho de que se establezca una distinción entre los árboles del campo (31, 4.5) y los árboles de Edén, en el jardín de Dios (31, 8-9) muestra que no todos los árboles se ven aquí de igual manera como plantados por Dios. Si el jardín de Dios se identificara sin más con el mundo ¿por qué tendríamos que ocuparnos del campo, הַשָּׂדֶה? La idea de Ez 31, 8-9 no es que ningún árbol de la ancha tierra de Dios pueda compararse con el cedro de Asur, sino que entre los árboles del paraíso, que es el jardín del Edén, no hay ninguno que sea tan hermoso y glorioso como el cedro de Asur, plantado por Dios entre las grandes aguas.

31, 10-14. Caída del cedro, derrumbamiento de Asur por su orgullo

¹⁰ לָכֵן כֹּה אָמַר אֲדֹנָי יְהוִֹה יַעַן אֲשֶׁר גָּבַהְתָּ בְּקוֹמָה וַיִּתֵּן צַמַּרְתּוֹ אֶל־בֵּין עֲבוֹתִים וְרָם לְבָבוֹ בְּגָבְהוֹ:
¹¹ וְאֶתְּנֵהוּ בְּיַד אֵיל גּוֹיִם עָשׂוֹ יַעֲשֶׂה לוֹ כְּרִשְׁעוֹ גֵּרַשְׁתִּהוּ:
¹² וַיִּכְרְתֻהוּ זָרִים עָרִיצֵי גוֹיִם וַיִּטְּשֻׁהוּ אֶל־הֶהָרִים וּבְכָל־גֵּאָיוֹת נָפְלוּ דָלִיּוֹתָיו וַתִּשָּׁבַרְנָה פֹארֹתָיו בְּכֹל אֲפִיקֵי הָאָרֶץ וַיֵּרְדוּ מִצִּלּוֹ כָּל־עַמֵּי הָאָרֶץ וַיִּטְּשֻׁהוּ:
¹³ עַל־מַפַּלְתּוֹ יִשְׁכְּנוּ כָּל־עוֹף הַשָּׁמָיִם וְאֶל־פֹּארֹתָיו הָיוּ כֹּל חַיַּת הַשָּׂדֶה:
¹⁴ לְמַעַן אֲשֶׁר לֹא־יִגְבְּהוּ בְקוֹמָתָם כָּל־עֲצֵי־מַיִם וְלֹא־יִתְּנוּ אֶת־צַמַּרְתָּם אֶל־בֵּין עֲבֹתִים וְלֹא־יַעַמְדוּ אֵלֵיהֶם בְּגָבְהָם כָּל־שֹׁתֵי מָיִם כִּי־כֻלָּם נִתְּנוּ לַמָּוֶת אֶל־אֶרֶץ תַּחְתִּית בְּתוֹךְ בְּנֵי אָדָם אֶל־יוֹרְדֵי בוֹר: ס

¹⁰ Por tanto, así dijo Yahvé, el Señor: Ya que por ser encumbrado en altura y haber levantado su copa entre las nubes, su corazón se elevó con su altura, ¹¹ yo lo entregaré en manos del poderoso de las naciones, que de cierto lo tratará según su maldad. Yo lo he desechado. ¹² Lo destruirán extranjeros, y los poderosos de las naciones lo derribarán. Sus ramas caerán sobre los montes y por todos los valles; por todos los arroyos de la tierra será quebrado su ramaje. Todos los pueblos de la tierra se irán de su sombra, y lo abandonarán.

¹³ Sobre su tronco caído habitarán todas las aves del cielo, y bajo sus ramas estarán todas las bestias del campo, ¹⁴ para que no se exalten en su altura todos los árboles que crecen junto a las aguas, ni levanten su copa entre la espesura, ni confíen en su altura todos los que beben aguas; porque todos están destinados a la muerte, a lo profundo de la tierra, entre los hijos de los hombres, junto con los que descienden a la fosa.

En la descripción de la causa del derrumbamiento de Asur, que comienza con אֲשֶׁר יַעַן, en la tercera frase se cambia del lenguaje figurativo al hecho literal, de manera que la elevación del cedro viene a interpretarse como encumbramiento del corazón, en su soberbia, es decir, en su orgullo. En la primera frase, el texto se dirige al árbol mismo; pero en las frases que siguen el texto se dirige al árbol en tercera persona.

Ese lenguaje directo de la primera fase del texto ha de explicarse a partir de la forma viva en que se presenta el texto. La sentencia divina de Ez 31, 10-11 no se dirige contra el Faraón, sino contra el poder del Rey de Asiria, a quien se le presenta como un cedro majestuoso, pero desde la perspectiva en que Yahvé le denuncia por su forma de ejercer el mando imperial. El perfecto אָמַר es por tanto aquí un pretérito: El Señor dijo… "ya que (Asur) se ha encumbrado en altura y ha levantado su copa entre las nubes… yo le entregaré…".

La forma וָאֶתְּנֵהוּ, le entregaré, ha de mantenerse en contra del capricho de aquellos críticos que quieran cambiarla por el imperfecto יַעֲשֶׂה que sigue. No ha de pensarse que esta sentencia de castigo de Dios ha sido proclamada ahora, en el presente, sino que ella pertenece al pasado, de manera que estas palabras comunican lo que Dios ha dicho y realizado ya; así lo muestran con claridad los pretéritos, comenzando con גֵּרַשְׁתִּהוּ, los tiempos históricos, וַיִּכְרְתֻהוּ con וַיִּטְּשֻׁהוּ, y el pretérito נָפְלוּ que no ha de convertirse en futuro, en contra de las normas gramaticales.

גָּבַהְתָּ בְּקוֹמָה no significa ser alto en su altura, cosa que sería una tautología, sino exaltarse a sí mismo (ser orgulloso) por razón de su altura. Y de igual manera se entiende וְרָם, en el sentido del corazón que se eleva por orgullo. Para el hecho mismo, cf. Is 10, 5.

אֵיל גּוֹיִם no significa Dios como tal, sino el que es poderoso entre las naciones, es decir, Nabucodonosor. אֵיל es un simple apelativo que proviene de אוּל, el fuerte. No es pues un nombre de Dios, ni una forma defectiva de אֵיל, sino el *estado constructo* de אַיִל, un carnero. Es una forma defectiva que solo aparece en Job 42, 8, donde tenemos el plural אלים, y en ningún otro sitio.

En el caso de אל, אלים, con el sentido de "el fuerte", la *scriptio plena* se alterna con frecuencia con la *defectiva*. Cf. por ejemplo Job 42, 8 donde ambas lecturas aparecen en el mismo pasaje (cf. de Rossi, *Variae lectt.* ad h. l.). Cf. también Ez 15, 15 y 17, 13, con אילי, comparado con אלי en Ez 32, 21, en analogía con נירי y גירים, en 2 Cron 2, 16. עָשׂוֹ יַעֲשֶׂה לוֹ no es una cláusula relativa (que debería tratar mal…), ni contiene una *waw* de relación omitida a causa del עָשׂוֹ precedente, como imagina Hitzig; al contrario, es una cláusula independiente y יַעֲשֶׂה ha de tomarse como imperativo: él le tratará (ha de tratar con él). Por su parte, יַעֲשֶׂה לוֹ es hacer algo a una persona, y se utiliza aquí (como de ordinario) en el sentido de hacer mal, tratar mal (dañar); cf. Sal 56, 5.

בְּרִשְׁעוֹ, o כְּרִשְׁעוֹ, como han puntuado Norzi y Abarbanel según muchos MSS (cf. B. de Rossi, *Variae lectt.* ad h. l.) pertenece a גֵּרַשְׁתִּהוּ: Yo le rechazaré por (de acuerdo con) su maldad. En 31, 12 se retoma la figura del árbol y se describe la destrucción del imperio asirio, cortando el cedro majestuoso. זָרִים עָרִיצֵי גוֹיִם, como en Ez 28, 7 y 30, 11-12. וַיִּטְּשֻׁהוּ: le echan fuera y le dejan en el suelo, como en Ez 29, 5; 32, 4.

En la primera sentencia domina la idea de echarlo fuera, en la segunda la de dejarle caído. Al echarlo fuera, el árbol se divide de tal forma que sus ramas y raíces se extienden por las montañas y los valles de la tierra, que antes se habían sentado bajo su sombra. וַיֵּרְדוּ (y descenderán, se irán…). La idea de fondo ha de explicarse por el hecho de que el árbol ha crecido sobre una alta montaña (en el Líbano); por eso, Hitzig se equivoca al pensar que וַיֵּרְדוּ significa en primer lugar "huirán", de נדד, huir, pues esa expresión no se ajusta bien a כָּל־עַמֵּי (todos los pueblos).

Evidentemente, cuando el árbol se cae, los pájaros que han puesto los nidos en sus ramas huyen. Pues bien, si en 31, 13 se sigue diciendo que pájaros y bestias se establecen bajo el árbol caído, como han señalado justamente muchos comentaristas, esta descripción se funda en la idea de un cadáver (cf. מפלת, Jc 14, 8), en torno al cual se amontonan pájaros y bestias de presa para desgarrar ese cadáver en piezas y comerlo (cf. Ez 32, 4 e Is 18, 6). וְאֶל־פֹּארֹתָיו הָיוּ, y sobre sus ramas estarán, se pondrán… La idea de fondo es que muchas naciones se aprovecharán de la caída de Asur, y podrán tener nueva vida aprovechándose de sus ruinas.

Ez 31, 14. Este destino fue preparado para Asur, a fin de que, de ahora en adelante, ningún árbol pudiera elevarse ya más hasta el cielo, es decir, a fin de que ningún poderoso de la tierra (ni rey ni príncipe) pudiera conseguir una grandeza y poder sobrehumano. לְמַעַן אֲשֶׁר depende de גֵּרַשְׁתִּהוּ en Ez 31, 11, pues Ez 31, 12-13 no son más que expansiones del pensamiento expresado en esa palabra. עֲצֵי־מַיִם son árboles que crecen junto al agua, y que están bien nutridos de humedad. Para וְלֹא־יִתְּנוּ cf. Ez 31, 10. Las palabras וְלֹא־יַעַמְדוּ son difíciles de precisar.

Como אֲלֵיהֶם, con *tzere* bajo la *alef* (cosa que ponen de relieve los masoretas) no puede ser la preposición אֶל con el sufijo. Muchos han tomado la palabra (אֲלֵיהֶם) como un nombre, en el sentido *de fortes, principes* o *terebinthi* (fuertes, príncipes o terebintos, cf. Is 61, 3), y han traducido la frase como *ut non perstent terebinthi eorum in altitudine sua, omnes (ceterae arbores) bibentes aquam* (para que no permanezcan sus terebintos en su altura, todos los restantes árboles que beben agua…:Vatabl., Starck, Maurer y Kliefoth), para que sus príncipes no puedan elevarse en su altura, todos los bebedores de agua… (Hävernick). Pero ambas traducciones fallan porque dejan sin explicar el הם sufijo de אֲלֵיהֶם.

Dado que hasta ahora los únicos árboles de los que se ha hablado son los árboles del agua, el sufijo tiene que referirse a ellos. Pero los árboles de agua no tienen terebintos ni príncipes, de manera que es de ellos de quienes ha de hablar el texto. Las palabras terebintos o príncipes de los árboles del agua carecen aquí de sentido. Por eso, Ewald ha tomado אֲלֵיהֶם como objeto, y ha traducido así: "para que ninguno de los que beben agua pueda discutir por su orgullo con sus dioses". Sin embargo él no ha probado, sino simplemente presupuesto, que עמד significa oponerse, luchar por. La única salida que queda es la de seguir a los LXX, al Targum y a muchos comentaristas y tomar אֲלֵיהֶם como un pronombre.

וְלֹא־יַעַמְדוּ אֲלֵיהֶם, no situarse contra o sobre ellos (con אל en vez de על), en el sentido de no apoyarse, no confiar (cf. עמד על: Ez 33, 26). El sufijo ha de tomarse en un sentido reflexivo, como en Ez 34, 2 etc. (cf. Ewald, §314c) y precede al nombre al que se refiere, como en Prov 14, 20. בִּנְבֻהָם, como en Ez 34,1, 10, refiriéndose al orgullo. כָּל־שֹׁתֵי מָיִם, todos los que beben agua, es el sujeto de la sentencia, como sinónimo de כָּל־עֲצֵי מָיִם, pero recordando que la figura del árbol sigue estando en el fondo del hecho al que se está refiriendo el texto.

La traducción de la Biblia de Berleburg es muy buena: "Y ninguno de los árboles que abundan en las aguas podrá sostenerse por sí mismo (confiar en sí mismo) a causa de su altura". Los que beben agua son los príncipes de la tierra, que han alcanzado gran poder con sus riquezas. "Como el árbol crece sobre una tierra mezclada con agua, así los hombres tienden a considerarse importantes por su abundancia, sin advertir que las aguas les han sido concedidas por Dios" (Starck).

La razón para esta advertencia en contra de la auto-exaltación orgullosa aparece en la afirmación general de 31, 14: Todos los orgullosos y grandes de la tierra quedan entregados en manos de la muerte. כֻּלָּם, todos ellos, los bebedores de agua y los árboles de agua ya citados, entre los cuales se incluyen los reyes y los potentados de la tierra. אֶל־אֶרֶץ תַּחְתִּית, a lo profundo de la tierra (cf. Ez 26, 20: תַּחְתִּיּוֹת אָרֶץ). בְּתוֹךְ בְּנֵי אָדָם, como todos los otros hombres. "De esa forma, el profeta enseña que los príncipes deben morir, igual que muere el pueblo, pues la muerte y la descomposición son comunes para ambos. Por eso, el rechaza toda razón para la vanagloria y el orgullo" (Starck).

31, 15-18. La caída de Asur impresiona a las naciones. Aplicación al faraón

¹⁵ כֹּה־אָמַר אֲדֹנָי יְהוִה בְּיוֹם רִדְתּוֹ שְׁאוֹלָה הֶאֱבַלְתִּי כִּסֵּתִי עָלָיו אֶת־תְּהוֹם וָאֶמְנַע נַהֲרוֹתֶיהָ וַיִּכָּלְאוּ מַיִם רַבִּים וָאַקְדִּר עָלָיו לְבָנוֹן וְכָל־עֲצֵי הַשָּׂדֶה עָלָיו עֻלְפֶּה׃
¹⁶ מִקּוֹל מַפַּלְתּוֹ הִרְעַשְׁתִּי גוֹיִם בְּהוֹרִדִי אֹתוֹ שְׁאוֹלָה אֶת־יוֹרְדֵי בוֹר וַיִּנָּחֲמוּ בְּאֶרֶץ תַּחְתִּית כָּל־עֲצֵי־עֵדֶן מִבְחַר וְטוֹב־לְבָנוֹן כָּל־שֹׁתֵי מָיִם׃
¹⁷ גַּם־הֵם אִתּוֹ יָרְדוּ שְׁאוֹלָה אֶל־חַלְלֵי־חָרֶב וּזְרֹעוֹ יָשְׁבוּ בְצִלּוֹ בְּתוֹךְ גּוֹיִם׃
¹⁸ אֶל־מִי דָמִיתָ כָּכָה בְּכָבוֹד וּבְגֹדֶל בַּעֲצֵי־עֵדֶן וְהוּרַדְתָּ אֶת־עֲצֵי־עֵדֶן אֶל־אֶרֶץ תַּחְתִּית בְּתוֹךְ עֲרֵלִים תִּשְׁכַּב אֶת־חַלְלֵי־חֶרֶב הוּא פַרְעֹה וְכָל־הֲמוֹנֹה נְאֻם אֲדֹנָי יְהוִה׃ ס

¹⁵ *Así ha dicho Yahvé, el Señor: El día que descendió al seol, hice guardar luto, y que se cubriera por él el abismo. Detuve sus ríos, y las muchas aguas fueron detenidas. Por él cubrí de tinieblas el Líbano, y todos los árboles del campo se desmayaron.*

¹⁶ *Con el estruendo de su caída hice temblar a las naciones, cuando las hice descender al sheol con todos los que descienden a la sepultura. Y todos los árboles escogidos del Edén, los mejores del Líbano, todos los que beben aguas, fueron consolados en lo profundo de la tierra.* ¹⁷ *También ellos descendieron con él al sheol, con los muertos a espada, los que fueron su brazo, los que estuvieron a su sombra en medio de las naciones.*

18 ¿A quién te has comparado así en gloria y en grandeza entre los árboles del Edén? Pues derribado serás con los árboles del Edén en lo profundo de la tierra; entre los incircuncisos yacerás, con los muertos a espada. Este es el faraón y todo su pueblo, dice Yahvé, el Señor.

A fin de que la destrucción de Asiria, es decir, la caída del imperio asirio pudiera situarse a la más clara luz, aquí se ofrece una pintura muy precisa en la que se expresa la impresión que esa caída ha dejado en toda la creación. Aquí no hay necesidad de entender כֹּה־אָמַר en un sentido de pasado, como en Ez 31, 10. Lo que Dios hizo al derribar el poder de Asur, lo hará de nuevo ahora, lo dará a conocer por vez primera a través de la advertencia del profeta al Faraón y al pueblo de Israel.

Esta es la forma en que han de interpretarse las palabras, como lo muestra de un modo evidente el perfecto הֶאֱבַלְתִּי, seguido por los imperfectos históricos, que no pueden tomarse ya en un sentido profético, como supone Kliefoth, ni convertirse en futuros. Va en contra del uso hebreo conectar הֶאֱבַלְתִּי y כִּסֵּתִי como *asyndeton*, de manera que se exprese la idea de "velar en lamentación", como proponen Ewald y Hävernick. Las circunstancias en la que dos verbos se vinculan para formar una idea son de un tipo totalmente distinto. En este caso, se coloca primero הֶאֱבַלְתִּי, como absoluto; y la sentencia que sigue queda definida de un modo más específico por los objetos vinculados a la lamentación.

כִּסֵּתִי עָלָיו אֶת־תְּהוֹם no puede significar aquí "subir la *tehom* o abismo sobre él" (como en Ez 24, 7 y 24, 19), porque esto es imposible en el contexto cercano y más amplio del texto. El árbol de Asur no fue destruido por el *tehom*, sino cortado por extraños. Las siguientes cláusula "y yo detuve sus ríos, y las muchas aguas fueron detenidas…" muestran claramente que la conexión entre el abismo (תְּהוֹם) y el árbol que ha sido cortado ha de entenderse de acuerdo con Ez 31, 4.

Un abismo de aguas buenas que hizo que fluyeran sus torrentes (נַהֲרוֹתֶיהָ) bajo su plantación había hecho que el árbol-cedro fuera grande. Pues bien, ahora que el cedro ha sido cortado, Dios lo cubre con el abismo. כִּסֵּתִי ha de explicarse a partir de כסה שק, lamentarse, vestirse de luto, como han mostrado Raschi, Kimchi, Vatablus y otros muchos.

Aquí se omite la palaba שק, porque parece poco apropiada para el abismo, תְּהוֹם. La lamentación del abismo de las aguas ha de entenderse como equivalente al secarse de las aguas, de manera que las corrientes que brotaban de ese abismo quedan privadas de aguas. El Líbano es la selva o bosque de cedros (Is 10, 34) y de otros árboles, que se lamenta por la caída del cedro de Asur.

וָאַקְדִּר es para Ewald un pual, formado al estilo arameo. En contra de eso, Hitzig propone cambiar la palabra y poner en vez de ella עלפה. Sea como fuere, la palabra ha de ser un pual perfecto, no un *nomen verbale* (nombre verbal), y ha de estar en tercera persona femenina, con ה final, como en זורה (Is 59, 5). לָפָה ע, se desmayaron de tristeza (cf. Is 51, 20). El pensamiento es como sigue: El conjunto de la naturaleza quedó tan penosamente afectada por la caída de Asur que se secaron todos los recursos en los que se había fundado su prosperidad y su poder. Pero no parece apropiado interpretar más en concreto las diversas figuras, y relacionarlas especialmente con los príncipes y a las naciones, porque en 31, 16 se indica ya el temblor de las naciones.

Mientras tiemblan ante la caída de Asur todas las naciones de la superficie de la tierra, porque advierten así el carácter perecedero de toda la grandeza de la tierra, descubriendo su propia destrucción, los habitantes del mundo inferior se consuelen a sí mismos, con el pensamiento de que Asur está compartiendo ahora su suerte (para este pensamiento, cf. Ez 32, 31 y 14, 9-10).

"Todos los árboles del Edén" son los príncipes poderosos y los nobles. La idea en sí (árboles del Edén) se explica en la aposición: los árboles escogidos del Edén, los mejores del Líbano, es decir, los cedros más excelsos y bellos, una idea reforzada por la expresión כָּל־שֹׁתֵי (31, 14), que está conectada con מִבְחַר, como en 1 Sal 9, 2; ambas palabras están colocadas una al lado de la otra, en estado constructo, como en Dan 1, 4 (cf. Ewald, §339*b*).

Los muertos se consuelan por el hecho de haber bajado al Sheol con Asur, de manera que él no tiene ya ventaja sobre los demás. Ellos han caído al abismo lo mismo que los que han muerto por la espada: es decir, los príncipes y pueblos a los que Asur había matado para imponer su estado imperial. וּזְרֹעוֹ pertenece también a יָרְדוּ, como segundo sujeto. En este caso, יָשְׁבוּ בְצִלּוֹ debería tomarse en un sentido relativo: y su brazo, es decir, sus recursos, que yacían a la sombra entre las naciones.

Con esta explicación, וּזְרֹעוֹ debería diferenciarse de גַּם־הֵם, y solo podría referirse al ejército de los asirios. Pero esta traducción no armoniza con el hecho de que Asur se encuentre yaciendo entre las naciones, porque estas palabras apuntan obviamente a Ez 31, 6. En esa línea, זְרֹעוֹ debe corresponder de un modo evidente a כָּל גּוֹיִם רַבִּים de 31, 6, de manera que su sentido se identifica con גַּם־הֵם de 31, 17, es decir, con todos los árboles de Edén.

En esa perspectiva, compartimos la visión de Osiander, Grotius y otros, pensando que todo el segundo hemistiquio determina de un modo más preciso al mismo sujeto, declarando la razón por la que todos los demás han descendido en el abismo con los asirios. Por eso traducimos el pasaje de esta manera: Así como su brazo (su poder), ellos se sientan a su sombra entre las naciones. En esa línea, la *waw* (de וּזְרֹעוֹ) se utiliza en lugar de una partícula causativa. Sea como fuere, la conjetura propuesta por Ewald, siguiendo a los LXX y al Siríaco, según la cual וּזְרֹעוֹ significa *y su semilla*, para probar lo cual él se apoya en Is 14, 12, resulta inapropiada, por la simple razón de que no se aplica a la afirmación de que él estaba sentado a su sombra entre las naciones.

Tras esta descripción de la grandeza y de la destrucción del poder imperial de Asiria, Ezequiel repite en 31, 18 la pregunta que había planteado ya en 31, 3: ¿A quién se parece el Faraón? Con כְּכָה, así, es decir, en que circunstancias, dado que el glorioso cedro Asur ha sido derribado por un destino como este (Hitzig).

La respuesta a esa pregunta se contiene realmente en la descripción que al profeta acaba de ofrecer, de forma que le sigue el anuncio dirigido al Faraón: "pues derribado serás tú con los árboles del Edén…". הוּא פַרְעֹה, el Faraón es éste, con הוּא, como predicado: Éste es, así ha de sucederle, al faraón con su muchedumbre, con su riqueza (para וְכָל־הֲמוֹנֹה, cf. Ez 31, 2).

3.5. Ez 32, 1-32. *Lamentación sobre la ruina del Faraón y su pueblo*

Este capítulo contiene dos lamentaciones compuestas en momentos diferentes. La primera (32, 1-18) relata la caída del faraón que se funda sobre la profecía contenida en 29, 1-16 y 30, 20-26. La segunda, 32, 17-32, proclama la caída de este poder imperial en el infierno (cf. 31, 14-17) y esta compuesta en forma de elegía.

3.5.1. Ez *32, 1-16. Lamentación sobre el rey de Egipto*

El faraón, un monstruo marino es arrancado fuera de su sede, que son las aguas, por medio de una red, y es arrojado a la tierra. Su carne se arroja a los pájaros y bestias de presa para que la devoren, y la tierra queda saturada por su sangre (32, 2-6). Al producirse esta destrucción, las luces del cielo pierden su claridad y todas las naciones se admiran de ella. El rey de Babilonia vendrá sobre Egipto, destruirá a los hombres y a las bestias, y convertirá la tierra en un desierto (Ez 32, 11-16).

32, 1. Fecha

דְּבַר־יְהוָה אֵלַי לֵאמֹר׃ וַיְהִי בִּשְׁתֵּי עֶשְׂרֵה שָׁנָה בִּשְׁנֵי־עָשָׂר חֹדֶשׁ בְּאֶחָד לַחֹדֶשׁ הָיָה

¹ *Aconteció en el año duodécimo, en el mes duodécimo, el día primero del mes, que vino a mí palabra de Yahvé, diciendo:*

Esta fecha concuerda enteramente con la relación que la oda o canto que sigue guarda con las profecías que pertenecen al año diez y once en Ez 29, 1-16 y en 30, 20-26, a diferencia de los datos que ofrecen los LXX y que no pueden tomarse en consideración ni por un momento

32, 2-6. Destrucción del Faraón

² בֶּן־אָדָם שָׂא קִינָה עַל־פַּרְעֹה מֶלֶךְ־מִצְרַיִם וְאָמַרְתָּ אֵלָיו
כְּפִיר גּוֹיִם נִדְמֵיתָ וְאַתָּה כַּתַּנִּים בַּיַּמִּים וַתָּגַח בְּנַהֲרוֹתֶיךָ
וַתִּדְלַח־מַיִם בְּרַגְלֶיךָ וַתִּרְפֹּס נַהֲרוֹתָם׃
³ כֹּה אָמַר אֲדֹנָי יְהוִה וּפָרַשְׂתִּי עָלֶיךָ אֶת־רִשְׁתִּי בִּקְהַל עַמִּים רַבִּים וְהֶעֱלוּךָ בְּחֶרְמִי׃
⁴ וּנְטַשְׁתִּיךָ בָאָרֶץ עַל־פְּנֵי הַשָּׂדֶה אֲטִילֶךָ וְהִשְׁכַּנְתִּי עָלֶיךָ
כָּל־עוֹף הַשָּׁמַיִם וְהִשְׂבַּעְתִּי מִמְּךָ חַיַּת כָּל־הָאָרֶץ׃

Predicciones de juicio sobre las naciones paganas

⁵ וְנָתַתִּ֥י אֶת־בְּשָׂרְךָ֖ עַל־הֶהָרִ֑ים וּמִלֵּאתִ֥י הַגֵּאָי֖וֹת רָמוּתֶֽךָ׃
⁶ וְהִשְׁקֵיתִ֨י אֶ֧רֶץ צָפָתְךָ֛ מִדָּמְךָ֖ אֶל־הֶהָרִ֑ים וַאֲפִקִ֖ים יִמָּלְא֥וּן מִמֶּֽךָּ׃

² *Hijo de hombre, entona una lamentación por el faraón, rey de Egipto, y dile: A leoncillo de naciones eres semejante, y eres como el dragón en los mares; pues secabas tus ríos, enturbiabas las aguas con tus pies y pisoteabas sus riberas.* ³ *Así ha dicho Yahvé, el Señor: Yo extenderé sobre ti mi red con la reunión de muchos pueblos, y te harán subir con mi red.*

⁴ *Te echaré por tierra, te echaré sobre la faz del campo, haré que se posen sobre ti todas las aves del cielo, y saciaré de ti a todas las fieras de la tierra.* ⁵ *Pondré tus carnes sobre los montes y llenaré los valles con tus cadáveres.* ⁶ *Regaré con tu sangre la tierra donde nadas, hasta los montes, y los arroyos se llenarán de ti.*

Esta lamentación comienza, como otras, con una visión de la gloria del rey caído. Hitzig va en contra de la explicación ordinaria de las palabras כְּפִיר גּוֹיִם נִדְמֵיתָ, λέοντι ἐθνῶν ὡμοιώθης (LXX), *leoni gentium assimilatus es* (Vulgata), *eres semejante al leoncillo de las naciones,* argumentando que la palabra נִדְמֵיתָ, que vuelve con frecuencia, no puede tener ese significado en nuestro pasaje y que נמשל que debería ser un sinónimo de esa palabra, se construye de tres otras formas, pero no con el nominativo. Por esa razón, él traduce el texto de esta manera: "león de las naciones, tú perteneces a la muerte".

Pero comenzar la lamentación de esta manera, con este tipo de amenaza resulta contrario al esquema de todos los קינות o lamentaciones de Ezequiel Por otra parte, la objeción que eleva Hitzig contra la traducción ordinaria de las palabras no resiste un simple análisis serio. El hecho de que solo aquí se emplee el nifal נִדְמֵיתָ, en el sentido de ὁμοιοῦσθαι, no prueba nada. Porque דמה tiene ese sentido en el kal, piel e hitpoel, y la construcción del nifal con acusativo (no con nominativo, como supone Hitzig) puede derivarse sin dificultad de la construcción del sinónimo נמשל con la partícula כ.

Pero lo decisivo a favor de esta traducción es el hecho de que la cláusula siguiente está conectada por medio de adversativo וְאַתָּה (pero tú), que muestra que la comparación del faraón con un *tanin* (כַּתַּנִּים) forma una antítesis con la cláusula en la que él aparece comparado con un joven león. Si כְּפִיר גּוֹיִם נִדְמֵיתָ contuviese una declaración de destrucción no solo se perdería esa antítesis, sino que las palabras dirigidas a él como león de las naciones flotarían en el aire y quedarían sin contenido comprensible.

El león es una representación figurativa de un gobernante poderoso y victorioso; y כְּפִיר גּוֹיִם es realmente equivalente a אֵל גּוֹיִם en Ezequías 31, 11. El faraón se tomaba como un poderoso conquistador de las naciones, aunque se le compara con más frecuencia con el cocodrilo que remueve las corrientes, las aguas frescas y vivificadoras de las naciones, de un modo muy pernicioso, con la boca y los pies, volviendo así turbio lo que era limpio (Ewald).

בְּנַהֲרוֹתֶ֫יךָ como en 29, 3. Ewald y Hitzig se han opuesto a las palabras בְּנַהֲרוֹתֶ֫יךָ וַתִּ֫דְלַח, *tú secabas los* (irrumpías en los) *ríos*, y han cambiado בְּנַהֲרוֹתֶ֫יךָ, poniendo en su lugar מִנְּחִירָיו, "con tus narices" (Job 41, 12), pero no han tenido en cuenta el hecho de que con esa traducción ignoran el sentido de וַתִּ֫דְלַח, pues דלח, tanto en kal como en hifil (Jc 20, 33) solo tiene el sentido intransitivo de "romper" (enturbiar...).

El pensamiento es simplemente éste: El cocodrilo suele estar en el mar (en las aguas profundas), pero luego, ocasionalmente, irrumpe en los ríos, y hace que las aguas y sus corrientes queden turbias a su paso, bajo sus pies. Por eso, también el faraón terminará como ese monstruo (Ez 32, 3-6).

Las palabras בִּקְהַל עַמִּים רַבִּים no se refieren a las naciones como espectadoras del acontecimiento (Hävernick), sino que la ב indica el instrumento o medio empleada por Dios, es decir, se refiere a las personas por las que Dios hace que la red sea arrojada encima del cocodrilo funesto, como es evidente por el וְהַעֲלוּךָ que sigue. Conforme al *parallelismus membrorum*, the ἅπ. λεγ. רָמוּת solo puede referirse a la "carcasa" o cadáver de la bestia, aunque no conocemos ya el modo en que la palabra ha tomado ese significado.

No tiene sentido insistir en el cambio que introducen algunos códices, pues רמה no puede significar un tipo de reptil, ni un cuerpo en putrefacción, como ha querido deducirse del árabe. En esas circunstancias, pensamos que esa palabra ha de derivarse de רום, ser alto, y en esa línea suponer que רָמוּת puede significar una elevación, un montículo, que por el contexto ha de entenderse como una pila funeraria. Estrictamente hablando, צָפָה es un participio de צוּף, fluir, pero no ha de tomarse en conexión con הָאָ֫רֶץ, sino como un segundo objeto de וְהִשְׁקֵיתִי; por su parte, la palabra añadida, מִדָּמְךָ, indica la fuente de la que proviene el agua, y en que consiste la corriente de aguas. אֶל־הֶהָרִים, hasta las montañas, es decir, hasta la cumbre de las montañas. El pensamiento de esos versos es con toda probabilidad éste: La muerte del faraón traerá destrucción para toda la tierra de Egipto, pero muchas naciones sacarán provecho de ello.

32, 7-10. La caída del faraón llena el mundo de lamentos y terrores

7 וְכִסֵּיתִ֤י בְכַבּֽוֹתְךָ֙ שָׁמַ֔יִם וְהִקְדַּרְתִּ֖י אֶת־כֹּֽכְבֵיהֶ֑ם שֶׁ֚מֶשׁ בֶּעָנָ֣ן אֲכַסֶּ֔נּוּ וְיָרֵ֖חַ לֹא־יָאִ֥יר אוֹרֽוֹ׃
8 כָּל־מְא֤וֹרֵי אוֹר֙ בַּשָּׁמַ֔יִם אַקְדִּירֵ֖ם עָלֶ֑יךָ וְנָתַ֤תִּי חֹ֙שֶׁךְ֙ עַֽל־אַרְצְךָ֔ נְאֻ֖ם אֲדֹנָ֥י יְהוִֽה׃
9 וְהִ֨כְעַסְתִּ֔י לֵ֖ב עַמִּ֣ים רַבִּ֑ים בַּהֲבִיאִ֤י שִׁבְרְךָ֙ בַּגּוֹיִ֔ם עַל־אֲרָצ֖וֹת אֲשֶׁ֥ר לֹֽא־יְדַעְתָּֽם׃
10 וַהֲשִׁמּוֹתִ֨י עָלֶ֜יךָ עַמִּ֣ים רַבִּ֗ים וּמַלְכֵיהֶם֙ יִשְׂעֲר֤וּ עָלֶ֙יךָ֙ שַׂ֔עַר בְּעוֹפְפִ֥י חַרְבִּ֖י עַל־פְּנֵיהֶ֑ם וְחָרְד֤וּ לִרְגָעִים֙ אִ֣ישׁ לְנַפְשׁ֔וֹ בְּי֖וֹם מַפַּלְתֶּֽךָ׃ ס

7 Cuando te haya extinguido, cubriré los cielos y haré oscurecer sus estrellas; el sol cubriré con nublado y la luz de la luna no resplandecerá. 8 Haré que por ti se oscurezcan todos los astros brillantes del cielo, y pondré tinieblas sobre tu tierra, dice Yahvé, el Señor.

9 Entristeceré el corazón de muchos pueblos cuando lleve al cautiverio a los tuyos entre las naciones, por los países que no has conocido. 10 Dejaré atónitos por ti a muchos pueblos,

> *y sus reyes tendrán horror grande a causa de ti, cuando haga resplandecer mi espada ante sus rostros; y todos temblarán a cada instante en el día de tu caída.*

El pensamiento de Ez 32, 7-8 no se agota con la paráfrasis "cuando te haya extinguido, cubriré los cielos y haré oscurecer sus estrellas, por lo que respecta a Egipto...", con la anotación de que la oscuridad que sobreviene es una representación figurativa de las circunstancias duras, en las que no hay ninguna esperanza (cf. Schmieder). El pensamiento en el que se apoya esta imagen es que el día del juicio de Dios las luminarias del cielo pierden su brillo (cf. Ez 30, 3 y Joel 2, 10, etc.). Este día se despliega y explota en Egipto con la caída del Faraón, y entonces se oscurecerán las estrellas brillantes del cielo, de manera que la tierra del Faraón se volverá oscura.

Egipto es un poder mundial representado por el Faraón, y ese poder se destruye con la caída del Faraón. Pero la destrucción de este poder mundial es el signo y principio de la destrucción de todos los poderes impíos del mundo, en el día del último juicio, cuando perezcan en el fuego del juicio el cielo y la tierra actual. En este contexto han de compararse las reflexiones ofrecidas en *Coment.* a Joel 3, 4 sobre la conexión entre los fenómenos de los cielos y las grandes catástrofes sobre la tierra.

El contenido de estos dos versos puede explicarse a partir de la idea bíblica del Dia del Señor, con los fenómenos que le acompañan. Y para la explicación de בְּכַבּוֹתְךָ no hay necesidad de asumir, como han hecho Anton Dereser ocd (1757-1827) y Hitzig, que el dragón marino de Egipto se presenta aquí bajo la imagen de la constelación del dragón, pues no hay conexión entre la comparación de Egipto con el *tannin* o dragón marino en Ez 32, 2 y 29, 3 (cf. רהב, Is 51, 9) y la constelación del dragón (cf. *Coment* a Is 51, 9 y 30, 7).

En בְּכַבּוֹתְךָ es evidente que el faraón aparece como una estrella de primera magnitud en el firmamento; pero esta visión de Ezequiel descansa sobre Is 14, 12, donde se presenta al rey de Babilonia como una brillante estrella de la mañana. Es evidente que ese pasaje de Isaías estaba en la mente de Ezequiel, desde el momento en que Ez 32, 7 coincide casi *verbatim* con Is 13, 10. La extinción y oscurecimiento de las estrellas no es solo una representación figurativa del gran lamento ocasionado por la caída del Faraón.

Por otra parte, Ez 32, 9-10 no puede tomarse como una interpretación literal de las palabras figurativas de Ez 32, 7-8. Además, las palabras de Ez 32, 9-10 no se refieren al lamento de las naciones, sino a la ansiedad y terror en que yacen cuando acontece la caída del faraón y de su poder. וְהִכְעַסְתִּי, *afligiré el corazón...*, no significa hacer que esté lleno de tristeza, sino llenarlo de ansiedad, privarlo de su paz y de su consuele. *Cuando lleve al cautiverio a los tuyos* entre las naciones, puede entenderse en el sentido de "cuando extienda la noticia de tu caída...".

No hay necesidad de cambiar שִׁבְרְךָ por שָׁבְרְךָ, como Ewald propone, en el sentido de un anuncio imaginario… Ni hay razón para aceptar la visión imaginativa de Hävernick, cuando describe a los prisioneros dispersados entre los paganos como signo de las ruinas de la antigua gloria de Egipto, proponiendo para ello la traducción de los LXX αἰχμαλωσίαν σου, que se funda en el cambio de שִׁבְרְךָ por שִׁבְךָ. Para Ez 32, 10 cf. Ez 27, 35. בְּעוֹפְפִי, *cuando haga huir…*, cuando venga a blandir la espada contra el rey de Egipto, por lo que todos temerán por su vida. לִרְגָעִים, a cada instante, en todo momento (cf. *Coment* a Is 27, 3).

32, 11-16. El juicio sobre Egipto será ejecutado por el rey de Babilonia

¹¹ כִּי כֹה אָמַר אֲדֹנָי יְהוִה חֶרֶב מֶלֶךְ־בָּבֶל תְּבוֹאֶךָ׃
¹² בְּחַרְבוֹת גִּבּוֹרִים אַפִּיל הֲמוֹנֶךָ עָרִיצֵי גוֹיִם כֻּלָּם וְשָׁדְדוּ אֶת־גְּאוֹן מִצְרַיִם וְנִשְׁמַד כָּל־הֲמוֹנָהּ׃
¹³ וְהַאֲבַדְתִּי אֶת־כָּל־בְּהֶמְתָּהּ מֵעַל מַיִם רַבִּים וְלֹא תִדְלָחֵם רֶגֶל־אָדָם עוֹד וּפַרְסוֹת בְּהֵמָה לֹא תִדְלָחֵם׃
¹⁴ אָז אַשְׁקִיעַ מֵימֵיהֶם וְנַהֲרוֹתָם כַּשֶּׁמֶן אוֹלִיךְ נְאֻם אֲדֹנָי יְהוִה׃
¹⁵ בְּתִתִּי אֶת־אֶרֶץ מִצְרַיִם שְׁמָמָה וּנְשַׁמָּה אֶרֶץ מִמְּלֹאָהּ בְּהַכּוֹתִי אֶת־כָּל־יוֹשְׁבֵי בָהּ וְיָדְעוּ כִּי־אֲנִי יְהוִה׃
¹⁶ קִינָה הִיא וְקוֹנְנוּהָ בְּנוֹת הַגּוֹיִם תְּקוֹנֵנָּה אוֹתָהּ עַל־מִצְרַיִם וְעַל־כָּל־הֲמוֹנָהּ תְּקוֹנֵנָּה אוֹתָהּ נְאֻם אֲדֹנָי יְהוִה׃ פ

¹¹ Porque así ha dicho Yahvé, el Señor: La espada del rey de Babilonia vendrá sobre ti. ¹² Con espadas de fuertes haré que caiga tu pueblo; todos ellos serán los poderosos de las naciones. Destruirán la soberbia de Egipto y toda su multitud será deshecha. ¹³ Todas sus bestias destruiré de sobre las muchas aguas; ya no las enturbiará ni pie de hombre ni pezuña de bestia.

¹⁴ Entonces haré asentarse sus aguas y haré correr sus ríos como aceite, dice Yahvé, el Señor. ¹⁵ Cuando deje asolado el país de Egipto, y el país quede despojado de todo cuanto hay en él; cuando mate a todos los que en el moran, sabrán que yo soy Yahvé. ¹⁶ Esta es la lamentación que cantarán. Las hijas de las naciones la cantarán; entonarán la lamentación por Egipto y por toda la multitud, dice Yahvé, el Señor.

Esta estrofa conclusiva retoma brevemente, en términos literales el anuncio figurado de la anterior; y hacia el final (Ez 32, 14) ofrece una simple evocación de un futuro mejor. La destrucción del poder orgulloso de Egipto se realizará a través del rey de Babilonia y de sus bravas y violentas huestes. עָרִיצֵי גוֹיִם, como en 31, 12. הֲמוֹנֶךָ en Ez 32, 12-13 no se limita a la multitud del pueblo, sino que significa tumulto, todo aquello que produce ruido y confusión (cf. 31, 2. 18). De todas formas, en el fondo del texto predomina la visión de una multitud del pueblo en el הֲמוֹנֶךָ de 32, 12.

גְּאוֹן, *el orgullo* de Egipto, no es aquello de lo que Egipto está orgullosa, sino todo aquel que se enorgullece o exalta en Egipto. La gran devastación de Egipto incluye la destrucción del ganado, es decir, de los numerosos rebaños que se alimenta en las riberas verdes del Nilo, de las que iban a beber al Nilo (cf. Gen 47, 6; 41, 2; Ex 9, 3). Esto es lo que se menciona especialmente en Ez 32, 13, con una alusión a lo que vendrá: Que las aguas del Nilo no se verán ya más molestadas por los pasos del hombre o por las pezuñas de las bestias (cf. Ez 32, 13 con 29, 11).

Esta referencia al agua se relaciona con Ez 32, 2, donde el Faraón aparece como monstruo del mar, que perturba las corrientes de agua. Esta perturbación del agua aparece por tanto como representación figurativa de las duras condiciones del poder imperial de Egipto, por el que se controlaban las corrientes vivificadoras de las naciones.

Ez 32, 14. La voluntad de Dios hará que las aguas de Egipto se asienten, estén sin perturbación. Hitzig y Kliefoth entienden esto como expresión de la disminución de la abundancia del agua en el Nilo, que antes desbordaba la tierra y la hacía fértil, cosa que ya no será necesaria. Conforme a esta explicación, las palabras seguirían refiriéndose a la devastación de la tierra. Pero esto es evidentemente una equivocación, por la simple razón de que no es conciliable con la partícula adversativa אָז, por la que se introduce el nuevo pensamiento.

אָז, *tunc, entonces,* se define de un modo más preciso a través de בְּתִתִּי אֶת־אֶרֶץ, 32, 15, cuando se afirma que llega el tiempo de la devastación. Kliefoth piensa que 32, 15 está en oposición a las palabras y al uso del lenguaje si es que se toma como consecuencia de 32, 14; en esa línea, él piensa que בְּתִתִּי es sinónimo de וְנָתַתִּי. Pero este verso contiene una promesa, como han supuesto la mayoría de los comentadores, siguiendo al texto caldeo y a Jerónimo[47].

אַשְׁקִיעַ, haré que sus aguas se asienten significa en sí mismo que habrá una disminución en la abundancia del agua. Pero si consideramos el contexto en el que se ofrece esta referencia (el agua ha sido disturbada por los pies de la bestia: Ez 32, 13), esa palabra (אַשְׁקִיעַ) no puede significar otra cosa que asentarse, volverse clara, cuando se deposite en el fondo el limo que ha sido removido por las patas de la bestia (cf. Ezekiel 34:18). La exactitud de esta explicación queda confirmada por la cláusula paralela: hacer que sus corrientes fluyan como aceite.

Pero introducir en este contexto la idea de que las aguas fluirán lentas y mansas por ser escasas va en contra del texto. El aceite se utiliza en la Escritura como representación de la bendición divina, del poder del Espíritu divino. כַּשֶּׁמֶן, como aceite, según el lenguaje hebreo, significa "como ríos de aceite". Y los ríos de aceite no son sin más ríos que fluyen mansamente como el aceite, sino que

---

47. La explicación de Jerónimo es como sigue: "Entonces las aguas más puras, que no han sido disturbadas por el paso del dragón, serán restauradas, pero no por otro, sino por el mismo Dios, de tal manera que sus corrientes fluirán como el aceite y serán un alimento de pura luz".

llevan aceite en vez de agua (Job 29, 6), evocando así una rica bendición divina (cf. Dt 32, 13). Ésta es una figura muy apropiada para Egipto, como tierra que debe su fertilidad al Nilo.

Antes, el agua había sido agitada y enturbiada por el Faraón. Pero después de la caída del Faraón, el señor hará que las aguas del río, que derrama sus bendiciones sobre la tierra, se purifiquen a sí mismas, de manera que ellas fluyan convertidas en aceite. Las aguas clarificadas, de manera que el río lleve aceite, son signo del poder vivificante de la palabra y del Espíritu de Dios. Pero esta bendición no llenará a Egipto hasta que quede destruido el poder del Faraón.

En esa línea, Ewald ha expresado bien el sentido de 32, 14, cuando dice: "Los tiempos mesiánicos se expresarán entonces por primera vez sobre Egipto, cuando las aguas no sean ya devastadoras y turbias, es decir, cuando se exprese por ellas el verdadero conocimiento al que conduce el castigo anterior". Ez 32, 16 redondea de esa forma el tema de este pasaje, volviendo a la idea de 32, 3 (Hitzig).

Las hijas de las naciones se mencionan como pecadoras, porque el hecho de lamentarse por los muertos se concebía en casi todas partes como función de mujeres (cf. Jer 9, 16). Las palabras no contienen un mandato por que se ordena a las hijas de las naciones para que canten una lamentación, sino la declaración de que ellas querrán hacerlo, con lo que se indica que la devastación prevista para Egipto tendrá lugar.

3.5.2. Ez *32, 17-32. Elegía funeraria por Egipto y los imperios del sheol*

Conforme al encabezamiento de 32, 17, esta segunda lamentación y oda funeraria pertenece al mismo año de la precedente, al día 15 del mes (que es sin duda el mes 12). Eso significa que ella ha sido compuesta solo catorce días después de la anterior. Aquí se omite la afirmación del mes, como en Ez 26, 1, y esa omisión se debe, sin duda, al copista, también en este caso.

En esta oda, que Ewald describe bien presentándola como una "dura y pesada lamentación", tenemos seis estrofas regulares, que conservan el carácter uniforme y monótono de las lamentaciones por los muertos, y en ellas se expresa el pensamiento de que Egipto, al igual que otras naciones, ha sido arrojado al mundo inferior. El conjunto de la oda constituye simplemente una expansión elegíaca del pensamiento conclusivo del capítulo anterior (Ez 31).

32, 18-21. Introducción y primera estrofa

18 בֶּן־אָדָ֕ם נְהֵ֛ה עַל־הֲמ֥וֹן מִצְרַ֖יִם וְהוֹרִדֵ֑הוּ א֠וֹתָהּ וּבְנ֨וֹת גּוֹיִ֧ם אַדִּרִ֛ם אֶל־אֶ֥רֶץ תַּחְתִּיּ֖וֹת אֶת־י֥וֹרְדֵי בֽוֹר׃

19 מִמִּ֖י נָעָ֑מְתָּ רְדָ֥ה וְהָשְׁכְּבָ֖ה אֶת־עֲרֵלִֽים׃

20 בְּת֥וֹךְ חַלְלֵי־חֶ֖רֶב יִפֹּ֑לוּ חֶ֣רֶב נִתָּ֔נָה מָשְׁכ֥וּ אוֹתָ֖הּ וְכָל־הֲמוֹנֶֽיהָ׃

²¹ יְדַבְּרוּ־לּוֹ אֵלֵי גִּבּוֹרִים מִתּוֹךְ שְׁאוֹל אֶת־עֹזְרָיו יָרְדוּ שָׁכְבוּ הָעֲרֵלִים חַלְלֵי־חָרֶב:

> ¹⁸ *Hijo de hombre, entona una lamentación por la multitud de Egipto; y despéñalo a él y a las hijas de las naciones poderosas, a lo profundo de la tierra, con los que descienden a la sepultura.* ¹⁹ *¿Acaso eres más hermoso que los otros? ¡Pues desciende y yace entre los incircuncisos.*
>
> ²⁰ *Entre los muertos a espada caerá; a la espada es entregado. ¡Traedlo a él y a todos sus pueblos!* ²¹ *De en medio del seol le hablarán los fuertes de los fuertes, junto con sus aliados, los que descendieron y yacen con los incircuncisos muertos a espada.*

נהה, entonar una lamentación. וְהוֹרִדֵהוּ, despéñalo a él (al tumulto de Egipto); ambos verbos están coordenados. Con la lamentación, o por medio de ella, Ezequiel ha de arrojar en el infierno al tumulto de Egipto. Esta lamentación es palabra de Dios, y como tal tiene el poder de realizar lo que proclama.

אוֹתָהּ no se entiende como una repetición del sufijo anterior (en הוּ), sino que reasume la idea principal contenida en el objeto ya nombrado, מִצְרַיִם, es decir, su población. אוֹתָהּ y las hijas de las naciones poderosas aparecen coordenadas. בְּנוֹת, hijas, como en la expresión *hija de Tiro, hija de Babel*, indica la población de las naciones paganas poderosas.

Los גּוֹיִם אַדִּרִם solo pueden ser las naciones ya enumeradas en Ez 32, 22. 24, que según este verso se encuentran ya en el *sheol*, no para ser lanzados a la hondura, sino que están uan en su hondura. De un modo consecuente, la cópula *waw* (ו) delante de בְּנוֹת ha de tomarse en forma de comparación, como en 1 Sam 12, 15 (cf. Ewald, §340*b*).

Todas esas naciones gloriosas han sido arrojadas al fondo por la Palabra de Dios; y Egipto quedará asociada con ellas. De esa forma, colocando a Egipto en el nivel de las naciones caídas, la enumeración de lo que constituye la estrofa central de la oda (la lamentación sobre Egipto) se extiende en forma de canto funerario por la caída de todos los poderes paganos del mundo. Para בּוֹר y אֶל־אֶרֶץ תַּחְתִּיּוֹת אֶת־יוֹרְדֵי cf. Ez 26, 20.

La oda en cuanto tal comienza en 32, 19 poniendo de relieve la gloria del reino caído. Pero esta preeminencia se expresa en la breve pregunta: מִמִּי נָעָמְתָּ ¿Ante quien eres tú digna de amor? En otras palabras. ¿Eres tú más amable, digna de amor, que cualquiera de las otras? Estas palabras se dirigen a הֲמוֹן מִצְרַיִם (Ez 32, 28), la muchedumbre de Egipto, o, quizá mejor, al faraón con su muchedumbre/tumulto (32, 32), es decir, al poder mundial de Egipto encarnado en la persona del Faraón.

El significado de la pregunta es como sigue: Tú, Egipto, eres ciertamente digno de amor. Pero no eres mejor ni más digno de amor que otros pueblos paganos poderosos. Por eso no puedes esperar un destino mejor que el de ser arrojado en el sheol, para yacer allí con los incircuncisos (אֶת־עֲרֵלִים) como en 31, 18. Este argumento continúa aún en 32, 20, y allí se da la razón para ese destino de Egipto. El sujeto de יִפֹּלוּ son los egipcios o el faraón con su tumulto. Ellos caen en medio de aquellos que han sido atravesados por la espada.

Pues bien, la espada está ya empuñada por el ejecutor del juicio, que es el rey de Babel (Ez 31, 11). Su destrucción es tan segura que las palabras se dirigen ya a los portadores de la espada: "Entre los muertos a espada caerá Egipto; a la espada es entregado. ¡Traedlo a él y a todos sus pueblos!...". מָשְׁכוּ es imperativo (cf. Ex 12, 21). Según 32, 21, los paganos que están en el *sheol* están hablando ya de la destrucción de Egipto

Muchos traducen יְדַבְּרוּ־לוֹ: "le hablan, se dirigen a él, le saludan…", como alusión a Is 14, 9-10, donde los reyes del sheol saludan con malicioso placer al rey de Babel cuando desciende allí. Pero aunque sea claro que Ezequiel tiene en su mente ese pasaje de Isaías, él no evoca las palabras directas que dirigen al Faraón, sino que ofrece solo una afirmación general, en tercera persona. Más aún, אֶת־עֹזְרָיו no puede compaginarse con יְדַבְּרוּ־לוֹ, en el caso de que לוֹ signifique *ad eum,* a él. No se puede unir אֶת־עֹזְרָיו (tomado en el sentido de "con sus auxiliadores") con אֵלֵי גִבּוֹרִים como un nombre en aposición, por la simple razón de que los dos están separados por מִתּוֹךְ שְׁאוֹל.

De un modo consecuente, אֶת־עֹזְרָיו solo puede pertenecer a יְדַבְּרוּ: Ellos hablan de él con sus ayudadores o auxiliadores. עֹזְרָיו (sus auxiliadores, del faraón) son sus aliados, que han ido ya al sheol antes que él (cf. Ez 30, 8). El sufijo singular, que ha molestado a Hitzig, está totalmente en orden, pues corresponde a לוֹ.

Las palabras siguientes (los que descendieron y yacen con los incircuncisos) evocan de nuevo el hecho de que a los egipcios les ha esperado el mismo destino que a todos los restantes gobernantes y naciones del mundo, a las que Dios ha juzgado. Para los אֵלֵי גִבּוֹרִים, los fuertes de entre los héroes, cf. *Coment.* a Ez 31, 11.

שְׁאוֹל, infierno, es el mundo inferior, el lugar de reunión de los muertos, no el lugar de castigo para los condenados. חַלְלֵי, sin artículo, es un predicado, y no está en aposición a הָעֲרֵלִים, los incircuncisos. Sobre la aplicación de este epíteto a los egipcios, Kliefoth ha observado correctamente que "la cuestión de si los egipcios practicaban la circuncisión no tiene importancia para este pasaje, pues aunque los egipcios se circuncidarán ellos son incircuncisos en el sentido que Ezequiel ha dado a esta palabra.

En las cuatro siguientes estrofas (Ez 32, 22-30) se enumeran una seria de naciones paganas, con las que los egipcios se encuentran ya en el infierno, con las que ellos comparten el mismo destino. Aquí se citan seis de ellas, es decir, Asur, Elam, Mésec-Tubal, Edom, los príncipes del norte y Sidón. Esas seis se pueden dividir en dos clases: Tres grandes y remotos poderes mundiales, y tres pequeñas naciones vecinas. En ninguno de estos casos se presta atención al tiempo de la destrucción

Predicciones de juicio sobre las naciones paganas

Con el imperio de Asur, que ha caído ya, se asocian Elam y Mésec-túbal, dos naciones que solo alcanzaron el rango de poderes mundiales en el futuro inmediato y en el más remoto futuro. Y entre las naciones vecinas están los sidonios y los príncipes del norte, es decir, los reyes sirios, agrupados con Edom, aunque los sidonios habían cedido su supremacía a Tiro hace ya mucho tiempo; y con ellos están los reyes arameos que en otro tiempo habían oprimido de un modo tan fuerte al reino de Israel (y que habían sido incluidos en el imperio asirio y en el caldeo).

En ese contexto se puede decir que "sea como fuere, en el tiempo en que Ezequiel proclamaba esta profecía habían descendido al Sheol muchos príncipes, tanto de los asirios como de los elamitas etc., para cantar la bienvenida a los egipcios" (Kliefoth). Pero, al mismo tiempo, y con la misma justicia se podía decir que antes del faraón que reinaba en el tiempo de Ezequiel otros muchos faraones habían descendido ya al Sheol, para compartir su mismo destino.

En ese contexto, se halla fuera de lugar el intento de establecer unas relaciones cronológicas sobre el tiempo de caída de los imperios y de los príncipes que iban a saludar al faraón de Egipto desde el Sheol. En esa línea, Ezequiel contempla a Egipto desde la perspectiva del poder mundial (como signo del poder mundial), anunciando de un modo profético lo que el faraón y su tumulto podían esperar, siendo recibidos por los príncipes y por las naciones que habían descendido ya al Sheol, pues ellos venían a compartir el mismo destino de los anteriores.

32, 22-23. Segunda estrofa

²² שָׁם אַשּׁוּר וְכָל־קְהָלָהּ סְבִיבוֹתָיו קִבְרֹתָיו כֻּלָּם חֲלָלִים הַנֹּפְלִים בֶּחָרֶב:
²³ אֲשֶׁר נִתְּנוּ קִבְרֹתֶיהָ בְּיַרְכְּתֵי־בוֹר וַיְהִי קְהָלָהּ סְבִיבוֹת קְבֻרָתָהּ
כֻּלָּם חֲלָלִים נֹפְלִים בַּחֶרֶב אֲשֶׁר־נָתְנוּ חִתִּית בְּאֶרֶץ חַיִּים:

²² Allí está Asiria con toda su multitud; a su alrededor están sus sepulcros; todos ellos cayeron muertos a espada. ²³ Sus sepulcros fueron puestos a los lados de la fosa, y su gente está por los alrededores de su sepulcro; todos ellos cayeron muertos a espada, los que sembraron el terror en la tierra de los vivientes.

La enumeración comienza con Asur, el poder mundial que había sido sustituido por los caldeos. Es importante indicar que אַשּׁוּר se construye aquí en femenino, como עֵילָם en Ez 32, 24 y מֶשֶׁךְ en 32 26. Es evidente que la idea predominante no es la del rey, ni la del pueblo, sino la del reino, como poder mundial. Es evidente que en los sufijos que aparecen en קִבְרֹתָיו סְבִיבוֹתָיו en 32, 22 y a סְבִיבוֹתָיו en 32, 25 y 32, 26 alterna el femenino con el masculino, y que Hitzig propone suprimir por eso esas palabras; pero la alternancia se puede explicar simplemente sobre la base de que las ideas del reino (femenino) y de su rey (masculino) no se encuentran estrictamente separadas, sino que van oscilando, de manera que pueden concordar en masculino y en femenino, según los casos.

Se dice que Asur, que es un poder mundial, yace en el Sheol, y que las tumbas de sus varones guerreros están alrededor de su gobernante. Todos yacen así, como personas que han caído por la espada, es decir, que han sido arrancadas del mundo por un juicio de Dios. A esto se añade en Ez 32, 23 que las tumbas de Asur yacen en los lugares más remotos, es decir, en los extremos más profundos del Sheol. Cuando más grande hubiera sido su poder en la tierra, más profundo será su lugar en el inframundo.

Havernick ha entendido mal las palabras "y su gente está por los alrededores de su sepulcro" (32, 22, es decir, de la tumba del poder mundial) cuando sigue diciendo que las tumbas y los cuerpos se encuentran separados, como si los muertos estuvieran aguardando al lado de las tumbas en el más hondo horror, esperando ser enterrados, pero en vano. No hay nada que aluda a eso en el texto, sino simplemente que las tumbas de la gente yacían alrededor de la tumba de su gobernante.

32, 24-25. Tercera estrofa

²⁴ שָׁם עֵילָם וְכָל־הֲמוֹנָהּ סְבִיבוֹת קְבֻרָתָהּ כֻּלָּם חֲלָלִים
הַנֹּפְלִים בַּחֶרֶב אֲשֶׁר־יָרְדוּ עֲרֵלִים אֶל־אֶרֶץ תַּחְתִּיּוֹת אֲשֶׁר
נָתְנוּ חִתִּיתָם בְּאֶרֶץ חַיִּים וַיִּשְׂאוּ כְלִמָּתָם אֶת־יוֹרְדֵי בוֹר:
²⁵ בְּתוֹךְ חֲלָלִים נָתְנוּ מִשְׁכָּב לָהּ בְּכָל־הֲמוֹנָהּ סְבִיבוֹתָיו
קִבְרֹתֶהָ כֻּלָּם עֲרֵלִים חַלְלֵי־חֶרֶב כִּי־נִתַּן חִתִּיתָם בְּאֶרֶץ חַיִּים
וַיִּשְׂאוּ כְלִמָּתָם אֶת־יוֹרְדֵי בוֹר בְּתוֹךְ חֲלָלִים נִתָּן:

²⁴ *Allí está Elam con toda su multitud por los alrededores de su sepulcro. Todos ellos cayeron muertos a espada y descendieron incircuncisos a lo más profundo de la tierra, porque sembraron su terror en la tierra de los vivientes, mas llevaron su ignominia con los que descienden al sepulcro.*

²⁵ *En medio de los muertos le pusieron lecho, con toda su multitud; a sus alrededores están sus sepulcros; todos ellos incircuncisos, muertos a espada, porque fue puesto su espanto en la tierra de los vivientes, y llevaron su ignominia con los que descienden al sepulcro; él fue puesto en medio de los muertos.*

A Asur le sigue עֵילָם, Elam, el pueblo guerrero de Elimais, es decir, de Susiana, la moderna Cusistan, cuyos arqueros estaban al servicio del ejército asirio (Is 22, 6), y que se mencionan con los medos como conquistadores posteriores de Babilonia (Is 21, 2); pues bien, ya Jeremías había profetizado su destrucción al comienzo del reinado de Sedecías (Jer 49, 34)

Ezequiel dice de Elam lo mismo que ha dicho de Asur, y casi con las mismas palabras. La única diferencia es que su descripción es más copiosa, y expresa de un modo más preciso el pensamiento de una caída vergonzosa, que está implicada en el hecho de yacer en el Sheol entre los asesinados, repitiéndose el tema por dos veces.

Predicciones de juicio sobre las naciones paganas

En este contexto, Ezequiel afirma que la vergüenza de los elamitas en el Sheol se relaciona con el terror que ellos han extendido en el mundo a lo largo de su vida.

נשא, como en Ez 16, 52. La *bet* (b) en בְּכָל־הֲמוֹנָהּ (32, 25) no es *bet de asociación*, sino que se refiere al hecho de estar en el centro de la multitud. לָהּ se refiere a עֵילָם y נָתְנוּ tiene un sujeto indefinido: ellos dieron (=ellos fueron dados, fueron puestos). מִשְׁכָּב es el lugar de reposo de los muertos, como en 2 Cron 16, 14. La última frase de 32, 25 es una repetición enfática del pensamiento central de esta unidad: él (Elam) yace en medio de sus muertos.

32, 26-28. Cuarta estrofa

²⁶ שָׁם מֶשֶׁךְ תֻּבַל וְכָל־הֲמוֹנָהּ סְבִיבוֹתָיו קִבְרוֹתֶיהָ כֻּלָּם
עֲרֵלִים מְחֻלְלֵי חֶרֶב כִּי־נָתְנוּ חִתִּיתָם בְּאֶרֶץ חַיִּים:
²⁷ וְלֹא יִשְׁכְּבוּ אֶת־גִּבּוֹרִים נֹפְלִים מֵעֲרֵלִים אֲשֶׁר יָרְדוּ־שְׁאוֹל
בִּכְלֵי־מִלְחַמְתָּם וַיִּתְּנוּ אֶת־חַרְבוֹתָם תַּחַת רָאשֵׁיהֶם וַתְּהִי
עֲוֹנֹתָם עַל־עַצְמוֹתָם כִּי־חִתִּית גִּבּוֹרִים בְּאֶרֶץ חַיִּים:
²⁸ וְאַתָּה בְּתוֹךְ עֲרֵלִים תִּשָּׁבַר וְתִשְׁכַּב אֶת־חַלְלֵי־חָרֶב:

²⁶ *Allí están Mesec y Tubal, con toda su multitud; a sus alrededores están sus sepulcros; todos ellos incircuncisos, muertos a espada, porque habían sembrado su terror en la tierra de los vivientes.*

²⁷ *No yacerán con los fuertes de los incircuncisos que cayeron, los que descendieron al sheol con sus armas de guerra y sus espadas puestas debajo de sus cabezas; mas sus maldades estarán sobre sus huesos, por cuanto fueron el terror de los fuertes en la tierra de los vivientes.* ²⁸ *Tú, pues, serás quebrantado entre los incircuncisos y yacerás con los muertos a espada.*

מֶשֶׁךְ y תֻּבַל, son los Moscos y los Tibarenos de los griegos (cf. Coment. a Ez 27, 13). Ambos pueblos están unidos aquí ἀσυνδετῶς, de un modo inmediato, como un solo pueblo o poder pagano. Ewald, Hitzig y otros piensan que esos pueblos se refieren a los escitas, que invadieron la tierra en el tiempo de Josías, la mayoría de los cuales perecieron de un modo miserable un poco antes (Herodoto I, 106).

Pero, sin contar el hecho de que los profetas del Antiguo Testamento no hacen ninguna alusión a una invasión de Palestina por lo escitas (cf. *Profetas Menores* II, 106), esta visión se funda erróneamente en la suposición de que este lamento funerario de Ezequiel menciona solo a pueblos que han sufrido grandes derrotas durante un tiempo algo más largo o más corto.

En contra de eso, Mesec-Túbal aparecen aquí, lo mismo que en Ez 38, como un poder del norte, que ha sido superado en su conflicto con el Reino de Dios, apareciendo así ante el profeta como un pueblo que ha caído bajo el juicio de la muerte. En 32, 26 ofrece Ezequiel el mismo juicio que ha proclamado ya respecto a Asur en 32, 22-23 y respecto a Elam en 32, 24-25.

Pero el anuncio de 32, 27 resulta oscuro. Rosenmüller, Ewald, Hävernick y otros piensann que este verso es una pregunta con אלו en el sentido de הלא: ¿Y no deberían yacer (descansar) con otros héroes caídos de los incircuncisos, que…? En otras palabras, ellos yacen con esos otros héroes caídos y no podían esperar un destino distinto. Pero aunque la interrogación pueda indicarse meramente con el tono, y además אלו puede tener el sentido de הלא, como en Ex 8, 22, no hay la más mínima indicación que nos lleve a tomar ese pasaje como una pregunta.

Por el contrario, al comienzo de una sentencia, אלו sugiere la suposición de que estamos ante una antítesis. Y la probabilidad de esta conjetura (de que estamos ante una antítesis) queda reforzada por la alusión que se hace a los héroes, que han descendido al mundo inferior con sus armas de guerra.

En esa línea, aquí estamos ante algo que no se aplica a todos los héroes que han bajado al infierno (como en este caso, en el que se supone que los guerreros de Mesec-Tubal han bajado sin honor al mundo de los muertos). La costumbre de colocar las armas de los héroes caídos a su lado en la tumba está atestiguada por Diodoro Sic. XVIII. 26; Arriano, I. 5; Virgilio, *Eneida* VI. 233 (cf. J. Dougtaei *Analectta Sacrae Scripturae*, 1694, I. pp. 281, 282), cosa que, conforme a las ideas dominantes de tiempos antiguos, era un signo de gran respeto para los muertos.

Pues bien, el último lugar donde podríamos esperar una alusión de honor de ese tipo, de honor tributado a unos héroes muertos, sería éste, en conexión con Mesec-Túbal, cuyas hordas salvajes del norte solo se conocían en Israel por su barbarie. Seguimos según eso a la Vulgata, a los rabinos y a muchos otros comentaristas, y pensamos que esos versos contienen una declaración de que los muertos de Mesec-Túbal no recibieron el honor de descansar en la tumba del mundo inferior con los héroes antiguos que fueron enterrados con sus armas, porque estos, los de Mesec-Tubal no han merecido ese honor[48].

כְּלֵי־מִלְחַמְתָּם son los instrumentos de guerra, las armas, como en Dt 1, 41. El texto no indica quiénes fueron los que habían sido enterrados con tales honores. Los LXX han confundido מֵעֲרֵלִים con מעולם y han traducido נפלים: τῶν πεπτωκότων ἀπ᾽ αἰῶνος, *los muertos de antaño,* pensando posiblemente en los *gibborim* de Gen 6, 4. Dathe y Hitzig proponen alterar en ese sentido el texto, e incluso Hävernick imagina que el profeta puede haber tenido en su mente pasajes como Gen 6, 4 y 10, 9. Pero no hay razón suficiente para alterar el texto. Y en el caso de que Ezequiel hubiera tenido en su mente Gen 6, 4, él hubiera escrito sin duda הגבורים.

Los comentaristas más recientes toman la frase וַתְּהִי עֲוֹנֹתָם como una continuación de la precedente (וַיִּתְּנוּ אֶת־חַרְבוֹתָם), lo que es una conclusión muy natural, si

---

48. Cornelio a Lapide ha interpretado bien el sentido del texto. "Ezequiel no les compara pues con los justos, sino con los paganos que, aunque incircuncisos habían alcanzado una muerte gloriosa, pues eran más perversos que ellos. Porque unos fueron con gloria al reino de las sombras, mientras los otros bajaron con ignominia, como maldecidos".

es que nos fijamos simplemente en la construcción del texto. Pero si consideramos el sentido de las palabras esa combinación no puede mantenerse. Las palabras "mas sus maldades estarán sobre sus huesos" (o vienen sobre ellos) pueden entenderse como una explicación de la razón por la que han descendido en el Sheol con sus armas, y ahora estén yaciendo sobre su espadas.

Según eso, debemos tomar וַתְּהִי עֲוֹנֹתָם como una continuación de יִשְׁכְּבוּ, de manera que el hecho de no yacer con aquellos que habían sido enterrados con sus armas de guerra ofrece la prueba de que su culpa yace sobre sus huesos. Según eso, las palabras no tienen otro significado que el de la frase וַיִּשְׂאוּ כְלִמָּתָם en Ez 32, 24. 30. El pecado viene a ponerse sobre sus huesos cuando el castigo consecuente recae en el mismo sepulcro sobre los pecadores.

En la última frase, conectamos גִּבּוֹרִים con חִתִּית, terror de los héroes, un pecado que es terrible también para los héroes por razón de su naturaleza salvaje y cruel. En 32, 28 no podemos tomar וְאַתָּה como referido a Mesec-Túbal, como piensan muchos comentaristas antiguos. Una interpelación dirigida directamente a los muertos va en contra de todo lo que precede.

Como Mesec-Túbal está yaciendo ya entre los muertos, según Ez 32, 26, el anuncio no puede dirigirse a ese pueblo, diciendo que sus guerreros han sido atravesado por la espada. Estas palabras se dirigen a los egipcios que compartirán la misma suerte de los muertos antiguos. Y de esa manera, al poner este anuncio en el centro de la diatriba contra lo pueblos que han bajado ya al Sheol, se actualiza el designio de esta lista de pueblos muertos.

32, 29-30. Quinta estrofa

²⁹ שָׁמָּה אֱדוֹם מְלָכֶיהָ וְכָל־נְשִׂיאֶיהָ אֲשֶׁר־נִתְּנוּ בִגְבוּרָתָם
אֶת־חַלְלֵי־חָרֶב הֵמָּה אֶת־עֲרֵלִים יִשְׁכָּבוּ וְאֶת־יֹרְדֵי בוֹר׃
³⁰ שָׁמָּה נְסִיכֵי צָפוֹן כֻּלָּם וְכָל־צִדֹנִי אֲשֶׁר־יָרְדוּ אֶת־חֲלָלִים
בְּחִתִּיתָם מִגְּבוּרָתָם בּוֹשִׁים וַיִּשְׁכְּבוּ עֲרֵלִים אֶת־חַלְלֵי־חֶרֶב
וַיִּשְׂאוּ כְלִמָּתָם אֶת־יוֹרְדֵי בוֹר׃

> ²⁹ *Allí está Edom, con sus reyes y todos sus príncipes, quienes con su poderío fueron puestos con los muertos a espada; ellos yacerán con los incircuncisos, con los que descienden al sepulcro.* ³⁰ *Allí están los gobernantes del norte, todos ellos, y todos los sidonios, que con su terror descendieron con los muertos; avergonzados de su poderío, yacen también incircuncisos con los muertos a espada y comparten su ignominia con los que descienden al sepulcro.*

En esta estrofa, Ezequiel agrupa al resto de las naciones paganas del entorno de Israel, y al hacerlo él cambia el שָׁם de la lista anterior por el שָׁמָּה "de aquí". Esto podría tomarse proféticamente: De allí vendrán ellos, a ellos pertenecen también… (Hävernick). Solo las naciones como las mencionadas están esperando su destrucción.

Pero, en primer lugar, los tiempos perfectos de Ez 32, 29-30, אֲשֶׁר־נִתְּנוּ y אֲשֶׁר־יָרְדוּ no favorecen esta explicación, en razón de que ellos han sido utilizados como pretéritos en 32, 22. 24. 25. 26. 27. Y, en segundo lugar, incluso en las estrofas anteriores no solo se mencionan esos pueblos como los que han perecido, sino otros como Elam y Mesec-Túbal, que no alcanzaron una gran importancia histórico o no influyeron sobre el despliegue del reino de Dios hasta después de los tiempos de Ezequiel, mientras que los edomitas y los sidonios se habían estado ya aproximando a la destrucción. Por eso pensamos que שָׁמָּה es una simple variante de שָׁם en el sentido de "de allí han venido ellos", sin evocar ninguna alusión al futuro.

En el caso de Edom, se mencionan los reyes y con ellos כָּל־נְשִׂיאֶיהָ, es decir, es decir, todos los *alluphim*, que son los *filarcas*, literalmente los *quiliarcas*, los jefes de las familias dominantes (36, 15), en cuyas manos se encontraba el gobierno del pueblo, dado que los reyes eran electivos, y solían ser escogidos entre los filarcas (cf. *Coment.* a Gen 36, 31), con su poderío, es decir, teniendo en cuenta su poderío. Hay algo destacado en la alusión a los príncipes del norte (נְסִיכֵי: literalmente príncipes vasallos; cf. *Coment.* a Jos 13, 21 y a Miq 5, 4), en conexión con los sidonios, y después de Mesec-Túbal, representantes de las naciones del norte.

La asociación con los sidonios nos hace pensar que se trata de los que están al norte de Palestina, y especialmente a la tierra de Aram, según la Escritura, con sus diversos estados y príncipes (Hävernick), aunque Jer 25, 26, con su alusión a los reyes del norte, de lejos y de cerca, no es una prueba concluyente de ello. De todas formas, lo cierto es que los príncipes del norte no han de ser identificados con los sidonios, porque, como ha observado rectamente Kliefoth, hay seis naciones mencionadas: Asur, Elam, Mesec-Tubal, Edom, los príncipes del norte y Sidón, a los que se añade Egipto, de manera que alcanzamos así el número siete, que es el más adaptado para indicar la totalidad del mundo pagano, como quiere indicar el texto.

Hay otro rasgo claramente discernible en la forma en que esos pueblos se asocian: Asur, Elam y Mesec-Túbal representan los poderes mayores y más distantes del mundo; Edom son los príncipes del Norte; y Sidón son las naciones del entorno de Israel, por el sur y por el norte. בְּחִתִּיתָם מִגְּבוּרָתָם, literalmente "con el temor que procedía de ellos", esto es, de su bravura, es decir, con el temor que ellos inspiraban. וַיִּשְׂאוּ כְלִמָּתָם, como en Ez 32, 24.

32, 31-32. Sexta y última estrofa

³¹ אוֹתָם יִרְאֶה פַרְעֹה וְנִחַם עַל־כָּל־(הֲמוֹנֹה) [הֲמוֹנוֹ]
חַלְלֵי־חֶרֶב פַּרְעֹה וְכָל־חֵילוֹ נְאֻם אֲדֹנָי יְהוִה:
³² כִּי־נָתַתִּי אֶת־(חִתִּיתוֹ) [חִתִּיתִי] בְּאֶרֶץ חַיִּים וְהֻשְׁכַּב בְּתוֹךְ עֲרֵלִים
אֶת־חַלְלֵי־חֶרֶב פַּרְעֹה וְכָל־הֲמוֹנֹה נְאֻם אֲדֹנָי יְהוִה: פ

> ³¹ *A estos verá el faraón, y se consolará sobre toda su multitud: al faraón muerto a espada, y todo su ejército, dice Yahvé, el Señor.* ³² *Porque puse mi terror en la tierra de los vivientes, también el faraón y toda su multitud yacerán entre los incircuncisos, con los muertos a espada, dice Yahvé, el Señor.*

Sigue en estos versos la aplicación a Egipto. El faraón verá desde el mundo inferior a todas las naciones, grandes y pequeñas, con sus gobernantes; y cuando vea que todos han sido entregados al juicio de la muerte, él se consolará a sí mismo por el destino que ha caído sobre él mismo y sobre su ejército, descubriendo que no podía esperar un destino mejor que el de los otros gobernantes del mundo.

וְנִחַם עַל, consolarse uno mismo, como en Ez 31, 16 y 14, 22. La afirmación de Hitzig, según la cual נִחַם no significa nunca consolarse uno a sí mismo es incorrecta (cf. *Coment.* a Ez 13, 22). כִּי־נָתַתִּי אֶת־חִתִּיתוֹ, porque puse mi terror en él, es decir, porque le hice instrumento de mi terror. El *kere* חִתִּיתִי ha surgido por malentendido. El *qetiv* está confirmado por 32, 24. 26. En Ez 32, 32 termina la lamentación, retomando una expresión que se encuentra en 32, 19.20.

Ahora podemos resumir el tema de conjunto, ofreciendo una visión del contenido de las palabras de Dios dirigidas en contra de Egipto, en las que se anuncia la destrucción del poder del faraón y de Egipto como poder mundial. Pues bien, esta profecía se ha cumplido plenamente. Así lo ha mostrado claramente Kliefoth: Uno solo necesita ir a ver las pirámides de Egipto y sus tumbas para ver que la gloria de los faraones ha caído hasta el Sheol. Y es igualmente cierto que esta destrucción de la gloria del antiguo Egipto proviene de los tiempos del imperio babilonio y persa. La destrucción fue de tal radicalidad que el viejo Egipto fue un perfecto enigma incluso para el nuevo Egipto de los tolomeos, una cosa olvidada e incomprensible.

Pues bien, si Ezequiel habla repetidamente de Nabucodonosor como ejecutante de este juicio contra Egipto, debemos recordar aquí, como en el caso de Tiro (cf. *Coment* a 28, 1-19), que Ezequiel mira a Nabucodonosor como instrumento del justo castigo de Dios en general, y que descubre en aquello que él hace el compendio de todo lo que se ha ido realizando gradualmente a lo largo de las edades de la historia.

Al mismo tiempo, es igualmente cierto que esta visión del profeta carecería de fundamento si Nabucodonosor no hubiera conquistado Egipto y no lo hubiera devastado, de manera que el poder y la gloria de este viejo imperio quedó tan destruido por ello que nunca pudo volver a su grandeza anterior, de modo que incluso tras volver de la cautividad (es decir, después de recuperarse de las heridas de muerte que le infligió la monarquía de Babilonia y después la de Persia, vino a convertirse en un reino de poca importancia, de poco poder, que no pudo dominar ya sobre las naciones (Ez 29, 13-16).

De todas formas, C. F. Volney, en sus *Recherch. nouv. sur l'hist. anc.*, 1814 (III pp. 151ss.), y Hitzig (*Ezekiel* p. 231) ponen en duda la devastación de Egipto por Nabucodonosor, porque los historiadores griegos de Egipto, con Herodoto (II. 161 ss.) a su cabeza, no aluden a ningún tipo de invasión de Egipto en este contexto, oponiéndose incluso a ello. Pero el silencio de los historiadores griegos, en especial el de Herodoto, es un argumento de poquísimo peso.

Los mismos historiadores no dicen ni una palabra sobre la derrota de Necao por Nabucodonosor en Carquemis, un hecho que Hitzig acepta como indudable. Herodoto y sus sucesores toman sus relatos sobre Egipto de la tradición de los sacerdotes egipcios, quienes suprimieron todo lo que podía ser humillante para su orgullo, e intentaron cubrir sus relatos con los hechos gloriosos que los faraones habían realizado.

Por otro lado, Hitzig no ha logrado probar que las afirmaciones de los griegos van en contra de una invasión caldea de Egipto, ni ha conseguido refutar los argumentos de Perizonius, Vitringa, Hävernick y otros, que han querido reconciliar los datos de la narración bíblica (con la conquista de Egipto por Nabucodonosor) con los relatos de Herodoto, Diodoro Siculo y otros griegos relacionados con las "hazañas" de Necao y su derrota por Amasis. La observación por la que dice que, según el relato de Herodoto, Amasis aparece como un rey independiente al lado de Cambises, y que era casi tan importante como los reyes persas, no prueba nada, aunque pudiéramos aceptar la exactitud del dato; ello solo prueba que Amasis había logrado que Egipto fuera una vez más independiente de Babilonia..., o el hecho de que la monarquía caldea había perdido su poder antiguo.

La conquista de Egipto por Nabucodonosor, tras la actitud que el faraón Necao asumió hacia el imperio de Babilonia, una actitud que quiso mantener en tiempos de Sedecías, enviando un ejército en ayuda de Jerusalén, cuando estaba sitiada por los caldeos, no es solamente muy probable, sino que está confirmada por testimonios de fuera de la Biblia Ciertamente, quizá no se le podría dar gran peso a la noticia de Megástenes, transmitida por Estrabón (XVI. 1. 6) y por Josefo (*Contra Apion* I 20): "El dice que Nabucodonosor conquistó gran parte de Libia y de Iberia"... Pero hay otras pruebas.

Josefo no solo cita a Beroso (cf. l. c. I 19), para decir que los babilonios tomaron posesión de Egipto, Siria, Fenicia y Arabia, sino que sobre la base de esas afirmaciones, él evoca el cumplimiento completo de las profecías de la Escritura, diciendo en *Ant.* X. 9. 7, con referencia a Nabucodonosor que "él cayó sobre Egipto y la conquisto. El mató al faraón reinante, y habiendo colocado en su lugar a otro faraón, hizo prisioneros a los judíos que hasta entonces habían residido en Egipto y los llevó a Babilonia".

Pues bien, aunque en este caso Josefo no cita pruebas para demostrar lo que dice, su afirmación no se deduce sin más de las profecías de Jeremías, porque inmediatamente antes de las palabras citadas afirma que lo que había profetizado Jeremías (cf. Jr 43, 10 y Jer 44) se había cumplido, distinguiendo así entre profecía e historia. No se debe pues rechazar el testimonio de Josefo, aunque él no mencione el nombre del faraón egipcio, ni precise el tiempo en que Egipto fue conquistado, sino que se limita a afirmar en general que ello fue después de la guerra de Nabucodonosor contra los amonitas y los moabitas.

Ez 33-48

SEGUNDA PARTE
ANUNCIO DE SALVACIÓN

Ezequiel 33-48

En la primera parte de este libro, Ezequiel ha predicho juicios severos, tanto para Israel (nación de la alianza), como para las naciones paganas. Pero al pueblo de Israel le ha prometido el retorno de su cautividad, tras el juicio de destrucción del reino y la dispersión de la generación rebelde entre tierras paganas, no solo una restauración entendida como vuelta a su tierra, sino también como renovación de la alianza hecha con los padres y la renovación de la misma nación por obra del Espíritu de Dios, a fin de que el pueblo sirva a Dios sobre su santa montaña, con ofrendas que le sean aceptables (cf. Ez 11, 16-21. 60 y 20, 24).

Por otro lado, Ezequiel ha amenazado a los pueblos paganos y a los reinos del mundo con una devastación y destrucción eterna, de manera que esos pueblos no sean ya más recordados (cf. Ez 21, 36-37; 25, 7. 10. 16. 21; 27, 34 y 28, 19), o más bien con la humillación permanente y la destrucción de su gloria en el mundo inferior (cf. 29, 13; 31, 15 y 32, 17), mientas Dios creará una nueva realidad en la tierra de los vivos, reunirá a Israel de su dispersión y le hará vivir con seguridad y felicidad en la tierra que había dado a su siervo Jacob, y al "cuerno" que debía crecer en ella (Ez 26, 20; 28, 25 y 29,31).

Este anuncio ha sido desarrollado aún más en la segunda parte del libro, donde se expone primero el tema del perdón, de la bendición y de la glorificación prometida a la nación del pacto, después que haya sido purificada por el exilio. De esa forma se propone la renovación del pueblo con la destrucción de sus enemigos (Ez 34-39), y después, en segundo lugar, se expone el establecimiento del reino renovado de Dios para siempre (Ez 40-48).

De esa forma se abre la boca del profeta para anunciar el futuro del pueblo, en el momento en que llega a las orillas del río Qebar un fugitivo de Jerusalén, con la noticia de la destrucción de Jerusalén y del reino. Y así comienza la segunda parte del ministerio profético de Ezequiel. La introducción a estos temas se ofrece en Ez 33, mientras que el anuncio mismo se divide en dos partes, conforme a su contenido: primero la promesa de la restauración y glorificación de Israel (Ez 34-39) y después la visión apocalíptica de la nueva constitución del Reino de Dios (Ez 40-48).

I
Ez 33, 1-33
LLAMADA DEL PROFETA
Y SU RELACIÓN CON EL PUEBLO

Este capítulo se divide en dos palabras de Dios, que tienen un carácter introductorio, y que están separadas por una afirmación histórica (Ez 31, 21-22), aunque sustancialmente ellas forman un solo discurso. La primera (33, 1-20) expone la llamada del profeta para el tiempo que viene. La segunda (33, 21-33) expone la actitud del profeta hacia el pueblo, la actitud del pueblo hasta el anuncio del profeta. La primera viene antes que la llegada del mensajero, que trae al profeta y a los exilados la noticia de la conquista y destrucción de Jerusalén por los caldeos (Ez 33, 21). La segunda fue proclamada más tarde.

La caída de la ciudad santa forma el gozne o centro de la obra profética de Ezequiel. Antes de esa catástrofe, Dios le había encargado que fuera un vigía sobre Israel, para mostrar al pueblo sus pecados y para proclamar el castigo consiguiente, es decir, la destrucción de Jerusalén y de Judá, con la dispersión del pueblo entre las naciones. Pero después que se cumplió la caída de la ciudad con el juicio predicho por el profeta, su intención tenía que ser la de llenar de confianza y consuelo a los que estaban destruidos y desesperados, anunciándoles la restauración del reino de Dios que había caído, pero en forma nueva y más gloriosa, mostrándoles el camino que dirige hacia una nueva vid y abriéndoles la puerta de entrada al nuevo Reino de Dios.

Las dos partes de nuestro capítulo corresponden a eso, es decir, a la que deberá ser desde ahora la tarea impuesta sobre el profeta. En la primera (33, 1-20) se le renueva al profeta su llamada para ser vigía espiritual sobre la casa de Israel (33, 2-9), con instrucciones especiales sobre lo que tenía que anunciar al pueblo, inclinado a la desesperación bajo el peso de sus pecados, diciendo que Dios no se complacía en la muerte del pecador, sino que quería su conversión, para superar así su iniquidad (33, 10-20).

El centro y núcleo de esta palabra de Dios se encuentra en la lamentación del pueblo que dice: "Nuestras transgresiones y pecados pesan sobre nosotros, y estamos sufriendo por ellas. ¿Cómo podremos vivir? (33, 10), con la respuesta del

Señor: "Por mi vida, yo no tengo placer en la muerte de los malvados… Convertíos, convertíos ¿por qué queréis morir? (33, 11). El camino para la conversión está preparado en 33, 2-9, mientras que 33, 12-20 lleva más adelante la promesa de Dios y ofrece una nueva razón para ello.

Los pensamientos con los que se introducen y explican las promesas de Dios, como un antídoto contra la desesperación, no son nuevos, sino que aparecen como repetición de palabras anteriores de Dios. La introducción preparatoria de 33, 2-9 ofrece esencialmente un retorno a la palabra de 3, 17-21, con la que concluía la llamada de Dios al profeta, indicándole el deber y responsabilidad que iban conectadas con ella. Y la razón que se ofrece en 33, 12-20, con la promesa divina de 33, 11, está tomada de Ez 18, donde el profeta exponía el sentido de la justicia de Dios, y en especial de 18, 20-32, donde se expande de manera más precisa ese pensamiento, diciendo que el juicio de Dios ha de ser superado a través del arrepentimiento y de la conversión.

Por todo eso es indudable que la primera sección de este capítulo contiene una introducción a la segunda mitad del libro, es decir, de las profecías de promesa de Ezequiel. Esto explica también la ausencia de toda fecha en el encabezamiento de la sección, o el notable hecho de que la fecha (33, 21-22) no se ofrezca hasta la mitad del capítulo, donde aparece entre la primera y la segunda parte de las palabras de Dios es esta capítulo.

La palabra de Dios en 33, 23 fue dirigida al profeta indudablemente después de la llegada del fugitivo con la noticias de la caída de Jerusalén, mientras que las palabras con las que el profeta estaba preparando sus trabajos posteriores (33, 1-20) van antes de ese acontecimiento, y coinciden por el tiempo con la acción de Dios sobre el profeta en la tarde que precede a la llegada del fugitivo, por la cual se abrió su boca para seguir hablando (33, 22). Esa preparación aparece antes de la noticia histórica del fugitivo, porque ella viene a presentarse como principio de renovación de su tarea profética[49].

1. Ez 33, 1-20. Llamada del profeta para el futuro

33, 1-9. El profeta como vigía

¹ וַיְהִ֥י דְבַר־יְהוָ֖ה אֵלַ֥י לֵאמֹֽר׃
² בֶּן־אָדָ֗ם דַּבֵּ֤ר אֶל־בְּנֵֽי־עַמְּךָ֙ וְאָמַרְתָּ֣ אֲלֵיהֶ֔ם אֶ֕רֶץ כִּי־אָבִ֥יא עָלֶ֖יהָ חָ֑רֶב

---

49. Es incomprensible que Kliefoth no pueda encontrar ningún signo de pensamientos introductorios en esta sección, y que solo pueda conectarla con los oráculos precedentes contra las naciones extranjeras para decir que con esta nueva sección quedan justificados aquellos oráculos anteriores. Tampoco son válidos otros argumentos que expone, diciendo que Ez 33, 1-20 habla de amenazas y de observaciones para el pueblo, y de la fidelidad con la que Ezequiel debe proclamarlas, y de la manera en que Israel ha de recibirlas… Sus observaciones muestran simplemente que él no ha entendido el contenido de esta sección ni el despliegue del pensamiento del profeta.

Ezequiel 33, 1-9

וְלָקְח֤וּ עַם־הָאָ֙רֶץ֙ אִ֣ישׁ אֶחָ֔ד מִקְצֵיהֶ֕ם וְנָתְנ֥וּ אֹת֛וֹ לָהֶ֖ם לְצֹפֶֽה׃
³ וְרָאָ֥ה אֶת־הַחֶ֖רֶב בָּאָ֣ה עַל־הָאָ֑רֶץ וְתָקַ֥ע בַּשּׁוֹפָ֖ר וְהִזְהִ֥יר אֶת־הָעָֽם׃
⁴ וְשָׁמַ֨ע הַשֹּׁמֵ֜עַ אֶת־ק֣וֹל הַשּׁוֹפָ֗ר וְלֹ֤א נִזְהָר֙ וַתָּ֣בוֹא חֶ֔רֶב וַתִּקָּחֵ֑הוּ דָּמ֥וֹ בְרֹאשׁ֖וֹ יִהְיֶֽה׃
⁵ אֵת֩ ק֨וֹל הַשּׁוֹפָ֤ר שָׁמַע֙ וְלֹ֣א נִזְהָ֔ר דָּמ֖וֹ בּ֣וֹ יִהְיֶ֑ה וְה֥וּא נִזְהָ֖ר נַפְשׁ֥וֹ מִלֵּֽט׃
⁶ וְ֠הַצֹּפֶה כִּֽי־יִרְאֶ֨ה אֶת־הַחֶ֜רֶב בָּאָ֗ה וְלֹֽא־תָקַ֤ע בַּשּׁוֹפָר֙ וְהָעָ֣ם לֹֽא־נִזְהָ֔ר וַתָּב֣וֹא חֶ֔רֶב וַתִּקַּ֥ח מֵהֶ֖ם נָ֑פֶשׁ ה֤וּא בַּעֲוֺנ֣וֹ נִלְקָ֔ח וְדָמ֖וֹ מִיַּֽד־הַצֹּפֶ֥ה אֶדְרֹֽשׁ׃ ס
⁷ וְאַתָּ֣ה בֶן־אָדָ֔ם צֹפֶ֥ה נְתַתִּ֖יךָ לְבֵ֣ית יִשְׂרָאֵ֑ל וְשָׁמַעְתָּ֤ מִפִּי֙ דָּבָ֔ר וְהִזְהַרְתָּ֥ אֹתָ֖ם מִמֶּֽנִּי׃
⁸ בְּאָמְרִ֣י לָרָשָׁ֗ע רָשָׁע֙ מ֣וֹת תָּמ֔וּת וְלֹ֣א דִבַּ֔רְתָּ לְהַזְהִ֥יר רָשָׁ֖ע מִדַּרְכּ֑וֹ ה֤וּא רָשָׁע֙ בַּעֲוֺנ֣וֹ יָמ֔וּת וְדָמ֖וֹ מִיָּדְךָ֥ אֲבַקֵּֽשׁ׃
⁹ וְ֠אַתָּה כִּֽי־הִזְהַ֨רְתָּ רָשָׁ֤ע מִדַּרְכּוֹ֙ לָשׁ֣וּב מִמֶּ֔נָּה וְלֹא־שָׁ֖ב מִדַּרְכּ֑וֹ ה֚וּא בַּעֲוֺנ֣וֹ יָמ֔וּת וְאַתָּ֖ה נַפְשְׁךָ֥ הִצַּֽלְתָּ׃ ס

Vino a mí palabra de Yahvé, diciendo: ² *Hijo de hombre, habla a los hijos de tu pueblo y diles:*

Cuando traiga yo espada sobre la tierra, y el pueblo de la tierra tome a un hombre de su territorio y lo ponga por centinela, ³ *y él vea venir la espada sobre la tierra, y toque la trompeta y avise al pueblo,* ⁴ *cualquiera que oiga el sonido de la trompeta y no se prepare, y viniendo la espada lo hiera, su sangre será sobre su cabeza.* ⁵ *El sonido de la trompeta oyó, pero no se preparó: su sangre será sobre él; pero el que se prepare, salvará su vida.* ⁶ *Pero si el centinela ve venir la espada y no toca la trompeta, y el pueblo no se prepara, y viniendo la espada, hiere a alguno de ellos, este fue tomado por causa de su pecado, pero demandaré su sangre de mano del centinela.*

⁷ *A ti, pues, hijo de hombre, te he puesto por centinela de la casa de Israel: tú oirás la palabra de mi boca y los amonestarás de mi parte.* ⁸ *Cuando yo diga al impío: ¡Impío, de cierto morirás!, si tú no hablas para que se guarde el impío de su camino, el impío morirá por su pecado, pero yo demandaré su sangre de tu mano.* ⁹ *Pero si tú avisas al impío de su camino para que se aparte de él, y él no se aparta de su camino, él morirá por su pecado, pero tú libraste tu vida.*

Ez 33, 7-9, con la excepción de algunos detalles que tienen poca importancia para el sentido del texto, es una repetición *verbatim* de Ez 3, 17-19. La repetición del deber que incumbe al profeta, y de la responsabilidad conectada con ese deber, aparece aquí sin embargo introducida (en 33, 2-6) con un ejemplo tomado de la vida, un ejemplo tan claro que cualquiera que lo escuche sabrá que Ezequiel estaba obligado a llamar la atención del pueblo sobre el juicio que les esperaba. Pues, esa expansión que no aparecía en Ez 3 sirve para conectar las profecías que siguen con las amenazas de juicio contenidas en la parte anterior del libro de Ezequiel.

El sentido del tema es el siguiente: Un vigía que ha sido nombrado por el pueblo tiene el deber de anunciar al pueblo la llegada del enemigo, y si él no cumple su deber es digno de muerte. Pues bien, también Ezequiel, como vigía nombrado por Dios para Israel, no solo tiene que avisar al pueblo la llegada del juicio inminente, para cumplir de esa manera su deber, sino que él ha anunciado ya al pueblo la llegada del juicio, de manera que si la espada sorprende a alguno desprevenido será por culpa suya (no por culpa de Ezequiel). Hasta ahora, Ezequiel no ha hecho más que cumplir su deber, y así desde ahora tendrá que seguir cumpliéndolo.

En 33, 2, la palabra אֶרֶץ aparece al principio de una frase en forma absoluta. Por su parte, כִּי־אָבִיא עָלֶיהָ חֶרֶב ha de entenderse con esta restricción: "en el caso de que el enemigo esté en camino y puede esperarse el ataque" (Hitzig). מִקְצֵיהֶם, del final del pueblo de la tierra, es decir, alguien tomado del conjunto de la población, como en Gen 47, 2 (cf. *Coment.* a Gen 19, 4). Tocar la trompeta es una señal de alarma ante la aproximación de un enemigo (cf. Am 3, 6 y Jer 4, 5). נִזְהָר, en 33, 5, es un participio. Pero en los demás casos, antes y después, es un perfecto, puntuado con un *kametz*, por razón del tono. Para Ez 33, 7-9 cf. el comentario a 3, 17-19.

33, 10-20. Como vigía de Israel, misericordia de Dios

¹⁰ וְאַתָּה בֶן־אָדָם אֱמֹר אֶל־בֵּית יִשְׂרָאֵל כֵּן אֲמַרְתֶּם לֵאמֹר כִּי־פְשָׁעֵינוּ וְחַטֹּאתֵינוּ עָלֵינוּ וּבָם אֲנַחְנוּ נְמַקִּים וְאֵיךְ נִחְיֶה׃
¹¹ אֱמֹר אֲלֵיהֶם חַי־אָנִי נְאֻם אֲדֹנָי יְהוִה אִם־אֶחְפֹּץ בְּמוֹת הָרָשָׁע כִּי אִם־בְּשׁוּב רָשָׁע מִדַּרְכּוֹ וְחָיָה שׁוּבוּ שׁוּבוּ מִדַּרְכֵיכֶם הָרָעִים וְלָמָּה תָמוּתוּ בֵּית יִשְׂרָאֵל׃ פ
¹² וְאַתָּה בֶן־אָדָם אֱמֹר אֶל־בְּנֵי־עַמְּךָ צִדְקַת הַצַּדִּיק לֹא תַצִּילֶנּוּ בְּיוֹם פִּשְׁעוֹ וְרִשְׁעַת הָרָשָׁע לֹא־יִכָּשֶׁל בָּהּ בְּיוֹם שׁוּבוֹ מֵרִשְׁעוֹ וְצַדִּיק לֹא יוּכַל לִחְיוֹת בָּהּ בְּיוֹם חֲטֹאתוֹ׃
¹³ בְּאָמְרִי לַצַּדִּיק חָיֹה יִחְיֶה וְהוּא־בָטַח עַל־צִדְקָתוֹ וְעָשָׂה עָוֶל כָּל־(צִדְקֹתוֹ) [צִדְקֹתָיו] לֹא תִזָּכַרְנָה וּבְעַוְלוֹ אֲשֶׁר־עָשָׂה בּוֹ יָמוּת׃
¹⁴ וּבְאָמְרִי לָרָשָׁע מוֹת תָּמוּת וְשָׁב מֵחַטָּאתוֹ וְעָשָׂה מִשְׁפָּט וּצְדָקָה׃
¹⁵ חֲבֹל יָשִׁיב רָשָׁע גְּזֵלָה יְשַׁלֵּם בְּחֻקּוֹת הַחַיִּים הָלַךְ לְבִלְתִּי עֲשׂוֹת עָוֶל חָיוֹ יִחְיֶה לֹא יָמוּת׃
¹⁶ כָּל־(חַטָּאתוֹ) [חַטֹּאתָיו] אֲשֶׁר חָטָא לֹא תִזָּכַרְנָה לוֹ מִשְׁפָּט וּצְדָקָה עָשָׂה חָיוֹ יִחְיֶה׃
¹⁷ וְאָמְרוּ בְּנֵי עַמְּךָ לֹא יִתָּכֵן דֶּרֶךְ אֲדֹנָי וְהֵמָּה דַּרְכָּם לֹא־יִתָּכֵן׃
¹⁸ בְּשׁוּב־צַדִּיק מִצִּדְקָתוֹ וְעָשָׂה עָוֶל וּמֵת בָּהֶם׃
¹⁹ וּבְשׁוּב רָשָׁע מֵרִשְׁעָתוֹ וְעָשָׂה מִשְׁפָּט וּצְדָקָה עֲלֵיהֶם הוּא יִחְיֶה׃
²⁰ וַאֲמַרְתֶּם לֹא יִתָּכֵן דֶּרֶךְ אֲדֹנָי אִישׁ כִּדְרָכָיו אֶשְׁפּוֹט אֶתְכֶם בֵּית יִשְׂרָאֵל׃ פ

¹⁰ *Tú, pues, hijo de hombre, di a la casa de Israel: Vosotros habéis hablado así, diciendo: 'Nuestras rebeliones y nuestros pecados están sobre nosotros, y a causa de ellos somos consumidos: ¿cómo, pues, viviremos?'.*
¹¹ *Diles: Vivo yo, dice Yahvé, el Señor, que no quiero la muerte del impío, sino que se vuelva el impío de su camino y que viva. ¡Volveos, volveos de vuestros malos caminos! ¿Por qué habéis de morir, casa de Israel?* ¹² *Y tú, hijo de hombre, di a los hijos de tu pueblo: La justicia del justo no lo librará el día que se rebele; y la impiedad del impío*

no le será estorbo el día que se vuelva de su impiedad. El justo no podrá vivir por su justicia el día que peque.
¹³ Cuando yo diga al justo: ¡De cierto vivirás!, pero él, confiado en su justicia, actúe con iniquidad, ninguna de sus justicias será recordada, sino que morirá por la iniquidad cometida. ¹⁴ Y cuando yo diga al impío: ¡De cierto morirás!, si él se convierte de su pecado y actúa conforme al derecho y la justicia, ¹⁵ si el impío restituye la prenda robada, devuelve lo que haya robado y camina en los estatutos de la vida, sin cometer iniquidad, vivirá ciertamente y no morirá. ¹⁶ No se le recordará ninguno de los pecados que había cometido; actuó conforme al derecho y la justicia, y vivirá ciertamente.
¹⁷ Luego dirán los hijos de tu pueblo: ¡No es recto el camino del Señor!'. ¡El camino de ellos es el que no es recto! ¹⁸ Cuando el justo se aparte de su justicia y cometa iniquidad, morirá por ello. ¹⁹ Y cuando el impío se aparte de su impiedad y actúe conforme al derecho y la justicia, vivirá por ello. ²⁰ Pero vosotros habéis dicho: 'No es recto el camino del Señor'. Yo os juzgaré, casa de Israel, a cada uno conforme a sus caminos.

Como vigía de Israel, Ezequiel ha de anunciar a los que no confían en la misericordia de Dios, que Dios ha de preservar de la destrucción a aquellos que se convierten de su pecado, dirigiéndoles a la vida.

En Ez 33, 10-11 el profeta recibe la llamada para el futuro, y Dios le instruye para que la anuncie a aquellos que están en riesgo de desesperarse por sus pecados, para que confíen en la voluntad de perdón de Dios. La amenaza contenida en la ley (Lev 26, 39), יִמַּקּוּ בַּעֲוֺנָם, amenaza que Ezequiel ha recordado repetidas veces al pueblo, por última vez al predecir la conquista y destrucción de Jerusalén por lo caldeos (cf. Ez 4, 17; 24, 23), ha pesado duramente sobre el corazón de los israelitas cuando esa amenaza se ha cumplido, de forma que ellos repiten esas palabras, no en defensa propia (como supone Hävernick erróneamente), sino con desesperación, como si no hubiera ya posibilidad de salvación.

Pues bien, Ezequiel se enfrenta con ese riesgo de desesperación, a causa de la poca fe del pueblo, anunciando que el Señor no se complace en la muerte del pecador, sino que desea que se convierta y vida. Ezequiel ha proclamado ya estas graves palabras ante el pueblo (18, 23. 32), acompañadas con el anuncio de la salvación… Antes, esas palabras se utilizaban para superar el engaño de los que pensaban que la presente generación tenía que pagar por la culpa de sus antepasados; aquí, en cambio, se utilizan para elevar sus corazones, superando la desesperación del pueblo. Por esa razón, esta palabra viene acompañada con la afirmación (que no aparecía en 18, 23.32): "vivo yo, dice el Señor…", y con la llamada urgente al arrepentimiento y a la conversión.

Pero, a fin de superar el abuso de esta palabra de consuelo, creando por ella una falsa confianza en la propia justicia, Ezequiel repite en 33, 12-20 los pensamientos principales contenidos en el anuncio anterior (18, 20-32): En primer lugar (33, 12-16) la afirmación de que la justicia del justo no es un aval para entregarse a la injusticia, y también la afirmación de que el pecador no morirá por su pecado si es que se convierte de la maldad y se esfuerza por cumplir la justicia (cf. יִכָּשֶׁל, 33, 12, como en Os 5, 5; Jer 6, 15; cf. 18, 24-25 y 18, 21-22; comparar también 33, 14-15 con 18, 5.7). Véase también, en segundo lugar, Ez 33, 17-20, con el reproche en contra de aquellos que piensan que el camino del Señor no es recto; cf. Ez 18, 25. 27. 29-30)

2. Ez 33, 21-33. Actitud del profeta hacia el pueblo y del pueblo hacia el profeta

33, 21-22. Anuncio de la caída de Jerusalén y consecuencias respecto al profeta

וַיְהִי בִּשְׁתֵּי עֶשְׂרֵה שָׁנָה בָּעֲשִׂרִי בַּחֲמִשָּׁה לַחֹדֶשׁ לְגָלוּתֵנוּ 21
בָּא־אֵלַי הַפָּלִיט מִירוּשָׁלַםִ לֵאמֹר הֻכְּתָה הָעִיר׃
וְיַד־יְהוָה הָיְתָה אֵלַי בָּעֶרֶב לִפְנֵי בּוֹא הַפָּלִיט וַיִּפְתַּח אֶת־פִּי עַד־בּוֹא 22
אֵלַי בַּבֹּקֶר וַיִּפָּתַח פִּי וְלֹא נֶאֱלַמְתִּי עוֹד׃ פ

21 Aconteció en el año duodécimo de nuestro cautiverio, en el mes décimo, a los cinco días del mes, que vino a mí un fugitivo de Jerusalén, diciendo: ¡La ciudad ha sido conquistada! *22 Y la mano de Yahvé había sido sobre mí la tarde antes de llegar el fugitivo, y había abierto mi boca, hasta que vino a mí por la mañana; y abrió mi boca, y ya no estuve callado por más tiempo.*

En estos versos se recuerda el cumplimiento de la promesa que Dios había hecho al profeta en Ez 24, 25-27, tras la predicción de la destrucción de Jerusalén. La fecha cronológica, con el tiempo preciso en que llegó el mensajero anunciando la caída de Jerusalén, sirve para marcar con precisión el tiempo en que se remueve el obstáculo y el profeta puede hablar ya sin impedimento.

El hecho de que se diga que el anuncio de la destrucción de Jerusalén, que tuvo lugar el mes quinto del año once, solo haya llegado a los exilados el décimo mes del año doce, es decir, cerca de año y medio después de lo sucedido, no nos permite hacer lo que han hecho el texto siríaco, Doederlein y Hitzig, afirmando que el texto no es correcto y sustituyendo el año once por el doce. A la distancia en que Ezequiel estaba viviendo, es decir, en el norte de Mesopotamia, y con la terrible confusión que siguió a la catástrofe, pudo transcurrir muy bien un año y medio antes de que un fugitivo llegara con la información.

Por otra parte, la afirmación de Hitzig, según la cual Ezequiel se contradice a sí mismo pues en Ez 26, 1-2 se dice que él había recibido noticias del tema en el año once, se funda en una mala interpretación del texto citado. Allí no se dice que Ezequiel recibiera esa información a través de un fugitivo o por cualquier otra persona, sino simplemente que Dios le había revelado la caída de Jerusalén antes de que ella ocurriera.

לְנָלוּתֵנוּ, después que hubiéramos sido llevados cautivos (33, 21 y 40, 1), coincide con לְנָלוּת הַמֶּלֶךְ יוֹיָכִין (Ez 1, 2). הֻכְּתָה הָעִיר, destruida la ciudad, exterminada. En la frase וְיַד־יְהוָה, el verbo הָיְתָה está en pluscuamperfecto y אֵלַי en lugar de עָלַי, según el uso tardío. La fórmula indica que el profeta ha caído en estado de éxtasis (cf. *Coment* a Ez 1, 3), y que su boca ha quedado abierta para hablar, superando así el silencio que se había impuesto sobre él.

Las palabras "hasta que vino a mí por la mañana" no han de entenderse en el sentido de que la boca del profeta quede abierta solo por un tiempo, de la tarde a la mañana, porque eso iría en contra de la sentencia siguiente. Ellas afirman simplemente que la apertura de la boca tuvo lugar antes de la llegada del fugitivo, es decir, en la noche, antes de la mañana en que llegó. El וַיִּפָּתַח פִּי es una repetición enfática, introducida como nexo para conectar con lo anterior, para mostrar que a partir de ese momento él no iba a estar ya más tiempo mudo.

Con toda probabilidad, Ezequiel fue inspirado por la palabra de Dios muy poco después, en 33, 23-33, como podemos inferir por el mismo contenido de la palabra, que pone el fundamento de las profecías siguiente del profeta. De todas maneras, de 33, 22 no se puede inferir nada sobre el tiempo en que se comunicaron al profeta éstas y las siguientes palabras de Dios (hasta Ez 39), pues no tenemos ningún dato cronológico que lo indique.

El hecho de no estar ya más en silencio no implica que de ahora en adelante él esté hablando siempre y por cualquier cosa, sino que sirve para recordar y superar el mandato anterior de estar callado. No hay razón ninguna para afirmar que ésta y todas las palabras siguientes se le comunicaron al profeta en una única noche (Hävernick, Hengstenberg y otros), ni en 33, 22, ni en el contenido de ninguna de esas revelaciones.

La primera palabra de Dios que Ezequiel recibió tras la llegada del fugitivo con la noticia de la destrucción de Jerusalén no fue una palabra de consuelo, sino de reprimenda, dirigida en contra de aquellos que, vanagloriándose en su falta de penitencia y apoyándose en la promesa que Dios había dicho a los patriarcas (que ellos poseerían la Tierra Santa para siempre, incluso después de la destrucción de Jerusalén y del Reino de Judá), seguían confiados en sí mismos. Éste es el engaño que el profeta quiere superar con este anuncio, diciendo a los impíos que no iban a poseer la tierra de Israel, sino que perecerían miserablemente, y que la tierra iba a ser totalmente devastada y quedar sin habitantes (33, 23-29).

Después de eso, el Señor le muestra que sus paisanos vendrán a verle y a escuchar sus palabras, pero que ellos solo buscan aquello que les agrada, que solo les importa su provecho propio y no el cumplimiento de las palabras de Dios; así les debe seguir diciendo que solo cuando se cumplan sus palabras (las de Dios por Ezequiel) ellos podrán ver que él es realmente un profeta (33, 30-33).

Por estos últimos versos percibimos que la amenaza proclamada en 33, 24-29 iba a servir de base de todas las profecías posteriores de Ezequiel, de manera que toda esta palabra de Dios solo podía servir como introducción para sus trabajos y anuncios posteriores. Ciertamente, las dos mitades de esta palabra (una de condena y otra de anuncio de salvación) parecen oponerse por sus propios contenidos. Pero ellas están profundamente conectadas.

El estado de mente de la primera parte expresa todavía el juicio que ha caído sobre la tierra y sobre el reino, para destruir así toda ilusión de aquellos que querían justificarse a sí mismos viniendo donde el profeta. Pero en la segunda parte se pone de relieve que la salvación que el profeta empezará a anunciar para el pueblo solo podrá ser gozada por aquellos que se convierten al Señor con sinceridad.

33, 23-29. Falsa confianza en las promesas de Dios

²³ וַיְהִ֥י דְבַר־יְהוָ֖ה אֵלַ֥י לֵאמֹֽר׃
²⁴ בֶּן־אָדָ֗ם יֹ֠שְׁבֵי הֶחֳרָב֨וֹת הָאֵ֜לֶּה עַל־אַדְמַ֤ת יִשְׂרָאֵל֙ אֹמְרִ֣ים לֵאמֹ֔ר אֶחָד֙ הָיָ֣ה אַבְרָהָ֔ם וַיִּירַ֖שׁ אֶת־הָאָ֑רֶץ וַאֲנַ֣חְנוּ רַבִּ֔ים לָ֛נוּ נִתְּנָ֥ה הָאָ֖רֶץ לְמוֹרָשָֽׁה׃ ס
²⁵ לָכֵן֩ אֱמֹ֨ר אֲלֵיהֶ֜ם כֹּה־אָמַ֣ר ׀ אֲדֹנָ֣י יְהוִ֗ה עַל־הַדָּ֧ם ׀ תֹּאכֵ֛לוּ וְעֵינֵכֶ֛ם תִּשְׂא֥וּ אֶל־גִּלּוּלֵיכֶ֖ם וְדָ֣ם תִּשְׁפֹּ֑כוּ וְהָאָ֖רֶץ תִּירָֽשׁוּ׃
²⁶ עֲמַדְתֶּ֤ם עַֽל־חַרְבְּכֶם֙ עֲשִׂיתֶ֣ן תּוֹעֵבָ֔ה וְאִ֛ישׁ אֶת־אֵ֥שֶׁת רֵעֵ֖הוּ טִמֵּאתֶ֑ם וְהָאָ֖רֶץ תִּירָֽשׁוּ׃ ס
²⁷ כֹּֽה־תֹאמַ֨ר אֲלֵהֶ֜ם כֹּה־אָמַ֨ר אֲדֹנָ֣י יְהוִה֮ חַי־אָנִי֒ אִם־לֹ֞א אֲשֶׁ֤ר בֶּֽחֳרָבוֹת֙ בַּחֶ֣רֶב יִפֹּ֔לוּ וַֽאֲשֶׁר֙ עַל־פְּנֵ֣י הַשָּׂדֶ֔ה לַחַיָּ֥ה נְתַתִּ֖יו לְאָכְל֑וֹ וַאֲשֶׁ֛ר בַּמְּצָד֥וֹת וּבַמְּעָר֖וֹת בַּדֶּ֥בֶר יָמֽוּתוּ׃
²⁸ וְנָתַתִּ֤י אֶת־הָאָ֨רֶץ֙ שְׁמָמָ֣ה וּמְשַׁמָּ֔ה וְנִשְׁבַּ֖ת גְּא֣וֹן עֻזָּ֑הּ וְשָֽׁמְמ֛וּ הָרֵ֥י יִשְׂרָאֵ֖ל מֵאֵ֥ין עוֹבֵֽר׃
²⁹ וְיָדְע֖וּ כִּֽי־אֲנִ֣י יְהוָ֑ה בְּתִתִּ֤י אֶת־הָאָ֨רֶץ֙ שְׁמָמָ֣ה וּמְשַׁמָּ֔ה עַ֥ל כָּל־תּוֹעֲבֹתָ֖ם אֲשֶׁ֥ר עָשֽׂוּ׃ ס

²³ Vino a mí palabra de Yahvé, diciendo: ²⁴ Hijo de hombre, los que habitan aquellos lugares asolados en la tierra de Israel, hablan diciendo: Abraham era uno, y poseyó la tierra; pues nosotros somos muchos; a nosotros nos es dada la tierra en posesión. ²⁵ Por tanto, diles: Así ha dicho Yahvé, el Señor: Coméis con sangre, a vuestros ídolos alzáis vuestros ojos y derramáis sangre, ¿y poseeréis vosotros la tierra? ²⁶ Estáis sobre vuestras espadas, hacéis abominación y contamináis cada cual a la mujer de su prójimo ¿y habréis de poseer vosotros la tierra? ²⁷

Les dirás: Así ha dicho Yahvé, el Señor: Vivo yo, que los que están en aquellos lugares asolados caerán a espada, y al que está sobre la faz del campo entregaré a las fieras para que lo devoren; y los que están en las fortalezas y en las cuevas, de peste morirán. ²⁸ Convertiré la tierra en soledad y desolación, y cesará la soberbia de su poderío; y los montes de Israel serán asolados hasta que no haya quien pase. ²⁹ Y sabrán que yo soy Yahvé, cuando convierta la tierra en soledad y desolación, por todas las abominaciones que han hecho.

La amenaza se dirige en contra del pueblo que ha permanecido en la tierra de Judá tras la destrucción de Jerusalén. יֹשְׁבֵי son los israelitas que viven en medio de las ruinas de la Tierra Santa, el resto de los pueblos que han sido dejados en la tierra. Por ello, en contra de Kliefoth, es evidente que aquí el profeta, al hablar de הֶחֳרָבוֹת, no está refiriéndose al distrito en torno al Qebar, en Mesopotamia, que no estaría cultivado, ni al hablar de sus habitantes se está refiriendo a los exilados que estaban con Ezequiel.

Solo confundiendo אמר con דבר ha podido Kliefoth dejar a un lado la definición más precisa de los habitantes de esas ruinas, a los que se refieren las palabras עַל־אַדְמַת יִשְׂרָאֵל, para conectarlas con אֹמְרִים, "ellos hablan respecto a la tierra de Israel". Y solo forzando las palabras de 33, 27 ha podido generalizar el sentido de הֶחֳרָבוֹת y tomar esas palabras como si se refirieran a los espacios devastados, tanto en la Tierra Santa como en el entorno del Qebar.

Más aún, el hecho de que 33, 30-33 trata de los israelitas que están junto al río Qebar no prueba en modo alguno que las palabras de 33, 24-29 deban referirse a ellos. Porque la relación en que se encuentran entre sí las dos partes de esta palabra de Dios no es que Ez 33, 30-33 presente la impresión que han producido en sus oyentes las palabras de Ez 24-29, de manera que las personas a las que se alude en 33, 30-33 tengan que ser las mismas a las que se refiere 33, 24-29. Al contrario, Ez 33, 30-33 expone de un modo general la actitud con que los paisanos del profeta habrían respondido a sus palabras, no solo a sus amenazas, sino también a sus anuncios de salvación: Ellos se habrían fijado solo en aquello que les resultaba agradable, pero no habrían cumplido las palabras del profeta (33, 31. 32).

Concuerda con esto el hecho de que en 33, 23-29 Ezequiel quiere hablar a su pueblo del estado de ánimo de aquellos que habían permanecido atrás, sobre las ruinas de la Tierra Santa, sin haber sido llevados al destierro, para decir a esos que habían permanecido en la Tierra Santo que no confiaran en permanecer siempre allí, porque esa confianza era una ilusión, y esa ilusión sería destruida por la espada y la peste.

En la primera parte de este libro Ezequiel había proclamado las profecías de amenaza sobre la destrucción de Jerusalén y de Judá en presencia de sus paisanos del río Qebar, y les había hablado así, porque también ellos compartían el ánimo y los pensamientos de sus hermanos de Jerusalén y de Judá. Pues bien, aquí sigue en esa línea y les habla también para destruir esa ilusión, para que no continúen esperando en palabras vanas, y así les predica el arrepentimiento y la conversión para superar así sus mentiras vanas.

El sentido de las palabras que esas personas dicen a Ezequiel (Abrahán era uno y sin embargo…) es el siguiente: Si Abrahán siendo un solo individuo recibió la tierra de Canaán (para poseerla en base a la promesa) el mismo Dios no podía dejar de cumplir esa promesa a los descendientes de Abraham, que son ya muy numerosos. La antítesis entre el uno (Abraham) y los muchos (los judíos actuales, en la tierra de Judá) recibe su sentido, en relación con este argumento, del hecho de que esos muchos son descendientes del uno (de Abraham), y del hecho de que, según el libro del Génesis, la tierra no fue prometida y concedida a los patriarcas solo para que ellos la poseyeran, sino para que la poseyera su semilla, es decir, sus descendientes.

Esos judíos que habían quedado en Judá, como los del tiempo de Cristo (cf. Jn 8, 33. 39) fundaban su confianza en el hecho de que eran descendientes corporales de Abraham (cf. Ez 11, 15). Pues bien, respondiendo a eso, en otra línea, Ezequiel les recuerda simplemente que ellos son pecadores (33, 25. 26), con el fin de mostrarles que así, por su pecado, han perdido el derecho a la posesión de la tierra.

Comer con sangre es comer carne en la que se contiene aún sangre (que no ha sido limpiada de sangre, como en Lev 19, 26 y 1 Sam 14, 32-33), una conducta que está prohibida por los mandamientos impuestos a Noé (Gen 9, 4) y que se sigue prohibiendo en numerosos lugares de la Ley (cf. Lev 7, 26-27). Lo mismo sucede en la prohibición de la idolatría y en la de dirigir los ojos a los ídolos (=adorarles: Ez 18, 6) y en el derramamiento de sangre (Ez 18, 10; 22, 3 etc.).

עֲמַדְתֶּם, de עמד, os apoyáis, confiáis en vuestras espadas (cf. Ez 31, 14): Confiáis en la violencia y en el derramamiento de sangre. En este contexto no podemos pensar solo en el uso de la espada en la guerra, sino en otros tipos de violencia. La palabra abominación (תּוֹעֵבָה) se utiliza en el sentido de Ez 18, 12. Sobre el contaminar a la mujer del prójimo, cf. *Coment.* a Ez 18, 6. A los que así pecan, el Señor les destruirá, cualesquiera que ellos puedan ser.

En el verso 37 el castigo queda individualizado (cf. Ez 14, 21). Aquellos que habiten en los lugares asolados (בֶּחֳרָבוֹת) han de caer a manos de la espada (בַּחֶרֶב). El juego de palabras entre חֳרָבוֹת y חֶרֶב es claro, y se expande de esta forma: Aquellos que viven en el campo abierto morirán por ataque de fieras salvajes (cf. 2 Rey 15, 25; ex 23, 29; Lev 26, 22). Aquellos que se escondan en fortalezas (lugares escondidos de montañas) y en cuevas morirán de peste.

Esta amenaza no se restringe a los hechos y personas de los que habitan en la tierra de los caldeos, después de la destrucción de Jerusalén, sino que se aplica a todos los tiempos sucesivos. La devastación y despoblación de la tierra, tal como ha sido amenazada por Ez 33, 28, no se aplica solo al tiempo de la cautividad de Babilonia, sino que se refiere a la devastación que acompañó y siguió a la destrucción de Jerusalén mucho tiempo después, y que fue realizada por los romanos (el año 70 d.C.). Para גְּאוֹן, cf. *Coment.* a Ez 7, 24. Para Ez 33, 29, cf. Ez 6, 14.

33, 30-33. Conducta del pueblo hacia el profeta

30 וְאַתָּה בֶן־אָדָם בְּנֵי עַמְּךָ הַנִּדְבָּרִים בְּךָ אֵצֶל הַקִּירוֹת וּבְפִתְחֵי הַבָּתִּים וְדִבֶּר־חַד אֶת־אַחַד אִישׁ אֶת־אָחִיו לֵאמֹר בֹּאוּ־נָא וְשִׁמְעוּ מָה הַדָּבָר הַיּוֹצֵא מֵאֵת יְהוָה:
31 וְיָבוֹאוּ אֵלֶיךָ כִּמְבוֹא־עָם וְיֵשְׁבוּ לְפָנֶיךָ עַמִּי וְשָׁמְעוּ

אֶת־דְּבָרֶ֔יךָ וְאוֹתָ֖ם לֹ֣א יַעֲשׂ֑וּ כִּֽי־עֲגָבִים֙ בְּפִיהֶ֣ם הֵ֔מָּה עֹשִׂ֔ים
אַחֲרֵ֥י בִצְעָ֖ם לִבָּ֥ם הֹלֵֽךְ׃
³² וְהִנְּךָ֤ לָהֶם֙ כְּשִׁ֣יר עֲגָבִ֔ים יְפֵ֥ה ק֖וֹל וּמֵטִ֣ב נַגֵּ֑ן וְשָֽׁמְעוּ֙
אֶת־דְּבָרֶ֔יךָ וְעֹשִׂ֥ים אֵינָ֖ם אוֹתָֽם׃
³³ וּבְבֹאָ֖הּ הִנֵּ֣ה בָאָ֑ה וְיָ֣דְע֔וּ כִּ֥י נָבִ֖יא הָיָ֥ה בְתוֹכָֽם׃ ס

³⁰ En cuanto a ti, hijo de hombre, los hijos de tu pueblo se mofan de ti junto a las paredes y a las puertas de las casas, y habla el uno con el otro, cada uno con su hermano, diciendo: ¡Venid ahora, y oíd qué palabra viene de Yahvé! ³¹ Y vienen a ti como viene el pueblo, y están delante de ti como pueblo mío. Oyen tus palabras, pero no las ponen por obra, antes hacen halagos con sus bocas y el corazón de ellos anda en pos de su avaricia. ³² Y tú eres para ellos como un cantor de amores, de hermosa voz y que canta bien. Ellos oyen tus palabras, pero no las ponen por obra. ³³ Sin embargo, cuando eso llegue (y ya está llegando), sabrán que en medio de ellos hubo un profeta.

Este añadido a la palabra de Dios anterior, que se dirige personalmente a Ezequiel, se aplica a toda la segunda parte de su ministerio, y está en conexión obvia con las instrucciones dirigidas al profeta con ocasión de su primera llamada (3, 16), y repetidas básicamente en 33, 7-9, como reconoce el mismo Kliefoth (en oposición a lo que él mismo sigue diciendo cuando afirma que 33, 1-20 forma parte de las profecías en contra de las naciones paganas).

Como Dios ha llamado la atención del profeta con ocasión de su vocación, insistiendo en la dificultad del cumplimiento de sus deberes de vigía que se le han encomendado, e insistiendo en el objeto y en la responsabilidad de su vocación, avisándole que no debe volverse atrás por la oposición de su pueblo, también aquí, en 33, 30-33, en el comienzo de la segunda sección de su ministerio, Dios dirige a Ezequiel otra palabra personal, con el fin de que en el cumplimiento posterior de su llamada no se deje llevar ni por el halago ni por el rechazo de los hombres.

Sus profecías anteriores han hecho ya que los ancianos del pueblo vengan a él a escuchar la palabra de Dios (Ez 14, 1; 20, 1). Pero ahora que se han cumplido sus profecías respecto a Jerusalén, los exilados empiezan a mostrarse más atentos a sus palabras, de manera que ellos hablan de él en secreto y en público, animándose unos a otros a venir y a escuchar sus discursos. Dios se lo predice al profeta, pero le avisa diciendo que esta disposición de sus paisanos para escucharle no es tampoco ahora un signo de verdadera conversión a la palabra de Dios, a fin de que él no se equivoque tampoco ahora en sus expectativas respecto al pueblo. Kliefoth ha explicado correctamente el contenido, finalidad y conexión de estos versos en conjunto.

En 33, 30, el artículo antes del participio הַנִּדְבָּרִים tiene (ejerce) el lugar del relativo אשר, y las palabras están en aposición a בְּנֵי עַמְּךָ, los hijos de tu pueblo que hablan sobre ti. נדבר es recíproco, como en Mal 3, 13. 16 y en Sal 119, 12.

Pero la *bet* (ב) no ha de entenderse en sentido hostil, como en el pasaje citado de los salmos, sino en el sentido de preocupación, como דִּבֶּר ב, en 1 Sal 19, 3, en contraste con דִּבֶּר ב de Num 21, 7, que significa hablar en contra de una persona.

El participio está continuado por el finito וְדַבֶּר, y la palabra a la que pertenece בְּנֵי está expresándose en 33, 31 a través וְיָבוֹאוּ, en forma de apódosis. Es imposible sostener la hipótesis de Hitzig diciendo que todo el pasaje de 33, 30 a 33, 33 forma una solo frase, y que el predicado de בְּנֵי עַמְּךָ no aparece hasta Ez 33, 33.

אֵצֶל, junto a las paredes o murallas, es decir, sentándose al lado de la murallas, en el sentido de "en secreto"; y en las puertas de las casas (es decir, públicamente), un vecino conversando con el otro. חַד es un arameísmo, en lugar de אחד, con אִישׁ al lado de אחד, cada uno; no simplemente uno aquí o allí, sino todos los que están en su entorno. כִּמְבוֹא־עָם, literalmente "como viene el pueblo", como cuando viene una multitud de personas, en grupos o tropas.

עַמִּי es un predicado, como mi pueblo, es decir, como si fueran mi pueblo y quisieran escuchar por tu medio mi palabra. Pero ellos no piensan en cumplir tus palabras, es decir, lo que tú les anuncias a través de mi palabra. עֲגָבִים son cosas que uno desea con gran ansia, cosas agradables en su boca, es decir, según su gusto (cf. Gen 25, 28).

Hävernick se equivoca al tomar עֲגָבִים como amor ilícito. La palabra בְּפִיהֶם no tendría sentido si tuviera que entenderse en ese sentido. La traducción "ellos hacen eso con sus bocas" se opone tanto a la letra como al sentido del texto. צֶעָם ב, su ganancia, la fuente de la cual ellos pretenden ganar algo.

Ez 33, 32 ofrece una explicación más clara de la razón por la que ellos vienen al profeta, a pesar de que no están dispuestos a cumplir su palabra. "Tú eres para ellos כְּשִׁיר עֲגָבִים". Esta sentencia no puede significar un canto agradable, sino que ha de entenderse en la línea de נגן מטב (uno que puede tocar bien), como uno que canta canciones placenteras. El abstracto שִׁיר está aquí en lugar del שָׁר, un cantor, un hombre de canciones (Hitzig).

En 33, 32, "ellos escuchan tus palabras, pero no las cumplen" se repite con énfasis, con el fin de vincular la amenaza con 33, 33. Pero cuando se cumple (es decir, lo que tú has dicho o profetizado)... En esa línea se sigue diciendo: ¡Mira que ello se cumple, que ello viene, lo mismo que tus profecías respecto a la destrucción de Jerusalén! Pues bien, entonces ellos conocerán que había un profeta en medio de ellos. Según eso, Ezequiel no dejará de hablar a pesar del mal uso que se puede hacer de sus palabras, es decir, de su predicación de la verdad. Esta conclusión de la palabra de Dios, que remite a 2, 5, muestra también que se trata de la introducción a las profecías que siguen.

II
Ez 34-39
RESTAURACIÓN DE ISRAEL Y DESTRUCCIÓN DE GOG Y MAGOG

La promesa de la salvación que ha de llegar para la nación de la alianza después del juicio comienza con el anuncio de que el Señor librará a Israel de la mano de los malos pastores que solo se han alimentado a sí mismos y han destruido el rebaño, y añadiendo que él, el mismo Dios, se hará cargo de su rebaño, lo reunirá, lo alimentará y lo dirigirá hacia buenas praderas, protegiendo a las ovejas débiles de las fuertes, de manera que a través de su siervo David ofrecerá seguridad y bendición a todo el rebaño (Ez 34).

Esta promesa de conjunto se desarrolla aún más en los capítulos siguientes, y lo hace en varias fases. Dado que Edom había desarrollado una enemistad perpetua contra los hijos de Israel y había querido tomar posesión de su tierra, en la que estaba presente Yahvé, las montañas de Seir se convertirán en ruina perpetua (Ez 35, 1-15). Por el contrario, la devastada tierra de Israel será reconstruida de nuevo y sembrada una vez más y dará fruto, y estará llena de hombres y animales (36, 1-15).

El Señor lo cumplirá por su santo nombre, él limpiará a su pueblo de sus pecados, cuando le reúna de las naciones, rociándole con agua pura y renovándole por su Espíritu, en corazón y en mente, de tal forma que ellos puedan caminar según sua mandamientos y multiplicarse grandemente en su tierra, cuando esa tierra se convierta en jardín de Dios (36, 16-38). A la casa de Dios, que ha sido destruida por la espada, y que se ha convertido en un tipo de campo lleno de huesos muertos, el Señor la despertará a una vida nueva, la introducirá en paz en la tierra de Israel (37, 1-14).

Los dos pueblos divididos y los dos reinos de Israel los reunirá el Señor en un pueblo y en un reino, y les librará de sus pecados, y hará que vivan en la tierra que Dios mismo dio a su siervo Jacob, bajo la soberanía de su siervo David, y hará con ellos un pacto de paz para siempre, y habitará en medio de ellos como su Dios, para siempre, en el santuario que él había establecido en medio de ellos (37, 15-28).

Finalmente, en los últimos días, cuando Israel habite en su tierra, en seguridad y paz, el Señor enviará a Gog, de la tierra de Magog, al príncipe de Rosh, a Mesec y a Tubal, con un poderoso ejército de pueblos numerosos, a la tierra de Israel que había sido restaurada de la espada. Pero cuando ellos vengan a saquear y destruir la tierra, el Señor destruirá todo su ejército, y a través de ese juicio manifestará su gloria en medio de las naciones, y así mostrará su compasión hacia toda la casa de Israel, y dado que él les ha llenado de su Espíritu ya no apartará nunca su rostro de ellos (Ez 38-39).

Por este esquema general, resulta evidente que las palabras de Dios contenidas en Ez 34-37 anuncian la restauración y exaltación de Israel, para convertirse en el pueblo santificado de Dios. Por su parte, Ez 38-39 muestran el establecimiento final de esta salvación, a través del exterminio de aquellos enemigos que se levantarán de nuevo en contra del pueblo restaurado de Dios.

1. Ez 34, 1-31. Contra los malos pastores. Un buen pastor

Los pastores que se han alimentado a sí mismos y que han descuidado el rebaño, de manera que ha sido dispersado y se ha convertido en presa de las fieras salvajes, serán privados por el Señor de su oficio de pastores (34, 1-10). El mismo Dios se hará cargo de su propio rebaño, lo reunirá nuevamente de su dispersión entre los pueblos, lo alimentará y lo pastoreará en buenos pastos, en la tierra de Israel, y lo protegerá exterminando a los pastores violentos, que engordan oprimiendo a las ovejas (cf. 34, 11-22).

El Señor establecerá a su siervo David como pastor sobre su rebaño, hará un pacto de paz con su pueblo, y bendecirá a la tierra con su riqueza, de manera que Israel pueda habitar en ella con seguridad, y no pueda ser destruido más ni por el hambre, ni caiga como botín para los enemigos, de manera que pueda reconocer a Yahvé como su Dios (Ez 34, 23-31).

Esta palabra de Dios es una repetición y una expansión de la corta profecía de 23, 1-8. La amenaza contra los malos pastores forma simplemente el punto de partida para la promesa, en la que se afirma que el rebaño, que ha caído en la miseria por los malos pastores, será reunido y pastoreada por el Señor y por su siervo David, a quien Yahvé establecerá como príncipe sobre su pueblo, de manera que aquí nos encontramos básicamente ante una profecía de salvación para Israel.

Los comentaristas discuten la identidad de los malos pastores de cuya tiranía quiere salvar Dios al pueblo, si es que son los sacerdotes y los reyes (Efrén, traducción siria y Teodoreto), o los falsos maestros de la muchedumbre (Glass y otros), o simplemente los reyes (Hengstenberger y Hävernick, con otros), o todos aquellos que, por razón de su oficio, eran líderes del pueblo, gobernantes, sacerdotes y profetas, "todo el cuerpo de las personas oficiales encargadas de la dirección de la nación (Kliefoth)". Sea como fuere, aquí se trata solo de los gobernantes de la nación.

Esto se prueba no solo por la idea bíblica del pastor que (probablemente como distinto del puro maestro teórico) es alguien que dirige y gobierna (cf. Jer 23,

1-8). En esa línea, los pastores son reyes y príncipes más que sacerdotes y profetas, en contra de los cuales profetizará Ezequiel desde 34, 9 en adelante. En esa línea se sitúa el buen pastor, David, que ha de alimentar y guiar al rebaño de Yahvé, como príncipe (נשיא) y no como sacerdote o profeta (Ez 34, 23. 24). De todas formas, la palabra gobernantes no la podemos aplicar solo a los reyes, sino a todos aquellos a quienes se les encarga el gobierno de la nación o la autoridad civil de Israel, entre los cuales han de tomarse también los sacerdotes y profetas, no por razón de su llamada y rango espiritual, sino en la medida en que ejercen oficios magisteriales.

Y además, por otras razones, no podemos restringir la idea de los pastores solo a los reyes, por la simple razón de que nuestra profecía, que data del tiempo que sigue a la destrucción de Jerusalén, no se aplica solo a los gobernantes antiguos, es decir, a los reyes, que han caído con el reino de Judá; esos reyes-gobernantes han cesado con la caída del reino de Judá, pero sigue habiendo pastores entre los israelitas dispersos, y Ezequiel anuncia la remoción de esos pastores, de manera que el rebaño de Israel ha de liberarse de la mala autoridad que esos pastores ejercen.

Ezequiel anuncia así la liberación de Israel de la mala autoridad de esos pastores, como algo que ha de realizarse en el futuro (34, 8-10). De esa manera él se refiere también a los gobernantes civiles que gobiernan a Israel tras la caída de la monarquía, e incluso tras la cautividad, hasta la llegada del Mesías, que es el prometido príncipe de David.

34, 1-10. Ay por los malos pastores

¹וַיְהִי דְבַר־יְהוָה אֵלַי לֵאמֹר:
²בֶּן־אָדָם הִנָּבֵא עַל־רוֹעֵי יִשְׂרָאֵל הִנָּבֵא וְאָמַרְתָּ אֲלֵיהֶם לָרֹעִים כֹּה אָמַר אֲדֹנָי יְהֹוִה הוֹי רֹעֵי־יִשְׂרָאֵל אֲשֶׁר הָיוּ רֹעִים אוֹתָם הֲלוֹא הַצֹּאן יִרְעוּ הָרֹעִים:
³אֶת־הַחֵלֶב תֹּאכֵלוּ וְאֶת־הַצֶּמֶר תִּלְבָּשׁוּ הַבְּרִיאָה תִּזְבָּחוּ הַצֹּאן לֹא תִרְעוּ:
⁴אֶת־הַנַּחְלוֹת לֹא חִזַּקְתֶּם וְאֶת־הַחוֹלָה לֹא־רִפֵּאתֶם וְלַנִּשְׁבֶּרֶת לֹא חֲבַשְׁתֶּם וְאֶת־הַנִּדַּחַת לֹא הֲשֵׁבֹתֶם וְאֶת־הָאֹבֶדֶת לֹא בִקַּשְׁתֶּם וּבְחָזְקָה רְדִיתֶם אֹתָם וּבְפָרֶךְ:
⁵וַתְּפוּצֶינָה מִבְּלִי רֹעֶה וַתִּהְיֶינָה לְאָכְלָה לְכָל־חַיַּת הַשָּׂדֶה וַתְּפוּצֶינָה:
⁶יִשְׁגּוּ צֹאנִי בְּכָל־הֶהָרִים וְעַל כָּל־גִּבְעָה רָמָה וְעַל כָּל־פְּנֵי הָאָרֶץ נָפֹצוּ צֹאנִי וְאֵין דּוֹרֵשׁ וְאֵין מְבַקֵּשׁ:
⁷לָכֵן רֹעִים שִׁמְעוּ אֶת־דְּבַר יְהוָה:
⁸חַי־אָנִי נְאֻם אֲדֹנָי יְהֹוִה אִם־לֹא יַעַן הֱיוֹת־צֹאנִי לָבַז וַתִּהְיֶינָה צֹאנִי לְאָכְלָה לְכָל־חַיַּת הַשָּׂדֶה מֵאֵין רֹעֶה וְלֹא־דָרְשׁוּ רֹעַי אֶת־צֹאנִי וַיִּרְעוּ הָרֹעִים אוֹתָם וְאֶת־צֹאנִי לֹא רָעוּ: ס
⁹לָכֵן הָרֹעִים שִׁמְעוּ דְּבַר־יְהוָה:
¹⁰כֹּה־אָמַר אֲדֹנָי יְהֹוִה הִנְנִי אֶל־הָרֹעִים וְדָרַשְׁתִּי אֶת־צֹאנִי מִיָּדָם וְהִשְׁבַּתִּים מֵרְעוֹת צֹאן וְלֹא־יִרְעוּ עוֹד הָרֹעִים אוֹתָם וְהִצַּלְתִּי צֹאנִי מִפִּיהֶם וְלֹא־תִהְיֶיןָ לָהֶם לְאָכְלָה: ס

> ¹Vino a mí palabra de Yahvé, diciendo: ² Hijo de hombre, profetiza contra los pastores de Israel; profetiza, y di a los pastores: Así ha dicho Yahvé, el Señor: ¡Ay de los pastores de Israel, que se apacientan a sí mismos! ¿Acaso los pastores no apacientan a los rebaños? ³ Os alimentáis con la carne grasa de las ovejas, os vestís con su lana y degolláis a la engordada, pero no las apacentáis. ⁴ No fortalecisteis a las débiles ni curasteis a la enferma; no vendasteis la perniquebrada ni volvisteis al redil a la descarriada ni buscasteis a la perdida, sino que os habéis enseñoreado de ellas con dureza y con violencia.
> ⁵ Andan errantes por falta de pastor y son presa de todas las fieras del campo. ¡Se han dispersado!⁶ Han andado perdidas mis ovejas por todos los montes y en todo collado alto. Por toda la faz de la tierra fueron esparcidas mis ovejas y no hubo quien las buscara ni quien preguntara por ellas.
> ⁷ Por tanto, pastores, oíd palabra de Yahvé: ⁸ Vivo yo, ha dicho Yahvé, el Señor, que por cuanto mi rebaño fue expuesto al robo, y mis ovejas fueron para ser presa de todas las fieras del campo, sin pastor; ni mis pastores buscaron a mis ovejas, sino que los pastores se apacentaron a sí mismos y no apacentaron a mis ovejas.
> ⁹ Por eso, pastores, oíd palabra de Yahvé. ¹⁰ Así ha dicho Yahvé, el Señor: ¡Yo estoy contra los pastores y demandaré mis ovejas de su mano! Haré que dejen de apacentar mis ovejas, y ya no se apacentarán más los pastores a sí mismos, pues yo libraré a mis ovejas de sus bocas y no les serán más por comida.

En Ez 34, 2, לָרֹעִים es una aposición explicativa de אֲלֵיהֶם, y no ha de verse en conexión con כֹּה אָמַר אֲדֹנָי יְהוִֹה, que iría en contra del uso constante de esta fórmula, como piensa Kliefoth. La razón por la que se pronuncia este *ay* está en la aposición "que se alimentan a sí mismos", mientras que debían haber alimentado al rebaño. La acusación es que ellos solo se cuidan de sí mismos, como se explica después detallando su conducta (34, 3. 4), y por la dispersión de las ovejas que viene a ser consecuencia de ese tipo de conducta (34, 5-6).

Obsérvese la perífrasis de pretérito, con הָיוּ רֹעִים, indicando que ellos se alimentaban en un tiempo pasado, lo que muestra que este ay se relaciona principalmente con los pastores y gobernantes anteriores de la nación. אוֹתָם es reflexivo, *se ipsos*, a sí mismos (cf. Gesenius §124. 1*b*). El carácter culpable de este alimentarse a sí mismos ha sido destacado por la pregunta: ¿Acaso los pastores no deberían alimentar a los rebaños? Ez 34, 3 muestra la manera en que ellos se alimentan a sí mismo y 34, 4 indica la forma en que ellos dejan de lado al rebaño.

הַחֵלֶב es la carne grasa (la mejor carne), que Bochart y Hitzig proponen entender simplemente como si fuera la leche del rebaño, conforme a la lectura de los LXX y de la Vulgata, cosa que está aquí fuera de lugar. Se trata de la mejor porción de la carne, de aquella que, por ejemplo, se pone sobre el altar, en el caso de los sacrificios, como "flor de carne", expresado la *pars melior pro toto*, aquella parte mejor de todas. Hävernick ha interpretado bien el texto, apelando a Zac 11, 16, donde se vinculan las dos frases en una (coméis la parte grasa, matáis la carne...), diciendo "coméis la carne de las gordas" (de las ovejas bien engordadas).

La objeción propuesta por Hitzig (la matanza de los animales cebados, que se debía colocar al principio solo se coloca al final...) carece de fuerza, porque esta cláusula de 34, 3 ofrece un pensamiento que va en progreso: ellos no solamente matan a las ovejas normales, sino a las que están bien cebadas, culminando así el pensamiento anterior en el que se indica que ellos utilizan para su provecho la carne y la lana de las ovejas. Los pastores no se preocupan para nada del bienestar del rebaño, como lo dice la última frase de 34, 3 y lo explica con detalle 34, 4.

נַחְלוֹת es participio *nifal* de חלה, en forma contracta, como en Is 16, 11. La distinción entre נַחְלוֹת y חוֹלָה está determinada por los predicados respectivos de רְפָאתֶם y חִזַּקְתֶּם. Conforme al contexto, נחלה es lo que está débil a consecuencia de la enfermedad, y חלה es lo que está débil por sí mismo. נִשְׁבֶּרֶת es literalmente lo que está roto, como un animal que tiene dañada una pierna u otro miembro. נדח (en nuestro caso נִדַּחַת) es lo que está disperso, como en Dt 22, 1.

En la última frase de 34, 4, al abandono del rebaño se suma, ya en expresión positiva, el hecho de ser gobernado o tratado con violencia o severidad. La idea de רְדִיתֶם אֹתָם וּבְפָרֶךְ se toma de Lev 25, 43. 46, pero tanto allí como aquí se remite en el fondo a Es 1, 13-14, donde בְּפָרֶךְ se aplica a las medidas tiránicas adoptadas por el Faraón para oprimir a los israelitas. El resultado de esto (Ez 34, 5-6), es decir, de que los pastores no son dignos de ese nombre es que el rebaño anda disperso. Esto es lo que ha sucedido en Israel, que ha sido llevado al exilio, cayendo presa del poder de las naciones paganas.

Cuando encontramos descrito este triste destino del pueblo, causado por los malos pastores, y atribuido a su falta, no debemos pensar que se trata de una simple política equivocada de los reyes, en relación con los asuntos de tipo internacional (Hitzig), sino que esto es también una consecuencia de haber abandonado la teocracia (el poder de Dios) y de la caída en la idolatría, dejando a un lado a Dios.

Ciertamente, el pueblo se ha hecho también culpable de este pecado, de manera que se ha visto obligado a expiar no solo por los pecados de los pastores, sino también por sus propios pecados; pero eso ha sucedido aquí de acuerdo con el designio de esta profecía. En este contexto se insiste en la culpa de los gobernantes, que han sido causantes también de la idolatría del pueblo, en parte porque no han cumplido su deber, y en parte porque han dado mal ejemplo.

וַתְּפוּצֶינָה, y andan errantes, como se repite con énfasis en 34, 5 y como se desarrolla luego en 34, 6. El andar errantes por todas las montañas y las colinas no se debe entender como una consecuencia del hecho de que el pueblo adoraba a los dioses en los lugares altos, como suponen Teodoreto y Kliefoth. La falacia de esta explicación se muestra claramente en el pasaje en el que se apoya esta descripción (1 Rey 22, 17), donde se dice que el pueblo anda disperso por los montes a consecuencia de la caída del rey en la batalla, como un rebaño sin pastor.

El abandono del pueblo se debe también a la falta de pastores. Las palabras que en la frase siguiente corresponden a montañas y colinas (בְּכָל־הֶהָרִים וְעַל כָּל־גִּבְעָה) son וְעַל כָּל־פְּנֵי הָאָרֶץ: y sobre toda la faz de la tierra (Kliefoth).

Ciertamente, en el momento actual, la dispersión del rebaño se realizaba a través del exilio del pueblo entre los países paganos; pero aquí se conserva en el fondo la figura antigua de estar dispersos por montes y valles, como es evidente por el hecho de que Ezequiel utiliza sin cesar la expresión הארצות (en plural) cuando habla de la dispersión de los israelitas entre los paganos (cf. Ez 13). La distinción entre דּוֹרֵשׁ y מְבַקֵּשׁ es que דרש significa más bien preguntar por, investigar algo, preocuparse por algo, mientras que בקש significa buscar algo que se ha perdido o extraviado.

En 34, 7-10 se anuncia a los pastores el castigo por su falta de fidelidad. Pero, al mismo tiempo, como sucede con frecuencia en Ezequiel, su culpa se condensa y presenta de nuevo como explicación de la amenaza de castigo, y como fundamento para la llamada más seria para la escucha que se repite en 34, 9. El Señor les exigirá que respondan por sus ovejas; y, dado que las ovejas se han perdido por su culpa, él les expulsará del oficio de pastores, y de esa manera liberará a las ovejas de su violencia. Así podemos comparar este pasaje con Jer 23, 2 ("he aquí que yo os visitaré por la maldad de vuestras acciones") descubriendo que el texto de Ezequiel resuena de una forma mucho más suave.

No hay aquí nada que se refiera al castigo de los pastores, sino solo que se les quitará la tarea de cuidar de las ovejas, de manera que no podrán alimentarse más de ellas. Esta distinción puede explicarse por la finalidad de nuestra profecía, que no es tanto el anunciar el castigo de los pastores, sino la liberación de las ovejas, que se habían encontrado explotadas y en estado miserable por culpa de los pastores. La repetición de צֹאנִי, mi rebaño, mis ovejas (Ez 34, 8. 10), como antes en 34, 6, se explica también desde aquí.

Este rescate de las ovejas de manos de los malos pastores había comenzado ya con la caída de la monarquía, en el momento de la destrucción de Jerusalén, de manera que esta experiencia no puede entenderse solo en referencia al futuro, sino que se trata de algo que ha sucedido ya. Pero, en otro sentido, las ovejas no han sido liberadas aún de los malos pastores. Esa liberación definitiva de las ovejas no ha comenzado a realizarse todavía, de manera que Ezequiel considera que el pueblo sigue estando bajo el poder de malos pastores, de forma que tiene que ser liberado de ellos en el futuro. Cómo y cuándo se cumplirá esta profecía, con la remoción de los malos pastores, es algo que se mostrará en el anuncio que comienza en 34, 11, cuando se diga lo que el Señor hará con su rebaño.

34, 11-22. El mismo Yahvé buscará su rebaño, lo reunirá, lo guiará a buenos pastos y lo purificará destruyendo a las malas ovejas

[11] כִּי כֹּה אָמַר אֲדֹנָי יְהוִה הִנְנִי־אָנִי וְדָרַשְׁתִּי אֶת־צֹאנִי וּבִקַּרְתִּים׃
[12] כְּבַקָּרַת רֹעֶה עֶדְרוֹ בְּיוֹם־הֱיוֹתוֹ בְתוֹךְ־צֹאנוֹ נִפְרָשׁוֹת כֵּן אֲבַקֵּר

אֶת־צֹאנִי וְהִצַּלְתִּי אֶתְהֶם מִכָּל־הַמְּקוֹמֹת אֲשֶׁר נָפֹצוּ שָׁם בְּיוֹם עָנָן וַעֲרָפֶל:
¹³ וְהוֹצֵאתִים מִן־הָעַמִּים וְקִבַּצְתִּים מִן־הָאֲרָצוֹת וַהֲבִיאוֹתִים
אֶל־אַדְמָתָם וּרְעִיתִים אֶל־הָרֵי יִשְׂרָאֵל בָּאֲפִיקִים וּבְכֹל מוֹשְׁבֵי הָאָרֶץ:
¹⁴ בְּמִרְעֶה־טּוֹב אֶרְעֶה אֹתָם וּבְהָרֵי מְרוֹם־יִשְׂרָאֵל יִהְיֶה נְוֵהֶם
שָׁם תִּרְבַּצְנָה בְּנָוֶה טוֹב וּמִרְעֶה שָׁמֵן תִּרְעֶינָה אֶל־הָרֵי יִשְׂרָאֵל:
¹⁵ אֲנִי אֶרְעֶה צֹאנִי וַאֲנִי אַרְבִּיצֵם נְאֻם אֲדֹנָי יְהוִה:
¹⁶ אֶת־הָאֹבֶדֶת אֲבַקֵּשׁ וְאֶת־הַנִּדַּחַת אָשִׁיב וְלַנִּשְׁבֶּרֶת אֶחֱבֹשׁ
וְאֶת־הַחוֹלָה אֲחַזֵּק וְאֶת־הַשְּׁמֵנָה וְאֶת־הַחֲזָקָה אַשְׁמִיד אֶרְעֶנָּה בְמִשְׁפָּט:
¹⁷ וְאַתֵּנָה צֹאנִי כֹּה אָמַר אֲדֹנָי יְהוִה הִנְנִי שֹׁפֵט בֵּין־שֶׂה לָשֶׂה לָאֵילִים וְלָעַתּוּדִים:
¹⁸ הַמְעַט מִכֶּם הַמִּרְעֶה הַטּוֹב תִּרְעוּ וְיֶתֶר מִרְעֵיכֶם תִּרְמְסוּ
בְּרַגְלֵיכֶם וּמִשְׁקַע־מַיִם תִּשְׁתּוּ וְאֵת הַנּוֹתָרִים בְּרַגְלֵיכֶם תִּרְפֹּשׂוּן:
¹⁹ וְצֹאנִי מִרְמַס רַגְלֵיכֶם תִּרְעֶינָה וּמִרְפַּשׂ רַגְלֵיכֶם תִּשְׁתֶּינָה: ס
²⁰ לָכֵן כֹּה אָמַר אֲדֹנָי יְהוִה אֲלֵיהֶם הִנְנִי־אָנִי וְשָׁפַטְתִּי בֵּין־שֶׂה בִרְיָה וּבֵין שֶׂה רָזָה:
²¹ יַעַן בְּצַד וּבְכָתֵף תֶּהְדֹּפוּ וּבְקַרְנֵיכֶם תְּנַגְּחוּ כָּל־הַנַּחְלוֹת עַד
אֲשֶׁר הֲפִיצוֹתֶם אוֹתָנָה אֶל־הַחוּצָה:
²² וְהוֹשַׁעְתִּי לְצֹאנִי וְלֹא־תִהְיֶינָה עוֹד לָבַז וְשָׁפַטְתִּי בֵּין שֶׂה לָשֶׂה:

¹¹ *Porque así ha dicho Yahvé, el Señor: Yo, yo mismo, iré a buscar a mis ovejas, y las reconoceré.* ¹² *Como reconoce su rebaño el pastor el día que está en medio de sus ovejas esparcidas, así reconoceré yo a mis ovejas y las libraré de todos los lugares en que fueron esparcidas el día del nublado y de la oscuridad.* ¹³ *Yo las sacaré de los pueblos y las juntaré de los países; las traeré a su propio país y las apacentaré en los montes de Israel, por las riberas y en todos los lugares habitados del país.*

¹⁴ *En buenos pastos las apacentaré y en los altos montes de Israel estará su pastizal; allí dormirán en buen redil y con pastos suculentos serán apacentadas sobre los montes de Israel.* ¹⁵ *Yo apacentaré mis ovejas y les daré aprisco, dice Yahvé, el Señor.* ¹⁶ *Yo buscaré a la perdida, y haré volver al redil a la descarriada, vendaré la perniquebrada y fortaleceré a la débil; pero a la engordada y a la fuerte destruiré: las apacentaré con justicia.* ¹⁷ *En cuanto a vosotras, ovejas mías, así ha dicho Yahvé, el Señor: Yo juzgo entre oveja y oveja, entre carneros y machos cabríos.* ¹⁸ *¿No os basta con comer los buenos pastos, sino que también pisoteáis lo que de vuestros pastos queda, y cuando bebéis las aguas claras enturbiáis el resto con vuestros pies?* ¹⁹ *Y así mis ovejas han de comer lo que vosotros habéis pisoteado y han de beber lo que con vuestros pies habéis enturbiado.*

²⁰ *Por tanto, así les dice Yahvé, el Señor: Yo, yo mismo, juzgaré entre la oveja engordada y la oveja flaca,* ²¹ *por cuanto empujasteis con el costado y con el hombro, y acorneasteis con vuestros cuernos a todas las débiles, hasta que las echasteis y las dispersasteis.* ²² *Yo salvaré a mis ovejas y nunca más serán objeto de rapiña; y juzgaré entre oveja y oveja.*

Todo lo que el Señor hará por su rebaño está condensado en Ez 34, 11, en las palabras אֲנִי וְדָרַשְׁתִּי אֶת־צֹאנִי וּבִקַּרְתִּים, que está en clara antítesis a 34, 6 (וְאֵין מְבַקֵּשׁ וְאֵין דּוֹרֵשׁ), una antítesis acentuada por las palabras הִנְנִי־אָנִי, que están a la cabeza del texto en forma absoluta. Las explicación más detallada del texto viene dada en los versos que siguen, de 34, 12 en adelante.

Téngase en cuenta que que en vez del בִּקֵּשׁ aparece aquí בִּקֵּר, que es buscar y examinar de un modo minucioso, con un matiz afectivo. Lo que el Señor hace por su pueblo se compara en 34, 12 con el cuidado que un pastor digno de ese nombre tiene por las ovejas dispersas (נִפְרָשׁוֹת, sin artículo, se vincula con צֹאנִי en forma de aposición.

En primer lugar, él les reunirá de todos los lugares a donde han sido dispersados. הִצִּיל implica que en su dispersión ellos han caído en un estado de opresión y cautiverio entre las naciones (cf. Ex 6, 6). בְּיוֹם pertenece a la frase de relativo: de donde ellos han sido dispersados.

El hecho de que estas palabras han sido tomadas de Joel 2, 2 no nos obliga a ponerlas en conexión con la frase principal, como proponen Hitzig y Kliefoth y entenderlas en relación al tiempo en el que Dios realizará su juicio sobre el mundo pagano. La idea de que las palabras de Joel significan "día de juicio de Dios sobre todos los paganos" (Kliefoth) es falsa, e incluso Hitzig no hace derivar este significado de Joel 2, 2, sino de la combinación de nuestro verso con Ez 30, 3 y 29, 1.

La liberación de las ovejas de los lugares donde han sido dispersadas se realiza en la reunión de Israel de todas las naciones y en su restauración en su propia tierra, siendo alimentadas en sus montañas y en todos los lugares de la tierra (שָׁבֵי מוֹ, lugares aptos para vivir), lugares de pastos buenos y abundantes (Ez 34, 14). Finalmente, esa liberación implica que Dios les ofrece todo el cuidado necesario, les fortalece, y cuida a las débiles y enfermas (34, 15-16), es decir, que hace precisamente aquello que han omitido los malos pastores (Ez 34, 4), destruyendo para ello a las ovejas que engordan a costa de las otras.

En esta última frase se muestra otro aspecto de la fidelidad pastoral de Yahvé. La palabra אַשְׁמִיד ha sido cambiada por los LXX, Syr y Vulgata, que ponen אֶשְׁמוֹר, en griego *fyladsô*, y por Lutero, que les ha seguido, traduciendo "yo las guardo" (vigilo sobre ellas). Pero esto es evidentemente una equivocación, y va en contra del paralelismo con אֶרְעֶנָּה בְמִשְׁפָּט.

Las ovejas fuertes y gordas aparecen en 34, 18-19 como aquellas que estropean (consumen) la comida y el agua de las otras. Según eso, la alusión se refiere a las personas ricas y fuertes de la nación, que oprimen a los humildes y a los pobres, y les tratan con severidad. La destrucción de esos opresores muestra que el cariño amoroso del Señor está asociado a su fidelidad, por la que él alimenta al rebaño con justicia, בְּמִשְׁפָּט.

Este pensamiento ha sido desarrollado aún más en Ez 34, 17-21, donde el profeta se dirige directamente a las ovejas, y el Señor les asegura que él juzgará entre oveja y oveja, y que pondrá fin a la conducta opresora de las ovejas gordas y fuertes. הִנְנִי שֹׁפֵט בֵּין־שֶׂה לָשֶׂה: entre unas ovejas y las otras.

לֶשֶׂה se extiende en la aposición "entre carneros y machos cabríos", que no se debe traducirse "en lo que respecta a los carneros y machos cabríos", como ha hecho Kliefoth. El pensamiento no es que Yahvé separará los carneros y macho cabríos de las ovejas, como algunos han pensado, siguiendo una mala comparación con Mt 25, 31-46, sino que la división ha de hacerse de tal manera que unas ovejas han de separarse de las otras, y las ovejas gordas han de ponerse a un lado con los carneros y machos cabríos, poniendo al otro a las ovejas débiles (רָזֶה, 34, 20) y a la enfermas (הַנַּחֲלוֹת, Mt 25, 41).

Esta palabra se dirige a las ovejas fuertes, con los carneros y los machos cabríos, acusándoles de comer los pastos y de pisar y estropear lo restante bajo sus pies. Bochart ha observado ya con razón que "si estas palabras no se pueden aplicar bien a las ovejas físicas, ellas pueden aplicarse de un modo perfecto a las ovejas místicas de las que aquí se trata, es decir, de los israelitas, entre los cuales había muchos ricos que disponían de cosecha grande y grandes provisiones, mientras que impedían comer a los pobres".

מִשְׁקַע es una formación sustantiva, como מרמס, literalmente precipitación de agua, es decir, agua purificada por la corriente. שׁקע es "discurrir (limpiar) el agua", lo opuesta a רפש (cf. תִּרְפְּשׂוּן), que es enturbiar pisando con los pies (cf. Ez 32, 14. 2). בְּרִיָה (34, 20) es como בראה o בריה.

Ez 34, 22 ofrece la conclusión de lo anterior, mostrando la manera en que Dios librará a su rebaño y lo alimentará con justicia. וְהוֹשַׁעְתִּי (yo salvaré) remite a וְהִצַּלְתִּי en Ez 34, 12 y וְשָׁפַטְתִּי a אֶרְעֶנָּה בְמִשְׁפָּט en 34, 16. A todo esto se añade en 34, 23 un nuevo despliegue de pensamiento, describiendo la manera en la que Dios ofrecerá a su pueblo su fidelidad pastoral.

34, 23-31. David como pastor y bendición del pueblo

²³ וַהֲקִמֹתִי עֲלֵיהֶם רֹעֶה אֶחָד וְרָעָה אֶתְהֶן אֵת עַבְדִּי דָוִיד
הוּא יִרְעֶה אֹתָם וְהוּא־יִהְיֶה לָהֶן לְרֹעֶה:
²⁴ וַאֲנִי יְהוָה אֶהְיֶה לָהֶם לֵאלֹהִים וְעַבְדִּי דָוִד נָשִׂיא בְתוֹכָם אֲנִי יְהוָה דִּבַּרְתִּי:
²⁵ וְכָרַתִּי לָהֶם בְּרִית שָׁלוֹם וְהִשְׁבַּתִּי חַיָּה־רָעָה מִן־הָאָרֶץ
וְיָשְׁבוּ בַמִּדְבָּר לָבֶטַח וְיָשְׁנוּ בַּיְּעָרִים:
²⁶ וְנָתַתִּי אוֹתָם וּסְבִיבוֹת גִּבְעָתִי בְּרָכָה וְהוֹרַדְתִּי הַגֶּשֶׁם בְּעִתּוֹ גִּשְׁמֵי בְרָכָה יִהְיוּ:
²⁷ וְנָתַן עֵץ הַשָּׂדֶה אֶת־פִּרְיוֹ וְהָאָרֶץ תִּתֵּן יְבוּלָהּ וְהָיוּ
עַל־אַדְמָתָם לָבֶטַח וְיָדְעוּ כִּי־אֲנִי יְהוָה בְּשִׁבְרִי אֶת־מֹטוֹת
עֻלָּם וְהִצַּלְתִּים מִיַּד הָעֹבְדִים בָּהֶם:
²⁸ וְלֹא־יִהְיוּ עוֹד בַּז לַגּוֹיִם וְחַיַּת הָאָרֶץ לֹא תֹאכְלֵם וְיָשְׁבוּ לָבֶטַח וְאֵין מַחֲרִיד:
²⁹ וַהֲקִמֹתִי לָהֶם מַטָּע לְשֵׁם וְלֹא־יִהְיוּ עוֹד אֲסֻפֵי רָעָב בָּאָרֶץ וְלֹא־יִשְׂאוּ עוֹד כְּלִמַּת הַגּוֹיִם:
³⁰ וְיָדְעוּ כִּי אֲנִי יְהוָה אֱלֹהֵיהֶם אִתָּם וְהֵמָּה עַמִּי בֵּית יִשְׂרָאֵל נְאֻם אֲדֹנָי יְהוִה:
³¹ וְאַתֵּן צֹאנִי צֹאן מַרְעִיתִי אָדָם אַתֶּם אֲנִי אֱלֹהֵיכֶם נְאֻם אֲדֹנָי יְהוִה: פ

> *²³ Yo suscitaré sobre ellas a un pastor que las apaciente: mi siervo David. Él las apacentará, pues será su pastor. ²⁴ Yo, Yahvé, seré el Dios de ellos, y mi siervo David, en medio de ellos, será su gobernante. Yo, Yahvé, he hablado.*
> *²⁵ Estableceré con ellos un pacto de paz, y quitaré de la tierra las fieras; habitarán en el desierto con seguridad y dormirán en los bosques. ²⁶ Y daré bendición a ellos y a los alrededores de mi collado, y haré descender la lluvia en su tiempo: lluvias de bendición serán. ²⁷ El árbol del campo dará su fruto y la tierra dará su fruto.*
> *Estarán en su tierra con seguridad, y sabrán que yo soy Yahvé, cuando rompa las coyundas de su yugo y los libre de mano de los que se sirven de ellos. ²⁸ No serán más por presa de las naciones ni las fieras del país las devorarán, sino que habitarán con seguridad y no habrá quien las espante.*
> *²⁹ Prepararé para ellos un plantío de renombre, y nunca más serán consumidos por el hambre en el país ni nunca más serán afrentados por las naciones. ³⁰ Y sabrán que yo, Yahvé, su Dios, estoy con ellos, y que ellos son mi pueblo, la casa de Israel, dice Yahvé, el Señor. ³¹ Y vosotras, ovejas mías, ovejas de mi pasto, hombres sois, y yo vuestro Dios, dice Yahvé, el Señor.*

Dios hará que se eleve y se mantenga en pie un pastor sobre su rebaño. וַהֲקִמֹתִי, levantaré, indicando que es el mismo Dios el que eleva a una persona por su intervención (cf. Dt 18, 15; 2 Sam 7, 12 y otros pasajes). רֹעֶה אֶחָד, un pastor, no *unicus*, *singularis*, un pastor único en su género, sino *un* pastor, en contra de los muchos pastores malos, y también en contra de la división del pueblo en dos reinos, cada uno con su rey o pastor. Cf. con Ez 37, 24 y Jer 28, 6, donde se dice que será elevado David para pastorear a Israel y a Judá, los dos pueblos que antes estaban divididos.

Mi siervo David (עַבְדִּי דָוִיד). Yahvé le llama עַבְדִּי no solo en referencia a la obediencia que le debe (Hävernick), sino también por el hecho de que él le ha elegido (Is 42, 1, Hengstenberg). No es necesario refutar la afirmación de Hitzig, David Strauss y otros que dicen que Ezekiel esperaba que Dios resucitara a David de entre los muertos. Este pasaje se refiere al retoño de David (Jer 23, 5), a quien se llama simplemente David en Os 3, 5 y Jer 30, 9. Aquí en Ez 34, 24 se define de manera más precisa la relación de Yahvé con David, indicando que Yahvé será entonces (al cumplirse la profecía) el Dios de su pueblo y David su príncipe en medio de ellos.

Las últimas palabras evocan el texto de 2 Sam 7, 8. A través del gobierno de David, Yahvé vendrá a ser de verdad el Dios de su pueblo Israel, porque David pastoreará al pueblo en perfecta unidad con Yahvé: Cumplirá siempre la voluntad de Yahvé y no se colocará a sí mismo en oposición a Dios, como los malos pastores porque, como aquí se presupone, él estará siempre unido a Dios en unidad de naturaleza.

Ez 34, 25 desarrolla aún más este pensamiento, indicando la forma en que Dios salvará a su pueblo, mostrando así que es el Dios de la alianza a través de la fidelidad pastoral del futuro David. Dios ofrecerá así perfectamente los dones de la alianza prometida a Israel. Ese establecimiento del pacto de paz no se limitará, en la línea de Os 2, 18.20 a un tipo de pacto con las bestias del campo, para que no dañen más a Israel. Aquí, el pensamiento es más amplio que el del Lev 26, 4-6, que es el pasaje que Ezequiel tiene en su mente. De esa forma, Ezequiel incluye todas las formas de salvación que Dios ha prometido a su pueblo.

Dios salvará a su pueblo de dos formas principales. (1) Exterminará a todo lo que puede hacer daño a Israel, incluidas las fieras, para que los israelitas puedan dormir seguros en desiertos y selvas, sin miedo a peligros (34 25, cf. Lev 26, 6). (2) Dios ofrecerá lluvia abundante, de tal forma que los campos y tierras puedan producir ricos frutos (Ez 34, 26-27; cf. Lev 26, 4-5): "Yo haré que los israelitas y los que moren alrededor de mi colina sean una bendición".

גִּבְעָתִי, la colina o collado de Yahvé que es, según Is 31, 4, el Monte Sión, la montaña del templo, incluyendo la ciudad de Jerusalén. Los alrededores de esta colina son las tierras de Israel que se extienden a sus lados. Pero el Monte Sión con la tierra de su entorno no se nombra aquí en lugar de sus habitantes; sus colinas de alrededor no son tampoco las naciones paganas, como piensa Herstenberg, en oposición al contexto y al uso del lenguaje. El pensamiento es simplemente éste: El Señor hará que el pueblo y la tierra sean una bendición (Hävernick, Kliefoth).

Serán בְּרָכָה, una bendición, es más que "serán benditos" (Gen 12, 2). La bendición se expresa en el agua a su tiempo, para fertilizar la tierra. Esto acontecerá cuando el Señor rompa los yugos de su pueblo. Estas palabras están tomadas de Lev 26, 13, que se refieren a la liberación de Israel de Egipto, siendo aplicadas por Ezequiel a la redención futura de Israel de todos los cautiverios paganos.

Para הָעֹבְדִים, cf. Ex 1, 14. Este pensamiento ha sido más desarrollado en Ez 34, 28 y 29, donde se resume todo lo anterior con estas palabras: "Prepararé para ellos un plantío de renombre etc.". מַטָּע, plantación o plantío, como en Ez 17, 7, no una tierra para plantar (Hitzig). לְשֵׁם, de renombre, no para agrandar el nombre de Dios (De Wette), sino el nombre o fama de la misma plantación que Dios hará crecer ofreciéndoles sus lluvias de bendición (Ez 34, 26). Se trata pues de renombre de los israelitas entre los paganos, que verán que Israel es un pueblo bendecido por Dios.

Esta explicación de las palabras se despliega en la siguiente frase: Ellos no serán ya consumidos por el hambre en la tierra, ni caerán en desgracia ante las naciones, es decir, no serán oprimidos por los gentiles, que les impongan su yugo (cf. Sol 3, 19; Jer 13, 11 y, sobre todo, Dt 26, 29). Por medio de esta bendición, ellos descubrirán que su Dios está con ellos y que Israel es su pueblo.

La promesa concluye en 34, 31 con estas palabras: "Y vosotras, ovejas mías, ovejas de mi pasto…" (sois ovejas de mi pastizal: צֹאן מַרְעִיתִי, cf. Jer 23, 1, el rebaño que pastorea el mismo Dios). "Hombres sois, y yo vuestro Dios". Estas últimas palabras no son simplemente una explicación figurativa de "rebaño", cosa que no necesita ser probada, sino que ellas "ponen de relieve la hondura y grandeza de la condescendencia divina, oponiéndose a la objeción de personas de fe débil, que dicen que el hombre (que está tomado de la tierra o האדמה y que vuelve a ella) es incapaz de comunicarse con Dios" (Hengstenberg).

En conclusión, ofreciendo una visión general del contenido de nuestra profecía, podemos poner de relieve los tres rasgos de la salvación prometida al pueblo de Israel. (1) El Señor liberará a su pueblo de la mano de los malos pastores, y él mismo los pastoreará. (2) Él lo reunirá de la dispersión, lo llevará de nuevo a la tierra de Israel y lo pastoreará allí, haciéndose cargo de las ovejas necesitadas de ayuda, y destruyendo a las gordas y fuerte, para que las débiles no sean oprimidas. (3) Dios levantará al futuro David como pastor, y bajo su cuidado él mismo concederá a su pueblo las bendiciones prometidas de la alianza, con una gran riqueza.

Sin embargo, estos actos salvadores de Dios para su pueblo no aparecen aquí representados con muchos detalles y concreciones históricas, como ha observado correctamente Kliefoth, ni se narran en un orden cronológico, tal como se van a desarrollar en la historia, sino que están agrupados según su designio y carácter general, con sus rasgos esenciales.

Nosotros buscamos, según eso, el cumplimiento de esta profecía en el hecho de que Dios ha levantado a su siervo David como pastor de Israel, enviando a Jesucristo, que vino para buscar y salvar lo que estaba perdido (Lc 19, 10; Mt 18, 11), de manera que él mismo (Jesús) se llamará a sí mismo el Buen Pastor, retomando así, de manera clara, esta y otras declaraciones proféticas del mismo tipo (Jn 10, 11). Pero el envío de Cristo ha sido precedido por la reunión de Israel desde el exilio de Babilonia, por la que Dios se ha hecho cargo de su pueblo.

Pues bien, dado que solo una pequeña parte de Israel ha recibido al Mesías que apareció en Jesús, como su pastor, sobre el Israel no creyente vino a recaer de nuevo un juicio de dispersión entre las naciones, un juicio que continúa todavía, de manera que aún debe darse una reunión del pueblo de Israel en un tiempo futuro. En este pasaje de Ezequiel no se distinguen los dos juicios de dispersión, asociados con la doble reunión del pueblo, sino que ambos aparecen unidos en uno, de manera que aunque su cumplimiento empezó a realizarse con la liberación de Israel de la cautividad de Babilonia y con la llegada del Buen Pastor Jesucristo, de la familia de David, ellos se han realizado solo en una parte pequeña de Israel, que ha querido ser reunida y alimentada por Jesucristo.

El cumplimiento total de esta profecía se realizará solo cuando se produzca la conversión total de Israel, tal como lo anuncia Pablo en Rom 11, 25. Para los nuevos detalles de este cumplimiento deberemos esperar las próximas profecías de Ezequiel.

2. Ez 35, 1-36, 15. Devastación de Edom, restauración de Israel

Las dos secciones (35, 1-15 y 36, 1-15) forman una única profecía. Esto queda claro no solo por su disposición formal (ambas están unidas por la misma fórmula introductoria: *y la palabra de Yahvé vino sobre mí*), sino también por su contenido, pues la promesa dirigida a los montes de Israel se opone a la amenaza contra los montes de Seir (Ez 35, 1-15), de manera que una forma el reverso y complemento de la otra, estando ambas unidas por la forma de expresión que se emplea (cf. 36, 4-5 con 35, 8, y 36, 5 con 35, 15).

Los contenidos son los siguientes: Las montañas de Seír serán devastadas (35, 1-4), porque Edom mantiene una enemistad eterna y un odio sangriento contra Israel (35, 5-9), y porque ha querido conquistar la tierra de Israel, blasfemando en contra de Yahvé (35, 10-15). Por otra parte, la tierra montañosa de Israel, que los paganos han despreciado a causa de su devastación, apropiándose de ella como botín (36, 1-7), será habitada de nuevo por Israel, y será cultivada y nunca más sufrirá la desgracia de ser conquistada por lo gentiles (35, 8-15).

El pensamiento final (36, 15) retoma el motivo de 34, 29, y muestra que nuestra profecía ha de tomarse como expansión de aquella conclusión. Por otra parte, aquí observamos que la devastación de Edom es un signo de la victoria de Dios sobre el mundo pagano en su conjunto, pues Edom aparece como signo de los enemigos de Dios, de manera que esa devastación aparece como anuncio de la restauración de la tierra de Israel, es decir, de la restauración del Reino de Dios.

35, 1-15. Devastación de Edom

¹וַיְהִי דְבַר־יְהוָה אֵלַי לֵאמֹר: ² בֶּן־אָדָם שִׂים פָּנֶיךָ עַל־הַר שֵׂעִיר וְהִנָּבֵא עָלָיו:
³ וְאָמַרְתָּ לּוֹ כֹּה אָמַר אֲדֹנָי יְהוִה הִנְנִי אֵלֶיךָ הַר־שֵׂעִיר
וְנָטִיתִי יָדִי עָלֶיךָ וּנְתַתִּיךָ שְׁמָמָה וּמְשַׁמָּה:
⁴ עָרֶיךָ חָרְבָּה אָשִׂים וְאַתָּה שְׁמָמָה תִהְיֶה וְיָדַעְתָּ כִּי־אֲנִי יְהוָה:
⁵ יַעַן הֱיוֹת לְךָ אֵיבַת עוֹלָם וַתַּגֵּר אֶת־בְּנֵי־יִשְׂרָאֵל
עַל־יְדֵי־חָרֶב בְּעֵת אֵידָם בְּעֵת עֲוֹן קֵץ:
⁶ לָכֵן חַי־אָנִי נְאֻם אֲדֹנָי יְהוִה כִּי־לְדָם אֶעֶשְׂךָ וְדָם יִרְדֲּפֶךָ
אִם־לֹא דָם שָׂנֵאתָ וְדָם יִרְדֲּפֶךָ:
⁷ וְנָתַתִּי אֶת־הַר שֵׂעִיר לְשִׁמְמָה וּשְׁמָמָה וְהִכְרַתִּי מִמֶּנּוּ עֹבֵר וָשָׁב:
⁸ וּמִלֵּאתִי אֶת־הָרָיו חֲלָלָיו גִּבְעוֹתֶיךָ וְגֵאוֹתֶיךָ וְכָל־אֲפִיקֶיךָ חַלְלֵי־חֶרֶב יִפְּלוּ בָהֶם:
⁹ שִׁמְמוֹת עוֹלָם אֶתֶּנְךָ וְעָרֶיךָ לֹא (תֵישַׁבְנָה) [תָשֹׁבְנָה] וִידַעְתֶּם כִּי־אֲנִי יְהוָה:
¹⁰ יַעַן אֲמָרְךָ אֶת־שְׁנֵי הַגּוֹיִם וְאֶת־שְׁתֵּי הָאֲרָצוֹת לִי תִהְיֶינָה וִירַשְׁנוּהָ וַיהוָה שָׁם הָיָה:
¹¹ לָכֵן חַי־אָנִי נְאֻם אֲדֹנָי יְהוִה וְעָשִׂיתִי כְּאַפְּךָ וּכְקִנְאָתְךָ
אֲשֶׁר עָשִׂיתָה מִשִּׂנְאָתֶיךָ בָּם וְנוֹדַעְתִּי בָם כַּאֲשֶׁר אֶשְׁפְּטֶךָ:
¹² וְיָדַעְתָּ כִּי־אֲנִי יְהוָה שָׁמַעְתִּי אֶת־כָּל־נָאָצוֹתֶיךָ אֲשֶׁר אָמַרְתָּ
עַל־הָרֵי יִשְׂרָאֵל לֵאמֹר (שָׁמֵמָה) [שָׁמֵמוּ] לָנוּ נִתְּנוּ לְאָכְלָה:

¹³ וַתַּגְדִּילוּ עָלַי בְּפִיכֶם וְהַעְתַּרְתֶּם עָלַי דִּבְרֵיכֶם אֲנִי שָׁמָעְתִּי׃
¹⁴ כֹּה אָמַר אֲדֹנָי יְהוִה כִּשְׂמֹחַ כָּל־הָאָרֶץ שְׁמָמָה אֶעֱשֶׂה־לָּךְ׃
¹⁵ כְּשִׂמְחָתְךָ לְנַחְלַת בֵּית־יִשְׂרָאֵל עַל אֲשֶׁר־שָׁמֵמָה כֵּן אֶעֱשֶׂה־לָּךְ שְׁמָמָה תִהְיֶה הַר־שֵׂעִיר וְכָל־אֱדוֹם כֻּלָּהּ וְיָדְעוּ כִּי־אֲנִי יְהוָה׃ פ

¹ Vino a mí palabra de Yahvé, diciendo Hijo de hombre, pon tu rostro hacia el monte Seir y profetiza contra él, ³ diciendo: Así ha dicho Yahvé, el Señor: He aquí, yo estoy contra ti, monte Seir; extenderé mi mano contra ti y te convertiré en un desierto desolado.
⁴ Tus ciudades asolaré, quedarás desolado y sabrás que yo soy Yahvé.
⁵ Por cuanto tuviste enemistad perpetua y entregaste a los hijos de Israel al poder de la espada en el tiempo de su aflicción, en el tiempo en que su maldad fue consumada, ⁶ por eso, vivo yo, dice Yahvé, el Señor, que a sangre te destinaré y sangre te perseguirá. Porque no aborreciste la sangre, sangre te perseguirá. ⁷ Convertiré el monte Seir en desierto desolado, y eliminaré de él al que salga y al que entre.
⁸ Llenaré sus montes con sus muertos; en tus collados, en tus valles y en todos tus arroyos caerán los muertos a espada. ⁹ Yo te pondré en perpetua desolación, y tus ciudades nunca más se restaurarán. Y sabréis que yo soy Yahvé. ¹⁰ Por cuanto dijiste: 'Las dos naciones y las dos tierras serán mías, y tomaré posesión de ellas', cuando Yahvé estaba allí; ¹¹ por eso, vivo yo, dice Yahvé, el Señor, que yo haré conforme a tu ira y conforme a tu celo con que procediste, a causa de tus enemistades con ellos; y seré conocido en ellos cuando te juzgue.
¹² Y sabrás que yo, Yahvé, he oído todas tus injurias que proferiste contra los montes de Israel, diciendo: '¡Destruidos son, nos han sido dados para que los devoremos!'. ¹³ Y os engrandecisteis contra mí con vuestra boca, y multiplicasteis contra mí vuestras palabras. ¡Yo lo oí!
¹⁴ Así ha dicho Yahvé, el Señor: Para que toda la tierra se regocije, yo te convertiré en una desolación. ¹⁵ Como te alegraste sobre la heredad de la casa de Israel, porque fue asolada, así haré contigo: ¡asolado será el monte Seir, y todo Edom, todo él! Y sabrán que yo soy Yahvé.

El tema de esta profecía, es decir "Edom y sus ciudades se convertirán en un desierto" (35, 2-4), está expresado y elaborado de modo muy intenso en dos estrofas, comenzando con יַעַן הֱיוֹת (35, 5 y 35, 10) y concluyendo, como el mismo anuncio (35, 4), con וְיָדְעוּ כִּי־אֲנִי יְהוָה, con una afirmación de los pecados de Edom.

Ya en Ez 25 se ha nombrado a Edom entre las naciones hostiles del entorno de Israel que han sido amenazadas de destrucción (25, 12-14). Esa primera profecía se aplica a los edomitas en la línea de su relación histórica con el pueblo de Israel y el reino de Judá. Por el contrario, en la presente palabra de Dios, Edom entra en consideración a causa de su actitud hostil hacia el pueblo de la alianza como representante de la humanidad en su hostilidad hacia el pueblo y el reino de Dios, como en Is 34 y 63, 1-6.

Así aparece claro por el hecho de que la devastación ha de prepararse para Edom, cuando toda la tierra se regocije (Ez 35, 14), una palabra que no se aplica a Edom en cuanto nación pequeña y solitaria, y aún menos por la circunstancia de que la promesa de salvación de Ez 36 no se aplica solo a Edom (35, 5), sino al resto de las naciones paganas en general (36, 3-7.15), que son nombradas como enemigas de cuya desgracia y opresión debe liberarse Israel.

En Ez 35, 2 (cf. 13, 17), הר es el nombre que se da al distrito montañoso habitado por los edomitas, entre el Mar Muerto y el Golfo Elanítico (cf. *Coment.* Gen 36, 9). La profecía se dirige también contra la tierra, pero se aplica a la nación, que es causa de la desolación de su tierra, por su hostilidad contra Israel. En 35, 3 (cf. 6, 14 etc.) חרבה es destrucción.

El pecado de Edom, mencionado en 35, 5, es su enemistad eterna contra Israel, un pecado que ha sido imputado también a los filisteos en 25, 15, pero que aquí, en el caso de Edom, tiene raíces más profundas, por la actitud hostil de Esaú en contra de Jacob (Gen 25, 22 y 27, 37), y que se manifestaba como había dicho ya Am 1, 1 en la constante maldad de los idumeos que buscaban sin cesar oportunidades para lograr la destrucción de Israel. Esa maldad se expresó según Ezequiel en el hecho de que los idumeos mataron a los hijos de Israel cuando el reino de Judá cayó en manos de los babilonios.

הגיר על, literalmente derramar en manos de la espada, es decir, entregar al poder de la espada (cf. Sal 63, 11; Jer 18, 21). בעת recuerda las palabras תעב de ביום אידם de Abd 1, 13; pero aquí se define de un modo más preciso como קֵץ בְּעֵת עָוֹן, y se limita al tiempo de la derrota de los israelitas, cuando Jerusalén fue tomada y destruida por los caldeos. בְּעֵת עֲוֹן קֵץ, como en Ez 21, 30. Por razón de este despliegue de hostilidad, el Señor convertirá a Edom en sangre (35, 6).

Esta expresión ha sido escogida probablemente por el juego de palabras entre אֱדֹם y דָּם, Edom y sangre. Edom se convertirá en aquello que sugiere su nombre, en sangre. Hacer que Edom sea sangre no significa simplemente llenarla de sangre de muertos, o hacer que la tierra se empape de sangre (Hitzig), sino (como en Ez 16, 38) hacer que la misma gente de Edom se vuelva sangre, es decir, que se desvanezca y muera. La sangre te perseguirá, como "la culpa de sangre persigue el asesino, gritando venganza y suscitando el castigo" (Hävernick).

אִם־לֹא no puede ser una partícula utilizada en lo juramentos y dependiente de חַי־אָנִי, porque esta partícula introduce una declaración afirmativa, que no podría haberse utilizado aquí, y más por el hecho de que דָּם no puede referirse aquí a una relación de sangre. אִם־לֹא significa "si no", de manera que el sentido condicional de אִם coincide con el causal, pues "si" es aquí equivalente a "dado que". La inusual separación de לֹא respecto del verbo está ocasionada por el hecho de que דָּם está colocada delante del verbo y para evitar la repetición de וְדָם. Odiar la sangre es lo mismo que tener horror al derramamiento de sangre o al asesinato.

Esta amenaza se desarrolla aún más en Ez 35, 7-8. La tierra de Edom ha de convertirse en una devastación completa y perpetua y sus habitantes han de ser exterminados por la guerra. La forma שְׁמָמָה está en el lugar de שִׁמְמָה y no puede cambiarse en שְׁמָמָה. Teniendo en cuenta la frecuencia con que aparece שְׁמָמָה, la suposición de que se trate de un error del copista no puede tomarse en serio, y menos probable es el mantenimiento de ese error en עֹבֵר וָשָׁב como Zac 7, 14 (el que sale y entra).

Para 35, 8, cf. Ez 32, 5-6 y 31, 12. El quetiv תִּישָׁבְנָה es *scriptio plena* del imperfecto kal de bvy, en el sentido transitivo de ser habitado. El kere תָּשֹׁבְנָה, de bWv es una corrección innecesaria e inapropiada, pues bWv no significa *restituí*, ser restituido.

En la segunda estrofa (35, 10-15) se añade una razón adicional para la desolación de Edom, que es el deseo que ha tenido de apoderarse de Israel y de su tierra, queriendo tomar posesión de esa tierra y pueblo, aun sabiendo que pertenecían a Yahvé. Por eso el odio de Edom contra Israel viene a presentarse como odio contra Yahvé. Los dos pueblos y las dos tierras son Israel y Judá, con sus tierras, es decir, todo el pueblo santo y su territorio.

את es el signo de acusativo: "por lo que toca a los dos pueblos, ellos son míos". Es sufijo que se añade a וִירַשְׁנוּהָ es neutro, y ha de referirse en general a lo que ha venido antes. וַיהוָה שָׁם הָיָה es una cláusula circunstancial, por la cual se expresa con toda claridad el deseo de Edom, apareciendo como un ataque en contra del mismo Yahvé. Yahvé está allí, es decir, está presenta en la tierra de Israel que Edom desea tomar como posesión.

La traducción de Kliefoth "y sin embargo Yahvé es allí" se opone al uso hebreo, cambiando el pretérito הָיָה en presente. La objeción que él pone en contra de la única traducción gramaticalmente admisible (cuando Yahvé estaba allí), afirmando que en ese caso Ezequiel pensaría que Dios había estado antes en la tierra de Israel, pero luego no, no entiende el sentido histórico del argumento, y lo hace sin ninguna razón.

Ciertamente, Yahvé ha abandonado su morada en Canaán, antes de la destrucción del templo, pero lo ha hecho sin renunciar a su derecho sobre la tierra, pues él solo había dejado la tierra por un tiempo (con el templo y la ciudad) por los pecados del pueblo, para que llegara la devastación de los gentiles. "Pero Edom ha actuado como si Israel existiera y entre las naciones sin Dios, y como si Yahvé hubiera partido de la tierra para siempre" (Hävernick). En esa línea se supone que Edom actuaba como si Yahvé fuera una divinidad sin poder, sin utilidad, una divinidad que no había sido capaz de defender a su pueblo en contra del poder de las naciones. Pues bien, el Señor pedirá cuentas a Edom por esto, respondiendo así a su ira y a su envidia, que habían brotado de su odio.

וְנוֹדַעְתִּי בָם, "y me hare conocido entre ellos" (los israelitas) cuando te juzgue, es decir, castigando a Edom por sus pecados. Dios probará de esa manera a Israel, mostrándole que él es un Dios que no soporta que su pueblo y su propiedad sean atacados impunemente. De esa forma aprenderá Edom que Yahvé es el Dios omnisciente, que ha oído las injurias de sus enemigos (35, 12-13), el Dios todopoderoso que castiga según sus obras a los que proclaman unos dichos tan orgullosos (Ez 35, 14.15). נְאָצוֹתֶיךָ ha retenido el *kametz* a causa del sonido gutural, en contraste con נאצות de Neh 9, 18. 26 (cf. Ewald §69*b*).

La expresión montañas de Israel en vez de tierra de Israel en 25, 12 y 26, 1 está ocasionada por la antítesis a "montañas de Seir". El *qetib* שְׁמֵמָה ha de retenerse, en contra del kere (שְׁמֵמוּ). El singular de género neutro se utiliza con énfasis en un discurso de tipo emocionado, y ha de referirse *ad sensum* a la tierra. עָלַי בְּפִיכֶם תַּגְדִּילוּ, y os engrandecisteis en contra de mí con vuestras bocas…, en el sentido de proferir dichos orgullosos contra Dios, reírse de Dios (cf. הִגְדִּיל פֶּה, Abd 1, 12, con un sentido parecido).

וְהַעְתַּרְתֶּם se utiliza aquí conforme al uso arameo, en vez de הַעֲשִׁיר, con el significado de multiplicar, amontonar. En כִּשְׂמֹחַ, Ez 35, 14, כ es una partícula de tiempo, como se utiliza con frecuencia ante los infinitivos (cf. Js 6, 20), en sentido de *cuando toda la tierra* se regocija, no "sobre toda desolación" (Hitzig), que aquí no tiene sentido. Lo que el texto quiere decir es: "cuando la alegría se prepara para todo el mundo, yo prepararé para ti la devastación".

En esta antítesis, כָּל־הָאָרֶץ se aplica al mundo, con la excepción de Edom, es decir a todos los pueblos que tienen con Dios una relación distinta de la Edom, es decir, a todos los pueblos que reconocen al Señor como verdadero Dios. De aquí se sigue que Edom representa al mundo como enemigo de Dios (a todos los pueblos enemigos de Dios). En כְּשִׂמְחָתְךָ (35, 25) כ es una partícula de comparación.

El sentido de Ez 35, 15 es éste: Como tú te regocijaste sobre la desolación de la casa de Israel, así haré yo que otros se regocijen con tu desolación. De esa forma aceptamos la opción de los LXX, Vulgata, Siríaco y otros, tomando תִּהְיֶה como segunda y no como tercera persona. La expresión וְכָל־אֱדוֹם כֻּלָּהּ sirve para reforzar el sentido de הַר־שֵׂעִיר (cf. Ez 11, 15 y 36, 10).

36, 1-15. Restauración y bendición de Israel

¹וְאַתָּה בֶן־אָדָם הִנָּבֵא אֶל־הָרֵי יִשְׂרָאֵל וְאָמַרְתָּ הָרֵי יִשְׂרָאֵל שִׁמְעוּ דְּבַר־יְהוָה:
² כֹּה אָמַר אֲדֹנָי יְהוִה יַעַן אָמַר הָאוֹיֵב
עֲלֵיכֶם הֶאָח וּבָמוֹת עוֹלָם לְמוֹרָשָׁה הָיְתָה לָּנוּ:
³ לָכֵן הִנָּבֵא וְאָמַרְתָּ כֹּה אָמַר אֲדֹנָי יְהוִה יַעַן בְּיַעַן שַׁמּוֹת
וְשָׁאֹף אֶתְכֶם מִסָּבִיב לִהְיוֹתְכֶם מוֹרָשָׁה לִשְׁאֵרִית הַגּוֹיִם
וַתֵּעֲלוּ עַל־שְׂפַת לָשׁוֹן וְדִבַּת־עָם:
⁴ לָכֵן הָרֵי יִשְׂרָאֵל שִׁמְעוּ דְּבַר־אֲדֹנָי יְהוִה כֹּה־אָמַר אֲדֹנָי
יְהוִה לֶהָרִים וְלַגְּבָעוֹת לָאֲפִיקִים וְלַגֵּאָיוֹת וְלֶחֳרָבוֹת הַשֹּׁמְמוֹת
וְלֶעָרִים הַנֶּעֱזָבוֹת אֲשֶׁר הָיוּ לְבַז וּלְלַעַג לִשְׁאֵרִית הַגּוֹיִם אֲשֶׁר מִסָּבִיב: ס
⁵ לָכֵן כֹּה־אָמַר אֲדֹנָי יְהוִה אִם־לֹא בְּאֵשׁ קִנְאָתִי דִבַּרְתִּי
עַל־שְׁאֵרִית הַגּוֹיִם וְעַל־אֱדוֹם כֻּלָּא אֲשֶׁר נָתְנוּ־אֶת־אַרְצִי לָהֶם
לְמוֹרָשָׁה בְּשִׂמְחַת כָּל־לֵבָב בִּשְׁאָט נֶפֶשׁ לְמַעַן מִגְרָשָׁהּ לָבַז:
⁶ לָכֵן הִנָּבֵא עַל־אַדְמַת יִשְׂרָאֵל וְאָמַרְתָּ לֶהָרִים וְלַגְּבָעוֹת

לָאֲפִיקִים וְלַגֵּאָיוֹת כֹּה־אָמַר אֲדֹנָי יְהֹוִה הִנְנִי בְקִנְאָתִי
וּבַחֲמָתִי דִּבַּ֫רְתִּי יַעַן כְּלִמַּת גּוֹיִם נְשָׂאתֶם:
⁷ לָכֵן כֹּה אָמַר אֲדֹנָי יְהֹוִה אֲנִי נָשָׂאתִי אֶת־יָדִי אִם־לֹא
הַגּוֹיִם אֲשֶׁר לָכֶם מִסָּבִיב הֵמָּה כְּלִמָּתָם יִשָּׂאוּ:
⁸ וְאַתֶּם הָרֵי יִשְׂרָאֵל עַנְפְּכֶם תִּתֵּנוּ וּפֶרְיְכֶם תִּשְׂאוּ לְעַמִּי
יִשְׂרָאֵל כִּי קֵרְבוּ לָבוֹא:
⁹ כִּי הִנְנִי אֲלֵיכֶם וּפָנִיתִי אֲלֵיכֶם וְנֶעֱבַדְתֶּם וְנִזְרַעְתֶּם:
¹⁰ וְהִרְבֵּיתִי עֲלֵיכֶם אָדָם כָּל־בֵּית יִשְׂרָאֵל כֻּלֹּה וְנֹשְׁבוּ הֶעָרִים
וְהֶחֳרָבוֹת תִּבָּנֶינָה:
¹¹ וְהִרְבֵּיתִי עֲלֵיכֶם אָדָם וּבְהֵמָה וְרָבוּ וּפָרוּ וְהוֹשַׁבְתִּי אֶתְכֶם
כְּקַדְמוֹתֵיכֶם וְהֵטִבֹתִי מֵרִאשֹׁתֵיכֶם וִידַעְתֶּם כִּי־אֲנִי יְהֹוָה:
¹² וְהוֹלַכְתִּי עֲלֵיכֶם אָדָם אֶת־עַמִּי יִשְׂרָאֵל וִירֵשׁוּךָ וְהָיִיתָ לָהֶם
לְנַחֲלָה וְלֹא־תוֹסִף עוֹד לְשַׁכְּלָם: ס
¹³ כֹּה אָמַר אֲדֹנָי יְהֹוִה יַעַן אֹמְרִים לָכֶם אֹכֶלֶת אָדָם (אָתִּי)
[אָתְּ] וּמְשַׁכֶּלֶת (גּוֹיֵךְ) [גּוֹיַיִךְ] הָיִית:
¹⁴ לָכֵן אָדָם לֹא־תֹאכְלִי עוֹד (וְגוֹיֵךְ) [וְגוֹיַיִךְ] לֹא
(תְכַשְּׁלִי־)[תְשַׁכְּלִי־]עוֹד נְאֻם אֲדֹנָי יְהֹוִה:
¹⁵ וְלֹא־אַשְׁמִיעַ אֵלַיִךְ עוֹד כְּלִמַּת הַגּוֹיִם וְחֶרְפַּת עַמִּים לֹא
תִשְׂאִי־עוֹד (וְגוֹיֵךְ) [וְגוֹיַיִךְ] לֹא־תַכְשִׁלִי עוֹד נְאֻם אֲדֹנָי יְהֹוִה:

¹⁰ Yo haré que se multipliquen los hombres sobre vosotros, a toda la casa de Israel, a toda ella. Las ciudades serán habitadas y edificadas las ruinas. ¹¹ Multiplicaré sobre vosotros hombres y ganado: serán multiplicados y crecerán. Os haré habitar como solíais hacerlo antiguamente, y os haré mayor bien que en vuestros comienzos. Y sabréis que yo soy Yahvé. ¹² Y haré andar sobre vosotros, a mi pueblo Israel. Tomarán posesión de ti, tú les serás por heredad y nunca más les matarás a sus hijos.

¹³ Así ha dicho Yahvé, el Señor: Por cuanto dicen de vosotros: 'Devoradora de hombres y matadora de los hijos de tu nación has sido'; ¹⁴ por eso, no devorarás más a los hombres ni volverás nunca a matar a los hijos de tu nación, dice Yahvé, el Señor. ¹⁵ Y nunca más te haré oír ultraje de las naciones, ni cargarás más con la afrenta de los pueblos, ni harás más morir a los hijos de tu nación, dice Yahvé, el Señor.

Esta profecía ha sido proclamada sobre la tierra de Israel, como se dice claramente en 36, 6. De todas formas, en 36, 1.4 se citan las montañas de Israel en lugar de la tierra, en antítesis respecto a las montañas de Seir (35, 1-15; cf. *Coment.* a 35, 12). La promesa toma en conjunto la forma de antítesis respecto a la amenaza contra Edom (35, 1-15). Dado que Edom se ha alegrado porque la Tierra Santa, que había quedado devastada, ha venido a convertirse en posesión suya, por eso, la tierra devastada se convertirá en tierra cultivada, y será sembrada de nuevo, y será habitada por Israel como en los tiempos antiguos.

Pues bien, en contra de eso, las naciones paganas de su entorno caerán en desgracia, empezando por Edom que, como hemos ya indicado, se había elevado por su mentira sobre todas las naciones paganas que rodeaban a Israel (36, 3-7). En 36, 2 se menciona el enemigo (הָאוֹיֵב) en términos muy generales. Pues bien, lo que allí se había dicho de Edom (35, 6. 10) se predice ahora de todos los enemigos. En 36, 3. 4 ese enemigo aparece como un resto de las naciones paganas. Solo en 36, 5 se define ese enemigo de una forma más precisa por la frase "contra las demás naciones y contra Edom".

Las הַגּוֹיִם de alrededor (cf. הַגּוֹיִם אֲשֶׁר מִסָּבִיב, 36, 4, en relación a 36, 3) son las naciones paganas que han sido amenazadas de destrucción en Ez 25-26, por haberse alegrado maliciosamente de la caída y devastación de Jerusalén y de Judá. Esto sirve para explicar el hecho de que estas naciones son designadas como הַגּוֹיִם שְׁאֵרִית, el resto de las naciones paganas, lo que implica que el juicio ha caído sobre ellas, y que solo ha quedado un resto, un resto que quiere tomar posesión de la tierra devastada de Israel.

El epíteto que se aplica a este tierra (בָּמוֹת עוֹלָם), colinas eternas, alturas primordiales, evoca el texto de גִּבְעוֹת עוֹלָם de Gen 49, 26; Dt 33, 15, con el objeto de presentar la tierra como una posesión asegurada para Israel desde las promesas primordiales, de manera que el intento de los enemigos (de apoderarse de esta tierra) ha venido a convertirse en un pecado en contra del Señor Dios. La indignación en contra de ese pecado se expresa en el carácter emocional del discurso.

Como ha destacado Ewald, "Ezequiel ha estallado con un lenguaje de fuego, de manera que tras la breve afirmación de Ez 36, 2 se repite la palabra *por tanto, por eso* (לָכֵן) cinco veces, repitiendo una y otra vez las amenazas contra esos enemigos", antes de que la profecía se dirija ya de un modo calmado a las montañas de Israel, a las cuales quería aplicarse de hecho.

Para יַעַן בְּיַעַן (36, 3) cf. Coment a Ez 13, 10. שַׁמּוֹת es un infinitivo kal, formado por analogía con los verbos en h y l (cf. Ewald, §238e), de שׁמם, devastar, como en Dan 8, 13; 9, 27; 11, 12, y no ha de tomarse en el sentido de נשׁם, en la línea de Is 42, 14, como supone Hitzig. וְשָׁאֹף, con el significado de murmurar, ser objeto de habladurías, como lo exige una comparación con 36, 4, donde הָיוּ לָבַז corresponde a וַתֵּעֲלוּ עַל־שְׂפַת a וּלְלַעַג y שמות וְשָׁאֹף.

En este contexto שׂפה significa los labios como órganos del lenguaje o, de un modo más preciso, las palabras que son habladas, mientas que la lengua, לשׁון, está personificada, de modo que se puede hablar de un אִישׁ לָשׁוֹן, un hombre-lengua, es decir, un hablador. En 36, 4 la idea de las montañas de Israel se expande en montañas, colinas, hondonadas y valles (cf. 31, 12; 32, 5-6); y esta descripción perifrástica de la tierra ha sido expandida en la frase adicional "grandes ruinas y ciudades abandonadas".

אִם־לֹא, 36, 5, es la partícula que se utiliza en los juramentos (cf. 5, 11, etc.). Por su parte en perfecto דִּבַּרְתִּי no es meramente profético, sino un verdadero pretérito. Dios ha proferido ya una palabra amenazadora respecto a las naciones del entorno de Israel en Ez 25-26 y en 35,1-15. Pues bien, el mismo Dios eleva aquí su amenaza en contra de ellas, בְּאֵשׁ קִנְאָתִי, como hombre celoso, lleno de ira. כָּלָא es una forma aramea en lugar de כלה (ez. 35, 15). Para בִּשְׁאָט נֶפֶשׁ cf. Ez 25, 6.

En la expresión לְמַעַן מִגְרָשָׁהּ לָבַז, que se ha solido traducir de diversas maneras, pensamos con Gesenius y otros que מִגְרָשָׁהּ ha de verse como una forma aramea del infinitivo de גרשׁ, con el significado de vaciar, lo que se confirma con el siríaco. מִגְרָשָׁהּ no puede ser un sustantivo, a causa del לְמַעַן anterior. Hitzig conjetura que לָבַז ha puntuarse como לוז, en el sentido de "robar lo producido". Pero esa conjetura no puede aceptarse por el hecho de que esa palabra está separada de לְמַעַן, y porque מִגְרָשָׁהּ no significa en modo alguno "producir".

El pensamiento de fondo de Ez 36,6-7 es el siguiente: Dado que Israel ha sufrido hasta ahora el desprecio de los paganos, los paganos deberán ser ahora objeto de su propio desprecio. El gesto de levantar la mano se emplea en los juramentos, como en Ez 20, 6 etc. Pero la tierra de Israel ha de recibir una bendición, que aparece descrita en 36, 8 en términos generales: La montañas, es decir, las tierras de Israel producirán sus frutos, y empezarán a hacerlo muy pronto.

Esto se describe en detalle en 36, 9 ss. En la frase כִּי קֵרַבְוּ לָבוֹא, los israelitas no aparecen como sujeto, como supone Kliefoth, pues en ese caso se anunciaría un retorno rápido del exilio. El כִּי muestra que el significado no puede ser ése, porque está inmediatamente precedido por תִּשְׂאוּ לְעַמִּי, lenguaje que impide pensar que al hablar de las montañas Ezequiel tiene en su mente a sus habitantes. Las bendiciones prometidas son el sujeto de las ramas y de los frutos que las montañas han de dar.

Casi todos los comentaristas concuerdan al aceptar esta explicación de las palabras, en analogía con Is 56, 1. Con la כִּי de 36, 9 el cumplimiento de la bendición prometida aparece como razón para la promesa general: Las montañas serán cultivadas, y los hombres sobre ellas (es decir, todo Israel) se multiplicarán; se reedificarán las ciudades desoladas, y todo Israel habitará en la tierra, como en el tiempo antiguo, y será un pueblo portador de frutos y bendiciones.

Esta promesa se cumplió sin duda, aunque de un modo parcial, en los comienzos, tras la vuelta de una parte del pueblo, bajo Zorobabel y Esdras. Pero la multiplicación y bendición experimentada por aquellos que volvieron de Babilonia solo pudo realizarse mucho después de la salvación aquí prometida, y más especialmente en 26, 12-15. Según Ez 36, 12, la tierra debía convertirse en heredad del pueblo de Israel, de manera que no hubiera más israelitas sin hijos (ni israelitas devorados por fieras etc., cf. 36, 14); entonces el pueblo no sería ya objeto del desprecio de los gentiles.

Pero la parte de la nación que volvió del exilio no solo siguió estando bajo el dominio de los gentiles, sino que siguió siendo objeto del desprecio de esos gentiles. Más aún, dado que Israel no solo tropezó, sino que cayó muy bajo al rechazar a su Salvador, fue dispersado de nuevo, fuera de su tierra, entre los gentiles, de manera que su tierra siguió estando terriblemente devastada... hasta el día de hoy (hasta el año en que escribe el autor del comentario, en la segunda mitad del siglo XIX: nota del traductot). En 36, 12, el sufijo masculino vinculado a וִירֵשׁוּךָ se refiere a la tierra tomada como הר, que es también el sujeto de וְהָיִיתָ y de תּוֹסִף. Solo a partir de 36, 13-14 vuelve a ser central la idea de la tierra, de manera que se utiliza el sufijo femenino.

לְשַׁכְּלֵם es hacer que queden sin hijos, una idea que ha sido desarrollada en 36-13-14, con la palabra אֹכֶלֶת אָדָם, devoradora de hombres. Que la tierra devora a sus habitantes, esto es lo que los espías dijeron de la tierra de Israel en Num 13, 32. En 2 Rey 2, 29 se afirma eso mismo del distrito de Jericó, que es משכלת, que mata a sus habitantes, a causa de sus malas aguas.

Ese pasaje final de 2 Rey no se puede tomar aquí en consideración, pero sí el anterior (Num 13, 2), y evidentemente Ezequiel se refiere a él. No hay duda alguna de que Ezequiel explica o expande שַׁכְּלָם con אֹכֶלֶת אָדָם, aunque esa acusación (de que la tierra devora a sus hombres) la elevan los enemigos de Israel (ellos os dicen... אֹמְרִים לָכֶם). Pero, a pesar de eso (de que esa palabra la digan los enemigos), el mismo texto supone que se trata de una acusación que ha sido válida hasta ahora, pues se sigue diciendo que de ahora en adelante ella no devorará a sus hombres (aunque no se utilice la palabra שׁכל).

Pues bien, el sentido en el que Ezequiel afirma que la tierra ha sido devoradora de hombres (אֹכֶלֶת אָדָם), y que de ahora en adelante no será ya más, está determinado por אָדָם לֹא־תֹאכְלִי עוֹד, que se añade en 36, 14. Eso significa que la tierra había sido devoradora de hombres porque sus habitantes dejaron de fundarse en Dios, cayendo en manos de sus propios pecados (el kere תְשַׁכְּלִי por תְכַשְּׁלִי es una mala conjetura, como muestra claramente lo que sigue en 36, 15: לֹא־תְכַשְּׁלִי עוֹד).

De un modo consecuente, no podemos entender la frase "devoradora de hombres" en la línea de 13, 32, en el sentido de que, por su buena situación y por estar llena de frutos, la tierra era una manzana de discordia, objeto de división y lucha entre las naciones, de manera que sus habitantes caerían en medio de esas luchas. Ese no es el sentido, o al menos no es el principal de la frase. Tampoco podemos entender esa frase en el sentido que le dan Ewald y Hitzig, pensando que se trataba de una tierra en la que se debía vivir siempre de un modo impaciente, de manera que sus hombres eran rápidamente eliminados.

En contra de eso, el texto supone que la tierra ha sido objeto de caída y devoradora de hombres por los mismos pecados de sus habitantes, como castigo de Dios. La tierra ha devorado a sus habitantes a consecuencia de la sequía, de la peste y de la guerra enviadas por Dios, a causa de la apostasía de su pueblo. Ha sido este juicio de Dios el que ha despoblado a la tierra, aunque los paganos lo han atribuido a la tierra en cuanto tal, acusando a los israelitas de estar en una tierra destructora.

Pues bien, a partir de ahora, el Señor mostrará la falsedad de esa acusación de los extranjeros, concediendo a la tierra y al pueblo la bendición que él había prometido en su ley a los que guardaran sus mandamientos. Pero esto solo se podía conseguir si es que Dios mismo quitaba la ocasión de caída para el pueblo, es decir, el pecado (cf. Ez 36, 25, comparado con 11, 18), limpiando al pueblo de su impureza y de sus ídolos, dando a los israelitas un corazón nuevo y un espíritu nuevo. El keré גּוֹיַיִךְ de 36, 13 (cf. 36, 14 y 36, 15) es una alteración innecesaria del qetiv וגוייך. Ez 36, 15 redondea esta promesa y concluye con otro compendio de los principales pensamientos anteriores.

3. Ez 36, 16-38. La salvación de Israel se funda en su santificación

Dado que Israel ha manchado su tierra con sus pecados, Dios ha dispersado al pueblo entre los paganos. Pero, dado que ellos profanaron también su nombre ente los paganos, Dios ejercerá el perdón, a causa de su santo nombre (Ez 36, 16-21), reunirá a Israel de esos países, les limpiará de sus pecados y les santificará comunicándoles su Espíritu, de forma que caminará con ellos (36, 22-28), les bendecirá y les multiplicará, de tal forma que las naciones del entono y el mismo Dios conozcan que él es el Señor (36, 29-38).

Esta promesa se muestra ya en la fórmula introductoria (36, 16), que parece una palabra independiente que viene de Dios, pero que está sustancialmente

Ezequiel 36, 16-21

conectada, de la manera más íntima, con la palabra precedente, mostrando, por un lado, el motivo que ha hecho que Dios se apresure a restaurar y bendecir a su pueblo y, por otro, la mano a través de la cual él establecerá de un modo permanente la salvación anunciada en Ez 34 y en 36, 1-15. El núcleo de esta promesa está constituido por Ez 36, 25-28, pero su contenido ha sido preparado en 36, 17-24 y se encuentra expandido en 36, 29-38.

36, 16-21. Por causa de su santo nombre, el Señor se mostrará paciente con el pueblo al que había rechazado a causa de sus pecados.

¹⁶ וַיְהִי דְבַר־יְהוָה אֵלַי לֵאמֹר׃
¹⁷ בֶּן־אָדָם בֵּית יִשְׂרָאֵל יֹשְׁבִים עַל־אַדְמָתָם וַיְטַמְּאוּ אוֹתָהּ בְּדַרְכָּם וּבַעֲלִילוֹתָם כְּטֻמְאַת הַנִּדָּה הָיְתָה דַרְכָּם לְפָנָי׃
¹⁸ וָאֶשְׁפֹּךְ חֲמָתִי עֲלֵיהֶם עַל־הַדָּם אֲשֶׁר־שָׁפְכוּ עַל־הָאָרֶץ וּבְגִלּוּלֵיהֶם טִמְּאוּהָ׃
¹⁹ וָאָפִיץ אֹתָם בַּגּוֹיִם וַיִּזָּרוּ בָּאֲרָצוֹת כְּדַרְכָּם וְכַעֲלִילוֹתָם שְׁפַטְתִּים׃
²⁰ וַיָּבוֹא אֶל־הַגּוֹיִם אֲשֶׁר־בָּאוּ שָׁם וַיְחַלְּלוּ אֶת־שֵׁם קָדְשִׁי בֶּאֱמֹר לָהֶם עַם־יְהוָה אֵלֶּה וּמֵאַרְצוֹ יָצָאוּ׃
²¹ וָאֶחְמֹל עַל־שֵׁם קָדְשִׁי אֲשֶׁר חִלְּלוּהוּ בֵּית יִשְׂרָאֵל בַּגּוֹיִם אֲשֶׁר־בָּאוּ שָׁמָּה׃ ס

¹⁶ Vino a mí palabra de Yahvé, diciendo: ¹⁷ Hijo de hombre, mientras la casa de Israel habitaba en su tierra, la contaminó con su mala conducta y con sus obras; como inmundicia de menstruosa fue su conducta delante de mí. ¹⁸ Y derramé mi ira sobre ellos por la sangre que derramaron sobre la tierra, porque con sus ídolos la contaminaron.
¹⁹ Los esparcí por las naciones y fueron dispersados por los países; conforme a su conducta y conforme a sus obras los juzgué. ²⁰ Y cuando llegaron a las naciones adonde fueron dispersados, profanaron mi santo nombre, diciéndose de ellos: Estos son pueblo de Yahvé, y de la tierra de él han salido. ²¹ Pero he sentido dolor al ver mi santo nombre profanado por la casa de Israel entre las naciones adonde fueron.

El discurso comienza con una descripción de las razones por la que Dios ha esparcido a su pueblo entre los paganos, es decir, a causa de sus pecados y de sus abominaciones idolátricas, por las que los israelitas han contaminado la tierra (Lev 18, 28; Num 35, 34). Su conducta aparece comparada a la impureza más fuerte que conoce la ley, respecto a la vida de los seres humano: la de una mujer en su menstruación (Lev 15, 19), impureza con la que se ha comparado ya la depravación moral del pueblo en Is 54, 5.

En Ez 36, 18, la consecuencia de esa contaminación de la tierra por el pueblo se introduce con la frase וָאֶשְׁפֹּךְ חֲמָתִי, *y derramé mi ira…* En 36, 17, וַיְטַמְּאוּ era la continuación del participio יֹשְׁבִים, y el participio expresaba la condición del pasado, como podemos ver por las palabras וָאֶשְׁפֹּךְ חֲמָתִי. El símil de 36, 17 aparece en una cláusula explicativa, circunstancial. Para 36, 18 cf. 7, 8 y para el verso 18 (עַל־הַדָּם), cf. 22, 3. 6. La última frase (*porque con sus ídolos la contaminaron:* אוֹהָ

וּבְגִלּוּלֵיהֶ֖ם שָֽׁמּ) está unida a lo anterior de un modo que parece poco estrecho, pero contiene la segunda razón para que la ira de Dios se ha derramado sobre el pueblo.

Para Ez 39, 19, cf. Ez 22, 15. וַיָּבוֹא, en 36, 20 se refiere a בֵּית יִשְׂרָאֵל, pero no hay necesidad de leer וַיָּבוֹא en ese contexto. Resulta perfectamente arbitrario suplir el sujeto propuesto por Kliefoth, es decir, "la noticia de lo que sucedido a Israel que llegó a los gentiles", porque no fue la noticia sobre Israel, sino el mismo Israel el que vino a los gentiles, profanando el nombre sagrado de Dios. Esto aparece de un modo claro no solo en Ez 36, 21, sino que ha sido afirmado ya en 36, 20. El hecho de que las palabras de los gentiles, por las que ha sido profanado el nombre de Yahvé, hayan sido citadas aquí no prueba que, en princpio, hayan sido los gentiles los que han profanado el nombre de Dios, como supone Kliefoth, pues quienes han profanado el nombre de Yahvé han sido los israelitas.

Pero, en un sentido más profundo, han sido los mismos gentiles los que han profanado al Dios de Israel, afirmando que ha sido incapaz de defender y salvar a su pueblo. Las palabras "estos son pueblo de Yahvé, y de la tierra de él han salido" solo pueden contener una profanación del santo nombre de Dios si es qu esa salida se concibe como consecuencia del pecado del pueblo, y si se sigue pensando que Yahvé, Dios de Israel, ha sido y sigue siendo incapaz de salvar a su pueblo.

En esa línea se sitúa el comentario de Vatablus, cuando expone el pensaiento de los paganos: "Si el Dios a quien ellos invocan hubiera sido omnipotente, el no hubiera permitido que ellos fueran expulsados de su tierra". También nosotros optamos por esta explicación, no solo a causa de los pasajes paralelos (cf. Num 14, 16; Jer 33, 24) que apoyan esta visión, sino principalmente por los versos que siguen. Eso significa que cuales la santificación del nombre de Dios entre las naciones consiste y se expresa ante todo en el hecho de que Dios reúne a Israel de su dispersión entre las naciones y les lleva de nuevo a su tierra, mostrando así que es santo (cf. Ez 36, 23-24).

De un modo consecuente, la profanación de su nombre solo puede haber consistido en el hecho de que Israel fue expulsado de su propia tierra y dispersado en las tierras de los paganos por sus propios pecados. En esa línea, dado que los paganos solo conocían dioses nacionales y miraban a Yahvé como otro Dios nacional, ellos pensaron que la destrucción del reino de Judá y la dispersión del pueblo era un juicio del poderoso y santo Dios sobre su pueblo, pero concluyendo que esa catástrofe era una señal de que ese Dios era incapaz de defender su tierra y de salvar a su pueblo.

Pues bien, la única forma en la que Dios podía destruir ese engaño era manifestándose a sí mismo ante lo paganos como el Dios todopoderoso y el Señor de todo el mundo a través de la redención y glorificación de su pueblo. עַל־שֵׁם קָדְשִׁי וָאֶחְמֹל, pero he sentido piedad o compasión por mi santo Nombre…

El pretérito es profético, en el sentido de que la compasión se expresa en la reunión de Israel de entre las naciones, como se anuncia en Ez 26, 22, como algo que se desplegará en el futuro. La traducción "yo les perdono por causa de mi santo nombre" (LXX, Hävernick) es falsa, porque חמל está construido con עַל, gobernando la persona o cosa hacia la que se muestra la compasión (cf. Ex 16, 5; 2).

36, 22-28. A causa de su santo Nombre, el Señor reunirá de nuevo a su pueblo, lo purificará de sus pecados, y lo santificará por su Espíritu

²² לָכֵ֞ן אֱמֹ֣ר לְבֵֽית־יִשְׂרָאֵ֗ל כֹּ֤ה אָמַר֙ אֲדֹנָ֣י יְהוִ֔ה לֹ֧א לְמַעַנְכֶ֣ם אֲנִ֣י עֹשֶׂ֗ה בֵּ֚ית יִשְׂרָאֵ֔ל כִּ֥י אִם־לְשֵׁם־קָדְשִׁ֖י אֲשֶׁ֣ר חִלַּלְתֶּ֑ם בַּגּוֹיִ֖ם אֲשֶׁר־בָּ֥אתֶם שָֽׁם׃ ²³ וְקִדַּשְׁתִּ֞י אֶת־שְׁמִ֣י הַגָּד֗וֹל הַֽמְחֻלָּל֙ בַּגּוֹיִ֔ם אֲשֶׁ֥ר חִלַּלְתֶּ֖ם בְּתוֹכָ֑ם וְיָדְע֨וּ הַגּוֹיִ֜ם כִּי־אֲנִ֣י יְהוָ֗ה נְאֻם֙ אֲדֹנָ֣י יְהוִ֔ה בְּהִקָּדְשִׁ֥י בָכֶ֖ם לְעֵינֵיהֶֽם׃ ²⁴ וְלָקַחְתִּ֤י אֶתְכֶם֙ מִן־הַגּוֹיִ֔ם וְקִבַּצְתִּ֥י אֶתְכֶ֖ם מִכָּל־הָאֲרָצ֑וֹת וְהֵבֵאתִ֥י אֶתְכֶ֖ם אֶל־אַדְמַתְכֶֽם׃ ²⁵ וְזָרַקְתִּ֧י עֲלֵיכֶ֛ם מַ֥יִם טְהוֹרִ֖ים וּטְהַרְתֶּ֑ם מִכֹּ֧ל טֻמְאוֹתֵיכֶ֛ם וּמִכָּל־גִּלּוּלֵיכֶ֖ם אֲטַהֵ֥ר אֶתְכֶֽם׃ ²⁶ וְנָתַתִּ֤י לָכֶם֙ לֵ֣ב חָדָ֔שׁ וְר֥וּחַ חֲדָשָׁ֖ה אֶתֵּ֣ן בְּקִרְבְּכֶ֑ם וַהֲסִ֨רֹתִ֜י אֶת־לֵ֤ב הָאֶ֙בֶן֙ מִבְּשַׂרְכֶ֔ם וְנָתַתִּ֥י לָכֶ֖ם לֵ֥ב בָּשָֽׂר׃ ²⁷ וְאֶת־רוּחִ֖י אֶתֵּ֣ן בְּקִרְבְּכֶ֑ם וְעָשִׂ֗יתִי אֵ֤ת אֲשֶׁר־בְּחֻקַּי֙ תֵּלֵ֔כוּ וּמִשְׁפָּטַ֥י תִּשְׁמְר֖וּ וַעֲשִׂיתֶֽם׃ ²⁸ וִישַׁבְתֶּ֣ם בָּאָ֔רֶץ אֲשֶׁ֥ר נָתַ֖תִּי לַאֲבֹֽתֵיכֶ֑ם וִהְיִ֤יתֶם לִי֙ לְעָ֔ם וְאָ֣נֹכִ֔י אֶהְיֶ֥ה לָכֶ֖ם לֵאלֹהִֽים׃

²² *Por tanto, di a la casa de Israel: Así ha dicho Yahvé, el Señor: No lo hago por vosotros, casa de Israel, sino por causa de mi santo nombre, el cual profanasteis vosotros entre las naciones adonde habéis llegado.* ²³ *Santificaré mi gran nombre, profanado entre las naciones, el cual profanasteis vosotros en medio de ellas. Y sabrán las naciones que yo soy Yahvé, dice Yahvé, el Señor, cuando sea santificado en vosotros delante de sus ojos.* ²⁴ *Y yo os tomaré de las naciones, os recogeré de todos los países y os traeré a vuestro país.* ²⁵ *Esparciré sobre vosotros agua limpia y seréis purificados de todas vuestras impurezas, y de todos vuestros ídolos os limpiaré.* ²⁶ *Os daré un corazón nuevo y pondré un espíritu nuevo dentro de vosotros. Quitaré de vosotros el corazón de piedra y os daré un corazón de carne.* ²⁷ *Pondré dentro de vosotros mi espíritu, y haré que andéis en mis estatutos y que guardéis mis preceptos y los pongáis por obra.* ²⁸ *Habitaréis en la tierra que di a vuestros padres, y vosotros seréis mi pueblo y yo seré vuestro Dios.*

Estos versos muestran la forma en que el Señor tendrá compasión de su santo nombre y muestran la forma en que él hará que termine la burla que hacen con su nombre, y vindicará su honor ante los gentiles. "No por vuestra causa...", es decir, no porque vosotros tengáis algún derecho a ser liberados por causa de vuestra conducta (cf. Is 48,11; Dt 9, 6), sino por mi santo nombre, es decir, para manifestar la santidad de mi nombre que ha sido profanado entre los gentiles, así lo hago (es decir, hago aquello que sigue, de 36, 23 en adelante).

El Señor santificará su Nombre, es decir, desvelará su santidad, mostrando que él es santo sobre Israel. קדש no es equivalente a glorificar, aunque la santidad de Dios incluye la idea de gloria. Santificar es remover o quitar las manchas o impurezas que se añaden a algo. El hecho de que Dios hubiera "entregado" a su pueblo se tomaba entre los paganos como expresión de la debilidad de Yahvé. Pues bien, esa "impureza por la que su omnipotencia y su gloria parecían manchadas la removerá Dios, reuniendo a Israel de entre las naciones y glorificando así a Israel.

En vez de לְעֵינֵיכֶם, ante vuestros ojos, las antiguas versiones han traducido לְעֵינֵיהֶם (ante sus ojos, de los gentiles). Esta lectura se encuentra también en muchos códices y ediciones antiguas, y está confirmada por la gran Masora y por los pasajes paralelos de Ez 20, 41 y 28, 25, de forma que merece sin duda la preferencia, aunque también puede justificarse לְעֵינֵיכֶם. Dado que Israel había desesperado, por falta de fe, en medio de su maldad, era necesario que Yahvé santificara también su gran nombre, a la vista de ellos y de todos, es decir, de los paganos.

El gran nombre de Yahvé se expresa en su exaltación sobre todos los dioses (Mal 1, 11-12). La primera cosa que Yahvé hace para santificar su nombre consiste en sacar de nuevo a Israel de su dispersión e introducirlo en su propia tierra (16, 24, cf. 11, 17 y 20, 41, 42), para purificarlo después de sus pecados. La expresión figurada "rociar con agua pura" está tomada de las lustraciones prescritas por la ley, especialmente de la purificación del contacto con los muertos, rociando con el agua preparada con las cenizas de una novilla roja (Num 19, 17-19, cf. Sal 51, 9).

La limpieza de los pecados va unida con la justificación y no puede ser confundida con la santificación (Schmieder); ella va seguida por la renovación por el Espíritu Santo, que quita el viejo corazón de piedra y pone un nuevo corazón de carne, de tal forma que el hombre pueda cumplir los mandamientos de Dios y caminar en novedad de vida (cf. Ez 36, 26-28; cf. 11, 18-20, donde esta promesa había aparecido ya y se han ofrecido unas reflexiones sobre su cumplimiento). Sobre la construcción אֲשֶׁר־בְּחֻקַּי תֵּלֵכוּ cf. Ewald, §337b.

36, 29-38. El Señor bendecirá, multiplicará y glorificará con abundancia a su pueblo cuando se renueve y santifique de esa forma

29 וְהוֹשַׁעְתִּי אֶתְכֶם מִכֹּל טֻמְאוֹתֵיכֶם וְקָרָאתִי אֶל־הַדָּגָן וְהִרְבֵּיתִי אֹתוֹ וְלֹא־אֶתֵּן עֲלֵיכֶם רָעָב:
30 וְהִרְבֵּיתִי אֶת־פְּרִי הָעֵץ וּתְנוּבַת הַשָּׂדֶה לְמַעַן אֲשֶׁר לֹא תִקְחוּ עוֹד חֶרְפַּת רָעָב בַּגּוֹיִם:
31 וּזְכַרְתֶּם אֶת־דַּרְכֵיכֶם הָרָעִים וּמַעַלְלֵיכֶם אֲשֶׁר לֹא־טוֹבִים וּנְקֹטֹתֶם בִּפְנֵיכֶם עַל עֲוֹנֹתֵיכֶם וְעַל תּוֹעֲבוֹתֵיכֶם:
32 לֹא לְמַעַנְכֶם אֲנִי־עֹשֶׂה נְאֻם אֲדֹנָי יְהוִה יִוָּדַע לָכֶם בּוֹשׁוּ וְהִכָּלְמוּ מִדַּרְכֵיכֶם בֵּית יִשְׂרָאֵל: ס
33 כֹּה אָמַר אֲדֹנָי יְהוִה בְּיוֹם טַהֲרִי אֶתְכֶם מִכֹּל עֲוֹנוֹתֵיכֶם וְהוֹשַׁבְתִּי אֶת־הֶעָרִים וְנִבְנוּ הֶחֳרָבוֹת:
34 וְהָאָרֶץ הַנְּשַׁמָּה תֵּעָבֵד תַּחַת אֲשֶׁר הָיְתָה שְׁמָמָה לְעֵינֵי כָּל־עוֹבֵר:

³⁵ וְאָמְרוּ הָאָרֶץ הַלֵּזוּ הַנְּשַׁמָּה הָיְתָה כְּגַן־עֵדֶן וְהֶעָרִים הֶחֳרֵבוֹת
וְהַנְשַׁמּוֹת וְהַנֶּהֱרָסוֹת בְּצוּרוֹת יָשָׁבוּ׃
³⁶ וְיָדְעוּ הַגּוֹיִם אֲשֶׁר יִשָּׁאֲרוּ סְבִיבוֹתֵיכֶם כִּי אֲנִי יְהוָה בָּנִיתִי
הַנֶּהֱרָסוֹת נָטַעְתִּי הַנְּשַׁמָּה אֲנִי יְהוָה דִּבַּרְתִּי וְעָשִׂיתִי׃ ס
³⁷ כֹּה אָמַר אֲדֹנָי יְהוִה עוֹד זֹאת אִדָּרֵשׁ לְבֵית־יִשְׂרָאֵל לַעֲשׂוֹת
לָהֶם אַרְבֶּה אֹתָם כַּצֹּאן אָדָם׃
³⁸ כְּצֹאן קָדָשִׁים כְּצֹאן יְרוּשָׁלִַם בְּמוֹעֲדֶיהָ כֵּן תִּהְיֶינָה הֶעָרִים
הֶחֳרֵבוֹת מְלֵאוֹת צֹאן אָדָם וְיָדְעוּ כִּי־אֲנִי יְהוָה׃ ס

²⁹ *Yo os guardaré de todas vuestras impurezas. Llamaré al trigo y lo multiplicaré, y no os expondré más al hambre.* ³⁰ *Multiplicaré asimismo el fruto de los árboles y el fruto de los campos, para que nunca más recibáis oprobio de hambre entre las naciones.* ³¹ *Os acordaréis de vuestra mala conducta y de vuestras obras que no fueron buenas, y os avergonzaréis de vosotros mismos por vuestras iniquidades y por vuestras abominaciones.*
³² *No lo hago por vosotros, dice Yahvé, el Señor, sabedlo bien. ¡Avergonzaos y cubríos de deshonra por vuestras iniquidades, casa de Israel!*
³³ *Así ha dicho Yahvé, el Señor: El día que os purifique de todas vuestras iniquidades, haré también que sean habitadas las ciudades, y las ruinas serán reedificadas.* ³⁴ *La tierra asolada será labrada, después de haber permanecido asolada ante los ojos de todos los que pasaban.* ³⁵ *Y dirán: 'Esta tierra desolada se ha convertido en un huerto de Edén, y estas ciudades arruinadas, desoladas y destruidas, están fortificadas y habitadas'.*
³⁶ *Y las naciones que queden en vuestros alrededores sabrán que yo reedifiqué lo que estaba derribado y planté lo que estaba desolado; yo, Yahvé, he hablado, y lo haré.* ³⁷ *Así ha dicho Yahvé, el Señor: Aún me suplicará la casa de Israel, para que les haga esto: multiplicaré los hombres como se multiplican los rebaños.* ³⁸ *Como las ovejas consagradas, como las ovejas de Jerusalén en sus fiestas solemnes, así las ciudades arruinadas serán llenas de rebaños de seres humanos. Y sabrán que yo soy Yahvé.*

Las palabras וְהוֹשַׁעְתִּי אֶתְכֶם, yo os ayudo, os pongo a salvo de todas vuestras impurezas, no puede entenderse en la línea de la purificación por las impurezas anteriores, porque ellos han quedado ya limpios de esas impurezas según 36, 25. Los אֹתֵיכֶם מֵ solo ʼpueden ser aquel tipo de impurezas que puedan darse incluso después de la renovación del pueblo. Y הוֹשַׁע, ayudar, significar liberar de la posibilidad de que vuelvan ese tipo de impurezas (cf. Ez 37, 23), y no liberar de las consecuencias de manchas anteriores (que ya no existen).

Pues bien, si Dios ha preservado al pueblo de las manchas anteriores ya no hay ocasión para que pueda venir de nuevo un juicio de condena sobre el pueblo, de manera que Dios puede conceder sus bendiciones sobre la nación ya santificada, sin ningún tipo de reserva. En este fondo se añaden las nuevas promesas, y la primera de todas (en Ez 36, 29-30) es la promesa de que Dios bendecirá al pueblo con una abundante cosecha de frutos, tanto del huerto como del campo.

"Yo llamaré al trigo"…, es decir, yo haré que crezca de manera que no vuelva a darse el hambre (sobre esto, cf. Ez 34, 29).

A consecuencia de esta bendición, Israel recordará con vergüenza sus antiguos pecados, y se alejará ya para siempre de esas abominaciones (Ez 36, 31; cf. 20, 43, donde hemos hallado ya el mismo pensamiento). Desde aquí, tras repetir lo que había dicho en 36, 22, es decir, que Dios no lo estaba haciendo a causa de los israelitas, el profeta añade la advertencia de que se avergüencen de su conducta anterior, es decir, que se arrepientan, entendiendo el arrepentimiento de tal forma que la misma promesa de Dios capacita a Israel para convertirse y volver a Dios.

Después, en segundo lugar, en dos estrofas introducidas por כֹּה אָמַר, se expande de nuevo la promesa. En 36, 33-36 el profeta muestra cómo será restaurada y reedificada la tierra devastada, de forma que se convierta en un paraíso; y en 36, 37-38 muestra cómo el pueblo ha de ser bendecido con un gran aumento de su número de personas. Estas dos estrofas son una elaboración posterior de la promesa contenida en 36, 9-12. לְעֵינֵי כָּל־עוֹבֵר, como en Ez 5, 14.

El sujeto de וְאָמְרוּ en 36, 35 es "aquellos que pasan". Para la comparación del jardín del Edén, cf. Ez 31, 9. בְּצוּרוֹת es un complemento circunstancial que pertenece a יֵשֵׁבוּ: ellos habitarán en ciudad fortificadas, es decir, vivirán en lugares que ofrecen a los habitantes seguridad y fortaleza, de manera que no tendrán miedo de que nadie les expulse de ellos.

En 36, 36, la expresión "las naciones que queden en vuestros alrededores…" presupone que en el tiempo de la redención de Israel el juicio se ha realizado ya sobre los paganos (cf. Ez 30, 3 con 28, 21), de manera que solo seguirán existiendo un resto de los paganos; y este resto reconocerá la obra de Yahvé en la restauración de Israel.

De todas formas, este reconocimiento no implica la conversión de los paganos a Yahvé, sino una simple preparación para ello. Para el hecho mismo, cf. Ez 17, 24. אִדָּרֵשׁ, yo seré preguntado, me preguntarán, como en 14, 3. זֹאת, en relación con esto, viene explicado por לַעֲשׂוֹת. Lo que Dios hará sigue en אַרְבֶּה אֹתָם. Dios multiplicará a su pueblo de tal manera que ellos parecerán un rebaño de corderos, ovejas y cabras que van a Jerusalén para el sacrificio en los días de fiesta.

Cf. 2 Cron 35, 7, donde se dice que Josías dio al pueblo treinta mil corderos y cabras para la fiesta de pascua. כְּצֹאן אָדָם no significa como un rebaño de hombres, pues אָדָם no puede ser un genitivo dependiente de צֹאן, a causa del artículo implícito en כְּצֹאן, sino que pertenece a אַרְבֶּה, sea como aposición suplementaria a אֹתָם o como segundo objeto, de manera que אַרְבֶּה estaría construida con un doble acusativo, conforme a los verbos de plenitud, en el sentido de multiplicar a los hombres.

La traducción de Kliefoth "yo les multiplicaré, de forma que sean el rebaño de los hombres" (de la humanidad) no puede aceptarse gramaticalmente. קָדָשִׁים כְּצֹאן es un rebaño de animales sagrados, es decir, de corderos sacrificiales. El rebaño de Jerusalén es el rebaño que se lleva a Jerusalén en los días de las fiestas anuales cuando la población masculina de la tierra se dirigía al santuario (Dt 16, 16). De esa manera, las ciudades desoladas se llenarán de nuevo de rebaños de hombres (cf. Miq 2, 12).

4. Ez 37, 1-26. Resurrección de Israel, y reunión como una nación

Este capítulo contiene dos revelaciones de Dios (37, 1-14 y 37, 15-28). En la primera, el profeta contempla en una visión la resurrección de Israel a una vida nueva. En la segunda se le manda mostrar, por medio de un acto simbólico, la reunión de los dos reinos divididos en una única nación, bajo un rey. Él tiene que anunciar a los hijos de Israel estas dos visiones. La conexión substancial entre las dos profecías se mostrará en la exposición.

Ez 37, 1-14. Resurrección de Israel a una nueva vida

¹ הָיְתָה עָלַי יַד־יְהוָה וַיּוֹצִאֵנִי בְרוּחַ יְהוָה וַיְנִיחֵנִי בְּתוֹךְ הַבִּקְעָה וְהִיא מְלֵאָה עֲצָמוֹת׃
² וְהֶעֱבִירַנִי עֲלֵיהֶם סָבִיב סָבִיב וְהִנֵּה רַבּוֹת מְאֹד עַל־פְּנֵי הַבִּקְעָה וְהִנֵּה יְבֵשׁוֹת מְאֹד׃
³ וַיֹּאמֶר אֵלַי בֶּן־אָדָם הֲתִחְיֶינָה הָעֲצָמוֹת הָאֵלֶּה וָאֹמַר אֲדֹנָי יְהוִה אַתָּה יָדָעְתָּ׃
⁴ וַיֹּאמֶר אֵלַי הִנָּבֵא עַל־הָעֲצָמוֹת הָאֵלֶּה וְאָמַרְתָּ אֲלֵיהֶם הָעֲצָמוֹת הַיְבֵשׁוֹת שִׁמְעוּ דְּבַר־יְהוָה׃
⁵ כֹּה אָמַר אֲדֹנָי יְהוִה לָעֲצָמוֹת הָאֵלֶּה הִנֵּה אֲנִי מֵבִיא בָכֶם רוּחַ וִחְיִיתֶם׃
⁶ וְנָתַתִּי עֲלֵיכֶם גִּדִים וְהַעֲלֵתִי עֲלֵיכֶם בָּשָׂר וְקָרַמְתִּי עֲלֵיכֶם עוֹר וְנָתַתִּי בָכֶם רוּחַ וִחְיִיתֶם וִידַעְתֶּם כִּי־אֲנִי יְהוָה׃
⁷ וְנִבֵּאתִי כַּאֲשֶׁר צֻוֵּיתִי וַיְהִי־קוֹל כְּהִנָּבְאִי וְהִנֵּה־רַעַשׁ וַתִּקְרְבוּ עֲצָמוֹת עֶצֶם אֶל־עַצְמוֹ׃
⁸ וְרָאִיתִי וְהִנֵּה־עֲלֵיהֶם גִּדִים וּבָשָׂר עָלָה וַיִּקְרַם עֲלֵיהֶם עוֹר מִלְמָעְלָה וְרוּחַ אֵין בָּהֶם׃
⁹ וַיֹּאמֶר אֵלַי הִנָּבֵא אֶל־הָרוּחַ הִנָּבֵא בֶן־אָדָם וְאָמַרְתָּ אֶל־הָרוּחַ כֹּה־אָמַר אֲדֹנָי יְהוִה מֵאַרְבַּע רוּחוֹת בֹּאִי הָרוּחַ וּפְחִי בַּהֲרוּגִים הָאֵלֶּה וְיִחְיוּ׃
¹⁰ וְהִנַּבֵּאתִי כַּאֲשֶׁר צִוָּנִי וַתָּבוֹא בָהֶם הָרוּחַ וַיִּחְיוּ וַיַּעַמְדוּ עַל־רַגְלֵיהֶם חַיִל גָּדוֹל מְאֹד־מְאֹד׃ ס
¹¹ וַיֹּאמֶר אֵלַי בֶּן־אָדָם הָעֲצָמוֹת הָאֵלֶּה כָּל־בֵּית יִשְׂרָאֵל הֵמָּה הִנֵּה אֹמְרִים יָבְשׁוּ עַצְמוֹתֵינוּ וְאָבְדָה תִקְוָתֵנוּ נִגְזַרְנוּ לָנוּ׃
¹² לָכֵן הִנָּבֵא וְאָמַרְתָּ אֲלֵיהֶם כֹּה־אָמַר אֲדֹנָי יְהוִה הִנֵּה אֲנִי פֹתֵחַ אֶת־קִבְרוֹתֵיכֶם וְהַעֲלֵיתִי אֶתְכֶם מִקִּבְרוֹתֵיכֶם עַמִּי וְהֵבֵאתִי אֶתְכֶם אֶל־אַדְמַת יִשְׂרָאֵל׃ ס
¹³ וִידַעְתֶּם כִּי־אֲנִי יְהוָה בְּפִתְחִי אֶת־קִבְרוֹתֵיכֶם וּבְהַעֲלוֹתִי אֶתְכֶם מִקִּבְרוֹתֵיכֶם עַמִּי׃
¹⁴ וְנָתַתִּי רוּחִי בָכֶם וִחְיִיתֶם וְהִנַּחְתִּי אֶתְכֶם עַל־אַדְמַתְכֶם וִידַעְתֶּם כִּי־אֲנִי יְהוָה דִּבַּרְתִּי וְעָשִׂיתִי נְאֻם־יְהוָה׃

¹ La mano de Yahvé vino sobre mí, me llevó en el espíritu de Yahvé y me puso en medio de un valle que estaba lleno de huesos. ² Me hizo pasar cerca de ellos, a su alrededor, y vi que eran muchísimos sobre la faz del campo y, por cierto, secos en gran manera. ³ Y me dijo: -- Hijo de hombre, ¿vivirán estos huesos? Yo le respondí: -- Señor, Yahvé, tú lo sabes.

Restauración de Israel y destrucción de Gog y Magog

⁴ *Me dijo entonces: -- Profetiza sobre estos huesos, y diles: ¡Huesos secos, oíd palabra de Yahvé!* ⁵ *Así ha dicho Yahvé, el Señor, a estos huesos: Yo hago entrar espíritu en vosotros, y viviréis.* ⁶ *Pondré tendones en vosotros, haré que la carne suba sobre vosotros, os cubriré de piel y pondré en vosotros espíritu, y viviréis. Y sabréis que yo soy Yahvé.*

⁷ *Profeticé, pues, como me fue mandado; y mientras yo profetizaba se oyó un estruendo, hubo un temblor ¡y los huesos se juntaron, cada hueso con su hueso!* ⁸ *Yo miré, y los tendones sobre ellos, y subió la carne y quedaron cubiertos por la piel; pero no había en ellos espíritu.*

⁹ *Me dijo: Profetiza al espíritu, profetiza, hijo de hombre, y di al espíritu que así ha dicho Yahvé, el Señor:¡Espíritu, ven de los cuatro vientos y sopla sobre estos muertos, y vivirán!.* ¹⁰ *Profeticé como me había mandado, y entró espíritu en ellos, y vivieron y se pusieron en pie. ¡Era un ejército grande en extremo!*

¹¹ *Luego me dijo: Hijo de hombre, todos estos huesos son la casa de Israel. Ellos dicen: Nuestros huesos se secaron y pereció nuestra esperanza. ¡Estamos totalmente destruidos!.* ¹² *Por tanto, profetiza, y diles que así ha dicho Yahvé, el Señor: Yo abro vuestros sepulcros, pueblo mío; os haré subir de vuestras sepulturas y os traeré a la tierra de Israel.*

¹³ *Y sabréis que yo soy Yahvé, cuando abra vuestros sepulcros y os saque de vuestras sepulturas, pueblo mío.* ¹⁴ *Pondré mi espíritu en vosotros y viviréis, y os estableceré en vuestra tierra. Y sabréis que yo, Yahvé, lo dije y lo hice, dice Yahvé.*

Esta revelación se divide en dos secciones: Ez 37, 1-10 contiene la visión: y 37, 11-14 da la interpretación. La descripción de la visión no tiene dificultades especiales por lo que respecta al significado de las palabras. Por una intervención sobrenatural de parte de Dios, Ezequiel es tomado de su propia casa en un estado de éxtasis espiritual, y es llevado a un valle que está lleno de huesos de hombres muertos. Sobre la expresión הָיְתָה עָלַי יַד־יְהוָה cf. *Coment*. Ez 1, 3. En la segunda frase de 37, 1, יְהוָה es el sujeto, y no ha de tomarse como un genitivo, en conexión ברוח, como han pensado la Vulgata y Hitzig, en oposición a los acentos.

בְּרוּחַ esta en el lugar de בְּרוּחַ אלהים (Ez 11, 24), y aquí se omite אלהים simplemente porque יְהוָה sigue inmediatamente después. וַיְנִיחֵנִי, me colocó, aquí y en Ez 40, 2, mientras que en otros casos se emplea usualmente la fórmula הניח, en este sentido. El artículo de הַבִּקְעָה remite a Ez 3, 22, al valle donde Ezequiel recibió la primera revelación relacionada con el destino de Jerusalén y de sus habitantes. Es evidente que עֲצָמוֹת son huesos de muertos, pues así lo muestra lo que sigue.

וְהֶעֱבִירַנִי עֲלֵיהֶם, no es *me dirigió cerca* (en torno de) ellos, sino "me hizo pasar cerca de ellos", para ver si era posible que ellos volvieran a la vida. Ellos yacían sobre la superficie del valle, no debajo, sino encima del suelo, no apilados en un montón, sino dispersos por valle, y se encontraban muy secos.

La pregunta formulada por Dios, sobre si esos huesos podrían vivir, o volver a la vida de nuevo, prepara el camino para el milagro, y Ezequiel responde: "Señor, tu lo sabes" (cf. Ap 7, 14), lo que significa que conforme al juicio humano ello era imposible, no podrían volver a vivir, a no ser que lo realizara la omnipotencia divina.

Tras la introducción, sigue en 37, 4 el milagro de la vuelta a la vida de esos huesos secos, milagro cumplido a través de la palabra de Dios que el profeta dirige a los huesos, mostrando así al pueblo que el poder de realizar el milagro era inherente a la palabra de Yahvé, proclamada por Ezequiel, mostrando que Yahvé tiene el poder de cumplir todo aquello que ha prometido a su pueblo. La palabra de 37, 5 (yo hago entrar espíritu en vosotros, y viviréis) anuncia en términos generales la resurrección de los huesos a la vida, un proceso que se describe de manera más minuciosa en 37, 6: Dios pondrá en ellos (les vestirá con) tendones, carne y piel, y después les infundirá רוּחַ, es decir, espíritu animado o aliento (cf. רוּחַ חַיִּים, Gen 6, 17; 7, 17.

וְקָרַמְתִּי, de קרם, *hapax legomenon* infundir, incrustar (como en siríaco). Cuando Ezequiel profetizaba se producía o seguía un sonido (קוֹל) y después un estremecimiento (רַעַשׁ), de manera que los huesos se aproximaban unos a los otros, cada hueso a otro hueso.

Se han dado diferentes explicaciones a las palabra קוֹל y רַעַשׁ. קוֹל significa una voz, un sonido, y también una especie de retumbido, una voz muy alta (cf. Ez 3, 12; 9, 4). La relación entre esas dos palabras tal como aparecen aquí no es que el sonido (קוֹל) se convierte en una gran voz, pues רַעַשׁ indica el choque de los huesos en movimiento. El movimiento de los huesos al juntarse unos con otros viene representado por וַתִּקְרְבוּ (con *waw* consecutiva), lo que indica que se juntaban como siguiendo al רַעַשׁ, esto es, al gran retumbido.

De todas formas no podemos concordar con Kliefoth y decir que la voz (קוֹל) ha de entenderse como el gran sonido de la trompeta o voz de Dios que despierta a los muertos de las tumbas, en la línea de aquellos pasajes del Nuevo Testamento que tratan de la resurrección, de manera que רַעַשׁ sería el terremoto que abre las tumbas. Esta explicación es imposible, porque filológicamente קוֹל, sin ninguna explicación posterior, no significa ni el sonido de una trompera, ni la voz de Dios; además, en este contexto קוֹל es el resultado de la profecía de Ezequiel, de manera que no podemos suponer que Dios haya hecho que su voz todopoderosa dependa de una profecía del profeta. Por otra parte, en el caso de רַעַשׁ, la referencia a 38, 19 no prueba que la palabra deba significar terremoto, dado que Ezequiel utiliza esa palabra de un modo distinto en 12, 18 y 3, 12.

Por eso, pensamos que en nuestro caso קוֹל significa un gran ruido y רַעַשׁ un tipo de estremecimiento o temblor (como de los huesos) y producido o seguido por el movimiento de los huesos al aproximarse unos a los otros. Después que los huesos se juntaron, ellos fueron revestidos con tendones, carne y piel, pero aún no había en ellos espíritu (37, 8). Para darles espíritu el profeta tiene que profetizar de nuevo, llamando al Espíritu, para que aliente, para que venga de los cuatros extremos del mundo y respire en este cadáver (Ez 37, 9). Entonces, cuando él profetizó, el aliento vino sobre los huesos, de manera que recibieron vida, y se pusieron de pie, sobre sus pies.

En 37, 9. 10, algunos traducen la palabra רוח por viento, y otros por espíritu, pero ninguna de estas traducciones responde a lo que precede. רוח no significa otra cosa que aliento de vida, que se parece ciertamente al viento, que es perceptible para los sentidos, pero que no es idéntico con él. El viento en cuanto tal no sirve para hacer que los huesos muertos vuelvan a la vida. Según eso, si los huesos muertos se vuelven vivientes, si ellos reciben vida por el soplo de la רוח, lo que se introduce en ellos no puede ser otra cosa que el aliento de vida, es decir, el aliento divino de la vida que penetra en toda la naturaleza, dando y sosteniendo la vida de todas las creaturas (cf. Sal 104, 29-30).

La expresión וּפְחִי בַהֲרוּגִים remite a Gen 2, 7. La representación de la acción por la que los huesos muertos vuelven a la vida, en dos actos, puede explicarse también por el hecho de que ella está fundada en la historia de la creación del hombre, en Gen 2, como ha puestos de relieve Teodoreto[50]. Esa representación sirve para expresar aquí el proceso de revivificación del cadáver, como en la primera creación, como obra del Dios todopoderoso.

Para una comprensión correcta de esta visión, debemos observar también que en 37, 9, los huesos muertos, cubiertos con nervios carne y piel se llaman הֲרוּגִים, matados, asesinados, y no simplemente muertos. Así se muestra que nuestra visión no quiere simbolizar la resurrección de todos los muertos, sino solo la elevación de la nación de Israel, que había sido asesinada. Así lo muestra la explicación de la visión que Dios sigue ofreciendo al profeta, y que el profeta ha de repetir al pueblo.

Los huesos muertos son "toda la casa de Israel" que ha sido entregada a la muerte; en otras palabras: Judá y Efraín. "Estos huesos" en 37, 11 son los mismos de 37, 11-14 y de 37, 5, pero no los huesos vueltos a la vida en 37, 10, aunque Hitzig piensa lo contrario, y de esa forma deduce la conclusión equivocada de que 37, 11-14 no interpreta la visión de los primeros diez versos, sino que los huesos del valle quedan simplemente explicados en estos versos con el sentido de los muertos de Israel.

Ciertamente, la explicación que 37, 12 ofrece de lo descrito en 37, 5-10 no aparece en forma de exposición detallada de lo ocurrido, sino que se condensa en el anuncio de que Dios abrirá sus tumbas, les sacará de ellas y les transportará a su propia tierra de Israel. Pero esto no significa que el anuncio es simplemente una aplicación de la visión de la restauración de Israel a una vida nueva, de manera que lo que ahora se anuncia es algo totalmente nuevo. Esta interpretación va en

---

50. "Como el cuerpo de nuestra antepasado Adán fue primero moldeado, y luego se inspiró en él la vida, de esa manera se combinan aquí de forma muy adecuada esos dos elementos" (Teodoreto).

contra de la palabra expresa donde se dice que "estos huesos son toda la casa de Israel" (הָעֲצָמוֹת הָאֵלֶּה כָּל־בֵּית יִשְׂרָאֵל הֵמָּה, 37, 11).

Aunque esas palabras no deban tomarse de manera tan literal que se suponga que esos huesos son en concreto, uno a uno, los huesos de todos los asesinados y muertos de Israel, ellas significan: estos huesos representan la casa de Israel, ellos describen al pueblo de Israel en su estado de muerte. De esa manera, ellos expresan en los términos más claros la relación en que estos huesos de 37, 12-14 están con la experiencia visionaria de 37, 4-10: Dios ha mostrado a Ezequiel en la visión aquello que él le manda realizar (anunciar) en 37, 12-14. En otras palabras el hecho de hacer que esos huesos vuelvan a la vida que se le ha mostrado en la visión quiere expresar de un modo visible la resurrección de toda la nación de Israel, superando así la muerte en la que había caído por sus pecados.

Esto resulta obvio por las palabras "estos huesos son toda la casa de Israel". כָּל־בֵּית יִשְׂרָאֵל evoca la reunión de todas las tribus de Israel que se encuentra divididas en dos naciones, como anuncia 37, 15. Son ellas la que hablan en 37, 11, diciendo que sus huesos se han secado... El sujeto de אֹמְרִים no son los huesos, ni los muertos de Israel (Hitzig), sino toda la casa de Israel (כָּל־בֵּית יִשְׂרָאֵל) ya nombrada, que aparecía ya en 37, 12. Todo Israel dice "nuestros huesos están secos", es decir, nuestra fuerza vital se ha ido. Los huesos son la sede de la fuerza vital, como en Sal 32, 3. Y יבש, secar, aplicado a la médula o espíritu vital de los huesos tiene sustancialmente el mismo sentido que בלה en Sal 32, 2. Nuestra fuerza ha perecido (cf. Ez 19, 5). תקוה es aquí la esperanza de resucitar como nación, una vez más. נִגְזַרְנוּ לָנוּ, literalmente estamos "cortados de nosotros mismos", es decir, estamos fuera de la esfera de los vivientes (cf. Lam 3, 54; 53, 8), y significa en el fondo que todo ha terminado para nosotros.

Al pueblo que así habla ha de anunciar Ezequiel que el Señor abrirá sus sepulcros, les sacará fuera de ellos, introducirá en ellos su aliento de vida y les llevará a su propia tierra. Tenemos que observar la relación de 37, 12 y 37, 13 respecto a 37, 14, y veremos que las dos mitades de 37, 14 corresponden a 37, 12 y 13, de forma que וִידַעְתֶּם כִּי־אֲנִי de 37, 14 corresponde a la cláusula semejante de 37, 13. Pues bien, siendo eso así, no puede haber duda alaguna de que el contenido de 37, 14 corresponde también al de 37, 12, de manera que las palabras "pondré mi espíritu en vosotros y viviréis, y os estableceré en vuestra tierra..." (37, 14) afirman esencialmente lo mismo que las palabras "yo abro vuestros sepulcros, pueblo mío; os haré subir de vuestras sepulturas... para llevaros a la tierra de Israel" (cf. 37, 12), con la sola diferencia que sacar de las tumbas se explica de manera más enfática al decir que vivirán a través del Espíritu Dios que se les infunde. De esa forma, la palabra וְהֵבֵאתִי, os introduciré, puede vincularse con וְהִנַּחְתִּי, os estableceré.

De un modo consecuente, por וְנָתַתִּי רוּחִי בָכֶם no puede entenderse un acto distinto de la resurrección de los muertos a la vida, de manera que la comunicación del Espíritu Santo se identifica con el don del aliento de vida. Por eso, el רוּחִי de

37, 14, el Espíritu de Yahvé, es idéntico con el רוּחַ de 37, 9. 10 que actúa en los huesos de los muertos cuando están ya revestidos con los nervios, la carne y la piel. Este espíritu o aliento de vida es el principio creador tanto de la vida física como de la vida ética o espiritual.

De un modo consecuente, en estos versos no encontramos tres cosas que se distingan, sino dos: (1) La resurrección a la vida, a partir del estado de muerte, sacando a los muertos de las tumbas y comunicándoles el espíritu de vida. (2) El llevar a los israelitas de nuevo a su propia tierra, donde puedan descansar con tranquilidad.

Por eso no se puede aceptar la explicación de Kliefoth cuando dice que Dios mismo consolará a Israel, cuando se encuentra en un estado sin esperanza, prometiéndole tres cosas: (1) que en un tiempo futuro Israel experimentará una resurrección en el sentido literal de la palabra, es decir, que las tumbas se abrirán y que todos los muertos resucitarán saliendo de las tumbas; (2) que Dios les llevará a su propia tierra, con aquellos que aún estén vivos, que resucitarán también; (3) que cuando les introduzca en la tierra les rociará con su Espíritu para que vivan...

En contra de eso hay que decir, en primer lugar, que la idea de una resurrección futura para los muertos y para los aún vivos no se encuentra en el texto; en segundo lugar, no se puede aceptar la idea de que Dios les infundirá el espíritu cuando hayan llegado a su tierra, pues según el texto el don del espíritu es anterior a la entrada en la tierra.

También es significativa la repetición de עַמִּי en 37, 12-13, poniendo así de relieve que "vosotros" sois mi propio pueblo, una idea que contiene la promesa consoladora de que Israel es el pueblo de Yahvé. Eso significa que nuestro pasaje no proclama la esperanza de la resurrección de los muertos en general, sino simplemente la renovación de la nación de Israel. Teniendo esto en cuenta podemos examinar brevemente las otras explicaciones que se han dado al texto.

Los Padres y la mayoría de los comentaristas ortodoxos, tanto antiguos como modernos, han encontrado en Ez 37, 1-10 un *locus classicus,* es decir, un argumento clásico, para la resurrección de los muertos, y eso de un modo correcto. Pero sus opiniones difieren mucho sobre el sentido estricto y la finalidad de esta visión. Algunos miran esta visión como una profecía directa e inmediata de la resurrección general de los muertos en el último día. Otros, en cambio, toman esta visión profética de la resurrección de los muertos como una simple figura o un tipo de nuevo camino de Israel, que ahora está muerto, en la cautividad, pero que se dirige hacia una vida nueva. La primera opinión ha sido citada por Jerónimo; pero en los últimos tiempos ha sido defendida especialmente por A. Calov (*Biblische Kommentar*) y aún más decididamente por Kliefoth.

De todas formas, los defensores de esta visión reconocen que Ez 37, 11-14 predice la resurrección a la vida de la nación de Israel. En esa línea surge por tanto la pregunta de cómo puede armonizarse esta predicción (una resurrección nacional) con la visión antes dicha (una resurrección universal). Las personas que cita Jerónimo y que defendían la visión de que Ez 37, 4-10 está anunciando una resurrección general, quieren superar las dificultades de esa visión afirmando que las palabras "esos huesos son toda la casa de Israel" se refieren a la resurrección de los santos, al final de los tiempos, en la línea de la primera resurrección de Ap 20, 5; por otra parte, ellos entienden la vuelta de Israel a su propia tierra en la línea de la promesa de Mt 5, 5.

Por su parte, Calov da la siguiente explicación de la relación de 37, 11-14 con 37, 1-10: "En esta chocante visión, Dios le mostró al profeta la resurrección de los muertos; pero la ocasión, la causa y la finalidad de esta visión fue la resurrección del pueblo israelita, pero no para volver a la situación política anterior, sino para indicar la restauración de la jerarquía eclesiástica de Israel y el establecimiento de la adoración de Dios, cosas que empezaron a restaurarse en el tiempo de Zorobabel, pero que solo se realizaron de un modo perfecto con la llegada de Jesucristo".

En esa línea, Calov afirma que en esta visión está representada la resurrección de los muertos "porque esa resurrección aparece expresada en la restitución del pueblo israelita". Ciertamente, según Kliefoth, Ez 37, 11-14 evoca en un sentido la renovación de la vida de Israel, pero eso renovación es un signo de la resurrección final de los muertos. En esa línea avanzan los Santos Padres de la iglesia primitiva.

Pero la idea de los Padres, según la cual Ez 37, 11-14 trata de la resurrección de los santos (de los creyentes) no puede conciliarse ni con las palabras ni con el contexto de nuestra profecía, y ha originado consecuentemente mucha perplejidad. En ese mismo sentido, la afirmación de Calov, según la cual Ez 37 11-14 contiene simplemente una aplicación de la resurrección general de los muertos, anunciada en 37, 1-10, no responde en modo algunas al significado de las palabras "estos huesos son toda la casa de Israel", como hemos puesto de relieve en nuestro comentario a Ez 37, 11.

En contra de eso, debemos afirmar que la misma visión ofrece algunos rasgos que no se aplican en general a la resurrección de los muertos. Para probar esto no insistiremos nada en el hecho de que Ezequiel sitúa la resurrección de los muertos dentro de ciertos límites: (a) Ezequiel habla solo de los huesos de los muertos que están extendidos en un determinado valle y no en toda la tierra, a pesar de que él diga que es una especie de gran ejército el que vuelve de nuevo a la vida. (b) Por otra parte, aquellos que han de resucitar a la vida se llaman הרוגים, y no son los muertos en general, sino simplemente aquellos que han sido asesinados, o que han muerto por la espada, el hambre o por otras muertes violentas.

Esto muestra que Ezequiel no está hablando de todos los muertos, sino solo de la resurrección de Israel, a la que han quitado la vida por muerte violenta. Kliefoth debería haber tenido esto en cuenta para precisar la finalidad de la visión de Ezequiel. Lo que Ezequiel quiso con esta visión era consolar a Israel, en medio de la durísima condición en la que vivía, en un momento en que la mayor parte del pueblo había perecido por la espada, el hambre y la peste.

En ese contexto no tenía sentido hablar sin más de la resurrección de todos los muertos en general, cosa que no hubiera servido de consuelo a Israel. Ezequiel se limita, pues, solamente a un tipo de muertos israelitas, y no habla de su resurrección en un sentido universal (como signo de la resurrección de todos). Esta visión universal de la resurrección solo tendría sentido y se podría defender en el caso de que Ezequiel la hubiera expresado de manera más clara, diciendo por ejemplo que los muertos que yacían en el valle (en la בקעה) representaban a los muertos de toda la tierra. Pero el texto no ofrece ninguna indicación de ese tipo.

Por eso, dado que en toda la visión no hay ningún rasgo que nos permita realizar una generalización de ese tipo, ni en el valle de los muertos ni en la forma de la resurrección, estamos obligados a decir que los huesos de los muertos que Ezequiel vio en el valle representan solo a toda la casa de Israel, y no a los muertos y asesinados de toda la historia de la humanidad. Por eso, esta visión no expresa la resurrección de todos los muertos, sino solo la vivificación, el retorno a la vida, de la nación de Israel que había sido entregada a la muerte.

Eso significa que solo podemos tomar como correcta una visión figurativa de esta experiencia de Ezequiel, aunque ella también haya sido interpretada de muy diversas formas. Cuando Jerónimo dice que Ezequiel "está profetizando la restauración de Israel, a través de la parábola de la resurrección" y cuando, para defenderse de aquellos que le acusan de negar la resurrección de los muertos, añade: "Ezequiel no habría utilizado el símil de la resurrección para indicar la restauración del pueblo israelita, si esa resurrección hubiera sido una ilusión, si él hubiera creído que ella nunca debería darse, pues nadie confirme cosas inciertas a través de cosas que nunca van a suceder", él (Jerónimo) no tiene razón.

Por eso, Hävernick le responde de manera muy justa que la resurrección de los muertos no debe tomarse aquí como un dogma ya completado y definido, como algo ya universalmente conocido, ni como una creencia universalmente aceptada, que hunde sus raíces en la fe nacional. Pero Hävernick se equivoca al afirmar, en apoyo de esto, que la desesperación del pueblo, que se describe en 37, 11 muestra claramente que una visión tan general no puede darse como supuesta, pues encontramos a veces esa misma desesperación en tiempos en que la fe de la resurrección se acepta incluso como dogma universal (en el tiempo cristiano).

El error principal conectado con esta visión viene dado por la suposición de que la visión fue simplemente una parábola formada por Ezequiel partiendo del dogma de la resurrección de los muertos. Pues bien, en contra de eso, si la visión fue solamente una intuición espiritual producida por Dios en el alma del profeta (o una parábola en general), esa visión de la resurrección pudo haberse producido incluso si la visión de ese dogma no existía aún en la conciencia del pueblo o, en todo caso, no era aún una fe viviente. Aunque no existiera tal fe, Dios podía haber mostrado al profeta la resurrección de Israel bajo esa figura, con la finalidad de hacer que esa fe se fuera despertando en el alma de Israel[51].

En nuestro caso, sin embargo, la visión no era simplemente una parábola, sino una representación simbólica de un hecho real, que debía servir como garantía de restauración a la vida de la nación. Teodoreto se acerca mucho más a la verdad cuando ofrece la siguiente explicación de la visión: "Con motivo de la desesperación de los judíos del exilio, que estaban perdiendo la esperanza de su restauración, el Dios todopoderoso les hizo conocer su poder; de esa manera les mostró la resurrección de los cuerpos muertos, que es algo mucho más difícil que la restauración de la nación, a fin de que la nación pudiera descubrir de esa manera que todo es fácil para la voluntad de Dios"[52].

Teodoreto sigue teniendo razón cuando afirma que esta visión es un tipo o símbolo, que se refiere "no solo a la llamada a la vida de los judíos, sino también a la resurrección de todos los hombres". El único defecto de Teodoreto es que él toma los huesos de los muertos como una representación de cualquiera de los muertos posibles, de manera que no hace justicia a las palabras del mismo Ezequiel cuando dice "estos huesos son toda la casa de Israel", palabras que él parafrasea diciendo que son τύπος τοῦ Ἰσραὴλ ταῦτα (tipos de Israel), sin tener en cuenta el sentido de la palabra fundamental (הרוגים, los asesinados), una palabra cuya fuerza había sido ya neutralizada por los Septuaginta, cuando la comentan diciendo: τοὺς νεκροὺς τούτους (estos muertos).

Hävernick ha interpretado la visión de una manera mucho más abstracta, diluyéndola en la idea general de una simbolización del poder creativo y vivificador de Dios, que puede elevar (resucitar) incluso los huesos de los ya muertos. Su exposición es como sigue: "En estas palabras, no hay una predicción expresa de la resurrección general, ni de una resurrección concreta de Israel; de ella se habla

---

51. En contra de E. W. Hengstenberg (*Christologie des Alten Testaments* III) y de M. Pareau (*Commentatio de immortalitate*, p. 109), debemos afirmar que no existe ninguna evidencia de que la doctrina de la inmortalidad se conociera en tiempos de Ezequiel, ni de que se tomara como algo indudable y seguro. Pasajes como Is 25, 8 y 26, 19, incluso si Ezequiel se refiriera a ellos, prueban solo que esa doctrina no era totalmente desconocida. Pero el anuncio de este dogma en Dan 12, 2 pertenece a un estadio posterior, e incluso Daniel no habla de este dogma como de una fe que existiera ya en toda la nación, sino que la presenta solo como un consuelo que el ángel del señor le presenta, anticipando los tiempos de fuerte calamidad que esperan al pueblo de Dios.

52. Éstas son las palabras del texto griego Teodoreto, que acabamos de traducir: ἐπειδὴ γὰρ δι᾽ ἥν ἐνόσουν ἀπιστίαν τὰς χρηστοτέρας ἀπηγόρευσανἐλπίδας οἱ ἐκ τῆς Ἰουδαίας αἰχμάλωτοι γενόμενοι, τὴνοἰκείαν αὐτοῖς ὁ τῶν ὅλων Θεὸς ἐπιδείκνυσι δύναμιν, καὶ τὴν πολλῷ τῆς ἀνακλήσεως ἐκείνης δυσκολωτέραν τῶν νεκρῶνσωμάτων ἀνάστασιν ἐπιδείκνυσι τῷ προφήτῃ καὶ δι᾽ ἐκείνου πάντα διδάσκει τὸν λαόν, ὡςπάντα αὐτῷ ῥᾴδια βουλομένῳ.

aquí solo en la medida en que se evoca la acción creadora de Dios, que es capaz de todo, incluso de la victoria sobre la muerte"[53].

La llamada a la vida de los huesos totalmente secos se le muestra al profeta en forma de visión, como figura que representa aquello que el Señor le anuncia en Ez 37, 11-14, es decir, que él (el Señor) sacará a Israel de sus tumbas, le dará vida con su aliento y le introducirá en su propia tierra; esta visión es por tanto una figura de la resurrección de Israel, superando así su estado actual de muerte.

La apertura de las tumbas constituye por tanto una figura, para aquellos que carecen de esperanza y dicen "nuestros huesos están muertos…" (37, 11); no es por tanto una palabra para los que han muerto, ni siquiera para los que están totalmente muertos en sentido espiritual, sino para los que han perdido toda esperanza de vida. No podemos entender pues estas palabras como referidas meramente a la *mors civilis* y a la *vita civilis* (a la muerte y vida civil, como supone Grocio). Porque Israel se hallaba destruida, no solamente como una nación, sino también espiritualmente como Iglesia del Señor, a través de la destrucción de los dos reinos y de su dispersión entre las naciones, y también por el hecho de que una gran parte de su miembros había caído bajo el poder de la muerte física, yaciendo ya en las tumbas.

En esa situación, aún sin contar con aquellos que habían muerto físicameante, Israel era un pueblo destruido (degollado, הרוג), sin esperanza de volver de nuevo a la vida, sin esperanza de resurrección como pueblo. Pues bien, en esa situación, Dios muestra al profeta esa resurrección del pueblo, bajo la figura de estos huesos secos, dispersados por todo el valle, que volverán a la vida. Esto se cumplirá a través de la restauración de Israel como pueblo de Yahvé, una restauración a la que pertenece esencialmente el retorno del pueblo a la tierra de Israel.

El camino estaba abierto y preparado para este cumplimiento del retorno de la cautividad de una parte del pueblo por medio de Zorobabel y Esdras, un camino que estaría impulsado por el Señor, para reedificar las ciudades de Judá y el mismo templo que había sido destruido, restaurando el orden político de Judá. Pero eso no sería más que un anuncio y garantía de la restauración futura y completa de Israel.

En esa línea, aunque el Señor iba a constituir todavía profetas para aquellos que volvieran, impulsando la construcción de su templo, su gloria no entraría en el santuario nuevamente erigido, aunque el pueblo no alcanzaría de nuevo toda su

---

53. En una línea semejante se sitúa la visión de C. H. Hofmann, *Schriftbeweis*, 1852, II 2, pp. 507 ss, cuando afirma que en esta visión no se habla de la resurrección futura de los muertos, ni de las resurrecciones de los israelitas muertos; ella no evoca tampoco sin más el poder ilimitado de Dios sobre la muerte. En esta visión, que el profeta ha recibido en estado de éxtasis, se indica el estado completo y total de muerte de Israel, del que la nación será restaurada. De esta forma se indica el poder inherente de la profecía que es capaz de garantizar su propio cumplimiento, incluso en el caso de que Israel como pueblo sea de hecho como el cuerpo muerto de un cadáver.

libertad, es decir, su independencia permanente, sino que continuaría sometido bajo el poder imperial de los paganos. Porque, aunque conforme al relato de Esdras, muchos exilados volverían a su tierra nativa, y ellos repoblarían por ejemplo Galilea y cultivarían de nuevo la tierra, la mayor parte de la nación permanecería dispersa entre las naciones.

La verdadera restauración de Israel como pueblo del Señor comenzaría con la fundación del nuevo Pueblo de Dios, es decir, con la proclamación del "reino de los cielos", a través de la aparición de Cristo sobre la tierra. Pero, dado que los judíos como nación, en decir, en su totalidad, no reconocieron a Jesucristo como el Mesías prometido por los profetas y enviado por Dios, sino que rechazaron a su Salvador, se cumpliría de nuevo sobre Jerusalén y la nación judía el juicio de la dispersión entre las naciones, mientras que el reino de Dios fundado por Cristo se extendía sobre la tierra, a través de la entrada de los gentiles.

Este juicio sobre el pueblo judío, que se había endurecido en la falta de fe, continúa todavía y continuará hasta el tiempo en que la plenitud de los gentiles haya entrado en el reino de Dios, e Israel como pueblo se haya convertido a Cristo, reconociendo al crucificado como su salvador, inclinando ante él sus rodillas (Rom 11, 25-26). Entonces, todo Israel será levantado de sus tumbas, que son las tumbas de su muerte política y espiritual, siendo introducido de nuevo en su propia tierra, y así se mantendrá mientras el Israel de Dios habite en la tierra.

Entonces llegará la hora en que todos los muertos oirán la voz del Hijo de Dios, y saldrán de las tumbas para la resurrección (cf. Dan 12, 2; Jn 5, 25-29), cuando el Señor aparezca en su gloria, y descienda del cielo con la trompeta de Dios (1 Tes 4, 16), para llamar a los muertos a la vida, para perfeccionar así, a través del juicio sobre todas las naciones, su reino en la gloria, para que todos los justos puedan entrar en la tierra de Canaán de la nueva tierra, en la Jerusalén celestial, para alcanzar la vida perdurable de la bendición eterna.

De esa manera ha reunido Ezequiel en esta visión todos esos factores de la restauración de Israel, superando de esa forma el exilio, en el que habían sido condenados por sus pecados, factores que se reúnen aquí en la visión de la nueva vida de los huesos muertos de toda la casa de Israel. Esta descripción visionaria contiene pues dos elementos: (1) la reunión de los huesos muertos, que serán cubiertos de nuevo por nervios, carne y piel; (2) la introducción de la vida en esos huesos, que tienen ahora la forma de cadáveres, a través del aliento de vida. Pues bien, esos dos factores no han de distinguirse y concebirse como ha hecho Hengstenberg, pensando que el primer rasgo se refiere a la restauración civil (a la *restitutio in integrum*, en el sentido social) y que el segundo se refiere a la efusión del Espíritu de Dios (en el sentido espiritual), sino que vienen internamente implicados.

Conforme a nuestra interpretación, esa visión contiene una profecía de la resurrección, pero no en un sentido explícito desde el principio, como si debiera partirse de la resurrección general de los muertos. Al contrario, en un primer plano debemos situar el carácter figurado de la visión, mientras que en su trasfondo se sitúa el cumplimiento total, literal de la visión profética, que nos lleva así del plano figurativo al literal: la restauración del pueblo de Israel, superando la muerte civil y espiritual del exilio, se completará en la resurrección final de los muertos, saliendo de sus tumbas, para la vida eterna del último día, en la restauración del Reino de Dios, tal como ha sido proclamado e inaugurado por Jesucristo.

37, 15-28. Reunión de Israel como nación bajo el futuro rey David

וַיְהִ֥י דְבַר־יְהוָ֖ה אֵלַ֥י לֵאמֹֽר׃ 15
וְאַתָּ֣ה בֶן־אָדָ֗ם קַח־לְךָ֙ עֵ֣ץ אֶחָ֔ד וּכְתֹ֤ב עָלָיו֙ לִֽיהוּדָ֔ה וְלִבְנֵ֥י יִשְׂרָאֵ֖ל (חֲבֵרוֹ) [חֲבֵרָ֑יו] 16
וּלְקַח֙ עֵ֣ץ אֶחָ֔ד וּכְת֣וֹב עָלָ֗יו לְיוֹסֵף֙ עֵ֣ץ אֶפְרַ֔יִם וְכָל־בֵּ֥ית יִשְׂרָאֵ֖ל (חֲבֵרוֹ) [חֲבֵרָֽיו]׃
וְקָרַ֨ב אֹתָ֜ם אֶחָ֧ד אֶל־אֶחָ֛ד לְךָ֖ לְעֵ֣ץ אֶחָ֑ד וְהָי֥וּ לַאֲחָדִ֖ים בְּיָדֶֽךָ׃ 17
וְכַֽאֲשֶׁר֙ יֹאמְר֣וּ אֵלֶ֔יךָ בְּנֵ֥י עַמְּךָ֖ לֵאמֹ֑ר הֲלֽוֹא־תַגִּ֥יד לָ֖נוּ מָה־אֵ֥לֶּה לָּֽךְ׃ 18
דַּבֵּ֣ר אֲלֵהֶ֗ם כֹּֽה־אָמַר֮ אֲדֹנָ֣י יְהוִה֒ הִנֵּה֩ אֲנִ֨י לֹקֵ֜חַ אֶת־עֵ֣ץ 19
יוֹסֵ֗ף אֲשֶׁר֙ בְּיַד־אֶפְרַ֔יִם וְשִׁבְטֵ֥י יִשְׂרָאֵ֖ל (חֲבֵרוֹ) [חֲבֵרָ֑יו] וְנָתַתִּי֩
אוֹתָ֨ם עָלָ֜יו אֶת־עֵ֣ץ יְהוּדָ֗ה וַעֲשִׂיתִם֙ לְעֵ֣ץ אֶחָ֔ד וְהָי֥וּ אֶחָ֖ד בְּיָדִֽי׃
וְהָי֨וּ הָעֵצִ֜ים אֲֽשֶׁר־תִּכְתֹּ֧ב עֲלֵיהֶ֛ם בְּיָדְךָ֖ לְעֵינֵיהֶֽם׃ 20
וְדַבֵּ֣ר אֲלֵיהֶ֗ם כֹּֽה־אָמַר֮ אֲדֹנָ֣י יְהוִה֒ הִנֵּ֨ה אֲנִ֤י לֹקֵ֙חַ֙ אֶת־בְּנֵ֣י 21
יִשְׂרָאֵ֔ל מִבֵּ֥ין הַגּוֹיִ֖ם אֲשֶׁ֣ר הָֽלְכוּ־שָׁ֑ם וְקִבַּצְתִּ֤י אֹתָם֙ מִסָּבִ֔יב וְהֵבֵאתִ֥י אוֹתָ֖ם אֶל־אַדְמָתָֽם׃
וְעָשִׂ֣יתִי אֹ֠תָם לְג֨וֹי אֶחָ֤ד בָּאָ֙רֶץ֙ בְּהָרֵ֣י יִשְׂרָאֵ֔ל וּמֶ֧לֶךְ אֶחָ֛ד 22
יִהְיֶ֥ה לְכֻלָּ֖ם לְמֶ֑לֶךְ וְלֹ֤א (יִהְיֶה) [יִֽהְיוּ־]עוֹד֙ לִשְׁנֵ֣י גוֹיִ֔ם וְלֹ֧א
יֵחָ֛צוּ ע֖וֹד לִשְׁתֵּ֥י מַמְלָכ֖וֹת עֽוֹד׃
וְלֹ֧א יִֽטַּמְּא֣וּ ע֗וֹד בְּגִלּֽוּלֵיהֶם֙ וּבְשִׁקּ֣וּצֵיהֶ֔ם וּבְכֹ֖ל פִּשְׁעֵיהֶ֑ם 23
וְהוֹשַׁעְתִּ֣י אֹתָ֗ם מִכֹּ֤ל מוֹשְׁבֹֽתֵיהֶם֙ אֲשֶׁ֣ר חָטְא֣וּ בָהֶ֔ם וְטִהַרְתִּ֥י
אוֹתָ֖ם וְהָיוּ־לִ֣י לְעָ֔ם וַאֲנִ֕י אֶהְיֶ֥ה לָהֶ֖ם לֵאלֹהִֽים׃
וְעַבְדִּ֤י דָוִד֙ מֶ֣לֶךְ עֲלֵיהֶ֔ם וְרוֹעֶ֥ה אֶחָ֖ד יִהְיֶ֣ה לְכֻלָּ֑ם 24
וּבְמִשְׁפָּטַ֣י יֵלֵ֔כוּ וְחֻקֹּתַ֥י יִשְׁמְר֖וּ וְעָשׂ֥וּ אוֹתָֽם׃
וְיָשְׁב֣וּ עַל־הָאָ֗רֶץ אֲשֶׁ֤ר נָתַ֙תִּי֙ לְעַבְדִּ֣י לְיַֽעֲקֹ֔ב אֲשֶׁ֥ר יָֽשְׁבוּ־בָ֖הּ 25
אֲבֽוֹתֵיכֶ֑ם וְיָשְׁב֣וּ עָלֶ֡יהָ הֵ֠מָּה וּבְנֵיהֶ֞ם וּבְנֵ֤י בְנֵיהֶם֙ עַד־עוֹלָ֔ם
וְדָוִ֣ד עַבְדִּ֔י נָשִׂ֥יא לָהֶ֖ם לְעוֹלָֽם׃
וְכָרַתִּ֤י לָהֶם֙ בְּרִ֣ית שָׁל֔וֹם בְּרִ֥ית עוֹלָ֖ם יִהְיֶ֣ה אוֹתָ֑ם וּנְתַתִּים֙ 26
וְהִרְבֵּיתִ֣י אוֹתָ֔ם וְנָתַתִּ֧י אֶת־מִקְדָּשִׁ֛י בְּתוֹכָ֖ם לְעוֹלָֽם׃
וְהָיָ֤ה מִשְׁכָּנִי֙ עֲלֵיהֶ֔ם וְהָיִ֥יתִי לָהֶ֖ם לֵֽאלֹהִ֑ים וְהֵ֖מָּה יִֽהְיוּ־לִ֥י לְעָֽם׃ 27
וְיָֽדְעוּ֙ הַגּוֹיִ֔ם כִּ֚י אֲנִ֣י יְהוָ֔ה מְקַדֵּ֖שׁ אֶת־יִשְׂרָאֵ֑ל בִּהְי֧וֹת מִקְדָּשִׁ֛י בְּתוֹכָ֖ם לְעוֹלָֽם׃ ס 28

15 Vino a mí palabra de Yahvé, *diciendo:* *16 Hijo de hombre, toma ahora un leño y escribe en él: Para Judá y para sus compañeros los hijos de Israel. Toma después otro leño y escribe en él: Para José, leño de Efraín, y para sus compañeros la casa toda de Israel.* *17 Júntalos luego el uno con el otro, para que sean uno solo, y serán uno solo en tu mano.* *18 Y cuando te pregunten los hijos de tu pueblo, diciendo: ¿No nos enseñarás qué te propones con eso?,* *19 diles: Así ha dicho Yahvé, el Señor: Yo tomo el leño de José que está*

en la mano de Efraín, y a las tribus de Israel sus compañeros, y los pondré con el leño de Judá; haré de ellos un solo leño, y serán uno en mi mano.
²⁰ Y los leños sobre los que escribas, estarán en tu mano delante de sus ojos, ²¹ y les dirás: Así ha dicho Yahvé, el Señor: Yo tomo a los hijos de Israel de entre las naciones a las cuales fueron; los recogeré de todas partes y los traeré a su tierra. ²² Haré de ellos una sola nación en la tierra, en los montes de Israel, y un mismo rey será el rey de todos ellos. Nunca más estarán divididos en dos reinos. ²³ No se contaminarán ya más con sus ídolos, con sus abominaciones y con todas sus rebeliones. Los salvaré de todas sus rebeliones con las cuales pecaron, y los purificaré. Ellos serán mi pueblo y yo seré su Dios. ²⁴ Mi siervo David será rey sobre ellos, y todos ellos tendrán un solo pastor; andarán en mis preceptos, y guardarán mis estatutos y los pondrán por obra.
²⁵ Habitarán en la tierra que di a mi siervo Jacob, en la cual habitaron vuestros padres. En ella habitarán ellos, sus hijos y los hijos de sus hijos para siempre; y mi siervo David los gobernará para siempre. ²⁶ Haré con ellos un pacto de paz; un pacto perpetuo será con ellos. Yo los estableceré y los multiplicaré, y pondré mi santuario entre ellos para siempre. ²⁷ Estará en medio de ellos mi tabernáculo; yo seré el Dios de ellos, y ellos serán mi pueblo. ²⁸ Y sabrán las naciones que yo, Yahvé, santifico a Israel, pues mi santuario estará en medio de ellos para siempre.

Dios manda al profeta que represente por medio de este signo la reunión de las tribus de Israel que han estado divididas en dos reinos (37, 15-17), y que explique este signo al pueblo (37, 18-21), y que anuncie la santificación y la bendición que recibirán bajo el reino del David futuro (37, 22-28).

La novedad de esta palabra de Dios se expresa y predice a través de una acción simbólica, que indica la reunión de las tribus divididas de Israel, para formar un único pueblo de Dios, cosa que había sido ya indicada en la promesa anterior dirigida a toda la casa de Israel (37, 11). Aquella breve indicación se expresa y desarrolla aquí de una manera más extensa.

La acción simbólica, que Dios manda al profeta en 37, 16-17, y que el profeta realizó sin duda externamente (37, 19-20) se entiende fácilmente e indica la forma en que ha de ser representada esa unión de los dos pueblo, de la manera más sencilla. El hecho de escribir los nombres de las tribus que componen los dos reinos recuerda el acto semejante realizado por parte de Moisés en Num 17, 17 ss. Pero el hecho mismo es aquí diferente, de manera que ni el pasaje aludido de Num 17, 17, ni Ez 21, 5 constituyen una prueba decisiva de que עֵץ signifique una vara o madero. Tampoco podemos pensar que se trata de un tipo de tabla plana, sino simplemente de unos trozos de manera en los cuales podía escribirse algo y que podían sostenerse en una mano.

La lamed (ל) escrita delante de los nombres de cada trozo de madera es indicación de genitivo, mostrando a quien pertenecen, como en el caso de aquellos salmos donde se comienza diciendo לְדָוִד (de David). Esto resulta evidente por el hecho de que en el caso de עֵץ אֶפְרַיִם se acuda al estado constructo, y no al genitivo con lamed. El nombre sirve según eso para indicar que el trozo de madera pertenece a Judá o Efraín y que le representa.

El mandato que Ezequiel recibe de escribir sobre una pieza de madera no solo Judá, sino "los hijos de Israel, sus asociados" indica que el reino de Judá incluía, además de la tribu de Judá, la mayor parte de la tribu de Benjamín y Simeón, la tribu de Leví y aquellos israelitas piadosos que emigraron en diversos momentos del reino de las diez tribus a la tribu de Judá, para convertirse en sus asociados (2 Cron 11, 12; 15, 9; 2 Cron 30, 1. 18; 2 Cron 31, 1).

Al escribir en la segunda pieza de madera, ha de poneerse עֵץ אֶפְרַיִם como aposición explicativa a לְיוֹסֵף, con un acusativo gobernado por וּכְתוֹב. Pero ese mandato no ha de entenderse como indicando que Ezequiel tenía que escribir las palabra עֵץ אֶפְרַיִם sobre la pieza de madera, pues todo lo que estaba escrito era חֲבֵרוֹ לְיוֹסֵף וְכָל־בֵּית יִשְׂרָאֵל (para José, con toda la casa de Israel y sus asociados) El nombre de José se escoge, con toda probabilidad, no como el más honrado (como supone Hävernick), sino porque la casa de José, integrada por las dos poderosas tribus de Efraín y Manasés formaba el tronco del reino de las diez tribus (Kliefoth). Toda la casa de Israel, sus asociados, son el resto de las tribus pertenecientes a ese reino.

Ezequiel ha de juntar esas dos piezas de madera, con esas inscripciones escritas en ellas, y sostenerlas juntas en una mano. La pregunta לָנוּ מָה־אֵלֶּה לָךְ הֲלוֹא־תַגִּיד (¿no nos enseñarás lo que eso significa para nosotros...) quiere buscar el significado de ese texto. Para el resto, cf. Ez 24, 19.

En la palabra de Dios que explica esa acción (Ez 37 19), la madera de Israel no es la pieza externa de leño, con el nombre de José escrito en ella, sino el reino representado por esa madera que Ezequiel tenía en su mano, y que representaba a Efraín con su hegemonía sobre el reino del norte. Por tanto, lo que se representa por "los asociados" no son las varas de las demás tribus, sino las mismas tribus asociadas a Efraín. Dios pondrá a esas tribus en la madera o vara de José (עָלָיו); es decir, Dios juntará a las diez tribus (representadas por José) y las colocará junto a Judá, y unirá a José y Judá en una misma vara o leño (en una sola nación)

La frase לְעֵץ (las dos piezas se juntarán en una, en una madera) ha sido mal entendida por Hitzig, pues ella no está en aposición a עָלָיו, ni está gobernada por נתתי (y ponlas sobre la madera de Judá" (Hitzig y Kliefoth), ni yo les añado a la tribu de Judá (De Wette), sino que depende de לקח, y que tiene este sentido: *yo tomo el leño de José que está en la mano de Efraín, y a las tribus de Israel sus compañeros, y los pondré con el leño de Judá... de manera que sean un solo leño o madera*. La construcción se vuelve oscura por la forma de relacionarse la diversas frases de 37, 19: yo tomaré el leño de José (אֲנִי לֹקֵחַ אֶת־עֵץ יוֹסֵף) y a las tribus de Israel... y las colocaré en/con el leño de Judá (וְנָתַתִּי אוֹתָם עָלָיו אֶת־עֵץ יְהוּדָה). Pues bien, en la frase final "y serán uno en mi mano..." (וְהָיוּ אֶחָד בְּיָדִי) hay probablemente una antítesis con בְּיַד־אֶפְרָיִם (en la mano de Efraín). Aquí se alude a las tribus que Efraín y que se separaron así de Judá (y del Reino de Dios). Pues bien, Dios tomará a esas tribus separadas en su mano, uniéndolas a Judá, de manera que sean una única nación.

Ez 38, 20 completa la descripción del signo con la afirmación adicional de que las piezas del leño en las que el profeta ha escrito los nombres han de estar en su mano, delante de sus ojos, de manera que el profeta ha de realizar el signo de tal manera que sus paisanos puedan verlo. Eso significa que no se trata de una escena imaginaria, sino que el profeta la realiza de una forma externa.

El cumplimiento de estas instrucciones no se menciona de forma expresa, pero se supone que se ha realizado. Pues bien, Ez 37, 21-28 ofrece una explicación posterior de la acción simbólica. Y la interpretación va más allá del mismo símbolo, pues no solo describe la forma en que Dios realizará la unión de las tribus divididas, sino también la forma en la que él quiere preservar la unidad del pueblo unificado de nuevo y lo que hará para mantener la bendición del pueblo.

Esta explicación se despliega en dos estrofas a través de la repetición del pensamiento final: "ellos serán mi pueblo"..., en 37, 23.27. Cada una de esas estrofas contiene una doble promesa. La primera (Ez 37, 21-23) promete dos cosas: (a) la reunión de los israelitas, que vuelven de la dispersión, con la restauración en su propia tierra y su unión como nación única, bajo el mando de David (37, 21. 22); (b) la purificación de todos sus pecados, y su santificación como verdadero pueblo del Señor (Ez 37, 23).

La segunda estrofa (37, 24-27) promete: (a) las tribus así restituidas morarán en la tierra eternamente, bajo David su príncipe (37, 25); (b) ellas recibirán la bendición, que les será concedida a través de un pacto eterno de paz (37, 26. 27). Esta segunda promesa constituye, por tanto, la culminación de la primera, asegurando a la nación de Israel su restauración y santificación para siempre. Por otra parte, toda esta promesa constituye simplemente una repetición de la contenida en Ez 34, 11-31 y 36, 22-30.

Los tres elementos (la reunión de entre las naciones, la restauración en la tierra de Israel y la formación de un solo pueblo) constituyen el primer acto de la divina gracia. La unión de los israelitas, cuando vuelvan a su tierra, se cumple por el hecho de que Dios les da en David un rey que gobernará de tal forma sobre el pueblo reunido que ellos no querrán dividirse ya más para formar dos pueblos y dos reinos.

El *qetiv* de 37, 22 (יִהְיֶה) no se ha de cambiar y ponerse en plural (יִהְיוּ) como hace el *keré*, pues גּוֹי ha de suplirse mentalmente de la frase anterior, como sujeto del verbo. La división de la nación en dos reinos tenía sus raíces, sin duda, en la envidia que en otro tiempo había existido entre las dos tribus, la de Efraín y la de Judá, pero surgió de hecho porque Salomón se separó del Señor. De un modo consecuente, la unión debía recuperarse y mantenerse para siempre a través del justo gobierno del segundo David y de la purificación del pueblo de su pecados, superando así la envidia de unos contra otros. De esa manera se une Ez 37, 23 con 37, 22.

Para Ez 37, 23 cf. 14, 11 y 36, 25. Se han dado diferentes interpretaciones a las palabras "Yo los salvaré de todas sus rebeliones (de todos los lugares de pecado…) con las cuales pecaron, y los purificaré. Esas palabras recuerdan las de 36, 29: "Yo les ayudaré/salvaré de todas sus impurezas"… Dado que טֻמְאוֹתֵיכֶם וְהוֹשַׁעְתִּי אֶתְכֶם מִכֹּל (36, 29) significa "salvar de", ése ha de ser también el sentido de nuestro pasaje: "Dios les preservará de todos los lugares en los que han pecado".

Hengstenberg piensa que esa redención de los lugares de pecado no ha de entenderse en sentido local, sino espiritual, a través de la limpieza de todas las manchas de pecado, empezando por los corazones. De esa forma cambiará la tierra, a través del poder del Señor, convirtiéndose en una tierra nueva, pasando de ser tierra pecadora a tierra santa (invirtiendo el cambio anterior, de tierra santa a tierra pecadora). Pero si éste debiera ser el único pensamiento que contienen las palabras, Ezequiel hubiera colocado las palabras וְטִהַרְתִּי אוֹתָם antes de אֹתָם וְהוֹשַׁעְתִּי. Tal como aparecen en el texto las palabras donde se habla de liberación del pueblo (וְהוֹשַׁעְתִּי אֹתָם) de sus lugares de pecado ha de ir antes de las que hablan de su purificación.

Esa liberación de los lugares de pecado ha de entenderse pues como punto de partida para la realización y culminación posterior del camino. Los lugares de morada en los que han pecado (מוֹשְׁבֹתֵיהֶם) no pueden ser los lugares del exilio, fuera de la patria, ni otros lugares en el extranjero, como supone Hitzig, sino los lugares de vida del pueblo en Canaán, donde el Señor les reunirá después de la dispersión.

וְהוֹשַׁעְתִּי (de הושע) no significa "sacándoles de esos lugares", como supone Kliefoth, quien se ve obligado a suponer que debemos entender esas palabras como si indicarán el paso de Israel desde la presente tierra de Canaán (o desde el Canaán de este mundo, vinculado al pecado) a un Canaán nuevo y eterno. Esta visión resulta totalmente irreconciliable con las palabras en sí, y con el contexto.

Aunque הושע significa "sacar fuera" no se puede entender en el sentido de sacar de un Canaán pecador y "dirigir" al pueblo a un Canaán glorificado y celeste. Más aún, el desarrollo posterior de esta promesa en Ez 37, 25 muestra también que Israel no va a vivir en un Canaán glorificado y eterno, sino en el mismo Canaán de la tierra donde vivieron sus antepasados. Obviamente, de un modo natural, en esta palabra no hay ninguna alusión a una transformación y glorificación de la tierra de Canaán.

El hecho de sacar o salvar de todos los lugres donde ellos habían pecado consiste más bien en el hecho de que Dios removerá de los lugares de vida de los israelitas todo aquello que puede llevarles al pecado. Ciertamente, la sede del pecado no está en las cosas, fuera de nosotros, sino en el corazón; pero las circunstancias exteriores ofrecen al hombre diversas atracciones para el pecado.

Antes de la cautividad, Canaán ofrecía esas atracciones para la idolatría y para la corrupción moral, a causa de los cananeos que habían sido dejados en la tierra. Pues bien, con referencia a esto, el Señor les promete que en el futuro, cuando su pueblo se encuentre de nuevo en Canaán, él mismo les preservará de la influencia de pecado de las tierras de Canaán. Pues bien, esta preservación solo podrá realizarse plenamente cuando Dios purifique al mismo Israel y por medio de su renovación erradique todos los deseos pecadores de sus corazones (Ez 36, 26-27).

De esa manera וְטִהַרְתִּי se vincula de la manera más precisa y conveniente con וְהוֹשַׁעְתִּי. A través de la remoción de todas las influencias pecadoras del entorno, a través de la purificación de su corazón, Israel vendrá a convertirse en el verdadero pueblo de Dios, y Dios por su parte será el Dios de Israel (37, 23). Cuando quede renovado de esa forma, Israel caminará por los caminos del Señor y cumplirá sus mandamientos bajo la protección de un Pastor David, es decir, del Mesías (37, 24; cf. 36, 27 y 34, 23), y sus hijos y los hijos de sus hijos habitarán para siempre en su propia tierra, siendo David su príncipe por siempre.

Lo nuevo de esta promesa, lo que se repite de Ez 34 y 36, está contenido en לָהֶם לְעוֹלָם, términos que han de tomarse en el sentido radical de la palabra (37, 25). Ni la vida de Israel en Canaán, ni el gobierno del David-Mesías tendrá nunca fin. לָהֶם לְעוֹלָם se repite por tanto en 37, 26, cuando se formule la promesa del pacto que Dios hará con su pueblo para siempre (בְּרִית עוֹלָם). Ese pensamiento ha sido expresado en 34, 25 donde se hablaba de un pacto de paz (בְּרִית שָׁלוֹם), en el que se contienen, tanto allí como aquí (37, 26: בְּרִית עוֹלָם), todos los bienes de salvación que el Señor concede a su pueblo santificado.

Solo hay dos factores nuevos de esta salvación que se mencionan aquí (Ez 37, 26-27), es decir, la multiplicación del pueblo, como expresión terrena de la bendición divina, y el establecimiento de su santuario en medio de ellos, como expresión espiritual de esa salvación. Estos dos puntos se refieren de nuevo a los antiguos actos de Dios, e incluyen la cierta y plena realización en el futuro de aquello que no había sido realizado antes de un modo perfecto ni permanente a causa de los pecados del pueblo.

וּנְתַתִּים, y yo les estableceré (37, 26) no ha de tomarse en conexión con וְהִרְבֵּיתִי אוֹתָם, en el sentido de *dabo eos multiplicatos* (y les hare ser multiplicados), como piensan Venema y Hengstenberg, pues no tenemos analogía para esa combinación de palabras. Pero נְתַתִּים, yo les haré o estableceré, ha de tomarse por sí mismo, completando su sentido desde el contexto: "Yo les haré ser una nación, y les multiplicaré" (cf. 36, 10-11. 37).

Ezequiel está pensando aquí en Lev 26, 9. 11, como podemos ver por las mismas palabras: "Yo colocaré mi santuario en medio de ellos para siempre", palabras formadas a partir de Lev 26, 11, "yo pondré mi santuario en medio de ellos". Pero con una diferencia: al poner מִשְׁכָּנִי (mi tabernáculo, mi morada) en vez de מִקְדָּשִׁי (mi santuario) y al añadir לְעוֹלָם, para siempre, Ezequiel profundiza y refuerza la promesa del Levítico.

De esa forma, al decir מִשְׁכָּנִי en vez de מקדשי, Ezequiel puede tener en su mente las palabras de Ex 25, 8: "ellos me construirán un santuario y yo habitaré en medio de ellos" (con las dos palabras: santuario y habitar, לִי מִקְדָּשׁ וְשָׁכַנְתִּי בְּתוֹכָם עָשׂוּ: me edificarán un santuario, y habitará en medio de ellos). Esas palabras son las que Ezequiel ha puesto de relieve en 37, 27-28, vinculándolas y distinguiéndolas. (a) Por un lado dice que Dios podrá su morada (מִשְׁכָּנִי), habitando así con su pueblo (37, 27). (b) Pero después ratifica el sentido de esa "morada de Dios", interpretándola en forma de santuario (מִקְדָּשִׁי, 37, 28), indicando así que Dios habita en medio de ellos como su santificador, santificador del pueblo.

Por otra parte, las palabra fundamentales de la promesa no son "mi morada estará en medio de o entre ellos" (בְּתוֹכָם), sino sobre ellos (עֲלֵיהֶם). Esta expresión está simbólicamente tomada de la situación del templo de Jerusalén, que se eleva sobre la ciudad (cf. Sal 68, 30), insistiendo así en el poder protector y salvador de la gracia de Dios que gobierna sobre Israel (cf. Hengstenberg, *Coment* a Sal 68, 30). El santuario que Yahvé tendrá en Israel por siempre indicará que Dios habita el medio del templo, para proteger y bendecir al pueblo. Ese santuario es el templo, pero no el templo construido por Zorobabel.

Como objeción en contra de una interpretación judía de este pasaje, Jerónimo pregunta: ¿Cómo podría decirse que el templo iba a durar para siempre cuando fue construido en el tiempo de Zorobabel, siendo después restaurado varias veces y al fin destruido por el fuego de los romanos? Todas estas cosas se refieren a la Iglesia en el tiempo del Salvador, cuando su Tabernáculo se coloque en la Iglesia".

En este pasaje no hay ninguna referencia a la reconstrucción del templo por Zorobabel; no puede haberla porque aquel templo no se mantuvo para siempre, sino que fue destruido por los romanos, y especialmente porque Dios no puso allí su morada, ni llenó el templo con su presencia gratuita (Shekiná). El santuario que Dios colocará por siempre entre su pueblo es el santuario que Ezequiel vio en cap. 40-48, una "representación figurativa de la morada de Dios en medio de su pueblo a través del Hijo y del Espíritu Santo" (cf. Vitringa, *Observv*. I. p. 161), que comenzó a realizarse con la encarnación del Logos, que Jn 1, 14 presenta como verdadero מִשְׁכָּן, cuando dice ἐσκήνωσεν ἐν ἡμῖν, y habitó entre nosotros.

Esto se sigue aplicando a la habitación espiritual de Dios en el corazón de los creyentes (1 Cor 3, 16; 6, 9), y se completará con la segunda venida de nuestro Salvador, como santuario/tabernáculo (σκηνή) de Dios con los hombres en la Nueva Jerusalén, en la que el Señor Todopoderoso y el Cordero serán el templo, pues Israel será entonces de verdad el pueblo de Dios y Yahvé (Dios con nosotros) será su Dios (Ap 21, 3. 22).

La promesa concluye en Ez 37, 28 con una alusión a la impresión que estos actos de Dios en Israel producirán sobre los gentiles (cf. Ez 36, 36). Por el hecho de que Yahvé erige su santuario en medio de Israel para siempre, ellos descubrirán que él es el que santifica a Israel.

קדש, santificar, significa "remover toda conexión con el pecado o con sus consecuencias. Aquí la referencia se toma en el segundo sentido (remover las consecuencias del pecado) porque ese sentido es el que impacta de un modo especial a los paganos, pero también se presupone el primero (remover el pecado), como fundamento necesario del segundo" (Hengstenberg). Esas palabras se fundan en las promesas del Pentateuco donde Dios se describe a sí mismo como aquel que quiere santificar y santifica a Israel (cf. Ex 31, 13; Lev 22, 31-33).

Hasta ahora esta promesa solo se ha cumplido imperfectamente, a causa de la culpa de Israel, pero se realizará perfectamente en el futuro, cuando Israel camine según los caminos del Señor, renovado por el Espíritu de Dios. De esa manera, esta profecía de Ezequiel se extiende a lo largo de todo el futuro del pueblo de Dios, hasta la eternidad.

En este contexto es básica la promesa final, es decir, el hecho de que el Señor erigirá su santuario en medio del pueblo restaurado, estableciendo allí su presencia con ellos por siempre (37, 26). En ese contexto debemos interpretar el cumplimiento de la restauración de Israel en Canaán, la tierra que Dios había dado a sus padres, la tierra prometida para todo Israel. Ese cumplimiento puede realizarse de dos maneras. (a) Puede entenderse en un sentido literal, refiriéndose a la restauración de los israelitas en Palestina. (b) O puede entenderse en sentido espiritual, por la restauración de los israelitas convertidos al Señor su Dios y Salvador, entrando en el Reino de Dios, fundado por Cristo. En ese segundo sentido, Canaán como lugar del Reino de Dios en el Antiguo Testamento sería solo una designación simbólica o típica de la tierra del reino celestial, que ha venido a expresarse en la Iglesia cristiana.

Estas dos interpretaciones se oponen una a la otra desde un tiempo inmemorial, pues los judíos siguen esperando al Mesías, cuya llegada ellos aguardan, esperando que ese Mesías no solo permitirá restaurar su presencia en Palestina, sino que erigirá el Reino de David y reconstruirá el Templo sobre el Monte Sión, con la adoración sacrificial de la ley levítica. Por el contrario, la Iglesia Cristiana, sobre el fundamento de la doctrina del Nuevo Testamento, afirma que la vieja alianza ha sido abolida (y con ella la adoración levítica del templo) a través del cumplimiento perfecto de la ley por Cristo, con la abolición de la forma veterotestamentaria del Reino de Dios.

Los cristianos siguen creyendo que Palestina ha dejado de ser la tierra prometida de la revelación de la gracia salvadora de Dios. Según eso, conforme a la Nueva Alianza, la tierra de Canaán, lo mismo que el Israel del Nuevo Testamento (que es la Iglesia de Jesucristo) se expande sobre toda la tierra con la que se identifica, abriéndose al Reino de los cielos. En esa línea, tanto Sión como Jerusalén se identifican con todos los lugares donde los cristianos adoran a Dios en Espíritu y

Verdad, pues Cristo está con su pueblo y habita en los corazones de los creyentes por medio del Espíritu Santo.

Pues bien, a pesar de eso, J. A. Bengel y C. F. Oetinger han recreado una interpretación realista de las profecías mesiánica del Antiguo Testamento, según las cuales, tras la conversión futura del pueblo judío a Cristo, vendrá el establecimiento del Reino de Dios en Palestina, con su capital Jerusalén. Esta esperanza, así recreada, se ha convertido en uno de los artículos fundamentales de su visión de la culminación cristiana. A través de esta exposición realista de la palabra profética, y con la ayuda de Apocalipsis 20, se ha determinado este dogma del *quiliasmo*, con el establecimiento de un reino glorioso de Cristo antes del juicio final del fin del mundo.

Muchos teólogos actuales afirman que esta interpretación quiliasta del reino se deduce de un estudio más profundo de las Escrituras. En la concreción de este dogma disienten ampliamente los diversos partidarios de esta doctrina, aunque todos concuerdan en una cosa: ellos fundan su doctrina básicamente sobre el anuncio profético de la conversión y glorificación de Israel como pueblo concreto.

Pues bien, Ezequiel ha sido uno de aquellos profetas que ha ofrecido una predicción más elaborada de la restauración de Israel bajo el gobierno del Mesías. Así lo ha hecho no solo en Ez 40-48, ofreciendo una pintura detallada de la forma del reino de Dios, sino también en Ez 38-39, en la profecía relacionada con Gog y Magog, anunciando un ataque de parte del mundo pagano contra el Reino de Dios ya restaurado, un ataque que reaparece en el Apocalipsis de Juan 20, 7-9, cuando habla del reino final de los mil años, que según algunos deberían aplicarse literalmente a un triunfo nacional de Israel sobre este mundo.

Por eso debemos estudiar con algo más de detención esta visión, examinando los pros y los contras que ofrece y para precisar el sentido del cumplimiento de las profecías del Antiguo Testamento relacionadas con el futuro de Israel. Pues bien, a fin de profundizar en ese tema deberemos fijar nuestra atención exclusivamente sobre los argumentos exegéticos aducidos como apoyo para la visión quiliasta, como han sido expuestos por sus últimos defensores[54].

El anuncio profético de que el Señor reunirá un día de nuevo al pueblo de Israel, que ha sido dispersado entre las naciones paganas por su infidelidad, trayéndole de nuevo a la tierra que dio a sus padres, para bendecirle y multiplicarle, hunde sus raíces en las promesas de la Ley. Si los hombres de dura cerviz,

---

54. Entre esos defensores de esa interpretación está C. A. Auberlen, *Der Prophet Daniel und die Offenbarung Johanne*s, Schaffhausen, 1854; él ha escrito también un tratado sobre las profecías mesiánicas de los tiempos de Moisés, en *Jahrbuch für deutsche Theologie*, IV pp. 778 ss. Cf. también J. C. K. Hofmann, *Weissagung und Erfüllung im A. und N. Testamente* y en *Schriftbeweis*, vol. II p. 2; M. Baumgarten, *Ezekiel*, en Herzog, *Cyclopaedia* y en sus comentarios al Antiguo Testamento; C. E. Luthardt, *Lehre von den letzten Dingen: In Abhandlungen Und Schriftauslegungen Dargestellt* (1861) y Dr. Volck, in the *Dorpater Zeitschfit für Theologie und Kirche*, IX pp. 142 ss.

transgresores de los mandamientos de Dios (éstas son las palabras de Lev 26, 40-45), que sufren el castigo de su iniquidad, confiesan sus pecados y humillan sus corazones incircuncisos, el Señor recordará su alianza con los patriarcas, y no les abandonará en la tierra de los gentiles para destruirles, rompiendo su alianza con ellos, sino que hará con ellos lo que hizo con sus antepasados al sacarlos de Egipto, ante los ojos de las naciones, para mostrarse así como su Dios.

De esa manera, como se indica de un modo más preciso en Dt 30, 3, Dios les reunirá de nuevo de la tierra de las naciones paganas, les llevará de nuevo a la tierra que poseyeron sus padres, y multiplicará a Israel más que antiguamente. Sobre la base de esta promesa, atestiguada de nuevo por Moisés en su canto de despedida (Dt 32, 36-43), todos los profetas anunciarán la restauración y la glorificación final de Israel.

Este canto de Dt 32 termina con la promesa "¡Alabad, naciones, a su pueblo, porque él vengará la sangre de sus siervos, tomará venganza de sus enemigos, y hará expiación por la tierra de su pueblo!" (Dt 32, 43). Pues bien, según Hofmann (*Schriftbeweis*, II 2, pp. 89, 90), este canto continúa resonando a través de todo el Antiguo Testamento. Así lo hace no solo cuando Abdías 1, 17 y Joel 3, 5 afirman que la ciudad de Jerusalén es el lugar donde se ofrece la protección frente al juicio que ha de venir sobre las naciones del mundo, sino también cuando Miqueas, que ha anunciado la destrucción del templo y la cautividad del pueblo a Babilonia, contempla al fin al Monte Sión exaltado sobre todas las sedes del poder del mundo, viendo al pueblo de Israel que vuelve de nuevo a la tierra de sus antepasados (Miq 4,1; 7,14).

El mismo Isaías, que fue enviado a endurecer a su pueblo con la palabra de su profecía, está sin embargo seguro de que al final la nación santa morará en Jerusalén, como un resto de Israel (Is 4, 3; 10, 2). Y en esa línea sigue diciendo que la Santa Montaña de Yahvé, a la que el pueblo disperso volverá de todos los ángulos del mundo, es aquella morada de paz donde las bestias salvajes no harán más daño al pueblo, bajo el reinado del Segundo David (cf. Is 11, 9. 11).

Después de todas las calamidades que Jeremías tuvo que anunciar y testimoniar, Yahvé le mostró los días en que él restauraría a su pueblo, diciendo que el mismo Dios le volvería a traer a la tierra que él había dado a sus padres (Jer 30, 3)… La misma promesa aparece incluso después del retorno a la tierra, con Esdras. De diversas maneras, Dios ofreció a Zacarías la promesa de que Judá sería la santa posesión de Dios en la tierra santa de Dios[55].

---

55. En esa línea se sitúan y avanzan las palabras de Auberlen (*Der Prophet Daniel*, p. 399): "La doctrina de la gloriosa restauración de Israel en Canaán, tras el severo castigo y humillación del exilio, es un pensamiento esencial y fundamental de todos los profetas, de manera que no es difícil encontrar pasajes que apoyen esta visión. A modo de ejemplo, cf. Is, 2, 2-4; 4, 2-6; 9, 1-16 y especialmente 11, 11.; Jer 30-33; Ez 34, 23-31; Os 2, 16-25, Joel 3, 1-5; 4, 16-21; Am 9, 8-15;

Pues bien, Ezequiel describe esta restauración de Israel en armonía con Jer 26, aunque lo hace de un modo mucho más detallado. Las condiciones de vida serán como las antiguas, pero con la diferencia de que los israelitas tendrán un corazón convertido, en fidelidad y obediencia al Espíritu de Dios (cf. Ez 11, 19; 26, 27), y vivirán en paz y prosperidad bajo la protección de su Dios, que será conocido y reconocido por todo el mundo (26, 23). La tierra en la que serán restaurados aparece en Ezequiel como la misma en la que vivieron sus antepasados (37, 25), pero vendrá a presentarse como una tierra feliz, donde los israelitas podrán vivir en paz (cf. Hofmann, p. 576).

La condición de Israel restaurado y glorificado por el Mesías, será representada como vida de paz y de felicidad en la tierra de los antepasados, una vida rica en posesiones materiales, cumpliéndose así las visiones mesiánicas de todos los profetas. ¿Qué se sigue pues de esta visión de la forma en que deben cumplirse estas

---

Abdías 1, 17; Miq 2, 12-13; 4, 1-13; 5, 1-15; 7, 11-20; Sof 3, 14-20; Zac 2, 4; 8, 7; 9, 9; 10, 8-12; 12, 2-13; 14, 8 etc.".

Ésta es a juicio de Auleben la substancia de esas descripciones proféticas: Tras volver de nuevo a su tierra, Israel vendrá a ser el pueblo de Dios, de una manera mucho más alta y profunda que antes. Dado que será superado el pecado, el conocimiento de Dios llenará la tierra, y el Señor habitará de nuevo en medio de su pueblo, en Jerusalén. Así comenzará una nueva etapa de revelación, el Espíritu de Dios será derramado sobre el pueblo con abundancia, y será recibido de manera típica por la iglesia apostólica. Esta rica vida espiritual tendrá también su manifestación externa en el sacerdocio y en el reino, propios del pueblo israelitas, centrados en la misma Jerusalén.

El sacerdocio de Israel aparece de manera más específica en Ezequiel, hijo de un sacerdote, en su visión profética de Ez 40-48. La monarquía aparece de manera más clara en Daniel, el hombre de Estado. Finalmente, Jeremías une ambos rasgos (cf. Jer 33, 17-22). Pues bien, a nuestro, esto se realizó solo de un modo externo durante el tiempo del Antiguo Testamento, para desaparecer después, de manera que no volverá a cumplirse ya de una manera literal, con el nuevo reino de Israel establecido en Jerusalén y en la tierra de Canaán. Pero en otra línea esto se cumplió de una forma interna y escondida durante el tiempo de de la Iglesia cristiana, donde se manifestará también de una manera externa, asumiendo así una forma exterior, aunque espiritual.

En el Antiguo Testamento, toda la vida nacional de Israel, en sus diversas manifestaciones de vida privada y política, de trabajo y arte, de literatura y cultura se hallaba regulada por la religión, aunque, en el principio, solo de una forma externa y legal. Pues bien, en otra línea, la Iglesia, buscó ante todo la renovación del corazón, dejando en libertad la vida externa de los hombres para desarrollar en lo externo sus formas de vida cultural y social, sin imponer en este campo una determinada forma de vida religiosa, pues no habrá un reino temporal de Israel durante el pretendido tiempo del milenio.

Ciertamente, Auberlen y otros piensan que todos esos aspectos de la vida que han permanecido independientes (imperfectos, sin cumplirse), se cumplirán en el reino de los mil años, cristianizados y transformados desde dentro, pero en una forma judía, en la tierra de Canaán. La iglesia de los gentiles ha querido adoptar y de cumplir la ley moral de Israel, pero lo ha hecho de un modo interior (sin retomar la ley ceremonial judía, sin establecer un reino mesiánico, propio del milenio, en Canaán). Pues bien, en contra de eso, según la visión de Auberlen, cuando llegue el milenio se restablecerá el oficio sacerdotal y el real, en Jerusalén, de manera que la misma ley ceremonial y civil de Moisés desplegará sus profundidades, y asípodrá establecerse el tiempo nuevo del reino de los mil años.

profecías? ¿Se tratará solo de una simple repetición de las condiciones anteriores de vida en Palestina, aunque solo sin pecado?

¡De ninguna forma! Al contrario, a partir de lo ya dicho se deduce que las imágenes de la nueva vida nacional en Palestina están tomadas de la experiencia del pasado, pero ellas no deben tomarse literalmente, sino que se deben interpretar de un modo simbólico o típico, de manera que no podemos ni debemos esperar que se cumplan de un modo literal. En esa línea, estamos obligados a sacar esta conclusión: A de la venida de Cristo y del Reino de los cielos que comenzó con él, las promesas de Dios se han expandido de tal forma que el Reino ya no pertenece a la descendencia lineal de Abraham, ni a la nación judía en exclusiva, sino a la familia de los que confiesan a Jesús, ya provengan de los judíos o de los gentiles.

Eso significa que el pueblo de Dios y la economía del Antiguo Testamento han dejado de constituir la forma divinamente establecida del pueblo de Dios. Ciertamente, el pueblo judío que ha rechazado al Salvador que ha aparecido en Jesucristo, se ha endurecido en contra de la gracia y de la verdad que ha sido revelada en Cristo, pero no ha sido expulsado para siempre, sino que, conforme a la promesa del Antiguo Testamento y a la enseñanza del apóstol Pablo (Rom 11), se arrepentirá y volverá como pueblo a la fe del crucificado, de manera que puedan cumplirse así las promesas de Dios. Pero el carácter típico del anuncio profético no nos permite concretar la forma en que esa salvación futura del pueblo judío se cumplirá, ni si ella se realizará nuevamente en la tierra de Palestina. En esa línea no podemos afirmar que el pueblo judío así convertido podrá continuar separado del resto de la cristiandad, ni sabemos si ellos (los judíos convertidos) podrán presentarse como centro terreno de la Iglesia que Jesús reúne de todas las naciones y las lenguas.

Por muy bien fundadas que están las observaciones de Hofmann, según las cuales el pueblo santo (Israel) y la tierra santa (Canaán) se implican mutuamente, esto solo prueba que el pueblo santo, reunido de todas las familias de la tierra a través de la fe en el evangelio tendrá también una tierra santa para habitar en ella. Pues bien, esto se realizará de tal manera que a través de la expansión del evangelio por todos los ángulos del mundo, de manera que la tierra entera se convertirá en una tierra santa de Canaán, pues está habitada por seguidores de Cristo.

Así lo ha señalado el mismo apóstol Pablo cuando explica en Rom 4 que las promesas de Abraham (que sería heredero del mundo) no se han cumplido por la ley, sino por la fe que el mismo Abraham había tenido, antes de circuncidarse, de manera que él es padre de los circuncisos y de los incircuncisos. En esa línea, cuando Pablo interpreta las palabras de Gen 12, 7 y 15, 18 (en las que se le prometía a él y a sus descendientes la herencia de la tierra de Canaán) el afirma que en realidad Abraham iba a ser heredero del mundo (del cosmos).

Por eso la promesa de la herencia de la tierra de Canaán ha de entenderse de un modo simbólico. La tierra física de Canaán es simplemente un tipo o signo del mundo entero, es decir, de la totalidad de la tierra, de forma que, en sentido estricto, no se puede hablar de una herencia específica de la tierra concreta de Canaán. Por eso dice Pablo que Abraham recibió la promesa (para él y para su descendencia en Cristo) de recibir como herencia el mundo (Rom 4,13: τὸ κληρονόμον αὐτὸν εἶναι κόσμου) y no ya la tierra de Canaán, que aparece así como un tipo o signo del mundo entero.

El significado típico de la promesa, dado en el antiguo Testamento a la semilla de Abraham (de tomar como posesión eterna la tierra de Canaán) ha sido interpretada así por el Apóstol Pablo, y ha sido adoptada por la Iglesia con su autoridad, correspondiendo de esa forma al espíritu y significado de la palabra de Dios del Antiguo Testamento. Esto es evidente a partir de Gen XVII, donde se relata en el texto la institución de la promesa de la circuncisión, donde se habla de la bendición ofrecida no solo a Abraham, sino también a Sara; pues bien, esta es la promesa de hacerle padre de pueblos, en plural, de manera que pueblos y naciones procederían de ellos (de Abraham y Sara), por medio de su hijo a quien ellos debían recibir (Gen 17,6 וּנְתַתִּיךָ לְגוֹיִם וּמְלָכִים מִמְּךָ יֵצֵאוּ, cf. 17, 16). En este contexto se dice que Dios daría a la descendencia de Abraham así multiplicada toda la tierra de Canaán como posesión eterna (Gen 17, 8).

Pues bien, esta promesa del Dios Todopoderoso no se ha cumplido haciendo que Abraham y Sara sean padres de naciones a través de la posteridad lineal de Isaac, sino solo a través de su posteridad espiritual, por medio de los hijos de todas las naciones que se han convertido y se convertirán en hijos de Abraham en Cristo. Solo a través de esos ha podido convertirse Abraham en Padre de una multitud de naciones (Gen 17,5: כִּי אַב־הֲמוֹן גּוֹיִם נְתַתִּיךָ).

Ciertamente, de Isaac surgieron dos naciones: los israelitas por Jacob y los edomitas por Esaú. Por su parte, Abraham fue también el antepasado de muchas tribus a través de Ismael y de los hijos de Ketura; pero la promesa en cuestión se refiere solo al pueblo de Israel, de manera que Esaú fue separado de los hijos de la promesa, y los otros descendientes de Abraham fueron excluidos, porque la promesa se realiza solo a través de Sara.

En esa línea, las doce tribus de Jacob formaron un único pueblo; y aunque Ezequiel les llama dos pueblos (cf. 35, 10 y 37, 22), teniendo en cuenta su división en dos reinos, ellas nunca aparecen descritas (ni los dos reino) como una multitud de pueblos, en la línea de Gen 17, 5 (הֲמוֹן גּוֹיִם). Ciertamente, Dios concedió a ese pueblo la tierra de Canaán como posesión, según las fronteras descritas en Num 34, de forma que ese pueblo vivió allí hasta ser dispersado entras las naciones por su persistente infidelidad. Pero el hecho de que la semilla de Abraham se multiplicara en muchos pueblos se realizó solo a través de Cristo, conforme al consejo y voluntad de Dios, a través de las naciones agradecidas y creyentes de los gentiles.

Por eso, la promesa de la tierra de Canaán no puede restringirse a los hijos naturales de Abraham, sino que ha de extenderse a todos los pueblos creyentes;

y en ese sentido esa promesa se cumple de un modo espiritual, de manera que la tierra de Canaán ha de entenderse como tipo de toda la tierra, que ha de tomarse como herencia de los cristianos. Esta fraseología típica (simbólica) corre a través de todos los escritos proféticos del Antiguo Testamento, tanto en relación con la semilla de Abraham, convertida a través de Isaac en el pueblo de Israel (cf. Gen 21, 12), como a través de la tierra que fue prometida a esa descendencia como heredad.

De esa manera, mientras duró el pacto del Sinaí, el Israel según la carne fue el pueblo de Dios, y la tierra de Canaán, entre el Éufrates y el torrente de Egipto, fue el lugar de habitación o morada de ese pueblo. Pues bien, dado que en Gen 17 aparecen ya los rasgos universales de la bendición de Abraham, extendida a todos los pueblos de la tierra, al hablar de las promesas patriarcales, los profetas continuaron empleando los nombres de Israel y de Canaán, cada vez más, en sus promesas mesiánicas, como términos simbólicos para indicar con ellos la tierra y el pueblo universal, con el reino universal de Dios que se cumple en Cristo.

Así lo vemos a partir del tiempo en que la fortaleza de Jerusalén, sobre el monte Sión, fue elevada por David y convertida en capital de su reino y en sede del gobierno sobre Israel, y también en sede de la presencia de Dios en medio de su pueblo, por medio del templo planeado por David y construido por Salomón, donde fue instalada el arca de la alianza; pues bien, desde ese momento los nombres de Sión y de Jerusalén comenzaron a utilizarse también en un sentido simbólico, como sede y centro del reino de Dios. De esa manera, en los salmos mesiánicos y en los escritos de los profetas, Sión y Jerusalén se mencionan de un modo general como lugar desde donde el rey (David/Mesías), ungido por Yahvé como príncipe sobre su pueblo, extiende su dominio sobre toda la tierra, y donde las naciones irán para escuchar la ley del Señor e instruirse en sus caminos y para caminar según su camino, sin referirse ya a un reinado especial de los judíos convertidos a Cristo sobre Jerusalén y la tierra de Israel.

De un modo consecuente, ni las promesas de la tierra, contenidas en Lev 26, 42 y Dt 32, 43 (sobre las cuales se funda Auberlen: *Die messianische Weissagungen,* pp. 827 y 833), ni el hecho de que el Monte Sión o la ciudad de Jerusalén aparezcan como lugar de juicio sobre las naciones y como plenitud del Reino de Dios (tema en el que se apoyan tanto Hofmann como Auberlen, en los textos ya citados) ofrecen ninguna evidencia válida de que el pueblo judío, una vez convertido a Cristo, deba volver a Palestina, y de que el Señor, en su segunda venida, deba establecer un reino quiliástico (del milenio) en la Jerusalén terrena, estableciendo su morada terrena y material sobre el Monte Sión, en un templo edificado por mano humana.

Ni siquiera los defensores de una interpretación literal de las profecías mesiánica pueden negar el carácter simbólico-típico de la revelación del Antiguo Testamento. Así, por ejemplo, Auberlen (*Die messianische Weissagungen,* pag. 821) observa que, en su carácter típico "los sacrificios ofrecen un ejemplo del verdadero significado de todas las instituciones del reino de Dios en el Antiguo Testamento; esas instituciones nos muestran en forma simbólica externa el sentido del verdadero pueblo de Dios y del reino mesiánico en su perfección, lo mismo que los sacrificios ofrecen un tipo del sacrificio del Mesías".

Pues bien, entre las instituciones israelitas, el santuario (tabernáculo o templo) ocupaba un lugar central como encarnación típico-simbólica del reino de Dios establecido en Israel, como ahora lo reconocen casi todos los comentadores de la Sagrada Escritura. Pues bien, no son solo las instituciones de la Antigua Alianza las que tienen un significado típico-simbólico, sino que esto se aplica también a la nación del pacto (Israel) y a la misma tierra en la que se ha desarrollado su historia, que reciben su sentido simbólico en plenitud.

Esto es tan evidente que el mismo Auberlen (o. c., par 827) ha dicho que "es algo común que los profetas representen la próxima dispersión y esclavitud cercana de Israel entre las naciones como una representación de la esclavitud del pueblo en Egipto; de esa manera, la restauración del pueblo y del reino aparece como nuevo éxodo de Egipto y nueva entrada en la tierra de Canaán" (cf. Os 2, 1-2; 2, 16-17; 9, 5. 11; Miq 2, 12-13; 7, 15-16, Is 10, 24-26; 11, 11; Jer 16, 14-15 etc.).

Incluso Hofmann, que prescinde de la fraseología típica de los profetas, tiene que aceptar ese motivo y simbolismo en Is 11, 11-15, donde se presenta la restauración de Israel y la vuelta de la dispersión como una repetición del éxodo de Egipto a través de la división milagrosa de las agua del Mar Rojo. Y así lo hace en *Schriftbeweis* II, pág. 548, afirmando después que la profecía de Is 34, 5 no se refiere a Edom como un pueblo histórico, sino que Edom es una designación simbólica de la humanidad en su oposición a Dios. Pues bien, si Edom es un signo de la raza humana en su oposición a Dios, el retorno a Sión del que se habla en Is 35 (con cantos y alegría) no puede referirse sin más al retorno de las doce tribus históricas a Sión como capital de Palestina.

Si Edom es simbólicamente la humanidad en su oposición a Dios, los redimidos de Yahvé que vuelven a Sión han de ser el pueblo de Dios, reunido de los gentiles y de los judíos, que vienen a heredar la bendiciones de la Jerusalén celestial. La misma regla que se aplica a Edom en Is 35 ha de aplicarse a Is 63, 1-6; y así, como ha dicho Delitzsch, el anuncio del retorno de los redimidos de Yahvé a Sión en Is 36 ha de ser en su conjunto y en sus rasgos concretos, un preludio del libro de la consolación para los exilados (es decir, de Is 40-65).

Ezequiel emplea la palabra Edom de la misma manera cuando habla de la devastación eterna de Edom y de la restauración de la tierra devastada de Israel, para convertirse en bendición duradera de sus habitantes. Así como Edom representa al mundo en su hostilidad a Dios (cf. *Coment.* a Ez 35, 1-36, 10), así la tierra de Israel no se refiere ya sin más a la tierra física de Palestina, sino al reino del Mesías, cuyas fronteras se extienden de mar a mar, y desde el río a las fronteras últimas del mundo (cf. Sal 72, 8 y Zac 9, 10).

Ciertamente, en Ezequiel no hallamos una mención expresa de la extensión del reino de Dios sobre todas las tierras, porque él habla como vigía de Israel, de manera que alude especialmente a la restauración de Israel, pero es evidente que esta verdad profética (del reino universal) no le era ajena, por el hecho de que en 47, 22-23, al hablar del reparto de la tierra por lotes, se dice que tantos los extranjeros como los hijos de Israel han de recibir su porción de tierra, con lo cual supera, de un modo muy claro, las diferencias que en la antigua alianza se establecían por descendencia, entre israelitas y extranjeros.

Aún más claramente anuncia Ezequiel la acogida de las naciones paganas en el reino de Dios en 16, 53ss, donde predice el retorno de la cautividad no solo de Jerusalén, sino también de Samaria y de Sodoma, como elemento final de los caminos de Dios con su pueblo. Por eso, si en el momento de la restauración y glorificación del Reino de Dios, él habla solo de la tierra de Israel, la razón para ello ha de buscarse en el hecho de que él se apoya mucho más que los otros profetas en las profecías del Pentateuco. De esa forma, por un lado él pone de relieve el cumplimiento de las amenazas de Lev 26 y Dt 28-32; y por otro lado él insiste en el cumplimiento de las promesas de la ley en sus predicciones de la salvación.

Si tenemos esto en cuenta, no debemos tomar ya su profecía de la gran multiplicación de Israel y de la posesión eterna de Canaán de un modo diferente al que aparece en Gen 18. Esto significa que no podemos entender la multiplicación de Israel en un sentido literal, como multiplicación del resto de las doce tribus, sino que debemos aplicar el tema a la multiplicación de todos los pueblos en la forma arriba señalada, interpretando de la misma forma la restauración de Israel en la tierra prometida a los patriarcas.

Esta aplicación de las profecías que tratan de la restauración de Israel en la línea de la conversión de los pueblos a Cristo, viene confirmada también por el Nuevo Testamento. El mensaje de Jesús y de sus apóstoles sobre la relación del Israel de la carne (la nación judía) con Cristo y su reino no concuerda con una interpretación unilateral del mensaje escatológico de la profecía del Antiguo Testamento. En esa línea universal ha de interpretarse "la doctrina apostólica del fin de la condición presente de las cosas, es decir, de la reaparición de Cristo, de la glorificación de su iglesia, de la resurrección general de los muertos, de la destrucción del mundo presente y de la creación de uno nuevo". Todo eso ha de verse como cumplimiento de la profecía del Antiguo Testamento, como afirma el mismo Hofmann (*Schriftbeweis* II, pág. 667-668).

Esta descripción escatológica viene expresada con los rasgos típico-simbólicos propios de la profecía del Antiguo Testamento. Así lo ha visto el apóstol Pablo en Rom 11, cuando habla a los romanos del "misterio" (Rom 11, 25: τὸ μυστήριον τοῦτο) del endurecimiento de Israel hasta que llegue el *pléroma* de los gentiles, es decir, hasta que ellos entren en el reino de Dios, de manera que Israel pueda ser rescatado y salvado (Rom 11, 25-26). Pablo apoya su visión en una cita de la Escritura, formada por Is 49, 20 y 27, 9 (LXX), con una alusión evidente a Jer 31, 34: "Vendrá de Sión el liberador, y destruirá la impiedad de Jacob" etc. En esa línea, Pablo ha mostrado ya que la caída de Israel, es decir la ἀποβολὴ αὐτῶν, de ellos, es decir, de los israelitas (Rom 11, 16), es la riqueza de los gentiles y la reconciliación del mundo. De esa manera su πρόσλημψις (su acogida) mplicará nada menos que la vida de los muertos: εἰ μὴ ζωὴ ἐκ νεκρῶν (11, 11-15).

Evidentemente, el apóstol enseña aquí que el endurecimiento parcial de Israel, cuya consecuencia ha sido el rechazo del Salvador que apareció en Jesús, no ha de entenderse como un rechazo absoluto de la nación de la alianza. Al contrario, ese rechazo ha de cesar con la entrada del pléroma de los gentiles en el Reino de Dios, de manera que *todo Israel se salvará* (Rom 11,26 πᾶς Ἰσραὴλ σωθήσεται); aquí se habla de "todo Israel", estableciendo así un contraste con el rechazo anterior y la infidelidad de una parte de Israel (ἀπὸ μέρους).

En esta línea se debe superar la opinión de Auberlen cuando (cf. *Die messianische Weissagungen* 801 ss.) interpreta esas palabras (¡todo Israel se salvará!) en un sentido restringido, como si se aplicaran al pueblo de Israel en la carne, de manera que los judíos (después de un tiempo en el que se seguirá extendiendo la Iglesia de los gentiles) se convertirán como pueblo, en sentido nacional, con su propio sacerdocio y con su reino.

En esa línea, Auberlen piensa que el pueblo judío según la carne, de un modo totalmente nuevo y glorioso, será llamado a ser canal de bendición para los restantes pueblos. Pero esa visión no se puede defender, porque si el apóstol hubiera querido enseñar el cumplimiento de la promesa a través del Israel según la carne él lo hubiera dicho o al menos lo hubiera insinuado, sin limitarse a decir que todo Israel se salvará (11, 26: πᾶς Ἰσραὴλ σωθήσεται).

No hay en estas palabras nada que nos pueda llevar a pensar, ni de la manera más remota, que Israel como pueblo será exaltado como pueblo sacerdotal y reino para las naciones; ni tampoco se puede entender en ese sentido la "recepción" (πρόσλημψις), que está vinculada a la vida o resurrección de los muertos (cf. 11, 15: ζωὴ ἐκ νεκρῶν). El apóstol Pablo fundamenta su argumento diciendo que "si la raíz es santa, santas han de ser también las ramas" (11, 16); pero nunca ha entrado en su mente el pensamiento de que las ramas que han sido cortadas del tronco (los judíos infieles) vayan a recibir al fin, cuando sean injertadas de nuevo, el tipo de sacerdocio y de reino nacional que tenían antes, por encima de los restantes pueblos.

Hofmann tampoco tiene razón cuando partiendo de Rom 11, 25-26 (¡saldrá de Sión en liberador…!) afirma que Sión e Israel han de entenderse al final en sentido geográfico y nacional, añadiendo de esa manera que Jesús vendrá a confirmar y ratificar el reinado nacional de Jerusalén y de Israel. Pero las palabras centrales del texto no se puede entender de esa manera. La cita de Is 49, 20 no es que "el liberador vendrá para Sión", sino que *vendrá de Sión* (cf. Rom 11, 26 Ἥξει ἐκ Σιὼν ὁ ῥυόμενος).

En este contexto, Sión no puede entenderse en sentido geográfico, sino simbólico, pues Jesús no vino de Sión, sino de Belén, conforme a la profecía de Miq 5, 1 (cf. Mt 1, 5-6). No se trata, pues, de que el Mesías venga (haya venido) del Monte Sión, en sentido geográfico, sino que esa palabra (de Sión: ἐκ Σιὼν) hay que entenderla en sentido profético-tipológico, como sede central del Reino de Dios, un sentido que la palabra tiene en pasajes como Sal 14, 7; 53, 7 y 110, 2.

En esa línea, cuando Pablo recoge esa cita de Isaías no está aludiendo en modo alguno al lugar donde ha de manifestarse el liberador… Todo lo que Cristo dice es que *el evangelio del Reino será predicado a todas las naciones* y que después vendrá el fin (Mt 24, 14). Desde ese fondo ha de entenderse el pasaje de Mt 23, 38-39, donde Jesús afirma "no me veréis hasta que digáis Bendito el que viene el nombre del Señor"; esto significa que el Cristo no se mostrará a los judíos hasta que ellos le reciban con fe, sin que se indique en modo algunos que ellos tienen que haber venido antes de la dispersión a Palestina y a Jerusalén, para instaurar allí el Reino judío de Cristo.

Por su parte, Mt 27, 53 y Ap 11, 2, cuando presentan a Jerusalén como ciudad santa, no ofrecen ninguna prueba de la glorificación futura de Jerusalén, sino que se refieren solo a la historia pasada de Jerusalén como ciudad santa. Lo mismo ha de verse en 2 Ped 1, 18, cuando se habla del Monte de la Transfiguración como monte santo, refiriéndose al acontecimiento de la Transfiguración de Jesús. De la misma manera, en 2 Rey 19, 8 se presenta al Monte Horeb como Monte de Dios, porque Dios se había revelado allí en los tiempos antiguos. Por su parte, las palabras de Lc 21, 24, donde se dice que Jerusalén será "pisoteada por los gentiles" hasta que se cumplan los tiempos de los gentiles (ἄχρι οὗ πληρωθῶσιν καιροὶ ἐθνῶν) no se puede tomar como prueba de que los judíos convertidos ocuparán (conquistarán) Jerusalén (construyendo allí su reino) antes de la segunda venida del Señor.

En esa línea, nos se puede hablar de una "conquista política cristiana" de Jerusalén en la época de Constantino, ni después en el tiempo de las cruzadas, cuando los cristianos dominaron la ciudad, pues el texto citado de Lucas y el conjunto de los evangelios no hablan de una conquista y liberación política de ese tipo, porque al final de la época de los gentiles, porque al final de este tiempo, cuando se reúnan los cristianos de la gentilidad y los judíos convertidos, ellos no habitarán ni reinarán en la Jerusalén terrena, sino que entonces llegarán el nuevo cielo y la nueva tierra, de manera que la Iglesia perfecta de Cristo, donde se vincularán judíos convertidos y gentiles, habitará en la Jerusalén celestial que ha de descender a la nueva tierra.

En ninguno de los lugares citados, ni en otros del Nuevo Testamento, se dice que los judíos convertidos al Mesías tomarían posesión de la Jerusalén terrena, arrancándola del poder de los gentiles, ni que esa Jerusalén vendrá a ocupar un lugar central en el mundo, ni que el templo antiguo será erigido allí de nuevo. En esa línea, en contra de una interpretación milenarista de las profecías debemos decir que el Nuevo Testamento no habla de una reedificación del templo ni de una restauración de la adoración y el culto levítico, sino que afirma con toda decisión que, por la culminación de la reconciliación del hombre con Dios en el sacrificio del Calvario, fue abolida la legislación sacrificial y los servicios levíticos del templo (Hbr 7-9). En ese sentido se cumple la declaración del mismo Cristo, cuando dice que los verdaderos adoradores no adorarían ya ni sobre el Garizim ni en el Templo de Jerusalén, sino en Espíritu y Verdad (Jn 4, 21-24), siguiendo en la línea de lo que Pablo afirma en Rom 12, 1.

En un sentido literal, los profetas del Antiguo Testamento no predicen meramente el retorno de los israelitas a su antigua tierra, donde morarán para siempre bajo el gobierno del Mesías, sino que esa predicción culmina en la promesa de que Yahvé establecerá su santuario, es decir, su templo en medio de su pueblo redimido, de manera que el mismo Yahvé habitará con su pueblo para siempre (Ez 37, 27-28) y todas las naciones vendrán a este santuario del Señor sobre Sión, año por año, para adorar al Señor Yahvé de los ejércitos, y celebrarán la fiesta de los tabernáculos (Zac 14, 16; 66, 23).

Pues bien, en esa línea, si el pueblo de los judíos debiera recibir de nuevo la tierra de Palestina como su posesión, antes o después convertirse a Cristo, de acuerdo con la promesa del Señor, ellos deberían restaurar necesariamente el templo con su servicio litúrgico en Jerusalén. Pero esa suposición va en contra de la enseñanza de Cristo y de los apóstoles, de manera que ese rasgo esencial de la visión profética del futuro del Reino de Dios (con el establecimiento nacional de los judíos en Palestina y la nueva edificación y culto levítico del templo) no ha de entenderse de un modo literal, sino espiritual y tipológico.

La ciudad de Jerusalén a la que vendrán los gentiles es ya la nueva Jerusalén, no la ciudad capital del reino nacional judío. Por eso, resulta absolutamente inconsistente una interpretación literal de las profecías relacionadas con el retorno de Israel a Canaán, y la esperanza del retorno del pueblo de Dios a Palestina, cuando ese pueblo haya creído en Jesucristo.

5. Ez 38, 1-39, 29. Destrucción de Gog con su gran ejército de naciones

Gog, de la tierra de Magog, príncipe de Rosh, Meshech y Tubal, invadirá la tierra restaurada de Israel, desde un lejano país del norte, por mandato de Dios, en los últimos tiempos, con un poderoso ejército de naciones (Ez 38, 1-9), con la intención de devastar a Israel, que ahora habita en seguridad, a fin de que el Señor se santifique ante todo el mundo (38, 10-16). Pero cuando Gog, cuya figura había sido ya profetizado por los profetas anteriores, caiga sobre Israel será destruido por un juicio airado del Señor, a fin de que las naciones conozcan que Dios es el Señor (38, 17-23).

Sobre las montañas de Israel sucumbirá Gog, con todos sus ejércitos y naciones, bajo el juicio de Dios (39, 1-8). Los habitantes de las ciudades de Israel tardarán siete años en quemar las armas del ejército enemigo, y siete meses en quemar sus cadáveres en un valle, que recibirá por eso este nombre (Hamón-Gog: La multitud de Gog), hasta que así quede purificada la tierra (Ez 39, 9-16). Mientras tanto, todos los pájaros y todas las bestias del campo se saciarán con las carnes y la sangre de los caídos (39, 17-20). Por este juicio conocerán todas las naciones, lo mismo que Israel, que Dios había entregado en otro tiempo a Israel por sus pecados, bajo el poder de los paganos, pero ahora él no olvidará más a su pueblo redimido, porque él mismo ha derramado su Espíritu sobre ese pueblo (39, 21-29).

5.1. Ez 38, 1-23. Invasión y destrucción de Gog

38, 1-9. Preparación de Gog y de su ejército para invadir la tierra restaurada de Israel

¹ וַיְהִי דְבַר־יְהוָה אֵלַי לֵאמֹר: ² בֶּן־אָדָם שִׂים פָּנֶיךָ אֶל־גּוֹג אֶרֶץ הַמָּגוֹג נְשִׂיא רֹאשׁ מֶשֶׁךְ וְתֻבָל וְהִנָּבֵא עָלָיו:
³ וְאָמַרְתָּ כֹּה אָמַר אֲדֹנָי יְהוִה הִנְנִי אֵלֶיךָ גּוֹג נְשִׂיא רֹאשׁ מֶשֶׁךְ וְתֻבָל:
⁴ וְשׁוֹבַבְתִּיךָ וְנָתַתִּי חַחִים בִּלְחָיֶיךָ וְהוֹצֵאתִי אוֹתְךָ וְאֶת־כָּל־חֵילֶךָ סוּס וּפָרָשִׁים לְבֻשֵׁי מִכְלוֹל כֻּלָּם קָהָל רָב צִנָּה וּמָגֵן תֹּפְשֵׂי חֲרָבוֹת כֻּלָּם:
⁵ פָּרַס כּוּשׁ וּפוּט אִתָּם כֻּלָּם מָגֵן וְכוֹבָע:
⁶ גֹּמֶר וְכָל־אֲגַפֶּיהָ בֵּית תּוֹגַרְמָה יַרְכְּתֵי צָפוֹן וְאֶת־כָּל־אֲגַפָּיו עַמִּים רַבִּים אִתָּךְ:
⁷ הִכֹּן וְהָכֵן לְךָ אַתָּה וְכָל־קְהָלֶךָ הַנִּקְהָלִים עָלֶיךָ וְהָיִיתָ לָהֶם לְמִשְׁמָר:
⁸ מִיָּמִים רַבִּים תִּפָּקֵד בְּאַחֲרִית הַשָּׁנִים תָּבוֹא אֶל־אֶרֶץ מְשׁוֹבֶבֶת מֵחֶרֶב מְקֻבֶּצֶת מֵעַמִּים רַבִּים עַל הָרֵי יִשְׂרָאֵל אֲשֶׁר־הָיוּ לְחָרְבָּה תָּמִיד וְהִיא מֵעַמִּים הוּצָאָה וְיָשְׁבוּ לָבֶטַח כֻּלָּם:
⁹ וְעָלִיתָ כַּשֹּׁאָה תָבוֹא כֶּעָנָן לְכַסּוֹת הָאָרֶץ תִּהְיֶה אַתָּה וְכָל־אֲגַפֶּיךָ וְעַמִּים רַבִּים אוֹתָךְ: ס

¹ *Vino a mí palabra de Yahvé, diciendo:* ² *Hijo de hombre, pon tu rostro contra Gog, en tierra de Magog, príncipe soberano de Mesec y Tubal, y profetiza contra él* ³ *diciendo: "Así ha dicho Yahvé, el Señor: Yo estoy contra ti, Gog, príncipe de Rosh, de Mesec y Tubal.* ⁴ *Te quebrantaré, pondré garfios en tus quijadas y te sacaré a ti junto con todo tu ejército: caballos y jinetes, completamente equipados, una gran multitud con paveses y escudos, armados todos ellos con espadas.* ⁵ *Persia, Cus y Fut con ellos; todos ellos con escudo y yelmo;* ⁶ *Gomer con todas sus tropas; la casa de Togarma, de los confines del norte, con todas sus tropas. Muchos pueblos estarán contigo.*

⁷ *Prepárate y está alerta, tú y toda tu multitud que se ha reunido contigo, y sé tú su comandante.* ⁸ *De aquí a muchos días serás visitado; al cabo de los años vendrás al país*

> salvado de la espada, contra gentes recogidas de entre muchos pueblos en los montes de Israel, que siempre fueron una desolación. Fueron sacadas de entre las naciones y todas ellas vivirán confiadamente. ⁹ Subirás tú y vendrás como una tempestad; como un nublado que cubra la tierra serás tú con todas tus tropas, y muchos pueblos contigo.

גּוֹג (Gog), es el nombre del príncipe contra el que se dirige la profecía. Se trata probablemente de un nombre que Ezequiel ha formado arbitrariamente a partir del nombre del país (Magog), aunque aparece también en 1 Cron 5, 4 como nombre de un rubenita, del que nada más se conoce. La construcción, גּוֹג אֶרֶץ הַמָּגוֹג, *Gog tierra de Magog*, es una expresión abreviada para "Gog de la tierra de Magog", y אֶרֶץ הַמָּגוֹג no ha de tomarse en conexión con שִׂים פָּנֶיךָ, como objetivo local (hacia Gog, a la tierra de Magog), como han supuesto Ewald y Hävernick, pues en ese caso sería muy difícil explicar el hecho de que גּוֹג aparezca después retomado en la aposición נְשִׂיא רֹאשׁ מֶשֶׁךְ.

מָגוֹג es el nombre de un pueblo mencionado en Gen 10, 2 como descendiente de Jafet, y según la explicación judía antigua y tradicional es el gran pueblo escita. Aquí aparece también como nombre de un pueblo, y está escrito con artículo (הַמָּגוֹג), para así poner de relieve el hecho de que el pueblo es bien conocido desde el tiempo del Génesis, y por lo tanto para destacar la tierra de Magog (del pueblo de Magog).

Gog aparece descrito también como el príncipe de Rosh, Mesech y Tubal. Siguiendo a Aquila, el Targum y Jerónimo, Ewald conecta רֹאשׁ, cabeza, con נְשִׂיא, un apelativo, con el sentido de *princeps capitis*, jefe principal. Pero el argumento empleado en defensa de esta aplicación (y para añadir que no hay un pueblo con el nombre de Rosh que aparezca mencionado ni en el Antiguo Testamento ni en Josefo) resulta muy débil. Por otro lado, la traducción de Rosh, רֹאשׁ, como apelativo, siendo posible (según la analogía de רֹאשׁ הַכֹּהֵן: 1 Cron 27, 5), es muy poco probable, por la simple razón de que נְשִׂיא aparece también sin apelativo en Ez 38, 3; 39, 1, y, además, en las repeticiones circunstanciales de los títulos, generalmente los nombres suelen abreviarse.

Los escritores árabes y los bizantinos mencionan con frecuencia un pueblo llamado Ῥῶς, en árabe *Ru',* un pueblo que habitaba en el Taurus y que solía tomarse como una de las tribus escitas (cf. Gesenius, *Thesaurus*, p. 1253), por lo que no hay ninguna razón para poner en duda la existencia de un pueblo conocido con el nombre de Rosh, aunque el intento de Bochart, que ha querido encontrar las huellas de ese nombre en los Ῥωξαλᾶνοι (Ptolomeo III. 5) y en los *Roxalani* (Plinio, *Historia nat.* IV. 12), suponiendo que se trata de una combinación de *Rhos* (*Rhox*) y *Alani*, resulta muy dudosa, lo mismo que la conjetura fundada en las investigaciones de Frähn (cf. Ibn Foszlan y otros, *Araber Berichte über die Russen älterer Zeit*, St. Petersburg 1823), quien conecta este nombre de Ῥῶς con Rusia, en árabe *ru.*

Mesech y Tubal (como en Ez 27, 13; 32, 26) son los moscos y los tibarenos de los escritores clásicos (cf. Coment. Gen 10, 2), quienes, según nuestro pasaje, habitan en el entorno de Magog. Según este relato de Ez 38, 5 en el ejército de Gog había también *Pharas* (Persas), *Cush*,y *Phut* (Etíopes y Librios, cf. *Coment* Ez 30, 5 y 27, 10), y según 38, 6 había también gentes de *Gomer* y de la casa de *Togarma*.

Por una comparación de esta lista con Gen 10, 2, Kliefoth saca la conclusión de que Ezequiel omite todos los pueblos que pertenecen a la familia de Jafet, que eran conocidos en ese tiempo o que lo serán después, como los medos, griegos y tracios, mientras que por otra parte él menciona pueblos que no han aparecido nunca en el escenario de la historia. Pero esa referencia está fuera de lugar, por la simple razón de que Ezequiel omite también las tribus jafetitas de Askenaz y de Ripta (Gen 10, 3), y por el hecho de que él menciona no solos a los פָּרָס, persas, que estaban probablemente relacionados con los medos, sino también a otros pueblos camitas, como Cus y Put, dos familias de pueblos de África.

Según eso, la armada de Gog estaba compuesta no solo de tribus jafetitas que habían logrado una importancia histórica, sino también de tribus camitas, es decir, por pueblos que vivían en el extremo norte (יַרְכְּתֵי צָפוֹן, 38, 6), en el este (persas) y en el sur (etíopes), es decir, en los bordes del mundo entonces conocido. Todos estos son los llamados por Gog, y los reunidos así para un ataque contra el pueblo de Dios.

Esto evoca un tiempo en el que los antiguos enemigos (Amón, Moab, Edom, filisteos y sirios, con los viejos poderes imperiales, como Egipto, Asur, Babel y Javan) habían salido ya de la escena de la historia, de manera que el pueblo de Dios aparecía ocupando el centro de la vida histórica del mundo, extendiéndose así muy ampliamente sobre la tierra, de manera que sus enemigos podrían encontrarse solo en los límites del mundo civilizado (cf. Ap 20, 8).

Ez 38, 3-9 transmite, en términos generales, el consejo ya decidido de Dios sobre Gog. Así en 38, 3-6, Dios está decidido a engañar a Gog, haciéndole que inicie una cruzada contra su pueblo Israel, y le dice que se prepare para la invasión de la tierra restaurada de Israel. El anuncio del propósito por el que Yahvé utiliza a Gog y su ejército, y el mandato que le dirige para que se prepare forman dos estrofas que están marcadas claramente por la semejanza en la conclusión de Ez 38, 6 y 9.38, 3. Dios se enfrentará con Gog para declarar su santidad sobre él, por medio de su juicio (38, 10). Por eso le engaña, para que ataque al pueblo de Israel.

וְשׁוֹבַבְתִּיךָ (38, 4) es una forma intensiva de שׁוּב, y puede significar como *vox media*, hacer volver (39, 27), hacer que alguien se vuelva, hacerle salir del camino recto, de la meta, engañarle (47, 10). Aquí y en Ez 39, 2, significa hacer que deje de seguir en la actitud anterior, de engañar o seducir, en el sentido de hacerle asumir una empresa peligrosa. Por eso, el texto caldeo ha traducido correctamente, por lo que toca al sentido, אשדלינך, *alliciam te,* te haré salir de ti.

Cuando se dice "pondré garfios en tus quijadas" (29, 4), Gog aparece representado como una bestia indomable, a la que se le obliga a seguir a su dueño (cf. Is 37, 29); de esa forma se indica que a Gog le obligan a obedecer al poder de Dios en contra de su voluntad. וְהוֹצֵאתִי, y te haré salir de tu tierra, de su lugar natal. Cuando en Ap 20, 8 se dice que Dios quiere engañar a la naciones (πλανῆσαι τὰ ἔθνη), a Gog y a Magog, para juntarse para la batalla, esas palabras del Apocalipsis tienen el mismo sentido que las de Ezequiel, en un plano material, con la excepción de que en el Apocalipsis el que engaña es Satán, mientras que en Ezequiel es el mismo Dios, que controla incluso las manifestaciones del mismo mal, de forma que estos dos pasajes se relacionan entre sí lo mismo que 2 Sam 24, 1 y 1 Cron 21, 1 (Hävernick).

Este ejército de Gog (Ez 38, 4-6) aparece espléndidamente equipado y es muy numeroso. Para לְבֻשֵׁי מִכְלוֹל cf. *Coment.* a Ez 23, 12, donde los sátrapas asirios aparecen equipados de esa forma. קהל como en Ez 17, 17. Las palabras "paveses y escudos" aparecen de una forma bastante independiente en el centro del discurso, sin subordinación lógica a lo anterior. Además de las armas defensivas, con los escudos grandes y pequeño, los soldados llevan espadas, que son las armas ofensivas. En el caso de las naciones de 38, 5 solo se mencionan el escudo y el yelmo como equipamiento, para así variar respecto a 27, 10.

Gomer son los cimerios, la casa de Togarma son los armenios (cf. *Coment.* a Ez 27, 14). Para אֲגַפֶּיהָ, sus tropas, cf. *Coment.* a Ez 12, 14. La descripción queda redondeada al fin con עַמִּים רַבִּים. En 38, 7, el infinitivo absoluto nifal הִכֹּן, que solo aparece además en Am 4, 12, se utiliza enfáticamente, en lugar del imperativo. La repetición del mismo verbo, aunque en imperativo hifil (prepara el equipo, prepara todo lo necesario, cf. Ez 7, 14) sirve también para precisar y dar fuerza al argumento. Y וְהָיִיתָ לָהֶם לְמִשְׁמָר, sé para ellos "comandante", vigílales, como *abstracto en lugar de concreto*, se refiere a alguien que tiene cuidado de ellos (cf. Job 7, 12 y Neh 4, 3. 16), sé para ellos como su líder.

Ez 38, 8- 9 indican la finalidad para la que Gog tenía que estar preparada. La primera frase de 38, 8 (מִיָּמִים רַבִּים) recuerda mucho la de Is 24, 22 (וּמֵרֹב יָמִים), de manera que este pasaje es una evocación de aquel; dado que Ezequiel emplea las palabras en el mismo sentido que Isaías, Hävernick se equivoca al suponer que תִּפָּקֵד se utiliza con el significado de quedar en falta, de perecer. Esa palabra nunca tiene ese último sentido, y "perderse" no se adapta al contexto, ni aquí ni en Isaías, donde יפקד significa ser visitado, es decir, ser llevado al castigo. Aquí también se debe retener el sentido de *visitari* (Vulg.), es decir, de ser visitado en el sentido de visita penal (de castigo).

La objeción de que aquí no hay referencia a un castigo, pues el castigo solo aparece en 38, 16-18, pierde toda fuerza si tenemos en cuenta que visitar tiene un sentido mucho más extenso que castigar, y además la visitación consiste en el hecho de que Dios dirige a Gog para que invada la tierra de Israel, a fin de que él pueda santificarse realizando el juicio. Esto es lo que aquí se anuncia, y es lo que se aplica también a la cláusula paralela que sigue: Tú has de ir a la tierra etc., y de esa manera comenzará el camino por el que Dios le visitará.

Esa palabra (תִּפָּקֵד) se podría utiliza también en el sentido de ser mandado, recibir el mandato de (Hitzig y Kliefoth), pero ese sentido no responde al uso del lenguaje, ni está de acuerdo con el contexto. Entre los pasajes que se citan en apoyo de esto, cf. Neh 7, 1 y 12, 44. נפקד significa meramente recibir el encargo de tener en cuenta una cosa, no de hacerla sin más. Por otra parte, Gog ha sido nombrado ya líder del ejército en 38,7, de forma que no tiene por qué ser colocado aquí como supremo comandante, por primera vez, después de lo ya dicho.

מִיָּמִים רַבִּים, después de muchos días, es decir, después de un largo tiempo (cf. Js 23, 1) no es sin más equivalente a באחרית השנים, sino que indica meramente un largo lapso de tiempo. Sin embargo, aquí se dice que eso sucede חֲרִית הַשָּׁנִים בָּא, que es equivalente a אַחֲרִית הימים (Ez 38, 16), *al final de los días, en los últimos tiempos*, pero no en un tiempo futuro en general, sino en el mismo futuro final, en el tiempo mesiánico del cumplimiento del reino de Dios (cf. *Coment*. a Gen 49, 1).

Este significado se puede aplicar también aquí, porque Gog ha de venir sobre las montañas de Israel, que habían sido devastadas תָּמִיד, es decir, continuamente, durante mucho tiempo, pero que ahora están habitadas de nuevo. A pesar de que תָּמִיד significa, por ejemplo, un período de tiempo relativamente largo, aquí se está refiriendo a los setenta o a los cincuenta años de desolación de la tierra en el tiempo de la cautividad babilónica. Esto resulta más claro aún si pensamos que Gog ha de venir a una tierra que ha sido liberada hace poco de la espada, una tierra en la que los israelitas se han reunido de muchos pueblos.

Estos predicados muestran que por אֶרֶץ se está pensando sobre todo en la población de la tierra, porque solo ella, la población, ha podido ser reunida de muchas naciones, habiéndose liberado de la espada, no de las consecuencias de la calamidad de la guerra, como puede ser el exilio (Rosenmüller), sino restaurada, de manera que no sea degollada y exilada por la espada del enemigo. מְשׁוֹבֶבֶת, participio pasivo del *pilel* de שׁובב, restaurar (cf. Is 58, 12). No se trata, pues, de que no haya expectación de guerra (contra Hitzig), sino que la tierra ha sido liberada de la opresión.

La gente que puebla la tierra liberada ha sido reunida de muchas naciones (מְקֻבֶּצֶת מֵעַמִּים רַבִּים), lo que está evocando la vuelta o retorno de la cautividad babilónica, es decir, de la dispersión de Israel; pero ahora se dice que viene a ser liberada de todo el mundo, cosa que de hecho no sucedió en la cautividad de Babilonia, sino después de la segunda destrucción de Jerusalén por los romanos.

En esa línea, la palabra תמיד indica una devastación mucho más larga que la del tiempo del exilio de los caldeos. וְהִיא introduce una cláusula circunstancial, y remite de nuevo a אֶרֶץ, es decir a los habitantes de la tierra. Éstos han vuelto de todas las naciones, lo que indica que, en el tiempo en que Gog invade la tierra, ellos están habitando en ella, sobre las montañas de Israel en una seguridad que no está turbada por nada.

וְעָלִיתָ significa "subirás", indicando el avance del enemigo, como en Is 7, 1 etc. כְּשֹׁאָה, como una tempestad, de שׁאה, bramar. La comparación con una nube es quizá limitada, pero esto no altera el significado de la nube, como representación de una severa tempestad (calamidad).

38, 10-16. Razón por la que Gog fue inducido a realizar esta expedición militar

¹⁰ כֹּה אָמַר אֲדֹנָי יְהוִה וְהָיָה ׀ בַּיּוֹם הַהוּא יַעֲלוּ דְבָרִים עַל־לְבָבֶךָ וְחָשַׁבְתָּ מַחֲשֶׁבֶת רָעָה׃
¹¹ וְאָמַרְתָּ אֶעֱלֶה עַל־אֶרֶץ פְּרָזוֹת אָבוֹא הַשֹּׁקְטִים יֹשְׁבֵי לָבֶטַח כֻּלָּם יֹשְׁבִים בְּאֵין חוֹמָה וּבְרִיחַ וּדְלָתַיִם אֵין לָהֶם׃
¹² לִשְׁלֹל שָׁלָל וְלָבֹז בַּז לְהָשִׁיב יָדְךָ עַל־חֳרָבוֹת נוֹשָׁבֹת וְאֶל־עַם מְאֻסָּף מִגּוֹיִם עֹשֶׂה מִקְנֶה וְקִנְיָן יֹשְׁבֵי עַל־טַבּוּר הָאָרֶץ׃
¹³ שְׁבָא וּדְדָן וְסֹחֲרֵי תַרְשִׁישׁ וְכָל־כְּפִירֶיהָ יֹאמְרוּ לְךָ הֲלִשְׁלֹל שָׁלָל אַתָּה בָא הֲלָבֹז בַּז הִקְהַלְתָּ קְהָלֶךָ לָשֵׂאת ׀ כֶּסֶף וְזָהָב לָקַחַת מִקְנֶה וְקִנְיָן לִשְׁלֹל שָׁלָל גָּדוֹל׃ ס
¹⁴ לָכֵן הִנָּבֵא בֶן־אָדָם וְאָמַרְתָּ לְגוֹג כֹּה אָמַר אֲדֹנָי יְהוִה הֲלוֹא ׀ בַּיּוֹם הַהוּא בְּשֶׁבֶת עַמִּי יִשְׂרָאֵל לָבֶטַח תֵּדָע׃
¹⁵ וּבָאתָ מִמְּקוֹמְךָ מִיַּרְכְּתֵי צָפוֹן אַתָּה וְעַמִּים רַבִּים אִתָּךְ רֹכְבֵי סוּסִים כֻּלָּם קָהָל גָּדוֹל וְחַיִל רָב׃
¹⁶ וְעָלִיתָ עַל־עַמִּי יִשְׂרָאֵל כֶּעָנָן לְכַסּוֹת הָאָרֶץ בְּאַחֲרִית הַיָּמִים תִּהְיֶה וַהֲבִאוֹתִיךָ עַל־אַרְצִי לְמַעַן דַּעַת הַגּוֹיִם אֹתִי בְּהִקָּדְשִׁי בְךָ לְעֵינֵיהֶם גּוֹג׃ ס

¹⁰ Así ha dicho Yahvé, el Señor: En aquel día subirán pensamientos a tu corazón y concebirás un plan perverso. ¹¹ Dirás: 'Subiré contra un país indefenso, iré contra gentes tranquilas que habitan confiadamente. Todas ellas habitan sin murallas, y sin cerrojos ni puertas'. ¹² Subirás para arrebatar despojos, para tomar botín, para poner tus manos sobre las ruinas ahora habitadas y sobre el pueblo recogido de entre las naciones, que se hace de ganado y posesiones, que habita en la parte central del país.
¹³ Sabá y Dedán, los mercaderes de Tarsis y todos sus príncipes te dirán: '¿Has venido a arrebatar despojos? ¿Has reunido tu multitud para tomar botín, para quitar plata y oro, para tomar ganados y posesiones, para arrebatar grandes despojos?'.
¹⁴ Por tanto, profetiza, hijo de hombre, y di a Gog que así ha dicho Yahvé, el Señor: En aquel tiempo, cuando mi pueblo Israel habite con seguridad, ¿no lo sabrás tú? ¹⁵ Vendrás de tu lugar, de las regiones del norte, tú y muchos pueblos contigo, todos ellos a caballo, una gran multitud y un poderoso ejército; ¹⁶ y subirás contra mi pueblo Israel como un nublado que cubra la tierra. Así será al cabo de los días: yo te traeré sobre mi tierra, para que las naciones me conozcan cuando sea santificado en ti, Gog, delante de sus ojos.

El mismo Dios indujo a Gog para que realizara esta expedición, y sin embargo Gog incurrió en pecado, y de esa forma suscitó sobre sí el juicio de destrucción que estaba a punto de caer sobre él. Las דְּבָרִים de 38, 10 no son palabras, sino cosas que vienen a la mente de Gog. Lo que son esas cosas lo descubrimos por 38, 11-12, pero ellas aparecen ante todo como malos pensamientos o designios.

Gog toma la decisión de caer sobre Israel, que ahora está viviendo en paz y seguridad, y habitando en lugares abiertos, no fortificados, y lo hace con el deseo de robar y devastar la tierra. אֶרֶץ se toma aquí literalmente, en el sentido de tierra abierta, es decir, sin fortificaciones militares (cf. *Coment* a Zac 2, 8), porque sus habitantes están viviendo en una paz no amenazada, en un reposo seguro, y no tienen muros con puertas y barrotes (cf. Jc 18, 7; Jer 49,31).

Esta descripción del modo de vida de Israel nos sitúa más allá de los tiempos que suceden a la vuelta de la cautividad de Babilonia, introduciéndonos en los días mesiánicos, cuando el señor haya destruido los caballos y carros de guerra, con las fortalezas militares (cf. Miq 5, 9), cuando Jerusalén esté habitada como un país abierto, por la multitud de los hombres y de los animales, y el mismo Señor sea como un muro de fuego en torno a ella (cf. Zac 2, 8-9). Para Ez 38, 12, cf. Is 10, 6.

לְהָשִׁיב יָדְךָ, *para poner tus manos*, no depende de אֶעֱלֶה, como los infinitivos anteriores, sino que se subordina a וְאָמַרְתָּ אֶעֱלֶה עַל־אֶרֶץ: "tú has dicho, subiré a la tierra… para poner mi mano". לְהָשִׁיב, para tomar de nuevo… Esta expresión se ha de entender por el hecho de que los paganos habían levantado ya en un período anterior su mano en contra de las ciudades de Israel, y habían devastado sus posesiones y sus bienes.

En este contexto, חֳרָבוֹת נוֹשָׁבֹת son las zonas desoladas ahora habitadas de nuevo, que han sido por tanto reedificadas (cf. Ez 2, 20; 26, 19). מִקְנֶה וְקִנְיָן son sinónimos. מִקְנֶה no significa rebaños o piaras de animales, sino ganancia, posesión (cf. Gen 36, 6; 31, 18; 34, 23). Un motivo de Gog para planear un ataque de este tipo consiste en buscar las posesiones de Israel. El segundo es atacar a los que viven en la parte central de la tierra. Esta expresión figurativa se explica en Ez 5, 5, presentando a Jerusalén como el centro de las naciones.

Esa palabra (טַבּוּר) no significa una tierra alta, sino una tierra situada en el centro del mundo, indicando así la más gloriosa y rica de las tierras, de manera que aquellos que habitan en ella ocupan el lugar más exaltado entre las naciones. Los motivos principales por los que Gog siente el impulso de organizar una expedición contra el pueblo que vive en un jardín de paz son dos: El deseo avaricioso de conseguirlos bienes del pueblo de Dios, y la envidia por su lugar exaltado en el centro del mundo.

Esta envidia es tan grande que la siente también la rica población comercial de Saba, Dedán y Tarsis (cf. Ez 27, 12. 22. 30). Las palabras de estos pueblos (Ez 38, 13) no han de tomarse como expresión de sus simpatías, sino que sirven para destacar el hambre de botín que caracteriza a la multitud dirigida por Gog. כְּפִרֶיהָ, en 38, 13, son sus jóvenes leones, los dirigentes avaros de estas comunidades mercantiles, según Ez 19, 3 y 32, 2.

Ez 38, 14 introduce el anuncio del castigo, que aparece como relato condensado de la empresa de Gog y de sus huestes (cf. Ez 38, 14-16, con 38, 4-9) con una afirmación clara del designio de Dios de hacer que vaya contra su pueblo y su tierra. Por su parte, תֵּדָע (cf. 38, 14, final) es una palabra que se ha traducido de diversas manera; no significa "tú tendrás experiencia de ello" o serás consciente de su castigo, sino que su objeto ha de entenderse desde el contexto: tú lo conocerás o percibirás, es decir, sabrás que Israel habita con seguridad, no experimentando ninguna invasión hostil.

La traducción de los LXX (ἐγερθήσῃ) no tiene ninguna razón satisfactoria para alterar תֵּדָע en תער (=תעור; con Ewald y Hitzig). Con la palabras וַהֲבִאוֹתִיךָ (38, 16) se resume y define con mayor cuidado el pensamiento introductorio de esta escena, con el propósito de precisar el designio de Dios al traer a Gog a luchar contra Israel, designio que consiste en que Dios se santifiqe ante los ojos de las naciones (cf. Ez 38, 23; 36, 23).

38 17-23. Anuncio del juicio airado sobre Gog, como prueba de la santidad del Señor.

¹⁷ כֹּה־אָמַר אֲדֹנָי יְהוִה הַאַתָּה־הוּא אֲשֶׁר־דִּבַּרְתִּי בְּיָמִים קַדְמוֹנִים בְּיַד־עֲבָדַי נְבִיאֵי יִשְׂרָאֵל הַנִּבְּאִים בַּיָּמִים הָהֵם שָׁנִים לְהָבִיא אֹתְךָ עֲלֵיהֶם: ס
¹⁸ וְהָיָה ׀ בַּיּוֹם הַהוּא בְּיוֹם בּוֹא גוֹג עַל־אַדְמַת יִשְׂרָאֵל נְאֻם אֲדֹנָי יְהוִה תַּעֲלֶה חֲמָתִי בְּאַפִּי:
¹⁹ וּבְקִנְאָתִי בְאֵשׁ־עֶבְרָתִי דִּבַּרְתִּי אִם־לֹא ׀ בַּיּוֹם הַהוּא יִהְיֶה רַעַשׁ גָּדוֹל עַל אַדְמַת יִשְׂרָאֵל:
²⁰ וְרָעֲשׁוּ מִפָּנַי דְּגֵי הַיָּם וְעוֹף הַשָּׁמַיִם וְחַיַּת הַשָּׂדֶה וְכָל־הָרֶמֶשׂ הָרֹמֵשׂ עַל־הָאֲדָמָה וְכֹל הָאָדָם אֲשֶׁר עַל־פְּנֵי הָאֲדָמָה וְנֶהֶרְסוּ הֶהָרִים וְנָפְלוּ הַמַּדְרֵגוֹת וְכָל־חוֹמָה לָאָרֶץ תִּפּוֹל:
²¹ וְקָרָאתִי עָלָיו לְכָל־הָרַי חֶרֶב נְאֻם אֲדֹנָי יְהוִה חֶרֶב אִישׁ בְּאָחִיו תִּהְיֶה:
²² וְנִשְׁפַּטְתִּי אִתּוֹ בְּדֶבֶר וּבְדָם וְגֶשֶׁם שׁוֹטֵף וְאַבְנֵי אֶלְגָּבִישׁ אֵשׁ וְגָפְרִית אַמְטִיר עָלָיו וְעַל־אֲגַפָּיו וְעַל־עַמִּים רַבִּים אֲשֶׁר אִתּוֹ:
²³ וְהִתְגַּדִּלְתִּי וְהִתְקַדִּשְׁתִּי וְנוֹדַעְתִּי לְעֵינֵי גּוֹיִם רַבִּים וְיָדְעוּ כִּי־אֲנִי יְהוָה: ס

¹⁷ Así ha dicho Yahvé, el Señor: ¿No eres tú aquel de quien hablé yo en tiempos pasados por mis siervos los profetas de Israel, los cuales profetizaron en aquellos tiempos que yo te había de traer sobre ellos? ¹⁸ En aquel tiempo, cuando venga Gog contra la tierra de Israel, dice Yahvé, el Señor, subirá mi ira y mi enojo. ¹⁹ Porque en mi celo, en el fuego de mi ira, he dicho que en aquel tiempo habrá gran temblor sobre la tierra de Israel, ²⁰ que los peces del mar, las aves del cielo, las bestias del campo, toda serpiente que se arrastra sobre la tierra y todos los hombres que están sobre la faz de la tierra, temblarán ante mi presencia. Se desmoronarán los montes, los vallados caerán y todo muro se vendrá a tierra.

²¹ En todos mis montes llamaré contra él a la espada, dice Yahvé, el Señor; la espada de cada cual estará contra su hermano. ²² Yo litigaré contra él con peste y con sangre; y haré llover sobre él, sobre sus tropas y sobre los muchos pueblos que están con él, una lluvia impetuosa y piedras de granizo, fuego y azufre. ²³ Entonces seré engrandecido y santificado, y seré conocido ante los ojos de muchas naciones. Y sabrán que yo soy Yahvé.

El anuncio del camino en el que el Señor se santificará al destruir a Magog (38, 16) comienza con la afirmación de 38, 17, en la que se dice que Gog es aquel de quien habían hablado los profetas anteriores. Esta afirmación se presenta en forma de pregunta, con הַאַתָּה־הוּא, no con הֲלֹא אַתָּה, que es la forma interrogativa que se emplea de un modo enfático, mientras que הַאַתָּה no plantea el tema como algo indiscutiblemente cierto, sino que sugiere la búsqueda, con el fin de ofrecer una respuesta final clara. La respuesta afirmativa a la pregunta queda sugerida en la última frase del verso: "que yo te habría de traer sobre ellos". De esa forma, הַאַתָּה־הוּא significa realmente que tú eres verdaderamente ése de quien hablaron.

La afirmación de que Gog es *aquel de quien Dios había hablado* ya los profetas anteriores no significa que esos profetas hubieran mencionado de hecho a Gog, sino que Gog era el enemigo de cuya elevación y lucha contra el pueblo de Dios habían hablado los profetas antiguos, que habían hablado también de su destrucción a través del juicio airado del Señor. שָׁנִים (años atrás) es un acusativo de tiempo, no un asíndeton para בַּיָּמִים como han traducido los LXX y muchos comentaristas hasta Hävernick.

La finalidad de esta indicación no es mostrar la verdad de los profetas, evocando sus anuncios antiguos, sino mostrar que el ataque de los pueblos reunidos por Gog en contra de la tierra y el pueblo del Señor no es un acontecimiento inesperado o algo que vaya en contra de las promesas de restauración de Israel como reino de Paz, sino que responde al designio de Dios.

Es difícil precisar los anuncios proféticos a los que se refiere esa palabra. No puede aludirse aquí a Zac 12, 2-3; 14, 2-3 porque Zacarías no profetizó hasta después de la cautividad, y por tanto lo hizo después de Ezequiel. Pero podemos pensar en Joel 4, 2. 11 ss; Is 25, 2. 10; 26, 21; Jer 30, 23-25, y, de hecho, en los profetas anteriores que profetizaron la llegada del día del juicio sobre los paganos[56]. De todas maneras, Ez 38-18-19 no contienen palabras concretas que Yahvé hubiera

---

56. Augustus Küeper (*Jeremias librorum sacrorum interpres atque vindex*, p. 82) ha observado correctamente en relación con este verso que "aquí no hay una referencia a profecías relacionadas con Gog y Magog que se hubieran perdido, sino una referencia a profecías de tipo general, que encontramos en diversos lugares, contra enemigos de la Iglesia, que aquí se aplican a Gog". En esa línea había dicho ya J. F. Starck que "en mi opinión, tenemos que entender estos pasajes en la línea de los profetas que hablan de la amenaza de los enemigos de la iglesia y de sus persecuciones…; esas aflicciones eran preludios y sombras de esta sangrienta persecución de Gog".

hablado a través de los profetas antiguos y que Ezequiel hubiera transferido ahora a Gog y al tiempo de su manifestación (HitzigyKliefoth).

El perfecto דִּבַּרְתִּי de 38, 19 no va en modo alguno en contra de la suposición anterior, porque es puramente profético, y expresa la certeza de la determinación divina como una cosa claramente probada. Aún menos puede tomarse נְאֻם אֲדֹנָי יְהוִה de 38, 18 como pretérito, como Kliefoth supone; ni pueden tomarse 38, 18-19 como expresión de algo muy antiguo, de manera que deba separarse de 38, 20-23, que sería una palabra nueva de Dios, proclamada ahora por primera vez.

En relación con la palabra "antropopática" de "subirá mi ira a mi nariz como humo asciende a su nariz" cf. Sal 18, 9: La explosión de la ira se muestra en el aliento fuerte que el hombre airado inhala y exhala a través de su nariz (cf. *Coment.* a salmo indicado). Esa explosión de la ira de Dios se explica literalmente en Ez 38, 19. Dios ha hablado con el celo de su ira, es decir, él está determinado a causar un gran temblor sobre la tierra de Israel. וּבְקִנְאָתִי (cf. Ez 5, 13) queda intensificado por בְּאֵשׁ־עֶבְרָתִי (cf. Ez 21, 36; 22, 21).

Ese terror que ha de venir sobre la tierra de Israel es de tal magnitud que todas las creaturas del mar, del aire y de debajo de la tierra temblarán ante Yahvé (מִפָּנַי); será como un gran terremoto que sobreviene sobre montañas, colinas y valles. הַמַּדְרֵגוֹת son las montañas empinadas a las que solo se puede ascender a pie (cf. Cant 2, 14). Esta representación del gran terremoto de todo el mundo, con todas las creaturas, ante el Señor que viene, tanto aquí como en Joel 4, 16 y Zac 14, 4-5, se apoya en el hecho de que este juicio se vincula con la revelación de Dios sobre el monte Sinaí, cuando toda la montaña temblaba (Ex 19, 16).

Los habitantes de la tierra de Israel tiemblan ante los terribles fenómenos que acompañan a la revelación de la ira de Dios, aunque esa ira no se aplique a ellos, sino a los enemigos, a Gog y a sus huestes. El Señor llama a la espada en contra de Gog, para que sus enemigos se hieran unos a los otros.

Este rasgo de la destrucción de los enemigos, por heridas infligidas por ellos mismos, que hallamos también en Zac 14, 13, encuentra su típico ejemplo en la derrota de los madianitas en tiempo de Gedeón (Jc 7,22), y también en la de los enemigos que invaden Judá en el reinado de Josafat (2 Cron 20, 23). En לְכָל־הָרַי, la lamed (ל) no es distributiva, sino que indica la dirección: a todas mis montañas.

La derrota de los enemigos queda intensificada por las plagas maravillosas infligidas por Dios: pestilencia y sangre (cf. Ez 28, 23), torrentes de agua y granizo (cf. Ez 13, 11), y lluvia de fuego y azufre sobre el ejército de Gog, como había caído en otro tiempo sobre Sodoma y Gomorra (Gen 19, 24). De esa manera probará Yahvé que es el todopoderoso, juzgando a sus enemigos y santificándose a sí mismo ante todas las naciones (Ez 38, 23; cf. 38, 16 y 36, 23).

5.2. Ez 39, 1-29. Juicio que ha de caer sobre Gog y sus huestes

39, 1-8. Anuncio general de su destrucción

וְאַתָּה בֶן־אָדָם הִנָּבֵא עַל־גּוֹג וְאָמַרְתָּ כֹּה אָמַר אֲדֹנָי יְהוִה ¹
הִנְנִי אֵלֶיךָ גּוֹג נְשִׂיא רֹאשׁ מֶשֶׁךְ וְתֻבָל׃
וְשֹׁבַבְתִּיךָ וְשִׁשֵּׁאתִיךָ וְהַעֲלִיתִיךָ מִיַּרְכְּתֵי צָפוֹן וַהֲבִאוֹתִךָ עַל־הָרֵי יִשְׂרָאֵל׃ ²
וְהִכֵּיתִי קַשְׁתְּךָ מִיַּד שְׂמֹאולֶךָ וְחִצֶּיךָ מִיַּד יְמִינְךָ אַפִּיל׃ ³
עַל־הָרֵי יִשְׂרָאֵל תִּפּוֹל אַתָּה וְכָל־אֲגַפֶּיךָ וְעַמִּים אֲשֶׁר אִתָּךְ ⁴
לְעֵיט צִפּוֹר כָּל־כָּנָף וְחַיַּת הַשָּׂדֶה נְתַתִּיךָ לְאָכְלָה׃
עַל־פְּנֵי הַשָּׂדֶה תִּפּוֹל כִּי אֲנִי דִבַּרְתִּי נְאֻם אֲדֹנָי יְהוִה׃ ⁵
וְשִׁלַּחְתִּי־אֵשׁ בְּמָגוֹג וּבְיֹשְׁבֵי הָאִיִּים לָבֶטַח וְיָדְעוּ כִּי־אֲנִי יְהוִה׃ ⁶
וְאֶת־שֵׁם קָדְשִׁי אוֹדִיעַ בְּתוֹךְ עַמִּי יִשְׂרָאֵל וְלֹא־אַחֵל ⁷
אֶת־שֵׁם־קָדְשִׁי עוֹד וְיָדְעוּ הַגּוֹיִם כִּי־אֲנִי יְהוִה קָדוֹשׁ בְּיִשְׂרָאֵל׃
הִנֵּה בָאָה וְנִהְיָתָה נְאֻם אֲדֹנָי יְהוִה הוּא הַיּוֹם אֲשֶׁר דִּבַּרְתִּי׃ ⁸

¹ *Tú pues, hijo de hombre, profetiza contra Gog, y di: Así ha dicho Yahvé, el Señor: He aquí yo estoy contra ti, Gog, príncipe soberano de Mesec y Tubal.* ² *Te quebrantaré, te conduciré, te haré subir desde las partes del norte y te traeré sobre los montes de Israel.* ³ *Te quitaré el arco de tu mano izquierda y haré caer tus flechas de tu mano derecha.* ⁴ *Sobre los montes de Israel caerás tú junto con todas tus tropas y los pueblos que fueron contigo. A las aves de rapiña de toda especie, y a las fieras del campo, te he dado por comida.* ⁵ *Sobre la faz del campo caerás, porque yo lo he dicho, dice Yahvé, el Señor.* ⁶ *Y enviaré fuego sobre Magog y sobre los que habitan seguros en las costas. Y sabrán que yo soy Yahvé.* ⁷ *Haré notorio mi santo nombre en medio de mi pueblo Israel y nunca más dejaré profanar mi santo nombre; y sabrán las naciones que yo soy Yahvé, el Santo en Israel.* ⁸ *He aquí que viene, y se cumplirá, dice Yahvé, el Señor: ese es el día del cual he hablado.*

La descripción posterior del juicio con el que Ez 38, 21-23 amenaza a Gog y a sus huestes comienza con una repetición del mandato que el profeta recibe de profetizar en contra de Gog (Ez 39, 1; cf. Ez 38, 2-3). Ez 39, 2 retoma los contenidos principales de 38, 4-15 (y lo hace de un modo breve). וְשֹׁבַבְתִּיךָ, como en 38, 4, está intensificado por שִׁשֵּׁאתִיךָ. La raíz ששׁא, que es un ἅπ. λεγ., no se relaciona con שׁשׁ, en el sentido de "yo dejaré una sexta parte de ti", o te afligiré con seis castigos. En etíope, esa raíz significa seguir, subir, y aquí tiene, de un modo correspondiente, el sentido de hacer subir, dirigir (LXX καθοδηγήσω σε, o, según otra lectura, κατάξω; Vulg. *Educam,* te hare salir). Para 39, 2 cf. 38, 8.

En la tierra de Israel, Dios les quitará las armas de las manos, es decir, les hará incapaces de luchar (para ese mismo dato, cf. la figura semejante de Sal 37, 15; 46, 10), y haré que ellos caigan con todo su ejército como presa de la muerte. עֵיט, bestia de presa, se concretiza después como pájaro צִפּוֹר y finalmente por el genitivo כָּל־כָּנָף: *pájaros de presa de todo tipo*. El juicio no se reducirá a la destrucción del ejército de Gog, que ha invadido la tierra de Israel, sino que (cf. Ez 39, 6) se extenderá a la tierra de Gog y a todas las naciones paganas que están habitando en seguridad.

אֵשׁ, fuego. Es en primer lugar el fuego de la guerra y después, en un sentido posterior, es signo de la destrucción infligida directamente por Dios, como en Es 38, 22, un fuego que en Ap 20, 9 aparece cayendo del cielo. Magog es la población de la tierra de Magog (38, 2). Quedan representados además los habitantes de la costas lejanas del oeste (las הָאִיִּים), como representantes de las naciones paganas más remotas.

Sobre Ez 39, 7-8. Por medio de este juicio, el Señor dará a conocer su santo nombre en Israel, y mostrará a los paganos que él no dejará que su nombre sea ya más blasfemado por ellos. Sobre el hecho mismo, cf. Ez 36, 20. Para Ez 39, 8, cf. Ez 21, 12, y para הַיּוֹם cf. Ez 38, 16-1.

39, 9-20. La destrucción de Gog y sus huestes

⁹ וְיָצְאוּ יֹשְׁבֵי עָרֵי יִשְׂרָאֵל וּבִעֲרוּ וְהִשִּׂיקוּ בְּנֶשֶׁק וּמָגֵן וְצִנָּה בְּקֶשֶׁת וּבְחִצִּים וּבְמַקֵּל יָד וּבְרֹמַח וּבִעֲרוּ בָהֶם אֵשׁ שֶׁבַע שָׁנִים:
¹⁰ וְלֹא־יִשְׂאוּ עֵצִים מִן־הַשָּׂדֶה וְלֹא יַחְטְבוּ מִן־הַיְּעָרִים כִּי בַנֶּשֶׁק יְבַעֲרוּ־אֵשׁ וְשָׁלְלוּ אֶת־שֹׁלְלֵיהֶם וּבָזְזוּ אֶת־בֹּזְזֵיהֶם נְאֻם אֲדֹנָי יְהוִה: ס
¹¹ וְהָיָה בַיּוֹם הַהוּא אֶתֵּן לְגוֹג מְקוֹם־שָׁם קֶבֶר בְּיִשְׂרָאֵל גֵּי הָעֹבְרִים קִדְמַת הַיָּם וְחֹסֶמֶת הִיא אֶת־הָעֹבְרִים וְקָבְרוּ שָׁם אֶת־גּוֹג וְאֶת־כָּל־הֲמוֹנֹה וְקָרְאוּ גֵּיא הֲמוֹן גּוֹג:
¹² וּקְבָרוּם בֵּית יִשְׂרָאֵל לְמַעַן טַהֵר אֶת־הָאָרֶץ שִׁבְעָה חֳדָשִׁים:
¹³ וְקָבְרוּ כָּל־עַם הָאָרֶץ וְהָיָה לָהֶם לְשֵׁם יוֹם הִכָּבְדִי נְאֻם אֲדֹנָי יְהוִה:
¹⁴ וְאַנְשֵׁי תָמִיד יַבְדִּילוּ עֹבְרִים בָּאָרֶץ מְקַבְּרִים אֶת־הָעֹבְרִים אֶת־הַנּוֹתָרִים עַל־פְּנֵי הָאָרֶץ לְטַהֲרָהּ מִקְצֵה שִׁבְעָה־חֳדָשִׁים יַחְקֹרוּ:
¹⁵ וְעָבְרוּ הָעֹבְרִים בָּאָרֶץ וְרָאָה עֶצֶם אָדָם וּבָנָה אֶצְלוֹ צִיּוּן עַד קָבְרוּ אֹתוֹ הַמְקַבְּרִים אֶל־גֵּיא הֲמוֹן גּוֹג:
¹⁶ וְגַם שֶׁם־עִיר הֲמוֹנָה וְטִהֲרוּ הָאָרֶץ: ס
¹⁷ וְאַתָּה בֶן־אָדָם כֹּה־אָמַר אֲדֹנָי יְהוִה אֱמֹר לְצִפּוֹר כָּל־כָּנָף וּלְכֹל חַיַּת הַשָּׂדֶה הִקָּבְצוּ וָבֹאוּ הֵאָסְפוּ מִסָּבִיב עַל־זִבְחִי אֲשֶׁר אֲנִי זֹבֵחַ לָכֶם זֶבַח גָּדוֹל עַל הָרֵי יִשְׂרָאֵל וַאֲכַלְתֶּם בָּשָׂר וּשְׁתִיתֶם דָּם:
¹⁸ בְּשַׂר גִּבּוֹרִים תֹּאכֵלוּ וְדַם־נְשִׂיאֵי הָאָרֶץ תִּשְׁתּוּ אֵילִים כָּרִים וְעַתּוּדִים פָּרִים מְרִיאֵי בָשָׁן כֻּלָּם:
¹⁹ וַאֲכַלְתֶּם־חֵלֶב לְשָׂבְעָה וּשְׁתִיתֶם דָּם לְשִׁכָּרוֹן מִזִּבְחִי אֲשֶׁר־זָבַחְתִּי לָכֶם:
²⁰ וּשְׂבַעְתֶּם עַל־שֻׁלְחָנִי סוּס וָרֶכֶב גִּבּוֹר וְכָל־אִישׁ מִלְחָמָה נְאֻם אֲדֹנָי יְהוִה:

⁹ *Los habitantes de las ciudades de Israel saldrán y encenderán fuego para quemar armas, escudos, paveses, arcos y saetas, dardos de mano y lanzas. Harán fuego con ellos durante siete años.* ¹⁰ *No traerán leña del campo ni la cortarán de los bosques, sino que*

quemarán las armas en el fuego. Despojarán a sus despojadores y robarán a los que les robaron, dice Yahvé el Señor.
[11] En aquel tiempo yo daré a Gog por sepultura un lugar en Israel, el valle de los que pasan al oriente del mar. Y obstruirá el paso a los transeúntes, pues allí enterrarán a Gog y a toda su multitud; y lo llamarán el Valle de Hamón-gog. [12] Y la casa de Israel los estará enterrando durante siete meses, para purificar el país. [13] Los enterrará todo el pueblo del país, y será para ellos célebre el día en que yo sea glorificado, dice Yahvé, el Señor.
[14] Tomarán hombres a jornal que viajen por el país en busca de los que queden sobre la faz de la tierra, para enterrarlos, a fin de purificarla. Al cabo de siete meses harán la inspección. [15] Pasarán los que vayan por el país, y el que vea los huesos de algún hombre pondrá junto a ellos una señal, hasta que los entierren los sepultureros en el valle de Hamón-gog. [16] Y también el nombre de la ciudad será Hamona; y purificarán el país.
[17] Tú, hijo de hombre, así ha dicho Yahvé, el Señor: Di a las aves de toda especie y a toda fiera del campo: Juntaos, y venid; reuníos de todas partes junto a mi víctima que sacrifico para vosotros, un gran sacrificio sobre los montes de Israel; comeréis carne y beberéis sangre. [18] Comeréis carne de fuertes y beberéis sangre de soberanos de la tierra: ¡carneros, corderos, machos cabríos, bueyes y toros, engordados todos ellos en Basán! [19] Comeréis grasa hasta saciaros, y beberéis hasta embriagaros de sangre de las víctimas que para vosotros sacrifiqué. [20] A mi mesa os saciaréis de caballos, de jinetes fuertes y de todos los hombres de guerra, dice Yahvé, el Señor.

Para mostrar lo terrible que será el juicio de Gog, Ezequiel describe la destrucción total de sus poderosas fuerzas con tres rasgos.

1. Las armas de los enemigos muertos ofrecerán a los habitantes de la tierra madera suficiente para quemar a lo largo de siete años, de manera que ellos no tendrán necesidad de buscar combustible en el campo o en el bosque (cf. 39, 9-10). Hävernick se equivoca al suponer que la razón para quemar las armas de guerra es que, según Is 9, 5, ellas eran totalmente contrarias a la paz mesiánica. Aquí no es eso lo que se dice; lo que el texto quiere indicar es la aniquilación completa del enemigo, la destrucción de todas sus huellas.

Por eso, el profeta se esfuerza en nombrar todo tipo de armas empleadas como combustible, incluso los bastones de mano que los hombres solían llevar (cf. Num 22, 27). La cantidad de la armas será tan grande que ellas bastarán como combustible para Israel durante siete años. Ese número de siete años, lo mismo que los siete meses para enterrar a los muertos, es simbólico, y pone de relieve la gran cantidad de armas y de cuerpos que son objeto del juicio de Dios. Con la recogida de armas para quemar se vincula el saqueo de los cuerpos muertos (39, 10), y de esa forma los israelitas hacen con los enemigos aquello que ellos querían hacer con los israelitas (38, 12), de manera que el pueblo de Dios podrá apoderarse de la riqueza de los enemigos (cf. Jer 30, 16).

2. En segundo lugar, Dios asignará un lugar inmenso de enterramiento para el ejército de Gog, en un valle de Israel, que se le llama en consecuencia "la multitud de Gog", y, al mismo tiempo, una ciudad de la región se llamará por eso *Hamonah*, es decir, la multitud. Los israelitas enterrarán aquí a los caídos de Gog a lo largo de siete meses, y al terminarse ese tiempo ellos explorarán la tierra a través de personas especialmente dedicadas a ello, a fin de que busquen los huesos que podían haber quedado sin enterrar; para eso habrá enterradores de muertos, a fin de que la tierra quede plenamente purificada. מְקוֹם־שָׁם es un lugar donde había una tumba en Israel, es decir, un lugar en el que los muertos pudieran ser enterrados en Israel.

Hay opiniones distintas tanto sobre la designación como sobre la situación de este lugar. No hay fundamento para pensar que el nombre de גֵּי הָעֹבְרִים deriva de las montañas Abarim Num 27, 12 y Dt 32, 49 (Michaelis, Eichhorn) o que significa el valle de los arrogantes (Ewald), o que aquí tengamos una alusión al valle mencionado en Za 14, 4 (Hitzig), o que se trata del valle de Josafat (Kliefoth). El nombre de este valle (הָעֹבְרִים) no puede derivarse de los הָעֹבְרִים, es decir, de aquellos que pasaban por la tierra en busca de los huesos de los muertos que aún quedaban sin enterrarse, para que lo fueran (Ez 39, 14-15). El nombre בְרִים הָעֹ no puede tener otro significado que el que tiene en la frase circunstancial que sigue, en la que no se puede aludir a los que exploran la tierra buscando restos humanos. De todas maneras, la frase sigue siendo oscura.

El único lugar en el que aparece la raíz de וְחֹסֶמֶת (חסם) es Dt 25, 4, donde evoca una especie de montón, palabra que en árabe significa obstruir, separar. Por eso, en este pasaje significa probablemente hacer parar en el camino. Los הָעֹבְרִים no son los escitas (Hitzig), porque la palabra עבר no se aplica nunca a su invasión de la tierra, sino en general a los viajeros que pasan por ella y más en concreto a los que vienen de Perea hacia Canaán. El valle de הָעֹבְרִים es sin duda el valle del Jordán, sobre el Mar Muerto. Así lo indica el texto al referirse a קִדְמַת, frente al mar, no al este del mar, como suele traducirse, porque קִדְמַת no tiene nunca ese significado (cf. *Coment* a Gen 2, 14).

Por no הַיָּם podemos entender el Mediterráneo, como ha hecho la mayoría de los comentaristas, pues en ese caso esas palabras no tendrían sentido, porque toda la tierra de Israel estaba situada al este del mar Mediterráneo. Aquí הַיָּם es el Mar Muerto, al que generalmente se le llama הַיָּם הַקַּדְמוֹנִי (Ez 47, 18), y así se dice también קדמת (lo que está frente al Mar Muerto, mirando desde Jerusalén, que es el punto central de la tierra. Por eso, aquí se alude probablemente al valle del Jordán, lugar de cruce, viniendo de Galaad para entrar en la tierra propiamente dicha de Canaán. En este lugar se situaba el punto más amplio del valle del Jordán, lugar que era por tanto el más adaptado como lugar de enterramiento de las huestes de Gog. Por eso se dice que la multitud de las tumbas cerrarán el camino para los viajeros que deseen pasar de un lado al otro.

Éste parece el significado de la cláusula circunstancial: por el hecho de que la multitud de Gog queda enterrada aquí, el mismo valle recibirá el nombre de *Hamon-Gog* (הֲמוֹן גּוֹג), la muchedumbre de Gog. Los israelitas tardarán siete meses en enterrar a los muertos (39, 12), y este trabajo tendrá una finalidad: Darle un nombre nuevo a toda la nación.

No se trata de que el enterrar a los muertos de Gog constituya un timbre de honor para los israelitas, ni se trata de que el hecho de tener en su tierra la tumba de Gog sea una prueba de que Israel es un pueblo privilegiado de Dios; éste es un pensamiento totalmente remoto y extraño para los israelitas. El hecho de enterrar a los muertos es causa de renombre para los israelitas en otro sentido: Ellos quedarán purificados al limpiar la tierra y expulsar de ella todo tipo de impureza.

יוֹם es un acusativo de tiempo: *en aquel día*, cuando yo me glorifique a mí mismo (Ez 39, 14-15). El esfuerzo realizado para limpiar perfectamente la tierra de la impureza de los huesos de los muertos será tan grande que, tras el enterramiento de la mayor parte de los muertos, a lo largo de siete meses, se nombrarán algunos hombres especiales para enterrar los huesos que sigan dispersados aquí y allí, a lo largo de la tierra.

Estos se llamarán וְאַנְשֵׁי תָמִיד, es decir, personas que tienen el deber permanente de enterrar esos huesos. Los participios מְקַבְּרִים y הָעֹבְרִים están en coordinación, y se escriben juntos, en *asyndeton*, hombres que van por la tierra buscando huesos, y hombres que les entierran. Éste es el sentido que tienen las palabras, según 39, 15, pues aquellos que van buscando no entierran a los muertos, sino que buscan los huesos que siguen quedando en el campo, y ponen una señal junto a ellos, para los enterradores de los muertos. Así lo indica וְרָאָה, con sujeto indefinido: Si uno ve un hueso humano, él edifica (construye) a su lado un צִיּוּן, es decir, una piedra (cf. 2 Rey 23, 17).

Ez 39, 16. Habrá también una ciudad que recibirá el nombre de *Hamonah* (הֲמוֹנָה), es decir, multitud o tumulto. A la palabra שֶׁם־עִיר hay que añadirle (יהיה: habrá), como lo supone claramente el contexto (en hebreo, en un caso como éste, no se requiere el verbo). En las últimas palabras (וְטִהֲרוּ הָאָרֶץ) se repite el pensamiento principal y se culmina la idea.

c) *En tercer lugar (Ez 39, 17-20)*, Dios mismo ofrecerá a los pájaros de presa y a las aves rapaces una comida abundante, tomada de los cuerpos de los enemigos muertos. Esto no se puede entender en el sentido de que solo los restos de los cadáveres no enterrados serán presa de las bestias, sino que las bestias de presa se alimentarán de los cadáveres antes que estos sean enterrados, pues ese enterramiento no puede hacerse de repente.

Los diversos rasgos de esta visión, en la que se muestra la forma en que los enemigos han de ser destruidos, no aparecen en un orden cronológico, sino más bien temático. Pues bien, el hecho de que las bestias coman los cadáveres aparece en tercer lugar, porque de esa forma culmina la ignominiosa destrucción de los muertos. Para insistir en ese pensamiento, el texto dice que el mismo Dios manda a las bestias para que vayan al festín que él les ha preparado. Esta visión tiene un fondo de comida sacrificial, y se funda en Is 34, 6 y Jer 46, 10.

En esa línea, los enemigos que han sido degollados aparecen como animales que han sido engordados para el sacrificio: carneros, corderos, cabras, novillos. Como ha indicado con toda razón Grocio "estos diversos tipos de animales, que suelen emplearse en los sacrificios se refieren sin duda a los diversos tipos de soldados, desde los jefes y capitanes hasta el resto de los soldados, como ha puesto de relieve el texto caldeo.

39, 21-29. Resultado del juicio y promesa conclusiva

אֶת־כְּבוֹדִ֖י בַּגּוֹיִ֑ם וְרָא֣וּ כָל־הַגּוֹיִ֗ם אֶת־מִשְׁפָּטִי֙ אֲשֶׁ֣ר עָשִׂ֔יתִי וְאֶת־יָדִ֖י אֲשֶׁר־שַׂ֥מְתִּי בָהֶֽם׃
21 וְנָתַתִּ֥י
22 וְיָֽדְעוּ֙ בֵּ֣ית יִשְׂרָאֵ֔ל כִּ֛י אֲנִ֥י יְהוָ֖ה אֱלֹֽהֵיהֶ֑ם מִן־הַיּ֥וֹם הַה֖וּא וָהָֽלְאָה׃
23 וְיָדְע֣וּ הַ֠גּוֹיִם כִּ֣י בַעֲוֺנָ֞ם גָּל֣וּ בֵֽית־יִשְׂרָאֵ֗ל עַ֚ל אֲשֶׁ֣ר מָֽעֲלוּ־בִ֔י וָאַסְתִּ֥ר פָּנַ֖י מֵהֶ֑ם וָאֶתְּנֵם֙ בְּיַ֣ד צָרֵיהֶ֔ם וַיִּפְּל֥וּ בַחֶ֖רֶב כֻּלָּֽם׃
24 כְּטֻמְאָתָ֥ם וּכְפִשְׁעֵיהֶ֖ם עָשִׂ֣יתִי אֹתָ֑ם וָאַסְתִּ֥ר פָּנַ֖י מֵהֶֽם׃ ס
25 לָכֵ֗ן כֹּ֤ה אָמַר֙ אֲדֹנָ֣י יְהוִ֔ה עַתָּ֗ה אָשִׁיב֙ אֶת־(שבית) [שְׁב֣וּת] יַֽעֲקֹ֔ב וְרִֽחַמְתִּ֖י כָּל־בֵּ֣ית יִשְׂרָאֵ֑ל וְקִנֵּאתִ֖י לְשֵׁ֥ם קָדְשִֽׁי׃
26 וְנָשׂוּ֙ אֶת־כְּלִמָּתָ֔ם וְאֶת־כָּל־מַעֲלָ֖ם אֲשֶׁ֣ר מָֽעֲלוּ־בִ֑י בְּשִׁבְתָּ֧ם עַל־אַדְמָתָ֛ם לָבֶ֖טַח וְאֵ֥ין מַחֲרִֽיד׃
27 בְּשׁוֹבְבִ֤י אוֹתָם֙ מִן־הָ֣עַמִּ֔ים וְקִבַּצְתִּ֣י אֹתָ֔ם מֵֽאַרְצ֖וֹת אֹיְבֵיהֶ֑ם וְנִקְדַּ֥שְׁתִּי בָ֖ם לְעֵינֵ֥י הַגּוֹיִ֥ם רַבִּֽים׃
28 וְיָדְע֗וּ כִּ֣י אֲנִ֤י יְהוָה֙ אֱלֹ֣הֵיהֶ֔ם בְּהַגְלוֹתִ֥י אֹתָ֖ם אֶל־הַגּוֹיִ֑ם וְכִנַּסְתִּים֙ עַל־אַדְמָתָ֔ם וְלֹֽא־אוֹתִ֥יר ע֖וֹד מֵהֶ֥ם שָֽׁם׃
29 וְלֹֽא־אַסְתִּ֥יר ע֛וֹד פָּנַ֖י מֵהֶ֑ם אֲשֶׁ֨ר שָׁפַ֤כְתִּי אֶת־רוּחִי֙ עַל־בֵּ֣ית יִשְׂרָאֵ֔ל נְאֻ֖ם אֲדֹנָ֥י יְהוִֽה׃ פ

21 Pondré mi gloria entre las naciones, y todas las naciones verán mi juicio que habré ejecutado y mi mano que puse sobre ellos. 22 Desde aquel día en adelante sabrá la casa de Israel que yo soy Yahvé, su Dios. 23 Y sabrán las naciones que la casa de Israel fue llevada cautiva por su pecado, por cuanto se rebelaron contra mí, y que yo escondí de ellos mi rostro, los entregué en manos de sus enemigos y cayeron todos a espada. 24 Conforme a su inmundicia y conforme a sus rebeliones hice con ellos, y de ellos escondí mi rostro.

25 Por tanto, así ha dicho Yahvé, el Señor: Ahora voy a hacer que vuelvan los cautivos de Jacob. Tendré misericordia de toda la casa de Israel y me mostraré celoso por mi santo nombre. 26 Ellos sentirán su vergüenza por toda su rebelión con que se rebelaron contra mí, cuando habiten en su tierra con seguridad y no haya quien los espante; 27 cuando los saque de entre los pueblos y los reúna de la tierra de sus enemigos, y sea santificado en ellos ante los ojos de muchas naciones.

²⁸ Y sabrán que yo soy Yahvé, su Dios, cuando, después de haberlos llevado al cautiverio entre las naciones, los reúna sobre su tierra, sin dejar allí a ninguno de ellos. ²⁹ No esconderé más de ellos mi rostro; porque habré derramado de mi Espíritu sobre la casa de Israel, dice Yahvé, el Señor.

El juicio terrible sobre Gog, entendido como revelación de la gloria de Dios, tendrá este doble efecto. (a) Israel conocerá que el Señor es su Dios y que continuará siéndolo siempre (Ez 39, 22). (b) Los paganos conocerán que Dios entregó a Israel bajo su poder y les expulsó de la tierra, no porque era incapaz de ayudarles, sino a causa de su apostasía (39, 23-24; cf 36, 17).

עָשִׂיתִי אֹתָם (39, 24), como en Ez 7, 27 etc. Pero dado que éste era el propósito del Señor en sus juicios, tras haberles castigado, hará que los cautivos vuelvan a Israel y tendrá compasión sobre todo su pueblo. Este giro de la profecía en 39, 25-29, sirve para retomar el motivo de las promesas, con las que culmina la profecía de Gog y todas las series de profecías que habían empezado en Ez 35, 1. Esta promesa retorna con עַתָּה אָשִׁיב אֶת־שְׁבִית a su propio tiempo de profeta, al que Ezequiel había vuelto ya al mencionar el exilio de Israel en 39, 23-24.

La restauración de los cautivos de Jacob comienza con la liberación de Israel del exilio de Babilonia, pero no se restringe a ello, sino que abarca todas las liberaciones que Israel experimentará desde el fin del exilio de Babilonia hasta la reunión final de las naciones, a través de la conversión del resto del pueblo que aún está endurecido y disperso. לָכֵן, por lo tanto, es decir, porque el mismo Dios se mostrará como Santo a la vista de las naciones paganas, a través del juicio, dándoles a conocer que él ha castigado a Israel solo a causa de sus pecados, de manera que ahora restaurará a su pueblo lo renovará por medio de su Espíritu (Ez 39, 29).

De esa forma queda claro el sentido del celo por su nombre, no solo en 39, 7, sino también en 36, 22-23, a través del hecho de que por medio de su juicio Dios se manifiesta como el santo. No hay que cambiar en וְנָשׂוּ en וְנָשׁוּ (ellos olvidarán), como proponen Dathe y Hitzig. נָשׂוּ es una pronunciación defectiva de וְנָשְׂאוּ (como מלו en vez de מלאו, en Ex 16, 61), sino que expresa correctamente el significado del reproche: Avergonzarse de sus pecados y de sus consecuencias, y sentir disgusto por ello.

El pensamiento es el mismo de Ez 16, 45. 61, donde se explica el sentido del reproche. Ellos sentirán esa vergüenza cuando el Señor les garantice una paz duradera en su propia tierra. Raschi ha explicado esto correctamente: "Cuando yo les haga el bien, y no les recompense como merece su iniquidad, ellos quedarán llenos de vergüenza, de manera que no se atreverán ni a levantar la cabeza".

Ex 39, 27 es solo una expansión de 39, 26. Para el hecho en sí, cf. Ex 36, 23-24; 20, 41 etc. Y no solamente se avergonzará Israel de sus pecados, sino que reconocerá que Yahvé es su Dios, desde ahora y para siempre, como se decía en 39, 22. Cuando él restaure plenamente al pueblo, y le saque del exilio, y le lleve a su tierra, de manera que de ahora en adelante no les retirará su favor, porque derramará su Espíritu sobre ellos y les santificará haciéndoles su pueblo (cf. 36, 27).

La promesa con la que culmina la profecía referente a la destrucción de Gog termina de esa forma, con el anuncio del juicio para todas las naciones, que verán la gloria de Dios, de manera que todo Israel reconocerá de ahora en adelante que Yahvé será su Dios y que no esconderá ya más su faz ante ellos. Esta última promesa sirve para confirmar la sustancia de la amenaza de castigo, al mostrar que, con la destrucción de Gog y de su reunión de pueblo, se juzgará y superará el último ataque del poder mundial de los paganos sobre el Reino de Dios. De esa manera, desde entonces el pueblo de Dios no tendrá que temer más a ningún enemigo que destruya su país y que rompa su bendición, y podrá disfrutar para siempre de la bendición final, de la posesión eterna de la tierra que el Señor le concede.

Gog no aparece solo como el último enemigo al que el Señor mismo incitará con el fin de destruirle con el milagro de su poder todopoderoso (Ez 38, 3-4. 19-22). Así lo muestra el hecho de que el ataque de Gog se producirá al fin de los tiempos, cuando Israel haya venido a reunirse en su tierra de todas las naciones, viviendo en reposo tranquilo en su heredad, en ciudades abiertas y no fortificadas, confiando en la ayuda del Señor (cf. 38, 8-11-12).

Por otra parte, los pueblos dirigidos por Gog en contra de Israel se identifican con las naciones paganas, que viven en los límites del mundo conocido. Esto significa que los enemigos antiguos de Israel (Moab y Tiro, Egipto y Babilonia…) ya no existen, no son amenaza para Israel. Los pueblos que ahora vienen con Gog provienen de los límites del mundo conocido, mucho más allá de las fronteras de Palestina. Esos enemigos vienen así de los extremos finales del mundo, del norte, del este y del sur de la tierra.

A partir de aquí se puede precisar el sentido historico de esta profecía. Pues bien, para ello, para determinar con más precisión el poder pagano que se eleva así por medio de Gog de Magog, contra el reino de Dios, debemos tomar en consideración los pasajes del Apocalipsis (cf. Ap 20, 8-9) en los que se resume y actualiza esta profecías. No entraremos en ese tema hasta no haber desarrollado la exposición de Ez 40-48, precisando así el sentido de la realización histórica de este nuevo templo y del reino de Dios.

III
Ez 40-48
EL NUEVO REINO DE DIOS

Los nueve capítulos finales de Ezequiel contienen una magnífica visión en la que el profeta, transportado en estado estático a la tierra de Israel, contempla el nuevo templo y la nueva organización del servicio de Dios y, al mismo tiempo, la nueva división de Canaán entre las tribus de Israel, que han retornado del exilio de las naciones. Esta última sección de nuestro libro, que está perfectamente redondeada, se distingue claramente por su forma de las profecías anteriores; pero está muy conectada con ellas por su contenido, y así constituye la segunda parte del conjunto del libro, llevando a su culminación el anuncio de salvación para Israel, y ofreciendo una visión panorámica de la realización de la salvación prometida.

Este anuncio (Ez 34-37) comienza con la promesa de que el Señor hará que Israel vuelva de nuevo de su dispersión en la tierra de Canaán, que Dios concedió a sus padres, de manera que los israelitas puedan habitar allí como pueblo renovado por el Espíritu Santo, caminando según sus mandamientos. Este anuncio culmina con la seguridad de que Dios hará un pacto de paz con su pueblo restaurado, colocando su santuario en medio de ellos, y habitando allí sobre ellos como su Dios para siempre (Ez 37, 26-28).

Esta visión que el profeta recibe en los capítulos que tenemos ante nosotros, en los que se expone la realización de esta promesa, comienza con la descripción y medidas del nuevo Santuario (Ex 40-42), en el que penetra la gloria del Señor con esta promesa: Éste es el lugar de mi trono donde yo habitaré para siempre entre los hijos de Israel (Ez 43, 1-12).

Esta visión concluye con la definición de las fronteras de Canaán entre las doce tribus, así como con la presentación de la extensión y construcciones de la nueva Jerusalén (Ez 47, 13-48, 35). El centro del relato está ocupado por la nueva organización del servicio de Dios, de manera que al cumplir ese servicio Israel vendrá a mostrarse como un pueblo santo del Señor (cf. Ez 43, 13-46, 24), a fin de participar así en la bendición que fluye como un río del umbral del templo y se extiende sobre la tierra (47, 1-12).

Por el breve esquema ofrecido de estos nueve capítulos resulta evidente que esta visión no trata meramente del nuevo templo y del nuevo orden del culto del templo, aunque estos puntos han sido descritos de la forma más elaborada. Estos capítulos ofrecen una visión de la nueva forma que asume todo el reino de Dios, y de esa manera despliegan de un modo plástico la realización de la restauración y de las bendiciones de Israel.

El conjunto se puede dividir en tres secciones. (a) La descripción del nuevo templo (40, 1-43, 12). (b) La nueva organización del culto de Dios (3, 23-46, 24). (c) Las bendiciones de la tierra de Canaán y su reparto entre las tribus de Israel (47, 1-48, 35).

De todas formas, esta división no aparece de un modo totalmente consecuente, pues en la parte central encontramos no solo varios puntos relacionados con el templo que se repiten (así la descripción del altar del incienso en 43, 13-17 y las cocinas para los sacrificios, 45, 19-24), sino que también por la presentación de la *therumah,* que ha de ser colocada aparte al dividir la tierra, lo mismo que el dominio del príncipe, mencionado y dividido en 45, 1-8.

1. Ez 40, 1-43, 12. El nuevo templo

Tras una breve introducción, anunciando el tiempo, lugar y finalidad de la visión (Ez 40, 1-4), la panorámica del templo que se le muestra al profeta comienza con una descripción de los atrios, con sus puertas y celdas (40, 5-47). Después vuelve a la descripción de la casa del templo, con su pórtico y su edificio lateral, erigido sobre un lugar separado (40, 48-41, 26), y también con las celdas del patio exterior, destinadas a las comidas sacrificiales de los sacerdotes y al almacenamiento de los diversos vestidos sagrados, pasando después a la descripción de la circunferencia exterior del templo (Ez 42). Esto termina con la consagración del templo, como lugar del trono de Dios cuando la gloria de Dios entra en el templo (43, 1-12)[57].

---

57. Para el desarrollo de esta sección, véase el libro riguroso aunque unilateral de Jul. Fr. Böttcher (*Exegetisch kritischer Versuch über die ideale Beschreibung der Tempelgebäude Ezech. Ezekiel 40-42, Ezekiel 46:19-24*), en la sección de *Proben alttestamentlicher Schriftklärung,* Leipzig, 1833, 218-365, con dos tablas de ilustraciones. Pueden verse también las monografías anteriores sobre estos capítulos, así Juan Bautista Villalpando, *De postrema Ezechielis visione, Pars. II of Pradi et Villalpandi in Ezech. explanattio,* Rom. 1604; Matth. Hafenreffer, *Templum Ezechielis in IX postr. prophetiae capita,* Tübingen 1613. Por su parte, la obra de L. C. Sturm, *Sciagraphia templi Hierosol... praesertim ex visione Ezech.,* Lips. 1964, con otros escritos mencionados en Rosenmüller, *Scholia ad Ez.* 40, no responden a las exigencias científicas de nuestro tiempo. Esto se aplica también a la obra de Dr. J. J. Balmer-Rinck, de gran belleza tipográfica, *Des Propheten Ezechiel Ansicht vom Tempel, mit 5 Tafeln und 1 Karte,* Ludwigsc. 1858, y a la descripción y grabados del templo de Ezequiel en Gust. Unruh, *Das alte Jerusalem und seine Bauwerke,* Langensalza 1861.

1.1. Ez 40, 1-47. Atrio exterior, con muro de separación, puertas y celdas.

40, 1-4. Introducción

בְּעֶשְׂרִים וְחָמֵשׁ שָׁנָה לְגָלוּתֵנוּ בְּרֹאשׁ הַשָּׁנָה בֶּעָשׂוֹר לַחֹדֶשׁ ¹
בְּאַרְבַּע עֶשְׂרֵה שָׁנָה אַחַר אֲשֶׁר הֻכְּתָה הָעִיר בְּעֶצֶם הַיּוֹם
הַזֶּה הָיְתָה עָלַי יַד־יְהוָה וַיָּבֵא אֹתִי שָׁמָּה׃
בְּמַרְאוֹת אֱלֹהִים הֱבִיאַנִי אֶל־אֶרֶץ יִשְׂרָאֵל וַיְנִיחֵנִי אֶל־הַר ²
גָּבֹהַּ מְאֹד וְעָלָיו כְּמִבְנֵה־עִיר מִנֶּגֶב׃
וַיָּבֵיא אוֹתִי שָׁמָּה וְהִנֵּה־אִישׁ מַרְאֵהוּ כְּמַרְאֵה נְחֹשֶׁת ³
וּפְתִיל־פִּשְׁתִּים בְּיָדוֹ וּקְנֵה הַמִּדָּה וְהוּא עֹמֵד בַּשָּׁעַר׃
וַיְדַבֵּר אֵלַי הָאִישׁ בֶּן־אָדָם רְאֵה בְעֵינֶיךָ וּבְאָזְנֶיךָ שְּׁמָע ⁴
וְשִׂים לִבְּךָ לְכֹל אֲשֶׁר־אֲנִי מַרְאֶה אוֹתָךְ כִּי לְמַעַן הַרְאוֹתְכָה
הֻבָאתָה הֵנָּה הַגֵּד אֶת־כָּל־אֲשֶׁר־אַתָּה רֹאֶה לְבֵית יִשְׂרָאֵל׃

¹ *En el año veinticinco de nuestro cautiverio, al principio del año, a los diez días del mes, a los catorce años después que la ciudad fue conquistada, aquel mismo día vino sobre mí la mano de Yahvé, y me llevó allá.*
² *En visiones de Dios me llevó a la tierra de Israel y me puso sobre un monte muy alto, sobre el cual había un edificio parecido a una gran ciudad, hacia el lado sur.* ³ *Me llevó allí, y vi que había un hombre, cuyo aspecto era como el aspecto del bronce. Tenía un cordel de lino en la mano y una caña de medir, y él estaba de pie junto a la puerta.*
⁴ *Aquel hombre me habló, diciendo: Hijo de hombre, observa con cuidado, escucha atentamente y fíjate bien en todas las cosas que te muestro, porque para que yo te las mostrara has sido traído aquí. Cuenta todo lo que ves a la casa de Israel.*

El doble anuncio del tiempo en que al profeta se le muestra la visión del nuevo templo y del nuevo reino de Dios se relaciona hacia atrás con Ez 1, 1 y 33, 21, y coloca esta revelación divina que trata de la nueva construcción del reino de Dios en una relación bien precisa no solo con la aparición de Dios por la que Ezequiel fue llamado a ser profeta (Ez 1, 1.3), sino también con la visión de Ez 8-11 en la que se le mostró la destrucción de la antigua Jerusalén pecadora con su templo.

El año veinticinco de la cautividad y el año catorce después que la ciudad fuera destruida, es decir, conquistada y reducida a cenizas, son el año 575 a. C. Hay diferencia de opiniones sobre la explicación correcta de בְּרֹאשׁ הַשָּׁנָה, al comienzo del año; pero no se puede tomar esta expresión como si indicara el comienzo de un año jurídico o civil (el mes séptimo: *Tishri*).

Esa costumbre de comenzar el año con el mes de *Tishri* se introdujo mucho después de la cautividad, y se vincula probablemente con la adopción de la era de los seléucidas. Por otra parte apenas se puede concebir que Ezequiel se hubiera desviado de la visión ofrecida por la Torah en un punto tan importante como es éste. La única razón que pudiera hacer que esto fuera probable es la que propone

Hitzig, cuando afirma que el 575 a. C. era un año de jubileo, pues el año del jubileo comenzaba con el día de la expiación, el diez del mes séptimo.

Pero no es nada probable que el año veinticinco de la cautividad fuera un año de jubileo. Concordamos, según eso, con Hävernick y Kliefoth, sumándonos a la visión de los comentaristas antiguos, y pensamos que בְּרֹאשׁ הַשָּׁנָה es una repetición contracta de la definición contenida en Ez 12, 2 (רֹאשׁ חֳדָשִׁים רִאשׁוֹן) y significa el mes que abre el año, es decir, el mes de *Abib* (*Nisan*). El décimo día del mes era el día en que se hacían los preparativos para la pascua, la fiesta en que Israel había sido elevado como pueblo de Dios. Ése era un tiempo de comienzo, un tiempo muy apropiado para la revelación de la nueva constitución del reino de Dios.

En ese día, Ezequiel fue transportado en estado de éxtasis al lugar de la Jerusalén destruida. Para הָיְתָה עָלַי יַד־יְהֹוָה וַיָּבֵא אֹתִי שָׁמָּה cf. 37, 1 y 1, 3. שָׁמָּה retoma sin duda el motivo de עִיר en 40, 2: Al lugar donde la ciudad estaba destruida. מַרְאוֹת como en 1, 1. וַיְנִיחֵנִי אֶל־הַר: me colocó sobre (no junto) a una muy alta montaña (con על en vez de אל, como es normal en Ezequiel: cf. 18,6; 31, 12). La montaña muy grande es el Monte Sión, exaltado sobre la cumbre de todas las montañas (Miq 4, 1; Is 2, 2), la montaña sobre la cual, conforme a lo que sigue, se encuentra el templo que Ezequiel contemplará en su visión, y que ha sido ya designado como la montaña altísima de Israel en Ez 17, 22-23[58].

Sobre esta montaña ha visto Ezequiel algo como una ciudad edificada hacia el sur (es decir, desde el sur). מִבְנֵה no es el edificio de la nueva Jerusalén (Hävernick, Kliefoth etc.). Ciertamente, lo que Ezequiel está viendo podría ser el edificio de una ciudad, aunque no se puede sacar esa conclusión a partir del uso de כְּ *simil.*, en el sentido de "como". Por otra parte, no se dice nada de la ciudad hasta Ez 45, 6; 48, 15-16 y 48, 30 ss, e incluso aquí solo en combinación con la medida y divisiones de la tierra. Por eso, lo que dice Hävernick al afirmar que esta revelación se centra en el santuario y en la ciudad (de manera que estos dos objetos principales aparecen unidos en forma de visión) no es correcto ni concluyente.

La revelación de Ezequiel se refiere al templo y a toda la tierra santa, incluyendo la ciudad; pero la ciudad en cuanto tal no tiene tal importancia como para afirmar que ella aparece destacada ya en la introducción. Si observamos el contexto descubrimos que el hombre con la medida, al que Ezequiel vio en el lugar donde fue transportado, estaba de pie en la puerta (Ez 40, 3). Esta puerta que rodeaba al edificio era (según Ez 40, 5-6) una puerta del templo. Las expresiones וְעָלָיו y מִנֶּגֶב pueden interpretarse desde ese fondo.

עָלָיו se refiere a la montaña mencionada inmediatamente antes, la montaña a cuya cumbre había sido transportado el profeta, y en la que estaba el edificio del

---

58. J. H. Michaelis lo ha explicado ya correctamente: "Como Is 2, 2 ha predicho ya, la montaña más alta es Sión, no por su altura física, sino por la eminencia que recibe del evangelio, en dignidad y gloria" (cf. Ap 21, 10).

templo, medido ante sus ojos. Pero מִנֶּגֶב no implica que, dado que Ezequiel miraba desde la montaña, él vio a cierta distancia, hacia el sur, un magnífico edificio. Lo que esta frase dice es que, mirando desde donde se encontraba, en dirección al sur, él vio este edificio sobre la montaña. En otras palabras, dado que él fue transportado desde Caldea, es decir, desde el Norte, Ezequiel vio el templo realmente hacia el sur.

Por eso, la traducción de los LXX (ἀπέναντι en lugar de מִנֶּגֶב) es substancialmente correcta, pero no hay razón para cambiar el sentido de מִנֶּגֶב, en dirección al sur. En 40, 3, וַיָּבֵא se repite del final 40, 1, con la finalidad de vincular la descripción siguiente de lo que se ha visto con lo anterior "cuando me llevó allí había un hombre…". Esta visión era como la visión de un hombre cuyo aspecto era como de bronce, de *bronce bruñido, brillante,* conforme a la glosa certera de los LXX: χαλκοῦ στίλβοντος (נְחֹשֶׁת קָלָל, 1, 7).

Esta figura sugiere un ser divino, un ángel, y así se le llama Yahvé (el ángel de Yahvé: 44, 2.5). La opinión de Kliefoth, según la cual el que habla en 44, 2.5 no es el hombre, sino que al profeta le habla la misma aparición de Dios (cf 43, 2ss) resulta insostenible, por el simple hecho de que aquel que habla en Ez 44 amonesta al profeta, para estar atento, para ver y para oír, con las mismas palabras del hombre de Ez 40, 4. Esto hace que no tengamos duda alguna de la identidad de ambas personas.

Él tenía en su mano una cuerda de medir y una caña de medir, esto es, dos utensilios de medida, porque tenía que medir muchas cosas, distintas entre sí, espacios más pequeños y más grandes, de manera que podía medir los espacios pequeños con la caña o vara y los grandes con el cordel. La puerta ante la cual se hallaba este hombre (40, 3) no se define de un modo más preciso, pero según 40, 5 ella ha de encontrarse en la muralla que rodea al edificio; y dado que él iba primero a la puerta del este, según 40, 6, ésta no era la puerta del este, sino más probablemente la del norte, pues él venía del norte.

40, 5. Muro de separación

⁵ וְהִנֵּה חוֹמָה מִחוּץ לַבַּיִת סָבִיב סָבִיב וּבְיַד הָאִישׁ קְנֵה הַמִּדָּה שֵׁשׁ־אַמּוֹת בָּאַמָּה וָטֹפַח וַיָּמָד אֶת־רֹחַב הַבִּנְיָן קָנֶה אֶחָד וְקוֹמָה קָנֶה אֶחָד:

> ⁵ *Y vi que había un muro fuera de la casa; y la caña de medir que aquel hombre tenía en la mano era de seis codos de a codo y palmo menor. Y midió el espesor del muro, que era de una caña; y su altura, de otra caña.*

La descripción del templo (pues, según lo que sigue, la בַּיִת es la casa de Yahvé; cf. 43, 7) comienza con la muralla que rodea el patio exterior, cuya anchura y altura han de medirse (para ello se ha dado antes, a modo de paréntesis, la longitud de la vara de medir; cf. Ilustración I)

La anchura y altura son de seis codos y un palmo, es decir, de seis codos, cada uno de los cuales tenía la longitud de un codo común y de un palmo (cf. 43, 13). En conjunto, por tanto, seis codos y seis palmos. 2 Cron 3, 3 supone que en el templo de Jerusalén se siguieron utilizando las medidas antiguas (codo, palmo) que eran un poco más extensas que las nuevas.

Esas medidas antiguas tenían como punto de partida el codo sagrado de la ley mosaica, y eran un palmo más largas que las nuevas, conforme al pasaje que estamos comentando. הַבִּנְיָן, la obra construida, el edificio de la muralla, que tenía la medida de una caña de anchura, y lo mismo de altura. Ezequiel no presenta la longitud de la muralla, tema que solo podremos precisar cuando sigamos describiendo toda la muralla (cf. Ez 40,27).

40, 6-16. Edificios de la puerta oriental

⁶ וַיָּבוֹא אֶל־שַׁעַר אֲשֶׁר פָּנָיו דֶּרֶךְ הַקָּדִימָה וַיַּעַל (בְּמַעֲלוֹתוֹ) [בְּמַעֲלוֹתָיו] וַיָּמָד אֶת־סַף הַשַּׁעַר קָנֶה אֶחָד רֹחַב וְאֵת סַף אֶחָד קָנֶה אֶחָד רֹחַב:
⁷ וְהַתָּא קָנֶה אֶחָד אֹרֶךְ וְקָנֶה אֶחָד רֹחַב וּבֵין הַתָּאִים חָמֵשׁ אַמּוֹת וְסַף הַשַּׁעַר מֵאֵצֶל אוּלָם הַשַּׁעַר מֵהַבַּיִת קָנֶה אֶחָד:
⁸ וַיָּמָד אֶת־אֻלָם הַשַּׁעַר מֵהַבַּיִת קָנֶה אֶחָד:
⁹ וַיָּמָד אֶת־אֻלָם הַשַּׁעַר שְׁמֹנֶה אַמּוֹת (וְאֵילוֹ) [וְאֵילָיו] שְׁתַּיִם אַמּוֹת וְאֻלָם הַשַּׁעַר מֵהַבָּיִת:
¹⁰ וְתָאֵי הַשַּׁעַר דֶּרֶךְ הַקָּדִים שְׁלֹשָׁה מִפֹּה וּשְׁלֹשָׁה מִפֹּה מִדָּה אַחַת לִשְׁלָשְׁתָּם וּמִדָּה אַחַת לָאֵילִם מִפֹּה וּמִפּוֹ:
¹¹ וַיָּמָד אֶת־רֹחַב פֶּתַח־הַשַּׁעַר עֶשֶׂר אַמּוֹת אֹרֶךְ הַשַּׁעַר שְׁלוֹשׁ עֶשְׂרֵה אַמּוֹת:
¹² וּגְבוּל לִפְנֵי הַתָּאוֹת אַמָּה אֶחָת וְאַמָּה־אַחַת גְּבוּל מִפֹּה וְהַתָּא שֵׁשׁ־אַמּוֹת מִפּוֹ וְשֵׁשׁ אַמּוֹת מִפּוֹ:
¹³ וַיָּמָד אֶת־הַשַּׁעַר מִגַּג הַתָּא לְגַגּוֹ רֹחַב עֶשְׂרִים וְחָמֵשׁ אַמּוֹת פֶּתַח נֶגֶד פָּתַח:
¹⁴ וַיַּעַשׂ אֶת־אֵילִים שִׁשִּׁים אַמָּה וְאֶל־אֵיל הֶחָצֵר הַשַּׁעַר סָבִיב סָבִיב:
¹⁵ וְעַל פְּנֵי הַשַּׁעַר (הַיְאָתוֹן) [הָאִיתוֹן] עַל־לִפְנֵי אֻלָם הַשַּׁעַר הַפְּנִימִי חֲמִשִּׁים אַמָּה:
¹⁶ וְחַלֹּנוֹת אֲטֻמוֹת אֶל־הַתָּאִים וְאֶל אֵלֵיהֵמָה לִפְנִימָה לַשַּׁעַר סָבִיב סָבִיב וְכֵן לָאֵלַמּוֹת וְחַלּוֹנוֹת סָבִיב סָבִיב לִפְנִימָה וְאֶל־אַיִל תִּמֹרִים:

⁶ *Después vino a la puerta que mira hacia el oriente, subió por sus gradas y midió un poste de la puerta, de una caña de ancho, y el otro poste, de otra caña de ancho.* ⁷ *Y cada cámara tenía una caña de largo y una caña de ancho. Entre las cámaras había cinco codos de ancho, y el umbral de la puerta que daba al vestíbulo, por el lado de dentro de la puerta, medía una caña.*

⁸ *Midió asimismo la entrada de la puerta por dentro, que era de una caña.* ⁹ *Midió luego la entrada del portal, que era de ocho codos, y sus postes, de dos codos. La puerta del portal estaba por el lado de adentro.* ¹⁰ *La puerta oriental tenía tres cámaras a cada lado, las tres de una misma medida; y también eran de una misma medida los portales a cada lado.* ¹¹ *Midió el ancho de la entrada de la puerta, de diez codos; y la longitud del portal era de trece codos.* ¹² *El espacio delante de las cámaras era de un*

codo a un lado y de otro codo al otro lado; y cada cámara tenía seis codos por un lado y seis codos por el otro.
¹³ Midió la puerta desde el techo de una cámara hasta el techo de la otra: veinticinco codos de ancho desde una puerta hasta la puerta de enfrente. ¹⁴ Midió la distancia entre los postes del atrio y los del portal rodeado por él: sesenta codos. ¹⁵ Y desde el frente de la puerta de la entrada hasta el frente de la entrada de la puerta interior, había cincuenta codos. ¹⁶ Y había ventanas estrechas en las cámaras, y en sus portales por dentro de la puerta alrededor, y asimismo en los corredores; y las ventanas estaban alrededor por dentro; y en cada poste había palmeras.

Las primeras palabras, וַיָּבוֹא אֶל־שַׁעַר, no se deben traducir "y él entró a la puerta", pues aunque esa traducción fuera gramaticalmente admisible no está en armonía con lo que sigue, conforme a lo cual el hombre sube primero las escaleras y luego comienza a medir los edificios de la puerta, con los límites de la puerta. Las escaleras (cf. ilustración 1, puertas) no han de tomarse como si rodearan el muro, y en la descripción que sigue ellas no están incluidas en la longitud de los edificios de la puerta. Aquí no se concreta el número de escaleras, pero los LXX han fijado bien su número, diciendo que son siete, pues este es el número que Ezequiel ofrece en 40, 22.26 en conexión con la puerta del norte y del sur (tres del atrio exterior, tres del interior, una de subida al templo).

A través de las escaleras, el hombre llegó al umbral (imagen 1 C) y lo midió. La descripción del primer edificio, el de la puerta del este, comienza por dentro. En primer lugar se atraviesa toda su longitud (40, 6-9), y entonces se miden por un lado las divisiones principales. Después (40, 10-12) se ofrecen, de manera más precisa, las dimensiones interiores de ambos lados en cuanto a sus rasgos, número y medida. Ez 40, 13-15 ofrece las relaciones y medidas del conjunto del edificio y finalmente (40, 16) se fija en las decoraciones del muro, observadas desde el interior.

La salida por la puerta se menciona primero en Ez 40, 27. De un modo consecuente, todo lo que menciona Ez 40, 6-16 ha de haber estado visible dentro del edificio, igual que en los casos de las otras puertas, cuyas medidas y descripciones se ofrecen también desde dentro (Böttcher). El umbral (imagen 1 C) tenía una caña de anchura (una caña son seis codos, unos dos metros con 67 cms), de fuera hacia dentro, y tenía por tanto las mismas dimensiones que los muros (40, 5). Este umbral era el único (el primero) que tenía que ser cruzado por cualquiera que pasara por la puerta viniendo de fuera, porque el edificio de la puerta tenía un segundo umbral que daba al atrio interior, y que se menciona en 40,7, por el que pasaban los sacerdotes.

Por eso se ofrece una definición más precisa (וְאֵת סַף אֶחָד: y aquel primer umbral), en conexión con la cual se da de nuevo la anchura. La partícula אֵת no es *nota nominativi*, ni se utiliza en el sentido de זֹאת; al contrario, es una *nota accus.*, y está también gobernada por וַיָּמָד. Por lo que toca a אֶחָד, esa palabra significa "uno", en el sentido de firme en sí mismo, alguien que no ha roto su identidad en varias partes, de manera que aparece primero, antes que los otros. Cf. Gen 1, 5. 7.

No se da la longitud del umbral, es decir, sus medidas entre los dos postes de entrada (de norte a sur); pero por la amplitud de la puerta de entrada mencionada en 40,11, podemos inferir que era de diez codos (cada codo son 44 con 5 cms.). Avanzando así desde el umbral llegamos a las medidas de la habitación de la guardia (imagen 2 G).. Según 1 Rey 14, 29, תא es una habitación construida en la puerta, para uso de los guardias que vigilan la puerta. Era de una caña de longitud y una de anchura. Entre las habitaciones de la guardia se menciona un espacio de cinco codos.

Conforme a eso, es evidente que había varias habitaciones de guardia, en sucesión. Según 40, 10 eran tres a cada lado de la puerta, pero en vez de juntarse directamente unas con otras, ellas estaban separadas por espacios intermedios, cada uno de los cuales tenía cinco codos (imagen 2, H).Eso exige que hubiera dos espacios a cada lado. Estos espacios de las habitaciones de guardia, de los que no tenemos más descripción, no han de tomarse como abiertos, porque en ese caso habría muchas entradas para el atrio, y la puerta no podría estar cerrada, Pero podemos suponer que estaban cerradas por muros laterales, por los que se conectaban entre sí las habitaciones de la guardia (Kliefoth).

Después de las habitaciones de guardia viene, en tercer lugar, el umbral de la puerta, por el lado de fuera, es decir, del pórtico o porche exterior de la puerta, es decir, el segundo umbral, que estaba en la salida occidental de los edificios de la puerta, junto al porche (imagen 2, D). En otras palabras, ese umbral (D) estaba inmediatamente a la entrada que dirigía al atrio y tenía también una caña de anchura, como el primer umbral, en la entrada oriental a la puerta. מֵהַבַּיִת, en dirección de la casa, es decir, entrando hacia la casa o, según nuestra forma de visualizar y describir las direcciones, yendo hacia la casa del templo.

Esto se añade el *ulam* o vestíbulo de la puerta (a אֶת־אֵלָם הַשַּׁעַר) para indicar claramente la posición de este porche que estaba en la parte interior del pasaje de la puerta de los edificios dirigiendo hacia el atrio, de manera que no podemos pensar en un vestíbulo o porche exterior, erigido fuera de los muros, en la parte exterior del edificio, frente a la puerta de entrada. Böttcher, Hitzig y otros se equivocan cuando identifican (o dicen que son intercambiables) מֵהַבַּיִת (de 40, 8) y מִבַּיִת (del interior, *intrinsecus*, Ez 7, 15; 1 Rey 6, 15), diciendo que מֵהַבַּיִת se refiere a סַף, como si Ezequiel quisiera presentar este umbral como el interior, situado dentro de los edificios de la puerta, en contra del primer umbral, mencionado en 40, 6.

En 40, 8-9 se dan dos medidas diferentes de este primer vestíbulo, que lleva de la puerta al atrio (imagen 2, D): Primero una caña (seis codos, Ez 40, 8) y después ocho codos (40, 9). Los traductores antiguos se encontraron perplejos ante esa diferencia, y más aún por el hecho de que la definición de las medidas se repite con las mismas palabras, de manera que, con la excepción de los targumistas, ellos han omitido el verso 8. Por su parte, en esa misma línea, algunos autores modernos como Houbigant, Ewald, Böttcher y Hitzig han suprimido también ese verso, pensando que se trata de una glosa.

Ciertamente, parece muy extraña a primera vista esa repetición de las medidas del vestíbulo, con una diferencia en los números, de manera que naturalmente se puede pensar en una glosa que ha hecho su entrada en el texto, por inadvertencia de los copistas. Pero resulta muy difícil entender cómo esa glosa se ha podido perpetuar, y esto no se puede explicar diciendo que nadie quería borrar unas palabras del texto, aunque hubieran sido erróneamente escritas. A esto se debe añadir la diferencia en los términos empleados para describir las dimensiones, es decir, primero con una caña, y después con ocho codos, con la diferencia de que en 40, 9 se ofrece no solo la medida del porche, sino también la de los pilares añadidos al porque, que se describen inmediatamente después.

Los intentos de los comentaristas antiguos para explicar las dos medidas del vestíbulo han fracasado siempre, y ha sido Kliefoth el que ha resuelto por primera vez la dificultad, diciendo que en 40, 8 se ofrecen las medidas del porche según la longitud interior, o la profundidad (de este a oeste), mientras que en 40, 9 se ofrece la longitud externa del muro sur o norte del porche (en la misma dirección, de este a oeste). Ambas medidas eran necesarias, la primera para dar una idea correcta del espacio interior del porche, como en el caso de las habitaciones de guardia de Ex 40, 8; la segunda para ofrecer los datos necesarios para calcular le longitud notal de las habitaciones de la puerta, de manera que se puedan añadir los pilares del vestíbulo del muro del oeste.

Como una parte de esta puerta de entrada o gran portón, este porche estaba abierto al este y al oeste, pero de manera que hacia el oeste, es decir, hacia el atrio, estaba cerrada por una puerta edificada en frente. A partir de aquí, Kliefoth piensa que los muros del porche o vestíbulo, de la parte norte y del sur proyectaban dos cubos hacia el oeste, más allá del espacio interior del porche, que se hallaban entre el umbral y la puerta, de manera que podían ser cerrados, y que tenían unos seis codos de largo, mientras que los dos pilares de la puerta, que tenían una anchura de dos codos, se hallaban unidos a la prolongación de las murallas exteriores.

Pero según esta hipótesis, esos espacios no constituyen un verdadero porche (אוּלָם), como supone el texto, sino una simple expansión de la muralla entre la tercera habitación de guardia y la puerta occidental. Si la continuación de las murallas exteriores, unidas a la edificación del umbral occidental, al sur y al norte, debía alcanzar el carácter de porche, la medida de la muralla defensiva del este no podía faltar totalmente.

De esa forma, aunque se abriera en la muralla un espacio para la entrada de la puerta, ese espacio debía elevarse de algún modo, impresionando así a los ojos, sea por su altura y amplitud, o sea por el hecho de que las murallas del sur y del norte se retrancaban un codo hacia el interior, de manera que estos portones constituían una entrada más amplia y defendida.

El sufijo unido a אֵילוֹ (*qetiv* de 40, 9) ha de tomarse probablemente en referencia a אֻלָם הַשַּׁעַר y no meramente el referencia a שַׁעַר, pues la palabra está construida como un plural (kere אֵילָיו): Los pilares del porche de la puerta (imagen 2 E) eran dos cubos fuertes y anchos. La medida que aquí se ofrece no ha de dividirse entre los dos pilares, como han supuesto los comentaristas antiguos, de manera que cada pilar tendría solo un codo de ancho, sino que se aplica a cada uno de ellos. Dado que los pilares tenían una altura de sesenta codos (cf. Ez 40, 14), ellos debían tener al menos dos cubos de anchura, para asegurar la firmeza necesaria.

Al final de 40, 9, se dice por tercera vez que el porche o vestíbulo de la puerta estaba dirigido hacia la casa del templo, porque era esta peculiaridad la que distinguía los edificios de la puerta, separando así el atrio exterior de los edificios del patio interior. Ciertamente, las puertas del patio interior se parecían a las del patio exterior, pero su situación es totalmente distinta, de manera que las puertas interiores se dirigían del atrio exterior del templo al interior, como Ezequiel afirma enfáticamente tres veces: 40, 31. 34. 37 (Kliefoth).

Al llegar al vestíbulo de la puerta y sus pilares, el "medidor" ha pasado a través de toda la longitud de los edificios de la puerta, y ha determinado la medida de todas sus partes componentes, por lo que se refiere a su longitud. Habiendo alcanzado el extremo interior o salida, el autor de la descripción vuelve atrás, a fin de añadir algunas particularidades importantes que se relacionan con la situación y el carácter de toda la estructura.

Él observa ante todo (40, 10), en relación al número y posiciones relativas de las habitaciones de la guardia (imagen 2, G), que había tres a cada lado, opuestas unas a las otras, de manera que las seis tenían las mismas dimensiones: Una caña o vara de anchura y una de profundidad (40, 7). En segundo lugar, él afirma que los pilares que ha mencionado en 40, 9, determinando sus medidas (40, 9: imagen 2 E), se elevan a cada lado del porche de la puerta, teniendo las mismas dimensiones. Muchos comentaristas han pensado erróneamente que por אֻלָם (vestíbulo, porche) debemos entender los muros entre las habitaciones de guardia y los pilares. Pero esos muros de conexión no podrían llamarse אֵילִים; y si esos pilares fueran los de las habitaciones de la guardia, deberíamos esperar la palabra לְאֵילָיו.

Ez 40, 11 sigue con las medidas de la anchura y longitud de la puerta. La anchura de la entrada, es decir, su capacidad de acogida era de diez codos. En esta anchura se incluye sin duda la amplitud de toda la puerta, en toda su extensión, con los dos recintos interiores y los siete escalones, que no aparecían en Ez 40, 6-7 (Kliefoth). Pues bien, la medida que sigue, es decir, los once codos de 40, 11 son difíciles de explicar, y se han entendido de diversas maneras.

Tanto N. Lyra (1270-1349) como Kliefoth afirman que la longitud de la puerta la altura de su jamba, que podía abrirse y cerrarse, no puede ser correcta, pues אֹרֶךְ, longitud, no puede entenderse nunca como altura (קוֹמָה). Por otra parte, en este contexto, a diferencia de פֶּתַח־הַשַּׁעַר, הַשַּׁעַר, la puerta, no puede significar las jambas que se abrían y cerraban, sino solo el edificio de la puerta (cf. 40, 6), o, en un sentido más limitado, aquella parte del edificio que cumplía la función de puerta, de un modo bien preciso. Por eso, en primer lugar, la puerta es aquella construcción que vincula las dos entradas, con su propia cubierta. En esa línea, en segundo lugar, la puerta era generalmente la entrada cubierta, o aquella parte del edificio (de la muralla) que estaba cubierta, a diferencia de las partes no cubiertas del muro o de los edificios entre dos puertas (Böttcher, Hitzig y Hävernick).

De todas maneras, no se puede suponer que una puerta de unos cincuenta codos de largo pudiera estar totalmente cubierta de tejado. En esa línea, dado que en Ez 40, 6-7 se mencionan dos umbrales y 40, 15 distingue una puerta exterior de entrada y un porche interior, podemos suponer que el gran edificio de la puerta tenía dos puertas, una por el exterior y otra por el interior, como el edificio de la puerta de *Mahanaim* (2 Sam 18, 24). En esa línea, se podría suponer que la longitud de los trece codos de la puerta se refiere al espacio interior de cada una de esas puertas, una interior, otra exterior, unidas entre sí, de manera que cada umbral (cada parte de la puerta) no tenía más que seis codos.

Pero esta suposición no solo es improbable en sí misma, sino que resulta insostenible, pues en toda la descripción no encontramos ninguna palabra que se refiera a dos o más porciones separadas de la puerta, de manera que no tenemos más remedio que afirmar con Böttcher, Hitzig y Hävernick, que la longitud de los trece codos se refiere solo a una puerta cubierta y que, según la analogía de las medidas de las habitaciones de la guardia (que aparecen en 40, 7), esa longitud se aplica también a la segunda puerta.

Eso significa que la puerta en su conjunto medía cuarenta codos, que formaban toda la longitud del edificio de la puerta (sin el porche de frente). Eso significa que la puerta tenía en su totalidad cuarenta codos de longitud, de los cuales unos veintiséis estaban cubiertos (*b b*) y los catorce restantes formaban un tipo de patio (Imagen 2 *c c*), rodeado de muros, que se extendía entre las dos puertas, pero que no estaba cubierto.

Eso significa que la cubierta de la puerta se extiende por la parte oriental y occidental de la habitación de los guardianes, que inmediatamente añadieron un umbral para la puerta y un cubo encima de ella, sobre la muralla, de manera que la parte central de la habitación de los vigilantes, con una porción de la muralla que la rodeaba vino a convertirse en una parte descubierta, una especie de patio del edificio de la puerta. Según 40, 12 había un גְּבוּל o frontera, una especie de espacio fronterizo, con una valla de un codo de anchura, a lo largo de toda la habitación de la guardia, con su extensión de seis cubos a cada lado.

Ésta es la configuración del edficio, como muestra la imagen de la puerta externa (imagen 2).

La construcción de la barrera (imagen 2 a) no se explica en el texto, pero su finalidad es clara: se trata de lograr que los centinelas puedan salir sin molestia de la habitación de guardia, para observar lo que estaba sucediendo en la puerta, tanto a la derecha como a la izquierda, sin que les estorben aquellos que van pasando por la puerta. Estas vallas de separación frente a las habitaciones de la guardia funcionaban como he dicho, de manera que solo había ocho codos (diez menos dos) abiertos para todos, entre las habitaciones de la guardia, para aquellos que iban y venían. En 40, 12 debemos suplir מפה después del primer אֶחָד, a causa del paralelismo 40, 12, que es básicamente una repetición del de 40, 7.

En Ez 40, 12 se repite básicamente lo dicho en 40, 7. En 40, 13 siguen las medidas de anchura del edificio de la puerta. Del tejado de una habitación de guardia al tejado de la habitación opuesta (con מִגַּ, una expresión abreviada de התא לגג) la anchura era de veinticinco codos, puerta contra puerta. Esas últimas palabras se añaden a causa de la claridad, para designar la dirección de las medidas tomadas a lo largo de la puerta.

La puerta de la habitación de guardia solo puede ser la externa, por la que pasaba la gente de un lado a otro, entre la habitación y el patio. Las medidas que se ofrecen no nos permiten pensar en una puerta de la muralla interior, es decir, la muralla que sirve como barrera para la puerta, sin que toquemos aquí la cuestión disputada entre los comentadores, sobre si las habitaciones de la guardia tenían muros hacia la parte interior de la puerta o no, es decir, si las habitaciones de la guardia tenían muros interiores, si eran habitaciones que podían cerrase o eran simple casetas abierta por su frente.

De todas formas, las medidas que se dan aquí concuerdan con las otras medidas que iremos viendo. La anchura de la puerta, con sus diez codos, añadida a la de cada habitación de la guardia hace que el conjunto tenga veintidós codos de ancho, de manera que si añadimos tres codos para las dos murallas exteriores, es decir, codo y medio para cada una (cf. 40, 42), podemos afirmar que la anchura del edificio de la puerta era de 25 codos, una dimensión que el mismo Ezequiel ofrece en cap. 40, versos 21. 25. 29,

Hay una nueva dificultad en 40, 14. Los אילים, cuya medida ha quedado fijada en la primera frase que habla de los sesenta codos, solo pueden ser los pilares de la puerta (אֵילוֹ) a los que se aludía en 40, 9. Y la medida aquí dada solo puede referirse a la altura de sesenta codos que sirve para explicar la elección del verbo (וַיַּעַשׂ), en el sentido general de *constitui* (*constituit*, en vez de ויעמד).

En relación al rechazo que causa entre los críticos modernos la cantidad de sesenta codos, Kliefoth ha observado correctamente: "Las torres de nuestras iglesias han crecido también a partir de los pilares de la puerta; y eso mismo es lo que vemos en los obeliscos de Egipto y en los minaretes turcos; por otra parte, nosotros mismos podemos ver cómo las chimeneas huecas de nuestra fábricas, de sesenta codos de altura, puede construirse sobre pedestales de dos codos cuadrados; por otra parte, no podemos olvidar que aquí nos encontramos ante un edificio colosal, contemplado en una visión, de manera que no se puede pensar que su altura resulta imposible.

Por otra parte, no solo los números, sino también los textos están verificados como correctos por el Targum y la Vulgata, en contra de todo capricho crítico, mientras que el mismo Böttcher afirma que el texto griego y el siríaco carecen de sentido, pues han sido mutilados y desfigurados.

En la segunda mitad del verso אַיִל tiene un sentido colectivo: "y el atrio o sala tocaba los pilares". הֶחָצֵר no es el patrio situado dentro del edificio de la puerta (Hitzig, Hävernick y otros), sino el patio exterior del templo. הַשַּׁעַר es un acusativo que se relaciona literalmente con el entorno de la puerta, que delimita las tres partes del entorno de la puerta. Estas palabras confirman de manera muy clara lo que está implicado en el relato precedente, es decir, que el edificio de la puerta estaba construido dentro del patio exterior, y no solamente en lo que se refiere al porche, sino en toda su extensión[59].

Así lo muestra 40, 45 cuando afirma que aquí se está hablando de la longitud de todo el edificio. Las palabras "y desde el frente de la puerta de la entrada hasta el frente de la entrada de la puerta interior, había cincuenta codos" ofrecen una concisa indicación topográfica. Al comienzo de la medida (וְעַל) no es necesario poner un min (מֵעַל), pues el punto del comienzo está indicado por la posición de la palabra.

Por su parte, en וְעַל פְּנֵי, que se distingue de עַל פְּנֵי, se está indicando la dirección hacia el punto final, de manera que no es necesario cambiar el על en עד, dado que על, cuando se utiliza para indicar la dirección suele tomar de ordinario el sentido de עד (cf וּתְקוּפָתוֹ עַל־קְצוֹתָם, Sal 19, 7, y וְאַפִּי עַל־תַּבְלִיתָם Is 10, 25); por otra parte, la dirección ha quedado aquí perfectamente definida por עַל־לִפְנֵי, con la ל.

El *qetiv* הַיֹּאתוֹן es un mala transcripción de הָאִיתוֹן, como han mostrado Gesenius y otros, al comentar el sustantivo "entrada". La puerta de entrada es la puerta exterior, con las escaleras que conducen al edificio de la puerta. En oposición a esta puerta exterior estaba la puerta interior, al final del edificio de la puerta, a través del porche que dirigía al patio.

La distancia de la puerta exterior a la interior era de cincuenta codos, que es el resultado de sumar las varias partes del edificio de la entrada tal como están dados en 40, 6-10: es decir, seis codos del primer umbral, más 18 codos de las

---

59. La traducción y comentario del Prof. C. F. Keil no concuerda con la traducción de Reina-Valera, que se apoya en un texto hebreo distinto (en la línea del Targum) que Keil ha criticado. Para una visión actualizada de toda la temática debería acudirse al comentario de Zimmerli, citado en Bibliografía (*Nota del traductor*).

habitaciones de la guardia (6 por 3), más diez codos (2 por 5) de los dos espacios entre las habitaciones de la guardia, más seis codos del umbral interior, más ocho codos del porche y dos de los pilares de la guardia (6 + 18 + 10 +6+8+2=50).

Finalmente, en Ez 40, 16 se mencionan las ventanas y las decoraciones de los edificios de la puerta. וְחַלֹּנוֹת son ventanas cerradas; se trata de una contracción de חַלּוֹנֵי שְׁקֻפִים אֲטֻמִים (1 Rey 6, 4), ventanas de barrotes cerrados, es decir, que no podían abrirse a voluntad como las de las habitaciones de las casas. Sea como fuere, es difícil determinar la situación de esas ventanas. Conforme a las palabras del texto, ellas estaban en las habitaciones de la guardia אֲלֵיהֵמָה y también en לָאֵלַמּוֹת y la לִפְנִימָה al interior del edificio de la guardia, es decir, yendo a la parte interior de la puerta, סָבִיב סָבִיב, es decir, en el entorno, rodeando por todas parte el camino de la puerta. De todas formas, es difícil determinar la situación de cada una de ellas.

Para entender estas afirmaciones, debemos precisar ante todo el sentido de dos palabras: אַיִל y אֵלַמּוֹת. אֵילִים aparece en singular no solo aquí sino en 40,14 y Ez 41, 3, y también en 1 Rey 6, 31. En plural solo se utiliza en este capítulo y en Ez 41, 1. אֵלַמּוֹת aparece solo en Ez 40, 16 y 40, 30. En los demás casos se presenta como אֵלַמִּים o con el sufijo אֵלַמָּיו. Por otra parte, resulta evidente por nuestro verso (40, 16), y aún más por la expresión וְאֵל־אַיִל, que se repite en 40,21; 40, 31 y 40, 34, que אֵילִים y אֵלַמִּים deben significar cosas distintas, y que no deben identificarse sin más, como suponen Böttcher y otros.

La palabra אַיִל es un término arquitectónico que solo aparece en conexión con las puerta o los portones. En este contexto se emplea en 2 Rey 6, 31, cuando se describe la puerta de los lugares más sagrados en el templo de Salomón, donde אַיִל significa el lugar donde se colocan los postes de las puertas, es decir, el lugar de la muralla donde se fijaban esos postes. Ezequiel utiliza en 41, 3 וַיָּמָד אֵיל־הַפֶּתַח en el mismo sentido. Lo mismo que al referirse a la puerta del lugar más sagrado (41, 1), y de una forma análoga, אֵילִים se aplica a los pilares que se elevaban a una altura colosal, y lo mismo al referirse a las puertas de los atrios (40, 9. 10. 14. 21. 24 etc.).

Ese mismo sentido es el que aparece aquí en 40, 16, donde los pilares o los postes aparecen vinculados a las puertas de la guardia, dado que el sufijo de אֲלֵיהֵמָה solo puede tomarse como referido a הַתָּאִים. Como estas habitaciones de la guardia tenían puertas, las puertas podían tener también postes, lo mismo que en Ez 40, 14 donde וְאֵל־אַיִל remitía a los אֵילִים, previamente mencionados.

Resulta más difícil determinar el sentido de אֵלִים (plural אֵלַמִּים o אֵלַמּוֹת), palabra que se ha identificado a veces con אוּלָם y a veces con אֵילִים. Ciertamente, en sentido etimológico, se conecta con esas palabras, pero no solo se distingue claramente de אֵילִים, como he indicado ya, sino también de אוּלָם, por el hecho de que, aparte de Ez 41, 15, el plural אוּלַמֵּי significa los porches delanteros de todos los edificios de la guardia del atrio. Por otra parte, אוּלָם solo aparece en singular porque cada edificio de la puerta tenía solo un porche delantero, mientras que el plural se utiliza solo en el caso de אלמים.

Por lo que se refiere a la forma, אילם se deriva de איל, y dado que איל significa la "proyección" (el alcance) y más especialmente los pilares de ambos lados de los portones y de las puertas, aparece como un nombre abstracto, relacionándose con la proyección de las puertas, con las obras vinculadas a la murallas laterales de un edificio de grandes dimensiones. Pues bien, si intentamos determinar de una manera más precisa el sentido de אילם en nuestra descripción del edificio de la puerta, que es el único contexto donde aparece esta palabra, encontramos que había אֵלַמּוֹת en el entorno del edificio de la puerta; más aún, por 40, 16 y 40, 25 vemos que los אלמים tenían ventanas que daban al desarrollo o camino interior del edificio de la puerta. Y finalmente, por Ez 40, 22 y 40, 26 vemos que cuando uno ascendía por escalones había אלמים enfrente (לִפְנֵי) de ellos.

En esa línea, por Ez 40, 21. 29. 33 vemos que en las habitaciones de la guardia, de un lado y del otro, había pilares (אילם y אֵלַמּוֹת) como partes constituyentes del camino de la puerta, siendo la longitud de ese camino de cincuenta codos. Por todo eso, podemos inferir que los אלמים, con las habitaciones de la guardia y los pilares, formaban una especie de cierres de lado del camino de la puerta a lo largo de toda su longitud. De un modo consecuente, podemos seguir a Kliefoth pensando que los אלמים son aquellas porciones de la parte interior de los muros de la puerta que defendían el paso de la puerta, lo mismo que los dos pilares del porche.

Eso significa que a lo largo del camino de la puerta (de cincuenta codos de largo) no había otra cosa que esos אלמים, que jalonaban la longitud de la puerta, con las puertas menores de las habitaciones de la guardia y con los porches. Esta explicación de la palabra se puede aplicar a todos los pasajes en los que aparece esta palabra, incluso a 40, 30.31, como mostrará la exposición que sigue.

De todo esto se sigue que las ventanas mencionadas en 41, 16 solo pueden estar en los muros de las habitaciones de la guardia y en los lados de la muralla interior del camino de la puerta. Según eso, אֶל־אֵלֵיהֵמָּה ha de tomarse como una definición más precisa de אֶל־הַתָּאִים, con el sentido de "y había ventanas estrechas en las cámaras, y en sus portales por dentro de la puerta alrededor, y asimismo en los corredores (por el lado de los pilares que cerraban la puerta)". Estas ventanas entraban en el interior del recorrido de la puerta.

Después de todo esto, queda abierta otra cuestión: Si estas ventanas miraban también hacia afuera de las habitaciones de la guardia, dentro del patio, y así hacían que entrara también la luz dentro del corredor de la puerta, porque las habitaciones de la guardia estaban abiertas al corredor de la puerta, como suponen Böttcher, Hitzig, Kliefoth y otros; o si las habitaciones de la guardia tenían también un muro con una puerta abierta hacia el corredor con ventanas hacia ambos lados, cosa a la que aquí se alude. Esta última opinión es menos probable porque si las habitaciones de la guardia no estaban abiertas hacia el corredor interior de la puerta sus muros no podrían llamarse אלמות. Por esa razón, pensamos que la primera opinión es la correcta.

Hay también alguna dificultad respecto a la expresión סָבִיב סָבִיב, porque estrictamente hablando no había ventanas alrededor, sino simplemente a ambos lado del edificio de la puerta. Pero si recordamos que las ventanas de la parte interior y exterior de las habitaciones de la guardia estaban considerablemente separadas de las ventanas del muro, la expresión סָבִיב סָבִיב puede justificarse en este sentido: "Todo alrededor, en todos los lugares a los que pudiera dirigirse la vida desde la puerta y וְכֵן לאלים, y así en los muros, es decir, allí donde había tales ventanas".

וְכֵן implica no solo que había ventanas en esos muros, sino también que ellos estaban construidas de la misma manera que las ventanas de los pilares de las habitaciones de la guardia. Solo de esa forma se puede afirmar que la puerta tenía ventanas todo alrededor, y que ellas miraban hacia adentro. De un modo consecuente, esto se repite una vez más.

Por otra parte, en la última cláusula del verso se observa todavía que וְאֶל־אַיִל, es decir, que conforme a Ez 40, 15, en los dos altos pilares en frente del pórtico había aún תִּמֹרִים añadidos, es decir, ornamentos en forma de palmeras, no meramente ramas u hojas de palmeras. Y con esto se completa la descripción de la puerta oriental del patio exterior. Y ahora, el ángel de las mediciones, dirige al profeta sobre el patio a las dos puertas restantes, la puerta del norte y la del sur. Mientras tanto se dirige y mide el patio exterior.

40, 17-19. El atrio exterior, descrito y medido

¹⁷ וַיְבִיאֵנִי אֶל־הֶחָצֵר הַחִיצוֹנָה וְהִנֵּה לְשָׁכוֹת וְרִצְפָה עָשׂוּי לֶחָצֵר סָבִיב סָבִיב שְׁלֹשִׁים לְשָׁכוֹת אֶל־הָרִצְפָה:
¹⁸ וְהָרִצְפָה אֶל־כֶּתֶף הַשְּׁעָרִים לְעֻמַּת אֹרֶךְ הַשְּׁעָרִים הָרִצְפָה הַתַּחְתּוֹנָה:
¹⁹ וַיָּמָד רֹחַב מִלִּפְנֵי הַשַּׁעַר הַתַּחְתּוֹנָה לִפְנֵי הֶחָצֵר הַפְּנִימִי מִחוּץ מֵאָה אַמָּה הַקָּדִים וְהַצָּפוֹן:

¹⁷ Me llevó luego al atrio exterior, y vi que había cámaras, y estaba enlosado todo en derredor; treinta cámaras había alrededor en aquel atrio. ¹⁸ El enlosado a los lados de las puertas, en proporción a la longitud de los portales, era el enlosado inferior ¹⁹ Midió la anchura desde el frente de la puerta de abajo hasta el frente del atrio interior por fuera, y era de cien codos hacia el oriente y hacia el norte.

Habiendo sido conducido por la puerta oriental en el atrio o patio interior, Ezequiel fue capaz de verlo de conjunto, no solo desde la parte de oriente, sino también desde el norte y el sur, y así descubrió que había habitaciones y וְרִצְפָה, *pavimentum*, un pavimento de mosaico o un suelo pavimentado con piedras en forma de mosaico (2 Cron 7, 3; Est 1, 6), alrededor del atrio.

Eso significa, según la descripción más precisa de 40, 18, que ese suelo pavimentado corría a lo largo de la parte interior de la muralla del atrio, de manera que no cubría toda la extensión del atrio, sino simplemente por el lado interior de la muralla que lo rodeaba, como una franja de unos cincuenta codos de ancho, y que no era uniforme en los cuatro lados, sino simplemente hacia los lados del oriente, el sur y el norte, y en los ángulos del sudeste y del oeste, de manera que el atrio exterior rodeaba el interior y al edificio del templo (cf. imagen 1)...

Eso significa que en la parte occidental había un espacio ocupado por el patio interior y por la casa del templo, que ocupaba el espacio interior donde debía estar la muralla y el corredor que lo separaban del patio exterior. Con esta limitación ha de tomarse el término סָבִיב סָבִיב, todo alrededor. עָשׂוּי puede pertenecer a צִפָּה לְשָׁכוֹת אֶל־הֶחָצֵר, o simplemente a רִצְפָּה, desde un punto de vista gramatical, pues en ambos casos puede haber una irregularidad en el género, y el participio se pone en el singular como neutro.

Si miramos solo el hecho, ninguna de las razones asignadas por Kliefoth para tomar עָשׂוּי como referido solo a רִצְפָּה resulta sin más adecuada. Si el pavimento corriera por el lado del edificio de la puerta hacia los tres lados del atrio, y las habitaciones estuvieran junto al (o encima de) el pavimento, ellas estarían sobre los tres lados del atrio, sin vernos forzados a asumir que ellas deberían llenar toda la longitud del atrio, a cada uno de los lados de la puerta de entrada hasta lo ángulos, o más bien el espacio que quedaba aparte en cada ángulo según Ez 46, 21-24, para cocinar las carnes sacrificiales para el pueblo. Por eso preferimos tomar עָשׂוּי como refiriéndose a las celdas y al pavimento, porque eso responde mejor a la construcción literaria del texto y a la constitución del edificio.

En 40, 18 se dice que el pavimento está hecho a la espalda (a los lados) de las puertas. הַשְּׁעָרִים está en plural, porque Ezequiel tiene probablemente en mente las dos puertas que no ha descrito todavía (lo hará después). כֶּתֶף es la espalda de los edificios de la puerta mirados como un cuerpo, el espacio a cada lado de los edificios de las puertas, en línea con la muralla que rodea a la muralla.

Esto se define de un modo más preciso en adelante. לְעֻמַּת אֹרֶךְ הַשְּׁעָרִים, a lo largo de la longitud de las puertas (en proporción a la longitud de los portales...), correspondiendo a la anchura de las puertas (cf. 2 Sam 16, 13). Las puertas tenían una longitud de cincuenta codos lo que, deduciendo la anchura de la muralla exterior, ellas dejaban en torno al muro exterior un espacio o corredor de cuarenta y cinco codos. De un modo consecuente, el pavimento corría en torno al muro, con una anchura de cuarenta y cinco codos. Éste es el llamado pavimento bajo, que se distingue del suelo del atrio interior, que estaba a una elevación mayor. Lo único que se dice de las לְשָׁכוֹת es que había treinta y que ellas estaban אֶל־הָרִצְפָה.

La discusión sobre si significa al lado de o sobre el pavimento no tiene fundamento. Dado que Ezequiel emplea con frecuencia אל en vez de על y viceversa, la traducción "sobre" puede defenderse, pero no puede tomarse como segura, como supone Hitzig, refiriéndose a 2 Rey 16, 17. Si mantenemos el sentido literal de אל, *junto a* o *contra*, no podemos visualizar la posición de las habitaciones como proyectándose desde el borde interior del pavimento en la parte no pavimentada del atrio, pues en ese caso, para una persona que cruzara el atrio, habría que decir que ellas estaban frente al pavimento (לפני) más que contra el pavimento.

La preposición אל sugiera más bien que las habitaciones estaban edificadas junto a la muralla del entorno, de manera que el pavimento corría a lo largo, frente a ellas, de manera que rodeaba el atrio interior en una línea ininterrumpida. En ese caso no habría diferencia ante la vista, sea que las habitaciones se alzaran sobre el pavimento, o que el espacio ocupado por las habitaciones quedara sin pavimentar, de manera que llegaran hasta la parte baja de las murallas allí donde no había habitaciones en todo el entorno.

El texto no dice nada sobre la forma en que ellas estaban distribuidas a los tres lados del atrio. Pero es evidente por el uso del plural que לְשָׁכוֹת no significa un edificio compuesto de varias habitaciones, sino simplemente una habitación o celda por cada edificio. Así en 1 Sam 9, 22 se habla de una habitación dispuesta para consumir alimentos sacrificados, lo que significa que no era una habitación pequeña, sino una que podía acomodar en torno a treinta personas.

En Jer 36, 12 esa palabra se aplica a una habitación del palacio del rey, utilizada como cancillería. Por otra parte, la palabra לְשָׁכוֹת se utiliza constantemente para referirse a las habitaciones de un edificio judicial o de un templo, que servía en parte como residencia para los sacerdotes y levitas oficiantes, y en parte como almacén del templo donde se guardaban todo tipo de diezmos, frutos y dinero (cf. 2 Rey 23, 11; Jer 35, 4; 1 Cron 9, 26; 10, 38-40. De un modo consecuente, no tenemos que pensar en treinta edificaciones separadas, sino que debemos distribuir las treinta habitaciones de las tres partes del atrio de tal manera que hubiera diez en cada parte, con dos edificios, uno a cada lado de la puerta, con cinco habitaciones cada uno, entre la puerta y la cocina del ángulo.

Ez 40, 19 determina mejor la dimensión y estructura del atrio exterior. La anchura entre el frente de la puerta baja y el frente del atrio interior era de cien codos. הַשַּׁעַר הַתַּחְתּוֹנָה, la puerta del atrio bajo, es decir, la puerta exterior, que era más baja que la interior. הַתַּחְתּוֹנָה no es un adjetivo concordando con שַׁעַר, porque, aparte de que a partir de Is 14, 31 שַׁעַר no se construye nunca como femenino, sino que se usa como un sustantivo.

Para חָצֵר הַתַּחְתּוֹנָה, el atrio inferior, cf. *Coment* a Ez 8, 3. מִלִּפְנֵי indica el punto desde el que comienza la medida, y לִפְנֵי הֶחָצֵר la dirección hacia la tiende la medida, incluyendo así su fin. Principio y fin se relacionan: desde el frente de la puerta de abajo hasta el frente del atrio interior. El punto final se encuentra definido de un modo más preciso por מִחוּץ, es decir, desde fuera, que Hitzig quiere suprimir como innecesario y poco usual, pero sin razón alguna. Ciertamente, las puertas del atrio interior estaban construidas dentro del atrio exterior, como es evidente por lo que sigue; pero מִחוּץ afirma simplemente que la medida comenzaba dentro del atrio exterior, hasta la frontal del porche de la puerta, no hasta el muro del atrio interior, pues ese muro estaba a mayor distancia del comienzo de la puerta (cincuenta codos).

Por esta definición más precisa del punto final de la medida se deduce que el punto de partida no era el muro separador de los dos atrios, sino el porche de la puerta del atrio exterior. Eso significa que los cien codos medidos por el hombre no incluyen los cincuenta cubos del edificio de la puerta, sino que los excluyen expresamente. Así lo indica sin lugar a dudas Ez 40, 23. 27, donde se dice que la distancia entre la puerta del interior y la puerta del atrio exterior es de cien codos.

Las palabras finales (desde הַקָּדִים) han sido separadas por los masoretas de lo que precede a través de un *atnach*, a fin de que no se tomen como estrechamente ligadas con וַיָּמָד. Ellas no puede traducirse tampoco "él midió… hacia el este y hacia el norte…" porque eso iría en contra de la medida que se hace hasta el frente del atrio interior.

Ellas han de tomarse más bien como una aposición que precisa la cláusula anterior: "él midió… cien codos", refiriéndose a la parte del oriente y del norte del atrio, para indicar que la medida tuvo lugar de puerta a puerta, tanto desde el este como desde el norte. De esa manera se quería indicar que la medida de cien codos se aplicaba al lado del este lo mismo que al lado del norte, preparando así el camino para la descripción de la puerta del norte, que se describe en lo que sigue, desde 40, 20 en adelante.

40, 20-27. La puerta norte y sur del atrio exterior.

La descripción de estas dos puertas es muy breve, de manera que solo se mencionan las partes más importantes, añadiendo que esas puertas se parecen a las del este. Comenzamos con la descripción de la puerta norte.

40, 20-23. Puertas del lado norte

²⁰ וְהַשַּׁעַר אֲשֶׁר פָּנָיו דֶּרֶךְ הַצָּפוֹן לֶחָצֵר הַחִיצוֹנָה מָדַד אָרְכּוֹ וְרָחְבּוֹ:
²¹ (וְתָאוֹ) [וְתָאָיו] שְׁלוֹשָׁה מִפּוֹ וּשְׁלוֹשָׁה מִפּוֹ (וְאֵילוֹ) [וְאֵילָיו] (וְאֵלַמּוֹ) [וְאֵלַמָּיו] הָיָה כְּמִדַּת הַשַּׁעַר הָרִאשׁוֹן חֲמִשִּׁים אַמָּה אָרְכּוֹ וְרֹחַב חָמֵשׁ וְעֶשְׂרִים בָּאַמָּה:
²² (וְחַלּוֹנוֹ) [וְחַלּוֹנָיו] (וְאֵלַמּוֹ) [וְאֵלַמָּיו] (וְתִמֹרוֹ) [וְתִמֹרָיו] כְּמִדַּת הַשַּׁעַר אֲשֶׁר פָּנָיו דֶּרֶךְ הַקָּדִים וּבְמַעֲלוֹת שֶׁבַע יַעֲלוּ־בוֹ (וְאֵילַמּוֹ) [וְאֵילַמָּיו] לִפְנֵיהֶם:
²³ וְשַׁעַר לֶחָצֵר הַפְּנִימִי נֶגֶד הַשַּׁעַר לַצָּפוֹן וְלַקָּדִים וַיָּמָד מִשַּׁעַר אֶל־שַׁעַר מֵאָה אַמָּה:

²⁰ De la puerta que estaba hacia el norte en el atrio exterior, midió su longitud y su anchura. ²¹ Sus cámaras eran tres a un lado y tres al otro; y sus postes y sus vestíbulos eran de igual medida que la puerta primera: cincuenta codos de longitud y veinticinco de anchura. ²² Sus ventanas, sus arcos y sus palmeras eran de la misma medida de la puerta que estaba hacia el oriente. Se subía a ella por siete gradas, y delante de ellas estaba su vestíbulo. ²³ La puerta del atrio interior estaba enfrente de la puerta, hacia el norte; y así al oriente. Midió, de puerta a puerta, cien codos.

Con la medida de la anchura del atrio, el hombre de la medida había alcanzado la puerta del norte, que él empieza a medir también ahora. En Ez 40, 20 desde וְהַשַּׁעַר hasta הַחִיצוֹנָה las palabras están escritas en absoluto; y en 40, 21 la palabra הָיָה no pertenece a los objetos previamente nombrados, es decir, a las habitaciones de la guardia, a los pilares etc., sino que estos objetos están gobernados por מָדַד; por su parte, הָיָה remite al objeto principal de los dos versos וְהַשַּׁעַר: ella (la puerta) era "según la medida" (cf. Ez 40, 15 y 40, 23). Para el uso de la *bet* (ב) en definiciones de medida, cf. בָּאַמָּה (por o según el codo, es decir, utilizando como medida el codo; cf. Ex 27, 18, Gesenius, §120. 4, nota 2).

La primera puerta es la puerta del norte, que ha sido ya mencionada y descrita. En 40, 22 se da el número de los escalones o gradas, con el vestíbulo que llevaba a la puerta, y esto se aplica por supuesto al vestíbulo de las gradas de la puerta este, descrita en 40, 6. En Ez 40, 22, כְּמִדַּת no ha de tomarse como palabra dudosa como supone Hitzig, o pensar que ha de cambiarse por כ; porque aunque se midieran las ventanas de la puerta del este ellas tenían sin duda unas medidas bien definidas, de manera que se puede afirmar que las ventanas de la puerta norte tenían las mismas medidas. Esto se aplica también a las decoraciones de palmera.

Por lo que se refiere a וְאֵלַמּוֹ, *kere* וְאֵילָמָיו, 40, 21, hay que afirmar simplemente que tenían una medida aunque no se diga. (40, 22). La palabra לִפְנֵיהֶם (40, 22, fin) no puede ser alterada de manera arbitraria y poco gramatical, poniendo פְּנִימָה ל, como propone Böttcher, el sufijo הם se refiere a las gradas o escalones. Delante de los escalones estaban los אֵלָמִים del edificio de la puerta. Pero este "delante" no es equivalente a "fuera del vestíbulo de las escaleras" como imagina Böttcher, porque el hombre de la medida no fue fuera del interior de la puerta, ni bajó los escalones hasta el patio, sino que vino del patio (atrio) y subió los escalones, y mientras iba subiendo vio (*vis-à-vis*) los אֵלָמִים de la puerta, a ambos lados del umbral de la puerta.

En 40,23 se observa por primera vez que había una puerta que llevaba al atrio interior, opuesta a las puertas del norte y del este del atrio exterior, que han sido ya descritas, de manera que las puertas del atrio exterior y del atrio interior estaban en frente, *vis-à-vis*. La distancia entre esas puertas exteriores e interiores queda bien medida, son 100 codos, en armonía con 40, 19.

40, 24-27. Se describe la puerta del sur, con la misma brevedad

²⁴ וַיּוֹלִכֵ֙נִי֙ דֶּ֣רֶךְ הַדָּר֔וֹם וְהִנֵּה־שַׁ֖עַר דֶּ֣רֶךְ הַדָּר֑וֹם וּמָדַ֞ד (אֵילָו֙) [אֵילָ֤יו] (וְאֵילַמּוֹ֙) [וְאֵ֣ילַמָּ֔יו] כַּמִּדּ֖וֹת הָאֵֽלֶּה׃
²⁵ וְחַלּוֹנִ֨ים ל֜וֹ (וּלְאֵילַמּוֹ֙) [וּלְאֵילַמָּ֤יו] סָבִ֣יב ׀ סָבִ֔יב כְּהַחֲלֹנ֖וֹת הָאֵ֑לֶּה חֲמִשִּׁ֤ים אַמָּה֙ אֹ֔רֶךְ וְרֹ֕חַב חָמֵ֥שׁ וְעֶשְׂרִ֖ים אַמָּֽה׃
²⁶ וּמַעֲל֤וֹת שִׁבְעָה֙ (עֹלוֹתָו֙) [עֹלוֹתָ֔יו] (וְאֵלַמּוֹ֙) [וְאֵֽלַמָּ֖יו] לִפְנֵיהֶ֑ם וְתִמֹרִ֣ים ל֗וֹ אֶחָ֥ד מִפּ֛וֹ וְאֶחָ֥ד מִפּ֖וֹ אֶל־(אֵילָו֙) [אֵילָֽיו]׃
²⁷ וְשַׁ֛עַר לֶחָצֵ֥ר הַפְּנִימִ֖י דֶּ֣רֶךְ הַדָּר֑וֹם וַיָּ֨מָד מִשַּׁ֧עַר אֶל־הַשַּׁ֛עַר דֶּ֥רֶךְ הַדָּר֖וֹם מֵאָ֥ה אַמּֽוֹת׃

²⁴ *Me llevó después hacia el sur, y había una puerta que miraba hacia el sur; y midió sus portales y su vestíbulo, que eran de estas mismas medidas.* ²⁵ *Tenía sus ventanas alrededor del vestíbulo, iguales a las otras ventanas; la longitud era de cincuenta codos, y la anchura de veinticinco codos.* ²⁶ *Sus gradas eran de siete peldaños, con su vestíbulo delante de ellas; y tenía palmeras, una a un lado y otra al otro lado, en sus postes.* ²⁷ *Había también una puerta hacia el sur del atrio interior; y midió, de puerta a puerta, hacia el sur, cien codos.*

Esta puerta fue construida también exactamente como las dos anteriores. Su descripción difiere solo en la forma y no en substancia de la descripción de la puerta anterior. כַּמִּדּוֹת הָאֵלֶּה, como esas medidas, es una expresión concisa de "como las medidas de los pilares descritos en las puerta del norte y del este". Para 40, 25, cf. 40, 16. 21; para 40, 26, cf. Ez 40, 22. Por su parte 4, 26 se explica claramente desde 40, 16 y 40, 9. Finalmente, 40, 27 responde a 40, 23 y completa la medida de la anchura del atrio, de cien cubos, por la parte sur, desde la puerta exterior a la opuesta del interior, como sucedía en 40, 19, para el lado del este.

Hävernick ha dado una explicación diferente de Ez 40, 27, tomando la medida de los cien codos como si se refiriera a la distancia entre las puertas del atrio interior en cuanto opuestas unas a las otras, porque en 40, 27 tenemos en el texto מִשַּׁעַר y no מִלִּפְנֵי הַשַּׁעַר; según eso, habría que traducir el pasaje "él midió de una puerta a la puerta hacia el sur cien codos", y no "de la puerta (ya descrita) del atrio exterior", sino "de otra puerta", lo que según el contexto del verso puede ser también una puerta del atrio interior. Pero el mismo contexto habla de un modo preciso en contra de esta explicación.

Según 40, 18, el hombre que toma las medidas llevó al profeta al atrio interior con la finalidad de medirlo ante sus ojos hasta después de haber medido la distancia entre la (una) puerta interior y la (una) puerta exterior. El no mide aquí la distancia que hay entre las puertas interiores, sino la que hay entre la puerta que lleva al atrio interior y la puerta opuesta del atrio exterior; en esa línea, él mide la distancia entre la puerta interior del sur y la puerta exterior del sur.

Esto es lo que pasa no solo aquí, sino también en 40, 23, donde no se dice expresamente a qué puertas se refiere, pero el contexto muestra claramente cuáles son. La explicación de Hävernick resulta por tanto insostenible, a pesar del hecho de que según 40, 27 la dimensión del atrio interior fue de cien codos, tanto en anchura como en longitud.

Por la distancia entre las puertas del patio exterior y las puertas correspondientes del interior, tal como vienen dadas en 40, 27; 40, 23 y 40, 19, descubrimos que el atrio exterior cubría un espacio de doscientos codos por cada lado; es decir, los cincuentas metros de cada puerta y los cien metros del fin de una puerta al comienzo de la otra (50 + 50 + 100 = 200).

De manera consecuente, la dimensión total del edificio encerrado por la muralla (cf. 40, 5), es decir, del templo con sus dos atrios puede ser calculada como lo han hecho muchos expositores. Así, por ejemplo, si empezamos por la puerta exterior norte hasta la puerta exterior sur, según el mapa indicado, podemos calcular con Kliefoth: primero la anchura del atrio exterior (imagen 1, D), con sus doscientos codos; después el atrio interior, que mide cien codos de lado, según 40, 47 (E) y finalmente la parte sur del patrio exterior con sus doscientos codos más. Eso significa que el santuario tenía una anchura de quinientos codos de norte a sur.

Y si empezamos por la entrada de la parte este del atrio (imagen 1 A) tenemos primero la anchura del atrio externo, es decir, doscientos codos; después el atrio interno (E) con sus cien codos; después tenemos la anchura de los edificios del templo, que tenían cien codos cuadrados, según 41, 13-14, incluyendo el espacio abierto en torno a ellos (G) con otros cien codos; finalmente, tenemos la גזרה (J) que estaba situada al oeste de los edificios del templo, y que cubría también un espacio de cien codos cuadrados, según 41, 13-14. Según eso, el santuario tenía quinientos codos de largo de este a oeste. En otras palabras, el santuario formaba un cuadrado de quinientos codos.

40, 28-37. Las puertas del atrio interior

²⁸ וַיְבִיאֵנִי אֶל־חָצֵר הַפְּנִימִי בְּשַׁעַר הַדָּרוֹם וַיָּמָד אֶת־הַשַּׁעַר הַדָּרוֹם כַּמִּדּוֹת הָאֵלֶּה׃
²⁹ (וְתָאוֹ) וְתָאָיו (וְאֵילָו) וְאֵילָיו (וְאֵלַמּוֹ) וְאֵלַמָּיו כַּמִּדּוֹת הָאֵלֶּה וְחַלּוֹנוֹת לוֹ (וּלְאֵלַמּוֹ) וּלְאֵלַמָּיו סָבִיב סָבִיב חֲמִשִּׁים אַמָּה אֹרֶךְ וְרֹחַב עֶשְׂרִים וְחָמֵשׁ אַמּוֹת׃
³⁰ וְאֵלַמּוֹת סָבִיב סָבִיב אֹרֶךְ חָמֵשׁ וְעֶשְׂרִים אַמָּה וְרֹחַב חָמֵשׁ אַמּוֹת׃
³¹ וְאֵלַמָּו אֶל־חָצֵר הַחִצוֹנָה וְתִמֹרִים אֶל־(אֵילוֹ) אֵילָיו וּמַעֲלוֹת שְׁמוֹנֶה (מַעֲלוֹ) מַעֲלָיו׃
³² וַיְבִיאֵנִי אֶל־הֶחָצֵר הַפְּנִימִי דֶּרֶךְ הַקָּדִים וַיָּמָד אֶת־הַשַּׁעַר כַּמִּדּוֹת הָאֵלֶּה׃
³³ (וְתָאוֹ) וְתָאָיו (וְאֵלוֹ) וְאֵלָיו (וְאֵלַמּוֹ) וְאֵלַמָּיו כַּמִּדּוֹת הָאֵלֶּה וְחַלּוֹנוֹת לוֹ (וּלְאֵלַמּוֹ) וּלְאֵלַמָּיו סָבִיב סָבִיב אֹרֶךְ חֲמִשִּׁים אַמָּה וְרֹחַב חָמֵשׁ וְעֶשְׂרִים אַמָּה׃

³⁴ (וְאֵלַמּוֹ) [וְאֵלַמָּיו] לֶחָצֵר הַחִיצוֹנָה וְתִמֹרִים אֶל־(אֵלוֹ) [אֵלָיו] מִפּוֹ וּמִפּוֹ וּשְׁמֹנֶה מַעֲלוֹת (מַעֲלוֹ) [מַעֲלָיו]:
³⁵ וַיְבִיאֵנִי אֶל־שַׁעַר הַצָּפוֹן וּמָדַד כַּמִּדּוֹת הָאֵלֶּה:
³⁶ (תָּאוֹ) [תָּאָיו] (אֵלוֹ) [אֵלָיו] (וְאֵלַמּוֹ) [וְאֵלַמָּיו] וְחַלּוֹנוֹת לוֹ סָבִיב סָבִיב אֹרֶךְ חֲמִשִּׁים אַמָּה וְרֹחַב חָמֵשׁ וְעֶשְׂרִים אַמָּה:
³⁷ (וְאֵילוֹ) [וְאֵילָיו] לֶחָצֵר הַחִיצוֹנָה וְתִמֹרִים אֶל־(אֵילוֹ) [אֵילָיו] מִפּוֹ וּמִפּוֹ וּשְׁמֹנֶה מַעֲלוֹת (מַעֲלוֹ) [מַעֲלָיו]:

²⁸ Me llevó después en el atrio de adentro a la puerta del sur, que era de estas mismas medidas. ²⁹ Sus cámaras, postes y vestíbulos eran de estas mismas medidas; tenía sus ventanas alrededor de los vestíbulos; la longitud era de cincuenta codos, y de veinticinco codos la anchura. ³⁰ Los arcos alrededor eran de veinticinco codos de largo y cinco codos de ancho. ³¹ Y sus arcos caían afuera al atrio, con palmeras en sus postes; y sus gradas eran de ocho peldaños.

³² Me llevó al atrio interior hacia el oriente, y midió la puerta, que era de estas mismas medidas. ³³ Sus cámaras, postes y vestíbulos eran de estas mismas medidas. Tenía sus ventanas alrededor de sus vestíbulos; la longitud era de cincuenta codos, y la anchura era de veinticinco codos. ³⁴ Sus vestíbulos caían afuera, hacia el atrio, con palmeras en sus postes a un lado y al otro; y sus gradas eran de ocho peldaños.

³⁵ Me llevó luego a la puerta del norte, y midió, y eran las mismas medidas: ³⁶ sus cámaras, postes, vestíbulos con sus ventanas alrededor; la longitud era de cincuenta codos, y de veinticinco codos la anchura. ³⁷ Sus postes caían afuera, hacia el atrio, con palmeras en cada uno de sus postes a un lado y al otro. Sus gradas eran de ocho peldaños.

En 40, 27, el hombre de la medida ha medido la distancia de la puerta sur (imagen 1, A) del atrio exterior a la puerta sur del atrio interior, que estaba opuesta a la anterior. Entonces introdujo al profeta por esa puerta (40, 28) en el atrio interior y lo midió, mientras lo atravesaba, y encontró las mismas medidas que había encontrado en las puertas del atrio exterior. Éste fue también el caso con las medidas de las habitaciones de la guardia, los pilares y la anchura de los muros, y con la posición de las ventanas y la longitud y anchura del conjunto de los edificios de la puerta (40, 29). De aquí se sigue, como algo evidente, que esta puerta era semejante a la puerta exterior, tanto por su construcción, como por sus partes y dimensiones.

Esto mismo se aplica a la puerta del este y a la del norte, cuya descripción en 40, 32-37 corresponde exactamente a la de la puerta sur, con la excepción de algunas ligeras variantes en la expresión. Ciertamente, en ninguna de estas dos puertas se menciona el porche, pero es evidente que no faltaba, y que simplemente se ha prescindió de él en esta presentación, como podemos ver por Ez 40, 39, donde se describen las mesas para los sacrificios, diciendo que están en el porche o *ulam* (בְּאוּכָם). Hay solo dos puntos de diferencia mencionados en 40, 31 y 40, 34. 37, que distinguen a las puertas interiores de las exteriores.

– *En primer lugar*, las escaleras de entrada a estas puertas tienen ocho gradas, conforme a las últimas palabras de los versos que acabamos de citar, mientras que las escaleras de las puertas exteriores tenían solo siete gradas (cf. 40, 22. 26). También varía la expresión, pues aquí se utiliza constantemente מַעֲלוֹ en vez de עלותו. Los עלות de עלה, ascender, son simplemente "las cosas que ascienden", lugares para subir, como los escalones de una escalera. מַעֲלוֹ plural de מַעֲלָה, que tiene el mismo sentido (y que no es singular, como Hitzig supone).

– *La segunda diferencia* que encontramos en la primera frase de los versos mencionados tiene mayor importancia, como muestra el hecho de que sus אלמים (partes salientes de los muros interiores de la puerta) se dirigían hacia el atrio exterior (אל y ל indican la dirección). La interpretación de esta afirmación algo oscura está facilitada por el hecho de que en 40,37 aparece אילו, vez de אילמו (40, 31. 34). אילו son los dos altos pilares de la puerta, junto al porche de la puerta, unos pilares formaban la terminación de la puerta del edificio hacia el atrio interior, en el caso de las puertas exteriores.

Pues bien, si en el caso de las puertas interiores esos pilares miran hacia el atrio exterior, la disposición de las puertas debe haber tenido una dirección inversa a la de las puertas exteriores. Eso significa que una persona que entrara en la puerta no iría de las escaleras por el umbral a las habitaciones de la guardia y después a través del segundo umbral al porche, sino que haría el camino a la inversa. Según eso, las puertas exteriores estaban construidas dentro del recinto del atrio exterior, y también las puertas interiores, aunque en dirección inversa a las del atrio exterior.

Por todo lo anterior hemos de decir que el edificio de las puertas interiores comenzaba con los pilares del porche, que estaban situados fuera del muro que divide ambos porches, permaneciendo así toda la puerta dentro de los límites del atrio exterior. Más aún, los אילמים o salientes del muro entre las habitaciones de la guardia tenían que estar dirigidos hacia el atrio exterior, de manera que el conjunto del edificio de la puerta debe haber estado construido dentro de los límites de ese atrio exterior. Así lo afirman las primeras frases de 40,31; 40, 34 y 40, 37, que casi siempre se han entendido de un modo inadecuado

Y, si las cosas son así, no hay necesidad de cambiar ואילו en 40, 37 por ואלמו, para hacer que concuerden 40, 31 y 40, 34. Según eso, lo que se dice en 40, 31. 34 sobre la posición o dirección de los אילמים se aplica también a los אילים; y ellos se mencionan probablemente en 40, 37 porque se quiere describir aún de un modo más preciso lo que estaba cerca de los אילים. Así lo dice Kliefoth en el lugar correspondiente de su comentario (Th. Kleifoth *Das Buch Ezechiels* I-II, Rostock, 1864 y 1865):

"Resulta incomprensible que muchos comentaristas, en contra de lo que afirma Ez 40, 13. 34. 37, sigan diciendo que el complejo de las puertas interiores se hallaba situado en el atrio interior, lo misma que las puertas exteriores se hallaban situadas en el atrio exterior. Dado que el atrio interior solo medía cien metros cuadrados, en el caso de que las puertas interiores estuvieran situadas en la parte interior ellas se hubieran encontrado en la mitad y el pórtico de la puerta del este habría estado pegado a los pórticos de las otras dos puertas. Resulta evidente que los edificios de las puertas interiores se encontraban dentro del atrio exterior, que era más espacioso, lo mismo que los edificios de las puertas exteriores".

Pues bien, la razón por la que se menciona en el texto de manera tan explícita la situación de las puertas interiores resulta evidente: Ezequiel quiere mostrar que la disposición de las puertas interiores es la inversa de la que tenían las puertas exteriores. En el caso de las puertas exteriores, el primer umbral estaba situado en la muralla que rodeaba el atrio exterior y los escalones se hallaban en frente de la misma muralla, y de esa manera el edificio de la puerta se situaba dentro del patio exterior. Por el contrario, en el caso de las puertas interiores, el segundo umbral se hallaba dentro del atrio exterior y los escalones frente al porche de la puerta. Más aún, tomando como ejemplo las puertas del este, el porche de la puerta exterior se dirigía hacia el oeste, y el porche de la puerta interior hacia el este, a fin de que los dos porches ocuparan situaciones opuestas, uno y otro, en el atrio exterior, como se describe en 40, 23 y 40, 27.

En 40, 30 se dan aún más referencias respecto a los אילמים, que (según algunos) son aparentemente inapropiados, y por esa razón este verso ha sido omitido por los LXX, de manera que J. D. Michaelis, Böttcher, Ewald, Hitzig y Maurer miran esas referencias como una glosa inaceptable. Hävernick ha defendido su autenticidad, pero, dado que piensa que אילמים es sinónimo de אולם, él ha explicado el tema de la manera más asombrosa y decididamente errónea, como ha probado ya Kliefoth.

La expresión סָבִיב סָבִיב y la longitud y anchura de los אֵלַמּוֹת que aquí se dan parecen extrañas. En esa línea, los veinticinco codos de longitud y los cinco codos de anchura de los אֵלַמּוֹת no pueden sumarse a la longitud total de la puerta (cincuenta codos) o a su anchura (de 25 codos), sino que deben ser incluidos en ellos.

Los אֵלַמּוֹת eran simplemente porciones separadas del recinto exterior de las puertas, dado que ese recinto de cincuenta codos de longitud estaba formado por salientes del muro (אֵלַמּוֹת), tres habitaciones de guardia cerradas y un porque con pilares. El espacio abierto de las habitaciones de guardia eran de 3x6=18 codos y el porche seis codos de anchura en su final (40, 7-8) y los pilares tenían dos codos de anchura.

Si deducimos estos 18+6+2=26 codos de los cincuenta codos de longitud de toda la puerta, quedan 24 codos para los muros por parte de los umbrales y entre las habitaciones de la guardia, de la forma que sigue: 2x5=10 codos para los muros entre las tres habitaciones de la guardia, 2x6=12 codos para los muros del umbral y 2 codos para los muros del porche. En conjunto, por tanto, 24 codos para los אֵלַמּוֹת, de manera que solo falta un codo para dar la medida establecida, es decir, 25 codos. Así obtenemos el codo que falta si nos damos cuenta de que el frente del saliente de las habitaciones de la guardia y los umbrales eran una palma y media más ancho que la altura de la muralla, es decir que sobresalía medio codo por cada parte de la puerta.

La anchura de los אֵלַמּוֹת, en cuestión, es decir, cinco codos, responde a la anchura del muro o a la dimensión del muro medianero del interior al exterior de ambas partes de la puerta. No es extraño que los muros medianeros sean de tal anchura, si tenemos en cuenta que el muro que rodea al atrio era de seis codos para una altura de solo seis codos (40, 5). E incluso la chocante expresión סָבִיב סָבִיב se vuelve inteligible si tenemos en cuenta el hecho de que los muros salientes rodeaban no solo los espacios interiores del edificio de la puerta (las habitaciones de la guardia y el porche) por todas partes y, además, con las puertas de entrada y salida rodeaban el camino interior por todas partes.

De un modo consecuente, Ez 40, 30 no solo tiene un significado aceptable, sino que ofrece una medida precisa de no poco valor para obtener una visión completa de los edificios de la puerta. El hecho de que esa medida definida no fuera dada en conexión con las puertas del atrio exterior, sino que fuera ofrecida solo en el caso de la puerta sur del atrio interior no puede ofrecer ningún tipo de sospecho en lo referente a su genuinidad, pues varios elementos particulares complementan lo que se ha venido diciendo de las puertas. Así, por ejemplo, el número de gradas en el frente de la puertas exteriores se da por primera vez en 40, 22, donde se describe la puerta norte. Menos sorpresa puede causarnos todavía el hecho de que esos rasgos particulares no se repiten en el caso de las puertas que siguen, hecho en el cual algunos escritores han encontrado una razón para sospechar de la autenticidad de este verso.

Desde la puerta sur, el hombre de la medida condujo al profeta (Ex 40, 32; imagen 1 B) al atrio interior, hacia el este, a fin de medir la puerta interior del este (40, 33-34), cuya descripción corresponde exactamente a la de la puerta del sur. Por fin, le dirigió (40, 35) a la puerta interior del norte, con la misma finalidad; y las medidas de esta puerta corresponden también a las previamente mencionadas, y se describen de la misma manera.

La dificultad que Hitzig encuentra en אֶל־הֶחָצֵר, en 40 32, y que le lleva a plantear diversas conjeturas, que él formula con la ayuda de los LXX, se desvanece si, en vez de tomar דֶּרֶךְ הַקָּדִים junto a הֶחָצֵר הַפְּנִימִי, conectamos esas palabras con וַיְבִיאֵנִי como una indicación de la dirección tomada: Él me condujo en el atrio interior, por el camino o dirección que lleva al este, y midió la puerta (situada allí). Cuando las palabras se toman en ese sentido ellas no exigen que se saque la conclusión de que él ha salido de nuevo por la puerta sur. וּמְדָד en 40, 35 es una forma aramea, en lugar de וַיָּמָד (cf. 40, 32 y 40, 28).

40, 38-47: Celdas y disposiciones para el culto sacrificial junto a y en el atrio interior

³⁸ וְלִשְׁכָּה וּפִתְחָהּ בְּאֵילִים הַשְּׁעָרִים שָׁם יָדִיחוּ אֶת־הָעֹלָה:
³⁹ וּבְאֻלָם הַשַּׁעַר שְׁנַיִם שֻׁלְחָנוֹת מִפּוֹ וּשְׁנַיִם שֻׁלְחָנוֹת מִפֹּה לִשְׁחוֹט אֲלֵיהֶם הָעוֹלָה וְהַחַטָּאת וְהָאָשָׁם:
⁴⁰ וְאֶל־הַכָּתֵף מִחוּצָה לָעוֹלֶה לְפֶתַח הַשַּׁעַר הַצָּפוֹנָה שְׁנַיִם שֻׁלְחָנוֹת וְאֶל־הַכָּתֵף הָאַחֶרֶת אֲשֶׁר לְאֻלָם הַשַּׁעַר שְׁנַיִם שֻׁלְחָנוֹת:
⁴¹ אַרְבָּעָה שֻׁלְחָנוֹת מִפֹּה וְאַרְבָּעָה שֻׁלְחָנוֹת מִפֹּה לְכֶתֶף הַשָּׁעַר שְׁמוֹנָה שֻׁלְחָנוֹת אֲלֵיהֶם יִשְׁחָטוּ:
⁴² וְאַרְבָּעָה שֻׁלְחָנוֹת לָעוֹלָה אַבְנֵי גָזִית אֹרֶךְ אַמָּה אַחַת וָחֵצִי וְרֹחַב אַמָּה אַחַת וָחֵצִי וְגֹבַהּ אַמָּה אֶחָת וְהִנִּיחוּ אֶת־הַכֵּלִים אֲשֶׁר יִשְׁחֲטוּ אֶת־הָעוֹלָה בָּם וְהַזָּבַח:
⁴³ וְהַשְׁפַתַּיִם טֹפַח אֶחָד מוּכָנִים בַּבַּיִת סָבִיב סָבִיב וְאֶל־הַשֻּׁלְחָנוֹת בְּשַׂר הַקָּרְבָּן:
⁴⁴ וּמִחוּצָה לַשַּׁעַר הַפְּנִימִי לִשְׁכוֹת שָׁרִים בֶּחָצֵר הַפְּנִימִי אֲשֶׁר אֶל־כֶּתֶף שַׁעַר הַצָּפוֹן וּפְנֵיהֶם דֶּרֶךְ הַדָּרוֹם אֶחָד אֶל־כֶּתֶף שַׁעַר הַקָּדִים פְּנֵי דֶּרֶךְ הַצָּפֹן:
⁴⁵ וַיְדַבֵּר אֵלָי זֶה הַלִּשְׁכָּה אֲשֶׁר פָּנֶיהָ דֶּרֶךְ הַדָּרוֹם לַכֹּהֲנִים שֹׁמְרֵי מִשְׁמֶרֶת הַבָּיִת:
⁴⁶ וְהַלִּשְׁכָּה אֲשֶׁר פָּנֶיהָ דֶּרֶךְ הַצָּפוֹן לַכֹּהֲנִים שֹׁמְרֵי מִשְׁמֶרֶת הַמִּזְבֵּחַ הֵמָּה בְנֵי־צָדוֹק הַקְּרֵבִים מִבְּנֵי־לֵוִי אֶל־יְהוָה לְשָׁרְתוֹ:
⁴⁷ וַיָּמָד אֶת־הֶחָצֵר אֹרֶךְ מֵאָה אַמָּה וְרֹחַב מֵאָה אַמָּה מְרֻבָּעַת וְהַמִּזְבֵּחַ לִפְנֵי הַבָּיִת:

³⁸ *Había allí una cámara, y su puerta con postes de portales; allí lavarán el holocausto.*
³⁹ *A la entrada de la puerta había dos mesas a un lado y otras dos al otro, para degollar sobre ellas el holocausto, la expiación y el sacrificio por el pecado.* ⁴⁰ *A un lado, por fuera de las gradas, a la entrada de la puerta del norte, había dos mesas; y al otro lado, que estaba a la entrada de la puerta, dos mesas.* ⁴¹ *Cuatro mesas a un lado, y cuatro mesas al otro lado, junto a la puerta; ocho mesas, sobre las cuales serán degolladas las víctimas.*
⁴² *Las cuatro mesas para el holocausto eran de piedra labrada, de un codo y medio de longitud, un codo y medio de anchura y un codo de altura. Sobre ellas se pondrán los utensilios con que degollarán el holocausto y el sacrificio.* ⁴³ *Adentro había ganchos, de un palmo menor, dispuestos en derredor; y sobre las mesas estaba la carne de las víctimas.*
⁴⁴ *Fuera de la puerta interior, en el atrio de adentro que estaba al lado de la puerta del norte, estaban las cámaras de los cantores, las cuales miraban hacia el sur; una estaba al lado de la puerta del oriente que miraba hacia el norte.*
⁴⁵ *Me dijo: Esta cámara que mira hacia el sur es de los sacerdotes que hacen la guardia del templo.* ⁴⁶ *Y la cámara que mira hacia el norte es de los sacerdotes que hacen la guardia del altar; estos son los hijos de Sadoc, los cuales son llamados de los hijos de Leví para ministrar a Yahvé.* ⁴⁷ *Midió el atrio, que tenía cien codos de longitud y cien codos de anchura: era cuadrado. Y el altar estaba delante de la casa.*

La opinión de los comentadores modernos difiere mucho sobre la situación de las celdas o habitaciones citadas en 40,38, pues Böttcher y Hitzig han manejado el texto para ajustarlo a sus presupuestos, fundados sobre los LXX y sobre suposiciones que son decididamente erróneas. La disputa sobre si בְּאֵילִים ha de traducirse (por la בְּ) en o al lado de los אֵילִים puede resolverse fácilmente con la simple consideración de que los אֵילִים al frente del porche de la puerta eran pilares de dos codos de largo y de la misma anchura (Ez 40, 9), sobre los que no se podía construir una habitación. Por eso la לִשְׁכָּה o cámara solo podía hallarse al lado o cerca de los pilares de la puerta.

A בְּאֵילִים se añade aquí también הַשְּׁעָרִים (junto a las puertas) en coordinación laxa (cf., Ewald, §293e), no con el propósito de describir de una manera más minuciosa la posición de los pilares, cosa que seria superflua tras 40, 9, sino para explicar el plural de los אֵילִים y de extenderlo a los pilares de las tres puertas interiores, de manera que debemos asumir que había una cámara (לִשְׁכָּה) junto a los pilares de las tres puertas.

Esto lo exige también la finalidad de esas cámaras, es decir, para limpiar o lavar las ofrendas que debían ser quemadas, pues los sacrificios no se introducían solo a través de una puerta, sino a través de todas. La ofrenda del príncipe, propia del sábado, debía ser llevada según Ez 46, 1-2 a través de la puerta del este, que estaba cerrada durante la semana y que solo se abría el sábado; por eso, tuvo que haber una cámara de limpieza no solo por la la entrada de la puerta norte (Böttcher, Hävernick) o por la del este (Ewald, Hitzig), sino por cada puerta, para la limpieza de las ofrendas que habían de quemarse.

Hävernick, Hitzig y otros están equivocados al suponer que הָעֹלָה es una designación de sinécdoque, que se aplica a todo tipo de sacrificios animales. Eso lo impide no solo la mención expresa de las ofrendas para ser quemadas, de la expiación y del sacrificio por el pecado (40,39), y el uso de la palabra הַקָּרְבָּן con ese sentido en 40, 43, sino sobre todo el hecho de que ni el Antiguo Testamento ni el Talmud hacen ninguna mención a lavar todo tipo de carne ofrecida en sacrificio, sino que hablan solamente de lavar las entrañas y las piernas de los animales sacrificados para las ofrendas quemadas (Lev 1, 9), para lo cual en el templo de Salomón se utilizaban los *mechonot* (cf. 2 Cron 4, 6, donde se emplea el término רַחְצָה utilizado en Lev 1, 9 con la aposición אֶת-מַעֲשֵׂה הָעוֹלָה).

Una cámara a cada puerta (no a cada pilar) era suficiente para esta finalidad. Si hubiera habido una לִשְׁכָּה de este tipo a cada lado de la puerta, como muchos han supuesto, por razón de la simetría, el profeta lo hubiera mencionado, precisamente como ha hecho en el caso de las mesas de sacrificar (40, 39-42). El texto no ofrece información sobre a qué lado de la puerta se hallaba esa cámara, si a la derecha o a la izquierda de los pilares. En la imagen he colocado una a la derecha y otra a la izquierda de las puertas.

Más aún, conforme a 40, 39-41, había dos pares de mesas en cada lado, por lo tanto ocho en total, que servían para matar los animales. Dos pares estaban en porche de la puerta, es decir, en el espacio interior del porche, otro par a un lado y el otro al otro, a la derecha y a la izquierda de las personas que entraba al porche, probablemente al lado de la muralla. La expresión לִשְׁחוֹט אֲלֵיהֶם para el sacrificio sobre las mesas (Ez 40, 39. 40) significa que se utilizaban para matar, es decir, para colocar sobre las mesas la carne sacrificada. Esto resulta claro por el texto de 40, 39. El sacrificio (la matanza) de los animales no se realizaba dentro del porche de enfrente, sino fuera, en algún lugar cercano.

El porche del frente del edificio de la puerta no era una casa de matanza, sino el lugar donde podían reunirse los que entraban por la puerta. Según eso, el único propósito por el que estaban allí las mesas era que ellas podían ser utilizadas para colocar la carne sacrificada cuando ella se preparaba para el altar, a fin de que los sacerdotes pudieran tomar esa carne de aquí y colocarla sobre el altar. לְאֻלָם הַשַּׁעַר ha de entenderse como significando el espacio interior del porche, pues así lo exige la antítesis de 40, 40 donde se dice que hay dos pares de mesas fuera del porche.

Dos de esas mesas se hallaban. "A un lado, por fuera de las gradas, a la entrada de la puerta del norte, había dos mesas"... El significado de estas palabras no es muy claro por el hecho de que la segunda parte del versículo añade otras dos mesas opuestas al otro lado. Cuando se dice que esas mesas estaban al otro lado o espalda (וְאֶל־הַכָּתֵף) del porche de la puerta, no solo se define el sentido más preciso del לְפֶתַח הַשַּׁעַר del primer hemistiquio, sino que se vuelve también inteligible el sentido de הַצָּפוֹנָה, indicando que corresponde a הָאַחֶרֶת, como adjetivo que pertenece a אֶל־הַכָּתֵף, al lado de a la entrada de la puerta del norte, desde la perspectiva de una persona que venía de fuera (מֵחוּצָה), para pasar a la parte interior del porche (לְאֻלָם, Ez 40, 39).

La espalda de la puerta o mejor dicho del porche de la puerta es la que está a su lado, por la parte de fuera. De modo consiguiente, esas mesas estaban colocadas por la parte de fuera del porche, dos a la derecha y dos a la izquierda. En Ez 40, 41 se resume lo que se ha dicho ya sobre el lugar de las mesas mencionadas en 40, 39 y 40, 40. Había cuatro mesas a cada lado del porche, dos dentro dos contra el muro exterior, ocho mesas en total, que se empleaban para los sacrificios. No hay nada extraño en אֶל־הַכָּתֵף como expresión abreviada de אֲשֶׁר אֶל־הַכָּתֵף לְאֻלָם הַשַּׁעַר, de manera que en 40, 40 no podemos hablar de falta de claridad.

Además de esas había otras cuatro mesas de piedra (y cuatro, וְאַרְבָּעָה שֻׁלְחָנוֹת, en Ez 40, 42), por lo que se puede inferir que las cuatro antes mencionadas eran de madera. Las cuatro mesas de piedra estaban לָעוֹלָה, es decir, cerca de las escaleras de subida para el altar (cf. לְיַד־שְׁעָרִים לְפִי־קָרֶת, a la entrada de la ciudad, Prob 8, 3), y estaban talladas como grandes piedras cuadradas, igual que las escaleras de ascenso al altar. No tiene sentido traducir לָעוֹלָה, "para el holocausto"[60] pues la expresión עלות en 40, 26 exige ser traducida siempre como escalón o subida de las escaleras).

---

60. Como hacen los LXX y otros, entre ellos Reina-Valera (*Nota del traductor*).

Estas mesas de piedra servían como estantes para los utensilios donde se ponían los instrumentos para matar animales y dividir la carne de los sacrificios. Las palabra אֲלֵיהֶם וְיַנִּיחוּ van unidas, y la *waw* se introduce antes de וְיַנִּיחוּ "como si fuera al comienzo de una sentencia nueva, tras una pausa en el pensamiento" (cf. Prov 23, 24; 30, 28; 50, 9: Böttcher). Ciertamente, no se dice que esas cuatro mesas estuvieran distribuidas a los dos lados de las escaleras, pero eso se puede deducir con seguridad por la posición de las otras mesas. Por otra parte, las doce mesas mencionadas no se hallaban meramente en uno de los porches sino en los tres de las puertas interiores, como sucede con las cámaras de lavado (40, 38), para los animales sacrificados, animales que se llevaban al altar y se sacrificaban junto a cada puerta, de manera que lo que se dice en 40, 39-42 con referencia a un porche, es decir, al de la puerta del este (a juzgar por לְפֶתַח הַשַּׁעַר הַצָּפוֹנָה en 40, 40), puede aplicarse a los porches de las puertas del sur y del norte.

40, 43 menciona otro rasgo relacionado con el sacrificio de animales, con respecto al cual hay una gran división de opiniones entre los traductores antiguos y los comentaristas. Pues bien, la única explicación que puede sostenerse, tanto por el lenguaje empleado como por el mismo tema, es la que ofrece la traducción caldea: "et uncini egrediebantur (longitudine) unius palmi defixi in columnis domus macelli" (y sobresalían unos ganchos de un palmo de longitud fijados en las columnas de la casa [cámara, celda] de los sacrificios). Ésta es una traducción aceptada no solo por Böttcher, sino por Roediger (en Gesenius, *Thesaurus*. p. 1470) y Dietrich (*Lex.*). Porque הַשְׁפַתַּיִם, de שׁפת, colocar, significa estacas o clavijas (ganchos; cf. Sal 68, 14: cobertizos construidos con estacas).

Se trata pues de clavijas de un palmo de ancho que están insertadas en la pared. El texto en dual nos habla de clavijas dobles, un tipo de garfios en forma de horca, de los que colgaban los cuerpos sacrificados de los animales, a fin de que pudieran ser desollados, como Dav. Kimchi ha interpretado las palabras del texto Caldeo.

El artículo de הַשְׁפַתַּיִם indica el tipo de clavija que se necesitaba para el proceso de matar, desollar y limpiar el animal. Esta explicación está igualmente en armonía con el verbo מוּכָנִים, *hophal* de כון, aferrar, que no responde en modo alguno a la traducción ofrecida por los LXX, es decir, unas repisas colocadas en las esquinas de las mesas. La única dificultad que queda es la palabra בַּבַּיִת, que Böttcher interpreta como significando "en el interior del porche de la puerta y los pilares" (Roediger: *in interiore parte, nempe in ea atrii parte, ubi hostiae mactandae essent*, en la parte interior, es decir, en aquella parte del atrio donde se sacrificaban los animales para los sacrificios). En contra de eso, hay que afirmar que el interior del porche no podía ser el lugar para los sacrificios, cosa que solo podía hacerse fuera, sea frente al o cerca del porche.

Pero además *in interiore parte atrii* (en la parte interior del atrio) no es una traducción aceptable, y además es muy indefinida en relación con מוּכָנִים.

Sería mucho más correcto traducir "se sujetaban contra el asa", es decir, a la parte exterior de los muros de los edificios del porche de la puerta, de manera que בַּיִת se pudiera aplicar a los edificios en sentido de בניה, aunque no encuentro ningún pasaje paralelo que me permita asegurar el valor de esta traducción.

Pero eso no hace que la explicación sea dudosa, pues en otra línea sería más difícil interpretar בַּיִת en el caso de que שְׁפַתָּיִם se explicara de otra manera. סָבִיב סָבִיב se refiere a los otros tres lados externos del porche. La descripción del instrumental para los sacrificios concluye en 40, 43 con las palabras: "y sobre las mesas estaba la carne de las víctimas" (mencionada en 40, 39-42). הַקָּרְבָּן es la palabra general que se utiliza para las víctimas sacrificiales, como en Lev 1, 2 ss.

Ez 40, 44-46 ofrece una descripción de las cámaras o celdas para los sacerdotes oficiantes, y en 40, 45.46 se mencionan dos de esas cámaras según su situación y su finalidad. Pero no se puede interpretar y recrear el texto masorético a placer de cada uno, explicándolo de un modo arbitrario. Porque, en primer lugar, la referencia que aquí se ofrece es a las לִשְׁכוֹת שָׁרִים, es decir, a las cámaras de los cantores, mientas que según 40, 45.46 las cámaras estaban dispuestas para los sacerdotes que realizaban su servicio en la casa del templo y en el altar de los holocaustos.

La intención de los defensores del texto masorético, tanto de los antiguos como de los recientes, ha sido nivelar las discrepancias, afirmar que los sacerdotes que debían atender al servicio del templo y del altar según 40, 45 eran cantores…; pero eso está fuera de lugar, porque el culto del Antiguo Testamento establecía una clara distinción entre los cantores levitas y los sacerdotes, es decir, los aaronitas que administraban el sacerdocio. Ezequiel no ha abolido en modo alguno esa visión del templo, sino que la ha destacado aún más, al declarar que solo los hijos de Sadok han de atender a los servicios sacerdotales del santuario, mientras que otros descendientes de Aarón, es decir, los aaronitas que descendían de Itamar se encargaban solo de vigilar las puertas de la casa y de otras ocupaciones no sacerdotales (44, 10 ss).

De un modo consecuente, Ezequiel no pudo identificar a los sacerdotes con los cantores, ni pudo llamar a las cámaras para los sacerdotes que oficiaban en el templo cámaras de los cantores. Por otra parte, en 40, 45-46 solo se describen dos cámaras o edificios con cámaras, y su posición se describe con las mismas palabras mencionadas en 40, 44, de manera que no puede haber ninguna duda de la identidad de las primeros y de las últimas cámaras o celdas. En 40, 44, las supuestas celdas de los cantores están colocadas en la puerta norte, mirando hacia el sur, cosa que solo se aplica, conforme a 40, 45 a la única celda pensada para los sacerdotes que atienden al servicio en el lugar sagrado. Más aún, en 40, 44 se menciona otra celda en la puerta este, con el frente hacia el norte, que fue colocada aparte, según 40, 46, para los sacerdotes que atendían al servicio del altar.

De un modo consiguiente, según nuestro texto masorético, habría primero celdas para los cantores (en plural) y después una celda (lo que significa en conjunto al menos tres celdas), mientras que 40, 45. 46 hablan solo de dos celdas. Y finalmente, la אֶחָד de 40, 44 solo se puede entender si traducimos como "otra" en oposición al uso del lenguaje. Por estas razones, estamos obligados a cambiar שָׁרִים (cantores) por שתים y אשר por אחת, conforme a los LXX y probablemente también por הַקֹּדִים, por הדרום, adoptando en consecuencia una puntuación distinta para לְשָׁכוֹת, leyendo פניה en vez de פניהם. No hacen falta más alteraciones que esas o las indicadas por los LXX, pues el resto de las desviaciones del texto se pueden explicar por una comprensión libre del original.

Según el texto conseguido por estas alteraciones, en Ez 40, 44 solo se mencionan dos cámaras o celdas, que están situadas fuera de la puerta interior. Esta aclaración no es clara, pues uno puede estar fuera de la puerta sin haber pasado por ella o tras haber pasado y entrado en el atrio interior. Por eso se necesitaba la precisión que sigue: en el atrio interior. Por eso, si leemos אחת en vez de אשר, se consigue, en perfecto acuerdo con los hechos, una afirmación más precisa de la situación de cada una de estas cámaras, de manera que אחת y אחד se corresponden una a la otra.

La segunda אחד, en vez de אחת, que es gramaticalmente más correcta ha de tomarse como una *constructio ad sensum*, pues las לְשָׁכוֹת no eran habitaciones separadas, sino edificios con varias cámaras. Una cámara estaba a la espalda (al lado) de la puerta del norte, con el frente (פנים) hacia el sur; la otra estaba a la espalda de la puerta del sur, con el frente hacia el norte. De esa forma se oponían una a la otra, con sus frentes mirándose uno al otro.

Sin embargo, en vez de la puerta sur, el texto masorético tiene שַׁעַר הַקָּדִים, la puerta este, y Ez 40, 46 no contiene nada que vaya expresamente en contra de esa lectura, de manera que הַקָּדִים puede defenderse en caso de necesidad. Pero solo en caso de necesidad, es decir, si seguimos a Kliefoth suponiendo que ella se situaba a la izquierda de la puerta, para personas que entraban en el atrio interior a través de la puerta del este; de esa forma se explica el hecho de que se dirigía hacia el norte, por el hecho de que los sacerdotes que residían allí estaban encargados del deber de inspeccionar los sacrificios que entraban a través de la puerta este, o vigilando la realización de los sacrificios, de manera que esta cámara era ante todo una celda de vigilancia.

Esta interpretación se funda en una mala lectura de la fórmula שֹׁמְרֵי מִשְׁמֶרֶת: para tener vigilancia sobre el altar... Pero esta fórmula no significa vigilar y ver para que no se lleve al altar nada contrario a la ley, sino que se refiere más bien el altar mismo, a la observancia de cualquier cosa que se relaciona con los servicios del altar, en la realización del culto sacrificial, o al hecho de que los sacrificios se presentaran sobre el altar de acuerdo con los preceptos de la ley.

Pues bien, si fuere éste el servicio que debían realizar los sacerdotes de esta cámara resulta muy poco apropiado que su frente estuviera dirigido hacia el norte, pues en ese caso habría sido totalmente imposible ver el altar desde el frente de la habitación. Esta imposibilidad solo se puede superar suponiendo que la celda esta edificada junto a la puerta sur y mirando hacia el norte, es decir, mirando directamente hacia el altar. Por eso debemos tomar הַדָּרוֹם como una corrupción de הַקָּדִים, suponiendo que la segunda cámara se hallaba en la puerta del sur, de manera que se hallaba en un lugar opuesto a la que estaba edificada junto a la puerta del norte.

En ese caso, resueltos los problemas principales, queda solamente la cuestión sobre si esas dos cámaras estaban en la parte este o en la parte oeste de la puerta sur y de la puerta norte, un tema para el que el texto no nos ofrece ninguna información. En nuestra imagen las hemos colocado en la parte oeste, de manera que estaban frente al altar y a las escaleras del porche. Las palabras finales de 40, 46, en las que הֵמָּה se refiere a los sacerdotes mencionados en 40, 45. 46, establecen que en el nuevo santuario solo pueden oficial los hijos de Sadok, que estaban encargados del servicio del altar y del lugar sagrado, cosa que se ratifica después en 44, 20 ss.

Finalmente, en 40, 47 termina la descripción de los atrios con el relato de la medición del atrio interior, cien codos de largo y los mismos codos de ancho, de manera que forma un cuadrado perfecto, rodeado por un muro, según 43, 10. La única observación más que puede hacerse es que dentro de este espacio se encuentra el altar de los holocaustos, cuya descripción se hará más tarde, en 43, 13.

1.2. Ez 40, 48-41, 26. Casa del templo con el porche, almacenes laterales y edificio trasero.

40, 48-49. El pórtico del templo

⁴⁸ וַיְבִאֵנִי אֶל־אֻלָם הַבַּיִת וַיָּמָד אֵל אֻלָם חָמֵשׁ אַמּוֹת מִפֹּה
וְחָמֵשׁ אַמּוֹת מִפֹּה וְרֹחַב הַשַּׁעַר שָׁלֹשׁ אַמּוֹת מִפּוֹ וְשָׁלֹשׁ אַמּוֹת מִפּוֹ׃
⁴⁹ אֹרֶךְ הָאֻלָם עֶשְׂרִים אַמָּה וְרֹחַב עַשְׁתֵּי עֶשְׂרֵה אַמָּה
וּבַמַּעֲלוֹת אֲשֶׁר יַעֲלוּ אֵלָיו וְעַמֻּדִים אֶל־הָאֵילִים אֶחָד מִפֹּה וְאֶחָד מִפֹּה׃

⁴⁸ *Me llevó al pórtico del templo, y midió cada poste del pórtico, cinco codos por un lado y cinco codos por el otro; y la anchura de la puerta, tres codos por un lado, y tres codos por el otro.* ⁴⁹ *La longitud del pórtico era de veinte codos, y la anchura de once codos. A él se subía por gradas, y había columnas junto a los postes, una a un lado y otra al otro.*

El ángel de la medida conduce al profeta al pórtico del mismo templo (dentro del atrio interior), y mide su anchura y su longitud. הַבַּיִת es el templo en el sentido más restringido de la palabra, la casa del templo, como en 1 Rey 6, 2 etc. Y אֻלָם es el pórtico antes de la entrada en el lugar santo (cf. 2 Rey 6, 3).

Las medida de Ez 40, 48 y 40, 49, que parecen irreconciliables entre sí, han llevado a los LXX a postular una interpolación y a ofrecer conjeturas arbitrarias en

40, 49. Desde esas línea, Böttcher, Hitzig y otros han realizado en el texto unas correcciones que pueden tomarse como plausibles en contra de las interpretaciones artificiales y en parte equivocadas que se han dado al texto hebreo.

Las medidas de 40, 49 son perfectamente claras. La longitud del pórtico veinte codos y su anchura once codos. Y no se puede afirmar que estas medidas han de aplicarse solo al espacio interior, es decir, al espacio de dentro, excluyendo los muros de los lados, como en el caso del lugar santo, del santísimo y del atrio interior. El único tema es si la longitud significa la dimensión de este a oeste, es decir, la distancia que había que atravesar para entrar en el templo, y por tanto la anchura debía tomarse como la extensión de norte a sur, o si debemos entender por longitud la dimensión más corta y por anchura la más larga, en cuyo caso la medida de norte a sur, que formaba la anchura de la casa, estaría designada por la anchura del pórtico y la de este a oeste sería su longitud.

Casi todos los comentadores han optado por la última visión, dado que, en el pórtico del templo de Salomón la longitud de veinte codos se medía de acuerdo con la anchura de la casa. Pero quizá se ha pasado por alto el hecho de que en 1 Rey 6, 3 la longitud dada se define de manera más precisa por la cláusula: "frente a la anchura de la casa". Pero aquí no hallamos tan precisión, y la analogía del edificio del templo de Salomón no es en sí misma suficiente para suponer que la construcción del pórtico del templo visto por Ezequiel ha de ser precisamente la misma. Ciertamente, en los elementos esenciales, cuya forma era del gran importancia simbólica (el santo, el santo de los santos) esta visión del templo de Ezequiel se parece a la del templo de Salomón; pero en detalles menos importantes ambos templos difieren de varias maneras.

Por eso, en principio, la visión más probable parece ser la de que, igual que en el santo y en el santo de los santos, también aquí, en el pórtico, debemos entender por longitud la distancia que se ha de atravesar entrando (de este a oeste) y por anchura debemos entender la extensión de un lado al otro, es decir, de sur a norte. Si, según eso, entendemos las medidas de Ez 40, 49 en esa línea, las medidas de 40, 48 pueden explicarse también sin ninguna alteración del texto.

La medida de los pilares del pórtico, uno a cada lado, y de la puerta, de un lado y de otro (40, 48) es suficiente en sí misma para llevarnos a la conclusión de que el frente se volvía hacia la persona que entraba en la anchura de sur a norte. Esta anchura presentaba al ojo un pilar de un lado y otro del otro lado, por tanto dos pilares, cada uno de ellos de cinco codos de ancho, con la anchura de la puerta de tres codos por un lado y tres por el otro, en conjunto seis codos; es decir, la anchura total sería $5 + 3 + 3 + 5 = 16$ codos.

La única cosa que puede sorprender aquí es la manera en que se define la anchura de la puerta: tres codos por un lado y tres por el otro, en vez de decir simplemente seis codos. Pero la razón para ello es probablemente la siguiente: Los pilares de cada lado se mencionan primero, y la puerta de seis codos de anchura constaba de dos mitades, que tenían sus batientes aseguradas a cada uno de los dos pilares, de manera que cada puerta se describe en unidad con el pilar al que va fijada. La anchura mencionada del frente (es decir, dieciséis codos) concuerda muy bien con la anchura del pórtico interior, que es de once codos (imagen 1, letras *m m*), lo que permite que cada parte del muro (*a*) tenga dos codos y medio, y esto era suficiente para los muros del pórtico.

Los pilares que eran de cinco codos de ancho por la parte exterior tenían por tanto solo la mitad de esa anchura por el interior (dos codos medio), pues los otros dos codos y medio estaban integrados en el muro del lado. Todas las particularidades que ofrece Ez 40, 48 pueden explicarse de esa manera sin recurrir a respuestas artificiales, y ofrecen un resultado que es proporcional y está en armonía con las dimensiones de todo el edificio. Porque el pórtico, que tenía una anchura externa de dieciséis codos era la mitad de ancho que la casa, que tenía una anchura de veinte codos en el vano, y muros exteriores de seis codos de anchura cada uno (42, 5), de manera que cuando se medía la parte de fuera se daban estas dimensiones: 6 + 20 + 6 = 32 codos de ancho.

La anchura del interior tiene también unas dimensiones perfectamente apropiadas en su presentación, porque el pórtico no se utilizaba ni para la recogida de vasijas, ni para habitación de individuos, sino que era solo una simple elevación frente a la entrada en el Santo, cuya puerta tenía diez codos de anchura (41, 2), es decir, era en cada lado medio codo más estrecha que el pórtico que dirigía hacia ella. Por otra parte, finalmente, la longitud del pórtico estaba bien proporcionada con el Santo, que seguía al pórtico: El Pórtico tenía veinte codos de longitud, y el Santo cuarenta. Si a eso añadimos el muro frontal, con una anchura de dos codos y medio, que corresponden a los muros de al lado, obtenemos una longitud externa de veintidós codos y medio para el pórtico.

Frente al pórtico estaban las escaleras, por las que uno entraba en el pórtico. Se supone generalmente que eran diez, con el אשר después de במעלות cambiado en עשר (diez) conforme al ejemplo de los LXX. Ciertamente, el número de diez escalones parece significativo y responde bien a los ocho de la puerta del atrio interior y a los siete del patio exterior, pero no es necesario que fuera así, de manera que puede tratarse de una conjetura de los LXX, que no sabían que hacer con la palabra אֲשֶׁר, en 40, 49. Las palabras וּבְמַעֲלוֹת אֲשֶׁר יַעֲלוּ אֵלָיו) han servido para trazar probablemente conjeturas incorrectas (cf. *Coment* a 41, 8).

Las palabras וּבְמַעֲלוֹת אֲשֶׁר pueden vincularse sin dificultad a la descripción anterior de la anchura: "La anchura era de once codos, y la de los escalones por lo cuales se subía…". Si las palabras se toman en ese sentido, ellas sirven para remover toda duda sobre la identidad del lado al que se le designa por la anchura, con referencia especial al hecho de que el pórtico del templo de Salomón había estado construido de otra manera.

Si el texto se lee así, aquí no se da el número de escalones, como sucedía también en la puerta este del atrio exterior (40, 6), porque ese dato no era esencial en relación con el edificio entero. La última afirmación "y había columnas junto a los postes, una a un lado y otra al otro" no presenta dificultades, aunque entre los comentadores se discuta la posición de esas columnas. הָאֵילִים remite a אֶל־אֵלָם de 40, 48. La preposición אֶל no implica que las columnas estuvieran pegadas a los pilares, ni que tuvieran la forma de media-columna, sino simplemente que estaban cerca de los pilares, como las columnas Jaqin y Boaz, del templo de Salomón, a las que responden.

41, 1-4. Espacio interior del templo (Imagen 4)

¹וַיְבִיאֵנִי אֶל־הַהֵיכָל וַיָּמָד אֶת־הָאֵילִים שֵׁשׁ־אַמּוֹת רֹחַב־מִפּוֹ וְשֵׁשׁ־אַמּוֹת רֹחַב מִפּוֹ רֹחַב הָאֹהֶל:
²וְרֹחַב הַפֶּתַח עֶשֶׂר אַמּוֹת וְכִתְפוֹת הַפֶּתַח חָמֵשׁ אַמּוֹת מִפּוֹ וְחָמֵשׁ אַמּוֹת מִפּוֹ וַיָּמָד אָרְכּוֹ אַרְבָּעִים אַמָּה וְרֹחַב עֶשְׂרִים אַמָּה:
³וּבָא לִפְנִימָה וַיָּמָד אֵיל־הַפֶּתַח שְׁתַּיִם אַמּוֹת וְהַפֶּתַח שֵׁשׁ אַמּוֹת וְרֹחַב הַפֶּתַח שֶׁבַע אַמּוֹת:
⁴וַיָּמָד אֶת־אָרְכּוֹ עֶשְׂרִים אַמָּה וְרֹחַב עֶשְׂרִים אַמָּה אֶל־פְּנֵי הַהֵיכָל וַיֹּאמֶר אֵלַי זֶה קֹדֶשׁ הַקֳּדָשִׁים:

¹ Me introdujo luego en el templo, y midió los postes, cuya anchura era de seis codos por un lado y seis codos por el otro, que era la anchura del tabernáculo. ² La anchura de la puerta era de diez codos, y los lados de la puerta, de cinco codos por un lado y cinco por el otro. Midió su longitud, que era de cuarenta codos, y la anchura de veinte codos. ³ Luego pasó al interior y midió cada poste de la puerta, que eran de dos codos; la puerta, de seis codos, y la anchura de la entrada, de siete codos. ⁴ Midió también su longitud, y era de veinte codos; y la anchura, de veinte codos por el frente del templo. Y me dijo: Este es el lugar santísimo.

Ez 41, 1-2 ofrece las medidas del Santo, הַהֵיכָל, que se utiliza aquí en el sentido más restringido de la nave del templo, el Santo en cuanto tal (cf. imagen 4 B), sin el pórtico y el Santo de los Santos (cf. 1 Rey 6, 17). La medida comienza con el muro frontal (este), en el que había una puerta de entrada, un muro que tenía pilares de seis codos de anchura a cada lado (a la derecha y a la izquierda), y entre los pilares una puerta de diez codos de ancha, con paredes laterales de cinco codos por cada lado (41, 2). Estas medidas (6 + 6 + 10 + 5 + 5) dan para el muro del frente una anchura de 32 codos. Esto concuerda con las medidas que siguen: veinte codos (la anchura interna del Santo) y seis codos de anchura del muro a cada lado (41, 5).

La única dificultad la ofrecen las palabras añadidas, רֹחַב הָאֹהֶל, en las que Ewald y Hitzig proponen alterar הָאֹהֶל, poniendo הָאַיִל o הָאֹהֶל, porque los LXX han puesto τοῦ αἰλάμ, pero con eso no se mejora nada el tema, porque הָאִיל resulta todavía más inexplicable. Después de haber examinado los diversos intentos de explicar estas palabras, Kliefoth llega a la conclusión de que no hay más solución que tomar הָאֹהֶל como está y suponer que significa el espacio interior del templo, que está formado por el Santo y el Santo de los Santos, que en su totalidad responde a lo que fue el אֹהֶל, entendido como Tabernáculo, para mostrar la identidad sustancial entre este espacio y el tabernáculo.

La expresión רֹחַב הָאֹהֶל se añade así a la doble מִפּוֹ precedente (es decir a la medida de los dos pilares que delimitan el espacio sagrado), de una manera elíptica, en el siguiente sentido: "Él midió la anchura de los pilares, es decir, del espacio interior del lugar santo que estaba indicado por el tabernáculo"; de esa manera, esta cláusula se introduce como aposición a lo interior, en el sentido de "en relación con la anchura del Tabernáculo". וְכִתְפוֹת הַפֶּתַח son los muros de los dos lados de la puerta, entre la puerta y los pilares del extremo.

La longitud y la anchura interna del Santo son las mismas que las del Santo del templo de Salomón (1 Rey 6, 2, 17). Ez 41,3 y 41, 4 se refiere al Santo de los Santos. "Luego pasó al interior". Aquí tenemos וּבָא (en vez de וַיָּבֹא) y no יְבִיאֵנִי (41, 1), porque el profeta no estaba autorizado para entrar en el Santo de los Santos, de manera que el ángel fue a solas. פְּנִימָה se define en 42, 4 como el Santo de los Santos. Las medidas de 42, 3 se refieren al muro de partición entre el Santo y el Santo de los Santos.

Las medidas de Ez 41, 3 se refieren a la partición del muro entre el Santo y el Santo de los Santos (imagen 4, g). אֵיל־הַפֶּתַח, el pilar de la puerta, está en lugar de los pilares a los dos lados de la puerta. Y la medida de dos codos se aplica sin duda a cada pilar, indicando no su grosor, sino la anchura que cubría en el muro. A partir de aquí tenemos una dificultad en relación a la doble medida que sigue: la puerta seis codos y la anchura de la puerta siete codos.

Dado que la segunda medida es totalmente clara, y responde en apariencia a los hechos, no tenemos más solución que suponer que los seis codos primeros de la puerta se refieren a su altura, no a su anchura. *La altura de seis codos* responde de un modo adecuado a *la anchura de siete codos*, en el caso de que se trate de una puerta doble; y además ese número siete es significativo por el hecho de que la puerta lleva al Santo de los Santos, que es la morada de Dios.

Pues bien, los LXX no supieron cómo entender este texto y cambiaron וְרֹחַב הַפֶּתַח שֶׁבַע אַמּוֹת por τὰς ἐπωμίδας τοῦ θυρώματος πηχῶν ἑπτὰ ἔνθεν καὶ ἔνθεν (= los lados de la puerta siete codos por un lado y siete por otro), y su traducción ha sido aceptada por Böttcher, Hitzig y otros. Pero es evidente que los Setenta se han limitado a deducir esos "datos" de las medidas del frontal del Santo (41, 2), pasando por alto el hecho de que, además de la medida de los כִּתְפוֹת הַפֶּתַח (LXX: ἐπωμίδες τοῦ πυλῶνος, los lados de la puerta), nuestro pasaje ofrece también וְרֹחַב הַפֶּתַח, es decir, la *anchura de la puerta*, que aquí se ofrece expresamente (aunque en nuestro caso se habla solo de la puerta, הַפֶּתַח, sin poner la palabra anchura: רֹחַב).

En segundo lugar, la medida de los הָאֵילִים, dada en 41, 1 indica su anchura (de sur a norte); pues bien, también en nuestro caso la medida adscrita a אֵיל־הַפֶּתַח solo puede referirse a la anchura de אֵיל y no a su longitud (de este a oeste). Pero si explicamos de esa manera la primera frase de 41, 3, como lo exige el lenguaje y el mismo argumento de la narración, la lectura de los LXX viene a mostrarse como una corrección falsa, por el hecho de que ella implica una anchura de 22 o 24 codos (2 + 2 + 6 + 7 + 7=24), mientras que el Santo de los Santos, lo mismo que el Santo medían solo 20 codos de anchura.

Las dimensiones del Santo de los Santos corresponden según eso al espacio cubierto por el Santo de los Santos del templo de Salomón (1 Rey 6, 20). La expresión אֶל־פְּנֵי הַהֵיכָל, hacia el lugar santo, ha de explicarse por la suposición de que el ángel de la medida, después de haber llegado hasta el final de la parte occidental del Santo de los santos, con el propósito de medir su longitud, se volvió de nuevo para medir su anchura, pues dicha anchura se extendía hacia el lugar santo.

41, 5-11. El muro y el edificio de al lado

⁵ וַיָּמָד קִיר־הַבַּיִת שֵׁשׁ אַמּוֹת וְרֹחַב הַצֵּלָע אַרְבַּע אַמּוֹת סָבִיב סָבִיב לַבַּיִת סָבִיב׃
⁶ וְהַצְּלָעוֹת צֵלָע אֶל־צֵלָע שָׁלוֹשׁ וּשְׁלֹשִׁים פְּעָמִים וּבָאוֹת בַּקִּיר אֲשֶׁר־לַבַּיִת לַצְּלָעוֹת סָבִיב סָבִיב לִהְיוֹת אֲחוּזִים וְלֹא־יִהְיוּ אֲחוּזִים בְּקִיר הַבָּיִת׃
⁷ וְרָחֲבָה וְנָסְבָה לְמַעְלָה לְמַעְלָה לַצְּלָעוֹת כִּי מוּסַב־הַבַּיִת לְמַעְלָה לְמַעְלָה סָבִיב סָבִיב לַבַּיִת עַל־כֵּן רֹחַב־לַבַּיִת לְמָעְלָה וְכֵן הַתַּחְתּוֹנָה יַעֲלֶה עַל־הָעֶלְיוֹנָה לַתִּיכוֹנָה׃
⁸ וְרָאִיתִי לַבַּיִת גֹּבַהּ סָבִיב סָבִיב (מְיֻסְּדוֹת) [מוּסְדוֹת] הַצְּלָעוֹת מְלוֹ הַקָּנֶה שֵׁשׁ אַמּוֹת אַצִּילָה׃
⁹ רֹחַב הַקִּיר אֲשֶׁר־לַצֵּלָע אֶל־הַחוּץ חָמֵשׁ אַמּוֹת וַאֲשֶׁר מֻנָּח בֵּית צְלָעוֹת אֲשֶׁר לַבָּיִת׃
¹⁰ וּבֵין הַלְּשָׁכוֹת רֹחַב עֶשְׂרִים אַמָּה סָבִיב לַבַּיִת סָבִיב סָבִיב׃
¹¹ וּפֶתַח הַצֵּלָע לַמֻּנָּח פֶּתַח אֶחָד דֶּרֶךְ הַצָּפוֹן וּפֶתַח אֶחָד לַדָּרוֹם וְרֹחַב מְקוֹם הַמֻּנָּח חָמֵשׁ אַמּוֹת סָבִיב סָבִיב׃

⁵ Después midió el muro de la casa, y era de seis codos de espesor; y de cuatro codos era la anchura de las cámaras situadas todo alrededor de la casa. ⁶ Las cámaras laterales estaban sobrepuestas unas a otras, treinta en cada uno de los tres pisos.

Y había salientes en la pared, alrededor de la casa; sobre ellos se apoyaban las cámaras, para que no se apoyaran en la pared de la casa. ⁷ Había mayor anchura en las cámaras de más arriba, a las que subía una escalera de caracol rodeando por dentro de la casa. Así pues, la casa tenía más anchura por arriba; del piso inferior se podía subir al de en medio, y de este al superior.

⁸ Y miré la elevación que rodeaba la casa: los cimientos de las cámaras medían una caña completa de seis codos de largo. ⁹ El espesor de la pared de afuera de las cámaras era de cinco codos, igual al espacio que quedaba de las cámaras de la casa por dentro. ¹⁰ Y entre las cámaras había una anchura de veinte codos por todos los lados alrededor de la casa. ¹¹ La puerta de cada cámara salía al espacio que quedaba, una puerta hacia el norte y otra puerta hacia el sur; y el ancho del espacio que quedaba era de cinco codos, todo alrededor.

Del interior del santuario, el hombre de la medida se volvió hacia el exterior y midió ante todo el muro de la casa (41, 5), comenzando por los pilares del frente, el muro que rodeaba el Santo y el Santo de los Santos, por el norte, el oeste y el sur. Era seis cubos de alto. Él midió después la anchura de la צֵלָע, es decir, del edificio que rodeaba al templo por estas tres partes (menos por el este), un edificio de tres pisos, con cámaras situadas en cada uno de ellos. En este caso, la palabra צֵלָע significa no solo una habitación aislada, sino de un modo colectivo, el complejo de cámaras o habitaciones sagradas que rodeaban al templo, por las tres partes ya indicadas (cf. imagen 4).

La anchura de este edificio, rodeando por tres partes al templo, sin tocarlo, era de cuatro codos. El edificio se alzaba rodeando al templo por todas sus partes, menos por la delantera, con pasillo entre el muro del templo y este complejo de habitaciones dedicas a funciones sagradas. Los rasgos particulares de estas habitaciones adyacentes al templo, que se describen en 41, 6-7, quedan bastante oscuros, de manera que ellos solo pueden aclararse comparando esta edificación con otras del templo de Salomón.

En esa línea, 41, 6 puede entenderse así: "y en lo que toca a las habitaciones adyacentes, había habitación sobre habitación (אל en vez de על) tres, y esto treinta veces". Esta descripción ha de entenderse como indicación que hay tres pisos de habitaciones, unas encima de otras, de manera que había en total noventa habitaciones, comunicada por una escalera interior (cf. imagen 4, h). No hay necesidad de cambiar el texto en la línea de los LXX, como han hecho Böttcher, Hitzig y Hävernick, con otros, pues la partícula אל tiene el sentido de על, indicando así que hay unas habitaciones encima de otras.

El texto no dice nada sobre la distribución de las treinta habitaciones de cada piso, pero es muy probable que ella fuera uniforme, de manera que en los lados más amplios (norte y sur) hubiera en cada piso 12 habitaciones, y en el lado más estrecho (oeste) solo hubiera seis. Los muros del norte y del sur tenían sesenta codos, más los seis codos de la anchura del mismo muro, de manera que tenemos 60 + 6 + 4, en total setenta codos (lo que deduciendo los cinco codos de anchura del muro del frente del edificio dan sesenta y cinco codos de longitud, para 12 habitaciones). Por su parte, el muro del poniente tenía 20+2x6 (la anchura del muro), es decir, 32 codos. Según eso, si fijamos la longitud de cada habitación adyacente en cuatro codos y medio, queda aún bastante espacio en cada piso para las paredes intermedias y para un tipo de escalera circular para ascender a los pisos superiores.

Las frases que siguen muestran la conexión entre estas habitaciones adyacentes y la casa del templo. וּבָאוֹת בַּקִּיר, ellas (las habitaciones) estaban viniendo (yendo) sobre el muro. La expresión בוא ב es *entrar en*, en este caso "entrar en el muro". En esta caso, por el contexto, se supone que las habitaciones están como insertadas en el muro exterior, fuera del edificio del templo, apoyándose sobre esa pared, sin tocar en ningún momento la pared propia del templo.

La única manera de elevar un edificio así en torno a templo consistía en ir construyendo en torno al templo, sin tocar sus muros, un conjunto adyacente de tres pabellones, vinculados, en forma de U, a los tres lados del templo, menos en su frente, de forma que existiera una especie de vano o pasillo entre los tres lados del templo (lateral derecho, lateral izquierdo y parte trasera) y el edificio añadido, en cuyas paredes exteriores se adosan las cámaras o habitaciones.

Para ello, con el fin de sostener el peso del conjunto, los muros de este edificio se van adelgazando de manera que en la parte baja son de seis codos, cinco codos y medio en el primer piso, cinco en el segundo y cuatro y medio en el tercero. Sobre esas bases se sostienen las habitaciones laterales, apoyadas en el muro externo del templo, pero no en su muro interior, para no profanar la santidad del santuario. De esa manera, las habitaciones adyacentes aparecen como un edificio externo, que no interfiere en la sacralidad del santuario, al que rodea sin tocarlo.

Esto es lo que significan las palabras, como se deduce de una comparación con 1 Rey 6, 6, donde se mencionan expresamente las repisas o construcciones del muro del templo de Salomón, y se dice que su finalidad era אָחֻז בְּקִירוֹת־הַבַּיִת לְבִלְתִּי, es decir, que las vigas no se apoyaran en los muros de la casa, tema al que se refieren las últimas palabras de nuestro verso 41, 6: לֹא־יִהְיוּ אֲחוּזִים בְּקִיר הַבָּיִת וְ. La traducción que Kliefoth ofrece de וּבָאוֹת בַּקִּיר אֲשֶׁר־לַבַּיִת (41, 6) (*que iban contra del muro...*) resulta gramaticalmente insostenible, pues la *bet* de בַּקִּיר en בָאוֹת בַּקִּיר no significa ir en contra de algo. אֲשֶׁר־לַבַּיִת לַצְּלָעוֹת, se refiere a las habitaciones adyacentes que tenía la casa (templo). סָבִיב סָבִיב, en torno, es decir, a los tres lados del templo.

La peculiaridad de esas habitaciones, que se apoyaban así en el muro externo del templo ha sido descrita en 41, 7, texto del cual se han dado diversas explicaciones, pero que significa claramente que las habitaciones iban siendo más amplias de piso a piso, como lo muestra bien la comparación con 1 Rey 6, 6. Las palabras וְרָחֲבָה וְנָסְבָה no han de tomarse juntas, como expresando una idea (se extendían en torno, De Wette), sino que contienen dos afirmaciones diferentes, que se definen de manera más expresa en lo que sigue, por los sustantivos מוּסָב y רֹחַב. Ni קִיר ni צְלָעוֹת pueden tomarse como sujeto, pues los verbos se entienden en sentido impersonal: "se extendían y rodeaban...", refiriéndose al hecho de la ampliación del edificio adyacente y del rodeo que debía darse para ascender de piso a piso (por la escalera).

El doble לְמַעְלָה ha sido correctamente explicado por Bochart: "por un ascenso constante", es decir: cuanto más se subía más amplio era el espacio, en relación con la medida de las habitaciones o almacenes adyacentes. לַצְּלָעוֹת pertenece a לְמַעְלָה y se añade con la finalidad de definir de un modo más preciso la forma en que se realizaba l ampliación, no de un modo gradual, sino en cada piso, pues estos צְלָעוֹת son las tres habitaciones que estaban una sobre la otra, de las que se habla en 41, 6 (Kliefoth).

Esta afirmación se explica (y se da la razón de ella) en la frase introducida por כִּי, cuyo significado depende de la forma en que se explique la palabra מוּסָב. Esta palabra puede significar un camino alrededor, un rodeo. Los rabinos, a quienes sigue Hävernick piensan que מוּסָב es un escalera de caracol, la לוּלִים mencionada en 1 Rey 6, 8 que llevaba de un piso bajo a los pisos superiores. Pero esto es claramente equivocado, porque, sin contar con el hecho de que no se puede sostener gramaticalmente este significado, es imposible encontrar un sentido a las palabras: una escalera de caracol de la casa iba subiendo más y más alrededor de la casa. La escalera de caracol no podía rodear a un edificio de setenta codos de largo y cuarenta de ancho, sino que solo podía colocarse en un lugar, del que ha de darse su identidad más precisa, para que funcione como tal escalera de caracol, por el interior.

Tampoco se puede aceptar la explicación de Böttcher: "porque la escalera de caracol del interior era más o más redonda a medida que subía". Porque, en primer lugar, הַבַּיִת no significa el interior y לַבַּיִת tampoco significa hacia dentro; y en segundo lugar "rodeando" (dando vueltas alrededor) no supone una alteración de forma en la configuración de las habitaciones, por lo que las de abajo serían alargadas (a lo largo), las del piso central cuadradas y las del tercer piso de nuevo alargadas, pero hacia dentro, como imagina Böttcher.

Resulta mucho más sencilla adoptar la explicación de Kliefoth y de otros que toman la palabra מוּסָב en el sentido de "camino alrededor" y piensan que se trata de una especie de pasaje corrido en torno a la casa en forma de galería, por la que uno podía caminar alrededor de toda la casa, alcanzando así las habitaciones del piso superior.

Ésta es, sigue diciendo Kliefoth, la razón por la que el camino de rodeo (el circuito alrededor de la casa) era mayor cuanto más se ascendiera, y esta era la razón por la que el edificio resultaba más amplio en el piso superior, como indican las palabras: "por tanto, la anchura de la casa crecía a medida que se subía…". En estas palabras encuentra Kliefoth una afirmación distinta, y así dice "que no hay fundamento para pensar que la ampliación en la parte superior no está fundada en el hecho de que los muros del templo van retirándose. Al contrario, la ampliación del edificio, que se daba en la parte de arriba, se debía al hecho de que al segundo y tercer piso se les añadían unos pasajes, que corrían a lo largo del edificio, y que estaban unidos al exterior en forma de galerías".

Pues bien, en contra de eso somos incapaces de entender cómo se puede encontrar ese sentido de un modo preciso y distinto en las palabras לְמַעְלָה רְחַב־לַבַּיִת. Incluso si הַבַּיִת, en conexión con מוּסָב, significara el edificio de al lado, incluyendo la casa del templo, el único pensamiento contenido en esas palabras sería que el edificio adyacente se iba haciendo más ancho en cada piso. Pero incluso en ese caso no se afirmaría la manera en que se lograba esa mayor anchura, si era a consecuencia del estrechamiento del muro del templo en cada piso, o si provenía del hecho de que las habitaciones adyacentes estaban edificadas de tal manera que se ampliaban hacia fuera, o si esas habitaciones eran ampliadas con la adición de un pasaje en forma de galería. Y la decisión a favor de una de esas posibilidades no se podía obtener a partir de la frase anterior donde se decía que la מוּסַב־הַבַּיִת iba alrededor del edificio adyacente (utilizando este argumento a favor de la última opinión).

Pues bien, *en primer lugar*, es extremadamente difícil de aceptar la afirmación de que הַבַּיִת y לַבַּיִת denotan el edificio adyacente, con la exclusión de la casa del templo, pues a lo largo de toda la sección הַבַּיִת significa la casa del templo, y en 41, 6 לַבַּיִת se emplea de nuevo en ese mismo sentido. Por otra parte, no podemos entender מוּסַב־הַבַּיִת como un pasaje exterior, como un tipo de galería rodeando toda la casa del templo. Esas palabras no implican en modo alguna que hubiera galerías externas, corriendo a lo largo de las habitaciones adyacentes.

En segundo lugar, resulta extremadamente problemático tomar מוּסָב en el sentido de un pasaje alrededor, en el caso de que el נֶסְבָּה precedente signifique "rodeado". Ciertamente, מוּסָב remite a la palabra וְנָסְבָה, y lo mismo hay que decir precisamente de los dos verbos רחבה y נָסְבָה, en relación con los sustantivos רחב y מוּסָב, que vienen después, de manera que no podemos traducir נָסְבָה por rodeado y después מוּסָב por un pasaje alrededor.

Si por lo tanto מוּסָב significara un pasaje, una galería corriendo alrededor del edificio, esto mismo debería expresarse en la palabra נָסְבָּה, que debería traducirse: "que iban alrededor", es decir, que había un pasaje alrededor, cada vez mayor cuanto más hacia arriba, según la medida de los pisos. Pero eso hubiera implicado que el pasaje alrededor existía también en el caso del piso inferior, y que meramente aumentaba en anchura en el piso central y en el superior. Pero la galería inferior no puede haber existido, por las medidas que venimos dando.

A partir de aquí podemos deducir que la suposición de que había galerías alrededor del segundo y del tercer piso no está probada en modo alguno, y posiblemente es irreconciliable con el texto. Y tampoco hay necesidad de aducir como argumento añadido la idea de Kliefoth, de que todo el edificio añadido de tres pisos estaba edificado sobre la muralla externa del templo, sin estar apoyado en ningún momento por las vigas del muro del templo. Esto resulta muy improbable, y además un edificio así construido sería muy inseguro y no tendría utilidad para recibir cosas de alguna importancia.

Tomamos pues נָסַב y מוּסָב en el sentido de rodeado o rodeando. Si las cosas son así, Ez 41 7 afirma simplemente que el edificio del entorno de (rodeando a) la casa, es decir, el edificio adyacente alrededor de la casa del templo era más ancho en la parte superior, aumentando (más o más) conforme a la medida de los pisos. Sus habitaciones aumentaban más en proporción con la altura de la casa del templo, de manera que la casa se hacía más ancha a medida que se ascendía.

A todo lo anterior se añade, por medio de וְכֵן, la última afirmación del verso: "y así el inferior ascendía al superior según la medida del central". La mayoría de los comentaristas piensan que esta cláusula dice lo siguiente: ellos ascendían así del piso inferior al superior, a través del central. Pero muchos han observado la incoherencia de una disposición según la cual habría que ascender por una escalera externa del piso inferior al superior, para bajar de allí al central. Y por eso han seguido el cambio de los LXX, poniendo וּמִן, en vez de וְכֵן, y בַּתִּיכוֹנָה en vez de הַתִּיכוֹנָה.

De todas formas, no hay necesidad de tales alteraciones, pues la traducción del mismo texto es coherente, si tomamos הַתִּיכוֹנָה como sujeto de יַעֲלֶה: *y así del piso inferior se subía al superior según la medida del central*. A esa traducción no se le puede poner ninguna objeción decisiva a causa de la diferencia de género (el masculino יַעֲלֶה). וְכֵן indica que la subida tenía lugar según la medida de la anchura antes mencionada.

En 41, 8 ofrece una indicación posterior sobre las habitaciones adyacentes, como podemos ver por la cláusula que trata del centro. Pero eso se ha explicado también de varias maneras. Así, por ejemplo, Böttcher traduce la primera frase como sigue: "Y yo vi que la altura alrededor era en una dirección hacia adentro", pero esto es gramaticalmente falso y carente de sentido, pues לַבַּיִת no significa hacia dentro, y "en una dirección hacia adentro" no ofrece un sentido comprensible. Kliefoth ofrece esta traducción: "Yo fijé mis ojos sobre la altura alrededor de la casa", pero esto no puede sostenerse tampoco, pues וְרָאִיתִי (ראה) no significa fijar los ojos en algo, en el sentido de medir con los ojos, y en ese caso el artículo no podría haberse omitido antes de גֹּבַהּ.

Las palabras del texto dicen simplemente esto: "Yo vi en la casa una altura (es decir, una elevación) entorno". Lo que esto significa se muestra en las palabras que siguen: El fundamento de las habitaciones adyacentes era de seis codos de alto. מְיֻסְּדוֹת no es un sustantivo, sino un participio pual; en esa línea, el kere, סְדוֹת מוּ, es sustancialmente correcto, aunque la corrección es innecesaria. מְלוֹ en vez de מְלֹאוֹ (cf. Ez 28, 16, donde se da el mismo caso). Eso significa que el edificio adyacente no se elevaba desde el nivel del suelo, sino que tenía cimientos de seis codos de alto. Esto está en armonía con lo que se dice en 40, 49: que se ascendía por escalones al pórtico del templo, lo que significa que la casa del templo con su porche frontal se elevaba sobre el atrio central.

Esta elevación formaba una especie de basa de seis codos, no solo para los edificios adyacentes, sino también para el pórtico del templo. Así podemos asumir que había doce escalones y no diez, como dicen los LXX de 40, 49, pues medio codo era una altura ya considerable para los escalones, según la medida de Ezequiel. La expresión que sigue (seis codos אַצִּילָה: שֵׁשׁ אַמּוֹת אַצִּילָה) resulta oscura pues la palabra אַצִּילָה puede entenderse de diversas formas. Sea como fuere, no hay duda de que esas palabra no pueden ser meramente una explicación de la longitud de la vara o caña de medir: "seis codos de largo", pues la longitud de la caña de medir ha sido ya fijada en 40, 5, de manera que era necesaria una nueva definición, y la que se da aquí iría en contra de la de 40, 5

אַצִּילָה (אַצִּיל) significa conexión o juntura, y cuando se aplica a un edificio no puede significar otra cosa que el punto en el que una parte del edificio se une con otra. En esa línea, Hävernick y Kliefoth entienden por אַצִּיל el punto en el cual termina un piso y empieza el otro, la línea de conexión entre las habitaciones que están unas encima de las otras, y Hävernich supone que esta frase es una definición más precisa de מְיֻסְּדוֹת, entendiendo por מְיֻסְּדוֹת los cimientos de las habitaciones, es decir, los suelos. Por otro lado, Kliefoth supone que la cláusula ofrece nueva información, es decir, algo referente a la altura de los pisos, de manera que según la afirmación de este verso, el edificio adyacente tenía un cimiento de seis codos de altura, y cada uno de los pisos tenía también seis codos, de manera que, de un modo consecuente, todo el edificio tenía 24 codos de altura, partiendo del suelo

Eso es claro, pero מְיֻסְּדוֹת no significa los cimientos o pisos de las habitaciones, de manera que la explicación de Hävernick pierde todo su fundamento. También resulta insostenible la opinión de Kliefoth, pues si las palabras dieran la altura de los pisos, ofreciendo una nueva medida del edificio, la cópula *waw* (ו) tendría que aparecer al principio de la medición. La ausencia de esa cópula lleva a la conclusión de que los seis codos de la אַצִּילָה presentan una explicación de los cimientos, que eran de una vara o caña de altura, una medición que no se había sido aclarada todavía (y todas las opiniones que no tengan esto en cuenta no logran explicar los hechos).

Ez 41, 9 sigue ofreciendo más detalles relacionados con el edificio adyacente. El muro exterior (es decir, el de fuera: imagen 4 f) tenía cinco codos de anchura, y era por tanto un codo más estrecho que el muro del templo. La מֻנָּח del edificio adyacente tenía por tanto la misma anchura.

En la frase que comienza con וַאֲשֶׁר, la medida (diez codos), dada en la primer frase ha de ser repetida, de manera que podemos traducir la *waw* (ו) por "y también", y debemos tomar las palabras en el sentido de "así como de ancho". מֻנָּח es el participio hofal de הניח, dejar solo, y en el caso de un edificio es aquella parte del espacio del edificio sobre la que no se construye como sobre el resto. En 41, 11 se utiliza como un sustantivo, y significa el espacio que se deja abierto a los lados del edificio (tabla 4, i). La traducción caldea es אתר, *locus relictus,* lugar dejado libre.

בֵּית צְלָעוֹת es un acusativo adverbial o locativo: contra la casa de las habitaciones adyacentes o a lo largo de ellas, y אֲשֶׁר לַבַּיִת es una explicación en aposición: "que era del templo", es decir, que pertenece al edificio del entorno del templo. Según todo eso, no hay ninguna necesidad de cambiar el texto, ni siquiera de cambiar בית por בין, a fin de empalmar mejor 41, 9 y 41, 10, formando una única frase, como Böttcher y Hitzig proponen. Pero de esa manera ellos crean una nueva discrepancia entre 41, 9 y 41, 10 por el espacio abierto entre las habitaciones que están frente a la casa del templo (que es de veinte codos) y las habitaciones contra el muro del patio que, según 41, 10 es de cinco codos.

En 41, 10 sigue el texto sobre la anchura entre el edificio del templo y las habitaciones que están en contra del murió del patio interior. En 41, 11 tenemos varios datos más sobre el edificio adyacente y el espacio que queda abierto. הַלְּשָׁכוֹת (41, 10) son los edificios de las habitaciones, que se describen de un modo más preciso en 42, 1, las habitaciones que estaban a lo largo del muro, dividiendo el atrio interior del exterior en la parte oeste, norte y sur del atrio interior, frente a la casa del templo (cf. imagen 1, i i). Pues bien, el espacio que se dejaba abierto era de cinco codos de anchura al norte, oeste y sur del templo. מָקוֹם es el espacio que queda abierto.

En conclusión, si reunimos todas las medidas de la casa del templo y de su entorno inmediato, obtenemos (como lo muestra la imagen I) un cuadrado de cien metros de largo y cien de ancho, exclusivos para el pórtico. El templo (G) tenía veinte codos de ancho en el interior (42, 2); el muro que rodeaba al santuario tenía seis codos (41, 5) o, si se toman los dos muros, 2x6=12 codos.

Los edificios del entorno eran de cuatro codos por cada lado (41, 5), lo que hace 2x3=8 codos. El muro exterior de esos edificios tenía cinco codos por cada lado (41, 9), lo que hace 2x5=10 cubos. El מנח (1) tenía cinco codos alrededor (41, 11): 2x5=10 codos. Y el espacio entre eso y las habitaciones que estaban junto al muro del atrio (imagen: e-g-h-f) medía 20 codos alrededor (41, 10), lo que hace 2x10= 40 codos. La suma total era por tanto de 20 + 12 + 8 + 10 + 10 + 40 = 100 codos, en perfecta armonía con lo que se dice en 41, 13.

El pórtico y la anchura del muro divisorio entre el lugar santo y el santo de los santos y también del muro del frente (oeste) del lugar santo no se calculan aquí. No se incluye el pórtico, porque el lugar que cubría pertenecería al espacio del patio interior, en el que se incluía. No se cuenta el muro divisorio, porque era meramente una partición de madera, y por tanto no ocupaba un espacio considerable. Pero es difícil decidir aquí por qué no se incluye el muro del frente del lugar sagrado.

Dado que no hay espacio para ese muro en su cuadrado de los cien codos, Kliefoth supone que no había muro alguno en la parte occidental del santo y sigue suponiendo que el muro de atrás (el muro occidental) del pórtico suplía esa falta. Pero esto resulta inadmisible, por la simple razón de que el pórtico no tenía la misma altura que el lugar santo y porque, según Ez 40, 48 tenía solo 16 codos de anchura externa, lo que supone que hubiera habido un espacio abierto de dos codos de ancho a cada lado del lugar santo, si el santo no hubiera tenido muro propio.

Por otra parte, tanto la medida de lo pilares a los dos lados del frente del היכל (41, 1) como las "espaldas" (el resto de los muros) a ambas partes de la puerta (41, 2) suponen que había un muro que separaba la parte externa del lugar santo, un muro que no pudo haber sido de menor anchura que los muros laterales, es decir, de seis codos de grosor. Debemos conjeturar por lo tanto que los cuarenta codos de longitud del Santo se midieron desde la línea de la puerta, que tenía una longitud de diez codos, y que el grosor de los muros a un lado y al otro de la puerta se incluye en esos cuarenta codos.

En contra de eso se suele elevar una objeción: Que el espacio del santo perdería así una parte significativa de sus cuarenta codos; pero esta razón no tiene mucho peso, pues las "espaldas" de la puerta, cuyo grosor no se cuenta, era solo de cinco codos por cada lado, y, por otra parte, en el lugar central de la apertura, ocupado por la puerta, cuyo grosor era menos considerable, la longitud de los cuarenta codos de santo no sufrió casi ninguna disminución.

En esa línea, los pilares de la puerta del Santo de los Santos con el muro divisorio están incluidos en la longitud total del santo, que es de 40+20=60 codos, y no se toman en consideración para un cómputo distinto. Según eso, la medida exacta del espacio ocupado por el Santo y el Santo de los Santos, con su gran significado histórico, no puede medirse con exactitud matemática.

41, 12-14. El espacio separado y la dimensión externa del templo

¹² וְהַבִּנְיָ֡ן אֲשֶׁר֩ אֶל־פְּנֵ֨י הַגִּזְרָ֜ה פְּאַ֣ת דֶּֽרֶךְ־הַיָּ֗ם רֹ֚חַב שִׁבְעִ֣ים אַמָּ֔ה וְקִ֧יר הַבִּנְיָ֛ן חָֽמֵשׁ־אַמּ֥וֹת רֹ֖חַב סָבִ֣יב ׀ סָבִ֑יב וְאָרְכּ֖וֹ תִּשְׁעִ֥ים אַמָּֽה׃ ¹³ וּמָדַ֣ד אֶת־הַבַּ֔יִת אֹ֖רֶךְ מֵאָ֣ה אַמָּ֑ה וְהַגִּזְרָ֤ה וְהַבִּנְיָה֙ וְקִ֣ירוֹתֶ֔יהָ אֹ֖רֶךְ מֵאָ֥ה אַמָּֽה׃ ¹⁴ וְרֹ֩חַב֩ פְּנֵ֨י הַבַּ֧יִת וְהַגִּזְרָ֛ה לַקָּדִ֖ים מֵאָ֥ה אַמָּֽה׃

¹² El edificio que estaba delante del espacio abierto al lado del occidente era de setenta codos; y la pared del edificio tenía cinco codos de grueso, todo alrededor, y noventa codos de largo. ¹³ Luego midió la casa, y tenía cien codos de largo. Y el espacio abierto, y el edificio y sus paredes eran de cien codos de longitud. ¹⁴ El ancho del frente de la casa y del espacio abierto al oriente era de cien codos.

La explicación de estos versos depende del significado de la palabra הַגִּזְרָה. Conforme a su derivación de גזר, cortar, separar, הַגִּזְרָה significa aquello que esta *cortado o separado de*. Así אֶרֶץ הַגְּזֵרָה es la tierra separada de, y suele utilizarse para evocar desierto, que no está conectado por caminos. En el pasaje que está ante nosotros, גִּזְרָה significa una plaza en la parte occidental del templo, es decir, detrás del templo, separada del santuario (cf. imagen 1, J), sobre la cual había un edificio, de cuya finalidad no se dice nada más; lo que podemos saber es solo por el nombre, por la situación del lugar en cuestión y en parte por otros pasajes como 1 Cron 26, 18 y 2 Rey 23, 11, según lo cual también en el templo de Salomón había un espacio semejante a la espalda del templo, que tenía una salida especial, la llamada puerta שַׁלֶּכֶת, es decir, un espacio que se utilizaba para recoger todas las cosas desechadas, un tipo de basuras etc., es decir, cualquier cosa que se rechazaba tras realizar el servicio del templo, recibiendo por eso el nombre de lugar separado (Kliefoth).

El edificio construido sobre este espacio estaba situado אֶל־פְּנֵי הַגִּזְרָה, al frente de la *gizrah*, es decir, como un edificio al que se llegaba desde el templo. Se añade que se encontraba פְּאַת דֶּרֶךְ־הַיָּם, por la parte del camino del mar, es decir, en el "camino hacia el mar", esto es, hacia el oeste del templo, y tenía una anchura de setenta codos (de norte a sur), con un muro en torno, que era de cinco codos de ancho, y una longitud de noventa codos.

Ya que la anchura del muro se menciona especialmente en conexión con el edificio, debemos añadir que aquí se ofrecen tanto la anchura como la longitud del edificio, de manera que cuando se miraba el edificio desde fuera tenía ochenta codos de anchura y cien de longitud. En Ez 31, 13 se atribuye esta longitud expresamente al lugar, en general, y junto con ello al edificio, incluidos los muros. Pero se ha establecido ya previamente que la longitud de la casa del templo era de cien codos. También en 41, 14 se afirma que la anchura de ambos es de cien codos, es decir, la anchura del frente exterior, es decir, de la frontal del templo que eran de cien codos; ésta es también la anchura del lugar separado y abierto לַקָּדִים, es decir, hacia el oriente.

Si, por tanto, el edificio de la plaza separada, tras el templo, tenía solo ochenta codos de anchura, incluidos los muros (según 41, 12), mientras que la plaza separada tenía cien codos, queda un espacio de veinte codos de anchura que no ha sido cubierto por el edificio. Si las cosas son así, no tenemos duda ninguna de que el edificio se hallaba en el centro de ese espacio separado, dejando un espacio de diez codos vacíos tanto a la derecha como a la izquierda (imagen 1 K). El edificio no cubría pues toda la anchura del espacio (de norte a sur), sino toda su longitud (de este a oeste).

Todas estas medidas están en perfecto armonía. Hemos visto que el atrio interior formaba un cuadrado de cien codos de longitud (40, 47). Por su parte, la casa del templo (con sus pertenencias), que se juntaba al atrio interior por el oeste se extendía con una longitud semejante; finalmente, la casa separada, detrás del templo, cubría un espacio de igual dimensión.

Estos tres cuadrados (atrio interior, templo y espacio separado de la parte de atrás) tenían de este a oeste una longitud de trescientos codos. Si añadimos a esto la longitud de los edificios de las puertas del este, la del atrio interior y la del atrio exterior (cincuenta cubos por cada una de ellas: 40, 15. 21. 25. 29. 33. 36) y la longitud del patio exterior, de puerta a puerta (cien codos: 40, 19. 23. 27) obtenemos para el conjunto del edificio del templo la longitud de quinientos codos.

Algo semejante sucede con la anchura. Si ahora añadimos a la anchura del atrio interior o casa del templo (que eran cien codos) la anchura del patio exterior, con la puerta interior y exterior (es decir, doscientos codos, tanto en la parte norte como en la parte sur, obtenemos una anchura 100 + 200 + 200 = 500 (es decir, quinientos codos). Según eso, todo el edificio cubría un espacio de quinientos codos cuadrados, en armonía con los cálculos realizados de la dimensión de la muralla exterior ya (cf. 40, 24-27).

41, 15-26. Sumario de las medidas, carácter y ornamentos significativos de las porciones proyectadas del edificio del templo

15 וּמָדַד אֹרֶךְ־הַבִּנְיָן אֶל־פְּנֵי הַגִּזְרָה אֲשֶׁר עַל־אַחֲרֶיהָ
(וְאַתּוּקֵיהָא) [וְאַתִּיקֶיהָא] מִפּוֹ וּמִפּוֹ מֵאָה אַמָּה וְהַהֵיכָל הַפְּנִימִי וְאֻלַמֵּי הֶחָצֵר:
16 הַסִּפִּים וְהַחַלּוֹנִים הָאֲטֻמוֹת וְהָאַתִּיקִים סָבִיב לִשְׁלָשְׁתָּם נֶגֶד
הַסַּף שְׂחִיף עֵץ סָבִיב סָבִיב וְהָאָרֶץ עַד־הַחַלֹּנוֹת וְהַחַלֹּנוֹת מְכֻסּוֹת:
17 עַל־מֵעַל הַפֶּתַח וְעַד־הַבַּיִת הַפְּנִימִי וְלַחוּץ וְאֶל־כָּל־הַקִּיר
סָבִיב סָבִיב בַּפְּנִימִי וּבַחִיצוֹן מִדּוֹת:
18 וְעָשׂוּי כְּרוּבִים וְתִמֹרִים וְתִמֹרָה בֵּין־כְּרוּב לִכְרוּב וּשְׁנַיִם פָּנִים לַכְּרוּב:
19 וּפְנֵי אָדָם אֶל־הַתִּמֹרָה מִפּוֹ וּפְנֵי־כְפִיר אֶל־הַתִּמֹרָה מִפּוֹ
עָשׂוּי אֶל־כָּל־הַבַּיִת סָבִיב סָבִיב:
20 מֵהָאָרֶץ עַד־מֵעַל הַפֶּתַח הַכְּרוּבִים וְהַתִּמֹרִים עֲשׂוּיִם וְקִיר הַהֵיכָל:
21 הַהֵיכָל מְזוּזַת רְבֻעָה וּפְנֵי הַקֹּדֶשׁ הַמַּרְאֶה כַּמַּרְאֶה:
22 הַמִּזְבֵּחַ עֵץ שָׁלוֹשׁ אַמּוֹת גָּבֹהַּ וְאָרְכּוֹ שְׁתַּיִם־אַמּוֹת
וּמִקְצֹעוֹתָיו לוֹ וְאָרְכּוֹ וְקִירֹתָיו עֵץ וַיְדַבֵּר אֵלַי זֶה הַשֻּׁלְחָן אֲשֶׁר לִפְנֵי יְהוָה:
23 וּשְׁתַּיִם דְּלָתוֹת לַהֵיכָל וְלַקֹּדֶשׁ:
24 וּשְׁתַּיִם דְּלָתוֹת לַדְּלָתוֹת שְׁתַּיִם מוּסַבּוֹת דְּלָתוֹת שְׁתַּיִם
לְדֶלֶת אֶחָת וּשְׁתֵּי דְלָתוֹת לָאַחֶרֶת:
25 וַעֲשׂוּיָה אֲלֵיהֶן אֶל־דַּלְתוֹת הַהֵיכָל כְּרוּבִים וְתִמֹרִים כַּאֲשֶׁר
עֲשׂוּיִם לַקִּירוֹת וְעָב עֵץ אֶל־פְּנֵי הָאוּלָם מֵהַחוּץ:
26 וְחַלּוֹנִים אֲטֻמוֹת וְתִמֹרִים מִפּוֹ וּמִפּוֹ אֶל־כִּתְפוֹת הָאוּלָם
וְצַלְעוֹת הַבַּיִת וְהָעֻבִּים:

15 Midió la longitud del edificio que estaba delante del espacio abierto que había detrás de él, y las cámaras de uno y otro lado, y eran de cien codos. El templo por dentro, los

portales del atrio, *¹⁶ los umbrales, las ventanas estrechas y las cámaras alrededor de los tres pisos, todo ello estaba cubierto de madera desde el suelo hasta las ventanas; y las ventanas también estaban cubiertas de madera.*

¹⁷ Midió desde la puerta hasta el interior de la casa, y por fuera, así como toda la pared en derredor, por dentro y por fuera. ¹⁸ Y estaba labrada con querubines y palmeras: entre querubín y querubín, una palmera. Cada querubín tenía dos rostros: ¹⁹ un rostro de hombre hacia la palmera de un lado, y un rostro de león hacia la palmera del otro lado, alrededor de toda la casa. ²⁰ Desde el suelo hasta encima de la puerta había querubines grabados y palmeras, por toda la pared del templo. ²¹ Cada poste del templo era cuadrado, y el frente del santuario era como el otro frente.

²² La altura del altar de madera era de tres codos, y su longitud, de dos codos; sus esquinas, su superficie y sus paredes eran de madera. Me dijo: Esta es la mesa que está delante de Yahvé.

²³ El templo y el santuario tenían dos puertas. ²⁴ Y en cada puerta había dos hojas que giraban; dos hojas en una puerta y otras dos en la otra. ²⁵ En las puertas del templo había grabados de querubines y palmeras, iguales a los que había en las paredes. Había un portal de madera por fuera, a la entrada, ²⁶ y había ventanas estrechas y palmeras a uno y otro lado, a los lados del pórtico. Así eran las cámaras de la casa y los umbrales.

Ez 41, 15 es el comienzo de una enumeración general de algunos rasgos particulares del edificio, la mayor parte de los cuales no han sido enumerados antes, de manera que וּמָדַד (en vez de וַיָּמָד) ha de traducirse "y así él midió". El hecho de que se anuncie otra medida en 41, 15, pero que después, de 41, 15 en adelante, no se ofrezcan más números nos hace pensar que 41, 15 (teniendo cierta relación con 41, 14) ha de verse más bien en conexión con 41, 16.

La ausencia de la *waw* (ו) copulativa en 41, 16 resulta suficiente para indicarnos que con הַסִּפִּים (41,16) comienza una afirmación nueva. Por su parte, la palabra וְהַהֵיכָל sigue estando gobernada por la palabra anterior del mismo verso (וּמָדַד, y midió). Algunos piensan que 41, 15 se separa de lo que sigue (pues Ezequiel no seguirá hablando ya de medidas). Pero el contenido de 41, 15 es totalmente contrario a esa separación.

Así, por ejemplo, si conectamos 41, 15 con 41, 14, la primera frase contiene una pura tautología, pues la longitud del edificio acaba de ser mencionada, y el resultado se ha dado en 4, 13. Pero la tautología no existe si el sumario de afirmaciones sobre la medida de las diferentes parte del conjunto del edificio del templo comienza en 41, 15, y en conexión con eso se ofrecen algunos detalles complementario no mencionados todavía.

El contenido de la segunda frase, es decir, lo que se afirma sobre las cámaras o celdas (וְהָאַתִּיקִים) retoma un motivo anterior; por su parte, en esa línea, se define de un modo más preciso la situación del edificio situado en el lugar separado (tras el templo), y eso se hace con las palabras אֲשֶׁר עַל־אַחֲרֶיהָ (que estaba detrás…). El sufijo femenino en אַחֲרֶיהָ remite nuevamente a הַגִּזְרָה, de manera que אֲשֶׁר solo puede referirse a הַבִּנְיָן: el edificio que estaba detrás (la *gizrah*). Esto no va en contra de la situación indicada en הַבִּנְיָן אֶל־פְּנֵי, pero sirve para definirla de manera más precisa, para indicar que aquel edificio, el de la *gizrah*, ocupaba la parte trasera del templo.

El significado de וְאַתּוּקֵיהָא (*keré* וְאַתִּיקֶיהָא, como en 41, 16; 42, 3. 5, los únicos pasajes en los que aparece esta palabra) está envuelto en oscuridad. Incluso Raschi confiesa que no sabe lo que significa, y los traductores antiguos se han limitado a ofrecer vagas conjeturas. Los LXX ponen ἀπόλοιπα en 42, 3 y περίστυλον y στοαί en 42, 5. La Vulgata se limita a poner *ethecas* (de אתק, אתיקים, ofreciendo una simple transcripción latina de la palabra hebrea), aunque identifica su sentido con *porticus* (pórtico). El Targum de la políglota de Londres, 41, 15 pone זוויתהא, en 41, 16: אתיקיא; en 42, 3 זוי y en 42, 5 זיויא.

En hebreo no existe la raíz אתק, y la derivación de esta palabra a partir de עתק no solo es insegura, sino que no ofrece ningún sentido que nos permita deducir el contenido arquitectónico del término. Por ora parte, el contexto de 41, 15-16 no ofrece tampoco ninguna ayuda para definir el significado de la palabra וְאַתִּיקֶיהָא. Solo en 42, 3-5 encontramos quizá una ayuda para entender el significado de la palabra.

Según Ez 42, 3 en el edificio de tres pisos de la habitaciones, en el tercer piso se decía que había הַתִּיצוֹנָה אַתִּיק אֶל־פְּנֵי־אַתִּיק; por otra parte, Ez 41, 5 afirmaba que las habitaciones del tercer piso eran menores que las del piso inferior y central, porque אתיקים les quitaba espacio. Y la razón que se daba era de nuevo que los tres pisos de esas habitaciones no tenían pilares propios.

Por todo eso podemos deducir que los אתיקים eran galerías o pasajes que corrían a lo largo de los muros exteriores de los edificios, que no estaban soportados por pilares, y que por tanto se apoyaban sobre un tipo de repisas que se conseguían haciendo que las habitaciones del piso superior quedaran así retrancadas. Éste es el sentido que se supone también en nuestro pasaje. El sufijo אַתּוּקֵיהָא (una forma aramea, en vez del hebreo וְאַתִּיקֶיהָ) no concuerda con הַבִּנְיָן de 41, 15 sino con הבניה de 41, 13. Por eso, las palabras "y las galerías en este lado y en el otro", es decir, en la parte norte y sur del edificio no dependen de אֹרֶךְ־הַבִּנְיָן en el sentido de "la longitud del edificio, con sus galerías, en un lado y en el otro", pues אַתּוּקֵיהָא está muy separado de אֹרֶךְ־הַבִּנְיָן para tener ese sentido.

אַתּוּקֵיהָא es más bien un segundo objeto de מָדַד: él midió (1) la longitud del edificio; (2) sus galerías, de este lado y del otro, cien codos; (3) el templo interior etc. Los cien codos no se refieren a la longitud del edificio, sino a las galerías en ambos lados, que tenían la misma longitud del edificio y que, por tanto, corrían a lo largo de toda esa longitud, que era la misma de la del edificio, corriendo, según eso, por todo el edificio, un hecho que no se menciona como algo superfluo, pues esas galerías podrían haber sido más cortas.

הַהֵיכָל הַפְּנִימִי es la casa del templo, con los edificios de su entorno, dentro del atrio interior. Además de eso se mencionan también los porches del atrio, es decir, los de los edificios de las puertas en el atrio interior y exterior, como proyecciones abiertas de esos edificios. Esas tres obras, a las que se alude en 41, 15, comprenden todos los edificios, cuyas medidas se han mencionado en la descripción anterior, es decir, al hablar del edificio del oeste del templo, en 41-12-14, con el interior del templo (41, 1-11); y con los pórticos de los atrios, a los que se debe añadir el pórtico del templo, que estaba en el frente del Lugar Santo, como se ha puesto de relieve al hablar del pórtico del atrio interior en Ez 41.

De esa manera, el contenido de nuestro verso (41, 15) muestra claramente que no es solo un conjunto indivisible, sino que forma una conclusión en la que se recogen y suman las medidas anteriores, formando así una especie de introducción para el sumario que sigue, en el que se presentan algunos rasgos adicionales del edificio del templo que son también dignos de mención.

Este sumario destaca cinco puntos. (a) Medidas propias de todas las partes de los edificios (41, 16-17). (b) Ornamentación significativa de los muros interiores del santuario (31, 18-21). (c) El altar del Santo (41, 22). (d) Carácter y decoración de las puertas del santuario (41, 23-25). (e) Estilo del umbral y de los edificios adyacentes al templo (41, 25-26).

Ez 41, 16-17 forma un período, alargado por la inserción en forma de paréntesis de una afirmaciones explicativas, semejantes por su construcción a 41, 18-19. El predicado de los tres sujetos (umbrales, ventanas cerradas y galerías) no ha de buscarse ni en סָבִיב ni en הַסַּף שָׁחִיף.

La interpretación de Böttcher y Hävernick implica una afirmación sin sentido: que los umbrales se encontraban a lo largo del umbral. De esa manera, ellos suponen además que los umbrales, las ventanas y las galerías rodeaban a todo, pero eso va en contra del uso de los artículos en esas palabras. El predicado de הַסִּפִּים etc., al principio de 41, 16, es מִדּוֹת al final de 41, 17: los umbrales etc. tenían medidas. Según eso, la construcción es en forma de anacoluto, de manera que, estrictamente hablando, el predicado de מִדּוֹת pertenece solo a las cosas mencionadas en 41, 17, y los sujetos mencionados en 41, 16 han de tomarse como nominativos absolutos.

Las palabras סָבִיב לִשְׁלָשְׁתָּם pertenecen a los tres sujetos anteriores, como definición posterior: los umbrales, las ventanas, y galerías (que había) alrededor de esos tres pisos… El sufijo de שְׁלָשְׁתָּם, sus tríadas (sus tres pisos), se refiere a los tres edificios mencionados en Ez 41, 15: uno es el edificio de la plaza posterior separada, otro es el edificio del templo y el otro es el de los pórticos del atrio.

Y el סָבִיב que va en aposición no ha de ser forzado de manera que nos lleve a la conclusión de que los tres edificios, y por lo tanto también los pórticos de los atrios, tenían en su entorno אֲתוּקֵיהָא. Como סָבִיב לִשְׁלָשְׁתָּם se afirma de los umbrales, las ventanas y las galerías, y los tres objetos vienen introducidos por artículo, como es bien sabido (es decir, como se ha mencionado ya y se ha descrito con más precisión en los versos anteriores), la definición (o mejor, la limitación) de la aposición ha de entenderse a partir de la descripción anterior de esos tres edificios. Aquí debemos limitarnos, por tanto, a suponer la existencia de umbrales, ventanas y galerías en esos edificios, en los casos ya mencionados en la descripción: eso significa que el único lugar en el que podían estar las galerías era el edificio sobre el lugar separado.

Pero antes de que se ofrezca la información requerida respecto a los umbrales etc. se introduce una advertencia con las palabras de נֶגֶד הַסַּף a סָבִיב, que se refiere a la construcción de los umbrales etc. Es decir, que unidos a los umbrales (con הַסַּף empleado aquí en sentido general, para cada umbral) había שָׂחִיף עֵץ, una cobertura fina de madera, un revestimiento.

נֶגֶד no significa a lo largo del frente (Böttcher), sino en oposición a, pues, estrictamente hablando, la parte opuesta a los umbrales de una puerta es el dintel. Esa palabra se utiliza aquí probablemente en un sentido extenso, para referirse al marco o encuadramiento de la puerta, por encima y a los dos lados, como lo muestra la repetición de סָבִיב סָבִיב que sigue.

Con הָאָרֶץ se introduce un nuevo objeto. וְהָאָרֶץ es un nominativo, lo mismo que הַסִּפִּים etc. Y el hecho de que se añada מִן (desde el suelo… hasta las ventanas) ha llevado a una falsa interpretación de las palabras. Pero la idea es clara: Así como los umbrales, las ventanas etc., también el espacio entre el suelo y las ventanas tenía sus propias medidas. La alusión a las ventanas viene seguida por la aclaración, en forma de cláusula circunstancias, en la que se dice que "las ventanas estaban cubiertas". מְכֻסּוֹת es, al parecer, solo una explicación substancial de אטמות (cf. *Coment* a 40, 16).

En 41, 17 se mencionan dos objetos nuevos, que tienen sus medidas, pero no siguiendo el lugar lógico de los sujetos, sino con las preposiciones וְאֶל y עַל: sobre aquello que estaba encima de la apertura de la puerta y aquello que estaba sobre todos los muros, es decir, sobre el espacio sobre las puertas y en todos los muros. A esta perífrasis de los sujetos, a través de עַל y אֶל, se añade el predicado מִדּוֹת, que pertenece a todos los objetos de 41, 16-17, en el sentido de "en todos los muros había medidas". El sentido es que todas las partes del edificio que han sido nombradas tienen sus medidas precisas, y fueron medidas de un modo cuidadoso.

A fin de expresar este pensamiento de un modo tan general y abarcador como fuera posible, las ideas expresadas en los sujetos de 41, 17 se expanden por medio de aposiciones: el espacio superior, sobre la puerta de entrada queda precisado por וְעַד־הַבַּיִת הַפְּנִימִי וְלַחוּץ (en ambos casos con וְ, *et-et*, en el sentido de *tanto en un caso como en el otro*…), es decir, tanto en el interior del templo en general, como también en la parte de fuera. La idea de que se trata de todo el muro está expresada por "alrededor, centro y fuera": וְלַחוּץ וְעַד הַפְּנִימִי).

De esa manera queda claro todo el texto de 41, 16-17, de acuerdo con los datos ofrecidos, y no hay necesidad de utilizar unas tijeras críticas como Ewald y Hitzig que cortan todo aquello que no entienden o piensan que se trata de puras glosas. Tampoco se puede aceptar la mala enmienda de Böttcher, que cambia הוֹת מְ por מִקְלְעוֹת (1 Rey 6, 18) y de esa forma encuentra una excusa para decir que el templo estaba bien ornamentado con esculturas, incluso fuera de todos los muros.

Ez 48, 18-21 trata de los ornamentos del interior del santuario, es decir, del Santo y del Santo de los Santos. El predicado וְעָשׂוּי, que está al comienzo de 41, 18, se retoma en 41, 19, y queda completado por עָשׂוּי אֶל־כָּל־הַבַּיִת. Es evidente que las palmeras y los querubines estaban esculpidos o sacados en relieve, como muestra la semejanza del templo de Salomón. Ellos estaban distribuidos de tal forma que a un querubín le seguía una palmera, y a la palmera seguía otro querubín, de manera que la palmera quedaba en medio de dos querubines, y el querubín dirigía sus dos rostros, uno hacia cada palmera, de un lado y del otro.

En esa escultura o grabado solo se podían mostrar dos rostros del querubín, y no los cuatro, como en la visión del principio del libro. Esta escultura estaba colocada alrededor de todas la casa del templo, y así se añade en 41, 20, a modo de explicación, desde el suelo hasta la parte superior de la puerta, es decir, en el muro interior del santuario (en el היכל). En esa línea כָּל־הַבַּיִת se limita al היכל, es decir, al santuario interior, con el Santo y el Santo de los Santos. הַקִּיר, la pared, es un acusativo local.

A todo esto se añade una noticia posterior en 41, 21: Que el santuario tenía cuatro postes de las puertas (מְזוּזַת) en forma cuadrada. La forma de presentar las palabras (cada poste del templo era cuadrado...) constituye una expresión muy concisa, como si fuera una noticia topográfica. מְזוּזַת significa siempre, en cualquier lugar donde aparece, los postes de las puertas, es decir, el marco o encuadramiento de la entrada. רְבֻעָה no significa de cuatro esquinas, sino cuadrado (Ex 27, 1 y 28, 16).

Por consiguiente, las palabras "cada poste del templo era cuadrado" puede significar no simplemente que los postes de las puertas eran simplemente un tipo de troncos, sino (como supone Kliefoth) que esos postes que rodeaban la puerta tenían forma cuadrada, más aún, que eran cuadrados por tener la misma altura que anchura (como cubos), lo cual iría en la línea del predominio de las figuras cuadradas en el templo, con el sentido que eso tiene en la visión del templo. Pero la segunda parte del verso no puede entenderse en esa línea, pues, de cualquier forma que se entienda este simbolismo, lo que quiere decir con certeza es que la puerta del Santo de los Santos estaba también construida de la misma manera, con postes o jambas de tipo cuadrado (pero no cúbico).

La puerta del Santo de los Santos no era cuadrada (cf. 41, 3) sino que tenía seis codos de altura y siete de anchura. El קֹדֶשׁ, o Santísimo, como distinto del היכל, es el santo de los santos, como Ez 41, 23 afirma sin lugar a dudas (para este uso de קֹדֶשׁ, cf. Lev 16, 2-3.16).

פְּנֵי הַקֹּדֶשׁ, *la faz del Santo de los Santos*, el frente que veían los ojos de una persona que entraba en el lugar santo. El frente del Santo de los Santos tenía una apariencia como la del היכל, es decir, tenía una puerta con cuatro postes. J. F. Starch ha dado ya la explicación de estas palabras: "Eadem facies et aspectus erat utriusque portae templi et adyti, utraque quadrata et quadratis postibus conspicua erat" (cada puerta y cada entrada tenía el mismo rostro, el mismo aspecto, cada una era cuadrada, precedida por cuatro postes cuadrados). Por otra parte, la propuesta de Ewald, cuando quiere conectar כְּמַרְאֵה con la siguiente palabra (הַמִּזְבֵּחַ), "frente al santo de los santos había algo como la forma de un altar" (cf. LXX, Syr) tiene en contra el hecho de que הַמַּרְאֶה tiene artículo (Böttcher).

Con esto pasamos a 41, 22, al altar de los holocaustos, en el Santo (cf. imagen 4). Sigue aquí también el estilo abrupto de escrito. "la altura del altar de madera era de tres codos, y su longitud, de dos codos…". La anchura que no se menciona expresamente era la misma, pues se supone que el altar era cúbico, lo mismo que el tabernáculo y el templo de Salomón. Bajo el término מִקְצֹעוֹתָיו, sus piezas de ángulo, se están indicando sus "cuernos", saliendo de las esquinas, es decir, sus puntas en forma de cuerno, que eran elementos significativos del altar, y no podían faltar. Hay algo extraño en el hecho de que aparezca וְאָרְכּוֹ, antes y al lado de וְקִירֹתָיו, pues la longitud ha sido ya incluida en los muros, y no parece apropiado decir de la anchura lo que se ha dicho de la altura. וְאָרְכּוֹ parece por tanto un error del copista, en lugar de אדנו, ἡ βάσις αὐτοῦ (LXX), su base o pedestal.

El ángel describe este altar como una "mesa que está delante de Yahvé", en perfecta armonía con el epíteto aplicado a los sacrificios en el Pentateuco, el pan (לחם) de Dios, aunque no a causa de que la mesa del altar tuviera la finalidad de combinar la antigua mesa de las ofrendas de semillas y el altar de incienso" (Böttcher). La mesa de ofrendas de semillas no se menciona aquí, y tampoco el candelabro, ni otros elementos de la decoración del templo.

El altar para las ofrendas quemadas (holocaustos) estaba delante de Yahvé, es decir, delante de la entrada del Santo de los Santos. Esto hace que Ez 41, 23 recoja la noticia de las puertas del santuario, que aquí aparecen descritas como simples aperturas (פתח), pues el conjunto de la puerta ha sido ya mencionado. (דלת) דְּלָתוֹת significa una puerta que se mueve, aquí en plural (דְּלָתוֹת), lo que supone que tiene dos hojas. Según eso, tanto 41, 23 como en 41, 24, דְּלָתוֹת son puertas plegables. En esa línea se puede añadir que דְּלָתוֹת son las puertas en conjunto, mientras que מוסבות se aplica a las hojas de cada puerta separada.

Éste es el significado del texto: El Santo (היכל) y el Santo de los santos (הקדש) tenían dos puertas plegables (cada habitación tenía una). Estas puertas tenían dos alas, y cada una de esas alas, en una puerta y en la otra, tenía dos hojas reversibles, de manera que cuando se entraba y se salía no era necesario mover toda la puerta que tenía al menos tres o cuatro codos de anchura. No se puede aceptar la oposición de Kliefoth en contra del hecho de que היכל y קדש signifiquen el Santo y el Santo de los Santos, pues esas palabras se utilizan así en otros lugares: de esa forma aparece היכל en 1 Rey 6, 5. 17. 31. 33 y קדש en Lev 16, 2-3 etc. Ni se puede aceptar su explicación artificial sobre el espacio del templo y sobre el lugar sagrado, en la que pasa por alto la concordancia entre nuestros versos y 1 Rey 6, 31-34. Las puertas de las que trata nuestro pasaje estaban ornamentadas, lo mismo que los muros, con figuras de querubines y palmas.

41, 25b y 26 añade más observaciones sobre el pórtico de entrada en el santo. La primera es que en el frente del pórtico de fuera había עֵץ עָב. El único otro lugar en donde aparece en un contexto semejante la palabra עָב es 1 Rey 7, 6, donde se alude a la "obra de madera" del Ulam de los pilares del pórtico de Salomón, y no se puede fijar bien, si se trata de umbral, de moldura o de moldura del umbral. En las espaldas, es decir, al lado derecho e izquierdo de los muros del porche frontal había ventanas cerradas (pequeñas) y figuras de palmas. En este caso se omiten los querubines.

Las últimas palabras de 41, 26 son muy oscuras. צַלְעוֹת הַבַּיִת se puede tomar en conexión con la cláusula anterior (a uno y otro lado, a los lados del pórtico), y en este caso no se necesita repetir la preposición, pues las frases están muy cercanas (vid., Ewald, §351*a*); en ese caso, las habitaciones de al lado no solo necesitaban tener ventanas, sino que debían estar adornadas con figuras de palmas. Pero si las palabras se toman en ese sentido, הָעָבִים debe significar algo que, como las paredes del pórtico y las cámaras de al lado, debía tener una extensión considerable, capaz de recibir una decoración semejante. De todas formas, hasta el momento no se ha logrado precisar mejor el significado de la palabra, y le tradución "umbrales" o vigas no puede demostrarse por Ez 42.

1.3. Ez 42, 1-20. Habitaciones sagradas en el atrio y terreno santo en torno al Templo

42, 1-14. Edificios de las habitaciones del atrio exterior para el uso santo

¹ וַיּוֹצִאֵנִי אֶל־הֶחָצֵר הַחִיצוֹנָה הַדֶּרֶךְ דֶּרֶךְ הַצָּפוֹן וַיְבִאֵנִי
אֶל־הַלִּשְׁכָּה אֲשֶׁר נֶגֶד הַגִּזְרָה וַאֲשֶׁר־נֶגֶד הַבִּנְיָן אֶל־הַצָּפוֹן:
² אֶל־פְּנֵי־אֹרֶךְ אַמּוֹת הַמֵּאָה פֶּתַח הַצָּפוֹן וְהָרֹחַב חֲמִשִּׁים אַמּוֹת:
³ נֶגֶד הָעֶשְׂרִים אֲשֶׁר לֶחָצֵר הַפְּנִימִי וְנֶגֶד רִצְפָה אֲשֶׁר לֶחָצֵר
הַחִיצוֹנָה אַתִּיק אֶל־פְּנֵי־אַתִּיק בַּשְּׁלִשִׁים:
⁴ וְלִפְנֵי הַלְּשָׁכוֹת מַהֲלַךְ עֶשֶׂר אַמּוֹת רֹחַב אֶל־הַפְּנִימִית דֶּרֶךְ
אַמָּה אֶחָת וּפִתְחֵיהֶם לַצָּפוֹן:
⁵ וְהַלְּשָׁכוֹת הָעֶלְיוֹנֹת קְצֻרוֹת כִּי־יוֹכְלוּ אַתִּיקִים מֵהֵנָה
מֵהַתַּחְתֹּנוֹת וּמֵהַתִּכֹנוֹת בִּנְיָן:

⁶ כִּי מְשֻׁלָּשׁוֹת הֵנָּה וְאֵין לָהֶן עַמּוּדִים כְּעַמּוּדֵי הַחֲצֵרוֹת
עַל־כֵּן נֶאֱצַל מֵהַתַּחְתּוֹנוֹת וּמֵהַתִּיכֹנוֹת מֵהָאָרֶץ׃
⁷ וְגָדֵר אֲשֶׁר־לַחוּץ לְעֻמַּת הַלְּשָׁכוֹת דֶּרֶךְ הֶחָצֵר הַחִצוֹנָה
אֶל־פְּנֵי הַלְּשָׁכוֹת אָרְכּוֹ חֲמִשִּׁים אַמָּה׃
⁸ כִּי־אֹרֶךְ הַלְּשָׁכוֹת אֲשֶׁר לֶחָצֵר הַחִצוֹנָה חֲמִשִּׁים אַמָּה וְהִנֵּה
עַל־פְּנֵי הַהֵיכָל מֵאָה אַמָּה׃
⁹ (וּמִתַּחְתָּה) (לְשָׁכוֹת) (וּמִתַּחַת) [וּמִתַּחַת] [הַלְּשָׁכוֹת] הָאֵלֶּה (הַמָּבוֹא)
[הַמֵּבִיא] מֵהַקָּדִים בְּבֹאוֹ לָהֵנָּה מֵהֶחָצֵר הַחִצֹנָה׃
¹⁰ בְּרֹחַב גֶּדֶר הֶחָצֵר דֶּרֶךְ הַקָּדִים אֶל־פְּנֵי הַגִּזְרָה וְאֶל־פְּנֵי הַבִּנְיָן לְשָׁכוֹת׃
¹¹ וְדֶרֶךְ לִפְנֵיהֶם כְּמַרְאֵה הַלְּשָׁכוֹת אֲשֶׁר דֶּרֶךְ הַצָּפוֹן כְּאָרְכָּן
כֵּן רָחְבָּן וְכֹל מוֹצָאֵיהֶן וּכְמִשְׁפְּטֵיהֶן וּכְפִתְחֵיהֶן׃
¹² וּכְפִתְחֵי הַלְּשָׁכוֹת אֲשֶׁר דֶּרֶךְ הַדָּרוֹם פֶּתַח בְּרֹאשׁ דָּרֶךְ
דֶּרֶךְ בִּפְנֵי הַגְּדֶרֶת הֲגִינָה דֶּרֶךְ הַקָּדִים בְּבוֹאָן׃
¹³ וַיֹּאמֶר אֵלַי לִשְׁכוֹת הַצָּפוֹן לִשְׁכוֹת הַדָּרוֹם אֲשֶׁר אֶל־פְּנֵי
הַגִּזְרָה הֵנָּה לִשְׁכוֹת הַקֹּדֶשׁ אֲשֶׁר יֹאכְלוּ־שָׁם הַכֹּהֲנִים
אֲשֶׁר־קְרוֹבִים לַיהוָה קָדְשֵׁי הַקֳּדָשִׁים שָׁם יַנִּיחוּ קָדְשֵׁי
הַקֳּדָשִׁים וְהַמִּנְחָה וְהַחַטָּאת וְהָאָשָׁם כִּי הַמָּקוֹם קָדֹשׁ׃
¹⁴ בְּבֹאָם הַכֹּהֲנִים וְלֹא־יֵצְאוּ מֵהַקֹּדֶשׁ אֶל־הֶחָצֵר הַחִיצוֹנָה
וְשָׁם יַנִּיחוּ בִגְדֵיהֶם אֲשֶׁר־יְשָׁרְתוּ בָהֶן כִּי־קֹדֶשׁ הֵנָּה (יִלְבְּשׁוּ)
[וְלָבְשׁוּ] בְּגָדִים אֲחֵרִים וְקָרְבוּ אֶל־אֲשֶׁר לָעָם׃

¹ Me trajo luego al atrio exterior, hacia el norte, y me llevó a la cámara que estaba delante del patio que quedaba enfrente del edificio, hacia el norte. ² Por delante de la puerta del norte su longitud era de cien codos, y la anchura de cincuenta codos. ³ Frente a los veinte codos que había en el atrio interior, y enfrente del enlosado que había en el atrio exterior, estaban las cámaras, las unas enfrente de las otras, en tres pisos.

⁴ Delante de las cámaras había un corredor de diez codos de ancho, hacia adentro, con un corredor de un codo; y sus puertas daban al norte. ⁵ Las cámaras más altas eran más estrechas, porque las galerías les quitaban más espacio a ellas que a las bajas y a las de en medio del edificio. ⁶ Porque estaban en tres pisos, y no tenían columnas como las columnas de los atrios; por tanto, eran más estrechas que las de abajo y las de en medio, a partir del suelo.

⁷ El muro que estaba fuera, enfrente de las cámaras, hacia el atrio exterior delante de las cámaras, tenía cincuenta codos de largo. ⁸ Porque la longitud de las cámaras del atrio de afuera era de cincuenta codos; y delante de la fachada del templo había cien codos. ⁹ Y debajo de las cámaras estaba la entrada al lado oriental, para entrar en él desde el atrio exterior.

¹⁰ A lo largo del muro del atrio, hacia el oriente, enfrente del patio y delante del edificio, había cámaras. ¹¹ Y el corredor que había delante de ellas era semejante al de las cámaras que estaban hacia el norte; tanto su longitud como su anchura eran de la misma medida, así como todas sus salidas, puertas y entradas. ¹² Así también eran las puertas

de las cámaras que estaban hacia el sur; había una puerta al comienzo del corredor que había enfrente del muro al lado oriental, para quien entraba en las cámaras.
[13] Me dijo: Las cámaras del norte y las del sur, que están delante del patio, son cámaras santas en las cuales los sacerdotes que se acerquen a Yahvé comerán las santas ofrendas; allí pondrán las ofrendas santas, la ofrenda, la expiación y el sacrificio por el pecado, porque el lugar es santo. [14] Cuando los sacerdotes entren, no saldrán del lugar santo al atrio exterior, sino que allí dejarán sus vestiduras con que ministran, porque son santas; se vestirán otros vestidos y así se acercarán a lo que es del pueblo.

Según Ez 42, 13-14, que ofrece rasgos especiales de las habitaciones ya descritas, esta descripción se refiere a los dos edificios de habitaciones, uno al lado del sur del lugar separado y otro al norte (imagen I, L). De estas dos se describe de un modo más concreto la del norte (41, 1-9). Por el contrario, de la del sur se dice solo del modo más breve que se parece en lo principal a la anterior (42, 10-12).

Estos dos edificios de habitaciones no se identifican ni con los descritos en 40, 44 ni con los de 40, 17, como supone Hävernick, sino que se distinguen de ambos. Esto resulta tan evidente que no es fácil saber por qué algunos han podido identificarlos. La diferencia en la descripción es tal que basta para mostrar que no se trata de los mismos edificios descritos en 40, 44. (a) Las celdas mencionadas en 40, 44 se colocaban aparte como lugares donde habitaban los sacerdotes mientras administraban los servicios en el santo y en el altar. (b) Por el contrario, estas de 41, 1-14 sirven como lugar donde se depositan los dones sacrificiales más importantes los vestidos oficiales de los sacerdotes.

A esto se puede añadir la diferencia de situación que distingue a estas habitaciones de las antes mencionadas en 40, 44 y en 40, 17. Las habitaciones de 40, 44 se hallaban en el atrio interior, las de 41, 1-14 en el exterior. Es cierto que las de 40, 17 se encontraban también en el patio exterior, pero en una situación totalmente distinta, como prueban de un modo indiscutible las noticias que se ofrecen en este capítulo.

Ezequiel ha sido llevado fuera del atrio interior, en el camino que dirige hacia el norte, al הַלִּשְׁכָּה, que es el edificio de las habitaciones (es evidente que la palabra הַלִּשְׁכָּה se utiliza aquí en sentido colectivo, como indica el plural לשכות de 42, 4.5). Este edificio se encuentra en oposición a la *gizrah*, es decir, al edificio separado que se hallaba detrás del templo (41, 12), y se oponía al הַבִּנְיָן, que no puede ser ni el muro que llevaba ese nombre en 40, 5, ni la casa del templo como imagina Kliefoth, porque a ella se le llama siempre le הבית.

Este הַבִּנְיָן ha de identificarse más bien con el edificio que se hallaba al lado de la *gizrah* descrita en 41, 12. En contra de esto no se puede elevar ninguna objeción válida tomando como excusa la repetición del relativo אֲשֶׁר (que se omite en 42, 10) y que en general sirve simplemente para dar más prominencia a la segunda expresión, en el sentido de "y, verdaderamente, en oposición al edificio (es decir, al lugar separado) hacia el norte".

Dado que אֶל־הַצָּפוֹן se vincula con אֲשֶׁר, como una definición más precisa de la dirección indicada por נֶגֶד, la expresión אֶל־פְּנֵי que sigue en 42, 2 depende de וַיְבִאֵנִי y va coordinada con אֶל־הַלִּשְׁכָּה, para definir la parte del edificio de habitaciones al que fue llevado Ezequiel..., por delante de la puerta del norte, es decir al lado más extenso del edificio, que se extendía por cien codos. El artículo en הַמֵּאָה exige que las palabras estén conectadas de esta manera, lo cual no podría suceder si las palabras se tomaran en el significado de "sobre la superficie de una longitud de cien codos"

Dado que el lugar separado media también cien codos, es decir, tenía la misma longitud que el edificio de las celdas, opuesto a ese lugar separado, podríamos estar en disposición de asumir que, dado que el lugar separado llegaba hasta el muro del atrio exterior por el oeste, también el edificio de las habitaciones se extendía hasta el muro. Pero esto va en contra del hecho de que, según 46, 19-20, las cocinas sacrificiales para los sacerdotes se hallaban al final de la parte occidental del patio exterior, y por lo tanto detrás del edificio de las habitaciones.

El tamaño de esos cocinas no aparece detallado; pero juzgando por el tamaño de las cocinas sacrificiales para el pueblo (46, 22), debemos reservar para ello el espacio de cuarenta codos de longitud. De un modo consiguiente, si el edificio de las habitaciones que tenía cien codos de longitud estaba construido pegado a las cocinas alcanzaría hasta la línea del muro trasero de la casa del templo con su lado frontal (oriental) más estrecho, pues, según el cálculo dado en *Coment.* a 41, 1-11, este muro se hallaba a cuarenta codos del frente del lugar separado, de manera que no había un edificio prominente en oposición al verdadero santuario, por la parte norte o sur.

No hay razón ninguna para dejar vacío algún espacio entre las cocinas sacrificiales y el edificio de las habitaciones. Eso está más bien excluido por el hecho de que, si las cocinas se hubieran separado del edificio de las habitaciones por un espacio intermedio, hubiera sido necesario llevar la carne santa sacrificial de la cocina a la habitación en la que iba a ser comida, tras haberla cocido, a través de un patrio externo abierto. Aquí no se dice la distancia que había entre ese edificio de celdas y la parte norte de *gizrah*, y el espacio abierto (מִנְח) rodeando a la casa del templo, pero puede inferirse de lo que dice 41, 10, donde se afirma que el espacio intermedio entre la *munnah* (מִנְח) y las celdas era de veinte codos.

Pues bien, las celdas aquí mencionadas solo pueden ser las de nuestro edificio de las celdas, pues no había otros edificios de celdas frente a los lados norte y sur de la casa del templo. Pero si la distancia entre la parte sur más larga del edificio de las celdas, que se encontraba frente a la casa del templo, era solo de veinte codos, el muro sur del edificio de las celdas coincidía con el muro de frontera del patio interior, de manera que podía considerarse como una continuación de ese mismo muro. La definición posterior de פֶּתַח, la puerta hacia el norte, ha de tomarse como subordinada a la cláusula anterior, en el sentido de "con la puerta hacia el norte". La anchura del edificio corresponde a la anchura de los edificios de la puerta del atrio interior.

El sentido del tercer verso (frente a los veinte codos que había en el atrio interior…) ha sido objeto de disputa. Böttcher afirma que es difícil precisar el sentido de la palabra הָעֶשְׂרִים, por razón del artículo y también por el número, pues, con la excepción de los veinte codos abiertos en el campo del templo (41, 10) no hay ningún עֶשְׂרִים mencionado como algo que pertenezca al ordenamiento del lugar del templo. Pero esta circunstancia no puede llevarnos a rechazar la referencia a los veinte codos, diciendo que es dudosa. Esa referencia a los veinte codos es una forma resumida de evocar el espacio de veinte codos del espacio del atrio interior, en antítesis con el pavimento (רִצְפָה), es decir, con la parte pavimentada del atrio.

En esa línea resulta obvio suplir el sustantivo al que se refieren los "veinte", introduciendo mentalmente los "codos", que acaban de ser mencionados antes (los אַמּוֹת de 42, 2). Esos veinte han de ser pues "codos" y no habitaciones o cámaras (לְשָׁכוֹת), como algunos han supuesto, pues en el contexto inmediato no hay ningún lugar en el que pueda aludirse a veinte estancias. En esa línea concordamos pues con J. H. Michaelis, Rosenmüller, Hävernick y Hitzig, diciendo que los "veinte" de 42, 3 tienen que ser אַמּוֹת o codos, porque la referencia a las habitaciones de los sacerdotes a la que remite Kliefoth se encuentra demasiado distante.

Por otra parte, la situación de estas habitaciones de sacerdotes al oriente de este edificio de habitaciones al que aquí se alude no armoniza con el segundo נֶגֶד como precisión introducida en 42, 3 (frente del enlosado que había en el atrio exterior) y que evoca el pavimento de piedra del norte. Este y Norte no pueden contraponerse

En conclusión, nuestra interpretación de הָעֶשְׂרִים está también en armonía con la cláusula explicativa relativa "que había en el atrio interior" (que pertenecía al atrio interior). El espacio abierto de veinte cocos de anchura, que corría a lo largo del lado de la casa del templo, entre la *munnah* perteneciente al templo y el muro del atrio interior, formaba la continuación del atrio interior que rodeaba la casa del templo por el norte, el oeste y el sur[61].

Según eso, si el sentido del primer נֶגֶד de 42, 3 se refiere a lo que se opone al edificio de las habitaciones por el sur, el segundo נֶגֶד se refiere al edificio opuesto por el norte. En esta parte, la porción del atrio exterior que estaba pavimentada con piedras corría a lo largo del lado interior de la muralla que rodeaba todo el

---

61. La afirmación de Kliefoth, según el cual este espacio de veinte codos de anchura no pertenecía en modo alguno al atrio interior no puede fundarse en 40, 47, donde se dice que el tamaño del atrio interior es de cien codos de longitud y los mismos de anchura, porque esta medida se refiere simplemente al espacio que está frente al templo.

conjunto. Esto nos sirve para definir de la manera más clara posible la posición del lado más alto del edificio de las habitaciones.

Kliefoth y Hitzig tienen razón cuando conectan estas definiciones con Ez 42, 2, y toman las palabras de אַתִּיק en adelante como palabras que introducen una afirmación nueva. Incluso la misma expresión אֶל־פְּנֵי־אַתִּיק no armoniza con la combinación de las dos mitades del tercer verso para formar una sentencia, tal como propone Böttcher: "Contra los veinte codos del atrio interior y contra el pavimento del atrio exterior corría una galería frente a la galería de los tres pisos". Pero si las galerías del edificio se opusieran al pavimento del norte, y al especio frente al templo por el sur del edificio, entonces esas galerías deberían haber discurrido a lo largo de los muros del norte y del sur del edificio, en una dirección paralela, y eso va en contra de la expresión אֶל־פְּנֵי. De un modo normal, אֶל־פְּנֵי, significa de frente, es decir, una galería frente a la otra, o contra la otra.

Éste podría haber sido únicamente el caso si las galerías rodearan al edificio por los cuatro lados, o por lo menos por tres de ellos, pues solo en ese caso la galería del este terminaría chocando con la del sur o la del norte. Por su parte, la traducción "tercero" o dentro del tercero no puede defenderse, ni por el lenguaje, ni por los hechos. El único pasaje, además del nuestro, en que aparece el plural de tres (שְׁלִשִׁים) es el de Gen 6, 16, donde significa cámaras o habitaciones del tercer piso, y el singular שְׁלִשִׁי significa el tercero. De un modo consecuente, בַּשְּׁלִשִׁים es el tercer nivel o piso de las cámaras o habitaciones, el tercer piso. Pues bien, en lo que se refiere al hecho, de la existencia de celdas superiores, centrales e inferiores (42, 5-6) no se sigue que hubiera galerías en torno a cada una de ellas.

42, 3: "Delante de las cámaras había un corredor de diez codos de ancho (imagen 1 m). ¿En qué sentido hay que entender וְלִפְנֵי, delante, o discurriendo por la parte norte del edificio o frente a la muralla del este? Eso depende de la explicación de las palabras que siguen y especialmente de עֶשֶׂר אַמּוֹת דֶּרֶךְ, que nos permitir entender, o al menos determinar, el sentido de אֶל־הַפְּנִימִית.

Hävernick y Kliefoth toman דֶּרֶךְ אַמָּה אֶחָת, el camino de un codo, en el sentido de que las aproximaciones (entradas) a las habitaciones eran de un cubo de anchura. Pero posiblemente las palabras no pueden tomar ese sentido, no solo por el uso colectivo de דֶּרֶךְ después de la palabra precedente (מַהֲלָךְ), que no es colectiva, sino también por el plural que sigue (פִּתְחֵיהֶם). Por otro lado, y esto es lo más importante, דֶּרֶךְ, un camino, no es sinónimo de מָבוֹא, una entrada, ni de פתח, una puerta.

Más aún, una entrada de solo un codo de anchura sería muy estrecha para un gran edificio, y no guardaría ninguna proporción con el enlosado anterior de diez codos de anchura. Tal como aparecen aquí, estas palabras (un camino de un cubo) no tienen un sentido aceptable, y no queda más salida que alterar אַמָּה אֶחָת y poner אמות מאה, siguiendo el texto de los LXX (ἐπὶ πήχεις ἑκατόν), con sus cien pies.

No hay problema para hacer ese cambio de אַמָּה en מאה, como en 42, 16 donde los mismos rabinos afirman que ha de hacerse un cambio semejante. Pues bien, una vez que מאה se ha vuelto אַמָּה, este cambio deberá ir seguido naturalmente por la alteración de אמת en un numeral, es decir, en אחת.

La misma afirmación (un camino de cien codos de longitud) puede tomarse como refiriéndose a la longitud del corredor frente a las habitaciones, pues el edificio de las habitaciones era de cien codos de largo. Pero אֶל־הַפְּנִימִית no puede interpretarse de esa forma. Si, por ejemplo, tomamos esas palabras en conexión con la frase anterior (un corredor de diez codos de ancho) la afirmación "un camino de cien codos" no concuerda con ellas.

El camino que corría frente a las habitaciones era de cien codos de largo y no dirigía al interior del edificio de las habitaciones, sino al muro exterior del oeste. Según eso, debemos tomar אֶל־הַפְּנִימִית en conexión con lo que sigue, de manera que corresponde a וְלִפְנֵי הַלְּשָׁכוֹת: En frente de las habitaciones había un corredor de diez codos de anchura, y por el interior había un camino de cien codos de longitud.

Según eso הַפְּנִימִית no significaría el interior del edificio de las habitaciones, sino el atrio interior (הַפְּנִימִית הֶחָצֵר: Ez 44, 17; 21, 27 etc.). Esta explicación recibe su apoyo principal de la circunstancia de que, según Ez 42, 9.11, había un camino que corría del este, es decir, de los escalones del patrio interior hacia los dos lados, hacia el norte y hacia el sur, al edificio de las habitaciones del norte y del sur, cuya extensión (desde la escalera del edificio del templo ya mencionada) a los ángulos nordeste y sudeste del edificio de las habitaciones medía exactamente cien codos, como puede verse en imagen I (l), un camino que pasaba frente a las habitaciones (m). De esa manera la última afirmación de 42,4 resulta perfectamente clara: había un corredor de diez codos de ancho, y puertas de las habitaciones daban al norte, de manera que se podía pasar del corredor a las mismas habitaciones.

En 42, 5-6 siguen algunas afirmaciones relacionadas con la manera en que se construyen las habitaciones. El edificio tenía habitaciones en el piso superior, en el medio y en el bajo; tenía, pues, tres pisos. Eso se expresa a través de las palabras כִּי מְשֻׁלָּשׁוֹת הֵנָּה, estaban en tres pisos, uno sobre el otro. Pero no todas estaban edificadas del mismo modo, pues las superiores eras menos extensas que las inferiores y las del medio (el min antes de מֵהַתַּחְתֹּנוֹת y וּמֵהַתִּיכֹנוֹת es comparativo); porque las galerías "comían parte de ellas" (de las habitaciones), es decir, tomaban una parte de ellas, con יוצלו en un sentido arquitectónico, tomar algo de. La manera en que esto se realiza lo muestran las dos primera cláusulas del 42, 6, la primera de las cuales se refiere a las celdas superiores, medias e inferiores, mientras que la segunda ofrece la razón del acortamiento de la superiores en comparación con las bajas y las centrales.

Dado que las tres filas de habitaciones, edificadas una sobre la otra no tenían columnas en las que pudiera apoyarse la galería superior, era necesario que las habitaciones de la galería del tercer piso se apoyaran sobre el muro exterior o que se edificaran hacia adentro todo lo que exigiera la anchura de la galería. Así se afirma expresamente en le última frase (עַל־כֵּן נֶאֱצַל). נֶאֱצַל, con un sujeto indefinido: se deducía de las celdas inferiores y del medio, a partir del suelo. Se añade מֵהָאָרֶץ con la finalidad de aclarar el tema. Con la alusión a las columnas de los atrios, podemos ver que ellos tenían columnatas, como los pórticos del templo herodiano y probablemente como el templo de Salomón, aunque en ningún lugar se describe su forma concreta.

Las restantes afirmaciones sobre el edificio de las habitaciones en 42, 7-9 son oscuras. גָּדֵר es un muro que sirve para cerrar patios, viñas etc. El predicado de וְגָדֵר sigue en אֶל־פְּנֵי הַלְּשָׁכוֹת: una especie de muro divisorio corría a lo largo del frente de las habitaciones (con אֶל־פְּנֵי הַלְּשָׁכוֹת, que corresponde a עַל־פְּנֵי הַהֵיכָל de 42, 8). El curso de esta muralla (imagen 1, n) se define de manera más precisa en la frase de relativo: El muro que estaba fuera, enfrente de las cámaras, hacia el atrio exterior... La longitud de este muro era de cincuenta codos.

Es evidente que este muro no corría a lo largo de la parte norte del edificio, pues en ese caso sería de cien codos de longitud, sino a lo largo de la parte estrecha, cuya longitud era de cincuenta codos. No se puede determinar con certeza si ese muro corría hacia el este o hacia el oeste (de frente o a la espalda), aunque עַל־פְּנֵי parece indicar que se dirige hacia el este, es decir, hacia el frente del templo.

Lo que sigue está a favor de esta dirección hacia el este. La razón por la que este muro tenía cincuenta codos de longitud se expresa en 42, 8, al decir "porque la longitud de las cámaras del atrio de afuera era de cincuenta codos; y delante de la fachada del templo había cien codos". De un modo consiguiente, las habitaciones que había en el atrio exterior solo pueden haber sido las habitaciones cuyas ventanas daban al atrio exterior, es decir, las que estaban en la parte oriental estrecha del edificio; porque las cocinas sacrificiales estaban en la parte occidental estrecha.

La segunda afirmación de 42, 8, que viene introducida con וְהִנֵּה como indicación de algo importante quiere impedir cualquier mala interpretación de אֹרֶךְ הַלְּשָׁכוֹת, aunque por longitud debemos entender necesariamente la extensión del edificio de este a oeste, como en 42, 2 y en la mayoría de los demás temas de medidas. El uso de אֹרֶךְ para la extensión de la parte estrecha del edificio está sugerida también por אָרְכּוֹ (del verso anterior): longitud del muro, lugar donde רחב no podría haberse utilizado, pues רחב, la anchura de un muro, se habría referido más bien a su anchura, no a su longitud. פְּנֵי הַהֵיכָל es la parte exterior de la casa del templo (es decir, la parte que miraba hacia el norte).

Una confirmación posterior del hecho de que el muro divisorio estaba situado en la parte oriental estrecha del edificio viene dada por la primera frase del verso 9, en el que, sin embargo, sigue habiendo lecturas fluctuantes. El *qetiv* es וּמִתַּחְתָּה לְשָׁכוֹת, el *keré* es וּמִתַּחַת הַלְּשָׁכוֹת. Pero, como sucede generalmente, el *keré* es un cambio a peor, ocasionado por una mala interpretación de los masoretas, debida en parte a la circunstancia inusual de que la forma singular se una a תחת, mientras que usualmente suele tomar sufijos en plural, y en parte por la omisión del artículo de לִשָׁכוֹת, poniendo en su lugar הָאֵלֶּה, definida por un artículo.

Pero esas dos desviaciones de la norma usual no justifican ninguna alteración, pues hay analogías para ambas. תחת tiene un sufijo singular no solo en תחתנה (Gen 2, 21), sino también en תחתני (2 Sam 22, 37. 40.48), en vez de תחתי (Sal 18, 37. 40. 48)... Pues bien, si por estas y otras razones, el *qetiv* puede tomarse sin reserva como el original, el sufijo de תַּחְתָּה solo puede referirse a גדר, que es de género común: Por debajo del muro estaban estas celdas (ellas se volvían al atrio exterior)...

Y el sentido es el siguiente: Por la parte baja, estas celdas estaban cubiertas por el muro, que corría frente a ellas, de manera que, cuando una persona venía hacia ellas desde el este, sus ojos se fijaban en estas celdas, y así ellas parecían surgir del mismo muro. Pues bien, Kliefoth ha sido el primero que ha percibido el verdadero significado de esta frase, formulando la conjetura de que la finalidad del muro era ocultar las ventanas del primer piso de las celdas que miraban hacia el este, a fin de que cuando los sacerdotes estaban poniéndose sus vestiduras oficiales ellos no pudieran ser vistos desde fuera.

הַמָּבוֹא comienza con una nueva aportación. Por eso, conectar estas palabras con la cláusula anterior (y debajo de las cámaras estaba la entrada al lado oriental...), como ha hecho Böttcher no tiene ningún sentido..., a no ser que se ignore del todo el *min* (מ) de מִתַּחְתָּה. Por eso, los LXX han cambiado מִתַּחְתָּה, que ellos no entendían, poniendo en su lugar καὶ αἱ θύραι (ופתחי), y las puertas, y Hitzig les ha seguido de la misma manera. Pero esa conjetura es innecesario, si se entiende bien מִתַּחְתָּה, de forma que המבוא debe tomarse como comienzo de una sentencia nueva.

הַמָּבוֹא (a cuyo lado se ha colocado un *kere*, הַמֵּבִיא, carente de sentido, que no puede tomarse en consideración) es el comienzo o camino que lleva a las celdas. Esto es lo que se ve desde el este, desde el atrio exterior, no desde el interior, en contra de la frontera del norte. Por su parte, מֵהֶחָצֵר הַחִצֹנָה no ha de tomarse en conexión con בְּבֹאוֹ לָהֵנָּה, sino en coordinación con מֵהַקָּדִים, del que es una aposición explicativa.

En 42, 10-12 se describe, aunque brevemente, el edificio de las habitaciones del sur del lugar separado. Todo esto se dice además de la noticia de su situación, que se parecía a la del norte de toda la construcción. Pero hay varias dificultades conectadas con la explicación de estos versos, que están ocasionadas en parte por un error del texto y en parte por la forma poco adecuada en que los masoretas han dividido el texto y, finalmente, en parte por la brevedad del modo de la expresión.

En la primera frase de 43, 10, דֶּרֶךְ הַקָּדִים es un error del copista, que ha surgido por el hecho de que esas palabras vienen precedidas por מֵהַקָּדִים (42, 9) Debemos recordar que hay una discrepancia irreconciliable entre el דֶּרֶךְ הַקָּדִים y las palabras que siguen (אֶל־פְּנֵי הַגִּזְרָה). El edificio se elevaba en contra o sobre el lado ancho (רחב) del muro del patio, es decir, del muro que separaba el atrio interior del exterior, que estaba opuesto a la plaza separada y el edificio construido sobre ella (אֶל־פְּנֵי), del otro lado de allí, equivale prácticamente al נגד de Ez 42, 1; y הַבִּנְיָן ha de tomarse en el mismo sentido aquí y allí).

La relación existente entre este edificio de habitaciones y el lugar separado responde exactamente a la descripción que se ofrece del edificio en 42, 2. Según eso, si conforme a 42, 2, el otro edificio estaba al norte del lugar separado, éste ha de hallarse en el sur, es decir, en el lado extenso del muro del patio, pero no en dirección hacia el este (דֶּרֶךְ הַקָּדִים), sino en la dirección del sur (דֶּרֶךְ הַדָּרוֹם), como se afirma expresamente en 42, 12-13.

Ciertamente, Kliefoth ha afirmado, en oposición a esto, que "la anchura del muro que cerraba el atrio interior debía concordar de hecho con lado oriental del atrio interior". Pero en el lado oriental del muro del atrio interior no había lugar para un edificio de habitaciones de cien codos de largo, pues el muro era solo de 37 codos y medio de ancho (a cada lado del edificio). La solución estaría según Kliefoth en buscar la forma en que el edificio pudiera estar dentro y fuera del atrio exterior… Pero en ese caso el texto no podría haber dicho que el edificio estaba אֶל־פְּנֵי הַגִּזְרָה, porque de hecho no estaba en oposición a la *gizrah*, sino muy apartado de ella, de manera que solo el ángulo noroeste de podría ver ligeramente del ángulo sudeste de la *gizrah* (גִּזְרָה).

Por otra parte, en adición a esto, si tenemos en cuenta que en 42, 13 y 42, 14, donde se ofrece la finalidad de la construcción de las habitaciones descritas en 42, 1-12, solo se dice que la habitaciones del norte y del sur se mencionan como estando דֶּרֶךְ בִּפְנֵי הַגִּזְרָת, no puede quedar duda alguna de que por רחב debemos entender la parte ancha del muro que rodeaba el atrio interior del sur, desde el este al oeste, de manera que debemos cambiar דֶּרֶךְ הַקָּדִים y poner en su lugar דֶּרֶךְ הַדָּרוֹם.

Por su parte, el verdadero sentido de 42, 11 ha quedado oscurecido por el hecho de que los masoretas han dividido los versos de manera que han destruido sus conexiones. Las palabras וְדֶרֶךְ לִפְנֵיהֶם pertenecen a לְשָׁכוֹת de 42, 10: habitaciones y un camino ante ellas, es decir, habitaciones con un camino de frente. דֶּרֶךְ corresponde a מַהֲלָךְ de 42, 4. Por su parte, כְּמַרְאֵה, como la apariencia, apareciendo, no pertenece a דֶּרֶךְ, en el sentido de que ha de conformarse al camino de enfrente a las habitación, sino a לְשָׁכוֹת, celdas con un camino en frente lo mismo que las celdas que daban al norte.

Las siguientes frases, desde כְּאָרְכָּן a כְּמִשְׁפְּטֵיהֶן, han de conectarse entre sí, pues contienen dos afirmaciones, conectadas de un modo extenso con las noticias precedentes, tratan de aquellos puntos en los que las habitaciones del lado sur han de conformarse con las del norte. Esas frases dependen de כְּמַרְאֵה y para hacer que sean inteligibles en castellano ellas deben unirse con una preposición: *en relación a*, o según lo cual…Más aún, las cuatro palabra contienen dos comparaciones coordenadas. La primera está indicada por כֵּן... וּכְ, la segunda simplemente por la partícula כְ antes de וּכְמִשְׁפְּטֵיהֶן (cf. Ewald, §360a).

Los sufijos de las cuatro palabras de 42, 12 se refieren a las habitaciones del norte, a las que se parecen las del sur, conforme a los puntos indicados. El significado es este: las habitaciones del sur eran como las del norte, tanto en lo referente a su longitud como en lo referente a su anchura, y a todas sus salidas y a toda su disposición (sus כְמִשְׁפְּטֵיהֶ evoca el designio al que responden estas habitaciones, es decir, su disposición general y su finalidad; sobre el sentido que ellas tienen cf. Ex 26, 30; 2 Rey 1, 7).

Las últimas palabras del verso, con וּכְפִתְחֵיהֶן, pertenecen a Ez 42, 12, cf. וּכְפִתְחֵי הַלְּשָׁכוֹת, una comparación expresada con וּכְ y con el final de הַלְּשָׁכוֹת, como en Jos 14, 11; Dan 11, 29; 1 Sam 30, 24 (cf. Ewald, *l.c.*). Otra construcción comienza también con וּכְפִתְחֵיהֶן de 42, 11 final. וּכְפִתְחֵיהֶן es un nominativo. Y como sus puertas (las de las celdas del norte) así eran también las puertas de las habitaciones situadas en el sur. De un modo consecuente, no han necesidad de suprimir וּכְפִתְחֵי como si fuera una glosa, supresión para la que no se puede apelar ni siquiera a los LXX, ni retomar la visión imaginativa de Kliefoth, quien afirma que ha descubierto una alusión a un tercer edificio de habitaciones en el fondo de estas palabras.

El tema recibe nueva luz en 42, 12 con la descripción de las celdas del norte: "Había una puerta al comienzo del corredor...", es decir, al comienzo del camino. דֶּרֶךְ corresponde al camino de cien codos de 42, 4 y רֹאשׁ דֶּרֶךְ es el punto donde comenzaba este camino, que discurre hacia el edificio de la puerta del sur de atrio interior, es decir, donde se juntaba con el camino de enfrente de las habitaciones (42, 4).

La siguiente afirmación sobre ese camino ya no resulta bien comprensible porque el significado del ἄπ . λεγ. הַגִּינָה es poco claro. En los escritos caldeos y rabínicos esta palabra significa *decens, conveniens* (decente, conveniente). הַגִּינָה הַגְּדֶרֶת es el muro que corresponde a esas habitaciones, es decir, el muro que corre entre el lado estrecho de la parte oriental del edificio, en paralelo a las celdas, el muro de cincuenta codos de longitud descrito en 42, 7, en conexión con el edificio norte (para la omisión del artículo delante de הַגִּינָה después del sustantivo que le define, cf. 39, 27; Jer 2, 21 etc.). Por su parte, בִּפְנֵי, *in conspectu* (a vista de), que no es perfectamente sinónimo de לִפְנֵי, armoniza también con esto. El camino al que aquí se alude era exactamente opuesto a este muro, en su parte final superior, pues el muro se encontraba con el camino formando un ángulo recto[62].

---

62. No hace falta aportar más pruebas para reconocer que la frase relativa (que estaban frente al lugar separado) tiene dos sujetos: Las celdas del norte y las del sur, de manera que no es preciso postular un tercer edificio de habitaciones, como supone Kliefoth.

Las últimas palabras de 42, 12 son una repetición abreviada de 42, 9; הַקָּדִים דֶּרֶךְ es equivalente a מְהַקָּדִים בְּבֹאוֹ, el camino del este viniendo a ellas, es decir, a estas celdas. Según 42, 13 y 42, 14, estos dos edificios de celdas estaban separados de las celdas santas donde los sacerdotes oficiantes colocaban sus más santos sacrificios, celdas que se empleaban para comer esos sacrificios y para ponerse y quitarse los ornamentos sagrados que llevaban ante el Señor.

קֹדֶשׁ era la porción de carne que no se quemaba sobre el altar (Lev 2, 3. 10; 6 9-11; 10, 2. Cf. mi *Bibl. Archäologie,* I §52), y la carne de todos los sacrificios de expiación por el pecado, con la excepción de las ofrendas por el pecado ofrecidas por el Sumo Sacerdote y por toda la congregación, carne qe debía ser quemada fuera del campamento (cf. Lev 6, 19, 23; 7, 6).

Todas estas porciones de los sacrificios se llamaban "muy santas", porque tenían que comerlas los sacerdotes, como representantes de Yahvé, con la exclusión no solo de todos los laicos, sino también de sus mismos familiares (mujeres y niños, cf. *Archäol.* I §§45y47). La deposición (el gesto de quitarse los ornamentos sagrados: וְהִנִּיחוּ) se distingue de la comida de las porciones más santas de los sacrificios, porque ni la comida de las ofrendas de pan, que se mezclaba con aceite, ni la carne de las ofrendas por el pecado y por la expiación podría ser comida por los sacerdotes inmediatamente después de haber ofrecido los sacrificios, porque el pan debía ser antes cocido y la carne hervida, y no se podían utilizar en modo alguno antes de haber sido preparadas así.

El ponerse y quitarse los vestidos sagrados y su custodia se debía realizar también en lugares sagrados. בְּבֹאָם, al venir, es decir, al altar o en los lugares sagrados, para la realización del servicio. Los sacerdotes no podían salir directamente de los lugares sagrados para juntarse con la gente en el atrio exterior, sino que tenían que ir por el camino asignado, pasando del altar a las celdas sagradas, y para ello tenían que pasar por la puerta interior, tomando así el camino que dirigía a las celdas (imagen 1, l).

42, 15-20. Espacio sagrado en torno al templo

¹⁵ וְכִלָּה אֶת־מִדּוֹת הַבַּיִת הַפְּנִימִי וְהוֹצִיאַנִי דֶּרֶךְ הַשַּׁעַר אֲשֶׁר פָּנָיו דֶּרֶךְ הַקָּדִים וּמְדָדוֹ סָבִיב סָבִיב:
¹⁶ מָדַד רוּחַ הַקָּדִים בִּקְנֵה הַמִּדָּה חֲמֵשׁ־(אֵמוֹת) [מֵאוֹת] קָנִים בִּקְנֵה הַמִּדָּה סָבִיב:
¹⁷ מָדַד רוּחַ הַצָּפוֹן חֲמֵשׁ־מֵאוֹת קָנִים בִּקְנֵה הַמִּדָּה סָבִיב:
¹⁸ אֵת רוּחַ הַדָּרוֹם מָדַד חֲמֵשׁ־מֵאוֹת קָנִים בִּקְנֵה הַמִּדָּה:
¹⁹ סָבַב אֶל־רוּחַ הַיָּם מָדַד חֲמֵשׁ־מֵאוֹת קָנִים בִּקְנֵה הַמִּדָּה:
²⁰ לְאַרְבַּע רוּחוֹת מְדָדוֹ חוֹמָה לוֹ סָבִיב סָבִיב אֹרֶךְ חֲמֵשׁ מֵאוֹת וְרֹחַב חֲמֵשׁ מֵאוֹת לְהַבְדִּיל בֵּין הַקֹּדֶשׁ לְחֹל:

¹⁵ *Luego que acabó las medidas del interior de la casa, me sacó por el camino de la puerta que miraba hacia el oriente, y midió todo su contorno.*

16 Midió el lado oriental con la caña de medir: quinientas cañas de la caña con que medía el contorno. 17 Midió el lado del norte: quinientas cañas de la caña con que medía el contorno. 18 Midió el lado del sur: quinientas cañas de la caña con que medía. 19 Se volvió hacia el lado de occidente, y midió quinientas cañas de la caña con que medía.
20 Por los cuatro lados lo midió; tenía un muro de quinientas cañas de longitud y quinientas cañas de anchura. Este muro hacía separación entre el santuario y el lugar profano.

Ha existido desde tiempo inmemorial una división de opiniones sobre el área cuya medida se relata en estos versos, con su longitud y anchura que, según 42, 20, es de quinientas cañas. J. D. Michaelis, Böttcher, Maurer, Ewald, yHitzig, con los LXX, piensan que éste es el espacio ocupado por el templo, con sus dos atrios. Pues bien, como ese espacio era de quinientas cañas de largo y quinientas de ancho, conforme a la suma de medidas que ofrece 40,1-42, 15, los LXX han omitido la palabra קָנִים (cañas) en 42, 16. 18. 19, poniendo en su lugar πήχεις (pies), 42, 27. Según esa visión, aquí se mediría solo la circunferencia del templo y su muro interior, que era de quinientos codos de largo y quinientos de ancho (no de quinientas cañas).

Pero incluso si entendemos por "el interior de la casa" no meramente el edificio estricto del templo, que es lo que indica ante todo la expresión, sino el conjunto de los edificios interiores (todos los edificios del atrio interior y exterior, de la puerta oriental..., la expresión וּמְדָדוֹ סָבִיב (midió su entorno...) está suponiendo sin duda que lo que se mide es algo que esta alrededor del templo, fuera de esta puerta.

El sufijo en וּמְדָדוֹ es indefinido, y no puede tomarse como refiriéndose a unos de los objetos ya mencionados; por otra parte las medidas que siguen no pueden aplicarse a la puerta. Ni el sufijo puede tomarse como si se refiriera a הבית, *illam* sc. *aedem* (es decie, al edificio del templo: Rosenmüller). Pero no hay nada en 42, 20 que puede apoyar esa referencia al espacio interior del templo. Ciertamente, podríamos pensar que la medida se refiere a las partes exteriores de todo el edificio, pensando que el muro mencionado en 42, 20 es el que ha sido medido, en la parte exterior, tanto en longitud como en anchura. Pero es difícil reconciliar esta visión con la de 42, 20 y resulta absolutamente imposible hacer que concuerde con las medidas dadas en 42, 16-19.

Incluso en el caso de que pudiéramos tomar los קָנִים (cañas) de 42, 16. 17.18 y 19 como una glosa..., las palabras "él midió en este con la medida de la caña, quinientas medida se caña..." siguen siendo equivalentes a quinientas cañas, conforme a un buen conocido uso hebreo... El rechazo de la medida de las קָנִים, cañas, resulta no solo arbitrario, sino inútil. Como muestran las palabras añadidas (בְּקְנֵה הַמִּדָּה), incluso sin קָנִים, todo el texto está afirmando que la medida del terreno en el entorno del tema se hace cañas, no con codos[63].

El סָבִיב de 42, 26 y 17 no ha de entenderse como significando que a los lados del este y del norte él midió un cuadrado en cada lado, de quinientas cañas en longitud y anchura, sino que indica simplemente que él midió hacia todos los lados, lo que es obvio a partir de 42, 20. Según eso, el espacio medido hacia cualquier lado hasta las quinientas cañas tenía una muralla alrededor, una muralla de quinientas cañas por cada lado, que delimitaba al gran espacio sagrado en torno al templo propiamente dicho.

Eso da un área de 25000 cañas cuadradas (=75.000 metros cuadrados), mientras que el templo, con atrio exterior e interior, cubría solo un cuadrado de quinientos codos en longitud y anchura, es decir 25.000 codos cuadrados (=12 mil metros cuadrados). Es evidente que la medida relacionada con 42, 15-20 no se refiere al espacio ocupado por el templo y sus atrios, y que por tanto el muro al que aquí se refiere no puede ser en modo alguno el muro exterior del templo, mencionado en 40, 5, pues los lados de ese muro solo medían quinientos codos de largo y de ancho.

El significado es más bien el siguiente: En torno al primer muro que encerraba el templo y sus atrios, el enviado de Dios midió un especio mayor de quinientas cañas de longitud y de anchura, que servían para separar lo santo de lo profano, es decir, un espacio que se concebía como un dominio separado y santo entre el santuario y la tierra común. La finalidad asignada así para ese espacio, que fue medido fuera de las cuatro parte de la casa interior no deja duda alguna de que no se trata del atrio exterior del templo, sino del espacio sagrado más amplio del entorno del templo, un espacio fuera de la misma muralla.

De esa forma, Ezequiel nos sitúa ante un espacio intermedio entre el templo propiamente dicho y la tierra común, un espacio que mide quinientas cañas de largo y quinientas de ancho. Este espacio, de quinientas cañas de largo y quinientas de ancho (quinientas por cada lado) tenía un muro que lo separaba del espacio profano, formando así una línea divisoria entre la tierra santa y la común. Según eso, הפדש es la casa interior (הבית הפנימי), pero no es solo en templo con los edificios de su entorno, sino el templo con sus dos atrios y todos los edificios medidos en 40, 5-42, 12. Los argumentos que se han aducido en oposición a esta explicación de nuestros versos (que es la única en armonía con las palabras

---

63. El cambio de חֲמֵשׁ־אַמּוֹת por חֲמֵשׁ־מֵאוֹת en 42, 26 no puede tomarse como prueba de que se trata de codos y no cañas. Se trata obviamente de un error del copista, un hecho que han admitido incluso los mismos masoretas. Rabbi ben-Asher tiene una visión interesante sobre este pasaje. El prof. Delitzsch me ha mandado el texto de un fragmento que ha copiado de la Librería Real de Copenhague donde R. Ben-Asher reconoce que este אמות es un ejemplo de *las palabras cambiadas* (ὕστερον πρότερον, la última está en lugar de la primera, es decir que donde pone una palabra ha de entenderse la otra), de las que hay 47 en el Antiguo Testamento.

del texto), y para defender las alteraciones introducidas en el texto por los LXX, carecen de cualquier tipo de fuerza.

Según Böttcher (p. 355), Hitzig, y otros קָנִים, sería una glosa porque הַמִּדָּה בִּקְנֵה está a su lado en 42, 18. Pero este mismo dato va en contra de que sea una glosa, porque como he dicho, conforme al uso hebreo, el espacio del entorno del templo queda definido por las quinientas cañas (בִּקְנֵה הַמִּדָּה), aunque no se añadiera קָנִים. Pues bien, Ezequiel ha unido aquí קָנִים con בִּקְנֵה הַמִּדָּה, precisamente para expresar de la manera más clara que la referencia no es a codos, sino a una medida de tipo nuevo, que no tienenequivalente alguno con lo que se ha mostrado antes en el templo. Por su parte, los mismos LXX al mantener la frase ἐν καλάμῳ τοῦ μέτρου (con medida de caña) han pronunciado sentencia en contra de su mismo cambio de cañas en codos.

En contra de esto no se puede aducir el hecho de que el Talmud (*Midd*ot, c. II nota 5) concede también solo quinientos codos al הר הב, pues la descripción talmúdica está tratando del templo histórico y de la pintura profética de Ezequiel. Mantenemos, pues, como absolutamente seguras las dimensiones de ese espacio de separación de un cuadrado de quinientas cañas de longitud y de anchura en torno al templo. De esa manera se establecen tres espacios distintos y relacionados:

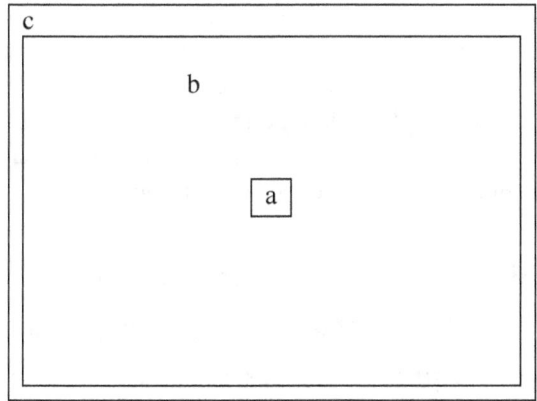

a. Área del templo, con dos atrios, 500 codos cuadrados

b. Círculo de cincuenta codos de anchura rodeando el espacio del entorno del templo (Ez 45, 2).

c. Espacio rodeando al área del templo, 500 cañas, un cuadrado de 3000 codos.

Según eso, la forma del templo con sus atrios no queda disminuida por el hecho de que el espacio que le rodeaba no estuviera cubierto de edificios. Al contrario, el hecho de que estuviera separado de la tierra común por un gran espacio que le rodeaba añadía importancia al templo con sus atrios.

Esta amplia separación es peculiar del templo de Ezequiel, como otras muchas disposiciones del nuevo santuario y de su liturgia, y sirve para simbolizar la santidad inviolable del santuario. El santuario antiguo de Jerusalén (el de Salomón) no tenía nada de este tipo, y Kliefoth se equivoca al suponer que el atrio externo tenía esa misma finalidad de separación, tanto en el Tabernáculo del desierto, como en el templo de Salomón. Pues bien, a diferencia de eso, en el templo de Ezequiel, los atrios se han convertido en una parte del santuario, y son en sí mismos santos.

El Tabernáculo no tenía un atrio exterior, y en el templo de Salomón el patio exterior formaba una parte componente del santuario. El pueblo podía entrar, sin duda, cuando deseaba acercarse al Señor con sacrificios y dones; pues bien, esto mismo siguió cumpliéndose en el templo de Ezequiel, aunque con algunas restricciones (46, 9-10). Pero en el caso de Salomón, el patio exterior del templo tocaba directamente a la tierra común de la ciudad y del campo, de manera que la impureza de Israel (de la tierra) producida por el pecado podía penetrar directamente en el espacio santo del atrio exterior y del conjunto de santuario.

Pero en el santuario del futuro habría que poner una salvaguardia en contra de eso, a través de espacio que rodeaba al templo y que separaba lo santo de lo común. Ciertamente, la superficie del Moria no ofrecía un lugar adecuado para este espacio sagrado de quinientas cañas de lado… Pero el nuevo templo no iba a ser construido sobre el monte Moria histórico, sino sobre una montaña muy grande, que el mismo Señor elevaría y prepararía con el fin de que el templo pudiera erigirse de esa forma, separado de la tierra común.

De todas maneras, la circunstancia de que el Moria era mucho más pequeños, para la construcción del nuevo templo y de sus alrededores, no ofrece ninguna argumento en contra de la corrección de nuestra visión de esos versos, por la simple razón de que en Ez 45.48 siguen aún otras afirmaciones concernientes a la separación entre el santuario y el resto de la tierra, que están en perfecto armonía con lo que dice esta capítulo, de manera que podemos y debemos afirmar que el nuevo templo visto por Ezequiel no tendría su sede en la antigua Jerusalén.

1.4. Ez 43, 1-12. La Gloria del Señor entra en el nuevo templo

43, 1-12. Entrada de la Gloria en el Templo

¹ וַיּוֹלִכֵנִי אֶל־הַשָּׁעַר שַׁעַר אֲשֶׁר פֹּנֶה דֶּרֶךְ הַקָּדִים׃

² וְהִנֵּה כְּבוֹד אֱלֹהֵי יִשְׂרָאֵל בָּא מִדֶּרֶךְ הַקָּדִים וְקוֹלוֹ כְּקוֹל מַיִם רַבִּים וְהָאָרֶץ הֵאִירָה מִכְּבֹדוֹ׃

³ וּכְמַרְאֵה הַמַּרְאֶה אֲשֶׁר רָאִיתִי כַּמַּרְאֶה אֲשֶׁר־רָאִיתִי בְּבֹאִי לְשַׁחֵת אֶת־הָעִיר וּמַרְאוֹת כַּמַּרְאֶה אֲשֶׁר רָאִיתִי אֶל־נְהַר־כְּבָר וָאֶפֹּל אֶל־פָּנָי׃

⁴ וּכְבוֹד יְהוָה בָּא אֶל־הַבָּיִת דֶּרֶךְ שַׁעַר אֲשֶׁר פָּנָיו דֶּרֶךְ הַקָּדִים׃

⁵ וַתִּשָּׂאֵנִי רוּחַ וַתְּבִיאֵנִי אֶל־הֶחָצֵר הַפְּנִימִי וְהִנֵּה מָלֵא כְבוֹד־יְהוָה הַבָּיִת׃

⁶ וָאֶשְׁמַע מִדַּבֵּר אֵלַי מֵהַבָּיִת וְאִישׁ הָיָה עֹמֵד אֶצְלִי׃

⁷ וַיֹּאמֶר אֵלַי בֶּן־אָדָם אֶת־מְקוֹם כִּסְאִי וְאֶת־מְקוֹם כַּפּוֹת רַגְלַי אֲשֶׁר אֶשְׁכָּן־שָׁם בְּתוֹךְ בְּנֵי־יִשְׂרָאֵל לְעוֹלָם וְלֹא יְטַמְּאוּ עוֹד

בֵּית־יִשְׂרָאֵ֗ל שֵׁ֣ם קָדְשִׁ֔י הֵ֤מָּה וּמַלְכֵיהֶם֙ בִּזְנוּתָ֔ם וּבְפִגְרֵ֥י מַלְכֵיהֶ֖ם בָּמוֹתָֽם׃
⁸ בְּתִתָּ֨ם סִפָּ֜ם אֶת־סִפִּ֗י וּמְזוּזָתָם֙ אֵ֣צֶל מְזוּזָתִ֔י וְהַקִּ֖יר בֵּינִ֣י וּבֵֽינֵיהֶ֑ם וְטִמְּא֣וּ ׀ אֶת־שֵׁ֣ם קָדְשִׁ֗י בְּתֽוֹעֲבוֹתָם֙ אֲשֶׁ֣ר עָשׂ֔וּ וָאֲכַ֥ל אֹתָ֖ם בְּאַפִּֽי׃
⁹ עַתָּ֞ה יְרַחֲק֧וּ אֶת־זְנוּתָ֛ם וּפִגְרֵ֥י מַלְכֵיהֶ֖ם מִמֶּ֑נִּי וְשָׁכַנְתִּ֥י בְתוֹכָ֖ם לְעוֹלָֽם׃ ס
¹⁰ אַתָּ֣ה בֶן־אָדָ֗ם הַגֵּ֤ד אֶת־בֵּֽית־יִשְׂרָאֵל֙ אֶת־הַבַּ֔יִת וְיִכָּלְמ֖וּ מֵעֲוֺנוֹתֵיהֶ֑ם וּמָדְד֖וּ אֶת־תָּכְנִֽית׃
¹¹ וְאִֽם־נִכְלְמ֞וּ מִכֹּ֣ל אֲשֶׁר־עָשׂ֗וּ צוּרַ֣ת הַבַּ֡יִת וּתְכוּנָת֣וֹ וּמוֹצָאָ֣יו וּמוֹבָאָ֣יו וְֽכָל־צֽוּרֹתָ֡יו וְאֵ֣ת כָּל־חֻקֹּתָיו֩ וְכָל־(צוּרֹתָ֨יו) [צוּרֹתָ֤יו] וְכָל־(תּוֹרֹתָו) [תּוֹרֹתָיו֙] הוֹדַ֣ע אוֹתָ֔ם וּכְתֹ֖ב לְעֵינֵיהֶ֑ם וְיִשְׁמְר֞וּ אֶת־כָּל־צוּרָת֛וֹ וְאֶת־כָּל־חֻקֹּתָ֖יו וְעָשׂ֥וּ אוֹתָֽם׃
¹² זֹ֖את תּוֹרַ֣ת הַבָּ֑יִת עַל־רֹ֣אשׁ הָ֠הָר כָּל־גְּבֻל֞וֹ סָבִ֤יב ׀ סָבִיב֙ קֹ֣דֶשׁ קָדָשִׁ֔ים הִנֵּה־זֹ֖את תּוֹרַ֥ת הַבָּֽיִת׃

¹ Me llevó luego a la puerta, la que mira hacia el oriente, ² y vi que la gloria del Dios de Israel venía del oriente. Su sonido era como el sonido de muchas aguas, y la tierra resplandecía a causa de su gloria. ³ El aspecto de lo que vi era como una visión, como aquella visión que vi cuando vine para destruir la ciudad; y las visiones eran como la visión que vi junto al río Quebar; y me postré sobre mi rostro.

⁴ La gloria de Yahvé entró en la casa por la vía de la puerta que daba al oriente. ⁵ Entonces el espíritu me levantó y me llevó al atrio interior, y vi que la gloria de Yahvé llenó la casa. ⁶ Entonces oí a alguien que me hablaba desde la casa, y un hombre estaba junto a mí.

⁷ La voz me dijo: Hijo de hombre, este es el lugar de mi trono, el lugar donde posaré las plantas de mis pies, en el cual habitaré para siempre entre los hijos de Israel. Nunca más profanará mi santo nombre la casa de Israel (ni ellos ni sus reyes) con sus fornicaciones ni con los cadáveres de sus reyes en sus lugares altos. ⁸ Porque poniendo ellos su umbral junto a mi umbral, y su contrafuerte junto a mi contrafuerte, mediando solo una pared entre yo y ellos, han contaminado mi santo nombre con sus abominaciones que hicieron; por tanto, los consumí en mi furor. ⁹ Ahora arrojarán lejos de mí sus fornicaciones y los cadáveres de sus reyes, y habitaré en medio de ellos para siempre.

¹⁰ Tú, hijo de hombre, muestra a la casa de Israel esta casa: que se avergüencen de sus pecados y que midan el diseño de ella. ¹¹ Y si se avergüenzan de todo lo que han hecho, hazles entender el diseño de la casa, su disposición, sus salidas y sus entradas, todas sus formas, todas sus descripciones, todas sus configuraciones y todas sus leyes. Descríbelo delante de sus ojos, para que guarden todos sus detalles y todas sus reglas, y las pongan por obra. ¹² Esta es la ley de la casa: Sobre la cumbre del monte, el recinto entero, en todo su contorno, será santísimo. Esta es la ley de la casa.

El ángel ha mostrado al profeta el nuevo santuario como ya completado y lo ha medido en su presencia, conforme a sus diversas partes. Pero esta casa solo se convertirá en casa de Dios cuando Yahvé la consagre, para que sea lugar de habitación de su divina y graciosa presencia en medio de su pueblo, y eso se realizará por la entrada de su divina gloria en la casa[64].

La descripción del nuevo templo se cierra por tanto con este acto de consagración. A fin de que el profeta pueda ver este acto de la divina gracia con sus propios ojos, el hombre de la medida le dirige por el campo que rodea del templo, para llegar de nuevo a la puerta del oriente (43,1). La alusión es a la puerta oriental del atrio exterior, porque solo en 43, 5 tomarán a Ezequiel y le llevarán al atrio interior, y según 44, 1 él fue llevado de nuevo a la puerta este del atrio exterior del templo Al situarse al frente de esta puerta él contempla la gloria del Dios de Israel que viene por el camino del este con un ruido, e iluminando la tierra con su esplendor.

Esta venida de la teofanía desde el este remite de nuevo a Ez 10, 19; 11, 1.23, donde se dice que la Sekiná, dejando el templo antiguo, salió por la puerta del este y subió a la cumbre de la montaña que estaba situada al este de Jerusalén (el Monte de los Olivos) Por eso, Dios vuelve por el este para entrar de nuevo en Jerusalén. Este hecho es suficiente por sí mismo para mostrar que la entrada presente de la gloria divina en el nuevo templo no implicaba la fundación de un nuevo y más alto pacto de gracia, sino que intentaba restaurar simplemente la relación que había existido antes de que Israel hubiera sido expulsado a la cautividad. Tanto el tabernáculo del desierto como el templo de Jerusalén habían sido consagrados por Yahvé de la misma manera, para ser la sede del trono de su gracia en Israel (cf. Ex 40, 34-35; 1 Rey 8, 10-11 y 2 Cron 5, 13-14; 7, 1-3, de donde se toma la expresión de 43, 4 (בָּא אֶל־הַבַּיִת).

Ciertamente, Hävernick, Kliefoth y otros han encontrado, junto con esta semejanza, una diferencia en el hecho de que la gloria de Yahvé apareció en la nube, tanto en el tabernáculo como en el templo de Salomón, mientras que aquí aparece por el contrario en aquella forma peculiar que Ezequiel ha visto ya repetidamente. Pero de aquí no se sigue que hubiera realmente una diferencia en el hecho de que la nube no se mencione en estos versos, porque es evidente que la nube no faltaba, incluso en la manifestación de la gloria de Dios que había visto Ezequiel, conforme a las palabras de Ez 10, 3: "La nube llenaba el atrio interior y la gloria de Yahvé se había elevado de los querubines al umbral de la casa, y la casa quedó llena de la nube, y el atrio estaba lleno del esplendor de la gloria de Yahvé".

Según eso, si en 43, 3 se dice expresamente, como admite incluso Kliefoth, que la aparición de Dios que entró en el templo era como la aparición que él había visto junto al río Qebar, antes de la destrucción del templo, y en conexión con la aparición últimamente mencionada la nube era visible con el brillante resplandor de la gloria de Dios, esa nube ciertamente no podía faltar cuando Dios entró en el

---

64. El Señor se aparece y llena la casa con su propia gloria, para que se sepa que la casa no será simplemente edificada por los hombres, sino llena con el poder de su gracia (Teodoreto).

nuevo templo. La única razón por la que no se indica expresamente su presencia debe estar en el hecho de que ella no presentaba un contraste frente al resplandor brillante, ni tendía a oscurecer la luz de la gloria de Dios, sino que ella aparece como nube luminosa, como revestimiento atmosférico de la teofanía.

Si, según eso, la nube no presenta un contraste tan brillante con la gloria divina, a partir de las palabras "y la tierra brilló con su gloria" no se puede inferir que hubo una diferencia entre esta manifestación de la gloria divina y las manifestaciones anteriores, en la consagración del tabernáculo del desierto y del templo de Salomón. De un modo más específico, aquí no se dice que se hizo luz sobre la tierra, sino que la tierra brilló con la gloria de Dios, es decir, que Dios arrojaba una luz brillante sobre la tierra a medida que él iba pasando. Todo eso sirve simplemente para indicar la intensidad del brillo de esta teofanía.

Las palabras וְקוֹלוֹ כְּקוֹל מַיִם no han de entenderse, como sabemos por Ez 1, 24, como refiriéndose a la voz del Dios que viene, sino que describen el fuerte sonido producido por el movimiento de la teofanía, y en especial por el movimiento de las alas de los querubines. Esto se parece al bramido de las olas poderosas. En 43, 3, la expresión וּכְמַרְאֵה הַמַּרְאֶה ... כַּמַּרְאֶה es algo dura por su estilo pero el hebreo es correcto.

La observación con la que Hitzig quiere justificar su alteración de וּכְמַרְאֵה en וּמַרְאֵה (es decir, que כְּמַרְאֵה hubiera significado "así la apariencia...", mientras que Ezequiel intenta explicar esa apariencia por la bien conocida revelación de Dios, al principio del libro) resulta falsa por lo que toca al uso del lenguaje. Cuando el hebreo utiliza dos כ en casos de comparación (así como... así...), se comienza siempre con la cosa a la que compara y sigue después la nueva cosa comparada.

Así por ejemplo en Gen 18, 25, וִיהוּה no afirma que como al justo así le sucede al malvado, sino al contrario: que al justo le sucede igual que al malvado. Y en Gen 44, 18, כִּי כָמוֹךָ no significa "porque, como tú, así es el Faraón", sino "tú eres como el faraón".

Según esta genuina expresión hebrea, la aparición presente de la gloria divina se menciona primero en nuestro verso (43, 3), y después se menciona la manifestación anterior de la gloria a la que se parece la presente. De esa forma desaparece incluso el aparente pleonasmo, וּכְמַרְאֵה הַמַּרְאֶה, si traducimos מַרְאֶה por "forma": Y la forma de la aparición que yo vi era como la aparición etc.

בְּבֹאִי לְשַׁחֵת אֶת־הָעִיר, se refiere a la venida extática del profeta a Jerusalén (Ez 8-11) para dar testimonio de la destrucción de la ciudad (cf. de un modo más preciso Ez 8, 4; 9, 1). "El profeta destruyó idealmente la ciudad por medio de su profecía, cuyo cumplimiento forma el reverso objetivo de esa visión", donde se habla de la recreación del santuario, y en ese contexto de la misma ciudad (Hitzig). וּמַרְאוֹת se une a lo anterior a través de una aposición genérica: hubo apariciones visiones... El plural ha de tomarse como en מַרְאוֹת אֱלֹהִים en Ez 1, 1; 40, 2. Para lo que sigue comparar el texto con Ez 3, 23; 10, 15; 43, 5; 3, 14 y 11, 24.

Ez 43, 6-7 plantea la cuestión de quién es el que está hablando al profetas, si es Yahvé, que ha entrado en el templo, o el hombre que está con Ezequiel en el atrio interior. No hay duda de que מְדַבֵּר es aquí Yahvé, como en Ez 2, 2, aunque los comentaristas se dividen sobre si Yahvé habla directamente al profeta o si lo hace a través del hombre que está a su lado.

Hävernick insiste en el *hitpael* מִדַּבֵּר e imagina que Ezequiel oye a Dios conversando dentro del santuario, con el ángel que está a su lado, a quien le da el mandato de que comunique a Ezequiel la revelación divina que sigue en 43, 7. Pero esta visión resulta errónea por la expresión אֵלַי que sigue a מְדַבֵּר y que Hävernick no ha tenido en cuenta.

Por su parte, Kliefoth piensa que las palabras contenidas en Ez 43, 7, que siguen a מְדַבֵּר fueron dirigidas al profeta directamente por el mismo Dios, porque él las oyó antes de que se diga nada sobre el hombre que está a su lado, y ni aquí ni en lo que sigue se afirma que ese hombre hable.

Pues bien, en contra de eso, tanto aquí como en lo que sigue, incluso en 46, 20. 24; 47, 6-7 es siempre el mismo Dios el que aparece como el que habla, y el hombre se limita a guiar al profeta. Pero esto tampoco es del todo correcto. Esos pasajes, como 46, 20.24 comparados con 43. 19.21 (y 47, 6. 8, comparado con 43, 1. 4) muestran de un modo indudable que el hombre que conduce al profeta hablaba también con él.

Por consiguiente, en el caso referido en nuestro verso, nosotros debemos concluir también que aquel que habló al profeta desde el templo se dirigió al profeta por medio del hombre que estaba a su lado, de manera que en 43, 7 el sujeto de וַיֹּאמֶר וְאִישׁ es; pero de eso no se sigue en modo alguno que en מְדַבֵּר era también un ángel el que hablaba al profeta, ni desde el Santo de los Santos ni simplemente desde dentro de la casa, como lo pone de relieve Hitzig. El significado es, más bien, que Ezequiel oía a Dios conversando con él desde el santuario, mientras que un hombre, es decir, un ángel estaba a su lado y le hablaba

En este caso, אִישׁ no es meramente un ángel que le hablaba en el nombre de Yahvé, sino el ángel de Yahvé, aquel que habla en nombre de Dios, ὁ λόγος τοῦ Θεοῦ (el Logos de Dios: Jn 1, 1). Pero, de acuerdo con su apariencia externa, este ángel del Señor a quien se le designa como אִישׁ es el mismo que enseñó al profeta el templo y lo midió (30, 3 en adelante). Porque, conforme a 47, 1, este אִישׁ tenía también una caña de medir y media el templo y sus edificios.

La ausencia del artículo del אִישׁ en 43, 6, que impide que Kliefoth admita su identidad, no indica en modo alguno que aquí se introduzca un hombre diferente del mencionado arriba, como ayudante del profeta, pero simplemente deja sin definir la identidad de este אִישׁ con el anterior, de tal forma que esa identidad solo puede ser inferida por el curso posterior de los acontecimientos; porque el punto que aquí importa no es establecer esa identidad por medio del artículo, ni definir de un modo más preciso el medio por el que resuena de la palabra de

Dios, sino simplemente introducir las palabras que siguen como palabras del mismo Dios.

El discurso empieza con una explicación de parte de Dios en la que dice que el templo en el cual ha entrado la gloria del Señor era el lugar de su trono, el lugar donde él habitaría para siempre con los hijos de Israel. אֶת־מְקוֹם es una expresión concisa en la que אֶת es una nota de acusativo, de tal forma que debemos suplir en el pensamiento sea ראה o הנה: "Mira tu lugar".

מְקוֹם כַּפּוֹת רַגְלַי, el lugar de las plantas de mis pies (cf. Is 60, 13), es equivalente al escabel de mis pies en Is 66, 1. El Arca de la Alianza se llama también escabel de Dios en 1 Cron 28, 2 y Sal 132, 7 (cf. Sal 99, 5 y Lam 2, 1), donde el epíteto puede emplearse también para designar el templo. Esto se aplica también al trono de Yahvé, pues Dios estaba entronizado sobre los querubines del arca en el santo de los santos (cf. Ex 25, 22; 1 Sam 4, 4, etc).

En el santuario que Ezequiel había visto no se hacía referencia al Arca de la Alianza, y el silencio en este campo no puede interpretarse como una mera omisión, y tanto más teniendo en cuenta que Ezequiel no cita ninguna de las cosas contenidas en el templo, con la excepción de los altares; no cita ni siquiera la mesa de los panes de la proposición ni tampoco el candelabro. El Arca de la Alianza no se menciona porque, como dice Jer 3, 16, en los tiempos mesiánicos no se recordará el arca, ni se echará en falta.

לְעוֹלָם, como en Ez 37, 26. 28. Aquí culmina la promesa. עוֹלָם no se aplica ni al tabernáculo, ni al templo de Jerusalén, donde Yahvé había tenido también su lugar de habitación, aunque no para siempre. Dios abandonó esos santuarios y los entregó a la destrucción, porque los israelitas habían profanado su santo nombre por su idolatría. Pues bien, eso no sucederá ya más después de que se instituya el nuevo santuario.

וְלֹא יְטַמְּאוּ עוֹד no es imperativo, sino un simple futuro: "Ellos no profanarán más…", porque alcanzarán un conocimiento de sus pecados a través del juicio punitivo del exilio, de manera que quedarán avergonzados de ello, porque Dios derramará su Espíritu sobre ellos (37, 23; 39, 29).

Sin embargo, anteriormente (43, 7) ellos habían profanado el santo nombre de Dios por su prostitución espiritual (Ez 16) y por sus ídolos muertos, para los cuales habían erigido lugares altos en la inmediata vecindad del lugar de habitación de Yahvé, es decir, incluso en los atrios del templo, de manera que Yahvé solo estaba separado de los ídolos por un muro.

Éste es el sentido general de 43, 7-8, donde resulta difícil precisar el sentido de בְּפִגְרֵי. Rosenmüller, Hävernick y otros piensan que se trata de los cadáveres de sus reyes, los ídolos muertos. Ewald, Hitzig y Kliefoth, por otra parte, toman la expresión en un sentido literal, es decir, como refiriéndose al hecho de que los cadáveres de los reyes habían sido sepultados cerca del templo, de manera que el templo había quedado profanado por la cercanía de sus cadáveres.

Pero esa última visión queda excluida por el hecho de que no tenemos ningún dato que nos permita sospechar que reyes fueran enterrados cerca del templo, y Neh 3, 15 no contiene ninguna alusión a algo de ese tipo, y las tumbas de los reyes sobre Sión no estaban tan cerca que el templo pudiera ser profanado por ello. Más aún, בְּמוֹתָם no puede compaginarse con esa visión. Por eso preferimos pensar que פִּגְרֵי son los ídolos muertos, de acuerdo con Lev 26, 30 (cf. Jer 16, 18). Por su parte, por מַלְכֵיהֶם no entendemos los ídolos sino los reyes israelitas, como en el caso inmediatamente anterior (הֵמָּה וּמַלְכֵיהֶם), en parte porque no se puede asegurar que el plural מלכים se ha utilizado en el sentido de ídolos (aunque el singular מלכם se utiliza para Baal) y en parte porque resultaría extraño interpretar la misma palabra (מַלְכֵיהֶם), en los lugares inmediatos, en sentidos distintos (en un caso reyes, en otro caso ídolos).

Los cadáveres de los reyes significan por tanto los ídolos muertos, para los cuales los reyes (por ejemplo Manasés) habían elevado altares en lugares altos (במות), en el mismo santuario, es decir, en los atrios del templo (2 Rey 21, 4-7). La objeción de que פִּגְרֵי, sin especificación posterior (cf. por ejemplo גלולים, Lev 26, 30) no puede significar los ídolos muertos no se sostiene en pie, pues el sentido general del tema viene marcado por el contexto, donde se está hablando de idolatría. בְּמוֹתָם, sin la preposición ב, se vincula de un modo general como aposición a מַלְכֵיהֶם וּבְפִגְרֵי y a בִּזְנוּתָם, que definen de manera más precisa en qué línea debe entenderse la prostitución de la nación y los ídolos muertos que los reyes han venerado para manchar a la casa del Señor, es decir, por el hecho de que el pueblo y los reyes han erigido templos en los lugares altos (במות) al lado del templo del Dios viviente, y los han colocado tan cerca que los umbrales y los postes de estos templos de los ídolos tocaban los umbrales y las columnas de los pórticos del templo de Yahvé, de manera que entre el templo de Yahvé y los signos idolátricos no había más que un muro (הקיר). במותם se explica de esta manera en Ez 43, 8, después de mencionar la profanación del Santo Nombre del Señor, con la intención de presentar aquí, por medio de אֲכַל (imperfecto piel de כלה) una alusión al juicio penal que ellos habían provocado en contra de sí mismos.

Ez 43, 9. Una profanación como esa no volverá a suceder en Israel en el futuro, y el Señor habitará por siempre en medio de Israel. Para llevar a Israel a esa meta, Ezequiel ha de mostrarles la casa, es decir, el templo. En esa línea se sitúan las siguientes palabras de 43, 10-12, vinculadas a lo que ha venido antes. Según eso, dar a conocer el diseño de la "casa" (templo) equivale a proclamar al pueblo la revelación que concierne al nuevo templo (צוּרַת הַבָּיִת). De esa manera debían discernir los israelitas la magnitud de la gracia de Dios, que podía haberles destruido por sus obras malas. En esa línea tiene que enseñarle las medidas del bien organizado edificio del templo (con תכנית, como en Ez 28, 10); es decir, ellos tienen que considerar cuidadosamente y ponderar lo que el Señor ha querido conceder a su pueblo a través de su santuario, de tal manera que ellos pueden sentir su pecado y arrepentirse, por la contemplación de la gloria del santuario.

Y si ellos sintieran vergüenza y arrepentimiento por sus pecados, Ezequiel les mostraría la forma y disposición del santuario, con sus elementos y sus ordenanzas, para que puedan contemplarlas así delante de sus ojos, para que tengan su pintura impresa en sus mentes, y puedan cumplir sus mandamientos. En 43, 11 se amontonan las palabras para indicar que todas las partes y disposiciones del nuevo templo son significativas, y dignas de ser ponderadas y de tenerlas en el corazón.

צוּרַת es la forma del templo en general, su orden externo. תְּכוּנָתוֹ es su disposición interna, como un conjunto. Ambos rasgos aparecen vinculados específicamente a las idas y venidas por el templo, con las formas (צוּרוֹת) de sus partes separadas.

חֻקֹּתָיו son los preceptos relacionados con las cosas que han de ser observadas en Israel al presentarse delante de Dios en el templo, las regulaciones de la adoración divina. תוֹרֹתוֹ son las instrucciones contenidas en estos estatutos para la santificación de la vida. La segunda vez que se dice אֶת־כָּל־צוּרָתוֹ se omite en los LXX y en algunos códices hebreos, y ha sido según eso eliminada por Dathe, Hitzig y otros críticos; pero esa palabra es indudablemente genuina y está en la línea del amontonamiento voluntario de palabras.

La advertencia de cumplir y observar cuidadosamente todo concluye en Ez 43, 12 con una afirmación sobre la ley fundamental del templo: que sobre la alta montaña, todo el entorno de su territorio ha de ser קֹדֶשׁ קָדָשִׁים, es decir, santísimo. רֹאשׁ הָהָר, la cumbre del monte, no pertenece a la "casa" (הַבַּיִת) en el sentido de edificio que ha de construirse sobre la cumbre de la montaña, sino en el sentido de contenido de esa casa (es decir, de la תּוֹרַת הַבַּיִת).

Ha de estar sobre el alto de la montaña, siendo el "santísimo" en todo el entorno. רֹאשׁ הָהָר ha de entenderse en la línea de Ez 40, 2; y גְּבֻלוֹ remite a בַּיִת. Este santuario se distinguirá así del antiguo, por su situación sobre una montaña muy alta, y por el hecho de que no será santo solo el santuario interior, ni solo la casa del templo, sino todo su entorno, con todos sus atrios.

Lo que ha sido establecido – es decir, que el templo no será profanado ya más – ha de entenderse desde esta perspectiva. Y de esa forma, con la repetición de las palabras (esta es la ley de la casa…) termina la primera sección de esta visión, es decir, la descripción del templo. Por otra parte, el mandato que se transmite al profeta en 43, 10-11, diciéndole que haga conocer todos los estatutos y las leyes de este templo a la casa de Israel constituye, al mismo tiempo, la transición a la sección que sigue.

2. Ez 43, 13-46, 24. El nuevo culto del templo
2.1. *Ez 43, 13-27. La ley del altar*
43. 13-17. Descripción y consagración del altar de los holocaustos

¹³ וְאֵ֣לֶּה מִדּ֣וֹת הַמִּזְבֵּ֘חַ֮ בָּֽאַמּוֹת֒ אַמָּ֥ה אַמָּ֖ה וָטֹ֑פַח וְחֵ֨יק הָאַמָּ֜ה וְאַמָּה־רֹ֗חַב וּגְבוּלָ֨הּ אֶל־שְׂפָתָ֤הּ סָבִיב֙ זֶ֣רֶת הָאֶחָ֔ד וְזֶ֖ה גַּ֥ב הַמִּזְבֵּֽחַ׃ ¹⁴ וּמֵחֵ֨יק הָאָ֜רֶץ עַד־הָעֲזָרָ֤ה הַתַּחְתּוֹנָה֙ שְׁתַּ֣יִם אַמּ֔וֹת וְרֹ֖חַב אַמָּ֣ה אֶחָ֑ת וּמֵהָעֲזָרָ֨ה הַקְּטַנָּ֜ה עַד־הָעֲזָרָ֤ה הַגְּדוֹלָה֙ אַרְבַּ֣ע אַמּ֔וֹת וְרֹ֖חַב הָאַמָּֽה׃ ¹⁵ וְהַֽהַרְאֵ֖ל אַרְבַּ֣ע אַמּ֑וֹת (וּמֵהָאֲרִאֵיל) [וּמֵהָאֲרִיאֵ֣ל] וּלְמַ֔עְלָה הַקְּרָנ֖וֹת אַרְבַּֽע׃ ¹⁶ (וְהָאֲרִאֵיל) [וְהָאֲרִיאֵ֗ל] שְׁתֵּ֤ים עֶשְׂרֵה֙ אֹ֔רֶךְ בִּשְׁתֵּ֥ים עֶשְׂרֵ֖ה רֹ֑חַב רָב֕וּעַ אֶ֖ל אַרְבַּ֥עַת רְבָעָֽיו׃ ¹⁷ וְהָעֲזָרָ֞ה אַרְבַּ֧ע עֶשְׂרֵ֣ה אֹ֗רֶךְ בְּאַרְבַּ֤ע עֶשְׂרֵה֙ רֹ֔חַב אֶ֖ל אַרְבַּ֣עַת רְבָעֶ֑יהָ וְהַגְּבוּל סָבִ֤יב אוֹתָהּ֙ חֲצִ֣י הָֽאַמָּ֔ה וְהַחֵֽיק־לָ֤הּ אַמָּה֙ סָבִ֔יב וּמַעֲלֹתֵ֖הוּ פְּנ֥וֹת קָדִֽים׃

¹³ *Estas son las medidas del altar por codos de a codo y palmo menor: la base, de un codo de alto y un codo de ancho; y la moldura de su borde alrededor, de un palmo. Este será el zócalo del altar.* ¹⁴ *Desde la base, a partir del suelo, hasta el zócalo inferior, dos codos; y la anchura, de un codo. Y desde la cornisa menor hasta la cornisa mayor, cuatro codos; y el ancho, de un codo.*

¹⁵ *El altar era de cuatro codos, y encima del altar había cuatro cuernos.* ¹⁶ *El altar era un cuadrado de doce codos de largo y doce de ancho: tenía iguales sus cuatro lados.* ¹⁷ *El zócalo era de catorce codos de longitud y catorce de anchura en sus cuatro lados, y de medio codo el borde alrededor; la base era de un codo por cada lado, y sus gradas miraban hacia oriente.*

A la introducción (estas son las medidas del altar por codos de a codo) se añade una vez más, como en 40, 5, en conexión con la medida del templo, la longitud de la medida en codos. La descripción comienza con el fundamento del altar, y sigue hacia arriba, dando la altura y anchura de las diversas partes del altar, hasta los cuernos en los cuatro ángulos superiores (43, 13-15). Después vuelve de arriba hacia abajo, para indicar la longitud y anchura o circunferencia de los diversos niveles (43, 16-17).

Como parte primera o más baja, se menciona la חֵיק, que es la base; después, por transferencia, se cita un tipo de hueco o moldura por los lados del cuadrado (cf. 1 Rey 22, 35). Aquí, el hueco más bajo o base del altar (imagen 4, p) está formado por un borde de una altura bien definida, que forma un tipo de marco o encuadramiento sobre el cual se eleva el altar (Hitzig). No es simplemente "un hueco llenado con tierra" (Kliefoth), sino el hueco con el encuadramiento o base.

Esta base de fondo (p) era de un codo de altura y de un codo de anchura. De esa forma, הָאַמָּה ha de tomarse como indicación de la altura, como lo muestra la referencia a la anchura que viene después. חֵיק הָאַמָּה no ha de cambiarse en אַמָּה חֵיקָה, como propone Ewald, ni ha de cambiarse por בָּאַמָּה (Hitzig). Al contrario, ha de aceptarse la explicación de Hävernick: "Y la base era allí un codo", es decir, tenía la altura de un codo. רֹחַב, anchura es la extensión a la que se expande la base del siguiente plano del altar, por cada lado (imgen 4, q), formando así un soporte, cuyo entorno medía un codo más que la base inferior, por cada lado.

Así lo muestran las medidas de 43, 16 y 43, 17. La חֵיק tenía su גְּבוּלָה sobre su שְׂפָתָהּ de medio codo de altura (imagen 4, o). שפה, labio, es el borde (1 Rey 7, 26; Gen 22, 17); y גְּבוּל es el final del borde, una especie de moldura. Los sufijos femeninos de גְּבוּלָה y שְׂפָתָהּ se refieren a חֵיק, que, sin duda, es de género masculino cuando se utiliza en el sentido literal de seno o base, pero se construye como femenino, en su sentido genérico de objeto inanimado.

En esa línea, la base de la obra del altar, con sus molduras formaba el גַּב del altar. גַּב, algo arqueado, como una especie de espalda, significa aquí el soporte del altar. Sobre ese soporte se elevaba el altar como recinto cúbico (como piramidal), cuya anchura y longitud disminuía por pasos o peldaños. El plano o sección que se apoyaba sobre ese soporte y que tenía unas dimensiones menores (imagen 4, q) ha sido mencionado en 43, 14, y la sección que sigue (imagen 4, r) se describe en 43, 14.

La palabra הָעֲזָרָה, que traducimos como zócalo, proviene probablemente de עצר, por suavizamiento de la צ en ז, y significa lo que encierra, lo que rodea, y se utiliza con frecuencia para el pórtico exterior del templo. Aquí se refiere al altar, y significa el entorno de tierra sobre el que se edificaba el altar. Dado que el altar se elevaba sobre escalones, el texto hace una distinción entre el escalón más bajo o pequeño y el superior o mayor (הָעֲזָרָה). La identidad de la הָעֲזָרָה más baja y de la más pequeña o הַקְּטַנָּה es evidente por el curso de la descripción y resulta universalmente admitida por los comentaristas.

La más baja (q) se llama la pequeña, en comparación con la grande que está encima de ella; se llama así porque su altura es menor, pues era solo de dos codos de altura, mientras que la superior (r) era de cuatro codos. La medida de la más grande se da así en 43, 14: "de la grada más pequeña a la más grande, cuatro codos"; está afirmación ha de entenderse en línea de medida, para indicar que del escalón o zócalo inferior al superior hay cuatro codos. Eso significa que el zócalo más alto estaba cuatro codos más alto que el inferior.

Según eso, la afirmación de 43, 14 "desde la base, a partir del suelo, hasta el zócalo inferior, dos codos" no puede tener otro sentido que la distancia entre el plano más bajo del altar, desde la base inferior, por la primera moldura, hasta el ángulo más alto, donde comenzaba el segundo plano era de dos codos de altura.

El nuevo culto del templo

Esta distancia se computa desde el ángulo superior del חֵיק, o desde la repisa primera o más baja. En ese contexto puede precisarse *los elementos del altar*:

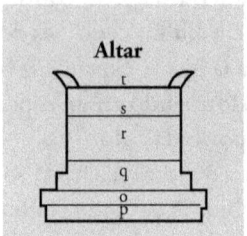

– p: fundamento de tierra
– o-q: primera y segunda grada del zócalo; la primera de un codo de altura, la segunda de dos codos
– r-s: altar propiamente dicho, el llamado "monte de Dios", cada una de sus dos partes de cuatro codos de altura; entre las dos ocho.
– t: superficie del altar con los cuatro cuernos laterales.

La altura de las tres primera partes del altar (imagen 4, o+q+r) era por tanto de 1+2+4, es decir, de siete codos. A la primera parte de ese monte de Dios, que era de cuatro codos (43, 15) había que añadirle otros cuatro codos (imagen 4, s), lo que hacía que la altura total (entre o y t) fuera de once codos. En 43, 14 a חֵיק le sigue la הָאָרֶץ, de modo que la חֵיק era de tierra o estaba lleno de tierra. Pero ese חֵיק con su moldura se designa como גַּב, la espalda o soporte del altar, y debe distinguirse por tanto del altar en sí mismo. Según eso, para la altura del altar debemos contar solo los dos zócalos con el "monte de Dios" (imagen 4, q+r+s), que tiene diez codos.

Sobre la base de la חֵיק, con su zócalo y sus dos cornisas (הָעֲזָרָה), la mayor y la menor, se elevaba el verdadero altar con su centro o corazón y los cuatro cuernos, de los que se habla en 43, 15. Aquí se traza una distinción entre el הראל y el אֲרִיאֵל, de manera que no se pueden identificar, como lo han hecho muchas comentaristas, hasta Hitzig, siguiendo el ejemplo de los LXX.

אֲרִיאֵל (tal como la palabra se escribe según el keré) no significa *león de Dios*, sino "*corazón de Dios*" (ארי, de ארה, quemar), como en Is 29, 1-2. El corazón de Dios es la superficie del altar, su "hogar" (=hoguera) de fuera (imagen, t), mientras que הראל, monte de Dios es la base o fundamento de esa hoguera. Éste, el monte de Dios, propiamente dicho, tenía ocho codos de altura, mientras que no se menciona la altura del corazón de Dios, sino que se dice simplemente que sobresalían de él cuatro cuernos, a sus cuatro ángulos. Con estos cuernos del altar, cuya dimensión y altura no se concreta, y que no puede identificarse sin más con tres codos, se completa la descripción del altar, desde la base hasta la cumbre, de manera que lo único que queda por indicar son sus medidas, es decir, la circunferencia de sus diversas partes, que se han ido sucediendo unas a otras como gradas.

Este signo en Ez 43, 16-17. El corazón de Dios es doce codos de largo y doce codos de ancho, de manera que es רָבוּעַ, cuadrado, con la misma longitud y anchura por los cuatro lados. Yendo hacia abajo sigue en Ez 43, 17 la longitud y anchura de la הָעֲזָרָה, con catorce codos, pues era un codo más ancho por cada lado, según 43, 14. Pero es muy extraño que aquí se concrete solo la longitud y anchura de una עֲזָרָה, pues en Ez 43, 14 se mencionan dos alturas. Muchos comentaristas han identificado por tanto el Monte de Dios con la gran עֲזָרָה, y al altar le han atribuido solo la altura de siete codos. En contra de eso, Kliefoth toma las dos (la עֲזָרָה, de 43, 15 y el חֵיק y גְּבוּלָהּ de 43, 15) como diferentes de las partes mencionadas con el mismo nombre en 43, 13-14, y piensa que se refieren a un tipo de entorno (cerramiento) y barrera del monte de Dios. Pero una cosa es tan arbitraria como la otra, pues las palabras del texto no requieren ninguna de esas suposiciones.

La dificultad de que en 43, 17 solo se menciones una עֲזָרָה se resuelve fácilmente si consideramos que en 43, 15 solo se ofrece la altura del monte de Dios y no se menciona su anchura, como en el caso de la עֲזָרָה, de 43, 14. De eso puede deducirse que el monte de Dios tenía la misma anchura o la misma circunferencia de la עֲזָרָה, superior (cf. imagen 4, r y s).

De esa forma vienen dadas la anchura y longitud de todas las partes del altar, cuando además de la longitud y anchura del corazón de Dios (imagen 4, t) se ofrecen las dimensiones de una עֲזָרָה, que era más larga y más ancha que el corazón y el monte de Dios, mientras que la longitud y anchura de la עֲזָרָה, superior eran idénticos con las de la circunferencia del monte de Dios. Según eso, por su superficie superior, llamada corazón de Dios, el altar era un cuadrado de doce codos de largo y de ancho. El monte de Dios y su plano superior tenían la misma longitud y anchura. Por su parte, el plano inferior del altar tenía catorce codos de largo y de ancho.

La altura del altar era como sigue: (a) El soporte o cimiento, con su moldura, un codo y medio. (b) La parte inferior del "recinto" dos codos. (c) La parte superior cuatro. (d) Y el monte de Dios, con el corazón de Dios, también cuatro codos de altura. A diferencia de eso, el altar del templo de Salomón tenía diez codos de altura, y en su base inferior veinte codos de largo y de ancho (2 Cron 4, 1).

La descripción concluye en 43, 17 con una alusión a los escalones o gradas (מַעֲלֹתֵהוּ) que el altar de Ezequiel tenía por la parte del este, a diferencia de lo que sucedía en el caso del tabernáculo, donde no se permitía poner escaleras ante el altar (Ex 20, 23). Kimchi toma la palabra פְּנוֹת como un nombre. Otros piensan que se trata de un infinitivo con sentido nominal; por su parte Hitzig piensa que es un participio

43, 18-27. Consagración del altar

[18] וַיֹּאמֶר אֵלַי בֶּן־אָדָם כֹּה אָמַר אֲדֹנָי יְהוִה אֵלֶּה חֻקּוֹת הַמִּזְבֵּחַ בְּיוֹם הֵעָשׂוֹתוֹ לְהַעֲלוֹת עָלָיו עוֹלָה וְלִזְרֹק עָלָיו דָּם:
[19] וְנָתַתָּה אֶל־הַכֹּהֲנִים הַלְוִיִּם אֲשֶׁר הֵם מִזֶּרַע צָדוֹק הַקְּרֹבִים אֵלַי נְאֻם אֲדֹנָי יְהוִה לְשָׁרְתֵנִי פַּר בֶּן־בָּקָר לְחַטָּאת:
[20] וְלָקַחְתָּ מִדָּמוֹ וְנָתַתָּה עַל־אַרְבַּע קַרְנֹתָיו וְאֶל־אַרְבַּע פִּנּוֹת

הָעֲזָרָ֛ה וְאֶל־הַגְּב֥וּל סָבִ֖יב וְחִטֵּאתָ֥ אוֹת֖וֹ וְכִפַּרְתָּֽהוּ׃
²¹ וְלָ֣קַחְתָּ֔ אֵ֖ת הַפָּ֣ר הַֽחַטָּ֑את וּשְׂרָפוֹ֙ בְּמִפְקַ֣ד הַבַּ֔יִת מִח֖וּץ לַמִּקְדָּֽשׁ׃
²² וּבַיּוֹם֙ הַשֵּׁנִ֔י תַּקְרִ֛יב שְׂעִיר־עִזִּ֥ים תָּמִ֖ים לְחַטָּ֑את וְחִטְּאוּ֙ אֶת־הַמִּזְבֵּ֔חַ כַּאֲשֶׁ֥ר חִטְּא֖וּ בַּפָּֽר׃
²³ בְּכַלּוֹתְךָ֖ מֵֽחַטֵּ֑א תַּקְרִיב֙ פַּ֣ר בֶּן־בָּקָ֣ר תָּמִ֔ים וְאַ֥יִל מִן־הַצֹּ֖אן תָּמִֽים׃
²⁴ וְהִקְרַבְתָּ֖ם לִפְנֵ֣י יְהוָ֑ה וְהִשְׁלִ֧יכוּ הַכֹּהֲנִ֛ים עֲלֵיהֶ֖ם מֶ֑לַח וְהֶעֱל֥וּ אוֹתָ֛ם עֹלָ֖ה לַֽיהוָֽה׃
²⁵ שִׁבְעַ֣ת יָמִ֔ים תַּעֲשֶׂ֥ה שְׂעִיר־חַטָּ֖את לַיּ֑וֹם וּפַ֧ר בֶּן־בָּקָ֛ר וְאַ֥יִל מִן־הַצֹּ֖אן תְּמִימִ֥ים יַעֲשֽׂוּ׃
²⁶ שִׁבְעַ֣ת יָמִ֔ים יְכַפְּר֥וּ אֶת־הַמִּזְבֵּ֖חַ וְטִהֲר֣וּ אֹת֑וֹ וּמִלְא֖וּ (יָדָו) [יָדָֽיו]׃
²⁷ וִיכַלּ֖וּ אֶת־הַיָּמִ֑ים ס וְהָיָה֩ בַיּ֨וֹם הַשְּׁמִינִ֜י וָהָ֗לְאָה יַעֲשׂ֨וּ הַכֹּהֲנִ֤ים עַל־הַמִּזְבֵּ֙חַ֙ אֶת־עוֹלֽוֹתֵיכֶם֙ וְאֶת־שַׁלְמֵיכֶ֔ם וְרָצִ֣אתִי אֶתְכֶ֔ם נְאֻ֖ם אֲדֹנָ֥י יְהוִֽה׃ ס

¹⁸ *Luego me dijo: Hijo de hombre, así ha dicho Yahvé, el Señor: Estas son las ordenanzas del altar el día en que sea hecho, para ofrecer holocausto sobre él y para derramar sangre sobre él.*

¹⁹ *A los sacerdotes levitas que son del linaje de Sadoc y que se acerquen a mí, dice Yahvé, el Señor, para ministrar ante mí, darás un becerro de la vacada, para expiación.* ²⁰ *Tomarás de su sangre y la pondrás en los cuatro cuernos del altar, en las cuatro esquinas del zócalo y en el borde alrededor. Así lo purificarás y harás expiación por él.* ²¹ *Tomarás luego el becerro de la expiación y lo quemarás conforme a la ley de la casa, fuera del santuario.* ²² *El segundo día ofrecerás un macho cabrío sin defecto, para expiación; y purificarán el altar como lo purificaron con el becerro.* ²³ *Cuando acabes de expiar, ofrecerás un becerro de la vacada, sin defecto, y un carnero, sin tacha, de la manada.* ²⁴ *Los ofrecerás delante de Yahvé. Los sacerdotes echarán sal sobre ellos y los ofrecerán en holocausto a Yahvé.*

²⁵ *Durante siete días sacrificarán un macho cabrío cada día, en expiación; asimismo sacrificarán el becerro de la vacada y un carnero, sin tacha, del rebaño.* ²⁶ *Durante siete días harán expiación por el altar y lo purificarán, y así lo consagrarán.* ²⁷ *Acabados estos días, del octavo día en adelante, los sacerdotes sacrificarán sobre el altar vuestros holocaustos y vuestras ofrendas de paz. Así me seréis aceptos, dice Yahvé, el Señor".*

El altar del tabernáculo y el del templo de Salomón fueron consagrados antes de ser utilizados (Lev 8, 11. 15. 19. 33; 1 Rey 8, 62-66; 2 Cron 7, 4-10), y fue el mismo Dios el que mandó y reguló esta consagración del altar de los tabernáculos (Ex 29, 10). De igual manera, el altar de las ofrendas quemadas del nuevo santuario tuvo que ser consagrado antes de ser utilizado. Éste fue el mandato impartido a Ezequiel, a quien se le encargó la consagración, no porque él fuera el representante de la nación, sino porque era profeta, como sucede en las narraciones proféticas, donde se manda al profeta que ponga en marcha aquellas cosas que están vinculadas con su proclamación profética.

Pues bien, al profeta se le da esta comisión para el día (es decir, para el tiempo) en que el altar vaya a ser restaurado, es decir, para un tiempo que pertenece al futuro, cuando el templo que el profeta ha visto en espíritu sea erigido; por eso, el cumplimiento de este mandato está vinculado a la construcción del templo, sin que se nos haya dicho si el altar ha de ser construido de piedra, de metal o de madera.

Estas son las ordenanzas (אֵלֶּה חֻקּוֹת), es decir, no todas las regulaciones prescritas en general para el servicio del templo, sino solamente las relacionadas con su consagración. Si comparamos estas regulaciones con el relato de la consagración de los altares de santuarios anteriores, vemos que en la consagración del altar del templo de Salomón no hayamos ninguna descripción parecida a esta, sino que se afirma que duró siete días (2 Cron 7, 9).

La consagración del altar del tabernáculo del desierto duró precisamente el mismo tiempo (Ex 29, 37; Lev 8, 33). Pues bien, ese mismo tiempo se dispone aquí (Ez 43, 26). Pero en el caso del libro del Éxodo la consagración del altar del tabernáculo estaba asociada con la consagración de los sacerdotes. Por el contrario, aquí se presupone la existencia del sacerdocio, y solo se consagra el altar.

La consagración del altar mosaico comenzaba con la unción del altar y de todos sus utensilios, siendo ungidos siete veces por Moisés con el santo oleo de la unión, con el fin de santificarlo (Lev 8, 11). Pues bien, aquí no se dice nada de la unción del altar, sino que se menciona solo la realización de sacrificios, que seguían a la unción en el caso del altar de Moisés.

Con el altar del tabernáculo, Moisés realizó todo el acto de la consagración, como mediador de la alianza, tanto la unción como la preparación de los sacrificios. Aquí, sin embargo, son los sacerdotes, ya consagrados para su servicio, los que deben completar la ceremonia sacrificial. Ciertamente, las expresiones utilizada en Ez 43, 20 (toma su sangre…) y en 43, 21 (tomarás luego el becerro de la expiación…) muestran aparentemente que era el profeta el que debía realizar la ofrenda de la sangre y la del holocausto.

Pero es obvio que esto solo puede entenderse en el sentido de que es algo que ha de realizarse a través de los sacerdotes; en otras palabras, el texto en plural supone que son los sacerdotes los que han de realizar lo que aquí se manda (cf. plural de וְחִטְּאוּ, en 43, 22: y purificarán el altar como lo purificaron con el becerro). Sin embargo, no son todos los sacerdotes de la tribu de Leví los que han de realizar este servicio, sino simplemente los de la familia de Sadok, los únicos seleccionados para realizar servicios específicamente sacerdotales en el nuevo templo (cf. 40, 46 y 44, 15).

La ceremonia sagrada comienza con la ofrenda de un becerro, como sacrificio por el pecado (becerro por la expiación: הַפָּר הַחַטָּאת; cf. 43, 19-20, como en Lev 8, 14, comparado con Ex 29.1.10). La sangre del becerro ha de ponerse en los cuatro ángulos del altar y en las cuatro esquinas del zócalo y en el borde alrededor. Por su parte, la carne debe ser quemada en un lugar apropiado, fuera del santuario.

Para el artículo en הַפָּר הַחַטָּאת (43, 21), cf. Ewald, §290b. Aquí no se menciona el gesto de derramar la sangre (que no se utilizaba para ungir los lugares indicados), ni se habla de quemar las partes grasas del sacrificio sobre el altar. Pero por la omisión de esas circunstancias no podemos inferior que la grasa no fuera consumida sobre el altar, sino que fuera quemada con la carne, piel y huesos del animal, fuera del santuario, como supone Kliefoth.

Sin quemar una parte definida de la víctima sobre el altar, la muerte del animal no habría sido un sacrificio completo; el hecho de untar el altar con la sangre no habría bastado para ello. Tienen que unirse los dos gestos. Y el hecho de que en 43, 21 se dé el mandato "toma el becerro y quémalo" no implica que el animal debía ser quemado sobre el altar con todas esas porciones que debían ser consumidas sobre el altar en el caso de las ofrendas por el pecado. También en Lev 8, 17 encontramos את הפר en lugar de וְאֶת־בְּשַׂר הַפָּר (Ex 29, 14).

Ezequiel presupone en general que el ritual sacrificial es bien conocido y solo menciona por tanto aquellos puntos en los que había desviaciones respecto al ritual ordinario en relación con este sacrificio, como la aspersión de la sangre, porque la sangre debía ser untada en determinadas partes del altar, o como el hecho de quemar la carne, en relación con el lugar en que esto debía ser realizado. En el caso del holocausto de 43, 23 no se dan instrucciones sobre el ceremonial que debía ser realizado, pues esto respondía al ritual normal, con la excepción de que debía derramarse sal sobre la carne, cosa que no se realizaba de la misma manera en los sacrificios ordinarios.

El hecho de quemar ha de realizarse בְּמִפְקַד הַבַּיִת, fuera del santuario. בְּמִפְקַד es un lugar mandado o determinado, un lugar del templo mantenido separado para este propósito. De esto se sigue que el lugar en cuestión (ya que formaba parte de la casa, es decir, del templo) había de buscarse dentro del cuadrado de quinientos codos de su extensión). Debía ser por tanto un lugar en el entorno del templo y de sus atrios, pero al mismo tiempo fuera del מִקְדָּשׁ (מִחוּץ לַמִּקְדָּשׁ), es decir, que no formaba parte del santuario estrictamente dicho.

En esa línea, Kliefoth piensa en un lugar dentro de la *gizrah* (41, 12), cuyo nombre implica que el espacio de ese nombre (¡separado!) no pertenecía al verdadero מִקְדָּשׁ. Esta visión es muy probable. En contra de eso, la conjetura de Ewald, cuando afirma que el lugar aquí indicado ha de encontrarse en las cocinas sacrificiales de los sacerdotes, descritas en 46, 19 resulta sin duda errónea, porque esas cocinas, que estaban destinadas a cocinar la carne santa sacrificada para comida de los sacerdotes formaba una parte incluida en el מִקְדָּשׁ.

Ez 43, 22. El Segundo día se ofrece un macho cabrío como ofrenda por el pecado, a fin de que el altar para expíar los pecados quede consagrado con este sacrificio, igual que con el sacrificio del becerro del primer día; eso significa que en este sacrificio ha de seguirse también el mismo ceremonial. Después de realizado el sacrificio de expiación con la ofrenda quemada sobre el alar, había de presentarse al Señor un becerro y un carnero (43, 23-24). En este contexto hay una diferencia de opinión respecto al sentido de בְּכַלּוֹתְךָ, de 43, 23.

Hitzig y Kliefoth suponen que la expiación se completaba solo al segundo día, con el ofrecimiento del macho cabrío como sacrificio por el pecado. Ambos le dan mucha importante, por un lado, al hecho de que 43, 23-24 mencionan la ofrenda de holocausto (sacrificio quemado) en el segundo día (y no en el primero). Por otra parte, en 43, 25, para los siete días de la consagración solo se mencionan la preparación de un macho cabrío para la ofrenda por el pecado y la preparación de los otros dos animales para el holocausto.

Hitzig aduce también el hecho de que en 43, 26 no hay más referencia a חטא, sino solo a כפר y a טהר, y saca la conclusión de que el pecado adherido al altar se removía con los dos sacrificios por el pecado (de los dos primeros días) y después a lo largo de los siete días posteriores por medio de holocaustos que aplacaban (כפר) la ira de Dios que seguía al pecado y que limpiaban la impureza o carácter profano del altar (טהר). De aquí sacaba la conclusión de que los siete días de 43, 25 han de computarse como días que vienen después de 43, 19. Conforme a esta visión, la consagración del altar duraba nueve días, y no siete, de forma que el octavo día mencionado en 43, 27 sería el décimo, empezando desde el principio de la consagración.

Para mantener esta visión, Hitzig se ve obligado no solo a suprimir la palabra וְכִפַּרְתֵהוּ de 43, 20, sino también la primera mitad de 43, 25 como glosas; ésta es una visión que no puede mantenerse, porque ni siquiera los LXX contienen ningún indicio de que se pueda suprimir alguna palabra de 43, 25. Más aún, la distinción que Hitzig establece entre חטא por un lado y כפר y טהר por otro es manifiestamente errónea. La purificación (טהר) no se menciona nunca en la Ley como efecto producido por una ofrenda de holocausto. Lo que se prescribe invariablemente para la remoción de la impureza es una ofrenda por el pecado seguida por un holocausto; porque "la reconciliación y la purificación se realizan a través de la absolución realizada por la ofrenda por el pecado; y a esa ofrenda por el pecado, con su poder purificador, se le añade el holocausto para asegurar la complacencia de Dios por aquello que había sido ya limpiado" (Kliefoth).

Pero tampoco podemos mirar la visión de Kliefoth como bien fundada, es decir, que en el primer día se presentaba solo una ofrenda por el pecado y que solo del segundo día en adelante se unían la ofrenda por el pecado y el holocausto, y que esto duraba por siete, de manera que la consagración del altar duraba ocho días enteros de manera que el uso regular del altar comenzaba el día noveno (no el octavo, como establece Ez 43, 27).

Kliefoth funda su conclusión principalmente en el hecho de que Ez 43, 19-21 atribuyen al primer día solo la ofrenda por el pecado de un novillo; y que después, por otra parte, Ez 43, 25-26 extienden para siete días, con todos sus detalles, la misma ceremonia que 43, 22-24 asigna al segundo día, mientras que no dicen ni una palabra sobre si la ofrenda por el pecado debía repetirse cada día, ni dicen nada sobre si los sacrificios descritos en 43, 22-24 debían ofrecerse también el primer día. Según eso, la base de esa demostración se funda en el silencio, pero en este caso, lo mismo que en muchos otros, este argumento pierde su valor por el hecho de 43, 26 afirma "por siete días reconciliaréis el altar y lo purificaréis".

Esta afirmación (por siete días reconciliaréis el altar…), perfectamente general, que no se conecta con 43, 25 a través ningún *waw* copulativo, ni se coloca en subordinación a ese versículo, afirma de la manera más clara posible que la consagración del altar debía durar siete días, ni uno más ni uno menos, de tal manera que si esos siete días han de computarse desde el segundo día, la ofrenda por el pecado del novillo del primer día quedaría privada de todo su valor de reconciliación y de purificación, en directa contradicción no solo con 43 20, donde se dice que el altar debía de ser liberado del pecado y reconciliado a través de la ofrenda del novillo por el pecado del primer día; esa visión estaría también en contradicción con 43, 22 donde se dice que el altar ha de ser liberado del pecado por la ofrenda del macho cabrío, de igual manera que se ha reconciliado el primer día por la ofenda del novillo.

No se puede tomar כפר y טהר de 43, 26 meramente como un efecto producido por los sacrificios mencionados en 43, 25, pues ello va en contra del sentido de שִׁבְעַת al principio de 43, 26. Por eso, a no ser que queramos imponer una gran contradicción en las palabras del profeta, no podemos insistir en el hecho de que en 43, 23 no se mencione el holocausto hasta después de presentación del sacrificio por el pecado en el segundo día, ni en el hecho de que en 43, 25 se mencione el macho cabrío como ofrenda por el pecado a lo largo de los siete días y no se aluda al hecho de que la ofrenda por el pecado del primer día fue un novillo.

Lo primero (es decir, la referencia al holocausto después de la ofrenda por el pecado del segundo día) se puede explicar simplemente por el hecho de que la ofrenda por el pecado de los dos primeros días se menciona una tras la otra, porque se querían precisar los dos animales propios que eran diferentes para esos días y después los holocaustos, que eran los mismos para todos los días. Éstas son pues las razones de la organización actual del texto: (a) Ezequiel quiere insistir en el orden de los animales sacrificados, y no en el hecho de que el primer día debía celebrarse solo un sacrificio por el pecado, sin holocausto. (b) La expresión "en el segundo día" se refiere solo al sacrificio por el pecado de ese día, como lo muestran las palabras בְּכַלּוֹתְךָ מֵחַטֵּא (43, 23), pues מֵחַטֵּא no se puede entender en un sentido distinto al que tiene en 43, 22, que es la frase precedente. Esas palabras no puede restringirse solo al segundo día, sino que deben referirse a la ofrenda por el pecado del primer día y del segundo.

Éste es por tanto el sentido de las palabras: Cuando ha terminado la absolución de los pecados por medio de la ofenda por el pecado del primer día y del segundo, tú debes ofrecer un holocausto. Según eso, la ofrenda del holocausto prescrito por 43, 23 no se aplica solo al segundo día en exclusiva, ni excluye que hubiera holocausto el primer día. Ezequiel no tenía necesidad de explicarse de un modo más claro en este punto, y no había riesgo de que aquellos que conocían la ley se equivocaran en este campo, pues todos los israelitas instruidos en la ley sabían muy bien que no se podía ofrecer un sacrificio por el pecado sin que le siguiera un holocausto, pues el holocausto era indispensable para el cumplimiento de la כפרה para que se presentaba el sacrificio por el pecado.

Tampoco en Ez 32, 25 puede tener miedo Ezequiel de que su expresión algo genérica (durante siete días sacrificarán un macho cabrío cada día, en expiación; asimismo…) pueda ser mal interpretada, pues él ha determinado ya que el becerro debía ofrecerse como ofrenda por el pecado el primer día, y después, los siete días siguientes, debían cumplirse conforme a la ley prescrita para toda consagración que durara más de un día, de manera que no podía haber equivocación en eso. Según eso el cambio de los siete días dedicados a la consagración del altar en ocho ha de tomarse como algo sin fundamento alguno, lo mismo que la suposición de que las ceremonias debían durar nueve días.

Tenemos que volver por tanto a la visión tradicional según la cual, por ley, la consagración del altar debía durar siete días, sabiendo además que en cada uno de esos días había que ofrece una ofrenda por el pecado y un holocausto, sabiendo además que la ofrenda por el pecado del primer día tenía que ser un becerro y la de los otros días un macho cabrío, mientas que el holocausto debía ser, a lo largo de los siete días, de un joven toro y un carnero.

Con referencia a los holocaustos, es importante la indicación de que "los sacerdotes echarán sal sobre ellos y los ofrecerán en holocausto a Yahvé". Se dice echarán (הִשְׁלִיכוּ) no simplemente rociarán o untarán. Conforme a Lev 2, 13 a todo sacrificio (כָּל־קָרְבָּן: sangriento o no sangriento) había que añadirle sal. Esta alusión expresa a la sal en este holocausto consagratorio, y el hecho de que se escoja el verbo הִשְׁלִיכוּ está indicando que se trata de una cantidad grande de sal, con la intención de dar mayor intensidad a la fuerza de estos sacrificios.

Sobre el significado de la sal en relación con los sacrificios, cf. *Coment.* a Lev 2, 13. La waw añadida al *qetiv* וְיְכַפְּרוּ de 43, 26 ha de explicarse por el hecho de que la definición del tiempo (שִׁבְעַת) aparece en la cabeza del texto de un modo absoluto. Hay algo extraño en la aplicación de la expresión וּמִלְאוּ יָדוֹ (llenar la mano) al altar. Esta expresión surgió de la ceremonia particular del sacrificio de consagración de los sacerdotes, es decir, del hecho de que la carne y las porciones grasas del sacrificio se dedicaban en parte a ser consumidas sobre el altar como ofrenda para Yahvé y en parte se entregaban en manos de los sacerdotes para que cumplieran sus deberes oficiales y para que las recibieran como pago por sus servicios (cf. *Coment.* a Lev 8, 25-29). Según eso, *llenar la mano del altar* significa dotarle con los dones sacrificiales, de manera que nunca permanezca sin ellos.

En ese sentido, el acto simbólico estaba conectado con la culminación de la consagración del altar como lugar del sacrificio. El *keré* יָדָיו es incorrecto y יָדוֹ

es la lectura adecuada, pues incluso cuando se habla de las porciones sacrificiales que se colocaban en manos de lo sacerdotes (con מלא), se utiliza siempre el singular (יד) y no el plural ידים (cf. Ex 29, 9; Lev 21 10 etc.).

Si comparamos las indicaciones que se ofrecen en esta sección de Ezequiel sobre la consagración del altar, con las prescritas en Ex 29 para el altar de los holocaustos del tabernáculo (que se realizó plenamente de acuerdo con Lev 8), encontramos las siguientes diferencias: (1) En Ezequiel falta la unción del altar. (2) En la consagración del altar mosaico se prescribe un becerro (un joven toro) como sacrificio por el pecado para los siete días (Ex 29, 36); por el contrario, en Ezequiel se prescribe solo para el primer día, y el macho cabrío para el resto. (3) La sangre del sacrificio por el pecado se extiende en la primera consagración sobre los cuernos del altar (Ex 29, 12; Lev 8, 15); en la segunda se extiende sobre lo cuernos superiores y sobre los ángulos del cuerpo del altar y sobre su basamenta inferior. (4) En el primer caso el holocausto es de un carnero cada día; en nuestro caso es de un becerro y un carnero cada día. (5) Por otra parte, en la ceremonia mosaica de Ex 29, el sacrificio del carnero estaba especialmente vinculado a la institución de los sacerdotes, constituidos en su oficio; aquí, en cambio, se omite ese sacrificio, pues los sacerdotes estaban ya constituidos para su oficio, de manera que el sacrificio por ellos quedaba integrado en los holocaustos.

Pues bien, todas las diferencias esenciales se reducen al hecho de que en Ezequiel falta la unción del altar, y al hecho de que la ofrenda por el pecado de los seis días siguientes queda disminuida, por la selección de un animal inferior, mientras que se intensifica de un modo considerable el holocausto, pues se exige para ello un becerro y un carnero, lo mismo viene indicado por el hecho de la mayor cantidad de sal derramada. Sobre el significado simbólico de estos sacrificios, cf. *Coment.* a Lev 8.

La consagración del altar se completa en siete días, de manera que del octavo día en adelante los sacerdotes tenían que ofrecer sobre ese altar los sacrificios regulados (cf. Ez 43, 27). Por el contrario, conforme a la consagración del tiempo de Moisés, el servicio ya regular de los sacerdotes debía ser inaugurado aún por un sacrificio solemne el día octavo (Lev 8). Estos holocaustos y ofrendas pacíficas se mencionan en Ez 43, 27 *instar omnium*, en lugar de todos los restantes, como los sacrificios principales y más frecuentes, de manera que las ofrendas por el pecado y los sacrificios de comunión estaban implicados en ellos.

2.2. *Ez 44, 1-31. Las diferentes clases del pueblo en el nuevo santuario*

Con la consagración del altar de los holocaustos se abre el camino para que la congregación de Israel pueda aparecer ante el santuario delante del Señor, para servirle con sacrificios. Pero si la nueva casa de Dios había de estar en armonía

Ezequiel 44, 1-3

con la santidad de Dios que allí habitaba era necesario que se dieran aún nuevas directrices sobre la entrada del pueblo en el templo, y sobre la condición de los servidores del altar y del santuario.

Estas directrices aparecen en este nuevo capítulo y tratan, en primer lugar, del puesto que el príncipe debía ocupar en el servicio del templo (44, 1-3); y en segundo lugar de la admisión de los extranjeros y del nombramiento de los levitas y de los sacerdotes para su servicio (44, 4-16); y finalmente trata de las condiciones y requisitos para el oficio de los sacerdotes, con los deberes y privilegios que implica ese oficio (44, 17-31).

44, 1-3. El lugar del príncipe en el santuario

וַיָּ֣שֶׁב אֹתִ֗י דֶּ֛רֶךְ שַׁ֥עַר הַמִּקְדָּ֖שׁ הַחִיצ֑וֹן הַפֹּנֶ֣ה קָדִ֑ים וְה֖וּא סָגֽוּר׃
² וַיֹּ֨אמֶר אֵלַ֜י יְהוָ֗ה הַשַּׁ֤עַר הַזֶּה֙ סָג֣וּר יִהְיֶ֔ה לֹ֥א יִפָּתֵ֖חַ
וְאִ֣ישׁ לֹא־יָ֣בֹא ב֑וֹ כִּ֛י יְהוָ֥ה אֱלֹהֵֽי־יִשְׂרָאֵ֖ל בָּ֣א ב֑וֹ וְהָיָ֥ה סָגֽוּר׃
³ אֶת־הַנָּשִׂ֗יא נָשִׂ֥יא ה֛וּא יֵֽשֶׁב־בּ֥וֹ (לֶאֱכוֹל) [לֶאֱכָל־]לֶ֖חֶם לִפְנֵ֣י
יְהוָ֑ה מִדֶּ֨רֶךְ אֻלָ֤ם הַשַּׁ֙עַר֙ יָב֔וֹא וּמִדַּרְכּ֖וֹ יֵצֵֽא׃

> *¹ Me hizo volver hacia la puerta exterior del santuario, la cual mira hacia el oriente, y estaba cerrada. ² Y me dijo Yahvé: Esta puerta estará cerrada; no se abrirá y no entrará nadie por ella, porque Yahvé, Dios de Israel, entró por ella; estará, por tanto, cerrada. ³ En cuanto al gobernante, por ser el gobernante, él se sentará allí para comer pan delante de Yahvé; por el vestíbulo de la puerta entrará y por ese mismo camino saldrá.*

Desde el atrio interior donde ha recibido las medidas del altar de los holocaustos y las instrucciones relativas a su consagración (Ez 43), Ezequiel es llevado fuera de nuevo, a la puerta oriental del atrio exterior, y encuentra cerrada esta puerta, que formaba la entrada principal al templo. Yahvé explica este hecho diciéndole por medio del ángel (וַיֹּ֨אמֶר ha entenderse en la línea de 43, 6-7) que dice: Esta puerta estará cerrada; no se abrirá y no entrará nadie por ella, porque Yahvé, Dios de Israel, entró por ella (como sabemos ya por 43, 2).

Solo al príncipe en cuanto príncipe se le permite sentarse allí, con el fin de tomar en aquel lugar las comidas sacrificiales. Hasta aquí el sentido de las palabras es claro e indiscutible. No hay duda ninguna de que 44, 3 introduce una declaración más precisa sobre el hecho de que la puerta ha de estar cerrada. Pues bien, el hecho de que al príncipe se le conceda el derecho de sentarse ante la puerta para comer ante Yahvé la comida de los sacerdotes se toma como una explicación o, mejor, como una modificación y limitación de esa declaración anterior, del fin de 44, 2 (וְהָיָ֥ה סָגֽוּר, y estará cerrada).

Por otra parte, la concreción más precisa de la prerrogativa concedida al príncipe en 44, 3 no aparece clara, de manera que está abierta a disputa. Esa prerrogativa está indicada ya en la preeminencia expresamente concedida al príncipe, que consiste en parte en el hecho de que אֶת־הַנָּשִׂיא se escribe primero en forma absoluta, y en parte por el hecho de que la expresión נָשִׂיא הוּא, que se añade en forma de cláusula circunstancial, equivale a "por ser el gobernante o príncipe él que está sentado allí".

נָשִׂיא no significa sumo sacerdote, como suponen muchos comentaristas antiguos, ni es un término colectivo para indicar las autoridades civiles del pueblo de Israel en los tiempos mesiánicos (Hävernick), sino aquel David que será príncipe de Israel en aquel tiempo, conforme a Ez 34, 23-24 y 37, 24.

Para comer pan delante de Yahvé… significa "para tener una comida sacrificial en el lugar de la divina presencia", es decir, en el atrio del templo, y no ha de restringirse, como piensa Kliefoth, a la comida sacrificial "que se debía realizar después y con los sacrificios incruentos", es decir, es decir, con los *minchat* (מִנְחַת), los panes de la proposición y las tortas dulces de la pascua. No se puede probar ese uso del lenguaje para "comer pan", pues la expresión לֶאֱכוֹל לֶחֶם significa en general compartir una comida, cf. Gen 31, 54 etc., y especialmente Ex 18, 12 donde se dice que Jetró "comió delante de Dios" con Aarón y con los ancianos de Israel, es decir, que se juntó con ellos en una comida compuesta de זבחים, es decir, de ofrendas sacrificadas.

Conforme a esta visión, que es la única que responde al uso del lenguaje, la prerrogativa concedida al הַנָּשִׂיא del futuro no será la de "participar en las comidas sacrificiales (de los sacerdotes) que ellos realizaban cada día con מִנְחַת y la de tomar los panes de la proposición…" (Kliefoth), sino simplemente la de realizar sus comidas sacrificiales en la puerta, es decir, en el pórtico de la puerta, mientras que el resto del pueblo tenía que comer en los atrios, es decir, en el entorno de las cocinas para los sacrificios.

Hay también una diferencia de opinión respecto al significado de la segunda afirmación de 44, 3: "por el vestíbulo de la puerta entrará y por ese mismo camino saldrá". El sufijo de מִדַּרְךְּ solo puede referirse al אֻלָם: "Por el camino por el que vino (entró), por ese camino saldrá de nuevo". Hitzig sige a los rabinos, que entienden el pasaje de esta forma: "Como la puerta ha de quedar cerrada, él debe ir por el pórtico que está directamente dentro, hacia el atrio" (40, 9). Eso significa que él debe haber entrado en el atrio exterior a través de la puerta del norte o del sur, y por el camino que entró ha de salir.

Pero Kliefoth contesta que "si el príncipe debía comer su pan en el pórtico, la entrada por el sur o por el norte no le serviría, pues la puerta que debía cerrarse estaba precisamente en el lugar donde él debía comer". Más aún, él afirma que el sentido del texto no es que él tuviera que comer el pan en el pórtico, sino en el edificio de la puerta, de forma que él debía comer allí: מִדֶּרֶךְ אֻלָם הַשַּׁעַר, es decir, por el lugar que servía de camino al pórtico de la puerta (en el edificio de la puerta de la entrada del oriente). Eso significa que el príncipe debía ir al edificio de la puerta de oriente, por la que no pasaba el pueblo, hasta el frente del pórtico, para comer allí ante Yahvé y para salir de nuevo de allí, mientras que el pórtico de la puerta oriental seguía permaneciendo cerrado.

Pero tampoco podemos tomar estas visiones como correctas. El texto no ofrece base para la afirmación de Kliefoth, cuando asegura que el príncipe no debía comer pan en el pórtico, sino en el edificio de la puerta. Ciertamente, el texto no afirma expresamente que el pórtico es el lugar donde debía realizarse la comida, sino que alude simplemente a la puerta de allí (בֹּ).

Ciertamente, el pórtico pertenecía a la puerta, como una parte integral del edificio de la puerta; y si el דֶּרֶךְ אֻלָם es el camino que lleva al pórtico, las palabras "por el camino del pórtico ha de entrar" indican de manera bastante clara que el debía entrar al pórtico y comer allí el pan. Así lo exigen también las circunstancias del lugar, pues el significado de las palabras no podía ser que el príncipe comiera su comida sacrificial en el umbral de la puerta, ni en una de las habitaciones de la guardia, ni en el medio del camino de la puerta… Pues bien, además del pórtico no había en el edificio de la puerta otros lugares que los que acabamos de citar.

Más aún, la afirmación de que la puerta del oeste del edificio del templo tenía que estar cerrada ofrece problemas de interpretación. Pues si el príncipe tenía que celebrar la comida sacrificial detrás de la puerta interior, que estaba cerrada ¿cómo se llevaba la comida ya preparada al edificio de la puerta? ¿Por la puerta de una de las habitaciones de la guardia? Esta suposición no puede reconciliarse con el significado de una comida sacrificial. De hecho, no puede asegurarse qué sentido tiene el comer en el edificio de la puerta, con la puerta interior cerrada, de manera que no sea posible ni siquiera mirar hacia el santuario, en el que Yahvé está entronizado. Parece que eso no podría llamarse en verdad comer לִפְנֵי Yahvé.

La explicación de Hitzig a estas palabras no está expuesta a ninguna de estas dificultades, pero tiene otras distintas. (a) En primer lugar, resulta muy improbable (casi imposible) que al príncipe, que tenía que comer la comida sacrificial en el pórtico de la puerta del oeste, no se le permitiera entrar a través de esa puerta, sino que estuviera obligado a tomar la ruta larga, un gran rodeo, por la puerta sur o norte. (b) Por otro lado, eso no puede conciliarse con la afirmación análoga de Ez 46, pues en 46, 1 se dice que la puerta del oriente del atrio interior debía estar cerrada, pero solo los seis días de la semana, mientras que debía abrirse el sábado y el día de la luna nueva.

Eso significa que el príncipe tenía que entrar de la parte fuera a través de esa puerta, los días de fiesta, esperando allí la preparación de su sacrificio que le debían traer los sacerdotes, colocándose sobre el umbral de la puerta en oración. Lo mismo tenía que suceder cuando el príncipe deseaba ofrecer una ofrenda o sacrificio voluntario en alguno de los días de la semana. La puerta oriental se le debía abrir para este fin; pero después de que terminara la ofrenda del sacrificio se debía cerrar de nuevo, mientras que los días de sábado o de luna nueva permanecía abierta hasta la tarde (así lo indica Ez 46, 12, comparado con 44, 2).

Se añade a lo anterior el hecho de que para ofrecer esos sacrificios el príncipe tenía que entrar por el pórtico de la puerta, y salir de la misma manera (44, 2. 8). En los restantes días, cuando el pueblo venía ante Yahvé, cada uno de los que vienen, lo mismo los sacerdotes que el resto, entran y salen a través de la puerta del norte y del sur (44, 9. 10). Según eso, en los días ordinario, cuando el pueblo se presenta ante Yahvé, el príncipe había de ir al templo en medio de su pueblo, a través de la puerta del norte o del sur, mientras que en aquellos sábados y días de luna nueva, en los que el pueblo no estaba obligado a presentarse ante Yahvé, era el mismo príncipe el que tenía que presentar por sí mismo las ofrendas, las suyas propias y las que ofrecía en nombre del pueblo, de manera que tenía que entrar por la puerta del pórtico de oriente, saliendo de la misma manera. De esa forma, durante la ofrenda del sacrificio, él tenía que mantenerse en pie sobre el umbral de la puerta interior del oriente.

Eso significa que durante los restantes días él debía entrar como los restantes israelitas, a través de la puerta norte o sur. Por eso, solo los sábados y días de luna nueva el sacerdote entraba por la puerta de oriente, pues no había una cuarta puerta para el templo.

La conclusión a la que nos lleva esto, por lo que respecta a nuestro pasaje, es que la puerta del oriente del atrio exterior tenía que estar cerrada, pero que había algunas excepciones que no se explican hasta Ez 46, pero que aquí aparecen apuntadas, en la línea que acabamos de indicar, para los casos en los que el príncipe venía a celebrar su comida sacrificial en esta puerta. La puerta oriental externa del templo, que era probablemente la que más se había utilizado en el templo de Salomón, cuando el pueblo aparecía ante el Señor en el templo antiguo, tanto para entrar como para salir, ha de estar cerrada en el nuevo templo, de manera que el pueblo no la utilice, ni de entrada ni de salida, porque la gloria del Señor había entrado por ella, de forma que se trataba de la puerta del mismo Dios.

Por supuesto, esta razón no ha de entenderse en el sentido sugerido por los rabinos, con el fin de que la Sekiná no saliera del templo, cerrándole para ello la puerta, sino que el pensamiento es otro: Dado que esa puerta había quedado santificada a través de la entrada de la Sekiná en el templo, ella no debía permanecer abierta para el pueblo, no para que no se desacralizara, sino para que se mostrara mejor su santidad perpetua. El mantenimiento de la santidad de la puerta no quedaba perturbado por el hecho de que el príncipe realizara su comida sacrificial en la puerta, ni tampoco por el hecho de que entrara en el atrio a través de esta puerta, con el fin de comer del sacrificio, que los sacerdotes realizaban ante la puerta interior y después lo ofrecían sobre el altar, que estaba junto al umbral del edificio de la puerta interior.

Según eso, דֶּרֶךְ אֵלָם es el camino que lleva de las escaleras exteriores, a lo largo del umbral y por las habitaciones de la guardia hasta el pórtico del final del edificio de la puerta. Por este camino tenía que entrar el rey por la puerta abierta para él, para comer la comida sacrificial en el interior, es decir, en el pórtico de esta puerta. Se supone como algo evidente que la ofrenda del sacrificio precede a la comida, y así lo indica Ez 46 donde se prescribe la manera en que el príncipe ha de comportarse al ofrecer el sacrificio, precisándose incluso la distancia del altar de la que debe mantenerse.

Los preceptos siguientes, relacionados con la aproximación al santuario y con la adoración que ha de realizarse allí están introducidos por una exhortación insistente para observar con exactitud todos los estatutos y las leyes, a fin de que no se pueda repetir la desacralización del santuario que había sucedido en tiempos anteriores. Estos preceptos han sido revelados al profeta en la puerta norte, frente a la manifestación de la gloria de Dios.

44, 4-8. Basta ya de traer extranjeros

⁴ וַיְבִיאֵנִי דֶּרֶךְ־שַׁעַר הַצָּפוֹן אֶל־פְּנֵי הַבַּיִת וָאֵרֶא וְהִנֵּה מָלֵא
כְבוֹד־יְהוָה אֶת־בֵּית יְהוָה וָאֶפֹּל אֶל־פָּנָי׃
⁵ וַיֹּאמֶר אֵלַי יְהוָה בֶּן־אָדָם שִׂים לִבְּךָ וּרְאֵה בְעֵינֶיךָ וּבְאָזְנֶיךָ
שְׁמָע אֵת כָּל־אֲשֶׁר אֲנִי מְדַבֵּר אֹתָךְ לְכָל־חֻקּוֹת בֵּית־יְהוָה
וּלְכָל־(תּוֹרֹתוֹ) [תּוֹרֹתָיו] וְשַׂמְתָּ לִבְּךָ לִמְבוֹא הַבַּיִת בְּכֹל מוֹצָאֵי הַמִּקְדָּשׁ׃
⁶ וְאָמַרְתָּ אֶל־מֶרִי אֶל־בֵּית יִשְׂרָאֵל כֹּה אָמַר אֲדֹנָי יְהוִה
רַב־לָכֶם מִכָּל־תּוֹעֲבוֹתֵיכֶם בֵּית יִשְׂרָאֵל׃
⁷ בַּהֲבִיאֲכֶם בְּנֵי־נֵכָר עַרְלֵי־לֵב וְעַרְלֵי בָשָׂר לִהְיוֹת בְּמִקְדָּשִׁי
לְחַלְּלוֹ אֶת־בֵּיתִי בְּהַקְרִיבְכֶם אֶת־לַחְמִי חֵלֶב וָדָם וַיָּפֵרוּ
אֶת־בְּרִיתִי אֶל כָּל־תּוֹעֲבוֹתֵיכֶם׃
⁸ וְלֹא שְׁמַרְתֶּם מִשְׁמֶרֶת קָדָשָׁי וַתְּשִׂימוּן לְשֹׁמְרֵי מִשְׁמַרְתִּי בְּמִקְדָּשִׁי לָכֶם׃

⁴ Me llevó hacia la puerta del norte por delante de la casa; y miré, y he aquí que la gloria de Yahvé había llenado la casa de Yahvé; y me postré sobre mi rostro. ⁵ Me dijo Yahvé: Hijo de hombre, pon atención, observa con cuidado y escucha atentamente todo lo que hablo contigo sobre todas las ordenanzas de la casa de Yahvé y todas sus leyes. Pon atención a las entradas de la casa y a todas las salidas del santuario.

⁶ Y dirás a los rebeldes, a la casa de Israel: Así ha dicho Yahvé, el Señor: ¡Basta ya de todas vuestras abominaciones, casa de Israel! ⁷ ¡Basta ya de traer extranjeros, incircuncisos de corazón e incircuncisos de carne, para estar en mi santuario y para contaminar mi casa; de ofrecer mi pan, la grasa y la sangre, y de invalidar mi pacto con todas vuestras abominaciones! ⁸ Pues no habéis guardado lo establecido acerca de mis cosas santas, sino que habéis puesto extranjeros como guardas de las ordenanzas en mi santuario.

El nuevo culto del templo

De la puerta exterior, a la que había sido llevado Ezequiel, simplemente para que pudiera ser instruido en lo relacionado con la entrada del príncipe en días especiales, él es conducido de nuevo, por el camino de la puerta del norte, al frente de la casa del templo, para recibir las instrucciones ulteriores sobre la realización del culto de Dios en el nuevo santuario. No se puede responde con certeza sobre la identidad de esa puerta del norte, si es la del atrio exterior o interior. Hitzig piensa que es el atrio interior, Kliefoth que es el exterior.

El lugar al que él es conducido es אֶל־פְּנֵי הַבַּיִת, *ad faciem domus*, delante de la casa del templo, de forma que él la tenga ante sus ojos (es decir, que sea capaz de verla). Como la puerta del atrio interior era de ocho escalones, es decir, unos cuatro codos más alta que la puerta del atrio exterior, esto es apenas posible si él estuviera en o dentro de ese patio exterior

הַבַּיִת, es decir, la casa del templo, solo podía ser vista de un modo preciso desde la puerta norte del atrio interior. Y la objeción de que sería más natural pensar en la puerta exterior norte, porque las cosas que se le han de decir al profeta se refieren a la cuestión de quien ha de entrar y salir del santuario, no tiene mucha fuerza, porque las instrucciones no se refieren solo al entrar y salir, sino especialmente al cuidado de Yahvé, es decir, al mantenimiento de su culto divino.

Al situarse en ese lugar, la gloria del Señor, que había llenado el templo, se presentó de nuevo ante la vista del profeta, de forma que él cayó en tierra y adoró una vez más (cf. Ez 43, 3. 5). Esta observación no quiere indicar que solo ahora, tras las observaciones preliminares de 43, 13-44, 3, comienza la verdadera "torah" o ley (Kliefoth), sino que quiere destacar la gloria y santidad intocable del nuevo templo. Sobre 44, 45 cf. 40, 4; 43, 11-12. En Ez 44, 6, אֶל־מֶרִי se coloca a la cabeza de una forma sustantiva, por razón del énfasis, y אֶל־בֵּית יִשְׂרָאֵל se añade en forma de aposición. Para este mismo hecho, en otra perspectiva, cf. Ez 2, 8.

רַב־לָכֶם, *basta ya*, seguida de mim (מ) indica la suficiencia de algo, como en Ex 9, 28 y 1 Rey 12, 28, y equivale a "ya es demasiado, de manera que debéis desistir de ello…". Las תּוֹעֲבוֹתֵיכֶם de las que deben desistir se definen de un modo más preciso en 44, 6. Ellas consisten en el hecho de que los israelitas admitían extranjeros, paganos, incircuncisos de corazón y de carne, en el santuario, de manera que lo impurificaban durante la celebración del sacrificio. No se afirma expresamente que ellos admitían paganos incircuncisos en el ofrecimiento del sacrificio, pero ello está implicado en lo que se afirma.

El ofrecimiento de sacrificios en el templo de Yahvé, según la ley mosaica, estaba no solo permitido a extranjeros viviendo en Israel, sino que de alguna forma estaba prescrito (Lev 17, 10. 12; Num 15, 13). Solo en la cena pascual no se permitían que participaran los בְּנֵי־נֵכָר (Ex 12m 43), pues para ello se debía estar previamente circuncidado (Ex 12, 44). De un modo consecuente, Salomón pide al Señor el la oración del templo que él oiga la plegaria de los extranjeros que vengan de una tierra distante por causa del nombre del Señor para adorar en su casa (1 Rey 8, 41). Al menos en apariencia la acusación de este pasaje va en contra de lo anterior.

Por eso, Raschi quiere afirmar que estos בְּנֵי־נֵכָר son israelitas que han caído en idolatría. Por otra parte, Rosenmüller tiene la opinión de los israelitas fueron criticados porque ellos habían aceptado *victimas et libamina* (sacrificios y ofrendas) de los paganos, que las habían ofrecido en el templo, aunque ello estaba prohibido por Lev 15, 22. Hävernick piensa por los hijos de los extranjeros era los levitas que habían apostatado de Yahvé y que, por tanto, habían sido colocados por Ezequiel junto a los hijos idólatras de los extranjeros. Finalmente, Hitzig imagina que ellos eran comerciantes extranjeros que habían sido admitidos en los recintos sagrados como vendedores de animales para los sacrificios, con incienso etc.

Todas estas razones son al mismo tiempo arbitrarias y erróneas. La discrepancia aparente desaparece si tenemos en cuenta la definición más precise de esos בְּנֵי־נֵכָר, que son incircuncisos de corazón y de carne. se pone "incircunciso de corazón", con la finalidad de presentar a los paganos a quienes no les falta solo la circuncisión de la carne, sino también la del corazón: Les falta la piedad del corazón, que Salomón menciona en la plegaria como un motivo para que vengan al templo muchos extranjeros lejanos. Pues bien, al admitir en el templo a esos forasteros, que no tenían temor de Dios durante la adoración sacrificial, "Israel ha manchado el santuario".

אֶת־בֵּיתִי está en aposición al sufijo del לְחַלְּלוֹ. La comida de Yahé (אֶת־לַחְמִי) es el sacrificio, según Lev 3, 11; 21, 6 etc. y así se explicita en "la grasa y sangre" (חֵלֶב וָדָם). וַיָּפֵרוּ, que los LXX han cambiado de una forma arbitrario, poniéndolo en segunda persona, se refiere a los extranjeros, los paganos. Por entrar en el templo siendo impíos, ellos han roto la alianza del Señor con su pueblo, al permitir esta profanación de su santuario. אֶל כָּל־תּוֹעֲבוֹתֵיכֶם, en adición a todas vuestras abominaciones.

Ez 44, 8 pone de relieve la gravedad del pecado implicado en esto. Dejando que los injustos e impíos paganos entraran en el santuario, los israelitas no solo han mostrado su falta de reverencia al santuario, sino que han convertido a los mismos paganos en siervos del santuario de Dios, en lugar de serlo ellos. Estas últimas palabras no han de entenderse en sentido literal, sino espiritual. De esa forma se identifican dos cosas: Permitir que los paganos entren en el templo y dejar que ellos tomen a su cargo el culto del templo. Sobre שמר, cf. Lev 18, 30; 22, 9 y el comentario a Lev 8, 35. El Señor impedirá ese tipo de profanación en el futuro. Con ese fin se establecen los siguientes preceptos relacionados con el culto del nuevo templo.

Ez 44, 9-16. Diferencia entre levitas e hijos de Sadoc

⁹ כֹּה־אָמַר אֲדֹנָי יְהוִה כָּל־בֶּן־נֵכָר עֶרֶל לֵב וְעֶרֶל בָּשָׂר לֹא יָבוֹא אֶל־מִקְדָּשִׁי לְכָל־בֶּן־נֵכָר אֲשֶׁר בְּתוֹךְ בְּנֵי יִשְׂרָאֵל׃

El nuevo culto del templo

¹⁰ כִּי אִם־הַלְוִיִּם אֲשֶׁר רָחֲקוּ מֵעָלַי בִּתְעוֹת יִשְׂרָאֵל אֲשֶׁר תָּעוּ מֵעָלַי אַחֲרֵי גִּלּוּלֵיהֶם וְנָשְׂאוּ עֲוֺנָם׃
¹¹ וְהָיוּ בְמִקְדָּשִׁי מְשָׁרְתִים פְּקֻדּוֹת אֶל־שַׁעֲרֵי הַבַּיִת וּמְשָׁרְתִים אֶת־הַבָּיִת הֵמָּה יִשְׁחֲטוּ אֶת־הָעֹלָה וְאֶת־הַזֶּבַח לָעָם וְהֵמָּה יַעַמְדוּ לִפְנֵיהֶם לְשָׁרְתָם׃
¹² יַעַן אֲשֶׁר יְשָׁרְתוּ אוֹתָם לִפְנֵי גִלּוּלֵיהֶם וְהָיוּ לְבֵית־יִשְׂרָאֵל לְמִכְשׁוֹל עָוֺן עַל־כֵּן נָשָׂאתִי יָדִי עֲלֵיהֶם נְאֻם אֲדֹנָי יְהוִה וְנָשְׂאוּ עֲוֺנָם׃
¹³ וְלֹא־יִגְּשׁוּ אֵלַי לְכַהֵן לִי וְלָגֶשֶׁת עַל־כָּל־קָדָשַׁי אֶל־קָדְשֵׁי הַקֳּדָשִׁים וְנָשְׂאוּ כְּלִמָּתָם וְתוֹעֲבוֹתָם אֲשֶׁר עָשׂוּ׃
¹⁴ וְנָתַתִּי אוֹתָם שֹׁמְרֵי מִשְׁמֶרֶת הַבָּיִת לְכֹל עֲבֹדָתוֹ וּלְכֹל אֲשֶׁר יֵעָשֶׂה בּוֹ׃ פ
¹⁵ וְהַכֹּהֲנִים הַלְוִיִּם בְּנֵי צָדוֹק אֲשֶׁר שָׁמְרוּ אֶת־מִשְׁמֶרֶת מִקְדָּשִׁי בִּתְעוֹת בְּנֵי־יִשְׂרָאֵל מֵעָלַי הֵמָּה יִקְרְבוּ אֵלַי לְשָׁרְתֵנִי וְעָמְדוּ לְפָנַי לְהַקְרִיב לִי חֵלֶב וָדָם נְאֻם אֲדֹנָי יְהוִה׃
¹⁶ הֵמָּה יָבֹאוּ אֶל־מִקְדָּשִׁי וְהֵמָּה יִקְרְבוּ אֶל־שֻׁלְחָנִי לְשָׁרְתֵנִי וְשָׁמְרוּ אֶת־מִשְׁמַרְתִּי׃

⁹ *Así ha dicho Yahvé, el Señor: Ningún hijo de extranjero, incircunciso de corazón e incircunciso de carne, entrará en mi santuario, de todos los hijos de extranjeros que están entre los hijos de Israel.* ¹⁰ *Los levitas que se apartaron de mí cuando Israel se alejó de mí, yéndose tras sus ídolos, llevarán su iniquidad.* ¹¹ *Servirán en mi santuario como porteros a las puertas de la casa y sirvientes en la casa. Ellos matarán para el pueblo el holocausto y la víctima, y estarán ante él para servirlo,* ¹² *por cuanto los sirvieron delante de sus ídolos, y fueron a la casa de Israel por tropezadero de maldad.*
Por eso he alzado mi mano y jurado, dice Yahvé, el Señor, que ellos llevarán su iniquidad.
¹³ *No se acercarán a mí para servirme como sacerdotes, ni se acercarán a ninguna de mis cosas santas, a mis cosas santísimas, sino que llevarán su ignominia y las abominaciones que hicieron.* ¹⁴ *Los pondré, pues, por guardas encargados de la custodia de la casa, para todo el servicio de ella y para todo lo que en ella haya de hacerse.*
¹⁵ *Pero los sacerdotes levitas, hijos de Sadoc, que guardaron el ordenamiento del santuario cuando los hijos de Israel se apartaron de mí, ellos se acercarán para ministrar ante mí, y delante de mí estarán para ofrecerme la grasa y la sangre, dice Yahvé, el Señor.*
¹⁶ *Ellos entrarán en mi santuario, se acercarán a mi mesa para servirme y guardarán mis ordenanzas.*

A fin de que toda profanación se mantenga lejos del nuevo santuario, los extranjeros incircuncisos de corazón y de carne no serán admitidos en ese santuario; e incluso los levitas, instituidos para el servicio del santuario conforme a la ley de Moisés, todos los que tomaron parte en la caída del pueblo en la idolatría, han de ser excluidos de la investidura con el oficio de sacerdotes, como castigo por su separación del Señor, de manera que solo se les permitirá realizar deberes subordinados en conexión con el culto de Dios. En contra de eso, los descendientes de Sadok, que se mantuvieron libres de idolatría, han de realizar los servicios específicamente sacerdotales sobre el altar y en el santuario, solo ellos.

El sentido y finalidad de este mandato de cerrar a los extranjeros incircuncisos de corazón todo acceso al santuario no supone que a partir de ahora los extranjeros viviendo en Israel han de perder su lugar social intermedio, porque eso iría en contra de Ez 47, 22-23, texto según el cual los extranjeros (גֵּרִים) iban a recibir una posesión propia en la nueva distribución de la tierra, manteniendo así su continuidad en medio de Israel y garantizándola para el futuro.

El significado de ese texto es más bien el siguiente: Ningún extranjero incircunciso de corazón (es decir, separado en su vida de los mandatos de Dios) tendrá acceso al altar en el nuevo santuario. Aquí se encuentra el énfasis de la prohibición, como en 44, 7, en su in-circuncisión de corazón. Y la razón para la exclusión de estos extranjeros consiste no tanto en el prepucio carnal, sino en el prepucio espiritual, de manera que no solo los paganos incircuncisos, sino también los israelitas circuncidados en la carne pero incircuncisos de corazón debían mantenerse alejados del santuario.

La lamed delante de לְכָל־בֶּן־נֵכָר sirve para delimitar la extensión de un grupo, como en Gen 9, 10; Lev 11, 42 etc. (cf. Ewald, §310a). No solo los extranjeros ajenos a Dios son rechazados de la entrada del santuario, sino también los levitas que han caído en idolatría en el tiempo de la apostasía de Israel. Ellos también han de llevar su culpa, es decir, han de ser castigados, siendo excluidos del derecho al sacerdocio.

Así se vinculan los versos 44, 9 y 10, como indica el כִּי אִם del comienzo de 44, 10, que significa verdaderamente (imo), incluso (como en Is 33, 21). הַלְוִיִּם no son aquí los levitas en cuanto distintos de los sacerdotes (los aaronitas), sino todos los descendientes de Leví, incluidos los aaronitas, escogidos para el oficio sacerdotal, para los que aplica especialmente lo que se dice de los levitas.

Los levitas se dividen en dos grupos: (a) aquellos que son excluidos del servicio y oficio de sacerdotes (לְכַהֵן, como sacerdotes: 44, 13) por razón de su caída anterior en la idolatría; (b) y los hijos de Sadok, que no cayeron en ese pecado, y que por tanto son los únicos que pueden realizar el servicio sacerdotal en el futuro. Esa división muestra que la amenaza (llevarán su culpa) no se aplica a todos los levitas, sino solo a los levitas sacerdotes, que no podrán cumplir ya el oficio sacerdotal, propio de los hijos de Sadok.

Estos levitas, descendientes de los caídos en idolatría serán degradados, para cumplir oficios inferiores en el templo en el culto divino. La culpa de la que se les acusa es el haber abandonado el servicio de Yahvé cuando el pueblo cayó en la idolatría. El abandonar a Yahvé implica una participación pasiva y activa en la idolatría (cf. Jer 2, 5). Este apartarse de Yahvé tuvo lugar durante todo el tiempo en que existió el tabernáculo y el templo de Yahvé, a lo largo de los diferentes períodos de la historia de Israel, aunque con períodos de diversa fuerza y extensión.

Ese "cargar con la culpa" se describe de manera más minuciosa en 44, 11-13. Los sacerdotes levíticos que abandonaron al Señor han de perder la dignidad y derechos del sacerdocio. Ciertamente, no han de ser enteramente privados de las prerrogativas conferidas a la tribu de Leví en virtud de su elección para el servicio del santuario en lugar de los primogénitos de toda la nación, pero de ahora en adelante ellos serán empleados solo en servicios inferiores, como guardas de las puertas del templo y como servidores del pueblo para el culto sacrificial, de forma que tendrán que sacrificar a los animales para el pueblo, algo que cada uno que ofrecía sacrificios podía hacer también por sí mismo. Dado que habían servido al pueblo ante sus ídolos (es decir, les habían ayudado a caer en la idolatría), ellos deberían servir también el pueblo en el futuro, pero no como sacerdotes, sino en ocupaciones y trabajos no sacerdotales.

Las palabras וְהֵמָּה יַעַמְדוּ... están tomadas de Num 16, 9 y los sufijos de נָשָׂאתִי יָדִי se refieren a לָעָם לְמִכְשׁוֹל עָוֹן y לְשָׁרְתָם וְלִפְנֵיהֶם como en 7, 19; 14, 3; 18, 30. עַל־כֵּן, por lo cual he levantado mi mano, no para destruir, sino para jurar, como en Ez 20, 5-6 etc. וְלִגְשֶׁת עַל־כָּל־קָדְשֵׁי, de acercarse a todas mis cosas santas. קדשים no son las paredes del santuario, sino aquellas porciones de los sacrificios que eran santas para Dios. Ellos no pueden tocarlas, ni pueden untar o derramar la sangre en el altar, ni quemar la porción de grasa, ni realizar nada conectado con esto. Esta explicación viene requerida por la aposición אֶל־קָדְשֵׁי הַקֳּדָשִׁים, que (en plural) no significa la parte interior del templo, sino los dones sacrificiales más santos (cf. Ez 42, 13). נשׂא, como en Ez 16, 52.

En Ez 44, 14 se afirma una vez más, de un modo comprensible, en qué consiste el llevar la culpa y vergüenza: Dios hará que esos levitas hijos de culpables sean servidores inferiores en el templo. La expresión general שֹׁמְרֵי מִשְׁמֶרֶת הַבַּיִת, que significa servidores en un sentido general se concretiza y aplica a los servicios inferiores a través de עֲבֹדָתוֹ וּלְכֹל אֲשֶׁר..., que se utiliza en Num 3, 26; 4, 23. 30. 32. 39. 47 para los duros servicios que tienen que ser realizados por los meraritas y los gersonitas a diferencia del servicio (עבדה) de tipo superior de los kohatitas que consistían en שֹׁמְרֵי מִשְׁמֶרֶת הַקֹּדֶשׁ en (Num 3, 28) y en לַעֲשׂוֹת מְלָאכָה (Num 4, 3).

Pues bien, en contra de eso, el alto servicio sacerdotal del altar y del santuario debían realizarlo solo los hijos de Sadok, porque cuando el pueblo se descarrió fueron ellos los que mantuvieron el culto del santuario, es decir, los que realizaron con fidelidad los deberes de su oficio sacerdotal. Sadok era el hijo de Ahitub, de la línea de Eleazar (cf. 1 Cron 5, 34; 6, 37-38), que permaneció fiel al rey David en tiempo de la rebelión de Absalóm (2 Sam 15, 34), y que ungió a Salomón, en oposición a Adonías, el pretendiente (1 ey 1, 32), mientras que el sumo sacerdote Abiatar, de la línea de Itamar, tomó el partido de Adonías (1 Rey 1, 7. 25), siendo depuesto en consecuencia de su oficio por Salomón, de manera que de ahora en adelante el sumo sacerdocio estuvo depositado en manos de Sadok y de sus descendientes (1 Rey 2, 26-27. 35).

Por la actitud de Sadok hacia David, el príncipe elegido por el Señor para su pueblo, se puede ver que él no solo se mantuvo libre de la apostasía del pueblo, sino que se opuso decididamente a ella, y cumplió su oficio de una manera que fue agradable a Dios. Pues bien, así como él recibió el sumo sacerdocio que le concedió Salomón, en lugar de Abiatar, por su fidelidad, así también sus descendientes, solo ellos, recibirán el sumo sacerdocio en el templo que anuncia Ezequiel.

Para la correcta explicación de las palabras de estos versos, debemos fijarnos de un modo especial en esta frase: *que guardaron el ordenamiento del santuario…* Ella indica, por ejemplo, que no basta la descendencia línea de Sadok, sino que se exige también la fidelidad en el servicio del Señor, como requisito indispensable. Ez 44, 15-16 describen el servicio sacerdotal según sus funciones principales, en el altar de los holocaustos y en el lugar santo, en el altar del incienso. שֻׁלְחָנִי es el altar del incienso (cf. 41, 22).

44, 17-31. Obligaciones y privilegios de los sacerdotes

¹⁷ וְהָיָה בְּבוֹאָם אֶל־שַׁעֲרֵי הֶחָצֵר הַפְּנִימִית בִּגְדֵי פִשְׁתִּים יִלְבָּשׁוּ וְלֹא־יַעֲלֶה עֲלֵיהֶם צֶמֶר בְּשָׁרְתָם בְּשַׁעֲרֵי הֶחָצֵר הַפְּנִימִית וָבָיְתָה: ¹⁸ פַּאֲרֵי פִשְׁתִּים יִהְיוּ עַל־רֹאשָׁם וּמִכְנְסֵי פִשְׁתִּים יִהְיוּ עַל־מָתְנֵיהֶם לֹא יַחְגְּרוּ בַּיָּזַע: ¹⁹ וּבְצֵאתָם אֶל־הֶחָצֵר הַחִיצוֹנָה אֶל־הֶחָצֵר הַחִיצוֹנָה אֶל־הָעָם יִפְשְׁטוּ אֶת־בִּגְדֵיהֶם אֲשֶׁר־הֵמָּה מְשָׁרְתִם בָּם וְהִנִּיחוּ אוֹתָם בְּלִשְׁכֹת הַקֹּדֶשׁ וְלָבְשׁוּ בְּגָדִים אֲחֵרִים וְלֹא־יְקַדְּשׁוּ אֶת־הָעָם בְּבִגְדֵיהֶם: ²⁰ וְרֹאשָׁם לֹא יְגַלֵּחוּ וּפֶרַע לֹא יְשַׁלֵּחוּ כָּסוֹם יִכְסְמוּ אֶת־רָאשֵׁיהֶם: ²¹ וְיַיִן לֹא־יִשְׁתּוּ כָּל־כֹּהֵן בְּבוֹאָם אֶל־הֶחָצֵר הַפְּנִימִית: ²² וְאַלְמָנָה וּגְרוּשָׁה לֹא־יִקְחוּ לָהֶם לְנָשִׁים כִּי אִם־בְּתוּלֹת מִזֶּרַע בֵּית יִשְׂרָאֵל וְהָאַלְמָנָה אֲשֶׁר תִּהְיֶה אַלְמָנָה מִכֹּהֵן יִקָּחוּ: ²³ וְאֶת־עַמִּי יוֹרוּ בֵּין קֹדֶשׁ לְחֹל וּבֵין־טָמֵא לְטָהוֹר יוֹדִעֻם: ²⁴ וְעַל־רִיב הֵמָּה יַעַמְדוּ (לשפט) [לְמִשְׁפָּט] בְּמִשְׁפָּטַי (וּשְׁפָטֻהוּ) [יִשְׁפְּטוּהוּ] וְאֶת־תּוֹרֹתַי וְאֶת־חֻקֹּתַי בְּכָל־מוֹעֲדַי יִשְׁמֹרוּ וְאֶת־שַׁבְּתוֹתַי יְקַדֵּשׁוּ: ²⁵ וְאֶל־מֵת אָדָם לֹא יָבוֹא לְטָמְאָה כִּי אִם־לְאָב וּלְאֵם וּלְבֵן וּלְבַת לְאָח וּלְאָחוֹת אֲשֶׁר־לֹא־הָיְתָה לְאִישׁ יִטַּמָּאוּ: ²⁶ וְאַחֲרֵי טָהֳרָתוֹ שִׁבְעַת יָמִים יִסְפְּרוּ־לוֹ: ²⁷ וּבְיוֹם בֹּאוֹ אֶל־הַקֹּדֶשׁ אֶל־הֶחָצֵר הַפְּנִימִית לְשָׁרֵת בַּקֹּדֶשׁ יַקְרִיב חַטָּאתוֹ נְאֻם אֲדֹנָי יְהוִה: ²⁸ וְהָיְתָה לָהֶם לְנַחֲלָה אֲנִי נַחֲלָתָם וַאֲחֻזָּה לֹא־תִתְּנוּ לָהֶם בְּיִשְׂרָאֵל אֲנִי אֲחֻזָּתָם: ²⁹ הַמִּנְחָה וְהַחַטָּאת וְהָאָשָׁם הֵמָּה יֹאכְלוּם וְכָל־חֵרֶם בְּיִשְׂרָאֵל לָהֶם יִהְיֶה: ³⁰ וְרֵאשִׁית כָּל־בִּכּוּרֵי כֹל וְכָל־תְּרוּמַת כֹּל מִכֹּל תְּרוּמוֹתֵיכֶם לַכֹּהֲנִים יִהְיֶה וְרֵאשִׁית עֲרִסוֹתֵיכֶם תִּתְּנוּ לַכֹּהֵן לְהָנִיחַ בְּרָכָה אֶל־בֵּיתֶךָ: ³¹ כָּל־נְבֵלָה וּטְרֵפָה מִן־הָעוֹף וּמִן־הַבְּהֵמָה לֹא יֹאכְלוּ הַכֹּהֲנִים: פ

¹⁷ Cuando entren por las puertas del atrio interior, se vestirán con vestiduras de lino; no llevarán sobre ellos cosa de lana cuando ministren en las puertas del atrio interior y dentro de la casa. ¹⁸ Turbantes de lino tendrán sobre sus cabezas, y llevarán calzoncillos de lino sobre sus caderas. No se ceñirán nada que los haga sudar. ¹⁹ Cuando salgan al

atrio exterior, al atrio de afuera, al pueblo, se quitarán las vestiduras con que ministraron, las dejarán en las cámaras del santuario y se pondrán otros vestidos, para no santificar al pueblo con sus vestiduras.
[20] No se raparán la cabeza ni se dejarán crecer el cabello; solamente lo recortarán. [21] Ninguno de los sacerdotes beberá vino cuando haya de entrar en el atrio interior. [22] Ni viuda ni repudiada tomará por mujer, sino que tomará una virgen del linaje de la casa de Israel, o una viuda que sea viuda de un sacerdote.
[23] Enseñarán a mi pueblo a hacer diferencia entre lo santo y lo profano, y los enseñarán a discernir entre lo puro y lo impuro. [24] En los casos de pleito, ellos estarán para juzgar, y conforme a mis juicios juzgarán. Mis leyes y mis decretos guardarán en todas mis fiestas solemnes, y santificarán mis sábados.
[25] No se acercarán a un hombre muerto, para no contaminarse; aunque por padre o madre, hijo o hija, hermano o hermana que no haya tenido marido, sí podrán contaminarse. [26] Después de su purificación, le contarán siete días. [27] Y el día que entre al santuario, en el atrio interior, para ministrar en el santuario, ofrecerá su expiación, dice Yahvé, el Señor.
[28] Habrá para ellos heredad: yo seré su heredad. No les daréis propiedad en Israel: yo soy su propiedad. [29] De la ofrenda, la expiación y el sacrificio por el pecado comerán. Toda cosa consagrada en Israel será de ellos. [30] Y las primicias de todos los primeros frutos de todo, y toda ofrenda de todo lo que se presente de todas vuestras ofrendas, será de los sacerdotes; asimismo daréis al sacerdote las primicias de todo cuanto amaséis, para que repose la bendición en vuestras casas. [31] Ninguna cosa mortecina o desgarrada, ya sea de aves o de bestias, comerán los sacerdotes.

A las directrices anteriores sobre quiénes debían realizar los servicios en el nuevo templo, se le añaden aquí unas instrucciones concernientes a las condiciones corporales en las que han de realizarse estos servicios, pues el modo corporal de actuar refleja el estado del alma o la constitución espiritual de los servidores de Dios. Éste es el significado de la vestimenta que han de llevar los sacerdotes durante el santo servicio que realizan según Ex 28. Aquí se presupone esa misma norma, que se renueva y enfatiza parcialmente, con la enumeración de algunos puntos principales. En su servicio ante el altar y en el lugar santo, los sacerdotes han de llevar vestidos de lino, y después de realizar los servicios han de quitárselos de nuevo, cuando salen al atrio exterior (44, 17-19).

En la ley mosaica, se mencionan שש, el *bysus* blanco (un tipo de seda marina) y el בד, que es también lino blanco, como material utilizado para la vestidura de los sacerdotes (Ex 28, 39. 42). En Ezequiel, el material se designa de un modo más preciso como פִּשְׁתִּים, lino vegetal, mientras que se prohíbe el צֶמֶר o lana animal, dando como razón el hecho de que los sacerdotes no pueden llevar nada que les haga sudar, pues el sudor se toma como impureza, y los sacerdotes deben mantener sus cuerpos limpios, mostrando así por fuera que ellos son limpios y sin mancha por dentro.

En relación al ponerse o quitarse los vestidos oficiales, esta nueva torah" concuerda con la mosaica, de manera que no podemos compartir la opinión de Kliefoth que encuentra una desviación en el hecho de que, según Ex 28, 34, los sacerdotes debían llevar los vestidos oficiales solo cuando entraban en el tabernáculo y se aproximaban al altar, y según Lev 6, 4. 23 debían quitárselos cuando su servicio había terminado; pues bien, a diferencia de eso, Ez 44, 17 afirma que los sacerdotes se ponían los vestidos oficiales cuando entraban en el atrio interior, de manera que nunca aparecían ante el pueblo con el vestido oficial.

Pero si leemos bien los textos, no hay tal desviación, pues, conforme a la ley de Moisés, los sacerdotes tenían que ir ante el altar de los holocaustos, en el atrio, con su santa vestidura oficial y no de otra manera, y eso significa que ellos deberían haberse vestido con ella al entrar en el atrio, pues no podían esperar para cambiarse cuando llegaran delante del altar.

La expresión הַחִיצוֹנָה אֶל־הֶחָצֵר הַחִיצוֹנָה אֶל־הָעָם (cuando salgan al atrio exterior, al pueblo…) implica que ellos no aparecían ante el pueblo con su vestido sagrado de culto; y las palabras וְלֹא־יְקַדְּשׁוּ (y no santificarán al pueblo…) no significa que no han de santificar al pueblo, sino solo que no han de hacerlo con estos vestidos sagrados de culto. Esas palabras significan solo que los sacerdotes no debían mezclarse con el pueblo en el atrio exterior llevando sus vestiduras sacerdotales, a fin de no santificarles con esos santos vestidos. En este caso, el hecho de santificar solo puede entenderse en el sentido en que se utiliza en la Ley, cuando se dice que tocar los santos sacrificios o la carne sacrificada santifica… (cf. Lev 6, 11. 20). Así lo repite Ez 46, 20.

Ésta no es una visión aislada, que aparece solo aquí, sino que ella se afirma también en Ex 29, 37; 30, 20, en relación con el altar de los holocaustos y con los vasos sagrados del santuario, pues allí se afirma que la santidad de los vasos sagrados pasa a las personas que los tocan. Y eso mismo es lo que se supone aquí de los vestidos sagrados de los sacerdotes. Por eso se prohíbe que ellos se muevan entre el pueblo con sus vestidos sagrados, pues la santidad que pasa a las personas por el contacto con las cosas santas hace que ellas sean también santas y tengan que evitar toda impureza. Según eso, las personas así santificadas (en su estado de santidad) tienen que evitar todas las relaciones ordinarias con las personas o cosas no santificadas… a no ser que se terminara debilitando o destruyendo toda distinción entre las cosas santas y profanas. Las לִשְׁכֹת הַקֹּדֶשׁ son las celdas santas descritas en Ez 42, 1-14.

A las vestiduras se añade simplemente en 44, 20 la norma sobre el cabello de la cabeza, en relación a lo cual se indica que deben evitarse dos excesos: afeitarse del todo la cabeza, o llevar el cabello sin cortarlo. Ambas cosas se prohíben a los sacerdotes en la Ley: Afeitarse el pelo en Lev 21, 5 y dejar crecer libremente el pelo en Lev 10, 6, aunque eso último se impone a los nazireos durante el período de su voto (Num 6, 5). La palabra כָּסֹם aparece solo aquí, pero su significado (cortarse el cabello) es obvio por el contexto.

Ez 44, 21. La prohibición de beber vino durante el tiempo de cumplimiento del servicio sacerdotal concuerda con Lev 10, 9. Por otra parte, las instrucción relacionadas con la elección de mujeres quedan endurecidas en 44, 22, donde se aplica a todos los sacerdotes lo que en la ley de manda solo para los sumos sacerdotes. De hecho, en conjunto, Ezequiel no distingue entre el sumo sacerdote y los sacerdotes ordinarios.

En Lev 21, 44 el casarse con una viuda solo se le prohíbe al sumo sacerdote, que además tenía que casarse con una virgen de su propio pueblo, sin que esa prohibición se extendiera a los sacerdotes ordinarios. Aquí, por el contrario, se les prohíbe casarse con viudas a todos los sacerdotes, y solo se le permite el casamiento con viudas de sacerdotes. מִכֹּהֵן pertenece a תִּהְיֶה, a la que ha sido viuda de un sacerdote[65].

Ez 44, 23-24 menciona los deberes oficiales de los sacerdotes, en sentido general: enseñar al pueblo e instruirle en lo tocante a la diferencia entre lo santo y lo no santo, lo limpio y lo impuro (como en Lev 10, 10; cf. Dt 33, 10 y Ez 22, 26); también administrar justicia en cuestiones disputadas conforme a los derechos de Dios, un deber que se había atribuido ya a los sacerdotes en su nivel más alto, en Dt 17, 8; 19, 17 y 21, 5. וְעַל־רִיב significa y en los casos de pleito o disputa. יַעֲמְדוּ, se establecerán para juzgar (comparar con הֶעֱמִיד יְהוֹשָׁפָט מִן־הַלְוִיִּם, nombrar o instituir jueces, en 2 Cron 19, 8).

El *keré* לְמִשְׁפָּט es una enmienda innecesaria, según 2 Cron 19, 8. El *qetiv* וּשְׁפָטֻהוּ es por otra parte un error del copista, en lugar de יִשְׁפְּטוּהוּ. Finalmente, en todas las fiestas, ellos han de observar las leyes y los estatutos de Yahvé, es decir, han de realizar todos los deberes sacerdotales vinculados a las fiestas, santificando los sábados no solo por la ofrenda de los sacrificios sabáticos, sino también manteniendo el reposo sabático (cf. Lev 23, 3).

En 44, 25-27 siguen regulaciones relacionadas con la impureza vinculada con los muertos, y sobre la manera de removerla. 44, 25 es una simple repetición de Lev 21, 1-3. Pero las instrucciones relacionadas con la purificación que va unida a la impureza por el contacto con los muertos han sido intensificadas, de manera que no solo se prescribe la purificación prescrita por la ley (Num 19, 1), que duraba siete días (a esto alude טָהֳרָתוֹ), sino que se requiere un período posterior de siete días, a cuyo final resulta necesaria la presentación de una ofrenda por el pecado, antes de que los sacerdotes puedan retomar el servicio en el santuario.

---

65. Los rabinos en general (Targum, Talmud y Masora, desde sus perspectivas) han tendido a olvidar esta distinction, aplicando el primer hemistiquio solo al Sumo Sacerdote y explicando así el segundo: "El sacerdote puede tomar a la que es realmente viuda (interpretando מִכֹּהֵן como *quidam sacerdotum, or aliqui ex ordine sacerdotali o ceteri sacerdotes*: es decir, como algún sacerdote, alguien del orden sacerdotal, los restantes sacerdotes). Pero esta interpretación es contraria al uso del lenguaje, pues מִכֹּהֵן no puede entenderse aquí en sentido partitivo, pues aquí se habla de los sacerdotes en general, como indica el mismo plural que sigue: יִקָּחוּ.

Pero, junto a esta exigencia de una purificación más exigente, Ezequiel permite e iguala de un modo tolerable la impureza por el contacto con un cadáver, que había sido prohibida al sumo sacerdote en la ley mosaica, incluso para el padre y la madre (cf. Lev 21, 11).

Para estos deberes y obligaciones de su servicio, los sacerdotes han de recibir los emolumentos correspondientes. De esto trata Ez 44, 28-31. Ciertamente, ellos no han de recibir una parte en la herencia de la tierra como propiedad, en los tiempos futuros como en los anteriores. Pero, en lugar de eso, Yahvé será su herencia y su posesión, y les dará espacio suficiente para habitar en su propia propiedad en la tierra (Ez 45, 4), haciendo que puedan mantenerse de su altar (Ez 44, 29-30).

La promesa de que Yahvé será la נַחֲלָה y la אֲחֻזָּה de los sacerdotes constituye una simple repetición de las regulaciones de la Ley (Num 18, 20; Dt 18, 1; 19, 9). Por lo que toca a la construcción de 44, 28, las palabras אֲנִי נַחֲלָתָם son realmente el sujeto de וְהָיְתָה לָהֶם לְנַחֲלָה, palabras que estamos obligados a traducir de un modo reversivo: "La herencia para ellos seré yo, yo seré su herencia".

Por su parte, la propuesta de Hitzig, que quiere tomar las palabras desde אֲנִי נַחֲלָתָם hasta la conclusión del versículo 28 como un paréntesis, mirando הַמִּנְחָה de 44, 29 como sujeto de וְהָיְתָה es insostenible, no solo por la gran dureza verbal que implicaría un paréntesis como ese, sino principalmente porque esas porciones de los sacrificios y ofendas que pertenecían a los sacerdotes no eran una נַחֲלָה y nunca se han designado como נַחֲלָה, herencia, es decir, como propiedad de la tierra.

Ez 44, 28 trata de la propiedad de la tierra, que Dios asignó a los levitas y sacerdotes bajo la economía mosaica, concediéndoles ciudades para habitar en ellas, con pastizales para su ganadería, dentro del territorio de otras tribus; pero ahora Dios asignaría a los sacerdotes lugares especiales de tierra para el santuario, de manera que ellos pudieran así mantenerse. Solo a partir de 44, 29-30 se habla de los medios para el mantenimiento de los sacerdotes, que deben alimentarse con los sacrificios y las primicias y los primeros frutos que Israel había de pagar a Yahvé como Señor de la tierra, de forma que esos dones pasaban a manos de los sacerdotes, servidores de Dios.

Sobre la participación de los sacerdotes en las ofrendas de carne, las ofrendas por el pecado y las ofrendas por las diversas culpa, cf. Lev 2, 3; 6, 9. 19; Lev 7, 6-7. Para las cosas a las que se impone una prohibición, cf. Lev 27, 21. Sobre los primeros frutos: Ex 23, 19; 34, 19. Para los וְרֵאשִׁית כָּל־בִּכּוּרֵי cf. Num 15, 20-21.

A través de לְהָנִיחַ (que la bendición repose sobre tu casa) Ezequiel se dirige al individuo israelita. Sobre el hecho mismo cf. Mal 3, 10. A la enumeración de los medios de ayuda se añade en 44, 31 una repetición enfática del mandato de Lev 22, 8, de no comer de ninguna cosa muerta (es decir, de nada que haya muerto de muerte natural), ni comer ninguna cosa estrangulada, sea de pájaros o bestias, pues ello es causa de impureza (Lev 17, 15).

2.3. Ez 45, 1-17. Impuesto de la tierra y ofrendas principales del pueblo

A la determinación de los medio de vida de los sacerdotes le sigue todavía una explicación de la manera en que Yahvé será su herencia y posesión. De esa manera se asigna a los sacerdotes y levitas aquella porción de tierra que ellos necesitan para morar en ella. Esto se logra separando una porción de tierra, para que sea propiedad inmediata del mismo Dios, para su santuario y para sus siervos, y para la capital cuando se divida la tierra entre las tribus de Israel (Ez 45, 1-8). A los dos lados de este dominio, el príncipe recibirá también una posesión de la tierra, para que los príncipes de futuro no exploten al pueblo con sus impuestos. De esa manera cesará todo lo que es injusto, y el pueblo pagará algunas ofrendas de animales para los sacrificios particulares del príncipe (45, 13-17).

45, 1-8. El santo impuesto de la tierra

¹וּבְהַפִּילְכֶם אֶת־הָאָרֶץ בְּנַחֲלָה תָּרִימוּ תְרוּמָה לַיהוָה קֹדֶשׁ
מִן־הָאָרֶץ אֹרֶךְ חֲמִשָּׁה וְעֶשְׂרִים אֶלֶף אֹרֶךְ וְרֹחַב עֲשָׂרָה
אֲלָפִים קֹדֶשׁ־הוּא בְכָל־גְּבוּלָהּ סָבִיב׃
²יִהְיֶה מִזֶּה אֶל־הַקֹּדֶשׁ חֲמֵשׁ מֵאוֹת בַּחֲמֵשׁ מֵאוֹת מְרֻבָּע
סָבִיב וַחֲמִשִּׁים אַמָּה מִגְרָשׁ לוֹ סָבִיב׃
³וּמִן־הַמִּדָּה הַזֹּאת תָּמוֹד אֹרֶךְ (חֲמֵשׁ) [חֲמִשָּׁה] וְעֶשְׂרִים אֶלֶף
וְרֹחַב עֲשֶׂרֶת אֲלָפִים וּבוֹ־יִהְיֶה הַמִּקְדָּשׁ קֹדֶשׁ קָדָשִׁים׃
⁴קֹדֶשׁ מִן־הָאָרֶץ הוּא לַכֹּהֲנִים מְשָׁרְתֵי הַמִּקְדָּשׁ יִהְיֶה
הַקְּרֵבִים לְשָׁרֵת אֶת־יְהוָה וְהָיָה לָהֶם מָקוֹם לְבָתִּים וּמִקְדָּשׁ לַמִּקְדָּשׁ׃
⁵וַחֲמִשָּׁה וְעֶשְׂרִים אֶלֶף אֹרֶךְ וַעֲשֶׂרֶת אֲלָפִים רֹחַב (יִהְיֶה)
[וְהָיָה] לַלְוִיִּם מְשָׁרְתֵי הַבַּיִת לָהֶם לַאֲחֻזָּה עֶשְׂרִים לְשָׁכֹת׃
⁶וַאֲחֻזַּת הָעִיר תִּתְּנוּ חֲמֵשֶׁת אֲלָפִים רֹחַב וְאֹרֶךְ חֲמִשָּׁה
וְעֶשְׂרִים אֶלֶף לְעֻמַּת תְּרוּמַת הַקֹּדֶשׁ לְכָל־בֵּית יִשְׂרָאֵל יִהְיֶה׃
⁷וְלַנָּשִׂיא מִזֶּה וּמִזֶּה לִתְרוּמַת הַקֹּדֶשׁ וְלַאֲחֻזַּת הָעִיר אֶל־פְּנֵי
תְרוּמַת־הַקֹּדֶשׁ וְאֶל־פְּנֵי אֲחֻזַּת הָעִיר מִפְּאַת־יָם יָמָּה
וּמִפְּאַת־קֵדְמָה קָדִימָה וְאֹרֶךְ לְעֻמּוֹת אַחַד הַחֲלָקִים מִגְּבוּל יָם אֶל־גְּבוּל קָדִימָה׃
⁸לָאָרֶץ יִהְיֶה־לּוֹ לַאֲחֻזָּה בְּיִשְׂרָאֵל וְלֹא־יוֹנוּ עוֹד נְשִׂיאַי
אֶת־עַמִּי וְהָאָרֶץ יִתְּנוּ לְבֵית־יִשְׂרָאֵל לְשִׁבְטֵיהֶם׃ ס

¹ *Cuando repartáis por suertes la tierra en heredad, apartaréis para Yahvé una porción que le consagraréis en la tierra: será de veinticinco mil cañas de longitud y diez mil de anchura. Este territorio, en todo su contorno, será santificado.* ² *De esto será para el santuario un cuadrado de quinientas cañas de longitud y quinientas de anchura, rodeado de cincuenta codos para sus ejidos.* ³ *De esta medida medirás en longitud veinticinco mil cañas y en anchura diez mil. Allí estará el santuario y el lugar santísimo.*

⁴ *Lo consagrado de esta tierra será para los sacerdotes, ministros del santuario, que se acercan para ministrar a Yahvé. Y servirá de lugar para sus casas y como recinto sagrado*

para el santuario. ⁵ *Asimismo medirás veinticinco mil cañas de longitud y diez mil de anchura, que será para los levitas ministros de la casa, como posesión para sí, con veinte cámaras.*
⁶ *Para propiedad de la ciudad señalaréis un terreno de cinco mil de anchura y veinticinco mil de longitud, delante de lo que se apartó para el santuario. Esto será para toda la casa de Israel.*
⁷ *Y la parte del gobernante estará junto a lo que se apartó para el santuario, a uno y otro lado, y junto a la propiedad de la ciudad, delante de lo que se apartó para el santuario y delante de la propiedad de la ciudad, desde el extremo occidental hasta el extremo oriental, y la longitud será desde el límite occidental hasta el límite oriental.* ⁸ *Esta tierra tendrá como propiedad en Israel, y nunca más mis gobernantes oprimirán a mi pueblo; y darán la tierra a la casa de Israel conforme a sus tribus.*

El dominio que se separa primero de la tierra en el tiempo de su distribución entre las tribus se llama תְּרוּמָה, *terumah*, *lo elevado*, no en el sentido general de levantar o tomar una porción del todo, sino como una porción elevada o tomada por una persona como su propiedad, como ofrenda para Dios. תְּרוּמָה viene de הרים, que significa en el caso de la *minchá* u ofrenda una porción que era quemada sobre el altar como אזכרה para Yahvé (cf. *Coment* sobre Lev 2, 9). De un modo consecuente, cualquier cosa que era ofrecida por los israelitas, de un modo voluntario o como consecuencia de un mandato del Señor, para la erección y mantenimiento del santuario y de sus servidores, se llamaba תְּרוּמָה (cf. Ex 25, 2; Ez 30, 15; Lev 7, 14 Num 15, 19, etc.).

Aquí solo se dan las instrucciones más importantes relacionadas con la distribución de la tierra, y se repiten en 48, 8-12, en la sección dedicada a la división de la tierra, donde se extienden un poco. Las palabras introductorias "cuando repartáis por suertes la tierra en heredad..." están evocando eso. (Cf. imagen 5, mapa de Canaán). הַפִּיל (y גּוֹרָל) es echar lotes, dividir por lotes una tierra (cf. Jos 13 6). מִן ha vincularse estrechamente a קדש, como hemos visto en 45, 4.

En los números mencionados no se ofrece la unidad de medida. Pero es evidente que no se trata de codos, como piensa Böttcher, Hitzig y otros, sino de cañas, en parte por una comparación de 45, 2 con 42, 6 (donde el espacio del santuario del que allí se habla diciendo que ocupa 500 cañas cuadradas, se describe también aquí aludiendo a quinientas cañas cuadradas), y en parte porque el espacio abierto en torno al santuario queda fijado en cincuenta codos, y en ese caso se añade אמה, porque las cañas no tienen allí sentido en conexión con otros números.

La corrección de esta medida en cañas (o varas), que compartimos con Jerónimo y Raschi, no puede ser refutada apelando a la magnitud excesiva del un τέμενος de 25.000 cañas en longitud y diez mil en anchura, porque como veremos en Ez 48 estas medidas responden a la circunstancia de medir la tierra en cañas, no en codos. La אֹרֶךְ, antes y después del número resulta pleonástica; en cuanto a la longitud veinticinco mil cañas en longitud... La longitud es aquí la medida que va del este al oeste, y la anchura la que va de norte a ser, como vemos con toda claridad en 48, 10. Aquí no se tiene en cuenta la longitud y anchura natural de la tierra, y la extensión mayor se mide como longitud y la menor se mide como anchura.

La expresión וְעֶשְׂרִים אֶלֶף es significativa, pues וַעֲשֶׂרֶת אֲלָפִים se emplea sin cesar, no solo en 45, 3. 5 sino también en 48, 9-10. 13. 18. Los LXX tienen εἴκοσι χιλιάδας, veinte mil de anchura. Esta lectura resulta más correcta que la masorética, y así lo exige Ez 45, 3. 5. Según 45, 1 se median 25.000 cañas en longitud y 10.000 para el santuario y para la tierra de los sacerdotes. Y según 45, 5, los levitas tenían que recibir 25.000 cañas en longitud y 10.000 en anchura, como posesión.

La primera frase de 45, 3 resulta ininteligible si se da la anchura de la santa *terumah* en 45, 1, pues no se puede sacar de un área de 25.000 y 10.000 otro espacio igual de la misma longitud y anchura. Por otra parte, 45, 1 requiere la lectura וְעֶשְׂרִים אֶלֶף, pues la santa *terumah* no es solo la porción de tierra separada para el santuario y para la tierra de los sacerdotes, sino también aquello que se ha separado para los levitas.

Según Ez 48, 14, esto era también "santo para Yahvé", mientras que la porción medida fuera de la ciudad era "común" (48, 15). Eso queda claro porque en este capítulo el dominio reservado para la ciudad se distingue de la tierra de los sacerdotes y levitas con la palabra תִּתְּנוּ (45, 6), mientras que la descripción de las dimensiones de la tierra de los levitas en 45, 5 está estrechamente conectada con la de la tierra de los sacerdotes. Más aún, en 45, 7, en la descripción de la tierra del príncipe, se hace referencia solo a la santa *terumah* y a la posesión de la tierra, con lo cual se supone que la tierra de los levitas está incluida en la santa *terumah*.

De un modo consiguiente, *45, 1* trata de toda la אֶת־הָאָרֶץ תְּרוּמָה, es decir, de la tierra de los sacerdote y levitas que era de 25.000 cañas de largo y 20.000 de ancho. Esto se designa en la última frase del verso como una santa porción, en toda su circunferencia, y después se divide en dos porciones (45, 2 y 45, 3).

Ez 45, 2. De esto (מִזֶּה, del área medida en Ez 45, 1) han de emplearse para el santo dominio del templo quinientas cañas cuadradas, el terreno medido en 42, 15-20, en torno al templo, para establecer así una separación entre lo santo y lo común. Y en torno a este terreno ha de haber un מִגְרָשׁ espacio de cincuenta codos a cada lados, para que las habitaciones o casas de los sacerdotes no se construyan demasiado cerca del santo cuadrado del templo.

En 45, 3, הַמִּדָּה, esta medida (es decir, esta parte de tierra medida) se refiere también a 45, 1 y וּמִן no puede tomarse en otro sentido que en el de מִזֶּה (45, 2). De toda la extensión de la tierra medida en 45, 1 ha de medirse una porción de 25.000 cañas de longitud y 10000 de anchura, donde ha de elevarse el santuario, es decir, el templo con sus atrios, como santo de los santos. Este dominio, en medio del cual se alzaba el templo, pertenecía a los sacerdotes, como porción santificada de la tierra, como lugar o espacio para sus casas, y ha de estar al servicio del santuario, es decir, del templo.

Ez 45, 5. Una porción igual de grande ha de ser medida para los levitas, como servidores del templo, para su posesión. El keré וְהָיָה está formado según el ejemplo de והיה, de Ez 45, 4, y el qetub יִהְיֶה es sin duda correcto. Hay gran dificultad en las últimas palabras del verso עֶשְׂרִים לְשָׁכֹת, *como posesión para ellos veinte habitaciones*, palabras que los LXX traducen: αὐτοῖς εἰς κατάσχεσιν πόλεις τοῦ κατοικεῖν (a ellos para habitar, ciudades como morada). Esto significa que los LXX han debido partir de un texto hebreo que dijera: ערים לְשָׁכֹת. La lectura actual del texto (עֶשְׂרִים לְשָׁכֹת) no puede ofrecernos ningún sentido aceptable, ni siquiera tomando los cambios que propone Rosenmüller, en contra del sentido del texto cuando dice *cum viginti cubiculis* (con veinte habitaciones) y entiende las לְשָׁכֹת como amplios edificios de habitaciones.

Tampoco podemos pensar que esas veinte celdas han de estar conectadas con la treinta celdas del atrio exterior, cerca de los edificios de la puerta (Ez 40, 17-18), porque esas habitaciones, aunque estaban reservadas para los levitas durante sus servicios en el templo no estaban conectadas en modo alguno con la santa *terumah* de la que se habla aquí.

Hävernick piensa que esas 20 habitaciones son las celdas de los sacerdotes en el santuario y los lugares de habitación de los levitas durante su servicio, que se situaban al exterior del santuario… Pues bien, no hay la más mínima posibilidad de que esta conjetura sea acertada. Según eso no tenemos más remedio que reconocer que el texto se encuentra corrompido, y alterar עֶשְׂרִים לְשָׁכֹת poniendo en su lugar לערים לְשָׁכֹת como propone Hitzig (cf. Num 35, 2-3; Jos 21, 2) o tomar שְׁרִים ע como una equivocación, de manera que se debe poner en su lugar שערים, como posesión para ellos, *para habitar en sus puertas* (siguiendo el uso frecuente de שְׁרִים ע, puertas, en vez de de ciudades (ערים). En esa línea se utiliza la frase común: "Los levitas que habitan en tus puertas" (=ciudades: Dt 12, 18; 14, 27; 16, 11; cf. Ex 20, 10; Dt 5, 14 etc.). En ese caso, la lectura defectuosa habría surgido por la transposición de עש en שע, y por el cambio de la ב en כ.

Además de la santa *terumah* para el santuario, para los sacerdotes y los levitas, hay que separar también una extensión de 25.000 cañas de largo y 5.000 de anchura como propiedad de la ciudad, es decir, de la capital. Se trata de la לְעֻמַּת, que corre paralela a su lado más largo, que se mantenía aparte para la ciudad, que pertenecía a todo Israel, y no a una tribu particular. Las directrices más concretas relacionadas con esto, y con la situación de toda la *terumah* en la tierra no se dan hasta 48, 8-22.

Aquí, en este capítulo, esa tierra se mantiene simplemente en conexión con los privilegios que iban a gozar los siervos y de su santuario. Esto incluía en un cierto sentido también la propiedad asignada al príncipe en 45, 7, como cabeza de la nación, en quién recaía la responsabilidad de proveer para los sacrificios por la nación y que, además de eso, necesitaba una porción de tierra que fuera de su propiedad, en concordancia con su rango.

A los sacerdotes se les daba según eso, como propiedad suya (el verbo תִּתְּנוּ ha de ser suplido antes de לַנָּשִׂיא desde de 45, 6) la tierra que estaba al lado de de la *terumah* y de la posesión de la ciudad y aquella que está en frente (אֶל פְּנֵי) de esas dos parcelas, vinculándose a ellas, extendiéndose a sus fronteras, מִפְּאַת־יָם, "desde" (es decir, conforme a nuestra visión "sobre") la parte del occidente, hacia el occidente, esto es, la tierra que se hallaba en la fronteras de la parte este y oeste de la santa *terumah* y del dominio de la ciudad; ésta es la tierra que mira, por un lado, hacia el oeste (hasta el mar Mediterráneo) y por otro hacia hasta el este (hasta el río Jordán), mar y río que son las dos fronteras de la tierra de Canaán.

La definición siguiente (וְאֹרֶךְ לְעֻמּוֹת) no es totalmente clara. Pero el significado de estas palabras es que la longitud de las porciones de tierra que han de darse al príncipe al este y al oeste de la *terumah* han de ser iguales a la longitud de una de las porciones de las tribus. En toda esta sección, la longitud indica la extensión que va de este a oeste. Ese es el caso de los territorios de todas las tribus (48, 8), y ha de tomarse en ese sentido en conexión con la tierra que pertenece también al príncipe.

El significado es por tanto el siguiente: en longitud, de este a oeste, esas porciones han de ser paralelas a la herencia de cada una de las doce tribus, desde la frontera oeste a la frontera este. Dos son las cosas que aquí se han afirmado. (a) Que la porción del príncipe ha de extenderse al este y al oeste de la *terumah*, por lo que toca a las fronteras de la tierra dividida en lotes a las tribus. (b) que al este y oeste esa tierra ha de correr paralela (לְעֻמּוֹת) a la longitud de los territorios separados de las tribus, sin ir más allá ni al norte ni al sur que la *terumah*. Según eso, esa porción ha de estar limitada por los lados por territorios de las tribus que limitan con la *terumah* por el norte y por el sur. וְאֹרֶךְ es acusativo de dirección. אַחַד, alguno (cf. Jc 16, 7; Sal 82, 7 y Jc 16, 7.

En *45, 8* ha de mantenerse לָאָרֶץ con artículo, en contra de la conjetura de Hitzig. לְאָרֶץ: por lo que se refiere a la tierra que le pertenece como posesión, ella, la porción indicada en 45, 7, será suya. אֶרֶץ, como en 1 Rey 11, 18, se refiere a la propiedad de la tierra. Ez 45, 8 muestra el motivo para esas instrucciones. Los antiguos reyes de Israel no poseían tierra, ni dominio propio, y por eso habían tenido la tendencia a adquirir propiedad por violencia y extorsión. A fin de que esto no ocurra ya más en el futuro, y a fin de que los príncipes no tengan la tendencia a oprimir al pueblo, en el nuevo Reino de Dios, el príncipe ha de tener su propiedad particular.

El plural (los príncipes: נְשִׂיאֵי) no se refiere a varios príncipes contemporáneos, ni alude al rey y a sus hijos (es decir, a la familia real, cf. 46, 16), sino que esa expresión en plural se debe al hecho de que Ezequiel está pensando en los reyes pasados, de manera que van pasando ante su mente todos los príncipes que han gobernado sobre Israel, y aquellos que han de reinar todavía (Kliefoth), sin que de eso podamos deducir que en el futuro habrá una pluralidad de príncipes, sucediéndose unos a otros, lo que está en contradicción con 37, 25.

Por eso se dice que ellos, los reyes, dejarán (darán, concederán: יִתְּנוּ) la tierra (לָאָרֶץ) a las tribus, con la excepción de la porción separada por 45, 1-17. Esta advertencia contra la opresión y la extorsión, implicada en las razones que acabamos de evocar, se expande en forma de exhortación general en los versos que siguen.

45, 9-12. Exhortación general para cumplir la justicia y el derecho en sus acciones

⁹ כֹּה־אָמַר אֲדֹנָי יְהוִֹה רַב־לָכֶם נְשִׂיאֵי יִשְׂרָאֵל חָמָס וָשֹׁד
הָסִירוּ וּמִשְׁפָּט וּצְדָקָה עֲשׂוּ הָרִימוּ גְרֻשֹׁתֵיכֶם מֵעַל עַמִּי נְאֻם אֲדֹנָי יְהוִֹה׃
¹⁰ מֹאזְנֵי־צֶדֶק וְאֵיפַת־צֶדֶק וּבַת־צֶדֶק יְהִי לָכֶם׃
¹¹ הָאֵיפָה וְהַבַּת תֹּכֶן אֶחָד יִהְיֶה לָשֵׂאת מַעְשַׂר הַחֹמֶר הַבָּת
וַעֲשִׂירִת הַחֹמֶר הָאֵיפָה אֶל־הַחֹמֶר יִהְיֶה מַתְכֻּנְתּוֹ׃
¹² וְהַשֶּׁקֶל עֶשְׂרִים גֵּרָה עֶשְׂרִים שְׁקָלִים חֲמִשָּׁה וְעֶשְׂרִים שְׁקָלִים
עֲשָׂרָה וַחֲמִשָּׁה שֶׁקֶל הַמָּנֶה יִהְיֶה לָכֶם׃

⁹ *Así ha dicho Yahvé, el Señor: ¡Basta ya, gobernantes de Israel! Dejad la violencia y la rapiña. Practicad el derecho y la justicia; dejad de explotar a mi pueblo, dice Yahvé, el Señor.* ¹⁰ *Balanzas justas, efa justo y bato justo tendréis.* ¹¹ *El efa y el bato serán de una misma medida: que el bato tenga la décima parte del homer, y la décima parte del homer el efa; la medida de ellos será según el homer.* ¹² *El siclo será de veinte geras. Veinte siclos, veinticinco siclos y quince siclos serán una mina.*

La exhortación de Ez 45, 9 es semejante a la de Ez 44, 6, tanto en la forma como en el contenido. En primer lugar, los levitas y los sacerdotes han de abandonar la idolatría a la que antes se habían entregado, y servir de esa manera ante el Señor en pureza y santidad de vida, de manera que los príncipes han de abstenerse de los actos de opresión, que ellos han practicado, para obrar de ahora en adelante en justicia y rectitud. En esa línea, por ejemplo, ellos tienen que liberar al pueblo del Señor, de manera que no puedan ser injustamente expulsados de sus posesiones (גְרֻשֹׁתֵיכֶם). גְּרוּשָׁה significa expulsar injustamente a alguien de sus posesiones, como puede verse con toda claridad en la conducta del rey Ahab con Nabot, para quitarle la viña (1 Rey 21).

Estos actos de violencia oprimen duramente al pueblo, y este pecado debe ser removido "de mi pueblo" (מֵעַל עַמִּי). En Ez 45, 10-12 se expande el mandato de practicar la justicia y la rectitud, y así se impone sobre toda la nación el deber de utilizar pesas y medidas justas. De aquí se pasa a la regulación que sigue a partir de 45, 13, sobre las tasas que el pueblo ha de pagar al príncipe, para que puede cumplir las tareas vinculadas al culto sacrificial.

El nuevo culto del templo

Sobre Ez 45, 19, cf. Lev 18,36 y Dt 25, 13. En vez del *hin*, aquí se menciona al bato, que contiene seis hines, mencionándose así como medida para los líquidos. El bato (בת), que se encuentra mencionado por primera vez en Is 50,10, parece haberse introducido como medida de líquidos después del tiempo de Moisés, y tenía la misma capacidad de la *efa* para los alimentos secos, no los líquidos (cr. mi *Bibl. Archäol.* II pp. 139 ss.). Esta semejanza se afirma expresamente en 45, 11.

Ambas medidas, lo mismo la *efa* que el bato, contienen la décima parte de un *homer* (para llevar לשאת, para contener: להכיל; cf. Gen 36, 7 y Ao 7, 10) y han de ser regulados por el *homer*. Ex 45, 12 trata aquí de los pesos que se utilizan para monedas. La primera frase repite una provisión legal antigua (Ex 30, 13, Lev 26, 25; Num 3, 47), indicando que el Shekel, como peso estándar para la moneda (que más tarde sería acuñadas), contiene veinte geras (גֵּרָה).

Las regulaciones que siguen están muy oscura: Veinte siclos, veinticinco siclos y quince siclos serán una mina. La mina (הַמָּנֶה) aparece solo aquí y en 1 Rey 20, 17; Esd 2, 69 y Neh 7, 71-72, es decir, solo en libros escritos durante la cautividad y después. Si comparamos 1 Rey 0, 17, donde se dice que tres minas servían para comprar un escudo, con 2 Cron 9, 16, donde se dice que se han necesitado trescientos shekels de oro para comprar un escudo semejante, es evidente que una mina era igual a cien shekels. Pues bien, dado que el talento (ככר) era igual a tres mil shekels sagrados o mosaicos (de Moisés, cf. *Coment* Ex 38, 25-26), el talento contendría solo treinta minas, cosa que no parece responder al sistema griego de pesas.

El talento ático contenía sesenta minas, y la mina cien dracmas, de manera que el talento contenía seis mil dracmas o tres mil didracmas. Pues bien, dado que el siclo o sekel hebreo era igual que el δίδραχμον, el talento ático con tres mil didracmas corresponde al talento hebreo con tres mil shekels. Y la mina, como sesentava parte del talento, que eran cien dracmas o cincuenta didracmas, debía corresponder a la mina hebrea, que tenía cincuenta shekels, como lo indica de un modo incuestionable el nombre μνᾶ, que se deriva del semítico מנה.

La relación entre la mina y el siclo, resultante de una comparación de 1 Rey 10, 17 con 2 Cron 9, 16, difícilmente puede concordar con esos datos (cuando se dice que veinte siclos, veinticinco siclos y quince siclos serán una mina), dado que los shekels a los que se alude en 2 Cron 9, 16 no son shekels mosaicos, sino los así llamados shekels civiles, que se identifican con el medio shekel mosaico, es decir, con la בקע que ha recibido en el curso del tiempo el nombre de shekel, viniendo a convertirse en la moneda de plata de cierto tamaño más extendida. Cien shekels de ese tipo o *bekas* equivalen a cincuenta shekels mosaicos, que se identificaban con una mina, mientras que sesenta minas formaban un talento (cf. mi *Bibl. Archäol.* II pp. 135, 136).

Pues bien, las palabras de la segunda parte de nuestro verso (cf. 45, 12) no pueden concordar con este proporción, de cualquier manera que los miremos.

Si, por ejemplo, utilizamos las medidas que acabamos de indicar para referirnos a una mina, Ezequiel habría fijado la mina a sesenta sekels. Pero no existe ninguna razón para alterar de esa manera la proporción entre la mina y el talento (por una parte) y el shekel por otra, si el shekel y el talento debían quedar sin cambiarse.

Y, aparte de eso, la suma de los sesenta siclos (veinte, veinticinco siclos y quince) para formar una mina sigue siendo inexplicable y apenas puede resolverse de un modo satisfactorio en la manera propuesta por los rabinos, diciendo que había en circulación monedas con el peso de 20, 25 o 15 shekels, por la simple razón de que, al lado de nuestro texto, no podemos encontrar ningún rastro histórico de la existencia de tales monedas[66].

66. Ciertamente, el emperador Constantino, en su *Discursus ad Lectorem,* colocado como prólogo a la obra de Joseph Jachiadae, *Paraphrasis in Danielem*, afirma que "como Dios desea que la justicia quede preservada en todas las cosas, él (Dios) tuvo en cuenta los varios tipos de monedas, mandando que ellas tuvieran su justo peso. Según el testimonio judío, una moneda era de 20 shekels, otra de 25 y otra tercera de 15 shekels. Pues bien, como estas tres monedas hacían una mina, conforme al mandamiento de Dios, a fin de que quede manifiesto que cada una tiene su propio peso, Constantino decretó que estas monedas fueran pesadas en referencia a la mina, a la que debían igualarse".

Pero los testimonio judíos (*Judaei testes*) a los que alude Joseph Jachiadae eran solo los ofrecidos por los rabinos de la Edad Media: Sal. Jarchi (Raschi), Dav. Kimchi y Abrabanel, los cuales hablan de la existencia de esos tipos de moneda, pero no lo hacen por tradición histórica, sino por referencia al texto que acabamos de citar. Los targumistas, que fueron mucho anteriores, no conocen nada de esas monedas, sino que se limitar a parafrasear el texto como sigue: "La tercera parte de una mina tiene veinte shekels. Un mina de plata, cinco y veinte shekels; la cuarta parte de una mina, quince shekels; todos los sesenta shekels hacen una mina. Y una mina mas grande (probablemente una mayor que la ordinaria, es decir, que la mina civil) será santa para ti". Por todo lo anterior, podemos aprender claramente que estos targumistas supieron solo aquello que puede saberse claramente: que la mina contaba con sesenta shekels, sin poderse referir a la división más concreta de veinte, veinticinco y quince.

Una explicación diferente es la que aparece en los LXX, cuya traducción según el Cod. Vacano (Tischendorf), dice como sigue: πέντε σίκλοι, πέντε καὶ πέντε σίκλοι, δέκα καὶ πεντή σίκλοι ἡ μνᾶ ἔσται ὑμῖν (veinte siclos, veinticinco siclos y quince siclos serán una mina para nosotros). Y de acuerdo con el Códice Alejandrino tenemos: οἱ πεντε σικλοι πεντε και οἱ δεκα σικλοι δεκα και πεντηκοντα κ.τ.λ. (igual que lo anterior). Por su parte, A. Boeckh (*Metrologische untersuchungen über gewichte...* 1867, pp. 54ff.) y E. Bertheau (*Zur Gesch. der Israels.* 194pp. 9ff.) consideran el ultimo como el texto original y lo puntúan así: οἱ πέντε σίκλοι πέντε, καὶ οἱ δέκα σίκλοι δέκα, καὶ πεντήκοντα σίκλοι ἡ μνᾶἔσται ὑμῖν, y traducen todo el texto como sigue: "El peso, una vez fijado, ha de permanecer inalterado, en su valor original. Es decir, un shekel debe contener diez *geras*; cinco *sekels* o una pieza de cinco shekels ha de contener exactamente cinco; y de esa manera también una pieza de diez shekels ha de contener exactamente diez shekels.

Pero a pesar de que esta explicación pueda recomendarse a sí misma, y aunque haya sido aceptada por Hävernick y a pesar de que la haya aceptado yo mismo en mi *Bibl. Archäolofie,* después de un repetido examen de la material, ya no puedo mirarla ya más como bien fundada, sino que me siento obligado a suscribir la visión mantenida por Hitzig y Kliefoth: esta traducción de los LXX no tiene más base que el intento de lograr que ese pasaje pueda armonizarse con el valor ordinario de la mina. Por una parte, no sabemos nada de la existencia de monedas de cinco y diez shekels.

Tampoco los otros intentos que se han hecho para explicar esas difíciles palabras son satisfactorios. Cocceius y J. D. Michaelis (*Supplem. ad lex.* p. 1521), piensan que aquí se mencionan tres tipos de minas: una pequeña de quince sekels mosaicos, una de tipo medio, de veinte shekels, y otra más grande de veinticinco. Pero esa interpretación ha sido criticada por Bertheau, quien dice que cuando se quiere dar una definición exacta del peso verdadero de algo no se espera que se utilicen tres magnitudes; por otra parte la afirmación de que hay tres tipos diferentes de minas es un simple subterfugio.

Lo mismo se puede decir de la explicación de Higzig, cuando afirma que la triple división (de veinte, veinticinco y quince shekels) se refiere a tres tipos diferentes de metales utilizados en las monedas (oro, plata, cobre...), de manera que la mina de oro bien pesada daba veinte shekels, la de plata veinticinco y la de cobre quince. Esta explicación no puede apoyarse en la afirmación de Josefo cuando dice que el shekel acuñado por Simón valía cuatro dracmas, y termina siendo incongruente y arbitraria por la relación en que pone las monedas de plata y de oro, y la forma de relacionarlas con el cobre. De todo esto deducimos que el texto se encuentra corrompido, y que no tenemos bases para proponer una enmienda que sea satisfactoria.

45, 13-17. Ofrendas del pueblo

¹³ זֹאת הַתְּרוּמָה אֲשֶׁר תָּרִימוּ שִׁשִּׁית הָאֵיפָה מֵחֹמֶר הַחִטִּים
וְשִׁשִּׁיתֶם הָאֵיפָה מֵחֹמֶר הַשְּׂעֹרִים׃
¹⁴ וְחֹק הַשֶּׁמֶן הַבַּת הַשֶּׁמֶן מַעְשַׂר הַבַּת מִן־הַכֹּר עֲשֶׂרֶת הַבַּתִּים
חֹמֶר כִּי־עֲשֶׂרֶת הַבַּתִּים חֹמֶר׃
¹⁵ וְשֶׂה־אַחַת מִן־הַצֹּאן מִן־הַמָּאתַיִם מִמַּשְׁקֵה יִשְׂרָאֵל לְמִנְחָה
וּלְעוֹלָה וְלִשְׁלָמִים לְכַפֵּר עֲלֵיהֶם נְאֻם אֲדֹנָי יְהוִה׃
¹⁶ כֹּל הָעָם הָאָרֶץ יִהְיוּ אֶל־הַתְּרוּמָה הַזֹּאת לַנָּשִׂיא בְּיִשְׂרָאֵל׃
¹⁷ וְעַל־הַנָּשִׂיא יִהְיֶה הָעוֹלוֹת וְהַמִּנְחָה וְהַנֵּסֶךְ בַּחַגִּים
וּבֶחֳדָשִׁים וּבַשַּׁבָּתוֹת בְּכָל־מוֹעֲדֵי בֵּית יִשְׂרָאֵל הוּא־יַעֲשֶׂה
אֶת־הַחַטָּאת וְאֶת־הַמִּנְחָה וְאֶת־הָעוֹלָה וְאֶת־הַשְּׁלָמִים לְכַפֵּר בְּעַד בֵּית־יִשְׂרָאֵל׃ ס

¹³ Esta será la ofrenda que ofreceréis: la sexta parte de un efa por cada homer del trigo, y la sexta parte de un efa por cada homer de la cebada. ¹⁴ La ordenanza para el aceite será esta: ofreceréis un bato de aceite, que es la décima parte de un coro; diez batos harán un homer (porque diez batos son un homer). ¹⁵ Y un cordero del rebaño por cada doscientas, de las engordadas de Israel, para sacrificio, para holocausto y para ofrendas de paz, para hacer expiación por ellos, dice Yahvé, el Señor.

Por otra parte, es imposible dar un sentido inteligible a esas palabras de que cinco shekels tienen el valor de cinco shekels, y diez shekels el valor de diez shekels, pues es evidente que cinco shekels no puede tener el valor de cuatro o seis shekels.

¹⁶ Todo el pueblo de la tierra estará obligado a dar esta ofrenda para el gobernante de Israel. ¹⁷ Pero al gobernante corresponderá proveer para el holocausto, el sacrificio y la libación en las fiestas solemnes, en las lunas nuevas, en los sábados y en todas las fiestas de la casa de Israel; él dispondrá la expiación, la ofrenda, el holocausto y las ofrendas de paz, para hacer expiación por la casa de Israel.

Los mandatos anteriores, en los que se pide que se empleen medidas y pesos justos, vienen ahora seguidos por las regulaciones relacionadas con los productos de la naturaleza que los israelitas han de pagar al príncipe para la oración sacrificial, pues él (el príncipe) era quien debía regular el culto. Con esa finalidad se imponen contribuciones fijas de trigo, cebada, aceite y animales del rebaño, unas contribuciones que según 45, 13-1 son las siguientes: del cereal una sesentava parte, de aceite una centésima parte, y una cabeza de ganado de cada doscientos animales. No hay mención expresa del vino para la ofrenda de bebida, ni de animales, que eran necesarios para el holocausto y los sacrificios pacíficos, sino solo la de un animal de cada doscientos.

Según eso, la enumeración no es completa, sino que contiene simplemente la regla según la cual había que actuar cuando se requerían los porcentajes para los sacrificios. La palabra שִׁשִּׁיתֶם de 445, 13 no ha de ser alterada, como propone Hitzig. Este es el único pasaje en que aparece esa palabra, pero su sentido es semejante al de חמש en Gen 41, 34, tanto por su formación como por su significado.

La sexta parte de una efa es la sesentava de un homer. חק es aquello que está fijado o establecido, es decir, la cantidad requerida. וְחֹק הַבַּת ésta en aposición a הַשֶּׁמֶן (para el artículo cf. *Coment.* a 43, 21), es decir, a la cantidad fijada de aceite, es decir, al bat de aceite. La medida con la que se debe contribuir en el caso del aceite ha de ser la décima parte del bato (הַבַּת) de un cor (מִן־הַכֹּר), es decir, la centésima parte de la cosecha de un año, pues el cor (=coro) contiene diez batos. El cor o coro no aparece en las palabras anteriores (cf. Ez 45, 11), ni tampoco en la ley de Moisés. Se trata de otro nombre para el *homer*, una palabra que aparece por vez primera en los escritos del tiempo de la cautividad (1 Rey 5, 2; 25, 2; 2 Cron 2, 9; 27, 5). Por esa razón, su capacidad queda explicada por las palabras que se añaden a הַכֹּר: עֲשֶׂרֶת הַבַּתִּים חֹמֶר, porque diez batos son un *homer*.

45, 15. מִמַּשְׁקֵה, es decir, de un suelo regado y verde (cf. Gen 13, 10). Esto significa que no se trata de un animal delgado, sino engordado, que ha sido alimentado en buenos pastos. לְכַפֵּר עֲלֵיהֶם indica el propósito general de los sacrificios (cf. Lev 1, 4). 45, 16. El artículo de הָעָם cómo en הַבַּת en verso 14. יִהְיוּ אֶל *ser para*, pertenecer a, es decir, tomarlo para él (en este caso el gobernante), con la obligación de hacerlo. Por su parte וְעַל־הַנָּשִׂיא (45, 17) significa ponerse en otra mano, ser para una persona, devolvérselo a él. En בְּכָל־מוֹעֲדֵי, para todas las fiestas y días de celebración que se han mencionado antes de un modo separado, que aparecen aquí unidas. הֽוּא־יַעֲשֶׂ֞ה אֶת־הַחַטָּ֗את, él proveerá para los diversos sacrificios, proveerá los materiales para ello.

En sentido estricto, la ley de Moisés no hace ninguna mención de ninguna contribución al santuario, con la excepción de los primogénitos, los primeros frutos y los diezmos, que, sin embargo, podían ser sustituidos por dinero. Además de eso, solo en ocasiones extraordinarias, como en la edificación del tabernáculo, se dice que el pueblo debía ofrecer las ofrendas voluntarias. Pero lo ley mosaica no contiene regulaciones sobre la forma en que los sacerdotes debían recabar los materiales para los sacrificios de las fiestas.

En esa línea, las regulaciones de estos versos son nuevas. Lo que hasta ahora se ha dado espontáneamente como un don de amor, ha de convertirse en el futuro en una obligación regular y establecida, para evitar así la pura arbitrariedad, de la que puede sufrir menoscabo la adoración de Dios. A esas instrucciones se les añaden ahora, de Ez 45, 18 en adelante, las regulaciones sobre los diversos sacrificios que han de ser ofrecidos en las diversas festividades.

2.4. Ez 45, 18-46, 24. Ofrendas y sacrificios

2.4.1. Ez *45, 18-28. Luna nueva, Pascua y fiesta de los Tabernáculos*

45, 18-20. La ofrenda por el pecado en el día de la Luna Nueva

18 כֹּה־אָמַר֮ אֲדֹנָ֣י יְהוִה֒ בָּרִאשׁוֹן֙ בְּאֶחָ֣ד לַחֹ֔דֶשׁ תִּקַּ֥ח
פַּר־בֶּן־בָּקָ֖ר תָּמִ֑ים וְחִטֵּאתָ֖ אֶת־הַמִּקְדָּֽשׁ׃
19 וְלָקַ֨ח הַכֹּהֵ֜ן מִדַּ֣ם הַחַטָּ֗את וְנָתַן֙ אֶל־מְזוּזַ֣ת הַבַּ֔יִת
וְאֶל־אַרְבַּ֛ע פִּנּ֥וֹת הָעֲזָרָ֖ה לַמִּזְבֵּ֑חַ וְעַ֨ל־מְזוּזַ֔ת שַׁ֖עַר הֶחָצֵ֥ר הַפְּנִימִֽית׃
20 וְכֵ֤ן תַּעֲשֶׂה֙ בְּשִׁבְעָ֣ה בַחֹ֔דֶשׁ מֵאִ֥ישׁ שֹׁגֶ֖ה וּמִפֶּ֑תִי וְכִפַּרְתֶּ֖ם אֶת־הַבָּֽיִת׃

[18] Así ha dicho Yahvé, el Señor: El mes primero, el día primero del mes, tomarás de la vacada un becerro sin defecto y purificarás el santuario. [19] El sacerdote tomará de la sangre de la expiación y pondrá sobre los postes de la casa, sobre los cuatro ángulos del descanso del altar y sobre los postes de las puertas del atrio interior. [20] Así harás el séptimo día del mes para los que pecaron por error y por engaño, y harás expiación por la casa.

La ley mosaica había prescrito para los días de luna nueva de un modo general la ofrenda por el pecado de un macho cabrío, además de holocaustos y sacrificios de comunión (Num 28, 15). Además de eso había distinguido el día de la luna nueva del mes séptimo con una ofrenda especial, que debía añadirse a los sacrificios regulados para la luna nueva, que consistían en una ofrenda para el pecado (un macho cabrío) con holocaustos y sacrificios de alimentos, que debía añadirse a los sacrificios normales (cf. Num 29, 2-6).

Ezequiel no habla de los sacrificios especiales del séptimo mes, pero en su lugar dice que en el primer mes se suman una ofrenda por el pecado que se presenta el día primero y el día séptimo. Nada se dice en Ez 45, 18-20 sobre los holocaustos para esos días. En 46, 6-7 se habla de los holocaustos para el día de la luna nueva, sin ninguna regulación, pero las regulaciones sobre la conexión entre la ofrenda de comida y los sacrificios se repiten en 46, 11 para los días santos y los días de fiesta en general (בְּכָל־מוֹעֲדֵי). Pues bien, dado que el día de la luna nueva se reconoce también entre las כָּל־מוֹעֲדֵי, tenemos buenas razones para pensar que los holocaustos y ofrendas de comida prescritas para la luna nueva en Ez 46, 6-7 han de ofrecerse también en el día de la luna nueva del primer mes.

Por otro lado, no se menciona ningún holocausto u ofrenda de comida para el séptimo día del primer mes, de manera que con toda probabilidad ese día solo se añadían el holocausto diario y la ofrenda de comida (cf. 46, 13) a la ofrenda por el pecado prescrita para ese día. Más aún, las ofrendas por el pecado prescritas para primer y séptimo día del primer mes se distinguen de las ofrendas por el pecado de la ley mosaica, en parte por el animal seleccionado (un joven becerro) y en parte por la ofrenda de sangre.

Conforme a la ley mosaica, la ofenda por el pecado para la luna nueva, así como para todos los días de fiesta del año (pascua, pentecostés, día de las trompetas, día de la remisión y los ocho días de los tabernáculos) era un macho cabrío (Num 28, 15; 22, 30; 29, 5.11.16.34.38). Incluso la ofrenda por el pecado por la congregación de Israel para el gran día de la remisión consistía en un macho cabrío (o en dos, cf. Lev 16, 5). Solo para la ofrenda por el pecado del sumo sacerdotes, en ese día (Lev 16,3) o en el día en que él hubiera pecado atrayendo la culpa sobre la nación o sobre toda la congregación (Lev 4, 3.14) se requería un becerro.

Por otra parte, según Ezequiel, la ofrenda por el pecado, tanto el día primero y el séptimo del primer mes, como también la que se debía ofrecer por el príncipe el día catorce de aquel mes (es decir, en la luna llena, en el centro del mes, el día de la fiesta de pascua: 45, 22), por él mismo o por todo el pueblo, debía consistir en un becerro, y solo la ofrenda por el pecado el día séptimo de pascua y de los tabernáculos consistía en un macho cabrío (Ez 45, 23. 25).

La ley mosaica no contiene instrucciones expresas relacionadas con el rociamiento de sangre por la ofrenda por el pecado por la luna nueva y por las fiestas (a excepción del gran sacrificio expiatorio del día del yom kippur), porque probablemente se hacía lo mismo que en el caso de las ofrendas por el pecado del sacerdote y por toda la congregación, cuando se rociaba primero siete veces con la sangre contra la cortina frente al kaporet, y después se untaban con sangre los cuernos del altar de incienso y el resto se derramaba al pie del altar de los holocaustos (cf. Lev 4, 6-7. 17-19). Por otra parte, en el caso del gran sacrificio de la expiación, parte de la sangre era primero empleada para rociar la parte delantera del kaporet y para rociar siete veces el suelo, y después tenía que se aplicada a los cuernos del altar de incienso y del altar de los holocaustos (Lev 16, 15-17).

Pues bien, según Ezequiel, parte de la sangre de la ofrenda por el pecado del primer y séptimo día del primer mes, y ciertamente también en los mismos días de las fiestas de pascua y de los tabernáculos, había que untar con sangre los postes de las casas (los postes mencionados en 41, 21), no simplemente los del הֵיכָל, la puerta del Santo y también la del קדֶשׁ, es decir, la puerta que lleva al Santísimo, y sobre los cuernos y los cuatro ángulos de la base del altar de los holocaustos (Ez 43, 20), y sobre los postes de la puerta del atrio interior.

Se discute si וְעַל־מְזוּזַת שַׁעַר הֶחָצֵר הַפְּנִימִית (*sobre los postes de la puerta del atrio interior...*) se refiere solo a una puerta, y en ese caso si se trata de la puerta oriental del atrio interior, como en Ez 46, 2 (מְזוּזַת הַשַּׁעַר) como suponen Hitzig y otros, o si שַׁעַר ha de tomarse en sentido colectivo, como significando las tres puertas del atrio interior (Klieforth y otros). Esta última visión está favorecida por el uso colectivo de de la palabra מְזוּזַת en sí misma y también por la circunstancia de que si solo se tratara de una de las puertas tendrían que haberse omitido expresamente las otros dos (cf. Ez 46, 1; 44, 1 etc.).

Según 45, 18, estas ofrendas por el pecado debían servir para "absolver" al santuario, y según 45, 20 para hacer expiación por el templo, en caso de error o de algún tipo de locura. Las dos cosas significan lo mismo. La reconciliación del templo se efectuaba por su absolución o purificación por los pecados que habían recaído sobre él a causa del error o locura del pueblo. Los pecados por error (שְׁגָגָה) son los ocasionados por la debilidad de la carne. Pues bien, en ese caso, la sangre es el medio por el cual puede hacerse expiación por esos pecados (cf. Coment a Lev 4, 2; Num 15, 22).

מֵאִישׁ שֹׁגֶה, literalmente "por el hombre que yerra", para liberarle de ese pecado. Esta expresión quedó reforzada por מִפֶּתִי, para liberarla de su falta de consideración o de su locura (como en Prov 7, 7); en este caso tenemos el abstracto por el concreto. El gran sacrificio expiatorio del día de la remisión respondía a la misma finalidad, a la absolución del santuario, para que quede liberado de los pecados que el pueblo hubiera cometido por inadvertencia o error (Lev 16, 16).

45, 21-15. Sacrificios del día de pascua y de la fiesta de los tabernáculos

²¹ בָּרִאשׁוֹן בְּאַרְבָּעָה עָשָׂר יוֹם לַחֹדֶשׁ יִהְיֶה לָכֶם הַפָּסַח חָג שְׁבֻעוֹת יָמִים מַצּוֹת יֵאָכֵל:
²² וְעָשָׂה הַנָּשִׂיא בַּיּוֹם הַהוּא בַּעֲדוֹ וּבְעַד כָּל־עַם הָאָרֶץ פַּר חַטָּאת:
²³ וְשִׁבְעַת יְמֵי־הֶחָג יַעֲשֶׂה עוֹלָה לַיהוָה שִׁבְעַת פָּרִים וְשִׁבְעַת אֵילִים תְּמִימִם לַיּוֹם שִׁבְעַת הַיָּמִים וְחַטָּאת שְׂעִיר עִזִּים לַיּוֹם:
²⁴ וּמִנְחָה אֵיפָה לַפָּר וְאֵיפָה לָאַיִל יַעֲשֶׂה וְשֶׁמֶן הִין לָאֵיפָה:
²⁵ בַּשְּׁבִיעִי בַּחֲמִשָּׁה עָשָׂר יוֹם לַחֹדֶשׁ בֶּחָג יַעֲשֶׂה כָאֵלֶּה שִׁבְעַת הַיָּמִים כַּחַטָּאת כָּעֹלָה וְכַמִּנְחָה וְכַשָּׁמֶן: ס

²¹ *El mes primero, a los catorce días del mes, tendréis la Pascua, fiesta de siete días; se comerá pan sin levadura. ²² Aquel día el gobernante ofrecerá por sí mismo y por todo el pueblo de la tierra, un becerro en sacrificio por el pecado.*
²³ *Y en los siete días de la fiesta solemne ofrecerá como holocausto a Yahvé siete becerros y siete carneros sin defecto, uno cada día de los siete días; y por el pecado ofrecerá un macho cabrío cada día.* ²⁴ *Con cada becerro ofrecerá ofrenda de un efa, y con cada carnero, un efa; y por cada efa, un hin de aceite.*
²⁵ *En el mes séptimo, a los quince días del mes, en la fiesta, hará como en estos siete días en cuanto a la expiación, en cuanto al holocausto, en cuanto al presente y en cuanto al aceite.*

En las palabras "tendréis la Pascua" (יוֹם לַחֹדֶשׁ יִהְיֶה לָכֶם) está de fondo el pensamiento de que la Pascua debía ser celebrada conforme al modelo de Ex 12, con la cena pascual la tarde el 14 de Abib. Hay bastante dificultad en conectar con las palabras siguientes (חַג שְׁבֻעוֹת יָמִים) que las traducciones antiguas han traducido como fiesta de siete días. Pero שְׁבֻעוֹת, septenario, no significa nunca períodos de siete días o semanas. Una fiestas שְׁבֻעוֹת, de septenario de días, o semanas de días, no puede significar posiblemente una fiesta que duraba solo siete días o una semana.

La palabras חַג שְׁבֻעוֹת se utilizan siempre para la *fiesta de las semanas* (Ex 34, 22; Dt 16, 10), porque ella empezaba siete semanas después del segundo día de pascua, el día de la recolección de los primeros frutos, de manera que se celebraba entonces la fiesta de los panes de los primeros frutos, la fiesta de la cosecha (Dt 16, 9). Kliefoth conserva este significado bien establecido de las palabras de este pasaje, y da la siguiente explicación: Si la palabra חַג estuviera sola, sin יָמִים, eso significaría que en el futuro la pascua debería celebrarse como la fiesta de las siete semanas, como la fiesta de los panes y de los primeros frutos. Pero la adición de יָמִים, que ha de entenderse en el mismo sentido de Dan 10, 2-3, Gen 29, 14 etc., está indicando que la pascua ha de celebrarse como una fiesta de siete semana, "una fiesta que dura siete semanas".

Conforme a esta explicación, *el significado de la regulación es que en el futuro no se celebran solo los siete días de los panes sin levadura, sino las siete semanas* que van desde la fiesta de los panes ácimos hasta la fiesta de los panes pentecostales, es decir a lo largo de cincuenta días. Todo ese tiempo sería tiempo de חַג, es decir, de fiesta (de pascua). A esto se le añade la regulación de que no se debe comer ningún pan con levadura, no solo en los siete días de la primera semana pascual, sino en el conjunto de las siete semanas de pascua, hasta la fiesta de los panes de los primeros frutos.

Esta explicación resulta muy sagaz y responde a la visión de la pascua cristiana. Pero está sujeta a objeciones que la hacen insostenible. En primer lugar, la palabra יָמִים, que utilizada en sentido de siete días, no se conecta normalmente con el nombre precedente del estado constructo, sino que se añade a la frase como acusativo adverbial; cf. שלשה en y שְׁבֻעֹת יָמִים en שנתים en Gen 41,1; Jer 28, 3. 11 etc.

Pero hay todavía una objeción más importante, y es que las palabras הֶחָ֔ג וְשִׁבְעַ֖ת יְמֵ֑י de Ez 45, 23 remiten de un modo indudable a שְׁבֻעֹת יָמִים, pues no hay otra manera de explicar el artículo de הֶחָג; en esa línea el בַּיּ֥וֹם הַה֖וּא de de 45, 22 remite al día catorce mencionado en 45, 21, como día de la fiesta de pascua. De todo esto se deduce que שְׁבֻעוֹת יָמִים solo puede significar una fiesta de siete días. Ciertamente, el plural שְׁבֻעוֹת parece irreconciliable con esto. En esa línea, la opinión de Kimchi, según el cual שְׁבֻעוֹת es singular, escrito con *holem* en vez de con *patach*, es el resultado de una simple perplejidad (de no encontrar otra salida al tema). Lo mismo sucede con la explicación que da Gussetius, cuando dice que Ezequiel habla en plural de semanas para indicar que la institución de Pascua es una festividad anual para celebrar muchas veces en la serie de los tiempos y los años.

El plural שְׁבֻעוֹת יָמִים debe tomarse más bien como un plural de *genus* (género), como ערי en Gen 13, 12 y Jc 112, 7; בהן en Gen 19, 29 o בנים en Is 27, 3. De esa manera, Ezequiel habla de un modo indefinido de una *heptada* (semana) de días, porque él asume que el hecho es bien conocido, pues la fiesta duraba solo siete días, como se supone en 45, 23. De todas formas, si esta explicación del plural no convence debemos tomar el שְׁבֻעוֹת como un error del copista, pues חַג שְׁבֻעֹת evocaba naturalmente la fiesta de pentecostés, no solo porque la fiesta de pentecostés se menciona siempre en la Biblia junto a la fiesta de pascua y de los tabernáculos, sino también porque la única forma singular de שְׁבֻעוֹת con la que nos encontramos en los demás lugares es שבוע (Dan 9, 27) o שבע en estado constructo (Gen 29, 27) y no שבעה o שבעת.

La palabra הַפֶּסַח se utiliza aquí como en Dt 16, 1-2, de manera que incluye la fiesta de siete días de panes ácimos. El nifal יֵאָכֵל está construido con el acusativo, conforme al estilo antiguo: los hombres han de comer *mazzot*.

En Ez 45, 22-23 siguen unas regulaciones sobre los sacrificios de esta festividad, y el primer lugar el de la ofrenda por el pecado, que ha de ser presentada el día 14, en cuya tarde se mataba y se celebraba la cena pascual (Ex 45, 22). La legislación mosaica no hace alusión a esto, pero simplemente habla de los sacrificios festivos para los siete días de los ácimos, del quince al 21 de Abib (Lev 23, 5-8; Num 28, 16-25; y para ello se ofrecen aquí nuevas regulaciones. La ley de Moisés prescribe para cada uno de esos siete días como ofrenda de holocausto dos novillos, un carnero y siete corderos de un año; y como ofrenda de comida tres décimas de efa de harina mezclada con aceite para cada novillo, dos décimas para el carnero y una décima para cada cordero o cabrito por la ofrenda por el pecado (Num 28, 19-22).

Por otra parte, la nueva ley para las fiestas requiere también solo un macho cabrío diario para la ofrenda por el pecado durante los siete días de fiesta, pero para el holocausto de cada día bastan siete novillos y siete carneros; y para la ofrenda de comida una *efa* de harina y un *hin* de aceite para cada novillo y carnero. Según eso, en la nueva ley de los holocaustos y las ofrendas de comida, esas ofrendas de comida son mucho más ricas y copiosas, que los holocaustos.

Ez 45, 25. El mismo número de sacrificios ha de ofrecerse a lo largo de la fiesta de los siete días desde el día quince del séptimo mes. *Esta es la fiera de los tabernáculos*, pero su nombre no se menciona, porque la práctica de vivir en tabernáculos habría sido dejada de lado en los tiempos posteriores. Incluso en referencia a los sacrificios de esta fiesta, la nueva *torah* difiere en mucho de la antigua. Según la ley de Moisés había que ofrecer, además del sacrificio diario por el pecado (que era un macho cabrío) setenta novillos en todos los holocaustos durante los siete días, Y ellos debían distribuirse de manera que el primer día habían de ofrecerse trece, y el número iba siendo reducido por uno a lo largo de los siete días. Además de ello, cada día se debían ofrecer dos carneros y catorce corderos de año, con la debida cantidad de pan y aceite, para una ofrenda de comida, según el número de los animales (Num 29, 12-34).

Por otra parte, conforme a Ezequiel, la cantidad de provisión para los sacrificios permanecía la misma que para la fiesta de pascua, de manera que todo el número de holocaustos y ofrendas de comida no alcanzaba la cantidad requerida para la ley mosaica. Además de todo eso, había un día octavo en el que se clausuraba la festividad mosaica de los tabernáculos, con sacrificios especiales; y también esto se halla ausente en Ezequiel

Pero hay todavía una cosa más importante que la diferencia que acabamos de mencionar. Ezequiel solo menciona dos fiestas anuales de siete días, en el mes primero y el mes séptimo, pero omite no solo la fiesta de Pentecostés o de las Semanas, sino también el día de trompetas del mes primero y del séptimo, y el día de la expiación en el mes y el día de la remisión en el décimo. *De aquí podemos deducir que el israelita del futuro celebraría solo las dos fiestas anuales que acabamos de citar.*

La validez de está conclusión está fuera de toda duda por el hecho de que Ezequiel coloca las fiestas del día de las trompetas y la del día de la expiación, que era como una preparación para la fiesta de los tabernáculos al primer mes, al determinar un día especial de ofrenda por el pecado para día primero y séptimo de aquel mes (Ez 45, 18-20), y una ofrenda por el pecado por el día de la cena pascual. Esto transforma esencialmente la idea que yace en el fundamento del ciclo mosaico de las fiestas, como intentaremos mostrar en lo que sigue, cuando discutamos el sentido y significado de toda la visión del nuevo reino de Dios, tal como aparece en Ez 40-48.

Ez 45, 17 ponía en manos del príncipe la provisión y realización de los sacrificios por sí mismo y por la casa de Israel. Pues bien, después del ordenamiento de los sacrificios que han de ser ofrecidos para la fiestas anuales (45, 18-25) y antes de la regulación de los sacrificios para el sábado y la luna nueva (46, 4-7), Ezequiel ofrece unas directrices sobre la conducta del príncipe y el ofrecimiento de esos sacrificios (46, 1-3). Dado que el príncipe tenía el encargo de la matanza y preparación de los sacrificios por el altar, ese mismo príncipe debía estar presente en la ofrenda de esos sacrificios que él había preparado; por el contrario, el pueblo solo tenía obligación de aparecer ante el Señor en el templo en las festividades anuales.

2.4.2. Ez 46, 1-24. Ofrendas del principio, cocinas sacrificiales para sacerdotes y pueblo

46, 1-7. Puerta para el príncipe. Sacrificios del sábado y luna nueva

¹ כֹּה־אָמַר אֲדֹנָי יְהוִה שַׁעַר הֶחָצֵר הַפְּנִימִית הַפֹּנֶה קָדִים
יִהְיֶה סָגוּר שֵׁשֶׁת יְמֵי הַמַּעֲשֶׂה וּבְיוֹם הַשַּׁבָּת יִפָּתֵחַ וּבְיוֹם הַחֹדֶשׁ יִפָּתֵחַ:
² וּבָא הַנָּשִׂיא דֶּרֶךְ אוּלָם הַשַּׁעַר מִחוּץ וְעָמַד עַל־מְזוּזַת
הַשַּׁעַר וְעָשׂוּ הַכֹּהֲנִים אֶת־עוֹלָתוֹ וְאֶת־שְׁלָמָיו וְהִשְׁתַּחֲוָה
עַל־מִפְתַּן הַשַּׁעַר וְיָצָא וְהַשַּׁעַר לֹא־יִסָּגֵר עַד־הָעָרֶב:
³ וְהִשְׁתַּחֲווּ עַם־הָאָרֶץ פֶּתַח הַשַּׁעַר הַהוּא בַּשַּׁבָּתוֹת וּבֶחֳדָשִׁים לִפְנֵי יְהוָה:
⁴ וְהָעֹלָה אֲשֶׁר־יַקְרִב הַנָּשִׂיא לַיהוָה בְּיוֹם הַשַּׁבָּת שִׁשָּׁה כְבָשִׂים תְּמִימִם וְאַיִל תָּמִים:
⁵ וּמִנְחָה אֵיפָה לָאַיִל וְלַכְּבָשִׂים מִנְחָה מַתַּת יָדוֹ וְשֶׁמֶן הִין לָאֵיפָה:
⁶ וּבְיוֹם הַחֹדֶשׁ פַּר בֶּן־בָּקָר תְּמִימִם וְשֵׁשֶׁת כְּבָשִׂים וָאַיִל תְּמִימִם יִהְיוּ:
⁷ וְאֵיפָה לַפָּר וְאֵיפָה לָאַיִל יַעֲשֶׂה מִנְחָה וְלַכְּבָשִׂים כַּאֲשֶׁר תַּשִּׂיג יָדוֹ וְשֶׁמֶן הִין לָאֵיפָה:

¹ Así ha dicho Yahvé, el Señor: La puerta del atrio interior que mira al oriente estará cerrada los seis días de trabajo, y el sábado se abrirá; y se abrirá también el día de la luna nueva. ² El gobernante entrará por el camino del portal de la puerta exterior, y estará en pie junto al umbral de la puerta mientras los sacerdotes ofrecen su holocausto y sus ofrendas de paz, y adorará junto a la entrada de la puerta. Después saldrá, pero no se cerrará la puerta hasta la tarde. ³ Asimismo adorará el pueblo del país delante de Yahvé, a la entrada de la puerta, en los sábados y en las lunas nuevas.

⁴ El holocausto que el gobernante ofrecerá el sábado a Yahvé será de seis corderos sin defecto y un carnero sin tacha; ⁵ y por ofrenda, un efa con cada carnero; y con cada cordero una ofrenda conforme a sus posibilidades, y un hin de aceite con el efa. ⁶ Pero el día de la luna nueva ofrecerá un becerro sin tacha, de la vacada, y seis corderos y un carnero; deberán ser sin defecto. ⁷ Hará ofrenda de un efa junto con el becerro y de un efa junto con cada carnero; pero con los corderos ofrendará conforme a sus posibilidades. Y ofrecerá un hin aceite por cada efa.

46, 1-3 retoma y explica las instrucciones dadas en 44, 1-3 relacionadas con la puerta externa. La puerta oriental (del este) del atrio exterior (44, 1), así como la puerta este del atrio interior, debían permanecer cerradas durante los seis días de trabajo, así también la puerta este del atrio interior debía permanecer cerrada durante los seis días de trabajo y solo se abría en los sábados y en los días de luna nueva, en los que debía permanecer abierta hasta el atardecer.

El príncipe debía entrar por este puerta interior este, y mantenerse allí de pie y adorar sobre el umbral mientras se preparaba y se realizaba el sacrificio. אוּלָם וּבָא הַנָּשִׂיא דֶּרֶךְ, como se dice en Ez 44, 3; pero el מִחוּץ añadido no ha de referirse a la entrada en el atrio interior (si así fuera, esta frase sería totalmente superflua), pues cualquiera que se hallara en el atrio interior debería haber entrado en ese atrio desde fuera, desde el atrio exterior.

El sentido de מִחוּץ es más bien que el príncipe debía entrar al umbral o pórtico del atrio interior a través de la puerta este del exterior. El debía permanecer allí a los postes de la puerta y orar en el umbral de la puerta durante la ceremonia sacrificial; y cuando esa ceremonia hubiera terminado él debía salir de nuevo por la misma puerta por la que había entrado (cf. 44, 3). Pues bien, el pueblo que entraba en el templo en los sábados o en los días de luna nueva tenían que orar también פֶּתַח, es decir, a la entrada de esta puerta, fuera del umbral de esta puerta.

Kliefoth estaba equivocado al tomar פֶּתַח en el sentido de "a través de la puerta", como indicando que el pueblo tenía que permanecer en frente de la puerta oriental del patio exterior, y orar mirando al templo desde esa puerta, a través del mismo hueco de la puerta. הַשַּׁעַר הַהוּא, esta puerta solo puede ser la puerta del atrio interior, que ha sido previamente mencionada.

No se puede tomar en consideración lo que ha llevado a Kliefoth a pasar por alto הַהוּא y a pensar en la puerta exterior, diciendo "que sería poco natural pensar que el pueblo tenía que venir al atrio exterior a través de la puerta norte o sur mientras que la puerta exterior de ese atrio permanecía cerrada (o quizá, más correctamente, se abría solo para el príncipe), permaneciendo así en el atrio interior. Pero, en contra de Kliefoth nos preguntamos qué habría de antinatural en esa suposición.

La diferencia entre el príncipe y el pueblo respecto a la visita del templo en los días de sábado y de luna nueva consistía precisamente en esto: en que el príncipe podía entrar por la puerta exterior del este y avanzar hasta los postes de la puerta intermedia, y adorar allí sobre el umbral de la puerta; mientras tanto, al pueblo solo se le permitía entrar en el atrio exterior a través de la puerta exterior norte o sur y solo podían avanzar hasta el frente de la puerta media.

Ez 46, 4. El sacrificio para el sábado está considerablemente aumentado en comparación con el que prescribe la ley de Moisés. La ley requería dos corderos de un año, con la correspondiente ofrenda de comida (Num 28, 9). Ezequiel requiere seis corderos y un carnero, y además de eso las ofrendas de comida correspondientes a la ofrenda del carnero, según la proporción ya establecida en 45, 24 para los días de fiesta, y a la ofrenda de los corderos (מַתַּת יָדוֹ), un don, un presente de su manos; es decir, no un puñado de harina, sino, conforme a la fórmula utilizada en 46, 7, aquello que la mano (es decir la voluntad) le permite dar (אֲשֶׁר תַּשִּׂיג יָדוֹ כַּ). Para כַּאֲשֶׁר, cf. Lev 14, 30; 25, 26.

El nuevo culto del templo

Hay una diferencia sobre los sacrificios de la luna nueva en Ez 46, 6 y 46, 7. La ley de Moisés prescribía dos novillos, un carnero y siete corderos, con la ofrenda de trigo correspondiente, y un macho cabría para la ofrenda por el pecado (Num 28, 11-15). Por el contrario, la *torah* de Ezequiel omite la ofrenda por el pecado y reduce el holocausto a un becerro, un carnero y seis corderos, junto con una ofrenda de comida, conforme a la proporción ya mencionada, que es peculiar de esta ley. El primer תְּמִימֶם de 46, 6 es un error del copista en vez de תְּמִים.

46, 8-12. Puerta para el pueblo, ofrendas voluntarias del príncipe y del pueblo.

⁸ וּבְבוֹא הַנָּשִׂיא דֶּרֶךְ אוּלָם הַשַּׁעַר יָבוֹא וּבְדַרְכּוֹ יֵצֵא׃
⁹ וּבְבוֹא עַם־הָאָרֶץ לִפְנֵי יְהוָה בַּמּוֹעֲדִים הַבָּא דֶּרֶךְ־שַׁעַר
צָפוֹן לְהִשְׁתַּחֲוֺת יֵצֵא דֶּרֶךְ־שַׁעַר נֶגֶב וְהַבָּא דֶּרֶךְ־שַׁעַר נֶגֶב
יֵצֵא דֶּרֶךְ־שַׁעַר צָפוֹנָה לֹא יָשׁוּב דֶּרֶךְ הַשַּׁעַר אֲשֶׁר־בָּא בוֹ כִּי נִכְחוֹ (יֵצְאוּ) [יֵצֵא]׃
¹⁰ וְהַנָּשִׂיא בְּתוֹכָם בְּבוֹאָם יָבוֹא וּבְצֵאתָם יֵצֵאוּ׃
¹¹ וּבַחַגִּים וּבַמּוֹעֲדִים תִּהְיֶה הַמִּנְחָה אֵיפָה לַפָּר וְאֵיפָה לָאַיִל
וְלַכְּבָשִׂים מַתַּת יָדוֹ וְשֶׁמֶן הִין לָאֵיפָה׃ ס
¹² וְכִי־יַעֲשֶׂה הַנָּשִׂיא נְדָבָה עוֹלָה אוֹ־שְׁלָמִים נְדָבָה לַיהוָה
וּפָתַח לוֹ אֶת הַשַּׁעַר הַפֹּנֶה קָדִים וְעָשָׂה אֶת־עֹלָתוֹ
וְאֶת־שְׁלָמָיו כַּאֲשֶׁר יַעֲשֶׂה בְּיוֹם הַשַּׁבָּת וְיָצָא וְסָגַר אֶת־הַשַּׁעַר אַחֲרֵי צֵאתוֹ׃

⁸ *Cuando el gobernante entre, entrará por el camino del portal de la puerta, y por el mismo camino saldrá.* ⁹ *Pero cuando el pueblo del país entre delante de Yahvé en las fiestas, el que entre por la puerta del norte saldrá por la puerta del sur, y el que entre por la puerta del sur saldrá por la puerta del norte; no volverá por la puerta por donde entró, sino que saldrá por la de enfrente de ella.* ¹⁰ *Cuando ellos entren, el gobernante entrará en medio de ellos, y cuando ellos salgan, él saldrá.*

¹¹ *En las fiestas y en las asambleas solemnes, la ofrenda será la ofrenda de un efa con cada becerro, y de un efa con cada carnero; y con los corderos ofrendará conforme a sus posibilidades. Y ofrecerá un hin de aceite con cada efa.* ¹² *Pero cuando el gobernante ofrezca voluntariamente holocausto u ofrendas de paz a Yahvé, le abrirán la puerta que mira al oriente, y hará su holocausto y sus ofrendas de paz, como lo hace el sábado. Después saldrá, y cuando haya salido cerrarán la puerta.*

La venida del pueblo para adorar ante Yahvé ha sido ya mencionada en 46, 3, pero solo de un modo ocasional, con referencia al lugar que ellos han de ocupar detrás del príncipe, en caso de que algunos hayan de venir en los sábados o días de luna nueva, en los que no tenían necesidad de venir. Por otra parte, en las grandes festividades ellos tenían obligación de ir (Dt 16, 16); y en esa línea se sitúan aquí las directrices necesarias (46, 9-10), para evitar los amontonamientos y confusiones.

Con la finalidad de vincular esas directrices con lo que viene antes, aquí (en 46, 8) se repite la norma ya dada en 46, 2, relacionada con la entrada y salida del príncipe

Los comentaristas suponen que מוֹעֲדִים se refiere a las grandes festividades del mes primero y del mes séptimo (45, 21. 25). Pero, en nuestro caso, וּבַמּוֹעֲדִים no se aplica a las mismas fiestas que se llaman חַגִּים en 46, 11, como podemos ver por la combinación de ambas palabras (וּבַחַגִּים וּבַמּוֹעֲדִים) en el texto.

חַגִּים es el término aplicado a las grandes fiestas anuales distintas de los sábados, luna nueva y día de la expiación. Por el contrario, los מוֹעֲדִים son todos los tiempos y días santificados para el Señor, incluso los sábados (cf. *Coment.* a Lev 23, 2). En ese sentido se utiliza aquí מוֹעֲדִים, en 46, 9, y no חַגִּים, porque lo que se dice respecto a la entrada y salida del pueblo, cuando visita el templo no se aplica solo a las grandes festividades en las que el pueblo estaba obligado a aparecer delante de Yahvé, sino también a los días de fiestas como los sábados y las lunas nueva, para todos aquellos que deseaban adorar de un modo voluntario al Señor.

De todas formas, aquí no se excluyen los otros casos, pues, como 46, 10 muestra claramente, aquí se están pensando especialmente en las grandes fiestas. Lo que se dice sobre la entrada y salida del príncipe en medio del pueblo (Ez 46, 10) se aplica solo a las grandes fiestas anuales. El *qetiv* יָצָא en 46, 9 ha de preferirse al *kere* יֵצֵא, porque no es solamente la lectura más difícil, sino la más correcta, pues aquí se mencionan dos tipos de gente: aquellos que entran por la puerta del norte y aquellos que entran por la del sur. Unos y otros han de caminar de un modo recto, hacia adelante, sin que ninguno de ellos se vuelva en el atrio, con el propósito de salir por la misma puerta por la que ha entrado. Tampoco debe cambiarse la palabra יָצָא en 46, 10, sino que debe tomarse como referida al príncipe y el pueblo.

En 46, 11, se repiten las instrucciones dadas en 45, 24; 46, 5.7, sobre las cantidades de ofrendas de comida para las diferentes fiestas, tomadas aquí como instrucciones que se aplican a todos los tiempos de festividad. בַּחַגִּים וּבַמּוֹעֲדִים se ha explicado correctamente como sigue: "en las fiestas, y de un modo general (o de un modo más preciso) en las diversas estaciones festivas…" (cf. 45, 17). Solo se exceptúan de estas normas los sacrificios diarios, pues se han de ofrecer otras regulaciones para ellos en 46, 14 y 46, 12.

Las ofrendas voluntarias pueden presentarse en cualquier día de la semana. Y las normas establecidas en 46, 1.2 para las ofendas sabáticas del príncipe se extienden a casos de ese tipo, con una modificación, que consiste en que la puerta del este, que ha sido abierta con esta ocasión ha de ser cerrada de nuevo tan pronto como termine la ceremonia sacrificial, y no dejarla abierta hasta la tarde, como en los sábados y en los días de luna nueva. נְדָבָה es un sustantivo y significa la ofrenda voluntaria, que puede ser una ofrenda de holocausto o de celebración de paz.

46, 13-15. El sacrificio diario

וְכֶ֨בֶשׂ בֶּן־שְׁנָת֜וֹ תָּמִ֗ים תַּעֲשֶׂ֥ה עוֹלָ֛ה לַיּ֖וֹם לַֽיהֹוָ֑ה בַּבֹּ֥קֶר בַּבֹּ֖קֶר תַּעֲשֶׂ֥ה אֹתֽוֹ: [13]

וּמִנְחָה֩ תַעֲשֶׂ֨ה עָלָ֜יו בַּבֹּ֣קֶר בַּבֹּ֗קֶר שִׁשִּׁ֤ית הָֽאֵיפָה֙ וְשֶׁ֣מֶן שְׁלִישִׁ֣ית הַהִ֔ין לָרֹ֖ס אֶת־הַסֹּ֑לֶת מִנְחָה֙ לַֽיהֹוָ֔ה חֻקּ֥וֹת עוֹלָ֖ם תָּמִֽיד: [14]

(וַעֲשׂ֨וּ) [וַעֲשׂ֜וּ] אֶת־הַכֶּ֧בֶשׂ וְאֶת־הַמִּנְחָ֛ה וְאֶת־הַשֶּׁ֖מֶן בַּבֹּ֣קֶר בַּבֹּ֑קֶר עוֹלַ֖ת תָּמִֽיד: פ [15]

[13] *Cada día ofrecerás en holocausto a Yahvé el sacrificio de un cordero de un año, sin defecto; cada mañana lo sacrificarás.* [14] *Con él harás todas las mañanas la ofrenda de la sexta parte de un efa y la tercera parte de un hin de aceite para mezclar con la flor de harina: es la ofrenda continua a Yahvé, como estatuto perpetuo.* [15] *Ofrecerán, pues, el cordero, la ofrenda y el aceite, todas las mañanas como holocausto continuo.*

La preparación del sacrificio diario no es algo que compete al príncipe, en armonía con Ez 45, 17, sino que es un deber de la congregación, que los sacerdotes tienen que supervisar. Cada mañana hay que ofrecer un cordero de un año como holocausto. La ley mosaica requería que ese sacrificio se hiciera mañana y tarde (Num 28, 3-4). La nueva torah omite el sacrificio de la tarde, pero aumenta la cantidad de la ofrenda de carne a un sexto de *efa* de trigo y a un tercio de *hin* de aceite, frente al décimo de *efa* de harina y al cuarto de *hin* de aceite que prescribía le ley mosaica (Num 28, 5).

לָרֹס de רסס, ἅπ. λεγ .., significa mojar, humedecer (cf רְסִיסִים, Cant 5, 2). El plural חֻקּוֹת se refiere a los holocaustos y ofrendas de comida. תָּמִיד se añade para dar más fuerza y, conforme a la correcta observación de Hitzig, parece que ha de tomarse como sustitutivo de en לְדֹרֹתֵיכֶם (cf. Lev 23, 14. 21. 31). El énfasis repetido de בַּבֹּקֶר בַּבֹּקֶר muestra que el silencio sobre el sacrificio de la tarde no es el resultado de una simple inadvertencia, sino que muestra que ese sacrificio de la tarde ha de omitirse en el nuevo ordenamiento del culto.

Ha de mantenerse el *qetiv* וַעֲשׂוּ en vez del *kere* וַעֲשׂוּ. Y con esto termina el nuevo orden del culto. Los versos que siguen en este capítulo introducen dos noticias suplementarias: es decir, una regulación, que remite a 45, 7-9, sobre el derecho del príncipe a vender o entregar su propiedad de tierra (46, 16-18), y una breve descripción de las cocinas sacrificiales para los sacerdotes y el pueblo (46, 19-24

46, 16-18. Sobre el derecho del príncipe a disponer su propiedad de tierra

כֹּֽה־אָמַ֞ר אֲדֹנָ֣י יְהֹוִ֗ה כִּֽי־יִתֵּ֨ן הַנָּשִׂ֤יא מַתָּנָה֙ לְאִ֣ישׁ מִבָּנָ֔יו נַחֲלָת֥וֹ הִ֖יא לְבָנָ֣יו תִּֽהְיֶ֑ה אֲחֻזָּתָ֥ם הִ֖יא בְּנַחֲלָֽה: [16]

וְכִֽי־יִתֵּ֨ן מַתָּנָ֜ה מִנַּחֲלָת֗וֹ לְאַחַד֙ מֵֽעֲבָדָ֔יו וְהָ֥יְתָה לּ֖וֹ עַד־שְׁנַ֣ת הַדְּר֑וֹר וְשָׁבַ֣ת לַנָּשִׂ֔יא אַ֚ךְ נַחֲלָת֔וֹ בָּנָ֖יו לָהֶ֥ם תִּהְיֶֽה: [17]

וְלֹא־יִקַּ֨ח הַנָּשִׂ֤יא מִנַּחֲלַ֣ת הָעָ֔ם לְהֽוֹנֹתָ֖ם מֵאֲחֻזָּתָ֑ם מֵאֲחֻזָּת֖וֹ יַנְחִ֣ל אֶת־בָּנָ֑יו לְמַ֨עַן֙ אֲשֶׁ֣ר לֹֽא־יָפֻ֣צוּ עַמִּ֔י אִ֖ישׁ מֵאֲחֻזָּתֽוֹ: [18]

¹⁶ *Así ha dicho Yahvé, el Señor: Si el gobernante cede parte de su heredad a sus hijos, será de ellos: propiedad de ellos será por herencia.* ¹⁷ *Pero si de su heredad cede una parte a alguno de sus siervos, solo será suya hasta el año del jubileo; entonces volverá al gobernante, porque la herencia corresponde a sus hijos.*
¹⁸ *El gobernante no tomará nada de la herencia del pueblo, para no defraudarlo de su propiedad. De lo que él mismo posee dará la herencia a sus hijos, a fin de que ninguno de mi pueblo sea privado de su propiedad.*

Según 45, 7-8, en la futura división de la tierra entre las tribus, había que dar al príncipe una posesión a los dos lados de la propiedad sagrada del dominio de la ciudad, a fin de que no quisiera tomar por la fuerza una posesión propia, quitándose a otros, como habían hecho algunos reyes antiguos. El príncipe podía dar porciones de su propiedad real, pero solo con unos límites, para que se no frustrara la finalidad con la que se le había garantizado esa posesión.

A sus hijos, como herederos suyos, él podía darles como regalo algunas partes de su propiedad, de manera que quedara para ellos; pero si él daba alguna parte de esa propiedad a siervos suyos, esa propiedad volvería a manos del príncipe en el año del jubileo, en la línea de lo que dice la ley mosaica, cuando afirma que el campo hereditario de un israelita, que ha sido alienado, ha de volver a su dueño hereditario en el jubileo (cf. Lev 27, 24, cf. Lev 25, 10-13).

El sufijo de נַחֲלָתוֹ en (Ez 46, 16) no ha de tomarse como referido a un príncipe, y conectado con las palabras precedentes, en oposición a los acentos, sino que se refiere a אִישׁ מִבָּנָיו. La propiedad de tierra que el príncipe regala para uno de sus hijos ha de ser su נַחֲלָה, en la línea de una posesión hereditaria. En contra de eso, lo que el príncipe ofrece a uno de sus siervos no se convierte en posesión hereditaria, sino que debe revertir al príncipe en el año de la remisión, es decir en el año del jubileo.

La segunda mitad de 46, 17 dice así, al pie de la letra: "solo su herencia es suya; pero si se la da a sus hijos, ella pertenece a ellos". El príncipe no debía romper sus posesiones reales, dándoselas a sus siervos (46, 18); pero el tampoco puede tomar por la fuerza la propiedad de otros, para dársela por ejemplo a sus hijos, sino que a sus hijos les debe dar solo de su propiedad particular. Para הונה cf. 45, 8, y otros pasajes como 1 Sam 8, 14; 22, 7. Una y otra vez tendremos que volver a esta cuestión: ¿cómo pueden entenderse estas regulaciones si el príncipe es el Mesías?

66, 19-24. Cocinas sacrificiales para los sacerdotes y para el pueblo

¹⁹ וַיְבִיאֵנִי בַמָּבוֹא אֲשֶׁר עַל־כֶּתֶף הַשַּׁעַר אֶל־הַלִּשְׁכוֹת הַקֹּדֶשׁ אֶל־הַכֹּהֲנִים הַפֹּנוֹת צָפוֹנָה וְהִנֵּה־שָׁם מָקוֹם (בַּיַרְכֹתָם) [בַּיַרְכָתַיִם] יָמָּה: ס
²⁰ וַיֹּאמֶר אֵלַי זֶה הַמָּקוֹם אֲשֶׁר יְבַשְּׁלוּ־שָׁם הַכֹּהֲנִים

אֶת־הָאָשָׁם וְאֶת־הַחַטָּאת אֲשֶׁר יֹאפוּ אֶת־הַמִּנְחָה לְבִלְתִּי הוֹצִיא אֶל־הֶחָצֵר הַחִיצוֹנָה לְקַדֵּשׁ אֶת־הָעָם:
²¹ וַיּוֹצִיאֵנִי אֶל־הֶחָצֵר הַחִיצֹנָה וַיַּעֲבִירֵנִי אֶל־אַרְבַּעַת מִקְצוֹעֵי הֶחָצֵר וְהִנֵּה חָצֵר בְּמִקְצֹעַ הֶחָצֵר חָצֵר בְּמִקְצֹעַ הֶחָצֵר:
²² בְּאַרְבַּעַת מִקְצֹעוֹת הֶחָצֵר חֲצֵרוֹת קְטֻרוֹת אַרְבָּעִים אֹרֶךְ וּשְׁלֹשִׁים רֹחַב מִדָּה אַחַת לְאַרְבַּעְתָּם מְהֻקְצָעוֹת:
²³ וְטוּר סָבִיב בָּהֶם סָבִיב לְאַרְבַּעְתָּם וּמְבַשְּׁלוֹת עָשׂוּי מִתַּחַת הַטִּירוֹת סָבִיב:
²⁴ וַיֹּאמֶר אֵלָי אֵלֶּה בֵּית הַמְבַשְּׁלִים אֲשֶׁר יְבַשְּׁלוּ־שָׁם מְשָׁרְתֵי הַבַּיִת אֶת־זֶבַח הָעָם:

¹⁹ Me trajo después por la entrada que estaba hacia la puerta, a las cámaras santas de los sacerdotes, las cuales miraban al norte, y vi que había allí un lugar en el fondo del lado de occidente. ²⁰ Me dijo: Este es el lugar donde los sacerdotes cocerán la ofrenda por el pecado y la expiación; allí cocerán la ofrenda, para no sacarla al atrio exterior, santificando así al pueblo.

²¹ Luego me sacó al atrio exterior y me llevó por los cuatro rincones del atrio, y en cada rincón había un patio. ²² En los cuatro rincones del atrio había patios cercados, de cuarenta codos de longitud y treinta de anchura; una misma medida tenían los cuatro.

²³ Y había una pared alrededor de ellos, alrededor de los cuatro, y abajo había fogones alrededor de las paredes. ²⁴ Me dijo: Estas son las cocinas donde los servidores de la casa cocerán la ofrenda del pueblo.

En la lista y descripción de los edificios subordinados al templo no se hablaba de las cocinas sacrificiales; pues bien, de ellas se trata aquí de nuevo de una forma suplementaria. Ewald ha cambiado de lugar 46, 1-24, para colocarlo después de 42, 14, que sería un contexto más apropiado para hablar de la cocina sacrificial de los sacerdotes.

Pero es evidente que nuestro pasaje se encontraba originalmente aquí, y no allí, no solo por el hecho de que en 46, 19 se describe de manera muy detallada el tema de las "santas celdas" (42, 1), un tema que hubiera sido innecesario si la descripción de las cocinas hubiera seguido inmediatamente después de 42, 14, cuando Ezequiel se estaba ocupando de las celdas, sino también (y más claramente) por las palabras que sirven como introducción a lo que sigue: "él me llevó de nuevo a la puerta de la casa" (47, 1), palabras que no pueden entenderse a no ser que él haya cambiado del lugar donde estaba entre 46, 18 y 47, 1.

Si Ez 46, 19-24 hubiera estado originalmente en otro lugar, de manera que 47, 1 estuviera inmediatamente conectada con 46, 18, la formula de transición de Ez 47, 1 debería sonar de manera muy distinta. Conforme a todo eso, podemos afirmar que Ez 46, 16-18, que Ewald ha interpolado arbitrariamente entre Ez 45, 8 y 45, 9, puede situarse muy bien en el presente lugar, en el capítulo del que estamos tratando.

Las santas celdas (הַלִּשְׁכוֹת הַקֹּדֶשׁ: 46, 19) son aquellas del edificio de celdas del norte (42, 1-10), descritas en 42, 1-14 (cf. imagen 1, L). בְּמָבוֹא es la entrada o camino mencionado en 42, 9, que llevaba del atrio interior norte a estas celdas, no el lugar al que fue llevado Ezequiel (Kliefoth), sino el pasaje a través del cual fue llevado. El lugar al que fue conducido se introduce con אל, de la forma siguiente: אֶל־הַלִּשְׁכוֹת הַקֹּדֶשׁ (con artículo antes del estado constructo, como en 43, 21 etc.). A eso se añade אֶל־הַכֹּהֲנִים en forma de aposición. Aquí debe repetirse mentalmente לִשְׁכוֹת: a aquellas celdas que eran para los sacerdotes.

הַפֹּנוֹת pertenece a הַלִּשְׁכוֹת. Allí, es decir, junto a las habitaciones, había un espacio separado a los lados (más en la parte trasera) hacia el oeste (imagen 1, M), para cocinar la carne de los sacrificios por los pecados y ofensas, y para cocer la *minjah*, es decir, aquellas porciones de los sacrificios que los sacerdotes iban a comer de un modo oficial (cf. Coment a Ez 42, 13). Para entender mejor el motivo asignado en 46, 20 para la existencia de cocinas especiales con esta finalidad, cf. Coment a 44, 19. Por otra parte, esas cocinas eran necesarias para preparar las comidas sacrificiales que estaban vinculadas a la ofrenda de los *shelamim* (sacrificios pacíficos), y que eran compartidas por aquellos que los presentaban.

De estas cocinas sacrificiales para el pueblo trata expresamente Ez 46, 20-24. Ellas estaban situadas en los cuatro ángulos del atrio exterior (imagen 1, N). Las celdas santas (46, 19) y las cocinas sacrificiales para los sacerdotes (46, 20) estaban también situadas fuera del muro del atrio interior, y por ese motivo Ezequiel ha tenido que salir fuera del muro del atrio interior, donde él ha recibido la *torah* sacrificial, a través de la puerta norte del atrio, por el camino que lleva a las celdas santas, a fin de que le puedan mostrar las cocinas sacrificiales. Por tanto, cuando en 46, 21 se dice que "él me llevó dentro del atrio exterior", וַיּוֹצִיאֵנִי solo puede explicarse desde la suposición de que el espacio que va desde el muro que rodea al atrio interior al camino que dirige del pórtico de aquel atrio hasta las celdas sagradas y el paso por el que sigue este camino frente a las celdas (imagen I, l y m) se tomaba como si formara pare del atrio interior.

En cada uno de los cuatro ángulos del atrio exterior había un (pequeño) patio interior dentro del gran patio. La repetición de בְּמִקְצֹעַ הֶחָצֵר tiene una fuerza distributiva. Los pequeños atrios en los cuatro ángulos del gran atrio eran קְטֻרוֹת, es decir, no estaban cubiertos, no estaban "contraídos", como piensa Böttcher, pues קטר no tiene ese sentido; no eran tampoco *fumum exhalantia* (humeantes), como suponen los talmudistas; ni están como cubiertos por "puentes" (Hitzig), pues no hay nada en el lenguaje que apoye ese sentido del texto. Se trata, con toda probabilidad, de *atria clausa* (atrios cerrados), i.e., *muris cincta et janius clausa* (rodeados de muros y cerrados con puertas: Gesenius, *Thesaurus*); ese es el sentido de קטר, en Arameo *ligavit in* (ligado…), en Etíope *clausit, observavit, januam* (cerró, aseguró la puerta).

Las palabra מְהֻקְצָעוֹת está marcada con *puncta extraordinaria* (puntos o círculos extraordinarios) por los masoretas, como una palabra sospechosa, de manera que la Vulgata y los LXX la omiten. Böttcher y Hitzig la han rechazado también como una glosa. Pero incluso Hitzig afirma que no puede explicar la forma en que ha entrado en el texto. Esta palabra, מְהֻקְצָעוֹת, es un participio *hofal* de קצע, con el sentido de *situada en el ángulo,* cortada en ángulo, y aquí aparece en aposición al sufijo de לְאַרְבַּעְתָּם: una medida para los cuatro, los espacios o atrios cortados en los ángulos. Para este uso aposicional del participio, cf. 1 Rey 14, 6.

Hay también diferencia de opiniones sobre el sentido de la palabra טוּר, que solo aparece aquí y en Ex 28, 27 y en Ez 39, 10, donde significa banco, fila y no lugar cerrado (Kliefoth). Por su parte, el הַטִּירוֹת que sigue es simplemente el femenino plural de טוּר, como טירה es también un derivado del mismo טוּר, en el sentido de rodear (cf. *Coment.* a Salm 69, 26).

En consecuencia, טוּר no significa un muro que cubre o una pared que rodea, sino una especie de filas de pequeños espacios con cocinas separadas, en los que se colocaban los hornos. מְבַשְּׁלוֹת no son cocinas en sentido estricto, sino hornos para cocinas, en participio piel: cosas que sirven para que algo hierva. הַמְבַשְּׁלִים son servidores del templo, que se distinguen de los servidores de Yahvé (Ez 44, 15-16), son levitas (44, 11-12). Por su parte, עָשׂוּי está construido como en Ez 40, 17 y 41, 18-19.

IV
Ez 47, 1-48, 34
BENDICIÓN Y DISTRIBUCIÓN LA TIERRA ENTRE LAS TRIBUS DE ISRAEL

Después que Ezequiel ha visto la entrada de la gloria del Señor en el nuevo templo, que ha sido medido ante sus ojos, y ha recibido la nueva torah que ha de anunciar al pueblo, relacionada con el servicio que Israel ha de ofrecer al Señor en el nuevo santuario, se le mostró una corriente de agua viva que brotaba del umbral del templo, fluyendo a la Arabah, para desembocar en el Mar Muerto y fertilizar su tierra desierta y llenar el agua salada del Mar Muerto con poder vital (Ez 47, 1-12). Y despúes de eso se le comunica al profeta el mandato de Dios, relacionado con las fronteras de la tierra santa, su distribución entre las doce tribus de Israel y la construcción de la ciudad santa (47, 13-48, 35).

1. Ez 47, 1-12. El río del agua de vida

¹ וַיְשִׁבֵ֣נִי אֶל־פֶּ֣תַח הַבַּ֗יִת וְהִנֵּה־מַ֙יִם֙ יֹצְאִ֜ים מִתַּ֣חַת מִפְתַּ֣ן הַבַּ֣יִת קָדִ֔ימָה כִּֽי־פְנֵ֥י הַבַּ֖יִת קָדִ֑ים וְהַמַּ֣יִם יֹרְדִ֗ים מִתַּ֜חַת מִכֶּ֤תֶף הַבַּ֙יִת֙ הַיְמָנִ֔ית מִנֶּ֖גֶב לַמִּזְבֵּֽחַ׃
² וַיּוֹצִאֵנִי֮ דֶּ֣רֶךְ־שַׁ֣עַר צָפוֹנָה֒ וַיְסִבֵּ֙נִי֙ דֶּ֣רֶךְ ח֔וּץ אֶל־שַׁ֥עַר הַח֖וּץ דֶּ֣רֶךְ הַפּוֹנֶ֣ה קָדִ֑ים וְהִנֵּה־מַ֣יִם מְפַכִּ֔ים מִן־הַכָּתֵ֖ף הַיְמָנִֽית׃
³ בְּצֵאת־הָאִ֥ישׁ קָדִ֖ים וְקָ֣ו בְּיָד֑וֹ וַיָּ֤מָד אֶ֙לֶף֙ בָּֽאַמָּ֔ה וַיַּעֲבִרֵ֥נִי בַמַּ֖יִם מֵ֥י אָפְסָֽיִם׃
⁴ וַיָּ֣מָד אֶ֔לֶף וַיַּעֲבִרֵ֥נִי בַמַּ֖יִם מַ֣יִם בִּרְכָּ֑יִם וַיָּ֣מָד אֶ֔לֶף וַיַּעֲבִרֵ֖נִי מֵ֥י מָתְנָֽיִם׃
⁵ וַיָּ֣מָד אֶ֔לֶף נַ֕חַל אֲשֶׁ֥ר לֹֽא־אוּכַ֖ל לַעֲבֹ֑ר כִּֽי־גָא֣וּ הַמַּ֗יִם מֵ֣י שָׂ֔חוּ נַ֖חַל אֲשֶׁ֥ר לֹֽא־יֵעָבֵֽר׃
⁶ וַיֹּ֣אמֶר אֵלַ֔י הֲרָאִ֖יתָ בֶן־אָדָ֑ם וַיּוֹלִכֵ֥נִי וַיְשִׁבֵ֖נִי שְׂפַ֥ת הַנָּֽחַל׃
⁷ בְּשׁוּבֵ֕נִי וְהִנֵּה֙ אֶל־שְׂפַ֣ת הַנַּ֔חַל עֵ֥ץ רַ֛ב מְאֹ֖ד מִזֶּ֥ה וּמִזֶּֽה׃
⁸ וַיֹּ֣אמֶר אֵלַ֔י הַמַּ֣יִם הָאֵ֗לֶּה יוֹצְאִ֛ים אֶל־הַגְּלִילָ֥ה הַקַּדְמוֹנָ֖ה וְיָרְד֣וּ עַל־הָעֲרָבָ֑ה וּבָ֣אוּ הַיָּ֗מָּה אֶל־הַיָּ֛מָּה הַמּוּצָאִ֖ים (וְנִרְפְּאוּ) [וְנִרְפּ֥וּ] הַמָּֽיִם׃
⁹ וְהָיָ֣ה כָל־נֶ֣פֶשׁ חַיָּ֣ה אֲֽשֶׁר־יִשְׁרֹ֡ץ אֶ֣ל כָּל־אֲשֶׁר֩ יָב֨וֹא שָׁ֜ם נַחֲלַ֣יִם יִֽחְיֶ֗ה וְהָיָ֤ה הַדָּגָה֙ רַבָּ֣ה מְאֹ֔ד כִּי֩ בָ֨אוּ שָׁ֜מָּה הַמַּ֣יִם הָאֵ֗לֶּה וְיֵרָֽפְאוּ֙ וָחָ֔י כֹּ֛ל אֲשֶׁר־יָ֥בוֹא שָׁ֖מָּה הַנָּֽחַל׃
¹⁰ וְהָיָה֩ (יַעַמְדוּ) [וְעָמְד֨וּ] עָלָ֜יו דַּוָּגִ֗ים מֵעֵ֥ין גֶּ֙דִי֙ וְעַד־עֵ֣ין עֶגְלַ֔יִם מִשְׁט֥וֹחַ

לַחֲרָמִים יִהְיוּ לְמִינָהּ תִּהְיֶה דְגָתָם כִּדְגַת הַיָּם הַגָּדוֹל רַבָּה מְאֹד:
¹¹ (בְּצֹאתוֹ) [בִּצֹּאתָיו] וּגְבָאָיו וְלֹא יֵרָפְאוּ לְמֶלַח נִתָּנוּ:
¹² וְעַל־הַנַּחַל יַעֲלֶה עַל־שְׂפָתוֹ מִזֶּה וּמִזֶּה כָּל־עֵץ־מַאֲכָל
לֹא־יִבּוֹל עָלֵהוּ וְלֹא־יִתֹּם פִּרְיוֹ לָחֳדָשָׁיו יְבַכֵּר כִּי מֵימָיו
מִן־הַמִּקְדָּשׁ הֵמָּה יוֹצְאִים (וְהָיוּ) [וְהָיָה] פִרְיוֹ לְמַאֲכָל וְעָלֵהוּ לִתְרוּפָה: ס

¹ *Me hizo volver luego a la entrada de la casa. Y vi que salían aguas por debajo del umbral de la casa hacia el oriente, porque la fachada de la casa estaba al oriente; y las aguas descendían por debajo, hacia el lado derecho de la casa, al sur del altar.* ² *Me sacó por el camino de la puerta del norte y me hizo dar la vuelta por el camino exterior, fuera de la puerta, al camino de la que mira al oriente; y vi que las aguas salían del lado derecho.*

³ *Salió el hombre hacia el oriente, llevando un cordel en la mano. Midió mil codos y me hizo pasar por las aguas, que me llegaban hasta los tobillos.* ⁴ *Midió otros mil y me hizo pasar por las aguas, que me llegaban hasta las rodillas. Midió luego otros mil y me hizo pasar por las aguas, que me llegaban hasta la cintura.* ⁵ *Midió otros mil, y era ya un río que yo no podía pasar, porque las aguas habían crecido de manera que el río no se podía pasar sino a nado.*

⁶ *Y me dijo: ¿Has visto, hijo de hombre?. Después me llevó, y me hizo volver por la ribera del río.* ⁷ *Y al volver vi que en la ribera del río había muchísimos árboles a uno y otro lado.* ⁸ *Entonces me dijo: Estas aguas salen a la región del oriente, descienden al Arabá y entran en el mar. Y al entrar en el mar, las aguas son saneadas.* ⁹ *Todo ser viviente que nade por dondequiera que entren estos dos ríos, vivirá; y habrá muchísimos peces por haber entrado allá estas aguas, pues serán saneadas. Vivirá todo lo que entre en este río.* ¹⁰ *Junto a él estarán los pescadores, y desde En-gadi hasta En-eglaim será su tendedero de redes. Y los peces, según su especie, serán tan abundantes como los peces del Mar Grande.* ¹¹ *Sus pantanos y sus lagunas no serán saneadas: quedarán para salinas.* ¹² *Y junto al río, en la ribera, a uno y otro lado, crecerá toda clase de árboles frutales; sus hojas nunca caerán ni faltará su fruto. A su tiempo madurará, porque sus aguas salen del santuario. Su fruto será para alimento y su hoja para medicina.*

Cuando Yahvé venga a juzgar a todos los paganos en el valle de Josafat, y habite como rey de su pueblo sobre Sión, su santa montaña, entonces se llenarán las montañas de Israel de vida nueva, y correrá la leche de sus colinas, y los torrentes de Judá estarán llenos de agua. Y una fuente brotará de la casa de Yahvé y el agua discurrirá por el valle de las Acacias. Con estas figuras ha descrito ya Joel (Jl 4, 18) el río de la salvación que el Señor hará que brote para su congregación en el tiempo en que culmine el reino de Dios. Esta visión de la salvación mesiánica ha venido a ser recreada en la magnífica visión contenida en esta sección que comentamos.

Del atrio exterior, donde a Ezequiel le han mostrado las cocinas sacrificiales para el pueblo (46, 21), le llevan de nuevo al frente de la puerta de la casa del templo, para mostrarle una fuente de agua que fluye de debajo el umbral del templo y que en el breve curso de cuatro mil codos se ha convertido en un río profundo en el que los hombres pueden nadar, y que desciende hacia el valle del Jordán, para desembocar en el Mar Muerto. Ez 47, 1-2 describe el origen y curso de estas aguas, 47, 3-5 muestra su maravilloso crecimiento, y 47, 6 evoca el crecimiento de árboles en sus riberas. Por su parte, 47, 7-12 describe su desembocadura en la Arabá y en el Mar Muerto, con el poder vivificador de sus aguas.

Ez 47,1. La puerta de la casa es la entrada al lugar santo del templo y פֶּתַח הַבַּיִת es el umbral de esa puerta. קָדִימָה no es "en el este" (Hitzig), porque la frase siguiente explicando la razón no requiere ese significado, sino "hacia el este" del umbral, que mira hacia el este, pues hacia allí miraba el templo. מִתַּחַת no ha de conectarse con מִכֶּתֶף, sino que ha de ser tomado por sí mismo, pero no en el sentido de "hacia abajo" (Hitzig), sino "de abajo", es decir, de debajo de la parte derecha de la casa. ירד es fluir hacia abajo, porque el templo estaba en un plano más alto que el plano del patio interior. La parte derecha es la parte de la muralla de oriente del lugar santo, entre la puerta y los pilares, y su anchura era de cinco codos (41, 1).

Según eso, el agua salía del ángulo formado por el muro sur del pórtico y el muro oriental de santo lugar (cf. modelo en imagen 1), y discurría por la parte sur del altar de los holocaustos y cruzaba el atrio interior en dirección hacia oriente, pasando bajo la muralla que dividía los dos atrios. El agua fluía después a lo largo del atrio exterior bajo el pavimento y la muralla exterior, para desembocar ya en el campo abierto, donde el profeta, ya en el exterior, frente a la puerta veía cómo discurría por la parte derecha de la puerta exterior (mirando desde el templo, cf. Imagen 1).

Para que el profeta pudiera ver esto, él tuvo que ser conducido por la puertea del norte, porque la del oriente estaba cerrada (44, 1), dando la vuelta por fuera de la muralla hasta el exterior de la puerta de oriente. דֶּרֶךְ חוּץ se define de manera más minuciosa por אֶל־שַׁעַר הַחוּץ, y esto de nuevo por דֶּרֶךְ הַפּוֹנֶה קָדִים, por el camino de la puerta que mira hacia el oriente.

El ἁπ. λεγ. מְפַכִּים, piel de פכה, relacionado con בכה, significa probablemente "salían ondulándose", no "salían como un chorrito". מַיִם no tiene artículo porque es evidente por el contexto que el agua era la misma que aquella que Ezequiel había visto en el atrio interior, brotando del umbral del templo. La parte (espalda) derecha es aquella porción de la muralla del oriente que está por el lado sur de la puerta.

Ez 47, 3-5 describe el crecimiento milagroso de la profundidad del agua. A mil codos de la muralla, caminando junto al agua se descubre que ella cubre hasta los tobillos; mil codos más adelante cubre hasta las rodillas, y mil más adelante hasta la cintura; y después de andar mil codos más el agua no podía vadearse, sino que solo se podía pasar nadando.

Las palabras מֵי אָפְסַיִם son una breve expresión para indicar que había agua hasta los tobillo. אפס equivale a פס, que es tobillo y no la planta de los pies. En

1 Cron 11, 13 tenemos, por otra parte, דמים פס en vez de דמים אפס. La chocante expresión en מי ברכים vez de מים ברכים puede haber sido escogida porque מי ברכים tiene el mismo significado que מימי רגלים en Is 36, 12 (keré).

El hombre de la medida dirigió la atención del profeta (cf. 47, 6) hacia este crecimiento extraordinario de la corriente de agua, para que así quedara clara la naturaleza milagrosa de la corriente. Un río natural no puede crecer de esa manera en una distancia tan corto, a no ser que desembocaran otras corrientes en su cauce, cosa que aquí no sucedía. Entonces el hombre de la medida dirigió de nuevo a Ezequiel שְׂפַת הַנָּחַל, a lo largo de su ribera, no a la ribera, que él no había abandonado nunca.

La finalidad de ello esto para que viera lo que se había realizado en el tiempo que había durado su camino por los cuatro mil codos a lo largo del río. Por el crecimiento del agua, que había ido midiendo hasta aquel punto, el profeta podía inferir la anchura que el río iría alcanzando en su curso posterior. Pues bien, él debe volver ahora por la ribera del río para ver cómo está cubierta con árboles. בְּשׁוּבֵנִי solo puede explicarse como una forma incorrecta de בשובי, aunque no se encuentran analogías de ello.

En Ez 47, 8-12 el hombre de la medida ofrece a Ezequiel una explicación del curso del río y del efecto de sus aguas: estas aguas salen צֹאִים אֶל־הַגְּלִילָה הַקַּדְמוֹנָה יו, hacia la región o círculo de oriente, que se identifica con אֶל־גְּלִילוֹת הַיַּרְדֵּן, que es el círculo del Jordán (Js 22, 10), la región que está encima del Mar Muerto, donde el valle del Jordán (el Ghor) se amplía en una extensa y profunda depresión.

הָעֲרָבָה es el valle profundo de Jordán, llamado ahora Ghor (cf. *Coment* a Dt 1, 1), del que dice Robinson que su mayor parte permanece siendo un desierto desolado. Así fue descrito en tiempos antiguos (cf. Josefo, *Bell. Jud.* III. 10. 7, IV. 8. 2), y así lo encontramos todavía (cf. Karl v. Raumer, *Palaestina,* 1860, p. 58).

הַיָּמָה es el Mar Muerto, llamado en Ez 47, 18 הַיָּם הקדמוני y en Dt 3, 17 y 4, 49 aparece como *Mar de la Araba*. Con Hengstenberg pensamos que las palabra אֶל־הַיָּמָה הַמּוּצָאִים han de tomarse como un resumen enfático de las afirmaciones anteriores relacionadas con la corriente de agua, a las que se añade ahora esta explicación relacionada con su efecto sobre el Mar Muerto, recibiendo ese sentido del וּבָאוּ de la fase anterior: Las aguas del río que han salido del templo han entrado en el Mar, y las aguas del Mar Muerto han sido curadas. Según eso, no hay necesidad de aceptar la enmienda propuesta por Hitzig: אל הים הם מוּצָאִים. No hay duda ninguna de que הַיָּמָה no es otro que el Mar Muerto ya mencionado. La suposición de que se trata del Mar Mediterráneo (Chald., Rosenmueller, Ewald y otros) no puede conciliarse con las palabras de Ezequiel, y ha sido traspuesta a este pasaje por Zac 14, 8.

וְנִרְפָּאוּ significa como en 2 Rey 2, 22 la curación, hacer que el agua que era peligrosa o destructora para la vida se vuelva beneficiosa. Los antiguos conocían bien la condición del agua del Mar Muerto, y Tácito la describe como sigue: "Lacus immenso ambitu, specie maris sapore corruptior, gravitate odoris accolis pestifer, neque vento impellitur neque pisces aut suetas aquis volucres patitur" (un gran lago, con el aspecto de mar, pero de sabor más corrompido, de olor pestilente para los moradores de la región; no levanta en él olas ningún viento, ni permite que haya en él peces, ni aves marinas: *Historia*. V c. 6).

Estas afirmaciones han sido confirmadas por todos los viajeros modernos, como Karl v. Raumer, *Palaestina*, pp. 61ss. y Robinson, *Physical Geography of the Holy Land*). Pues bien, este mar enfermo será curado y se volverá saludable con las aguas del río del templo, de manera que los peces podrán vivir en él. A cualquier lugar donde lleguen las aguas del río volverán a recibir vida y florecerán los diversos seres animados.

En 47, 9 ofrece alguna dificultad el dual de נְחָלִים, que algunos han traducido como si se tratara de dos ríos. No es probable que ese dual se deba a su semejanza con מים, como ha supuesto Maurer; y aún es más improbable que haya aquí alguna alusión al hecho de que el río que procede del templo se une con algún otro río como el Cedrón, que también desemboca en el Mar Muerto (Hävernick), pues el Cedrón no se nombra aquí ni antes ni después.

Kliefoth piensan que el dual quiere indicar que hay una división en las aguas del río, que hasta ahora han discurrido juntas, pero que después se fraccionan al entrar en el mar. Pero esto se habría expresado sin duda de un modo más claro. Hengstenberg toma la expresión נְחָלִים (doble río) como indicación de que se trata de un río de fuerte corriente, apoyándose para ello en Jer 50, 21. Esta es probablemente la mejor explicación del tema, pues no se gana nada alterando el texto como hacen otro, poniendo נחלם (Ewald) o נחלים (Hitzig) (y tomando la ם como sufijo), pues נחל no necesita en este contexto sufijo.

וְחָי כָּל אֲשֶׁר־יָבוֹא ha de tomarse en conexión con וְיֵרָפְאוּ, serán curados. וְחָי es una expresión pregnante para revivir, volver a la vida. Las palabras no han de entenderse en el sentido de que hubiera creaturas vivas en el Mar Muerto antes de que el agua vivificadora entrara en él. El pensamiento es más bien que tan pronto como entre en el Mar Muerto el agua vivificadora, ese mar estará lleno de seres vivientes.

Esa abundancia de vida se deberá a la potencia vivificadora de las aguas. El sujeto de וְיֵרָפְאוּ, las aguas del Mar Muerto serán saneadas, ha de ser suplido por el contexto. La gran abundancia de peces del Mar Muerto, producida por el agua del río, queda expresada todavía más en 47, 10, donde se dice que los pescadores extenderán sus redes en la costa desde *Engedi* a *Eneglaim*, añadiéndose que habrá una variedad tan grande peces como en el mar Mediterráneo.

עֵין גֶּדִי, es decir, la fuente del cabrito, ahora *Ain-Jidi*, es una fuente hacia el centro de la costa occidental del Mar Muerto, con ruinas de varios edificios antiguos (cf. *Coment*. a Js 15, 62 y K. v. Raumer, *Palaestina*, p. 188).

עֵין עֶגְלַיִם no se ha descubierto aún, aunque según las palabras de Jerónimo "Engallim está al comienzo del Mar Muerto, allí donde desemboca el Jordán". A partir de aquí muchos han pensado que se trata de *Ain el-Feshkhah*, una fuente hacia el final de Mar Muerto, por la costa occidental norte, donde se encuentran las ruinas de una pequeña torre cuadrada (cf. Robinson, *Palestine*, II pp. 491, 492), pues no hay otras fuentes en la costa occidental del Mar Muerto (y עֵין עֶגְלַיִם significa la Fuente de Eglaim). לְמִינָה está puntuada con *mappik*, probablemente porque los masoretas pensaron que la ה no era un sufijo, pues el nombre al que alude no sigue hasta más tarde.

Ez 47, 11 introduce una excepción al decir, que a pesar de todo, el Mar Muerto conservará aún pantanos y lagunas, que no se desalinizarán. Aquí se contiene una alusión al carácter natural del Mar Muerto. "En la estación de las lluvias, cuando el mar está lleno, sus aguas inundan muchos terrenos bajos de aguas pantanosas, que permanecen cubiertos después de la retirada de las aguas, formando piscinas o humedales; y como su agua se evapora rápidamente, el suelo aparece cubierto con una extensa costra de sal" (Robinson, *Physical Geography*, p. 215).

Esas zonas לְמֶלַח נִתָּנוּ, quedarán para salinas, es decir, estarán destinadas a permanecer llenas de sal, porque las aguas del río no las alcanzarán. La sal no aparece aquí con sus propiedades para sazonar las comidas, sino como dice Hengstenberg, como enemiga de toda fertilidad, de toda vida y de toda prosperidad, en la línea de lo que decía Plinio: *Hist. Nat.* XXXI. c. 7: *Omnis locus, in quo reperitur sal, sterilis est nihilque gignit*: todo lugar donde hay sal se vuelve estéril y no produce nada (cf. Dt 29, 22; Jer 17, 6; Sof 2, 9; Sal 107, 34).

En Ez 47, 12 se describe aun más el efecto del agua del río sobre la vegetación del terreno, mencionada ya en 47, 7. Sobre la costa crecerán todo tipo de árboles, con frutos comestibles (כָּל־עֵץ־מַאֲכָל, como en Lev 19, 23), cuyas hojas no se pudren y cuyos frutos nunca faltan, sino que maduran cada mes (con יְבַכֵּר, producir los primeros frutos, es decir, frutos frescos; con לָחֳדָשָׁיו, que es distributivo como en Is 47, 13, es decir, cada mes), porque las aguas que riegan la tierra proceden del santuario, es decir, "vienen directa e inmediatamente del lugar donde habira aquel que es el autor de todo poder vital y de toda fecundidad" (Hitzg).

Las hojas y los frutos de estos árboles tienen, por tanto, un poder sobrenatural. Los frutos sirven como comida, las hojas como medicina (לִתְרוּפָה, de רפא=רוף), es decir, para curación de lo que está enfermo y/o corrompió (εἰς θεραπείαν, Ap 22:2). Estos efectos del agua que procede del santuario y llega al Mar Muerto y a la tierra de sus costas, tal como están descritos en Ez 47, 8-12, muestran el significado de esta corriente de agua para el nuevo Reino de Dios.

Si preguntamos si el agua a la que aquí se alude es agua material o puramente espiritual y simbólica, la respuesta completa solo puede darse en conexión con la interpretación de todo el conjunto de la visión del templo (Ez 40-48). Pues bien, aunque asumiéramos por el momento que la descripción del nuevo templo con el culto nuevo y que la división de la tierra de Canaán ha de interpretarse de un modo literal (con la construcción de un templo material sobre una gran montaña, con la *terumah* de la tierra separada para Dios y la renovación de los sacrificios cruentos sobre el templo) resultará difícil que combinemos todo lo anterior con una interpretación literal de lo que se dice sobre los efectos del agua del templo Ciertamente, según la opinión de Volck "debemos aceptar una glorificación de la naturaleza", pero esa misma glorificación no nos permite superar las dificultades que surgen a través de una interpretación literal de la fuente del templo.

Según Ez 47, 12, sus aguas poseen el poder dador de vida y curación que se les atribuye porque surgen del santuario. Pero ¿cómo se compagina ese poder que tiene el agua de glorificación de la naturaleza con el hecho de que ella brota de un templo en el que se matan y sacrifican terneros, carneros, machos cabríos y cabras? Volck sigue manteniendo una interpretación material de todo el texto, y así afirma que con la interpretación spiritual de la fuente del templo "no se podría entender el tema de los pescadores", un tema que ha de tomarse en sentido material (es decir, que no puede entenderse de forma espiritualista).

Pero Volck ha olvidado una cosa: En el paraíso ya no habrá pescadores; los habitantes de la tierra entera, entendida como tierra santa, en su estado paradisíaco y glorificado, ya no comerán carne de pescado ni ningún otro tipo de carne, como dice la Escritura al hablar del primer hombre del paraíso. En el momento en que el lobo pacerá con el cordero, y el leopardo con el cabrito, y la vaca con el oso, en el momento que el león coma hierba como el buey, bajo el cetro del retoño de la raíz de Jesé, entonces, los hombres dejarán de comer carne de pescado, y ya no sacrificarán ni comerán carne de bueyes o de cabras. No habrá sacrificios animales en el templo, ni pescadores de peces físicos en el Mar Muerto. Los israelitas no serán una excepción en contra de eso en su tierra glorificada de Canaán.

Pues bien, aunque estas consideraciones no sean suficientes para probar la necesidad de una visión simbólica o espiritual de la fuente del templo, esa explicación resulta totalmente necesaria si comparamos nuestra escena con otros pasajes bíblicos. Según Joel 4, 18, en el tiempo en que una fuente brote de la casa de Yahvé y se riegue con ella el valle de *Shittim*, las montañas desbordarán de vino nuevo y por las colinas correrá la leche. Pues bien, si en ese caso entendemos literalmente lo que se dice de la fuente del templo, también debe tomarse literalmente el hecho de que las montañas desborden de vino y las colinas se encuentren repletas de leche. Desde ese fondo, debemos afirmar que tanto el texto de Joel 4, 18 como la visión del río que sale del templo y purifica las aguas del Mar Muerto han de tomarse de un modo simbólico. El texto de Ezequiel quiere evocar los torrentes abundantes de bendición que regarán toda la tierra.

Resulta evidente que en el caso de Joel 4, 18 debe aceptarse una interpretación no literal, sino figurativa. En esa línea se sitúa también Zacarías 14, 8 cuando utiliza la profecía de sus predecesores de un modo espiritual, hablando de las aguas de vida que brotan de Jerusalén y que fluyen por un lado hacia el oriente (el Mar Muerto) y por otro hacia occidente (es decir, al Mar Mediterráneo. Es indudable que Zacarías no está pensando en una fuente física, con agua terrena. Y todo esto lo decimos prescindiendo, de un modo provisional, de la aplicación que se hace de este rasgo en la descripción profética de la gloria del nuevo Reino de Dios en la visión de la nueva Jerusalén del Apocalipsis (Ap 21, 1-2).

La analogía de las Escrituras hace que demos preferencia a la interpretación figurativa o espiritual. El agua que convierte la tierra infructuosa en fértil, y que ofrece bebida refrescante para el sediento se utiliza en la Escritura como una figura que indica bendición y salvación (Gen 13, 10). Is 12, 3 interpreta de manera expresa esa figura: "Y beberéis con gozo las aguas de la salvación". De igual manera lo hace Is 44, 3: "Yo derramaré torrentes de agua para el sediento, y río en el desierto; yo derramaré mi Espíritu sobre la semilla y mi bendición sobre tus renuevos". En ese texto, la bendición se refiere al agua, y el Espíritu viene a mostrarse como el fundamento de las restantes formas de salvación para el pueblo de Dios (Hengstenberg).

Esta salvación que Joel ha descrito ya como una fuente que brota de la casa de Yahvé que riega el valle de las acacias, Ezequiel la ha visto de manera visionaria expresada como agua que brota del umbral del templo donde ha entrado la gloria de Dios y se ha convertido, ya muy pronto en un río tan poderoso que resulta imposible vadearlo. De esa forma queda simbolizado el pensamiento de que la salvación que el Señor hace fluir a su trono comenzará a partir de un pequeño principio para alcanzar pronto un maravilloso crecimiento. El río fluye y baja por el desolado inmenso desierto del Ghor, para desembocar finalmente en el Mar Muerto, sanando sus agua, de tal forma que ese mar se halle lleno de peces.

La devastación del desierto es una figura que indica la sequía y desolación espiritual, y el Mar Muerto es un símbolo de la muerte causada por el pecado. La curación y el movimiento de las aguas saladas del mar, que son tan fatales para toda vida, ponen de relieve el poder de aquella salvación divina que conquista la muerte, y el hecho de que el mundo que está hundido en muerte espiritual es llamado a la vida.

De esa forma se expresa la vida en toda su plenitud creadora y en su múltiple variedad, una vida que se manifiesta en la figura de los pescadores que extienden sus redes a lo largo de la costa y en los diversos tipos de peces que son por su variedad tan numerosos como los del gran mar Mediterráneo. Pero la vida se extiende solo allí donde fluye y llega el agua de la salvación.

Allí donde no llega el agua salvadora el mundo sigue siendo un desierto, de manera que las charcas y pantanos del Mar Muerto quedarán llenos de sal. Finalmente, el agua de la salvación posee todavía el poder de producir árboles con hojas y frutos con los cuales puede alimentarse y curarse la vida que ha sido llamada y liberada de la muerte. Este es el pensamiento que ha quedado expresamente evocado en el texto que habla de los árboles con hojas que nunca se marchitan, a los lados del río y con frutos que maduran cada año.

2. Ez 47, 13-48, 34. Límites y división de la Tierra. La Ciudad de Dios

2.1. *Ez 47, 13-23. Límites de la tierra*

47, 13-23. Fronteras de la tierra que debe dividirse entre las tribus de Israel

¹³ כֹּה אָמַר אֲדֹנָי יְהוִה גֵּה גְבוּל אֲשֶׁר תִּתְנַחֲלוּ אֶת־הָאָרֶץ לִשְׁנֵי עָשָׂר שִׁבְטֵי יִשְׂרָאֵל יוֹסֵף חֲבָלִים׃
¹⁴ וּנְחַלְתֶּם אוֹתָהּ אִישׁ כְּאָחִיו אֲשֶׁר נָשָׂאתִי אֶת־יָדִי לְתִתָּהּ לַאֲבֹתֵיכֶם וְנָפְלָה הָאָרֶץ הַזֹּאת לָכֶם בְּנַחֲלָה׃
¹⁵ וְזֶה גְּבוּל הָאָרֶץ לִפְאַת צָפוֹנָה מִן־הַיָּם הַגָּדוֹל הַדֶּרֶךְ חֶתְלֹן לְבוֹא צְדָדָה׃
¹⁶ חֲמָת בֵּרוֹתָה סִבְרַיִם אֲשֶׁר בֵּין־גְּבוּל דַּמֶּשֶׂק וּבֵין גְּבוּל חֲמָת חָצֵר הַתִּיכוֹן אֲשֶׁר אֶל־גְּבוּל חַוְרָן׃
¹⁷ וְהָיָה גְבוּל מִן־הַיָּם חֲצַר עֵינוֹן גְּבוּל דַּמֶּשֶׂק וְצָפוֹן צָפוֹנָה וּגְבוּל חֲמָת וְאֵת פְּאַת צָפוֹן׃
¹⁸ וּפְאַת קָדִים מִבֵּין חַוְרָן וּמִבֵּין־דַּמֶּשֶׂק וּמִבֵּין הַגִּלְעָד וּמִבֵּין אֶרֶץ יִשְׂרָאֵל הַיַּרְדֵּן מִגְּבוּל עַל־הַיָּם הַקַּדְמוֹנִי תָּמֹדּוּ וְאֵת פְּאַת קָדִימָה׃
¹⁹ וּפְאַת נֶגֶב תֵּימָנָה מִתָּמָר עַד־מֵי מְרִיבוֹת קָדֵשׁ נַחֲלָה אֶל־הַיָּם הַגָּדוֹל וְאֵת פְּאַת־תֵּימָנָה נֶגְבָּה׃
²⁰ וּפְאַת־יָם הַיָּם הַגָּדוֹל מִגְּבוּל עַד־נֹכַח לְבוֹא חֲמָת זֹאת פְּאַת־יָם׃
²¹ וְחִלַּקְתֶּם אֶת־הָאָרֶץ הַזֹּאת לָכֶם לְשִׁבְטֵי יִשְׂרָאֵל׃
²² וְהָיָה תַּפִּלוּ אוֹתָהּ בְּנַחֲלָה לָכֶם וּלְהַגֵּרִים הַגָּרִים בְּתוֹכְכֶם אֲשֶׁר־הוֹלִדוּ בָנִים בְּתוֹכְכֶם וְהָיוּ לָכֶם כְּאֶזְרָח בִּבְנֵי יִשְׂרָאֵל אִתְּכֶם יִפְּלוּ בְנַחֲלָה בְּתוֹךְ שִׁבְטֵי יִשְׂרָאֵל׃
²³ וְהָיָה בַשֵּׁבֶט אֲשֶׁר־גָּר הַגֵּר אִתּוֹ שָׁם תִּתְּנוּ נַחֲלָתוֹ נְאֻם אֲדֹנָי יְהוִה׃ ס

¹³ *Así ha dicho Yahvé, el Señor: Estos son los límites según los cuales repartiréis la tierra por heredad entre las doce tribus de Israel. José tendrá dos partes.* ¹⁴ *La heredaréis tanto los unos como los otros; por ella alcé mi mano para jurar que la había de dar a vuestros padres; por tanto, esta será la tierra de vuestra heredad.*

¹⁵ *Este será el límite de la tierra hacia el lado del norte: desde el Mar Grande, camino de Hetlón viniendo a Zedad,* ¹⁶ *Hamat, Berota, Sibraim, que está entre el límite de Damasco y el límite de Hamat; Hazar-haticón, que es el límite de Haurán.* ¹⁷ *Y será el límite del norte desde el mar hasta Hazar-enán en el límite de Damasco al norte, y al límite de Hamat al lado del norte.* ¹⁸ *Del lado del oriente, en medio de Haurán y de Damasco, y de Galaad y de la tierra de Israel, al Jordán; esto mediréis como límite hasta el mar oriental.* ¹⁹ *Del lado meridional, hacia el sur, desde Tamar hasta las aguas de las rencillas; desde Cades hacia el arroyo y hasta el Mar Grande. Este será el lado meridional, el sur.* ²⁰ *Del lado del occidente, el Mar Grande será el límite hasta enfrente de la entrada de Hamat; este será el lado occidental.*

²¹ *Repartiréis, pues, esta tierra entre vosotros, según las tribus de Israel.* ²² *Echaréis sobre ella suertes por heredad para vosotros y para los extranjeros que viven entre vosotros,*

> aquellos que entre vosotros han engendrado hijos. Los tendréis como a iguales entre los hijos de Israel, echarán suertes con vosotros para tener heredad entre las tribus de Israel. ²³ En la tribu en que viva el extranjero, allí le daréis su heredad, ha dicho Yahvé, el Señor.

La fijación de las fronteras de la tierra, que Israel debía dividir en el futuro de acuerdo con sus doce tribus, comienza en 47, 13-14 y concluye en 47, 22-23 con algunas afirmaciones generales relacionadas con su distribución. Las afirmaciones introductorias están vinculadas al encabezamiento: "estos son los límites" (אֲשֶׁר גֵּה גְבוּל) que se repiten en 47, 15. גֵּה es sin duda un error del copista en ve de זֶה, como saben todos los traductores antiguos; en algunos códices aparece זֶה y así lo exige 47, 15 (וְזֶה גְּבוּל). גְּבוּל aparece aquí por la totalidad de los límites de la tierra que tiene que ser distribuida, y el אֲשֶׁר que sigue es un acusativo: Según la cual...

"Conforme a las doce tribus...". Porque toda la tierra de Israel ha de volver a vivir como un pueblo de Dios, bajo un príncipe, en su propia tierra (36, 24; 36, 21). Pero la división entre las doce tribus se define inmediatamente después de un modo más preciso, por una frase añadida de un modo abrupto: José tendrá dos partes, dos porciones para José (יוֹסֵף חֲבָלִים).

No hay duda de que ese es el sentido de las palabras, de acuerdo con Gen 48, 22 y Jos 17, 14-17. Desde aquí se entiende la forma en que se expresa este dato, vocalizando חֲבָלִים como dual. Si la tierra debía dividirse en doce lotes y la tribus de Leví no iba a recibir un lote especial, José debe recibir necesariamente dos porciones hereditarias, conforme a sus dos hijos, Efraín y Manasés, de acuerdo con lo establecido en la historia de los patriarcas, en Gen 48, 22.

El comienzo de Ez 47, 14 no va en contra de esto, como imagina Hitzig, porque las palabras "la heredaréis tanto los unos como los otros" afirma simplemente que las doce tribus reconocidas por Israel como herederas de la נחלה debían recibir partes iguales, la una tanto como la otra. Como razón para dividir la tierra se remite al juramento que Dios había proclamado, prometiendo dar la tierra a los patriarcas (cf. Ez 20, 28). La definición de los límites comienza con 47, 15. Ella difiere en la forma en varios puntos respecto a Num 34, 1-5, pero en general está en armonía con la promesa mosaica.

En Num 34, la descripción comienza con la frontera sur, después sigue por las fronteras del oeste y del norte, y termina con la del este. En Ezequiel comienza con la del norte y sigue por la del este, el sur y el oeste. Esta diferencia puede explicarse de manera muy sencilla, por el hecho de que los israelitas en tiempo de Moisés venían de Egipto, adelantándose desde el sur, por la frontera sudeste de la tierra, mientas que en el tiempo posterior fueron llevados a Asiria y Babilonia, teniendo que volver de allí. Por otra parte, en Ezequiel, las fronteras se describen de manera mucho más breve que en Num 34, y solo la frontera norte se describe de una forma un poco más precisa.

El curso que sigue la frontera está representado de un modo general en 47, 15, como viniendo del gran mar, es decir, del Mediterráneo, por el valle de de Hetlón viniendo a Zedad. En 47, 16-17 siguen los lugares que forman la frontera. El punto de partida en el Mar Mediterráneo puede determinarse solo de un modo aproximado, pues las localidades de Hetlón a Zedad son desconocidas, pues no solo el lugar de Hetlón sino también el de Zedad, no ha sido aún descubiertas. La ciudad de Hums (Emesa), que Robinson y Wetzstein identifican con Hetlon está demasiado alejada hacia el este como para definir la fronteras, ni aquí ni en Num 34, 8 (cf. *Coment.* a Num 34, 8).

Entre las ciudades nombradas en 47, 16, חֲמָת no es la ciudad de Hamath, sobre el Orontes, que se encuentra muy lejos hacia el norte, sino el reino de Hamath, cuya frontera sur formaba el límite de Canaán, aunque no pueda determinarse con exactitud. בְּרֹותָה se identifica probablemente con la Berothai de 2 Sam 8, 8, una ciudad del reino de Zobah, pero su situación resulta aún desconocida.

סִבְרַיִם puede identificarse quizá con *Zuphron* de Num 34, 9, que tampoco ha sido descubierta, y no se ha de identificar con las ruinas de Zifrán, al nordeste de Damasco, cerca de Palmyra, pues no podía formar parte de la frontera entre Damasco y Hamat. Tampoco se puede determinar la situación de חָצֵר הַתִּיכֹון. Por su parte, la zona de חַוְרָן, en cuya frontera está la ciudad anterior, se utiliza aquí en un sentido más extenso que la Αὐρανῖτις de Josefo y de otros autores griegos, junto con la Gaulanitis (Golan) y la Batanaea (Basan) y probablemente también Iturea, pues en Ez 47, 18 se citan solo Damasco y Galaad además de Haurán al lado este del Jordán, de forma que toda la franja entre el territorio de Damasco y el país de Galaad viene expresado con el nombre de Hauran.

Se trata de חַוְר, en árabe (Hawrân), cuyo nombre deriva de las muchas cuevas de la zona (חור, חוּר). En contra de eso, Wetzstein (*Reisebericht* p. 92) eleva la objeción de que con la excepción del sudeste de Hauran, donde se encuentran muchas colinas volcánicas excavadas por trogloditas, la vida en cuevas no ha sido abundante en la región. Pero el nombre puede haber surgido en el distrito del este, incluida la zona de Galaad que estaba situada al norte del Jabok, es decir, Erbed y Suët, que son zonas de cuevas. Para mayores observaciones sobre ese distrito, cf. *Coment.* a Dt 3, 4. 10.

La afirmación de 47, 17, según la cual "y será el límite del norte desde el mar hasta Hazar-enán en el límite de Damasco", solo puede significar que la frontera norte, que comenzaba en el Mediterráneo se extendía hasta Hazar-enan, formando el límie por el este, hacia la frontera de Damasco, desde la frontera norte, viniendo del mar. Hemos identificado חֲצַר עֵינֹון (o חֲצַר עֵינָן, Hazar Enon), es decir la Fuente Pequeña, según el nombre que aparece en Num 34, 3 (cf. 34, 9), con la fuente de Leweh, que yace en la Bekâa, en la zona húmeda entre el Orontes y el Leontes, lugar que corresponde muy bien a "en la frontera de Damasco".

La temática de Ez 47, 17 ha sido muy bien explicada por Hitzig, de acuerdo con el sentido literal de las palabras: "en lo que toca hacia el norte, Hamat es la frontera", cosa que él precisa después observando que צָפוֹנָה se toma como una nota suplementaria a la línea de frontera del oeste al este, como se dice inmediatamente antes. וְאֵת פְּאַת צָפוֹן al final dde 47, 17 es una fórmula de conclusión: Esto por la parte norte. Pero אֵת (aquí, y en 47, 18.19) no se debe cambiar en זֹאת, según Ez 47, 20 y la versión siríaca, como supone Hitzig, sino que ha de explicarse, como muestra claramente 4, 18, suponiendo que Ezequiel tenía en su mente la palabra תָּמֹדּוּ (mediréis...), de manera que en ese contexto semántico se entiende muy bien este final de frase: וְאֵת פְּאַת צָפוֹן.

La frontera del este se define en 47, 18 de la misma manera que en Num 34, 10-12, con la excepción de que en el último texto se define de manera más minuciosa la parte del lago de Genesaret, con la mención de varias localidades, mientras que Ezequiel solo nombra como frontera el Jordán. וּפְאַת קָדִים en פְּאַת (del lado de oriente) no ha de tomarse como predicado del sujeto הַיַּרְדֵּן, como Hitzig ha observado correctamente, pues el significado de פְּאַת no lo permite. La explicación es más bien ésta: Por la parte del este, entre Haurán etc. y la tierra de Israel está el Jordán. Por su parte, Hauran, Damasco y Galaad están al este del Jorden, la tierra de Israel está al oeste.

La extraña circunstancia de que Ezequiel comience con Haurán, que está en medio, entre Damasco y Galaad (Haurán, Damasco y Galaad en vez de Damasco, Haurán, y Galaad) puede deberse al hecho de que el Jordán, que aquí se cita como frontera, a causa de la brevedad, no se extiende hasta el territorio de Damasco, sino que formaba simplemente la frontera de la tierra de Israel entre Haurán y Galaad.

מִגְּבוּל remite a la frontera del norte ya mencionada. A partir de esta frontera, desde el punto final hacia el este, que era Hazar-Enon, había que medir hasta la zona sur en el este, que es el Mar Muerto, es decir, hasta el Mar Oriental (Ez 47, 19). La frontera sur sigue desde Tamar hasta el agua de las rencillas (hasta Kadesh), y desde aquí, a lo largo del torrente, hasta el gran mar (el Mediterráneo). Tamar se distingue de Hazazon-Tamar, llamada en 47, 10 Engedi (cf. 2 Cron 20, 2) y parece identificarse con Thamara (Θαμαρά).

Esta Thamara está a un día de camino en la vía que va de Hebrón a Elam (Aelam, Aelath/Elat en Dt 2, 8; 1 Rey 9, 26). Así lo indica Eusebio en su *Onomastikon*, ed. Lars. p. 68, evocando una guarnición romana. Por su parte, Robinson (*Palaestina*, III pp. 178 y 186ff.) conjetura que debe tratarse de las ruinas de Kurmub, que yace a seis horas de camino al sur de *Milh*, hacia el paso de *es-Sufâh*[67].

---

67. La afirmación de Eusebio sobre Thamara dice así: λέγεται δέ τις Θαμαρά κώμη διεστῶσα Μάψις ἡμέρας ὁδόν, ἀπιόντων ἀπὸ Χεβρὼν εἰς Αἰλάμ, ἥτις νῦν φρούριόν ἐστι τῶν στρατιωτῶν (Jerónimo ha traducido: est et aliud castellum, unius diei itinere a Mampsis oppido separatum, pergentibus Ailiam de Chebron, ubi nunc romanum praesidium positum est; es decir,

Pero esta conjetura se apoya en varios supuestos que son muy cuestionables. En contra de eso, según el diseño de la frontera sur de la Tierra Santa que ofrece Num 34, 3-5, Tamara debía encontrase al sur del Mar muerto.

Por su parte, las aguas de la disputa o rencillas de Kadesh (Num 20, 1-13) en el desierto de Zin se hallaban cerca de Kadesh-Barne, cerca de la fuente Ain Kades, descubierta por Rowland, al sur de Ber-Sheba y de Khalasa, en los alrededores de Hebel Helal, es decir, en el ángulo noroeste de la tierra montañosa de Azazimeh (cf. *Coment*. Num 10, 12. 16; 20, 16). En lugar del plural מְרִיבוֹת, en Ez 48, 28 hayamos el singular (מֵי מְרִיבַת), lo mismo que en Num 27, 14 y Dt 32, 51. נַחְלָה, de נחל con ה locativo, ofrece una referencia al torrente de Egipto, al gran wadi el-Arish (Ῥινοκορουρα), por donde corría la frontera sur de Canaán, desde Kadesh hasta el Mar Mediterráneo (cf. *Coment* a Ez 34, 5).

Ez 47, 20. El Mar Mediterráneo formaba la frontera occidental, מִגְּבוּל, es decir, desde la zona sur, mencionada en 47, 19, hasta el extremo norte de la tierra, por la entrada de Hamat (עַד־נֹכַח לְבוֹא חֲמָת), es decir, hasta el lugar por el que uno entra en el territorio Hamat (Hitzig), en el comienzo de la frontera norte, cerca del promontorio de *esh-Shûkah,* entre Biblos (Gebal) y Trípolis.

Ez 47, 21. Esta tierra la tienen que dividir entre ellos conforme a sus tribus. Con esta indicación, que remite a 47, 13, termina el cómputo de las fronteras. Aquí se añade simplemente (en 37, 22-23) una regulación posterior dedicada a los extranjeros que viven en Israel. La ley de Moisés había urgido repetidamente a los israelitas, diciendo que debían tratarles de un modo afectuoso; en esa línea, Lev 19, 34 había mandado tratarles como a nativos, y amarles. Pero no por eso se les concede el pleno derecho de ciudadanía, de manera que ellos no pueden tomar posesión de la tierra. Los extranjeros podían ser incluidos en la congregación de Israel siguiendo las normas de Dt 23, 2-9, por medio de la circuncisión.

Pues bien, en esta nueva distribución de la tierra aquí indicada, se dice que los הַגֵּרִים recibirán la propiedad hereditaria de la tierra como los israelitas nativos; y en esa línea se indica que no ha de haber diferencia entre los miembros del pueblo de Dios nacidos de la semilla de Abraham y aquellos nacidos de los paganos. Pero, este derecho no podía ser concedido a cualquiera que viviera temporalmente en la tierra, sino a aquellos que engendraran hijos en medio de Israel, es decir, aquellos que se establecían de un modo permanente en la tierra santa. El *kal* de יִפְּלוּ no ha de convertirse en hifil (תפילו) como propone Hitzig, sino que se utiliza en el sentido de recibir por lote (con el mismo sentido del hifil).

Thamara es una aldea que dista un día de camino de Mampsis, en la línea de los que van de Hebrón a Ailam, donde hay ahora un campamento de soldados. Pero en lo que se refiere a Μάψις (Mampsis), que es evidentemente un texto corrompido, el pasaje es oscuro. La suposición de Robinson respeto a Thamara se funda en el supuesto de que la lectura en vez de Μάψις debía ser Μάλις, es decir, Malatha, una ciudad a la que los escritores posteriores distinguen y conocen porque era la sede de un destacamento romano.

2.2. Ez 48, 1-29. División entre las tribus

La división de la tierra, como definición de sus límites (47, 15) comienza por el norte y enumera las tribus en el orden en que ellas han de recibir su herencia, de norte a sur. Primero las siete tribus desde la frontera norte hasta el centro de Israel (48, 1-7), donde se establece la tierra del santuario, con el lote de los sacerdotes y de los levitas y el territorio de la ciudad, con la tierra del príncipe por los dos lados (48, 8-22). Y después las otras cinco tribus desde el terreno de la ciudad, del templo y del príncipe, hasta la frontera sur (48, 23-29), como lo indica el mapa de la imagen num 5.

48, 1-29. Tierra de las tribus, tierra de la Therumah

¹וְאֵלֶּה שְׁמוֹת הַשְּׁבָטִים מִקְצֵה צָפוֹנָה אֶל־יַד דֶּרֶךְ־חֶתְלֹן לְבוֹא־חֲמָת חֲצַר עֵינָן גְּבוּל דַּמֶּשֶׂק צָפוֹנָה אֶל־יַד חֲמָת וְהָיוּ־לוֹ פְאַת־קָדִים הַיָּם דָּן אֶחָד׃
²וְעַל גְּבוּל דָּן מִפְּאַת קָדִים עַד־פְּאַת־יָמָּה אָשֵׁר אֶחָד׃
³וְעַל גְּבוּל אָשֵׁר מִפְּאַת קָדִימָה וְעַד־פְּאַת־יָמָּה נַפְתָּלִי אֶחָד׃
⁴וְעַל גְּבוּל נַפְתָּלִי מִפְּאַת קָדְמָה עַד־פְּאַת־יָמָּה מְנַשֶּׁה אֶחָד׃
⁵וְעַל גְּבוּל מְנַשֶּׁה מִפְּאַת קָדְמָה עַד־פְּאַת־יָמָּה אֶפְרַיִם אֶחָד׃
⁶וְעַל גְּבוּל אֶפְרַיִם מִפְּאַת קָדִים וְעַד־פְּאַת־יָמָּה רְאוּבֵן אֶחָד׃
⁷וְעַל גְּבוּל רְאוּבֵן מִפְּאַת קָדִים עַד־פְּאַת־יָמָּה יְהוּדָה אֶחָד׃
⁸וְעַל גְּבוּל יְהוּדָה מִפְּאַת קָדִים עַד־פְּאַת־יָמָּה תִּהְיֶה הַתְּרוּמָה אֲשֶׁר־תָּרִימוּ חֲמִשָּׁה וְעֶשְׂרִים אֶלֶף רֹחַב וְאֹרֶךְ כְּאַחַד הַחֲלָקִים מִפְּאַת קָדִימָה עַד־פְּאַת־יָמָּה וְהָיָה הַמִּקְדָּשׁ בְּתוֹכוֹ׃
⁹הַתְּרוּמָה אֲשֶׁר תָּרִימוּ לַיהוָה אֹרֶךְ חֲמִשָּׁה וְעֶשְׂרִים אֶלֶף וְרֹחַב עֲשֶׂרֶת אֲלָפִים׃
¹⁰וּלְאֵלֶּה תִּהְיֶה תְרוּמַת־הַקֹּדֶשׁ לַכֹּהֲנִים צָפוֹנָה חֲמִשָּׁה וְעֶשְׂרִים אֶלֶף וְיָמָּה רֹחַב עֲשֶׂרֶת אֲלָפִים וְקָדִימָה רֹחַב עֲשֶׂרֶת אֲלָפִים וְנֶגְבָּה אֹרֶךְ חֲמִשָּׁה וְעֶשְׂרִים אָלֶף וְהָיָה מִקְדַּשׁ־יְהוָה בְּתוֹכוֹ׃
¹¹לַכֹּהֲנִים הַמְקֻדָּשׁ מִבְּנֵי צָדוֹק אֲשֶׁר שָׁמְרוּ מִשְׁמַרְתִּי אֲשֶׁר לֹא־תָעוּ בִּתְעוֹת בְּנֵי יִשְׂרָאֵל כַּאֲשֶׁר תָּעוּ הַלְוִיִּם׃ ס
¹²וְהָיְתָה לָהֶם תְּרוּמִיָּה מִתְּרוּמַת הָאָרֶץ קֹדֶשׁ קָדָשִׁים אֶל־גְּבוּל הַלְוִיִּם׃
¹³וְהַלְוִיִּם לְעֻמַּת גְּבוּל הַכֹּהֲנִים חֲמִשָּׁה וְעֶשְׂרִים אֶלֶף אֹרֶךְ וְרֹחַב עֲשֶׂרֶת אֲלָפִים כָּל־אֹרֶךְ חֲמִשָּׁה וְעֶשְׂרִים אֶלֶף וְרֹחַב עֲשֶׂרֶת אֲלָפִים׃
¹⁴וְלֹא־יִמְכְּרוּ מִמֶּנּוּ וְלֹא יָמֵר וְלֹא (יַעֲבוּר) [יַעֲבִיר] רֵאשִׁית הָאָרֶץ כִּי־קֹדֶשׁ לַיהוָה׃
¹⁵וַחֲמֵשֶׁת אֲלָפִים הַנּוֹתָר בָּרֹחַב עַל־פְּנֵי חֲמִשָּׁה וְעֶשְׂרִים אֶלֶף חֹל־הוּא לָעִיר לְמוֹשָׁב וּלְמִגְרָשׁ וְהָיְתָה הָעִיר (בְּתוֹכֹה) [בְּתוֹכוֹן]׃
¹⁶וְאֵלֶּה מִדּוֹתֶיהָ פְּאַת צָפוֹן חֲמֵשׁ מֵאוֹת וְאַרְבַּעַת אֲלָפִים וּפְאַת־נֶגֶב חֲמֵשׁ (חֲמֵשׁ) [קק] מֵאוֹת וְאַרְבַּעַת אֲלָפִים וּמִפְּאַת קָדִים חֲמֵשׁ מֵאוֹת וְאַרְבַּעַת אֲלָפִים וּפְאַת־יָמָּה חֲמֵשׁ מֵאוֹת וְאַרְבַּעַת אֲלָפִים׃
¹⁷וְהָיָה מִגְרָשׁ לָעִיר צָפוֹנָה חֲמִשִּׁים וּמָאתַיִם וְנֶגְבָּה חֲמִשִּׁים וּמָאתַיִם וְקָדִימָה חֲמִשִּׁים וּמָאתַיִם וְיָמָּה חֲמִשִּׁים וּמָאתָיִם׃

וְהַנּוֹתָ֨ר בָּאֹ֜רֶךְ לְעֻמַּ֣ת ׀ תְּרוּמַ֣ת הַקֹּ֗דֶשׁ עֲשֶׂ֨רֶת אֲלָפִ֥ים קָדִ֛ימָה ¹⁸
וַעֲשֶׂ֥רֶת אֲלָפִ֖ים יָ֑מָּה וְ֠הָיָה לְעֻמַּ֞ת תְּרוּמַ֣ת הַקֹּ֗דֶשׁ וְהָיְתָ֤ה
(תְבוּאָתֹה) [תְבוּאָתוֹ֙] לְלֶ֔חֶם לְעֹבְדֵ֖י הָעִֽיר׃
וְהָעֹבֵ֖ד הָעִ֑יר יַעַבְד֕וּהוּ מִכֹּ֖ל שִׁבְטֵ֥י יִשְׂרָאֵֽל׃ ¹⁹
כָּל־הַתְּרוּמָ֗ה חֲמִשָּׁ֤ה וְעֶשְׂרִים֙ אֶ֔לֶף בַּחֲמִשָּׁ֥ה וְעֶשְׂרִ֖ים אָ֑לֶף ²⁰
רְבִיעִ֗ית תָּרִ֙ימוּ֙ אֶת־תְּרוּמַ֣ת הַקֹּ֔דֶשׁ אֶל־אֲחֻזַּ֖ת הָעִֽיר׃
וְהַנּוֹתָ֣ר לַנָּשִׂ֣יא מִזֶּ֣ה ׀ וּמִזֶּ֣ה ׀ לִתְרֽוּמַת־הַקֹּ֣דֶשׁ וְלַאֲחֻזַּ֪ת הָעִ֟יר ²¹
אֶל־פְּנֵ֣י חֲמִשָּׁה֩ וְעֶשְׂרִ֨ים אֶ֜לֶף ׀ תְּרוּמָ֗ה עַד־גְּב֣וּל קָדִ֔ימָה וְיָ֡מָּה
עַל־֠פְּנֵי חֲמִשָּׁ֨ה וְעֶשְׂרִ֥ים אֶ֙לֶף֙ עַל־גְּב֣וּל יָ֔מָּה לְעֻמַּ֖ת חֲלָקִ֣ים
לַנָּשִׂ֑יא וְהָֽיְתָה֙ תְּרוּמַ֣ת הַקֹּ֔דֶשׁ וּמִקְדַּ֥שׁ הַבַּ֖יִת (בְּתוֹכֹה) [בְּתוֹכֽוֹ]׃
וּמֵאֲחֻזַּ֣ת הַלְוִיִּ֗ם וּמֵאֲחֻזַּ֤ת הָעִיר֙ בְּת֗וֹךְ אֲשֶׁ֣ר לַנָּשִׂ֣יא יִֽהְיֶ֑ה ²²
בֵּ֣ין ׀ גְּב֣וּל יְהוּדָ֗ה וּבֵ֛ין גְּב֥וּל בִּנְיָמִ֖ן לַנָּשִׂ֥יא יִהְיֶֽה׃
וְיֶ֖תֶר הַשְּׁבָטִ֑ים מִפְּאַ֥ת קָדִ֛ימָה עַד־פְּאַת־יָ֖מָּה בִּנְיָמִ֥ן אֶחָֽד׃ ²³
וְעַ֣ל ׀ גְּב֣וּל בִּנְיָמִ֗ן מִפְּאַ֥ת קָדִ֛ימָה עַד־פְּאַת־יָ֖מָּה שִׁמְע֥וֹן אֶחָֽד׃ ²⁴
וְעַ֣ל ׀ גְּב֣וּל שִׁמְע֗וֹן מִפְּאַ֥ת קָדִ֛ימָה עַד־פְּאַת־יָ֖מָּה יִשָּׂשכָ֥ר אֶחָֽד׃ ²⁵
וְעַ֣ל ׀ גְּב֣וּל יִשָּׂשכָ֗ר מִפְּאַ֥ת קָדִ֛ימָה עַד־פְּאַת־יָ֖מָּה זְבוּלֻ֥ן אֶחָֽד׃ ²⁶
וְעַ֣ל ׀ גְּב֣וּל זְבוּלֻ֗ן מִפְּאַ֥ת קָדִ֛מָה עַד־פְּאַת־יָ֖מָּה גָּ֥ד אֶחָֽד׃ ²⁷
וְעַל֙ גְּב֣וּל גָּ֔ד אֶל־פְּאַ֖ת נֶ֣גֶב תֵּימָ֑נָה וְהָיָ֨ה גְב֜וּל מִתָּמָ֗ר מֵ֚י ²⁸
מְרִיבַ֣ת קָדֵ֔שׁ נַחֲלָ֖ה עַל־הַיָּ֥ם הַגָּדֽוֹל׃
זֹ֥את הָאָ֛רֶץ אֲשֶׁר־תַּפִּ֥ילוּ מִֽנַּחֲלָ֖ה לְשִׁבְטֵ֣י יִשְׂרָאֵ֑ל וְאֵ֙לֶּה֙ ²⁹
מַחְלְקוֹתָ֔ם נְאֻ֖ם אֲדֹנָ֥י יְהוִֽה׃ פ

¹ Estos son los nombres de las tribus: Desde el extremo norte por la vía de Hetlón viniendo a Hamat, Hazar-enán, en los confines de Damasco, al norte, hacia Hamat, tendrá Dan una parte, desde el lado oriental hasta el occidental. ² Junto a la frontera de Dan, desde el lado del oriente hasta el lado del mar, tendrá Aser una parte. ³ Junto al límite de Aser, desde el lado del oriente hasta el lado del mar, Neftalí, otra.
⁴ Junto al límite de Neftalí, desde el lado del oriente hasta el lado del mar, Manasés, otra. ⁵ Junto al límite de Manasés, desde el lado del oriente hasta el lado del mar, Efraín, otra. ⁶ Junto al límite de Efraín, desde el lado del oriente hasta el lado del mar, Rubén, otra. ⁷ Junto al límite de Rubén, desde el lado del oriente hasta el lado del mar, Judá, otra.
⁸ Junto al límite de Judá, desde el lado del oriente hasta el lado del mar, estará la porción que reservaréis (al santuario) de veinticinco mil cañas de anchura, y de longitud como cualquiera de las otras partes, esto es, desde el lado del oriente hasta el lado del mar; y el santuario estará en medio de ella.
⁹ La porción que reservaréis para Yahvé tendrá de longitud veinticinco mil cañas, y diez mil de anchura. ¹⁰ La porción santa que pertenecerá a los sacerdotes tendrá una longitud de veinticinco mil cañas al norte, diez mil de anchura al occidente, diez mil de anchura al oriente y veinticinco mil de longitud al sur. Y el santuario de Yahvé estará en medio de ella.

¹¹ *Los sacerdotes santificados de los hijos de Sadoc que me guardaron fidelidad, que no se descarriaron cuando se descarriaron los hijos de Israel, como se descarriaron los levitas,* ¹² *ellos tendrán como parte santísima la porción de la tierra reservada, junto al límite de la de los levitas.*

¹³ *Y la de los levitas, al lado de los límites de la de los sacerdotes, será de veinticinco mil cañas de longitud y diez mil de anchura. El total, pues, de su longitud será de veinticinco mil, y el de su anchura, de diez mil.* ¹⁴ *No venderán nada de ello, ni lo permutarán ni traspasarán las primicias de la tierra; porque es cosa consagrada a Yahvé.*

¹⁵ *Las cinco mil cañas de anchura que quedan de las veinticinco mil, serán profanas, para la ciudad, para habitación y para ejido; y la ciudad estará en medio.* ¹⁶ *Estas serán sus medidas: al lado del norte cuatro mil cañas, al lado del sur cuatro mil quinientas, al lado del oriente cuatro mil quinientas, y al lado del occidente cuatro mil quinientas.* ¹⁷ *Y el ejido de la ciudad será al norte de doscientas cincuenta cañas, al sur de doscientas cincuenta, al oriente de doscientas cincuenta, y de doscientas cincuenta al occidente.* ¹⁸ *Y lo que quede delante de la porción santa, de una longitud de diez mil cañas al oriente y diez mil al occidente, que será lo que quede de la porción santa, estará dedicada a la siembra para el alimento de los que trabajan en la ciudad.* ¹⁹ *Y los que trabajen en la ciudad procederán de todas la tribus de Israel.* ²⁰ *Toda la porción reservada en un cuadro de veinticinco mil por veinticinco mil cañas, será la porción que reservaréis para el santuario y como propiedad de la ciudad.* ²¹

Del gobernante será lo que quede a uno y otro lado de la porción santa y de la propiedad de la ciudad, esto es: delante de las veinticinco mil cañas de la porción hasta el límite oriental; y al occidente, delante de las veinticinco mil hasta el límite occidental. Lo que quede delante de dichas partes será del gobernante: será una porción santa, y el santuario de la casa estará en medio de ella. ²² *De este modo la parte del gobernante será la comprendida desde la porción de los levitas y la porción de la ciudad, entre el límite de Judá y el límite de Benjamín.* ²³

En cuanto a las demás tribus, desde el lado del oriente hasta el lado del mar, tendrá Benjamín una porción. ²⁴ *Junto al límite de Benjamín, desde el lado del oriente hasta el lado del mar, Simeón, otra.* ²⁵ *Junto al límite de Simeón, desde el lado del oriente hasta el lado del mar, Isacar, otra.* ²⁶ *Junto al límite de Isacar, desde el lado del oriente hasta el lado del mar, Zabulón, otra.* ²⁷ *Junto al límite de Zabulón, desde el lado del oriente hasta el lado del mar, Gad, otra.* ²⁸ *Junto al límite de Gad, al lado meridional, al sur, será el límite desde Tamar hasta las aguas de las rencillas, y desde Cades y el arroyo hasta el Mar Grande.* ²⁹ *Esta es la tierra que repartiréis por suertes en heredad a las tribus de Israel, y estas son sus porciones, ha dicho Yahvé, el Señor.*

La nueva división de la tierra difiere de la anterior, ya efectuada en el tiempo de Josué, en primer lugar, porque todas las porciones de las tribus debían extenderse de un modo uniforme a lo ancho de la tierra que se extiende entre la frontera oriental y al Mar Mediterráneo, formando así secciones paralelas. En contra de eso, en el tiempo de Josué varios territorios de las tribus cubrían solo la mitad de la tierra.

Así, por ejemplo, en la división del tiempo de Josué, Efraín recibía su herencia al oeste de Benjamín, y los territorios de Manasés y Aser discurrirían desde la frontera norte de Efraín a la frontera norte de Canaán, mientras Isacar, Neftalí y Zabulón recibían sus lotes al este de esas otras tribus. Por otra parte, Simeón recibía su posesión dentro de los límites de la tribu de Judá.

En segundo lugar, esta división difiere de la anterior por el hecho de que no solo aparecen todas las tribus situadas en la tierra propiamente dicha de Canaán, entre el Jordán y el Mar Mediterráneo, a diferencia de lo que sucedía en la división anterior, cuando dos tribus y media recibían su heredad al otro lado del Jordán, en la tierra conquistada de Basán y de Galaad, de manera que la tierra de Canaán, al occidente del Jordán debía repartirse entre nueve tribus y media.

Por otra parte, en esta nueva división de Ezequiel, casi una quinta parte del conjunto se separa del resto para formar una parte sagrada, como dominio de la ciudad y tierra del príncipe, de manera que solo cuatro quintas partes del territorio, al norte y sur del terreno sagrado, quedaban para las tribus, porque ese terreno sagrado, con el templo en la parte central, venía a situarse cerca (en el entorno de) la antigua Jerusalén.

En Ez 48, 1-7 se nombran las siete tribus que debían habitar en el norte de la porción sagrada. Los puntos principales de la frontera del norte, es decir, el camino de de Hetlón a Hazar-Enán, en los límites de Damasco, se repite en 48, 1 (tomado de Ez 47, 15.17), como principio y final de la frontera norte, corriendo de oeste a este. Las palabras אֶל־יַד חֲמָת fijan la frontera del norte de un modo más preciso, en relación con el territorio del entorno. Y después, al final de 48, 1, comienza la enumeración de los lotes, comenzando con la tribu de Dan (וְהָיוּ־לוֹ), que recibirá su territorio en la misma frontera norte de la tierra. לוֹ se refiere al nombre que sigue (דָּן), que Ezequiel tenía ya en mente por lo anterior.

פְּאַת־קָדִים הַיָּם se construye con asíndeton, de manera que פְּאַת se ha de repetir en pensamiento antes de הַיָּם. Al lote de cada tribu le pertenece la franja de tierra que corre de oeste a este. Las palabras que siguen (דָּן אֶחָד) se añaden como anacoluto: Dan ha de recibir una porción (=ha porción pertenece a Dan). A אֶחָד se le debe añadir en pensamiento חבל, el lote de la tribu, conforme a 47, 13. El presupuesto de que una tribu debía recibir igual lote que otra (cf. 47, 14) lleva a la conclusión de que cada lote de tribu había tomarse como unidad en sí, como mónada (Kliefoth).

En ese sentido han de tomarse los nombres de las tribus que se repiten en 48, 2-7, repitiendo de un modo constante אֶחָד. La misma forma y descripción del tema se repite en 48, 23-28 para el caso de las cinco tribus situadas al sur del terreno sagrado. Para el orden de los territorios de las tribus no puede descubrirse ningún principio de ordenación universal. Lo único que queda claro es que las tribus de Dan, Aser, Neftalí, Manasés y Efraín reciben de algún modo el lugar que antes habían tenido, entre los territorios tribales, al menos en la medida en que lo permitían las nuevas circunstancias.

En el tiempo de los jueces, una parte de los danitas habían emigrado al norte, conquistando la ciudad de Lais a la que dieron el nombre de Dan, de manera que desde entonces suele pensarse que Dan forma la frontera norte de la tierra (así aparece ya en 2 Sam 3, 10 y en otros pasajes). De manera consiguiente, Dan recibe la franja de tierra que corre junto a frontera norte. Aser y Neftalí, que antes habían ocupado los lugares más al norte de la tierra, vienen en segundo lugar. Después viene Manasés, pues media tribu de Manasés había habitado en otro tiempo al este de Neftalí. La razón para colocar a Rubén entre Efraín y Judá parece haber sido la de que Rubén era el primogénito de los hijos de Jacob.

El lugar de la *terumah* (הַתְּרוּמָה) entre Judá y Benjamín se vincula probablemente con el hecho de que Jerusalén se encontraba en tiempo antiguo entre las fronteras de estas dos tribus, y así había de ser en el futuro, siguiendo las dos tribus citadas. El orden de las tribus ha de ser situado después al sur de Benjamín: Simeón, cuyo territorio se había encontrado antiguamente hacia el sur, Isacar y Zabulón, para las que no se ha encontrado lugar en el norte, y Gad, a la que se tiene que llevar desde Galaad a Canaán.

En Ez 48, 8-22 se describe de manera más precisa la *terumah* (הַתְּרוּמָה) que había sido ya presentada, aunque con una finalidad distinta, en 45, 1-7. Ante todo, en Ez 48, se describe la *terumah* en toda su extensión, es decir 25.000 cañas de anchura (de norte a sur) y la misma longitud de cada uno de los lotes de las tribus, es decir, desde el Jordán al Mediterráneo (cf. 45, 7). En el centro de este territorio separado se encuentra el santuario (el templo).

בְּתוֹכוֹ, cuyo sufijo se refiere *ad sensum* a חלק en vez de a הַתְּרוּמָה, no tiene el sentido indefinido de allí, sino que significa "en el centro". La porción para los sacerdotes, en el medio de la cual debía estar el templo, ocupaba el puesto central entre la poción de los levitas y la posesión de la ciudad, como resulta evidente por 48, 22.

El hecho de que aquí, lo mismo que en Ez 45, 1, en la división de la *terumah* se mencione primero la porción de los sacerdotes y después la de los levitas y finalmente la posesión de la ciudad, no prueba nada sobre el orden local en que se sitúan esas porciones, sino que la enumeración está fundada en principios espirituales, de forma que primero se habla de la parte más santa de la tierra para los levitas, y al fin se habla de la zona ocupada por la ciudad.

El mandamiento de que el santuario ha de ocupar el centro de toda la *terumah* lleva a describir de una manera más precisa la porción de los sacerdotes en la que estaba situado el santuario, allí donde se situaba la parte más elevada, que era para Yahvé. En 48, 10, וּלְאֵלֶּה, que está al principio se explica por לַכֹּהֲנִים, que sigue. La extensión de la santa *terumah* que es igual por la cuatro partes viene dada en el texto; y finalmente se repite el mandato de que santuario de Yahvé ha de estar en su centro.

En 48, 11 הַמְקֻדָּשׁ ha sido traducido en plural por los LXX, y los textos caldeo y siríaco, mientras que Kimchi y otros lo toman en sentido distributivo: Los sacerdotes, los santificados de los hijos de Sadoc... Así lo exige el lugar del participio entre מִבְּנֵי צָדוֹק y לַכֹּהֲנִים (comparar 2 Cron 36, 18; y para el singular de participio después de un plural previo, cf. Sal 8, 9). La otra traducción: "él es santificado por los sacerdotes, por aquellos de los hijos de Zadok..." no solo va en contra del orden de las palabras, sino también en contra del hecho de que la asignación de una propiedad particular para los sacerdotes no se describe nunca con מִקְדָּשׁ, por el sentido particular de ese término, que se aplica de un modo especial al templo. La apódosis de 48, 11 sigue en 48, 12, donde לַכֹּהֲנִים se retoma y resume con לָהֶם.

תְּרוּמִיָּה (*terumiyah*) es una formación adjetiva, derivada de תרומא, con un significado abstracto: Aquello que es elevado (una elevación), como una *terumah* en segunda potencia (para estas formaciones cf. Ewald, §§164 y 165). Esta *terumiyah* (תְּרוּמִיָּה) aparece como lo más santo, en contraste con la porción de los levitas (que es solo תְּרוּמָה, *terumah*) que no es santísima, sino solo santa (קדש, 48, 14).

La porción de los sacerdotes ha de estar al lado del territorio de los levitas, aunque no se puede precisar si al norte o al sur, según las palabras de 48, 13: "Y la de los levitas, al lado de los límites de la de los sacerdotes". Ambas declaraciones afirman simplemente que las porciones de los sacerdotes y de los levitas estaban pegadas entre sí, para no ser separadas en el contexto de las posesiones de la ciudad.

48, 13-14 tratan de la porción de los levitas; 48, 13 de su situación y extensión. 48, 14 de su ley de propiedad. La repetición al parece tautológica de su longitud y anchura (por lo que toca a su longitud y anchura...) está ocasionada por el hecho de que Ezequiel quiere expresarse aquí de un modo más breve, y no como en 48, 10, vinculando de esa forma las cuatro direcciones: "será de veinticinco mil cañas de longitud y diez mil de anchura. El total, pues, de su longitud será de veinticinco mil, y el de su anchura, de diez mil...". Hitzig no ha entendido el sentido del texto y propone alterarlo.

Con respecto a las posesiones de los levitas se extienden a todo el territorio levítico las instrucciones que se dan en Lev 25, 34 en relación con las ciudades de los levitas, es decir que no pueden venderse, ni alienarse para algún tipo de cambio de propiedad o de alquiler. Esto se funda en el carácter de la posesión: Los primeros frutos de la tierra (de esta tierra separada) no podrán tomarse como posesiones de otros, porque son posesiones del Señor. La lectura correcta la ofrece el *qetiv*: יַעֲבוּר ולֹא, para que los frutos de esa tierra no pasen a manos de otros que no sean levitas.

Ez 48, 15-18 trata de la posesión de la ciudad. Como sabemos, la *terumah* tenía 25.000 cañas de anchura (48, 8). Por eso, después de medir 10.000 cañas de anchura para los sacerdotes y otras 10.000 para los levitas, quedaban aún 5.000 cañas de anchura עַל־פְּנֵי, al frente, es decir, del lado ancho, que medía 25.000 cañas.

Este resto tenía el carácter de חֹל, es decir, de terreno común (no santo): Era la tierra para servicio de la ciudad de Jerusalén.

לְמוֹשָׁב, para habitación, es decir, para edificios de viviendas; y וּלְמִגְרָשׁ, como espacio abierto, como entorno de la ciudad. La ciudad quedaría en el centro de ese espacio oblongo. Ez 48, 16 ofrece su tamaño: en cada uno de sus lados, cuatro mil quinientas cañas (la palabra חֲמִשָּׁה, a la que los masoretas toman como *qetiv* y no *kere*, se ha introducido en el texto como un error del copista).

Ez 48, 17 indica la extensión del espacio abierto en torno a la ciudad: a cada lado doscientos y cincuenta cañas. El texto nos sitúa de esa forma ante una ciudad que tiene un espacio abierto, un cuadrado de cinco mil cañas a cada lado. De esa manera, la ciudad con su precinto ocupaba toda la anchura de la *terumah*, como destaca Ez 48, 18, al indicar que su producción debía servir de pan, es decir, de alimento para los trabajadores de la ciudad (el sufijo masculino en תְּבוּאָתֹה se refiere gramaticalmente a הַנּוֹתָר: lo que queda…).

Según Hitzig, los לְעֹבְדֵי הָעִיר serían los habitantes de la ciudad, porque uno cultiva una pieza de tierra incluso viviendo en ella. Pero este uso de עֹבְדֵי no puede ser establecido. Esos עֹבְדֵי הָעִיר no son tampoco trabajadores empleados en construir la ciudad como han supuesto Gesenius, Hävernick y otros, porque la ciudad no tenía que estar siendo perpetuamente construida, de manera que no era necesario dejar un trozo particular de tierra para los constructores. Ellos son más bien los trabajadores de la ciudad, la clase operaria viviendo en ella. Pues bien, ellos no han de quedar sin posesión en la futura Jerusalén, sino que han de recibir una posesión de tierra para así mantenerse.

En 48, 19 se dice quiénes son estos trabajadores. Aquí וְהָעֹבֵד הָעִיר se utiliza en un sentido colectivo, con la clase trabajadora de la ciudad, gente de todas las tribus de Israel, que han de trabajar la tierra que pertenece a la ciudad. El sufijo de יַעַבְדוּהוּ remite a וְהַנּוֹתָר. La explicación que aquí ofrecemos está en armonía con la afirmación de 45, 6, donde se dice que la ciudad ha de pertenecer a todo Israel; por eso, ella no pertenece a una tribu en particular.

Finalmente, en 48, 20 se dan las dimensiones de toda la *terumah* y la relación de las posesiones de la ciudad con la santa *terumah*. En esa línea, כָּל־הַתְּרוּמָה es todo el enclave sagrado, que hasta ahora se ha descrito incluyendo la propiedad de los sacerdotes, de los levitas y de la ciudad. Su extensión es del 25.000 cañas de la largo, con la misma anchura. Y si a esto le añadimos la propiedad del príncipe, de la que solo se empieza a tratar en 48, 21-23, la extensión de este enclave sagrado es mucho mayor de lo que se decía en 48, 8, cuando se hablaba de las fronteras de la tierra, tanto al este como al oeste, del Jordán al Mar Mediterráneo, al referirse a las diversas tribus.

Pues bien, si omitimos la tierra del príncipe, el espacio de tierra separada como posesión de la ciudad ocupaba una cuarta parte de toda la Santa *Terumah*, es decir, de la posesión de los sacerdotes y de los levitas. Este es el sentido de la segunda parte de 48, 20, que habla de la porción reservada al santuario y a la ciudad. Esto quiere que que había que quitar de la santa *terumah* una cuarta parte para la posesión de la ciudad, de manera que a las 20.000 cañas de anchura de la *terumah* había que sustraerle 5.000, de manera que esa posesión sería reducida a 15.000 cañas. Éste es según 48, 15 el tamaño del dominio separado para la ciudad. Ez 48, 21-23 describe la situación y extensión de la posesión del príncipe. Para 48, 21, cf. Ez 45, 7. וְהַנּוֹתָר es el resto de la *terumah*, como ha sido definida en 48, 8, alcanzando en longitud desde el Jordán al Mediterráneo.

Como la santa *terumah* y la posesión de la ciudad eran solo de de 25.000 cañas de longitud, y no alcanzaban hasta el Jordán por el este, ni al mar por el oeste, quedaba todavía a cada uno de sus lados un área cuya longitud y extensión hacia el este y el oeste no se mide en cañas, pero que puede ser calculada por la proporción por proporción de la *terumah*, en relación con las fronteras de la tierra. En esa línea, עַל־פְּנֵי y אֶל־פְּנֵי, en frente de y a lo largo de (frente a las 25.000 cañas) se refieren a la frontera oriental y occidental de la *terumah*, que tenía 25.000 cañas de longitd.

Ez 48, 31 repite la misma afirmación sobre la santa *terumah* y el santuario que yace en el centro de ella, es decir, entre las porciones de la tierra atribuidas al príncipe a cada uno de sus lados; y, finalmente, en Ez 48, 22 se afirma aún otra vez que la porción del príncipe se encuentra a los dos lados de la *terumah*, y que debía encontrarse entre los territorios de Judá por el norte y de Benjamín por el sur, estando rodeada por esos dos territorios.

Pero esto se expresa de un modo pesado y oscuro. La palabras לַנָּשִׂיא יִהְיֶה בְּתוֹךְ אֲשֶׁר (en el centro de aquello que pertenece al príncipe...) se vinculan con הָעִיר וּמֵאֲחֻזַּת, y han de entenderse como sujeto, en un sentido absoluto, de manera que el *mim* (וּמֵ) no se utilice en sentido partitivo sino local (desde). Éste es el sentido del texto: Por lo que toca a la parte que está al lado de lo que pertenece a la posesión de los levitas y de la ciudad, en el centro de lo que pertenece a los sacerdotes, entre el territorio de Judá y de Benjamín ello pertenece al príncipe (cf. imagen 5).

La explicación de Hitzig (que permanece entre Judá y Benjamín, del territorio de la ciudad al dominio de los sacerdotes, ambos inclusive, ha de pertenecer al príncipe) resulta arbitraria y no expresa el sentido del texto. La designación perifrástica de la *terumah*, rodeada por la porción del príncipe y por las posesiones de los levitas y de la ciudad resulta digna de consideración. El sentido de fondo del texto muestra que el conjunto formado por la posesión del templo está en el centro de una especie de gran territorio sagrado, rodeado por los territorios de los sacerdotes, de los levitas y del príncipe.

Ez 48, 23-27 describe la heredad del resto de las tribus al sur de la *terumah*, tribus que son mencionadas por orden. El conjunto de la división de la tierra culmina en Ez 48, 28-29, con una repetición sobre la frontera sur del territorio (cf. 47, 19) y con una fórmula conclusiva de tipo general. Pues bien, si ahora queremos hacernos una idea de la relación del proyecto de división de Ezequiel (descrita en 47, 15) con las dimensiones geográficas, según los cálculos metrológicos de Boeckh y Bertheau las veinticinco mil cañas corresponderían a 10'70 millas geográficas (o calculando a partir del codo hebreo, como ha hecho Thenius, darían solo 9'75 millas geográficas)[68].

La extensión de Canaán de Bersheba o Kades hasta la línea que corre desde Râs esh-Shukah a la fuente de El Lebweh es de 3,1/3 grados, es decir, cincuenta millas geográficas, de las cuales diez están ocupadas por la *terumah*, y cuarenta permanecen para el territorio de las doce tribus, de manera que cada tribu tendría 3, 1/3 millas de anchura. Si pues, reconocemos tres millas geográficas como anchura de las tribus del sur de la *terumah*, y dado que la tierra se vuelve hacia el sur más ancha; y si reconocemos a las siete tribus del norte una anchura de 3, 4/7 de milla geográfica, la *terumah* colocada en el centro de la tierra se extendería desde el lado de Jerusalén a Dothan o Jenín. Más aún, si tomamos en consideración la anchura de la tierra de este a oeste, en el entorno de Jerusalén o donde el Jordán entra en el Mar Muerto, Canaán cuenta con once millas geográficas de anchura, aunque en la zona de Jenín apenas tiene diez millas de anchura.

Pues bien, si la longitud de la *terumah* (de este a oeste) era unas diez millas geográficas, para el territorio del príncipe no quedaría más que un territorio de una milla de ancho en el este y el oeste del territorio del sur, y nada en el territorio del norte. Según eso, tenemos que dar a la *terumah* (mapa 5) una longitud y anchura de ocho millas geográficas, lo que deja un territorio de dos millas para la tierra del príncipe, que ocuparía una quinta parte de la *terumah*, mientras que la ciudad ocuparía una cuarta parte. Esta es la anchura de la *terumah* de sur a norte, de modo que ella no puede alcanzar hacia el sur hasta Jerusalén y hacia el norte hacia Jenín.

Pues bien, si consideramos las distancias de los lugares y por tanto también las medidas de la tierra en longitud y anchura, vemos que ellas son mayores que las que vienen dadas en el mapa, en parte por las montañas y los valles y en parte por el trazado de los caminos. Por otra parte, nuestros calculas sobre el codo hebreo no son exactos y las estimaciones un poco estrechas de Thenius resultan posiblemente todavía demasiado altas. Pues bien, teniendo eso en cuenta las medidas de la *terumah* que han sido dadas por Ezequiel corresponden con exactitud a la dimensión actual de la tierra de Canaán, aunque esas medidas no se han calculado

---

68. Según Boeckh, un codo sagrado equivale a 528.62 milímetros. Según Thenius equivale a 481.62 milímetros. Pues bien, una milla geográfica equivale a la cincuenta y cuatromilava parte de la circunferencia del globo, que mide 40.000.000 de metros, es equivalente a 7407.398 metros. Según Boeck, la milla geográfica son 14.012 codos = 2335 cañas (medida sagrada). Según Thenius, la milla tiene 15.380 codos = 2563 (cañas). A partir de aquí pueden calcularse bien los números dados por el texto.

y expuesto utilizando procedimientos de trigonometría sino a partir del cálculo de la distancia de los caminos.

Todo eso nos lleva a la conclusión de que la longitud y anchura de la tierra se calculan utilizando como medida la caña, y no el codo. Medida en codos, la *terumah* sería solo de milla y media o milla y dos tercios de longitud y anchura, y la ciudad no tendría más posesión que un tercio de milla de ancho... mientras que la tierra del príncipe sería seis veces mayor que toda la *terumah*, es decir, que el territorio de los levitas, los sacerdotes y la ciudad, trece veces mayor que la tierra de los sacerdotes y treinta o treinta y dos veces mayor que la posesión de la ciudad, proporciones que son claramente imposibles.

48, 30-35. Tamaño, puertas y nombre de la ciudad

³⁰ וְאֵ֙לֶּה֙ תּוֹצְאֹ֣ת הָעִ֔יר מִפְּאַ֥ת צָפ֖וֹן חֲמֵ֣שׁ מֵא֣וֹת וְאַרְבַּ֥עַת אֲלָפִ֖ים מִדָּֽה׃
³¹ וְשַׁעֲרֵ֣י הָעִ֗יר עַל־שְׁמוֹת֙ שִׁבְטֵ֣י יִשְׂרָאֵ֔ל שְׁעָרִ֖ים שְׁלוֹשָׁ֣ה צָפ֑וֹנָה שַׁ֣עַר רְאוּבֵ֞ן אֶחָ֗ד שַׁ֤עַר יְהוּדָה֙ אֶחָ֔ד שַׁ֥עַר לֵוִ֖י אֶחָֽד׃
³² וְאֶל־פְּאַ֣ת קָדִ֗ימָה חֲמֵ֤שׁ מֵאוֹת֙ וְאַרְבַּ֣עַת אֲלָפִ֔ים וּשְׁעָרִ֖ים שְׁלוֹשָׁ֑ה וְשַׁ֣עַר יוֹסֵ֞ף אֶחָ֗ד שַׁ֤עַר בִּנְיָמִן֙ אֶחָ֔ד שַׁ֥עַר דָּ֖ן אֶחָֽד׃
³³ וּפְאַת־נֶ֗גְבָּה חֲמֵ֤שׁ מֵאוֹת֙ וְאַרְבַּ֣עַת אֲלָפִ֔ים מִדָּ֖ה וּשְׁעָרִ֣ים שְׁלוֹשָׁ֑ה שַׁ֣עַר שִׁמְע֞וֹן אֶחָ֗ד שַׁ֤עַר יִשָּׂשכָר֙ אֶחָ֔ד שַׁ֥עַר זְבוּלֻ֖ן אֶחָֽד׃
³⁴ פְּאַת־יָ֗מָּה חֲמֵ֤שׁ מֵאוֹת֙ וְאַרְבַּ֣עַת אֲלָפִ֔ים שַׁעֲרֵיהֶ֖ם שְׁלֹשָׁ֑ה שַׁ֣עַר גָּ֞ד אֶחָ֗ד שַׁ֤עַר אָשֵׁר֙ אֶחָ֔ד שַׁ֥עַר נַפְתָּלִ֖י אֶחָֽד׃
³⁵ סָבִ֕יב שְׁמֹנָ֥ה עָשָׂ֖ר אָ֑לֶף וְשֵׁם־הָעִ֥יר מִיּ֖וֹם יְהוָ֥ה ׀ שָֽׁמָּה׃

³⁰ *Estas son las salidas de la ciudad: al lado del norte, cuatro mil quinientas cañas por medida.* ³¹ *Y las puertas de la ciudad serán llamadas según los nombres de las tribus de Israel.*

Las tres puertas al norte serán la puerta de Rubén, la puerta de Judá y la puerta de Leví. ³² *Al lado oriental tendrá cuatro mil quinientas cañas y tres puertas: la puerta de José, la puerta de Benjamín y la puerta de Dan.* ³³ *Al lado del sur medirá cuatro mil quinientas cañas y tendrá tres puertas: la puerta de Simeón, la puerta de Isacar y la puerta de Zabulón.* ³⁴ *Y al lado occidental tendrá cuatro mil quinientas cañas y sus tres puertas: la puerta de Gad, la puerta de Aser y la puerta de Neftalí.* ³⁵ *Todo el contorno tendrá 18000 cañas. Y desde aquel día el nombre de la ciudad será Yahvé-sama.*

Para completar la visión de la futura tierra de Israel, ahora se expande y precisa lo que se ha dicho ya en 48, 15-16, en relación con el tamaño de la ciudad santa. Aquí se especifican las medidas de cada uno de los lados de la ciudad con una referencia a sus puertas, y todo está precedido con una referencia a las salidas. צֵאת תו son las salidas, no su extensión (que nunca se expresa con esta palabra), sino los extremos en los que termina una ciudad o terreno. Esa palabra no indica las puertas, que se nombran después expresamente, sino los cuatro lados de la ciudad que se concretan y miden con cuidado.

La enumeración comienza como antes, en el caso de la tierra, con el lado norte. Cada lado tiene tres puertas, de forma que la ciudad tiene doce, que llevan los nombres de la doce tribus, como las puertas de la Jerusalén celestial en Ap 21, 12, porque ella será la ciudad del verdadero pueblo de Dios. Aquí se incluye Leví, de manera que Efraín y Manasés se unen para formar la única tribu de José.

Los tres hijos de Lía comienzan la serie, con las puertas del norte. Esas tribus son también las primeras en las bendiciones de Moisés en Dt 33, 6-9, es decir, Rubén, Judá y Leví: el primogénito en edad, el primogénito en virtud, y el escogido por Yahvé para su propio servicio, conforme a la bendición mosaica. Después siguen por la parte del este, los dos hijos de Raquel, según su edad (a diferencia de lo que sucede en Dt 33, 12-13) y junto a ellos el hijo mayor de la sierva de Raquel (José, Benjamín y Dan). Para las puertas del sur vienen los otros tres hijos de Lía (Simeón, Isacar y Zabulón); y finalmente para las puertas del oeste los otros tres hijos de las servidoras (Gad, Aser y Neftalí).

Habiendo sido indicadas así por los nombres de los patriarcas las puertas de la ciudad de todo Israel, la ciudad en cuanto tal recibe un nombre que la eleva como ciudad de Dios (de Yahvé). Pues bien, sobre el sentido de ese nombre de 48, 35 (יְהוָה שָׁמָּה) existe también una división de opiniones. La alusión a desde ese día (מִיּוֹם) y el sentido de שָׁמָּה son objeto de discusión. Ciertamente, la última palabra significa literalmente "desde allí", pero Ezequiel la ha utilizado ya como sinónimo de שָׁם, allí, en 23, 3 y 32, 29-30, y por eso la aserción de aquellos comentaristas que dicen que שָׁמָּה no significa nunca "allí" es incorrecta.

מִיּוֹם, desde aquel día en adelante, equivale a *de ahora en adelante*, no "para siempre" aunque ese matiz puede estar implicado en el contexto. Si מִיּוֹם ha de tomarse en conexión con las palabras anteriores o con las que siguen no cambia el sentido de la frase. Pues bien, lo que se quiere indicar es que la ciudad solo puede llevar ese nombre porque Yahvé está allí, porque Yahvé es שָׁמָּה. Lo que se puede discutir es si שָׁמָּה significa desde entonces o allí.

Hävernick piensa que el sentido no puede ser "allí", pues Ezequiel ha separado el templo y la ciudad, de tal manera que Yahvé no habita propiamente hablando en la ciudad, sino en el templo, de manera que puede y debe volverse (=dirigirse) desde ese templo (separado de la ciudad, cf. imagen 5) a la misma ciudad, llenándola de bendiciones.

Pero Yahvé no dirige su amor hacia la ciudad desde fuera (desde el templo alejado de la ciudad en cuanto tal), sino que se vuelve directamente hacia ella con su amor, de manera que ella puede llevar el nombre de "Yahvé desde ella" (o allí). No se trata de que ese nombre indique (como dice Kliefoth) que Yahvé se dirige a la ciudad para restaurarla, pues la ciudad se encuentra ya restaurada y edificada, como Ezequiel ha visto en visión. Según eso, Dios ha extendido de nuevo su favor hacia Jerusalén, una vez más, y el nombre יְהוָה שָׁמָּה, dado a la nueva ciudad, a la nueva Jerusalén, solo puede indicar que de ahora en adelante el mismo Yahvé habitará y gobernará en ella.

Por eso, el sentido verdadero del nombre Jerusalén no será que Yahvé se extiende desde allí, sino que estará allí. Este nombre de Jerusalén (Yahvé Allí: שָׁמָּה יְהוָה) puede compararse con Is 60, 14, donde Jerusalén recibe el nombre de *ciudad de Yahvé*, en el sentido de "Sión del Santo de Israel", porque la gloria de Yahvé se ha elevado sobre ella como una luz brillante.

V
Ez 40-48
INTERPRETACIÓN GENERAL[69]

Tras haber completado nuestra exposición de detalle, si miramos en conjunto las visiones de Ez 40-48 y las comparamos con las profecías anteriores de la restauración de Israel (Ez 34-37) obtenemos una visión distinta de la constitución del reino de Dios. Cuando Dios reúna a los hijos de Israel y los lleve de nuevo a la tierra de Canaán, y les haga habitar allí, bajo el gobierno de su siervo David, la tierra de Canaán será distribuida de nuevo entre las tribus, conforme a la promesa de los patriacas; entonces se separará en el centro de la tierra una porción santa (*terumah*) para los sacerdotes y levitas, con las posesiones del príncipe a los lados, y el templo en el centro (con la ciudad separada del templo estrictamente dicho).

En el lugar central de ese territorio sagrado, que será un cuadrado de 25.000 cañas de lado, se elevará el templo sobre la alta montaña y cubrirá con sus atrios un espacio de cinco mil codos cuadrados, y a su alrededor habrá un espacio de cinco mil cañas de lado para separar la tierra santa de la tierra común de las tribus. La gloria de Yahvé entrará en el templo y habitará allí por siempre, y el templo, en toda su extensión, será lo más santo (43, 1-12).

En torno al espacio del templo, los sacerdotes reciben una extensión de tierra de 25.00 cañas de longitud y 10.000 de anchura, para habitar en esa tierra que será como un santuario extenso en torno al santuario propiamente dicho. Al lado de los sacerdotes, hacia el norte, los levitas reciben un terreno semejante para habitar allí; pero hacia el sur se extenderá también un territorio para la ciudad, como un campo abierto que cubrirá cinco mil cañas de longitud y de anchura; y el resto de esa tierra central se dará a los trabajadores de la ciudad que vendrán

---

69. El comentario propiamente dicho de Ez 40-48 y de todo el libro ha terminado en las palabras anteriores (edición original alemana pag. 508). Pues bien, a partir de aquí, sin ningún título nuevo, con una simple línea de separación, comienza un tema nuevo, que no es de exégesis o comentario particular de los textos, sino de interpretación general de la imágenes y profecías de Ez 40-48. Para poner eso de relieve he introducido una separación y título, sabiendo que no existían en el original (*nota del traductor*).

del conjunto de Israel. La tierra del este y del oeste de ese espacio sagrado, por un lado hacia el Jordán y por otro hacia el Mediterráneo, será propiedad del príncipe, como posesión hereditaria para sus hijos (44, 1-8; 46, 16-18; 48, 8-22).

Después de la separación de este territorio sagrado que, con la posesión del príncipe, cubre casi una quinta parte del territorio de Canaán, el resto de la tierra se divide en partes iguales y se distribuye entre las doce tribus, de manera que cada tribu se extenderá desde el Mediterráneo hasta el río Jordán, siete tribus al norte del espacio sagrado y cinco tribus al sur. Por su parte, los extranjeros que tengan sus hogares permanentes en la tierra de Canaán recibirán una posesión hereditaria como los israelitas nativos (47, 21-48, 7 y 48, 23-29).

Israel, de nuevo en posesión de su tierra prometida, vendrá a presentarse ante el Señor en el tiempo de las fiestas anuales, para adorar y ofrecer sacrificios, tema del que debe ocuparse el príncipe, pero el pueblo ha de contribuir con la sesentava parte de su cosecha de cereal y con la centésima de su aceite y con doscientas cabezas de los diversos tipos de ganado para el sacrificio. Los servicios sacrificiales en el altar y el lugar santo han de ser realizados solamente por los sacerdotes de la familia de Sadok, que mantienen su cargo porque fueron fieles cuando el pueblo cayó en la idolatría. Todos los restantes descendientes de Leví se limitarán a realizar servicios inferiores en el templo, a fin de que no sea profanado por ellos.

Por otra parte, una fuente de agua de vida brotará del umbral del templo, para convertirse pronto en un río poderoso, que descenderá al valle del Jordán, desembocando en el Mar Muerto, de manera que sus aguas sean saludables, de forma que puedan habitar en ellas todo tipo de peces. En las riberas del río crecerán árboles frutales, que darán fruto cada más y sus ojas serán medicinales (47, 1-12).

Tanto los comentaristas judíos como cristianos están de acuerdo en afirmar que ésta es una visión mesiánica. Ciertamente, según Jerónimo, muchos judíos pensaban que esta profecía de Ezequiel anunciaba la construcción del nuevo templo de Jerusalén, en su forma material, y esta visión ha sido apoyada por comentaristas de tipo racionalista como Dathe, Eichhorn, Herder, Böttcher y otros, siguiendo el ejemplo de Grotius. Según todos ellos, Ezequiel describiría la reconstrucción del antiguo templo material de Jerusalén.

Pero esta visión ha encontrado muchas dificultades, entre ellas la de entender físicamente el surgimiento del agua del templo que desemboca en el mar muerto... Tampoco se puede explicar el hecho de que Ezequiel separe el templo de Yahvé y la ciudad de Jerusalén algo que ningún judío patriota habría aceptado, pues para los judíos nacionalistas el templo tendría que seguir estando vinculado con el Monte Sión, que era la sede de la casa real de David.

Ciertamente, esta visión contiene más que esperanzas ideales y deseos de la restauración futura del templo y del reino... pero en la forma de entender esas esperanzas existen muchas visiones discordantes. (a) Algunos se declaran decididamente a favor de una explicación literal de todas estas profecías. (b) Otros defienden una visión figurativa o simbólica, que a su juicio es la única que responde de un modo correcto al mensaje de la Escritura[70].

Esta última visión fue mayoritaria en el período antiguo de la Iglesia, de tal forma que fue aceptada por Efrén Siro, Teodoreto y Jerónimo; ella ha dominado la exégesis de tal modo que Lud. Capellus en su *Trisagion s. templi Hierosol. Triplice delin.* (cf. aparato crítico de *Políglota* de Walton pag. 3) dice así: "En este pasaje, Dios ha querido mostrar al profeta que él no se agrada ya en la adoración carnal y legal que hasta ahora le han ofrecido; lo que Dios quiere de los hombres es algo muy distinto, una adoración espiritual, que aparece en la visión de este templo, que difiere mucho del templo antiguo anunciado por Moisés. Ningún cristiano niega que aquí se está hablando del templo de Mesías. Lo mismo hacen los judíos que no están endurecidos, que no tienen más remedio que aceptar que estas profecías no se pueden interpretar al pie de la letra".

La interpretación literal fue por largo tiempo la de los judíos, que esperaban que el mesías no solo restauraría el reino de Israel en Canaán, sino que reconstruiría el templo y renovaría el culto davídico, en la forma descrita por Ezequiel. En contra de eso, algunos cristianos han mantenido la esperanza de la llegada de un reino temporal glorioso del mesías Cristo en una forma milenarista, más cercana a la que aparece en el Apocalipsis de Juan que a la profecía de Ezequiel.

En esa línea, en los tiempos más recientes, algunos cristianos, defensores del quiliasmo o milenarismo no han dudado en llevar sus opiniones tan lejos que no solo han anunciado la restauración de los judíos en Palestina (tras su conversión a Cristo), sino que, conforme a una explicación literal de nuestra profecía, hablan de una renovación del culto levítico en el reino del milenio. En esa línea se sitúa Auberlen cuando (cf. *Der Prophet Daniel und die Offenbarung Johannis*, Basel 1857), en la línea de la visión, que hemos explicado ya en este Comentario, afirma que al final se vincularán el sacerdocio y la monarquía de Israel de manera que, sin ir en contra de la carta a los Hebreos, la ley ceremonial y la ley civil de

---

70. *Efrén Siro* (*Coment.* a Ezequiel cap. XLII) interpreta alegóricamente incluso las ventanas del templo y las medidas del templo y de la tierra. A su juicio, es evidente que los sacerdotes de ese templo son los apóstoles de Cristo, de manera que los animales allí sacrificados son también imagen de Cristo (y no pueden entenderse en sentido físico). *Teodoreto* es mucho más sobrio, pero él afirma también que debemos pasar de la letra al sentido espiritual de la verdad (cf. *Coment.* a Ez 43). De esa manera se opone a la interpretación judeo-literalista de Apolinar, aunque él mismo piensa que el retorno de los judíos y la reedificación del templo se realizó en tiempos de Zorobabel. *Jerónimo* se opone abiertamente a esa interpretación de Apolinar, diciendo que proviene de los judíos ignorantes, diciendo que este templo de Ezequiel es muy superior al de Salomón, mientras que el de Zorobabel fue mucho más imperfecto. Bajo el tipo de restauración de la ciudad destruida por los babilonios encontramos el anuncio de la *futurae aedifictionis veritas,* es decir, la verdad de una construcción distinta del templo.

Moisés desplegarán su hondura espiritual en el cumplimiento literal de las profecías de Ezequiel.

Por su parte, M. Baumgarten (en *Ezequiel,* en Herzog, *Cyclopedia)* dice de manera más precisa que "la restauración de toda la realidad exterior, que Ezequiel vio en visión, no será una mera repetición de lo anterior, sino una glorificación del mundo externo, que había aparecido y había sido condenado en su forma antigua. Esa glorificación consistirá básicamente en la extensión e intensificación de los preceptos anteriores de ley.

En esa línea, en apoyo de su visión, Baumgarten afirma que "cuando Israel como nación vuelva a Dios ¿cómo podrá manifestar su fe y su obediencia a Dios si no es con los preceptos y ordenaciones que Dios había dado a su pueblo?". En esa línea, él piensa que es obvio (¡!) que toda la Ley, en todas sus secciones y porciones, ha de recibir su cumplimiento en el momento final, cuando se cumpla todo aquello que Israel había estado esperando.

Solo así se verá que el templo, el sacerdocio, el servicio sacrificial, el sábado y la luna nueva en sí mismas no se oponen a la fe en la perfecta y eterna revelación de Dios en la vida, muerte y resurrección de Jesucristo. Desde ese fondo, el mismo Baumgarten sigue diciendo que incluso la comunidad de los gentiles entrará de nuevo en la congregación de Israel, descubriendo y realizando su organización nacional a través de la Ley de Israel, conforme a la voluntad de Dios.

Pues bien, en contra de eso, Hofmann (*Schriftbeweis* II, 2 pag. 577 ss) afirma que de la profecía de Ezeqiel se puede deducir únicamente que Israel servirá de nuevo a Dios en su propia tierra, y que Yahvé habitará de nuevo en medio de ella. En esa línea, él interpreta el conjunto de la profecía de Ezequiel de un tipológico, y según eso no dice nada sobre lo que será el ritual levítico de los sacrificios que deberán realizarse en el templo. De todo lo dicho él infiere solo que la fuente de agua que brota del templo y hace que el valle del Cedrón y el Mar Muerto fructifiquen ha de tomarse como expresión de que la tierra será distinta de lo que había sido antes, y de esa manera (de acuerdo con la postura de Volck) se puede hablar de una glorificación física de la misma tierra de Palestina.

En nuestro comentario hemos tratado ya de la restauración de Dios en Israel, y nos hemos opuesto a una interpretación literal de esta profecía, ofreciendo algunas razones por las que debe preferirse una interpretación simbólico/tipológica: porque la restauración del templo y del sacrificó levítico (sangriento, sacrificial) va en contra de la enseñanza de Cristo y de sus apóstoles. Ahora añadimos nuevas razones.

Ciertamente, en un primer momento, si fijamos nuestra atención en la visión de Ez 40-48 no podemos encontrar ningún argumento conclusivo en contra de una interpretación literal y a favor de una interpretación figurativa del texto, ni en el hecho de que Ezequiel no ofrece ningún plan de edificación, sino solamente algunos principios. Tampoco podemos rechazar una interpretación literal sin más en el hecho de que Ezequiel tampoco ofrece instrucciones sobre la restauración del culto israelita, ni en el hecho de que la división de la tierra entre las tribus, con la *terumah* en el centro y la forma de separar la ciudad del templo, no puede realizarse de esa forma.

La omisión de todo comentario sobre la construcción del templo puede deberse al hecho de que el profeta se limita a presentar una visión de la restauración del templo destruido, de manera más perfecta, sin detenerse en la forma que habrá de hacerse, pues eso pertenece al futuro. El hecho de que no se ofrezcan mayores precisiones sobre la forma de construir el templo con sus edificios adyacentes, puede deberse al hecho de que el profeta tiene en mente las formas y rasgos del templo anterior.

Y por lo que toca a la distribución de la tierra entre las tribus, con una *terumah* en el centro... tampoco se puede decir que sea imposible. Tampoco la descripción de las tierras de la *terumah* para el santuario, para los sacerdotes y levita tiene en sí nada que sea como tal impracticable, siempre que no pensemos en la línea divisoria de fronteras y tribus como algo propio solamente de un mapa...

En esa línea, si las instrucciones de Moisés sobre las ciudades y terrenos de los levitas (cf. Num 35, 2-5) pudieron practicarse, lo mismo se puede decir de la distribución de la tierra que propone Ezequiel. Por otra parte, tampoco la separación entre ciudad y templo, y la forma de entender la ciudad como un cuadrado con tres puertas en cada lado tiene algo que en general pueda tomarse como carente de sentido o impracticable.

Lo mismo puede decirse es la división de la tierra de las tribus, en doce franjas iguales que van del Mar Mediterráneo al Jordan es algo en sí mismo impracticable, pues no trata de trazar una líneas separadas, por encima de la tierra, sin tener en cuenta sus condiciones reales. La única cosa que causa sorpresa es la suposición que cada una de las tribus recibirá lo mismo que las otras, pues sería idéntico el número de familias de cada tribu, a no ser que entendamos es motivo de un modo simbólico. Lo mismo sucede con la medición del espacio del entorno del templo, con el terreno exterior sagrado (cinco veces mayor que el templo), con los atrios interiores etc., pues todo eso parece que se entiende mejor desde una perspectiva simbólica.

A eso debe añadirse el hecho de que el río que nace del umbral del templo y que crece de un modo maravilloso, por la fuerza sobrenatural que lleva dentro, solo puede entenderse de un modo simbólico/tipológico. Pues bien, si las aguas que fluyen del templo no puede tomarse como aguas naturales, físicas, tampoco el templo puede tomarse como un edificio físico. Siguiendo en esa línea, el servicio divino que se realiza en el templo no puede interpretarse tampoco en la línea de los sacrificios cruentos de terneros, machos cabríos y toros. Según eso, toda la visión ha de tomarse como una pintura profética de tipo unitario, de carácter simbólico, y no puede interpretarse literalmente.

De todas formas, diversos partidarios de una interpretación quiliástica del templo y de la profecía de Ezequiel hablan en este contexto de una glorificación de la naturaleza, es decir, de una transformación gloriosa de la misma tierra Palestina antes de la nueva creación del cielo y de la tierra. Esta es una interpretación que tiene gran importancia para entender esta profecía (Ez 40-48), de forma que debemos examinar de manera algo más precisa los argumentos de sus defensores.

1. ¿Enseña la profecía del Antiguo Testamento la glorificación de la tierra de Canaán antes del juicio final?

Conforme a la visión de Volck, *Zur Eschatologie,* Dorpat Zeitscrift VII, 158 ss, la idea de una glorificación física de la naturaleza está muy extendida en la profecía del Antiguo Testamento.

Éstos son algunos textos que hablan de la glorificación física de la naturaleza: (1) Cuando Is 2, 2-4 habla de la elevación de la montaña de la casa de Yahvé sobre todas las montañas, de manera que las naciones vendrán a esa montaña… (2) Así también cuando el mismo Isaías (Is 4, 2-6; 9, 1-6 y 11, 12) dice que Dios llenará de gloria a su tierra, de manera que Canaán podrá vivir bajo la regla de justicia del príncipe de la paz y sus habitantes, antes dispersos, serán reunidos y recuperarán su estado paradisíaco de paz, mientras las naciones son juzgadas. (3) Así cuando Jeremías profetiza que Jerusalén será reedificada, y un retoño de la casa de David gobernará sobre el pueblo, en cuyo corazón escribirá Dios su ley (Jer 31, 31-34, 33, 15). (4) así cuando Joel 4, 16-21 ve que llega un tiempo, tras el juicio sobre el mundo de las naciones, cuando la tierra santa recuperará un tipo de fecundidad milagrosa. (5) Lo mismo cuando Amos (9, 8-15) predice la reconstrucción del tabernáculo de David, que había sido destruido, y la restauración del reino davídico. (6) Lo mismo cuando, según Zac 14, 8 ss, Jerusalén vendrá a ser centro del mundo, de manera que las naciones correrán allí, para celebrar la fiesta de los tabernáculos con Israel…

Conforme a todos estos textos, y a otros semejantes, no se puede negar que los profetas anunciaron un tiempo en que, tras el juicio de Dios sobre los poderes del mundo, Israel gozará de una paz maravillosa, en su propia tierra, convertida en un tipo de paraíso, para reinar así sobre las naciones. Pero dicho eso debemos confesar que estos pasaje no contienen ninguna afirmación escriturística clara sobre una glorificación concreta y la transformación de la tierra en cuanto tal, en sentido físico.

Así lo afirma el mismo Volck quien, después de haber escrito lo anterior, plantea esta pregunta: ¿No hay acaso en la Escritura visiones distintas sobre esta cuestión? Ciertamente, hay pasajes en los que parece que habrá una glorificación de la tierra de Canaán (cf. Joel 4, 18 ss y Miq 7, 9-13). Pero hay otros pasajes en los que no se habla ya de una glorificación de esta tierra, sino de una transformación escatológica. En esa línea, el mismo Joel interpreta el juicio en el valle de Josafat de una forma simbólica..., y en esa línea (de tipo simbólico) se mueve el conjunto de sus predicciones, especialmente cuando retoma y elabora las visiones de Is 34-35: brotará de las montañas el vino, de las colinas manará la leche etc.

Conforme a esta visión Edom y Egipto son tipos del mundo en su oposición contra el reino de Dios. Por su parte, Judá es el tipo o símbolo del Reino de Dios. De esa manera se expresa el juicio de Dios que destruirá a sus enemigos y elevará a su pueblo. Pues bien, en esta perspectiva no puede hablarse de una glorificación física de Palestina, ni de una desolación externa de Idumea o del país del Nilo, y en especial después de haber visto que el tema de las montañas de las que fluye el vino y el aceite ha de entenderse de un modo simbólico. Esta misma es la antítesis que hallamos en Miq 7, 9-13, allí donde se dice que la hija de Sión, presentada bajo la figura de una viña, será reconstruida, de manera que vendrán a ella muchos pueblos, mientras que, por otra parte, se anuncia la desolación física del mundo. Miqueas no dice nada de un glorificación de la tierra en cuanto tal, en sentido puramente físico.

Estos son los pasajes que podrían parecer más claros. Pues bien, ni ellos ni otros menos claros pueden tomarse como prueba de una glorificación externa de la tierra de Palestina. Ciertamente, los profetas anuncian la glorificación futura del Reino de Dios, pero en ningún momento se pueden entender esa glorificación de un modo quiliasta, en la línea de una transformación física de Palestina antes del juicio final. En esa línea se puede hablar de otros textos como aquel de Is 55, 2-20 donde se dice que los hombres de cien años serán como niños.

El mismo Volck afirma que una aceptación literal de esta profecía nos lleva a sacar consecuencias absurdas, y en esa línea otros pasajes de Isaías (como Is 11, 6; 50, 17.19; 56,25) tendrían que interpretarse también al pie de la letra, cosa que nadie aceptaría (cf. También Luthard, *Die Lehre con del letzten Dingen*, 78).

En esa línea, Hofmann ha distinguido entre el pensamiento de fondo de la profecía y la forma que los profetas emplean para expresar ese pensamiento. (a) El pensamiento profético de fondo se concreta en una comunión bendita y luminosa con Dios, en un estado de paz que abraza toda la creación, tanto humana como extra-humana. (b) Pues bien, para expresar ese pensamiento o experiencia superior los profetas utilizan muchos colores y signos que les ofrece la vida de la tierra.

Así en Is 45, 20-23 tenemos solo una descripción figurativa de aquello que Is 25, y presentado de un modo literal: Que Dios devorará a la muerte para siempre, y que secará las lágrimas de todos los rostros. De igual manera, la expresión figurativa de Is 11, 6-8; 45, 25 quiere decir solamente "que la tierra será liberada de la maldición que le domina por causa del hombre, y que la creación extrahumana será incluida en el estado de paz que los justos han de gozar en la presencia de Dios.

Pero allí donde no hay muerte ni mal, y por lo tanto no hay pecado, la gloria de Dios brilla para siempre (Is 19, 20); de esa forma se restaura no solo la vida de vida del mundo anterior al diluvio, sino que el mismo mundo queda así glorificado.

Yo concuerdo en general con esta visión de Hofmann, pero debo añadir que ella no ofrece prueba alguna de la glorificación de Canaán antes del juicio. Para mostrar que esos pasajes tratan del milenio en la tierra, antes del juicio, deberíamos mostrar que ellos tratan del milenio en cuanto tal y no describen más bien la gloria de la Jerusalén celeste, en una nueva tierra, en la línea de textos como Is 45, 17 ss y Ap 21-22.

El mismo Volck reconoce esto en la medida en que, después de haber examinado esos pasajes, él propone la cuestión: ¿Existen en la profecía del Antiguo Testamento pasajes que nos hagan asumir que habrá un período intermedio entre el juicio en el Yahvé se glorifica a sí mismo y glorifica a su pueblo ante los ojos del mundo y el último final de todas las cosas? Suele decirse que Is 24, 21-24 ofrece una respuesta afirmativa a esta cuestión, cuando el profeta, exponiendo el juicio sobre la tierra afirma:

> "Acontecerá en aquel día, que Yahvé castigará al ejército de los cielos en lo alto y a los reyes de la tierra sobre la tierra. Serán amontonados como se amontona a los encarcelados en una mazmorra, y en prisión quedarán encerrados. Y al cabo de muchos días serán castigados. La luna se avergonzará y el sol se confundirá, cuando Yahvé de los ejércitos reine en el monte Sión, en Jerusalén, y brille su gloria delante de sus ancianos" (Is 24, 21-24).

El mismo Hofmann (cf. pág 566-567) encuentra aquí expresada la idea de un tiempo "entre el juicio por el cual Dios se glorifica sí mismo y glorifica a su pueblo ante todo el mundo y el final de todas las cosas, tal como debemos representarlo cuando se nos habla de los cielos que se enrollarán y de los enemigos que caerán como caen los hojas secas ante el viento" (cf. Is 34, 4)… un tiempo entre el juicio de castigo del mundo perverso y el día de la retribución final, cuando la tierra se deshaga para no recomponerse más, y cuando el juego devora a sus habitantes, que se queman para siempre" (Is 34, 8-9, 24, 20), abriéndose así un tiempo de salvación par los justos.

Pero debemos observar que el anuncio del juicio sobre la tierra termina en Is 24, 20, con las palabras "la tierra caerá y no se levantará más". En esa línea, el verso siguiente continúa como sigue: "sucederá aquel día que el Señor visitará…". Resulta evidente que el juicio sobre la hueste de los cielos acontecerá cuando la tierra sea destruida, de manera que al hablar del Monte Sión y de Jerusalén podemos decir que se trata solo de la Jerusalén celestial (y que no habrá un tiempo intermedio, un milenio, de glorificación física de esta misma tierra". Aquí no se habla en modo alguno de un tiempo intermedio entre el juicio del mundo y el fin de todas las cosas, es decir, de la destrucción de este cielo y esta tierra.

Interpretación general

En esa línea, en contra de Hofmann (pág. 568) tampoco se puede hablar de una glorificación de Jerusalén antes de la nueva creación del cielo y de la tierra, porque en estos pasajes nos situamos ante la visión del mundo nuevo después de la destrucción de la tierra y después del último juicio. Eso significa que en el Antiguo Testamento no se separa como quieren los quiliastas, un juicio temporal en la tierra (con la glorificación final de Jerusalén y o Palestina) y el juicio final.

Esa distinción no se encuentra ni siquiera en la profecía de Gog. Lo único que se dice en esas profecías es que Dios destruirá a todos los enemigos de su reino a través de un juicio final, y que destruirá el reino de este mundo y establecerá su reino en gloria. El único autor del antiguo Testamento que anuncia la destrucción del mundo entero y la nueva creación del cielo y de la tierra es Isaías. Pero lo que en el Antiguo Testamento queda todavía oscuro quedará plenamente revelado en el nuevo. Por eso pasamos ahora a esta cuestión.

2. ¿Enseña el Nuevo Testamento una glorificación física de Palestina y un Reino de Gloria en la Jerusalén terrena antes del último juicio y de la destrucción del cielo y de la tierra?

Conforme a la opinión de la mayoría de los representantes del milenarismo, las cosas son así sin duda alguna. "Porque, de acuerdo con Ap 20, la destrucción del poder del mundo y la derrota del Anticristo vienen seguidas inmediatamente por el establecimiento de un reino de gloria de la Iglesia glorificada de Jesucristo, que durará por un tiempo espacio de mil años, después de los cuales vendrá a establecerse la guerra de Gog y Magog en contra de la ciudad amada, y solo entonces, con la destrucción de ese ejército, llegarán los nuevos cielos y la tierra nueva" (Volck, pág. 167). Eso es lo que dicen muchos, pero esta afirmación no resulta en modo alguno tan indiscutible.

Incluso en el caso de que aceptáramos que, según la visión milenarista del Apocalipsis, los acontecimientos de los que se habla en Ap 20 deberían entenderse de un modo cronológico, no por eso no queda en modo alguno demostrada la afirmación de que Palestina quedará glorificada. Así lo ha puesto de relieve, por ejemplo, Auberlen, quien afirma que la doctrina del reino de los milenio es uno de los artículos fundamentales de la esperanza cristiana (*O. c.* págs. 454-45), rechazando, sin embargo, la siguiente sentencia según la cual una Iglesia glorificada se uniría al Israel igualmente glorificado en la tierra de Canaán, también glorificada. Esto es lo que dice: "A mi parecer resulta obvio que el conjunto de la profecía del Antiguo Testamento no puede compaginarse con esa visión, que por otra parte es internamente improbable". Pues bien, conforme a la discusión que vengo manteniendo, esta sentencia de Auberlen me parece perfectamente bien fundada.

Los profetas del Antiguo Testamento no saben nada de un reino de los mil años; y una glorificación de la tierra de Canaán antes del fin del mundo no puede deducirse de la visión de la fuente que brota del templo, por la simple razón de que la reformulación de esta profecía en Ap 22, 1-2 nos muestra que esta fuente pertenece a la Jerusalén celestial de la nueva tierra y no a este mundo. Por otra parte, en Ap 20 no se dice nada sobre una glorificación de Palestina o de Jerusalén. El reino de los mil años se infiere simplemente del hecho de que, según la interpretación literal de de ese capítulo (Ap 20), aquellos que resucitan con Cristo en su segunda venida reinarán con Cristo en la ciudad amada, es decir, en Jerusalén. Pero el Apocalipsis no se ha planteado la cuestión de si vendrá a realizarse un tipo de expedición militar de los paganos de los cuatro ángulos de la tierra que no ha sido aún glorificada, en contra de los habitantes de la ciudad glorificada.

La visión de una glorificación de Palestina antes del fin del mundo no está tampoco presente en los restantes capítulos del Apocalipsis o en otros escritos del Nuevo Testamento, ni puede deducirse de las palabras del Apóstol Pablo en Rom 11, 15, cuando afirma que la restauración del pueblo de Israel, rechazado por un tiempo, tras la entrada del pléroma de los paganos en el Reno de Dios, será o causará "la vida de la muerte".

Ciertamente, Pablo afirma que la "conversión de Israel" será una especie de "vida de la muerte" (es decir, de transformación de la muerte en vida). Pero esa transformación no puede entenderse en modo alguno como una nueva vida corporal, como una glorificación que comienza con la resurrección de los muertos (Meyer), ni como glorificación física del mundo (Volck). Esta glorificación física de Palestina, con el reino del milenio, no se puede deducir tampoco del hecho de la *palingenesia* (regeneración, Mt 19, 28), ni de los *khronoi apokakastaseôs* (tiempos de restitución: Hch 3, 19-21) a los que seguiría la recepción (*prolepsis*) de Israel.

La Escritura no ofrece tampoco ninguna evidencia conclusiva para la doctrina de un reino de gloria en la Jerusalén terrena antes del último juicio. La afirmación de que la "ciudad amada" de Ap 20, 9 es un tipo de Jerusalén terrena (transfigurada físicamente, en este mismo mundo) se apoya sobre la hipótesis de que el pueblo de Israel retornará a Palestina en o después de su conversión a Cristo, para reedificar a Jerusalén con el templo, y para habitar allí hasta la venida final del Cristo. Pero, como he dicho ya, esta hipótesis no puede apoyarse ni en Rom 11, 25 ni en ningún otro pasaje inequívoco del Nuevo Testamento, y los únicos pasajes que podrían tenerse en cuenta son Ap 7, 1-8; 14, 1-5 y 11-12, pasajes y capítulos en los que se dice que está contenida esta doctrina (pero que deben entenderse de otra forma, como indicaré).

En Ap 7, 1 11, el profeta Juan ve cómo, ante el despliegue del juicio sobre el poder mundano que se opone a Dios, un ángel sella a los siervos de Dios en su frente y escucha que el número de los sellados es de 144.000 de toda las tribus de Israel, doce mil por cada una de las tribus, mencionadas por su nombres. En Ap 14, 1 ss él ve al Cordero sobre el Monte Sión y con él a 144.000, con el nombre

Interpretación general

de su Padre escrito en su frente. Y en 11, 1 se le da una vara para medir el templo de Dios y el altar, para expulsar la parte exterior del templo y no medirla, porque esa parte ha sido entregada a los paganos, que patearán la ciudad santa, que se ha convertido espiritualmente en Sodoma y Egipto a lo largo de 42 meses.

A partir de este pasaje, Hofmann (II, s pag. 703), Luthardt, Volck y otros concluyen que la iglesia israelita, convertida al fin a Cristo, no solo habitará en Palestina, y más específicamente en Jerusalén ante de la venida (*parusía*) final de Cristo, sino que será la única esperando a Cristo, pues el resto de la cristiandad, todos los creyentes de origen pagano perderán sus vidas en la gran tribulación que precede a la *parusía*, de forma que irán por la muerte a Dios. Esta conclusión sería indiscutible, si las premisas estuvieran bien fundadas, es decir, si los pasajes en cuestión trataran solo de los judeo-cristianos y de la Jerusalén terrena.

Pues bien, en primer lugar, es evidente que los 144.000 a quienes Juan ve con el Cordero sobre el Monte Sión en Ap 4, 1 ss son los mismos que los 144.000 que están sellados de las doce tribus de Israel en Ap 7. La omisión del artículo retrospectivo delante de *hekaton* etc. en 14, 1 ha de explicarse, en primer lugar, desde el hecho de que la intención del Apocalipsis es poner de relieve la antítesis de ese tema con lo que le precede: "En contra de toda la multitud del resto del mundo, sujeto a la bestia y a su profeta, aquí está sobre Sión la hueste comparativamente pequeña de 144.000" (Volck).

Y en segundo lugar, es evidente que los 144.000 sellados de Ap 7 son el número total de los creyentes que han sido preservados de la gran tribulación, y liberados de la muerte, mientras que en 7, 9-17 se coloca, en contraste con ellos, la innumerable multitud de todas las naciones y lenguas que están de pie delante del trono de Dios, vestidos con blancas vestiduras y llevando palmas en las manos, aquellos que han venido de la gran tribulación, el número total de los creyentes que han perdido sus vidas en la gran lucha del fin de los tiempos, entrando en la vida eterna.

J. Ch. Christiani (*Ueberschichtliche Darstellung des Inhalts der Apokalipse*, Dorpater Zeitschrift III, 53) afirma que las diversas visiones (la de Ezequiel, el Apocalipsis de Juan…) no dan un cuadro total de los acontecimientos, sino solo perspectivas separadas que deben completarse entre sí) resulta insuficiente. Por su parte, Volck observa correctamente que la visión de Ap 7, 9-17 no se refiere solo a la entrada en el cielo de los cristianos de origen gentil, pues aunque leemos que se trata de "una gran multitud" (7, 9) no podemos inferir que se trata solo de cristianos gentiles. Sea como fuere, la antítesis final del Apocalipsis es ésta: Por una parte el número compacto de 144.000 provenientes de Israel, destinados a sobrevivir a la última opresión; por otra parte, una innumerable multitud de toda nación que han venir a Dios a través de la muerte.

De todas formas, debemos rechazar la visión según la cual en la *parusía* de Cristo solo los judeo-cristianos estarán viviendo en la tierra en Jerusalén, sobre el Monte Sión, mientras que todos los cristiano-gentiles habrán desaparecido del mundo, pues esa visión se opone no solo a Ap 3, 12 sino también a toda la visión del Nuevo Testamento, especialmente a las declaraciones del Señor respecto a su segunda venida. Cuando el apóstol Pablo escribió a la iglesia de Tesalónica (1 Tes 4, 15 ss), compuesta de cristianos del judaísmo y de la gentilidad, él proclama ἐν λόγῳ κυρίου, es decir *como palabra del Señor*, que nosotros, los que vivimos y permanecemos en la venida del Señor no precederemos a los que han dormido" (sin distinción entre judeo-cristianos y cristianos de origen pagano).

Por otra parte, el mismo Pablo anuncia como *mysterion* a la iglesia que Corinto, que era también una iglesia mixta, compuesta en gran parte por cristianos de la gentilidad: "no todos nosotros moriremos, pero todos seres transformados" (1 Cor 15, 51), expresa el convencimiento, basado en la palabra del Señor, de que en el momento de la venida de Cristo seguirá habiendo cristiano-gentiles viviendo en la tierra (es decir, que habrá cristianos de origen judío y gentil).

Y cuando el mismo Señor dice a sus discípulos "el Hijo del Hombre vendrá en las nubes del cielo con gran poder y gloria, y enviará a sus ángeles, con el son de las trompetas, y recogerán a sus elegidos de los cuatro vientos de la tierra, de un fin del cielo al otro" (Mt 24, 30-31), él afirma como hecho indiscutible que habrá *eklektoi*, elegidos, creyentes cristianos, viviendo en todos los países de la tierra, de manera que la iglesia del final no se limitará a los israelitas convertidos en Jerusalén y en Palestina.

Por lo tanto, si el Apocalipsis no ha de estar en directa contradicción con la enseñanza de Cristo y del apóstol Pablo en uno de los artículos principales de la salvación, la exposición de Ap 7 y Ap 14 que hemos criticado no puede ser correcta. Por el contrario, estamos firmemente convencidos que los 144.000 sellados son todo el cuerpo de los cristianos que viven en el tiempo de la parusía del Señor. Pues bien, a pesar de que ellos están descritos como siervos de Dios de todas las tribus de los hijos de Israel, y están distribuidos por doce mil por cada tribu, y a pesar de que en Ap 14, 1 ellos se encuentran con el cordero sobre el Monte Sión, tenemos que verlos no como judeo-cristianos (en contra de los pagano-cristianos), sino como todo el Israel de Dios (Gal 6, 16), es decir, como la iglesia de los vivientes, reunida al final de los días de entre los judíos y los gentiles.

Si la descripción de los sellados como hijos de Israel que vienen de todas las tribus de Israel, y la enumeración de esas tribus por su nombre probara que se trata solo de judeo-cristianos (y no de todos los cristianos, de origen judío o gentil), deberíamos seguir diciendo que los salvados de la Jerusalén celestial son solamente judeo-cristianos, porque los nombres de los hijos de Israel están escritos sobre sus puertas (Ap 21, 12), como en la Jerusalén de Ezequiel (Ez 48, 31); y al ver que la santa ciudad es la novia del Cordero (Ap 21, 9-10) deberíamos seguir pensando que solo se salvarán al final los judeo-cristianos (cosa que va en contra de todo el evangelio).

Pues bien, conforme a todo lo anterior, en contra de la opinión de algunos quiliastas, debemos afirmar que el Monte Sión sobre el que Juan ha visto al Cordero con los 144.000 que están de pie, no puede ser la Jerusalén terrena (solo para los judíos), como han indicado correctamente Bengel, Hengstenberg y otros, porque esos 144.000 están oyendo y cantando el canto universal que resuena delante del trono y de los cinco vivientes y de los ancianos (Ap 14, 3).

En este contexto, el Monte Sión se identifica (según Heb 12, 22) con la Jerusalén celestial, no con la ciudad terrena de Jerusalén. No hay razón ninguna para afirmar que esta visión va en contra de la identidad de ese grupo, y que se opone al contexto del pasaje (cf. J. Ch. Christiani, pag. 194; Luthhardt y otros). Así lo ha puesto de relieve Düsterdieck al afirmar que en Ap 7, 9 ss la gloria celestial se promete a los creyentes que permanecen fieles en la gran tribulación que ha de venir. De un modo semejante, en Ap 14, 1-5 se está evocando la recompensa gloriosa de los vencedores (cf. Ap 2, 22; 3, 12-21) que aparecen condensados en un grupo de creyentes (los 144.000 de 14, 1; las primicias de 14, 4) que aparecen sobre el Monte Sion, a quienes se les describe como aquellos que se han mantenido limpios de la impureza del mundo durante toda su vida terrena, de manera que ellos pueden ser judeo-cristianos o pagano-cristianos.

Estos 144.000 no son por tanto judeo-cristianos que han de reinar sobre Jerusalén y la tierra de Canaán antes de la venida definitiva de Cristo, sino que son todos los creyentes, que provienen de Israel y de la gentilidad. Por eso, la ciudad santa de Ap 11 no puede ser la Jerusalén terrena, y la mujer vestida de sol de Ap 12 no puede ser tampoco, solamente, la iglesia israelita de Dios, es decir, el Israel de los últimos días convertido a Cristo.

La Jerusalén de Ap 11 es espiritualmente Sodoma y Egipto. Por eso, el Señor ha debido dotar a los dos testigos con su Espíritu, dándoles el poder milagroso de Elías y Moisés, para defenderse de sus adversarios. Y cuando eventualmente ellos son asesinados por las bestias del abismo, y cuando todo el mundo se regocija al ver sus cadáveres en la calle de Sodoma y Egipto (entendidas espiritualmente), Dios hará que vuelvan a la vida, después de tres días y medio, haciendo que asciendan visiblemente en el cielo, mientras ese mismo Dios destruye la décima parte de la tierra con un terremoto, por el que morirán siete mil personas, de manera que el resto tengan miedo y den gloria al Dios de los cielos.

Esta Jerusalén aparece aquí como una ciudad degenerada en los últimos tiempos, antes de ser destruida por los romanos. Sin embargo, aquí no podemos pensar que ella es toda la antigua Jerusalén (todo el judaísmo), pues si fuera así estas palabras de Juan irían en contra de la profecía de Cristo sobre la destrucción de Jerusalén. Conforme al Apocalipsis, aquí no se evoca aquí la destrucción de todo el templo, ni la Iglesia tiene que huir de la ciudad entregada a la destrucción (Hofmann 684).

El templo con el altar de los holocaustos es medido y protegido, y solo el atrio externo con la ciudad queda entregado en manos de los paganos, para que lo pisoteen; y finalmente solo una décima parte de la ciudad quedará destruida. Aquí no se habla, pues, de la destrucción de todo el judaísmo, sino solo del judaísmo infiel (como se habla también, en otro plano, de la destrucción de los paganos infieles).

Hofmann y Luthahardt piensan que aquí se está pensando en la ciudad de Jerusalén de los últimos días, habitada por israelitas convertidos a Cristo… Pero el Apocalipsis supone que la Jerusalén terrena se ha convertido espiritualmente en Sodoma y en Egipto, de manera que el Señor tiene que defender su templo, con los verdaderos creyentes que le adoran allí.

Una visión de la apostasía total del pueblo de Israel se opone de un modo frontal a la visión del apóstol Pablo, cuando afirma que al final todo Israel será salvado (Rom 11, 26)… Pues bien, para resolver las posibles contradicciones, debemos afirmar que el contenido de Ap 22 (con la Jerusalén celeste) no puede tomarse como si fuera cronológicamente posterior a Ap 18 y 19 (con las escenas del juicio de la vieja Jerusalén), como pretende la interpretación milenarista del Apocalipsis.

En contra de eso, la interpretación científica del Apocalipsis ha mostrado que las visiones del conjunto del Apocalipsis no forman una serie continua de rasgos del conflicto que enfrenta a los poderes enemigos y al Reino de Dios, en orden cronológico; al contrario, el Apocalipsis ha concentrado el tema de esa lucha final entre los enemigos del Reino y el Reino de Dios en varias unidades que desembocan todas en el mismo juicio. No se puede hablar por tanto de un orden y progreso cronológico en las diversas escenas del Apocalipsis, para así introducir dentro de ese proceso los mil años del milenio (con el reinado terreno de los judíos convertidos a Cristo).

Por eso los diversos rasgos de la victoria de Cristo no se pueden organizar de un modo cronológico, ni se puede fijar de un modo cronológico el momento en que comenzará el reino de los mil años (después de un tipo de juicio histórico de los perversos), con el triunfo terreno de los judeo-cristianos convertidos. Confome a la visión del apóstol Pablo en 1 Cor 15, cada uno resucitará "en su propio orden: Cristo, la primicia, y después los que son de Cristo, en su venida. Entonces llegará el final, es decir, la resurrección de todos los muertos, con el último juicio, la destrucción de este mundo y la creación de un cielo y tierra nuevos, sin ningún tipo de posible milenio judeo-cristiano en Jerusalén.

De un modo consecuente, la primera resurrección se realiza con la vida y muerte de Cristo. Pero, según la enseñanza del Nuevo Testamento, la *parusía* de Cristo no ha de retrasarse hasta el último día del mundo presente, sino que comienza, como el mismo Señor ha dicho, poco después de su ascensión, de manera que algunos de sus contemporáneos no gustarán la muerte hasta que vengan al Hijo del Hombre venir en su Reino (Mt 26, 28).

El Señor repite esta enseñanza en Mt 24, 34, en el discurso dedicado a su *parusía* para el juicio, con esta solemne afirmación: "En verdad os dijo, esta

Interpretación general

generación no pasará hasta que todas estas cosas se cumplen". Como ha observado correctamente Hofmann "esta generación no puede identificarse con la Iglesia". Pensamos por tanto que los mismos contemporáneos de Cristo han de vivir (vivieron) para ver las cosas de las que él mismo Cristo dice "que ellos serán los heraldos y testigos de su segunda venida" (cf. Hofmann 641): "Hemos visto que, según Mt 26, 28, el Señor afirma solemnemente que sus contemporáneos vivirán para ver su venida real"[71].

En relación con esta venida real del Hijo del Hombre en la gloria de su Padre, con sus ángeles, venida que algunos de sus contemporáneos han de ver, siendo testigos de ella (cf. Mt 16, 27-28), Pablo afirma en 1 Tes 4, 15-16 "nosotros que estaremos vivos y permaneceremos hasta la venida del Señor no nos anticiparemos a los que han muerto, porque el mismo Señor descenderá del cielo, con una gran voz… y los muertos en Cristo resucitarán primero…".

De un modo consecuente, el Nuevo Testamento enseña, de manera muy clara, que la primera resurrección se identifica de algún modo con la venida de Cristo, que ha comenzado con el juicio ejecutado por los romanos en la destrucción de la antigua Jerusalén. Esto fue precedido solo por la resurrección de Cristo, que es la primicia, y con la resurrección de muchos cuerpos de los santos, que salieron de sus tumbas, al mismo tiempo que resucitaba Cristo, y se aparecieron a muchos en la santa ciudad (Mt 26, 52-53), como testimonio práctico de que con la resurrección de Cristo la muerte ha sido privada de su poder, de forma que ha sido asegurada la resurrección de la tumba para todos los creyentes.

Conforme a esta enseñanza bien precisa de Cristo y de los apóstoles, la visión popular según la cual la resurrección de los muertos como un todo se realizará solamente el último día de este mundo debe rectificada. El Nuevo Testamento no enseña en ningún lugar que todos los muertos, incluso aquellos que han muerto en Cristo, permanecerán en la tumba o en el Hades hasta el juicio final, inmediatamente anterior a la destrucción de los cielos y de la tierra, y que las almas que han entrado en el cielo por su muerte estarán hasta entonces con Cristo "desnudas", es decir, sin sus cuerpos.

Esa visión tradicional se apoya simplemente sobre una lectura no bíblica de la venida de Cristo como de algo que solo tendrá lugar al fin de esta era, que se limitará a un solo día de veinticuatro horas. Conforme a la Escritura, la parusía acontece en *el día del Señor*, en el יום יהוה (*hêmera tou Kyriou*). Pero ese día no es un día de 12 o 24 hora, porque como dice Pedro (2 Ped 3, 8) un día es para el señor como mil años, y mil años como un día" (cf. Sal 90, 4).

---

71. Luthardt (1823-1902) dice lo mismo (cf. pag. 94-98) cuando afirma que la edad de la que el Señor está hablando no es toda la era presente, sino "esta generación". Pues bien, esta profecía del Señor se cumple en su verdad… Esta generación ha de vivir para ver el comienza del final, y vivirá para verlo"

El día en que el Hijo del Hombre viene en su gloria comienza con la aparición del Señor para el juicio sobre el pueblo de Israel endurecido con la destrucción de Jerusalén por los romanos; continúa con su aparición para el juicio final, que se realizará todavía en el futuro y que será visible para todas las naciones; y se cierra con el día de Dios, en el que los cielos se disolverán con fuego, y los elementos se derretirán con el calor, con la creación del nuevo cielo y la nueva tierra, que estamos esperando según su promesa (2 Ped 3, 12-13).

Para mostrar la poca corrección de la idea popular de la resurrección de los muertos, podemos aducir no solo el hecho de la resurrección de muchos santos inmediatamente después de la resurrección de Cristo (Mt 27, 53), sino también la solemne declaración del Señor: "En verdad, en verdad os digo, llega la hora (y ha llegado ya) en que los muertos oirán la voz del Hijo de Dios, y aquellos que la oigan vivirán…, esta es la hora "en la que aquellos que están en las tumbas oirán su voz y se levantarán, y aquellos que han hecho el bien se levantarán para la vida" etc. (Jn 5, 25.28).

En este contexto se sitúa también la palabra de Cristo: "Quien crea en mí *tiene* vida eterna, y no será juzgado, sino que ha pasado de la muerte a la vida" (Jn 5, 24; 6, 40.47; 3, 16.18.36). En este mismo contexto se sitúa finalmente lo que ha visto el sagrado vidente en el comienzo del sexto sello (Ap 6, 9-11), es decir, las vestiduras blancas de las almas de aquellos que fueron asesinados por la palabra de Dios y por su testimonio, que estaban gritando venganza… Pues bien, ese revestimiento con las vestiduras blancas implica o presupone el revestimiento del alma con el nuevo cuerpo, de manera que esta visión está indicando que los mártires asesinados están siendo trasladados al mismo estado de aquellos que han sido resucitados antes del juicio y destrucción de Babilonia (según el mismo Apocalipsis de Juan). La palabra *psykhai* que se emplea para esas "almas" no prueba que se trata e almas desencarnadas (comparar para prueba de lo contrario la expresión ὀκτὼ ψυχαί(de 1 Pedr 3, 20).

Pues bien, así como Ap 20, 1-10 no ofrece información sobre el tiempo de la primera resurrección, tampoco este pasaje de Ap 6, 9-11 nos dice que aquellos que han de ser exaltados y reinar con Cristo en la primera resurrección (Ap 20, 4-6) han de vivir y reinar con Cristo en la Jerusalén de la tierra, ni si ella ha de ser glorificada o no. El lugar donde se encuentran los tronos, el lugar en que ellos deben sentarse, no se menciona ni en Ap 20, 4-6, ni en Ap 20, 1, 3.

La opinión de que ese lugar de la primera resurrección ha de ser Jerusalén se apoya en dos presupuestos que no han sido probados. (a) Que según las profecías del Antiguo Testamento, Jerusalén o la tierra santa es el lugar de la manifestación del Señor para el juicio de las naciones (Hofmann, págs. 637-68). (b) Que la ciudad querida, que los paganos dirigidos por Gog y Magog quieren destruir, según Ap 20 8-9, es la misma Jerusalén terrena, para deducir de ahí que los santos han de reinar en esa ciudad

Interpretación general

Pues bien, esas "pruebas" suponen una serie de afirmaciones absurdas: (a) Que los resucitados han tenido que luchar contra los hombres de la tierra en Jerusalén. (b) Que los santos, que reinan ya con Cristo vendrán a ser vencidos por las huestes de Gog y de Magog etc. Pero la Escritura no enseña nada de este tipo. El hecho de que, según el Antiguo Testamento, el Señor viene de Sión para juzgar a las naciones, no ofrece ninguna prueba de ello, y además la Jerusalén de la profecía no es una ciudad de este mundo, sino la Jerusalén celeste.

Los ángeles que vinieron en el contexto de la ascensión de Jesús a los cielos, dicen meramente: "Este Jesús, a quien habéis visto subir al cielo, vendrá de nuevo, de la misma manera que se ha ido..." (cf. Hech 1, 11). Pero los ángeles no dicen en qué momento vendrá Jesús de nuevo. Y aunque el apóstol Pablo diga en 1 Tes 4, 16 "que el Señor descenderá del cielo", no dice dónde (no dice que será en Jerusalén), y él añade también que aquellos que vivan entonces serán elevados con los resucitados en las nueves sobre el aire para encontrarse así con el Señor, siendo con él para siempre.

Ciertamente, el ser elevados en las nubes en el aire no se ha de entender de un modo literal, sino que expresa simplemente el pensamiento de que aquellos que han sido glorificados se apresurarán con los resucitados de la muertos para encontrar al Señor, para encontrarse con él y ser unidos con él, sin que esto implique que ellos han de estar habitando en el aire. De la misma manera, la expresión "descenderá del cielo" no implica la venida a Jerusalén, ni el hecho de permanecer así sobre la tierra en el entorno de Jerusalén. Todas esas palabras han de entenderse en sentido espiritual, lo mismo que la bajada del cielo a la tierra en Is 44, 1.

Pablo utiliza en el mismo sentido, y con referencia al mismo evento, las palabras de 2 Tes 1, 7: ἐν τῇ ἀποκαλύψει τοῦ κυρίου, *en la revelación del Señor...* El Señor ha descendido ya del cielo para juzgar a la antigua Jerusalén, para juzgar con fuego ardiente a aquellos que no han conocido a Dios ni han obedecido al evangelio (2 Tes 1, 8). Toda manifestación de Dios que produce un efecto actual sobre la tierra es una venida de los cielos, sin que ello implique que el Señor habite corporalmente en la tierra. En esa línea, la venida de Cristo para juzgar a Jerusalén no afecta a su estar sentado a la derecha del Padre. De un modo semejante, la resurrección de aquellos que han dormido en el Señor ha de entenderse en el sentido de que aquellos que han muerto en el señor están siendo recibidos en el cielo, es decir, se han convertido en ciudadanos de los ciclos (Hbr 12, 23), de manera que están sentados en tronos, en torno al trono de Dios y reinan con Cristo.

Esta primera resurrección no ha de tomarse como algo que ocurre una vez y termina así para siempre, sino como una venida del Señor, que comienza con el juicio de la destrucción de Jerusalén y continúa en una larga seria de juicios por los que se vencen uno tras otro los poderes hostiles, hasta la destrucción del último enemigo; de esa manera podemos asumir también, en analogía con esto, que la resurrección de aquellos que han dormido en Cristo, comienza con la *parusía* de Cristo, y sigue a lo largo del curso de los siglos, de manera que aquellos que mueren en el Señor son resucitados de la muerte en la hora determinada por Dios en su sabiduría, y sus almas son recibidas en los cielos a su muerte, en unión con aquellas que son sembradas en la tierra como granos de trigo, madurando de la corrupción en la incorrupción, siendo revestidas con cuerpos espirituales para reinar con Cristo.

Los mil años no han de computarse pues de un modo cronológico, pero ellos comienzan con la venida de Cristo para el juicio de Jerusalén, y se extienden hasta la destrucción final de la bestia y del falso profeta, arrojados al lago de fuego, e incluso durante más tiempo. No podemos decir cuándo terminarán esos mil años, pues no nos pertenece conocer los tiempos y momentos que el Padre ha reservado en su propio poder (Hch 1, 7).

El encadenamiento y prisión de Satanás en el abismo durante los mil años puede ponerse también en armonía con esta visión de milenio, siempre que esas palabras no se tomen de un modo groseramente materialista y siempre que tengamos en mene que casi todas las visiones del Apocalipsis son de carácter muy drástico. La llave para la interpretación de Ap 20, 1-3 y 20, 7-10 ha de encontrarse en las palabras de Cristo en Jn 12, 31, cuando, precisamente antes de la pasión, él se dispone a despedir al pueblo, con la finalidad de completar la obra de la redención del mundo por su muerte y su resurrección.

Pues bien, el Señor dice, precisamente en ese momento: "Ahora se está realizando el juicio sobre el mundo, ahora está siendo expulsado fuera el príncipe de este mundo" (está siendo expulsado de la esfera de su dominio). De esa manera está designando Jesús la culminación de la obra de la redención por su muerte como un juicio sobre el mundo, un juicio por el que que destruye el dominio de Satán sobre el mundo, siendo destruido el reino del mal.

El vidente de Patmos describe la expulsión del príncipe del mundo, que se cumple con el establecimiento y expansión del Reino de Cristo en la tierra, a través de las visiones de la lucha de Miguel con el Dragón, que culminan con el hecho de lanzar a Satán sobre la tierra (Ap 12, 7 ss), y con el encadenamiento y aprisionamiento de Satán en el abismo a lo largo de mil años (Ap 20, 1 ss). El conflicto de Miguel con el Dragón, a quien se llama el Diablo Satanás, comienza cuando el Dragón empieza a perseguir a la mujer vestida de sol después del nacimiento du su hijo y después que él (ese hijo) ha sido asumido en el cielo (es decir, después que la obra de Cristo en la tierra ha terminado con su ascensión a los cielos).

Juan recibe una explicación del modo en que se ha realizado la victoria de Miguel, por la que Satán ha sido lanzado del cielo sobre la tierra, con una voz que viene de los cielos: "Entonces oí una gran voz en el cielo, que decía: Ahora ha venido la salvación, el poder y el reino de nuestro Dios y la autoridad de su

Interpretación general

Cristo, porque ha sido expulsado el acusador de nuestros hermanos, el que los acusaba delante de nuestro Dios día y noche. Ellos lo han vencido por medio de la sangre del Cordero y de la palabra del testimonio de ellos, que menospreciaron sus vidas hasta la muerte (Ap 12, 10-11)".

Con la expulsión de Satanás del cielo se ha establecido el reino de Dios y el poder de su ungido, de manera que Satanás ha quedado privado del poder que tenía para reinar como príncipe de este mundo. Ciertamente, al verse expulsado del cielo (perdido su trono) él intenta perseguir a la mujer. Pero la mujer recibe alas de águila, de manera que huye al desierto, al lugar que Dios ha preparado para ella, y allí es alimentada por tres tiempos y medio tiempo, lejos de la presencia de la serpiente (ap 12, 8; 13, 14).

Después de la expulsión de Satanás del cielo sigue su encadenamiento y encierro en el abismo, es decir, en el infierno, de manera que durante este tiempo él no es ya capaz de seducir a los paganos para que se eleven en guerra contra los santos (Ap 20, 1-12 y 20, 8). De esa forma se le quita toda influencia sobre la tierra. Él queda simplemente privado de su poder, de manera que ya no es un *arkhôn* sobre la tierra, ni puede recuperar su *exousia*.

Así podemos afirmar que la atadura de Satanás comenzó con la caída del paganismo como religión del mundo, a través de la elevación del cristianismo para convertirse en religión de Estado del imperio romano, y así seguirá siendo así mientras el cristianismo sea la religión de Estado de los reinos que gobiernan sobre el mundo. Según eso, a partir de Ap 20 no puede probarse que habrá un reino de gloria en la Jerusalén terrena antes del último juicio.

Conforme a todo eso, el Nuevo Testamento en general no enseña el retorno del pueblo de Israel a Palestina cuando se convierta a Cristo –cosa que sucederá según Rom 11, 25 ss–. Pues bien, siendo así las cosas, la visión que Ezequiel tuvo del nuevo templo y del culto sacrificial, con la nueva división de la tierra de Canaán, no puede entenderse literalmente, sino solo en un sentido simbólico-tipológico. Y a partir de aquí solo nos queda una cuestión que resolver.

3. ¿Cómo ha de entenderse la visión del nuevo Reino de Dios en Ez 40-48? En otras palabras ¿cómo debemos entender el cumplimiento de esta visión profética?

La primera respuesta es que esta visión no describe el comienzo, ni los estadios sucesivos de surgimiento y desarrollo del nuevo Reino de Dios. Ezequiel contempla el templo como un edificio ya terminado, de manera que sus partes o componentes se miden antes de que él vaya viendo el edificio. Ezequiel ve la gloria de Yahvé entrando en el templo, y escucha la voz del Señor que declara que esta casa es la sede de su trono en medio de su pueblo. El Señor manda al profeta que dé a conocer al pueblo la forma de su casa, su disposición y sus exigencias, para que el pueblo pueda tener en cuenta el sentido del edificio y avergonzarse de sus malas obras (Ez 43 4-12).

El nuevo orden del culto (43, 13-46, 15) no se refiere al edificio del templo, sino al servicio que Israel ha de ofrecer al Dios que está entronizado en su templo. Solo las normas sobre las fronteras y la división de la tierra indican que Israel no ha tomado aún posesión de Canaán, aunque ha salido ya de las naciones paganas y se prepara para dividir la tierra en lotes, para tomar posesión de ella como herencia, para habitar en ella, para sustentarse y vivir de la plenitud de sus bendiciones.

De esto se deduce que la visión profética no ofrece una exhibición típica de la iglesia de Cristo en su desarrollo gradual, sino que supone que el Reino de Dios se ha establecido por Cristo en su forma perfecta, de manera que estos pasajes pueden verse como un esbozo veterotestamentario de la visión neotestamentaria de la Jerusalén celestial, tal como aparece en Ap 21-22.

El río de agua de vida es común en ambas visiones. Según Ezequiel mana del umbral del templo en el que Dios ha establecido su trono, y discurre a través de la tierra hasta la Arabah, y desemboca en el Mar Muerto, para sanar sus aguas. Según Ap 22, 1 ss el río proviene del trono de Dios y del Cordero y discurre por el centro de la calle de la Nueva Jerusalén. Según Ez 47, 7.12 y Ap 22, 2 hay árboles que crecen en las riberas del río y que producen frutos que son comestibles en cada mes del años (doce veces al año) y que tienen hojas que sirven para curación de las naciones.

Pero la visión del nuevo Reino de Dios de Ezequiel está menos desarrollada, pues en Ezequiel la ciudad y el templo están separados; el templo se eleva sobre una alta montaña, en el centro de la *terumah,* en el medio de la tierra de Canaán; por su parte, la ciudad está separada del templo por una franja de tierra de los sacerdotes (cf. Im. 5). Por otra parte, a diferencia de lo que sucede en Ezequiel, la celestial Jerusalén de Ap 21, 6; 22, 4 no tiene templo, y su misma forma cúbica (de igual longitud, anchura y altura) ha venido a convertirse en santo de los santos, pues allí se eleva el trono de Dios y su Cordero.

Ezequiel no pudo precisar su visión como lo ha hecho en Apocalipsis. El Reino de Dios que él ha contemplado tiene rasgos que son básicamente de Antiguo Testamento, de manera que aparece como una perfecta tierra de Canaán israelita, respondiendo a la idea de la Alianza Antigua, una tierra en cuyo centro habita Yahvé con su templo, un templo del que brota el agua de la vida sobre el mundo entero, para dar prosperidad del pueblo.

El templo de Ezequiel es simplemente el mismo templo de Salomón, edificado en armonía perfecta con la santidad de la casa de Dios, de manera que en sus atrios viene a presentarse Israel ante Yahvé, para ofrecer holocaustos, ofrendas sacrificiales y culto. Por otra parte, aunque la ciudad de Jerusalén tiene una forma cuadrada perfecta, con tres puertas a cada lado, llevando los nombres de las doce tribus de Israel, como las puertas de la Jerusalén celestial, no tiene todavía la forma de un cubo, como signo del santo de los santos, donde Yahvé, el Dios todopoderoso, está entronizado, aunque su nombre es "desde ahora Yahvé aquí.

Por otra pare, el ataque de Gog contra el pueblo de Dios, reunido ya de todos los confines de la tierra, no puede aplicarse a la Jerusalén celestial. Es cierto que, conforme a la disposición formal del libro de nuestro profeta, esta visión nos sitúa ante el nuevo Reino de Dios. Pero cronológicamente ella sigue manteniéndonos en el tiempo de la historia de Israel, aunque el pueblo ha sido reunido ya de las naciones y ha vuelto a su propia tierra y ha habitado por un tiempo en ella de un modo seguro (cf. Ez 38, 8-16). Este ataque por parte de las naciones paganas solo es concebible si está dirigido contra el pueblo de Dios que aún habita en esta tierra de Canaán (en la Canaán terrena).

¿Cómo se ha de superar la discrepancia que hay entre el hecho de que el agua de la vida procede del templo indicando la glorificación de Canaán, mientras que por otra parte la tierra sigue sometida a sus condiciones de vida antigua? ¿No sugiere esta visión que nos hallamos en un estado de gloria terrena por parte de la nación de Israel en su propia tierra, una tierra que está pasando a través de una transformación paradisíaca antes de la nueva creación del cielo y de la tierra? También Isaías predecía la llegada de un tiempo nuevo en el que retornará la larga vida de los tiempos patriarcales, cuando la muerte no amenazaría a los hombres de un modo prematuro, de manera que no solamente se supere la guerra entre los hombres, sino que la mutua destrucción desaparecerá en el mundo animal? (cf. Is 65, 19-23, comparado con 11, 6-9). ¿Cuándo vendrá a suceder esto?

Delitzsch, que plantea esta pregunta (cf. *Koment. Is,* ad locum), responde afirmando que ese cambio no se producirá en el mundo nuevo, después de la muerte, sino que tiene que darse en este mundo. A partir de aquí, Delitzsch saca la conclusión de que ese estado de cosas solo puede y debe aplicarse al estado del "milenio". Pero en el mismo Isaías, antes de este pasaje (54, 19-23) había aparecido la promesa de un cielo nuevo y una tierra nueva. ¿No se nos está diciendo así que se trata de la Jerusalén celestial de la nueva tierra? Delitzsch replica que "los profetas del Antiguo Testamento no eran todavía capaces de distinguir las cosas que distingue el Apocalipsis, situándolas en períodos distintos. Así dice que en el Antiguo Testamento, en general, no se sabe nada de estado de bendición después de la tumba.

En el Antiguo Testamento, la idea del mundo nuevo está mezclada con la del milenio. Solo en el Nuevo Testamento aparece la visión de la nueva creación como muro de separación entre esta vida y la vida del más allá. A diferencia de eso, la profecía del Antiguo Testamento introduce la misma nueva creación en esta vida presente y no conoce nada de la Jerusalén de la bendición futura, en cuanto distinta de la nueva Jerusalén del milenio. Pero aunque hubiera mejores fundamentos para defender la idea quiliástica del milenio (Ap 20) los pasajes que acabamos de citar no serían suficientes para hacernos resolver la dificultad de nuestro tema.

Porque si Isaías está describiendo en Is 65, 19-23 la Jerusalén del milenio, él no trata ya de la nueva creación de cielo y tierra en nuestra vida, sino que ha transferido el así llamado milenio a la nueva tierra, es decir, al otro lado de la nueva creación de cielo y tierra. El mismo Delitzsch lo reconoce cuando, en su comentario a Is 66, 22-24 afirma que el objeto de esta profecía (es decir, el hecho de que de luna nueva a luna nueva, de sábado a sábado, toda carne subirá a Jerusalén para adorar a Yahvé, viendo al pasar, al lado, los cadáveres de aquellos que se han rebelado en contra de Yahvé, cuyo gusano no morirá, cuyo fuego no se apagará...):

> El nuevo cielo y la nueva tierra, la creación de Dios que se aproxima (¡Pues yo vengo!: quae facturus sum) continuará eternamente ante él (לְפָנַי), como se dice en Is 49, 16, pues el cielo y viejo y la tierra vieja pasan, porque no son agradables a Dios; pero estos nuevos le agradan, y expresan eternamente su amor, porque serán hechos a imagen suya. Al decir esto, el profeta está pensando en la Iglesia del futuro, sobre una nueva tierra, bajo un cielo nuevo. Pero él no puede concebir esa duración eterna en forma de eternidad, sino que todo lo que puede hacer es concebirla como continuación sin fin de la historia del tiempo" (Delitzsch, Coment. a Is 66, 22).

Delitzsch supone aquí que Isaías está hablando de la vida al otro lado de la muerte como si ella se encontrara a este lado de la vida. Pero, conforme a todo su comentario, el otro lado del que está hablando Isaías es precisamente el más allá; la nueva Jerusalén no es la de este mundo, sino solo la que viene (desciende) desde el otro lado, tal como la describe el Apocalipsis de Juan, bajando desde el cielo.

El comentario de Delitzsch a Is 65-66 solo puede entenderse bien si se tiene en cuenta que el profeta está hablando de aquello que se encuentra al otro lado, con palabras que en sentido simbólico se aplican a lo que puede pasar en este lado de la vida. Por eso, conforme a su visión de Isaías, no hace falta apelar en modo alguno a la hipótesis de los mil años del reino terreno de la gloria.

Ciertamente, el Antiguo Testamento no conoce nada sobre un estado bienaventurado de vida más allá de la tumba, de manera que no habla nada de ese estado en cuanto tal. Más aún, el Antiguo Testamento transfiere y aplica al más allá la visión profética de una vida feliz en este mundo, de forma que pinta la vida eterna después del juicio final con colores tomados de la felicidad de los Israelitas en la tierra de Canaán. El Antiguo Testamento presenta tanto esta vida como la vida que viene como una extensión sin fin de esta vida. En contra de eso, el Nuevo Testamento habla de la vida como si ella tuviera dos mitades, como si fueran los

Interpretación general

dos lados de una puerta, de manera que el punto final de la vida presente finita viene a concebirse como primer momento de la vida infinita en el más allá. En esa línea continúa diciendo Delitzsch:

> Ésta es precisamente la distinción entre el Antiguo y el Nuevo Testamento, que el Antiguo Testamento trae la vida del mundo que viene y la pone en el nivel de esta vida, mientras que el Nuevo Testamento eleva la vida del mundo actual y la sitúa al nivel de la vida venidera. El Antiguo Testamento pinta esa vida futura y la vida del mundo que viene como un alargamiento sin fin de esta vida, mientras que el Nuevo Testamento la pinta como una línea continua, pero en dos mitades, de modo que hay un corte, y que el último punto de la vida en este mundo será el primer punto del estado infinito de vida, en el más allá.
>
> El Antiguo Testamento destaca la continuidad de esta vida y de la vida del mundo venidero, transfiriendo al otro lado la forma y apariencia de esta vida y aplicándola a la vida del mundo futuro; por el contrario, el Nuevo Testamento pone de relieve el lado interior, la naturaleza, la realidad de la vida que ha de venir, la δυνάμεις μελλοντος αἰῶνος, como algo inmanente en esta vida.
>
> La nueva Jerusalén de nuestro profeta (Isaías, Ezequiel….) tiene ciertamente un cielo nuevo encima de ella, y una nueva tierra bajo ella, pero es solo la tierra de la vieja Jerusalén elevada a su gloria y felicidad más alta; por el contrario, la nueva Jerusalén del Apocalipsis viene del cielo, y es por tanto de naturaleza celestial. En la antigua Jerusalén habitarán los cautivos de Israel que han salido de la cautividad; en la nueva del Apocalipsis de Juan habita la Iglesia resucitada de aquellos que están escritos en el libro de la vida de Dios para siempre" (Delitzsch, Coment. a Is 66, 24).

Pues bien, precisando lo que dice Delitzsch podemos afirmar que la Nueva Jerusalén de Isaías tiene sobre ella un nuevo cielo y bajo ella una nueva tierra, de manera que es la Jerusalén terrestre la que ha alcanzado la gloria y felicidad más grande. Pero, por otra parte, la Jerusalén del Apocalipsis que viene del cielo sigue siendo una ciudad de la tierra, con grandes muros de jaspe y oro puro, que está fundada sobre doce piedras preciosas, con doce puertas que son perlas, unas puertas que están siempre abiertas, a fin de que los reyes de la tierra puedan llevar por ellas su gloria al trono del Cordero. Toda la visión de la Nueva Jerusalén del Apocalipsis se apoya en las visiones de Isaías y Ezequiel, y solo se eleva sobre esos tipos del Antiguo Testamento por el hecho de que selecciona los materiales más preciosos de la tierra para indicar así la gloria superior y la naturaleza celestial de la nueva ciudad de Dios.

¿Qué es, según eso, la Jerusalén celestial de la nueva tierra? ¿Es una ciudad de este mundo renovado… o es la capital del Reino de los cielos? ¿No se identifica más bien con las muchas mansiones de la casa del padre de los cielos, en la que Jesús entró en su ascensión a los cielos, para prepararnos un lugar (cf. Jn 14, 2)? ¿No es una visión del reino celestial (2 Tim 4, 18) en el que van a entrar todos los bienaventurados cuyo nombre está escrito en el libro de la vida? Y su brillante

Ezequiel 40-48

gloria ¿no es una visión de la gloria inexpresable de la vida eterna, que ningún ojo ha visto y ningún oído a escuchado, ni ha entrado en el corazón de ningún hombre? (1 Cor 2, 9)?

Pues bien, si el estado de más allá de la tumba es transferido a este lado, es decir, es pintado con colores e imágenes tomadas de este lado, ello se debe no solo al hecho de que el Antiguo Testamento no conoce nada de un estado de bienaventuranza más allá de la tumba, ignorando así la existencia de un cielo donde los hombres son salvados. La razón ha de encontrarse más bien en el hecho de que las cosas y las circunstancias celestiales yacen más allá de nuestras ideas y de nuestra comprensión; por eso, solo podemos representar el Reino de Dios según la analogía de las circunstancias y condiciones de esta tierra, pues no podemos imaginar la bienaventuranza eterna a no ser como una vida sin fin, en gloria y alegría celestial, sin las imperfecciones y males de este mundo terreno.

Mientras estemos caminando aquí, en fe no en visión, debemos contentarnos con esas visiones de la bienaventuranza futura de la vida eterna con el Señor en su reino celestial, con imágenes que tomamos prestadas de la teocracia israelita, presentando a Jerusalén con su templo y a la tierra de Canaán como lugar de vida del pueblo de la alianza del Antiguo Testamento como tipos del reino de los cielos, pintando la gloria del mundo futuro como ciudad de Dios, viniendo del cielo sobre la nueva tierra, una ciudad edificada de oro, piedras preciosas y perlas, e iluminada con la luz de la gloria del Señor.

A eso hay que añadir el hecho de que a los profetas del Antiguo Testamento no se les había revelado la división del reino del Mesías en un período de desarrollo en este lado y de pleno cumplimiento en el otro tan claramente como nos ha sido revelada a nosotros por el Cristo, en el Nuevo Testamento, pues Isaías ha sido el único profeta que ha profetizado la destrucción del mundo presente y la creación de un nuevo cielo y de una nueva tierra.

Pues bien, si ahora dejamos a un lado el punto culminante de la profecía del Antiguo Testamento, *todos los profetas pintan la glorificación y cumplimiento del Reino de Dios establecido en Israel* por el Mesías con dos rasgos principales: (a) Como una extensión continuada del dominio del Mesías sobre Jerusalén, abriéndose a toda la tierra, a través de la ejecución del juicio sobre las naciones paganas del mundo. (b) Como una transformación de la tierra de Canaán, que será dotada de una fertilidad milagrosa, con el aumento de la prosperidad del pueblo y la glorificación de Jerusalén, donde vendrán en peregrinación todas las naciones, a la casa del Señor en Sión, para presentar como ofrenda sus tesoros ante el Señor.

Así lo pone de relieve Ezequiel, haciendo que el pueblo de Israel, dispersado entre las naciones paganas por el Señor, a causa de su apostasía pueda volver a la tierra prometida, insistiendo en la restauración del templo, que había sido destruido y en la bendición futura de Israel, con la abundancia de los bienes de la tierra, que será transformada y recibirá una fecundidad paradisíaca. En ese contexto se vinculan y enriquecen mutuamente los pequeños comienzos de la vuelta del pueblo de Babilonia y la liberación y bendición que pertenecen todavía al futuro.

Pues bien, de acuerdo con esto, Ezequiel pinta la gloria y culminación del Reino de Dios, restaurado y renovado, bajo la figura de una nueva división de la tierra de Canaán entre las doce tribus de todo Israel, unidas bajo el cetro de un segundo David, para siempre, formando una única nación, superando así los enfrentamientos anteriores, con un nuevo santuario edificado sobre una montaña muy alta en el centro de Canaán, un santuario donde acude el pueblo que cumple los mandamientos para ofrecer sacrificios a Dios para adorarle en sus atrios en los sábados, en los días de luna nueva y en las fiestas anuales.

Esta bendición de Israel no será ya perturbada por la invasión de la tierra restaurada por Gog y por sus hordas, sino que será perfeccionada y establecida para siempre por el hecho de que el Señor destruirá al último enemigo, haciendo que perezca a través de una especie de auto-inmolación. Pues bien, por más extraño que nos pueda parecer el colorido y revestimiento de las profecías mesiánicas de Ezequiel, hay diversos rasgos de esa imaginería teocrática del Antiguo Testamento que han sido retomados como vestidura y ropaje de la profecía del Reino de Dios en el Nuevo Testamento[72].

Entre esos rasgos podemos reconocer no solo la descripción de Ez 40-48, que solo puede entenderse en sentido típico, sino también la visión del retorno a a la vida de los huesos muertos de 37, 1-14, cuyo cumplimiento definitivo no se realizará hasta la resurrección general de los últimos tiempos. En esa línea tenemos que recuperar de un modo especial la profecía de la restauración no solo de Jerusalén, sino de Samaría y de Sodoma que, como hemos visto, no se realizará hasta la *palingenesía,* es decir, hasta la gran renovación del mundo tras el juicio.

En esa línea podemos entender la profecía de la sanación de las aguas del Mar Muerto (47, 9 ss), que solo se cumplirá tras la destrucción del orden presente de cosas, sabiendo que ella no se refiere a la renovación del pueblo judío como pueblo separado, frente a los otros, sino a la renovación del Israel de Dios, es decir, del pueblo de Dios de la nueva alianza, reunido de entre judíos y gentiles. Este Canaán en el que ellos habitarán no será ya la tierra de Canaán en Palestina, entre

---

72. Como dice 1 Ped 1, 10-11, los profetas del Antiguo Testamento profetizaron la gracia que iba a venir sobre nosotros. Ciertamente, desde su perspectiva, ellos no podían discernir el sentido típico de sus declaraciones. Por el contrario, nosotros, que vivimos en los tiempos del cumplimiento profético, hemos conocido no solo el comienzo sino la culminación de la venida del Señor, en su vida, en su pasión y muerte, y en su resurrección y ascensión a los cielos, nosotros que hemos oído sus palabras sobre su segunda venida, nosotros que conocemos los dieciocho siglos de su Iglesia, tenemos que pensar no solo en lo que dijeron los profetas del antiguo Testamento, sino que, a la luz del cumplimiento ya realizado de sus anuncio, debemos fijarnos en las visones del Reino de Dios que ha anunciado el Antiguo Testamento, para saber lo que el Espíritu Santo nos revela a través de ellas.

el Jordán y el Mediterráneo, sino el Canaán del Nuevo Testamento, es decir, el territorio del Reino de Dios, cuyas fronteras se extienden de mar a mar, y del río hasta los confines de la tierra, es decir, a todo el mundo.

En esa línea, el templo edificado sobre una montaña muy alta, en medio de Canaán, el templo donde el Señor está entronizado, haciendo que fluya desde su trono el río del agua de la vida, de modo que la tierra produzca los árboles de la vida, con hojas medicinales para los hombres, y que el Mar Muerto se llene de peces y de creaturas vivientes, *es una representación figurativa y un tipo (una imagen) de la presencia gratificante del Señor en su iglesia*, algo que se está realizando en el período presente del desarrollo terreno del Reino a través de la Iglesia, en un sentido espiritual e invisible, a través de la in-habitación del Padre y del Hijo por el Espíritu Santo en los corazones de los creyentes, es decir, como una presencia que culminará en el momento en que el Señor aparecerá con la gloria del Padre, para trasladar su iglesia al reino de la gloria, de tal forma que veremos (y adoraremos) al Dios omnipotente y al Cordero con los ojos de nuestro cuerpo glorificado, adorándole ante su trono.

Esta adoración se describe en nuestra visión (Ez 43, 13-44, 24) como la ofrenda del sacrificio, según la forma israelita de adoración en el Antiguo Testamento. Pues bien, conforme al método peculiar de Ezequiel, que consiste en desarrollar en detalle todos los elementos de su visión, las instrucciones básicas relacionadas con los sacrificios levíticos se repiten y modifican en armonía con estas nuevas circunstancias.

En esa línea, el culto mosaico, tras la edificación del tabernáculo, comenzaba con la consagración del altar. De igual manera, la descripción del nuevo culto comienza en Ezequiel con la consagración del altar de los holocaustos, y después se detiene mostrando las entradas y salidas del templo, las cosas necesarias para el servicio del altar, los deberes y obligaciones de los que oran ante el altar y la cantidad y calidad de los sacrificios que han de ser ofrecidos en los sábados, los días de luna nueva y las celebraciones durante las fiestas del año y en cada día.

Comparando este programa de Ezequiel con el de la *thorah* de Moisés hemos observado varias diferencias que modifican esencialmente el carácter de todo el servicio litúrgico, alterando el orden y celebración de las fiestas y realizando un cambio completo en la proporción entre las ofrendas alimenticias y los sacrificios de animales. Por lo que toca a la primera distinción, el sacrificio diario queda reducido al holocausto y ofrenda de comida de la mañana, de manera que queda abolido el servicio de la tarde. Por otra parte, la ofrenda del sábado se triplica en cantidad… Ezequiel introduce también ciertos cambios en la celebración de las fiestas, como he puesto de relieve en este comentario.

Conforme a la ley de Moisés el culto se centraba en un ciclo de días de fiestas y de periodos festivos regulados conforme al número siete, que tenía su raíz en el culto sabático y estaba organizado de acuerdo con la división del tiempo, basado

Interpretación general

en la creación, en semanas, meses y años. El Señor creó el mundo en seis días y culminó la creación en el día séptimo, bendiciendo y santificando este día con el reposo y con ofrendas de sacrificios y de alimentos. De esa manera, como el día séptimo de la semana también el séptimo mes del año debía ser santificado, celebrando el día de la luna nueva con reposos sabáticos y sacrificios especiales, y finalmente cada año séptimo debía celebrarse como sabático.

Conforme a esa ley de Moisés, en este ciclo de los días santos, organizados según el número siete, se situaban también las fiestas anuales, dedicadas al recuerdo de los actos poderosos del Señor, para establecer, preservar y bendecir a su pueblo, pero de manera que esas fiestas fueran siete: pascua, fiesta de los ácimos, fiesta de las semanas, días de las trompetas, día de la expiación, fiesta de los tabernáculos y conclusión de todo el ciclo. De entre, ellas la fiestas de los ácimos y de los tabernáculos duraba siete días.

Estas siete fiestas formaban dos ciclos festivos, en primero (que empezaba el primer mes) con tres fiestas centradas en el surgimiento de Israel como pueblo de Dios y en su subsistencia en la tierra; y el segundo (del séptimo mes) que empezaba con el día de las trompetas, tenía como finalidad la preservación de Israel en su estado de gracia y en su felicidad para gozar plenamente de las bendiciones de la salvación, éste era un ciclo que comenzaba con el día de de la reparación, se centraba en los tabernáculos y terminaba con la octava de esa fiesta.

Pues bien, a diferencia de eso, en la thorah festiva de Ezequiel, el sábado semanal formaba sin duda el fundamento de todas las celebraciones, y en esa línea se sitúa la fiesta de la luna nueva, como sábado especial de cada mes. Pero el número de las fiestas del año se reduce con la pascua a los siete días de los ácimos y a los siete días de la fiesta del séptimo mes (de los tabernáculos). Ezequiel omite la fiesta de las semanas (pentecostés) y la presentación de los primeros frutos del segundo día de los ácimos. De esa forma queda abolida la referencia de esas fiestas a la cosecha y al mantenimiento de la tierra. Más importancia tiene todavía el hecho de que Ezequiel suprima la fiesta del día de las trompetas, con el día de la gran reparación, y la octava de la fiesta de los tabernáculos y la institución de los tres grandes sacrificios por el pecado en el primer mes, por lo que el séptimo mes pierde también el carácter sabático que le había dado la Thorah de Moisés.

Conforme a la ley mosaica de las fiestas, Israel debía consagrar su vida al Señor y a su servicio, celebrando la fiesta de pascua y de los sietes días de la fiesta de los panes ácimos cada año, el mes de la liberación e Egipto, como primer mes del año, conservando así el recuerdo de la misericordia divina, con el cordero pascual, la renovación de la alianza y la salida de Egipto con la entrada en la tierra prometida. Después, conforme a esa ley de Moisés, los israelitas celebraban cada mas el perdón de los pecados cometidos el mes anterior, por medio de un sacrificio por el pecado, que se ofrecía el día de la luna nueva. Ellos celebraban además cada séptimo mes del año de un modo sabático, celebrando el día de la luna nueva con un reposo sabático, y el día décimo como día de expiación en el que se recibía el perdón de todos los pecados que se habían cometido y habían permanecido sin expiación durante el curso del año, a través de la sangre del gran sacrificio por el pecado y por la purificación del santuario de todas las impurezas de los que se habían aproximado allí. De esa manera, en la fiesta de los tabernáculos podían celebrar no solo el recuerdo del paso por el desierto y la introducción en la tierra de Canaán, tan abundante en bendiciones, sino que podían gozar de la felicidad y de la comunión sagrada con su Dios.

En esa línea, las fiestas del primer mes (pascua y panes ácimos) podían culminar el séptimo mes con las dos grandes fiestas de la expiación y de los tabernáculos, para poner así de relieve el hecho de que, además de la expiación de cada mes, el pueblo necesitaba una gran expiación el séptimo mes de cada año, para poder así gozar el don de la tierra de Canaán y la bendición de la filiación divina.

Según el orden de las fiestas y sacrificios de Ezequiel, Israel debía comenzar cada año nuevo de su vida con un gran sacrificio por el pecado en el primer mes, en el día séptimo y en el día catorce del primer mes; de esa manera, a través de los sacrificios por el pecado lograba el perdón de todos los pecados y limpiaba la impureza del santuario, antes de renovar el pacto de gracia con el Señor en la comida pascual, para pasar de esa manera a la nueva vida de la gracia en los días de los panes sin levadura, y a lo largo de todo el año, consagrando su vida al Señor a través del holocausto diario, de los sacrificios y ofrendas especiales de cada sábado y a través de los sacrificios propios del día de la luna nueva.

Conforme al orden mosaico de las fiestas y sacrificios, el acto más completo de expiación y la reconciliación más perfecta del pueblo a Dios se celebraba en el mes séptimo, el mes sabático del año, indicando así que el pacto del Sinaí conducía al pueblo a la reconciliación, en el centro sabático del año. *A diferencia de eso, el nuevo orden de culto de Ezequiel* ofrece a Israel, que vuelve ahora a su Dios, la reconciliación por el perdón de sus pecados y por la purificación de sus impurezas al comienzo del año, para que el pueblo pueda caminar ante Dios en justicia, con la fuerza de la sangre del sacrificio de reconciliación, a lo largo del año, alegrándose por las bendiciones de su gracia.

Conforme a la visión de Ezequiel, el sacrificio expiatorio del séptimo mes tenía el sentido de evocar tipológicamente el sacrificio que Cristo iba a ofrecer en el centro de los años del mundo, a través de su muerte en la cruz sobre el Gólgota. Pues bien, según esa misma visión, ese gran sacrificio del centro del año venía a transponerse y colocarse al principio del año, mostrando así que el nuevo sacrificio de Cristo sería el principio y fundamento de todas las fiestas del año y de todo el curso de la vida de los hombres. De esa manera, el nuevo orden de fiestas y sacrificios de Ezequiel recibe un carácter y significado que está más cerca de la culminación del servicio sacrificial del Nuevo Testamento, realizando así una

Interpretación general

profunda y penetrante modificación en *torah* mosaica de los sacrificios, insistiendo en el sacrificio de la mañana, del sábado y de los ácimos.

Dentro de la torah de los sacrificios de Ezequiel ocupa un lugar importante el puesto del príncipe, un elemento que no aparecía en la ley de Moisés, y que debe explicarse por la función que asumieron David y Salomón en referencia al templo. En esa línea, los preceptos sobre la ley hereditaria del príncipe dentro del espacio sagrado de la tierra (en la *terumah*) debe explicarse por el hecho de que el futuro David ha de tomarse como príncipe de Israel para siempre, como hijo de Jesé. En ese mismo contexto es significativo el hecho de que a lo largo de la exposición de Ezequiel no se hace ninguna alusión al sumo sacerdote, que era muy importante en la Ley de Moisés. Eso está indicando que el nuevo pueblo de Dios será pueblo sacerdotal de un modo mucho perfecto que el antiguo.

En ese sentido el nuevo templo de Ezequiel se distingue también del antiguo de Salomón. La descripción tan elaborada de sus puertas y sus atrios, con sus restantes edificios, no tiene más objeto que mostrar que el santuario futuro responderá en todas sus parte a la santidad de la casa del Señor, y está dispuesto de tal manera que ninguna persona incircuncisa de carne o corazón pueda entrar en él.

Por todo eso, todas estas cosas pertenecen a las sombras de aquellas que han de venir, sombras que habían de desaparecer cuando aparezca el cuerpo de Cristo (Col 2, 17; Hbr. 10, 1). Pues bien, cuando M. Baumgarten, Auberlen y otros milenaristas expresen la opinión de que toda esta obra de sombras será restaurada tras la eventual conversión de Israel a Cristo (en apoyo de lo cual Baumgarten apela a la autoridad del Apóstol de los Gentiles), ellos pasan por alto e ignoran la advertencia del mismo apóstol: "Tened cuidado, que nadie os seduzca a través de la filosofía y el vano engaño, según la tradición de los hombres, según los rudimentos del mundo, y no de Cristo" (Col 2, 8. 16. 20.21).

Finalmente, en relación con la profecía relativa a Gog, el príncipe de Magog y a la expedición contra la tierra restaurada y el pueblo de Israel (Ez 38-39), y en relación a la nueva configuración del reino de Dios que se describe en Ez 40-48, la opinión de Hengstenberg (sobre Ap 20, 7), cuando dice que "Gog y Magog representan en general a los enemigos futuros del Reino de Dios, de forma que aquí aparecen incluidos en una visión unitaria todos los enemigos del pueblo de Dios, desde los reyes sirios y los godos, pasando por los vándalos y turcos, y todos los de ese tipo…", esa opinión no está en armonía con el contexto de esta profecía y no puede reconciliarse con el puesto que ella ocupa en Ezequiel y en el Apocalipsis.

La profecía relativa a Gog, aunque es esencialmente diferente de aquella que se relaciona con los asirios, caldeos, egipcios y otros estados más o menos grandes y pequeños del mundo, no tiene nada utópico en sí misma, nada que nos haga tomarla de un modo utópico y universal en sentido trascendente. Ciertamente, aunque Ezequiel haya podido formar el nombre de Gog a partir de Magog, y por más que los pueblos que vienen dirigidos por Gog desde los confines de la tierra para luchar en contra de Israel, que ha sido restaurado y vive en paz sobre la tierra, puedan parecer extraños, Magog y Mesek, Tubal y Faraz, con Cush y Pur no son naciones utópicas, sino tribus históricas de cuya existencia no hay duda, aunque se encuentren establecidas fuera de los límites del mundo entonces conocido.

Aquí no nos importa decidir si Magog era una tribu escita, lo cierto es que era un pueblo establecido en el extremo norte del mundo entonces conocido. Tampoco nos interesa saber si en el fondo de la lucha de Gog está el recuerdo de una invasión de Asia Menor por los escitas. Pero no hay duda de que Ezequiel no está hablando de una invasión pasada, sino que está anunciando el gran conflicto y lucha de los paganos que habitan en los límites del mundo conocido contra el reino de Dios, después que los reinos del mundo, organizados de un modo nacional (como Asur, Babel, Javan y demás) hayan sido destruidos, y después que el Reino de Cristo se haya extendido sobre todo el mundo civilizado.

Gog de Magog representa la última fase de la lucha que el poder del mundo, que se opone a Dios, elevará contra el reino de Dios. Gog de Magog es el signo del poder del mundo pagano y bárbaro (incivilizado) que solo se alzará y atacará a la iglesia de Cristo después que haya caído para siempre el poder del mundo representado por Babilonia según el Apocalipsis. Gog se eleva, según eso, al final del curso presente del mundo, para devastar y destruir el reino de Dios, pero el Señor lo aniquilará con los milagros de su omnipotencia.

En el conglomerado de naciones, que Gog dirige en contra del pueblo de Dios al final de los tiempos, hallamos un amontonamiento de todas las naciones impías del mundo, que está ya maduro para ser arrojado en la gran prensa de la ira de Dios, para ser destruido por la tormenta del juicio divino (cf. Ez 38, 21-22; 39, 6). De esa manera, como han observado y Baumgarten y Herzog (cf. *Cyclopedia*), Ezequiel aparece como el profeta de los últimos tiempos, anunciando el día de la venganza de Dios contra Gog y Magog, día del que Yahvé ha tratado ya (Ez 39, 8), día final de la hostilidad de los paganos contra el reino de Yahvé y del juicio de Yahvé, que destruirá a esos pueblos paganos.

Todo esto se encuentra en armonía no solo con la profecía de Ap 20, sino con la declaración del Apocalipsis cuando afirma que Satán será soltado de su prisión y dirigirá la lucha de los bárbaros paganos contra el pueblo de Dios pero el fuego del Dios de los cielos consumirá a los enemigos, y al diablo que los ha seducido, y lo lanzará al lago de fuego para ser atormentado por siempre y siempre. Según eso, la aparición de Gog pertenece todavía al futuro, y solo el Día podrá mostrar claramente la forma que él asumirá.

IMÁGENES

Imágenes

Ezequiel

PLANOS DEL TEMPLO
descrito en el libro de Ezequiel

Estos planos se basan en la visión de Ezequiel (capítulos 40 y 41). No representan el templo de Salomón ni tampoco el segundo templo, construido después del exilio.

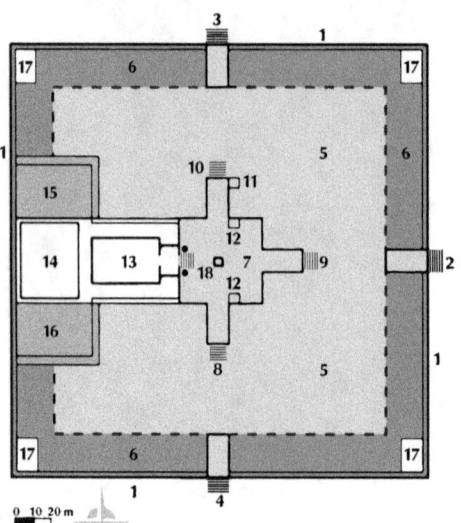

PLANO GENERAL DEL TEMPLO

1. Muro exterior (40.5; 42.15-20)
2. Puerta oriental (40.5-16)
3. Puerta norte (40.20-23)
4. Puerta sur (40.24-27)
5. Atrio exterior (40.17)
6. Enlosado (40.17-18)
7. Atrio interior (40.28)
8. Puerta sur del atrio interior (40.28.31)
9. Puerta oriental del atrio interior (40.32-34)
10. Puerta norte del atrio interior (40.35-37)
11. Cámara para lavar los animales (40.38)
12. Cámaras para los sacerdotes (40.44-46)
13. Templo propiamente dicho (véase el siguiente plano)
14. Edificio del oeste (41.12)
15. Cámaras del norte (42.1-10)
16. Cámaras del sur (42.10-11)
17. Patios (46.21-22) 18. Altar (40.47; 43.13-17)

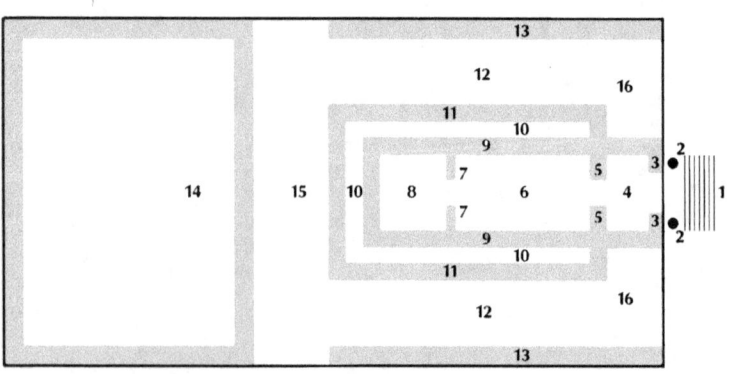

ZONA DEL TEMPLO PROPIAMENTE DICHO (40.48-41.15)

1. Gradas (40.49)
2. Columnas (40.49)
3. Postes del pórtico (40.48)
4. Pórtico (40.49)
5. Postes (41.1)
6. Sala central (41.2)
7. Postes (41.3)
8. Lugar santísimo (41.4)
9. Muro exterior (41.5)
10. Cámaras anexas (41.5)
11. Pared exterior de las cámaras (41.9)
12. Espacio libre (41.9)
13. Muro (41.9)
14. Edificio del oeste (41.12)
15. Patio cerrado (41.12)
16. Parle del patio cerrado que da al oriente (41.14)

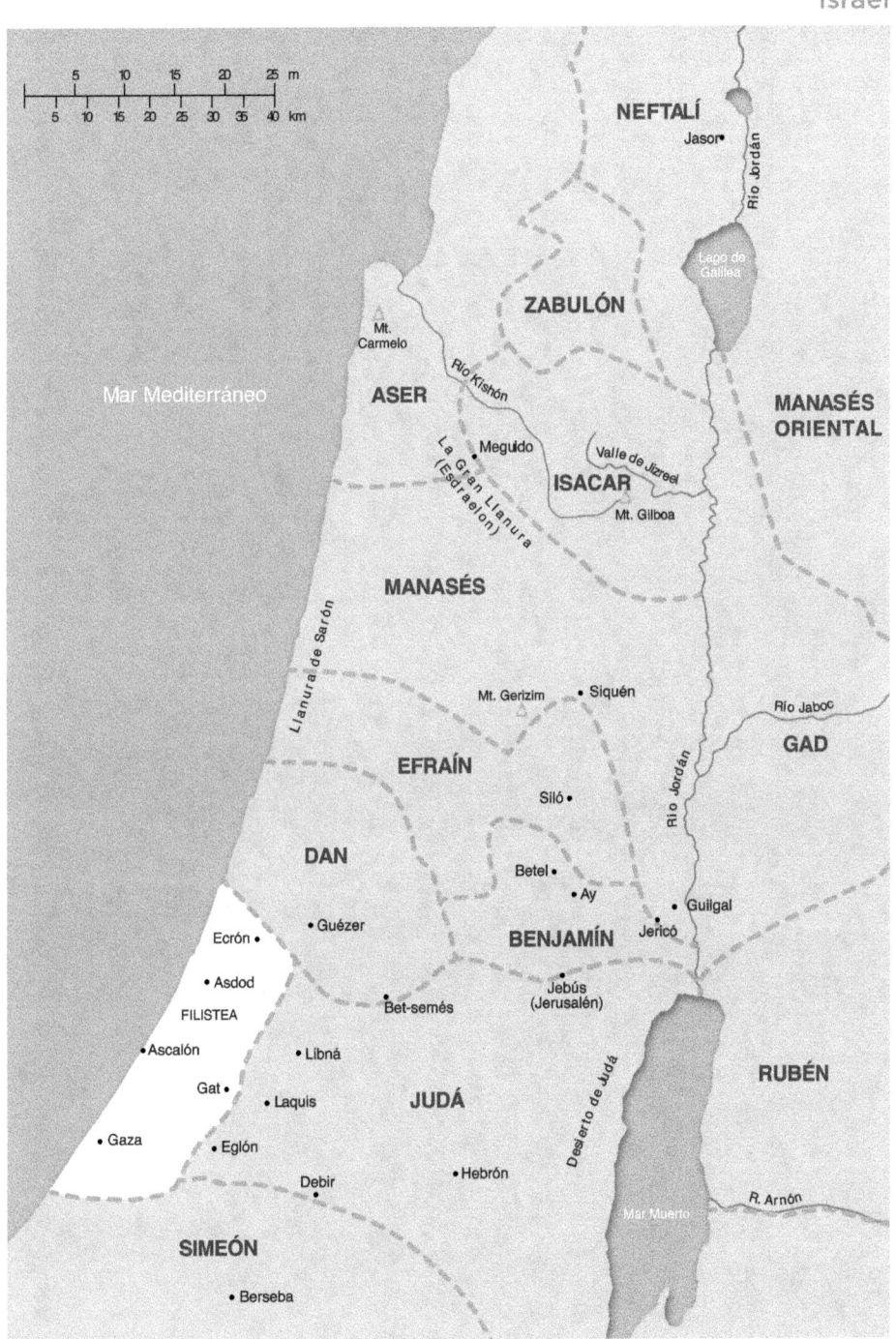

Mapa del reparto de Canaán entre las tribus de Israel.